DIREITO
DAS
SOCIEDADES COMERCIAIS

PAULO OLAVO CUNHA
DOUTOR EM DIREITO
PROFESSOR DA FACULDADE DE DIREITO DA
UNIVERSIDADE CATÓLICA PORTUGUESA (LISBOA)
ADVOGADO

DIREITO DAS SOCIEDADES COMERCIAIS

4.ª EDIÇÃO

ALMEDINA

CENTRO DE DIREITO COMERCIAL E DE DIREITO
DA ECONOMIA DA FACULDADE DE DIREITO
DA UNIVERSIDADE CATÓLICA – LISBOA
1980-2010

DIREITO DAS SOCIEDADES COMERCIAIS

AUTOR
PAULO OLAVO CUNHA

EDITOR
EDIÇÕES ALMEDINA, SA
Av. Fernão Magalhães, n.º 584, 5.º Andar
3000-174 Coimbra
Tel.: 239 851 904
Fax: 239 851 901
www.almedina.net
editora@almedina.net

PRÉ-IMPRESSÃO | IMPRESSÃO | ACABAMENTO
G.C. – GRÁFICA DE COIMBRA, LDA.
Palheira – Assafarge
3001-453 Coimbra
producao@graficadecoimbra.pt

Maio, 2010

DEPÓSITO LEGAL
311225/10

Biblioteca Nacional de Portugal – Catalogação na Publicação

CUNHA, Paulo Olavo

Direito das sociedades comerciais.
4ª ed. – (Manuais universitários)
ISBN 978-972-40-4241-1

CDU 347
378

PREFÁCIO

Depois de ler o Direito das Sociedades Comerciais do autor, é com grande gosto que faço este prefácio.

Pessoalmente, confesso que não tenho prazer em ler "Manuais jurídicos", "Lições" ou "Cursos" de Direito. Prefiro um bom romance; por exemplo, o que agora leio de Murakami; também é de regras, mas no quotidiano da vida humana, e de um "quotidiano real", com vida. «Vida certa – de desertos que só têm luz quando têm sol; de poços que só têm razão porque têm água» (no dizer de um poeta).

Mas claro que há excepções. Ainda conservo o "sabor" da *System des Handelsrechts*", de Goldschmith, ou o das Lições de Thöl.

Tenho que dizer, com amizade, mas também com verdade, que tive algo "desse gosto" ao ler as "Sociedades Comerciais" de Paulo Olavo Cunha. Porquê? É fácil alinhar razões, ainda que não digam tudo ...

- Em primeiro lugar, porque não é uma "colecção de fichas" de erudição; citam-se alguns autores, mas com elegância, como um protocolo, nada mais.
- Depois, porque tem vida, é real. E é real, creio, por três "percepções" centrais, que animam todas as questões seleccionadas e tratadas:

  A primeira é a de "empresa" (conjunto de empresas) como "conteúdo" da forma jurídico-comercial das sociedades.
  A segunda é a do mercado: sendo, por um lado, as sociedades mercantis um "espaço" único de autonomia privada, por outro lado, estão encerradas, e rigidamente, no mercado económico e de concorrência.
  A última "percepção" que decorre do trabalho do autor é a sua sistematização, sistematização clara, mas não formal. Pelo con-

trário, "pegada" à aplicação das normas pela jurisprudência ou em casos do real quotidiano.

- Finalmente, pela oportunidade, uma vez que nos proporcionam uma primeira visão, completa, integrada e actualizada do Direito Societário, após a recente reforma que sofreu.

Deste modo, as sociedades comerciais entendem-se, como as entende um homem de negócios ilustrado, que está dentro delas, as conhece, e "sabe" da razão das suas questões e dúvidas que o seu direito levanta, e sabe sobretudo no seu risco de soluções que sempre têm valor económico.

Estas são as "percepções", sinceras, que o trabalho de Paulo Olavo Cunha me trouxe. E por elas – mais do que por juízo crítico de apreciação académica – está o autor de parabéns e o seu livro terá, sem dúvida, merecido êxito.

Travessa do Rosário, Janeiro de 2006 / Revisto em Abril de 2006

PAULO SENDIN

NOTA PRÉVIA À 4ª EDIÇÃO

Decorridos cerca de dois anos e meio sobre a publicação da 3ª edição deste livro (em Dezembro de 2007), que seria objecto de uma reimpressão (em Maio de 2009) – cujo conteúdo ultrapassa largamente o que caracteriza um simples manual de uma disciplina semestral de licenciatura –, e quatro anos sobre a sua divulgação inicial, dou à estampa uma nova edição do *Direito das Sociedades Comerciais*.

Optei por eliminar a Nota Prévia da 1ª edição – reproduzida nas edições seguintes – que, em traços pitorescos, ilustrava as vicissitudes concomitantes à elaboração deste livro, mas que, no contexto actual, já não faz qualquer sentido.

Diversamente, o Prefácio – assinado por Paulo Sendin –, fruto de um natural paternalismo e de uma amizade que se desenvolvera em anos de convívio, pela sua intemporalidade e pelo bom augúrio que (então) representou, jamais poderá ser apagado, mantendo-se como um exemplo de simplicidade, perspicácia e argúcia de um grande comercialista português, que via muito para além do Direito e com quem também aprendi a ler e gostar de Haruki Murakami. Acresce que as linhas escritas pelo professor e amigo desaparecido, evidenciando a perspectiva instrumental que tinha do Direito e realçando a sua vasta cultura, são lapidares.

Esta 4ª edição, diferentemente do que perspectivei nas anteriores, não reflecte uma alteração da sistematização relativamente às que a precederam. Conservou-se, assim, a estrutura inicial, sem prejuízo de actualizar o respectivo conteúdo, tendo em conta não apenas as lições dadas, como a doutrina entretanto publicada e as alterações legislativas ocorridas. Acrescentei também novas cláusulas estatutárias e parassociais e revi as matérias em constante mutação, como é o caso do enquadramento fiscal das sociedades comerciais.

Mantendo o plano de exposição original, a presente edição apresenta algumas novidades relativamente à 3ª edição, havendo a salientar a alteração das regras referentes à fusão de sociedades, a evolução no plano da governação societária e a recente aprovação do diploma que transpõe, para a ordem jurídica portuguesa, a Directiva europeia dos direitos dos accionistas das sociedades cotadas e introduz as acções sem valor nominal. Justificava-se, pois, a sua publicação; e não apenas uma reimpressão, como sucedera há cerca de um ano.

Em acréscimo, regista-se agora o tratamento mais cuidado de certos temas, cumprindo salientar os seguintes:

– A unipessoalidade societária (cfr. n.º 1.1.2.5);
– A destituição de gerente (cfr. n.º 31.6.4);
– A transição das regras de governação das sociedades anónimas *(corporate governance)*, cuja eficácia social é uma realidade (cfr. n.os 27.4 e 27.7.2.3);
– A temática da composição e funcionamento do conselho de administração (cfr. n.os 32.2.2.3 e 32.2.3.6);
– O regime da suspensão dos administradores (cfr. n.º 32.2.8);
– A reforma dos administradores e as pensões a cargo da sociedade (cfr. n.º 32.2.9.8);
– A fiscalização nos modelos de governação de inspiração germânica e anglo-saxónico (cfr. n.os 32.7 e 32.8);
– O regime da fusão e cisão das sociedades (cfr. n.º 36.2).

Paralelamente, foram aflorados novos temas e abordadas matérias que não constavam das edições anteriores, tais como:

– As sociedades entre cônjuges (cfr. n.º 1.7.2);
– A exclusão de sócio (cfr. n.º 21.3.6);
– O conceito de "justo valor" (cfr. n.os 22.9 e 14.7);
– Outras modalidades de financiamento de sociedades comerciais (*project finance*, capital de risco e garantia mútua) (cfr. n.º 23.8);
– A remuneração dos membros dos órgãos sociais, em geral[1], e dos gestores das sociedades anónimas, em particular (cfr. n.os 27.7 e 32.2.7); e

[1] Apenas se fazia uma brevíssima referência, que se mantém substancialmente inalterada, à remuneração dos gerentes (cfr. n.º 31.6.2).

– O regime jurídico das assembleias gerais das sociedades abertas (cfr. n.º 29.7.3).

As alterações introduzidas traduziram-se num aumento substancial do texto e tornam esta edição mais completa e equilibrada do que as precedentes, passando a servir de referência de diversos cursos (de licenciatura, mestrado e pós-graduação) que lecciono.

Dedicado aos meus alunos da Católica, para quem foi exclusivamente pensado, este livro – que, pelo seu carácter também prático, obteve a adesão de um vasto público, que se estende a áreas científicas não jurídicas – nunca teria sido possível sem a colaboração das pessoas que no passado contribuíram, de forma absolutamente desinteressada, para o tornar realidade. Continuam assim vivos e merecidos os agradecimentos feitos nas edições anteriores, sem prejuízo da minha responsabilidade exclusiva por tudo o que nele se contém.

Cascais, Abril de 2010

PAULO OLAVO CUNHA
(poc@fd.ucp.pt / poc@vda.pt)

PLANO DO CURSO

SUMÁRIO

INTRODUÇÃO

A) Aproximação a uma noção de Direito Comercial
B) Conceito de sociedade comercial
C) Enquadramento legal das sociedades comerciais; o Código das Sociedades Comerciais e outros diplomas
D) A reforma societária de 2006
E) As sociedades de responsabilidade limitada e anónimas nos ordenamentos jurídicos estrangeiros

CAPÍTULO I – **Generalidades**

1. Tipicidade e autonomia da vontade
2. Principais características dos diversos tipos sociais
3. Princípios estruturantes das sociedades comerciais

CAPÍTULO II – **Constituição da sociedade**

SECÇÃO I – **(Projecto de) Contrato de sociedade e acordos parassociais**

4. O projecto de contrato de sociedade; menções obrigatórias e facultativas
5. Os acordos parassociais

CAPÍTULO V – **O capital social**

22. O capital social e o património societário
23. Situações de subcapitalização e formas adequadas de suprimento
24. Aumento do capital social
25. Redução do capital social
26. Decisão, formalidades específicas e execução das operações de variação do capital

CAPÍTULO VI – **Organização e funcionamento das sociedades comerciais**

Secção I – **Aspectos gerais**

27. Estruturação orgânica das sociedades comerciais

Secção II – **Deliberações dos sócios e dos accionistas**

28. Generalidades; noção e formas possíveis de deliberação
29. A assembleia geral
30. Vicissitudes das deliberações sociais; suspensão e impugnação

Secção III – **Modelos de organização da administração e fiscalização de sociedades por quotas e anónimas**

31. Orgânica das sociedades por quotas
32. Os órgãos de administração e de fiscalização das sociedades anónimas

Secção IV – **33. Apreciação anual da situação da sociedade**

Secção V – **Alterações do contrato de sociedade**

34. Caracterização
35. Procedimento de alteração do contrato de sociedades (*modus faciendi*)
36. Concentração e transformação de sociedades por quotas e anónimas

Secção VI – **37. Publicidade dos actos sociais**

ABREVIATURAS

I) LEGISLAÇÃO E JURISPRUDÊNCIA

AcRelCoimbra – Acórdão da Relação de Coimbra
AcRelÉvora – Acórdão da Relação de Évora
AcRelGuimarães – Acórdão da Relação de Guimarães
AcRelLisboa – Acórdão da Relação de Lisboa
AcRelPorto – Acórdão da Relação do Porto
AcSTJ – Acórdão do Supremo Tribunal de Justiça
AktG – Aktiengesetz (Lei das sociedades por acções, alemã, **1965**)
CC – Código Civil (português, **1966**)
CCom – Código Comercial(português, **1888**)
CIMI – Código do Imposto Municipal sobre Imóveis (português, **2003**)
CIMT – Código do Imposto Municipal sobre as Transacções (português, **2003**)
CIRC – Código do Imposto sobre o Rendimento das Pessoas Colectivas (**1988**)
CIRS – Código do Imposto sobre o Rendimento das Pessoas Singulares (**1988**)
CIRE – Código da Insolvência e da Recuperação da Empresa (português, **2004**)
CPC – Código de Processo Civil (português, **1961**)
CPI – Código da Propriedade Industrial (português, **2003**)
CRCom – Código do Registo Comercial (português, **1986**)
CSC – Código das Sociedades Comerciais (português, **1986**)
CódMVM – Código do Mercado dos Valores Mobiliários (1991, já revogado)
CódNot – Código do Notariado (português, **1995**)
CódVM – Código dos Valores Mobiliários (português, **1999**)
EBF – Estatuto dos Benefícios Fiscais (português, **1989**)
LOFTJ – Lei de Organização e Funcionamento dos Tribunais Judiciais (Lei n.º 3/99, de 13 de Janeiro)

LSQ	– Lei das Sociedades por Quotas (Lei de 11 de Abril de 1901)
NDipl	– Novo Diploma (Decreto-Lei n.º 49/2010, de 19 de Maio, que transpõe para a ordem jurídica nacional a Directiva dos direitos dos accionistas das sociedades cotadas e introduz as acções sem valor nominal)
RegSE	– Regulamento (CE) n.º 2157/2001, do Conselho, de 8 de Outubro (criou a Sociedade Anónima Europeia)
RGIC	– Regime Geral das Instituições de Crédito e Sociedades Financeiras (aprovado pelo Decreto-Lei n.º 298/92, de 31 de Dezembro)
RJCR	– Regime Jurídico do Capital de Risco /aprovado pelo DL 375/2007, de 8 de Novembro).
RPAD	– Regime Jurídico dos Procedimentos Administrativos de Dissolução e de Liquidação de Entidades Comerciais (aprovado pelo n.º 3 do art. 1.º do DL 76-A/2006, de 29 de Março)
STJ	– Supremo Tribunal de Justiça

II) EDITORAS, LIVROS, RECOLHAS DE JURISPRUDÊNCIA E REVISTAS

AAFDL	– Associação Académica da Faculdade de Direito de Lisboa
BFDUC	– Boletim da Faculdade de Direito da Universidade de Coimbra
BMJ	– Boletim do Ministério da Justiça
BFDC	– Boletim da Faculdade de Direito de Coimbra
CJ	– Colectânea de Jurisprudência
CJ/AcSTJ	– Colectânea de Jurisprudência / Acórdãos do Supremo Tribunal de Justiça
CadDP	– Cadernos de Direito Privado
CadMVM	– Cadernos do Mercado de Valores Mobiliários (presentemente em edição *on-line*)
DJ	– Direito e Justiça (Revista da Faculdade de Direito da Universidade Católica)
DSR	– Direito das Sociedades em Revista
IBN	– International Bar News (London, UK)
RB	– Revista da Banca
RCEJ	– Revista de Ciências Empresariais e Jurídicas (ISCAP)
RDES	– Revista de Direito e Estudos Sociais
RDS	– Revista de Direito das Sociedades
RFDC	– Revista da Faculdade de Direito da Universidade de Coimbra
RFDL	– Revista da Faculdade de Direito da Universidade de Lisboa

RFDUP – Revista da Faculdade de Direito da Universidade do Porto
RLJ – Revista de Legislação e de Jurisprudência
ROA – Revista da Ordem dos Advogados

III) INSTITUIÇÕES E ENTIDADES (DIVERSAS)

BdP – Banco de Portugal
CMVM – Comissão do Mercado de Valores Mobiliários
EIRL – Estabelecimento (mercantil) Individual de Responsabilidade Limitada
FDUL – Faculdade de Direito da Universidade de Lisboa
IDET – Instituto de Direito das Empresas e do Trabalho
ISP – Instituto de Seguros de Portugal
RNPC – Registo Nacional de Pessoas Colectivas
ROC – Revisor Oficial de Contas
SA – Sociedade(s) Anónima
SCR – Sociedade(s) de Capital de Risco
SGM – Sociedade(s) de Garantia Mútua
SGPS – Sociedade(s) Gestora(s) de Participações Sociais
SPQ – Sociedade(s) por Quotas
UCP – Universidade Católica Portuguesa

IV) OUTRAS

AAVV – Autores vários
Abs. – *Absatz (alínea)*
Ac – Acórdão
al.(s) – alínea(s)
alt. – alterado(a)
Anm. – Anmerkung (nota)
anot.(s) – anotaçao (anotações)
art.(s) – artigo(s)
art. cit. – artigo citado
cfr. confronte (-se), confrontar
cit. – citado, citação
col.(s) – coluna(s)
colab. – colaboração
coord. – coordenação, coordenado
DL – Decreto-Lei
d.lg. – decreto-legge (italiano)

DR	– Diário da República
Dec	– Decreto
dir.	– dirigido(a)
ed.	– edição
Edit.	– Editor(a)(es)
edit.	– editado(a)
est. cit.	– estudo citado
fasc.	– fascículo
IMI	– Imposto Municipal sobre Imóveis
IMT	– Imposto Municipal sobre as Transacções
IRC	– Imposto sobre o Rendimento das Pessoas Colectivas
IRC	– Imposto sobre o Rendimento das Pessoas Singulares
IVA	– Imposto sobre o Valor Acrescentado
ibid.	– *ibidem*
JO	– Jornal Oficial da União Europeia
L	– Lei
n.º(s)	– número(s)
ob. cit.	– obra citada
OPA	– oferta(s) pública(s) de aquisição (de acções)
OPV	– oferta(s) pública(s) de venda (de acções)
org.	– organizado(a)
p. (pp.)	– página(s)
Polic(s).	– Policopiado(s) (a, as)
Port.	– Portaria
publ.	– publicado
Rect.	– Rectificação
rectif.	– rectificado
red.	– redacção
Reg.	– Regulamento
reimp.	– reimpressão
seg.(s)	– seguinte(s)
Sent.	– Sentença
sep.	– separata
Supl.	– Suplemento
t.(s)	– tomo(s)
trad.	– tradução
ult.	– última(o)
v.	– *versus*
vd.	– vide
v.g.	– *verbi gratia*
vol(s)	– volume(s)

MODO DE CITAÇÃO

1. As referências a diplomas legais sem expressa menção da fonte, reportam-se à legislação principal que, para o efeito e a propósito, constituir o enqua-dramento da matéria, salvo se do contexto da citação resultar claramente solução diversa. Na falta de qualquer referência deve entender-se que se reportam ao Código das Sociedades Comerciais, na redacção autorizada do Decreto-Lei n.º 76-A/2006, de 29 de Março, e dos diplomas que lhe sucederam (Decreto-Lei n.º 8/2007, de 17 de Fevereiro, Decreto-Lei n.º 357-A/2007, de 31 de Outubro, Decreto-Lei n.º 8/2007, de 17 de Fevereiro, Decreto-Lei n.º 247-B//2008, de 30 de Dezembro, Lei n.º 19/2009, de 12 de Maio, Decreto-Lei n.º 185/2009, de 12 de Agosto), e diploma aprovado em 7 de Abril de 2010, cuja publicação se aguarda.

2. Na Bibliografia os autores – com excepção dos espanhóis – são enunciados por ordem alfabética do último nome, em conformidade com a sistematização que é feita da matéria.

3. Não constitui preocupação das presentes lições proceder a citações indiscriminadas, indicando-se no final a bibliografia nacional relativa a obras generalistas (incluindo comentários) sobre as sociedades e listando as monografias e estudos citados ao longo das lições, em complemento do texto, ainda que em sentido diverso.

4. A citação de autores em notas de rodapé – feita a título essencialmente exemplificativo e informativo – faz-se de acordo com a fórmula prevista para cada um deles (na bibliografia geral), sendo os mesmos indicados por ordem alfabética do último nome ou considerando a data das respectivas publicações, excepto se resultar do próprio texto diferente critério.

5. Por razões de urgência na publicação da presente edição, prescindimos, com raras excepções – e apesar de termos acompanhado regularmente as decisões dos nossos tribunais superiores –, de referenciar actualização de jurisprudência.

6. A doutrina portuguesa considerada é a publicada até Abril de 2010 e a doutrina estrangeira consultada foi publicada até ao final de 2009.

Lisboa, Abril de 2010

INTRODUÇÃO

A) Aproximação a uma noção de Direito Comercial

1. Razão de ser

Quando começámos a organizar o presente texto, e pensámos na sua publicação[1], não tínhamos em mente expor, ainda que sinteticamente, o nosso entendimento sobre o Direito Comercial, ramo em que tradicionalmente são abordadas e estudadas as Sociedades Comerciais, na sua qualidade de sujeitos de Direito Comercial.

Julgamos que a nossa abordagem ficaria (ainda mais) incompleta se não procurássemos situar a matéria que analisamos e que, a nosso ver, se explica de forma linear. Não o fazemos com a preocupação de tentar justificar a respectiva autonomia, mas tão só de alinhavar as referências que consideramos importante ter presentes ao longo do estudo da matéria das Sociedades Comerciais.

---

[1] Este livro foi pensado originariamente para constituir texto de apoio aos meus alunos (de Direito das Sociedades Comerciais). No entanto, em função da dimensão que adquiriu e da reforma da legislação societária ocorrida em 2006 extravasou os limites da academia e tornou-se também útil a advogados, juízes e outros profissionais do foro, aos consultores (jurídicos) de empresas, a notários, a conservadores e a todos aqueles a quem a matérias das Sociedades Comerciais interessa.

Pretende, tanto quanto possível, e não obstante o desenvolvimento da presente edição – que obviamente não é aplicável na sua totalidade ao curso de Sociedades Comerciais (leccionado em cerca de 30 horas lectivas) –, conservar o carácter prático-didáctico que pretendemos originariamente imprimir-lhe. Julgamos tê-lo conseguido.

2. Generalidades

O Direito Comercial regula a actividade dos sujeitos económicos mais relevantes no mercado: os comerciantes, ou seja, empresários mercantis em nome individual ou organizados em sociedades comerciais, que se caracterizam essencialmente pela profissionalidade dos seus actos.

O Direito Comercial não cuida[2], por isso, dos que exercem outras profissões, liberais (advogados, médicos, engenheiros, arquitectos) ou manuais (pedreiros, marceneiros, electricistas, canalizadores, etc.), nem dos empresários civis, designadamente agrícolas ou que correspondam a pequenas indústrias familiares, excepto se organizados sob a forma de sociedade comercial. Por isso, a lei comercial exclui expressamente do âmbito do comércio a agricultura, os ofícios mecânicos directamente exercidos (a chamada pequena empresa) e a actividade literária, bem como as actividades que lhes sejam acessórias, tais como empresas de transformação acessórias de empresas agrícolas (*i. e.*, delas primordialmente dependentes) e a edição de obras próprias (art. 230.º, §§1.º a 3.º, do Código Comercial).

Mas o Direito Comercial trata também dos negócios que instrumentalizam a actividade económica dos comerciantes e de todos aqueles que com estes se relacionam, no exercício dessa actividade e ainda de certos negócios que, por serem típicos da vida mercantil, estão sujeitos a um regime próprio, independentemente da qualidade dos respectivos sujeitos e da intensidade (repetida ou esporádica) com que são praticados.

3. Comércio em sentido económico e comércio em sentido jurídico

A palavra comércio tem a sua raiz etimológica na ideia de troca de mercadorias (*commutatio mercium*). Perspectivado desse modo, o conceito de comércio beneficiaria de alargamento substancial com a criação da moeda, que facilitou grandemente as trocas.

O comércio assumiu-se então como actividade de compra de bens para revenda, com escopo lucrativo, configurando-se tradicionalmente

[2] Ou, não é suposto tratar dessas realidades, embora acabe por o fazer se as empresas a que correspondem adoptam a forma de sociedade comercial, por exemplo.

como uma actividade de (inter) mediação entre a oferta e a procura[3], nos planos das compras e vendas por grosso e a retalho, os quais se confundem amiúde na actualidade, reconduzindo-se à moderna ideia de distribuição. Ora, o sentido dominante da época liberal, de que ainda é fruto o Código Comercial, é o sentido económico e comum (da palavra), reconduzindo-se à mediação entre a produção e o consumo, com o fito de obter um ganho. Nesses termos, o comércio era a actividade que, exercida profissionalmente, como meio habitual de vida, qualifica, no quadro desse nosso diploma (art. 13.º, n.º 1 do CCom), o comerciante-pessoa singular.

Não se pense, contudo, que do Código Comercial português ressalta apenas uma noção económica de comércio, só essa importando ao nosso sistema. Não!

O comércio é a própria actividade objecto do Direito Comercial, abrangendo consequentemente, para além dos actos qualificados como tais (actos de comércio, objectivos e subjectivos, nos termos do art. 2.º do CCom), as actividades mercantis a que se refere o artigo 230.º do Código Comercial; entre elas, parte da indústria extractiva (actividade mineira), a indústria transformadora e a prestação de serviços (que não se traduzem em profissões liberais). Não há, deste modo, uma coincidência absoluta entre a realidade económico-social e a que é objecto do Direito Mercantil, que abrange outros serviços e a própria indústria.

4. **Qualificação e regime de Direito Comercial**

Retira-se do primeiro preceito do nosso Código Comercial (**artigo 1.º:** «*A lei comercial rege os actos de comércio sejam ou não comerciantes as pessoas que neles intervêm*») que a inclinação do nosso legislador (finais do século XIX, recorda-se) era, essencialmente, objectivista, encontrando-se então claramente influenciada pelo Código de Comércio francês de 1807, de matriz claramente objectivista, como os demais diplomas que lhe foram contemporâneos, na sequência da Revolução francesa (1789).

[3] Cfr. o nosso artigo «Comércio – DIR», AA.VV., *Enciclopédia Verbo*, Edição Século XXI, Verbo, Lisboa / São Paulo, **1998**, vol. 7, cols. 551-552, que reproduzimos parcialmente.

O artigo 1.º do segundo (e ainda actual) Código Comercial português pretendeu tornar claro que este diploma se aplicaria a todos os actos e contratos mercantis, não sendo exclusivo de uma classe profissional. Esta inclinação encontra-se, porém, mitigada pela qualificação directa de certas entidades como comerciantes (caso das sociedades comerciais – art. 13.º, n.º 2), pelo reconhecimento da comercialidade da generalidade dos contratos por estes celebrados (art. 2.º, II parte) e, sobretudo, pela qualificação como comerciais de todas as actividades empresariais de carácter económico, nas quais é especialmente relevante, na produção de bens e prestação de serviços para o mercado, o risco do capital.

Paralelamente, afirmou-se a separação gradual da categoria dos actos formalmente comerciais, isto é, daqueles actos que, tendo sido inicialmente regulados como típicos dos comerciantes, se autonomizaram, generalizando-se a todos os sujeitos, casos paradigmáticos dos actos cambiários – que são hoje objecto de regulamentação própria e especial, em separado do Código Comercial, onde foram originariamente regulados –, das operações de bolsa e de outras operações sobre valores mobiliários e dos actos característicos do Direito da Propriedade Industrial.

5. **Conceito de Direito Comercial**

O Direito Comercial deve ser entendido como o conjunto de regras que regulam os actos e as actividades jurídico-mercantis.

O Direito Comercial é, hoje, um conceito em mutação, evoluindo claramente para um Direito do Mercado, caracterizado, por um lado, pela qualidade dos agentes económicos intervenientes (produtores, intermediários e prestadores de serviços), os quais se qualificam essencialmente pela complexidade crescente das respectivas organizações (dos modelos que adoptam no mercado para exercer a respectiva actividade), e, por outro lado, pela natureza das operações económicas, predominantemente estandardizadas e submetidas a uma mesma regulamentação, independentemente dos respectivos intervenientes (operações com valores mobiliários em geral, isoladas ou em mercado regulamentado – títulos de crédito, acções, obrigações e *outros instrumentos financeiros*[4] –, direitos

[4] De acordo com a actual redacção do art. 2.º do CVM (introduzida pelo Decreto-Lei n.º 357-A/2007, de 31 de Outubro), deixou de fazer sentido falar em "instrumentos

privativos da propriedade industrial), a qual tutela especificamente a operação em causa e, em geral e simultaneamente, assegura a sã concorrência entre os diversos agentes económicos, salvaguardando naturalmente os interesses dos consumidores.

Encontramos, pois, no ainda actual Direito Comercial diversos sectores que, podendo ser objecto de análise autónoma, não deixam frequentemente de se sobrepor e entrecruzar. Numa sistematização necessariamente subjectiva, enunciaríamos os seguintes:

a) Sujeitos do Direito Comercial: empresas e empresários mercantis (comerciantes, sociedade comerciais e outros);
b) Contratos comerciais: a generalidade dos negócios jurídicos celebrados entre os sujeitos de Direito Comercial e, nalguns casos, entre estes e os consumidores. É neste sector que assume especial relevância o regime comercial (em face do regime do Direito Civil);
c) Valores mobiliários, distinguindo títulos de crédito e valores mobiliários essencialmente padronizados (acções, obrigações e instrumentos financeiros equiparados), transaccionáveis no mercado organizado[5];
d) Actos e operações de mercado, neles englobando a tutela directa da concorrência e os direitos privativos da propriedade industrial;
e) Outros ramos possíveis (que se autonomizaram, entretanto dos sectores *a*), *b*) e *c*)): Direito Marítimo, Direito Bancário e Direito dos Seguros[6].

---

financeiros equiparados", aos quais apenas se reconduzem os *unit linked* (seguros), os fundos de pensões abertos com adesão individual, e pouco mais.

[5] Concluindo pela autonomia do Direito dos Valores Mobiliários em face do Direito Bancário, mas deixando interrogada a respectiva autonomia científica, Paula Costa e Silva, *Direito dos Valores Mobiliários (Relatório)*, Lisboa, **2005**, pp. 67-71 e 286-287.

Mais recentemente, Paulo Câmara reconhece a autonomia deste ramo no *Manual de Direito dos Valores Mobiliários* que publicou (Almedina, Coimbra, **2009**), designadamente confrontando-o com o Direito Bancário e o Direito dos Seguros, no quadro do Direito Financeiro (cfr. pp. 16-22). Com inegável interesse, vd. ainda as características e o fundamento deste ramo do Direito (cfr. pp. 23-35).

[6] Outros ramos, hoje autónomos, sintetizam regras clássicas de Direito Comercial e de Direito Administrativo, inerentes à regulação de que são objecto, como é o caso dos Direitos das Telecomunicações e – porque não – do Direito Farmacêutico.

O estudo aprofundado de todas as matérias que, nascendo no estrito plano do Direito Comercial, se autonomizaram e ganharam uma importância inquestionável a que não é alheio o respectivo peso económico, faz-se hoje em diferentes sedes e justifica, na prática, a existência das disciplinas correspondentes, com maior ou menor extensão.

B) Conceito de sociedade comercial[7]

1. Conceito adoptado

É indiscutível que a sociedade comercial, independentemente do que seja essa realidade, é comerciante, pelo simples facto de existir como tal. Esta qualificação resulta do disposto no artigo 13.º, número 2 do Código Comercial, cuja redacção é inequívoca:

> «*São comerciantes*:
> 1.º (...);
> 2.º *As sociedades comerciais*».

A sociedade comercial é, assim, sujeito de Direito Comercial.

Mas que realidades podem assumir, na sua actividade, a forma de sociedade comercial?

A resposta deverá ser: as **empresas comerciais**.

Uma empresa é uma organização produtiva ou mediadora de riqueza, que exerce, de forma estável, uma certa actividade económica em função do mercado a que se dirige[8].

---

[7] Cfr. a lição de agregação de Rui Pinto Duarte, «(Uma) Introdução ao Direito das Sociedades», *in Escritos sobre Direito das Sociedades*, Coimbra Editora, **2008** (pp. 9-79), em especial pp. 26-41 e 64-68.

[8] Entendemos a empresa como uma organização dinâmica que não se diferencia do empresário seu titular, nem do estabelecimento que dela faz parte integrante (e que se pode considerar como o seu aspecto estático).

A nosso ver a noção jurídica de empresa conjuga dois factores:

a) Um, pessoal, no qual, para além do trabalho de uma comunidade de pessoas que na direcção e na produção asseguram o seu funcionamento, releva a concepção

Para que uma sociedade seja comercial é necessário que a empresa que constitui o seu substrato, e da qual é forma jurídica, seja comercial[9] [10]. Por isso, podemos afirmar que uma empresa comercial é o substrato necessário da sociedade comercial[11] [12].

---

própria do empresário na sua estruturação, ou seja, na organização dos diferentes factores produtivos de modo a integrá-los numa mesma finalidade funcional; e

b) Outro, patrimonial, constituído por todos os bens e elementos com valor económico (bens imóveis e móveis, direitos, situações jurídicas e elementos imateriais) unificados (conjugados) pela função unitária a que estão adstritos.

Assim sendo, a actividade económica é já objecto da empresa (é já um seu desenvolvimento), ela consiste no funcionamento desta.

Se fosse necessário invocar uma disposição legal para justificar esta noção apriorística, diríamos que o artigo 230.º do Código Comercial apenas exige como requisito de comercialidade da empresa a sua constituição ("*propuserem*") e não o seu funcionamento; que resulta do exercício das várias actividades nele enumeradas. Por um lado, verifica-se que o art. 230.º ampliou os actos de comércio, pois nele não estão previstas todas as empresas, mas apenas as que não resultavam já de actos de comércio objectivos previstos no Código Comercial (ou em legislação comercial avulsa). Por outro lado, o art. 230.º, ao qualificar determinadas empresas como comerciais, parece acentuar os aspectos subjectivo e objectivo da empresa, que decorrem respectivamente da referência expressa a "pessoas singulares ou colectivas que se propuserem" e do facto da qualificação comercial das várias empresas ser feita pelas actividades que têm em vista realizar. Concluindo, o art. 230.º do Código Comercial permite basicamente (mas não se esgota em) duas interpretações sobre a empresa: uma subjectiva e outra objectiva (no sentido de actividade).

Para mais desenvolvimentos sobre a empresa, vd., em especial, os estudos de Paulo M. Sendin, *Artigo 230, Código Comercial, e Teoria Jurídica da Empresa Mercantil (Um primeiro apontamento)*, sep. de AA.VV., *Estudos em Homenagem ao Prof. Doutor António Ferrer Correia»*, 1984 (sep. do número especial do BFDC, **1989**), de Jorge Manuel Coutinho de Abreu, *Da empresarialidade (As empresas no Direito)*, Almedina, Coimbra, **1996**, de Orlando de Carvalho, *Critério e Estrutura do Estabelecimento Comercial. O Problema da Empresa como Objecto de Negócios*, Atlântida, Coimbra, **1967**, e, *infra*, em especial notas 10 e 11.

[9] Isto porque (ainda) existem, por determinação legal, empresas que não se podem constituir como comerciais, pela sua natureza, como é o caso da empresa agrícola.

[10] Resulta da análise do art. 230.º e, em especial, do confronto dos seus vários números com os respectivos §§, que a empresa comercial se caracteriza pelo risco de capital que o empresário assume. Isto significa que na organização da empresa comercial tem papel de relevo o factor capital, destacando-se o subsequente risco da actividade da empresa.

As empresas agrícolas, as empresas que lhes são acessórias e as pequenas empresas não são comerciais no nosso Direito positivo (art. 230.º, §§ 1.º e 2.º).

A razão de ser da exclusão da comercialidade da empresa agrícola e da empresa acessória reside no facto da sua força produtiva dominante ser a terra (riscos naturais).

A empresa agrícola é aquela que manufactura produtos da terra (exploração agrícola), e só dela, a que está adstrita dentro de um critério de normalidade. Se essa exploração for acessória (secundária), então o risco do empreendimento total continua a ser o risco do factor terra.

A exclusão do regime comercial da pequena empresa baseia-se na preponderância do factor trabalho, em detrimento do risco do capital. No entanto, a qualificação da pequena empresa, que pode existir em qualquer sector económico, depende, em grande parte, da organização económica que lhe confere o empresário. O nosso Código, ao falar nos casos práticos da "pequena empresa", utiliza um critério delimitador: o exercício directo da actividade empresarial. Da exclusão, expressa, do carácter comercial destas empresas (referidas no § 1.º do art. 230.º), há quem retire um argumento que fundamenta o recurso à analogia dos factos referidos nos vários números do artigo 230.º.

Se nada no Código veda o recurso à analogia na qualificação da empresa comercial, também não deve colher o argumento segundo o qual a expressa exclusão da comercialidade de determinadas matérias justificaria o recurso à analogia relativamente a todas as outras.

Não se invoca a certeza e a segurança do Direito, mas pergunta-se: então qual o significado dos vários números do art. 230.º? E de outras disposições legais que também prevêem actividades comerciais, tal como o art. 362.º?

Também se diz, em favor da analogia, que esta é necessária no domínio das empresas, visto tratar-se de um sector onde a técnica moderna fez surgir várias formas de actividade ainda inexistentes ou de escasso relevo na época em que o Código Comercial foi publicado (1888).

Esta contrariedade é superada, em nosso entender, pela interpretação objectiva e actualista da lei.

A analogia, na perspectiva da Teoria da Empresa, poderia *a priori* parecer aceitável, pela autonomia que esta teoria reconhece ao art. 230.º, como forma de qualificação do sujeito como comerciante, e tendo sempre em conta as características jurídicas da empresa comercial que resultam dos vários números do art. 230.º. Não podemos, contudo, ir tão longe, porque aceitar a analogia equivaleria a reduzir o conteúdo do artigo 2.º, II Parte (do CCom) aos actos acessórios do comerciante não empresário.

A possibilidade de existirem actualmente determinadas actividades que revestem a forma empresarial e que não cabem no art. 230.º, mesmo recorrendo à interpretação extensiva, nem se adequam a outras disposições que prevêem igualmente actividades – caso do artigo 362.º, que se reporta às operações de banco (exercício profissional e organizado de funções de crédito) –, nem sejam como tais legalmente qualificadas (em legislação avulsa), traduz-se num problema de qualificação *de jure constituendo*.

O artigo 230.º só é susceptível de interpretação extensiva, pois ele enumera, sob a forma de actividade, actos de comércio que não estejam previstos isoladamente, quer em disposições do Código Comercial, quer em legislação avulsa.

Os n.os 1 e 2 abrangem apenas prestações de coisas e os n.os 3 a 7 referem-se a prestações de facto.

Vejamos agora as actividades que estão abrangidas pelos vários números do art. 230.º:

O n.º 1 reporta-se à actividade transformadora (ou industrial).

No n.º 2 compreende-se toda a actividade fornecedora de coisas, bens e serviços, que não se reconduza a prestações de facto.

O n.º 3 refere-se à agenciação, que consiste na prática de actos materiais em nome de outrem. Não abrange as profissões cuja actividade é pessoal.

O n.º 4 é relativo à promoção de espectáculos públicos – teatro, concertos, cinema, desportos e outros acontecimentos –, cadeias privadas de rádio, de televisão e divulgação por *Internet*.

O n.º 5 qualifica a actividade editorial. Pela interpretação extensiva abrange toda a indústria discográfica, cinematográfica, de radiodifusão, de teledifusão (incluindo televisão por cabo) e informática. Note-se que o §3.º deste artigo (230.º) exclui a comercialidade do sujeito que se dispuser a editar as suas próprias obras.

O n.º 6 prevê a empreitada, desde que os materiais utilizados sejam fornecidos pelo empreiteiro. Interpretada extensivamente, esta disposição abrange a edificação, construção ou reparação de quaisquer imóveis.

Esta é, sem dúvida, a disposição mais esclarecedora de entre todas aquelas que constituem os vários números do art. 230.º. Com efeito, por um lado, qualifica como comercial uma empresa (no sentido de actividade) ou, o que é o mesmo, uma *empreitada* (material); por outro lado, faz depender essa qualificação da prevalência do risco do capital a que está sujeito (adstrito) o empresário – por contraposição ao risco do factor trabalho, característico da empreitada de lavor – no exercício da sua actividade (mercantil).

Resulta, pois, com especial nitidez desta disposição legal (n.º 6 do art. 230.º do CCom) que a empresa comercial se caracteriza, essencialmente, pelo risco do capital. Este factor distintivo, absolutamente relevante no século XIX, veio a perder relevo até aos nossos dias e, no início do século XXI, assiste-se a modificação total da estrutura económica, acompanhada de uma clara predominância da forma sobre a substância, o que significa que a comercialidade da empresa e da respectiva actividade passou a depender fundamentalmente da opção do próprio empresário que, pela forma dos seus actos – frequentemente motivada por razões acessórias à sua própria actividade, como seja a procura da minimização do respectivo custo fiscal –, qualifica automaticamente os seus actos. Noutros casos, a simples opção pela forma de sociedade comercial reconduz, por definição, ao regime mercantil todos os actos e contratos que essa entidade venha a praticar e celebrar.

O n.º 7 reporta-se à actividade transportadora, abrangendo, naturalmente, o transporte aéreo.

[11] O entendimento desta asserção deve ser feito, no entanto, *cum grano salis*, uma vez que se admite hoje a qualificação da substância pela forma (cfr., *supra*, nota 8), o que significa que embora uma empresa deva constituir-se como civil, por ser uma pequena empresa, por exemplo (cfr. art. 230.º, § 1.º do CCom), se os elementos externos não o impedirem, ela pode constituir-se e organizar-se, de facto, como sociedade comercial.

A sociedade será comercial sempre que se proponha a realização de *actos* de comércio ou de uma *actividade* (económica) empresarial, nos termos do artigo 230.º do Código Comercial, com fins lucrativos (cfr. art. 980.º do CC).

No desenho conceptual da sociedade comercial devemos assim atender à norma qualificadora (autónoma) constante do artigo 230.º do Código Comercial[13] – da qual se retiram características de organização na qualificação do sujeito de direito comercial ("o substrato")[14] –, ao exercício

---

Ficam também de fora, as empresas civis – agrícolas, por exemplo (cfr. art. 230.º, § 2.º do CCom) – que se organizam sob a forma de sociedade comercial (cfr. art. 1.º, n.º 4 do CSC) e se sujeitam ao regime (do Código) das Sociedades Comerciais.

[12] Ora, a leitura actualizada do velho Código Comercial, conjugada com o disposto no Código das Sociedades Comerciais, designadamente no seu artigo 1.º, determina que a empresa comercial se define por uma actividade de produção ou mediação de bens e/ou serviços para o mercado, assumindo particular relevo o risco do capital investido (por confronto com o peso do factor terra ou com o trabalho directo do empresário). Vd., *supra*, nota anterior.

[13] A empresa não é, nos temos do art. 230.º, um acto de comércio. No entanto, nada impede que a actividade (que se traduz numa prática reiterada de actos) empresarial possa envolver a prática de actos de comércio objectivos, designadamente a *compra e venda* (a propósito do respectivo n.º 5).

[14] O artigo 230.º qualifica a empresa, na sua totalidade, como sujeito do Direito comercial. Qualifica-se, como comercial, um sujeito (o empresário), que se proponha exercer uma determinada actividade.

A relevância dessa qualificação faz-se sentir não apenas no caso da empresa individual, em que bastará ao seu titular propor-se uma actividade, sem necessidade de exercer o comércio por profissão (cfr. arts. 230.º proémio e art. 13.º, n.º 1 do CCom), mas também no caso das sociedades. Assim, uma sociedade também será comercial sempre que se proponha a realização de uma actividade (económica) empresarial, nos termos do art. 230.º, com fins lucrativos (art. 980.º do Código Civil).

Pelo art. 13.º, a sociedade comercial é sujeito do Direito Comercial quando está constituída (mediante contrato com reconhecimento presencial das assinaturas e matrícula), não sendo necessária a prática efectiva de contratos comerciais (actos de comércio). O acto de constituição da sociedade envolve a definição da actividade da empresa societária e das entradas de cada um dos sócios, e a delimitação do capital sobre o qual incide o risco da actividade desenvolvida. Trata-se de um acto que está a constituir, desde logo, a própria empresa (organização interna, actividade, património).

Não obstante, será difícil, senão impossível, sustentar a autonomia da empresa em termos de lhe ser reconhecida personalidade jurídica. Ela (quando colectiva) só terá relevância sob a forma de sociedade comercial.

Não se encontra, pois, um meio de atribuir personalidade jurídica às empresas (comerciais) enquanto realidades autónomas e independentes. Não cremos que se possa

de uma actividade comercial, nos termos do critério que resulta dessa regra, à prática de actos de comércio ou contratos comerciais (cfr. art. 1.º, n.º 2 do CSC) e ao carácter lucrativo que tal actividade ou tais actos devem revestir (cfr. art. 980.º do CC).

Comecemos por explicar este último aspecto, afirmando que a actividade da sociedade tem de ser potencialmente ganhadora, isto é, tem de ser uma actividade que, em abstracto, possa gerar lucros, ainda que em concreto isso possa nunca acontecer[15].

No que se refere ao contributo do Código das Sociedades Comerciais na construção do conceito, o mesmo diz: «*São sociedades comerciais aquelas que tenham por objecto a prática de actos de comércio*» (art. 1.º, n.º 2, I parte). Isto é, parece que aquilo que caracteriza estas sociedades é a prática de actos com uma certa natureza, não resultando do Código qualquer conceito que caracterize a realidade, que terá, então, de ser procurado por recurso às outras fontes disponíveis.

Não importa aqui discutir a possibilidade da sociedade ocasional, mas apenas enfatizar que, subjacente ao substrato empresarial que a sociedade comercial deve apresentar, está uma ideia de estabilidade, que não é, aliás, alheia à caracterização da própria sociedade civil.

Classicamente, estaríamos em condições de concluir que a **sociedade comercial** é o ente personificado participado, em regra, por duas ou mais pessoas que exercem uma actividade económica lucrativa, que se

---

ir a ponto de integrá-las (forçadamente) no n.º 1 do art. 13.º, excepção feita às empresas individuais. Com efeito, em nossa opinião, essa disposição abrange apenas as pessoas físicas.

Por sua vez, o Código das Sociedades Comerciais não reconhece a autonomia da realidade empresarial. Para além da sociedade, limita-se a consagrar, como sujeito de Direito Comercial (mas sem personalidade jurídica), a representação permanente (vulgo sucursal) de sociedade estrangeira em Portugal (cfr. art. 4.º), a qual deve ser formalmente instituída e registada por sociedade que, não tendo a respectiva sede estatutária situada em Portugal, deseje exercer a sua actividade no nosso País, por um período superior a um ano (cfr. também art. 10.º, *alínea c)* do Código do Registo Comercial).

[15] Não é o facto de, em concreto, se virem ou não a verificar ganhos, relativamente à actividade que a sociedade se propõe prosseguir, que vai ou não caracterizar ou eventualmente descaracterizar a figura em causa. Isto é, há que efectivamente procurar esses lucros. Aproveite-se para referir que as *no profit making companies* que encontramos noutros ordenamentos – e a que se refere FERRER CORREIA, nas suas lições policopiadas (*Direito Comercial*, vol. I, Coimbra, 1973, p. 15) – não correspondem às sociedades comerciais do Direito português.

consubstancia na prática de actos de comércio (art. 980.º do Código Civil e art. 1.º, n.º 2 do Código das Sociedades Comerciais).

Dissemos *classicamente*, porque a excepção ao elemento pessoal (mínimo) da sociedade comercial se tem generalizado, acabando por se tornar regra.

Com efeito, deparamos hoje com uma dificuldade no que respeita à componente associativa da sociedade. Diga-se, a este propósito, que a pluralidade de sócios é um elemento extremamente importante, não apenas por corresponder à ideia da personalidade (empresa) colectiva, mas porque está presente na própria etimologia da palavra. Sociedade, como é sabido, significa pluralidade.

Por isso, a admissibilidade generalizada da sociedade (comercial) unipessoal implica forçosamente uma adaptação do conceito, no sentido da sua simplificação. A sociedade comercial deve, hoje, ser entendida como um ente jurídico que, tendo um substrato essencialmente patrimonial (e sendo composto por uma ou mais pessoas jurídicas), exerce com carácter de estabilidade uma actividade económica lucrativa que se traduz na prática de actos de comércio (*maxime* contratos comerciais).

2. Sociedades comerciais especiais[16]: instituições de crédito, sociedades financeiras, companhias seguradoras e operadoras de telecomunicações

De entre as diversas sociedades comerciais assumem particular relevo, em razão do respectivo objecto e do enquadramento legal e regime de autorização (de natureza administrativa) a que estão sujeitas, as **instituições de crédito,** as **sociedades financeiras,** as **companhias seguradoras** (e sociedades mediadoras de seguros) e as **operadoras de telecomunicações**.

Chame-se a atenção para os diplomas sobre **instituições de crédito e sociedades financeiras**[17], desde o respectivo Regime Geral (aprovado

[16] Referindo-se a estas sociedades – a propósito das *tipicidades das sociedades de Direito especial* –, de forma muito mais desenvolvida, J. Pinto Furtado, *Comentário ao Código das Sociedades Comerciais. Âmbito de aplicação. Personalidade e capacidade. Celebração do contrato e registo. Artigos 1.º a 19.º*, Almedina, Coimbra, **2009**, pp. 136-152.

[17] Quanto às diversas espécies de instituições de crédito e sociedades financeiras, cfr., respectivamente, arts. 3.º e 6.º.

pelo Decreto-Lei n.º 298/92, de 31 de Dezembro)[18], até aqueles que regulam, em especial, as diferentes espécies de instituições de crédito e sociedades financeiras.

A título meramente exemplificativo, enumere-se os diplomas reguladores dos seguintes tipos de:

I) **Instituições de crédito**:

- **Bancos**: Regime Geral das Instituições de Crédito e Sociedades Financeiras (RGIC).
- Caixa Geral de Depósitos (**CGD**): Decreto-Lei n.º 287/93, de 20 de Agosto[19].
- Caixa Central de Crédito Agrícola Mútuo, CRL (**CCCAM**): Decreto-Lei n.º 24/91, de 11 de Janeiro[20], e Portaria n.º 746/ /2009, de 14 de Julho.
- **Caixas Económicas**: Decreto-Lei n.º 136/79, de 19 de Maio[21].
- **Instituições financeiras de crédito**: Decreto-Lei n.º 186/2002, de 21 de Agosto.
- Sociedades de **investimento**: Decreto-Lei n.º 260/94, de 22 de Outubro.
- Sociedades de **locação financeira**: Decreto-Lei n.º 72/95, de 15 de Abril[22].

---

[18] A redacção actual resultou da Lei n.º 94/2009, de 1 de Setembro (sobre o sigilo bancário). O Regime Geral havia sido alterado por diversos diplomas: DL 246/95, de 14 de Setembro, DL 232/96, de 5 de Dezembro, DL 222/99, de 22 de Julho, DL 250/2000, de 13 de Outubro, DL 285/2001, de 3 de Novembro, DL 201/2002, de 26 de Setembro, DL 319/2002, de 28 de Dezembro, DL 252/2003, de 17 de Outubro, DL 145/2006, de 31 de Julho, DL 104/2007, de 3 de Abril, DL 357-A/2007, de 31 de Outubro (cfr. arts. 4.º a 6.º), DL 1/2008, de 3 de Janeiro, DL 126/2008, de 21 de Julho, 211-A/2008, de 3 de Novembro, L 28/2009, de 19 de Junho.

[19] Redacção do Decreto Lei n.º 106/2007, de 3 de Abril. Anteriormente alterado pelo DL 56-A/2005, de 3 de Março.

[20] Redacção do Decreto-Lei n.º 142/2009, de 16 de Junho (que republicou na íntegra o DL 24/91). Anteriormente alterado pelos DL 230/95, de 12 de Setembro, DL 320/97, de 5 de Novembro, DL 102/99, de 31 de Março (Rect. 10/N/99, de 30 de Abril), DL 201//2002, de 26 de Setembro, DL . 76-A/2006, de 29 de Março (cfr. art. 16.º).

[21] Redacção do Decreto-Lei n.º 188/2007, de 11 de Maio. Anteriormente alterado pelos DL 231/79, de 24 de Julho, DL 281/80, de 14 de Agosto, DL 79/81, de 20 de Abril, DL 49/86, de 14 de Março, DL 212/86, de 1 de Agosto, DL 182/90, de 6 de Junho, e DL 319/97, de 25 de Novembro.

[22] Redacção do Decreto-Lei n.º 285/2001, de 3 de Novembro (altera arts. 1.º e 7.º e adita art. 1.º-A), e do Decreto-Lei 186/2002, de 21 de Agosto (revoga o art. 4.º).

- Sociedades de *factoring*: Decreto-Lei n.º 171/95, de 18 de Julho[23].
- Sociedades financeiras para aquisições a crédito (**SFAC's**): Decreto-Lei n.º 206/95, de 14 de Agosto.
- Sociedades de **garantia mútua**: Decreto-Lei n.º 211/98, de 16 de Julho[24].
- Instituições de **moeda electrónica**: Decreto-Lei n.º 42/2002, de 2 de Março.

II) **Sociedades financeiras:**

- Sociedades gestoras de fundos de investimento mobiliário e **organismos de investimento colectivo (OIC):** Decreto-Lei n.º 252/2003, de 17 de Outubro (aprova o respectivo regime jurídico e das respectivas sociedades gestoras)[25], e Regulamentos da CMVM n.os 15/2003, de 18 de Dezembro (publ. no DR II Série de 21 de Janeiro de 2004)[26] – procede à regulamentação de certas matérias previstas no regime jurídico dos OIC –, 16/ /2003 (publ. no DR II Série, de 26 de Janeiro de 2004), sobre contabilidade dos OIC, e 7/2004, de 9 de Dezembro (publ. no DR II Série de 23 de Dezembro de 2004), sobre comercialização em Portugal de OIC harmonizados e domiciliados noutro Estado membro da UE que não disponham de projecto simplificado.
- Sociedades gestoras e **fundos de investimento imobiliário:** Decreto-Lei n.º 60/2002, de 20 de Março[27], Portaria n.º 95/94,

---

[23] Red. do Decreto-Lei n.º 186/2002, de 21 de Agosto (revoga o n.º 1 do art. 4.º)]

[24] Red. do Decreto-Lei n.º 309-A/2007, de 7 de Setembro. Anteriormente alterado pelo DL 19/2001, de 30 de Janeiro.

[25] Redacção do Decreto-Lei n.º 148/2009, de 25 de Junho. O diploma havia sido anteriormente alterado pelos DL 52/2006, de 15 de Março (art. 8.º), DL 357-A/2007, de 31 de Outubro (art. 13.º), e DL 211/2008, de 3 de Novembro. Revogou o Decreto-Lei n.º 276/94, de 2 de Novembro (cuja última redacção foi a que resultou do Decreto-Lei n.º 62/2002, de 20 de Março), a Portaria n.º 422-B/88, de 4 de Julho, e a Portaria n.º 95/94, de 9 de Fevereiro.

[26] Red. do art. 3.º do Reg. CMVM n.º 7/2007, de 9 de Novembro (publ. no DR II Série, de 19 de Dezembro de 2007). Anteriormente alterado pelo Reg. CMVM 9/2005, de 16 de Setembro (publ. no DR II Série, de 28 de Setembro).

[27] Redacção do Decreto-Lei n.º 211-A/2008, de 3 de Novembro. Anteriormente alterado pelo Decreto-Lei n.º 252/2003, de 17 de Outubro, pelo Decreto-Lei n.º 13/2005, de 7 de Fevereiro (rectif. pela Rect. n.º 8/2005, de 22 de Fevereiro), e pelo DL n.º 357-A/ /2007, de 31 de Março.

Complementado, entre outros, pelos Regulamentos da CMVM n.os 8/2002, de 14 de Junho de 2002 (publ. DR II Série de 18 de Junho de 2002, na red. dos arts. 1.º e 2.º do

de 9 de Fevereiro, e Regulamento da CMVM n.º 8/2002, de 14 de Junho de 2002 (publ. DR II Série de 18 de Junho de 2002)[28].

- Sociedades e **fundos de investimento imobiliário para arrendamento habitacional:** Decreto-Lei n.º 64-A/2008, de 31 de Dezembro, e Portaria n.º 1553-A/2008, de 31 de Dezembro.
- **Fundos especiais de investimento** [Reg. CMVM n.º 15/2003, de 18 de Dezembro (arts. 50.º-55.º), publ. no DR II Série de 21 de Janeiro de 2004].
- Sociedades de desenvolvimento regional (**SDR**): Decreto-Lei n.º 25/91, de 11 de Janeiro[29], e Portaria n.º 95/94, de 9 de Fevereiro.
- Sociedades emitentes ou **gestoras de cartões de crédito**: Decreto-Lei n.º 166/95, de 15 de Julho.
- **Agências de câmbios**: Decreto-Lei n.º 3/94, de 11 de Janeiro[30].
- Sociedades **gestoras de fundos de titularização de créditos**: Decreto-Lei n.º 453/99, de 5 de Novembro (cfr. arts. 39.º a 68.º)[31].

III) **Empresas de investimento**[32]**:**

- Sociedades **corretoras** e sociedades **financeiras de corretagem**: Decreto-Lei n.º 262/2001, de 28 de Setembro[33], Portaria

---

Reg. CMVM n.º 7/2007, de 9 de Novembro, publ. no DR II Série, de 19 de Dezembro de 2007, e do Reg. 1/2005, de 13 de Janeiro, publ. no DR n.º 31, Série II, de 14 de Fevereiro), 7/2003, de 29 de Agosto (publ. DR II Série, de 30 de Agosto de 2003, na red. do Reg. CMVM n.º 2/2008, de 8 de Maio de 2008, publ. no DR IISérie, de 20 de Maio de 2008) e 2/2005, de 14 de Abril de 2005 (publ. DR II Série, de 18 de Maio de 2005).

[28] Red. dos arts. 1.º e 2.º do Reg. CMVM n.º 7/2007, de 9 de Novembro (publ. no DR II Série, de 19 de Dezembro de 2007), e do Reg. CMVM n.º 1/2005, de 13 de Janeiro (publ. no DR n.º 31, Série II, de 14 de Fevereiro).

[29] Alt. pelo DL 247/94, de 7 de Outubro.

[30] Alt. pelo DL 298/95, de 18 de Novembro, e pelo DL 53/2001, de 15 de Fevereiro.

[31] Redacção do Decreto-Lei n.º 211-A/2008, de 3 de Novembro. Tinha sido anteriormente alterado pelo DL 82/2002, de 5 de Abril, pelo DL 303/2003, de 5 de Dezembro, e pelo art. 9.º do DL 52/2006, de 15 de Março.

[32] As sociedades corretoras, sociedades financeiras de corretagem e as sociedades gestoras de patrimónios são qualificadas como "Empresas de Investimento", nos termos do disposto no art. 293.º, n.º 2 do CVM. Não correspondendo ainda a uma categoria legal, esta terminologia é (já) usada no RGIC e no CVM. Com a transposição da DMIF pelo Decreto-Lei n.º 357-A/2007, de 31 de Outubro, passaram ainda a integrar as empresas de investimento as sociedades mediadoras dos mercados monetário e de câmbios, as sociedades de consultoria para investimento e as sociedades gestoras de sistemas de negociação multilateral.

[33] Red. do DL 357-A/2007, de 31 de Outubro (art. 11.º).

866/2002, de 24 de Julho, Aviso do BdP n.º 12/2003, de 7 de Novembro.

- Sociedades **gestoras de patrimónios**: Decreto-Lei n.º 163/94, de 4 de Junho[34], Aviso do BdP n.º 3/2004, de 9 de Julho[35], e Portaria n.º 95/94, de 9 de Fevereiro.
- Sociedades **mediadoras** do mercado monetário e do mercado de câmbios: Decreto-Lei n.º 110/94, de 28 de Abril, e Portaria n.º 95/94, de 9 de Fevereiro.
- Sociedades de consulta para **investimento em instrumentos financeiros:** Decreto-Lei n.º 357-B/2007, de 31 de Outubro.
- Sociedades gestoras de **sistemas de negociação multilateral:** Decreto-Lei n.º 357-C/2007, de 31 de Outubro.

IV) Sociedades de seguros e fundos de pensões:

- **Seguradoras:** Decreto-Lei n.º 94-B/98, de 17 de Abril[36], e Portaria n.º 292/99, de 28 de Abril.
- **Mediadoras** de seguros: Lei n.º 11/2006, de 4 de Abril, e Decreto-Lei n.º 144/2006, de 31 de Julho[37].
- **Fundos de pensões e** respectivas **sociedades gestoras**: Decreto-Lei n.º 12/2006, de 20 de Janeiro[38].

V) **Operadoras de telecomunicações**: Lei das Comunicações Electrónicas – Lei n.º 5/2004, de 10 de Fevereiro[39].

VI) Para além das acima referidas – todas com regimes específicos em função da natureza da respectiva actividade e do seu objecto –,

---

[34] Alt. pelo DL 17/97, de 21 de Janeiro, e pelo DL 99/98, de 21 de Abril).

[35] Objecto da Rect. n.º 63/2004, de 19 de Julho.

[36] Alterado pelos DL 8-C/2002, de 11 de Janeiro, DL 169/2002, de 25 de Julho, DL 72-A/2003, de 14 de Abril, DL 90/2003, de 30 de Abril, DL 251/2003, de 14 de Outubro (transpõe directivas sobre solvência das empresas seguradoras), DL 76-A/2006, de 29 de Março, DL 145/2006, de 31 de Julho, DL 291/2007, de 21 de Agosto, DL 375-A/2007, de 31 de Outubro, DL 72/2008, de 16 de Abril, DL 211-A/2008, de 3 de Novembro, DL 2/2009, de 5 de Janeiro, e L 28/2009, de 19 de Junho. Devem ser tidas também em consideração diversas Normas emitidas pelo Instituto de Seguros de Portugal.

[37] Cfr. também Normas ISP 17/2006-R (e 13/2007-R) e 8/2007-R.

[38] Red. do DL 357-A/2007, de 31 de Outubro. Anteriormente alterado pelo DL 180/ /2007, de 9 de Maio.

[39] Rectif. pela Rect. n.º 32-A/2004, de 10 de Abril. A Lei n.º 5/2004 revogou a quase totalidade dos diplomas que até então regulavam a matéria das telecomunicações. A sua redacção actual resultou do Decreto-Lei n.º 176/2007, de 8 de Maio.

outras sociedades, não se enquadrando em nenhuma das espécies enunciadas, estão também sujeitas a um regime especial, em função das particularidades do respectivo objecto. Mencione-se as seguintes:

- Sociedades de **capital de risco**, Fundos de capital de risco ou Investidores em capital de risco: Decreto-Lei n.º 375/2007, de 8 de Novembro[40], e Reg. CMVM n.º 1/2008, de 14 de Fevereiro (publ. DR II Série, de 7 de Março de 2008)[41].
- Sociedades (anónimas) desportivas (**SAD's**): Decreto-Lei n.º 67/97, de 3 de Abril[42].
- Sociedades Gestoras de Empresas (**SGE**): Decreto-Lei n.º 82/98, de 2 de Abril.
- Sociedades Unipessoais da **Zona Franca** da Madeira: Decreto-Lei n.º 212/94, de 10 de Agosto (alt. pelo DL 76-A/2006, de 29 de Março).
- Sociedades Gestoras de Participações Sociais (**SGPS**): Decreto-Lei n.º 495/88, de 30 de Dezembro (alt. pelos DL 318/94, de 24 de Dezembro, e DL 378/98, de 27 de Novembro, e pela L 109-B/2001, de 27 de Dezembro)[43].

C) Enquadramento legal das sociedades comerciais: o Código das Sociedades Comerciais e outros diplomas

1. Aprovação e entrada em vigor

Aprovado pelo Decreto-Lei n.º 262/86, de 2 de Setembro, e publicado nesse dia, o Código das Sociedades Comerciais foi objecto de uma *vacatio legis* muito reduzida, visto que entrou em vigor em 1 de Novembro seguinte[44].

---

[40] Revoga o Decreto-Lei n.º 319/2002, de 28 de Dezembro.

[41] A estas sociedades e fundos devemos acrescentar os Fundos de Sindicação de Capital de Risco (cfr. DL 187/2002, 21 de Agosto, na red. do DL 13/2007, de 19 de Janeiro.

[42] Alt. pelo DL 303/99, de 6 de Agosto, e pelo DL 76-A/2006, de 29 de Março.

[43] Cfr., *infra*, n.º 40.

[44] Repare-se que a *vacatio legis* concedida na reforma de 2006 foi superior.

Temos muita dificuldade em entender que um diploma com a importância e alcance do Código Sociedades Comerciais tivesse entrado em vigor menos de dois meses após a sua publicação e divulgação, porque nada o impunha; nem tão pouco a então recente adesão à Comunidade Europeia, já que, em Espanha, país aderente na mesma data, a reforma do Direito Societário apenas começou a ser implementada em 1990, após largos anos de discussão[45].

Dada a correspondência do exercício social com o ano civil[46] e o facto de muitos prazos previstos no Código se reportarem a períodos anuais, com a natural dificuldade de saber se terminavam no dia 31 de Outubro de um certo ano ou apenas no final do exercício desse ano (31 de Dezembro), teria sido, a todos os títulos, preferível que o Código tivesse entrado em vigor no início do exercício social subsequente à sua publicação, ou seja, em 1 de Janeiro de 1987, caso se considerasse ser essa *vacatio legis* suficiente.

2. Sistematização

A sistematização do Código das Sociedades Comerciais é semelhante à do Livro II do Código Civil (Direito das Obrigações) – *Das obrigações em geral* (título I) e *Dos contratos em especial* (título II) –, embora arrumando a matéria em oito títulos. Temos assim uma parte geral (titulo I) e partes especiais (títulos II a VI). Acrescem as regras penais (título VII) e as disposições finais e transitórias (título VIII).

As partes especiais contêm as regras específicas de cada um dos tipos societários – sociedade em nome colectivo (título II), sociedade por quotas (título III), sociedade anónima (título IV) e sociedade em comandita (título V) – e as normas que disciplinam as sociedades coligadas.

---

[45] Sobre a experiência espanhola no domínio das sociedades anónimas, cfr. a nossa dissertação de mestrado sobre *Os direitos especiais nas sociedades anónimas: as acções privilegiadas*, Almedina, Coimbra, **1993**, pp. 75-77.

No que respeita às sociedades de responsabilidade limitada (equivalente das nossas SPQ), a respectiva reforma data de 1995, tendo sido aprovada pela Ley 2/1995, de 23 de Março, que, entrando em vigor em 1 de Junho de 1995, veio revogar a Lei de 17 de Julho de 1953 (cfr. 1.º disposição derrogatória). Sobre este novo diploma, cfr. AA.VV., *Comentários a la Ley 2/1995 de Sociedades de Responsabilidad Limitada*, dir. por Oscar Alzaga Villaamil e Santiago Rodriguez-Miranda Gomez, Edersa, Madrid, **1995**.

[46] Entretanto flexibilizada, por efeito da alteração de diversas disposições do Código das Sociedades Comerciais (cfr. Decreto-Lei n.º 328/95, de 9 de Dezembro), nomeadamente arts. 9.º, n.º 1, *alínea i)*, e 65.º-A.

A sistematização adoptada obriga o intérprete-aplicador do Direito a considerar sempre as regras gerais e a regra especial para encontrar a solução do caso concreto e, na falta de preceito concretamente aplicável, a equacionar a analogia se existir disposição legal que cubra caso semelhante para outro tipo de sociedade.

3. **Revogação da legislação anterior**

A sucessão das leis sobre sociedades comerciais no tempo operou-se por revogação mista (por efeito do art. 3.º do Decreto-Lei n.º 262/86), tendo dado lugar a muitas dúvidas sobre a aplicabilidade de diplomas que, não tendo sido expressamente revogados, não eram claramente contrários à nova regulamentação.

A subsistência do próprio Decreto-Lei n.º 408/82, de 29 de Setembro (regime de registo ou depósito de acções)[47], expressamente ressalvado e mantido em vigor pelo art. 5.º do Decreto-Lei n.º 262/86, levantou então grandes interrogações pela clara divergência entre alguns dos seus preceitos e as novas regras do Código[48].

O Decreto-Lei n.º 408/82 (bem como o art. 5.º do Decreto-Lei n.º 262/86) e os preceitos do Código das Sociedades Comerciais que dele divergiam encontram-se hoje revogados, por expressa determinação do artigo 15.º, n.º 1, *alíneas b)* e *c)* do Decreto-Lei n.º 486/99, de 13 de Novembro, que aprovou o (novo) Código dos Valores Mobiliários.

4. **Aplicação no tempo do Código das Sociedades Comerciais: o artigo 4.º do Decreto-Lei n.º 262/86, de 2 de Setembro**

Mas mais criticável foi a solução engendrada pelo legislador para a sucessão de leis no tempo, no que respeita à aplicabilidade do Código das Sociedades Comerciais às sociedades constituídas até 31 de Outubro de 1986.

---

[47] O Decreto-Lei n.º 408/82 (bem como o art. 5.º do Decreto-Lei n.º 262/86) e os preceitos do Código das Sociedades Comerciais que dele divergiam encontram-se hoje revogados, por expressa determinação do art. 15.º, n.º 1, *alíneas b)* e *c)* do Decreto-Lei n.º 486/99, de 13 de Novembro, que aprovou o (actual) Código dos Valores Mobiliários.

[48] Vd., por todos, João Labareda, *Das acções das sociedades anónimas,* AAFDL, Lisboa, **1988**, pp. 245-249, em especial nota 1 a pp. 247-248.

Se não tivesse sido criada uma disposição transitória especial, como a constante do artigo 4.º do Decreto-Lei n.º 262/86, teríamos de recorrer às regras gerais do Direito sobre aplicação da lei no tempo, *maxime* ao disposto no art. 12.º, n.º 1 do Código Civil, acabando por concluir que a nova lei se aplicaria aos efeitos futuros (situações jurídicas decorrentes) dos factos passados (desde a própria constituição da sociedade) sempre que não estivessem em causa condições de validade formal ou substancial desses factos, mas apenas o conteúdo das situações jurídicas.

Mas não foi isso que aconteceu, pelo que devemos passar a analisar a opção do legislador.

Dispõe o artigo 4.º do Decreto-Lei n.º 262/86 o seguinte: «*Quando disposições legais ou contratuais remeterem para preceitos legais revogados por esta lei, entende-se que a remissão valerá para as correspondentes disposições do Código das Sociedades Comerciais, salvo se a interpretação daquelas impuser solução diferente*».

Como interpretar então o preceito acima transcrito?

Dificuldades de maior não se colocarão se houver uma remissão expressa da lei (revogada) ou dos estatutos para norma legal revogada, porque então se aplicará a nova lei, excepto se da letra e espírito (especialmente do contexto) da regra remissiva resultar que seria mais adequado considerar o teor material da disposição legal revogada, por ser, nomeadamente, aquele que melhor quadraria aos interesses das partes envolvidas.

Os problemas levantar-se-ão acerca das remissões tácitas que decorrem da não integração nos estatutos de cláusulas correspondentes a normas dispositivas de carácter supletivo[49], o que pode acontecer (ou ter acontecido) porque as partes (os sócios fundadores ou aqueles que aderiram ulteriormente à sociedade), conhecendo-as, concordavam inteiramente com a solução resultante de tais regras, tendo-se dispensado de as repetir no contrato de sociedade, ou porque, pura e simplesmente, por esquecimento ou ignorância, não as perspectivaram.

A aplicação de preceitos supletivos pode pressupor, pois, uma remissão tácita das partes, ao absterem-se de regular certo aspecto de que a lei cura.

[49] A questão não se coloca quanto a cláusulas estatutárias que infrinjam regras imperativas da nova lei (Código das Sociedades Comerciais), dado que essas se consideram «*automaticamente substituídas*» por aquelas.

Ora, quando estiver em causa matéria que o contrato não trata, mas a que a lei dá uma resposta, dever-se-á entender, em conformidade com o disposto no artigo 4.º do Decreto-Lei n.º 262/86, que se aplicam **sem restrições** «*as correspondentes disposições do Código das Sociedades Comerciais*» (*negrito nosso*). Afirmamos "sem restrições", visto que, não havendo regra estatutária, não há objecto de interpretação, pelo que não poderá emergir «*solução diferente*» da que resulte da aplicação da norma do Código das Sociedades Comerciais.

Os conflitos que eventualmente poderão resultar da aplicação do artigo 4.º (citado), em toda a sua extensão e alcance, colocar-se-ão acerca de aspectos que sejam objecto de diferente regulamentação no Código das Sociedades Comerciais, relativamente à lei substituída.

Com efeito, se o contrato de sociedade era omisso acerca de um aspecto regulado pela lei vigente na data de constituição da sociedade (porque os sócios fundadores concordavam com a solução legal, aplicável no silêncio do contrato), não haverá litígio sobre a aplicação da nova lei à situação não contemplada no contrato se os resultados dessa aplicação forem idênticos – ao que seriam antes da sucessão de leis –, correspondendo ao regime com que as partes contavam ou podiam contar.

O mesmo já não se diga se a nova lei adoptar uma previsão contrária ou, pelo menos, substancialmente diferente daquela que havia sido acolhida pela lei anterior e que, no silêncio dos pactos sociais celebrados na vigência desta, era aplicável.

Nestes casos, a expectativa das partes (dos sócios) pode ser totalmente frustrada, pela aplicação do artigo 4.º citado, como se demonstrará pelos exemplos que, a propósito de aspectos essenciais das sociedades por quotas, passamos a explanar.

A) Na vigência da Lei das Sociedades por Quotas, de 11 de Abril de 1901, a doutrina inclinava-se, por larga maioria, para considerar que os sócios, na falta de previsão do pacto social, teriam direito à distribuição da totalidade dos lucros periódicos (cfr. art. 20.º dessa lei). Hoje, nos termos do disposto no artigo 217.º do Código das Sociedades Comerciais, no silêncio do contrato, aos sócios, em princípio, apenas é garantida a atribuição (proporcional) de metade dos lucros do exercício, sendo certo que, por maioria de 3/4 dos votos correspondentes ao capital social pode a sociedade deliberar não distribuir lucros num dado exercício.

B) O regime da (livre) transmissibilidade onerosa das quotas foi grandemente alterado pela na nova lei, passando hoje, no silêncio do contrato de sociedade, a ser muito limitada a possibilidade de cessão de quotas (arts. 228.º e 229.º do Código das Sociedades Comerciais), quando a mesma, no passado, em idênticas condições, era livre (cfr. art. 6.º da LSQ).

Dos exemplos sucintamente referidos resulta que, se um contrato de sociedade por quotas outorgado antes de 1 de Novembro de 1986 fosse omisso sobre distribuição periódica de lucros e cessão de quotas, os sócios poderiam ter a expectativa de, anualmente, receberem lucros e de, a todo o tempo, poderem ceder a sua participação. Por efeito da regra em análise (art. 4.º), com a entrada em vigor do novo diploma regulador das sociedades comerciais, tudo se poderá ter alterado, vendo agora os mesmos sócios seriamente comprometido o seu direito aos lucros periódicos, bem como grandemente limitada a possibilidade de cederem (a terceiros) as suas quotas.

Concluindo, o artigo 4.º do Decreto-Lei n.º 262/86, de 2 de Setembro, consagra um sistema de remissão formal no tocante aos aspectos dispositivos que não eram objecto de regulamentação contratual, pelo que, no silêncio do contrato, verificar-se-á a aplicação directa das regras do Código das Sociedades Comerciais aos aspectos omissos dos pactos e estatutos de sociedades constituídas antes da sua entrada em vigor.

5. **Principais vectores do Código em face do Direito anterior**

– A **pessoalização** crescente das sociedades por quotas, pelo reconhecimento (legal) de uma relevância cada vez maior da pessoa dos sócios, em prejuízo da transmissibilidade e circulação de capitais[50].
– A **vinculação** da sociedade a todos os actos subscritos pelos seus gerentes ou administradores, desde que aqueles não se afastem do objecto social e este deva ser conhecido de terceiros[51], mesmo que

[50] Neste sentido, e entre outros, cfr. os regimes da cessão de quotas (arts. 228.º e segs.) e do direito de informação (arts. 214.º a 216.º).

[51] Se a sociedade não toma os devidos cuidados para publicitar o objecto social, os terceiros podem licitamente ignorá-lo e, nesse caso, nem quando se afasta do objecto

os membros da gerência ou da administração não tenham, contratualmente, poderes para celebrar os referidos actos[52].

6. Vantagens e inconvenientes do Código das Sociedades Comerciais no plano da prática

O balanço global que imediatamente se fez do Código das Sociedades Comerciais – após a sua publicação –, apesar das críticas que então lhe foram desferidas, foi claramente positivo. Ninguém questionou, na época, o benefício que resultava para os agentes económicos de poderem dispor de um instrumento normativo único, comparativamente à situação anterior, de profunda dispersão de fontes e de alguma incerteza relativamente a matérias não reguladas[53].

No que respeita às **vantagens**, o Código representou, pois, um claro passo em frente na arrumação e regulação das matérias que sistematiza e disciplina, constituindo legislação vasta e pormenorizada, fundamento

social deixa de ficar vinculada por quaisquer actos subscritos pelos gerentes e administradores.

[52] Este vector é muito importante porque traduz o seguinte: anteriormente (ao CSC) fazia-se deslocar o ónus do conhecimento das regras estatutárias, através da publicação dos actos sociais e pela inscrição da sociedade no registo, para os terceiros que contactassem com a sociedade, ou seja, se por exemplo, e em regra, fossem necessários dois gerentes para vincular uma sociedade e numa determinada sociedade o contrato social exigisse a assinatura de três gerentes, os actos que fossem praticados por apenas dois – não obstante corresponderem à exigência legal – não vinculavam validamente a sociedade, pelo que um terceiro não se podia prevalecer desse acto junto dela se o pretendesse. A sociedade podia, então, opor a limitação estatutária. Hoje – como veremos –, mesmo que isso aconteça, desde que o acto seja praticado no âmbito do objecto social e contanto que os terceiros devam conhecer esse objecto, ele vincula a sociedade que, primeiro, paga e depois vai actuar em termos de regresso contra os seus gerentes e administradores. O regime consagrado pelo Código vem ao encontro da tutela e da protecção da confiança dos terceiros que celebram negócios com a sociedade e, também, na linha da chamada tutela da aparência de que aqueles que desempenham funções nos órgãos da administração das sociedades comerciais (os administradores e os gerentes) têm, na realidade, poderes para as vincular.

[53] Poderíamos, contudo, ter vivido com o mesmo instrumento e tê-lo assimilado de forma diferente; mais suave, com melhor conhecimento, e com um debate prévio que permitisse afinar muitas das suas disposições e chamar a atenção para diversas lacunas e incoerências.

de certeza e segurança do Direito, e lei única para todos os tipos sociais; apresentou inúmeras inovações de regime; e promoveu a adaptação das Directivas Comunitárias (existentes) ao ordenamento jurídico português. Para além disso, regulou novas matérias – que, até então, não eram objecto de regulamentação legal – e consagrou novos princípios, impondo uma maior transparência nos negócios sociais[54] que, por efeito do tecido normativo criado, deixaram de ser conduzidos pelos órgãos executivos com a liberdade de que estes anteriormente gozavam.

De entre os **inconvenientes**, aponte-se a falta de clareza (de algumas das suas regras) e de coerência (de certas soluções) resultante da consagração e mistura de orientações provenientes de vários e diferentes projectos; a criação de regras discutíveis e injustificáveis; e as dificuldades de assimilação do seu conteúdo, em toda a extensão da sua amplitude, por parte dos seus principais destinatários.

De qualquer modo, parece indiscutível que os inconvenientes (pouco expressivos) do Código são largamente superados pelo manancial de (novas) soluções que ele facultou e proporciona.

7. Outros Códigos e diplomas avulsos relevantes

Paralelamente ao Código das Sociedades Comerciais – principal fonte na matéria que nos ocupa –, deparamos com **diplomas de carácter geral** sob a forma de Código, tais como:

- O **Código dos Valores Mobiliários (CVM)** que, aprovado pelo Decreto-Lei n.º 486/99, de 13 de Novembro, entrou em vigor em 1 de Março de 2000[55].

---

[54] Designadamente pelo amplo reconhecimento do direito de informação: cfr. arts. 214.º a 216.º e 288.º a 292.º.

[55] Revogou o anterior diploma, designado Código do Mercado de Valores Mobiliários (que havia sido aprovado pelo DL 142-A/91, de 10 de Abril), e diversa legislação avulsa.

Algumas das suas disposições entraram em vigor antes de 1 de Março de 2000 (cfr. arts. 2.º *in fine* e 5.º, n.º 1, e 6.º, n.ºs 1 e 2 do DL 486/99) e a entrada em vigor de outras ficou sujeita a regulamentação (cfr. art. 6.º, n.º 3 do DL 486/99). Alterado por diversos diplomas [DL 61/2002, de 20 de Março, DL 38/2003, de 8 de Março, DL 107/2003, de 4 de Junho, DL 183/2003, de 19 de Agosto, DL 66/2004, de 24 de Março, DL 52/2006, de 15 de Março, DL 219/2006, de 2 de Novembro, DL 357-A/2007, de 31 de Outubro,

- O **Código do Registo Comercial** (**CRCom**), aprovado pelo Decreto-Lei n.º 403/86, de 3 de Dezembro[56];
- O **Código Civil** (**CC**) em especial os artigos 980.º e seguintes, para o qual remetem diversas disposições do Código das Sociedades Comerciais;
- O **Código da Insolvência (e Recuperação de Empresas) (CIRE)**, aprovado pelo Decreto-Lei n.º 53/2004, de 18 de Março[57].

Merecem igualmente referência alguns **diplomas avulsos**, tais como:

- Decreto-Lei n.º 160/87, de 3 de Abril (**emissão de obrigações no âmbito das SPQ**);
- **Lei da concorrência** [Lei n.º 18/2003, de 11 de Junho (em especial artigos 8.º e seguintes sobre **apreciação prévia das concentrações de empresas**)[58]];

DL 211/2008, de 3 de Novembro, L 28/2009, de 19 de Junho (art. 7.º), e DL 185/2009, de 12 de Agosto (art. 6.º), e DL 49/2010, de 19 de Maio], o CVM é complementado por diversas Portarias e por Regulamentos da CMVM.

Note-se que a alteração do art. 245.º-A do CVM, determinada pelo art. 6.º do DL 185/2009, de 12 de Agosto, só entrou em vigor em 1 de Janeiro de 2010 (cfr. art. 14.º, n.º 1 do últ. diploma).

[56] Este diploma legal foi objecto de inúmeras modificações, sendo as últimas as que resultaram dos DL 53/2004, de 18 de Março [insolvência e recuperação de empresas (altera os arts. 9.º, 10.º, 61.º, 64.º, 66.º, 67.º, 69.º e 80.º)], DL 70/2004, de 25 de Março (*warrants* autónomos), DL 2/2005, de 4 de Janeiro (altera os arts. 3.º, 13.º, 14.º, 15.º, 27.º, 36.º, 61.º, 69.º, 70.º, 71.º e 112.º-B; adita os arts. 25.º-A e 62.º-A), DL 35/2005, de 17 de Fevereiro (altera o art. 72.º) DL 111/2005, de 8 de Julho (altera os arts. 14.º, 51.º, 55.º, 62.º, 70.º e 71.º), DL 52/2006, de 15 de Março (altera os arts. e 69.º), DL 76-A/2006, de 29 de Março, DL 219/2006, de 2 de Novembro, DL 8/2007, de 17 de Janeiro [arts. 12.º, 13.º e 23.º, *alínea a)*], DL 318/2007, de 26 de Setembro, DL 34/2008, de 26 de Fevereiro, DL 73/2008, de 16 de Abril, DL 116/2008, de 4 de Julho, DL 247-B/2008, de 30 de Dezembro, L 19/2009, de 12 de Maio, DL 122/2009, de 21 de Maio, e DL 185/ /2009, de 12 de Agosto (cfr. art. 4.º).

[57] Na redacção do Decreto-Lei n.º 185/2009, de 12 de Agosto (art. 9.º). Anteriormente havia sido alterado pelos DL 200/2004, de 18 de Agosto, DL 76-A/2006, de 29 de Março, DL 282/2007, de 7 de Agosto, e DL 116/2008, de 4 de Julho.

[58] Redacção da Lei n.º 52/2008, de 28 de Agosto. Anteriormente alterada pelo DL 219/2006, de 2 de Novembro, e pelo DL 18/2008, de 29 de Janeiro.

Cfr. também os Regulamentos 9/2005, de 28 de Dezembro de 2004 (publ. no DR II Série, de 3 de Fevereiro de 2005) – sobre avaliação prévia de práticas proibidas –, e 47/2004, de 30 de Novembro de 2004 (publ. no DR II Série, de 23 de Dezembro), sobre taxas, e a Lei n.º 39/2006, de 25 de Agosto, que estabelece o regime jurídico de dispensa

- O regime jurídico das **sociedades gestoras de participações sociais (SGPS)** (Decreto-Lei n.º 495/88, de 30 de Dezembro)[59];
- **Registo Nacional de Pessoas Colectivas e firmas e denominações** (Decreto-Lei n.º 144/83, de 31 de Março, e Decreto-Lei n.º 129/98, de 13 de Maio)[60];
- O regime jurídico da **Sociedade Anónima Europeia** (Decreto-Lei n.º 2/2005, de 4 de Janeiro[61]), que resultou da transposição de uma Directiva europeia e o qual se aplica, como veremos adiante (cfr., *infra*, cap. I, n.º 1.3), a situações jurídico-societárias em conexão com ordenamentos jurídicos distintos.

8. A actualização (legislativa) do Código das Sociedades Comerciais

À precipitada entrada em vigor do Código das Sociedades Comerciais, agravada por ter ocorrido, como já se referiu, numa data esdrúxula – e não, como seria lógico esperar, no início do exercício social subsequente (1 de Janeiro de 1987) –, não são certamente alheias as inúmeras **rectificações** e **alterações** que se sucederam num curto espaço de tempo, após 1 de Novembro de 1986, consubstanciando-se as primeiras nos DR n.º 276, I Série, de 29 de Novembro de 1986 (Supl.), e DR n.º 199, I Série, de 31 de Agosto de 1987 (Supl.), e as segundas em duas alterações tácitas [cfr., *infra*, **a)** e **ee)**] e em trinta e duas modificações expressas da lei fundamental das sociedades comerciais, que registamos[62]:

---

e da atenuação especial da coima em processos de contra-ordenação por infracção às normas nacionais de concorrência.

[59] Alterado pelos Decretos-Lei n.º 318/94, de 24 de Dezembro, 378/98, de 27 de Novembro, e Lei n.º 109-B/2001, 27 de Dezembro.

[60] Revogou o DL 42/89, de 3 de Fevereiro.

Redacção da Lei n.º 29/2009, de 29 de Junho. Últimas alterações (anteriores): DL 111/2005, de 8 de Julho, DL 76-A/2006, de 29 de Março (arts. 25.º e 26.º), DL 125/2006, de 29 de Junho, DL 8/2007, de 17 Janeiro (art. 17.º), que alterou os arts 54.º e 56.º, DL 247-B/2008, de 30 de Dezembro, e DL 122/2009, de 21 de Maio, que aditou o art. 11.º-A.

[61] Alterado pelo DL 76-A/2006, de 29 de Março (cfr. art. 36.º) e DL 8/2007, de 17 de Janeiro.

[62] Sobre as vicissitudes inerentes à publicação e entrada em vigor do Código que, naturalmente, explicam as inúmeras alterações de que ele viria a ser objecto – algumas delas imediatamente após a sua entrada em vigor, sob a forma de rectificações, quiçá para lhes conceder alcance retroactivo –, vd., *supra*, n.º 1. Às alterações ocorridas, sobretudo

a) Decreto-Lei n.º 160/87, de 3 de Abril (que permite às sociedades por quotas emitirem obrigações),

b) Decreto-Lei n.º 184/87, de 21 de Abril (introduziu as contra-ordenações e disposições penais em matéria de sociedades, e determinou a alteração na ordem das disposições finais),

c) Decreto-Lei n.º 280/87, de 8 de Julho (determinou inúmeras alterações e rectificações ao Código),

d) Decreto-Lei n.º 229-B/88, de 4 de Julho (alterou os arts. 109.º, n.º 4, 295.º n.º 2, *alínea a)*, e n.º 3, *alíneas b)* e *c)*, 314.º, *alínea d)*, 315, 360.º, *alíneas d)* e *e)*, e aditou os arts. 372.º-A e 372.º-B),

e) Decreto-Lei n.º 229-D/88, de 4 de Julho (introduziu no ordenamento português as acções escriturais)[63],

f) Portaria n.º 80-A/89, DR n.º 28, II Série, de 2 de Fevereiro, distribuída em 5 de Abril de 1990 (?!) (alterou o disposto no art. 262.º, n.º 2),

g) Decreto-Lei n.º 418/89, de 30 de Novembro (prorrogou o prazo previsto no n.º 1 do art. 533.º),

h) Decreto-Lei n.º 142-A/91, de 10 de Abril (aprovou o Código do Mercado de Valores Mobiliários e revogou os arts. 307.º, 524.º e 525.º do Código das Sociedades Comerciais)[64],

i) Decreto-Lei n.º 238/91, de 2 de Julho (modificou o art. 414.º, n.º 3, *alínea c)* e aditou os arts. 508.º-A a 508.º-E),

j) Portaria n.º 228/92, DR n.º 170, II Série, de 25 de Julho (retirou à Caixa Geral de Depósitos o monopólio dos depósitos obrigatórios do capital social inicial realizado em dinheiro),

k) Decreto-Lei n.º 225/92, de 21 de Outubro (alterou o art. 66.º, n.º 2, *alínea g)* e aditou o n.º 3 do art. 171.º),

l) Decreto-Lei n.º 20/93, de 26 de Janeiro (alterou o art. 109.º, n.º 2, *alínea c)*),

---

às verificadas no ano subsequente à publicação do nosso diploma, não foi certamente alheio o facto de a revisão final do Código ter sido realizada por pessoa diferente do seu autor (o Professor Raul Ventura). Daí resultaram inúmeras e óbvias incongruências, mas que cabe essencialmente à história do Direito das Sociedades Comerciais português analisar.

[63] Seria revogado pelo DL 142-A/91, de 10 de Abril (por sua vez também já revogado).

[64] Revogado pelo Decreto-Lei 486/99, de 13 de Novembro.

m) Decreto-Lei n.º 261/95, de 3 de Outubro (revogou os arts. 306.º e 308.º a 315.º);
n) Decreto-Lei n.º 328/95, de 9 de Novembro (alterou os arts. 9.º, 65.º, 70.º, 289.º, 376.º, 451.º a 455.º, 508.º-A, 508.º-B, 508.º-D e 528.º e introduziu os arts. 65.º-A, 70.º-A, 325.º-A e 325.º-B),
o) Decreto-Lei n.º 257/96, de 31 de Dezembro (que, entre diversas modificações operadas no Código das Sociedades Comerciais, acolheu no Direito português as figuras da sociedade por quotas unipessoal e do secretário da sociedade),
p) Decreto-Lei n.º 343/98, de 6 de Novembro (alteração de diversas disposições do Código e de outros diplomas no âmbito do processo de transição para o Euro)[65],
q) Decreto-Lei n.º 486/99, de 13 de Novembro (que aprovou o novo Código dos Valores Mobiliários e alterou e revogou expressamente várias disposições do CSC, designadamente muitas das que seriam relativas a matéria comum a ambos os diplomas),
r) Decreto-Lei n.º 36/2000, de 14 de Março (que, entrando em vigor no dia 1 de Maio de 2000, viria a alterar algumas disposições do CSC, "aliviando" o formalismo de alguns actos, designadamente dispensando de escritura pública a realização de determinados actos relativos a sociedades),
s) Decreto-Lei n.º 237/2001, de 30 de Agosto (dispensa a escritura pública de unificação de quotas e a demonstração do depósito do capital; e activa o art. 35.º),
t) Decreto-Lei n.º 162/2002, de 11 de Julho (altera o art. 35.º),
u) Decreto-Lei n.º 107/2003, de 4 de Junho (altera o art. 351.º),
v) Decreto-Lei n.º 88/2004, de 20 de Abril (altera, aditando, os arts. 66.º e 508.º-C),

[65] Por efeito da entrada em vigor do Decreto-Lei n.º 343/98, de 6 de Novembro, em 1 de Janeiro de 1999, coexistiram (até 31 de Dezembro de 2001) dois regimes legais diferentes: um para as sociedades comerciais (por quotas e anónimas) que, sendo anteriores aquela data, ainda não tinham acolhido os ajustamentos determinados pelo diploma, e outro para as constituídas depois de 1 de Janeiro de 1999 ou que, tendo-o sido antes, tinham entretanto redenominado o respectivo capital. Isto é, a lei de adaptação ao Euro, paralelamente com o novo regime, estabeleceu um regime transitório aplicável às sociedades que tinham sido constituídas até 31 de Dezembro de 1998 [cfr. art. 29.º, n.º 1, al. a) do Decreto-Lei n.º 343/98].

w) Decreto-Lei n.º 19/2005, de 18 de Janeiro (altera os arts. 35.º, 141.º e 171.º), objecto de rectificação (Declaração de rectificação n.º 7/2005, de 18 de Fevereiro),

x) Decreto-Lei n.º 35/2005, de 17 de Fevereiro (altera os arts. 66.º, 451.º, 453.º, 508.º-C e 508.º-D),

y) Decreto-Lei n.º 111/2005, de 8 de Julho [cria a "empresa na hora" (regime especial de constituição imediata de sociedades)[66] e altera substancialmente o sistema legal de publicações obrigatórias – determinando que estas deixassem de se efectuar no Diário da República (III Série) e passassem a processar-se na Internet no sítio (*site*) do Ministério da Justiça –, alterando os artigos 10.º, 100.º, 167.º e 171.º)][67],

z) Decreto-Lei n.º 52/2006, de 15 de Março (transpõe Directivas referentes ao abuso de informação privilegiada e à manipulação de mercado e ao prospecto a publicar em caso de oferta pública; altera os arts. 348.º, 349.º e 351.º),

aa) Decreto-Lei n.º 76-A/2006, de 29 de Março [desformaliza (eliminando a necessidade de acto notarial) e simplifica (regime da fusão e cisão) os actos sociais, cria a extinção de sociedades comerciais na hora e um regime autónomo de dissolução e liquidação administrativa (e também oficiosa) de sociedades e outras entidades comerciais, introduz um novo modelo de governação de sociedades anónimas, entre outros aspectos][68],

bb) Decreto-Lei n.º 8/2007, de 17 de Janeiro (*concretiza novas medidas de eliminação de actos no sector do registo comercial e dos actos notariais conexos* e, no que respeita ao Código das

---

[66] Decorridos três sobre a consagração legal do regime da "empresa na hora", já é possível fazer um balanço provisório sobre os respectivos êxito e eficácia, em termos técnico-jurídicos, impondo-se reconhecer que o mesmo colheu significativa adesão social, como sublinhamos adiante (no n.º 7.3). Relativamente ao diploma que a criou e aprovou o respectivo regime jurídico, há a salientar as relevantíssimas alterações em matéria de publicações e as distorções que, com referência às firmas, se vieram a introduzir no sistema jurídico português.

[67] Entretanto alterado pelos DL 76-A/2006, de 29 de Março, DL 125/2006, de 29 de Junho, DL 318/2007, de 26 de Setembro, e DL 247-B/2008, de 30 de Dezembro.

[68] Objecto da Declaração de Rectificação n.º 28-A/2006, de 26 de Maio.

Sobre o balanço (crítico) das alterações introduzidas na nossa ordem jurídica, no plano das sociedades comerciais, vd., *infra*, D) 2 e 3.

Sociedades Comerciais, em especial, elimina a intervenção judicial obrigatória na redução do capital social para libertação de capital excessivo e aperfeiçoa algumas das suas disposições)[69],

cc) Decreto-Lei n.º 357-A/2007, de 31 de Outubro (revoga o n.º 2 do art. 365.º e o n.º 2 do art. 372.º-A)[70],

dd) Decreto-Lei n.º 247-B/2008, de 30 de Dezembro (ajusta o art. 7.º, n.º 1),

ee) Decreto-Lei n.º 64/2009, de 20 de Março[71], que abriu a porta[72] à redução do capital social por diminuição do valor nominal das acções[73]. Trata-se, contudo, de uma alteração tácita que, não modificando directamente nenhum preceito do Código, caducou em 31 de Dezembro de 2009, sem ter tido qualquer efeito prático.

ff) Lei n.º 19/2009, de 12 de Maio (que transpõe a Directiva n.º 2005/2006/CE, relativa às fusões transfronteiriças das sociedades de responsabilidade limitada, alterando os arts. 98.º, 99.º e 101.º e aditando os arts. 117.º-A a 117.º-L),

gg) Decreto-Lei n.º 185/2009, de 12 de Agosto (que transpõe a Directiva n.º 2006/46/CE do Parlamento Europeu e do Conselho, que altera três Directivas em matéria de contas *e adopta medidas de simplificação e eliminação de actos no âmbito de fusão e cisão*, entre outras medidas), e

---

[69] Fazemos adiante [*infra*, D)4] uma breve análise deste diploma, no que respeita às alterações relativas às sociedades comerciais com repercussão nas matérias que são abordadas neste livro.

[70] Este diploma, que transpôs para a ordem jurídica interna a Directiva dos Mercados e Instrumentos Financeiros (DMIF) – e alterou, entre outros, o RGIC, o CVM, o regime da actividade seguradora e os regimes dos FII, dos OIC e dos fundos de pensões – revogou, por lapso, o n.º 2 do art. 265.º, quando pretendia revogar obviamente o n.º 2 do art. 365.º (cfr. art. 19.º, *alínea c)*).

[71] Sobre os efeitos e alcance deste diploma, cfr. Paulo Câmara, «O Decreto-Lei n.º 64-A/2009: diminuição extraordinária do valor nominal das acções», *RDS*, ano I, N.º 2, **2009** (pp. 327-338), e Paulo de Tarso Domingues, «O capital social como entrave ao financiamento das sociedades. Os novos conceitos e regime de capital social introduzidos pelo DL 64/2009 são solução?», *DSR*, ano 1, vol, 2, **2009** (pp. 175-200).

[72] Agora escancarada com a criação das acções sem valor nominal.

[73] Para maiores desenvolvimentos, cfr., *infra*, D), 4 (*ii*).

hh) Decreto-Lei n.º 49/2010, de 19 de Maio[74], que transpõe para o Direito interno a Directiva 2007/36/CE, de 11 de Julho do Parlamento Europeu e do Conselho (relativa ao exercício de certos direitos dos accionistas de sociedades cotadas), e introduz no ordenamento jurídico português a admissibilidade da criação e existência de acções sem valor nominal, desse modo tornando definitiva a solução que, sem êxito, e a título então excepcional, havia sido avançada pelo Decreto-Lei n.º 64/2009.

D) A reforma societária de 2006[75]

No final do primeiro trimestre de 2006 foi publicado o Decreto-Lei n.º 76-A/2006, de 29 de Março, que alterou substancialmente o Código das Sociedades Comerciais, actualizando e flexibilizando os modelos de governação das sociedades anónimas – nomeadamente admitindo a faculdade de ser adoptada uma (nova) estrutura orgânica de administração e fiscalização de sociedades, de raiz anglo-saxónica –, simplificando a forma

[74] Aprovado pelo Conselho de Ministros em 7 de Abril de 2010 e vigente desde 24 de Maio de 2010.

[75] Optámos, desde a 1ª edição deste livro, publicada em Maio de 2006, por introduzir no texto, em lugar próprio, o regime resultante do Decreto-Lei n.º 76-A/2006, de 29 de Março, conforme explicámos no Complemento à Nota Prévia (dessa edição). Quando concluímos a 2ª edição, em Agosto de 2006, considerámos que a extensão, senão mesmo a relevância, das alterações publicadas em Março desse ano – cujo balanço global se encontrava ainda por efectuar – justificava a conversão do limitado Apêndice da 1ª edição (sobre a Reforma) num capítulo autónomo (o anterior capítulo IX), desenvolvido com reflexões adicionais feitas, entretanto, nos escassos quatro meses que decorreram entre a publicação das duas edições. Na 3ª edição – publicada em Dezembro de 2007, decorrido um ano e meio sobre a entrada em vigor da Reforma (em 30 de Junho de 2006) – abandonámos o capítulo autónomo em que a matéria era tratada, tendo em conta que tais alterações haviam sido inseridas no lugar próprio (na 1ª edição) e posteriormente desenvolvidas. Nessa (última) edição deslocámos para a Introdução a referência à Reforma Societária – ainda que de modo mais resumido que na anterior –, acrescentando-lhe então a menção da alteração do Código ocorrida em Janeiro de 2007. Nesta (4ª) edição somos mais sintéticos com a reforma de 2006, por já se encontrar distante, e acrescentamos uma brevíssima referência às modificações ulteriores.

dos actos sociais e eliminando a obrigatoriedade de escritura pública, aprovando um novo regime de dissolução e liquidação de sociedades comerciais e introduzindo modificações em muitas normas, sobretudo em matéria de sociedades anónimas.

Foram cinco os planos em que as alterações do Direito Societário português assumiram particular relevância:

a) A desformalização e simplificação dos actos sociais;
b) O novo modelo de governação das sociedades anónimas;
c) O (novo) regime da dissolução e liquidação das sociedades comerciais;
d) A reformulação do artigo 64.º; e
e) (A criação de) Novos conceitos no domínio das sociedades anónimas (*grande sociedade anónima* e *membro independente* dos órgãos sociais).

Os cinco vectores fundamentais que identificamos, e em que se exprimiu a Reforma, divergem, em número, dos mencionados no preâmbulo do Decreto-Lei n.º 76-A/2006, de 29 de Março, que, curiosamente, se refere ao dobro das medidas e, entre elas, não autonomiza aquela que tem maior impacto dogmático-conceptual no âmbito do Direito das Sociedades Comerciais, que designámos anteriormente[76] por "reformulação do conceito de interesse social"[77], mas que representa, na realidade uma *reconstrução* do conceito, identificando novas referências e novos interessados.

Decorridos mais de três anos e meio sobre a data da entrada em vigor da reforma societária – e sem prejuízo do indiscutível mérito de muitas das medidas aprovadas, que nunca é de mais realçar –, a percepção que continuamos a ter é a de que a redacção do Decreto-Lei n.º 76-A/ /2009, em especial no que respeita à intervenção no plano da governação societária[78], teve subjacente um enfoque técnico-jurídico que revela um desequilibrado domínio das matérias dos Valores Mobiliários e

[76] Cfr. a 3ª edição, p. 30-32.

[77] Não partilhamos da generosa perspectiva de MENEZES CORDEIRO [«Os deveres fundamentais dos administradores das sociedades», *ROA*, ano 66, II, **2006** (pp. 443-488), p. 445] sobre a interpretação do Preâmbulo do diploma onde, na alusão à transparência, não vislumbramos qualquer referência implícita ao interesse social, mas tão só ao reforço e reformulação da fiscalização das sociedades anónimas.

[78] No âmbito do qual assumiu especial significado a modificação do artigo 64.º.

do Direito Societário puro, com pendor claramente favorável para a primeira em detrimento da segunda[79].

1. O processo legislativo

Na edição anterior deste livro[80] sintetizámos o processo que conduziu à mais ampla modificação do Direito Societário português, desde 1986.

Importa agora apenas recordar que a reforma resultou de diversas proveniências bem marcadas, procurando realizar o *simplex* (desformalizando actos societários e simplificando actos notariais e registais e o regime da dissolução e liquidação, que converteu de judicial em administrativa), ampliar e remodelar os modelos de governação societária, disponíveis para as sociedades anónimas, e dispensar a intervenção judicial na redução do capital para libertação de excesso.

As alterações preconizadas seriam – após escassíssimo debate público[81] – integradas num pacote legislativo único (o Decreto-Lei n.º 76-A/ /2009, de 29 de Março[82]), sem abranger no seu conteúdo a matéria da

[79] Como é apanágio das reformas do milénio, uma vez mais a lógica do *Objecto* [sociedade comercial como emitente necessário de valores mobiliários e veículo conveniente para explicar a emissão de valores mobiliários consistentes em participações sociais (acções) e de natureza creditícia (obrigações)] prevaleceu sobre a do *Sujeito do Direito* (sociedade comercial com relevância própria e disciplinada em função dos seus próprios interesses como ente personalizado no mercado em que se enquadra), sendo a reforma orientada de "fora para dentro" e não de "dentro para fora", como se impunha, revelando a clara demissão do Ministério da Justiça, a quem cumpriria promover as alterações introduzidas na nossa ordem jurídica e, possivelmente por sugestão do Ministério das Finanças, a intromissão de uma entidade especializada em valores mobiliários, que deveria ser de pura supervisão: a CMVM. No desequilíbrio patente da forma que terá norteado a intervenção legislativa radicam os defeitos das modificações introduzidas, sem prejuízo de as mesmas serem globalmente positivas dada a qualidade dos seus autores.

[80] Cfr. pp. 30-32.

[81] A CMVM lançou uma Consulta Pública (Processo de consulta pública n.º 1/2006, sobre o Governo das Sociedades Anónimas), mas – com a pressa do Governo promover a aprovação do pacote legislativo (nele incluído as medidas de simplificação administrativa e desformalização dos actos societários) – viria a ignorar os diversos contributos, apenas abrindo o debate na generalidade quando apenas tinha divulgado as linhas mestras da reforma, sem apresentar o articulado cuja aprovação propunha ao governo.

[82] Objecto de rectificação pela Declaração de Rectificação n.º 28-A/2006, de 26 de Maio de 2006, relativa à correcção de (vinte) inexactidões com que havia sido publicado.

redução do capital, por falta de oportuna obtenção de autorização legislativa[83], de que carecia por suprimir a necessidade de autorização judicial.

A reforma societária entraria em vigor em 30 de Junho de 2006 e apenas com o Decreto-Lei n.º 8/2007, de 17 de Janeiro, seria reformado o regime da redução do capital social, dispensando-se a intervenção judicial, em qualquer circunstância[84].

Muitas das questões por nós suscitadas, nas edições precedentes deste livro, continuam por solucionar, como é o caso da deficiente alteração introduzida na redacção do artigo 523.º[85] ou das alterações introduzidas no artigo 410.º[86]; outras não foram corrigidas, como se impunha. Constitui exemplo flagrante o facto de os textos legais refundidos e republicados não terem aplicado certas regras vigentes, designadamente no que se refere à conversão automática da antiga moeda nacional (escudo) em euros, apresentando inúmeros preceitos ainda na sua versão original (como é o caso do art. 528.º) e fazendo, consequentemente, tábua rasa das leis de adaptação da legislação nacional ao euro[87] [88].

As outras quinze rectificações enunciadas (n.os 21 a 35) referem-se à correcção dos diplomas republicados (CSC e CRCom), pelo que são uma mera consequência das demais.

[83] A proposta relativa à redução do capital só seria convertida em lei de autorização legislativa em 23 de Junho de 2006 (Lei n.º 22/2006).

[84] O novo regime da redução do capital já foi por nós analisado em estudo publicado nos Estudos de Homenagem ao Professor Galvão Telles que a Faculdade de Direito de Lisboa promoveu por ocasião do seu nonagésimo aniversário natalício [«O novo regime da redução do capital social e o artigo 35.º do Código das Sociedades Comerciais», AA.VV., *Prof. Inocêncio Galvão Telles: 90 anos. Homenagem da Faculdade de Direito de Lisboa,* Almedina, Coimbra, **2007** (pp. 1023-1078)]. As críticas que então formulámos mantêm-se válidas e são, sinteticamente, retomadas nestas lições (cfr., *infra*, n.º 25).

[85] Cfr. p. 541 (25.7.2.2).

[86] Cfr., *infra*, notas 909 (29.8.2.6) e 1001 (32.2.5).

[87] As quais já haviam sido assimiladas em simples colectâneas de legislação, como é o caso da que organizámos em colaboração com Paulo Sendin e Evaristo Mendes (Colectânea de Legislação Comercial, tomo II – Código das Sociedades Comerciais e legislação complementar, 3ª ed., Almedina, Coimbra, **2004**).

Com efeito, «*se todas as referências monetárias a escudos contidas em textos legais*» *se consideram* «*feitas em euros, sendo a sua determinação feita por aplicação da taxa de conversão prevista no Regulamento n.º 2866/98/CE, do Conselho, de 31 de Dezembro, e do disposto no Decreto-Lei n.º 117/2001, de 17 de Abril, quanto ao arredondamento das importâncias em causa*» (artigo único do DL 136/2002, de 16 de Maio), não conseguimos entender por que é que o legislador, tendo republicado o Código, não efectuou a conversão monetária legalmente determinada.

2. Sistematização e balanço das principais alterações aprovadas

Foram cinco os aspectos da reforma societária de 2006 que autonomizámos e que justificam uma breve apreciação.

(i) *Simplificação e desformalização dos actos societários*

A simplificação e desformalização dos actos societários concretizou-se em dois planos:

a) um, geral, relativo ao aligeirar ou atenuar da forma de diversos actos societários e que se projectou na desnecessidade de escritura pública para a formalização dos actos mais relevantes da vida da sociedade[89] – e que até 29 de Junho de 2006 estavam

---

[88] Paralelamente com a bondade das soluções aprovadas, a alteração do Direito Societário deixou sem resposta inúmeros aspectos relativos à sua própria aplicação, como sucedeu com o regime aplicável à sucessão de leis no tempo, de que nos ocuparemos autonomamente adiante (*infra*, n.º 3).

Este tema foi também objecto de estudo autónomo que elaborámos para o livro de homenagem ao Professor José de Oliveira Ascensão – sob o título «A aplicação no tempo da reforma de 2006 do Direito Societário português» – e cuja publicação na *Revista da Ordem dos Advogados*, ano 67, I, **2007** (pp. 207-221) pretendia constituir uma divulgação antecipada por razões (que pensávamos então ser) de mera oportunidade, a que não seria alheia a rápida desactualização dessa análise. E ainda bem que o fizemos, porque o texto, oportunamente entregue para o livro de homenagem, se extraviou. Ficou a homenagem antecipadamente assinalada na *ROA* e na 3ª edição destas lições (cfr. nota 63, p. 32).

[89] A **escritura** passou então a ser supérflua:

- na constituição da sociedade, com excepção dos casos em que as entradas sejam constituídas por bens que requeiram forma mais solene – do que documento particular com assinaturas reconhecidas presencialmente – para a sua transmissão, como é o caso dos imóveis, *«sem prejuízo do disposto em lei especial»* (cfr. art. 7.º, n.º 1 *in fine* do CSC, red. DL 76-A/2006, e red. do DL 247-B/2008, de 31 de Dezembro);
- em qualquer alteração do contrato de sociedade (cfr. art. 85.º, n.º 3, red. do DL 257/96, de 31 de Dezembro), desde o aumento, por novas entradas ou por incorporação de reservas, e redução do capital, passando pela alteração da firma, sede (incluindo do estrangeiro para Portugal) e objecto e acabando na fusão (cfr. art. 106.º, n.º 1, red. originária e red. do DL 8/2007, de 17 de Janeiro), cisão (cfr. arts. 120.º e 106.º, n.º 1, nas redacções citadas) e transformação (cfr. art. 135.º, n.º 1, red. originária, revogado pelo art. 61.º do DL 76-A/2006),
- na partilha, divisão (cfr. art. 221.º, n.º 2, red. originária) ou transmissão de quota (cfr. art. 228.º, n.º 1, red. originária),

sujeitos a essa forma especial[90] –, à eliminação de uma série de livros de escrituração, até essa data obrigatórios[91], e ao aproveitamento das novas tecnologias, em matéria de comunicações, reuniões e de publicidade[92];

- na dissolução da sociedade (cfr. art. 145.º, n.º 1, red. originária e red. do DL 76-A/2006) e
- em actos relativos a sociedades coligadas, como sejam a criação de grupo paritário (cfr. art. 492.º, n.º 2, red. originária e red. do DL 76-A/2006), a celebração de contrato de subordinação (cfr. art. 498.º, red. originária e red. do DL 76-A/2006) e aquisição do domínio total (cfr. art. 490.º, n.º 3, red. originária e red. do DL 76-A/2006).

[90] A escritura permaneceu como forma voluntária (convencional), porque se tornou facultativa, sempre que a natureza dos bens em espécie não implique uma forma especial de transmissão ou lei especial que regule a sociedade não imponha uma determinada forma para a respectiva constituição (cfr. art. 7.º, n.º 1 *in fine* do CSC, red. do DL 247-B//2008, de 31 de Dezembro). Registe-se, contudo, que logo após a reforma continuou a ser frequente o recurso à escritura como forma de constituição das sociedades comerciais, mesmo quando a natureza das entradas (já) não o impunha.

Criticando a simplificação dos actos societários em matéria de constituição, Albino de Matos, «Sociedades, Documento autêntico ou particular?», AA.VV., *Reformas do Código das Sociedades*, IDET, Colóquios n.º 3, Almedina, Coimbra, **2007** (pp. 121-137), pp. 132-134.

Como se refere adiante, as sociedades comerciais podem, hoje, constituir-se, em regra, mediante a celebração do respectivo contrato por escrito, com a participação de todos os sócios originários (ou fundadores) – cujas assinaturas deverão ser reconhecidas presencialmente –, e a subsequente inscrição no registo desse contrato.

O regime-regra de constituição da sociedade comercial continua a ser o da constituição particular (ou simultânea), isto é, aquela que se faz num único acto pela celebração do contrato perante uma entidade (notário, câmaras de comércio e indústria, conservadores, advogados e solicitadores) com competência para o reconhecimento presencial da assinatura de todos os fundadores (cfr. art. 38.º do Decreto-Lei n.º 76-A/2006, de 29 de Março).

Embora não resulte claramente da lei, que apenas exige forma escrita e reconhecimento presencial das assinaturas (cfr. art. 7.º, n.º 1), afigura-se que as declarações de vontade subjacentes à celebração do contrato devem ser contemporâneas e por isso exteriorizadas num mesmo momento e concretizadas num único instrumento. A imprecisão da redacção da norma pode conduzir à aceitação de que qualquer sociedade comercial se poderá constituir nos termos da formação de uma deliberação unânime por escrito, no pressuposto de que as assinaturas dos diversos intervenientes vão sendo reconhecidas à medida que vão sendo apostas.

[91] Os **livros de escrituração** reduziram-se aos livros de actas (cfr. art. 31.º do CCom, na red. do art. 8.º DL 76-A/2006, de 29 de Março).

[92] A reforma abriu a possibilidade de as comunicações aos accionistas passarem a poder ser feitas por correio electrónico (cfr. art. 377.º, n.º 3) e as reuniões de admi-

b) outro, específico, referente à (primeira[93]) simplificação de actos na fusão e cisão de sociedades[94].

Simultaneamente, o sistema do duplo controlo público da legalidade e regularidade dos diversos actos da vida das sociedades – efectuado pelo conservador e pelo notário – cedeu lugar à fiscalização única a ocorrer no momento do registo comercial do acto, tornando-se a escritura pública (ou acta notarial), que era obrigatória até 29 de Junho de 2006, em acto meramente facultativo[95].

(ii) *Alterações em matéria de administração e fiscalização da sociedade anónima*

No que se refere à orgânica societária, decorridos que estavam cerca de vinte anos sobre a publicação e entrada em vigor do Código das Sociedades Comerciais, no que constituiu na época uma profunda alteração em termos de enquadramento e disciplina normativos das sociedades comerciais, e sem que, desde então, a temática da orgânica das sociedades comerciais tenha sofrido alterações significativas[96], encontrava-se sedimentada a experiência necessária para serem introduzidas alterações relevantes na estrutura e composição dos órgãos das sociedades comer-

---

nistração a poder realizar-se com recurso a **meios telemáticos** (cfr. art. 410.º, n.º 8). Os registos puderam passar a ser feitos *on-line*, em complemento às publicações que, desde 1 de Janeiro de 2006, já eram feitas na Internet (no sítio do Ministério da Justiça).

[93] Outras alterações se lhe seguiriam, como já vimos. Referimo-nos às modificações resultantes da Lei n.º 19/2009, de 12 de Maio (que aprovou o regime das fusões transfronteiriças), e do Decreto-Lei n.º 185/2009, de 12 de Agosto (que simplificou, ainda mais, o regime da fusão e da cisão).

[94] O regime da **fusão e cisão** de sociedades foi então substancialmente simplificado, reduzindo-se a dois os actos de registo e as publicações (em sítio na *Internet*) (cfr. arts. 100.º, n.º 1, 107.º, n.º 1, 111.º e 120.º, todos na red. originária do Código). Já em 2009, esse regime sofreria nova simplificação, determinada pelo Decreto-Lei n.º 185/2009, de 12 de Agosto, vigente desde 15 de Setembro.

[95] Esta alteração, pela sua simplicidade, encontra-se bem patente no artigo 39.º do Decreto-Lei n.º 76-A/2006, de 29 de Março, que prevê a substituição da certidão de escritura pública pela certidão de registo comercial (cfr. n.º 1).

[96] Há que salientar, contudo, a introdução da faculdade de redução dos órgãos de fiscalização (conselhos fiscais) a órgãos singulares (fiscal único) e a criação do cargo de secretário da sociedade (obrigatório para as sociedades abertas cotadas e facultativo para as demais).

ciais, por um lado, e para se proceder a adaptações do quadro legal – que é tipificado, como se sabe, – às novas exigências da vida societária, por outro lado. Esta intervenção – que teve efeitos imediatos na organização funcional da sociedade anónima e mediatos nos resultados a obter por este tipo societário – proporcionou, em particular, um rigor acrescido no equilíbrio e controlo dos órgãos da sociedade anónima[97] [98].

(iii) ***Novo regime de dissolução e liquidação de sociedades comerciais***[99]

A reforma de 2006 foi particularmente profunda em matéria de dissolução e liquidação de sociedades – para além de outras entidades comerciais –, tendo substituído a dissolução (e liquidação) judicial por uma nova modalidade de dissolução e liquidação de sociedades (e entidades) comerciais: a dissolução e liquidação administrativa, em certos casos oficiosa, de sociedades comerciais por iniciativa do Estado (Conservatória do Registo Comercial), aplicável designadamente aos casos em que a sociedade se encontre inactiva durante um certo período [cfr. arts. 4.º e segs. do Regime Jurídico de Dissolução e Liquidação de Entidades Empresariais (RPAD)][100].

[97] Pensada essencialmente para as grandes empresas, designadamente para as que se encontram cotadas no mercado regulamentado (*bolsa de valores*), a reforma efectuada, diversamente do que parecia resultar da respectiva apresentação e do *balanço crítico* que fazia sobre *o regime das pequenas sociedades* anónimas (cfr. n.os 10 e 23, pp. 15 e 27 a 29 do documento da CMVM), não apresenta soluções que para estas poderiam ter sido construídas e que se justificavam, tendo em consideração que representavam (já) uma faixa significativa da estrutura empresarial portuguesa.

[98] No plano da administração, as alterações ao Código das Sociedades Comerciais aprovadas visaram também reduzir as prerrogativas do Estado relativamente aos administradores que este designa nas sociedades por si participadas (cfr. art. 403.º, n.º 1).

[99] Sobre esta matéria, vd., por todos, Filipe Cassiano dos Santos, – «Dissolução e liquidação administrativa de sociedades», AA.VV, *Reformas do Código das Sociedades*, IDET, Colóquios n.º 3, Almedina, Coimbra, **2007** (pp. 139-162).

[100] Paralelamente, procurou criar um regime de «*dissolução e liquidação na hora*» (ou *procedimento especial de extinção imediata de entidades comerciais*) – reverso da «*empresa na hora*» –, utilizável apenas se não existir *activo ou passivo por liquidar* (cfr. art. 144.º do CSC e art. 27.º, n.º 1, *alínea b)* do RPAD, aprovado pelo n.º 3 do art.1.º do DL 76-A/2006), mas cuja inviabilidade procuraremos demonstrar em sede própria (cfr., *infra*, n.º 38.2.3.2).

(iv) *Novos conceitos fundamentais do Direito Societário português*

A Reforma introduziu novos conceitos no domínio do Direito das Sociedades Comerciais, tais como o de *grande sociedade anónima*[101] (não cotada) e o de *membro independente* de órgão social[102].

As alterações determinadas em matéria de composição do órgão de fiscalização da sociedade anónima e os critérios legalmente estabelecidos para impor a obrigatoriedade da fiscalização complexa – estrutura que obriga a ter um ROC externo ao próprio conselho fiscal (cfr. art. 413.º, n.º 2, *alínea a)*)[103] – conduziram a um novo (sub)tipo de sociedade anónima, o da ***grande sociedade anónima***, claramente diferenciada das demais (que não são necessariamente pequenas ou familiares) e da sociedade anónima aberta emitente de valores mobiliários que se encontrem, ou não, admitidos à negociação em mercado organizado.

---

[101] Trata-se de um conceito doutrinário por nós sugerido, para facilitar a identificação do novo subtipo de sociedade anónima, na 1ª edição das nossas lições (*Direito das Sociedades Comerciais*, Almedina, Coimbra), publicada em Maio de 2006, naquela que foi então a primeira publicação posterior à reforma, divulgada em Maio de 2006, ainda antes da entrada em vigor desta.

[102] Desenvolveremos mais à frente, em sede própria (cfr., *infra*, n.os 2.4.1 e 27.5), estes conceitos.

[103] A lei impõe, desde 2006, que tenham necessariamente de ter um revisor oficial de contas (ou uma SROC) autónomo do conselho fiscal, todas as sociedades anónimas que adoptem o modelo de governação clássico e que, *não sendo totalmente dominadas por outra sociedade* que adopte o mesmo modelo, durante dois anos consecutivos ultrapassem dois dos seguintes três limites:

– total do balanço de cem milhões de euros;

– cento e cinquenta milhões de euros de vendas líquidas e outros proveitos; e

– uma média de cento e cinquenta trabalhadores durante o exercício (cfr. art. 413.º).

Esta (então nova) exigência legal viria a levantar uma questão de aplicação da lei no tempo, no que respeitava a saber quando é que a nova estrutura passava a ser obrigatória. Trata-se de questão que abordamos adiante.

No que se refere ao decurso do prazo de dois anos para verificar se pelo menos dois dos limites previstos no artigo 413.º, n.º 2, *alínea a)* eram excedidos, o mesmo só se deveria começar a contar a partir do exercício de 2006 *inclusive*, isto é: conhecidos os indicadores de 2006 e 2007, as sociedades que se enquadrassem nos critérios enunciados – e que, entretanto, não optassem por alterar a (sua) estrutura clássica de administração e fiscalização (cfr. art. 63.º, n.º 1, *alínea a)* do DL 76-A/2006) – estariam obrigadas, em 2008, a organizar os seus órgãos na forma da estrutura complexa prevista para as *grandes* sociedades anónimas.

Com a reforma, o legislador parece ter abandonado, pelo menos no plano do Código das Sociedades Comerciais, o conceito de sociedade anónima aberta, preferindo, a par do novo conceito (de *grande sociedade anónima*), a referência a *sociedade* (anónima) *emitente de valores mobiliários admitidos à negociação em mercado regulamentado*, a que chamaremos simplesmente "*sociedade cotada*", por razões de simplificação.

Mas a Reforma Societária – aprovada pelo DL 76-A/2006, de 29 de Março, e entrada em vigor no dia 30 de Junho de 2006 –, para além do novo subtipo de sociedade anónima, veio também introduzir algumas limitações no plano da legitimidade para o desempenho de determinados cargos sociais. Nessa linha, ampliou a lista das incompatibilidades para o desempenho desses cargos (que até então se aplicava exclusivamente aos membros do órgão de fiscalização) e, ao mesmo tempo, criou a figura genérica do membro **independente** de órgão social que sujeitou a essas incompatibilidades, para além de determinados requisitos (de independência) que o caracterizam.

Na esteira do que já fazia anteriormente em relação ao ROC – que, por natureza e imperativo legal, é independente e isento –, a lei vem agora exigir que, nas sociedades anónimas de maior dimensão (cotadas e *grandes*), determinados cargos sociais sejam ocupados por ***independentes*** (cfr. arts. 374.º-A, 414.º, n.ºs 4 e 5, 423.º-B, n.ºs 4 e 5, e 434.º, n.º 4), com o objectivo de que alguns titulares dos órgãos sociais dessas sociedades (membros do conselho fiscal, do conselho geral e de supervisão e da mesa da assembleia geral e administradores que integram a comissão de auditoria) reúnam condições para desempenhar as suas funções de forma autónoma e isenta, sem influência de accionistas de referência, podendo e devendo nortear-se, exclusivamente, pelo interesse da sociedade. Para assegurar esse desiderato, o Código das Sociedades Comerciais estabelece, no artigo 414.º, n.º 5, o conceito de membro independente de órgão social, que articula com o regime das incompatibilidades instituído para os membros do conselho fiscal – no artigo seguinte (414.º-A), com rigor acrescido relativamente à solução anterior (cfr. art. 414.º, n.º 3, na redacção originária)[104] – e, nos casos enunciados, estende esses conceito

[104] Mas com o paradoxo – por nós oportunamente assinalado em artigo de opinião publicado no Jornal de Negócios (de 11 de Setembro de 2007, p. 35), na coluna ("Direito em linhas tortas") que assinávamos semanalmente – de ter esquecido uma incompatibilidade essencial: a de que os gestores se encontrassem impedidos de transitar para o órgão de fiscalização logo após cessarem as respectivas funções de administração.

e regime aos membros da mesa da assembleia geral (cfr. art. 374.º-A, n.º 1), bem como aos administradores que integram a comissão de auditoria, nas sociedades anónimas com modelo de governação anglo-saxónico (cfr. arts. 423.º-B, n.os 3 a 5), ou aos membros do conselho geral e de supervisão, no modelo germânico de governação (cfr. art. 434.º, n.º 4)[105].

(v) *Reposicionamento e alargamento do conceito de interesse social; os novos deveres legais dos membros dos órgãos de administração e de fiscalização da sociedade*[106]

A concluir este breve apontamento das linhas mestras da Reforma de 2006, saliente-se que a modificação mais profunda do Código foi a que se traduziu na alteração do disposto no artigo 64.º e na cláusula geral que o mesmo encerra. A nova redacção, se diferencia deveres de cuidado e deveres de lealdade, por um lado, determina, por outro lado, que estes últimos

[105] Veremos, adiante (cfr., *infra*, n.º 27.5), o que é um membro independente de órgão social. Por ora antecipe-se apenas que a **independência** não se pode confundir com a inexistência de incompatibilidades legais (cfr., *infra*, n.º 27.6 e art. 414.º-A do CSC), a que estão sujeitos os membros de alguns órgãos sociais; e, entre eles, seguramente os independentes.

[106] Sobre os deveres legais gerais, no actual contexto jurídico-societário, vd., *infra* n.º 27.4.2 e cfr. também J. M. Coutinho de Abreu, *Responsabilidade civil dos administradores de sociedades*, IDET / Cadernos n.º 5 / Almedina, **2007**, pp. 14-35, Paulo Câmara, «O governo das sociedades e os deveres fiduciários dos administradores», AA.VV., *Jornadas – Sociedades Abertas, Valores Mobiliários e Intermediação Financeira*, Almedina, Coimbra, **2007** (pp. 163-179), Gabriela Figueiredo Dias, *Fiscalização de Sociedades e Responsabilidade Civil* (após a Reforma do Código das Sociedades Comerciais), Coimbra Editora, Coimbra, **2006**, pp. 42-53, e Manuel Carneiro da Frada, «A *business judgment rule* no quadro dos deveres gerais dos administradores», AA.VV., *Jornadas – Sociedades Abertas, Valores Mobiliários e Intermediação Financeira*, cit., **2007** (pp. 201-242), pp. 202-215, Fátima Gomes, «Reflexões em torno dos deveres fundamentais dos membros dos órgãos de gestão (e fiscalização) das sociedades comerciais à luz da nova redacção do artigo 64.º do CSC», AA.VV., *Nos 20 anos do Código das Sociedades Comerciais. Homenagem aos Profs. Doutores A. Ferrer Correia, Orlando de Carvalho e Vasco Lobo Xavier*, vol. II – *Vária*, Coimbra Editora, **2007** (pp. 550-569), e Vânia Patrícia Filipe Magalhães, «A conduta dos administradores das sociedades anónimas: deveres gerais e interesse social», *RDS*, ano I, N.º 2, **2009** (pp. 185-224).

Exclusivamente sobre os deveres dos membros dos órgãos de fiscalização, cfr. Tiago João Estêvão Marques, *Responsabilidade Civil dos Membros de Órgãos de Fiscalização das Sociedades Anónimas*, Almedina, Coimbra, **2009**, pp. 69-138.

(deveres) devem ter em conta os interesses não apenas dos sócios e dos trabalhadores, mas também de outros interessados na *sustentabilidade da sociedade*, como é o caso dos clientes, dos fornecedores e dos credores.

Considerando o escasso tempo que decorreu sobre a entrada em vigor da nova redacção do artigo 64.º, pode ser precipitado e extemporâneo tentar reformular e definir o conceito de interesse social, inicialmente alicerçado num dever de diligência actuado no interesse da sociedade, mas com ponderação dos interesses dos sócios e dos trabalhadores, e recentemente alargado aos interesses de todos quantos se cruzam com a sociedade: desde os fornecedores, passando pelos clientes e englobando os financiadores, isto é, todos os *stakeholders*[107].

3. A aplicação no tempo da reforma do Direito das Sociedades Comerciais[108]

A reforma societária de 2006, cujos principais aspectos sintetizámos, suscitou questões de aplicação no tempo das disposições alteradas e das novas disposições do Código das Sociedades Comerciais, resultantes do Decreto-Lei n.º 76-A/2006, de 29 de Março, e que presentemente (2010) já se encontram ultrapassadas. Não obstante, vamos recordar, embora de forma necessariamente sucinta as principais dificuldades colocadas por regras incompletas e insuficientes.

O Decreto-Lei n.º 76-A/2006, de 29 de Março, apenas continha uma **norma transitória especial:** o artigo 63.º, que – sob a epígrafe *Aplicação no tempo* – determinava que:

- Algumas das novas regras supletivas[109] fossem obrigatoriamente aplicáveis a todas as sociedades a partir de 30 de Junho de 2007 (cfr. n.º 2); e

[107] O legislador não propôs tradução para *stakeholder*, expressão que acolheu no preâmbulo do DL 76-A/2006, na sua forma original.

[108] Para maior desenvolvimento, consulte-se a 3ª edição deste livro (2007), pp. 41-46, ou o texto elaborado para os *Estudos em homenagem ao Prof. Doutor José de Oliveira Ascensão* – em cujos (dois) volumes, por razões a que somos alheios, não seria incluído – e publicado na *ROA*, «A aplicação no tempo da reforma de 2006 do Direito Societário português», ano 67, I, **2007** (pp. 207-221).

[109] *Sobre convocatória e funcionamento da assembleia geral* (art. 377.º, n.ºs 3 e 6), *acesso à informação por parte dos* accionistas (arts. 288.º, n.º 4 e 289.º, n.º 4) *e exercício do direito de voto* (por correspondência) (arts. 384.º, n.º 9 e 377.º, n.º 5, *alínea f)*).

– As sociedades constituídas no regime anterior à reforma (portanto, antes de 30 de Junho de 2006) adaptassem os respectivos contratos em matéria de administração e fiscalização no prazo de um ano, ou seja, até 29 de Junho de 2007 (*inclusive*). Se não o fizessem aquelas que se caracterizavam pelos modelos clássico ou germânico permaneceriam com esses modelos, *na redacção* introduzida pelo DL 76-A/2006, de 29 de Março (cfr. n.º 1, *alíneas a)* e *b)*)[110].

Estas regras transitórias não cobriam todas as implicações da sucessão de leis no tempo, como veremos.

A aplicação das (novas) regras supletivas ocorreu automaticamente em 30 de Junho de 2007, relativamente às sociedades que, entretanto, nada fizeram em contrário, isto é, que não alteraram o respectivo contrato para afastar expressamente tais regras.

Simultaneamente, na mesma disposição legal (o n.º 2 do art. 63.º), a lei permitia que tais regras supletivas fossem aplicáveis de imediato *por opção* da sociedade, embora sem explicar de que forma[111]. Cremos que o legislador quis determinar que a alteração poderia ser imediatamente aplicada, por mera deliberação dos sócios, nesse sentido, ou automaticamente, mesmo contra a sua eventual vontade, a partir de 30 de Junho de 2007, se os sócios nada fizessem até lá, relativamente a essas matérias (que são supletivamente reguladas).

Porém, muitas situações permaneceram sem resposta, sendo necessário recorrer aos princípios gerais de direito para encontrar uma solução.

---

[110] A regra transitória especial (art. 63.º) continha ainda três números (3 a 5) aplicáveis à matéria do registo comercial.

Os n.ºs 1 e 2 do art. 63.º nem sequer resolviam todos os problemas referentes às situações que pretendiam regular directamente. Imagine-se uma sociedade anónima de estrutura clássica que tivesse à época um fiscal único e que, não obstante enquadrar-se na *alínea a)* do n.º 2 do art. 413.º, não deliberava, até 29 de Junho de 2007, a necessária alteração do respectivo contrato. Poderia essa sociedade ver automaticamente substituído o fiscal único por um conselho fiscal e por um revisor oficial de contas externo, quando tal modificação se justificasse?

[111] A lei não explicava como é que se materializava a opção da sociedade, que poderia ocorrer, inquestionavelmente, por alteração contratual. Mas para esse efeito, a previsão legal seria redundante. Seria então suficiente que os sócios deliberassem adoptar (transitoriamente) essa solução? Por que maioria? Não fazia sentido ser por maioria inferior à necessária para alterar o contrato. E, nesse caso, por que não optar por deliberar uma alteração contratual, uma vez que é isso que estava efectivamente em causa?

Estava essencialmente em causa saber a que situações se aplicavam as novas regras imperativas[112].

Não havendo norma transitória especial aplicável, haveria que recorrer à regra geral do Direito português que consta, como é sabido, do artigo 12.º do Código Civil. Assim, a lei nova, isto é, as alterações ao Código das Sociedades Comerciais, só se aplicava aos factos futuros – sociedades constituídas e mandatos iniciados após a sua entrada em vigor –, excepto se dispusesse «*directamente sobre o conteúdo de certas relações* (situações) *jurídicas, abstraindo dos factos que lhes deram origem*» e das respectivas «*condições de validade substancial ou formal*», caso em que já abrangeria os efeitos futuros desses factos (passados), aplicando-se às situações jurídicas em curso, constituídas anteriormente à sua entrada em vigor (cfr. art. 12.º, n.º 2 do CC). E aqui chegados havia que apreciar as diversas situações autonomamente[113].

---

[112] Por exemplo, se o disposto nos artigos 374.º-A (sobre o regime de independência e as incompatibilidades dos membros da mesa da assembleia geral das sociedades cotadas e das grandes sociedades anónimas) ou 396.º (sobre a caução) se aplicava aos mandatos (então) em curso, iniciados antes de 30 de Junho de 2006 (data da entrada em vigor das alterações), ou se o disposto no 413.º, n.º 2, *alínea a)* (sobre a estrutura complexa da fiscalização da grande sociedade anónima ou da que se encontra cotada em mercado regulamentado) se aplicava de imediato às sociedades cotadas e às que não o eram, mas que, em 2004 e 2005, tinham preenchido dois dos critérios nele estabelecidos.

[113] Regressemos aos exemplos dados na nota anterior.

Importa saber o que sucedia a todos aqueles que, não sendo independentes ou enquadrando-se na (nova) lista de incompatibilidades, se encontravam a desempenhar o cargo de membro da mesa da assembleia geral de uma sociedade cotada na data da entrada em vigor da Reforma, nomeadamente se a (nova) lei lhes era imediatamente aplicável – determinando a cessação dos mandatos –, ou os mandatos poderiam ser completados, uma vez que no momento da designação e início de funções não existiam os actuais obstáculos.

No caso do **regime de independência e** da inexistência **das incompatibilidades** a que passam a estar sujeitos os membros da mesa da assembleia geral de certas sociedades, afigurava-se que tais requisitos e a inexistência de incompatibilidades constitui, desde então, uma condição de validade substancial da respectiva designação, que passou a ser nula se efectuada em infracção de tais regras imperativas (cfr. art. 294.º do CC). Nestes termos, entendemos que a entrada em vigor do novo quadro normativo, em 30 de Junho de 2006, não interferiu com os cargos em exercício, para os quais os respectivos titulares – que não reunissem os requisitos de independência ou estivessem em situação de incompatibilidade – haviam sido adequadamente eleitos. Aplicar o novo regime aos mandatos em curso equivaleria a aplicar a nova lei aos factos passados, exigindo retroactivamente condições de validade substancial da designação de tais membros dos órgãos sociais, inexistentes (e imprevisíveis) ao tempo da respectiva designação e início de funções.

Nesse cenário – de falta de previsão específica –, entendíamos não se justificar aplicar retroactivamente a nova lei e impor alterações imediatas na estrutura orgânica das sociedades em funcionamento, nem se afigurava fazer sentido esperar pelas novas designações dos órgãos sociais. A lei admitia, em regra transitória (o art. 63.º, n.º 1, *alínea a)* do DL 76-A/ /2006, de 29 de Março), que houvesse um período de adaptação de, pelo menos, um ano, o que significava que, podendo as sociedades alterar

---

Quanto à alteração do art. 396.º do Código das Sociedades Comerciais – que, para além de ter elevado os montantes mínimos da caução a prestar, alargou a respectiva exigibilidade a uma série de sociedades anónimas que, até à entrada em vigor na nova redacção dessa disposição legal (em 30 de Junho de 2006), a podiam dispensar, nomeadamente aquelas que preenchem os requisitos do n.º 2 do art. 413.º (na red. do DL 76-A/2006, de 29 de Março), bem como o círculo de potenciais beneficiários –, sobre a **caução** que os administradores devem prestar para garantia da respectiva responsabilidade, considerámos ser de aplicar idêntica solução, não se impondo modificar, no decurso do mandato, o respectivo regime e o montante mínimo obrigatório aplicáveis no momento do início de funções [e, nomeadamente, no prazo em que ela, a ser devida, deveria ter sido prestada (cfr. art. 396.º, n.º 4)], e com os quais os designados poderiam legitimamente contar. Por isso, a nova versão do art. 396.º só se aplicou às designações ocorridas no âmbito da sua vigência (isto é, a partir do dia 30 de Junho de 2006, *inclusive*), uma vez que a recusa em prestar caução (no prazo máximo de trinta dias) põe em causa a subsistência em funções do administrador eleito ou nomeado, implicando a falta de prestação de caução, quando legal ou contratualmente exigida, a imediata cessação de funções (cfr. art. 396.º, n.º 4). Não sendo a caução exigível, no momento da entrada em funções, uma condição de validade substancial da designação, ela é, seguramente, uma condição indispensável para o desempenho do cargo, que se deve verificar, no máximo, trinta dias após a designação.

Por fim, e abordando o exemplo da reestruturação da fiscalização da sociedade anónima de modelo de governação clássico, por efeito das novas regras, importa recordar que a fiscalização complexa é aplicável às sociedades cotadas sem exigência de verificação de requisitos adicionais, sendo imposta às *grandes sociedades anónimas* (não cotadas) se *durante dois anos consecutivos* se registarem dois dos três indicadores constantes da *alínea a)* do n.º 2 do art. 413.º.

Cabia apurar se a estrutura de fiscalização complexa (conselho fiscal e revisor oficial de contas autónomo), imposta no art. 413.º:

– era imediatamente obrigatória (desde 30 de Junho de 2006);
– só tinha de ser adoptada no final do exercício (então) em curso (2006) nas sociedades cotadas e nas grandes sociedades anónimas;
– teria de ser adoptada no final do exercício nas sociedades cotadas e nas *grandes sociedades anónimas* apenas quando se concluíssem dois exercícios após a entrada em vigor da alteração legislativa;
– só se aplicaria quando se concluísse o mandato dos órgãos sociais em funções.

nesse período a sua estrutura orgânica (ou modelo de governação), as novas regras só deveriam ser aplicáveis no final do exercício de 2007. As sociedades que fossem criadas desde 30 de Junho de 2006 ou que, em 31 de Dezembro de 2007, se mantivessem no modelo de governação clássico e preenchessem os requisitos do artigo 413.º, n.º 2, *alínea a)*, deveriam, então, preparar-se para adoptar a estrutura complexa de fiscalização (prevista no art. 413.º, n.º 1, *alínea b)*) ou, em alternativa, alterar o respectivo modelo de governação (nesse sentido, cfr. também o art. 63.º, n.º 1 do DL 76-A/2006, de 29 de Março), caso em 2008 se encontrassem cotadas ou, não estando, ultrapassassem, entretanto (nos exercícios de 2006 e 2007), pelo menos, dois dos critérios estabelecidos nessa disposição legal.

Qualquer que fosse o entendimento que se perfilhasse sobre a questão da aplicação da lei no tempo da Reforma Societária, estas reflexões pretendem constituir uma chamada de atenção relativamente a um dos muitos problemas que a alteração legislativa de 2006 veio suscitar, sobretudo tendo em conta que não foram estabelecidas sanções para o eventual incumprimento das mudanças determinadas.

4. **Alterações posteriores**

As modificações que o Código das Sociedades viria a sofrer desde a Reforma de 2006 são específicas e circunscritas a determinadas matérias, limitando-se nalguns casos a transpor normas comunitárias para o Direito português.

(i) ***A desnecessidade de autorização judicial na redução do capital (2007)***

Decorridos seis meses sobre a vigência da reforma societária de 2006, seria publicada, e entraria em vigor, a alteração do Código das Sociedades Comerciais referente à simplificação do processo de redução do capital social, quando o mesmo não se destine unicamente à cobertura de perdas. Com efeito, não obstante o diploma ter sido aprovado, na generalidade, pelo Conselho de Ministros, em Novembro de 2006, só no dia 17 de Janeiro de 2007, seria publicado o Decreto-Lei n.º 8/2007 que, para além de novas alterações ao Código das Sociedades Comerciais – que não se limitaram à redução do capital social, mas pretenderam também aperfeiçoar diversas regras do Código, algumas delas com pouco mais de seis meses de vigência –, criou o regime da Informação Empresarial Simplificada (IES) e introduziu *novas medidas de eliminação de actos no sector do registo comercial e dos actos notariais conexos*, suprimindo a necessidade de novo certificado de admissibilidade de firma em caso de mudança de sede (para diferente concelho), tornando gratuitos os actos de registo provocados por iniciativas da Administração Pública e fomentando a transformação dos EIRL em sociedades unipessoais por quotas.

Antes de fazermos um balanço sucinto sobre as implicações do Decreto-Lei n.º 8/2007, de 17 de Janeiro[114], no plano das sociedades comerciais, não podemos deixar de criticar a forma como se continuou a processar a Reforma do Direito Societário português, sendo incompreensível que uma medida preconizada desde Fevereiro de 2006, antes mesmo da própria publicação do DL 76-A/2006, apenas em 2007 conhecesse a luz do dia, provocando nova – embora já aguardada – alteração no Código das Sociedades Comerciais.

Teria sido, pois, preferível ter enquadrado essa modificação na Reforma Societária, cuja extensão e alcance abordámos já, contribuindo, desse modo, para uma aconselhável estabilidade legislativa, factor de reforço da confiança dos agentes económicos.

O diploma de 2007 aproveitou também para *aperfeiçoar* certas disposições do Código, algumas delas com uma versão então muito recente – uma vez que haviam entrado em vigor em 30 de Junho de 2006 –, esquecendo diversas incongruências e lapsos de redacção, para os quais chamáramos já a atenção, e criando novas imperfeições, ao esquecer-se, por exemplo, de adaptar o artigo 463.º à nova redacção do artigo 95.º, que alterou.

Importa nesta curta apreciação global revelar alguma reserva sobre a solução adoptada em matéria de redução do capital excessivo, operação que, não estando agora sujeita ao controlo dos credores (cfr. nova redacção do art. 96.º) – que apenas podem, em prazo muito reduzido, procurar assegurar os respectivos créditos –, deixou de ser supervisionada pelo tribunal, sem qualquer contrapeso. Isto é, não será sequer objecto de apreciação administrativa (pela Conservatória de Registo Comercial, que se limitará a promover o registo da alteração contratual deliberada, sem

[114] Cujas medidas entraram em vigor em 18 de Janeiro de 2007 (dia seguinte ao da sua publicação), apesar de as obrigações relativas à Informação Empresarial Simplificada se aplicarem já ao exercício de 2006 (cfr. arts. 25.º e 24.º, n.º 2).

verificação dos pressupostos económicos que a sustentam), como acontece com as operações de dissolução e liquidação, nem se encontra subordinada à fiscalização por entidade independente ou integrante dos órgãos sociais.

Concluindo, quando esteja em causa a libertação de excesso de capital, os sócios e credores discordantes apenas poderão impugnar a deliberação em sede judicial, comprovando os primeiros a ilegalidade da mesma – se for o caso – e contestando os segundos a respectiva oportunidade, procurando acautelar créditos que possam ser prejudicados pela distribuição de bens resultante da redução deliberada, mas não tendo meios para a eliminar ou, pelo menos, para a paralisar.

(ii) *Alterações pontuais (2007-2009)*

Entre Janeiro de 2007 e Maio de 2009, verificaram-se alterações insignificantes ao regime do Código das Sociedades Comerciais.

Assim, no âmbito de uma significativa reforma do Código dos Valores Mobiliários, o Decreto-Lei n.º 357-A/2007, de 31 de Outubro, revogou o n.º 2 do art. 365.º[115] e o n.º 2 do art. 372.º-A.

Decorrido mais de um ano, o Decreto-Lei n.º 247-B/2008, de 30 de Dezembro – que criou o cartão (único) de empresa e o SICAE, *um subconjunto do ficheiro central de pessoas colectivas*, simplificando o Regime do RNPC e alterando o regime da "empresa na hora" –, viria a introduzir um ajuste de pormenor na parte final do n.º 1 do artigo 7.º do Código, para salvaguardar a forma legal de constituição de sociedades sujeitas a lei especial, ainda que o regime aplicável à transmissão das respectivas entradas não impusesse, por si só, uma forma específica.

Em 20 de Março de 2009, o Código seria objecto de uma alteração tácita, ainda que provisória, com a publicação de um diploma de emergência, com duração limitada: o Decreto-Lei n.º 64/2009, que cessou a sua vigência em 31 de Dezembro de 2009, sem nunca ter sido aplicado. Trata-se de um diploma que teve por finalidade admitir a possibilidade de uma sociedade comercial deliberar a redução do capital social por diminuição do valor nominal das suas acções, e não simplesmente para cobertura de perdas, viabilizando assim aumentos de capital social em casos

[115] E não o n.º 2 do art. 265.º, como por lapso resultava do texto do diploma (cfr. art. 19.º, *alínea c)*).

em que o valor de cotação se encontra abaixo do valor nominal, e em que não seria possível reduzir o capital para cobrir prejuízos (porque contabilisticamente o valor da acção seria superior ao respectivo valor nominal). Indirectamente, este Decreto atropelava o princípio então vigente de que as acções não podiam ser emitidas abaixo do par.

(iii) ***A fusão transfronteiriça e a simplificação da fusão e cisão de sociedades***

Em 12 de Maio de 2009, a Lei n.º 19/2009 transpôs a Directiva n.º 2005/2006/CE, relativa às fusões transfronteiriças das sociedades de responsabilidade limitada – alterando os artigos 98.º, 99.º e 101.º e aditando os artigos 117.º-A a 117.º-L –, e volvidos três meses o Decreto-Lei n.º 185/2009, de 12 de Agosto, transpôs a Directiva n.º 2006/46/CE do Parlamento Europeu e do Conselho, que altera três Directivas em matéria de contas *e adopta medidas de simplificação e eliminação de actos no âmbito de fusão e cisão*.

(iv) ***Intangibilidade do capital social e governação societária***

O Decreto-Lei n.º 185/2009, de 12 de Agosto, alterou também o artigo 32.º, aditando-lhe um novo número e conformando-o às Normas Internacionais de Relato Financeiro adoptadas pela União Europeia e ao Novo Sistema de Normalização Contabilístico, e introduziu um novo conceito de "justo valor" (*fair value*) (cfr., *infra*, n.os 14.7 e 22.9).

Este diploma determinou também uma modificação significativa no plano da governação societária, aditando ao artigo 70.º, n.º 2 do Código, a *alínea b)*, que – a manter-se vigente – torna obrigatória, a partir da conclusão do exercício iniciado em 2010 e em qualquer tipo societário, a disponibilização do *relatório sobre a estrutura e as práticas de governo societário*, quando estas não estejam referenciadas no relatório de gestão.

(v) ***As acções sem valor nominal e a transposição da Directiva 2007/36/CE***

Em 7 de Abril de 2010, o governo aprovou um novo diploma – o Decreto-Lei n.º 49/2010, de 19 de Maio –, introduzindo novas modificações no Código das Sociedades Comerciais e também, indevidamente[116], no Código dos Valores Mobiliários, consagrando a possibilidade de serem criadas acções sem valor nominal e transpondo a Directiva comunitária relativa ao exercício de certos direitos dos accionistas de sociedades cotadas[117].

As sociedades anónimas podem agora optar entre ter acções com valor nominal ou sem esse valor, servindo de referência o respectivo valor de emissão. Das alterações ocorridas resultou o ajustamento de diversas regras do Código das Sociedades Comerciais, que tomavam o valor nominal das acções como referência (casos dos arts. 22.º, n.º 1, 25.º, n.os 2 e 3, 92.º, 272.º, *alínea a)*, 276.º, 277.º, n.º 2, 295.º, 298.º, 341.º, n.º 2, 342.º, n.º 1, 345.º, n.º 4, entre outros).

No que se refere às deliberações dos accionistas de sociedades cotadas (isto é, com acções admitidas à negociação em mercado regulamentado), estas estão agora sujeitas a um regime jurídico específico, objecto de disciplina no Código dos Valores Mobiliários (arts. 21.º-B a 23.º-B).

O Novo Diploma corrige também algumas insuficiências ou mesmo deficiências (cfr. art. 380.º e 384.º, n.º 10), porventura nem sempre bem (como sucedeu com a rectificação da remissão feita pelo n.º 1 do art. 423.º, n.º 1 para o n.º 8 do art. 410.º, quando o que deveria ter sucedido era acrescentar um número ao art. 410.º) e efectuou algumas precisões (cfr. art. 349.º, n.º 3 e 397.º).

E) As sociedades de responsabilidade limitada e anónimas nos ordenamentos jurídicos estrangeiros

Vamos, a título meramente informativo, e para concluir a Introdução, fazer uma breve referência às leis que regulam as sociedades comerciais, em geral, e as sociedades anónimas, em especial, nos ordenamentos jurídicos estrangeiros que revestem maiores afinidades com o nosso ou cujas sociedades se cruzam com mais frequência com as empresas por-

[116] Com efeito, faria todo o sentido que o regime jurídico das sociedades (anónimas) abertas e cotadas fosse objecto de regulação no Código das Sociedades Comerciais, deixando-se para o Código dos Valores Mobiliários o regime jurídico das acções e obrigações, para além das ofertas públicas e regulação do mercado.

[117] O novo diploma transpôs também parcialmente a Directiva n.º 2006/123/CE, do Parlamento Europeu e do Conselho, de 12 de Dezembro de 2006 (cfr. art. 1.º *in fine*).

tuguesas. São diversos os factores que conduziram à escolha desses ordenamentos, feita em função da influência que tiveram no actual sistema português, em razão do elevado nível de construção científica e elaboração dogmática que atingiram, da diversidade de soluções que propõem, ou da simples proximidade geográfica e cultural com Portugal.

1. **Direito alemão**

No Direito alemão, as sociedades comerciais mais relevantes são objecto de regulamentação em leis autónomas. Assim, enquanto as sociedades anónimas (*Aktiengesellschaften* ou, simplesmente, *AG*) são reguladas pela *Aktiengesetz* (*AktG*)[118], de 6 de Setembro de 1965 – publicada no jornal oficial, *BGBl (Bundesgesetzblatt)* I, p. 1089 – que entrou em vigor, juntamente com uma lei de Introdução (*Einführungsgesetz*), em 1 de Janeiro de 1966 (cfr. § 410), substituindo a lei anterior (*Aktiengesetz* de 30 de Janeiro de 1937[119]), as sociedades de responsabilidade limitada (*Gesellschaften mit beschränkter Haftung*), correspondentes às sociedades por quotas nacionais, são disciplinadas pela *Gesetz betreffend die Gesellschaften mit beschränkter Haftung (GmbHG)* de 20 de Maio de 1898[120], que foi a lei inspiradora da Lei (portuguesa) das Sociedades por Quotas de 11 de Abril de 1901.

---

[118] Lei das Sociedades por Acções (alemã). Os respectivos preceitos, que se designam parágrafos (§§), decompõem-se, nalguns casos, em números (*alíneas*) – em alemão, no singular, *Absatz*. Quando estamos a referir os períodos em que estes se decompõem falamos em *frases* (no singular: *Satz*). Assim, por exemplo, § 1 Abs. 1 Satz 2 significa, em tradução livre e adaptada, art. 1.º, alínea 1, frase 2.

As últimas alterações que registámos datam de 19 de Abril e 16 de Julho de 2007 (cfr. *BGBl*, I, pp. 542 e 1330, respectivamente) e de 12 de Agosto e 23 de Outubro de 2008 (cfr. *BGBl*, I, pp. 1666 e 2026, respectivamente).

[119] Elaborada e publicada em pleno apogeu nacional-socialista.

[120] Lei respeitante às sociedades de responsabilidade limitada, na versão publicada no jornal oficial [*RGBl (Reichgesetzblatt)*], de 20 de Maio de 1898 (p. 846), que havia sido publicada pela primeira vez em 1892 (*RGBl* de 20 de Abril, p. 477). Esta lei centenária – verdadeiramente precursora da regulamentação deste tipo societário – foi objecto de diversas alterações, sendo a ultima grande reforma a que foi aprovada pela Lei de 23 de Outubro de 2008 (*BGBl* I, p. 2026), auto-designada "Lei de Modernização do Direito das Sociedades de Responsabilidade Limitada e Anti-Abuso" (*Gesetz zur Modernisierung des GmbH-Rechts und zur Bekämpfung von Missbräuchen*, conhecida

2. Direito espanhol

Em Espanha, à semelhança do que acontece na Alemanha, e diversamente da opção tomada pelo legislador dos países vizinhos (Portugal e França), a matéria das sociedades comerciais não é objecto de disciplina num diploma único, mas em leis avulsas aplicáveis a cada tipo societário.

Assim, as sociedades anónima regem-se por uma lei de 1989 («texto refundido da Lei das Sociedades Anónimas», aprovado pelo Real Decreto Legislativo 1564/1989, de 22 de Dezembro) que, entrando em vigor em 1 de Janeiro de 1990, revogou a Lei de 17 de Julho de 1951 sobre o regime jurídico das Sociedades Anónimas (cfr. Disposição Derrogatória)[121].

Por sua vez, as sociedades de responsabilidade limitada são reguladas pela Ley 2/1995, de 23 de Março, vigente desde 1 de Junho de 1995 (cfr. Primeira Disposição Final) e que substituiu a Lei de 17 de Julho de 1953 (Primeira Disposição Derrogatória).

3. Direito francês

Em França, as sociedades comerciais são reguladas pelo Código de Comércio de 2000, resultante da Ordenança de 18 de Setembro de 2000 e que sistematizou e arrumou as regras de Direito Comercial em sentido lato, ainda que sem proceder a modificações do respectivo conteúdo.

pela abreviatura MoMiG), que foi objecto de um artigo de divulgação por Rui Dias no volume inaugural da *Direito das Sociedades em Revista* (ano 1, vol. 1, **2009**, pp. 243-251), com o título «A Reforma de 2008 do Direito das *GmbH* (Desenvolvimentos Recentes do Direito das Sociedades na Alemanha)». Na literatura alemã, vd. Eugen Klunziger, *Grundzüge des Gesellschaftsrechts*, 15ª ed., Vahlen, München, **2009**, pp. 242-247.

A alteração anterior mais relevante tinha sido determinada pela Lei de 9 de Dezembro de 2004 (*BGBl* I, p. 3214), relativa ao reajustamento das regras da prescrição pela lei da modernização do Direito das Obrigações (*Anpassung von Verjährungsvorschriften an das Gesetz zur Modernisierung des Schuldrechts*).

[121] Sobre a reforma do Direito espanhol das Sociedades Comerciais ocorrida no final da década de 80 do século passado, após a adesão de Espanha à CEE, cfr. a nossa dissertação de mestrado, *Os direitos especiais nas sociedades anónimas: as acções privilegiadas*, Almedina, Coimbra, **1993**, pp. 75-77 (e autores citados na nota 83).

As sociedades comerciais – que anteriormente eram reguladas pela Lei n.º 66-537, de 24 de Julho de 1966 (*Loi sur les Sociétés Commerciales*), que havia sido objecto de inúmeras alterações desde a sua entrada em vigor em 1 de Abril de 1967 (cfr. arts. 499, al. 1, e 509), pelo Decreto n.º 67-236, de 23 de Março de 1967[122], e pelo título IX do Livro III do Código Civil (cfr. arts. 1832 a 1844-17, na redacção que lhes foi dada pela Lei n.º 78-9, de 4 de Janeiro de 1978) – passaram a ser reguladas pelo Livro II do Código de Comércio que, pela sistematização e numeração que adoptou[123], se tornou um Código *expansível*, sem prejuízo de as regras constantes do Código Civil continuarem aplicáveis, sempre que não houver expressa regulamentação no Código de Comércio.

Para além das disposições relativas aos diversos tipos de sociedade – Disposições Preliminares (Título Primeiro, arts. L. 210-1 a L. 210-9) e Comuns (Título III, arts. L. 231-1 a L. 239-2) e Penais (Título IV, arts. L. 241-1 a L. 248-1) –, às sociedades anónimas são aplicáveis especificamente as que constam dos Capítulos V (arts. L. 225-1 a L. 225-270) e VIII (arts. L. 228-1 a L. 228-106) do Título II e às sociedades de responsabilidade limitada as integradas no Capítulo III do mesmo Título (Art. L. 223-1 a Art. L. 223-48).

4. **Direito italiano**

Em Itália, as sociedades comerciais são reguladas pelo Código Civil, no Livro V, Título V – as sociedades anónimas (*società per azioni*) no Capítulo V (artigos 2325 a 2451) e as sociedades *por quotas* (*società a*

[122] O *Décret* n.º 67-236, de 23 de Março de 1967, *sur les sociétés commerciales*, tinha entrado em vigor no mesmo dia da Lei das Sociedades Comerciais (cfr. art. 309) e regulava certos aspectos de pormenor das sociedades comerciais.

[123] O Código encontra-se sistematizado em onze livros, não sendo linear a numeração adoptada. Assim, o art. L. 210-1, que corresponde à primeira disposição em matéria de sociedades comerciais (e ao antigo artigo 1.º da Lei n.º 66-537, de 24 de Julho de 1966), significa o 1.º artigo do capítulo único (e por isso representado por um 0) do Título I do Livro II. Com efeito, o primeiro número representa o Livro no qual se situa o preceito legal, o segundo número o Título e o terceiro o Capítulo; o número separado pelo hífen corresponde ao número que a disposição legal assume no âmbito do capítulo em que se integra.

responsabilità limitata), no Capítulo VII (artigos 2462 a 2483)[124] – e por algumas leis avulsas que surgiram posteriormente.

A última grande reforma das sociedades comerciais de capital – comparável, pela extensão, à nossa reforma societária de 2006 e com significativas inovações – ocorreu em 2003 (aprovada pelo d.lg. n. 6, de 17 de Janeiro)[125].

5. Direito inglês

O Direito inglês das sociedades anónimas é disciplinado essencialmente pelo *Companies Act* (Lei das Sociedades)[126] de 2006 – que constitui a sua principal fonte, não obstante ser de reconhecer ao costume (*common law*) e à jurisprudência, concretizada nos precedentes (*cases*), uma grande importância na formação do Direito anglo-saxónico – que, sucedendo ao *Companies Act* de 1985[127], recebeu a concordância real (*Royal Assent*) em 8 de Novembro de 2006.

A nova lei – que englobou a Parte 2 do *Companies Act* de 2004 e algumas disposições do *Companies Act* de 1985 e do *Companies Consolidation Act* de 1985, que se mantiveram parcialmente em vigor (cfr. *s.*

[124] A ambos os tipos societários aplicam-se ainda disposições comuns [constantes, p. ex., dos Capítulos I, VIII, IX e X, referentes às disposições gerais (arts. 2247 a 2250), à dissolução e liquidação (arts. 2484 a 2496), à direcção e coordenação de sociedades (arts. 2497 a 2497-*speties*) e à transformação, fusão e cisão de sociedades (arts. 2498 a 2506-*quater*)].

[125] Ocorreram, contudo, alterações posteriores, como as que resultaram do d.lg. de 29 de Novembro de 2008 e do d.lg. de 10 de Fevereiro de 2009.

[126] Os preceitos do *Companies Act*, que correspondem aos "artigos" da lei portuguesa, designam-se *sections* (s.). No seu final, o *Companies Act* é complementado por 16 anexos (*Schedules*), sistematizados em parágrafos (*paragraphs*).

[127] O *Companies Act* de 1985 havia entrado em vigor em 1 de Julho de 1985 (cfr. *s. 746*) e seria ulteriormente alterado por outros diplomas, designadamente pelos *Companies Act* de 1989 (que, entre outras medidas, transpôs para o Direito inglês, as 7ª e 8ª Directivas Comunitárias em matéria de Sociedades) e de 2004. Esta lei-base do Direito Societário inglês – que foi substituída na sua quase totalidade pelo *Companies Act* de 2006 – apresentava como principal legislação complementar o *Business Names Act* de 1985, o *Companies Securities (Insider Dealing) Act* de 1985, o *Financial Services Act* de 1986 e o *Insolvency Act* de 1986, e havia consolidado *(consolidated)* – ou seja, reunido e sistematizado (num único diploma) – as matérias reguladas pelas várias leis anteriores (*Acts* de 1948, 1967, 1976, 1980, 1981 e 1983).

2/1) – tem 1300 artigos (*sections*), está dividido em 47 partes (*Parts*), das quais 20 se encontram sistematizadas em capítulos (*Chapters*), e representa a maior peça de legislação única elaborada no Reino Unido até ao presente[128]. A sua entrada em vigor iniciou-se no dia da sua publicação e processar-se-á por fases – em datas indicadas pelos Ministros de Estado ou das Finanças –, prevendo-se que a maior parte das suas regras seja aplicável a partir de Outubro de 2007 e que um ano depois esteja em vigor na totalidade (cfr. *s. 1300*)[129].

À sociedade anónima ou sociedade por acções do Direito continental continua a corresponder, no Direito inglês, a *public company limited by shares* que se determina pela forma de constituição e de representação do respectivo capital; é precisamente a sociedade que, tendo o capital representado por acções, é declarada como tal (*public*) no *memorandum* (cfr. *s. 4/2*)[130].

6. **Direito norte-americano (EUA)**

A qualidade e o desenvolvimento do Direito norte-americano encontram contrapartida na sua enorme complexidade, que se explica, de certo modo, por coexistir uma regulamentação federal com inúmeras leis estaduais.

Com efeito, o Direito das Sociedades nos Estados Unidos da América reconduz-se à *Corporation Law* – que corresponde fundamentalmente

[128] «*The longest in history!*» (RICHARD SMERDON, *A Practical Guide to Corporate Governance*, 3ª ed., Thomson / Sweet & Maxwell, London, **2007**, p. 16). No mesmo sentido, e salientando as principais inovações da nova lei, que substitui a maior parte das disposições dos Companies Acts de 1985 e 1989 e de 2004, LUCY TREVELYAN, «Worth the wait (the long awaited UK Companies Act)», *IBN*, vol. 61 n.º 1, February **2007** (pp. 12-15), p. 13.

[129] Sobre a legislação societária anterior revogada, cfr. o anexo (*Schedule*) 16.

[130] Sobre os diversos tipos de sociedades no Direito inglês, vd. PAUL L. DAVIES, *Gower's and Davies Principles of Modern Company Law*, 8ª ed., Thomson / Sweet & Maxwell, London, **2008**, pp. 4-7, 8-11, 13-19, BRENDA HANNIGAN, *Company Law*, 2ª ed., Oxford University Press, Oxford, **2009**, pp. 16-18, MADS ANDENAS / FRANK WOOLDRIDGE, *European Comparative Company* Law, Cambridge University Press, Cambridge, **2009**, pp. 109-110, e sobre a correspondência dessas sociedades às sociedades do Direito continental, pp. 99-129, e OLIVIER MORÉTEAU, *Droit anglais des affaires*, Dalloz, Paris, **2000**, pp. 152-200.

ao Direito Societário institucional, isto é, aos aspectos regulamentares e orgânicos das sociedades –, objecto de regulamentação estadual, e à *Securities regulation* (Direito dos Valores Mobiliários) que recai na alçada do Direito federal[131].

De entre as leis estaduais mais relevantes, merecem referência especial três leis, que são aliás as mais reputadas: a do *Delaware*[132] – Estado que há mais tempo reconhece às sociedades personalidade jurídica e onde se encontram registadas, em número apreciável, sociedades muito importantes –, e as de *New York* e *California*, Estados onde o volume de negócios societários e a capitalização bolsista são muito significativos, atingindo níveis particularmente elevados.

No que respeita essencialmente às acções das sociedades abertas – incluindo o conteúdo dos respectivos direitos e obrigações –, devemos tomar em consideração as leis federais de 1933 (*Securities Act*) e de 1934 (*Securities Exchange Act*), e alterações subsequentes, a prática da *New York Stock Exchange* (*NYSE*) e o *Model Business Corporation Act* (Lei-Modelo das sociedades por acções)[133].

No Direito das Sociedades Comerciais e, em particular, no que respeita às que são congéneres das sociedades anónimas [as *Business (*ou *Stock) Corporations*] haverá que considerar a lei estadual aplicável – que regula a respectiva constituição e rege o seu funcionamento – e que, em

---

[131] Embora a situação conheça paralelo, nomeadamente em Portugal, onde se assiste a um desentranhamento progressivo do Código das Sociedades Comerciais, de aspectos relativos ao regime das acções, integrados no Código dos Valores Mobiliários, a verdade é que o respectivo conteúdo, nomeadamente no que respeita a direitos e obrigações sociais, ao contrário do que sucede no Direito norte-americano – pelo menos no que respeita às respectivas sociedades cotadas, que são inúmeras –, continua a ser essencialmente regulado no CSC, com excepção de aspectos específicos do regime das sociedades abertas.

[132] A importância de um Estado tão pequeno como o Delaware comprova-se também, e sobretudo, pelo facto de nele terem sido constituídas uma parte substancial das sociedades cotadas na *NYSE* (*New York Stock Exchange*).

[133] O *Model Business Corporation Act* – elaborado pela Secção de Direito Societário, Bancário e Contratual da Ordem dos Advogados norte-americana (*American Bar Association Section of Corporation, Banking and Business Law*) – foi publicado em 1950 e, não constituindo uma lei uniforme, pretendia apenas pôr à disposição dos vários Estados um modelo possível e desejável de regulamentação sobre variadíssimos aspectos do Direito das sociedades anónimas (*business corporations*). A sua última revisão geral, correspondente à 3ª edição, ocorreu em 2005, tendo-se registado, desde então, algumas alterações.

muitos Estados corresponde, substancialmente ou mesmo na totalidade, ao *MBCA*[134], a par das leis federais referidas.

A *Business Corporation* pode ser uma sociedade *aberta* (*Public Issue Corporation*), cujas acções se encontram largamente disseminadas pelo público, normalmente cotadas em bolsa de valores, ou uma sociedade *fechada* (*Close Corporation*)[135], cujas acções estão concentradas nas mãos de um reduzido número de accionistas, não sendo facilmente transaccionáveis por não estarem cotadas no mercado[136].

7. **Outros ordenamentos jurídicos**

(i) ***Direito brasileiro***

No Brasil, as sociedades anónimas são reguladas pela Lei n.º 6.404, de 15 de Dezembro de 1976 – Lei das Sociedades por Acções publicada no Diário Oficial da União (Suplemento) de 17 de Dezembro de 1976 –, que entrou em vigor no dia 15 de Fevereiro de 1977[137], ao passo que as sociedades por quotas são reguladas pelo Decreto n.º 3.708, de 10 de Janeiro de 1919.

---

[134] As soluções que propõe – na sua actual edição (a 3ª, de 2005) – foram adoptadas, na generalidade, por quase trinta Estados, embora o MBCA constitua fonte de muitas regras aplicáveis às sociedades anónimas de Estados que não o acolheram na sua integralidade, como é o caso de New York, Delaware e Califórnia, Estados com peso significativo, em matéria de constituição e funcionamento de sociedades, na economia norte-americana.

[135] Sobre esta distinção, vd. JAMES D. COX / THOMAS LEE HAZEN, *Cox & Hazen On Corporations*, II vol., 2ª ed., Aspen, **2003** (supl. de actual. em 2004 e 2005), pp. 815-879.

Sobre as *closely held corporations*, vd. também WILLIAM A. KLEIN / JOHN C. COFFE, Jr., *Business Organization and Finance. Legal and Economic Principles*, Foundation Press, Thomson/West, New York, **2007**, pp. 110-111.

[136] Sobre as diversas formas societárias no Direito norte-americano, vd. RALPH H. FOLSOM / ALAIN A. LEVASSEUR, *Pratique du droit des affaires aux États-Unis*, Dalloz, Paris, **1995**, pp. 248-254, e FRANKLIN A. GEVURTZ, *Corporation Law*, West, St. Paul, Minn., **2000**, pp. 2 5.

[137] *«60 (sessenta) dias após a sua publicação»* (art. 295). Segundo este preceito (*in fine*), a *Lei das Sociedades por Ações* aplicou-se imediatamente a todas as sociedades constituídas depois da data de publicação (17 de Dezembro de 1976). Esta lei foi objecto de duas grandes reformas, em 1997 (Lei 9.457, de 5 de Maio) e em 2001 (Lei n.º 10.302, de 31 de Outubro).

(ii) *Direito suíço*

O Direito helvético das sociedades tem base legal na II Parte do Código das Obrigações (*Code des Obligations*) – sendo as sociedades anónima e de responsabilidade limitada reguladas, respectivamente, nos Títulos Vinte Seis (artigos 620 a 761) e Vinte e Oito (artigos 772 a 827) – que constitui o Livro V do Código Civil suíço, embora conste de instrumento separado com numeração autónoma.

CAPÍTULO I
Generalidades

1. Tipicidade e autonomia da vontade

1.1. O princípio da tipicidade das sociedades comerciais e o regime jurídico das sociedades anónimas como paradigma do regime das sociedades comerciais

1.1.1. *Conteúdo do princípio da tipicidade*[138]*; remissão*

Tipicidade significa, antes de mais, que só podem ser criadas como, e enquanto, sociedades comerciais as organizações que correspondem aos tipos que estão previstos na própria lei. Mas dentro desses tipos, e ao abrigo da autonomia privada, a lei é suficientemente generosa para aceitar interferências, desde que as regras a que se recorra e que vão moldar a estrutura interna da sociedade não ponham em causa os parâmetros essenciais desses mesmos tipos. Com efeito, a lei diz que se podem formar certos tipos, sendo que há um cerne essencial, que é o que os caracteriza; e, paralelamente, há muitas regras que ficam disponíveis, podendo ser utilizadas essas e todas as outras que não venham a descaracterizar o tipo em causa.

---

[138] Vd. J. Pinto Furtado, *Comentário ao Código das Sociedades Comerciais. Âmbito de aplicação. Personalidade e capacidade. Celebração do contrato e registo. Artigos 1.º a 19.º*, Almedina, Coimbra, **2009**, pp. 121-136, Pedro Maia, «Tipos de sociedades comerciais», AA.VV., *Estudos de Direito das Sociedades*, 9ª ed., Almedina, Coimbra, **2008** (pp. 7-39), e Pedro Pais de Vasconcelos, *A participação social nas sociedades comerciais*, 2ª ed., Almedina, Coimbra, **2006**, pp. 30-54.

À semelhança do que já acontecia no passado (art. 105.º do Código Veiga Beirão), a lei portuguesa consagra o princípio da tipicidade em matéria de sociedades comerciais, dispondo que estas devem adoptar um dos quatro tipos nela previstos (cfr. art. 1.º, n.os 3 e 2 do CSC), que adiante (cfr., *infra*, n.os 1.1.2 e 2) caracterizamos muito sucintamente, pelo recurso a alguns aspectos nucleares.

Com efeito, o nosso Código determina que as sociedades comerciais (*«que tenham por objecto a prática de actos de comércio»*) devem adoptar *«o tipo de sociedade em nome colectivo, de sociedade por quotas, de sociedade anónima, de sociedade em comandita simples ou de sociedade em comandita por acções»* (art. 1.º, n.º 2).

À liberdade de organizar a respectiva actividade económica empresarial, de natureza mercantil, sob a forma de sociedade comercial, irá corresponder uma limitação quanto à criação desta que deverá obedecer a um dos tipos de sociedade predefinidos.

O empresário dispõe, assim, de liberdade de selecção do tipo negocial, embora não lhe seja possível criar uma diferente espécie de sociedade, com base em cláusulas por si imaginadas ou estruturadas com referência a regras características de mais do que um tipo societário. Ele encontra-se vinculado a preservar os aspectos essenciais definidores e identificadores do tipo social por que opta; o que não significa que, relativamente à escolha que fez, com observância dos limites decorrentes do princípio da tipicidade e das regras legais imperativas aplicáveis, ele não possa regular de acordo com os seus interesses inúmeros aspectos da sociedade que constitui, ao abrigo da liberdade de estipulação contratual que também lhe assiste.

É, hoje, possível encontrar, no âmbito de um mesmo tipo societário, diversas subespécies – aliás, legal e expressamente reconhecidas –, como sucede com as sociedades anónimas.

1.1.2. *Aparecimento e desenvolvimento dos tipos societários*[139]

São, pois, quatro os tipos societários existentes e disponíveis para quem pretenda estruturar a sua actividade económica mercantil com recurso a uma sociedade comercial.

---

[139] Vd. Francesco Galgano, *História do Direito Comercial*, tradução da edição original de **1980**, por João Espírito Santo (supervisão e notas de José J. Barros), Signo

As sociedades comerciais são reguladas em Portugal há muito tempo.

1.1.2.1. *Sociedade em nome colectivo*

A primeira forma de regulação das sociedades comerciais, de modo organizado – no Código Comercial de 1833 (Ferreira Borges) –, corresponde ao mais antigo tipo de sociedade: a **sociedade em nome colectivo**, em que dois ou mais sócios, juntando os respectivos esforços e capacidades financeiras, resolvem empreender conjunta e articuladamente uma actividade económica lucrativa, como se fossem uma só pessoa, respondendo, pessoal e solidariamente e sem limite, com os restantes sócios, perante os credores sociais pelas dívidas da sociedade, como se se tratasse de uma actividade individual.

1.1.2.2. *Sociedades em comandita*

Na idade média desenvolveu-se o contrato de comenda[140] – pelo qual uma ou mais pessoas, que dispunham de meios financeiros, se associavam à actividade económica exercida por outra, que encabeçava o negócio, dando a cara –, que estaria na base das **sociedades em comandita**, que conheceriam um grande desenvolvimento na época dos descobrimentos; em particular das expedições marítimas com intuitos comerciais.

Tratava-se de um tipo social que permitia a um ou mais sócios (os comanditários) permanecer na sombra, limitando a sua responsabilidade ao capital que disponibilizavam. Por sua vez, o sócio que constituía a

Editores, Lisboa, s/d., em especial pp. 61-66. Considerámos também as Lições sobre Sociedades Comerciais de Paulo Sendin (policopiadas, **s/d**, mas divulgadas em 1984), com amplo desenvolvimento histórico. Na literatura mais recente, e na perspectiva da evolução histórica das sociedades, vd. António Menezes Cordeiro, *Manual de Direito das Sociedades*, I – *Das Sociedades em Geral*, 2ª ed., Almedina, Coimbra, **2007**, em especial pp. 49-142. Com informação detalhada sobre as leis comerciais em Portugal, Rui Pinto Duarte, «A evolução do Direito das Sociedades português», *in Escritos sobre Direito das Sociedades*, Coimbra Editora, **2008** (pp. 81-178).

Sobre as sociedades por quotas, e com desenvolvida referência a ordenamentos estrangeiros, vd. Maria de Fátima Ribeiro, *A Tutela dos Credores da Sociedade por Quotas e a "Desconsideração da Personalidade Jurídica"*, Almedina, Coimbra, **2009**, pp. 27-34.

[140] Conhecido desde o século X, este contrato seria também a origem da (actual) associação em participação e dos seguros marítimos.

face visível do negócio (chamado comanditado) assumia a sua direcção e a responsabilidade ilimitada pelos respectivos resultados.

Estas sociedades, claramente em desuso[141], podem organizar-se em dois subtipos – as sociedades em comandita simples e as sociedades em comandita por acções –, com as diferenças básicas que analisaremos mais à frente (cfr., *infra,* n.º 2.5).

1.1.2.3. *Sociedade anónima*

As **sociedades anónimas** tiveram o seu embrião nas grandes companhias coloniais, designadamente nas Companhias das Índias[142], que surgiram no início do século XVII e passaram por um período de controlo central de natureza administrativa, encontrando-se a respectiva constituição sujeita a autorização.

A ideia subjacente ao aparecimento deste tipo societário é a seguinte: as empresas marítimas da época requeriam avultados capitais, que dificilmente seriam disponibilizados por uma única pessoa. Recorria-se, por isso, a todos os que estavam potencialmente interessados em contribuir e que entregavam os respectivos capitais à exploração – muitas vezes conduzida por outras –, assegurando, como contrapartida, que caso a actividade financiada não corresse bem não seriam responsáveis pelas respectivas vicissitudes. Assim, a sua responsabilidade patrimonial ficava limitada à quantia com que entravam, ou prometiam entrar, para a sociedade.

Há vários momentos históricos a assinalar, desde o seu aparecimento, passando pela sua (primeira) forma aproximada da actual, a Carta de Lei de 1867 (decalcada de lei francesa contemporânea, e sujeita então a autorização governamental), e pelo Código Comercial de 1888 –, em que,

---

[141] Sabe-se, estatisticamente, existirem algumas (cfr. MENEZES CORDEIRO, *Manual de Direito das Sociedades,* I – *Das Sociedades em Geral*, 2ª ed. cit, **2007**, p. 217), mas são muito poucas. Nunca deparámos com nenhuma na nossa vida profissional. O respectivo valor e o interesse na sua eventual preservação são, hoje, essencialmente, históricos.

[142] Sucederam às Comendas, que se tornaram insuficientes para satisfazer a expansão comercial então ocorrida. Já não bastava enviar uma ou duas naus ou galeões, era necessária uma esquadra – o que ninguém conseguia assegurar sozinho –, e para cuja composição se tornava necessário reunir avultados capitais (anónimos).

Sobre a Companhia Holandesa das Índias Orientais (*East Índia Company*), vd. RUI MANUEL DE FIGUEIREDO MARCOS, *As companhias pombalinas. Contributo para a história das sociedades por acções em Portugal*, Almedina, Coimbra, **1997**, pp. 60-69.

Sobre as primeiras sociedades anónimas, vd. PEDRO MAIA, *Função e funcionamento do Conselho de Administração da Sociedade Anónima*, Coimbra Editora, **2002**, pp. 31-56.

para uma situação de plena liberdade de constituição da sociedade, se exigia então um mínimo de (dez) sócios ou accionistas (fundadores) correspondentes ao (mesmo) número mínimo de titulares dos órgãos sociais – até ao presente.

A sociedade anónima, tal como se apresentava no final do século XIX, perduraria por longos anos, embora gradualmente sujeita a regras mais rigorosas, tais como as que, publicadas no final de 1969, se traduziam num reforço da respectiva fiscalização.

Em 1986, com a publicação do Código das Sociedades Anónimas, assistir-se-ia a um notável desenvolvimento deste tipo societário, associado por coincidência a um período de acentuada expansão das bolsas de valores.

As sociedades anónimas podem assumir, presentemente, diversas configurações, consoante a estrutura do respectivo capital, podendo

- apresentar-se relativamente fechadas, com limitações à transmissibilidade das respectivas participações;
- corresponder ao modelo típico de sociedade anónima, com pequena ou média dimensão, tal como este tipo societário está consagrado no Código das Sociedades Comerciais, na sua redacção inicial,
- adoptar uma estrutura orgânica complexa, correspondente à *grande* sociedade anónima, criada pela Reforma Societária de 2006, ou
- constituir-se como sociedades com o capital aberto ao investimento do público, designando-se abreviadamente como sociedades abertas, podendo estar, ou não, cotadas.

As primeiras são sociedades anónimas de cariz vincadamente **familiar**, em que o reduzido número de sócios optou por este tipo por razões alheias às suas características substantivas. A lei não as autonomiza relativamente às segundas, mas permite-lhes o aproveitamento de regras que as aproximam das sociedades por quotas.

As segundas correspondem à sociedade anónima **típica**, isto é, tal como resulta, tradicionalmente, do Código das Sociedades Comerciais, com todas as características que as identificam, com essa natureza, e as distinguem das sociedades de pessoas. As respectivas participações são livremente transmissíveis e são desprovidas de elementos subjectivos.

As terceiras constituem o subtipo mais relevante criado pela Reforma de 2006 – a ***grande*** sociedade anónima –, que, sempre que adoptar o modelo de governação clássico, deverá possuir uma fiscalização complexa.

As últimas existem há muito no nosso país, embora sendo conhecidas pelas designações de sociedades *de* ou *com* **subscrição pública**, expressões que seriam banidas pelo Decreto-Lei que aprovou o Código dos Valores Mobiliários (DL 496/99, de 13 de Novembro) e de forma discutível concentrou neste diploma o regime jurídico aplicável a esta subespécie de sociedade anónima (cfr. arts. 13.º e segs.). Estas sociedades, constituídas com apelo ao público ou relativamente às quais ocorre uma oferta pública de valores mobiliários, não são apenas aquelas cujas participações (acções) ou outros valores mobiliários se encontram admitidos à negociação em mercado regulamentado, *maxime* em bolsa de valores. Assim, para além das sociedades cotadas, que são por definição abertas, existem outras sociedades anónimas, cujo capital também está aberto ao investimento do público – e sujeitas, consequentemente, a um regime jurídico rigoroso –, embora possam apresentar, relativamente às cotadas, regras estatutárias específicas. Enquadram-se nesta categoria de sociedades **abertas** todas as que se constituem ou emitem valores mobiliários por meio de uma oferta pública.

1.1.2.4. *Sociedade por quotas*

As **sociedades por quotas** correspondem ao último tipo social a surgir com autonomia, permitindo organizar em estruturas pequenas – e sobretudo com um número de sócios muito reduzido (inicialmente, mínimo de dois) – actividades económicas com limitação da responsabilidade dos sócios ao capital social subscrito.

Inspiradas no modelo das sociedades de responsabilidade limitada alemãs (*GmßH*), criado por lei de 1892 (20 de Abril)[143], o legislador acolheu-as na ordem jurídica nacional, na Lei de 11 de Abril de 1901, com a designação de sociedades por quotas, e manteve a respectiva regulamentação em fonte autónoma (do Código Comercial) até à publicação do Código das Sociedades Comerciais.

---

[143] Esta não teria sido a primeira fonte reguladora deste tipo societário. As sociedades de responsabilidade limitada haviam já sido reguladas em Inglaterra (*Companies Act*, de 1862) e em França (1863).

Sobre a razão da criação deste tipo societário, vd., por todos, Manuel Nogueira Seréns, «O (Verdadeiro) Leitmotiv da Criação pelo Legislador Alemão das "Sociedades com Responsabilidade Limitada" (Gesellschaften mit beschränkter Haftung)», *DSR*, ano 1, vol. 2, Out. **2009** (pp. 137-174).

Importa assinalar que, no seu percurso – ao longo do século XX –, estas sociedades tornar-se-iam dominantes no tecido económico-social produtivo do país, sendo gradualmente utilizadas como forma jurídica de (quase) todas as pequenas e médias empresas comerciais. De um modelo relativamente aberto – com livre transmissibilidade do respectivo capital social supletivamente regulada (cfr. art. 6.º da LSQ) –, que procurava repercutir nela, em dimensões mais reduzidas, algumas características essenciais das sociedades anónimas[144], a sociedade por quotas, pela prática constantemente observada, viria a fechar-se, acentuando o seu pendor subjectivo, por natureza, e pessoal, em detrimento da circulabilidade do respectivo capital. Reconhecendo a evolução ocorrida, o legislador de 1986 viria a descaracterizar totalmente a sociedade por quotas, relativamente ao seu projecto original (do início do século XX), tornando-a supletivamente uma sociedade fechada e acentuando definitivamente o seu pendor subjectivo e pessoal, o que a aproxima decisivamente das sociedades em nome colectivo, pese embora preservar-se a responsabilidade limitada dos sócios e admitir-se como válido o princípio da cogente alterabilidade do respectivo contrato social (cfr., *infra*, n.º 3.4.2).

1.1.2.5. *O fenómeno da unipessoalidade societária*[145]

Uma sociedade comercial é uma pessoa colectiva que corresponde a uma organização de factores de produção ou intermediação orientada

[144] Era habitual, nos anos 70 (do século XX) constituir sociedades por quotas e consagrar estatutariamente um conselho fiscal e regular o funcionamento da assembleia geral. Tivemos conhecimento de diversos exemplos práticos. As sociedades por quotas, caso o pretendessem, podiam inclusivamente emitir empréstimos obrigacionistas.

[145] Dedicamos breve espaço ao fenómeno da unipessoalidade societária, sem preocupação de proceder à caracterização sistemática dos tipos de sociedades por quotas unipessoal e anónima subsidiária integral. Embora cientes de que estas sociedades têm vindo a adquirir uma implantação crescente no tecido sócio-económico português, optou-se por assinalar algumas especificidades relevantes, relativamente ao tipo de que constituem espécie, e por as referenciar, assim, de forma meramente pontual.

Sobre esta temática – e para maior desenvolvimento –, aconselhamos a leitura dos estudos de Catarina Serra, «As novas sociedades unipessoais por quotas», *SI*, t. XLVI, n.os 265/267, **1997** (pp. 115-142), de Ricardo Alberto Santos Costa, *A sociedade por quotas unipessoal no direito português*, Almedina, Coimbra, **2002**, e de Luís Brito Correia, «Unipessoalidade societária», AA.VV., *Miscelâneas*, n.º 2, IDET, Almedina, **2003** (pp. 41-144), «A sociedade unipessoal por quotas», AA.VV., *Nos 20 anos do Código das Sociedades Comerciais. Homenagem aos Profs. Doutores A. Ferrer Correia,*

para o mercado, caracterizada pelo risco do capital e tendo, habitualmente, por substrato duas ou mais pessoas.

Sociedade quer dizer precisamente pluralidade e contrapõe-se ao empresário individual. No entanto, na crescente procura da limitação da sua responsabilidade, o comerciante perseguiu a possibilidade de se organizar empresarialmente, sob forma societária, sem partilhar a sociedade com outras pessoas. Com efeito, há muito que o empresário mercantil singular procura limitar a responsabilidade da sua actividade a um património que afecte a esse fim. Tal limitação consegue-se por uma de duas vias: constitui um estabelecimento individual de responsabilidade limitada ou opta por uma sociedade comercial (por quotas) da qual é o único sócio, preservando a sua autonomia face à sociedade.

O principal objectivo do comerciante individual quando constitui um **Estabelecimento mercantil Individual de Responsabilidade Limitada** (EIRL) ou uma sociedade por quotas unipessoal é o de organizar e estruturar a sua actividade económica numa base estritamente individual, mas podendo beneficiar da limitação da respectiva responsabilidade (pessoal). Visa-se impedir que o risco do comércio afecte os seus bens pessoais.

Foi a primeira destas duas estruturas que foi inicialmente autorizada em Portugal, através do Decreto-Lei n.º 248/86, de 25 de Agosto, que lhe recusou a personificação, numa época em que a lei das sociedades comerciais apenas reconhecia a excepção prevista no artigo 488.º e que permitia às sociedades ditas de responsabilidade limitada (sociedade anónima, por quotas ou em comandita por acções) a constituição de uma sociedade anónima subsidiária integral.

O EIRL viria rapidamente a revelar-se insuficiente não permitindo ao seu titular, pela falta de personificação[146], estabelecer relações jurídicas, nomeadamente de natureza contratual, com a organização por si criada.

Orlando de Carvalho e Vasco Lobo Xavier, vol. I – *Congresso Empresas e Sociedades*, Coimbra Editora, **2007** (pp. 631-650), e de FILIPE CASSIANO DOS SANTOS, «Sociedades unipessoais por quotas, exercício individual e reorganização empresariais – reflexões a propósito do regime legal», *DSR*, ano 1, vol. 1, Março **2009** (pp. 115-131).

Vd. também os comentários de JOSÉ MARQUES ESTACA *in* ANTÓNIO MENEZES CORDEIRO, *Código das Sociedades Comerciais Anotado*, Almedina, Coimbra, **2009**, pp. 701-715, e de FILIPE CASSIANO DOS SANTOS, *A Sociedade Unipessoal por Quotas. Comentários e anotações aos artigos 270.º-A a 270.º-G do Código das Sociedades Comerciais*, Coimbra Editora, **2009**, pp. 39-138.

[146] Não obstante a designação («individual»), ter uma firma, sede, capital (mínimo) e a referência aos seus "credores", o EIRL é apenas um **património autónomo**.

Aparentemente o EIRL responde apenas pelas dívidas geradas pelo seu exercício (art. 10.º, n.º 1 do DL 248/86), só respondendo subsidiariamente pelas dívidas anteriores à sua constituição (cfr. art. 10.º, n.º 2)[147].

Por sua vez, não devia existir responsabilidade do património geral pelas dívidas resultantes do EIRL, pois este é criado essencialmente com essa finalidade (cfr. art. 11.º, n.º 1 do DL 248/86). No entanto, se não for rigorosamente observado o princípio da separação patrimonial na gestão do EIRL, o património geral responde pelas dívidas daquele (art. 11.º, n.ºs 2 e 3 do DL 248/86).

A tudo isto acresce o facto de a constituição do EIRL implicar um processo formal pesado e desadequado aos interesses do pequeno empresário.

Aspecto crítico a sublinhar é o que se prende com a limitação de um EIRL por pessoa. Concebida e aceite a autonomia patrimonial, e inerente limitação de responsabilidade, não se vislumbram as razões que terão motivado o legislador.

Considerando os custos inerentes à constituição e funcionamento do EIRL teria sido preferível o legislador ter admitido desde logo, em termos genéricos, a sociedade unipessoal (originária), não obstante, no que se refere à sua regulamentação, perderem significado os preceitos respeitantes a órgãos (colegiais), deliberações sociais, relações entre sócios, entre outros.

Por isso, quase no final do século passado – mais precisamente em 1997 –, a lei societária portuguesa (por efeito do Decreto-Lei n.º 256/96, de 31 de Dezembro) viria a acolher a **sociedade unipessoal por quotas**, destinada a substituir o EIRL, regulando-a nos artigos 270.º-A a 270.º-G do Código das Sociedades Comerciais.

A sociedade unipessoal por quotas é uma subespécie de sociedade comercial que se caracteriza precisamente por ter um único sócio: um qualquer sujeito de direito [pessoa singular ou colectiva (cfr. art. 270.º-A, n.º 1)], que não seja uma sociedade análoga (cfr. art. 270.º-C, n.º 2).

À semelhança do que acontece com o EIRL, cada pessoa (jurídica) só pode ser detentora ou titular de uma única sociedade unipessoal por

[147] Seria questionável, porque controversa, a isenção de responsabilidade pelas dívidas comuns. E o que é um facto é que o art. 22.º do DL 248/86 permite aos credores comuns atingirem o EIRL quando provem a insuficiência dos restantes bens. Por sua vez, o art. 27.º do mesmo diploma salvaguarda os credores do EIRL, concedendo-lhe a preferência relativamente aos credores comuns.

quotas (cfr. art. 270.º-C, n.º 1), o que não deixa de constituir uma limitação grande à liberdade dos agentes económicos que pretendam prosseguir, simultânea e individualmente, mais de uma actividade comercial.

Contudo, diversamente do que acontece com o EIRL, esta estrutura jurídica é personificada e diferencia-se do respectivo titular, embora os contratos a celebrar com o seu sócio único estejam sujeitos a limitações e formal legal especial, tendo de observar sempre, pelo menos, a forma escrita (cfr. art. 270.º-F, n.º 2)[148] – sendo nulos e geradores de responsabilidade ilimitada os negócios celebrados com inobservância desta regra (cfr. art. 270.º-F, n.º 4) – e devendo os instrumentos em que se consubstanciam encontrar-se disponíveis, para consulta, na sede social (cfr. art. 270.º-F, n.º 3).

Este sub-tipo de sociedade por quotas pode constituir-se *ab initio* – através de um *contrato* de sociedade, o que não deixa de constituir um paradoxo – ou resultar da redução da pluralidade de sócios a um único (cfr. art. 270.º-A, n.º 2), mediante declaração do sócio remanescente (cfr. art. 270.º-A, n.º 3) ou da transformação de um EIRL (cfr. art. 270.º-A, n.º 5), por declaração escrita do titular deste, operação que foi muito incentivada. Com efeito, com a generalização da sociedade unipessoal, a própria lei (Decreto-Lei n.º 8/2007, de 17 de Janeiro), reconhecendo o falhanço do EIRL[149] – que foi sempre um anacronismo, constituindo exemplo de organismo socialmente enjeitado –, veio tentar apressar o fim deste instituto, promovendo a sua transformação em sociedade unipessoal por quotas (cfr. art. 20.º do Decreto-Lei n.º 8/2007, de 17 de Janeiro, cit.) e acentuando desse modo, o seu estertor.

O regime jurídico aplicável à sociedade unipessoal por quotas é constituído pelas regras deste tipo societário (arts. 197.º a 269.º), com as adaptações que a concentração do capital num único sujeito implica (cfr. art. 270.º-G), desde o afastamento de «*todas as disposições do contrato de sociedade que pressuponham a pluralidade de sócios*» (art. 270.º-A, n.º 4), passando pela adaptação de uma firma própria – «*formada pela*

[148] O n.º 1 do art. 270.º-F («*Os negócios jurídicos celebrados entre o sócio único e a sociedade devem servir a prossecução do objecto da sociedade*») afigura-se-nos ser puramente programático e não se afastar das exigências aplicáveis a qualquer sociedade comercial.

[149] Apontando precisamente neste sentido, José Engrácia Antunes, «O estabelecimento individual de responsabilidade limitada: crónica de uma morte anunciada», *RFDP*, ano III, **2006**, pp. 401-442.

expressão "sociedade unipessoal" ou pela palavra "unipessoal" antes da palavra "limitada" ou da abreviatura "Lda"» (art. 270.º-B) – e acabando no carácter específico incrente às decisões de sócio único (cfr., *infra*, n.º 28.3.4) com valor equivalente às deliberações da assembleia geral e eu devem constar de acta (cfr. art. 270.º-E, n.os 1 e 2).

Estas sociedades podem converter-se em sociedades por quotas normais [a que a lei chama «*plurais*» (cfr. art. 270.º-D, n.º 1)], através de diversos actos, tais como a divisão e a cessão de quotas ou o aumento do capital social com entrada de novos sócios (cfr. art. 270.º-D, n.º 1).

Finalmente, refira-se a **sociedade anónima** (unipessoal) **subsidiária integral**, que é incorporada por uma única pessoa (jurídica), à qual pertence exclusivamente o respectivo capital: o sócio único, que deverá obrigatoriamente ser uma sociedade de responsabilidade limitada. Esta obrigatoriedade limita às sociedades anónimas, por quotas e em comandita por acções a constituição deste tipo societário (cfr. art. 488.º e 483.º, n.º 1) ou a manutenção de uma sociedade anónima sob domínio total por efeito da concentração da totalidade do respectivo capital (cfr. art. 489.º).

O regime jurídico aplicável é o regime das sociedades anónimas (cfr. arts. 271.º a 463.º, para além das disposições gerais pertinentes), com excepção das normas que pressupuserem a pluralidade de sócios.

A unipessoalidade societária gera, pela sua natureza e estrutura, um regime especial de responsabilidade do sócio ou accionista único, apesar da limitação da responsabilidade que caracteriza genericamente estes tipos societários, que não podemos deixar de assinalar, desde já. Na realidade, o controlo absoluto do capital e da actividade societária pode implicar para o sócio único uma responsabilidade absoluta pelo desempenho da sociedade (cfr. arts. 84.º e 501.º, *ex vi* art. 491.º), a qual já existe, embora mitigada, nas sociedades que, sendo dominadas, não estão sujeitas a domínio total (cfr. art. 83.º, n.os 1, 3 e 4). Saber se o artigo 84.º é aplicável à sociedade unipessoal por quotas é uma questão que está longe de ser pacífica[150].

---

[150] Rejeitando a aplicação desta norma a esta subespécie de sociedade por quotas, Filipe Cassiano dos Santos, *A Sociedade Unipessoal por Quotas. Comentários e anotações aos artigos 270.º-A a 270.º-G do Código das Sociedades Comerciais*, cit., **2009**, pp. 137-138, na linha de António Pereira de Almeida, *Sociedades Comerciais e Valores Mobiliários*, 5ª ed., Coimbra Editora, **2008**, pp. 386-387.

Para maior desenvolvimento sobre o sócio único, vd. Ricardo Costa, *A sociedade por quotas unipessoal no direito português*, cit., **2002**, pp. 403-420, considerando que o art. 84.º se insere «numa visão patológica da espécie societária unipessoal» (p. 413).

No século XXI importa, pois, reconhecer a existência de realidades (estrutural e etimologicamente) paradoxais – as "*sociedades unipessoais*" por quotas e anónimas – e a crescente utilização de tais entes jurídicos. No entanto, e em paralelo, há que assinalar a existência de muitas situações de facto de unipessoalidade, em flagrante violação do sistema jurídico-societário, registando-se diversos casos de sociedades anónimas detidas exclusivamente por um accionista sem atributo para o efeito – frequentemente uma pessoa singular –, uma vez que o risco de dissolução será facilmente evitado com a recomposição do número mínimo de sócios. Ao mesmo tempo, em inúmeras sociedades por quotas verifica-se a concentração do capital num único sócio, sem que ocorra o reconhecimento jurídico desse facto e permanecendo a sociedade em actividade com um único sócio sem o assinalar na respectiva firma.

1.1.2.6. *As sociedades comerciais no século XXI; a empresa plurisocietária*

No virar do século e do milénio, é possível fazer um balanço de vinte anos de Código das Sociedades Comerciais e dos reflexos da aplicação prática da tipicidade por este preservada, na linha do art. 105.º do Código Comercial.

Tem-se vindo a assistir à opção, cada vez mais frequente, pela forma de sociedade anónima e à transformação de inúmeras sociedades por quotas em sociedades anónimas, embora a escolha não seja unicamente ditada por razões substantivas de carácter jurídico-comercial.

As sociedades em comandita são hoje um resquício histórico[151], admitindo-se a respectiva eliminação, para simplificação de regimes, caso se pretenda manter a tipicidade nos moldes actuais. Seria preferível criar, em sua substituição, um (novo) subtipo de sociedade em nome colectivo que se situasse "a meio caminho" entre a sociedade por quotas e a sociedade em nome colectivo – da forma como é presentemente entendida –, com diferenças eventualmente em relação às mutações estruturais (alterabilidade do respectivo contrato), abertura a terceiros e quiçá regime de responsabilidade de alguns sócios.

As sociedades em nome colectivo justificam-se em duas circunstâncias: **micro-empresas**, em que a um regime fiscalmente mais favorável e a incentivos financeiros estaduais (ou municipais) deveria corresponder

[151] Subsistem em ordens jurídicas em que beneficiam de um regime fiscal favorável.

a responsabilidade ilimitada dos respectivos sócios, ou a sociedades com participação de outras sociedades, eventualmente multinacionais, em que a opção por este tipo social – porventura remodelado – se justifica precisamente pela responsabilização dos associados, permitindo evitar um constante recurso à assunção de garantias pessoais em favor da sociedade, como hoje sucede com enorme frequência em relação às sociedades de responsabilidade limitada, sempre que as mesmas recorrem a financiamentos externos. Os efeitos do accionamento indiscriminado de garantias pessoais (*maxime* de garantias bancárias autónomas) levaram a que, em algumas ordens jurídicas, as grandes sociedades começassem a evitar assumir esses instrumentos nas relações intra-societárias, preferindo a responsabilização ilimitada pelos resultados da actividade da participada. Esta tendência, a manter-se – associada à globalização da economia –, deverá justificar no plano dos grupos de sociedades uma extensão da respectiva aplicação às sociedades em nome colectivo, hoje excluídas (cfr. art. 481.º, n.º 1), e o alargamento do âmbito espacial de tais estruturas, hoje confinadas, como regra, às sociedades com sede em Portugal (art. 481.º, n.º 2).

Por sua vez, a existência de sociedades por quotas – desde 1997 também unipessoais, como vimos – continua a ter razão de ser, encontrando-se estas, desde a entrada em vigor do Código das Sociedades Comerciais, sujeitas a um apertado e rigorosos controlo externo quando atingem uma determinada dimensão. É, porventura, ainda a forma jurídica mais adequada à organização de actividades empresariais de pequena e média dimensão, justificando-se, eventualmente, que a sua utilização estivesse sujeita a limites máximos, em termos de capital e número de sócios.

As sociedades anónimas correspondem, por excelência, à moderna empresa comercial, em que avulta o risco do capital envolvido, e às grandes formas de estruturação da actividade económica com natureza mercantil. Nelas se concentra hoje grande parte do resultado produtivo da economia e da riqueza das nações desenvolvidas. Contudo, não podemos deixar de sublinhar, a propósito, que, neste tipo societário, se tem vindo a assistir a uma descaracterização de aspectos que classicamente eram essenciais, como seja o do próprio anonimato – especialmente reflectido na espécie de participações ao portador –, designadamente através da desmaterialização das respectivas participações[152], tendência que, coinci-

[152] Importa sublinhar que não é apenas com a desmaterialização das participações ou com a sua escrituralização que se controla a identidade dos titulares de acções ao

dindo e justificando-se com o progresso tecnológico, não é alheia à crescente vontade dos Estados de controlarem todas as formas de riqueza e, em especial, a respectiva transmissão[153].

Paralelamente, no mundo actual, os empresários estruturam as respectivas actividades económicas sob formas crescentemente complexas, sendo frequente as sociedades surgirem interligadas umas às outras, constituindo grandes aglomerados empresariais e beneficiando, desse modo, de sinergias essenciais à sua subsistência e ao desenvolvimento no mercado global. Com efeito, o investidor do século XXI recorre, amiúde, a **estruturas plurisocietárias**, nas quais a especialização constitui pedra de toque, trocando a *sua* sociedade pela participação em diversas sociedades, que, conjugando esforços, procuram potenciar os efeitos comerciais e tributários inerentes ao exercício das respectivas actividades comerciais.

No entanto, como veremos no último capítulo deste livro (cfr., *infra*, cap. VIII, n.os 39 e 40), são diversas as formas jurídicas que a articulação de participações pode revestir, desde a estruturação das sociedades em *holdings* (SGPS) e *sub-holdings* até ao crescente cruzamento de participações e aos investimentos efectuados por grandes empresas – que têm por objecto o exercício directo da actividade económica – noutras empresas e que se enquadram, hoje, no plano dos grupos societários, jurídicos e económicos, com evidentes implicações de carácter social.

A concluir, podemos afirmar que tal como o comerciante (individual) da viragem do século XIX para o século XX cedeu o seu lugar às sociedades comerciais, estas, no dealbar do novo século, organizam-se em grupos (jurídicos e económicos), formando estruturas jurídicas plurisocietárias e plurifuncionais que, gradualmente, irão ocupar no mercado uma posição cada vez mais relevante e central.

---

portador. Tal controlo também ocorre com o recebimento de dividendos, a simples participação em assembleias gerais ou a obrigatoriedade de comunicações relativamente à aquisição ou alienação de acções que confiram ou reduzam a titularidade das mesmas acima ou para baixo de determinados limites percentuais, relativamente ao capital social e aos direitos de voto (cfr. arts. 448.º do CSC e 16.º do CVM).

[153] Hoje há outros argumentos que, de forma mais racional, fundamentam esta necessidade, como é o caso da imperativa necessidade de controlo do branqueamento de capitais e, em particular, de evitar que as actividades terroristas se financiem e apoiem nesse anonimato.

1.1.3. *O tipo social paradigmático*

A procura de um modelo de sociedade comercial no ordenamento jurídico português depara com a óbvia dificuldade de o sistema abarcar realidades tão diferentes como o são as sociedades em nome colectivo, de forte pendor pessoal, e as sociedades anónimas que, à semelhança com a sua origem, constituem pólos aglutinadores de capitais em que a objectivação da participação social atinge o seu expoente máximo. As próprias sociedades por quotas, que classicamente estavam associadas às sociedades anónimas como sociedades de capitais, aproximam-se hoje inequivocamente das sociedades de pessoas, caracterizando-se por uma crescente subjectivação das situações jurídicas (activas), e distinguindo-se claramente das anónimas em múltiplos aspectos, que ultrapassam as diferenças substanciais relativas à transmissibilidade da participação social e à estruturação orgânica, que se prendem com a pessoalização inerente à caracterização dos direitos de participação social.

Feita esta prevenção, e se tivéssemos de fazer uma opção, no quadro do Código das Sociedades Comerciais, diríamos que o regime jurídico da sociedade anónima se assume como paradigmático do regime das sociedades comerciais (de responsabilidade limitada)[154]. Podemos exemplificar esta escolha com o disposto no art. 248.º, n.º 1, segundo o qual as regras referentes às assembleias gerais das sociedades anónimas são aplicáveis às sociedades por quotas, *em tudo o que não estiver especificamente regulado para* estas (cfr. n.º 2).

Isso significa que, com a publicação e entrada em vigor do Código das Sociedades Comerciais, o tipo societário de referência, embora apresentando uma estrutura e natureza de participações muito diferente dos demais – como iremos ver –, passou a ser a sociedade anónima.

A sociedade por quotas mantém-se, contudo, como modelo da sociedade em nome colectivo, dada a vertente subjectiva associada à respectiva participação (cfr. art. 189.º, n.º 1).

[154] Repare-se, a propósito, que foi este tipo a forma de sociedade escolhida pelo legislador para as sociedades desportivas.

1.2. **Autonomia da vontade e concorrência**

Não obstante as referências à tipicidade das sociedades (cfr., *supra*, n.º 1.1.1) e a essa característica como princípio geral do Direito Societário (português) (cfr., *infra*, n.º 3.4.1) – as quais assumem relevo especial (mas não absoluto[155]) no momento em que se estruturam como forma jurídica de novas empresas –, as sociedades comerciais, em regra, movem-se livremente no mercado concorrencial em que se integram, e em função do qual são constituídas, praticando actos ou celebrando contratos que não sejam legalmente proibidos. Ao fazê-lo, e na prossecução dos seus interesses gerais e específicos, actuam no âmbito de um princípio enformador essencial de toda a actividade mercantil, que é o da autonomia privada dos respectivos sujeitos[156].

Autonomia privada ou autonomia da vontade, como geralmente se sabe, é sinónimo de faculdade de auto-regulação de interesses ou «permissão genérica de produção de efeitos jurídicos[157]», correspondendo a «uma área reservada na qual as pessoas podem desenvolver as actividades jurídicas que entenderem[158]»; trata-se em qualquer caso, de meios que se encontram ao dispor dos sujeitos de Direito para, da forma que se revelar mais adequada e conveniente aos seus interesses, regerem a sua pessoa e bens, com respeito pelas regras imperativas e cogentes que delimitam a sua actuação no mercado. E o domínio das sociedades comerciais é, em qualquer das suas vertentes – institucional ou contratual –, campo (ainda) privilegiado da autonomia privada[159], em que sobrelevam os interesses dos empresários (os sócios) e de todos os que se encontram directamente

[155] Permanecendo, para além da estrutura essencial caracterizadora do tipo, uma enorme latitude para a imaginação do(s) empresário(s) mercantil(is), que não se resume a estabelecer soluções divergentes de regras supletivas, a aproveitar permissões normativas, mas passa pela criação de (novas) soluções contratuais que não ponham em causa os princípios fundamentais do sistema.

[156] Não é indiferente pensar que, curiosamente e de forma (só) aparentemente paradoxal, o mercado concorrencial em que se movem as empresas impõe que, para a disciplina do respectivo relacionamento entre si e com os consumidores, lhes sejam reconhecidos certos direitos absolutos, como sejam os direitos privativos da propriedade industrial.

[157] António Menezes Cordeiro, *Tratado de Direito Civil Português, I – Parte Geral*, Tomo I, 3ª ed., Almedina, **2005**, p. 392.

[158] António Menezes Cordeiro, *Tratado*, vol. e tomo cit., p. 391.

[159] Cfr. a interessante obra de Domenico Giordano, *Le limitazioni all'autonomia privata nelle società di capitali*, Giuffrè, Milano, **2006**, em especial pp. 10-22.

envolvidos, entre os quais ocupam, hoje, lugar também destacado, para além dos trabalhadores da empresa, os próprios clientes e credores (cfr. art. 64.º, em especial n.º 1, *alínea b)*).

Sempre que, como empresário ou intérprete, nos é colocada, no âmbito do Direito Societário português – parte especial do próprio Direito Comercial –, a aceitação de uma determinada solução convencional, para uma correcta ponderação da admissibilidade da mesma há que ter em consideração o enquadramento legal da questão à luz dos princípios de Direito aplicáveis, sobressaindo com nitidez aquele que respeita à autonomia da vontade ou autonomia privada.

No que respeita em particular aos valores mobiliários, fundamentalmente criados por sociedades anónimas e que se configuram de diversos modos – desde simples instrumentos de representação do capital social até complexos mecanismos que titulam modernos instrumentos financeiros –, em constante mutação, quando emitidos em massa e oferecidos no mercado, ao público em geral, eles requerem que a ordem jurídica, através do seu tecido normativo, tome as precauções adequadas, estabelecendo limites apertados à livre iniciativa dos agentes e surgindo então, comparativamente com o estrito âmbito das sociedades comerciais, um número mais significativo de disposições de carácter cogente ou injuntivo para tutelar tais situações, mas sem que os princípios gerais de Direito aplicáveis se alterem por esse efeito.

Quanto ao mercado – em que actuam os sujeitos de Direito que estudamos –, ele é, por natureza, concorrencial. A concorrência é formada pela livre participação dos agentes económicos, cujas faculdades criativas (*maxime* de auto-regulamentação de interesses) e de execução são, naturalmente, limitadas pelo direito que todos têm de aceder ao mercado[160]. A liberdade é, também aqui, sinónimo de permissão genérica de actuação, sendo admitido tudo aquilo que, em tutela de interesses alheios legítimos, não for, directa ou indirectamente, proibido.

Por isso, no plano do Direito positivo legislado, e considerando, nesta sede, apenas o Código das Sociedades Comerciais, podemos concluir serem as situações de tipicidade legal excepções ao princípio da autonomia privada, não apenas a nível dos próprios tipos societários (cfr. art. 1.º, n.º 3), por razões que facilmente se compreendem e que não

[160] Daí o rigor na disciplina da concorrência, pela imposição de um conjunto de regras de (e para sua) defesa.

limitam em absoluto a liberdade dos sujeitos – que, como vimos, podem, a propósito do tipo escolhido, criar novas soluções –, como quanto à forma de representação do próprio capital social que, como veremos, deve ser uniforme [expressa na acção (no domínio das sociedades anónimas)] e, se titulada, nominativa ou ao portador (cfr. art. 272.º, *alínea d)*), quanto ao respectivo regime de transmissão.

Mas é importante que se retenha, desde já, que a intervenção impositiva do legislador no Código das Sociedades Comerciais se esgota nos aspectos em que se pretendeu criar alguma uniformidade e um certo grau de certeza para todos aqueles que lidem com este tipo de regras. No que se refere a outras características já não houve, compreensivelmente, a mesma preocupação, desde que estivesse assegurado o respeito de certos requisitos ou limites mínimos.

Assim, e concluindo, estamos num domínio em que[161] não há que procurar a autorização para a prática de um acto ou a celebração de um contrato, mas apenas verificar cuidadosamente que a solução contratual engendrada não põe em causa regras imperativas ou os princípios caracterizadores do próprio sistema jurídico-societário, entre os quais assume especial primazia e destaque o da autonomia privada.

1.3. Efeitos do Direito Comunitário no Direito (interno) das Sociedades Comerciais

1.3.1. *A Sociedade Anónima Europeia*

Em 4 de Janeiro de 2005, o Decreto-Lei n.º 2/2005 viria a aprovar o regime jurídico da Sociedade Anónima Europeia (SE)[162], não obstante o mesmo já ser internamente aplicável – desde 8 de Outubro de 2004 – através do Regulamento (CE) n.º 2157/2001, do Conselho, de 8 de Outubro[163].

---

[161] Diversamente do que pensam inúmeros agentes ou sujeitos intervenientes, em especial os que integram serviços públicos de tutela ou controlo, ainda que indirecto, da actividade económica mercantil.

[162] Este viria a ser, entretanto, alterado pelo art. 36.º do Decreto-Lei n.º 76-A/2006, de 29 de Março.

[163] Vd. António Menezes Cordeiro, *Direito Europeu das Sociedades*, Almedina, Coimbra, **2005**, pp. 855-981, em especial, pp. 975-977, e «Evolução do Direito Europeu

A Sociedade Anónima Europeia é uma sociedade criada por entidades ligadas a mais de um Estado membro da União Europeia, devendo a respectiva sede estatutária localizar-se num desses Estados e a Sociedade encontrar-se nele registada. O respectivo capital – cujo mínimo é de € 120.000 (cfr. art. 4.º, n.º 2 do RegSE) – encontra-se dividido em acções, como em qualquer sociedade nacional com idêntica natureza, e os seus accionistas têm a sua responsabilidade limitada ao capital que subscrevem. A firma deste tipo societário multinacional deve iniciar-se ou concluir-se com a sigla «S.E.» (cfr. art. 11.º, n.º 1 do RegSE).

A sociedade pode ser criada por fusão de sociedades de dois ou mais Estados membros (cfr. arts. 17.º a 31.º do RegSE), pode resultar da transformação de uma sociedade anónima já existente que tenha há, pelo menos, dois anos uma filial constituída noutro Estado membro (cfr. art. 37.º do RegSE), ser uma filial de duas sociedades reguladas por diferentes ordens jurídicas comunitárias (cfr. arts. 35.º e 36.º do RegSE) ou uma sociedade *holding* de sociedades ou filiais de mais de que um país da União Europeia (cfr. arts. 32.º a 34.º do RegSE e arts. 11.º e 12.º do DL n.º 2/2005).

Importa reter que o diploma que aprova o regime jurídico da Sociedade Europeia revela *uma especial preocupação de envolvimento dos trabalhadores nas* respectivas *actividades*, a qual deverá ser ainda objecto de desenvolvimento específico por legislação a criar.

A SE não tem colhido, em Portugal, adesão significativa e que se poderia esperar num mundo crescentemente globalizado, estando longe de constituir uma aposta ganha. Tendo em conta a estrutura do tecido

---

das Sociedades», *ROA*, ano 66, vol. I, **2006** (pp. 87-118), Fernando Manuel Lavado Taínhas, «A cisão na *Societas Europae*», O Direito, ano 138.º, II, **2006** (pp. 363-390), pp. 364-371 e 377-378, Maria Ângela Coelho (Bento Soares), «A sociedade anónima europeia: sociedade de direito comunitário?», AA.VV., *Nos 20 anos do Código das Sociedades Comerciais, Homenagem aos Profs. Doutores A. Ferrer Correia, Orlando de Carvalho e Vasco Lobo Xavier*, vol. I – *Congresso Empresas e Sociedades*, Coimbra Editora, **2007** (pp. 707-783), Rui Pinto Duarte, «A relevância do Direito Comunitário no Direito das Sociedades», *in Escritos sobre Direito das Sociedades*, Coimbra Editora, **2008** (pp. 179-224), pp. 202-210, e Catarina Serra, *Direito Comercial. Noções fundamentais*, Coimbra Editora, **2009**, pp. 117-123. Escrevendo sobre esta Sociedade, embora antes da sua regulamentaçao legal em Portugal, cfr. também João Aveiro Pereira, «*Societas europaea*: o estatuto possível», *O Direito*, ano 136.º, **2004**, IV, pp. 641-656. Na literatura estrangeira, cfr. Marco Cassotana / Antonio Nuzzo, *Lezioni di Diritto Commerciale Comunitario*, 2ª ed., Giappichelli, Torino, **2006,** pp. 201-220.

económico-social da nossa economia, maioritariamente composto por empresas de reduzida dimensão, admite-se que a futura Sociedade Privada Europeia venha a conhecer maior êxito no nosso País.

1.3.2. *A Sociedade Privada Europeia*

Em Julho de 2008, foi apresentada pela Comissão Europeia uma Proposta de Regulamento sobre a Sociedade Privada Europeia destinada a promover a internacionalização das Pequenas e Médias Empresas.

Trata-se, por agora, do projecto de um modelo de sociedade fechada (à negociação no mercado regulamentado e a oferta pública) que se admite venha a ter, no futuro, um aproveitamento grande a nível comunitário, mas que, por ora, ainda carece de ser transposto para o Direito positivo, pelo que nos abstemos de comentários adicionais, remetendo para a bibliografia já existente[164].

1.4. Nacionalidade[165]

Ao equacionarmos a nacionalidade das sociedades comerciais estamos a pensar, forçosamente, num vínculo de carácter político, na relação de cidadania entre uma determinada pessoa (quer seja singular, quer seja colectiva) e o Estado em que nasce ou se constitui e a que passa a pertencer. A nacionalidade é, pois, o vínculo de carácter político entre uma pessoa e um Estado. E, consequentemente, também as sociedades têm um vínculo a um Estado, a que se reportam; têm nacionalidade.

---

[164] Sobre esta nova sociedade comunitária, cfr. Rui Pinto Duarte, «Societas Privata Europae: Uma Revolução Viável», *DSR*, ano 1, vol. 1, Março **2009** (pp. 49-76), e Catarina Serra, *Direito Comercial. Noções fundamentais*, Coimbra Editora, **2009**, pp. 123-128.

[165] Abordando esta temática, embora no plano do Direito Internacional, e antes da publicação do CSC, António Marques dos Santos, *Algumas reflexões sobre a nacionalidade das Sociedades em Direito Internacional Privado e em Direito Internacional Público*, sep. dos «Estudos em Homenagem ao Prof. Doutor António de Arruda Ferrer Correia» (1984), Coimbra, **1985**.

Com actualidade, vd. Luís de Lima Pinheiro, «O direito aplicável às sociedades. Contributo para o Direito Internacional Privado das Pessoas Colectivas», AA.VV., *Estudos jurídicos e económicos em homenagem ao Professor João Lumbrales*, FDUL, Coimbra Editora, **2000** (pp. 475-555), em especial pp. 540-548, e José Engrácia Antunes, *Direito das Sociedades*, ed. autor, **2010**, pp. 233-235.

O Código das Sociedades Comerciais refere-se-lhe no artigo 3.º[166], estabelecendo um critério coincidente com o do artigo 33.º do Código Civil[167], ao definir a lei pessoal das sociedades comerciais em função da localização da respectiva direcção efectiva.

A mudança da sede social para o estrangeiro, em princípio, altera a nacionalidade da sociedade, que deixa de estar sujeita à lei portuguesa (cfr. art. 3.º, n.º 4), mas a alteração contratual a deliberar com essa finalidade deve ser aprovada por, pelo menos, 75% dos votos correspondentes ao capital social, podendo os sócios (expressamente) discordantes exonerar-se da sociedade (cfr. art. 3.º, n.º 5).

Por sua vez, uma sociedade estrangeira «*que transfira a sua sede efectiva para Portugal mantém a sua personalidade jurídica, se a lei pela qual se regia nisso convier*», mas deve adaptar o respectivo contrato à lei portuguesa e promover o respectivo registo (comercial) (cfr. art. 3.º, n.os 2 e 3).

A nacionalidade da sociedade é, pois, determinada pelo Estado da respectiva direcção efectiva, tornando-se necessário analisar a lei do Estado de acolhimento em caso de alteração da sede.

1.5. **Personalidade jurídica**[168]

A sociedade comercial adquire personalidade jurídica com o registo (definitivo) do respectivo contrato, o qual tem, assim, efeitos constitutivos no Direito português (cfr. art. 5.º).

A personificação das sociedades comerciais, que é hoje inquestionável, era antigamente[169] objecto de dúvidas, relativamente às sociedades em nome colectivo. No âmbito da legislação anterior ao Código das Sociedades Comerciais, a personalidade jurídica adquiria-se pela celebração da escritura pública (e não pelo registo que era, meramente, declarativo, embora com efeitos relativamente a terceiros).

---

[166] «1 – As sociedades comerciais têm como lei pessoal a lei do Estado onde se encontra situada a sede principal e efec*tiva da sua administração. (...)*».

[167] «1 – *A pessoa colectiva tem como lei pessoal a lei do Estado onde se encontra situada a sede principal e efectiva da sua administração*».

[168] Vd. Alexandre Soveral Martins, «Da capacidade e personalidade jurídica das sociedades comerciais», AA.VV., *Estudos de Direito das Sociedades*, 9ª ed., Almedina, Coimbra, **2008** (pp. 99-130), em especial pp. 99-108, e José Engrácia Antunes, *Direito das Sociedades*, ed. autor, **2010**, pp. 215-224, com nota (muito) crítica sobre o instituto da desconsideração da personalidade jurídica (pp. 219-224).

[169] CCom, art. 108.º (revogado pelo CSC).

Com o Código das Sociedades Comerciais passámos a ter dois momentos distintos, em matéria de personificação: o primeiro, a escritura pública de constituição, e o segundo (em regra), o registo do contrato.

Na redacção originária do Código das Sociedades Comerciais, a personificação não era possível sem escritura[170] – actualmente é suficiente *contrato reduzido a escrito, com assinaturas reconhecidas presencialmente*[171] –, mas a sociedade só adquiria autonomia jurídica definitiva com o registo; só a partir deste acto a sociedade é centro autónomo de imputação de direitos e vinculações e susceptível de ser considerada um sujeito de Direito, para todos os efeitos.

Simplesmente, pelo facto de se adquirir uma qualidade, não quer dizer, por si só, que se adquira todos os direitos e vinculações que são inerentes à ideia de personalidade. Isto é, pode adquirir-se a qualidade e, no fundo, estar-se sujeito a mais ou menos vinculações e ter-se mais ou menos direitos. A determinação da medida dos direitos e vinculações de que a sociedade é susceptível respeita à capacidade jurídica.

1.6. **Capacidade das sociedades comerciais**[172] [173]

Quando falamos de capacidade jurídica não estamos a pensar na capacidade de exercício (porque essa reconduz-se a uma questão de teoria

---

[170] A título de excepção, no regime anterior ao DL 76-A/2006, aponte-se a constituição da sociedade unipessoal por quotas com entradas unicamente em dinheiro, por exemplo (cfr. art. 270.º-A, n.º 1 *in fine*).

[171] «*Salvo se forma mais solene for exigida para a transmissão dos bens com que os sócios entram para a sociedade, devendo nesse caso o contrato revestir essa forma*» (art. 7.º, n.º 1 *in fine*, na red. do DL 76-A/2006, de 29 de Março), eventualmente escritura pública, se as entradas em espécie se consubstanciarem em imóveis.

[172] Vd. Soveral Martins, «Da capacidade e personalidade jurídica das sociedades comerciais», cit., **2008** (pp. 99-130), em especial pp. 112-130, Pinto Furtado, *Comentário ao Código das Sociedades Comerciais. Âmbito de aplicação. Personalidade e capacidade. Celebração do contrato e registo*, cit., **2009**, pp. 226-261, e José Engrácia Antunes, *Direito das Sociedades*, ed. autor, **2010**, pp. 235-243.

Na jurisprudência, considerando nulos os actos gratuitos praticados por uma sociedade comercial, vd. o **AcRelLisboa 19 Fev. 2009** (Lima Gonçalves), *CJ*, ano XXXIV, t. I, 2009, pp. 136-139.

[173] Embora a propósito da prestação de garantias por sociedades a dívidas de outras entidades, vd. os estudos de Pedro Albuquerque e Carlos Osório de Castro, que ani-

geral). A capacidade de exercício das pessoas colectivas e das sociedades comerciais tem que ver com mecanismos próprios que expliquem a actuação dos respectivos direitos e vinculações e que essa actuação (exercício) se processa através de um determinado órgão: a administração ou a gerência.

O que é aqui relevante é o plano da capacidade de gozo, isto é, a medida de direitos e vinculações de que uma dada sociedade comercial é susceptível de ser *titular*, de entre todos os direitos e vinculações possíveis e compatíveis com a personalidade colectiva.

E obviamente que a capacidade das pessoas colectivas em geral, e das sociedades comerciais em particular, não é idêntica à capacidade das pessoas singulares. Primeiro, há uma série de limitações ou restrições legais que são universais, no sentido de atingirem todos os tipos sociais. E essas limitações, para além das que resultam de cominação legal, são todas aquelas que têm que ver com direitos e vinculações inerentes à personalidade singular, e que revestem, designadamente, carácter pessoal (cfr. arts. 160.º, n.º 2 *in fine* do CC e 6.º, n.º 1 *in fine* do CSC).

O Código das Sociedades Comerciais diz, claramente, que a capacidade da sociedade compreende os direitos e vinculações necessários ou convenientes à prossecução do seu fim, exceptuados aqueles que lhe sejam vedados, por lei, ou inseparáveis da personalidade singular. Isto é, o artigo 6.º, n.º 1 vem repetir aquilo que já decorria do artigo 160.º do Código Civil, que consagra o princípio da especialidade do fim das pessoas colectivas.

---

maram as páginas da *ROA* entre 1995 e 1998, num diálogo técnico-jurídico muito interessante e que enunciamos por ordem cronológica: PEDRO ALBUQUERQUE, «A vinculação das sociedades comerciais por garantia de dívidas de terceiro», *ROA*, ano 55, II, **1995** (pp. 689-711), CARLOS OSÓRIO DE CASTRO, *Da prestação de garantias por sociedades a dívidas de outras entidades*, sep. da ROA, ano 56, II, **1996** (pp. 565-593), PEDRO ALBUQUERQUE, «Da prestação de garantias por sociedades comerciais a dívidas de outras entidades», *ROA*, ano 57, I, **1997** (pp. 69-147), e CARLOS OSÓRIO DE CASTRO, «De novo sobre a prestação de garantias por sociedades a dívidas de outras entidades: luzes e sombras», *ROA*, ano 58, II, **1998** (pp. 823-858). Sobre a mesma temática, cfr. JOÃO LABAREDA, «Nota sobre a prestação de garantias por sociedades comerciais a dívidas de outras entidades», *Direito Societário Português – Algumas Questões*, Quid Juris?, Lisboa, **1998** (pp. 167-195). Abordámos, ainda que de forma muito ligeira, esta questão em parecer que subscrevemos em colaboração com o Prof. LUÍS CARVALHO FERNANDES, «Assunção de dívida alheia. Capacidade de gozo das sociedades anónimas. Qualificação de negócio jurídico», ROA, ano 57, II, Abril, **1997** (pp. 693-719).

A interpretação desta disposição legal, e dos seus diversos números, tem sido objecto de inúmeros estudos, cumprindo reter, como facto incontestável – e qualquer que seja a posição que se tome acerca da capacidade de gozo das pessoas colectivas (específica ou genérica) –, que certas espécies de sociedades estão sujeitas a limitações mais vastas e a maiores exigências do que outras, como é o caso das instituições de crédito e sociedades financeiras, por exemplo. Noutros casos as sociedades podem deparar-se com limitações específicas decorrentes, não da sua natureza, mas do próprio objecto, como sucede com as limitações e proibições que as SGPS sofrem e com as quais se deparam no exercício da respectiva actividade.

1.7. **Limitações à participação em sociedades comerciais**

1.7.1. ***A questão***

Em certas circunstâncias o acesso à actividade económica, constitucionalmente tutelado e protegido também no plano nas normas comunitárias, encontra-se condicionado por factores que respeitam aos próprios interessados e que se prendem com a respectiva idoneidade, aptidão e capacidade para o exercício de actividades especialmente complexas ou com o simples facto de eles se encontrarem casados entre si.

No entanto, diversamente do que acontece com o estatuto de comerciante (em geral), cuja aquisição depara com limitações (cfr. arts. 14.º e 17.º), que por vezes são incontornáveis designadamente em função da natureza ou profissão das pessoas, que por determinação legal não podem exercer regular e habitualmente o comércio, nas sociedades comerciais são reduzidas as situações em que deparamos com obstáculos à participação.

Iremos dedicar um breve apontamento a duas situações distintas: uma prende-se com o estado civil dos próprios sócios (pessoas singulares, obviamente) e a outra respeita ao objecto da sociedade e às exigências que deste podem decorrer relativamente à participação social.

1.7.2. *Sociedades entre cônjuges*[174]

A lei admite que os cônjuges constituam, entre si, uma sociedade comercial, «*desde que só um deles assuma responsabilidade ilimitada*» (art. 8.º, n.º 1).

Trata-se de uma regra que, por um lado, torna claro que os casados podem simultaneamente celebrar contratos de sociedade e participar em sociedades de que ambos sejam sócios ao mesmo tempo e, por outro lado, que não o podem fazer se dessa celebração ou participação resultar a possibilidade de defraudar o princípio da imutabilidade do regime de bens, consagrado na nossa lei civil (cfr. art. 1714.º, n.º 1 do Código Civil).

O artigo 8.º do Código das Sociedades Comerciais veio, enquanto norma especial – relativamente ao artigo 1714.º, n.º 2 do Código Civil[175] – , esclarecer uma querela que há muito se arrastava a propósito da participação dos cônjuges nas sociedades por quotas (no momento da constituição ou posteriormente), tornando claro que em todas as sociedades de responsabilidade limitada os cônjuges podem ser simultaneamente sócios e, nas sociedades por quotas, os únicos sócios.

---

[174] Sobre esta matéria, cfr. os estudos de António Caeiro, *As sociedades de pessoas no Código das Sociedades Comerciais*, sep. do número especial do BFDUC – «Estudos em Homenagem ao Prof. Doutor Eduardo Correia» – 1984, Coimbra, **1988**, pp. 28-38, e de João Labareda, «Da alienação e oneração de participações sociais por sócio casado», *in Direito Societário Português – Algumas Questões*, Quid Juris?, Lisboa, **1998** (pp. 197-230), o *Comentário* de J. Pinto Furtado, *ao Código das Sociedades Comerciais. Âmbito de aplicação. Personalidade e capacidade. Celebração do contrato e registo. Artigos 1.º a 19.º*, Almedina, Coimbra, **2009**, pp. 299-352, as dissertações de mestrado e de doutoramento de Maria Rita Aranha da Gama Lobo Xavier, respectivamente *Reflexões sobre a posição do cônjuge meeiro em sociedades por quotas*, sep. do vol. XXXVIII do Supl. ao BFDUC, Coimbra, **1993** (pp. 7 13, 75-84, 90-113,116-134 e 144-154), e *Limites à autonomia privada na disciplina das relações patrimoniais entre os cônjuges*, Almedina, Coimbra, **2000**, pp. 242-249, e o seu estudo mais recente sobre a «Participação social em sociedade por quotas integrada na comunhão conjugal e tutela dos direitos do cônjuge e do ex-cônjuge do sócio», AA.VV., *Nos 20 anos do Código das Sociedades Comerciais. Homenagem aos Profs. Doutores A. Ferrer Correia, Orlando de Carvalho e Vasco Lobo Xavier*, vol. III – *Vária*, Coimbra Editora, **2007** (pp. 993-1022).

[175] Sobre a interpretação do artigo 1714.º do Código Civil, o alcance do princípio da imutabilidade do regime de bens e as sociedades entre cônjuges, cfr. Rita Lobo Xavier, *Limites à autonomia privada na disciplina das relações patrimoniais entre os cônjuges*, cit., **2000**, pp. 228-241, em especial a síntese a pp. 240-241, e J. Pinto Furtado, *Comentário ao Código das Sociedades Comerciais. Artigos 1.º a 19.º*, cit., **2009**, pp. 300-303.

Nestes termos, as limitações à participações dos cônjuges em sociedades comerciais são, hoje, quase inexistentes, uma vez que não existem no plano das sociedades anónimas e por quotas. Contudo, nestas importa definir quem é sócio – nomeadamente para efeitos de exercício dos direitos sociais – quando a titularidade da participação é conjunta, em função do regime matrimonial de bens. Neste caso, sendo a quota ou a acção um bem comum (do casal), a lei considera como **sócio** o cônjuge que *tenha celebrado o contrato de sociedade* ou, em caso de aquisição em vida da sociedade, o que tenha encabeçado o acto aquisitivo (cfr. art. 8.º, n.º 2[176]).

A preocupação da lei com a individualização e identificação do "cônjuge-sócio" não põe em causa os direitos próprios que o outro cônjuge tenha sobre essa participação, nem tão pouco o exercício dos direitos sociais se o "cônjuge-titular" se encontrar impossibilitado de o fazer (cfr. art. 8.º, n.º 3, e arts. 1678.º, n.º 2, *alínea f)* do CC).

Contudo, já no que respeita à alienação dessas participações, consideramos que a mesma não carece do consentimento do cônjuge que não é o "sócio-titular", uma vez que se pode legitimamente entender, por efeito do regime estabelecido no n.º 2 do artigo 8.º do Código das Sociedades Comerciais, que o sócio (ou accionista) tem a administração exclusiva da participação social e consequentemente a eventual alienação desta não se encontra sujeita a autorização (cfr. arts. 1682.º, n.º 2 e 1678.º, n.º 2, *alínea e)* do CC)[177].

---

[176] Sobre o alcance desta disposição legal, vd. J. Pinto Furtado, *Comentário ao Código das Sociedades Comerciais. Artigos 1.º a 19.º*, cit., **2009**, pp. 338-350, em especial pp. 346-348, e João Labareda, «Da alienação e oneração de participações sociais por sócio casado», cit., **1998** (pp. 197-230), pp. 207-230, em especial pp. 210-213, 216-227.

[177] No sentido do texto, **Acórdão da Relação do Porto de 7 de Dezembro de 2005** (José Ferraz) / Proc. n.º 0535980, www.dgsi.pt, J. Pinto Furtado, *Comentário ao Código das Sociedades Comerciais. Artigos 1.º a 19.º*, cit., **2009**, nota 267, p. 340, e João Labareda, «Da alienação e oneração de participações sociais por sócio casado», cit., **1998** (pp. 197-230), pp. 207-230 (em especial p. 227). Contra, **Acórdão do STJ de 29 de Junho de 2006** (Pereira da Silva) / Proc. n.º 06B1447, www.dgsi.pt, e Rita Lobo Xavier, *Reflexões sobre a posição do cônjuge meeiro em sociedades por quotas*, cit., **1993**, pp. 95-98.

Fazendo uma síntese da doutrina nacional sobre o sentido e alcance do art. 8.º, n.º 2, Rita Lobo Xavier, «Participação social em sociedade por quotas integrada na comunhão conjugal e tutela dos direitos do cônjuge e do ex-cônjuge do sócio», cit., **2007** (pp. 993-1022), pp. 997-1002.

Concluindo, poderemos afirmar que norma do artigo 8.º constitui uma regra especial derrogatória do regime estabelecido na lei civil (art. 1714.º, n.º 2 do CC) no que respeita a alguns tipos sociais, tornando clara a participação dos cônjuges em sociedades por quotas e anónimas e admitindo que ambos sejam simultaneamente sócios, ainda que as participações constituam bens comuns. O regime jurídico-societário, no que respeita a estas participações, constitui um aproveitamento do disposto, em matéria de administração de bens do casal (cfr. art. 1678.º, n.º 2, *alínea e)* do CC).

1.7.3. *Instituições de crédito*

Em certos casos, a lei cria barreiras à participação em sociedades que exercem a sua actividade em sectores sensíveis da economia (nacional), controlando administrativamente a constituição dessas empresas ou a aquisição do respectivo capital.

Tal sucede, designadamente, com a aquisição de participação significativa no capital de banco, que corresponda a uma participação qualificada[178], que se encontra sujeita a supervisão e à não oposição por parte do Banco de Portugal.

O conceito de **participação qualificada** refere-se à titularidade ou controlo de uma fracção mínima de capital social de uma instituição de crédito ou sociedade financeira, cujo projecto de aquisição deverá ser

---

[178] O conceito de **participação qualificada**, referindo-se à titularidade ou controlo de uma fracção mínima de capital social de uma instituição de crédito ou de uma sociedade financeira, foi introduzido no nosso ordenamento jurídico pelo Regime Geral das Instituições de Crédito e Sociedades Financeiras, fazendo-lhe referência, nomeadamente, os artigos **13.º, n.º 7.º**, 102.º, 101.º, n.º 2, 103.º a 109.º, 196.º, n.º 1, 199.º-G, 210.º, *alínea d)*, 211.º, *alíneas h), j)*, e *m)*.

Mais precisamente, a noção de participação qualificada encontra-se definida no **número 7 do art. 13.º do Regime Geral**, e corresponde, com pequenas alterações, às definições da Directiva do Conselho n.º 89/646/CEE (Segunda Directiva), de 15 de Dezembro de 1989 (JOCE n.º L386, de 30.12.1989) e da Directiva do Conselho n.º 88/ /627/CEE, de 12 de Dezembro de 1988 (JOCE n.º L348, de 17.12.1988).

Para além dos Manuais (gerais) de Direito Bancário, chama-se a atenção para os estudos de Rui Pinto Duarte, «O controlo da identidade dos sócios das instituições de crédito e das sociedades financeiras», *RB*, n.º 26, **1993**, pp. 73-86, e de Florbela de Almeida Pires, «Participações qualificadas em Instituições de Crédito», ROA, **1997**, ano 57, III, pp. 1099-1185.

previamente comunicado ao Banco de Portugal (cfr. art. 102.º do RGIC[179]), para que este aprecie a idoneidade do potencial adquirente, podendo deduzir oposição no prazo de três meses, se «*não considerar demonstrado que a pessoa em causa ou as características do seu projecto reúnem condições que garantam uma gestão sã e prudente da instituição de crédito*» (art. 103.º, n.º 1 do RGIC).

Outras sociedades com objecto especial estão sujeitas a controlo, de natureza administrativa, semelhante ao que exerce o Banco de Portugal sobre as instituições de crédito.

2. **Principais características dos diversos tipos sociais**

2.1. **Considerações gerais**

Vejamos agora quais são as principais diferenças dos diversos tipos sociais, que vimos não serem fechados, visto as partes disporem de maleabilidade para, no âmbito da respectiva autonomia privada, criarem regras que não descaracterizem o tipo seleccionado. Façamo-lo, tendo em consideração, essencialmente, dois critérios: o regime da responsabilidade dos sócios e a designação das partes sociais e sua eventual representatividade.

Aproveitamos para enquadrar legalmente os diversos tipos, chamando a atenção para o facto de, para além da respectiva parte especial, existir uma parte geral, a qual também devemos considerar sempre que tivermos uma questão para analisar relativamente a um tipo em especial. É, pois, frequentemente necessário recorrer também à Parte Geral que se aplica a todos os tipos de sociedades.

E faremos ainda referência – embora em antecipação de conhecimentos (cfr. *infra*, n.º 4.3.3.) – ao elemento identificativo característico de cada tipo societário, isto é, à respectiva firma.

---

[179] O **artigo 102.º** do RGIC impõe a quem «*pretenda deter participação qualificada numa instituição de crédito*» ou aumentar uma participação qualificada já existente, a obrigação de comunicar «*previamente ao Banco de Portugal o seu projecto*» (cfr. n.ºs 1 e 2).

2.2. Sociedades em nome colectivo[180]

2.2.1. *Enquadramento legal e firma*

As sociedades em nome colectivo encontram-se reguladas no Título II do nosso Código (arts. 175.º a 196.º), aplicando-se-lhes, em certas circunstâncias, por remissão directa da lei, o disposto nas sociedades por quotas (cfr. art. 189.º, n.º 1).

Há dois tipos de sócios nestas sociedades:

a) Os sócios de capital, que são aqueles que efectivamente realizam uma entrada em dinheiro ou em espécie; e
b) Os sócios de indústria, que são aqueles que vão participar no exercício da actividade, através do seu trabalho.

Quanto à firma – designação pela qual a sociedade irá ser conhecida no exercício da respectiva actividade social –, ela deve ser constituída de modo que, pela sua simples leitura, todos aqueles que giram em volta da sociedade saibam, imediatamente, que estão perante uma sociedade em nome colectivo. Por isso, se não identificar todos os sócios, a firma deve, no mínimo, conter o nome (ou a firma) de um deles com o aditamento, abreviado ou por extenso, que venha a permitir identificar essa realidade com a ideia de pluralidade, com a ideia de que, efectivamente, existem outros sócios.

Esse aditamento é, nos termos do art. 177.º, por exemplo, "& Companhia", formando assim a firma «Paulo Cunha & Cia»). No fundo, temos aqui o nome de um dos sócios e sabemos que estamos necessariamente perante uma sociedade. Podíamos ter também os nomes de todos os sócios e, então, saberíamos que se referiam, conjuntamente, a uma mesma realidade: uma sociedade em nome colectivo.

Mas a firma pode prefigurar situações em que um dos sócios é, por sua vez, uma outra sociedade, designadamente de responsabilidade limitada.

---

[180] Cfr. Raúl Ventura, *Novos estudos sobre Sociedades Anónimas e Sociedades em Nome Colectivo* (Comentário ao CSC), Almedina, Coimbra, **1994**, pp. 209-347, António Caeiro, *As sociedades de pessoas no Código das Sociedades Comerciais*, sep. do número especial do Boletim da Faculdade de Direito de Coimbra «Estudos em Homenagem ao Prof. Doutor Eduardo Correia» – 1984, Coimbra, **1988,** em especial, pp. 16-26, e António Menezes Cordeiro, *Manual de Direito das Sociedades*, II – *Das Sociedades em Especial*, 2ª ed., Almedina, Coimbra, **2007**, em especial pp. 147-156, 163-179.

E, nesse caso, importa assegurar que a firma – por exemplo, «António Silva, Lda & Outros» – não se confunde com designação de outro tipo societário[181]. Quando utilizamos a expressão "& Outros" é uma expressão que, sendo paralela a "& Companhia", revela pluralidade. No exemplo prefigurado estamos a revelar que, para além de outros sócios (os "Outros"), o sócio que dá o crédito à sociedade em nome colectivo é a sociedade por quotas «António Silva, Lda».

A firma é, pois, como veremos adiante com mais detalhe (*infra*, n.º 4.3.3), um elemento distintivo do próprio tipo societário. Quando olhamos para o nome de uma sociedade devemos imediatamente associar esse nome a uma dada realidade e a um determinado regime de responsabilidade.

2.2.2. *Regime de responsabilidade*[182]

Cada sócio é responsável para com a sociedade pela prestação da sua entrada; e responde, solidariamente com os restantes sócios e ilimitadamente perante os credores da sociedade e pelas dívidas desta (mesmo anteriores) (art. 175.º). Quer dizer, todos os credores sociais encontram, como garantia, a responsabilidade solidária dos participantes neste tipo de sociedades.

No entanto, esta responsabilidade solidária ilimitada é subsidiária, isto é, só tem lugar quando o património social não é suficiente para fazer face às dívidas da sociedade. Há, pois, uma afectação prioritária do património social, de modo que os credores pessoais dos sócios também não sejam, sem mais nem menos, defraudados perante os credores sociais. Mas não tem de haver hierarquização, nomeadamente se o sócio se encontrar numa situação de insolvência em todas as frentes.

Por sua vez, os sócios de indústria são também responsáveis nas relações externas (art. 178.º), sendo a sua responsabilidade subsidiária.

[181] Se fosse uma sociedade por quotas, a firma teria que terminar na expressão "Limitada" ou "Lda" (cfr. art. 200.º, n.º 1 do CSC).

[182] Cfr. José Lobo Moutinho, *A responsabilidade do sócio em nome colectivo em face do Código das Sociedades Comerciais*, sep. de DJ, vol. VI – **1992** (pp. 171-250) / vol. VII – **1993** (pp. 83-137).

2.2.3. *Participações sociais*

As participações denominam-se partes sociais e não são representadas por títulos (art. 176.º).

2.3. Sociedades por quotas[183]

2.3.1. *Enquadramento legal e firma*

A sociedade por quotas é regulada nos artigos 197.º a 270.º-G (Título III), sendo-lhe directamente aplicáveis, por remissão expressa, determinadas normas das Sociedades Anónimas (Título IV), o que não surpreende se considerarmos ser hoje este tipo societário o modelo das sociedades comerciais.

No que respeita à firma, ela pode ser formada, com ou sem sigla, e deve ser composta pelo nome (ou firma) de todos ou de alguns dos sócios ou aludir à actividade que a sociedade se propõe prosseguir, devendo concluir pela palavra "Limitada" ou pela abreviatura "Lda", com a finalidade de que, ao olharmos para esta designação social, possamos identificar imediatamente o tipo social que está em causa.

2.3.2. *Regime de responsabilidade*

Neste tipo societário cada sócio responde pela sua entrada, mas solidariamente com os restantes sócios e até ao montante do capital social subscrito (art. 197.º, n.º 1). Esta regra constitui uma especial garantia dos credores sociais, uma vez que permite responsabilizar qualquer sócio pela totalidade do capital prometido (subscrito).

No entanto, só a sociedade responde pelas suas dívidas perante os credores (cfr. art. 197.º, n.º 3), excepto se os sócios garantirem expressamente que se responsabilizam pelas mesmas «*até determinado montante*» (art. 198.º, n.º 1). Este regime de responsabilidade – que constitui uma

[183] Cfr. António Caeiro, *As sociedades de pessoas no Código das Sociedades Comerciais*, cit., **1988**, em especial, pp. 27-81.

inovação do Código das Sociedades Comerciais – pode ser clausulado relativamente a todos ou alguns dos sócios e permite prever que, em relação a determinados actos, os sócios assumam uma responsabilidade para além do capital que subscreveram. Trata-se de uma característica que pessoaliza este tipo societário.

2.3.3. *Participações sociais*

A parte denomina-se quota e não é titulada (arts. 197.º, n.º 1 e 219.º, n.º 7). O seu valor mínimo é de €100,00 (cem euros) (art. 219.º, n.os 1 e 3; cfr. também art. 250.º, n.º 1).

2.4. **Sociedades anónimas**

2.4.1. *Subtipos*

2.4.1.1. *Antes da Reforma Societária*

Antes da reforma societária de 2006 encontrávamos na nossa lei dois subtipos de sociedades anónimas, claramente diferenciados:

- A **sociedade anónima aberta**, prevista e regulada nos artigos 13.º e seguintes do Código dos Valores Mobiliários e que substituíra as anteriormente designadas sociedades de subscrição pública; e
- A **sociedade anónima** *tout court* (sem mais)[184], correspondendo ao modelo regulado no Código das Sociedades Comerciais e que abrangia todas as sociedades anónimas que não fossem abertas, independentemente da respectiva dimensão.

2.4.1.2. *Sociedades abertas*

A lei, e nomeadamente o Código de Valores Mobiliários, não define, nem conceptualiza, o que seja sociedade com o capital aberto ao investi-

[184] Evitamos o recurso à expressão simplificada ou simples, para evitar eventuais confusões com a *société anonyme simplifiée* (francesa).

mento do público, vulgarmente conhecida pela expressão abreviada de «sociedade aberta», limitando-se a estabelecer critérios normativos de enquadramento (cfr. art. 13.º).

Vejamos quais são as sociedades anónimas que a lei considera **sociedades abertas**:

a) as constituídas por *oferta pública*[185];
b) aquelas em que se verifica uma *emissão de acções* (ou valores mobiliários equiparados) *através de oferta pública*;
c) as sociedades cujas *acções* (ou valores mobiliários equiparados) se encontram *admitidas à negociação* em mercado regulamentado de acções (ou de valores mobiliários equiparados);
d) aquelas cujas *acções* sejam *alienadas em oferta pública de venda ou em oferta pública de troca*, envolvendo quantidades superiores a *10%* do capital social; e
e) as sociedades que se constituem por cisão de sociedade aberta ou que incorporem por fusão a totalidade ou parte do património de sociedades abertas.

Importa desfazer a ideia de que as sociedades abertas são sociedades cujas participações (acções) ou outros valores mobiliários se encontram necessariamente admitidas à cotação em mercado regulamentado, *maxime* em bolsa de valores. Com efeito, nem todas as sociedades abertas são cotadas. Para além destas – que são por definição abertas –, existem outras sociedades cujo capital está aberto ao investimento do público, sujeitas igualmente a um regime jurídico rigoroso, embora possam apresentar relativamente às cotadas regras particulares. Entre as sociedades abertas contam-se, pois, todas as que se constituam por meio de ofertas públicas ou que realizem ofertas públicas (de subscrição), qualificando-se a sociedade como aberta por referência à oferta pública que esteja na base da sua constituição ou aumento de capital.

---

[185] É pública a oferta de acções, ou de quaisquer valores mobiliários (art. 109.º do CVM):
- *dirigida a destinatários indeterminados*;
- realizada por meios de diversas *comunicações padronizadas, ainda que endereçadas a destinatários individualmente identificados*;
- dirigida a *accionistas de sociedade aberta*;
- *precedida ou acompanhada de prospecção, ou de recolha de intenções de investimento junto de destinatários indeterminados, ou de promoção publicitária*;
- *dirigida a, pelo menos, 100 investidores não qualificados* residentes em Portugal.

2.4.1.3. *A* grande *sociedade anónima*

A reforma societária de 2006 esqueceu o conceito de sociedade aberta, obrigando a repensar os subtipos de sociedade anónima, ao determinar alterações a nível da estruturação da fiscalização com base na dimensão da sociedade e ao sujeitar a determinados efeitos às sociedades que se encontrassem nessa situação. Paralelamente, a reforma alinha com este novo subtipo – a que chamámos já de ***grande*** **sociedade anónima** – *a* sociedade *(anónima)* emitente de valores mobiliários admitidos à negociação em mercado regulamentado, que, por comodidade, designaremos de **sociedade cotada**.

É uma ***grande*** **sociedade anónima** a que, durante dois anos consecutivos, ultrapasse dois dos seguintes três limites:

– total do balanço de cem milhões de euros;
– cento e cinquenta milhões de euros de vendas líquidas e outros proveitos; e
– uma média de cento e cinquenta trabalhadores durante o exercício (cfr. art. 413.º)

2.4.1.4. *Subtipos actuais*

Em conclusão, desde 30 de Junho de 2006, podemos distinguir quatro subtipos de sociedades anónimas, a que correspondem regimes diferentes:

– A **sociedade anónima** (simplesmente), qualquer que seja a sua dimensão – familiar, pequena ou média –, disciplinada pelas normas do Código das Sociedades Comerciais, com excepção daquelas que forem unicamente aplicáveis à *grande sociedade anónima* (ou à cotada);
– A ***grande*** **sociedade anónima**, à qual se aplica o Código das Sociedades Comerciais em geral, com as especificidades impostas em razão da respectiva dimensão (cfr., em especial, arts. 413.º, n.º 2, *alínea a)*, 374.º-A, 396.º, n.º 1, 414.º, n.ºs 4 e 5, 423.º-B, n.º 4);
– A **sociedade anónima aberta** (não cotada), regulada pelas disposições do Código das Sociedades Comerciais e sujeita ao regime mais rigoroso do Código dos Valores Mobiliários (cfr. arts. 13.º a 29.º); e
– A **sociedade anónima** (aberta) **cotada**, à qual se aplicam, para além dos preceitos normativos comuns a qualquer *grande* socie-

dade anónima ou sociedade aberta, regras próprias e específicas constantes do Código das Sociedades Comerciais (cfr. arts. 77.º, n.º 1, 414.º, n.º 6 e 423.º-B, n.º 5).

2.4.2. *Enquadramento legal e firma*

As sociedades anónimas são reguladas no Título IV do nosso Código, nos artigos 271.º a 464.º. Por sua vez, o regime específico das sociedades anónimas abertas extrai-se do Código dos Valores Mobiliários (arts. 13.º a 29.º). Relativamente ao regime aplicável às participações e a algumas das suas vicissitudes (nomeadamente emissão e transmissão), há também que recorrer a este diploma, que estabelece a disciplina dos valores mobiliários (arts. 39.º a 107.º).

Finalmente, tratando se do tipo societário mais frequentemente sujeito, por efeito do objecto social escolhido, a regimes especiais, sempre que estiver em causa uma sociedade anónima com natureza especial e objecto de regulamentação autónoma – por exemplo, sociedade financeira ou seguradora –, há que ponderar igualmente os requisitos estabelecidos pelos diplomas de natureza especial.

No que respeita à firma, os princípios geralmente aplicáveis às sociedades por quotas são válidos, com as adaptações que este tipo societário requer. Assim, a firma da sociedade anónima – seja firma-nome, firma-denominação ou firma mista – deve concluir pela expressão "Sociedade Anónima", por extenso, ou simplesmente pelas respectivas iniciais ("S.A.").

2.4.3. *Regime de responsabilidade*

A responsabilidade dos accionistas pelo valor da entrada é individual e exclusiva (art. 271.º).

Neste aspecto, existe uma nítida diferenciação relativamente às sociedades por quotas. Se o accionista realizar a totalidade da sua participação, ele não terá mais qualquer responsabilidade pela actividade societária, para além da que possa vir a assumir especificamente a título puramente pessoal.

Só a sociedade é responsável pelas suas dívidas (art. 271.º *a contrario sensu*). Com efeito, limitando-se a responsabilidade do accionista ao montante que subscreve, a partir de então só a sociedade responderá pelas dívidas, já que tem autonomia financeira.

2.4.4. *Participações sociais*

As participações sociais designam-se acções, correspondendo a fracções de capital com o mesmo valor nominal [mínimo de €0,01 (1 cêntimo de euro)], representadas por títulos (livremente transmissíveis) ou meramente *escriturais* (cfr. arts. 271.º, 274.º, 276.º, n.º 2 e 298.º e segs. do Código das Sociedades Comerciais, e arts. 39.º e segs. do CVM).

2.5. **Sociedades em comandita**

2.5.1. *Enquadramento legal e firma*

Este tipo societário, de que – segundo censo realizado em 2004[186], – existirão actualmente dezasseis especímenes, encontra-se sistematizado no título V, nos arts. 465.º a 480.º. Podendo revestir um de dois modelos distintos – o de comandita simples e o de comandita por acções –, são-lhe aplicáveis consoante o caso, e *mutatis mutandis*, as regras das sociedades em nome colectivo ou das sociedades anónimas.

Por sua vez, a respectiva firma deve resultar do nome ou firma de um dos sócios, acrescentada com a expressão "em comandita" ou "em comandita por acções", consoante o caso (cfr. art. 467.º).

2.5.2. *Regime de responsabilidade*

Este tipo de sociedades, praticamente extinto, é composto por duas espécies de sócios, com regimes de responsabilidade diferentes (art. 465.º, n.º 1).

---

[186] Este censo assinalado por Menezes Cordeiro, *Manual de Direito das Sociedades*, vol. I, 2ª ed. cit., **2007**, p. 217, revela – comparativamente com o de 2000 (registado na 1ª ed. do *Manual*, 2004, p. 165) – um ligeiro aumento no número destas sociedades (de 9 para 16), embora com diminuição do respectivo volume de emprego.

Os sócios comanditados assumem a responsabilidade pelas dívidas da sociedade (nos mesmos termos dos sócios das sociedades em nome colectivo), os sócios comanditários não respondem por quaisquer dívidas da sociedade, para além do capital que subscreveram.

2.5.3. *Participações sociais*

Quanto às participações sociais, as mesmas podem reconduzir-se apenas a partes sociais ou corresponder também a acções, consoante o subtipo em causa (art. 465.º, n.º 3). Assim, nas sociedades em comandita simples as participações são todas não tituladas e denominam-se partes sociais. Nas sociedades em comandita por acções as participações dos comanditados são partes sociais e as dos comanditários são acções tituladas e regidas pelos preceitos que caracterizam o regime das sociedades anónimas.

2.6. Confronto das características das sociedades por quotas e anónimas

2.6.1. *Razão de ser*

Se procurarmos confrontar os dois principais tipos societários, pelas diversas características que revestem, pelas potencialidades que encerram e pelos custos que estão associados à respectiva organização, deveremos fazê-lo sob dois prismas diferentes: por um lado, analisar as diferenças substantivas legalmente impostas e, por outro, confrontar os efeitos tributários – em termos de incidência e taxas aplicáveis – que recaem sobre a constituição e funcionamento das sociedades por quotas e anónimas.

No fundo, ao empresário importa saber não apenas em que aspectos essenciais se distinguem as sociedades comerciais, em especial as anónimas das por quotas, mas também quais os impostos a que elas e os respectivos associados estão sujeitos. Só ponderando esses vários aspectos, estará o investidor em condições de fazer a escolha da forma de organização económica mais favorável à sua empresa, isto é, à actividade que se propõe prosseguir.

É isso que procuraremos sinteticamente fazer nas linhas que se seguem, não ignorando que estamos não apenas a antecipar aspectos que iremos detalhadamente abordar mais à frente, como a entrar numa área autónoma (a do Direito Fiscal) que é extremamente volúvel, visto que os respectivos instrumentos, *maxime* os impostos, são periódica e constantemente utilizados pelo governo na prossecução da sua política financeira, o que coloca em causa a estabilidade do respectivo tecido normativo[187].

2.6.2. *Diferenças de carácter jurídico-comercial*

São naturalmente muitos os aspectos em que as sociedades por quotas se distinguem substantivamente das sociedades anónimas. Por razões de sistematização vamos agrupar as diferenças em duas grandes categorias: as que são básicas – e que resultam da natureza da sociedade ou constituem uma normal projecção da mesma – e as que consideramos fundamentais, isto é, verdadeiramente responsáveis pela escolha do tipo societário para a actividade a prosseguir, e que são o corolário de opções legais subjacentes à própria delimitação dos tipos em causa.

As escolhas que fazemos são puramente discricionárias e subjectivas, correspondendo ao modo como entendemos adequado explicar as sociedades.

2.6.2.1. *Diferenças básicas que se fundam na identidade própria do tipo social*

Consideramos serem essenciais os factores distintivos que se baseiam na natural dimensão do tipo societário em causa e que, de algum modo, estiveram associados à respectiva génese.

Estão aqui fundamentalmente em causa os aspectos, já analisados (cfr., *supra*, n.ºs 2.3 e 2.4), que se prendem com a estrutura e representação das participações sociais, com o capital social mínimo e com o regime da responsabilidade dos sócios. Um outro factor, classicamente, diferenciador radica no número mínimo de sócios necessário para constituir uma sociedade por quotas ou anónima: dois e cinco, respectivamente,

[187] Não obstante – e assumindo-se, conscientemente, o risco de uma quase imediata desactualização –, considerou-se relevante proceder também ao confronto das sociedades anónimas com as sociedades por quotas numa perspectiva jurídico-tributária.

não obstante esta regra ter vindo a sofrer excepções, não apenas com a sociedade anónima subsidiária integral (cfr. art. 488.º), ou com a sociedade anónima participada pelo Estado (cfr. art. 273.º, n.º 2), mas com a própria sociedade unipessoal por quotas (arts. 270.º-A e segs.), acolhida no nosso ordenamento jurídico em 1997[188].

2.6.2.2. *Diferenças fundamentais*

Apontadas as diferenças que são essenciais, vejamos agora quais é que, de um ponto de vista substantivo, podem ser determinantes na escolha do investidor.

São, em nosso entender – numa óptica puramente subjectiva, sublinhe-se – duas: uma relativa à transmissibilidade e circulação do capital social e a outra respeitante à administração e fiscalização das sociedades por quotas e anónimas.

No entanto, é também possível diferenciar os tipos societários em análise pela estrutura das suas participações, a qual se projecta naturalmente em inúmeras regras de carácter imperativo, em particular, e na compreensão do tipo societário, em geral. Referimo-nos à progressiva pessoalização das sociedades por quotas em face da crescente objectivação da sociedade anónima – que voltaremos a mencionar adiante (cfr., *infra*, n.º 10.7 e bibliografia citada) –, que se pode sintetizar na ideia de que neste tipo social os direitos e obrigações (situações jurídicas) existem em função da acção, visto que cada acção fundamenta um direito de participação social (autónomo)[189].

No que se refere à concretização positiva desta ideia, em regras existentes no nosso sistema, exemplifique-se com o seguinte quadro:

[188] Alteração do CSC aprovada pelo DL 257/96, de 31 de Dezembro.

[189] Para mais desenvolvimentos, cfr. os nossos *Direitos especiais*, pp. 218-221.

Exemplos	SPQ	SA
Direito de informação	214.º, n.º 1 e 216.º	288.º, n.º 2 e 291.º, n.º 1
Direito de participação nas deliberações sociais	248.º, n.º 5	379.º, n.ºs 1 e 2
Transmissão onerosa das participações	228.º, n.º 2	328.º, n.º 1
Atribuição de direitos especiais	24.º, n.ºs 3 *in fine* e 5, e 257.º, n.º 3	24.º, n.ºs 4 e 6

Quanto à transmissibilidade e circulação do capital social, refira-se apenas que a pessoalização da sociedade por quotas tem contribuído para que a mesma se venha gradualmente a estruturar como uma sociedade fechada, em que a regra é hoje a da necessidade do consentimento da sociedade (isto é, dos demais sócios) para a transmissão a terceiros, sendo possível que estatutariamente se sujeite também a esse consentimento a própria transmissão para sócios e para familiares próximos (cônjuge e parentes na linha recta) do sócio cedente.

Diversamente do que acontecia na vigência da Lei das Sociedades por Quotas de 11 de Abril de 1901 (revogada pelo diploma de aprovação do CSC), em que a regra era a da livre transmissão entre vivos das participações sociais (cfr. art. 6.º) – apesar de já então, os pactos sociais restringirem frequentemente tal liberdade –, o Código das Sociedades Comerciais veio supletivamente limitar a transmissibilidade onerosa de quotas, sujeitando-a ao consentimento da sociedade (cfr. art. 228.º, n.º 2). Por sua vez, no título das sociedades anónimas (num preceito legal, curiosamente, cem números mais à frente: art. 328.º) estabelece o princípio da livre transmissibilidade das acções, admitindo que só muito excepcionalmente possam ser introduzidas limitações (cfr. art. 328.º, n.ºs 1 e 2). As sociedades anónimas configuram-se, assim, como sociedades abertas, em que as respectivas participações se transmitem sem limitações.

Da diferença apontada resulta claramente uma muito maior liquidez da participação na sociedade anónima relativamente à sociedade por quotas, visto que as eventuais restrições à transmissibilidade das quotas desencorajarão aqueles que pretendam fazer da situação jurídico-societária um investimento de carácter financeiro. As dificuldades na alienação da participação que subscrevem prejudicarão, naturalmente, o interesse de terceiros na respectiva aquisição, considerando os obstáculos que estes ulteriormente terão de superar para procederem à venda dessa participação.

Finalmente, uma grande diferença a assinalar entre os dois tipos societários radica na diferente complexidade relativa à estrutura dos respectivos órgãos sociais; naturalmente muito mais leve a das sociedades por quotas que corresponde, habitualmente, a uma empresa de pequena ou média dimensão.

A sociedade por quotas pode constituir-se com um único órgão institucionalizado, a gerência, e mesmo este pode ser singular. Importa assinalar, desde já, sem prejuízo de maiores desenvolvimentos, que nenhuma sociedade por quotas está *ab initio* sujeita a fiscalização, embora tal possa vir a ocorrer no decurso da sua actividade[190], tudo dependendo da sua dimensão. Quanto à assembleia geral, a regulamentação contratual da respectiva mesa é facultativa, pelo que só muito raramente ela surge institucionalizada nas sociedades por quotas.

Caso escolham o tipo de sociedade anónima, deverão os sócios (futuros accionistas) optar por uma de três modalidades de administração e fiscalização que são legalmente pré-estabelecidas (cfr., *infra,* n.os 4.3.9 e 32), qualquer delas envolvendo os custos mínimos inerentes à obrigatoriedade de intervenção institucional de, pelo menos, um revisor oficial de contas (como órgão de fiscalização ou membro deste). Acresce ser habitual recorrer a gestores profissionais especializados para dirigirem as sociedades anónimas, pelo que os custos inerentes ao desempenho de funções por estes não são de desprezar. Por sua vez, sendo institucionalmente obrigatória, a mesa da assembleia geral traduz-se frequentemente numa remuneração pontual (e simbólica) dos seus membros, em especial quando os mesmos não são (ou não podem ser) accionistas relevantes ou seus representantes, trabalhadores ou prestadores de serviços da sociedade.

Para além da maior complexidade orgânica das sociedades anónimas, o facto de a respectiva administração ser frequentemente colegial[191] implica que as suas decisões mais relevantes sejam vertidas em actas.

Estamos, pois, em condições de concluir que o custo associado ao funcionamento orgânico de uma sociedade por quotas é, assim, claramente inferior ao de uma sociedade anónima, por mais reduzida que seja a

---

[190] Mas nunca antes de decorridos dois exercícios sociais (cfr. art. 262.º, n.º 2).

[191] Obrigatoriamente sempre que o capital social ultrapasse os € 200.000,00 (duzentos mil euros) (cfr. arts. 390.º, n.º 2 e 424.º, n.º 2). Estatutariamente, é habitual convencionar a pluralidade de administradores, mesmo para capitais sociais inferiores.

composição dos respectivos órgãos. Trata-se de diferença que não é despicienda, em especial quando a actividade societária é de dimensão muito reduzida.

2.6.3. *Perspectiva puramente tributária; breve referência*

2.6.3.1. *A questão*

De um ponto de vista prático, torna-se difícil optar entre a forma de sociedade por quotas ou de sociedade anónima como modelo de organização de uma actividade empresarial de natureza comercial sem equacionar também as repercussões que o tipo social escolhido tem no plano dos custos, nomeadamente fiscais, inerentes ao respectivo funcionamento. Por isso, ponderadas as diferenças fundamentais existentes entre os tipos societários mais relevantes e as respectivas identidades básicas, distintas, para uma escolha adequada haverá ainda que tomar em consideração as implicações de natureza fiscal dos modelos disponíveis.

A questão que o empresário coloca é a de saber, perante as necessidades substantivas da empresa que pretende constituir ou de que já é titular[192], qual o tipo societário que lhe permite minimizar custos fiscais.

No plano societário, o problema coloca-se essencialmente no domínio dos impostos directos, uma vez que os indirectos, designadamente os impostos sobre a despesa (IVA e Imposto do Selo[193]) não distinguem tipos societários, aplicando-se igualmente a todas as sociedades, sem

---

[192] É a alteração das circunstâncias em vida da sociedade, nomeadamente o seu crescimento, muitas vezes para níveis e dimensão imprevisíveis no momento da constituição, que justifica a transformação de sociedades por quotas em anónimas (cfr., *infra*, n.º 36.3). Noutros casos, é precisamente a procura de um regime fiscal globalmente mais favorável que está na base dessa operação.

[193] Para os absolutamente leigos nesta matéria, recorde-se que na incidência do IVA e do Imposto do Selo há um princípio que se traduz em não aplicar simultaneamente ambos. Por isso, um acto isoladamente considerado não estará em princípio sujeito à incidência dos dois impostos. Assim, havendo lugar a tributação em sede de IVA, não há sujeição a Imposto do Selo.

Do mesmo modo, também não faz sentido cumular, por exemplo, o IMT com o Imposto do Selo. O que sucede, por vezes, é a mesma operação globalmente considerada, envolver ambos; por exemplo, numa aquisição de imóvel, há incidência de Imposto do Selo sobre o acto (a escritura) e de IMT sobre a transacção. Encontra-se ainda prevista uma isenção de IVA para as operações sujeitas a IMT.

prejuízo de diferenciações que possam ocorrer no que respeita a certas operações ou tendo em conta o respectivo objecto social[194]. No que respeita a esses impostos, a que as sociedades comerciais estão igualmente sujeitas, o tipo de sociedade (por quotas ou anónima) não é, regra geral, relevante[195].

Afastamos, pois, liminarmente a apreciação dos impostos indirectos.

Numa perspectiva puramente societária, e considerando unicamente o interesse social, diríamos que o problema consiste em verificar se a tributação directa que recai sobre uma sociedade por quotas é idêntica à que incide sobre uma sociedade anónima ou se existem particularidades que justifiquem, em certos casos, a opção por um desses tipos.

Num âmbito naturalmente mais alargado, mas não menos pertinente, haverá também que distinguir os efeitos da tributação directa sobre a sociedade daqueles que são projectados no plano dos sócios.

2.6.3.2. *Tributação em IRC*

No que respeita aos impostos directos sobre a sociedade, trata-se fundamentalmente de verificar se, em sede de IRC (Imposto sobre o Rendimento das Pessoas Colectivas)[196], existem diferenças entre a tributação que recai sobre um e o outro tipos societários.

A resposta é, hoje[197], afirmativa, em certa medida, e até determinados limites do volume total anual de proveitos da sociedade, visto que a

---

[194] Estamos a pensar nas sociedades imobiliárias – com um objecto que se traduz, entre outros aspectos, na compra para revenda de imóveis –, cujas operações (de aquisição), desde que verificados certos requisitos, estão isentas de IMT.

[195] Merece especial referência a excepção a esta regra que consiste em reconduzir ao conceito de aquisição de bens imóveis, para efeitos de tributação em sede de IMT, a aquisição de partes sociais ou de quotas nas sociedades em nome colectivo, em comandita simples ou por quotas, quando tais sociedades possuam bens imóveis e quando por aquela aquisição, por amortização ou quaisquer outros factos, algum dos sócios fique a dispor de, pelo menos, 75% do capital social ou o número de sócios se reduza a dois, sendo marido e mulher, casados em regime de comunhão de bens (adquiridos ou geral).

[196] As sociedades comerciais (ou civis sob a forma comercial) são sujeitos passivos de IRC (art. 2.°, n.° 1, *alínea a)* do Código do IRC), o qual incide sobre o respectivo lucro (art. 3.°, n.° 1, *alínea a)* do CIRC).

[197] Durante largos anos, após a Reforma Fiscal de 1988, o CIRC não estabelecia qualquer diferença neste plano. Não encontrávamos regras que discriminassem a tributação, nomeadamente a nível da matéria colectável ou das taxas aplicáveis, com base na

lei tributária (o Código do Imposto sobre o Rendimento das Pessoas Colectivas) admite que, nessas situações, quando correspondentes a sociedades por quotas, possa a gerência da sociedade optar por sujeitar a empresa à tributação pelo lucro presumido mediante a aplicação do regime simplificado da determinação do lucro tributável. Tal opção tem especiais vantagens nos casos em que os custos são pouco significativos, sendo preferível a sociedade optar pela tributação do rendimento presumido, porque esta acabará por ser inferior à que recairia sobre o rendimento real.

As sociedades anónimas, pelo facto de se encontrarem necessariamente sujeitas à revisão legal de contas, são sempre enquadráveis no regime geral de determinação do lucro tributável, sendo tributadas pelos respectivos rendimentos reais declarados[198].

Da diferença apontada resulta que, em certas circunstâncias – actividade comercial reduzida ou pouco significativa –, é preferível o empresário optar por organizar a respectiva empresa sob a forma de sociedade por quotas.

Se a sociedade atingir rendimentos elevados, não haverá diferenciação na determinação do lucro tributável com base no tipo societário.

Sintetizemos, então, no seguinte quadro, os principais impostos directos que recaem sobre as sociedades comerciais[199]:

---

forma jurídica da sociedade comercial. Antes pelo contrário, o próprio preceito legal aplicável à transformação de sociedades (o art. 61.º, na redacção originária) demonstrava, com clareza, que não havia alteração de regime fiscal quando o tipo societário fosse objecto de modificação. Assim, «*a transformação de sociedades (...) não implica(va) alteração do regime fiscal que vinha sendo aplicado nem determina(va) por si só, quaisquer consequências em matéria de IRC*» (red. originária do art. 61.º, n.º 1 do CIRC). Refira-se ainda que no passado, previamente à denominada Reforma da Tributação do Património, havia lugar à aplicação de Imposto sobre as Sucessões e Doações por Avença, que recaía sobre os dividendos distribuídos nas sociedades anónimas, a uma taxa de 5%, e que, em termos práticos, funcionava como se tratasse de um imposto sobre o rendimento.

[198] O que correspondia a um princípio absoluto da Reforma Fiscal, em sede de tributação directa, e que a mini-Reforma Pina Moura (conduzida por Ricardo Sá Fernandes) viria a adulterar, reconhecendo implicitamente a (in)capacidade do Estado para o controlo adequado dos rendimentos dos seus agentes económicos, em especial os de menor dimensão.

[199] Previna-se, pela volatilidade a que está sujeita esta matéria, que os dados disponíveis são de Abril de 2010.

Principais impostos directos sobre as sociedades

◆ A – Exercício da Actividade (**Imposto sobre o Rendimento**)

1. Residentes – IRC – Taxa: 25% (com eventual aplicação de derrama)
2. Não residentes com estabelecimento estável – 25% (com eventual aplicação de derrama)

◆ B – **Impostos sobre o Património**

- IMT
- IMI
- Selo

2.6.3.3. *Reflexos a nível da tributação pessoal do sócio (da SPQ) e do accionista*

Relativamente aos impostos a que os sócios estão directamente sujeitos – na percepção de rendimentos da sociedade ou na transmissão de participações sociais –, também há que ponderar algumas diferenças, havendo que distinguir nestes as pessoas colectivas (*maxime* sociedades) das pessoas singulares, submetidas, como é sabido, a diferentes regimes de tributação.

Em qualquer caso, estamos a pensar nas situações que justificam, por natureza, o recurso à forma societária de organização da actividade mercantil: obter ganhos periódicos, com os lucros ou dividendos que a sociedade distribui, ou pontuais, com as mais-valias realizadas com a alienação de participações sociais.

Antes de mais, importa distinguir os sócios-pessoas singulares daqueles que são pessoas colectivas, *maxime* sociedades comerciais.

Com referência aos **sócios-pessoas colectivas** residentes, não existem diferenças sensíveis na tributação dos lucros ou dividendos por eles obtidos, quer se trate de sociedades anónimas ou de sociedades por quotas, sendo tributados, em termos finais, à taxa geral de IRC (à qual poderá acrescer a derrama que se mostre aplicável)[200].

---

[200] Sem prejuízo da possibilidade de eliminação da dupla tributação dos lucros distribuídos.

Quanto à tributação que incidirá sobre as mais-valias realizadas pelos sócios-pessoas colectivas, também não há diferenças entre as sociedades anónimas e as sociedades por quotas, concorrendo essa mais-valia para a formação do lucro tributável sujeito a IRC[201].

No que toca à tributação de mais-valias realizadas com a alienação de participações sociais merece-nos destaque o regime particular aplicável aos sócios-pessoas colectivas que sejam *holdings* (SGPS)[202], independentemente de as mesmas revestirem a forma jurídica de sociedade por quotas ou anónima, onde se prevê que as mais-valias realizadas pelas SGPS mediante a transmissão (onerosa) de partes de capital de que sejam titulares, *«desde que detidas por período não inferior a um ano, e bem assim os encargos financeiros suportados com a sua aquisição, não concorrem para a formação do lucro tributável»* (art. 32.º, n.º 2 do EBF)[203].

Para concluir este apontamento, vamos abordar a tributação que recai sobre os sócios que sejam **pessoas singulares**.

No que se refere à tributação dos rendimentos periodicamente (ou não) recebidos pelos sócios-pessoas singulares das sociedades comerciais, não há diferenças a assinalar, devendo apenas 50% dos lucros distribuídos e rendimentos equiparáveis ser englobados e considerados para efeitos de tributação, no caso de beneficiários residentes, e desde que tais rendimentos sejam devidos por pessoas colectivas residentes sujeitas a IRC e dele não isentas[204]. Já no que se refere à tributação dos sócios-

[201] A este respeito, importa referir a possibilidade, prevista no CIRC, de reinvestimento dos valores de realização, o qual poderá permitir, quando verificados determinados requisitos, uma consideração da mais-valia obtida apenas por metade do seu valor.

[202] Previsto no artigo 32.º do Estatuto dos Benefícios Fiscais.

[203] Ou seja, em termos práticos, estas mais-valias não serão sujeitas a tributação. Refira-se, porém, que estão igualmente previstas no artigo 32.º do EBF algumas situações que poderão afastar a aplicação deste regime, as quais se encontram, designadamente, associadas à existência de relações especiais ou à aplicação de regimes fiscais mais favoráveis.

[204] Refira-se que, a partir de 1 de Janeiro de 2006, o englobamento destes rendimentos passou a ser facultativo, havendo a possibilidade de opção por tributação dos mesmos a uma taxa autónoma de 20%. Esta opção, no entanto, faz com que o rendimento seja tributado na sua totalidade, não se aplicando, neste caso, a regra da tributação em apenas 50%.

-pessoas singulares não residentes, os mesmos encontram-se sujeitos a tributação, a uma taxa liberatória de 20%.[205]

Relativamente à tributação das mais-valias obtidas na alienação de quotas ou de acções, refira-se que a regra geral aplicável relativamente a sócios-pessoas singulares residentes era a de que tais ganhos, representados *grosso modo* pela diferença positiva entre o preço de aquisição ou subscrição da participação e o valor realizado com a respectiva venda, deveriam estar sujeitos a uma tributação de 10%, por aplicação de uma taxa liberatória[205A].

No entanto – e a título de incentivo ao desenvolvimento do mercado de capitais –, a lei fiscal (CIRS) excluía de tributação as mais-valias provenientes da alienação de acções detidas pelo seu titular durante mais de 12 (doze) meses, desde que as mesmas não se referissem a sociedades cujo activo fosse constituído, directa ou indirectamente, em mais de 50%, por bens imóveis ou direitos reais sobre bens imóveis situados em território português (cfr. art. 10.º, n.º 12 do CIRS, agora revogado), o que não deixava de constituir uma clara vantagem do accionista (de uma sociedade anónima) em relação ao sócio de uma sociedade por quotas.

Já no que respeita ao regime de tributação das mais-valias aplicável aos sócios-pessoas singulares não residentes, quando os mesmos procedam à alienação onerosa de partes sociais por si detidas em sociedades anónimas ou em sociedades por quotas nacionais, o mesmo mantém-se inalterado, beneficiando, regra geral, de isenção de IRS[206].

---

[205] Esta taxa passou a ser de 20% a partir de 1 de Janeiro de 2006. Refira-se, no entanto, que se estiverem reunidos os requisitos previstos na Directiva 90/435/CEE, de 23 de Julho, designadamente, se o beneficiário dos rendimentos detiver, durante os dois anos anteriores à data da colocação à disposição dos lucros, uma participação no capital da entidade distribuidora desses lucros não inferior a 20%, não haverá sujeição a retenção na fonte em Portugal. Será ainda possível reduzir a taxa de retenção na fonte aplicável sobre os lucros nos termos da legislação interna portuguesa, sempre que tenha sido celebrado Acordo de Dupla Tributação entre Portugal e o Estado de residência fiscal da entidade beneficiária do rendimento e sejam cumpridos os formalismos necessários para a sua aplicação.

[205A] Assinale-se que foi recentemente aprovada pela Assembleia da República a Proposta de Lei n.º 16/XI, de 22 de Abril de 2010, que veio fixar a taxa de 20% para a tributação de todas as mais-valias mobiliárias, revogando a exclusão prevista no art. 10.º, n.º 2 do CIRS e alterando o disposto no art. 72.º, n.º 4 do mesmo Código.

[206] Esta isenção encontra-se prevista no artigo 27.º do EBF, podendo deixar de aplicar-se em determinadas situações descritas neste artigo (cfr. n.ºs 2 e 3), dando então lugar a uma tributação a uma taxa liberatória de 20%.

Por fim, e quanto às transmissões *mortis causa* de participações sociais, que apenas fazem sentido se o sujeito activo (transmitente) é uma pessoa singular, o problema está hoje praticamente resolvido pelas regras do Código do Imposto do Selo, que prevêem uma isenção subjectiva de Imposto do Selo quando o mesmo constitua encargo do cônjuge, descendentes e ascendentes, isto é, dos herdeiros legitimários, nas transmissões gratuitas de que os mesmos forem beneficiários[207].

2.6.4. *Conclusão*

A opção entre o modelo de sociedade por quotas ou o tipo de sociedade anónima, não podendo ser alheia aos custos (designadamente fiscais) associados à respectiva constituição e funcionamento, deverá sobretudo ter em conta a dimensão da actividade que o empresário (investidor) se propõe prosseguir e acautelar uma eventual abertura à participação futura de terceiros no projecto societário.

3. Enquadramento sistemático das sociedades comerciais no século XXI

3.1. Generalidades

Não é fácil, no início do século XXI, identificar de forma indiscutível aqueles que são os princípios estruturantes das sociedades comerciais. Procurámos fazê-lo na busca dos vectores que justificam a existência e funcionamento de organizações, cada vez mais complexas, cujo relevo sócio-económico actual supera largamente o que se poderia imaginar quando o Direito lhes reconheceu personalidade jurídica e as admitiu como centros autónomos de imputação de direitos e vinculações.

Esbatem-se, hoje, dois critérios classicamente diferenciadores de tipos sociais: o do relevo do crédito pessoal dos sócios e o que distingue as sociedades de pessoas das sociedades de capitais.

---

[207] Cfr. artigo 6.º, *alínea e)* do Código do Imposto do Selo.

Por um lado, são cada vez mais raras as sociedades em que os sócios participam sem limitar a sua responsabilidade; por outro, as sociedades por quotas configuram-se supletivamente como sociedades de pessoas, em que os sócios têm direitos pela sua qualidade e não em função do montante do capital investido, apesar deste determinar o número de votos e os lucros a receber.

Identificando aqueles que consideramos ser os princípios fundamentais nesta matéria, estamos em condições de compreender o sistema normativo em que se movem e enquadram as sociedades comerciais do século XXI e, essencialmente, quais os limites imperativos com os quais depara a autonomia privada dos sócios e dos accionistas na estruturação e organização das respectivas actividades mercantis sob forma empresarial.

Naturalmente que esses princípios resultam de uma análise e escolha eminentemente subjectiva, subjacente à qual esteve sempre a compreensão teórica e prática destes sujeitos de Direito. A perspectiva que hoje temos e expomos – não apenas como académico, mas também como consultor e advogado de empresas – não se pode dissociar das opções acolhidas e feitas nesta matéria.

Antes de mais, recorde-se que estamos a falar de regime jurídico e não (ainda) de qualificação, não obstante esta poder pressupor o conhecimento detalhado daquele. Como veremos, a decisão pela prática de certos actos condiciona hoje a respectiva substância, pelo que esta é frequentemente qualificada pela forma. Paralelamente, na opção societária continua a ter relevo a limitação da responsabilidade pessoal do sócio.

No âmbito do regime jurídico das sociedades, serão objecto de ponderação os seguintes princípios:

a) Tipicidade;
b) Cogente alterabilidade do contrato de sociedade, condicionada pela inoponibilidade da criação de novas obrigações, sem o consentimento de todos os sócios;
c) Intangibilidade do capital social;
d) Igualdade de tratamento dos sócios (accionistas) e tutela das minorias (nas sociedades anónimas);
e) Dissociação entre o risco do capital e a direcção efectiva da sociedade.

Concluiremos a nossa análise dos princípios estruturantes das sociedades comerciais com uma breve reflexão sobre o interesse social.

3.2. **Qualificação da substância pela forma**

Como vimos, há entidades que podem assumir essência e forma de sociedade comercial ainda que não correspondam, de facto, a empresas comerciais. Em certas circunstâncias a diferenciação não pode basear-se exclusivamente em elementos externos, podendo resultar de uma pura opção formal de quem decide constituir uma sociedade. Na escolha dos tipos disponíveis continua a ter relevo a imediata limitação de responsabilidade que alguns deles facultam aos sócios.

As sociedades comerciais são comerciantes ou empresas comerciais (cfr. arts. 13.º, 2.º do Código Comercial); e são-no só pelo simples facto de existirem ou se constituírem como tais, mesmo que (ainda ou já) não se encontrem a exercer a actividade comercial. Por essa razão, quando falamos de sociedades comerciais já não discutimos problemas de qualificação, mas apenas de regime jurídico. O mesmo sucede com sociedades civis que se organizam sob forma comercial e que, desse modo, passam a estar sujeitas ao regime das sociedades comerciais (cfr. art. 1.º, n.º 4 do CSC).

Assim, apenas no momento constitutivo cabe discutir a comercialidade da sociedade e as eventuais limitações que o respectivo objecto – por não se poder reconduzir a uma actividade mercantil – ou dimensão, pela sua exiguidade, pode suscitar. Havendo, ou podendo existir, risco do capital envolvido, e não correspondendo a actividade a uma actividade civil (*maxime* agrícola ou acessória desta ou de profissão autónoma), a sociedade poder-se-á constituir como comercial. E todos os seus actos serão, por definição, actos comerciais, no pressuposto de que cabem e se enquadram na sua capacidade jurídica.

Acontece que muitos desses actos serão qualificáveis pela forma, isto é, por serem expressamente associados à sociedade, ainda que não seja esta de facto a praticá-los. Enquadram-se nesta categoria, por exemplo, as compras feitas por particulares que sejam facturadas a sociedades de que eles sejam sócios. O interesse em constituir como custo da sociedade uma despesa que nada tem que ver com ela qualifica-a como um acto comercial e societário. Consideramos estar perante uma situação em que a forma qualifica a substância.

Idêntica situação ocorre com a constituição de sociedades que, por corresponderem de facto a pequenas empresas, não deveriam constituir-se como comerciais (cfr. art. 230.º, § 1.º do Código Comercial), embora tal possa acontecer – inclusivamente sob a forma de sociedade por quotas ou anónima –, desde que seja subscrito e realizado o capital social mínimo. Constitui exemplo a sociedade comercial que corresponda à exploração de um pequeno quiosque de venda de jornais e revistas.

3.3. Limitação da responsabilidade pessoal do sócio

As modernas sociedades comerciais caracterizam-se na sua generalidade, e nos seus dois tipos principais (sociedades anónimas e por quotas), pela responsabilidade limitada dos seus associados ao capital que cada um (sociedades anónimas) ou todos, globalmente (sociedades por quotas), subscrevem.

A limitação da responsabilidade assume-se, pois, como característica essencial das sociedades comerciais do presente, podendo ser ultrapassada se expressamente prevista tal eventualidade (cfr. art. 198.º do CSC) ou pelo recurso à desconsideração da personalidade jurídica[208] sempre que há abuso da mesma.

Convencionalmente, a limitação da responsabilidade dos sócios é afastada pelo frequente recurso às garantias pessoais.

E é precisamente a prestação destas garantias que, hoje, muitas entidades pretendem evitar, nomeadamente empresas estrangeiras que

---

[208] Sobre este fenómeno, cfr. Jorge Manuel Coutinho de Abreu, *Curso de Direito Comercial*, vol. II – *Das Sociedades*, 3ª ed., Almedina, Coimbra, **2009**, pp. 176-184, António Menezes Cordeiro, *O Levantamento da Personalidade Colectiva no Direito Civil e Comercial*, Almedina, Coimbra, **2000**, pp. 101-154, Pedro Cordeiro, *A Desconsideração da Personalidade Jurídica das Sociedades Comerciais*, AAFDL, Lisboa, **1989**, em especial pp. 17-21, 71-77, 94-105, 114-121, 158-170, Diogo Pereira Duarte, *Aspectos do Levantamento da Personalidade Colectiva nas Sociedades em Relação de Domínio. Contributo para a determinação do regime da empresa plurissocietária*, Almedina, Coimbra, **2007**, pp. 215-253, Soveral Martins, «Da capacidade e personalidade jurídica das sociedades comerciais», cit., **2008** (pp. 99-130), pp. 109-112, e Maria de Fátima Ribeiro, na sua dissertação de doutoramento sobre *A Tutela dos Credores da Sociedade por Quotas e a "Desconsideração da Personalidade Jurídica"*, cit., **2009**, em especial pp. 67-132 e 298-347, com amplo excurso na origem do instituto em Portugal (pp. 298-310) e referência ao seu tardio acolhimento pela jurisprudência (pp. 311-325).

Na jurisprudência recente – concluindo pela excepcionalidade do recurso a este instituto, que considera ter «directamente a ver com o abuso da limitação de responsabilidade das sociedades comerciais» –, cfr. **AcRelPorto 31 Jan 2007** (Gonçalo Silvano), *CJ*, ano XXXII, t. I, 2007, pp. 173-177, em especial pp. 176-177.

preferem responder com o seu património a um eventual insucesso da actividade de uma sua participada. Tal finalidade explica a constituição de sociedades em nome colectivo por parte de outras sociedades que, expondo-se à responsabilidade – que lhes cabe enquanto sócios – pessoal e solidária, mas subsidiária, característica desse tipo social, evitam assim ter de prestar garantias pessoais aos financiamentos de que a sociedade beneficia ou ao risco associado à respectiva actividade.

3.4. **Princípios estruturantes do sistema jurídico-societário**

3.4.1. ***Tipicidade***

Eleita e adoptada a forma jurídica societária para enquadrar uma determinada actividade empresarial, de natureza mercantil, deveremos seleccionar um dos tipos societários que a lei coloca ao nosso dispor.

Com efeito, a autonomia dos agentes económicos encontra-se limitada à selecção do tipo negocial, de entre quatro que o art. 1.º, n.º 2, do Código das Sociedades Comerciais nos disponibiliza.

Por sua vez, escolhido o tipo societário mais adequado e conveniente à prossecução dos nossos interesses, haverá que respeitar as regras características do mesmo, havendo nomeadamente que respeitar o conteúdo mínimo que deverá revestir o contrato de sociedade e a designação dos respectivos órgãos sociais. Não será possível, designadamente, chamar *administradores* aos membros do órgão executivo de uma sociedade por quotas, porque tal é susceptível de confundir, pela aparência, todos os terceiros que se relacionam com a sociedade[209].

Por sua vez, identificado o tipo societário pretendido, os sócios poderão criar uma série de regras, no âmbito da liberdade de estipulação de que dispõem, devendo, contudo, respeitar os princípios e limites imperativos do sistema.

Em suma, este princípio não permite a criação de sociedades de diferentes tipos ou que congreguem características que sejam inconciliáveis, porque essenciais de tipos societários diferentes, ou que acolham regras que descaracterizem o tipo que foi objecto da opção empresarial.

---

[209] Nesse sentido, cfr. o **AcSTJ de 5 de Março de 1992** (Tato Marinho), *BMJ* 415, 1992, pp. 666-670.

3.4.2. *Cogente alterabilidade do contrato de sociedade e inoponibilidade da criação de novas obrigações sem o consentimento de todos os sócios*

A sociedade comercial é constituída contratualmente pelo acordo daqueles que participam na sua fundação. Assim, só estes, na sua totalidade, poderiam alterar o que inicialmente convencionaram. A isso obrigaria o princípio geral da intangibilidade dos contratos (cfr. art. 406.º, n.º 1 *in fine* do CC).

Mas o contrato de sociedade tem uma dupla natureza, razão de ser de dois momentos que se distinguem na vida da sociedade:

– o momento constitutivo, em que se cria um centro autónomo de imputação de direitos e vinculações, mediante o acordo das vontades dos participantes na celebração do contrato (anteriormente outorga da escritura) (*sociedade-contrato*); e
– a realidade dinâmica e personalizada que emerge desse acordo (após o registo definitivo do contrato) com autonomia perante terceiros (com quem se relaciona) e perante os próprios sócios, realidade essa que tem de se adaptar às constantes mutações do mercado, de que faz parte (*sociedade-instituição*).

Fruto da vontade de todos os sócios, inclusivamente quando é aberta ao investimento do público (cfr., por exemplo, art. 281.º n.º 8), a *sociedade-instituição* autonomiza-se do contrato inicial que a gerou, até porque a exigência da unanimidade daqueles para proceder a modificações futuras conduziria, inevitavelmente, à sua paralisação. Daí que a possibilidade de alterar os estatutos (pela maioria) seja absolutamente necessária ao bom funcionamento da sociedade.

E mesmo que tal faculdade não fosse consequência necessária do carácter institucional da sociedade e das necessidades de deliberação dos seus órgãos[210], a própria lei geral deixa uma porta aberta à alterabilidade do contrato de sociedade anónima (e por quotas).

Com efeito, o artigo 406.º do Código Civil (aplicável aos contratos em geral), ao postular os princípios da pontualidade e da intangibilidade dos contratos, admite desde logo desvios. Os contratos serão alteráveis

---

[210] Vd. José Dias Marques, «Modificação dos pactos sociais», *ROA*, ano 13, **1953**, pp. 171 e segs..

«por mútuo consentimento dos contraentes (unanimidade) *ou nos casos* (e condições) *admitidos na lei»*.

A lei societária resolve de forma positiva o imperativo de ordem lógica que temos vindo a analisar – o da alterabilidade do contrato –, estabelecendo as condições necessárias para a sua efectivação por deliberação maioritária (vd. arts. 85.º, n.os 1 e 2, 265.º, n.º 1, 383.º, n.os 2 e 3, e 386.º, n.º 3). E o facto de a lei admitir que, numa sociedade por quotas, seja possível condicionar as alterações de contrato à vontade de um único sócio – pela atribuição de um direito especial com esse conteúdo (cfr. art. 265.º, n.º 2) –, não põe em causa o princípio em análise.

Aliás, outros obstáculos legais existem à alterabilidade do contrato de sociedade por maioria; precisamente aqueles que decorrem de direitos adquiridos do empresário-investidor ou da legítima limitação das respectivas obrigações societárias. Pretende, assim, o ordenamento jurídico conceder certeza e segurança à participação societária, não inviabilizando o natural – e, frequentemente, desejável e previsível – crescimento da sociedade, designadamente por aumento da sua capacidade económica, sempre que a maioria fundamentadamente o decida.

O que a lei não permite é que, contra vontade de um sócio, sejam constituídas novas obrigações que o vinculem e, em certas circunstâncias, possam pôr em causa a sua subsistência na sociedade. Por isso, existe um princípio fundamental, acolhido no n.º 2 do artigo 86.º do nosso Código, segundo o qual a criação de (novas) obrigações em vida da sociedade só pode vincular os sócios que as aprovarem expressamente, o que significa que, para serem eficazes perante todos, devem ser por todos aprovadas.

Do preceito legal em causa decorre que, em vida da sociedade, não é possível constituir o sócio em novas obrigações (de prestações acessórias ou de prestações suplementares, *v.g.*), contra a respectiva vontade. Há, pois, que ponderar devidamente o tipo e alcance das obrigações societárias a consagrar no momento fundacional da sociedade, particularmente porque nessa altura não são seguramente tão prementes e imediatas, como sucederá em vida da sociedade.

Este princípio fundamental tem corolários expressos e consequências implícitas.

Assim, e exemplificando, não é possível os accionistas deliberarem restrições ou limitações à transmissibilidade das participações sociais em vida da sociedade, sem que a alteração do contrato recolha o *«consentimento de todos os accionistas cujas acções sejam por ela afectadas»* (art. 328.º, n.º 3), ou, do mesmo modo, não será legítimo à sociedade impor um tecto estatutário de voto (cfr. art. 384.º, n.º 2, *alínea b)*), por alteração do contrato, aos accionistas que não concordarem com essa modificação. Este corolário decorre não apenas do princípio da boa fé, mas implicitamente do princípio fundamental – e estruturante do nosso sistema jurídico-societário – estabelecido no n.º 2 do artigo 86.º.

3.4.3. *Intangibilidade do capital social*

O capital social, como veremos adiante (cfr., *infra*, n.os 4.3.6. e capítulo V, em especial n.º 22.1), é a cifra numérica de valor constante, em dinheiro, expressa em euros, correspondente à soma das entradas dos sócios e ao montante que estes pretendem afectar ao exercício da actividade económica que prosseguem sob a forma jurídica societária e que, sobretudo, equivale ao valor que os sócios reputam como adequado para prosseguirem uma actividade económica empresarial de natureza mercantil.

Coincidindo com o património de constituição da empresa societária, o capital social constituirá a medida da responsabilidade patrimonial dos sócios que, de um modo geral, não ficam obrigados a proceder à entrega de bens para além do montante que subscrevem (pelo menos, nas sociedades por quotas e anónimas) e não podem receber bens da sociedade à custa desse valor, que deve ficar exclusivamente afecto ao exercício da actividade societária, não podendo ser utilizado para satisfação de dívidas pessoais dos sócios, nem ser objecto de distribuição entre estes. E nisto consiste o princípio da intangibilidade do capital social: a impossibilidade de distribuição de bens necessários e indispensáveis à cobertura do capital social (cfr. art. 32.º).

Mas a ideia de intangibilidade do capital social pode parecer uma afirmação redundante, porque se o capital social é uma cifra constante que se exprime em dinheiro não é por natureza uma cifra tangível; directamente tangível é o património, o qual sofre variações com a vida da sociedade. *E o capital*?

Como iremos ver, o capital também pode ser objecto de variações, mas elas têm de se processar por meio de actos especialmente destinados a esse efeito que, nuns casos, se designam por aumento do capital – isto é, por entradas de novos bens que traduzem um aumento dessa cifra constante ou por absorção (com referência nessa cifra) de bens já existentes no activo societário –, e noutros por redução do capital, fundamentalmente por uma de duas razões diametralmente opostas: ou porque o capital que os sócios reuniram é excessivo para a realização do objecto social, isto é, a actividade que os sócios se propõem prosseguir não requer tantos meios como aqueles que foram afectos à vida social, ou porque efectivamente já ocorreram perdas de tal modo significativas que urge (re)colocar essa cifra numérica ideal num montante correspondente ao do património efectivamente existente.

A intangibilidade do capital social não significa que a cifra em que se exprime não possa ser tocada; este princípio tem a ver com o facto de o capital dever ter uma certa correspondência com o património societário e este dever ser preservado das pretensões directas dos credores pessoais dos sócios, ficando apenas ao alcance dos credores sociais. Quer dizer, o capital social está prioritariamente afectado à satisfação das dívidas sociais; portanto os credores sociais estão graduados antes dos credores pessoais dos sócios. E este é um princípio absoluto tanto das sociedades anónimas como das por quotas.

3.4.4. *Igualdade de tratamento e tutela das minorias*

Não se encontrando as modernas sociedades comerciais funcionalizadas aos interesses dos respectivos sócios e, em especial, daqueles que forem mais representativos, constituiu prática dominante da segunda metade do século XX (antes do alargamento da tutela societária aos trabalhadores e, posteriormente, aos clientes e credores) procurar assegurar que os sócios com menor peso económico e político tivessem direitos sociais proporcionalmente iguais aos dos sócios maioritários e dominantes – o que não era difícil de satisfazer nos casos em que participação social surge objectivada, como acontece nas sociedades anónimas – e que, em certas circunstâncias, fosse dispensada aos minoritários uma protecção específica, justificativa da dispersão das participações sociais no mercado.

3.4.4.1. *O princípio da igualdade de tratamento dos accionistas*

Princípio fundamental do Direito Societário actual é o que se traduz na igualdade de tratamento dos sócios em geral e dos accionistas em particular[211].

[211] Cfr., na doutrina estrangeira, a recente obra de GIACOMO D'ATTORRE, *Il principio di eguaglianza tra soci nelle società per azioni*, Giuffrè, Milano, **2007**, em especial pp. 1-14, 73-79, 138-152.

A lógica subjacente a este princípio estruturante da sociedade comercial é a de que, na prossecução da actividade societária e da realização do interesse social, a sociedade deve colocar todos os associados em pé de igualdade, não podendo proceder a escolhas aleatórias e arbitrárias entre eles que os beneficiem ou prejudiquem. Por outras palavras, em igualdade de circunstâncias, e considerando naturalmente a proporção da respectiva participação no capital da sociedade, os sócios devem ser objecto de tratamento igualitário. Tal acontecerá naturalmente sempre que a sociedade pretender alienar aos seus sócios participações próprias por preços reduzidos – inferiores ao respectivo valor real – ou adquirir-lhes tais participações por preços superiores aos reais ou se propuser comprar-lhes essas participações, sendo muito diminuta a respectiva liquidez.

A igualdade deve ser também suscitada quando os sócios são chamados a assumir obrigações contratualmente estipuladas e que sejam, entretanto, tornadas exigíveis por deliberação ou, inclusivamente, quando está em causa a remuneração das obrigações onerosas assumidas pelos sócios para com a sociedade e que pode traduzir de facto, e consideradas as condições de mercado, reais vantagens de carácter pessoal.

Importa salientar que a igualdade de tratamento, no plano das sociedades anónimas, deve ser ponderada e avaliada em função de cada participação social e não relativamente aos respectivos titulares (accionistas), por serem, em abstracto, admissíveis restrições a certos direitos sociais com base na necessidade de junção de participações sociais que perfaçam um valor mínimo do capital social (por exemplo, € 1.000,00) ou que, conjuntamente, não ultrapassem um determinado montante máximo percentual (por exemplo, 10% do capital social). Fundamental é que, nessas circunstâncias os estatutos não configurem as respectivas previsões de forma fotográfica, mas as caracterizem abstractamente. Deste modo, entendemos que o princípio do igual tratamento dos accionistas – referência subjectiva necessária aos titulares das participações sociais neste tipo societário, sublinhe-se – não é posto em causa pelo disposto em qualquer das alíneas (*a)* e *b)*) do n.º 2 do artigo 384.º, porque se deve

Na doutrina portuguesa, vd. ARMANDO MANUEL TRIUNFANTE, *A Tutela das Minorias nas Sociedades Anónimas. Direitos de Minoria Qualificada. Abuso de Direito*, Coimbra Editora, **2004**, pp. 58-69, e *A Tutela das Minorias nas Sociedades Anónimas. Direitos individuais,* Coimbra Editora, **2004**, pp. 340-346.

aferir relativamente a cada participação individualmente considerada e não relativamente à posição que, em concreto, para o accionista possa decorrer por ser titular de um maior ou menor número de participações.

O princípio da igualdade de tratamento não colhe no Direito português regulação e autonomia semelhantes à que recebe noutras ordens jurídicas, nomeadamente no Direito alemão, onde é hoje um princípio geral inquestionável [cfr., nesse sentido, o § 53a da lei das sociedades por acções (*Aktiengesetz*)[212]]. Não obstante, o afloramento feito no art. 321.º do nosso Código das Sociedades Comerciais, a propósito da aquisição das acções próprias, e o expresso acolhimento que lhe é dispensado no Código dos Valores Mobiliários em matéria de sociedades (anónimas) abertas (cfr. arts. 15.º, 112.º e 197.º) fazem dele um princípio fundamental das sociedades anónimas, em particular, e das sociedades comerciais em geral, a considerar em todos os actos societários que relacionem a sociedade com os seus sócios ou que se projectem na esfera jurídica destes.

3.4.4.2. *Tutela das minorias (nas sociedades anónimas)*[213]

Como veremos – a propósito da caracterização da situação jurídica do sócio (cfr., *infra*, n.º 10) –, nas sociedades por quotas os sócios têm, independentemente do montante da respectiva participação social, direitos de participação idênticos, definindo-se as respectivas situações jurídicas

---

[212] O princípio do igual tratamento dos accionistas (*Gleichbehandlungsgrundsatz)*, embora há muito reconhecido no ordenamento jurídico alemão, só obteria consagração legal em 1978, com a introdução na *AktG* do § 53a, segundo o qual «*Os accionistas em condições iguais devem ser tratados igualmente*». Sobre este princípio no Direito alemão vd., entre outros, os autores citados em Paulo Olavo Cunha, *Direitos especiais*, pp. 50-51, nota 4, e mais recentemente Hartwig Henze e Richard L. Notz, *§53a*, AA.VV., *AktG Großkommentar*, 4ª ed. (dir. por Klaus J. Hopt e Herbert Wiedemann), fasc. 22, Walter de Gruyter, Berlin/NewYork, **2004,** em especial p. 23.

[213] Vd. a trilogia de Armando Manuel Triunfante, *A Tutela das Minorias nas Sociedades Anónimas*, em 3 vols., Coimbra Editora, **2004/2005** – em especial, *A Tutela das Minorias nas Sociedades Anónimas. Direitos individuais,* Coimbra Editora, **2004**, pp. 27-42, e *A Tutela das Minorias nas Sociedades Anónimas. Direitos de Minoria Qualificada. Abuso de Direito*, Coimbra Editora, **2004**, pp. 253-264 – e o estudo muito recente de José Engrácia Antunes, «A igualdade de tratamento dos accionistas na OPA», *DSR*, ano 2, vol. 3, **2010** (pp. 87-111), em especial pp. 88-93.

Na doutrina italiana, vd. Marco Zanchi, *La tutela degli azionisti di minoranza nelle società quotate*, Giuffrè, Milano, **2009**, em especial pp. 87-138.

activas em função da qualidade de associado e não do montante da participação social. Naturalmente que a expressão quantitativa de tais direitos é variável, quer no que respeita ao peso nas decisões sociais (voto), quer no que toca aos lucros a receber, que estão estreitamente ligados ao montante do capital investido pelo sócio. A ideia a reter, em sede de sociedade por quotas, é a de que os direitos mínimos do sócio, designadamente o de participar nas deliberações sociais, estão intimamente ligados à sua qualidade e dependem exclusivamente desta e não da quantidade de capital de que ele é detentor.

Nas sociedades anónimas os direitos são atribuídos às participações sociais e existem, em regra, em função destas. Não sendo relevante a pessoa do sócio, certos direitos são de exercício tendencialmente colectivo, por pressuporem a prévia agregação de participações que representem uma determinada percentagem mínima do capital social. Paralelamente à relevância que a lei procura nessa congregação de participações, pretende-se também assegurar a protecção de direitos essenciais de accionistas minoritários.

No século XXI, a tutela dos accionistas minoritários configura-se como um inquestionável princípio caracterizador das sociedades comerciais (anónimas) que apresenta como contraponto, como veremos adiante (*infra,* n.º 10.5), o risco do abuso da minoria.

São, hoje, diversas as regras em que se concretiza a tutela dos minoritários, nomeadamente aquelas que conferem aos accionistas detentores de determinadas participações mínimas certos direitos que não são reconhecidos a todos os accionistas, e ainda as que permitem o agrupamento de acções para aquisição de legitimidade para o exercício de direitos sociais. Com efeito, para protecção dos interesses dos accionistas minoritários, naturalmente afastados do poder, a lei concede-lhes a possibilidade de, mediante a titularidade de um determinado montante mínimo do capital social, por vezes agregando as suas participações às de outros accionistas na mesma situação, exercerem certos direitos que de outro modo lhes estariam negados. Constituem exemplos de direitos que podem ser exercidos conjuntamente, o direito de informação por escrito (mínimo de 10% do capital; cfr art. 291.º), o de requerer a convocatória da assembleia geral e a inclusão de novos assuntos em assembleia geral já convocada (mínimo de 5%; cfr. arts. 375.º, n.º 2 e 378.º, n.º 1), bem como providência cautelar de suspensão de deliberação social de sociedade aberta (mínimo de 0,5% do capital social; cfr. art. 24.º do CVM). Mas nem sempre é possível o exercício conjunto. Tal acontece com o direito mínimo à informação, que deve ser actuado por accionistas que sejam, individualmente, detentores de, pelo menos, 1% do capital (cfr. art. 288.º, n.º 1 do CSC).

Em certos casos, para que não haja dúvidas sobre a protecção de que beneficiam os accionistas minoritários, a lei confere-lhes verdadeiros direitos potestativos. Nesse sentido, em qualquer sociedade anónima, accionista(s) detentor(es) de pelo menos um décimo do capital social que tenha(m) votado contra a eleição do(s) titular(es) órgão de fiscalização pode(m) requerer ao tribunal a designação de um fiscal adicional e respectivo suplente (cfr. art. 418.º)[214]; e nas sociedades abertas (para além das que, não o sendo, o previrem estatutariamente) os accionistas que votarem contra a eleição dos administradores poderão eleger em separado um administrador, em substituição do menos votado ou do último da lista mais votada (cfr. art. 392.º, n.ºs 8, 6 e 7; e n.º 1).

Finalmente, refira-se que os princípios da *corporate governance* e as boas práticas de administração aplicáveis às sociedades que se movimentam no mercado de capitais (regulamentado), para além de existirem em favor dos investidores enquanto pequenos accionistas dessas sociedades, constituem concretização e desenvolvimento deste importante princípio da tutela das minorias, embora – como referiremos adiante (*infra*, n.º 27.4.3) – muitos dos seus objectivos já fossem alcançáveis anteriormente, se as autoridades de supervisão o tivessem pretendido.

3.4.5. *Dissociação entre o risco do capital e a direcção efectiva da sociedade*

Este critério – que explicava a distinção entre as sociedades de pessoas, em que a condução dos negócios sociais cabia necessariamente a sócios, e as sociedades de capitais (incluindo nestas as sociedades por quotas e as sociedades anónimas), dirigidas por profissionais (não sócios) – é, presentemente, um dado adquirido nas modernas sociedades comerciais, significando que quem as dirige (gere) não é quem sofre o risco do capital investido associado à respectiva actividade. Esta nítida

[214] Trata-se de jurisprudência firmada. Com efeito, considerando que este direito reveste natureza potestativa, **AcSTJ 1 Jul 1993** (Costa Raposo), *CJ/AcSTJ*, ano I, t. II, 1993, pp. 177-178, e mais recentemente **AcRelLisboa 2 Mai 2006** (Rosa Ribeiro Coelho), *CJ*, ano XXXI, t. III, 2006, pp. 78-82, e **AcRelPorto 20 Jul 2006** (Pinto de Almeida) (Proc. n.º 0632696 / *www.dgsi.pt*).

diferenciação entre accionista e gestor profissional não significa que este não acredite na sociedade e não venha a investir, de forma gradual e paulatina, no respectivo capital por apostar na valorização resultante da sua gestão.

A separação entre propriedade e controlo é mais clara nos ordenamentos anglo-americanos, em que a fragmentação da propriedade das grandes empresas acentua o potencial conflito entre os accionistas e os gestores, diversamente do que acontece nos países de Direito continental, cujas (grandes) empresas tendem a permanecer propriedade de um reduzido número de accionistas[215].

No entanto, no século XXI não custa admitir que, mesmo em sociedades em nome colectivo, se justificará uma gestão profissional, objectiva e desapaixonada, em detrimento do puro exercício directo da actividade económica pelo empresário (accionista).

É natural que a expressão máxima deste princípio se verifique no âmbito das sociedades anónimas que, constituindo a forma jurídica das grandes organizações empresariais modernas, requerem maior especialização e competência na direcção da respectiva actividade. Nessas entidades, ainda que deparemos com grandes accionistas representados nos respectivos órgãos executivos, encontramos simultaneamente diversos técnicos especializados encarregados de assegurar a gestão e de gerar uma rentabilidade elevada.

Nas sociedades de menor dimensão a eventual falta de especialistas não constitui factor prejudicial com igual intensidade, mas explica *performances* inferiores. Por essa razão, em tais sociedades crescentemente se confundem as pessoas dos sócios/accionistas e dos gestores especialistas ou aqueles reconhecem as vantagens de recorrer a técnicos e profissionais que contratam para assumir a direcção efectiva da sociedade.

3.5. **O interesse social**[216]

O interesse social não é um princípio estruturante da sociedade comercial; ele constitui um fim da própria sociedade que, constituindo

[215] Seguimos de perto, nesta passagem, Francesco Chiappetta, *Diritto del governo societàrio. La* corporate governance *delle società quotate*, CEDAM, Padova, **2007**, pp. 9-10.

[216] Cfr. Coutinho de Abreu, *Curso de Direito Comercial*, vol. II – *Das Sociedades*, 3ª ed. cit., **2009**, pp. 287-309, e Menezes Cordeiro, *Manual de Direito das Sociedades*

uma organização de factores de produção, prossegue o objectivo de proporcionar àqueles que a constituem ou venham a integrar um ganho com o resultado da actividade dessa organização. E nesses inclui o Direito actual não apenas os sócios, mas os próprios trabalhadores – que constituem o substrato humano da empresa subjacente à sociedade –, os clientes e os credores (*maxime* os financiadores e os fornecedores), cujos interesses também devem ser ponderados no exercício da actividade societária.

O relevo de tais sujeitos é patente no agora reformulado artigo 64.º do nosso Código, onde se prevê que aqueles que gerem uma sociedade (administradores e gerentes), para além de deverem possuir competência técnica e conhecimentos adequados para o efeito, devem actuar cuidadosa e lealmente, com *a diligência de um gestor criterioso e ordenado*, no interesse da sociedade. E na determinação deste devemos atender aos *interesses de longo prazo dos sócios e* de todos aqueles cujo contributo é indispensável para o desempenho bem sucedido da actividade societária: os *trabalhadores, os clientes e os credores*, quer estes sejam fornecedores da sociedade, quer sejam entidades financiadoras. Todos têm interesses que giram em torno da sociedade e que a adequada actividade desta tende a realizar, pelo que para todos é relevante o desempenho da sociedade. Essas entidades constituem o que se designa na linguagem anglo-america por *stakeholders,* isto é, detentores de interesses no exercício da actividade societária. Gerir uma sociedade exige hoje, no século XXI, a ponderação de outros interesses para além dos interesses dos sócios e dos próprios trabalhadores. No dealbar do milénio, a vertente institucional da sociedade comercial afirma-se de forma peremptória e definitiva, sobrepondo os interesses de todos os que gravitam na sua órbita aos interesses de quem a constituiu e gere e formando assim o seu interesse de forma autónoma em relação aos respectivos titulares.

Mas a nova redacção do artigo 64.º (no n.º 2) alarga expressamente aos titulares de órgãos de fiscalização, em atenção aos interesses da sociedade, os deveres de cuidado e lealdade que devem nortear a conduta dos membros da administração no desempenho das suas funções. Os deveres

I – *Das Sociedades em Geral*, 2ª ed. cit., **2007,** pp. 799-823. Escrevendo antes da reforma societária, Filipe Cassiano dos Santos, na sua dissertação doutoral, *Estrutura associativa e participação societária capitalística. Contrato de sociedade, estrutura societária e participação do sócio nas sociedades capitalísticas*, Coimbra Editora, **2006**, pp. 372-415, em especial pp. 396-401.

fundamentais que até 2006 caracterizavam, essencialmente, o estatuto dos membros dos órgãos de gestão, ampliaram-se expressamente, e de forma renovada, aos que assumem o controlo e fiscalização das sociedades comerciais, tornando mais nítido o duplo alcance do artigo 64.º do Código das Sociedades Comerciais. Este acolhe, por um lado, o interesse social – que passou a abranger, repita-se, para além interesses dos sócios e dos trabalhadores, pelo menos os interesses dos clientes, dos fornecedores e dos financiadores – e, por outro lado, constitui referência incontornável dos deveres fundamentais, de cuidado e lealdade, que devem caracterizar o desempenho e actuação dos gestores e dos membros dos órgãos de fiscalização das sociedades comerciais. Estes deveres (de gestores e fiscalizadores) funcionalizam-se, em qualquer circunstância, ao interesse da sociedade, a que não são alheios os interesses dos terceiros em cuja órbita gravitam, que com a sociedade se relacionam ou que sejam ou possam ser, de algum modo, afectados pela respectiva actividade.

CAPÍTULO II
Constituição da Sociedade

SECÇÃO I
(Projecto de) Contrato de sociedade e acordos parassociais

4. Menções obrigatórias e facultativas do contrato de sociedade

4.1. Acto constitutivo, estatutos e contrato[217]

O Código das Sociedades Comerciais não fala em acto constitutivo (nem em estatutos[218]), nem em pacto social, mas apenas em **contrato**, acentuando a natureza do acto constitutivo da sociedade e acabando com divergências existentes acerca da diferenciação entre acto constitutivo e estatutos e sobre a respectiva alterabilidade.

---

[217] Segue-se textualmente o nosso estudo sobre *A Redução do Capital das Sociedades Anónimas,* AA.VV., *Estudos em Homenagem ao Professor Doutor Inocêncio Galvão Telles*, vol. IV, Almedina, Coimbra, **2003** (pp. 659-693), pp. 660-661.

Vd., também, MARIA ELISABETE RAMOS, «Constituição das Sociedades Comerciais», AA.VV., *Estudos de Direito das Sociedades*, 9.ª ed., Almedina, Coimbra, **2008** (pp. 41-97), em especial 49-59, RUI PINTO DUARTE, «(Uma) Introdução ao Direito das Sociedades», *in Escritos sobre Direito das Sociedades*, Coimbra Editora, **2008** (pp. 9-79), pp. 15-19, e a dissertação de mestrado de HUGO M. R. DUARTE FONSECA, *Sobre a interpretação do contrato de sociedade nas sociedades por quotas,* Coimbra Editora, **2008** (mas elaborada antes da reforma societária de 2006), pp. 15-34.

[218] Em algumas regras introduzidas durante a sua vigência (no título das sociedades anónimas), o Código passou a referir-se aos «estatutos». Vd. os artigos 288.º, n.º 4, 289.º, n.º 4, 377.º, n.º 5, *alínea f)*, 384.º, n.º 9, 393.º, n.º 1, 410.º, n.º 8, 413.º, n.º 4, 414.º-A, n.º 3, 423.º-B, n.º 2, 424,º, n.º 1, 425.º, n.º 1, proémio e *alínea b)*, 433.º, n.º 3, 441.º, n.º 1, *alíneas a)* e *b)*, e 446.º, n.º 1, *alínea i)*. Assinale-se o contraste do n.º 1 do art. 425.º com respectivo n.º 2.

O legislador português não se preocupou, pois, em distinguir contrato como "causa de constituição da sociedade" (por vezes com substrato unipessoal) de contrato como "poder da autonomia da vontade dos sócios para regularem as relações jurídicas societárias" .

A unificação dos instrumentos de constituição e regulamentação da sociedade é consentânea com a sua (dupla) natureza jurídica: começando por ter uma função primacialmente contratual, corolário do acordo de vontades daqueles que pretendem criar um centro autónomo de imputação de interesses, o acto passa a ter uma função predominantemente normativa de regulação das relações entre os sócios – ou de disciplina da entidade que gera – e, indirectamente, pela sua publicidade, de tutela das relações estabelecidas com terceiros.

Mesmo em ordenamentos em que existem instrumentos diferenciados, à semelhança do que acontecia em Portugal até à entrada em vigor do Código das Sociedades Comerciais, a distinção esbate-se. Assim é em Itália, onde acto constitutivo (que indica como a sociedade surge) e estatuto (que descreve a sociedade, como é e como funciona) têm a mesma natureza e, no seu conjunto, formam o contrato de sociedade[219]. O facto de certas cláusulas constarem de um ou outro documento em nada influi sobre as regras aplicáveis à respectiva alteração[220].

Os **estatutos**, tal como a prática nacional os concebeu até 1986, passam a constar do contrato de fundação de sociedade, do qual deixaram de se distinguir formal e substancialmente. Não obstante, na linha do que fazia, até 1986, a *tal prática*, viria a insistir na separação formal da parte inicial da escritura de constituição da sociedade (conteúdo mínimo obrigatório) de uma segunda parte constituída pela declaração de adopção do contrato social (estatutos), onde constam de forma sistematizada, para além da repetição de menções obrigatórias, relativas a estrutura e funcionamento da sociedade, os elementos de natureza facultativa (cláusulas que visam, na sua maioria, afastar a aplicação de normas supletivas).

---

[219] CCivIt, art. 2328, n.º 3: «*O estatuto contendo as normas relativas ao funcionamento da sociedade, mesmo que seja objecto de acto separado, constitui parte integrante do acto constitutivo. Em caso de contradição entre as cláusulas do acto constitutivo e as do estatuto prevalecem as segundas*».

[220] O mesmo já não sucede em Inglaterra onde, desde o *Companies Act* de 1856, a constituição de uma sociedade é desdobrada em dois documentos: "*memorandum of association*", com um conteúdo mínimo obrigatório (nome, sede, objecto, limitação de responsabilidade, capital e outras estipulações), e "*articles of association*", regulamento interno – livremente alterável – que disciplina a gestão dos negócios sociais.

Contrato e estatutos passaram, pois, a ser termos sinónimos, enquanto lei fundamental da sociedade, isto é, conjunto de regras que asseguram a realização dos seus objectivos – nomeadamente da actividade que se propõe prosseguir –, a sua existência, os seus aspectos estruturais e funcionais, em suma, a concretização da ideia que esteve subjacente à sua criação. Este significado acentuou-se definitivamente com a reforma societária de 2006, porquanto as sociedades deixaram de ter de se constituir obrigatoriamente por escritura pública, sendo suficiente que o respectivo contrato constitutivo seja reduzido a escrito, com assinaturas dos participantes reconhecidas presencialmente (cfr. art. 7.º, n.º 1, na red. do DL 76-A/2006, de 29 de Março[221]). O contrato não contém, no entanto, a forma como os princípios (gerais) que estabelece deverão ser executados, nem o modo de os fazer respeitar; por exemplo, o processo de averiguação de um acto que possa conduzir à exclusão de um sócio.

Finalmente, do contrato de sociedade distingue-se o **regulamento** (da empresa), que consiste no conjunto das normas da colectividade que disciplinam os pormenores da execução e aplicação dos princípios gerais básicos estabelecidos contratualmente. Regulando aspectos da organização da empresa de que a sociedade constitui a forma jurídica, surge fundamentalmente nas sociedades anónimas de grande dimensão. Sendo característico da vertente empresarial da sociedade, a sua aprovação e alteração não está sujeita a qualquer formalidade, sendo da competência do órgão executivo – a quem cabe coordenar a actividade empresarial e as diversas estruturas da empresa –, salvo se diversamente previsto no contrato de sociedade.

O regulamento da empresa não se confunde com diversos regulamentos sectoriais internos que podem ser criados para regular o exercício de determinados direitos sociais, tais como os regulamentos do exercício do direito de informação (cfr., *infra*, n.º 16.5.5) e do exercício do direito de voto por correspondência, ou o funcionamento de certos órgãos sociais, de que constitui exemplo clássico o regulamento do conselho de administração, não sendo de afastar o regulamento da assembleia geral. Outros instrumentos internos podem ser criados, normalmente ao abrigo de previsões legais, tal como o Regulamento de Reforma dos administradores (executivos).

---

[221] A redacção actual do art. 7.º foi aprovada pelo DL 247-B/2008, de 30 de Dezembro, mas que não alterou substancialmente o regime introduzido pela reforma de 2006.

4.2. Conteúdo do contrato de sociedade (breve caracterização)

O contrato visa a constituição e a disciplina da actividade da sociedade[222], estabelecendo a sua denominação, sede e objecto, o capital social, órgãos, direitos fundamentais dos sócios e, eventualmente, regras sobre o exercício social e a dissolução.

No que respeita ao conteúdo do contrato de sociedade comercial, há que distinguir imediatamente dois aspectos: um relativo às respectivas **menções obrigatórias**, isto é, que respeita ao que deve constar necessariamente do contrato de sociedade, e outro referente às matérias que, com observância das normas imperativas, os sócios pretendem ver consagradas e que se reconduzem a **menções facultativas**.

Como é evidente, a inobservância das menções obrigatórias tem consequências mais gravosas do que a não regulamentação adequada das menções facultativas, uma vez que o desrespeito das menções obrigatórias pode pôr em causa a subsistência da própria sociedade – o que depende, nomeadamente, da menção em falta e do momento em que a inobservância é detectada –, enquanto a vicissitude de uma menção facultativa acarretará, em princípio, à irrelevância desta, que se tem por não escrita, como, aliás, sucede com todas aquelas que não forem expressamente acolhidas no contrato social e não resultem de normas supletivas.

4.3. Menções obrigatórias; principais aspectos

4.3.1. *Generalidades*

Nesta matéria, e considerando os tipos sociais que estudamos – sociedades por quotas e anónimas –, são particularmente relevantes os artigos 9.º, 199.º e 272.º do Código das Sociedades Comerciais e 14.º do Código dos Valores Mobiliários.

Vejamos em seguida que aspectos devem constar obrigatoriamente do contrato.

---

[222] Questionando o contrato como fonte de constituição da sociedade, cfr. ANTÓNIO PINTO MONTEIRO, «Negócio jurídico e contrato de sociedade comercial», *RLJ*, ano 136.º, N.º 3941, **2006** (pp. 90-103), pp. 94-95.

4.3.2. *Tipo social e identificação das partes*

A primeira menção a relevar, em termos de requisito imprescindível, é a que decorre do próprio princípio da tipicidade, isto é, a indicação do tipo social pretendido, de entre os quatro previstos na lei (art. 1.º, n.os 3 e 2).

Paralelamente, com a indicação do tipo social escolhido, evidenciado pelo nome da própria sociedade – isto é, pela firma (cfr., *infra*, n.º 4.3.3) –, no contrato de sociedade deve promover-se a identificação das partes, isto é, a referência dos nomes ou firmas e outros dados de identificação de todos os sócios fundadores (art. 9.º, n.º 1, *alíneas a)* e *b)*).

A este propósito importa recordar que as alterações do Código das Sociedades Comerciais determinadas pelo Decreto-Lei n.º 76-A/2006, de 29 de Março (arts. 2.º e 3.º), no que respeita à constituição da sociedade, permitem, desde meados de 2006, equacionar a correspondência do acto constitutivo a um único instrumento escrito e não já ao desdobramento que, anteriormente, por vezes se fazia, entre escritura pública e documento complementar. No entanto, cremos que nada impede que no contrato de sociedade se distingam as menções obrigatórias com natureza transitória, como é o caso da identificação das partes – e, enquanto menção facultativa, da designação dos primeiros titulares dos órgãos sociais –, daquelas que correspondem ao contrato de sociedade em sentido estrito, isto é, ao que tradicionalmente chamamos de pacto social ou estatutos, sendo admissível separar no mesmo instrumento tais menções[223].

Nos casos em que a escritura pública continuará a ser necessária (cfr. art. 7.º, n.º 1 *in fine*) poderá haver menções obrigatórias que, em relação ao contrato de sociedade, sejam nela exaradas, podendo os estatutos, que correspondem ao contrato de sociedade em sentido estrito, constar de um documento complementar (avulso) à escritura que, fazendo

[223] A aceitação desta prática pelas Conservatórias será decisiva na sua generalização. De outro modo, todas as menções obrigatórias terão de constar do clausulado do contrato de sociedade, tal como ele será registado.

Continuamos a considerar que, nas sociedades anónimas, não tem sentido referenciar no contrato propriamente dito (estatutos) quem são os sócios (accionistas) fundadores – mas apenas a forma como está representado o capital social e eventuais limitações à transmissão das participações sociais –, enquanto no contrato da sociedade por quotas estão identificados os chamados "quotistas", com referência à participação social (quota) que detêm.

parte integrante desta, não inclua todas as menções obrigatórias. Nesses casos, será por referência à escritura de constituição que se poderá determinar quem é que são os accionistas fundadores da sociedade.

4.3.3. *A firma*[224]

A firma é o nome ou denominação que individualiza um comerciante ou um empresário mercantil no exercício da sua actividade comercial; e é uma designação que identifica também a empresa colectiva ou a sociedade comercial.

A adopção de firma corresponde a uma obrigação mercantil (cfr. art. 18.º do CCom), pelo que todos os sujeitos de Direito Comercial devem adoptar uma firma, pela qual serão conhecidos e identificados no exercício da respectiva actividade económica. E as sociedades comerciais não fogem à regra, encontrando-se obrigadas a adoptar uma firma (cfr. arts. 9.º, n.º 1, *alínea c)*, 177.º, 200.º, 270.º-B, 275.º e 467.º do CSC).

No fundo, se as pessoas singulares são conhecidas através de um determinado nome que as identifica e individualiza em sociedade e perante determinadas instâncias, em particular perante um instituto – o registo civil – destinado a revelar a respectiva identidade e situação jurídica (estado pessoal), a verdade é que, na vida comercial, as entidades personificadas que prossigam actividades de carácter económico estão também sujeitas à publicitação da respectiva existência e à sua individualização no mercado, devendo promover a sua inscrição num instituto específico: o registo comercial. No caso das sociedades comerciais em

---

[224] Cfr. José de Oliveira Ascensão, «Firma» (Parecer), *CJ*, ano XIII, t.4, **1988** (pp. 27-37), Carlos Olavo, «A firma das sociedades comerciais e civis sob forma comercial», AA.VV., *Estudos em Homenagem ao Prof. Doutor Raúl Ventura*, vol. II, Faculdade de Direito da Universidade de Lisboa, **2003** (pp. 379-419), M. Nogueira Serens, «O direito da firma das sociedades comerciais», AA.VV., *Os quinze anos de vigência do Código das Sociedades Comerciais*, coord. por A. Ferrer Correia, Fundação Bissaya Barreto, Instituto Superior Bissaya Barreto, **2003** (pp. 193-209), Jorge Henrique Pinto Furtado, *Curso de Direito das Sociedades*, 5ª edição, Almedina, Coimbra, **2004,** pp. 279-292, e *Comentário ao Código das Sociedades Comerciais. Âmbito de aplicação. Personalidade e capacidade. Celebração do contrato e registo. Artigos 1.º a 19.º*, Almedina, Coimbra, **2009**, pp. 369-391, Miguel J.A. Pupo Correia, *Direito Comercial. Direito da Empresa*, 11ª ed., Lisboa, **2009**, pp. 85-93, e José Engrácia Antunes, *Direito das Sociedades*, ed. autor, **2010**, pp. 225-229 (com inúmeros exemplos).

particular, o registo do contrato é constitutivo, isto é, a sociedade só se considera constituída e adquire personalidade jurídica própria com o registo definitivo do contrato (cfr. art. 5.º do CSC).

Refira-se também que a firma pode assumir dois significados distintos: em sentido objectivo, ela reconduz-se ao logótipo (anteriormente nome do estabelecimento) que caracteriza o local onde o comerciante desenvolve a sua actividade, que identifica (e, nesse caso, corresponde ao logótipo ou nome comercial, isto é ao antigo "nome do estabelecimento")[225]; em sentido subjectivo – e aquele que é correntemente utilizado pela lei nacional –, a firma consiste no (próprio) nome que identifica e individualiza o comerciante (sociedade) na respectiva actividade comercial e em função do qual ele beneficia de uma determinada tutela. Este é o sentido amplo de firma.

Em sentido restrito, referimo-nos a firma por contraposição a denominação. Fala-se de **firma-nome** se a firma corresponde à conjugação de um ou mais nomes de sócios com a indicação de que ressalte a sua qualidade (associativa), significando que organizaram a respectiva actividade de forma colectiva. Por exemplo, «Silva & Azevedo, S.A.». A **firma-denominação** consiste na individualização da sociedade por refe-

[225] O nome do estabelecimento – direito privativo, tradicionalmente autónomo – reconduz-se actualmente (desde 2008) ao **logótipo**, que estrutura e integra sob uma única modalidade de direitos da propriedade industrial, três direitos privativos anteriormente autónomos: o nome e a insígnia do estabelecimento e o logótipo propriamente dito (cfr. Preâmbulo do DL 143/2008, de 25 de Julho, e art. 304.º-A a 304.º-S do CPI). Este direito (o "logótipo") quando seja utilizado num estabelecimento não pode ser transferido sem o próprio estabelecimento (ou parte dele) (cfr. art. 304.º-P, n.º 2 do CPI). Do mesmo modo, que a transmissão do estabelecimento, salvo se diversamente previsto, implica a transmissão do logótipo que o caracterize (cfr. art. 304.º-P, n.º 3). Podemos, pois, considerar que o nome do estabelecimento, embora sob a forma de logótipo, continua a merecer uma protecção em sede própria (propriedade industrial) e nada impede que a firma coincida nos dois sentidos, com o logótipo. Por exemplo, que seja uma sociedade com o nome "Papelaria Fernandes, SA" a explorar o estabelecimento com o mesmo nome (entenda-se, logótipo). Noutros casos, contudo, o logótipo (nome do estabelecimento) adquire uma notoriedade que se sobrepõe à firma (em sentido subjectivo) do titular do estabelecimento. Assim sucede com a Loja das Meias ou com a Benetton, relativamente às sociedades a que pertencem.

Chame-se apenas a atenção para o facto de existir um regime transitório para os nomes do estabelecimento existentes, podendo o respectivo titular, até à primeira renovação, usar a designação "Nome Registado" («N.R.») (cfr. arts. 13.º e 10.º a 12.º do DL 143/2008).

rência à actividade específica que ela se propõe prosseguir, sendo composta pelo objecto que caracteriza a actividade da sociedade que visa individualizar e identificar. Por exemplo, «Banco Comercial de Lisboa, S.A.» ou «Farewell – Viagens e Turismo, S.A.»[226]. Quer dizer, por um lado, a firma pode surgir com o nome das pessoas que são sócias e que a integram; por outro, pode corresponder à actividade que a sociedade pretende prosseguir, e pode ser associada a siglas ou a expressões de fantasia, mas o que é fundamental é que entre a actividade ou objecto a exercer e a firma da sociedade haja, de facto, uma grande proximidade[227]. E esta exigência resulta de um princípio enformador das firmas: o princípio da verdade.

Antes de caracterizarmos esses princípios, refira-se apenas que é perfeitamente concebível que a firma seja **mista**, isto é, seja simultaneamente uma firma-nome e uma firma denominação, englobando uma referência ao nome dos que prosseguem uma certa actividade e fazendo menção ao tipo de actividade que essas pessoas, organizadas colectivamente, possam realizar. Por exemplo, Banco Espírito Santo, SA.

Importa realçar que, hoje, já não há limitações quanto às palavras a serem utilizadas na composição das firmas, podendo as mesmas serem compostas por quaisquer vocábulos estrangeiros (cfr. art. 10.º do CSC[228]). Quanto aos princípios que caracterizam a firma, são essencialmente três:

- o princípio da verdade (cfr. art. 10, n.os 1 e 3 do CSC; e art. 32.º do DL n.º 129/98, de 13 de Maio);
- o princípio da exclusividade ou da novidade (cfr. art. 10.º, n.º 2 do CSC; e arts. 33.º e 35.º do DL n.º 129/98, de 13 de Maio);
- o princípio da unidade.

Os dois primeiros encontram-se explicitamente acolhidos pelo Decreto-Lei n.º 129/98, de 13 de Maio (na redacção do Decreto-Lei n.º 111/ /2005, de 8 de Julho, e do Decreto-Lei n.º 247-B/2008, de 30 de Dezembro) (cfr. arts. 3.º, 6.º, 32.º a 35.º, e 37.º).

Os elementos que integram a firma em sentido amplo devem corresponder à situação real, à verdade, de modo a não poderem induzir

---

[226] É possível que a firma seja mista (nome e denominação), por exemplo, «Silva & Azevedo – Importação, Exportação e Comercialização de Veículos Automóveis, S.A.».

[227] A suavização das regras nesta material veio atenuar estas exigências, encontrando--se o ponto de viragem na criação do regime da "empresa na hora".

[228] Na redacção do DL 111/2005, de 8 de Julho (art. 17.º).

em erro as pessoas relativamente às quais este sinal pretende ser um sinal identificador[229]. Fundamentalmente, a identificação deve ser de modo a não induzir em erro quanto à actividade e quanto à natureza do respectivo titular. Este aspecto é particularmente importante, porque significa que não devem ser introduzidas nas firmas expressões que, de algum modo, não correspondam à actividade exercida pelo respectivo titular, nomeadamente quanto à respectiva dimensão (cfr. art. 10.º, n.º 5, *alínea a)* do CSC). Assim, e exemplificando, uma pequena sociedade comercial não deve utilizar na composição da sua firma a expressão "Casa Mundial", porque esta sugere uma dimensão de actividade substancialmente diferente da real.

O **princípio da verdade** visa, assim, garantir a conformidade entre a realidade jurídica que se pretende organizar e a realidade social que é o objecto da concretização dessa realidade jurídica, para que não haja discrepâncias e erros das pessoas que pretendem ter na firma uma referência do sujeito de Direito Comercial, em geral, e da sociedade comercial, em particular.

Há, no entanto, uma excepção a assinalar. Em certos casos é perfeitamente possível que uma determinada firma deixe de corresponder ao exercício de uma actividade prosseguida por um sujeito. Este fenómeno respeita, nomeadamente, às situações de transmissão. A nossa lei pode considerar especialmente relevante a transmissão de um estabelecimento (comercial) e associar, nesse caso, a transmissão da firma da entidade que é titular desse estabelecimento. Mas pode suceder que haja conveniência em preservar uma firma-nome, pela relevância deste, e mantê-la mesmo quando o titular do nome deixou de ser sócio, por ter morrido ou transmitido a sua participação. No primeiro caso, poderão os herdeiros continuar a actividade societária sob a firma composta pelo nome do seu sucessível ou autorizar a utilização desse nome; no segundo caso, deverá o cedente ou transmitente da participação social, cujo nome figura na firma da sociedade, autorizar expressamente a continuação da utilização desse nome.

Naturalmente que a autorização para a utilização do nome do sócio na firma de sociedade que este deixou de integrar importa relevantes limitações futuras à utilização pelo sócio, na actividade comercial, do seu próprio nome.

---

[229] Não se fala em sinal distintivo, porque essa ideia é a que está associada ao sentido objectivo de firma.

Quanto ao **princípio da novidade** ou da exclusividade, a ideia de que as firmas e as denominações devem ser distintas umas das outras e insusceptíveis de confusão permite individualizar as sociedades no mercado em que exercem a sua actividade.

Finalmente, o **princípio da unidade** – que corresponde à ideia de que o mesmo sujeito de Direito comercial só pode ser conhecido no universo jurídico por um único nome – decorre do princípio da verdade e não tem relevância autónoma no domínio das sociedades comerciais.

4.3.4. *O objecto social*[230]

Do contrato de sociedade tem de constar também o respectivo objecto (arts. 9.º, n.º 1, *alínea d)*, e 11.º, n.ºs 1 e 2[231]).

O objecto social consiste na actividade económica específica a desenvolver pela sociedade (cfr. art. 11.º), que, em certas circunstâncias, permite determinar a respectiva comercialidade (art. 1.º, n.º 2[232]).

Em certos casos é possível afastar a comercialidade da sociedade pelo respectivo objecto (por exemplo, sociedades agrícolas que não se podem estruturar como empresas comerciais, embora se possam constituir como sociedades civis sob forma comercial, o que sucede amiúde). A idêntica conclusão chegaremos nos casos em que a lei impõe a forma de sociedade civil a actividades de determinada natureza, mesmo quando as mesmas se organizam empresarialmente. Noutros casos – que correspondem à grande maioria das situações, não é possível concluir pela comercialidade, ou não, da sociedade pela simples análise do seu objecto.

Nada impede uma sociedade de ter um objecto mais ou menos vasto (por exemplo, «*importação, exportação e comercialização de uma grande variedade de mercadorias*»), um objecto determinado pelo recurso à caracterização de uma actividade e a diversos aspectos em que exemplificativamente a mesma se pode decompor (por exemplo, «*exercício das*

[230] Jorge Henrique Pinto Furtado, *Curso de Direito das Sociedades*, 5ª edição, Almedina, Coimbra, **2004,** pp. 326-334, e, mais recentemente, no *Comentário ao Código das Sociedades Comerciais. Âmbito de aplicação. Personalidade e capacidade. Celebração do contrato e registo. Artigos 1.º a 19.º*, cit., **2009**, pp. 393-405.

[231] Red. do art. 1.º do DL 257/96, de 31 de Dezembro.

[232] «*São sociedades comerciais aquelas que tenham por objecto a prática de actos de comércio.*»

actividades de consultoria de negócios e de marketing, nomeadamente nas áreas da imagem, arte, design e cultura empresarial, bem como comunicação e relações públicas»), ou mais do que um objecto (por exemplo, estipulando-se que, para além da «*actividade de prestação de serviços clínicos e de consultadoria médica*», a sociedade possa «*comprar imóveis para revenda e proceder à respectiva administração*»). Nestas corresponder-lhe-ia mais do que um CAE (classificação das actividades económicas), embora um dos objectos deva ser considerado como principal, para efeitos tributários.

Noutros casos, que correspondem a sociedades sujeitas a legislação especial (instituições de crédito, sociedades financeiras, etc.), o objecto é, tendencialmente, senão mesmo obrigatoriamente, exclusivo (cfr. arts. 7.º e 8.º do Regime Jurídico das Instituições de Crédito e Sociedades Financeiras).

4.3.5. *A sede*[233]

4.3.5.1. *Conceito*

A sede social ou domicílio da sociedade é também uma menção essencial do contrato de sociedade (arts. 9.º, n.º 1, *alínea e)*, e 12.º); devendo corresponder ao centro de vida da sociedade, ao local onde se tem por contactada sempre que for preciso comunicar com ela, nomeadamente através de meios oficiais que consistam em comunicações de natureza judicial ou administrativa.

Por essa razão, a lei exige que a sede seja «*estabelecida em local concretamente definido*» (art. 12.º, n.º 1), no qual – acrescentamos nós – seja possível estabelecer uma interacção entre os que pretendem contactar a sociedade e os representantes desta.

---

[233] Jorge Henrique Pinto Furtado, *Curso de Direito das Sociedades*, 5ª edição, Almedina, Coimbra, **2004**, pp. 296-303, e *Comentário ao Código das Sociedades Comerciais. Âmbito de aplicação. Personalidade e capacidade. Celebração do contrato e registo. Artigos 1.º a 19.º*, cit., **2009**, pp. 136-152 e José Engrácia Antunes, *Direito das Sociedades*, ed. autor, **2010**, pp. 229-233 [com referência à transferência interna e internacional da sede (pp. 230-231) e às formas locais de representação (pp. 232-233). No plano supranacional, vd. Maria Ângela Coe-lho, «A transferência internacional da sede social no âmbito comunitário», AA.VV., *Temas societários*, IDET, n.º 2, Almedina, Coimbra, **2006** (pp. 45-78).

A sede tem, assim, uma importância significativa, uma vez que constitui uma referência geográfica fundamental da sociedade, desde logo determinando a lei aplicável. Nela deve funcionar a administração e reunir a assembleia geral, salvo se a sede não reunir condições para o efeito, nomeadamente por ser exígua, caso em que a assembleia pode ser convocada para reunir noutro local do território nacional (cfr. art. 377.°, n.° 6, *alínea a)*, na red. do DL 76-A/2006, de 29 de Março)[234].

A administração, por sua vez, funciona e reúne habitualmente na sede, mas nada impede que por comum acordo dos seus membros reúna noutro local – incluindo no estrangeiro –, sendo razoável esperar que, na maioria das vezes, as reuniões se realizem na sede social.

Pelas razões expostas, tendemos a recusar a localização de sedes sociais em apartados ou em meras caixas postais, uma vez que os mesmos não permitem o contacto adequado com a sociedade e tão pouco que os respectivos órgãos sociais possam reunir e deliberar em meros receptáculos de correspondência.

4.3.5.2. *Mudança de local*

A sede pode ser deslocada para qualquer lugar do território nacional por simples decisão da administração ou da gerência sempre que o contrato de sociedade não o impedir (cfr. art. 12.°, n.° 2)[235]. Esta competência,

---

[234] Anteriormente, a assembleia geral tinha de ser convocada para local sito na comarca da sede da sociedade (cfr. art. 377.°, n.° 6, red. do DL 262/86, de 2 de Setembro).

[235] Antes da reforma societária de 2006, a administração apenas podia alterar a sede dentro do mesmo concelho ou para concelho limítrofe e contanto que estivesse contratualmente autorizada essa deslocalização (red. anterior do art. 12.°, n.° 2). No entanto, o contrato de sociedade, admitindo a eventual alteração (futura) da lei, podia já estabelecer uma autorização genérica para alteração da sede a deliberar e processar em conformidade com permissões normativas. Assim sendo, sugeríamos então a elaboração da seguinte cláusula contratual:

Artigo Segundo
(Sede)

Um. *A sociedade tem a sua sede na Avenida (...), número (...), freguesia de (...), concelho de (...).*

[Sociedade por quotas]

Dois. *A gerência pode, sem necessidade de deliberação dos sócios, transferir a sede para outro local do mesmo concelho, para concelho limítrofe ou para qualquer outro local, para o qual a gerência esteja habilitada a deliberar, bem como pode*

que pode ser exercida isoladamente pelo órgão executivo ou com a participação de outro órgão estatutariamente designado, constitui uma excepção à competência-regra dos sócios (ou da assembleia geral) para deliberar a alteração do contrato de sociedade (cfr. art. 85.º).

Assim, é hoje habitual encontrarmos nos contratos de sociedade cláusulas abertas, no que respeita à mudança de sede. Exemplificando:

Artigo Segundo
(Sede)

Um. *A sociedade tem a sua sede em (...).*

Dois. *A sede social pode ser transferida por simples deliberação do Conselho de Administração para qualquer local para o qual a administração possa legalmente deliberar fazê-lo.*

Nada impede, contudo, que se estabeleçam restrições à mudança da sede, determinando, por exemplo, que «*só com autorização da assembleia geral, dada por maioria de dois terços dos votos, pode a sede ser transferida*» ou «*a transferência da sede para concelho que não seja limítrofe carece de deliberação dos sócios*».

4.3.5.3. *Outras instalações sociais*[236]

Retira-se da leitura do artigo 13.º do Código das Sociedades Comerciais e das cláusulas estatutárias transcritas em nota de rodapé (235) que,

---

criar ou extinguir quaisquer formas locais de representação, no país ou no estrangeiro, designadamente sucursais, agências, delegações ou escritórios.

ou

[Sociedade Anónima]

Dois. *Por simples deliberação da administração pode a sede ser transferida para outro local do mesmo concelho, para concelho limítrofe ou para qualquer outro local, para o qual a administração esteja habilitada a deliberar a transferência, bem como podem ser criadas ou extintas quaisquer formas locais de representação, no país ou no estrangeiro, designadamente sucursais, agências, delegações ou escritórios.*

Repare-se que qualquer destas cláusulas mantém actualidade, não prejudicando a faculdade que os membros da administração têm, presentemente, de decidir a transferência da sede social.

[236] Cfr. Pinto Furtado, *Comentário ao Código das Sociedades Comerciais. Âmbito de aplicação. Personalidade e capacidade. Celebração do contrato e registo. Artigos 1.º a 19.º*, cit., **2009**, pp. 412-415.

para além da sede, a sociedade pode ter outras *formas locais de representação*, isto é, diferentes instalações, nomeadamente sucursais, agências, delegações ou escritórios, competindo ao órgão de administração, quando legal ou contratualmente autorizado, decidir sobre a abertura de novas instalações.

Importa sublinhar que a nossa lei societária substantiva – que, supletivamente, mantém na dependência da deliberação dos sócios a criação de formas locais de representação (cfr. art. 13.º, n.º 2), diversamente do que acontece com a sede propriamente dita, o que não deixa de constituir uma incongruência – não estabelece qualquer distinção que se possa legitimamente fazer entre os diversos tipos de instalações que uma sociedade pode ter, limitando-se a mencionar, para além do domicílio da sociedade, os respectivos estabelecimentos (cfr., por exemplo, arts. 246.º, n.º 2, *alínea c)*, e 406.º, *alínea g))*. Por isso, não há que prever a possibilidade de o órgão de administração *deliberar sobre a criação ou o encerramento de filiais, sucursais, agências, delegações ou quaisquer outras formas locais de representação*, quer as mesmas se situem no país ou no estrangeiro, se tais actos não coincidirem com a «*alienação, oneração* ou *a locação de estabelecimento* de uma sociedade por quotas (cfr. art. 246.º, n.º 2, *alínea c))*.

Tradicionalmente, a distinção, que resultava essencialmente de normas de organização sobre a empresa em sectores específicos da actividade comercial, nomeadamente o sector bancário, baseava-se no grau de autonomia (comercial ou financeira) dos responsáveis das diversas instalações relativamente ao poder de decisão do órgão de administração da sociedade[237].

Em todas as instalações se exercia a actividade em benefício da sociedade e se produziam e distribuíam bens ou se prestavam serviços. Simplesmente, algumas poderiam pertencer a diferente titular e noutras poderia o respectivo titular actuar fundamentalmente como representante da sociedade que delegava a sua representação[238].

---

[237] Tal factor distintivo é particularmente assimilável quanto aos limites de concessão de crédito da clientela das *agências bancárias* relativamente à Direcção regional ou central de Crédito do banco.

[238] Este tipo de descentralização, em época história em que as telecomunicações não dispunham da amplitude de que presentemente gozam, permitia que as grandes sociedades comerciais se fizessem representar em pequenos centros urbanos (vilas e aldeias) sem os custos de uma representação própria fixa e permanente e ainda que com a contrapartida,

Numa época em que o desenvolvimento das telecomunicações globalizou o mundo já não faz sentido distinguir as diversas estruturas da sociedade comercial consoante o grau de autonomia que têm relativamente à sociedade comercial da qual fazem parte. Não sendo esse o caso, a relação comercial eventualmente existente já não é societária, mas revestirá diferente natureza, quiçá a de um contrato de distribuição (agência, concessão, *franchising* ou outra).

4.3.5.4. *Formas de representação legalmente reconhecidas*

O que concluímos não significa que, por efeito de normativos reguladores de sectores específicos da actividade económica, não faça sentido qualificar determinadas instalações (locais) de grandes sociedades comerciais e que, no plano internacional, não haja que distinguir uma sociedade, autónoma e independente, ainda que participada por capital estrangeiro, de uma sucursal de sociedade estrangeira ou de um estabelecimento estável por ela constituído em Portugal (cfr. art. 4.º do CSC).

A representação de interesses estrangeiros através de estruturas não personificadas, instituídas para esse fim, não deve suscitar especiais dificuldades numa época de livre fluxo de capitais, e explica-se, inclusivamente, por razões de optimização fiscal da actividade económica por elas prosseguida.

A nacionalidade (portuguesa) da sociedade determina-se pela localização (em Portugal) da «*sede principal e efectiva da sua administração*» (art. 3.º, n.º 1, I parte).

Logo, ou a sociedade estrangeira, que pretende investir em Portugal, opta por constituir uma sociedade comercial portuguesa (com personalidade jurídica), assumindo e beneficiando de todos os efeitos daí decorrentes, nomeadamente se for sócia única (cfr. artigos 83.º, 84.º e 481.º, n.º 2, *alínea c)*) – e gozando da limitação genérica da respectiva responsabilidade patrimonial pela actividade da participada[239] – ou cinge-se a instituir um estabelecimento estável ou uma sucursal[240].

eventual, da representação não ser exclusiva. Tratava-se de um fenómeno com particular desenvolvimento na área seguradora.

[239] Tenha-se em consideração que o artigo 501.º do CSC – em regra aplicável aos grupos constituídos com domínio total, por efeito do art. 491.º – não é aplicável no caso vertente, dado que o art. 481.º, n.º 2 exclui a aplicabilidade a sociedades com sede no estrangeiro do título VI relativo às sociedades coligadas, com excepção das que se enquadrarem na *alínea d)*, para efeitos de constituição.

Estando em causa o exercício, com carácter de permanência, de actividade económica em Portugal, e havendo que determinar a forma jurídica mais adequada para o efeito, as hipóteses de escolha são as seguintes[241]:

- Sociedade comercial por quotas ou anónima, constituída segundo o Direito português;
- Sucursal de sociedade estrangeira;
- Sociedade *offshore* (zona franca da Madeira ou da ilha de Santa Maria)[242]; e eventualmente

---

[240] São realidades jurídicas distintas, com efeitos fiscais diversos, que não se confundem. Neste sentido, Manuela Duro Teixeira, *A determinação do lucro tributável dos estabelecimentos estáveis de não residentes*, Almedina, Coimbra, **2007**, pp. 28-34.

[241] Por razões óbvias, não analisamos consequências de natureza tributária e laboral de um projecto de investimento (estrangeiro) – que não são, na prática, despiciendas –, mas apenas enunciamos as diversas hipóteses em aberto, no plano jurídico-comercial, e confrontamos as mais relevantes. Em qualquer circunstância, chamamos a atenção do leitor para o facto de a matéria em causa estar estreitamente dependente do quadro tributário existente em cada momento. Assinale-se, por ser relevante, que nesta matéria não há coincidência entre as regras de Direito Fiscal (Código do IRC) e as regras do Direito Comercial (Código das Sociedades Comerciais). Assim, para o Direito Fiscal, as pessoas colectivas que não tenham sede ou direcção efectiva em território português ficam sujeitas a IRC apenas quanto aos rendimentos nele obtidos, considerando-se, para este efeito, obtidos em território português os rendimentos imputáveis a estabelecimento estável e, bem assim, outros rendimentos que possuam elementos de conexão relevantes com o território português. Ora, para este efeito, considera-se **estabelecimento estável** qualquer instalação fixa através da qual seja exercida uma actividade de natureza comercial, industrial ou agrícola ou quando uma pessoa, que não seja um agente independente actue em território português por conta de uma empresa e tenha, e habitualmente exerça, poderes de intermediação e de conclusão de contratos que vinculem a empresa no âmbito das actividades desta (art. 5.º do Código do IRC), ao passo que a lei mercantil apenas exige que seja estabelecida representação permanente relativamente às sociedades estrangeiras que pretendam exercer em Portugal a sua actividade por mais de um ano (art. 4.º, n.º 1 do CSC). Esta discrepância manifesta entre as normas de Direito Fiscal e de Direito Societário, em matéria de sucursais, evidencia com clareza as dificuldades que se colocam aos agentes económicos quando pretendem antecipar os efeitos de formas jurídicas que não são objecto de qualificação inequívoca pela lei portuguesa.

[242] No que respeita à forma de **sociedade *offshore***, a mesma não deverá mostrar-se adequada, porque, regra geral, não resolve a questão básica de atenuação (ou mesmo eliminação) da carga fiscal respeitante à prestação de serviços em Portugal. A situação é idêntica à de actividade exercida directamente em Portugal por sociedade estrangeira. Não nos referimos aos benefícios fiscais – em acentuada redução – de que desfrutam as sociedades *offshore* constituídas na zona franca da Madeira e os respectivos associados,

– Escritório de representação (caso a actividade seja reduzida)[243].

Importa referir que o Direito substantivo português (Código das Sociedades Comerciais) apenas exige que seja estabelecida **representação permanente** relativamente às sociedades estrangeiras que pretendam exercer em Portugal a sua actividade por mais de um ano (art. 4.º, n.º 1 do CSC). Essa limitação temporal, e a obrigação decorrente do decurso do tempo, tem relevância, porquanto a inobservância da instituição de representação permanente (ou estabelecimento estável) determina a responsabilidade ilimitada da sociedade estrangeira por todos os actos que, em seu nome, sejam praticados em Portugal e a responsabilidade solidária com ela de todas as pessoas que tenham praticado efectivamente tais actos, bem como dos respectivos administradores.

4.3.5.5. *Sucursal*

A **sucursal** não é genericamente reconhecida com autonomia pela lei das sociedades comerciais portuguesa, embora seja objecto de regulamentação pela lei tributária e também por leis especiais. Não existindo na lei portuguesa preceitos que fixem (com clareza) o regime jurídico aplicável às sucursais de sociedades estrangeiras e aos respectivos representantes, o mesmo terá de resultar de uma interpretação sistemática ou contextual.

Vejamos, contudo, primeiramente quais as razões favoráveis e as desfavoráveis à instituição de uma sucursal[244].

---

mas ao facto de os lucros resultantes das operações que a mesma tenha com entidades residentes em Portugal não estarem isentos de IRC. Por essa razão, não releva ponderar autonomamente a figura da *offshore* nacional.

[243] A figura do **escritório de representação** não se encontra generalizada no Direito português, como vimos anteriormente, sendo aplicável sobretudo em zonas de actividade (económica) especialmente reguladas (caso da actividade financeira, em que a principal diferença entre o escritório de representação e a sucursal, por exemplo, reside na substancial limitação de poderes daquele). Por isso, prescinde-se de analisar autonomamente a abertura de um escritório de representação.

[244] Apenas nos preocupam as razões de carácter substantivo. No que respeita à tributação dos rendimentos da sucursal, chama-se desde logo a atenção para o facto de esta ficar sujeita a IRC apenas quanto aos rendimentos obtidos em Portugal. A formação do lucro tributável da sucursal e a taxa aplicável aos respectivos rendimentos (lucros) seguem as regras aplicáveis às sociedades comerciais de Direito português. Podem ser

A sucursal não reveste personalidade jurídica, não constituindo por isso um sujeito autónomo de Direito, apesar de ter personalidade tributária. Não se distinguindo verdadeiramente da sociedade estrangeira, a que pertence e da qual constitui um prolongamento, a sucursal depara com naturais limitações legais aos negócios jurídicos que pretenda celebrar com a sociedade estrangeira, não obstante a lei tributária (portuguesa) permitir que ela facture à sucursal os serviços prestados e que sejam incorporados na facturação final desta, desde que devidamente comprovados.

A sociedade estrangeira assumirá então a responsabilidade total e ilimitada pela actividade da sucursal.

Em termos de orgânica, sendo a sucursal mera extensão da sociedade estrangeira, ela não requer os meios que seriam exigíveis a um ente personalizado (autónomo); pelo que é suficiente – porque exigível pela lei tributária – indicar um representante permanente (vulgarmente designado director ou director-geral)[245].

No que se refere ao capital a afectar à respectiva actividade, não há regra legal que implique uma solução geral, embora em certos casos se determine a exigência de um capital mínimo. Por isso, na falta de expressa previsão legal, é suficiente à sociedade estrangeira afectar o capital necessário à sua instalação em Portugal.

Se confrontarmos a entidade jurídica sucursal com uma sociedade comercial portuguesa – participada maioritária ou totalmente por sociedade estrangeira –, pressupondo nesse confronto as características habituais desta e, nomeadamente, não perdendo de vista que tanto a sociedade anónima, como a sociedade por quotas, são sociedades de responsabilidade limitada, o que significa que os respectivos accionistas ou sócios só

---

deduzidos como custos para a determinação do lucro tributável os encargos gerais de administração que, de acordo com critérios de repartição aceites e dentro dos limites tidos como razoáveis pela DGI, sejam imputáveis ao estabelecimento estável, devendo esses critérios ser justificados na declaração de rendimentos e uniformemente seguidos nos vários exercícios.

[245] A responsabilidade do representante permanente não se encontra devidamente delimitada pela lei portuguesa. Inclinamo-nos, por isso, para considerar que a mesma é acrescida e alargada relativamente à responsabilidade típica de um administrador/gerente de sociedade comercial portuguesa. Contudo, a lei mercantil (Código das Sociedades Comerciais) é omissa, pelo que há que ponderar a eventualidade da responsabilidade solidária (e não meramente subsidiária) do representante permanente.

são responsáveis pelo capital subscrito, esgotando-se a respectiva responsabilidade com a realização integral do capital, não sendo, por essa razão, a sociedade estrangeira responsável por eventuais dívidas da exploração da sociedade portuguesa, para além das que puderem ser cobertas pelo capital subscrito, deveremos concluir não existirem razões substantivas suficientes, em confronto com as desvantagens dessa forma de organização económica, que justifiquem a opção pela abertura de sucursais em Portugal.

4.3.6. *O capital social*

O capital social é também menção obrigatória do contrato de sociedade (cfr. art. 9.º, n.º 1, *alínea f)*)[246], consistindo na «cifra numérica de valor constante, em dinheiro, expressa em euros [«*moeda com curso legal em Portugal*» (vd. art. 14.º do Código das Sociedades Comerciais)], correspondente ao património de constituição da empresa»[247], isto é, à soma de todas as participações dos sócios.

Vejamos, sumariamente, em que consiste e como se caracteriza nos principais tipos sociais.

Nas sociedades anónimas e por quotas [tipos sociais em que «*não são admitidas contribuições de indústria*» (arts. 277.º, n.º 1, e 202.º, n.º 1] o capital social forma-se exclusivamente com as entradas dos sócios, sendo representado unicamente por acções e por quotas (vd. arts. 271.º e 197.º, n.º 1). De início tende a ser equivalente ao património da sociedade, mesmo enquanto os sócios não realizam integralmente as suas entradas (o capital subscrito), uma vez que o crédito que a sociedade terá sobre eles integra o património (activo)[248]. Mas pode ser superior, se forem sobreavaliadas as entradas em espécie, ou inferior, quando as acções forem emitidas com prémio (acima do par).

A lei estabelece, relativamente a esses tipos sociais, um capital mínimo obrigatório de € 50.000,00 (cinquenta mil euros) para as socie-

---

[246] Analisamos adiante (cfr., *infra*, capítulo V) este elemento fundamental da sociedade, abordando as respectivas variações (aumento e redução) e as situações de subcapitalização da sociedade e forma de superação.

[247] Paulo Sendin, *Curso de Sociedades Comerciais* (Policopiado), Lisboa, **1984**.

[248] Cfr. Joaquin Garrigues, *Curso de Derecho Mercantil*, t. I, 7ª ed., Madrid, **1982**, p. 438.

dades anónimas e de € 5.000,00 (cinco mil euros) para as sociedades por quotas (cfr. arts. 276.º, n.º 3, e 201.º). Trata-se de matéria que desenvolveremos adiante (cfr., *infra*, cap. V, n.º 22).

4.3.7. *Montante da participação e natureza da entrada de cada sócio; quotas, acções e partes sociais (valor nominal, quantidade, categorias e forma)*

Nas sociedades por quotas os sócios são todos iguais, não havendo diferentes categorias de quotas. A quota não é titulada, constituindo um clássico exemplo de bem incorpóreo, e deve revestir o montante mínimo de cem euros (€ 100,00). O sócio tendencialmente só deverá ser titular de uma (única) quota.

Nas sociedades anónimas a participação social designa-se por acção, podendo ser representada documentalmente (em título) ou ser meramente escritural (acção não titulada). A acção, enquanto participação social, deve corresponder ao montante mínimo de um cêntimo de euro (€ 0,01), embora na maior parte dos casos o respectivo valor nominal seja de cinco euros (€ 5,00) ou de um euro (€ 1,00).

Um sócio (accionista) pode ser titular de tantas acções quantas as que tiver capacidade financeira para subscrever ou adquirir. As acções, consoante os direitos que as caracterizam, agrupam-se em categorias[249].

Do exposto resulta que a lei exige muito menos para a participação numa sociedade anónima do que numa sociedade por quotas.

Nas sociedades em nome colectivo, as partes sociais não são tituladas (cfr. art. 176.º, n.º 2) e não têm valor nominal[250], podendo os sócios de indústria "realizar" a sua participação exclusivamente em trabalho. A parte social é única por cada sócio, distinguindo-se os sócios de capital dos sócios de indústria, embora seja possível congregar as duas qualidades.

[249] Como veremos mais à frente (n.º 19), a categoria comum é das chamadas acções ordinárias, podendo existir acções privilegiadas (ou preferenciais) e acções diminuídas.

[250] É suficiente que se proceda à indicação, no contrato, do «*valor atribuído aos bens*» e da «*parte de capital correspondente à entrada com bens de cada sócio*» (cfr. art. 176.º, n.º 1, *alíneas a)* e *c)*).

Quadro de participações sociais

Participação	*Valor nominal (mínimo)* /	*Quantidade* /	*Categorias* /	*Forma*
Quotas	100 euros	1	1	Não tituladas
Acções	1 cêntimo (de euro)	n	Diversas	Tituladas e não tituladas
Partes sociais	sem v.n.	1	1	Não tituladas

Entretanto, antecipe-se apenas que as entradas de capital podem ser em dinheiro ou em espécie, devendo neste caso ser certificadas por Revisor Oficial de Contas (ROC).

4.3.8. *Data do encerramento do exercício anual*

Em princípio, o exercício social coincide com o ano civil, decorrendo de um de Janeiro de um ano a 31 de Dezembro do mesmo ano.

Mas, para certas sociedades que, tendo uma actividade essencialmente sazonal (por exemplo, comercialização de lanifícios), se encontram no pico do seu funcionamento na passagem de ano (em pleno Inverno) é preferível que o balanço periódico da respectiva actividade se faça num período em que esta é mais diminuta. Nesses casos, e nos de sociedades nacionais participadas por sociedades estrangeiras (multinacionais) com diferentes exercícios sociais – a começar, por exemplo, no início de Junho (dia 1) e a terminar no fim de Maio (dia 31) – e frequentemente cotadas em bolsa, é perfeitamente justificável que o exercício social não coincida com o ano civil.

Embora o Código das Sociedades Comerciais tivesse sido estruturado com base na coincidência absoluta entre os exercícios sociais e o ano civil [nesse sentido, cfr. as disposições legais que se referem a anos civis por mera referência a exercícios sociais (por exemplo, art. 391.º, n.º 3)], a verdade é que já no domínio do Código da Contribuição Industrial, vigente aquando da publicação e entrada em vigor do Código das Sociedades Comerciais, era possível requerer ao Ministro das Finanças que, em certas circunstâncias excepcionais[251], fosse autorizado que o exercício social não coincidisse com o ano civil. Esta regra seria retomada pelo Código do IRC [Imposto sobre o Rendimento das Pessoas Colectivas (cfr. art. 7.º)] e generalizada no Direito substantivo com a alteração do Código das Sociedades Comerciais determinada pelo Decreto-Lei n.º 328/95, de 9 de Dezembro (cfr. arts. 9.º, n.º 1, *alínea i)* e 65.º-A).

Assim, presentemente, é possível que a sociedade adopte um exercício social diferente do ano civil, embora deva requerê-lo expressamente às autoridades fiscais, nos termos do disposto no artigo 7.º do Código do IRC, conforme previsto nos artigos 9.º, n.º 1, *alínea i)* e 65.º-A do CSC. E, nesse caso, sendo o exercício social diferente do ano civil, o mesmo deverá *«coincidir com o último dia de um mês de calendário», isto é, deverá* ter, habitualmente[252], início no dia 1 de um determinado mês e concluir-se no último dia do décimo segundo mês subsequente, devendo o mesmo constar do contrato de sociedade (art. 9.º, n.º 1, alínea i), red. do art. 1.º do Decreto-Lei n.º 328/95, de 9 Dezembro).

Exemplifique-se com recurso a cláusulas estatutárias:

Cláusula Décima Sexta
(Exercício social)

Um. O *exercício social tem início no dia um de Julho de cada ano e termo no dia trinta de Junho do ano seguinte.*

Dois. *Os mandatos dos membros dos órgãos sociais reportam-se ao exercício social, definido nos termos do número anterior, contando-se desde o seu início e concluindo-se formalmente no dia trinta de Junho do ano que corresponder ao respectivo termo.*

Cláusula Vigésima
(Primeiro exercício anual)

O primeiro exercício anual, resultante da aplicação do disposto na cláusula décima sexta deste contrato e nos artigos nono, número um, alínea i), e sessenta e cinco-A, ambos do Código das Sociedades Comerciais, corresponderá ao período compreendido entre o início de actividade da sociedade e o dia trinta de Junho de dois mil e oito.

---

[251] Inicialmente, apenas quando estivessem em causa sociedades nacionais participadas por entidades estrangeiras ou estabelecimentos estáveis em Portugal sujeitos a tributação.

[252] Salvaguardado o primeiro exercício social, sujeito a regra específica (cfr. art. 65.º-A do CSC).

A lei é omissa quanto à duração do primeiro exercício social, quando este corresponde ao regime-regra, isto é, coincide com o ano civil. Mas resulta da lei (cfr. art. 9.º, n.º 1, *alínea i), a contrario*) que, sendo o exercício social coincidente com o ano civil, o exercício social se encerra no dia 31 de Dezembro de cada ano.

De uma disposição legal que regula a duração do mandato dos administradores (cfr. I parte do n.º 3 do art. 391.º), poderemos concluir – em reforço da leitura a que chegaríamos por falta de previsão específica – que o primeiro exercício social termina na data prevista para o respectivo encerramento, isto é, no dia 31 de Dezembro do ano (civil) em que teve início a actividade da sociedade; mesmo que tenham decorrido apenas escassos dias desde essa data. Por isso, ainda que o início de actividade, por constituição (registo comercial do contrato) ou mera declaração fiscal, tenha ocorrido no dia 28 ou 30 de Dezembro de um ano, o respectivo (primeiro) exercício tem-se por encerrado no dia 31 desse mês, havendo que promover o balanço da actividade societária até ao final do terceiro mês do ano civil subsequente (ou do quinto, caso a sociedade consolide contas) (cfr. arts. 65.º, n.º 5 e 376.º, n.º 1).

Diversamente, em relação às sociedades cujo exercício social não coincide com o ano civil, o primeiro exercício terá uma duração não inferior a seis meses, nem superior a dezoito meses, pelo que, iniciando-se mais de seis meses antes do termo previsto para o seu encerramento, se conclui nessa data (correspondente ao seu termo); se a mesma distar do início de actividade menos de seis meses, então o primeiro exercício terá uma duração superior a um ano (trezentos e sessenta e cinco dias), uma vez que só se conclui na data prevista para o seu encerramento do ano seguinte (cfr. art. 65.º-A).

Esta discrepância afigura-se ser, a todos os títulos, incompreensível e ditada porventura por razões adjectivas (de natureza fiscal), pouco razoáveis, sobretudo se pensarmos que o exercício de arranque é, geralmente, deficitário. Justificar-se-ia, pois, que a regra do (primeiro) exercício social mínimo de seis meses e máximo de dezoito, constante do artigo 65.º-A do Código, se passasse a aplicar a todas as situações. Necessário seria, contudo, generalizá-la.

Finalmente, e no que se refere à leitura das disposições do nosso Código, criadas inicialmente para as situações de coincidência entre o ano civil e o exercício social, como as que se referem à duração dos mandatos dos titulares dos órgãos sociais, as mesmas devem ser objecto de interpretação actualista, pelo que se deve entender poderem esses mandatos ter, nas sociedades anónimas, uma duração máxima de quatro exercícios sociais, ainda que os mesmos, por estarem desfasados do ano civil, acabem por coincidir com cinco anos civis (dois deles apenas parcialmente) ou até com seis anos civis, o que sucede se a sociedade iniciar a sua actividade em Dezembro de um determinado ano e concluir o primeiro exercício num dos primeiros cinco meses do segundo ano subsequente e terceiro ano civil a contar da sua entrada em funcionamento.

4.3.9. *Os modelos de organização da administração e fiscalização das sociedades anónimas e a administração das sociedades por quotas*[253]

4.3.9.1. *Estrutura de gestão e fiscalização da sociedade anónima*

A indicação da estrutura da administração e fiscalização da sociedade anónima é outra das menções obrigatórias do contrato de sociedade (cfr. art. 272.º, *alínea g)*), uma vez que neste tipo social é possível adoptar uma de três estruturas admitidas na lei (cfr. art. 278.º, n.º 1). Com efeito, a gestão e fiscalização da sociedade anónima pode reconduzir-se, agora[254], a um de três modelos:

a) *Conselho de administração e conselho fiscal*, eventualmente com *revisor oficial de contas externo* (modelo clássico);
b) *Conselho de administração, compreendendo uma comissão de auditoria, e revisor oficial de contas* (modelo anglo saxónico); ou
c) *Conselho de administração executivo, conselho geral e de supervisão e revisor oficial de contas* (modelo germânico).

---

[253] Com referência ao regime aplicável às sociedades anónimas até 29 de Junho de 2006, cfr. António Pereira de Almeida, «Estrutura organizatória das sociedades», AA.VV., *Problemas do Direito das Sociedades*, Almedina, Coimbra, **2002**, pp. 95-118.

[254] Até 29 de Junho de 2006, a opção colocava-se apenas entre dois modelos: o clássico e o de inspiração germânica (cfr. art. 278.º, na sua redacção originária). Com a entrada em vigor do DL 76-A/2006, de 29 de Março, passou a ser possível optar, na sociedade anónima, por uma de três diferentes estruturas (de administração e fiscalização), como explicamos, sinteticamente, na Introdução [cfr., *supra*, D)2.II] e, mais detalhadamente, adiante, designadamente nos n.os 27.4.4 e 32.

Iremos proceder a uma análise detalhada desses modelos em sede de administração e fiscalização de sociedades anónimas (cfr., *infra,* n.º 32.1), para onde remetemos.

Entretanto, refira-se apenas que a opção por uma das estruturas depende, essencialmente, de dois aspectos diferenciados: a dimensão da sociedade e a existência de controlo mais ou menos definido do respectivo capital e direitos de voto ou relativa dispersão no mercado das participações sociais.

Assim, no que respeita à dimensão, as pequenas sociedades anónimas tenderão a adoptar o modelo clássico[255], eventualmente reduzido a administrador e fiscal únicos, não se ajustando facilmente ao modelo anglo-saxónico; as sociedades médias optarão entre o modelo clássico e o modelo germânico e só as grandes sociedades elegerão o modelo anglo-saxónico[256], embora possam também escolher qualquer dos outros.

No entanto, sublinhe-se que qualquer dos modelos é adequado a sociedades de grande dimensão[257], dependendo a escolha frequentemente da maior ou menor concentração e dispersão do capital social. Com efeito, onde existe apenas um accionista maioritário ou a maioria do capital se concentra nas mãos de um reduzido número de accionistas, a tendência é para optar entre uma estrutura tradicional, acolhendo no conselho de administração, a par do(s) próprio(s) accionista(s), os técnicos especializados na gestão da sociedade, e o modelo anglo-saxónico[258]. Nos casos em que o capital se encontra mais (mas não excessivamente) repartido, reconhecendo-se diversos accionistas titulares de um número significativo de acções, embora percentualmente limitado (por exemplo, cerca de oito a doze accionistas com uma participação social variável entre 5 a 10% do capital cada ou pelo menos superior a 2%), é habitual escolher-se o modelo germânico, entregando-se a gestão da sociedade exclusivamente a profissionais (os administradores *executivos*) e controlando-a a partir do conselho geral e de supervisão. Por sua vez, quando

[255] Este modelo é adoptado também por grandes sociedades, eventualmente cotadas (em bolsa), como é o caso (no início de 2010), da Galp Energia, SGPS, S.A., e da Brisa Auto-estradas de Portugal, S.A..

[256] Tendência que se tem vindo a acentuar nas sociedades cotadas.

[257] O modelo germânico é adoptado, entre outras, pelo Banco Comercial Português, SA, e pela EDP – Energias de Portugal, S.A..

[258] Casos do Banco Espírito Santo, S.A., do Banco BPI, S.A:, e da Portugal Telecom SGPS, S.A..

a sociedade atinge uma dimensão particularmente relevante, tem as respectivas participações admitidas à cotação em mercados externos e conta com a participação significativa de accionistas estrangeiros, o (novo) modelo de governação anglo-saxónica é, porventura, aquele que melhor compatibiliza a estrutura da administração e fiscalização da sociedade com as exigências desses mercados e desses accionistas. Trata-se de um modelo especialmente vocacionado para sociedades cotadas em mercados regulamentados[259].

4.3.9.2. *Sociedades por quotas*

Neste tipo societário não tem de haver necessariamente fiscalização, podendo a sociedade constituir-se contratualmente com um único órgão institucionalizado: o gerente ou a gerência.

A lei não configura o órgão executivo das sociedades por quotas como um órgão colectivo, não lhe reconhecendo a designação de conselho de gerência quando a sua composição é plural. Assinale-se apenas que nada impede que os gerentes reúnam e deliberem em conjunto sobre assuntos da sua competência e vertam tais deliberações em actas (da gerência).

No momento da constituição da sociedade, a institucionalização da fiscalização é facultativa, excepto nos reduzidos casos em que o objecto social a impõe – como sucede com as sociedades gestoras de participações sociais (cfr. art. 10.º, n.º 2 do Decreto-Lei n.º 495/88, de 30 de Dezembro) –, podendo, durante a vida da sociedade, vir a tornar-se obrigatória, ainda que pontualmente (*ad hoc*), quando durante dois exercícios sociais se registarem determinados parâmetros, previstos e enunciados no artigo 262.º, n.º 2. Só nessas circunstâncias a sociedade fica necessariamente sujeita a fiscalização por revisor oficial de contas.

[259] Este modelo de governação, que só se tornou disponível a partir de 30 de Junho de 2006, tem colhido significativa aceitação prática entre as sociedades cotadas na Bolsa (Euronext Lisbon, SA), casos do Banco BPI, S.A., Banco Espírito Santos, S.A., Portugal Telecom, SGPS, S.A., e da REN – Redes Energéticas Nacionais, SGPS, S.A..

4.4. **Consequências da falta de menções obrigatórias;** *remissão*

Veremos, a propósito das vicissitudes inerentes ao processo de constituição (cfr., *infra*, n.os 9.2, 9.3 e 9.4) quais as consequências da falta de menções obrigatórias. Entretanto, refira-se apenas que as mesmas vêm previstas no artigo 42.º do Código das Sociedades Comerciais, relativamente às sociedades anónimas e por quotas; disposição legal que prevê duas soluções diferentes: a nulidade do contrato (cfr. n.º 1) e a sanação de alguns dos vícios verificados (cfr. n.º 2).

4.5. **Menções facultativas do contrato de sociedade**

Para além das menções obrigatórias – cuja falta pode determinar a invalidade do próprio contrato[260] –, há que acautelar a inclusão no contrato de sociedade de faculdades que a não consagração estatutária faz corresponder à impossibilidade de aproveitamento (sem prévia alteração do contrato, nalguns casos por unanimidade[261]), caso os sócios (ou a sociedade) pretendam vir a prevalecer-se dessas prerrogativas.

As menções facultativas, como iremos ver em seguida, podem ser de três tipos: comuns aos dois tipos sociais que estudamos ou específicas de cada um deles. Vamos enunciá-las de forma sistematizada, mas não exaustiva.

---

[260] A falta de menções obrigatórias no contrato de sociedade tem implicações diversas, consoante seja verificada antes do registo (aquando do respectivo pedido) ou apenas depois de «*efectuado o registo definitivo do contrato de sociedade*». No primeiro caso, o contrato será nulo (cfr. art. 41.º do CSC e 294.º do CC); no segundo caso, nas situações em que o contrato já passou no crivo do conservador, a lei reduz ao mínimo as hipóteses de nulidade (cfr. arts. 42.º, n.º 1, e 43.º, n.os 1 e 2), admitindo a sanação de certos vícios (cfr. arts. 42.º, n.º 2, e 43.º, n.º 3).

[261] Cfr. art. 86.º, n.º 2 do CSC.

4.5.1. *Menções comuns (às sociedades por quotas e anónimas)*

4.5.1.1. *Participação em outras sociedades de diferente objecto social e em agrupamentos complementares de empresas*

Por estranho que pareça, se o contrato de sociedade não autorizar a participação da sociedade noutras sociedades, desde que com objecto social diferente, essa participação não é possível, ainda que esteja unicamente em causa a simples aquisição de acções (correspondente a uma pura aplicação financeira). Isto traduz uma leitura crua do Código das Sociedades Comerciais (art. 11.º, n.os 4, *a contrario*, e 5), que veda literalmente a aquisição de participações sociais mesmo quando constitui mero investimento financeiro, se tal possibilidade não estiver contratualmente prevista[262]; e ainda que tal investimento seja insignificante quando comparado com o capital da sociedade em causa. A ordem de compra de acções em bolsa dada por um gestor (bancário) de conta da sociedade corresponderia, assim, nesse contexto – e aceitando-se a interpretação enunciada –, a um acto nulo (cfr. art. 294.º do CC), com os inconve-0nientes daí resultantes.

A lei deveria ser, nesta matéria, mais flexível[263], não limitando a capacidade da sociedade para adquirir participações sociais, designadamente com a forma de acções – na falta de permissão contratual expressa –, quando a aquisição corresponda a uma mera aplicação financeira, quando permite a uma sociedade anónima realizar sem qualquer limite outro tipo de negócios substancialmente mais relevantes (por exemplo,

---

[262] Sobre o art. 11.º, n.º 5 do CSC, cfr. FILIPE CASSIANO DOS SANTOS, *Estrutura associativa e participação societária capitalística. Contrato de sociedade, estrutura societária e participação do sócio nas sociedades capitalísticas*, Coimbra Editora, **2006**, pp. 168-174.

[263] Seria de esperar que a Lei das Sociedades Comerciais angolana [Lei n.º 1/04, de 13 de Fevereiro, que entrou em vigor no dia 13 de Abril de 2004 (art. 529.º)] – que corresponde essencialmente a um decalque do nosso Código (na sua redacção e forma anteriores à reforma de 2006), não obstante tal não ser expressamente reconhecido pelo respectivo diploma preambular, como seria adequado, – pudesse apresentar uma solução claramente mais lógica e evoluída, sujeitando a expressa previsão contratual apenas a aquisição de partes sociais de sociedades de responsabilidade ilimitada e não já de quaisquer sociedades com diferente objecto. Infelizmente, não o fez, acolhendo – no artigo 13.º, n.os 3 e 4 –, com diferente redacção, a solução da lei portuguesa.

envolvendo bens imóveis) e que possam acarretar para a sociedade consequências bem mais gravosas.

Daqui se conclui que atendendo ao disposto no artigo 11.º (conjugação dos n.os 4 e 5; com interpretação *a contrario* do primeiro), a generalidade das sociedades acautela a possibilidade de aquisição e subscrição de participações sociais em sociedades de diferente objecto, ainda que também de responsabilidade limitada.

No que respeita ao local próprio do contrato, para incluir uma previsão com esta natureza, justifica-se que a mesma seja clausulada a propósito do objecto, em desdobramento do respectivo preceito estatutário ou em regra autónoma, ou no âmbito da competência da administração (gerência), se for este o órgão competente para deliberar os negócios sobre tais participações sociais. Assim, um possível exemplo de cláusula nesta matéria seria o seguinte: «*O conselho de administração poderá deliberar a associação da sociedade com terceiros, sob qualquer forma legal ou contratual, nomeadamente para formar novas sociedades, consórcios, agrupamentos complementares de empresas ou associações em participação, assim como subscrever, adquirir, alienar ou onerar participações no capital social de quaisquer outras sociedades, independentemente do respectivo objecto*».

Da pertinência da inclusão da menção facultativa que analisámos resulta claramente a relevância da ponderação prévia das matérias a regular no contrato de sociedade – incluindo necessariamente as que correspondem a cláusulas facultativas[264] – e a vantagem óbvia de, para a constituição da mesma, se recorrer a um especialista.

4.5.1.2. *Autorização para emissão de obrigações*

Caso os sócios pretendam que a sociedade possa vir a emitir obrigações, é essencial que eles deixem em aberto essa possibilidade, auto-

[264] Não se duvida que um empresário (que não seja um jurista especializado) de sólida formação cultural saiba ler a lei e ter uma ideia clara do que pretende ver consagrado no estatuto regulador da sociedade que constitui, para organizar a sua actividade de natureza económica; onde ele claudica frequentemente é na previsão (ou falta dela) relativamente ao que não está regulado e faria sentido incluir ou aos efeitos das regras dispositivas facultativas que não são contratualmente contempladas, simplesmente por não terem sido consideradas (desprezadas ou simplesmente ignoradas), e que por isso deixam de ser aproveitadas.

rizando a assembleia geral a deliberar a emissão de um empréstimo obrigacionista (arts. 272.º, *alínea f)*, e 350.º, n.º 1 *in fine* do CSC). A faculdade legalmente estabelecida, no Código das Sociedades Comerciais, é aplicável às sociedades por quotas, por efeito do disposto no artigo único do Decreto-Lei n.º 160/87, de 3 de Abril, que veio corrigir uma omissão do legislador[265].

Contudo, subsiste fundamentalmente, em matéria de competência orgânica, um problema delicado, que é o de apurar se constitui menção facultativa do contrato de sociedade admitir que a competência para a deliberação de uma emissão de obrigações – que se traduz em contrair dívida não apenas perante terceiros, mas perante os próprios accionistas – é também do conselho de administração. A resposta deverá ser afirmativa, inclinando-se a lei para estabelecer em favor do conselho de administração uma competência alternativa (cfr. art. 350.º, n.º 1, *in fine*), sempre que o contrato de sociedade preveja essa faculdade.

No que respeita à eventual competência da gerência para deliberar (ou decidir) a eventual emissão de obrigações – uma vez que, nas sociedades por quotas, não se configura um órgão colectivo de administração (cfr., *infra*, n.º 27.3.2.1), nem uma gerência singular dependente de um máximo de capital social, como sucede com a figura do administrador único – e à aplicação a este tipo societário do disposto no artigo 350.º, n.º 1, *in fine*, de modo que o lançamento do empréstimo obrigacionista possa ficar organicamente dependente da administração da sociedade, afigura-se ser suficiente a previsão contratual da autorização para emis-

---

[265] Com efeito, quando o Código entrou em vigor (1 de Novembro de 1986), discutia-se sobre a faculdade de as sociedades por quotas recorrerem a empréstimos obrigacionistas, uma vez que as obrigações eram exclusivamente reguladas no título respeitante às sociedades anónimas (arts. 348.º e segs.), sendo o Código omisso em relação à sua aplicação às sociedades por quotas. Ora, uma vez que existia anteriormente, no âmbito do Código Comercial de 1888, uma autorização expressa para a emissão de obrigações pelas sociedades por quotas, e a mesma havia entretanto desaparecido no novo regime legal, concluiu-se que o legislador não havia querido continuar a autorizar empréstimos obrigacionistas neste tipo social. Equacionada a hipótese de recorrer à analogia, o intérprete deparava com um relevante obstáculo no elemento histórico referido. Então, e de forma algo tosca, através de um Decreto-Lei avulso, com um único artigo, o legislador viria (implicitamente) a reconhecer o erro, estendendo às sociedades por quotas a possibilidade de emitirem obrigações, nos mesmos termos e condições em que tal seria possível para as sociedades anónimas. Por isso, hoje, efectivamente é o disposto no âmbito das sociedades anónimas – e de algumas leis que regulam sociedades especiais, designadamente de natureza financeira – que rege esta matéria.

são de obrigações e a competência da gerência para o efeito, ainda que tal conclusão não deixe de causar uma certa perplexidade. Tal solução, embora pouco feliz, impõe-se pela necessária aplicação às sociedades por quotas do regime previsto para as sociedades anónimas.

Em paralelo com a autorização estatutária para emissão de obrigações, não vemos como inconveniente – antes pelo contrário – que o contrato de sociedade inclua igualmente, e a propósito da emissão de obrigações, uma autorização para a criação de outros instrumentos financeiros. Exemplificando, «*A sociedade poderá, obtidas as necessárias autorizações, emitir obrigações, de todos os tipos, até ao limite máximo previsto na lei, na forma e nas condições que forem determinadas em assembleia geral, bem como poderá, nos mesmos termos, criar warrants ou outros valores mobiliários equiparados.*»

4.5.1.3. *Cláusulas sobre distribuição de lucros*

A lei não estabelece regras imperativas sobre a distribuição de lucros, limitando-se a propor uma solução supletiva, nos artigos 217.º, n.º 1 e 294.º, n.º 1, que, em nosso entender, confere aos sócios e accionistas o direito a receber uma certa parte do lucro do exercício distribuível.

Não obstante, é habitual os contratos de sociedade remeterem para a livre discricionariedade dos sócios a eventual (não) distribuição de lucros periódicos[266]. No entanto, como referimos, e veremos adiante (*infra,* n.º 14), entendemos que as regras legais supletivas constantes dos artigos 217.º, n.º 1 e 294.º, n.º 1 do Código das Sociedades Comerciais devem ter uma leitura restritiva, no sentido de se retirar da lei a garantia da distribuição periódica de uma parte (mínima) dos lucros do exercício. Nesse sentido, afigura-se que eventual cláusula estatutária (correcta e legalmente válida) a inserir poderá ser a seguinte:

Artigo Vigésimo
(Aplicação de resultados)

Um. *O lucro líquido, legal e contratualmente, distribuível terá a aplicação que, sob proposta do conselho de administração, a*

---

[266] Por exemplo: «*O lucro líquido, legal e contratualmente distribuível, terá a aplicação que, sob proposta do conselho de administração, a assembleia geral determinar*».

assembleia geral determinar, sem prejuízo do disposto no número seguinte.

Dois. *Não podem deixar de ser anualmente distribuídos aos accionistas dividendos correspondentes a sessenta por cento do lucro do exercício distribuível, a menos que seja, excepcional e pontualmente, deliberado não o fazer, por uma maioria de votos correspondentes a três quartos do capital social.*

4.5.1.4. (Cláusulas que estabelecem a exigibilidade de realização de) *Prestações acessórias*

Na vertente das obrigações, haverá que prever a possibilidade de o contrato vir a impor a determinados sócios, ou à totalidade dos mesmos, a obrigação de efectuar prestações acessórias, quer nas sociedades por quotas, quer nas sociedades anónimas, respectivamente nos termos dos artigos 209.º e 287.º. Tais obrigações de prestações acessórias configuram-se em moldes idênticos nos dois tipos societários e, por isso, serão objecto de análise autónoma a propósito das obrigações dos sócios. Qualquer das disposições tem o cuidado de referir que se tais obrigações se configuram como um contrato típico, elas seguem o regime desse mesmo contrato.

O contrato mais típico de obrigação de prestações acessórias é o chamado contrato de suprimento. Neste caso, os ditos suprimentos são empréstimos que os sócios fazem à sociedade e que passam a ser eventualmente obrigatórios quando exigidos pela sociedade se previstos no respectivo contrato.

A concluir, refira-se apenas que, nas sociedades anónimas, a estipulação de prestações acessórias (como verdadeiras obrigações sociais) implica que as acções sejam nominativas (cfr. art. 299.º, n.º 2, *alínea c)*).

Vejamos, em seguida, exemplos possíveis de cláusulas referentes a prestações acessórias nas sociedades por quotas e anónima, respectivamente:

Artigo Quinto
(Prestações acessórias)

Um. *A sociedade poderá exigir a todos os sócios a realização de prestações acessórias de capital, em dinheiro, até ao montante máximo de cem vezes o valor nominal da respectiva quota, mediante deliberação tomada por maioria de dois terços dos votos correspondentes ao capital.*

Dois. *A obrigação de realizar as prestações acessórias de capital vencer-se-á trinta dias após a data da deliberação ou em outras datas de vencimento estabelecidas ou determinadas.*

Três. *As prestações acessórias de capital serão gratuitas, salvo se deliberado diversamente pelo quorum previsto no número um.*

Quatro. *As prestações acessórias de capital, a realizar nos termos deste preceito, não poderão ser reembolsadas à custa da situação líquida da sociedade, formada pelo capital social e pelas reservas legais obrigatórias que tenham sido entretanto constituídas.*

Cinco. *Pela mesma maioria prevista no número um deste artigo, pode igualmente ser deliberada a conversão de quaisquer créditos em prestações acessórias de capital, ficando estas sujeitas ao disposto neste preceito estatutário e na lei aplicável.*

Artigo Sexto
(Prestações acessórias de capital)

Um. *A assembleia geral poderá deliberar a realização pelos accionistas de prestações acessórias de capital, em dinheiro, até ao montante máximo de duzentas vezes o valor do capital social, mediante deliberação tomada por maioria de dois terços dos votos correspondentes ao capital social.*

Dois. *As prestações acessórias mencionadas no número anterior serão prestadas a título gratuito, salvo se diversamente deliberado por uma maioria de dois terços dos votos correspondentes ao capital social.*

4.5.1.5. (Cláusulas sobre) *Alienação do direito de preferência na subscrição de aumentos de capital por entradas em dinheiro*

Quando está em causa um aumento do capital social, os sócios têm o direito de preferência de o subscreverem, proporcionalmente às participações que já detêm. Tal direito permite-lhes manter uma participação social proporcional à que anteriormente eram titulares.

Acontece que os sócios ou accionistas podem não estar interessados em subscrever, na totalidade ou mesmo em parte, o aumento de capital social, podendo optar por ceder a terceiros esse direito – que reveste, por isso e assim, um conteúdo eminentemente patrimonial –, mediante uma determinada contrapartida. Noutros casos, dadas as proporções existentes, nem todos os direitos de subscrição serão utilizáveis, porque alguns corresponderão apenas a uma fracção de nova participação.

É possível regular estatutariamente a alienação do direito de preferência na subscrição de aumentos de capital (cfr. arts. 267.º e 458.º, n.º 3).

4.5.1.6. (Cláusulas sobre) *Nomeação de gerentes, administradores, membros do conselho geral e de supervisão ou liquidatários*

Pode aproveitar-se o contrato de sociedade para indicar as pessoas que vão desempenhar determinadas funções e evitar assim realizar imediatamente uma assembleia geral com a finalidade de eleger os titulares dos órgãos sociais. Com efeito, pode haver vantagens inegáveis em que, desde o momento da celebração do contrato de sociedade – e necessariamente antes do respectivo registo –, tais pessoas estejam em condições de praticar determinados actos que vinculem já a sociedade não obstante ela não se considerar ainda constituída, por não estar registada, em face do Direito constituído.

Apontam nesse sentido, os artigos 252.º, n.º 2, 391.º, n.º 1, e 435.º, n.º 1, preceitos legais que, respectivamente, prevêem a nomeação contratual de gerentes, a designação de administradores ou de membros do conselho geral e de supervisão, e o art. 151.º, n.º 1, relativamente à possibilidade de indicação dos liquidatários, em caso de liquidação da sociedade.

A este propósito, apenas importa, desde já, reter que é hoje pacífico o entendimento de que a designação de um gerente no contrato de sociedade, ainda que se trate de um sócio, não importa, só por si, a concessão de um direito especial. Nesse sentido cite-se, a título exemplificativo, o **AcRelÉvora de 12 Novembro 1992** (GERALDES CARVALHO)[267], e o **AcSTJ de 12 Junho 1996** (NASCIMENTO COSTA)[268].

---

[267] *«A nomeação na escritura de constituição de todos os sócios como gerentes, sem qualquer identificação nem indicação de qualquer motivo relativamente a qualquer deles, não é argumento válido para estabelecer a existência de um direito especial à gerência em relação a qualquer um dos sócios»* (*BMJ*, 421, p. 530).

[268] *«A mera nomeação, nos estatutos, de sócios como gerentes não basta para que se possa falar em direitos especiais à gerência»* (*CJ/AcSTJ*, ano IV, t. II, 1996, pp. 130-132).

4.5.1.7. *Designação do secretário da sociedade, quando a mesma é facultativa*

Em certos casos, a nomeação de um secretário da sociedade corresponde a uma exigência legal; noutros, tal designação será meramente facultativa (cfr. art. 446.º-D)[269] e permitirá delimitar com algum cuidado as funções do secretário nessa circunstância.

4.5.1.8. *Atribuição de vantagens especiais aos sócios*

Os sócios que constituem uma sociedade podem, por essa razão, pretender reservar determinadas prerrogativas de carácter fundamentalmente patrimonial, situação que – com a finalidade de se evitarem abusos – se encontra legalmente regulamentada, para os sócios fundadores, em geral (art. 16.º, n.º 1), e para os chamados promotores das sociedades anónimas abertas, em particular (cfr. art. 279.º, n.º 8).

A ideia é simples: as vantagens especiais concedidas a sócios (fundadores), em razão da constituição da sociedade, devem ser exaradas no próprio contrato de sociedade (cfr. art. 16.º, n.º 1), pelo que se pretendermos que tal aconteça deveremos inserir a previsão contratual correspondente.

4.5.1.9. *Direitos especiais*

A atribuição de direitos especiais tem de decorrer do próprio contrato social (cfr. art. 24.º, n.º 1), correspondendo a preceitos estatutários facultativos e traduzindo-se na criação de categorias de acções nas sociedades anónimas (cfr. art. 302.º).

[269] Em rigor esta designação não pressupõe necessariamente previsão contratual, assim como a designação obrigatória do secretário nas sociedades anónimas abertas cotadas em bolsa também não exige menção estatutária (cfr. art. 446.º-A). No entanto, os estatutos (das sociedades anónimas) frequentemente integram tais disposições, dispondo, por exemplo, que *«O Conselho de Administração [Executivo] poderá, a todo o tempo, designar um Secretário, e o respectivo suplente, com as funções e competências legalmente atribuídas, cujos mandatos, renováveis por uma ou mais vezes, coincidirão com o respectivo mandato»*.

4.5.1.10. *Amortização de participações sociais*

Também a amortização de quotas e de acções (com redução do capital social) pode constituir objecto de cláusulas facultativas que, a não serem acolhidas, impedem a sociedade de proceder à extinção de participações.

Exemplifique-se com cláusulas deste tipo, começando pelas sociedades por quotas e acabando nas anónimas:

Artigo Sétimo
(Amortização)

Um. *A sociedade poderá efectuar a amortização de quotas sempre que a lei expressamente a admitir e ainda:*

a) *Por acordo com os respectivos titulares;*

b) *Quando se trate de quota que a sociedade tenha adquirido;*

c) *Quando o sócio for judicialmente declarado insolvente;*

d) *Se a quota tiver sido objecto de arresto, penhorada ou sujeita a apreensão judicial;*

e) *Quando a quota seja cedida com infracção do disposto no artigo (...) ou quando seja dada em garantia com violação do disposto no artigo (...);*

f) *Por morte do sócio seu titular, se os seus sucessores não se opuserem no prazo de trinta dias depois de a amortização ter sido deliberada e lhes ter sido comunicada.*

Dois. *A amortização far-se-á pelo valor nominal da quota, salvo disposição legal em contrário.*

Três. *A deliberação de amortização deverá ser tomada pelos votos correspondentes a, pelo menos, metade da totalidade do capital social mais um.*

Quatro. *Deliberada a amortização, esta considerar-se-á desde logo realizada, deixando o respectivo titular da quota de poder exercer quaisquer direitos sociais, sem prejuízo do disposto na alínea f) do número um.*

Artigo Nono
(Amortização de acções com redução do capital social)

Um. *Independentemente do consentimento dos respectivos titulares, a sociedade poderá deliberar a amortização das acções sempre que:*

a) *as acções forem penhoradas, arrestadas, oneradas, dadas em garantia ou, por qualquer outro motivo, deixarem de estar na livre disponibilidade do seu titular, sem consentimento da sociedade;*

b) *os respectivos titulares tenham causado intencionalmente, pelo exercício indevido dos seus direitos sociais prejuízos à sociedade ou a outros accionistas;*

c) *os respectivos titulares adoptem um comportamento desleal ou gravemente perturbador do funcionamento da sociedade, que lhe cause ou possa vir a causar prejuízos relevantes;*

d) *for declarada a insolvência de qualquer accionista.*

Dois. *A amortização prevista neste artigo implica a redução do capital social correspondente ao valor nominal das acções amortizadas e a extinção destas.*

Três. *A amortização será deliberada em assembleia geral e comunicada pela administração aos accionistas titulares das acções amortizadas.*

Quatro. *A amortização efectuar-se-á pelo valor contabilístico das acções decorrente do último balanço aprovado, podendo o respectivo pagamento ser feito em seis prestaçoes semestrais sem juros.*

Cinco. *A deliberação de amortização pode ser tomada no prazo de seis meses subsequente à ocorrência do facto que a fundamenta ou ao seu conhecimento pelos demais accionistas.*

4.5.2. *Cláusulas facultativas específicas das sociedades por quotas*

Algumas matérias não são susceptíveis de serem clausuladas em sociedades anónimas, por não se enquadrarem na caracterização desse tipo societário. Encontram-se nessa situação:

4.5.2.1. *Responsabilidade perante credores sociais*

Nas sociedades por quotas, e constituindo excepção à clássica limitação da responsabilidade dos sócios, pode ainda ser clausulada a obrigatoriedade destes assumirem perante os credores sociais, até um certo montante, e solidariamente com a sociedade ou em termos meramente subsidiários «*em relação a esta e a efectivar apenas na fase da liquidação*» (art. 198.º, n.º 1; vd. também n.ºˢ 2 e 3), a satisfação das dívidas sociais.

Trata-se da possibilidade de alargar a responsabilidade dos sócios, elevando o respectivo limite, dentro de certos parâmetros contratualmente previstos.

4.5.2.2. *Obrigações de prestações suplementares*

As obrigações de prestações suplementares de capital, que constituem verdadeiros reforços em dinheiro, sempre que a sociedade se encontra em situação de subcapitalização, e consequentemente em dificuldade para cumprir as suas obrigações são típicas das sociedades por quotas (art. 210.º-213.º), obedecendo a uma regulamentação eminentemente subjectiva. Não obstante, como veremos adiante, não repugna admitir que este tipo de obrigações seja clausulado numa sociedade anónima, pese embora a sua aparente incompatibilidade com a estrutura das participações sociais características desta.

Sem prejuízo do que afirmamos mais à frente, antecipe-se que estas prestações não vencem juros e, sempre que o sócio se recusar a prestá-las, sendo contratualmente autorizadas e favoravelmente deliberadas, incorre no risco de ser excluído. Por esta razão, o incumprimento de prestações suplementares de capital pode constituir uma forma de afastar sócios, desde que a respectiva deliberação não seja abusiva.

Trata-se, contudo, de matéria a que regressaremos, importando por agora avançar um exemplo de cláusula:

Artigo Quinto
(Prestações suplementares)

Poderão, ainda, ser exigidas aos sócios, por uma ou mais vezes, prestações suplementares de capital no montante global máximo de cem vezes o capital social.

4.5.3. ***Regras facultativas exclusivas das sociedades anónimas***

Finalmente, fazemos referência a menções facultativas que são características e típicas de sociedades anónimas.

4.5.3.1. *Autorização para distribuição antecipada de dividendos*

É possível clausular contratualmente a autorização para a administração da sociedade, por uma só vez, na segunda metade do exercício e mediante parecer favorável do órgão de fiscalização, distribuir dividendos, por conta dos lucros a apurar nesse exercício (cfr. art. 297.º).

A questão traduz-se no seguinte: se no final do 1.º semestre e pela percepção dos resultados até então obtidos, houver a convicção de que a sociedade irá, nesse exercício, gerar lucros substanciais, por que não procurar atribuir de imediato aos accionistas uma certa quantia por conta dos lucros finais do exercício. Essa distribuição, para além de ter de preservar a intangibilidade do capital social, só poderá incidir sobre metade dos lucros que, à data, sejam distribuíveis.

A necessidade de consagrar a regulamentação de um determinado aspecto de natureza permissiva, sob pena de a previsão legal se tornar inaproveitável, fica bem patente nesta matéria, concluindo-se pela impossibilidade de distribuição antecipada de dividendos, nas sociedades anónimas constituídas posteriormente a 1 de Novembro de 1986, se tal faculdade não se encontrar clausulada estatutariamente.

A cláusula a inserir no contrato de sociedade é simples. Por exemplo:

> *«O conselho de administração pode, obtido o parecer favorável do conselho fiscal, deliberar, por uma só vez, na segunda metade de cada exercício, conceder adiantamentos sobre lucros previsíveis, observados os limites legais.»*

Refira-se que esta cláusula não é necessária nas sociedades anónimas existentes antes da entrada em vigor do Código das Sociedades Comerciais, que previu para essas sociedades um regime específico, caracterizado pela desnecessidade de autorização contratual (cfr. art. 537.º).

Como veremos adiante (n.º 14.9.4), por razões que então explicitamos, este tipo de cláusulas não é admissível nas sociedades por quotas.

4.5.3.2. *Aumento do capital social deliberado pelo órgão de administração*

Este tipo de cláusula corresponde a uma das situações de competência cumulativa da assembleia geral, ou dos accionistas considerados no seu conjunto, e do órgão de administração (cfr. arts. 456.º e 85.º, n.º 1).

É possível – desde a entrada em vigor do Código das Sociedades Comerciais – autorizar o conselho de administração[270] a, durante um certo

---

[270] Ou o conselho de administração executivo (anteriormente a direcção), uma vez que a lei, a propósito do «Aumento e redução do capital» (arts. 456.º e segs.), apenas se refere a órgão de administração.

prazo máximo (de cinco anos, se nada for contratualmente estipulado[271]), decidir operações de aumento do capital social por entradas em dinheiro, desde que se estabeleça o limite até ao qual dispõe dessa faculdade (cfr. art. 456.º, em especial o n.º 2). Exemplifique-se:

> *«O conselho de administração poderá deliberar, por uma ou mais vezes, aumentar o capital social, por entradas em dinheiro, até ao montante máximo de € 5.000.000,00 (cinco milhões de euros).»*

Trata-se da excepção à regra[272] da competência exclusiva dos accionistas para deliberarem alterações do contrato de sociedade (cfr. arts. 85.º, n.º 1 parte inicial, e 373.º, n.º 2 parte inicial), sendo a competência do órgão de administração meramente cumulativa (cfr. art. 85.º, n.º 1 *in fine*), o que significa que os accionistas não prescindem dos (seus) direitos sociais e podem, em qualquer momento, e não obstante tal autorização contratual, deliberar um aumento do capital social que, eventualmente, esgote a própria autorização e elevar o capital até ao respectivo montante máximo ou ultrapassar mesmo tal limite.

4.5.4. *Outras regras estatutárias*

4.5.4.1. *Enquadramento*

Para além das menções facultativas acima referidas, podem integrar contratos de sociedade por quotas ou anónima, todas as cláusulas que, em geral:

a) afastem normas legais supletivas;

---

[271] A reforma de 2006 (na versão inicial do DL 76-A/2006) havia, aparentemente, introduzido uma novidade nesta matéria, com a nova redacção da alínea b) do n.º 2 do artigo 456.º, e que assinalámos na 1ª edição. A mesma permitiria estabelecer que a autorização fosse válida por prazo superior a cinco anos, embora na falta de fixação contratual o prazo supletivo fosse de cinco anos. Afinal a Declaração de Rectificação n.º 28-A/2006, de 26 de Maio (n.º 9), viria a corrigir a redacção da alínea b) do n.º 2 do artigo 456.º, mantendo o regime anterior.

[272] Esta constitui a principal, mas não a única, excepção. Assinale-se também a faculdade que a administração hoje pode ter para decidir a alteração de sede social, dentro do território nacional (cfr. art. 12.º, n.º 2, red. do DL 76-A/2006), com as importantíssimas consequências (inclusivamente no plano tributário) resultantes dessa medida.

b) concretizem disposições legais permissivas; ou
c) correspondam à faculdade de autoregulamentação de interesses dos sócios e accionistas e que não violem os princípios caracterizadores do sistema jurídico-societário ou infrinjam as normas imperativas que o integram, ou que simplesmente esclareçam e pormenorizem aspectos de regime em que a lei é omissa ou obscura.

Vamos exemplificar as diversas situações enunciadas.

4.5.4.2. *Afastamento de regras supletivas*

Constituem exemplos de preceitos contratuais que afastem regras supletivas, entre outros, os de cláusulas sobre a percentagem de lucros do exercício a distribuir (cfr. arts. 217.º, n.º 1 e 294.º, n.º 1), e sobre a cessão de quotas que estabeleçam um regime diferente do legalmente estabelecido, nos artigos 217.º, n.º 1 e 294.º, n.º 1 e 228.º, n.º 2, impondo – como regra na sociedade – a distribuição da totalidade dos lucros distribuíveis, limitando transmissões entre sócios e, ou, entre familiares próximos (cônjuges e parentes na linha recta) ou estabelecendo a total liberdade para a transmissão de participações sociais.

4.5.4.3. *Aproveitamento de normas permissivas*

Noutros casos, de que também avançamos alguns exemplos neste livro[273], o Código das Sociedades Comerciais prevê a possibilidade de o contrato social autorizar determinadas práticas. Se os sócios não aproveitarem essa faculdade, então entende-se que eles prescindem da mesma. São exemplos:

– A amortização de acções com redução do capital social (cfr. art. 346.º, n.ºs 1 e 3);
– A remição de acções privilegiadas (cfr. art. 345.º, n.ºs 1 e 2);
– A convocação de assembleias gerais apenas por carta registada, quando as acções são todas nominativas (cfr. art. 377.º, n.º 3 *in fine*);

[273] Veja-se os casos da emissão de obrigações (cfr. art. 272.º, *alínea f)*) e da distribuição antecipada de dividendos (cfr. n.º 4.5.3.1).

- A exigibilidade de um montante mínimo de capital social para participar na assembleia geral e votar (cfr. arts. 379.º, n.º 1 e 384.º, n.º 2, *alínea a)*, e 379.º, n.º 2);
- A previsão contratual de administrador(es) designado(s) por minorias (cfr. art. 392.º, n.º 1);
- O agendamento regular das reuniões do conselho de administração, para uma mesma data (e hora), com periodicidade pré-estabelecida, mediante deliberação tomada pelo próprio conselho, que pode decidir, por exemplo, «*reunir ordinariamente em todas as últimas quartas-feiras de cada mês, realizando-se a reunião na quarta-feira subsequente sempre que houver coincidência com dia feriado*» (cfr. art. 410.º, n.º 3 *in fine*);
- Permissão estatutária para representação de administrador em reunião do conselho (cfr. art. 410.º, n.º 5).

4.5.4.4. *Concretização da autonomia privada*

Finalmente, os sócios e accionistas podem incluir no contrato de sociedade regras que não colidam com os princípios enformadores do sistema jurídico societário e com as normas imperativas que o caracterizam, bem como regular contratualmente matérias em que a lei é omissa, eventualmente de forma intencional, ou em que a respectiva redacção suscita dúvidas.

Constitui exemplo da primeira situação – concretização da autonomia privada dos sócios no plano do contrato de sociedade – a criação de órgãos sociais estatutários (facultativos), do género conselho consultivo, a qual deve ser feita sem prejuízo da designação legal dos órgãos obrigatórios, cujo respeito decorre do princípio da tipicidade.

Encontram-se no segundo caso todas as situações societárias que os sócios – no âmbito da respectiva autonomia privada, mas também com respeito pelos limites imperativos do sistema – pretendam ver reconduzidas ao contrato, com a finalidade de lhes conferirem eficácia *erga omnes*, tais como:

- Reconhecimento e atribuição de determinados direitos especiais como, por exemplo, o direito de utilização de instalações da sociedade em condições vantajosas, o direito a beneficiar de preços favorecidos relativamente a bens produzidos ou comercializados pela sociedade e a serviços por ela prestados;

– Estabelecer condições do exercício do direito de exoneração pelos sócios que votarem contra (ou se abstiverem) deliberação de mudança de sede para país estrangeiro (com inerente alteração de nacionalidade da sociedade) (cfr. art. 3.º, n.º 6) ou contra a *transformação* da sociedade em sociedade anónima europeia, por fusão (cfr. art. 7.º do Regime Jurídico das Sociedades Anónimas Europeias[274]).

Noutros casos, a lei não foi omissa, mas o regime que instituiu deixa lugar a algumas dúvidas, tornando-se adequado torná-lo claro através de regra contratual. Por exemplo:

– Prevendo-se que os accionistas possam reunir em assembleia geral universal ou totalitária, ao abrigo do disposto no artigo 54.º, n.º 1, sem que estejam presentes ou representados pequenos accionistas que, individual ou juntamente com outros, detenham um número de acções insuficiente para participar na assembleia. Exemplificando:

«*Só poderão realizar-se assembleias gerais universais, sem observância de formalidades prévias de convocação, se estiver presente ou representada a totalidade do capital social ou se apenas faltarem accionistas que, conjuntamente, não detenham acções em número suficiente para estarem presentes ou se fazerem representar na assembleia*».

Imagine-se que o mesmo contrato, em aproveitamento do disposto nos artigos 379.º, n.º 1, 384.º, n.º 2, *alínea a)*, e 379.º, n.º 5, exige que um accionista detenha ou represente um mínimo de duzentas acções[275], correspondentes a mil euros de capital social, e que

---

[274] Aprovado pelo Decreto-Lei n.º 2/2005, de 4 de Janeiro, red. do Decreto-Lei n.º 76-A/2006, de 29 de Março (art. 36.º).

[275] Por exemplo:

«Artigo Quarto
(Capital Social)

Um. *O capital social é de cinquenta mil euros, sendo representado por dez mil acções com o valor nominal de cinco euros cada.*

(…)

Artigo Décimo
(Composição, constituição, convocação e funcionamento da assembleia geral)

Um. *A assembleia geral é composta pelos accionistas que, nos cinco dias que imediatamente a antecederem, sejam titulares de pelo menos duzentas acções, e que*

apenas estavam ausentes accionistas que, conjuntamente, não reuniam esse número de acções. Nesse caso, em nossa opinião, a cláusula contratual, acima transcrita, dissipa as dúvidas sobre uma situação que não resulta clara da própria lei.

- Admitindo que o conselho de administração possa ser convocado e reunir em local situado fora do concelho ou comarca da própria sede, inclusivamente em país estrangeiro[276], desde que a prática societária não venha a demonstrar que, afinal, a direcção efectiva da sociedade não se encontra em Portugal.

Enfim, poderíamos avançar outros exemplos, mas essa não é a finalidade deste apontamento, que apenas visa chamar a atenção para o larguíssimo âmbito de autonomia privada de que dispõem os sujeitos que organizam a respectiva actividade sob forma de sociedade comercial. Esgotar todas as soluções possíveis, com natural respeito pelos princípios imperativos do sistema, afigura-se ser tarefa hercúlea e inútil.

4.5.4.5. *Conversão dos preceitos dispositivos em regras injuntivas*

O problema que subsiste, depois desta exemplificação, é o de saber o que acontece em relação à matéria que, constando de preceitos legais dispositivos, não foi aproveitada contratualmente.

Imagine-se que o advogado incumbido de elaborar o projecto de contrato de sociedade, os sócios, ou quem quer que seja, se esqueceram de fazer constar do contrato de sociedade uma cláusula que seria relativamente importante, mas que não constituía menção obrigatória.

Há uma solução que salta logo à vista e que se traduz na alteração do contrato de sociedade. Mas ela nem sempre é simples. Como regra pressupõe e implica, para além da própria deliberação, um acto com forma especial (escrita), registo e publicações subsequentes, tudo com custos financeiros.

---

estejam em condições de exercer o direito de voto, ou as representem, nos termos da lei e deste contrato, e (...).

(...)

Seis. *A cada duzentas acções corresponde um voto.»*

[276] O que se pode justificar se alguns dos seus administradores forem estrangeiros e não residirem com permanência em Portugal.

Cabe, pois, interrogarmo-nos se o nosso Código consagra uma regra que dê uma resposta, senão adequada, pelo menos satisfatória, a esta questão.

Estamos em crer que sim. A solução encontra-se no número 3 do artigo 9.º.

4.5.5. *O artigo 9.º, n.º 3 do Código das Sociedades Comerciais; interpretação adoptada*

4.5.5.1. *Significado e importância*

Esta norma não tem uma interpretação simples. Senão vejamos:

O artigo 9.º (*Elementos do contrato*) diz, no seu número 3, que «*os preceitos dispositivos desta lei só podem ser derrogados pelo contrato de sociedade*» – o que só por si implicaria uma alteração deste –, mas acrescenta «***a não ser que*** *este expressamente admita a derrogação por deliberação dos sócios*» (negrito nosso).

O que são normas dispositivas?

São aquelas que só se aplicam se as partes as suscitam – reproduzindo-as ou aproveitando a permissão normativa por elas criada – ou não afastam a sua aplicação, através de uma manifestação de vontade que tomem nesse sentido ou acordando sobre uma disposição contratual com um conteúdo das mesmas divergente ou, até, que lhes seja contrário. Estas regras podem então ser meramente permissivas[277], se concederem aos seus destinatários uma faculdade, ou supletivas. Iremos ver que os preceitos dispositivos a que se refere a disposição legal em análise são os que revestem natureza supletiva, ou seja, os relativos às normas que se aplicam se as partes não afastam contratualmente – o que poderiam ter feito – a sua aplicação.

Mas regressemos ao n.º 3 do art. 9.º. Segundo este, e como regra, as deliberações dos sócios (accionistas) não derrogam os preceitos dispositivos do Código[278].

---

[277] Estas regras podem ainda ser meramente interpretativas.

[278] Exemplos de preceitos dispositivos no Código das Sociedades Comerciais:

a) Participação em sociedades de diferente objecto social (art. 11.º, n.º 4);

b) Autorização para distribuição antecipada de dividendos (arts. 297.º e 537.º);

Logo, ou o contrato de sociedade (e a própria lei, por maioria de razão) admite expressamente – ainda que de forma genérica, como veremos – a derrogação dessas regras por deliberação dos sócios, ou elas assumem um carácter injuntivo. E, neste caso, necessário será, pois – a querer derrogar-se um preceito dispositivo –, alterar primeiramente o contrato de sociedade, introduzindo-lhe uma permissão nesse sentido.

Mas, na sua parte final, a norma admite que o contrato de sociedade possa expressamente admitir a derrogação dessas regras por deliberação dos sócios.

Antes de mais refira-se que só podem estar em causa as regras dispositivas supletivas, porque as permissivas – que consistem em autorizações –, ao não terem sido objecto de aproveitamento contratual, adquiriram um carácter injuntivo quanto à impossibilidade do aproveitamento da faculdade por elas estabelecida sem prévia alteração do contrato. Assim, aludindo o art. 9.º, n.º 3 à derrogação dos preceitos dispositivos, não estão certamente em causa as regras permissivas, que exigirão, em qualquer circunstância, previsão específica para o respectivo aproveitamento contratual.

No que se refere às regras legais supletivas, o sentido e alcance das mesmas poderá ser alterado por deliberação dos sócios, tomada por maioria qualificada ou simples[279] (consoante esteja ou não previsto tal *quorum* no contrato social), se o próprio contrato o admitir expressamente.

Questão interessante, a este propósito, reside em saber se a derrogação das regras pode ser feita mediante cláusula genérica ou só pode ocorrer em caso de previsão específica aplicável a uma certa matéria. Cremos que, salvaguardada a natureza supletiva dos preceitos cujo teor pode ser objecto de deliberação dos sócios, nada impede que seja prevista genericamente a derrogação de tais preceitos. Por um lado, tal possibilidade recai sobre situações disponíveis e, por outro, ao ser objecto de

---

c) Aumento do capital deliberado pelo órgão da administração (arts. 456.º e 85.º, n.º 1);
d) Autorização para emissão de obrigações (art. 272.º, *alínea f)*);
e) Cláusula sobre distribuição de lucros (art. 294.º, n.º 1);
f) Cláusulas sobre nomeação de administradores (art. 391.º, n.º 1), de membros do conselho geral (art. 435.º, n.º 1) ou de liquidatários (art. 151.º, n.º 1).

[279] Sem pretendermos tomar uma posição definitiva, importa chamar a atenção para o facto de não parecer muito adequado permitir contratualmente a derrogação por uma maioria inferior à necessária para a alteração do próprio contrato.

consagração estatutária a sua adopção supõe o necessário acordo dos sócios nesse sentido. Haverá, porventura, que ser cuidadoso no *quorum* requerido para a formação dessas deliberações.

Exemplifique-se então com uma regra derrogatória genérica:

Artigo Vigésimo Segundo
(Derrogação de preceitos supletivos)

As normas supletivas do Código das Sociedades Comerciais podem ser derrogadas por deliberação dos accionistas desde que, tomada por dois terços dos votos correspondentes ao capital social, não contrarie qualquer disposição deste contrato.

Concluindo, o disposto no **art. 9.º, n.º 3** deve ser interpretado do seguinte modo:

1.º – Os preceitos dispositivos, de natureza supletiva, podem ser directamente derrogados pelo contrato de sociedade.

2.º – Tais preceitos dispositivos podem não ser derrogados pelo contrato de sociedade, mas este pode conter uma permissão específica ou genérica de derrogação desses preceitos por deliberação dos sócios (accionistas).

3.º – Se o contrato de sociedade não derroga esses preceitos, nem prevê a possibilidade da sua derrogação por deliberação dos sócios, então eles assumem natureza injuntiva.

4.5.5.2. *Consequências*

As deliberações tomadas com violação do disposto no n.º 3 do art. 9.º serão anuláveis (cfr. art. 58.º, n.º 1, *alínea a)*), se à situação específica em causa não se adequar a nulidade.

5. Os acordos parassociais[280]

5.1. Noção e natureza

Os acordos parassociais são contratos ou convenções celebrados por todos ou alguns sócios (ou futuros sócios), «*pelos quais estes, nessa qualidade, se obrigam a uma conduta que não seja proibida por lei*» (art. 17.º, n.º 1) e, mais concretamente, a exercer em determinados termos os direitos inerentes às suas participações sociais.

Parte desta noção retira-se do disposto na própria lei das sociedades comerciais (artigo 17.º, n.º 1), que trata destes acordos, e a referência à *conduta que não seja proibida por lei* resulta da aplicação do disposto no artigo 280.º, n.º 1 do Código Civil.

Quanto à sua natureza, podemos afirmar sem quaisquer reservas que, integrando duas ou mais declarações de vontade divergentes, mas tendentes a estabelecer uma regulamentação unitária (comum) de interesses, os acordos parassociais se configuram como negócios jurídicos bilaterais (ou multilaterais), revestindo a natureza de verdadeiros contratos.

No que respeita à qualificação subjectiva das partes, importa salientar que o acordo parassocial deve ser celebrado entre dois ou mais (futuros)

---

[280] Vd., na doutrina nacional mais recente, Raúl Ventura, *Estudos vários sobre Sociedades Anónimas* (Comentário ao CSC), Almedina, Coimbra, **1992**, pp. 9-101, Mário Leite Santos, *Contratos parassociais e acordos de voto nas sociedades anónimas,* Edições Cosmos, Lisboa, **1996** (em especial pp.7-78, 173-235), Maria da Graça Trigo, Os *Acordos parassociais sobre o exercício do direito de voto*, Universidade Católica Editora, Lisboa, **1998** (em especial pp. 135-197), e *Acordos parassociais – Síntese das questões jurídicas mais relevantes,* sep. de AA.VV., *Problemas do Direito das Sociedades*, Almedina, Coimbra, **2002** (pp. 169-184), António Menezes Cordeiro, «Acordos Parassociais», *ROA*, ano 61, II, **2001** (pp. 529-542), Jorge Magalhães Correia, «Notas breves sobre o regime dos acordos parassociais nas sociedades cotadas», Caderno do Mercado de Valores Mobiliários, n.º 15, **2002** (91-95), e Ana Filipa Leal, «Algumas notas sobre a parassocialidade no Direito português», *RDS*, ano I, N.º 1, **2009** (pp. 135-183) – pronunciando-se sobre a conversão de cláusulas estatutárias e deliberações sociais inválidas em acordos parassociais (pp. 150-154) e sobre o art. 17.º (pp. 156-169) – e Manuel Carneiro da Frada, «Acordos parassociais "omnilaterais"», *DSR*, ano 1, vol. 2, **2009** (pp. 97-135), propugnando a redução teleológica do art. 17.º do CSC, quando está em causa o incumprimento de acordos parassociais com base em «preceitos jussocietários».

sócios ou accionistas, não revestindo, consequentemente, essa natureza os instrumentos em que intervierem apenas um sócio e um terceiro, ainda que os mesmos incidam sobre a conduta daquele na sociedade.

5.2. **Eficácia, incidência e oportunidade do acordo parassocial**

Sendo celebrados pelos sócios (ou por parte deles) – ou, tendo em vista a aquisição dessa qualidade, por pessoas que se venham a tornar sócios –, mas à margem da sociedade, os acordos parassociais não vinculam a sociedade, à qual são inoponíveis, não constituindo consequentemente base de impugnação de deliberações sociais[281]. Assim, a inobservância do disposto num acordo parassocial, ainda que vinculasse a totalidade dos sócios, não é motivo para interposição de acção de anulação de deliberação social. Não sendo oponíveis à sociedade[282], tais acordos apenas são geradores de relações obrigacionais entre os respectivos subscritores, atribuindo-lhes responsabilidade solidária relativamente à conduta de pessoas que, por força dos mesmos, sejam designadas para funções de administração (cfr. art. 83.º, n.º 1).

Como negócios jurídicos de natureza contratual, os acordos parassociais também não produzem efeitos perante terceiros, não constituindo base para impugnação de actos sociais.

Diz-se habitualmente, embora isso não seja absolutamente correcto, que os acordos parassociais visam regular aspectos da vida societária que se revestem de menor dignidade institucional[283]; assuntos que seriam,

[281] Neste sentido, cfr. **AcRelGuimarães 13 Nov 2002** (Maria Rosa Tching), *CJ*, ano XXVII, t. V, 2002, pp. 268-272, segundo o qual *«Os acordos parassociais caracterizam-se pela autonomia e independência em relação ao contrato de sociedade, não podendo, nos termos do art. 17.º do CSC, servir de base à impugnação de actos da sociedade ou dos sócios para com a sociedade* (p. 272)».

[282] Não obstante, o nexo funcional que apresentam em relação ao contrato de sociedade, do qual os acordos parassociais são autónomos e independentes [cfr. **AcRelLisboa 25 Out 2001** (Fernanda Isabel Pereira), *CJ* ano XXVI, t. IV, 2001, pp.130-134].

[283] Esta afirmação também não é correcta, por não corresponder a uma prática frequente, por um lado, e porque gera um encargo desnecessário para parte dos sócios de uma determinada sociedade. Devemos distinguir a vertente da regulamentação societária, da forma jurídica da empresa. Para regular o funcionamento e a vida desta, o que é normal é surgir um regulamento com uma dignidade claramente infra-societária (porque tem

aparentemente, menos importantes e que não justificariam, por isso, enquadramento na lei fundamental da sociedade, no respectivo contrato.

A verdadeira justificação dos acordos parassociais prende-se com o objectivo de os sócios regularem matérias que pretendem não ver reveladas e que não querem que o público, em geral, conheça.

Dessa finalidade resultou, em especial relativamente a determinadas sociedades comerciais especiais (instituições de crédito e financeiras) o dever de revelar a existência dos acordos e o respectivo conteúdo quando, por efeito – ainda que indirecto – do mesmo, se pudessem considerar alteradas as regras que traduzem uma determinada detenção ou controlo de participações no âmbito de uma certa sociedade. Assim, nos termos da lei de enquadramento bancário [Regime Geral das Instituições de Crédito e Sociedades Financeiras (art. 111.º)], todos os acordos parassociais entre accionistas relativos ao exercício do direito de voto devem ser registados no Banco de Portugal.

Têm-se vindo, pois, a generalizar as disposições legais que impõem a divulgação da existência e conteúdo de acordos parassociais. Isso acontece em áreas sensíveis da economia, por referência a sociedades com determinada natureza (as já referidas instituições de crédito e sociedades financeiras), relativamente às quais, a pretexto do controlo das participações qualificadas, se pretende também evitar que os acordos parassociais viabilizem a intervenção (não oficialmente autorizada) de sujeitos de reputação duvidosa (cfr. arts. 111.º, 102.º, 102.º-A e 103.º do RGIC), mas ocorre igualmente em relação a qualquer sociedade anónima aberta, cujas participações estejam cotadas no mercado, sempre que às mesmas subjazam acordos parassociais que permitam aos respectivos subscritores «*adquirir, manter ou reforçar uma participação qualificada*» (cfr. art. 19.º do CVM). Compreende-se, e aceita-se, a preocupação da lei reguladora do mercado de valores mobiliários, que pretende assegurar a divulgação de todos os acordos que, podendo constituir instrumentos de controlo accionista, ponham em causa a transparência do mercado. E esta tendência, de divulgação obrigatória do conteúdo dos acordos parassociais, é crescente.

No tocante ao seu conteúdo, os acordos – visando, ou não, esconder dos demais sócios e terceiros, assuntos mais ou menos relevantes da vida

---

apenas dimensão e contexto no seio da sociedade e tem que estar subordinado ao disposto no contrato de sociedade) que visa regular uma série de aspectos da vida da sociedade, designadamente aspectos de ordem laboral, por exemplo.

societária – respeitam geralmente ao exercício do direito de voto (cfr. art. 17.º, n.º 2) e à designação de membros de órgãos sociais. Mas não se ficam por aqui, podendo ser relativos a aspectos que se prendem com a própria organização da sociedade[284] (p. ex., contrato de prestação de serviços), ou ser meramente prospectivos, relativamente à eventualidade de abertura da sociedade a novos capitais, ainda que em termos de mero financiamento (p. ex., sempre que o sócio subscritor quiser ser ouvido sobre esse acto).

Qualquer que seja o seu conteúdo, haverá obviamente que observar as limitações resultantes da eficácia e incidência dos acordos parassociais, sendo determinante, quanto a este aspecto, o disposto nos artigos 17.º, n.os 2 *in fine* e 3, e 83.º.

Quando é que se celebra um acordo parassocial, isto é, qual o momento em que ocorre a respectiva negociação e conclusão?

Um acordo parassocial pode surgir antes da própria constituição da sociedade, com vista à mesma ou mais do que isso, para regular o relacionamento entre os sócios durante a vida da sociedade (ou parte dela)[285]. Mas um acordo com esta natureza não tem de nascer antes da sociedade a que respeita; ele forma-se também em vida da própria sociedade, para regular aspectos duradouros ou pontuais do relacionamento entre os sócios, tão diversos como o direito de preferência na aquisição de participações sociais, sindicatos de voto[286], meros acordos de não concorrência (sobre aspecto específico da actividade da sociedade), a abertura do capital social a terceiros e o relacionamento dos novos sócios com os existentes ou com alguns deles. Pode corresponder a uma contrapartida pela alteração das expectativas dos sócios originários ou já existentes no momento da admissão de novos sócios. Com efeito, muitas vezes – razão pela qual isso é também matéria de acordo parassocial – os novos sócios admitem conceder aos que já o são direitos que não tem sentido permitir que passem a terceiros se as participações forem alienadas. Não sendo objecto de regulamentação estatutária e constando unicamente de acordo

[284] Neste caso, uma mesma matéria é susceptível de assumir a natureza de acordo parassocial ou, diversamente, de revestir a configuração de regulamento da empresa.

[285] Se o acordo se esgotar em regras e princípios a respeitar na constituição da sociedade – o que é extremamente raro, mas não impossível –, diríamos que ele é essencialmente pré-social, embora naturalmente tendente à formação da nova entidade jurídica.

[286] Os sindicatos de voto são os mecanismos pelos quais as partes envolvidas se obrigam a manifestar a sua vontade de uma forma concertada num certo sentido.

parassocial, tais prerrogativas não se transmitem com as participações e desaparecem com a extinção da ligação do respectivo subscritor à sociedade.

Apesar de tudo isto, os acordos surgem com mais frequência no momento pré-constitutivo da sociedade, em que se regulam muitos aspectos da vida societária e se acautelam posições minoritárias, inclusivamente com a finalidade de impor a obrigatoriedade dos maioritários, em certas condições, virem a adquirir a posição dos minoritários (cláusulas de opção de venda dos minoritários e, ou, de obrigação de compra dos maioritários), nalgumas circunstâncias se estabelecem opções de compra e, noutras, se determine que, em caso de alienação de posições maioritárias, os demais sócios possam optar entre preferir relativamente à transmissão das participações (cláusulas de preferência) ou acompanhar os maioritários na venda, nos termos e condições em que estes contratam (cláusula de *tag along*). Esta última cláusula tem como reverso o mecanismo em que se reserva ao maioritário, em certas condições, o direito de forçar a venda dos minoritários, facilitando a alienação da totalidade da sociedade (cláusula de *drag along*).

Noutros casos, de maior equilíbrio entre os principais accionistas, é habitual prever soluções que permitam ultrapassar situações de impasse, forçando à compra ou à venda de participações, em certas circunstâncias.

5.3. **Matérias excluídas**

Todas as cláusulas de um acordo parassocial que violarem uma disposição legal imperativa serão nulas, por aplicação do regime geral da invalidade dos negócios jurídicos (cfr. art. 294.º do CC). A solução genérica não se encontra, pois, no Código das Sociedades Comerciais, não se podendo confundir a nulidade de uma previsão contratual ou estatutária com a vicissitude de uma deliberação social, embora seja frequente procurar determinar a invalidade de uma cláusula estatutária ou contratual (de acordo parassocial, por exemplo), com recurso a regras próprias de invalidação de deliberações sociais. Fica feita a prevenção.

No que se refere às limitações específicas em matéria de acordos parassociais, «*são nulos os acordos*:

– que respeitem à conduta (actuação) dos respectivos intervenientes ou de outras pessoas no exercício de funções de administração ou de fiscalização (cfr. art. 17.º, n.º 2 *in fine* do CSC e art. 294.º do CC); ou

– *pelos quais um sócio se obriga a votar*
  - *seguindo sempre as instruções da sociedade ou de um dos seus órgãos;*
  - *aprovando sempre as propostas feitas por estes;*
  - *exercendo o direito de voto ou abstendo-se de o exercer em contrapartida de vantagens especiais* (art. 17.º, n.º 3).

Da primeira limitação resulta claramente que as pessoas não podem ser condicionadas, na sua actuação, em prejuízo da sociedade. As suas funções devem ser exercidas, com cuidado e lealdade, em termos criteriosos e diligentes (cfr. art. 64.º). Neste caso, não está em causa o direito de voto, mas a prática de determinados actos no desempenho de certas funções.

Diferentemente, no artigo 17.º, n.º 3 estão em causa acordos que impõem o exercício do voto num sentido que a lei proíbe. Assim, a primeira limitação nesta matéria visa evitar a hegemonização de uma sociedade por um dos seus órgãos, nomeadamente pelo órgão de administração; a segunda limitação constitui uma especificação da primeira; e a terceira pretende impedir que o voto seja "comprado", isto é, que um sócio, a troco de uma certa benesse – que lhe é atribuída *intuitus personae* –, manifeste a sua opinião num determinado sentido predeterminado.

Caso confrontemos uma regra parassocial com uma cláusula estatutária ou com uma norma legal divergentes, estas prevalecerão. Assim, se o acordo parassocial puser em causa, ainda que indirectamente, um princípio fundamental do Direito Societário, como seja o da igualdade de tratamento dos accionistas, então este princípio ir-se-á impor relativamente à cláusula parassocial que se deverá ter por não escrita.

5.4. **Estruturação de acordo parassocial**

Como outros instrumentos de natureza contratual, os acordos parassociais estruturam-se frequentemente em pressupostos, definições e cláusulas, abrangendo diversas matérias, consoante os interesses em jogo, e são normalmente aplicáveis a (futuros) accionistas, sendo raros no âmbito das sociedades por quotas.

A título meramente exemplificativo – mas elucidativo dos interesses em jogo –, transcreve-se em seguida algumas cláusulas típicas de acordo parassocial (aplicável a sociedade anónima):

Primeira
(Objecto)

1. *O Acordo Parassocial regula as relações entre os Contratantes com vista à constituição da Sociedade e, no âmbito da actividade desta, no que respeita, essencialmente, à nomeação dos membros do conselho de administração, à sua gestão e administração e também quanto à subscrição, transmissão e aquisição de acções (incluindo aumentos de capital social).*
2. *O presente Acordo Parassocial é o único acordo parassocial válido e eficaz que regula as relações dos Contratantes no âmbito da sua participação na Sociedade, não se considerando válido qualquer acordo anterior, com a mesma natureza, quer tenha ou não sido subscrito por todos os Contratantes.*

Segunda
(Conselho de administração)

1. *O conselho de administração da Sociedade será inicialmente composto por três elementos, sendo o respectivo presidente o Primeiro Contratante e os restantes administradores designados pelos Segundo e Terceiro Contratantes.*
2. *Enquanto se mantiverem as actuais participações, os três Contratantes terão direito a designar, cada um, pelo menos um administrador da Sociedade.*
3. *O administrador designado por um dos Contratantes deve merecer o acordo dos demais, os quais poderão vetar um máximo de dois nomes indicados por cada um.*
4. *Os accionistas Contratantes do presente acordo comprometem-se a votar favoravelmente a nomeação ou a destituição dos administradores propostos pelos Contratantes, no âmbito deste Acordo.*

Terceira
(Gestão)

1. *A gestão deverá ser feita de forma consensual e tomando em consideração os objectivos estratégicos do Grupo em que a Sociedade se integra.*

2. *Nas decisões que impliquem aumentos do capital social, empréstimos de accionistas (qualquer que seja a sua forma, incluindo suprimentos) ou endividamento perante terceiros, nomeadamente instituições de crédito, no valor global que exceda €500.000,00 (quinhentos mil euros), o conselho de administração deverá previamente consultar os accionistas que detenham ou representem mais de 15% (quinze porcento) do capital da Sociedade e terá de tomar a respectiva deliberação por maioria absoluta dos seus membros em efectividade de funções.*

Quarta
(Subscrição de acções e aumentos do capital social)

1. *Os Contratantes comprometem-se a não votar favoravelmente deliberações de aumento do capital social por entradas em dinheiro, em montante global (anual) superior a €500.000,00 euros, caso não haja acordo de, pelo menos, 75% do capital social com direito de voto.*
2. *Salvo se a deliberação obtiver o quorum referido na parte final do número anterior, os aumentos do capital social em dinheiro que não excedam os montantes globais referidos nesse número não poderão ser deliberados favoravelmente pelos Contratantes se tal implicar que a Sociedade, no prazo de seis meses, aumente efectivamente o capital por entradas em dinheiro em montante superior a €500.000,00 euros.*
3. *A subscrição, pelos Contratantes, de eventuais aumentos do capital da Sociedade, seja por que forma for, não altera os direitos e obrigações resultantes deste Acordo Parassocial.*

Quinta
(Transmissão de acções e direito de preferência)

1. *Os Contratantes comprometem-se a não transmitir as respectivas participações no prazo de dois anos contado da data da constituição da Sociedade, excepto se houver acordo de 75% do capital social (com direito de voto) sobre essa transmissão, qualquer que seja o adquirente.*
2. *Decorrido o prazo previsto no número anterior ou no âmbito de aplicação da respectiva parte final, a transmissão a título oneroso de quaisquer acções da Sociedade detidas pelos Contratantes está sujeita ao direito de preferência em favor de cada um deles.*

3. *Os accionistas exercem a preferência na aquisição de acções na proporção da participação social que detêm.*
4. *Em qualquer circunstância o exercício da preferência deve recair sobre a totalidade da participação que o transmitente pretende alienar, se mais nenhum accionista pretender exercer a sua preferência.*
5. *O exercício da preferência deve efectuar-se nos termos do disposto nos números n e seguintes da cláusula y do Contrato de Sociedade.*
6. *A renúncia ao exercício da preferência, previsto e regulado nesta Cláusula, pode ser deliberada em assembleia universal ou integrar deliberação unânime por escrito.*
7. *O exercício do direito de preferência, previsto e regulado nesta Cláusula, pode ser excluído por acordo subscrito por todos os accionistas.*

Sexta
(Eventual alienação de acções a terceiros)[287]

1. *Caso o Primeiro Contratante pretenda alienar a um terceiro adquirente a totalidade da participação que detém na Sociedade ou alienar mais de 25% das acções correspondentes à totalidade do capital social da Sociedade, ele terá de englobar a totalidade da participação do Segundo Contratante nessa alienação, desde que a mesma, à época, não represente mais de 20% (vinte por cento) do capital social da Sociedade, nos termos e condições que lhe forem aplicáveis, a menos que este venha a prescindir desse direito.*
2. *No caso previsto no número anterior, se o terceiro adquirente não pretender adquirir a totalidade das participações, a alienação não deixará de ser conjunta, mas englobará proporcionalmente as participações de que cada um dos Contratantes for detentor na Sociedade no momento da alienação, até ao limite das que venham a ser adquiridas por esse terceiro.*

[287] Esta cláusula constitui um exemplo possível de *tag along*, correspondendo ao direito que contratualmente se reconhece a um pequeno accionista de acompanhar a venda da participação por parte de um accionista de referência, a qual só se poderá concretizar desde que a participação do accionista mais pequeno seja englobada no negócio, em regra, nas condições aplicáveis à alienação da participação do accionista maioritário. Trata-se de uma regra que protege os sócios minoritários.

3. *O estipulado nos números 1 e 2 desta cláusula não se aplica nos casos em que a transmissão das acções que o Primeiro Contratante detiver na Sociedade for efectuada para uma entidade na qual ele detenha uma participação maioritária no respectivo capital social ou de que ele tenha, por qualquer outra forma o controlo, desde que essa entidade adira ao presente Acordo nos termos indicados no número (...).*

Sétima
(Obrigatoriedade de alienação da participação a terceiro)[288]

1. *Caso seja apresentada por terceiro à [%]*[289] *proposta de compra da totalidade do capital social da Sociedade, a [%] (designada doravante por "accionista alienante") deverá, no prazo de trinta dias, dar conhecimento por escrito da mesma aos demais accionistas (com cópia para a Sociedade), com a finalidade de analisar em conjunto com estes, e de boa-fé, o mérito da proposta recebida e a eventual apresentação de uma contra-proposta única.*

2. *Se, no âmbito do processo negocial referido em 1, for apresentada uma proposta final que mereça o acordo da [%], e se já tiverem decorrido, pelo menos, dois anos desde a celebração do presente acordo, as restantes Contratantes ficam obrigadas a alienar ao terceiro proponente a totalidade das acções por si detidas, nos termos e condições constantes da referida proposta final, salvo se optarem por exercer o seu direito de preferência, adquirindo à accionista alienante a totalidade das acções por esta detidas, nos termos e condições constantes da proposta final apresentada por terceiro.*

3. *No prazo de dez dias úteis a contar do termo do período para exercício do direito de preferência descrito na cláusula Quinta, a accionista alienante deverá comunicar aos restantes accionistas, por escrito através de carta registada com aviso de recepção, a data, hora e local da transmissão das acções, a qual deverá ter lugar entre o décimo quinto e o trigésimo dia útil seguinte à data de realização desta comunicação.*

---

[288] Esta cláusula constitui exemplo do chamado *drag along*, mecanismo pelo qual o sócio maioritário – cujos interesses a cláusula tutela – assegura a venda da totalidade da sociedade, obrigando o(s) minoritário(s) a acompanhá-lo.

[289] Indicação do accionista maioritário, ao qual são, em gera, dirigidas as propostas de aquisição da sociedade (totalidade do capital social).

Oitava
(Impasses – Aquisições recíprocas)[290]

1. *Os Contratantes estabelecem que, em caso de desacordo importante entre eles, que se mantenha por mais de noventa dias consecutivos após a reunião da assembleia geral que tenha como objecto decidir no mesmo sentido sobre qualquer matéria, nomeadamente*

a) *A realização de prestações acessórias de capital, que só poderão ser exigidas aos accionistas se o capital se encontrar integralmente realizado;*

b) *A realização de suprimentos pelos accionistas e respectivas remuneração e prazo de liquidação, que só poderão ser exigidas aos accionistas se o capital social se encontrar integralmente realizado;*

c) *Projectos de fusão, de cisão, de dissolução e de transformação da Sociedade e aumentos de capital social;*

d) *A não distribuição de metade dos lucros legalmente distribuíveis;*

e) *Endividamento e prestação de cauções ou garantias;*

Qualquer dos Contratantes poderá apresentar, por carta registada com aviso de recepção, aos outros Contratantes, uma proposta para venda das suas acções, ou para compra das acções dos demais.

2. *O valor da transacção será determinado por dois peritos.*

3. *O Contratante vendedor ou comprador designará um dos peritos, na proposta que apresentar, e os demais Contratantes o segundo perito, devendo para o efeito acordarem informalmente entre si no nome do perito a designar.*

4. *Na falta de acordo dos destinatários da proposta, o perito deverá ser designado pelos que representarem, individual ou conjunta-*

---

[290] Este mecanismo parassocial, conhecido por regra de *dead lock, shot gun* ou *roleta russa* permite clarificar o controlo da sociedade, estabelecendo o critério que será aplicável em situações de impasse e que determinará a forma de aquisição das participações sociais por um dos sócios. É uma cláusula típica em sociedades com reduzido número de sócios, em que se regista um grande equilíbrio entre as respectivas participações sociais.

Por sua vez, visando assegurar a estabilidade das participações sociais e da composição accionista são frequentemente acordadas cláusulas de *lock-up*, que limitam as transmissões de participações sociais durante um determinado período.

mente, a maior participação de capital, devendo em qualquer caso ser indicado ao accionista proponente no prazo máximo de 30 dias a contar da data de recepção da carta referida nos números 1 e 3. Na falta de designação oportuna, o perito será indicado pela Ordem dos Revisores Oficiais de Contas.

5. *Os peritos deverão entregar os resultados das suas avaliações no prazo máximo de 30 dias após a sua nomeação.*

6. *Se os peritos não tiverem chegado a acordo sobre o valor da transacção e se a diferença entre as suas avaliações for igual ou inferior a 10% (dez por cento) da avaliação mais baixa, o valor final da avaliação será a média das suas avaliações.*

7. *Se os peritos não tiverem chegado a acordo sobre o valor da transacção e se a diferença entre as duas avaliações for superior a 10% (dez por cento) da avaliação mais baixa, os dois peritos pôr-se-ão de acordo no sentido de, no prazo máximo de 15 dias, vir a ser nomeado um terceiro perito que disporá de 30 dias, a partir da data da sua nomeação, para atribuir um valor à transacção.*

8. *O valor final será, então, o valor médio entre o determinado por este perito e a avaliação mais baixa das duas anteriores.*

9. *Caso não se chegue a verificar o acordo na nomeação prevista no número anterior, o terceiro perito será indicado pela Ordem dos Revisores Oficiais de Contas, que para isso será solicitada por iniciativa de qualquer dos Contratantes.*

10. *Após a fixação definitiva do valor da transacção, as Contratantes que receberam a proposta referida no número 1 desta Cláusula, deverão, num prazo de 30 dias, informar a Contratante proponente, por carta registada com aviso de recepção, se aceitam comprar a participação desta, ou se, pelo contrário, preferem vender as suas.*

11. *A falta de resposta no prazo indicado equivale à declaração de que vendem as suas acções nas condições apresentadas.*

12. *A transmissão, por qualquer das Contratantes, da sua participação social, ao abrigo do disposto nesta Cláusula, realizar-se-á no prazo máximo de 30 dias, contra o pagamento do preço respectivo.*

Nona

(Oneração de acções)

As acções da Sociedade detidas pelos Contratantes apenas poderão ser objecto de penhor, ou de qualquer outro modo oferecidas como garantia ou oneradas com o prévio, e expresso, acordo escrito conjunto dos Contratantes.

Décima
(Decisões estratégicas)

1. *Independentemente do órgão que, no âmbito da Sociedade, for competente para tomar as decisões estratégicas enunciadas no número seguinte, os Contratantes comprometem-se a aprovar tais decisões apenas por uma maioria, pelo menos, correspondente aos votos somados de três deles, mas nunca inferior a 50% do capital social.*

2. *Constituem decisões estratégicas para efeitos do disposto no número anterior:*

a) *A internacionalização da Sociedade, nela se incluindo a exportação de bens e/ou serviços;*

b) *A abertura de estabelecimentos comerciais;*

c) *A constituição de parcerias com entidades alheias ao Grupo e a constituição de novas entidades com terceiros, quando tal participação corresponder a uma percentagem superior a 10% do capital da nova entidade;*

d) *A fusão, cisão, transformação ou dissolução da Sociedade, ou de qualquer das empresas que integrem o Grupo;*

e) *O endividamento da Sociedade em montante que, anualmente, ultrapasse o dobro do capital social;*

f) *Os investimentos que, a pronto ou a prazo, envolvam um custo superior a €1.000.000,00 (um milhão de euros).*

3. *A admissão de novos accionistas, com participação individual ou global superior a 10% deverá ser aprovada pelos Contratantes.*

Décima Primeira
(Distribuição de resultados)

1. *A deliberação anual de aplicação de resultados, no que respeita à decisão de distribuir lucros do exercício (distribuíveis) deverá ser aprovada pelos votos de, pelo menos, 75% do capital social com direito de voto.*

2. *Para o efeito previsto no número anterior, os Contratantes comprometem-se a acordar previamente o respectivo sentido de voto, devendo fazê-lo até dez dias antes da data prevista para a realização da assembleia geral anual.*

3. *Não obstante o disposto nos números anteriores, havendo lucros distribuíveis, os mesmos terão de ser distribuídos na totalidade, durante os três primeiros anos, na falta de acordo dos Contratantes.*

Décima Segunda
(Garantias)

1. *Os Contratantes comprometem-se expressamente a não exercer actividade directamente concorrencial com a da Sociedade, e a abster-se de prestar a sua colaboração a sociedades que exerçam, no mercado nacional, actividade idêntica à da Sociedade e asseguram que os seus accionistas maioritários também não o farão, directamente ou por interposta pessoa, sem prejuízo do disposto nos números seguintes.*

2. *Fica expressamente excluída da limitação prevista no número anterior a colaboração e assistência técnica e comercial e eventual participação, ainda que maioritária, que os Contratantes já detenham em sociedades existentes e em funcionamento, a seguir enunciadas:*

(...)

3. *Para os devidos efeitos, os Contratantes reconhecem expressamente ter conhecimento das ligações que o Primeiro e o Quarto Contratantes têm às sociedades comerciais acima enunciadas, autorizando-os a prosseguir tais actividades, inclusivamente na direcção efectiva dessas sociedades, desde que as mesmas não ponham em causa os interesses comerciais do Grupo.*

4. *Fica também expressamente reconhecido, por todos os Contratantes, a existência e funcionamento actuais das sociedades em que eles já participam e que não sejam concorrentes com as sociedades do Grupo.*

Décima Terceira
(Confidencialidade)

Os Contratantes obrigam-se a manter sigilo absoluto sobre a existência e teor do Acordo Parassocial, e a manter confidenciais as informações que não sejam do domínio público, relativas à Sociedade ou a qualquer um deles, a que tenham acesso em virtude da sua qualidade de accionistas da Sociedade ou no âmbito da execução do presente acordo, abstendo-se de as divulgar a terceiros, salvo se e na medida do estritamente necessário para dar cumprimento ao disposto neste acordo ou para resolver qualquer litígio relativo à respectiva interpretação, execução ou integração, ou a quaisquer outras obrigações legais e, bem assim, para cumprimento de ordens ou decisões emanadas de autoridades judiciais ou administrativas, ou ainda, quanto à obtenção de assistência jurídica e quanto ao que for estritamente necessário para a sua execução.

Décima Quarta
(Incumprimento)

1. *O incumprimento, total ou parcial, de qualquer cláusula do Acordo Parassocial confere ao Contratante a quem o mesmo não seja imputável o direito de resolver o acordo e, ou, o direito a ser indemnizado pelos prejuízos sofridos.*

2. *Será entendida como forma de incumprimento definitivo a violação de qualquer das obrigações assumidas pelos Contratantes ao abrigo do Acordo Parassocial, mas apenas se, nos 10 (dez) dias subsequentes à notificação para esse efeito, não for adoptada pelo accionista notificado a conduta devida.*

3. *No caso de incumprimento culposo, a parte não faltosa poderá exigir à faltosa, a título de cláusula penal e para além da indemnização pelos danos sofridos, o montante correspondente à totalidade do valor por si investido na Sociedade, incluindo suprimentos e respectivos juros vencidos, à data do incumprimento.*

4. *Para os efeitos previstos no número anterior, entende-se por valor investido o maior dos seguintes valores: o valor da participação no capital social apurado de acordo com a regra prevista na cláusula x, número y, ou o valor de aquisição da participação do Contratante lesado, qualquer deles acrescido do valor de quaisquer entregas efectuadas à Sociedade, seja qual for a respectiva origem, nomeadamente provenientes de suprimentos e prestações acessórias (de capital).*

Décima Quinta
(Vigência)

O Acordo Parassocial entra em vigor à data da sua assinatura e manter-se-á em vigor, válido e eficaz até eventual dissolução e liquidação da Sociedade.

Décima Sexta
(Transmissão de posição contratual)

1. *A posição contratual e as obrigações assumidas por cada Contratante no presente Acordo só podem ser transmitidas, total ou parcialmente, mediante autorização escrita dos demais Contratantes.*

2. *A transmissão, total ou parcial, da participação dos Contratantes no capital social da Sociedade deverá ser precedida de adesão do adquirente ao presente Acordo Parassocial, com a consequente transmissão para ele de todos os direitos e obrigações inerentes, salvo se os Contratantes não alienantes expressamente dispensarem, por unanimidade, tal adesão.*

Secção II
Formas e actos de constituição

6. Formas de constituição de sociedades comerciais: subscrição particular e apelo ao público[291]

6.1. Generalidades

6.1.1. *Constituição particular de sociedades e o aparecimento da constituição por subscrição pública*

Tradicionalmente, a constituição de uma sociedade comercial correspondia à junção de pessoas para, agregando os respectivos esforços e bens, prosseguirem, conjunta e articuladamente, de forma organizada e estável, uma actividade económica de natureza mercantil, com escopo lucrativo. Com essa finalidade, os interessados reuniam-se e discutiam os termos da respectiva associação, desenhando o seu estatuto próprio. Na fase fundacional todos tinham intervenção no processo de estruturação da sociedade.

Com o aparecimento das grandes sociedades, que exigiam uma concentração de capitais significativos, tornou-se difícil transpor a inter-

---

[291] Não equacionamos a constituição de sociedades comerciais por acto legislativo. Nesse sentido, e concluindo ser possível tal forma de constituição por Decreto-Lei, vd. o estudo de Paulo Otero, «Da criação de sociedades comerciais por Decreto-Lei», AA.VV., *Estudos em Homenagem ao Prof. Doutor Raúl Ventura*, vol. II, Faculdade de Direito da Universidade de Lisboa, **2003** (pp. 103-138).

venção de todos – porque passavam a ser muitos, alguns deles encarando a sua participação essencialmente como um investimento financeiro – para a constituição destas novas sociedades, designadas companhias, como é sabido. Surgiu então uma diferente forma de constituição de sociedades comerciais – restrita, contudo, às sociedades anónimas –, segundo a qual algumas pessoas promoveriam o aparecimento de uma sociedade, apresentando ao público os termos em que a mesma iria ser constituída e funcionar. Aos investidores interessados em participar competiria, simplesmente, aderir à proposta de sociedade que lhes era apresentada, nos termos em que a mesma se encontrava estruturada pelos promotores da ideia; nascia, assim, a sociedade de subscrição pública, cuja constituição passava a estar sujeita a regras próprias e específicas que visavam assegurar os direitos e interesses dos muitos participantes que se limitavam a aderir ao projecto.

Estas duas formas de constituição de sociedades comerciais ainda hoje coexistem, correspondendo a primeira à situação mais usual no comércio.

6.1.2. ***Regime-regra e outras formas de constituição***

A nossa lei societária permite que as sociedades comerciais se constituam sem que se recorra a um acto com uma especial solenidade (por exemplo, escritura pública), sendo suficiente, para a constituição de qualquer tipo social, contrato reduzido a escrito com assinaturas reconhecidas presencialmente (cfr. art. 7.º, n.º 1)[292]. Caso as entradas de bens em espécie pressuponham uma forma especial de transmissão, a constituição da sociedade ter-se-á de fazer nessa forma (art. 7.º, n.º 1 *in fine*).

As sociedades comerciais podem constituir-se hoje, em regra, mediante a celebração do contrato de sociedade, por escrito, com a participação de todos os sócios originários (ou fundadores) – cujas assinaturas

[292] Anteriormente a 30 de Junho de 2006, a nossa lei não equacionava a possibilidade de que surgissem sociedades comerciais sem que se recorresse a escritura pública, forma necessária para a constituição de qualquer tipo social (cfr. art. 7.º, n.º 1, red. originária). A título de excepção, apontava-se, então, a constituição da sociedade unipessoal por quotas, com entradas unicamente em dinheiro ou que, sendo também em espécie, não correspondessem a bens que pressupusessem a transmissão por escritura pública (cfr. art. 270.º-A, n.º 4 do CSC).

deverão ser reconhecidas presencialmente –, e a subsequente inscrição no registo desse contrato.

A constituição da sociedade nestes termos designa-se por subscrição particular (ou simultânea) por confronto com a chamada constituição por subscrição pública (prevista e regulada nos artigos 279.º e segs. do CSC e no art. 109.º do CVM), que constitui, no plano jurídico-societário, uma excepção, mas que é acolhida, como regra, no mercado de valores mobiliários. Por esta razão, o estudo e análise da constituição com apelo ao público passa necessariamente pela ponderação e articulação das regras do Código dos Valores Mobiliários com as normas, ainda subsistentes, do Código das Sociedades Comerciais.

No entanto, não devemos, nem podemos, perder de vista que só nas sociedades anónimas faz sentido esta distinção, que se explica pelo facto de estarem potencialmente interessados em participar na constituição da sociedade grande número de associados (por exemplo, mil pessoas) e ser conveniente abrir a subscrição do capital ao público, angariando dessa forma meios financeiros que de outro modo não se conseguiriam reunir[293], ou porque não dispondo os promotores do capital suficiente para estruturar a empresa que pretendem constituir, há que recorrer ao mercado, à procura de financiamento sob a forma de capital.

A eventualidade de participação de um grande número de pessoas ou entidades na constituição de uma sociedade seria só por si uma razão de ordem prática para estabelecer um limite ao número máximo de sócios de uma sociedade por quotas e evitar dificuldades de ordem prática inultrapassáveis, nomeadamente tendo em conta que todos os sócios devem ser identificados no contrato de sociedade (cfr. arts. 9.º, n.º 1, *alínea a)* e 199.º, *alínea a)*).

Uma outra forma de constituição respeita à das sociedades unipessoais originárias, isto é, aquelas que se constituem inicialmente com um único sócio, sejam sociedades por quotas ou anónimas. É óbvio que o acto subjacente à sua criação não tem natureza contratual, apesar de subsistir a referência ao contrato de sociedade. Trata-se da instituição de uma pessoa colectiva societária, sem que seja necessário qualquer acordo de vontades.

Para além das formas de constituição por subscrição particular e pública originárias, existem tipos especiais de constituição de sociedades,

---

[293] Recorde-se que «*do contrato de qualquer tipo de sociedade devem constar os nomes e firmas de todos os sócios fundadores* (art. 9.º, n.º 1, *alínea a)*).

que são aqueles que resultam da «*constituição por fusão, cisão ou transformação de outras sociedades*», a que o nosso Código das Sociedades Comerciais se refere, no artigo 7.º, n.º 4. No entanto, não a vamos considerar, nesta sede, por não corresponder ao processo de constituição de uma nova entidade absolutamente distinta de toda e qualquer organização empresarial já existente e por não apresentar especificidades próprias, para além das que decorrem das profundas alterações estruturais que se encontram na sua base. Com efeito, estaremos sempre perante a continuação – agora sob forma autónoma – de parte de uma empresa (cisão), de duas ou mais empresas agregadas numa única (fusão) ou da alteração da natureza da sociedade envolvida (transformação).

6.2. Constituição por subscrição particular

Como vimos, o regime-regra de constituição da sociedade comercial é o da constituição particular[294] (ou simultânea), isto é, aquela que se faz num único acto[295] pela celebração do contrato perante uma entidade com competência para o reconhecimento presencial da assinatura de todos os fundadores (cfr. art. 38.º do Decreto-Lei n.º 76-A/2006, de 29 de Março)[296]. Nesta forma de constituição, cujos trâmites explicamos adiante (cfr., *infra*, n.º 7.2), todos os sócios e accionistas originários participam, ou

[294] Importa esclarecer que usamos a expressão subscrição particular (ou simultânea) por oposição à de subscrição pública (ou sucessiva), embora nada nos autorize a fazê-lo, omitindo a lei, em regra, a designação do regime-regra de constituição de sociedades comerciais. Hoje o art. 110.º do CVM refere-se expressamente às ofertas particulares (embora também por contraposição às ofertas públicas, que o Código regula detalhadamente). É habitual, pois, falar apenas em subscrição (para designar a particular) e em subscrição pública, para referenciar a oferta pública.

[295] Embora não resulte claramente da lei, que apenas exige forma escrita e reconhecimento presencial das assinaturas (cfr. art. 7.º, n.º 1), afigura-se que as declarações de vontade subjacentes à celebração do contrato devem ser contemporâneas e por isso exteriorizadas num mesmo momento e concretizadas num único instrumento. A imprecisão da redacção da norma pode conduzir à aceitação de que qualquer sociedade comercial se poderá constituir nos termos da formação de uma deliberação unânime por escrito, no pressuposto de que as assinaturas dos diversos intervenientes vão sendo reconhecidas à medida que vão sendo apostas.

[296] Para além do notário, as câmaras de comércio e indústria, os conservadores, os advogados e os solicitadores.

têm a possibilidade de o fazer, na definição dos princípios de actuação, estruturação da sociedade e redacção das regras estatutárias fundamentais e no preenchimento dos cargos sociais iniciais.

Esta forma de constituição é aquela que é, genericamente, pressuposta pelas regras do Código das Sociedades Comerciais aplicáveis aos diversos tipos societários (arts. 7.º, 176.º, 199.º, 270.º-A, 272.º e 466.º) e pelo art. 110.º do próprio Código dos Valores Mobiliários.

6.3. **A constituição da sociedade anónima com o capital aberto ao investimento do público (subscrição com apelo ao público)**

6.3.1. *Caracterização da subscrição e oferta pública*

A subscrição pública ou sucessiva (ou com apelo ao público) é aquela em que não participam no acto constitutivo (celebração do contrato de sociedade) todos os sócios originários, embora se considerem representados.

Esta forma de constituição designa-se também por sucessiva, porque se realiza por fases, não resultando de um único acto. Assim, a constituição da sociedade protela-se no tempo e não corresponde a um acto de concentração, como normalmente sucede. Ela justifica-se porque pode não ser conveniente ou possível reunir todos aqueles que pretendem desde o início subscrever o capital da sociedade em causa, por um lado, e porque pode suceder que os capitais que os promotores reúnam não sejam suficientes para o exercício da actividade que a sociedade se propõe realizar, tornando-se necessário aliciar outras pessoas para, ponderada a seriedade do projecto, virem a participar no mesmo.

A constituição da sociedade com o capital aberto ao investimento do público[297] corresponde, por excelência, à ideia de sociedade anónima.

[297] Esta é a actual designação das sociedades "de" ou "com subscrição pública", expressão que – com a aprovação, pelo DL 486/99, de 13 de Novembro, e entrada em vigor do novo Código dos Valores Mobiliários (CVM) – foi substituída pela actual (sociedade com o capital aberto ao investimento do público), que abreviadamente se designa de "sociedade aberta". Assim, e segundo o disposto no art. 7.º do Decreto-Lei que aprovou o CVM, a anterior designação (sociedade "de" ou "com subscrição pública") deve con-

Esta, como vimos, constitui um tipo societário que se define, precisamente, por privilegiar a aglutinação de capitais, em detrimento da individualidade e das pretensões das pessoas dos accionistas. Por isso, é nestas sociedades que a característica do investimento financeiro se sobrepõe com nitidez à *affectio societatis*, isto é, à vontade de participar directamente na actividade da sociedade, estabelecendo com esta uma ligação pessoal muito estreita. Na realidade, configurando-se a intervenção dos interessados no projecto como um investimento de natureza financeira, mais do que como uma intenção de desempenhar uma actividade propriamente dita, a participação societária poderá ser perspectivada como uma mera aplicação de capital. Por isso, em certas circunstâncias determinadas pessoas podem ter uma ideia para constituir uma sociedade e prover essa ideia, abrindo a participação na sociedade ao público, desse modo conseguindo realizar o projecto empresarial que se propõem exercer, embora aceitando partilhar os resultados positivos que o mesmo possa gerar.

A subscrição pública, porque é dirigida ao mercado em geral, é uma subscrição que importa ao mercado, e daí que seja também disciplinada no respectivo diploma regulador, o Código dos Valores Mobiliários. E, em conformidade com o disposto no artigo 109.º deste Código (na redacção do Decreto-Lei n.º 52/2006, de 15 de Março), são públicas as ofertas:

a) dirigidas, total ou parcialmente, a destinatários indeterminados;
b) realizadas por meio de múltiplas comunicações padronizadas, ainda que endereçadas a destinatários individualmente identificados;
c) dirigidas à generalidade dos accionistas da sociedade aberta (pre-identificados), cujas acções sejam nominativas;
d) precedidas ou acompanhadas:
   – de prospecção, ou
   – de recolha de intenções de investimento junto de destinatários indeterminados, ou
   – de promoção publicitária;
e) dirigidas a, pelo menos, 100 pessoas.

Comecemos por fazer uma breve análise do disposto no artigo 109.º do CVM.

siderar-se substituída «*pela expressão sociedade com o capital aberto ao investimento do público*» (ou, simplesmente, sociedade aberta).

Antes de mais são públicas, por definição, as ofertas dirigidas ao público, isto é, a um número indeterminado de pessoas. Nesse sentido, a procura indiscriminada de capitais é um exemplo típico de subscrição pública.

Esta oferta pode ser dirigida a um número determinado de pessoas não previamente identificadas. Assim, por exemplo, pode declarar-se aberta a constituição de uma sociedade à participação de mil pessoas, devendo subscrever *x* cada uma, mas não especificando quem são essas pessoas ou em que universo se podem encontrar. Quando for subscrita a milionésima parte, admitindo que todas são iguais, a subscrição encontra-se completa.

Por sua vez, ainda que dirigida a destinatários individualmente identificados, por recurso designadamente a *mailing lists*, a oferta também é pública desde que as comunicações sejam padronizadas, isto é, não sejam personalizadas, seguindo um modelo pré-configurado.

A lei considera também pública:

- qualquer oferta dirigida a, pelo menos, cem pessoas, que sejam *investidores não qualificados*[298] e ainda que se encontrem pré-identificadas;
- a oferta dirigida a quaisquer accionistas de sociedade aberta, mesmo que sejam unicamente titulares de acções nominativas e, consequentemente, pré-identificáveis,
- a oferta que tenha por base ou recorra a meios de divulgação publicitária, prospecção ou procura de potenciais interessados ou simples *recolha de intenções de investimento junto de destinatários indeterminados*.

Finalmente, e a concluir a análise desta disposição legal fundamental, importa salientar que os critérios da qualificação da oferta como pública são, hoje (e desde 2000)[299], substancialmente mais amplos do que anteriormente, neles se encontrando claramente acolhido o critério residual

---

[298] Sobre investidores qualificados, vd. art. 30.º do CVM, na redacção do DL n.º 357-A/2007, de 31 de Outubro.

[299] O DL 52/2006, de 15 de Março, alargou o conceito de oferta pública – ao alterar a *alínea c)* do n.º 3 do art. 109.º do CVM –, qualificando como pública a oferta que for dirigida a, pelo menos, cem pessoas que não sejam investidores qualificados, e não já duzentas pessoas, independentemente do universo a que pertencem.

proposto pelo Código do Mercado de Valores Mobiliários (1991), entretanto revogado: o de que é pública a oferta cuja subscrição é feita por qualquer forma dc comercialização pública.

A constituição das sociedades com apelo ao público (as antigas sociedades de subscrição pública e actuais sociedades abertas) é, assim, regulada no Código das Sociedades Comerciais (arts. 279.º e seguintes) e no Código dos Valores Mobiliários (arts. 108.º e segs., em especial 115.º e 168.º), não havendo quaisquer restrições no que respeita ao respectivo objecto social que, à semelhança das demais sociedades comerciais, deve consistir numa (ou mais) actividade(s) perfeitamente especificada(s) (cfr. art. 279.º, n.º 5).

Por razões que são óbvias, e nos dispensamos de evidenciar, a oferta pública é, por definição, incompatível com a constituição de certas sociedades [por exemplo, sociedade anónima unipessoal (cfr. art. 488.º do CSC)].

6.3.2. *Os promotores*

Quem pode promover este tipo de constituição de sociedades comerciais?

A constituição de uma sociedade anónima com apelo ao (investimento do) público pode ser impulsionada e conduzida por uma ou mais pessoas (cfr. art. 279.º, n.º 1 do CSC), que se designam promotores.

Quer dizer, o nosso Código admite que uma só pessoa promova a constituição de uma sociedade anónima com apelo a subscrição do público (cfr. art. 279.º, n.º 1). Com efeito, o número 1 do artigo 279.º deixa em aberto a possibilidade de haver um promotor. As demais disposições pressupõem todas a pluralidade de promotores, inclusivamente a disposição que consta do art. 283.º, n.º 1 que refere, a propósito do dever de celebrar o contrato de sociedade, a intervenção de dois dos promotores. A leitura correcta deve ser dois, caso eles existam; se só existir um terá de ser esse a subscrever o instrumento dc constituição da sociedade.

O promotor ou promotores das sociedades abertas – que não terão de revestir qualidade especial, mas assumirão a responsabilidade pelo processo e, designadamente, pelos respectivos custos – deverão subscrever e realizar integralmente acções com um valor nominal global correspondente ao mínimo legal, elaborar um projecto de contrato de sociedade[300] e requerer o respectivo registo provisório (na Conservatória do Registo Comercial), bem como promover a oferta de acções ao público.

Como veremos (*infra*, n.º 6.3.8), os benefícios que os promotores possam extrair do seu projecto são legalmente limitados, para assegurar, por um lado, a realização do interesse social, evitando que os interessados (subscritores) no projecto societário sejam indevidamente prejudicados, e, por outro lado, para impedir que os fundadores especulem com o capital que subscrevem no momento de arranque da sociedade.

Iremos analisar, em seguida, as diversas fases da subscrição pública.

6.3.3. *Subscrição e realização integral de acções com valor nominal global mínimo*

6.3.3.1. *Valor mínimo (a realizar)*

A constituição com apelo ao público tem como pressuposto o facto de os promotores terem de assegurar a realização de capital social correspondente ao mínimo legalmente obrigatório para a sociedade a constituir; em regra, de € 50.000,00 (cfr. art. 276.º, n.º 3)[301]. Deste modo, a lei pretende garantir não apenas uma intenção séria, como um fundo suficiente que cubra as responsabilidades dos promotores.

As acções subscritas pelos promotores não podem ser alienadas durante os dois anos subsequentes ao registo definitivo da sociedade (cfr. art. 279.º, n.º 2, *in fine*).

6.3.3.2. *Subscrição directa e indirecta*

A subscrição pode ser **directa** se a oferta ou emissão de acções é feita directamente pela entidade emitente, ainda que, para esse efeito, se apoie em intermediários financeiros existentes ou garanta a colocação de acções, não subscritas, por intermediários financeiros existentes, ou **indirecta**, se a emissão é subscrita por um ou mais intermediários financeiros

---

[300] O contrato não nasce do consenso geral de todos os fundadores, como na subscrição simultânea ou particular.

[301] Há certas sociedades (com natureza especial) que estão sujeitas a um montante de capital social mínimo muito superior ao que resulta do CSC.

que assumem a obrigação de a oferecer aos investidores a que se destina, o que devem fazer nos termos e condições de um contrato que tenham, oportunamente, celebrado com a entidade emitente[302].

6.3.4. *Elaboração do projecto de contrato de sociedade e requerimento do respectivo registo provisório*

Para além de ter de garantir a subscrição e realização integral de acções cujo valor nominal global corresponda ao mínimo legal (isto é, a € 50.000,00), o promotor ou promotores das sociedades abertas deverão elaborar um projecto de contrato de sociedade e requerer o respectivo registo provisório (na Conservatória do Registo Comercial), especificando naquele o número de acções não subscritas destinadas a subscrição particular e aquelas que serão disponibilizadas para subscrição pública (cfr. art. 279.º, n.os 3 e 4 do CSC e art. 35.º, n.º 4 do CRCom).

Importa ainda esclarecer que o registo provisório do projecto não tem nada que ver com o registo prévio do contrato de sociedade, forma de constituição que não é aplicável à subscrição pública (cfr. art. 18.º, n.º 4 do CSC).

6.3.5. *Oferta de acções ao público; requisitos*

Após colocar as acções destinadas a subscrição particular, caso esta ocorra para além do capital mínimo subscrito e realizado por si, os promotores elaborarão a oferta pública, a qual deverá conter o projecto de contrato, eventuais vantagens que se reservem (dentro de limite máximo legalmente estabelecido) (cfr. art. 279.º, n.º 6, *alínea b)*), o relatório técnico, económico e financeiro sobre a viabilidade da sociedade, prazo para a realização da assembleia constitutiva, os aspectos referentes à subscrição, nomeadamente prazo, lugar, formalidades, critério de rateio, se necessário, montante da entrada a efectuar (e forma da sua devolução se a sociedade não for constituída) (art. 279.º), bem como a admissibili dade de subscrição incompleta (cfr. art. 280.º), cujo significado explicaremos em seguida.

---

[302] Neste caso, transfere-se o ónus da procura dos accionistas, sendo os respectivos custos também substancialmente diferentes.

6.3.6. *Subscrição incompleta; consequências*

Se o projecto for desenvolvido para um determinado montante de capital social e este não for subscrito na totalidade, *quid juris?*

Este é um aspecto que não pode deixar de interessar ao investidor porque este, a partir do momento em que subscreve o capital, disponibiliza o montante da sua subscrição, nomeadamente se se encontra obrigado à realização imediata. Trata-se do problema que se designa habitualmente por **subscrição incompleta**.

Se a subscrição ficar incompleta, a sociedade só poderá constituir-se desde que o público tenha subscrito pelo menos 75% das acções que lhe eram destinadas e essa seja a vontade da assembleia constitutiva; caso em que a deliberação de constituição da sociedade deverá fixar o montante do capital social e o número das acções, em conformidade com as subscrições (cfr. arts. 280.º, n.º 3 e 281.º, n.º 10). Esta regra, constante do artigo 280.º, n.º 3 do CSC constitui hoje uma derrogação autorizada à regra geral do Direito português em matéria de distribuição incompleta (cfr. art. 161.º do CVM), segundo a qual a oferta deverá ser eficaz em relação aos valores efectivamente distribuídos. O artigo 280.º constitui uma regra especial, aplicável unicamente à subscrição pública de acções, e que não foi derrogada pela regra geral aplicável a todas as ofertas públicas.

Se a sociedade acabar por não se constituir, então os montantes que foram disponibilizados pelos subscritores dever-lhes-ão ser devolvidos.

6.3.7. *Assembleia constitutiva e outorga do contrato de sociedade*

Concluída a subscrição do capital, e encontrando-se a sociedade em condições de ser constituída, deve ser convocada a assembleia constitutiva, na qual os votos se contam por cabeça [um por cada participante (promotor ou subscritor)]. Nesta assembleia, em que vão ser escolhidos os titulares dos órgãos sociais, o projecto de estatutos (entretanto registado) só pode ser alterado por unanimidade.

Aprovada a constituição da sociedade, o contrato de sociedade deve ser celebrado por dois promotores (e pelos subscritores que realizam entradas em espécie), devendo a qualidade de sociedade aberta ser mencionada, a partir de então, em todos os actos externos da sociedade (designadamente em contratos, correspondência, publicações e anúncios) (cfr. art. 14.º do CVM e arts. 281.º e 283.º do CSC).

6.3.8. *Vantagens de fundador*[303]

O público olha frequentemente para esta forma de constituição com alguma desconfiança, dizendo que se alguém propõe este tipo de constituição de sociedades é porque terá alguma coisa a ganhar. Por sua vez, criando ou perfilhando uma ideia instituidora, seria natural que os respectivos produtores procurassem assegurar, para si, vantagens associadas à constituição e funcionamento da sociedade cujo capital disponibilizam à procura do público.

Para se prevenir um aproveitamento abusivo – até porque esta forma de constituição não é de agora, é centenária[304] – e evitar que a situação de controlo que os promotores naturalmente têm sobre o projecto societário que submetem à apreciação do público se possa traduzir em vantagens inadequadas e prejudiciais aos interesses da própria sociedade e dos demais accionistas (aderentes), a lei estabelece limites às vantagens que os fundadores se possam reservar e impõe que as mesmas sejam exaradas no contrato de sociedade.

Com essa finalidade, e para além de determinar que todas as vantagens de fundador devessem encontrar-se estabelecidas no projecto submetido à oferta pública (cfr. *alínea b)* do n.º 6 do art. 279.º), a lei fixa limites máximos a essa vantagens, determinando que as mesmas não possam corresponder a mais de um décimo dos lucros do exercício durante um máximo de cinco anos, ou por prazo inferior se a sociedade não tiver uma duração superior a quinze anos (cfr. 279.º, n.º 8 do CSC). Esta disposição legal estabelece uma forte limitação às vantagens que os promotores podem pretender reservar para si próprios, visando conceder garantias especialmente aos terceiros que venham a subscrever acções que tenham sido oferecidas ao público em geral.

Esta limitação legal deve articular-se com a que é estabelecida, em termos genéricos, pelo artigo 16.º do Código das Sociedades Comerciais, segundo qual «*devem exarar-se no contrato de sociedade (...) as vantagens*

[303] Cfr. PAULO OLAVO CUNHA, *Direitos especiais*, cit., pp. 166-168.

[304] Há vários casos de constituição de sociedade anónima com recurso a subscrição pública no princípio do século XX, inclusivamente alguns que não terão acautelado devidamente, quer a nível nacional, quer a nível internacional, a situação daqueles que aderiram então ao projecto em marcha e que, por várias razões, e seguramente por deficiente conhecimento do mesmo, se viram preteridos em função das benesses que os fundadores resolveram reservar para eles próprios.

concedidas a sócios em conexão com a constituição da sociedade», bem como os montantes que são devidos aos fundadores pelo seu empenho e trabalho em prol da sociedade (cfr. art. 16.º, n.º 1).

6.3.9. *Encargos e responsabilidades dos promotores*

Importa referir que a oferta pública de subscrição para constituição de sociedade deve ser objecto de registo na CMVM, devendo o respectivo pedido ser instruído, entre outros elementos – e para além dos que são exigíveis para proceder ao registo de qualquer oferta pública –, com a identificação dos promotores, documento comprovativo da subscrição do capital social mínimo, cópia dos estatutos e certidão do registo comercial provisório.

Para além de deverem realizar todos os actos inerentes à constituição da sociedade a que se encontram obrigados (arts. 279.º, 281.º, n.º 1, 283.º, n.º 1, 280.º, n.º 1 do CSC), os promotores assumem a responsabilidade dos custos da operação pública, caso a sociedade não venha a ser constituída (cfr. art. 280.º, n.º 4 do CSC).

São, pois, os promotores que assumem o risco da constituição.

6.3.10. *Conclusão*

Esta forma de subscrição de sociedades comerciais é aliciante e conhece particular entusiasmo nos momentos em que os mercados bolsistas sentem agitação e animação, e em que a procura se encontra disponível para responder positivamente a este apelo. Em períodos de crise, as pessoas encaram estes projectos com maior desconfiança, uma vez que a adesão aos mesmos é perspectivada como mero investimento que na prática não controlam.

Finalmente, e embora se afigure óbvio, é evidente que esta forma não é aplicável às sociedades unipessoais, que se podem e devem constituir imediatamente.

6.4. **A constituição da sociedade unipessoal (por quotas)**

A sociedade unipessoal por quotas, reconhecida no Direito português desde 1997, pelo Decreto-Lei n.º 257/96, de 31 de Dezembro, não apresenta – desde 30 de Junho de 2006 (*inclusive*) – qualquer particularidade, relativamente às demais sociedades comerciais, no que respeita à sua constituição: pode ser constituída originariamente enquanto tal, resultar da transformação de um EIRL ou, muito simplesmente, resultar da concentração de quotas num único sócio (cfr. art. 270.º-A, n.os 1, 5 e 2)[305].

Assinale-se que, desde 30 de Junho de 2006 (*inclusive*), deixou de haver especialidades na constituição deste tipo societário específico, relativamente à constituição das sociedades em geral, uma vez que todas se passaram a poder constituir – como ocorria já com a sociedade unipessoal por quotas – por documento particular se as entradas não forem realizadas em bens que só sejam transmissíveis por escritura pública (cfr. art. 270.º-A, n.º 4, e 7.º, n.º 1 do CSC). Consequentemente, e correspondendo as entradas unicamente em dinheiro à situação mais comum, podemos concluir que a maior parte das sociedades comerciais não tem, agora, de se constituir por escritura pública.

7. Actos de constituição das sociedades comerciais (por quotas e anónimas)[306]

7.1. Considerações sobre a constituição de sociedades comerciais

As sociedades comerciais podem constituir-se por diversos modos: de forma tradicional, em que designadamente se procura adaptar os respectivos estatutos às suas necessidades e fins; invertendo o modo de constituição – isto é, procedendo ao registo antes da celebração do próprio contrato –; ou *à la minute* (ou na hora), isto é, recorrendo a um centro específico para o efeito (por enquanto as Conservatórias) e conse-

[305] Sobre a sociedade unipessoal, cfr. arts. 270.º-A a 270.º-G do CSC, na redacção do art. 2.º do DL 257/96, de 31 de Dezembro.

[306] Cfr., por todos, Maria Elisabete Ramos, «Constituição das Sociedades Comerciais», AA.VV., *Estudos de Direito das Sociedades*, 9ª ed., Almedina, Coimbra, **2008** (pp. 41-97), em especial pp. 41-49 e 68-87.

Anteriormente à reforma de 2006, cfr. José de Oliveira Ascensão, «Constituição de sociedades comerciais», *Boletim da Faculdade de Direito de Bissau*, n.º 2, **1993** (pp. 197-272) e Albino de Matos, *Constituição de Sociedades*, 5ª ed., Almedina, Coimbra, **2001**.

guindo que, no espaço de 24 horas[307], seja criada a forma jurídica de uma organização empresarial capaz de prosseguir uma determinada actividade económica.

Com a finalidade de se procurar assegurar a (muito) rápida constituição de sociedades comerciais, o governo publicou, em Julho de 2005, um diploma que criou a chamada "empresa na hora", ao abrigo de um (novo) regime especial de constituição imediata de sociedades. Procurava-se, pelo modelo criado (adiante desenvolvido), permitir a constituição simplificada de empresas, à semelhança do que acontece noutros países. Tratava-se de (mais) uma experiência piloto, na linha dos Centros de Formalidades de Empresas (criados em 1998), da qual, no momento em que revimos este texto, já é possível fazer um balanço claramente positivo, pela facilitação que veio permitir à constituição de novas sociedades comerciais.

Em termos introdutórios, importa ainda assinalar que não é necessário o recurso a um advogado ou a um notário para a constituição de uma qualquer sociedade comercial, sendo suficiente a intervenção de entidade com competência para efectuar o reconhecimento presencial das assinaturas dos fundadores (cfr. art. 38.º do DL 76-A/2006), embora seja adequado obter aconselhamento técnico especializado, para assegurar as menções mínimas obrigatórias. A este propósito é também importante realçar que a participação de especialista, para além de contribuir para a superação de naturais entraves burocráticos, permitirá ao empresário e (ou só) investidor ter um conhecimento de causa suficiente para optar pela forma societária mais adequada à empresa que pretende criar para prosseguir uma determinada a actividade económica e, relativamente à mesma, escolher as regras estatutárias mais favoráveis ou convenientes aos seus interesses e da organização que irá integrar. Tal intervenção, aliás, projecta-se na elaboração do contrato de sociedade e corresponde, assim, ao aspecto mais relevante e sensível da constituição desta.

---

[307] O diploma legal (DL 111/2005, de 8 de Julho) determina que «*os serviços* (...) *devem iniciar e concluir a tramitação do procedimento no mesmo dia*» (cfr. art. 5.º).

7.2. **Regime-regra**

7.2.1. ***Obtenção do certificado de admissibilidade de firma ou denominação***

Na constituição normal de uma sociedade comercial o primeiro passo consiste em definir a actividade que se irá prosseguir e escolher uma denominação para a sociedade a criar.

Para garantir que a sociedade a constituir não se confunde com outras já existentes existe um registo público – o Registo Nacional de Pessoas Colectivas –, ao qual os interessados se devem dirigir para obter a autorização de utilização de um nome ou denominação, que não se confunda com o já adoptado por outras entidades em actividade. Para o efeito, poderão não só proceder a uma pesquisa prévia sobre a eventual confundibilidade do nome escolhido, como proceder à indicação de três possíveis firmas para a sociedade a constituir, as quais, não sendo meras firmas-nome, se deverão articular com o objecto social escolhido, não podendo aludir a uma actividade que não se enquadre neste.

O certificado emitido é válido pelo prazo de 90 dias – e não de três meses, sublinhe-se –, devendo ser indicado, pelo menos, um dos futuros sócios, se não for requerido por advogado.

Enquanto se pensa nos termos que deverão integrar o contrato de sociedade, este passo constitui o pontapé de saída de um longo processo burocrático, cuja duração total tem, felizmente, vindo a diminuir de forma assinalável.

7.2.2. ***Contrato de sociedade***

7.2.2.1. *Elaboração do projecto*[308]

Simultaneamente com a apresentação do pedido de certificado de admissibilidade de firma ou denominação, deverão os futuros sócios

[308] Por efeito da alteração da lei e do quase desaparecimento previsível das escrituras públicas, deixa de existir um compasso de espera entre o pedido de firma ou denominação e a formalização do contrato de sociedade, cujo projecto deve ser previamente elaborado e ponderadamente reflectido.

começar a estruturar o contrato de sociedade e a ponderar, em concreto, as cláusulas a adoptar.

Vimos já (*supra*, n.º 4), que há cláusulas comuns às sociedades por quotas e anónimas, ou próprias e específicas de cada tipo. E se nos recordarmos das menções facultativas em particular, facilmente concluímos não ser indiferente a configuração do projecto de contrato e, nomeadamente, se não previrmos genericamente a possibilidade de, por deliberação dos sócios, serem derrogados determinados preceitos supletivos da lei, isso acabará por não ser possível e por poder acarretar custos significativos à sociedade, obrigando a uma prévia alteração do respectivo contrato. Por isso, das duas uma, ou se aplicam contratos (e cláusulas) pré-elaborados, que se encontram hoje informatizados e se podem consultar a todo o tempo na Internet, no sítio do Ministério da Justiça (antiga III Série do Diário da República); ou, tendo em consideração os objectivos que as Contratantes pretendem prosseguir e que a sociedade a constituir se propõe realizar, atendendo às pessoas dos sócios e, eventualmente, à desigualdade das respectivas participações, se procura estruturar o contrato de forma que se lhe confira a maior perenidade possível e se antecipe as necessidades futuras, prevenindo-se ou esbatendo-se a possível conflitualidade.

Faz-se em seguida uma breve referência a matérias a regular nos estatutos destes tipos societários e a possíveis cláusulas estatutárias, recordando que, em regra, os contratos de sociedade anónima são mais desenvolvidos, completos e complexos que os de sociedades por quotas, estruturando-se frequentemente em capítulos e, eventualmente, secções e sendo as respectivas cláusulas epigrafadas. Quanto à designação que as mesmas tomam habitualmente, a lei é omissa, embora a prática opte por designar os preceitos estatutários de "artigos" e, raramente, de "cláusulas". Não obstante a tradição apontar claramente para a designação de "artigos", a natureza convencional dessas regras, mesmo quando correspondem a menções obrigatórias, aconselharia a que as mesmas fossem designadas simplesmente por "cláusulas". Trata-se de questão puramente formal, a que não consideramos relevante responder de modo assertivo.

Do mesmo modo, na estruturação do contrato de sociedade, e nomeadamente na ordenação das matérias, não existe preceito a observar, apesar de a prática ter vindo a aproximar uns contratos dos outros. Assim, e exemplificando, é totalmente indiferente que a firma e a sede correspondam a duas disposições estatutárias ou integrem apenas uma, que a aplicação de resultados seja regulada antes da orgânica, após o capital, e a propósito dos direitos sociais, ou conste das regras relativas ao funcionamento da sociedade; e que a autorização da sociedade para adquirir participações em sociedades com objecto diferente seja clausulada a propósito do objecto social – em complemento ao mesmo – ou constitua um poder da administração, integrando-se no preceito estatutário sobre a competência desta.

7.2.2.2. *Cláusulas comuns às sociedades por quotas e às sociedades anónimas*[309]

Entre outras, são comuns aos dois tipos societários cláusulas sobre as seguintes matérias:

a) Denominação;
b) Sede (e eventual alteração);
c) Objecto;
d) Capital social;
e) Obrigações de prestação acessória;
f) Lucros (distribuição/aplicação de resultados);
g) Derrogação de preceitos supletivos;
i) (Exercício do) Direito de informação;
j) Exercício social (se não for coincidente com o ano civil);
k) Foro (tribunal judicial ou arbitral);
l) Regras transitórias
   (i) Designação dos titulares de órgãos sociais, *maxime* gerentes e administradores ou administradores executivos;
   (ii) Autorização para a prática de diversos actos antes do registo, designadamente o imediato exercício da actividade e a movimentação do capital social.

7.2.2.3. *Cláusulas características das sociedades por quotas*

Há certas regras contratuais que, mesmo que não sejam exclusivas de sociedades por quotas, surgem com regularidade apenas neste tipo societário. Entre outras, contam-se as seguintes:

a) Prestações suplementares (de capital);

[309] Indica-se, a título meramente exemplificativo, algumas regras estatutárias mais comuns ou a referência às matérias a regular contratualmente. A propósito dos temas principais abordados no nosso curso, avançamos com diversos exemplos de possíveis cláusulas estatutárias.

b) Cessão de quotas (eventuais limitações, sujeição ao consentimento da sociedade, e *modus faciendi*, em geral; direito de preferência da sociedade ou dos sócios);
c) Amortização de quotas;
d) Limitações à prestação de garantias;
e) Administração e representação da sociedade: gerência (composição, competência e vinculação da sociedade);
f) Direitos especiais.

7.2.2.4. *O contrato de sociedade anónima*

Como já referimos acima, o contrato de sociedade anónima apresenta uma estrutura mais complexa que o de sociedade por quotas, sistematizando-se habitualmente, mas não necessariamente, em capítulos e secções e utilizando epígrafes na caracterização das cláusulas ou artigos.

Para além das que são comuns às sociedades por quotas, são típicas das sociedades anónimas[310] as cláusulas sobre:

a) Forma de representação do capital (acções tituladas ou escriturais), regime de transmissão das acções (nominativas ou ao portador) e categorias de acções;
b) Emissão de obrigações (eventual autorização e órgão competente)[311];
c) Amortização de acções e restrições à sua livre transmissibilidade;
d) Orgânica da sociedade:
   (i) Deliberações dos accionistas (Forma; composição, convocação, competência e funcionamento da assembleia geral).
   (ii) Conselho de administração ou conselho de administração executivo (Composição, competência, funcionamento e vinculação da sociedade).
   (iii) Comissão de auditoria (modelo anglo-saxónico)[312], conselho geral e de supervisão (estrutura de inspiração germânica)[313] e conselho fiscal[314] ou fiscal único[315] (modelo clássico).

[310] Procedemos a uma indicação meramente exemplificativa de regras estatutárias características deste tipo societário.

[311] Também possível no plano das sociedades por quotas.

[312] Composição (art. 423.º-B); competência (art. 423.º-F).

[313] Composição (art. 434.º); competência (art. 441.º); funcionamento (art. 445.º, n.º 2).

[314] Composição: número de membros (art. 413.º, n.os 1 a 3); requisitos e incompatibilidades (arts. 414.º e 414.º-A). Competência e funcionamento (arts. 420.º e segs.).

[315] Cfr. art. 413.º, n.os 1, 4 e 5.

(iv) Revisor oficial de contas (quando autónomo)[316].
(v) Secretário (da sociedade)[317].
(vi) Órgãos facultativos (estatutários); por exemplo: conselho consultivo.

7.2.2.5. *A reprodução de preceitos legais supletivos; justificação*

Relativamente a certas matérias, justifica-se a respectiva inclusão no contrato de sociedade por duas ordens de razões. Por um lado, permite-se aos sócios um conhecimento mais adequado das regras próprias da sociedade; por outro, garante-se que disposições transitórias menos felizes venham – em caso de sucessão de leis no tempo – a lesar gravemente as expectativas dos sócios, como aconteceu aquando da entrada em vigor do Código das Sociedades Comerciais.

A este propósito recorde-se o que se referiu a propósito do interesse em clausular uma previsão, genérica ou específica, de derrogação de regras dispositivas supletivas (cfr., *supra*, n.º 4.5.5).

7.2.2.6. *O instrumento de constituição*

Como iremos ver adiante (n.º 7.2.4), o contrato de sociedade deve, em regra, ser objecto de documento particular escrito, com reconhecimento presencial das assinaturas dos subscritores, que correspondem ao universo dos sócios fundadores.

Com a reforma societária de 2006, foi abandonada a forma legal obrigatória de escritura pública outorgada perante o notário, na qual o contrato de sociedade (os estatutos) integrava frequentemente um documento complementar à própria escritura. Noutros casos, as disposições estatutárias integravam a escritura propriamente dita, convivendo de perto com as menções obrigatórias, nas quais os outorgantes eram identificados.

A forma tradicional seria transposta para os novos instrumentos contratuais, sendo habitual distinguir nestes as menções obrigatórias – que integram necessariamente o documento de constituição – dos estatutos ou contrato de sociedade em sentido restrito, que constitui a lei fundamental

[316] Cfr. arts. 446.º e 420.º, n.º 1, *alíneas c), d), e)* e *f)*.

[317] Cfr. arts. 446.º-A a 446.º-F. É um órgão obrigatório nas sociedades cujas acções estão cotadas em mercado regulamentado (bolsa de valores).

da sociedade, congregando as regras que, em complemento com as regras legais imperativas, disciplinarão a respectiva actividade.

Avance-se com um exemplo de documento de constituição de sociedade (anónima)[318]:

CONTRATO DE SOCIEDADE

*No dia [%] de [%] de dois mil e [%], na Avenida / Rua [%], n.º [%], em [%], compareceu [*compareceram*]:* ______________________

I) Accionista único:

*[%], [*estado civil*], natural de [%], residente na [%], em [%], titular do cartão de cidadão número [%], válido até [%], o qual outorga na qualidade de Administrador Único, em nome e em representação, da [%] (doravante "*x*"), com sede em [%], na [%], matriculada na Conservatória do Registo Comercial de [%] com o número único de matrícula e de identificação de pessoa colectiva 508 XXX XXX, com o capital social de • [%] (% euros).* ______________________

II) Composição plural:

PRIMEIRO

*[%], [*estado civil*], natural de [%], residente na [%], em [%], titular do cartão de cidadão número [%], válido até [%],* ______________

SEGUNDO

[...]

TERCEIRO

[...]

QUARTO

[...]

QUINTO

[...]

*Pelo[s] outorgante[*s*], na qualidade em que intervém [*intervêm*], foi, livremente e de boa fé, declarado que:* ______________________

Um. *Pelo presente contrato de constituição de sociedade, constitui[*em*] uma sociedade anónima, que adopta a denominação social de [%],* ***S.A.*** *(doravante "*z*" ou "Sociedade"), conforme Certificado de Admissibilidade de Firma ou Denominação emitido pelo*

---

[318] Temos em vista essencialmente aqueles que nunca lidaram com a constituição de uma sociedade comercial.

Registo Nacional de Pessoas Colectivas, em [%], cuja cópia se junta como Anexo I, com sede social na [%], freguesia de [%], concelho de [%], com o capital social de • [%] (% euros), representado por [%] (extenso) *acções tituladas e ao portador, com o valor nominal de € 1 (um euro) cada, integralmente* subscrito pela [*x*] e realizado mediante entradas em espécie e em dinheiro, sendo as entradas em espécie correspondentes:* ________________________________

*a) à participação social detida pela [*x*] no capital social da sociedade [%] (doravante "*y*"), pessoa colectiva número 508 XXX XXX, com sede social em [%], na [%], com o capital social de • [%] (% euros), matriculada na Conservatória do Registo Comercial de [%] sob o número único de matrícula e de pessoa colectiva –, no montante de [%] acções com o valor nominal de • %* (extenso) *cada uma, correspondente a [%]% do respectivo capital social; e* __________

*b) aos créditos, sob a forma de suprimentos, detidos sobre a [*y*], no valor nominal de • [%]* (extenso)*.* _________________________

Sendo o valor global desta entrada em espécie de • [%] (% euros), correspondente a [%] (extenso) *acções de [*y*] de [%] euros e aos suprimentos mencionados, conforme relatório elaborado, nesta data, pela Sociedade de Revisores Oficiais de Contas [%] – SROC, Lda., inscrita na Ordem dos Revisores Oficiais de Contas sob o número [%], com sede na [%], em [%], representada pelo Dr. [%], inscrito na Ordem dos Revisores Oficiais de Contas sob o número [%].* ________

E a entrada em dinheiro, no montante de • [%] (extenso)*.* __________

* *[*(...) realizado e subscrito em dinheiro da seguinte forma:
(a) [%], titular de [%] acções, representativas de [%] euros;
(b) [%], titular de [%] acções, representativas de [%] euros;
(c) [%], titular de [%] acções, representativas de [%] euros;
(d) [%], titular de [%] acções, representativas de [%] euros;
(e) [%], titular de [%] acções, representativas de [%] euros.*]*

Dois. *Que o Número de Identificação de Pessoa Colectiva da [*z*] é o P 508 XXX XXX, conforme cartão de pessoa colectiva emitido pelo Instituto dos Registos e Notariado, I.P., em [%] de [%] de dois mil e [%], onde consta o código de actividade [%] e cuja cópia se junta como Anexo II* __ **Três.** *Que a [*z*] tem como objecto social ["%"].*
____

Quatro. *Que o capital social se encontra integralmente subscrito e realizado pelas entradas em espécie acima descritas e avaliadas no relatório que se anexa como Anexo II e pelo[*s*] depósito[*s*] em dinheiro efectuado em conta bancária da sociedade, conforme declarado pela [*pelos*] outorgante[*s*].* ______________________________________

Cinco. *Que a Sociedade fica a reger-se pelos estatutos que ora se juntam como Anexo III cujo conteúdo, da sua responsabilidade, perfeitamente conhece[*m*].* ______

Seis. *Que, valendo como deliberação social, ficam desde já nomeados para o biénio de dois mil e [%] – dois mil e [%] os seguintes membros dos órgãos sociais, ficando os três membros do Conselho de Administração dispensados de prestar caução [*ou *sujeitos à caução mínima legal] e não sendo remunerados pelo exercício dos respectivos cargos [*ou *auferindo a remuneração que vier a ser estabelecida pela assembleia geral / por comissão de remunerações constituída para o efeito]:* ______

(a) Mesa da Assembleia-Geral: ______

*(i) Presidente: [%], [*estado civil*], com domicílio profissional na [%], em [%];* ______

*(ii) Secretário: [%], [*estado civil*], com domicílio profissional na [%], em [%];* ______

(b) Conselho de Administração: ______

*(i) Presidente: [%], [*estado civil*], residente na [%], em [%], contribuinte fiscal número [%];* ______

*(ii) Vogais: [%], [*estado civil*], residente na [%], em [%], contribuinte fiscal número [%], e [%], [*estado civil*], residente na [%], em [%], contribuinte fiscal número [%].* ______

*(c) Fiscal Único [*ou *Conselho Fiscal]:* ______

*(i) Efectivo: [%], SROC, com sede na [%], em [%], inscrita na Ordem dos Revisores Oficiais de Contas com o número [%], pessoa colectiva número [%], representada pelo Senhor Dr. [%], [*estado civil*], revisor oficial de contas inscrito na referida ordem com o número [%], residente na [%], em [%], contribuinte fiscal número [%];* ______

*(ii) Suplente: Dr. [%], [*estado civil*], revisor oficial de contas inscrito na referida ordem com o número [%], residente na [%], em [%], contribuinte fiscal número [%].* ______

Sete. *Que, sem prejuízo do disposto no artigo quinto do Código das Sociedades Comerciais, consideram-se adquiridos e ratificados pela [z] os direitos e obrigações emergentes de todos os negócios jurídicos em seu nome celebrados pelos administradores designados, nos termos previstos nos estatutos da Sociedade, a partir da data da celebração deste contrato e antes de efectuado o registo definitivo do mesmo, ficando desde já para tal conferida a necessária autorização.* ______

Oito. *Que os administradores da [z] designados neste contrato ficam, desde já, autorizados a, nos termos e condições que entendam mais* *convenientes, em nome e representação da [z], mas com respeito pela regra estatutária referente à vinculação da Sociedade, (i) iniciar a actividade social, movimentar as contas bancárias abertas em nome da ora constituída Sociedade para fazer face a despesas de constituição e instalação da Sociedade, nomeadamente para aquisição de bens e serviços, celebração de contratos e escrituras, (ii) contrair financiamentos e constituir qualquer tipo de garantias.* _______________

Nove. *Que a Sociedade assume, até ao montante de [%] despesas que tenham sido efectuadas pela [*pelos*] accionista[s], tendo em vista a sua constituição e próximo início de actividade, referentes a deslocações, serviços, aquisição de equipamentos e celebração de outros contratos relacionados com a sua instalação.* ______________

Estes actos deverão ser registados na Conservatória do Registo Comercial no prazo de dois meses a contar da presente data, encontrando-se o presente contrato isento do pagamento de imposto do selo, nos termos da alínea r) *do número 1 do artigo 7.º do Código do Imposto do Selo [*ou *devendo o imposto do selo devido nos termos do número 26.1 da respectiva Tabela Geral ser liquidado e pago aquando do registo]* ____

Em sinal de conformidade, vai o presente Contrato de Sociedade, e respectivos anexos, ser rubricados e assinados pelo[s] Outorgante[s], sendo a assinatura reconhecida presencialmente, nos termos legais.

ANEXO I

Certificado de Admissibilidade De Firma

(...)

ANEXO II

Relatório do Revisor Oficial De Contas

(...)

ANEXO III

Estatutos da Sociedade

(...)

No exemplo transcrito, procurámos abranger situações diversas no que se refere ao número de titulares do capital social – admitindo que a sociedade (a constituir) fosse inteiramente participada por um único accionista ou por cinco accionistas (situação-regra) –, à respectiva realização (em dinheiro e em espécie ou apenas em dinheiro), e ao objecto social, podendo a sociedade a constituir ser uma SGPS (caso em que as entradas de capital estariam isentas de imposto do selo) ou prosseguir uma actividade económica directa.

7.2.3. *Depósito do capital social (realizado por entradas em dinheiro)*

Antes da celebração do contrato de sociedade, os (futuros) sócios deverão acordar sobre o capital a afectar à sociedade a constituir, devendo fazê-lo por referência ao património que irá ser necessário para a prossecução da actividade que a sociedade se propõe realizar.

Para esse efeito, deverão concluir se realizam as suas entradas em dinheiro ou em bens de diferente natureza. Fazendo-o (exclusivamente) em dinheiro, terão ainda de decidir se realizarão a totalidade do capital desde o início ou se irão diferir parte do capital.

Qualquer que seja a sua decisão, o capital social representado por dinheiro deve ser depositado em instituição de crédito à ordem da sociedade (por quotas, anónima ou em comandita por acções) antes da celebração do contrato de sociedade, devendo ser feita declaração solene de que o depósito foi oportunamente efectuado (arts. 202.º, n.os 3 e 4, 277.º, n.os 3 e 4, e 478.º do CSC e Portaria n.º 228/92, de 13 de Julho, publ. na II Série do DR de 25 de Julho).

O depósito do capital social realizado, correspondente às entradas em dinheiro – e que pode ser efectuado em qualquer instituição de crédito[319] –, será assim o último passo a dar antes da celebração do próprio contrato de sociedade.

7.2.4. *Celebração do contrato de sociedade*

Uma vez na posse do certificado de admissibilidade da firma, concluído o projecto de contrato de sociedade e depositado o capital social, em conta da sociedade – a movimentar, posteriormente, pela respectiva administração –, estão reunidas as condições para ser formalizado o contrato de sociedade, essencial no processo de personificação.

---

[319] Nos primeiros anos de vigência do CSC, este depósito tinha de ser feito obrigatória e exclusivamente na Caixa Geral de Depósitos, por efeito do disposto no art. 543.º que, entretanto, caducou por efeito da publicação (no DR II Série, de 25 de Julho de 1992), e entrada em vigor, da Portaria n.º 228/92, de 13 de Julho. Desde 1992, o depósito do capital passou a poder ser feito em qualquer banco, devendo actualmente ser comprovado por declaração dos sócios (fundadores) de que o capital se encontra depositado à ordem da sociedade.

O contrato de sociedade deve constar de instrumento escrito com reconhecimento presencial das assinaturas dos sócios fundadores, salvo se lei especial aplicável à sociedade comercial a constituir exigir forma mais solene ou se os bens que integram entradas em espécie em favor da sociedade pressupuserem, pela sua natureza, forma específica para a sua transmissão (cfr. art. 7.º, n.º 1, na red. do DL 247-B/2008, de 30 de Dezembro).

O recurso à escritura pública de constituição passou, pois, a ser meramente facultativo[320], correspondendo a forma voluntária, excepto se

[320] Com a revogação do Decreto-Lei n.º 267/93, de 31 de Julho, operada pelo Decreto n.º 247-B/2008, de 30 de Dezembro, desapareceu uma outra forma específica de constituição da sociedade comercial, semelhante ao anterior regime-regra, do qual na realidade não se distinguia substancialmente, que era a chamada **constituição por notário**.

O Decreto-Lei n.º 267/93, de 31 de Julho (red. do art. 17.º do DL 76-A/2006, de 29 de Março) concedeu aos notários competências específicas na constituição das sociedades comerciais, conferindo-lhes poderes para, além de redigir o próprio contrato de sociedade – quando tal lhes fosse especificamente solicitado –, estabelecer contactos com outros organismos com a finalidade de assegurar dos mesmos uma resposta mais rápida. Neste tipo de constituição, a que o legislador procurou imprimir celeridade e economia de custos, cabia ao notário, a instâncias dos interessados, formular o pedido de certificado de admissibilidade de firma ou denominação, seguidamente elaborar o projecto de contrato de sociedade – que já se encontrava legalmente obrigado a outorgar, mesmo que para o efeito não lhe fosse apresentado pelas partes qualquer projecto – e, por fim, requerer o registo comercial do acto de constituição.

A ideia – de ir ao notário solicitar que este elaborasse o contrato de sociedade e tratasse de toda a burocracia – era louvável, mas deparava com, pelo menos, dois óbices: por um lado, o facto de os notários não terem à época, na realidade, tempo disponível para pensarem na sociedade em termos individualizados, no sentido de, tendo em conta as pessoas que a iriam constituir, não se limitarem a aplicar uma determinada matriz (isto é, não se cingirem a redigir um contrato de sociedade com as chamadas menções obrigatórias, desprezando todas as outras); por outro lado, porque na maior parte das situações essa opção não convinha às partes contratantes que, inclusivamente, deparavam com algumas dificuldades muitas vezes para proceder à própria marcação da escritura. Por isso, sendo um modo teoricamente mais rápido, acabava na prática por não o ser, não chegando a ser devidamente assimilado pelos destinatários naturais – por falta de condições logísticas dos próprios notários – e soçobrando, assim, perante a clara opção pelo método tradicional.

Não obstante as aparentes vantagens, esse processo, agora extinto, seria muito escassamente utilizado – até porque, para além da demora a que o acto de constituição estava sujeito, todas as demais formalidades, prévias e posteriores, tinham de ser diligenciadas pelas partes –, deixando rapidamente de fazer sentido perante a possibili-

regra legal imperativa – especificamente aplicável à constituição da espécie de sociedade em causa ou à forma de transmissão dos bens que constituem as entradas em espécie em função da respectiva natureza – o impuser. Nesse caso, o contrato de sociedade poderá fazer parte integrante da escritura ou constituir documento autónomo complementar à mesma.

Em qualquer circunstância, se parte do capital for realizado em espécie, é necessário juntar o relatório do revisor oficial de contas (independente) – referente à avaliação dessa entrada –, como anexo do próprio contrato, sujeito a depósito no registo comercial (cfr. art. 28.º, n.º 6 *in fine* do CSC).

Finalmente, deverão os participantes na sociedade a constituir, e seus futuros sócios, optar por incluir no contrato determinadas regras transitórias, fazendo-as constar dos próprios estatutos. Entre elas avultam as relativas a autorizações necessárias para o início da actividade da sociedade ou, simplesmente, para a prática imediata de certos actos, antes do próprio registo do contrato de sociedade, e a designação inicial dos titulares dos órgãos sociais[321].

A observância da forma escrita de contrato de sociedade, bem como a outorga de escritura pública, quando ela for necessária, constituem requisitos formais de validade de uma sociedade comercial, pelo que a sua falta – como a preterição de qualquer requisito de forma, em geral – determina a respectiva nulidade (cfr. art. 220.º do Código Civil).

---

dade de recurso aos Centros de Formalidades das Empresas e, mais tarde, de constituição da "empresa na hora".

Diversamente do que admitimos anteriormente (cfr. 3ª ed., cit., das nossas lições, p. 191), a privatização do notariado não fez renascer esta forma de constituição, conferindo credibilidade às escrituras públicas facultativas (ou contratos de sociedade).

[321] Não há hoje exigência de ser exarada no contrato de sociedade declaração dos sócios fundadores, assegurando não existirem dívidas fiscais por pagar nas sociedades de que haviam sido administradores ou gerentes. A lógica que se encontrava na base desta obrigação legal tinha razão de ser, numa sociedade que é cada vez menos séria, e visava dissuadir as pessoas que abandonavam um barco a meter água de embarcar noutro que estivesse novo. Talvez se justificasse, de *jure condendo* – mas na linha do instituto da desconsideração da personalidade jurídica –, que as pessoas declaradas insolventes ou, de algum modo, responsáveis por uma situação dessa natureza, ainda que em casos de responsabilidade limitada, fossem impedidas de participar em (novas) actividades comerciais.

7.2.5. *Início (imediato) de actividade*

Com a celebração do contrato, a sociedade não se encontra constituída – o que só acontecerá pelo registo comercial daquele (cfr. art. 5.º do CSC) –, mas poderá desde logo iniciar a sua actividade.

Para o efeito, os fundadores, que dispõem de um número provisório de pessoa colectiva (cfr. art. 15.º, n.º 1 do Decreto-Lei n.º 129/98, de 13 de Maio), que lhes foi concedido com a emissão do certificado de admissibilidade de firma ou denominação, deverão ter procedido à designação dos membros do órgão de administração no instrumento escrito de celebração do contrato de sociedade ou no próprio clausulado deste e ter, num desses instrumentos, autorizado expressamente os designados a iniciar de imediato a actividade ou, simplesmente, a praticar determinados actos entre a celebração do contrato e o registo da sociedade. A permissão contratual pode incluir a prática de actos solenes, a qual pode, aliás, corresponder à actividade da sociedade, tais como a imediata aquisição de imóvel ou imóveis.

Após a celebração do contrato, haverá que requerer o registo comercial da constituição e só com prova desse facto poderá, e deverá – nos quinze dias seguintes[322] – ser apresentada a declaração fiscal de início de actividade[323].

7.2.6. *Registo e publicações legais obrigatórias*

7.2.6.1. *Registo*

Como resulta do que acima dissemos, sem registo não há personificação (cfr. art. 5.º). O registo é hoje constitutivo, diferentemente do que sucedia no regime antigo, anterior à entrada em vigor do Código das Sociedades Comerciais. Por isso, celebrado o contrato de sociedade

[322] Este prazo de apresentação da declaração de início de actividade decorre da alteração introduzida pelo DL 111/2005, de 8 de Julho, ao artigo 110.º do CIRC.

[323] Até meados do ano de 2005, o sistema era diferente. A declaração fiscal de início de actividade deveria ser obrigatoriamente exibida na Conservatória do Registo Comercial onde fosse requerido o registo do contrato de sociedade, para que o pedido de registo fosse considerado (por efeito do disposto no n.º 1 do art. 51.º do CRCom, revogado pelo art. 19.º do DL 111/2005, de 8 de Julho).

indispensável à constituição, haverá que requerer o respectivo registo comercial e, no mesmo acto, solicitar à Conservatória que promova – oficiosamente, mas a expensas da sociedade –, uma vez efectuado o registo, as publicações legais obrigatórias, com a finalidade de se divulgar a existência da (nova) sociedade e o teor do respectivo contrato (arts. 5.º e 166.º e segs. do CSC, arts. 3.º, *alínea a)*, 15.º, 17.º e 70.º, n.os 1, *alínea a)*, e 2, e 71.º do CRCom). Só após ser requerido o registo deverá ser apresentada a declaração fiscal de início de actividade.

O registo é requerido, nos termos do art. 3.º, *alínea a)* do Código do Registo Comercial, no prazo de dois meses a contar da data da celebração do contrato (cfr. art. 15.º do CRCom). Recebido o pedido de registo, deverá o Conservador ordenar a publicação de um extracto do contrato de sociedade «*em sítio na Internet de acesso público*» (arts. 167.º, n.º 1 do CSC e 70.º, n.º 2 do CRCom, ambos na red. do DL 111/2005, de 8 de Julho)[324], com o endereço electrónico «*www.mj.gov.pt/publicacoes*» (cfr. art. 1.º, n.º 1 da Portaria n.º 590-A/2005, de 14 de Julho)[325].

Importa ainda referir que, com o fim da competência territorial das Conservatórias, o registo pode ser requerido em qualquer Conservatória ou mesmo ser efectuado *on-line*.

7.2.6.2. *Publicações*

Como é do conhecimento geral, a publicidade destina-se a dar a conhecer a terceiros uma (nova) determinada situação jurídico-mercantil constituída e o recurso ao papel já se encontra nos dias de hoje profundamente desactualizado em face da possibilidade de divulgação informática e cibernética.

---

[324] Até 31 de Dezembro de 2005, a publicação fazia-se no jornal oficial (Diário da República, III Série).

[325] Nos termos do Código do Registo Comercial, na sua redacção originária – alterada pela reforma de 2006 –, era também obrigatória a publicação do contrato de sociedade anónima ou por quotas num dos jornais da localidade da sede da sociedade ou, na falta dele, que aí tivesse maior expressão. Entendemos sem-pre que essa era a verdadeira publicidade, por permitir ao público local o conhecimento efectivo dos factos relevantes da vida económico-social, a começar pela criação de novas empresas, em especial nos centros urbanos de reduzida dimensão e nos meios pequenos; e que as então publicações legais obrigatórias no Diário da República (III Série) se destinavam fundamentalmente a centralizar e uniformizar (deficientemente) a informação dos actos jurídico-societários relevantes.

Por isso, o sistema legal de publicações, vigente desde 1986, sofreu, em 1 de Janeiro de 2006, uma alteração substancial, por efeito do disposto no Decreto-Lei n.º 111/2005, de 8 de Julho [em especial, pelas alterações do Código das Sociedades Comerciais e do Código do Registo Comercial determinadas pelos arts. 17.º e 19.º, as quais na sua maioria entraram em vigor nessa data (cfr. art. 28.º, n.º 2)] e da Portaria n.º 590-A/2005, de 14 de Julho.

Com a alteração do respectivo regime, as publicações obrigatórias deixaram de ser feitas no Diário da República (III Série), para passarem a ser feitas, (também) a expensas da sociedade e num único local: *«em sítio na Internet de acesso público* (www.mj.gov.pt/publicacoes), *regulado* pela Portaria n.º 590-A/2005, de 14 de Julho (cfr. a nova redacção dos arts. 167.º, n.º 1 do CSC e 70.º, n.º 2 do CRC), que, para a generalidade dos casos e situações[326], entrou em vigor também em 1 de Janeiro de 2006 (cfr. art. 4.º, n.º 1).

As alterações introduzidas provocaram uma redução do prazo para promover as publicações, o qual é de 5 dias (cfr. art. 71.º, n.º 2 do CRCom, red. do DL 76-A/2006, de 29 de Março, e art. 2.º n.º 4 da Port. n.º 590-A/2005, de 14 de Julho).

7.2.6.3. *Inscrição no RNPC, na administração tributária e na segurança social*

Aqui chegados, caso não haja nenhuma cláusula que venha a considerar ilícita, o Conservador do Registo Comercial deverá proceder à inscrição da sociedade no registo comercial e comunicar oficiosamente ao Registo Nacional de Pessoas Colectivas e aos serviços da administração tributária (e da segurança social) esse facto (cfr. art. 72.º-A do CRCom, na red. do art. 13.º do Decreto-Lei n.º 122/2009, de 21 de Maio), considerando-se a sociedade para todos os efeitos constituída e apta a exercer a respectiva actividade.

Este novo sistema de publicações proporciona a todos os interessados – que são seguramente os que se enquadram no artigo 64.º uma informação muito mais ampla, simples e rápida, satisfazendo as prin-

[326] Apenas se excepcionaram as sociedades constituídas ao abrigo do regime especial de constituição imediata, às quais se aplicou imediatamente o novo regime (cfr. art. 4.º, n.º 2 da Portaria).

cipais finalidades da publicidade dos actos sociais, que é precisamente a do respectivo conhecimento público.

7.2.7. *Declaração fiscal de início da actividade*

Não obstante a comunicação oficiosa da inscrição da sociedade no registo comercial (e da designação dos seus órgãos de administração e fiscalização) (cfr. art. 72.º-A do CRCom, na red. do DL 122/99, de 21 de Maio), a declaração fiscal de início de actividade tem de ser apresentada[327], em triplicado (*em qualquer serviço de finanças ou noutro local legalmente autorizado*), acompanhada de fotocópia autenticada do contrato de sociedade, no prazo de quinze dias depois de requerido o registo na Conservatória de Registo Comercial (cfr. arts. 109.º, n.º 1, *alínea a)* e 110.º do CIRC e art. 31.º, n.º 2 do CIVA[328]), mas, em princípio, *antes de iniciado o exercício da actividade*[329], se a sociedade constituída for sujeito passivo de IVA (cfr. art. 31.º, n.º 1 do CIVA)[330].

---

[327] Importa referir que o preenchimento da Declaração deve ser efectuado por quem tenha conhecimentos de contabilidade e, recebendo a informação dos fundadores sobre as expectativas que eles têm para os proveitos a obter, nomeadamente, perspective adequadamente o volume de negócios da sociedade.

[328] Corresponde ao antigo art. 30.º, n.º 2, renumerado por efeito da publicação do DL 102/2008, de 20 de Junho.

[329] No momento da celebração do contrato há, pois, que ter o maior cuidado com a indicação da data prevista para o início de actividade, sob pena de se apresentar a declaração fiscal fora de prazo – o que acontecerá inevitavelmente se o contrato de sociedade prever o imediato início de actividade social ou se os membros da administração da sociedade designados na escritura celebrarem logo um negócio jurídico autorizado –, sujeitando-se a sociedade à aplicação de uma coima (cfr. nota seguinte). A coima afigura-se anacrónica nos casos em que é, por definição, inevitável, nomeadamente quando se declara iniciar a actividade de imediato (ou esta se inicia de facto), uma vez que é necessária uma cópia autenticada do contrato de sociedade (entre outros documentos) para se requerer o registo e só com a nota de requisição (e cópia do contrato de sociedade) se pode apresentar a declaração de início de actividade. A prática de todos estes actos, não dependendo unicamente do contribuinte, só muito dificilmente se consegue fazer no mesmo dia.

[330] A coima aplicável à não apresentação oportuna da declaração varia entre € 200 e € 5.000 [cfr. art. 117.º, n.º 2 do Regime Geral das Infracções Tributárias (aprovado pela Lei n.º 15/2001, de 5 de Junho)].

7.2.8. *Comunicações ou registos subsequentes*

Hoje em dia, ainda que haja a participação de entidades estrangeiras, individuais ou colectivas, na constituição de sociedades comerciais portuguesas, já não tem de haver, diversamente do que acontecia no passado, declaração prévia de autorização para operações de investimento estrangeiro[331].

Quando estão em causa operações com esta natureza, haverá unicamente que proceder a registos, nomeadamente junto da AICEP – Agência para o Investimento e Comércio Externo de Portugal, E.P.E., para efeitos meramente estatísticos.

Por sua vez, há espécies de sociedades que pressupõem certas autorizações. Não aquelas que têm que ver unicamente com os estabelecimentos que as sociedades porventura vão abrir, por exemplo – como é o caso das chamadas grandes superfícies, sujeitas a autorizações de natureza meramente administrativa[332] –, que não nos interessam, mas as que, pela natureza da sua actividade, estão vinculadas a autorizações de autoridades de supervisão e à realização de diversas comunicações para se poderem constituir e iniciar a respectiva actividade.

É relativamente às instituições de crédito e às sociedades financeiras, que o problema se coloca com premência, uma vez que a lei impõe que sejam obtidas autorizações, feitas comunicações e requeridos registos, mormente junto do Banco de Portugal, da Comissão do Mercado de Valores Mobiliários (CMVM) e de outros institutos reguladores, com poderes de supervisão (arts. 65.º e segs. e 194.º do RGIC e 295.º e segs. do CVM).

[331] Esta declaração visava fundamentalmente assegurar a regularidade de situações de investimento estrangeiro, tendo em vista a eventual reexportação de capitais, nomeadamente a eventualidade da sua saída sob a forma de dividendos ou de mais-valias, quando se procedesse ao chamado desinvestimento.

[332] Não é qualquer pessoa que constitui uma sociedade comercial e que, em seguida, sem mais, abre um estabelecimento com uma superfície (área de venda) superior a 2.000 m2 (cfr. Decreto-Lei n.º 21/2009, de 19 de Janeiro, em especial arts. 2.º, n.º 1; *alínea a)*, e 5.º).

7.3. A "empresa na hora"[333]

Procurando promover *o desenvolvimento da competitividade da economia* nacional, o governo aprovou, no início do segundo semestre de 2005, um novo processo de constituição de sociedades por quotas e anónimas – a chamada "empresa na hora" (cfr. art. 1.º do Decreto-Lei n.º 111/2005, de 8 de Julho[334]) – que permite aos interessados dirigirem-se às conservatórias do registo comercial e aos *respectivos postos de atendimento nos centos de formalidades de empresas* (cfr. art. 4.º, n.os 1 e 2 do DL 111/2005) e manifestarem a intenção de constituírem imediatamente uma empresa com base numa firma já aprovada e adoptando uns estatutos certificados pelos serviços de registo e notariado. Caberá aos serviços contactados promover, subsequentemente, a comunicação às entidades que deverem ser notificadas da constituição e praticar as *formalidades* necessárias à plena regularização da nova entidade.

Numa fase inicial, o diploma não se aplicava às sociedades cuja constituição se encontra sujeita a autorização especial, nem a sociedades cujo capital fosse realizado com recurso a entradas em espécie (cfr. art. 2.º, *alíneas a)* e *b)* do DL 111/2005, na red. originária)[335], só sendo então possível proceder à constituição imediata de sociedades anónimas e por quotas, cujas entradas fossem, na totalidade, realizadas em dinheiro. Posteriormente, o diploma viria a admitir que a sociedade cuja constituição fosse imediata ("na hora") se fizesse também com recurso a entradas em espécie (cfr. art. 4.º-A do DL 111/2005).

---

[333] Cfr. Armando Manuel Triunfante, *Código das Sociedades Comerciais Anotado*, Coimbra Editora, **2007**, pp. 16-18, e Pinto Furtado, *Comentário ao Código das Sociedades Comerciais. Âmbito de aplicação. Personalidade e capacidade. Celebração do contrato e registo. Artigos 1.º a 19.º*, Almedina, Coimbra, **2009**, pp. 458-460.

[334] Entretanto alterado pelo Decreto-Lei n.º 76-A/2006, de 29 de Março (cfr. art. 37.º), pelo Decreto-Lei n.º 125/2006, de 29 de Junho, publicado em simultâneo com a Portaria n.º 657-C/2006, de 29 de Junho, relativos à criação da empresa *on-line* (cfr., *infra*, n.º 7.6), pelo Decreto-Lei n.º 318/2007, de 26 de Setembro, e pelo Decreto-Lei n.º 247-B/2008, de 30 de Dezembro.

Este diploma aproveitou para *revolucionar* o sistema de publicações, como vimos, pondo termo a décadas de Diário da República.

[335] A lei esclarece, também, embora desnecessariamente por tal já decorrer do respectivo regime legal, que o regime especial de constituição imediata de sociedades não é aplicável às sociedades anónimas europeias (cfr. art. 2.º, *alínea c)*, que se mantém em vigor), que se devem constituir, em princípio, por fusão (cfr. arts. 5.º e segs. do DL 2/2005, de 4 de Janeiro).

A ideia subjacente a este novo modo de criação (imediata) de sociedades é o de que é possível disponibilizar pacotes legais pré-formatados, compostos por uma firma já aprovada e por um projecto de contrato de sociedade, correspondentes a sociedades (por quotas e anónimas) a constituir. A escolha dos interessados ficará, assim, limitada à naturalmente prévia opção sobre o objecto social pretendido, definindo as disponibilidades existentes – em termos de firma e respectivo objecto – a possibilidade de constituição imediata dessa sociedade. Relativamente aos casos em que não se encontra disponível uma sociedade (firma) correspondente a um determinado objecto, haverá, porventura, que trilhar o normal caminho da constituição da sociedade comercial.

Por sua vez, se o empresário-investidor pretender acautelar contratualmente determinadas soluções jurídicas, poderá, por razões de celeridade, constituir a sociedade com as regras pré-definidas e, em seguida, alterá-las. Deverá, contudo, assegurar a prévia concordância dos seus sócios relativamente às modificações a efectuar.

Finalmente, cabe ainda salientar que o governo, ao aligeirar o modo de constituição da sociedade comercial reduziu as taxas aplicáveis pela intervenção das entidades públicas, favorecendo as actividades «*informática ou conexa*» e «*de investigação e desenvolvimento*».

Para assegurar a imediata constituição de empresas na hora, o governo começou por escolher quatro pólos experimentais (Aveiro, Coimbra, Barreiro e Moita), comprometendo-se a dotar outras conservatórias do registo comercial de condições adequadas para o efeito, logo que fosse possível[336], existindo hoje quase duas centenas de Conservatórias e outros postos de atendimento onde é possível proceder a este tipo de constituição de sociedades.

Correspondendo a uma ideia claramente positiva – que se traduz em aligeirar e simplificar, significativamente, o processo de formação das sociedades comerciais –, é possível avaliar o impacto no tecido produtivo português da medida tomada, registando que um número muito significativo de empresas já se constituiu neste novo quadro, havendo agora que aguardar pela consolidação da experiência iniciada no segundo semestre de 2005 e registando-se a natural expectativa acerca da influência que as alterações de 2006, facilitadoras da constituição de novas sociedades, vieram a ter sobre «a empresa na hora».

[336] Com dados mais completos, vd. ALEXANDRE DE SOVERAL MARTINS, «"Empresas na hora"», AA.VV., *Temas societários*, IDET, n.º 2, Almedina, Coimbra, **2006** (pp. 79-105), em especial, pp. 89 e 90.

7.4. O recurso aos Centros de Formalidades das Empresas

Anteriormente à consagração legal da "empresa na hora" o governo havia promovido uma experiência – com a finalidade de facilitar a criação de novas empresas (Decreto-Lei n.º 78-A/98, de 31 de Março) –, procurando concentrar num mesmo local físico todos os serviços imprescindíveis à constituição de uma sociedade comercial. Para efeito, começou por criar em Lisboa e no Porto (Gaia)[337] locais – designados Centros de Formalidades das Empresas (CFE) –, onde agregou serviços do RNPC, de notariado, das Direcções Gerais dos Registos e Notariado (Conservatória do Registo Comercial) e dos Impostos (Serviço de Finanças para efeitos de apresentação de Declaração de Início de Actividade) e, inclusivamente, uma dependência bancária.

A ideia era a seguinte: os interessados deveriam dirigir-se ao Centro, explicar o tipo de actividade que se propunham prosseguir, escolher o tipo societário adequado à respectiva organização empresarial, solicitar o certificado de admissibilidade de firma ou denominação, obter uma resposta muito rápida do RNPC, proceder ao depósito do capital social, outorgar a respectiva escritura de constituição, preencher e apresentar a declaração fiscal de início de actividade e requerer a inscrição no registo comercial (e publicações subsequentes).

Os Centros de Formalidades começaram por funcionar muito razoavelmente, permitindo constituir uma empresa num espaço de tempo relativamente curto e com alguma possibilidade de intervenção dos respectivos sócios que podiam não apenas sugerir cláusulas para o contrato de sociedade a constituir, como fazer-se acompanhar de especialista (advogado).

No entanto, não só viriam a suscitar questões pertinentes em matéria de princípios aplicáveis, como o da prioridade no registo da firma ou denominação solicitada, como rapidamente iriam conhecer uma enorme afluência e deixar de dar vazão em tempo adequado às inúmeras solicitações de que passaram a ser objecto. Acresce que, não obstante a possibilidade de intervenção pessoal, os interessados não tinham controlo sobre os *timings* dos actos envolvidos e sobre o respectivo conteúdo, sendo frequentes os desentendimentos em cima do acontecimento,

[337] Para além dos dois existentes em Lisboa e do centro do Porto, existem CFE também em Aveiro, Braga, Coimbra, Leiria, Loulé, Setúbal e Viseu.

nomeadamente no momento da outorga da escritura (ou da celebração do contrato de sociedade).

De qualquer forma, e diversamente do que se poderia esperar os CFE subsistem, constituindo os respectivos postos de atendimento do registo comercial (que neles estão situados) locais onde pode ser promovido o processo de constituição da "empresa na hora" (cfr. art. 4.º, n.º 2 do DL 111/2005).

7.5. A empresa *on-line*[338]

Em 29 de Junho de 2006 – coincidindo com o último dia de vigência da redacção das disposições legais do Código das Sociedades Comerciais que o DL 76-A/2006 modificou –, foram publicados o Decreto-Lei n.º 125/2006, de 29 de Junho[339], e a Portaria n.º 657-C/2006, de 29 de Junho, referentes à criação da empresa *on-line* (ou por via electrónica). Estes diplomas entraram, genericamente, em vigor no dia 30 de Junho de 2006[340].

Reservada às sociedades anónimas (nacionais) e por quotas, desde que a respectiva constituição não requeira – pela natureza das entradas em espécie – forma mais solene do que a escrita (cfr. arts. 1.º e 2.º), a constituição de empresas por via informática, através da *Internet*, é, em princípio, da competência do RNPC e pode ser requerida por pessoas singulares ou colectivas (cfr. arts. 3.º e 4.º).

Em conformidade com este novo diploma, os interessados poderão optar entre firmas já preestabelecidas e contratos de sociedade pré-elaborados (cfr. art. 6.º, n.º 1, *alíneas a)* e *c)*) ou, em alternativa, poderão

[338] Cfr. ARMANDO TRIUNFANTE, *Código das Sociedades Comerciais Anotado*, cit., **2007**, pp. 19-20, e . PINTO FURTADO, *Comentário ao Código das Sociedades Comerciais. Âmbito de aplicação. Personalidade e capacidade. Celebração do contrato e registo*, cit., **2009**, pp. 460-461, e o livro de carácter prático de FRANCISCA ALMEIDA D'EÇA, *Registos Online*, Almedina, Coimbra, **2008**, pp. 27-33 e 51-55.

[339] Alterado pelo Decreto-Lei n.º 318/2007, de 26 de Setembro (cfr. arts. 16.º e 17.º), e pelo Decreto-Lei n.º 247-A/2008, de 30 de Dezembro.

[340] Com excepção das alterações legislativas ao diploma da "empresa na hora" (DL n.º 111/2005, de 8 de Julho), que só entrariam em vigor em 14 de Julho de 2006, e da constituição de empresas *on-line* com base em projecto de contrato de sociedade elaborado pelos interessados (que apenas entraria em vigor em 31 de Outubro de 2006) (cfr. art. 23.º do DL 125/2006 e art. 9.º da Port. 657-C/2006).

recorrer a certificado de admissibilidade de firma prévia e directamente obtido e a projecto de contrato de sociedade por eles elaborado (cfr. art. 6.º, n.º 2, *alíneas b)* e *c) in fine*). No primeiro caso, o procedimento – que deve ser sempre completado pelo interessado no prazo máximo de vinte e quatro horas, depois de iniciado (cfr. art. 6.º, n.º 5) – deverá, quando adequadamente cumprido, ser imediatamente aceite, seguindo-se o registo e demais actos previstos no art. 12.º; na segunda hipótese, o pedido deverá ser apreciado no *prazo de dois dias úteis* (cfr. art. 11.º, n.º 3).

Na época em que foi aprovada esta nova via de constituição de sociedades comerciais, não deixou de nos surpreender a celeridade com que a empresa se constituía, sobretudo quando o processo não consistia numa mera escolha de nomes e cláusulas disponibilizadas aos interessados, mas envolvia uma intervenção substantiva destes, necessariamente sujeita a um juízo de legalidade pela autoridade que tem a competência e a responsabilidade pela respectiva aprovação. Contudo, já na pretérita edição (3ª, de 2007, p. 195) aplaudíamos a medida legislativa, pelos efeitos económicos muito positivos que, certamente, acarretaria, e aguardávamos, com inegável expectativa, os resultados práticos desta nova forma de constituição de sociedades comerciais.

Hoje, decorridos quase quatro anos sobre a constituição de empresas através da *Internet*, podemos considerar que o saldo é muito positivo e que a medida aprovada veio necessariamente contribuir para a facilitação na criação de (novas) sociedades.

8. **Registo prévio do contrato de sociedade**

8.1. **Circunstâncias em que pode ocorrer**

Uma outra possibilidade de se constituir uma sociedade não é a de praticarmos os actos que correspondem ao regime-regra ou a uma aplicação do mesmo, ainda que concentrada – desde a obtenção do nome, passando pela celebração do contrato de sociedade e acabando no respectivo registo –, mas seguirmos um modo invertido. É a forma que pressupõe o registo prévio do contrato de sociedade, a qual, nunca tendo sido muito usada, em certos casos não pode ser utilizada. Assim, por exemplo, não é possível quando se trate de constituição com apelo a subscrição pública ou quando sejam convencionadas entradas em espécie ou a aquisição de bens pela sociedade (cfr. art. 18.º, n.º 1).

Das limitações legalmente estabelecidas a esta forma de constituição decorre que o registo prévio do contrato de sociedade pode ser adoptado na constituição particular em que todas as entradas se realizam em dinheiro, proporcionando nesse caso maior celeridade ao início da própria actividade, uma vez que os contratantes registam o contrato de sociedade antes de o celebrarem.

Fazendo sentido num sistema em que o registo é constitutivo e em que, em princípio, a actividade apenas se iniciaria com a constituição, os empresários têm preferido claramente o sistema de recorrer ao regime-regra, subscrevendo o contrato de sociedade e prevendo neste a possibilidade de a sociedade iniciar imediatamente a respectiva actividade.

Acresce que, na actualidade, com a rapidez do registo, após a celebração do contrato de sociedade a constituição é quase imediata, pelo que se prevê vir o registo prévio – como modalidade autónoma de constituição de sociedades comerciais por subscrição particular e por entradas em dinheiro a desaparecer a muito curto prazo.

Vamos, sinteticamente, enunciar os procedimentos a observar na constituição de sociedades comerciais com recurso a registo prévio, não obstante a mesma ser muito raramente utilizada[341].

8.2. **Procedimentos a adoptar**

Nesta espécie de constituição, as partes contratantes, juntando um projecto completo de contrato de sociedade (cfr. art. 35.º, n.º 2 do CRCom) e, naturalmente, um certificado de admissibilidade que demonstre que lhes foi reconhecido o uso exclusivo de um certo nome comercial (firma ou denominação), podem requerer na conservatória do registo comercial o registo prévio desse (projecto de) contrato, devendo, posteriormente, celebrar o próprio contrato de sociedade em termos absoluta-

[341] Julgamos mesmo que, com as recentes medidas de simplificação, ela deixou de fazer sentido, tendo necessariamente perdido importância. No mesmo sentido, não vendo «muito sucesso para esta figura», cfr. ARMANDO TRIUNFANTE, *Código das Sociedades Comerciais Anotado*, cit., **2007**, pp. 26.

mente conformes com o projecto já registado, não podendo haver lugar a discussão sobre o respectivo conteúdo. Celebrado o contrato de sociedade relativo ao projecto previamente registado, qualquer sócio ou o notário – se os fundadores optarem por celebrar o contrato por escritura pública (o que nunca é necessário, porque não pode haver entradas em espécie) – deve, no prazo de quinze dias, apresentar ao conservador cópia certificada do contrato, requerendo a conversão do registo, até então provisório por natureza, em definitivo (art. 18.º, n.os 1 a 3 do CSC e art. 35.º, n.os 2 e 3 do CRCom).

SECÇÃO III

9. Vicissitudes inerentes ao processo de constituição e regime dos actos praticados antes do registo da sociedade

9.1. A questão[342]

Num passado ainda recente, entre o momento em que os contratantes planeavam, decidiam ou acordavam vir a constituir uma sociedade comercial e o momento em que era efectuado o registo do respectivo contrato decorria, por vezes, tanto tempo que se tornava necessário nesse espaço temporal praticar determinados actos cuja validade e eficácia devia ser devidamente ponderada e acautelada. Presentemente, o intervalo temporal entre a celebração do contrato e o respectivo registo comercial é praticamente irrelevante, pelo que entre esses dois momentos serão em número muito reduzido os actos a praticar.

Admitindo que o contrato (a registar) não apresenta qualquer vicissitude, as questões que se possam suscitar respeitam unicamente à eventual imputação dos custos desses actos à sociedade recém-constituída.

---

[342] Para além de outros autores citados adiante, cfr. JOÃO LABAREDA, «Sociedades irregulares algumas reflexões», in AA.VV., *Novas Perspectivas do Direito Comercial*, Almedina, Coimbra, **1988** (pp. 177-204), JORGE MANUEL COUTINHO DE ABREU, «Constituição das Sociedades Comerciais», *BFD*, vol. LXXV, Coimbra, **1999** (pp. 121-143), e *Curso de Direito Comercial*, Vol. II – Das Sociedades, 3ª ed., cit., **2009**, pp. 117-133, PAULO DE TARSO DOMINGUES, «O regime jurídico das sociedades de capitais em formação», AA.VV., *Estudos em comemoração dos cinco anos (1995-2000) da Faculdade de Direito da Universidade do Porto*, Coimbra Editora, **2001** (pp. 965-998), MARIA ELISABETE RAMOS, «Constituição das Sociedades Comerciais», cit., **2008** (pp. 41-97), em especial pp. 59-68 e 117-133, e, com um desenvolvimento mais substancial, a dissertação de doutoramento de MANUEL ANTÓNIO PITA, *O regime da sociedade irregular e a integridade do capital social*, Almedina, Coimbra, **2004**, em especial pp. 283-284, 305-313, 401-422.

Os problemas colocam-se fundamentalmente acerca do destino e efeitos dos actos quando se verifica existir uma vicissitude com o contrato de sociedade. Esta pode ocorrer relevantemente em dois momentos diferenciados: ou por se prender com a sua não celebração, sequer, formalidade e forma necessária da constituição da sociedade comercial; ou por ser relativa a actos que sejam praticados em nome da sociedade antes do registo definitivo do respectivo contrato, mas após a celebração deste, isto é, situações em que o contrato de sociedade não seja nulo.

Com a celeridade actual do registo comercial, pode ter de ser acautelada a responsabilidade pelos actos praticados entre a decisão em constituir a sociedade e a sua formalização e raramente pelos actos realizados após a celebração do contrato e antes do registo. Não fica, contudo, excluída a possibilidade de se verificar alguma vicissitude no processo formativo do contrato de sociedade que possa vir a afectar os actos entretanto praticados e que podem ter de ser concretamente imputados aos respectivos autores.

Especialmente quando está em causa a prática de actos subsequente à celebração do contrato de sociedade, nós teremos (cfr., *infra*, n.º 9.6) de distinguir duas situações bem características: aquelas que dizem respeito às relações unicamente entre os sócios e as que dizem respeito às relações da sociedade com terceiros.

Preocupemo-nos, primeiramente, com a invalidade do contrato de sociedade por quotas e anónima.

9.2. **Invalidade do contrato de sociedade anónima ou por quotas não (definitivamente) registado ou de uma das declarações negociais**

9.2.1. ***Regime regra***

Qual o regime previsto no nosso Código das Sociedades Comerciais para a invalidade do contrato de sociedade anónima ou por quotas que não esteja definitivamente registado ou para a invalidade de alguma das declarações negociais que integrem esse mesmo contrato de sociedade?

O regime aplicável a uma situação de invalidade do contrato social é o estabelecido pelo artigo 41.º, isto é, devemos aplicar à invalidade do contrato ou de qualquer das declarações negociais dele integrantes as disposições ou o regime aplicável aos negócios jurídicos em geral, portanto aos negócios jurídicos nulos ou anuláveis, uma vez que são as formas de invalidade típicas conhecidas pela lei civil, com as excepções que constam e que estão expressamente mencionadas no artigo 52.º (art. 41.º, n.º 1).

Vamos então ver, em função disso, se há particularidades que convém reter.

9.2.2. *Incapacidade*

Primeiro, a invalidade do contrato ou da declaração motivada devido a incapacidade das Contratantes. Esta invalidade é oponível a terceiros e, naturalmente, se é oponível a terceiros também é oponível aos demais sócios (arts. 41.º, n.º 2, I parte, 45.º, n.º 2 e 52.º, n.º 5).

Exemplificando, se algum incapaz – se alguém sofrendo de incapacidade de exercício – participa na constituição de uma sociedade, subscrevendo o respectivo contrato, a sua declaração negocial é passível de ser invalidada. E a consequência típica da incapacidade é a anulabilidade. Isso resulta do número 2 do artigo 41.º. Não obstante, temos de ter em conta o disposto no artigo 52.º e designadamente que, por efeito da participação na constituição da sociedade, o sócio assumiu determinadas obrigações cuja extinção retroactiva poderia vir a pôr em causa os direitos eventuais que terceiros tivessem relativamente a essa sociedade, nomeadamente dos credores de actos que, entretanto, tenham sido praticados. Por isso, extingue-se apenas a sua participação, exonerando-o de toda e qualquer responsabilidade por efeito da situação de incapacidade, ou de uma situação que se deva a um outro tipo de invalidade, designadamente quando essa invalidade resulte de vício da vontade ou de usura.

9.2.3. *Vício da vontade e usura*

Simplesmente, se resultar de vício da vontade ou de usura, a invalidade é apenas oponível aos demais sócios, não é oponível a terceiros (art. 41.º, n.º 2 *in fine*); se decorrer da incapacidade, a invalidade já é oponível também a terceiros.

Então, pergunta-se, numa situação e noutra será que a responsabilidade dos demais sócios pelas obrigações que haviam assumido é idêntica?

O cumprimento das obrigações de entrada que, como é sabido, em certos casos gera uma responsabilidade pessoal e solidária pela totalidade do capital social subscrito (situação das sociedades por quotas em contraposição com as sociedades anónimas), não pode ser então entendido do mesmo modo. Se houver incapacidade, como esta é oponível a terceiros, o sócio pode eximir-se das suas responsabilidades, uma vez que se considera que os terceiros também podem ser afectados.

Se não for uma situação de incapacidade, se for uma outra situação que gere também a anulabilidade, mas que se traduza por exemplo num vício da vontade, até porque os vícios da vontade conhecem-se fundamentalmente *inter (partes) contratantes*, então nestes casos, eventualmente, os sócios vão ter de realizar ou completar as suas entradas e vão ter de assumir perante os terceiros a responsabilidade pessoal e solidária.

Para além da oponibilidade *inter contratantes* da vicissitude que resulte de vício da vontade ou da usura, há também que referir que esta situação pode determinar uma justa causa de exoneração nos termos do disposto no artigo 45.º do Código das Sociedades Comerciais.

9.3. **Nulidade do contrato após o respectivo registo definitivo**

9.3.1. ***Fundamentos***

Quanto à nulidade do contrato após o respectivo registo definitivo, os fundamentos são aqueles que constam do artigo 42.º, n.º 1 do Código das Sociedades Comerciais, e há alguns deles que são sanáveis, isto é, há vicissitudes que, ocorrendo já depois da celebração do contrato, ou que lhe sejam contemporâneas e não sejam detectadas até ao momento em que o registo é efectuado, podem vir a ser sanáveis ao abrigo do princípio do aproveitamento dos negócios jurídicos em geral. São as situações previstas no artigo 42.º, n.º 2.

Depois de efectuado o registo definitivo do contrato, este só pode ser declarado nulo quando faltar um dos seguintes elementos:

1) Número de sócios fundadores que corresponda ao mínimo legalmente exigido[343];

---

[343] Regra geral, são dois. Embora a própria lei tenha o cuidado de admitir que, quando se possa constituir com um só sócio, a sociedade possa subsistir nesses termos,

2) Firma;
3) Sede;
4) Objecto;
5) Capital.
6) O valor de entrada de algum sócio ou de prestações realizadas por conta dessa entrada.

9.3.2. *Vícios sanáveis*

Faltando a menção desses elementos, que são considerados essenciais, naturalmente que também deveria haver lugar à nulidade do contrato. No entanto, são precisamente as vicissitudes relativas a estes aspectos que, na sua quase totalidade, e nos termos do n.º 2 do artigo 42.º, são sanáveis; designadamente são sanáveis os vícios decorrentes da falta ou nulidade da firma, da falta da sede da sociedade, bem como do valor da entrada de algum sócio e das prestações realizadas por conta desta. E, para esse efeito, se está em causa a propositura de uma acção de anulação deve conceder-se um determinado prazo – que é de 90 (noventa) dias – para que possa ocorrer, eventualmente, a regularização, isto é, a lei prevê a interpelação para a regularização dessas situações, e isso nos termos do artigo 44.º do Código das Sociedades Comerciais.

Outras menções cuja falta determina a nulidade do contrato são aquelas que se traduzem, por exemplo, na inidoneidade do objecto, ou seja, se o objecto for ilícito ou contrário à ordem pública. Também a falta de liberação do capital social, nos termos que a lei exige para o cumprimento ou prestação mínima de entrada na sociedade, determinará a nulidade do contrato, e naturalmente o mesmo sucede com a inobservância da respectiva forma legal, nos termos da *alínea e)* do n.º 1 do artigo 42.º[344].

é aquela situação prevista e regulada no art. 488.º, para as sociedades anónimas subsidiárias e integrais, e no art. 270.º-A, para as sociedades unipessoais por quotas.

[344] A qual até 29 de Junho de 2006 se reconduzia à falta de escritura pública (art. 42.º, n.º 1, *alínea e)*, red. originária).

9.3.3. *Acção declarativa de apreciação da nulidade; especificidades*

Verificando-se uma situação de nulidade, pode haver lugar a uma acção declarativa de apreciação dessa mesma nulidade. Para esse efeito, e por isso esta invalidade no âmbito do Direito das Sociedades Comerciais é uma nulidade *sui generis*, não é uma nulidade que siga o regime regra previsto no artigo 286.º do Código Civil; para esse efeito a acção deve ser proposta no prazo de três anos (cfr. art. 44.º, n.º 1), excepto quando couber ao Ministério Público fazê-lo, situação em que não há limite temporal para o efeito (cfr. art. 44.º, n.º 2).

9.4. **Efeitos da invalidade**

No que respeita aos efeitos da invalidade, há que distinguir os efeitos da invalidade quanto à pessoa do sócio e relativamente à sociedade.

9.4.1. *Em relação à pessoa do sócio*

Quanto à **pessoa do sócio**, o principal efeito é, naturalmente, reaver aquilo que prestou (cfr. art. 47.º). Portanto, traduz-se no direito a ser-lhe restituído o que realizou.

9.4.2. *Relativamente à sociedade*

No que se refere à **sociedade,** a declaração de invalidade do contrato acarreta a respectiva liquidação, nos termos do artigo 52.º, aplicando-se para esse efeito o disposto no artigo 165.º em matéria de liquidação (cfr. n.º 1 do art. 52.º). A declaração de invalidade, e portanto os efeitos desta, não deve afectar a eficácia dos negócios celebrados anteriormente, em nome da sociedade, nos termos dos números 2 e 3 do artigo 52.º. Por último, não exime, em relação à sociedade, os sócios de realizarem as entradas a que se obrigaram (cfr. art. 52.º, n.º 4).

Isto em termos de invalidade, quando a situação é relativa à nulidade do contrato de sociedade.

9.5. Actos praticados pelos "sócios" antes da celebração do contrato de sociedade

O que é que se passa quanto aos actos que sejam praticados pelos sócios antes da celebração do próprio contrato de sociedade?

9.5.1. *A sociedade aparente; responsabilidade solidária e ilimitada pelas obrigações contraídas*

O problema não se põe, agora, como é óbvio, relativamente àqueles actos que os sócios praticam antes da celebração do contrato de sociedade, mas que este se encarrega de adoptar como sendo actos já assumidos pela sociedade, e que o contrato (de sociedade) ratifica, acabando, naturalmente, por se repercutirem no próprio património social.

Os actos praticados pelos sócios antes da celebração do contrato de sociedade têm o seu regime previsto no artigo 36.º, e pretende-se saber, designadamente, o que é que sucede em caso de incumprimento, isto é, pressupõe-se que já exista a ideia de vir a constituir a sociedade e que, tendo em conta essa finalidade e em nome dessa ideia, venham a ser realizados negócios jurídicos, mas que depois, por alguma razão, ou esses actos não sejam assumidos ou a sociedade acabe por não se vir a constituir.

Segundo o regime estabelecido no artigo 36.º, n.º 1, a prática desses actos acarreta a responsabilidade solidária e ilimitada dos respectivos autores, quer dizer, ainda que estes actuem ao abrigo da invocação de uma firma que seja comum, ou alegando qualquer outro motivo que, no fundo, dê lugar a uma aparência de sociedade, eles vão ter de assumir responsabilidade pelas obrigações contraídas, antes da celebração do contrato de sociedade.

9.5.2. *Início da actividade social antes da celebração do contrato de sociedade; excussão prévia do "património social"*

No entanto, se a situação não corresponder a uma mera ideia, a uma pura hipótese (ainda) teórica, se a ideia já tiver germinado, já estiver alicerçada e se efectivamente já estiver acordada a constituição da sociedade, existindo já um certo consenso nesse sentido, mas por alguma razão ainda não tiver sido formalizada a celebração do contrato de sociedade e os sócios, não obstante, pretenderem dar logo início a essa mesma actividade, então, no que respeita aos efeitos dos negócios resultantes ou praticados no âmbito das relações estabelecidas entre eles e terceiros, devem aplicar-se as disposições que foram criadas para as sociedades civis, isto é, o artigo 997.º, n.os 1 e 2 do Código Civil (cfr. art. 36.º, n.º 2 do CSC). A situação é aí interessante porque, se foi com vista ao início da actividade social, aquilo que a lei admite expressamente neste caso é que, se já existirem bens concentrados ou reunidos para virem a dar satisfação a essa actividade social, então os alegados "sócios" irão beneficiar da excussão prévia desse mesmo património, ou seja, de um património que eles já afectaram a uma determinada finalidade e que, por isso, é autónomo (já é diverso do seu próprio património). E depois de excutido esse património, naturalmente que vão responder pessoal e solidariamente pelas dívidas remanescentes.

9.6. Actos praticados em nome da sociedade antes do registo definitivo do contrato de sociedade, mas após a sua celebração

Vejamos agora o que acontece quando os actos são praticados em nome da sociedade antes do registo definitivo, mas já após a celebração do contrato de sociedade, naturalmente sempre em situações em que, ou não há ratificação desses actos, ou não se segue aquele acto que lógica e legalmente deveria ser o acto subsequente e que, pela sua prática, ratificaria a dita situação: o registo do contrato.

Estas vicissitudes, que ocorrem em situações em que o contrato social não seja nulo, são relativas a actos praticados em nome da sociedade antes do registo definitivo do respectivo contrato, mas (sempre) posteriores à celebração do mesmo. Há, relativamente aos efeitos destes actos, que distinguir duas situações: uma que respeita apenas às relações entre os sócios e outra que abrange as relações da sociedade com terceiros.

9.6.1. *Relações entre os sócios*

9.6.1.1. *Aplicação das regras legais e das cláusulas do contrato de sociedade*

Quanto às relações entre os sócios dispõe o artigo 37.º do nosso Código das Sociedades Comerciais que devemos atender às regras legais e às próprias cláusulas do contrato (com excepção das que o pressupuserem definitivamente registado).

Quer dizer, já foi celebrado o contrato de sociedade – reconhecido presencialmente (cfr. art. 37.º, n.º 1) –, portanto já existem cláusulas, há aqui uma ideia de que esse contrato subscrito pelos vários sócios deve vinculá-los internamente. Isto é, todos os sócios, em princípio, conhecem o teor das disposições contratuais, portanto naquilo que diz respeito às relações entre eles vai aplicar-se o disposto nesse contrato e na própria lei em relação ao tipo social em causa, salvo aquelas disposições (legais e contratuais) que pressupõem, pela sua natureza, que o contrato esteja definitivamente registado.

9.6.1.2. *Unanimidade para a transmissão das participações sociais e alteração do contrato de sociedade*

No entanto, e isto é uma particularidade que resulta do número 2 do artigo 37.º, caso os sócios pretendam promover a transmissibilidade das respectivas participações antes do tal registo ou a própria alteração do contrato de sociedade, então para esse efeito requer-se a unanimidade, isto é, independentemente do tipo social em causa vai ser necessário que haja acordo de todos para esse efeito.

Isto – se não é especialmente importante nas sociedades que já pressupõem, por natureza, o consentimento dos diversos sócios para que essa transmissibilidade venha a ocorrer (como por exemplo nas sociedades em nome colectivo e na maior parte das sociedades por quotas) – assume particular relevância quanto à transmissibilidade no âmbito das sociedades anónimas, cujo regime-regra é, na realidade, completamente diferente.

O mesmo se diga no que também diz respeito à alteração de cláusulas contratuais, a qual é tanto mais simples quanto mais aberta é a sociedade comercial, sendo certo que a sociedade mais aberta de todas é a sociedade anónima, por contraposição às outras, em que a pessoalização é uma característica marcante. Por isso, aquilo que se passa aqui é um pouco a aplicação do princípio fundamental de direito contratual, ínsito no artigo 406.º, n.º 1 do Código Civil, de que é preciso consenso também para promover a alteração do contrato celebrado. E também no domínio das sociedades comerciais, enquanto não estiver registado, o contrato só se altera com a participação (favorável) de todos os contratantes.

E porquê este regime tão rigoroso?

Porque a sociedade só se constitui quando o contrato é registado. Apenas a partir desse momento temos uma entidade autónoma, distinta daqueles que participaram na respectiva génese, relativamente à qual também se desenvolve um interesse peculiar que pode, em certos casos, afastar-se do interesse dos seus próprios participantes ou até da maioria dos seus participantes, e daqueles que contribuíram para a sua formação, portanto dos sócios fundadores. É este factor que explica e justifica que a constituição seja essencial no reconhecimento legal de um princípio de Direito Societário específico, distinto e diferenciador do princípio geral do Direito Civil (contratual).

9.6.2. *Relações da sociedade com terceiros*

Os problemas a nível teórico e dogmático não se colocam, no entanto, no plano das relações entre os sócios. As dificuldades suscitam-se quanto às relações da sociedade com terceiros e dão azo até a alguma divergência doutrinal. Para os tipos sociais que nos interessam particularmente, a situação vem prevista no artigo 40.º do nosso Código.

9.6.2.1. *Responsabilidade ilimitada e solidária dos sócios envolvidos*

A primeira ideia que resulta do número 1 do artigo 40.º é a de que haverá uma responsabilidade ilimitada e solidária de todos os que actuarem em representação da sociedade e dos sócios que autorizarem esses negócios.

Em princípio, aqueles que actuam em representação da sociedade são aqueles que, no próprio contrato de sociedade, no respectivo título constitutivo ou na escritura pública, são nomeados gerentes ou administradores da sociedade.

No próprio contrato pode designar-se as pessoas que vão assumir a direcção da sociedade e depois essas pessoas poderão entretanto praticar alguns actos cuja validade e cuja responsabilidade naturalmente se questiona, designadamente perante terceiros. Noutros casos pode ser que a prática de determinados actos seja especialmente autorizada por alguns sócios – mas não pela sua totalidade – e, então, haja que verificar qual a consequência da prática desses actos.

É claro que afastamos desde logo a prática dos negócios que sejam condicionados ao registo definitivo e à assunção pela própria sociedade dos respectivos efeitos. Obviamente que, vindo a ocorrer esses factos, tais negócios ter-se-ão por ratificados e o problema da sua responsabilidade não se suscita.

A questão que agora merece a nossa atenção coloca-se, precisamente, no âmbito do artigo 40.º e, designadamente, a propósito do confronto que se estabelece entre esta disposição e o regime que resulta do artigo 36.º, que foi acima analisado, e relativamente ao qual se chegou a uma conclusão por aplicação das regras próprias das sociedades civis (portanto do disposto no art. 997.º do Código Civil). Disse-se, então, que era aquele património que tinha sido especialmente afecto ou destinado a um determinado fim que iria responder prioritariamente pelas dívidas que fossem contraídas em nome do ente a criar, portanto do ente em desenvolvimento, e que depois os respectivos responsáveis responderiam solidária e ilimitadamente, mas subsidiariamente. Isto é muito diferente, já que significa que processualmente há que demandar o dito património autónomo antes de cair sobre aqueles que irão constituir a vertente pessoal da sociedade e que terão praticado os actos que gerarão a responsabilidade em causa.

Nos termos do artigo 40.º aquilo que se discute é se esta responsabilidade ilimitada e solidária é subsidiária também, como acontece por aplicação do disposto no artigo 36.º, ou se essa responsabilidade é concorrente; ou, melhor ainda, se diferentemente devem os responsáveis pelos actos ser demandados em primeira linha antes do próprio património autónomo, o que tem especial relevância quando a sociedade não se chega a registar, e também quando os tais actos não são especialmente autorizados.

Na doutrina portuguesa nota-se uma certa cisão na maneira de abordar a questão[345].

[345] Tal como anteriormente previsto (cfr. 3ª edição deste livro, p. 208, nota 281), e não obstante a diminuição da importância da matéria – a que não é alheia a simplificação

A interpretação feita, por exemplo, por Oliveira Ascensão[346] e por João Labareda[347] é uma interpretação por maioria de razão. Consideram, quer um, quer outro, que se – mesmo quando não há escritura pública (leia-se, hoje, contrato de sociedade)[348] – há uma responsabilidade subsidiária por parte daqueles que realizaram determinados actos, por maioria de razão, se já foi realizada uma escritura pública (isto é, celebrado o contrato de sociedade), se já estamos perto do momento culminante da constituição da sociedade, que é o registo, então também se justificaria que fosse o património autónomo, constituído pelas contribuições dos sócios ou futuros sócios, a responder por esses actos, designadamente perante os credores.

Não é esta a posição, por exemplo, de Nogueira Serens[349] ou de Manuel António Pita[350], que apresentam uma lógica diferente.

Vem dizer Nogueira Serens que aqui o que se passa é precisamente o oposto; quer dizer, em princípio, quem deve ser demandado em primeira mão são aqueles que praticam os actos, e só subsidiariamente é que deve responder o património autónomo. E o raciocínio é muito simples, a lógica deste autor[351] é a seguinte: no momento em que os sócios acordam a constituição da sociedade ainda nem sequer celebraram o contrato de sociedade, isto é, aquela situação que vem prevista e regulada no artigo 36.º. É verdade que, em princípio, eles estão a juntar contribuições, mas ainda não houve certificação de que essas contribuições foram disponibilizadas para a própria sociedade. Tal certificação só se obteria pela

---

dos actos de constituição das sociedades comerciais registada nos últimos anos –, procedemos à prometida análise crítica da posição de Manuel António Pita, na sua dissertação de doutoramento sobre *O regime da sociedade irregular e a integridade do capital social*, Almedina, Coimbra, **2004**, pelo que mantivemos o desenvolvimento desta questão.

[346] *Direito Comercial*, vol. IV (*Sociedades Comerciais*) (Lições Policopiadas), Lisboa, **1993,** pp. 138-149.

[347] «Sociedades irregulares – Algumas reflexões», *in* AA.VV., *Novas Perspectivas do Direito Comercial*, Almedina, Coimbra, **1988** (pp. 177-204), pp. 197-198.

[348] Os autores citados escreviam no âmbito da redacção anterior do Código.

[349] *Notas sobre a sociedade anónima*, Coimbra Editora, **1995**, pp. 23-32, em especial pp. 27-31.

[350] *O regime da sociedade irregular e a integridade do capital social*, Almedina, Coimbra, **2004**, cfr. em especial pp. 388-391 e 405-444.

[351] Que escreve também no anterior quadro legal. Com o desaparecimento da escritura obrigatória – salvo para sociedades que se constituam com entradas em espécie, cuja transposição pressuponha essa forma especial (cfr. art. 7.º, n.º 1 *in fine*) – deixa de existir o primeiro controlo a que Nogueira Serens se refere.

própria outorga da escritura pública quando é exibido ao notário o certificado de depósito das quantias correspondentes ao capital social pelos sócios fundadores[352], isto é, quando estes, relativamente às entradas em dinheiro, reuniram essas entradas, as depositaram numa determinada instituição bancária à ordem da sociedade e quando, também por intervenção de revisor oficial de contas independente, se certificou o valor de eventuais entradas em espécie que tenham ocorrido também na constituição dessa sociedade. Nesse momento, o notário faz(ia) a verificação dos bens que estão ao dispor da sociedade. Diz, por isso, NOGUEIRA SERENS que, a partir desse momento, tal controlo já não é mais possível, isto é, se o património integrado pelas participações iniciais dos sócios vier a responder em primeira mão, ainda antes do próprio registo, isso significa que no momento em que chegamos ao registo, na realidade, já pudemos (teoricamente) ter delapidado, sem possibilidade de controlo, o próprio capital social, isto é, o montante dos bens que foram colocados ao dispor da sociedade para esta prosseguir a sua actividade. E por isso, diz este autor, se justifica que – no primeiro caso em que ainda nem sequer há escritura (contrato de sociedade), portanto não houve certificação – não haja qualquer problema se o património responder primeiramente e os responsáveis apenas subsidiariamente, porque, para que a sociedade se venha a constituir, os respectivos sócios iniciais não vão ser dispensados de depositar aquele capital que foi o capital de referência da própria sociedade; ou seja, o tal património autónomo respondeu em primeira mão, eles a seguir quiseram à mesma realizar a escritura (celebrar o contrato social) e para isso tiveram de depositar novamente importâncias que refizessem o património. Para NOGUEIRA SERENS isto é perfeitamente diferente da situação em que já foi feita a tal escritura, já foi feito o tal controlo, sendo agora aqueles bens que estão depositados à ordem da sociedade que vêm responder antes dos próprios responsáveis pelos actos praticados. Sendo assim, esta situação reconduz-nos a uma situação oposta à primeira, aquela que se retira por maioria de razão.

Devemos dizer, no entanto, que não partilhamos da opinião de NOGUEIRA SERENS. Não concordamos por duas razões distintas: por um lado, não causa qualquer dificuldade que efectivamente se dê uma redução do capital efectivamente depositado à ordem da sociedade, porque o

[352] A exibição da guia de depósito já não é necessária, sendo suficiente declaração dos sócios (fundadores) de que o capital foi depositado à ordem da sociedade (arts. 202.º, n.º 4 e 277.º, n.º 4).

próprio Código contém mecanismos que em princípio visam restabelecer o equilíbrio entre o capital social e o património efectivamente detido, quer dizer, há meios pelos quais ulteriormente a relação de equilíbrio pode ser reposta; por outro lado, porque as próprias vicissitudes da vida social, mesmo numa situação normal de registo e de ratificação de actos praticados antes que o mesmo tivesse lugar, também podem levar a que, em vez de ocorrer uma clara diminuição do património colocado ao dispor da sociedade entre a celebração do contrato (anteriormente a escritura) e o registo, essa redução ocorra, com igual ou maior prejuízo, no momento imediatamente subsequente ao próprio registo, sem que possa haver o respectivo controlo. Trata-se, pois, de vicissitudes da própria sociedade: enquanto num primeiro caso tem de haver uma acção especialmente intentada para o efeito, para obter a assunção da responsabilidade e a execução de parte ou da totalidade do património autónomo, no segundo caso isso nem tem de acontecer; ocorrem vicissitudes na vida social, o património sofre uma clara diminuição e não há qualquer controlo externo desse decréscimo, até ao momento em que, designadamente, as contas da sociedade estiverem disponíveis, podendo esse período corresponder na realidade a mais do que um ano civil. Basta pensar na hipótese de a sociedade ser constituída em Janeiro, só estando as contas disponíveis em Abril do ano seguinte.

Por sua vez, a prática que se verifica no âmbito dos aumentos do capital por entradas em dinheiro não obriga (nem nunca obrigou) a que as quantias necessárias a esses aumentos, ou que integrem esses aumentos, estejam previamente depositadas em instituições de crédito à ordem da própria sociedade. O que se verifica nessas situações é que os administradores (e sócios) da sociedade têm de declarar, sob compromisso de honra, que as quantias correspondentes, ou o capital realizado no aumento, foram efectivamente entregues à sociedade e entraram na chamada caixa social (o que equivale, um pouco mais ou menos, a pegar nessas quantias e a colocá-las num cofre).

Qualquer que seja a circunstância subjacente à constituição da sociedade ou aumento do respectivo capital, por entradas em dinheiro, é suficiente uma declaração de que o capital foi colocado ao dispor da sociedade, mas é essencial que ele, de facto, tenha sido depositado ou dado entrada na sociedade. Por isso – e admitindo que realizamos, de imediato, a totalidade do capital social –, se quisermos constituir uma sociedade com cem mil euros, no momento da constituição temos de depositar essa quantia numa instituição de crédito, sem que actualmente exista um mecanismo efectivo de controlo, uma vez que a declaração dos sócios de que procederam ao depósito é suficiente; se aumentarmos o respectivo capital social, nesse montante, temos de entregar à sociedade essa quantia e declarar, sob compromisso de honra, que o capital deu entrada na caixa social.

Daí que também não deva gerar uma grande apreensão que, no momento de constituição, o património não responda em primeira mão, por uma determinada vicissitude que se verifique entre o momento da celebração do contrato de sociedade e o registo. Se parece correcta a ideia de que já há claramente um sinal de constituição de um determinado ente que irá adquirir autonomia, neste caso tem de ser o património correspondente a esse ente a responder em primeira linha pelas dívidas, pelos actos que forem praticados em seu nome; não por actos praticados em benefício pessoal das pessoas que integram esse ente. Até porque pode suceder que os terceiros tenham conhecimento, inclusivamente, do próprio contrato de sociedade e da forma pela qual as pessoas que executarem esses actos se podem, ou não, eventualmente obrigar.

Manuel António Pita[353] vai mais longe do que Nogueira Seréns – que, aliás, a este propósito não refere –, considerando que, e passamos a citar (na forma constante da dissertação de doutoramento em causa), «*no quadro do art. 40.º, n.º 1 do CSC não há responsabilidade da sociedade por quotas ou anónima, com o património constituído pelas entradas dos sócios, pelos actos praticados em nome da sociedade*».

O autor entende que não há identidade, nem tão pouco analogia, entre o disposto no artigo 36.º, n.º 2 e a situação tutelada no artigo 40.º, n.º 1, uma vez que, após a celebração do contrato[354], já existe um instrumento válido que reconduz as relações internas (cfr. art. 37.º) e externas (cfr. art. 40.º) a um quadro específico, diferente do que se verifica antes da formalização, em que o que está em causa é uma mera «actividade social». E, mais à frente[355], acrescenta que não se justifica imputar à sociedade os efeitos dos actos praticados em seu nome antes do registo, porque a sociedade pode legitimamente recusar assumir tais actos.

---

[353] *O regime da sociedade irregular e a integridade do capital social*, Almedina, Coimbra, **2004**, pp. 401-444, em especial pp. 432-440.

[354] Manuel António Pita (*O regime da sociedade irregular e a integridade do capital social*, cit., **2004**) refere-se à escritura, uma vez que escreve antes da Reforma Societária, de 2006 (cfr. pp. 434-435).

[355] *Ibid.*, p. 439.

Embora os argumentos de Manuel António Pita não se esgotem por aqui – refutando, por exemplo, que não está em causa a protecção dos interesses dos credores[356] –, e apresentem uma lógica sustentada na ideia de que, uma vez constituída (pelo registo), a sociedade não pode assumir, ainda que o queira, os actos que não havia previsto, no instrumento de constituição, vir a integrar na sua esfera de responsabilidade, não há aqui qualquer contradição – como pretende inculcar Manuel António Pita[357] –, entre a responsabilidade dos actos praticados antes do registo sem que este venha a ser efectuado (cfr. art. 40.º, n.º 1) e a que resulta dos mesmos actos no momento em que a sociedade está constituída (cfr. art. 19.º, n.º 2). São situações distintas e está em causa uma diferente tutela.

Quando a sociedade (já) é sujeito de Direito (*i.e.*, o respectivo contrato está registado), o que importa saber é se se encontra, ou não, obrigada a assumir a responsabilidade dos actos praticados em seu nome antes do registo. A lei afigura-se clara. A sociedade é responsável pelos actos que havia enunciado no instrumento de constituição ou cuja prática este havia autorizado (cfr. art. 19.º, n.º 1) e ainda por aqueles que, num prazo de 90 dias após o registo, a sua administração venha expressamente a assumir (cfr. art. 19.º, n.º 2). A oportuna assunção dos efeitos de actos anteriores ao registo que não foram previstos no contrato de sociedade, libera a responsabilidade solidária dos sócios que os haviam praticado ou que os haviam autorizado (cfr. art. 19.º, n.º 3). Neste caso, é a própria lei que exclui a responsabilidade da sociedade por actos (anteriores ao registo) cuja responsabilidade ela não assume. Não se verifica, pois, uma concorrência entre a responsabilidade dos sócios e do património social. Os actos são imputados a este ou àqueles.

O artigo 40.º, n.º 1 aplica-se directamente apenas aos casos em que a sociedade nunca se chega a constituir, isto é, a ver o seu contrato registado, apesar de o mesmo ter sido formalizado. Nessa circunstância é que faz sentido discutir se o património que se formou – com vista à constituição da sociedade e que integra o capital social depositado ou realizado em espécie – deve responder antes do património dos sócios envolvidos na prática ou autorização de actos em nome da sociedade, desde que os mesmos não tenham revertido para proveito próprio. E a esta situação deve, pois, aplicar-se o regime estabelecido no artigo 36.º,

[356] *Ibid.*, pp. 436-437.
[357] *Ibid.*, pp. 437-438.

n.º 2, por ser o mais lógico no quadro da não constituição da sociedade e o único compatível com as legítimas expectativas de todos os intervenientes.

9.6.2.2. *Responsabilidade dos restantes sócios apenas pelas suas entradas*

Obviamente que os sócios que não autorizaram a prática de tais actos não vão ficar obrigados pelos mesmos; aqueles que não participaram ou que não autorizaram esses actos não vão ser por eles responsáveis, nem sequer a título subsidiário, como é evidente. No entanto, têm de responder pelas respectivas entradas no caso das sociedades anónimas, e devem responder solidariamente pelo capital subscrito no caso das sociedades por quotas, caso o mesmo ainda não tenha sido totalmente realizado, podendo ser chamados a integrar esse capital para que, desse modo, as dívidas que eventualmente tenham sido assumidas sejam solvidas (cfr. art. 40.º, n.º 1 *in fine*).

9.7. A sociedade irregular[358]

9.7.1. *Conceito*

Em qualquer circunstância, e até ao momento do deferimento do pedido de registo, estamos perante uma entidade que é diferente da que irá resultar desse mesmo registo. Estamos perante uma entidade que a doutrina habitualmente designa por **sociedade irregular.** Portanto será uma entidade ou uma sociedade que, tendo por objecto uma actividade comercial, adopte um tipo comercial – de entre os que são facultados pela

[358] Vd. Manuel António Pita, «Contributo para o estudo do regime da sociedade irregular no direito português», AA.VV., *Estudos em Homenagem ao Prof. Doutor Raúl Ventura*, vol. II, Faculdade de Direito da Universidade de Lisboa, **2003** (pp. 495-545), e *O regime da sociedade irregular e a integridade do capital social*, Almedina, Coimbra, **2004**, cfr., em especial, pp. 267-530.

Na jurisprudência, cfr. o **Acórdão da Relação de Coimbra de 28 de Novembro de 2006** (Távora Vítor) (Proc. n.º 1325/06.7YRCBR), *www.dgsi.pt*.

lei comercial –, mas cujo contrato não está ainda definitivamente registado, apesar de eventualmente já ter sido celebrado.

Estamos perante uma sociedade irregular, quando:

a) (Já) há um mero acordo de princípio com vista à constituição de uma sociedade, mas ainda não foi celebrado o contrato de sociedade;
b) O contrato de sociedade já foi celebrado, mas ainda não se encontra definitivamente registado.

Esta é uma perspectiva diversa de abordagem do problema relativo às vicissitudes inerentes à constituição da sociedade comercial, com especial relevância da própria natureza da entidade irregular, que seguramente não tem personificação, *i.e.*, não tem personalidade jurídica, que só lhe advém do registo nos termos do artigo 5.º do Código das Sociedades Comerciais, mas constitui indubitavelmente um património autónomo diferente do património dos respectivos titulares – das pessoas que para o mesmo contribuíram –, que responde prioritariamente pelas dívidas contraídas em sua atenção. E com um efeito também específico, que é o de conceder aos respectivos titulares o benefício da excussão prévia; quer dizer, os respectivos bens só são postos em causa quando já não houver bens suficientes no património autónomo para responder perante as dívidas.

9.7.2. *Qualificação*

A sociedade irregular constitui um património autónomo que responde prioritariamente por dívidas sociais. O que significa que os "sócios" têm relativamente ao mesmo o benefício da excussão prévia.

A relevância da sociedade irregular era, classicamente, um assunto muito discutido, fundamentalmente por duas ordens de razões:

a) uma processual, no sentido de efectivamente haver capacidade processual para que este património pudesse, nomeadamente, ser demandado, isto é, capacidade judiciária; e
b) outra a nível fiscal, portanto no plano do relevo tributário que uma sociedade irregular possa ter, designadamente pela cautela que o legislador fiscal tem em considerar um regime de transparência e de imputação directa de rendimentos quando se está perante uma situação de sociedade irregular, nos termos do artigo 5.º do Código do IRC.

9.8. Fiscalização pelo Ministério Público

9.8.1. *Notificação da sociedade ou dos sócios para regularização da situação*

Cabe agora perguntar como é que todas estas situações irregulares, prévias ao próprio registo, poderão ser fiscalizadas e, em particular, se haverá algum órgão do Estado que possa intervir neste tipo de situações.

A resposta é positiva. Há efectivamente um órgão do Estado que intervém na fiscalização destas situações – o Ministério Público –, o qual, dentro de uma lógica de aproveitamento dos negócios jurídicos já celebrados, deve, nos termos do disposto no artigo 173.º do Código das Sociedades Comerciais, notificar a sociedade ou os sócios para regularizarem a situação.

9.8.2. *Liquidação judicial da sociedade*

Caso isso não aconteça, e o contrato não tenha sido celebrado na forma legal, isto é, caso nem sequer exista documento escrito com as assinaturas presencialmente reconhecidas (ou escritura pública), ou o seu objecto seja ilícito ou contrário à ordem pública, o Ministério Público deve requerer a liquidação judicial dessa sociedade (irregular) (cfr. art. 172.º).

9.9. Actos praticados por sociedades, cuja constituição ainda não foi publicada

Com referência à constituição da sociedade comercial, há ainda que referir mais dois aspectos que merecem alguma atenção.

O primeiro respeita ao regime dos actos praticados por sociedades cuja constituição ainda não foi publicada, isto é, ao regime dos actos praticados por sociedades cujo contrato já se encontra definitivamente registado, mas ainda não foi devidamente publicitado.

Como já vimos, o contrato de sociedade é obrigatoriamente registado e depois devem ser promovidas as publicações legais obrigatórias no momento da constituição, por extracto do próprio contrato, em sítio do Ministério da Justiça na Internet[359].

As publicações (obrigatórias) têm por finalidade dar a conhecer ao mercado as regras específicas de cada sociedade, designadamente as limitações ao poder de actuação dos titulares dos respectivos órgãos sociais, *maxime* do órgão de gestão.

A tutela decorrente da publicidade encontra-se regulada nos artigos 166.º e seguintes do nosso Código das Sociedades Comerciais, para os quais nós devemos olhar atentamente, em especial para o artigo 168.º[360].

Em princípio, a regra é de que, em tudo o que lhes aproveitar, os terceiros podem prevalecer-se de actos cujo registo e publicação ainda não tenham sido efectuados. Por sua vez, se a publicação é obrigatória e ainda não foi efectuada, mesmo que o acto esteja registado, esse acto é inoponível a terceiros, excepto se a sociedade demonstrar que o acto está registado no momento em que pretendia que o mesmo fosse relevante perante terceiros, situação que é obviamente simples. Situação bastante mais difícil é aquela em que, apesar de o acto não ter sido publicado, os terceiros em causa tinham conhecimento efectivo da situação registada, portanto, como se imagina, uma prova bastante difícil de fazer.

Importa ainda averiguar o que é que acontece relativamente a actos ou operações realizados imediatamente após a dita publicação, isto é, saber se tudo se regularizará em relação aos negócios a praticar pela sociedade a partir do momento em que tais publicações apresentarem e publicitarem os actos em causa, designadamente quanto a todos os que estejam sujeitos a publicação obrigatória. Pergunta-se então qual o regime desses actos, qual a sua oponibilidade no momento imediatamente subsequentes à publicação. O nosso Código tem o cuidado, no número 3 do artigo 168.º, de explicar que se ainda não tiverem decorrido dezasseis dias sobre a data da publicação os actos objecto da mesma não são oponíveis aos terceiros que demonstrem que estiveram impedidos de conhecer o respectivo teor, nomeadamente o teor objecto da publicação, nesses dezasseis dias. Quer dizer, ainda há aqui mais um prazo; que é uma espécie de *vacatio*. Só depois desses dezasseis dias é que a sociedade pode estar totalmente tranquila perante a eficácia externa de todos

[359] Vimos já (*supra*, n.º 7.2.6.2), que o sistema foi alterado em 2006. Anteriormente a publicação oficial efectuava-se no Diário da República (III Série).

[360] Cfr. art. 14.º, em especial, n.º 4, do CRCom.

os actos entretanto objecto de registo e de publicações obrigatórias; só a partir daí é que a sociedade pode estar absolutamente descansada.

Obviamente que todos estes raciocínios têm apenas sentido quanto à eficácia externa já que a sua eficácia interna não depende do registo e da publicidade. É o próprio Código que numa das disposições legais (o art. 170.º) o prevê (cfr. também o art. 13.º do CRCom).

9.10. Assunção pela sociedade de negócios jurídicos celebrados antes do registo[361]

Uma última situação relativa a este capítulo sobre a constituição da sociedade comercial é aquela que diz respeito à assumpção pela sociedade de negócios jurídicos que tenham sido celebrados antes do registo do respectivo contrato social; portanto, antes da sua constituição. Estão em causa actos praticados em vista da constituição da sociedade e que vamos, agora, querer imputar-lhe numa perspectiva de normal funcionamento. Teremos de procurar saber até que ponto é admissível atribuir tais actos à sociedade. Para o efeito, há que averiguar que providências deveriam ter sido adoptadas para que os actos que foram praticados antes do registo, portanto antes de existir a figura jurídica societária, sejam assumidos por esta. E o esclarecimento desta questão tem a maior das importâncias, designadamente em termos tributários, para se concluir, por exemplo, que tais actos constituam custos da sociedade; e não custos dos respectivos sócios, eventualmente não dedutíveis fiscalmente[362].

Como já foi visto, a propósito das formas de constituição das sociedades, a resposta à questão formulada resulta claramente do artigo 16.º[363], segundo o qual todos os custos que a sociedade irá assumir relativamente a serviços que lhe tenham sido prestados pelos sócios antes do respectivo

[361] Cfr. Ana Maria Peralta, «Assunção pela sociedade comercial de negócios celebrados antes do registo», AA.VV., *Estudos em Homenagem a Professor Doutor Inocêncio Galvão Teles*, vol. IV, Almedina, Coimbra, **2003** (pp. 611-636).

[362] Cabe a este propósito recordar que, em termos tributários, releva em especial a data do início da respectiva actividade, tal como resulta da declaração fiscal, e que não é necessariamente a mesma da constituição, sendo muitas vezes anterior e (quase) coincidente com a data da celebração do contrato de sociedade.

[363] Determina igualmente que as vantagens especiais a conceder aos sócios devem ser exaradas no próprio contrato de sociedade.

registo, e que sejam conexos com a sua constituição, devem ser claramente previstos no contrato, sob pena de não poderem ser imputados à sociedade. Obviamente que a própria parte final do número 1 do artigo 16.º do Código prevê os emolumentos e as taxas relativas aos serviços oficiais, portanto ao registo comercial e ao registo nacional de pessoas colectivas, mas abrange igualmente o custo de celebração do próprio contrato de sociedade e os honorários de profissionais em regime liberal, portanto intervenções que sejam feitas por solicitadores e advogados relativas à constituição da própria sociedade.

A segunda disposição especialmente relevante nesta matéria é o artigo 19.º, que vem enumerar toda uma série de actos que a sociedade assume, especialmente com o registo definitivo do respectivo contrato, à cabeça dos quais surgem todos aqueles que tiverem sido previstos no próprio contrato – ou no instrumento do qual ele faz parte integrante – ou aqueles a que essa finalidade tenha sido associada, nos termos do próprio artigo 16.º, n.º 1. Depois, outro tipo de actos que, em conformidade com a previsão legal do artigo 19.º, sejam previstos contratualmente. Imagine-se que, para que a sociedade comece, imediatamente, a exercer a sua actividade normal, ou mesmo para que a sociedade pratique actos preparatórios tendentes ao desenvolvimento da sua normal actividade, foi necessário autorizar no respectivo contrato que, em nome da sociedade, os gerentes ou administradores praticassem logo (antes da constituição, i.e., do registo do contrato social) uma série de actos – que podem consistir no simples arrendamento de um imóvel, para se estabelecer a sede social, na contratação válida de trabalhadores ou de serviços e no respectivo pagamento –, que pode incluir o pagamento das importâncias necessárias à própria constituição. Por isso, são também actos que, muitas vezes, se traduzem no reembolso dos sócios que tenham assegurado os respectivos custos.

Exemplifique-se com uma disposição transitória que frequentemente consta dos instrumentos de constituição de sociedades comerciais (anónimas)[364]:

[364] A partir de 30 de Junho de 2006, este tipo de previsão negocial – que a simplificação e crescente celeridade do registo comercial tenderá a fazer desaparecer –, até então habitual no texto da escritura, passou a constar do próprio instrumento particular de constituição da sociedade ou contrato. Saliente-se que tais menções poderiam (já) constar do clausulado do contrato (como regra transitória), embora a sua natureza não o justificasse, visto que, destinando-se a regular situações puramente transitórias, esgotariam os

II
Despesas e autorizações diversas

(...)

3. *Os administradores designados neste contrato ficam autorizados, entre esta data e a do registo definitivo da sociedade, a:*

a) *Adquirir para esta quaisquer bens móveis ou imóveis necessários ao exercício da sua actividade, assim como celebrar contratos de locação, simples ou financeira, sobre esses bens.*

b) *Proceder à contratação de trabalhadores e à celebração de contratos de prestação de serviços, bem como efectuar os respectivos pagamentos.*

c) *Liquidar todas as despesas e desembolsos que tenham sido necessários para a criação e constituição da sociedade.*

d) *Contrair empréstimos, inclusivamente sob a forma de suprimentos, que se destinem a financiar os actos expressamente autorizados.*

e) *Iniciar a actividade social, promovendo todos os actos adequados para o efeito e celebrando contratos no âmbito do objecto da sociedade.*

f) *Decidir, fazendo constar de acta avulsa, todos e quaisquer actos previstos no contrato.*

4. *Ficam desde já igualmente autorizados quaisquer dois administradores, a movimentar e levantar livremente a totalidade do capital social depositado em instituição de crédito, à ordem da sociedade, para satisfação de todas as despesas autorizadas e previstas, bem como daquelas que sejam necessárias ao normal funcionamento da sociedade.*

Quanto aos direitos e obrigações que tenham resultado de negócios jurídicos diferentes daqueles que são expressamente autorizados nos termos do número 1 do artigo 19.º, e que tenham sido praticados antes do registo do contrato, tais direitos e obrigações podem, não obstante – e como já vimos (cfr., *supra*, n.º 9.6.2.1) –, ser assumidos pela sociedade mediante decisão da administração, desde que tal decisão seja comunicada à contraparte no prazo de 90 dias subsequentes ao registo definitivo do contrato de sociedade (cfr. art. 19.º, n.º 2). Quer dizer, outros actos que

seus efeitos com o registo. O mesmo não se diga quanto às vantagens especiais que já deviam, inequivocamente (veja-se a letra do n.º 1 do art. 16.º), constar do contrato social, para que não subsistissem dúvidas quanto à sua atribuição.

tenham sido também praticados em nome da sociedade, e que não tenham sido especificamente autorizados, podem também ser comunicados e naturalmente que a assumpção pela sociedade da paternidade desses actos – que lhe são, assim, imputados – vai exonerar da eventual responsabilidade aqueles que os praticaram e que por eles mesmos eram responsáveis nos termos do artigo 40.º.

Para terminar há que ter em atenção o número 4 do artigo 19.º, segundo o qual «*a sociedade não pode assumir obrigações derivadas de negócios jurídicos não mencionados no contrato social que versem sobre vantagens especiais, despesas de constituição, entradas em espécie ou aquisição de bens*».

Este preceito merece uma especial reflexão, pois a sua inobservância vem a causar os maiores transtornos e prejuízos a quem tenha a seu cargo a constituição de qualquer sociedade comercial.

Resulta desta regra que se houve despesas de constituição que não foram assumidas no contrato, nomeadamente por efeito do disposto no artigo 16.º, n.º 1 (por sua vez ratificado pelo disposto no art. 19.º, n.º 1, *alínea a)*), então tais despesas acabam por não (poder) ser assumidas.

Qual o efeito desta disposição legal?

É um efeito relativamente importante e com consequências relevantes e graves a nível tributário, não podendo ser tais actos considerados como despesa fiscalmente relevante ou custo fiscal; e, portanto, tais despesas não serão assumidas. São situações que, por mera distracção, poderão vir a acarretar os maiores prejuízos à sociedade a constituir.

Em suma, o que devemos desde já reter, quanto à assunção pela sociedade de negócios celebrados antes do registo, é o seguinte: em princípio deve a sociedade prever com o maior cuidado os negócios que pretende autorizar, ainda que o faça por excesso. A esta conclusão chegamos lendo o artigo 19.º e conjugando-o com o artigo 16.º.

Como vimos acima, a autorização dos sócios fundadores à prática imediata de determinados actos pela sociedade (antes do registo) corresponde, em regra, a uma cláusula necessariamente transitória que se apresenta na parte final dos contratos, visto que, uma vez registado o contrato de sociedade tal cláusula irá caducar, e portanto desaparece. Não obstante, ela irá permitir cobrir, por excesso, todas as situações que se venham a deparar à sociedade antes do próprio registo.

Paralelamente, pelos negócios que foram praticados antes da constituição, e eventualmente até antes da celebração do próprio contrato, ou entre esta e o registo, é preciso a sociedade indicar o montante máximo daqueles que quer assumir, ratificando-os, e pelos quais se responsabiliza. Quer dizer, a sociedade deverá especificar a quantia até à qual vai assumir os encargos que foram, entretanto, contraídos pelos sócios relativamente à sua própria constituição[365]. E, neste caso, também por razões de ordem substancial e de ordem adjectiva, nomeadamente tributária, afigura-se preferível efectuar uma previsão por excesso. Embora a assumpção pela sociedade de actos (e dos custos associados) praticados antes do registo projecte os seus efeitos nas contas sociais, não vemos qualquer inconveniente para inserir a ratificação no próprio instrumento em que se contém o contrato – e não no respectivo clausulado – com a seguinte configuração declarativa (que se sugere, como mero exemplo):

II
Despesas e autorizações diversas

1. *Todas as despesas com a constituição da sociedade, designadamente as da celebração do respectivo contrato, registos e publicações legais, são da responsabilidade da sociedade.*
2. *A sociedade assume até ao montante de € 15.000,00 (quinze mil euros), as despesas efectuadas ou a efectuar pelos accionistas antes da sua constituição e que sejam relativas à sua criação e instalação.*

[365] Parece ser hoje pacífica a desnecessidade de indicar os valores dos diversos actos que são assumidos, sendo suficiente referenciar o respectivo montante global máximo.

CAPÍTULO III
O sócio e o accionista

SECÇÃO I
10. **Generalidades; qualificação da situação jurídica**

10.1. **O problema da qualificação da situação jurídica do sócio**[366]

10.1.1. ***Tese contratualista*** *versus* ***tese institucionalista***

10.1.1.1. *A questão*

Correndo o risco de sermos demasiado simplistas, diríamos que o problema da qualificação da situação jurídica do sócio se resume essencialmente em tentar determinar se uma pessoa é sócia por ter certos direitos e deveres ou se tem certos direitos e deveres por ser sócia.

Nas proposições acima enunciadas estão perspectivadas duas teses completamente distintas, cujo confronto exprime posições opostas acerca da própria natureza da sociedade: a tese contratualista *versus* a tese institucionalista.

Podemos reconduzir essa diferenciação à seguinte interrogação:

A sociedade é consequência do contrato ou este constitui mero requisito daquela?

---

[366] Para mais desenvolvimentos, vd. PAULO OLAVO CUNHA, Direitos especiais, pp. 3-6.

10.1.1.2. *A tese contratualista*

Segundo esta tese, dizemos que uma pessoa é sócia por ter certos direitos e deveres. No fundo, estamos a dizer que, pela celebração do contrato de sociedade, emergem direitos e deveres para as partes (sócios) e é por terem esses direitos e deveres que as partes do contrato vão ser sócias de uma determinada sociedade.

De todo o modo, se ponderarmos aquilo que sucede com um contrato e dissermos que dele resultam direitos e obrigações para as partes, e porque as partes têm esses direitos e obrigações então podemos dizer que elas são sócias. Isto é, mais ou menos, o mesmo que dizer: o regime jurídico característico ou emergente daquele contrato traduz-se em certos direitos e obrigações e aquele tipo de direitos e obrigações corresponde, em termos de natureza jurídica (em termos de essência), à qualidade de sócio.

Quem olha para a sociedade, numa perspectiva essencialmente contratualista, tende a acentuar os aspectos que são inerentes ao próprio contrato. Naturalmente que, para os contratualistas, a sociedade é uma consequência do contrato, ainda que se lhe tenha de reconhecer uma certa relevância.

10.1.1.3. *A tese institucionalista*

Os institucionalistas tendem a sobrevalorizar a situação jurídica que emerge desse contrato, o qual acaba por ser encarado como um puro requisito da instituição nascente.

Isto é diferente de dizer que o contrato é um pressuposto necessário para a criação de determinada entidade personificada e que aqueles que forem seus associados são sócios e por serem sócios então têm certos direitos e deveres. Aqui, os direitos e deveres é que são a consequência da qualidade de associado e não, precisamente, o oposto.

O institucionalismo não se caracteriza pela necessária existência de uma qualidade apriorística: a **qualidade de sócio** (a que os alemães chamam *Mitgliedschaft*) surge, apenas e exclusivamente, com a conclusão do contrato. E, como vimos, faz sentido no plano das relações internas, a partir do momento em que aqueles que pretendem constituir uma sociedade celebram o respectivo contrato, isto é, antes do registo deste, e antes da ordem jurídica reconhecer autonomia à pessoa que vai surgir desse mesmo contrato.

A ideia subjacente a esta perspectiva é a de que as pessoas celebram o contrato para serem, e porque querem ser, sócias. Têm a perspectiva de exercerem em comum uma actividade; e nessa convicção reside a chamada *affectio societatis*[367].

10.1.2. *Fundamento das sociedades comerciais*

No entanto, os autores divergem quanto ao fundamento das sociedades comerciais.

Na perspectiva institucionalista aflora muito a tese que é ínsita e se retira da noção legal do contrato de sociedade civil (cfr. art. 980.º do Código Civil)[368], de *exercício em comum de uma actividade*. Há uma ligação muito grande entre a pessoa do sócio e a actividade que a sociedade se propõe prosseguir.

Essa concepção também se exprime no princípio que, tradicionalmente, para a teoria institucionalista, era caracterizador das sociedades comerciais, o princípio da *affectio societatis*; isto é, de que existe necessariamente uma enorme ligação da pessoa à actividade da sociedade em termos de não lhe serem indiferentes as decisões que esta vá tomando e a forma como são conduzidos os negócios sociais.

Porém, nem sempre é possível o exercício em comum (pelo menos, de forma directa) como sucede numa sociedade comercial com um número muito grande de associados. Acresce que a participação nestas sociedades não é encarada com uma verdadeira ideia de participação na actividade social.

Por isso, pode acontecer que se esta concepção – de sociedade (pessoa jurídica) que surge com o contrato e, para esse efeito, aqueles que o subscreverem são sócios e, como tais, vão ter uma determinada situação jurídica, vão revestir uma certa qualidade – é feliz para as sociedades que se caracterizam por uma crescente "pessoalização" (o que sucede com a sociedade por quotas), revelando-se extremamente adequada, no sentido de que, nessa sociedade, há um estatuto para quem é titular de uma parte

[367] "Intenção de sociedade" ou vontade de constituição de uma sociedade.

[368] Convém recordar que as definições não vinculam o intérprete, como sabemos, para além de constituírem normas incompletas e não traduzirem uma técnica legislativa correcta. As definições devem caber ao intérprete, devendo o legislador limitar-se a estabelecer os requisitos que caracterizam ou que são exigíveis para a constituição de uma dada entidade.

social e esse estatuto caracteriza-se por um acervo comum típico de direitos e vinculações, já o mesmos não se pode dizer relativamente a um outro tipo social em concreto. Com efeito, esta ordem de considerações não é aplicável às sociedades anónimas, visto que os sócios (designados accionistas) e a respectiva situação se determinam fundamentalmente pela titularidade de participações (acções); consequentemente – como veremos a propósito da caracterização da participação – por terem certos direitos e deveres. A qualidade de associado, nesse tipo de sociedade, resulta da detenção ou titularidade da participação e não o contrário, ou seja, do facto de ser associado e serem-lhe reconhecidos determinados direitos e vinculações. Isto é muito importante, nomeadamente para as construções jurídicas que vão ser necessárias e que muitas vezes é preciso elaborar, quando a lei é omissa a propósito de determinadas questões que urge regulamentar, designadamente quanto à forma como é encarada a participação na própria sociedade.

10.1.3. *Como se qualifica a situação jurídica do sócio?*

O associado[369] de uma sociedade comercial é titular de um acervo de direitos e deveres que resultam do título em que se concretiza a sua participação social, se este existir (não existe nas sociedades por quotas, mas existe nas sociedades em comandita por acções e nas sociedades anónimas pode ou não existir), do contrato de sociedade e da própria lei. Quer dizer, a lei estabelece os tipos e as menções mínimas obrigatórias, que têm de ser inerentes a vários tipos (essas, o contrato não as pode desprezar), depois o contrato pode desenhar direitos e vinculações que, para aquele tipo de sociedade em concreto, vão caracterizar a situação jurídica dos respectivos associados.

10.2. **Razões justificativas da participação na sociedade comercial**

As razões justificativas da participação na sociedade comercial podem ser, fundamentalmente, de duas ordens: aquisição do estatuto de sócio e investimento financeiro.

---

[369] Ao utilizar a palavra "associado", tenta-se evitar referir um tipo de sociedade em concreto.

10.2.1. *Aquisição do estatuto de sócio*

Quando a participação na sociedade visa a aquisição do estatuto de sócio, todas as participações se constituem à luz da clássica ideia da *affectio societatis*, sendo a integração e a participação activa na condução da sociedade característica das sociedades de pessoas, ou seja, das sociedades em nome colectivo e também das sociedades por quotas. Estas (últimas) são hoje, inquestionavelmente, sociedades de pessoas em que, em regra, os associados pretendem participar, activamente, na direcção dos negócios da sociedade. Em Portugal, apesar de tudo e diferentemente do que se passa noutros ordenamentos jurídicos, algumas sociedades por quotas podem ter um número significativo de sócios, nem todos podendo ter a proximidade com a condução dos negócios sociais que, eventualmente, desejariam e que é característica deste tipo social.

10.2.2. *Investimento financeiro*

O investimento financeiro, por sua vez, é uma razão justificativa, característica e típica, da situação de participação na sociedade anónima. Quer dizer, obter da participação na sociedade um maior rendimento, uma mais valia na eventual ulterior alienação da participação social e, até então, obter uma remuneração da aplicação de capital feita. E nisto temos algo que explica a participação accionária. Com efeito, muitas vezes, ouve-se dizer em termos jornalísticos que a bolsa de valores entra em efervescência (aumentam os investimentos no mercado de capitais) à medida que as taxas de juro descem. A razão é muito simples: é que, em termos de investimento financeiro, há uma alternativa entre as aplicações em taxas fixas, designadamente em depósitos, e as de risco, através de investimento em acções que tenham liquidez (aquelas que são cotadas em bolsa). Por isso, se quem investe em acções pretende obter o rendimento dessas acções e uma eventual mais valia, no momento da respectiva alienação, esse rendimento que é gerado pelos dividendos (isto é, pelos lucros que são efectivamente distribuídos) deve-o ser num montante que cubra, satisfatoriamente, o valor que a mesma pessoa obteria pelo investimento dessa quantia num depósito a prazo. Na realidade, a subida das taxas de juro prejudica, normalmente, os índices de bolsa, atirando-os para baixo, e vice-versa, ainda que o exemplo do mercado português (acções de sociedades nacionais na sua quase totalidade cotadas exclusivamente no Euronext Lisbon[370]) não seja totalmente paradigmático, porque nem todas as sociedades portuguesas distribuem, com a mesma regularidade e a mesma garantia, o tipo de dividendos que uma sociedade estrangeira cotada (em bolsa valores) – e emitente num mercado mais dinâmico –, em regra, proporciona. Isto é muito importante para compreendermos que numa sociedade anónima a ideia de investimento financeiro é predominante.

10.3. **Limitação da responsabilidade pessoal**; *remissão*

Não se quer com isso dizer que não haja certas sociedades anónimas que não se reconduzam a uma forma societária conferida ao exercício de uma empresa comercial que tenha, inclusivamente, uma natureza familiar. Aí, a excepção confirma a regra, ressaltando aquelas características que têm a ver com a intenção de adquirir o estatuto de sócio. Fundamentalmente, o que se pretende, nesses casos, é a chamada **limitação da res-**

[370] A Euronext Lisbon – Sociedade Gestora de Mercado Regulamentados, S.A. ("Euronext Lisbon") é uma sociedade anónima de Direito português, constituída em Portugal – que resulta da integração em 2002 da Bolsa de Valores de Lisboa e Porto na plataforma internacional Euronext – e a funcionar de acordo com as leis portuguesas, que tem por objecto essencialmente a gestão de bolsas.

A Euronext é o primeiro mercado de bolsa pan-europeu e um dos maiores mercados bolsistas mundiais que foi criado pela fusão, em sentido impróprio (no Direito Continental), das Bolsas de Paris, Bruxelas e Amesterdão, tendo, posteriormente, integrado o mercado londrino de derivados. A integração na Euronext contribuiu para que o mercado de capitais português acompanhasse o desenvolvimento das bolsas internacionais, concedendo aos investidores e às empresas portuguesas cotadas exposição internacional e conferindo-lhes acesso privilegiado a mercados dotados de maior liquidez que o mercado português.

Em 2007, através de uma fusão (*Merger Agreement*), a Euronext associou-se à NYSE (*New York Stock Exchange*), originando assim a maior plataforma mundial de mercados regulamentados e adoptando o nome de NYSE Euronext

A plataforma NYSE Euronext está presente em seis países (Bélgica, Estados Unidos da América Holanda, França, Reino Unido e Portugal) e disponibiliza um diversificado rol de produtos financeiros e serviços relativos a valores mobiliários transaccionados no mercado a contado, opções e derivados, ETF's, obrigações, dados de mercado, e soluções comerciais tecnológicas.

ponsabilidade pessoal. Quer dizer, é a finalidade que se persegue com a subscrição ou realização de partes sociais nas sociedades de responsabilidade limitada.

10.4. **Situação complexa perante a sociedade**

Cada sócio tem ou assume uma **situação** (recheada de direitos, deveres, ónus e expectativas jurídicas) ou posição **complexa** (que resulta da sua participação, do regime legal do tipo de sociedade e das cláusulas que subscreveu) **perante a pessoa jurídica societária**. Isto é, a posição de cada sócio, a sua situação jurídica no seio de uma sociedade comercial, é uma situação ou posição complexa, não se limitando a uma pluralidade de direitos. É mais do que isso: inclui, naturalmente, também uma multiplicidade de deveres, de vinculações e também outras situações jurídicas, tais como ónus e expectativas jurídicas. Esta posição jurídica complexa tem uma especial relevância perante a pessoa jurídica societária e vai resultar da participação do sócio em causa, do regime legal da sociedade em que se participa e, não menos importante, das cláusulas que, eventualmente, forem subscritas, porque elas podem, por exemplo, tornar aberta uma sociedade por quotas – que é, nos termos da respectiva estrutura normativo-legal (supletiva) de certo modo fechada – ou tentar fechar uma sociedade anónima, que se configura, em termos legais, como o tipo paradigmático de sociedade aberta.

Como se fecha e como se *abre* uma sociedade?

Recorrendo às regras típicas de transmissibilidade das partes sociais. Por um lado, flexibilizando-as e, por outro lado, restringindo-as ou limitando-as.

Interessam-nos particularmente as **obrigações** e os **direitos** dos accionistas[371] e dos sócios das sociedades anónimas e por quotas de que, em qualquer caso, seja sujeito passivo a própria sociedade.

Não estamos a pensar em relações externas, mas em relações meramente internas. Desde logo, há que prevenir que, em princípio, a cada acção, diferentemente do que sucede nas sociedades por quotas, corresponde um acto de participação social autónomo. E, por isso, não

[371] Como veremos, cada acção implica um direito de participação social autónomo.

seria errado dizer que uma pessoa é tantas vezes sócio quanto o número de acções que possuir[372]. Quer dizer, não fica nem mais nem menos sócio, por ter mais ou menos acções.

Já o mesmo não se diga da sociedade por quotas, na qual, naturalmente, a pessoa do sócio é determinante e, por isso, onde a construção dos direitos e dos deveres é feita tendo-a por referência, pelo que, quanto à amplitude da sua intervenção, será praticamente indiferente o montante da participação que aquele detenha.

No que respeita às demais situações jurídicas, ou seja, aquelas que não se caracterizam pelas obrigações e direitos – que vão ser objecto de análise autónoma –, é possível descobrir **ónus** a propósito das situações de contitularidade e usufruto de participações sociais. Isto é, certas situações, em que, eventualmente, sendo permitida ao sócio a adopção de determinadas condutas, ele sofrerá uma desvantagem por não as accionar. Os ónus são característicos do domínio processual[373], constituindo um exemplo desta situação jurídica (passiva) a propositura de uma acção de anulação de deliberação social no prazo de trinta dias subsequente à assembleia geral, sob pena de caducidade do direito de impugnar a deliberação anulável.

Quanto ao exemplo de **expectativa jurídica** – e recorde-se que esta tem de ser uma esperança tutelada pelo direito, não basta uma mera expectativa material –, podemos imaginar a situação que existe entre a deliberação de aprovação de um balanço e contas do exercício do qual resultam lucros distribuíveis e a deliberação de aplicação de resultados relativa a esse mesmo exercício; portanto, a concretização da efectiva distribuição dos lucros. Entre um momento e o outro (que, normalmente, se sucedem no Direito português na mesma assembleia geral, mas que não têm uma ligação necessária) há uma nítida expectativa jurídica; porque a lei concede e constrói a situação do direito aos lucros em termos que, em princípio, atribuem ao sócio ou accionista o direito a quinhoar regularmente (uma vez por ano) – e, em regra, proporcionalmente à sua participação – numa determinada percentagem mínima dessa quantia, em

[372] Cfr. THOMAS RAISER/RÜDIGER WEIL, *Recht der Kapitalgesellschaften,* 4ª ed., Franz Vahlen, München, **2006**, p. 48.

[373] Sobre esta situação jurídica, em abstracto, cfr. ANTÓNIO MENEZES CORDEIRO, *Tratado de Direito civil português,* I (*Parte Geral*), t. I, 3ª ed., Almedina, Coimbra, **2005**, pp. 358-359, e LUÍS A. CARVALHO FERNANDES, *Teoria Geral do Direito Civil*, vol. II, 4ª ed., Universidade Católica Editora, Lisboa, **2007**, pp. 648-651.

parte desses lucros, regra geral em 50% dos lucros distribuíveis. Mas também a lei admite que, eventualmente, uma maioria especialmente qualificada altere essa expectativa, designadamente optando por não distribuir os lucros distribuíveis. Há, portanto, uma situação de expectativa jurídica, que não corresponde a um direito efectivo e que se transforma num direito de crédito com a deliberação sobre a aplicação de resultados.

10.5. **Da tutela ao abuso das minorias (nas sociedades anónimas)**

Considerando a estrutura da participação na sociedade anónima, é fácil perceber que a pessoa do accionista se esbata e que haja um natural relevo das participações sociais, em função das quais os diversos direitos e obrigações são constituídos.

Não obstante, há que procurar o equilíbrio entre a governabilidade da sociedade, entregue naturalmente à maioria, e a tutela dos interesses dos accionistas minoritários, aos quais deve ser reconhecido o direito de, em certas circunstâncias e verificados determinados requisitos, poderem intervir activamente na vida societária, e não serem meros investidores passivos. A lei reflecte hoje, como já vimos (cfr., *supra*, n.º 3.4.4.2), a preocupação de proteger as participações minoritárias, estruturando diversos direitos cuja titularidade e actuação torna dependente de uma determinada percentagem mínima do capital social e aceitando que os accionistas congreguem as respectivas participações para atingir tal montante mínimo do capital social.

Vimos, pois, que em atenção à estrutura das sociedades de capitais (anónimas), a lei procura garantir a intervenção daqueles que não participam activamente na direcção da actividade societária, mantendo-se à margem dos centros de poder, mas com interesses próprios (também) dignos de protecção. A dispersão de capital que, por vezes, se verifica nestas sociedades justifica que, em alguns casos, ocorra uma autorizada conjugação de esforços para tornar possível o exercício de certos direitos. Ocorre, assim, o reconhecimento de minoria(s) e assume-se a necessidade da protecção dos respectivos interesses.

Contudo, essa minoria – definida por corresponder ao conjunto de participações sociais cujos titulares estão em desacordo com a forma de condução dos negócios sociais, encontrando-se fora dos órgãos sociais – pode ser suficientemente significativa para bloquear decisões fundamentais da sociedade, como sejam variações do capital social, ou outras alterações contratuais, que visem dotar a sociedade de meios indispensáveis ao seu funcionamento, evitando em certos casos que a inércia ponha em causa a sua subsistência. Nessas circunstâncias, e sobretudo quando pela respectiva repetição, se torna patente a obstrução sistemática de accionistas minoritários que inviabilizam a formação de deliberações vitais para a sociedade, poder-se-á falar em *abuso de minoria.*

Simplesmente, o **abuso de minoria** é, por um lado, aparentemente mais complicado de evidenciar que o abuso de maioria e, por outro lado, não colhe expressa previsão no nosso Código das Sociedades Comerciais, diversamente da sanção que corresponde aos actos abusivos da maioria (cfr. art. 58.º, n.º 1, *alínea b)*)[374]. Por isso, haverá que legitimamente questionar se há relevo negativo desta situação.

Cremos que a resposta deverá ser afirmativa, desde logo porque o abuso da minoria é tipicamente um abuso de direito e, como tal, inadmissível. Mas a projecção dessa inadmissibilidade não pode provocar a invalidade de uma deliberação que, por efeito dos votos abusivos de bloqueio, não se chega a formar, não sendo aprovada, como sucede com as deliberações abusivas (cfr. art. 58.º, n.º 1, *alínea b)*), porque esse efeito satisfaria plenamente a minoria. O remédio adequado, neste caso, passa pela desconsideração de tais votos, acto que conduzirá à aprovação da deliberação se os votos favoráveis forem em número suficiente. Os votos da minoria abusadora deverão ter-se por não expressos.

No entanto, reconhecendo a relevância negativa do abuso da minoria, não deveremos ser levados a transformar em votos positivos aqueles que abusivamente foram de rejeição. Há uma diferença manifesta entre a

---

[374] Por isso, como já assinalava Adelino da Palma Carlos – em estudo publicado há mais de meio século na Revista da Ordem dos Advogados («Poderes das assembleias gerais das sociedades por quotas para alterarem o pacto social», *ROA* ano 5, n.os 1 e 2, **1945**, pp. 218-231), de que existe separata – pior, e mais perigoso que o abuso da maioria, é o abuso da minoria.

Sobre esta questão, na actualidade, cfr. Coutinho de Abreu, *Curso de Direito Comercial*, vol. II – *Das Sociedades*, 3ª ed., Almedina, Coimbra, **2009**, pp. 319-325, e Armando Manuel Triunfante, *A Tutela das Minorias nas Sociedades Anónimas. Direitos de Minoria Qualificada. Abuso de Direito*, Coimbra Editora, **2004**, pp. 403-439.

No Direito italiano, sugerindo pistas interessantes, Andrea Pisani Massamormile, *Minoranze, "abusi" e rimedi*, Giappichelli, Torino, **2004**, identificando três casos de abuso da minoria (pp. 27-142) e propondo soluções (pp. 143-239).

obrigação de colaborar activamente e o dever de não obstar infundadamente à tomada de medidas necessárias à subsistência e funcionamento da sociedade.

10.6. **O princípio da igualdade de tratamento dos accionistas**

A propósito da qualificação da situação de sócio, devemos recordar o princípio da igualdade de tratamento dos accionistas (art. 321.º) (cfr., *supra*, n.º 3.4.4.1).

Vamos procurar entendê-lo agora, sobretudo, na perspectiva do tipo societário em que é criado, isto é, aplicado à sociedade anónima. Nesta é manifesto o reconhecimento da objectivação da participação social. Isto é, a aceitação de que uma pessoa tem direitos e vinculações, por ser titular de acções. Estes direitos e vinculações são, em primeira mão, reconhecidos às participações – a que são atribuídos e em funções das quais são criados e existem –, adquirindo uma relevância autónoma em sentido jurídico, não obstante, como é natural, o seu exercício e a respectiva assumpção dependerem efectivamente da pessoa (porque só esta pode actuar no plano do Direito) do sujeito que, num determinado momento, for o respectivo titular.

A pessoa do accionista esbate-se, sendo completamente indiferente, de tal modo que toda a construção – embora obviamente o peso de uma determinada pessoa, em concreto, no seio da sociedade não seja indiferente – tem a ver, precisamente, com as participações, uma vez que estas podem atribuir aos seus titulares direitos e vinculações substancialmente distintos. E, se o fizerem, no fundo, é porque existem categorias de participações ("categorias de acções").

Reconheça-se que o artigo 321.º do nosso Código fala no igual tratamento dos accionistas e não no igual tratamento das acções. Este preceito legal trata deste princípio a propósito da aquisição de acções próprias, afirmando que «*as aquisições e alienações de acções próprias devem respeitar o princípio da igualdade de tratamento dos accionistas*», não existindo qualquer disposição que caracterize este princípio, cujo significado e alcance é omisso[375]. Mas o artigo 321.º ainda tem o cuidado

---

[375] E não acontece assim, p. ex., no Direito germânico, em que se consagra, precisamente uma disposição para este efeito (cfr., *supra*, n.º 3.4.4.1).

de dizer *«salvo se a tanto obstar a própria natureza do caso»*. Isto é, mesmo na aquisição de acções próprias pode, consoante a natureza do caso, não ser possível o igual tratamento dos accionistas.

E quando é que a *natureza* do caso o impede?

Designadamente, quando os direitos e vinculações emergentes das acções forem diferentes, ou seja, quando estivermos perante categorias de acções distintas porque concedem aos respectivos titulares um acervo diferenciado de direitos e, ou, de vinculações. Se assim for, então talvez já não se justifique a aplicação estrita do princípio do igual tratamento dos accionistas, o que quer dizer que, naturalmente, o direito concebe sempre os direitos encabeçados no sujeito. Enfim, tradicional e classicamente, o Direito pensou: haverá que acautelar as situações em que os accionistas são titulares de idênticas participações sociais. Quando isso acontecer então têm de ser tratados do mesmo modo.

O que é que isso significa em sede de acções próprias?

É precisamente a propósito da aquisição de acções próprias que a aplicação do princípio se suscita com maior acuidade.

Com efeito, pode tornar-se extremamente vantajoso para o accionista que a sociedade esteja a pensar adquirir acções próprias (isto é, adquirir acções para a sua carteira) – o que, aliás, só pode fazer até um determinado montante máximo (cfr. arts. 316.º, n.º 1 e 317, n.º 2) –, visto que ao adquiri-las está a pagar o respectivo preço e isso pode ser um bom negócio para quem seja o titular dessas acções, sobretudo se elas não tiverem liquidez.

Se for um bom negócio, também conta o investimento de capital feito na subscrição ou aquisição prévia dessas acções. Imagine-se que essa operação pode ser um meio de se tentar favorecer um determinado sócio, de tal forma que, se uma sociedade detiver o máximo legal de acções próprias (10%), a detenção e a repartição do capital social se vai fazer, efectivamente, na base dos restantes 90%. Quer dizer, possivelmente[376], já não é preciso deter 50% do capital social mais uma acção para se ter o controlo da sociedade; basta, na realidade, deter-se 45% do capital mais uma acção para ter o efectivo domínio da sociedade, porque sendo os outros 10% da própria sociedade, eles acabam por se anular, tornando-se irrelevantes na aprovação das deliberações dos sócios. Nesses termos, a aquisição de acções próprias podia ser um meio para uma pessoa suavizar

---

[376] Pressupõe-se, pois, que o capital corresponde aos direitos de voto.

o seu investimento, permitindo que a sociedade anónima delibere adquirir, à custa dos seus meios financeiros, participações próprias, favorecendo nessa aquisição determinado accionista relativamente a outros, pela generosidade do respectivo pagamento. Aquilo que o princípio do igual tratamento visa acautelar é que se a sociedade pretender adquirir acções próprias, então deve-o fazer propondo a aquisição a todos os accionistas por igual. Isto é, se todos estiverem interessados em vender, terá que proceder a um rateio e comprar proporcionalmente às acções que eles detêm, de modo a satisfazer todos.

Não é indiferente na aquisição de acções próprias – e tenta-se, agora, demonstrar a salvaguarda da parte final do artigo 321.º – a categoria das acções envolvidas. Se as acções forem de categorias diferentes – por exemplo, se houver uma categoria de acções que confira aos respectivos titulares direitos especiais –, então não é indiferente a sociedade adquirir umas ou outras. Nesse caso, não pode estar a adquirir todas as acções que integram o seu capital social de modo indiferenciado e, portanto, haveria que estabelecer uma ressalva.

Uma situação em que o princípio da igualdade de tratamento dos accionistas também deve ser considerado é a da redução do capital social. Se a sociedade tiver que promover uma situação de redução do seu capital social, para cobertura de prejuízos – porque, designadamente, o activo societário já é, na realidade, claramente inferior ao montante do capital social –, e eventualmente porque precisa de interessar terceiros na sua actividade e para que estes venham a participar na sociedade, vai ter de repor o seu capital social ao nível do seu activo efectivamente existente (sob pena de estar a sobrevalorizar as participações daqueles que já são accionistas); a sociedade vai ter, assim, que sacrificar participações daqueles que já a integram. Ao fazê-lo, executando a redução do capital social, ela vai ter de afectar por igual as participações dos accionistas, de acordo com este princípio. Isto é, não pode a sociedade deliberar afectar as participações do accionista *X* em detrimento das participações do accionista *Y*, a menos que, também aqui, haja categorias diferentes de acções e então justifica-se a salvaguarda das categorias especiais ou privilegiadas, em detrimento da categoria residual, isto é, daquela que é composta por acções ordinárias.

10.7. Fundamento da qualidade de sócio e da participação social[377]

Estamos, pois, em condições de concluir acerca dos fundamentos da qualidade de sócio e da participação social.

A qualificação da situação do sócio é de uma crescente objectivação da participação social na sociedade anónima *versus* uma progressiva pessoalização verificada nas sociedades por quotas. Quer dizer, regista-se, no confronto dos tipos sociais que mais nos ocupam, um afastamento gradual.

Vimos já (*supra*, quadro no n.º 2.6.2.2) diversos exemplos a propósito dos vários direitos. Enquanto numa sociedade por quotas os direitos são de titularidade pessoal e individual, sendo reconhecidos aos sócios independentemente do respectivo capital social – nesse sentido o direito de informação (arts. 214.º, n.º 1 e 216.º), o direito de participação nas deliberações sociais (art. 248.º, n.º 2) e os direitos especiais (art. 24.º, n.º 3) –, nas sociedades anónimas os direitos são atribuídos às participações e dependem nalguns casos da detenção de um número mínimo de acções. Em paralelo com os exemplos acima dados, cite-se os artigos 288.º, n.º 2 e 291.º, n.º 1 (direito de informação), 379.º, n.os 1 e 2 (direito de participação nas deliberações sociais) e 24.º, n.os 4 e 6 (direitos especiais).

Não obstante a diferenciação existente e reconhecida, o fundamento da qualidade de sócio e da participação social, quer numa sociedade quer noutra, radica naturalmente na autonomia privada. É esta que vai, em última análise, configurar o acervo de direitos e vinculações que vai caracterizar uma determinada situação jurídica em concreto.

---

[377] Vd. Paulo Olavo Cunha, *Direitos especiais*, pp. 216-217.

SECÇÃO II
11. Obrigações

11.1. Obrigações dos sócios; generalidades. Classificações

11.1.1. *Obrigações sociais*

Os sócios têm obrigações perante a sociedade, as quais revestem essencialmente um carácter patrimonial, correspondendo à disponibilidade que eles têm de ter perante a sociedade, de a dotar de meios financeiros indispensáveis à sua actividade, de proceder ao reforço desses meios quando tal for necessário, de eventualmente prestarem serviços à sociedade e de cobrirem até um certo limite as perdas resultantes da actividade societária.

A admissibilidade e criação de obrigações, bem como a exigibilidade do seu cumprimento, supõem a prévia identificação do sócio, diversamente do que se passa com os direitos, como veremos adiante. Em matéria de obrigações – e, nomeadamente, da sua criação em vida da sociedade – vigora o princípio da inoponibilidade de novas obrigações não consentidas, consagrado no artigo 86.º, n.º 2 (cfr., *supra*, n.º 3.4.2).

11.1.2. *Classificações*

A classificação mais relevante das obrigações dos sócios é a que as distingue em principais e acessórias. As obrigações principais caracterizam o estatuto do sócio; casos da obrigação de entrada e da obrigação de participação nas perdas.

As obrigações (*lato sensu*) podem reconduzir-se a diversos tipos, desde obrigações de prestações suplementares de capital, passando por obrigações de prestações acessórias e acabando em obrigações específicas.

11.2. Obrigação de entrada[378]

11.2.1. *Caracterização*

A obrigação de entrada vem prevista no artigo 20.º, *alínea a)*, e encontra-se regulada nos artigos 25.º a 30.º do Código das Sociedades Comerciais.

Nas sociedades por quotas e anónimas não são permitidas contribuições de indústria (arts. 202.º, n.º 1 e 277.º, n.º 1)[379], diversamente do que sucede nas sociedades em nome colectivo, pelo que todas as participações são necessariamente realizadas em capital (cfr. arts. 202.º-208.º e 285.º-286.º).

A entrada do sócio corresponde a uma contribuição necessária – geralmente em dinheiro, mas que também pode ser em espécie – para o acervo patrimonial de que a sociedade irá necessitar para prosseguir a actividade económica que se propõe realizar quando se constitui, e traduz a medida do risco do capital suportado pelo sócio.

Caso a sociedade não precise imediatamente de todo o capital que os sócios subscrevem, é possível diferir uma parte das entradas em dinheiro, desde que o prazo para o efeito não ultrapasse cinco anos. No fundo, a sociedade deverá receber dos sócios as respectivas contribuições à medida que vai delas carecendo.

---

[378] Vd. Paulo de Tarso Domingues, «O regime das entradas no Código das Sociedades Comerciais», RFDUP, ano III, **2006** (673-723), e *Variações do Capital Social*, Almedina, Coimbra, **2009**, em especial pp. 172-178, 185-192 e 201-250, Alexandre Soveral Martins / Maria Elisabete Ramos, «As participações sociais», AA.VV., *Estudos de Direito das Sociedades*, 9ª ed., Almedina, Coimbra, **2008** (pp. 131-171), em especial pp. 152-169, Carlos Olavo, «Direitos e deveres dos sócios nas sociedades por quotas e anónimas», *in* AA.VV., *Estruturas Jurídicas da Empresa,* AAFDL, Lisboa, **1989** (pp. 57-81), Nuno Maria Pinheiro Torres, «A Transmissão da propriedade das entradas *in natura* nas sociedades anónimas», *DJ*, XVII, **2003** (pp. 33-113), e Pedro Pais de Vasconcelos, *A participação social nas sociedades comerciais*, 2ª ed., Almedina, Coimbra, **2006**, em especial pp. 263-272.

[379] Não se lhes aplica consequentemente o regime específico criado para os sócios de indústria das sociedades em nome colectivo (cfr. arts. 20.º, *alínea b) in fine*, e 178.º, n.os 2 e 3).

11.2.2. *Composição e montante das entradas*

11.2.2.1. *Tipos de bens*

O património da sociedade ter-se-á de formar à custa dos bens que os sócios levarem para a sociedade, que lhe entregarem (e, em certos casos, que se comprometerem a aportar), e esses bens podem traduzir-se em dinheiro ou em espécie, podendo ser da mais diversa ordem.

O limite à composição das entradas decorre, tradicionalmente, da restrição inerente à penhorabilidade dos bens que as compõem e que tem uma certa razão de ser[380]. Assim, não podem constituir objecto de entrada para a sociedade aqueles bens que, nos termos da lei processual, sejam considerados impenhoráveis, designadamente aqueles bens que são utilizáveis ao serviço da economia familiar ou doméstica; portanto, todos os bens que devem estar sempre salvaguardados e que, se viessem a fazer parte do acervo societário, poderiam ficar expostos a todas as consequências a que os bens próprios das sociedades estão sujeitos, designadamente à responsabilidade (ilimitada) pelas dívidas sociais.

Mas a restrição à penhorabilidade não deve ser entendida como limite à consideração de bens que, trazendo um maior valor económico à sociedade, são susceptíveis de acentuada variação do respectivo valor patrimonial. Essencial é que não se pretendam certificar como bens em espécie contribuições de indústria ou até despesas de constituição, uma vez que umas e outras têm regimes próprios; já a transferência em favor da sociedade de um projecto de investigação em curso – ainda que por concluir –, dos resultados entretanto obtidos e da respectiva exploração futura, se afigura poder reconduzir-se a um bem em espécie. Fundamental é que, qualquer que seja o bem, ele traga um *valor económico* acrescido ao património societário.

Quanto às entradas em dinheiro, o primeiro problema que se põe é de saber o que podemos entender por *dinheiro* (cfr. art. 25.º, n.º 1). E isso é tanto mais importante quanto, em termos de composição, as entradas em dinheiro se contrapõem às entradas em espécie.

---

380 Pondo em causa a exigência da lei portuguesa, que considera específica no quadro do Direito europeu, PITA, MANUEL ANTÓNIO PITA, MANUEL ANTÓNIO, «O uso e fruição de bens na realização do capital social», AA.VV., *Prof. Inocêncio Galvão Telles: 90 anos. Homenagem da Faculdade de Direito de Lisboa,* Almedina, Coimbra, **2007** (pp. 775-802), pp. 789-793.

As entradas em espécie são aquelas que forem em bens diferentes de dinheiro (art. 28.º). Por isso, podemos questionarmo-nos, por exemplo, se entradas tituladas por cheque ou por um valor mobiliário são entradas em dinheiro ou em espécie.

O **dinheiro** é expressão pecuniária do valor dos bens e serviços transaccionáveis no mercado[381]; é moeda circulante e dentro deste conceito devemos admitir as notas, moedas metálicas (que, conjuntamente com aquelas, formam o numerário) e cheques. Estes têm uma função liberatória plena, constituindo um meio de pagamento. Portanto, as entradas em sociedades comerciais tituladas por cheque devem ser consideradas em dinheiro[382].

As **entradas em espécie** (arts. 25.º e 28.º), por sua vez, são constituídas ou integradas por créditos ou outros bens ou valores também realizáveis em dinheiro. Por isso, os valores mobiliários serão entradas em espécie.

Constituem exemplos de entradas em espécie, entre outros:

a) Valores mobiliários, designadamente acções (cotadas ou não cotadas) e outros instrumentos financeiros;
b) Letra de câmbio e outros títulos de crédito (endossáveis à sociedade);

---

381 Cfr. a nossa dissertação de doutoramento, *Cheque e Convenção de Cheque*, Almedina, Coimbra, **2009**, p. 283, nota 645.

382 Procuramos simplificar esta abordagem. Adicionalmente, e recorrendo à nossa última obra citada (pp. 283-286), diríamos que, «o cheque, mesmo que não seja dinheiro, é considerado como tal, equivalendo a numerário e desempenhando funções análogas às das notas e moedas» (PAULO OLAVO CUNHA, *Cheque e Convenção de Cheque*, Almedina, Coimbra, **2009**, p. 284)

E acrescentávamos (*ob. cit., ibid.*), a título de exemplo, que o cheque é precisamente «assimilado ao dinheiro para efeitos do disposto no art. 9.º, n.º 1, *alínea h)* do Código das Sociedades Comerciais sobre elementos do contrato de sociedade, visto que as entradas em cheque não são descritas como tais, antes se aceitam como se de dinheiro se tratasse. E a dicotomia "dinheiro-outros bens" – cujo valor deve ser certificado por relatório de revisor oficial de contas –, relevante no momento de realização das entradas sociais, mantém-se ao longo deste Código (por exemplo, art. 25.º, n.º 1, 89.º, 202.º, n.ºs 2 e 3, 277.º, n.º 3) e é claramente assumida no art. 28.º, n.º 1, onde se estatui que as entradas em bens, e passamos a citar, "*diferentes de dinheiro devem ser objecto de um relatório elaborado por um revisor oficial de contas (...)*", o qual nunca é chamado a certificar, na prática da constituição das sociedades comerciais, o valor dos cheques (ou mesmo a existência de provisão correspondente ao respectivo montante)» (cfr. pp. 284-285).

c) Cedência de créditos (sobre terceiros ou sobre a própria sociedade, quando já constituída)[383];
d) Garantias transmissíveis;
e) Ouro e metais preciosos;
f) Veículos automóveis e máquinas, bem como quaisquer bens móveis (susceptíveis de avaliação pecuniária);
g) Patentes, marcas ou outros direitos privativos da propriedade industrial e direitos de autor;
h) Projectos de investigação que conduzam a uma patente;
i) *Know-how* e respectivo licenciamento;
j) Estabelecimento comercial (ou parte dele);
l) Prédios rústicos e urbanos;
m) Cessão da posição contratual em contrato-promessa de compra e venda (de imóvel).

O problema que se coloca nas entradas em espécie é, como veremos, o de saber qual o valor que lhes vai ser atribuído no momento da realização da respectiva entrada[384].

11.2.2.2. *Valor da entrada*

A entrada tem de ser objecto de uma correcta valorização e de efectiva realização, não podendo o seu valor ser inferior ao valor nominal da participação. Antes pelo contrário, o valor da entrada deve ser igual ou superior ao valor comercial da participação (arts. 25.º e 27.º, n.º 1). Isto é, devem presidir como critérios de certificação do valor da entrada,

---

[383] Cfr. PAULO DE TARSO DOMINGUES, «O regime das entradas de sócios com créditos», AA.VV., *Nos 20 anos do Código das Sociedades Comerciais. Homenagem aos Profs. Doutores A. Ferrer Correia, Orlando de Carvalho e Vasco Lobo Xavier*, vol. I – *Congresso Empresas e Sociedades*, Coimbra Editora, **2007** (pp. 785-801), pp. 793-800. Vd. também na mesma obra, mas no vol. II (*Vária*), o estudo de FERNANDO OLIVEIRA SÁ, sobre «A transformação de créditos em capital e o problema das entradas em espécie ocultas», AA.VV., *Nos 20 anos do Código das Sociedades Comerciais*, cit., **2007** (pp. 671-703), pp. 674-678.

[384] Acentuando este aspecto, a propósito das entradas com "saber-fazer" (*know how)*, PAULO DE TARSO DOMINGUES, «O regime das entradas no Código das Sociedades Comerciais», cit., **2006**, pp. 699-701, e, mais recentemente, em *Variações do Capital Social*, Almedina, Coimbra, **2009**, pp. 219-222.

uma correcta valorização dessas entradas e uma efectiva realização das mesmas, ou seja, que as entradas sejam efectivamente cumpridas, designadamente quando são feitas em dinheiro.

No que respeita às entradas em espécie, haverá que determinar como, por quem e com referência a que momento, é que deverão ser valorizadas.

Esse valor deve ser certificado por uma entidade que assegure independência, em relação ao interessado (o sócio cuja entrada está em causa) (cfr. art. 28.º, n.º 1) e isenção, relativamente a todos e quaisquer interesses envolvidos na sociedade (cfr. art. 28.º, n.ºs 1 e 2). Certificar é diferente de avaliar. Isto é, a entidade que certifica não é, necessariamente, a mesma que avalia. Quem certifica só diz, ou tem de comprovar, que está correcta a avaliação efectuada. A entidade que efectua a certificação é um revisor oficial de contas que, para esse efeito, deve ser designado por deliberação dos sócios (ou por indicação dos futuros sócios), na qual não podem participar todos aqueles que têm interesse imediato na sua intervenção, ou seja, aqueles que pretendam realizar as entradas em espécie (em causa).

Infelizmente, na prática, isto é letra morta porque, efectivamente, no momento da constituição, há um certo acordo entre todos os sócios. Mas, também, não é indiferente a certificação do valor das entradas em espécie, sobretudo quando uma parte das entradas é feita em dinheiro, porque as entradas vão determinar a posição relativa dos diversos sócios da sociedade. Por isso, se houver uma subvalorização da entrada em espécie, na posição relativa vai ficar prejudicado o sócio que realiza essa entrada. Só se se verificar uma sobrevalorização da entrada em espécie é que o sócio que a realiza vai ser beneficiado e vão ser prejudicados, por consequência, todos aqueles que realizaram as entradas em dinheiro e que vão ter, perante a entrada em espécie feita, uma participação relativamente diminuída com o respectivo valor absoluto.

Caso todos os sócios realizem entradas em bens idênticos, por exemplo, valores mobiliários, não nos custa admitir que todas elas sejam certificadas pelo mesmo revisor oficial de contas, designado por acordo de todos. Com efeito, nessas circunstâncias não se verificará uma desigualdade relativa e não se justifica que tenham de intervir diversos revisores de contas – escolhidos sem a intervenção formal do sócio cuja entrada certificariam –, quiçá com diferentes critérios de valorização de tais bens e que, desse modo, seriam um factor inicial de discordância, salvo se acordassem previamente no critério e parâmetros a utilizar; e então, para esse efeito, não se justificariam. Importante será, pois, assegurar a independência e isenção do juízo de valor em causa.

Em termos de valorização das entradas em espécie, há que ponderar, para além do respectivo valor patrimonial absoluto, o risco que possa estar associado a um eventual incumprimento, quando se trata de um título-valor ou promessa contratual, ou súbita desvalorização, caso de valor mobiliário ou direito privativo da propriedade industrial. Noutros casos ainda a (des)valorização pode estar dependente da natureza da entrada e consistindo esta num projecto o mesmo acabar por não se concluir ou não gerar os resultados esperados.

11.2.3. *Momento da realização das entradas*

11.2.3.1. *Oportunidade da realização da entrada*[385]

Em princípio, as entradas devem ser realizadas na altura da constituição da sociedade, portanto devem encontrar-se satisfeitas *até ao momento da celebração do contrato de sociedade* (cfr. art. 26.º).

Simplesmente, as entradas a realizar em dinheiro podem ser parcialmente diferidas, podendo admitir-se que as entradas subscritas não sejam totalmente liberadas no momento da constituição, devendo sê-lo num prazo máximo de cinco anos (arts. 26.º *in fine*, 203.º, n.º 1, e 285.º, n.º 1). E ou o prazo é contratualmente estabelecido ou se entende, no silêncio do contrato, que elas têm de ser realizadas no prazo de cinco anos após o momento em que se constitui a sociedade.

De todo modo, os contratos em causa devem explicitar que só uma parte das entradas é que foi realizada, encontrando-se por realizar parte das entradas em dinheiro. Exemplifique-se:

Artigo Quarto
(Capital social)

Um. *O capital social é de cinquenta mil euros, sendo representado por dez mil acções com o valor nominal de cinco euros cada.*

[385] Esta matéria é também abordada a propósito do Capital Social (Capítulo V), para onde remetemos (vd., *infra*, n.º 22.3).

Dois. *Os accionistas realizam apenas trinta por cento do capital social no momento da constituição da Sociedade, comprometendo-se a realizar o remanescente no prazo de cinco anos a contar dessa data.*

Por sua vez, as entradas em espécie devem ser todas realizadas no momento da constituição da sociedade uma vez que, existindo os bens, não se vê que tenha especial interesse diferir a sua entrega à sociedade.

No que se refere ao montante de cada entrada que deve ser realizado, ele não tem de ser necessariamente proporcional, nas sociedades por quotas, ou igual, relativamente a cada acção, nas sociedades anónimas, com algumas limitações que exporemos em seguida.

Vejamos, então, o que se passa nos dois principais tipos societários.

Na sociedade por quotas pode ser diferida a efectivação de metade (50%) das entradas em dinheiro, desde que o capital mínimo esteja satisfeito (cfr. art. 202.º, n.º 2). Assim, se o capital social for, por exemplo, de € 5.000,00 ou de € 7.500,00 haverá que realizar o mínimo de € 5.000,00 (correspondente ao capital social mínimo), só se aplicando a regra dos 50% a partir dos € 10.000,00 (*inclusive*).

No que se refere ao capital a realizar por cada sócio, e observada a regra do mínimo, nada impede que um sócio realize 100% da sua entrada e outro não realize inicialmente nada, considerando a solidariedade dos sócios (fundadores) relativamente à totalidade do capital subscrito. No entanto, essa não é a regra, estabelecendo a lei que, em princípio, «*as prestações por conta das quotas dos diferentes sócios devem ser simultâneas e representar fracções iguais do respectivo montante*» (art. 203.º, n.º 2). Está aqui em causa um afloramento do princípio do igual tratamento dos sócios, segundo o qual, na falta de acordo específico, todos os sócios devem realizar proporcionalmente à sua entrada o capital social e devem realizar a parte apenas subscrita também ao mesmo tempo e proporcionalmente.

Nas sociedades anónimas pode ser diferida a realização de 70% das entradas em dinheiro correspondentes ao valor nominal das acções, independentemente do capital subscrito (cfr. art. 277.º, n.º 2), pelo que haverá que proceder à realização de capital correspondente a um mínimo de 30% do valor nominal de cada acção. Aqui o princípio do igual tratamento dos accionistas tem uma aplicação imperativa, devendo integrar uma mesma categoria de acções os valores que se caracterizam por diferir um mesmo montante do capital por realizar.

11.2.3.2. *O depósito (obrigatório) para a constituição da sociedade*; remissão

Trata-se de aspecto que estudámos a propósito da constituição da sociedade, para onde remetemos o leitor (*supra*, n.º 7.2.3).

11.2.3.3. *O aumento do capital social por entradas em dinheiro*

No aumento do capital por entradas em dinheiro, a prova das entradas continua a fazer-se por simples declaração (cfr. art. 88.º, n.º 2), se da respectiva acta não constar que as entradas – devidamente identificadas – já se encontram totalmente realizadas (cfr. art. 88.º, n.º 1), não obstante o disposto no artigo 89.º, n.º 1[386].

A referida declaração vai no sentido de que o capital já deu entrada na caixa social, constituindo a falta de cobrança das entradas crime, sendo penalmente sancionada com multa até 60 dias (cfr. art. 509.º, n.º 1 do CSC).

11.2.3.4. *Entradas em espécie*

As entradas em espécie – diversamente do que acontece com as entradas em dinheiro – nunca podem ser diferidas e, como vimos, devem ser objecto de avaliação por revisor oficial de contas independente, o qual deverá certificar o valor da entrada[387], em relatório[388] que *faz parte integrante da documentação sujeita às formalidades de* publicidade e que deverá ser objecto de depósito no registo comercial (cfr. arts. 28.º, n.º 6

[386] Antes da entrada em vigor da Reforma Societária de 2006 (introduzida pelo DL 76 A/2006), no aumento do capital por entradas em dinheiro, a prova das entradas fazia-se sempre por simples declaração, não obstante o disposto no art. 89.º, n.º 1 [cfr. art. 90.º, n.º 2 (entretanto revogado); vd. também o art. 89.º, n.os 2 e 3, red. anterior], apesar de não ser vedado aos administradores ou gerentes que outorgavam a respectiva escritura apresentarem certificado emitido por instituição de crédito comprovativo de depósito do capital realizado. Este era irrelevante, sendo suficiente a declaração referente à cobrança das entradas de capital.

[387] Em documento autónomo anexo ao contrato de sociedade (na constituição) ou anexo à acta (em caso de aumento do capital social). Até 29 de Junho de 2006, em documento anexo à escritura de constituição (ou de aumento de capital).

[388] *«O relatório deve reportar-se a uma data não inferior em 90 dias à do contrato de sociedade (…)»* (art. 28.º, n.º 4).

do CSC e art. 53.º-A, n.º 4, *alínea i)*). Na certificação o revisor deverá atender ao valor intrínseco dos bens em espécie que integram a entrada, ao prazo de liquidação de que depende a satisfação dos activos que a constituem e ao risco da sua liquidez (arts. 28.º, 26.º e 89.º, n.º 1).

11.2.4. *Mora*

11.2.4.1. *Situação*

A mora corresponde ao atraso na realização do capital social subscrito, mas ainda não liberado.

Diversamente do que acontece no Direito das Obrigações, em que apenas as obrigações sem prazo requerem a interpelação para se considerarem vencidas – entrando o devedor em mora, nas demais (obrigações com prazo) sempre que se esgota o prazo previsto para o cumprimento, sem que este ocorra –, relativamente às entradas em dinheiro que tenham sido deferidas, o sócio só entra em mora após ser expressamente interpelado para o efeito; ainda que o próprio contrato social fixe a data até à qual deverá ser realizado o capital[389].

Estando em causa a liberação de obrigações de entrada, a mora pressupõe, pois, a prévia interpelação do sócio (cfr. arts. 203.º, n.º 3 e 285.º, n.os 2 a 5)[390] e faz incorrer em responsabilidade solidária com o excluído ou titular das acções perdidas em favor da sociedade os anteriores titulares da quota ou dessas acções (arts. 206.º e 286.º)[391].

Acrescente-se ainda que não pode ser deliberado aumento do capital social, enquanto não estiverem realizadas todas as prestações anteriormente subscritas (cfr. art. 87.º, n.º 3).

---

[389] O regime do Direito das Sociedades Comerciais introduz, assim, um desvio ao regime-regra do Direito Civil, em geral, e das Obrigações, em particular.

[390] Considerando que as entradas em falta só podem ser objecto de exigibilidade por sub-rogação dos credores (sociais) quando o sócio entra em mora – em prazo a fixar (pela sociedade) entre 30 e 60 dias após o sócio ser interpelado para cumprir (cfr. art. 203.º, n.º 3) –, **AcRelPorto 13 Nov 2006** (Marques Pereira), *CJ*, ano XXXI, t. V, 2006, pp. 174-177. Cfr. também art. 30.º, n.º 1, *alínea a)*.

[391] Nas SPQ há ainda que contar com o disposto no art. 207.º, que estende aos demais sócios a responsabilidade solidária na realização da totalidade do capital.

11.2.4.2. *Consequências (da mora) para o titular da participação social*

São diversas as consequências da mora para o titular de participação social que não se encontre ainda totalmente realizada. E todas elas negativas. Desde a mais grave, que se traduz na exclusão, e que implica, para além do pagamento de juros, a perda da própria participação social (parte ou totalidade da quota ou da participação accionária) (arts. 204.º e 285.º, n.º 4), passando pelo não recebimento de lucros (art. 27.º, n.º 4) e a possibilidade de compensação de lucros distribuídos com capital por realizar (art. 27.º, n.º 5), e concluindo na paralisação do direito de voto (art. 384.º, n.º 4) do sócio relapso.

Em acréscimo às sanções legais – e independentemente da respectiva aplicação efectiva –, o próprio contrato de sociedade pode prever penalidades aplicáveis à mora na realização de capital (art. 27.º, n.º 3).

11.3. **A participação nas perdas; significado e alcance**[392]

Uma outra obrigação essencial dos sócios é a que se traduz em quinhoarem nas perdas que se registem, na medida da respectiva responsabilidade social, consoante o tipo societário envolvido, com excepção dos sócios de indústria (arts. 20.º, *alínea b)*, e 22.º, n.º 3).

Os sócios de capital estão todos obrigados a participar ou «*quinhoar nas perdas*» (art. 20.º, *alínea b)*), devendo, em princípio, fazê-lo na proporção dos valores nominais das suas participações (cfr. art. 22.º, n.º 1).

Mas, considerando a responsabilidade limitada do sócio de uma sociedade por quotas ou anónima, cabe perguntar:

Em que termos (em que medida) participa o sócio obrigatoriamente nas perdas da sociedade? Qual o significado e alcance dessa obrigação legal?

A resposta é extremamente simples. O sócio de responsabilidade limitada (sem obrigações acrescidas) participa nas perdas na medida em que, dissolvida e liquidada a sociedade, não seja reembolsado da

---

[392] Cfr. PEDRO PAIS DE VASCONCELOS, *A participação social nas sociedades comerciais*, 2ª ed., Almedina, Coimbra, **2006**, em especial pp. 286-287.

totalidade do capital que realizou, inicialmente (entrada) ou durante a vida da sociedade (pela subscrição de aumentos de capital em dinheiro). Assim sendo, a sua participação nas perdas é, nesses tipos sociais, em regra, limitada ao capital realizado.

11.4. **Obrigações acessórias**

11.4.1. ***Universo***

Para além das obrigações principais, aos sócios podem ser impostas outras obrigações, acessórias da sua obrigação principal, e que resultam do próprio contrato de sociedade ou são integradas no mesmo, em vida da sociedade, e por efeito da alteração do contrato – com as limitações que decorrem do artigo 86.º, n.º 2 do Código das Sociedades Comerciais –, em vida da sociedade.

É no momento constitutivo que importa reflectir adequadamente acerca das obrigações que podem vir a ser exigidas mais tarde.

As obrigações acessórias irão ser analisadas adiante, pelo que – com excepção da obrigação específica das sociedades por quotas já abordada (cfr., *supra*, n.º 4.5.2.1) – se remete a sua análise para momento ulterior.

11.4.2. ***Obrigações de prestações suplementares (de capital);*** remissão

De entre as diversas obrigações acessórias (à obrigação principal, de entrada), assume especial relevância a que se traduz na disponibilidade para reforçar o capital investido, com dinheiro, de forma subordinada aos demais créditos e sem auferir qualquer remuneração (cfr. arts 210.º a 213.º). Iremos estudá-las *ex professo* adiante (cfr., *infra*, n.º 23.4)

11.4.3. ***Obrigações (de prestações) acessórias;*** *remissão*

A lei regula também, de forma idêntica para os tipos sociais que estudamos, as chamadas obrigações de prestações acessórias que podem ser efectuadas em dinheiro (designando-se, nesse caso, por obrigações acessórias de capital), noutros bens fungíveis (reconduzindo-se, ou não, a suprimentos), até em prestações de facto (cfr. arts. 209.º e 287.º e, *infra*, n.º 23.2).

11.4.4. ***Obrigações específicas nas SPQ;*** *remissão*

Finalmente, vimos já que nas sociedades por quotas é possível que todos ou alguns dos sócios assumam responsabilidades para além do capital subscrito, garantindo pessoalmente o pagamento de dívidas sociais, em certos casos (cfr. art. 198.º e, *supra*, n.º 4.5.2.1).

Secção III
Direitos

12. **Conceito. Direitos gerais**

12.1. **Direitos sociais**

Os direitos dos sócios devem ser perspectivados com autonomia, não obstante o disposto no artigo 9.º, n.º 3 do Código das Sociedades Comerciais.

A lei estabelece de forma imperativa os direitos que correspondem à estrutura essencial da sociedade [p.ex., direito aos lucros (cfr. art. 21.º, n.º 1, *alínea a)*)] ou que são indispensáveis ao seu bom funcionamento [caso do voto (cfr. art. 21.º, n.º 1, *alínea b)*) e supletivamente outros direitos, impondo-lhes em certos casos limites imperativos (p.ex., exoneração).

Os direitos **sociais** são os direitos perante a sociedade, que resultam da posição que os sócios ocupam na sociedade, na sua qualidade de sócios ou que caracterizam as participações sociais.

Estes direitos podem ser pertença de todos os sócios, correspondendo ao interesse comum, caso em que se designam como **gerais**, ou pressuporem um interesse pessoal ou uma situação de vantagem, qualificando-se, nesse caso, como **especiais**.

12.2. **Direitos gerais**[393]

Numa das possíveis classificações, mas que é seguramente a que mais nos interessa, procuraremos enquadrar os diversos direitos sociais gerais, em conformidade com o respectivo conteúdo.

---

[393] Vd. Alexandre Soveral Martins / Maria Elisabete Ramos, «As participações sociais», AA.VV., *Estudos de Direito das Sociedades*, 9ª ed., Almedina, Coimbra, **2008** (pp. 131-171), em especial pp. 141-156.

12.2.1. *Sistematização com base no respectivo conteúdo*[394]

12.2.1.1. *Direitos de participação na administração da sociedade (ou vida social); exemplos*

Os direitos de participação na vida da sociedade são fundamentalmente funcionais, sendo chamados, por alguns autores, "direitos políticos". Reconduzem-se, essencialmente, aos direitos que são imperativos por serem indispensáveis ao bom funcionamento da sociedade comercial. Enunciemos alguns exemplos – que se caracterizam todos por não terem um conteúdo imediatamente económico, embora possam ter de algum modo valor –, até porque posteriormente iremos caracterizar os mais relevantes:

– **Direito de participação nas deliberações dos sócios** (arts. 21.º, n.º 1, *alínea b)*, 248.º, n.º 5, 343.º, n.º 1 e 379.º, n.º 1).

A vontade social vai formar-se naturalmente pela intersecção de múltiplas vontades individuais, considerando com certeza entre estas aquelas que corresponderem às vontades de sócios que, por sua vez, já sejam pessoas colectivas, qualquer que seja a forma que elas revistam.

Este direito pressupõe três vertentes bem distintas: **direitos de presença, de intervenção** (arts. 248.º, n.º 5 e 379.º, n.ºs 1 e 2) **e de voto** (arts. 250.º e 384.º, n.º 1) nessas deliberações, *maxime* nas assembleias gerais.

Na formação das deliberações pode suceder que os sócios apenas possam estar presentes, mas não se possam manifestar, quer dizer não possam participar na discussão, exprimindo os respectivos pontos de vista e formulando questões que considerarem pertinentes. Desse modo, não poderão contribuir para a formação da deliberação, limitando-se a obter uma informação *in loco* e contemporânea ao momento em que a decisão societária é tomada.

A segunda vertente deste direito complexo, traduz-se no chamado direito de intervenção, que pressupõe naturalmente a presença na reunião,

[394] Outras classificações são possíveis, nomeadamente a que respeita à forma como os direitos podem ser coarctados pelos sócios (direitos inderrogáveis e irrenunciáveis, relativamente inderrogáveis e derrogáveis). Sobre esta classificação, e para além da nossa tese de mestrado, *Direitos especiais*, cit., **1993**, pp. 17-20, vd. ARMANDO MANUEL TRIUNFANTE, *A Tutela das Minorias nas Sociedades Anónimas. Direitos individuais,* Coimbra Editora, **2004**, pp. 361-383.

assegurando o sócio a possibilidade de, pela participação no debate, poder contribuir para formação da vontade societária, quiçá convencendo alguns dos seus pares com direito de voto.

A terceira vertente pressupõe as duas anteriores e coincide em absoluto com o direito de participação nas deliberações de sócios, acrescentando às primeiras o direito de voto que permite ao respectivo titular contribuir decisivamente para a formação da vontade societária.

– Um segundo e importantíssimo direito é o chamado **direito à informação** (arts. 21.º, n.º 1, *alínea c)*, 214.º, 288.º a 291.º do CSC e arts. 1479.º a 1483.º do CPC), que iremos tratar com algum desenvolvimento mais à frente (cfr., *infra*, n.º 16).

– Depois temos o **direito de fiscalização** da actuação dos gestores (gerentes e administradores) da sociedade (arts. 216.º, 292.º e 450.º do CSC; arts. 1479.º a 1483.º do CPC), isto é, o direito de controlo de que o respectivo desempenho de funções é feito dentro dos limites da lei e com respeito pelas regras do próprio contrato.

– Um quarto grupo de direitos de participação na vida da sociedade é o que se desdobra nos **direitos de convocação da assembleia geral** (arts. 248.º, n.º 2 e 375.º, n.ºs 2 e 6 do CSC e art. 1486.º do CPC) **e de inclusão de determinados assuntos na ordem do dia** de assembleia já convocada ou a convocar (arts. 248.º, n.º 2 e 375.º, n.º 3). Realce-se apenas, a propósito, que o reconhecimento desse direito não significa, em concreto, que os sócios venham efectivamente a conseguir obter uma deliberação favorável num determinado sentido.

– Por sua vez, um direito que se encontra no pólo oposto do direito de participação e que constitui o seu contrapeso, é o **direito de impugnar as deliberações dos sócios** contrárias à lei ou ao contrato (arts. 56.º, 58.º a 60.º e 69.º do CSC e art. 396.º do CPC). Se o direito de participação é, de algum modo, ilicitamente negado ou se a vontade social se forma deficientemente, então há que garantir que, eventualmente, essa vontade possa ser impugnada pelos sócios.

– Um outro direito que, em nossa opinião, perdeu autonomia, mas que não podemos deixar de referenciar, por se encontrar evidenciado no nosso Código, é o **direito de ser designado**, quer por eleição, quer por nomeação, **para os órgãos sociais** (art. 21.º, n.º 1, *alínea d)* do CSC e arts. 1500.º e 1501.º do CPC).

Trata-se de um direito que perdeu autonomia, porque nas sociedades por quotas e anónimas este direito não é efectivo (cfr. arts. 252.º, n.º 1, 262.º, n.º 1, 390.º, n.º 3, 414.º, n.os 1 a 3, 423.º-B, n.º 6 e 425.º, n.º 6 e 434.º, n.º 1), em função da dissociação entre o risco do capital e a direcção efectiva da sociedade. Quem hoje efectivamente dirige essas sociedades não é necessariamente quem sofre o risco do capital (quem é sócio). Por isso, este direito perdeu, na actualidade, um certo conteúdo e alcance. Como os próprios membros da mesa da assembleia geral não têm presentemente de ser sócios[395], poderemos concluir que na sociedade anónima, qualquer que seja a sua estrutura de governação, todos os órgãos podem ser compostos por pessoas que não tenham qualquer vínculo com a sociedade[396].

– A concluir estes direitos de participar na vida societária, importa referir o **direito de requerer a nomeação judicial dos titulares dos órgãos de administração e fiscalização da sociedade** (arts. 253.º, n.º 3, 394.º, 417.º, 418.º e 439.º do CSC e art. 1484.º do CPC), bem como a **destituição**, também **judicial, do(s) titular(es) do órgão de administração** (arts. 257.º, n.º 4 e 403.º, n.º 3 do CSC e art. 1484.º-B do CPC).

Em certas situações de vacatura de órgãos sociais, de modo que o respectivo *quorum* necessário para funcionar(em) resulte prejudicado, a lei reconhece aos sócios o direito de requerer ao tribunal que este designe um administrador, um administrador judicial ou um membro do conselho fiscal. Paralelamente, os sócios têm também o direito de requerer judicialmente a destituição dos titulares do órgão de administração.

12.2.1.2. *Direitos de participar nos benefícios sociais; exemplos*

Contrapondo-se aos direitos enunciados, sem conteúdo imediatamente patrimonial, os direitos de participação nos benefícios sociais, com

[395] Nalguns casos até parece ser preferível que não o sejam (cfr. art. 374.º-A, red. do art. 3.º do DL 76 A/2006, de 29 de Março)

[396] Até à reforma societária de 2006, existia uma (única) excepção – que, entretanto, desapareceu – que se traduzia na exigencia de que todos os membros do conselho geral (nas sociedades anónimas com modelo de governação de inspiração germânica) fossem accionistas (cfr. art. 434.º, n.º 2 do CSC, revogado pelo art. 61.º, *alínea b)* do DL 76-A//2006, de 29 de Março).

natureza económica imediata e susceptíveis de avaliação pecuniária. São fundamentalmente dois:

– **Direito aos lucros de exercício** (arts. 21.º, n.º 1, *alínea a)*, 217.º e 294.º), que irá ser adiante abordado com autonomia (cfr., *infra*, n.º 14); e

– **Direito aos lucros finais de exploração** ou direito a quinhoar nos bens da sociedade, após terem sido garantidos os pagamentos aos credores e reembolsadas as entradas realizadas (arts. 21.º, n.º 1, *alínea a)* e 156.º, n.º 4).

Se as entradas não puderem ser totalmente reembolsadas, verifica-se uma perda efectiva do sócio, apesar de ele já ter realizado há muito a sua entrada.

– A este grupo costuma associar-se o **direito de preferência na subscrição de participações sociais em aumentos de capital por entradas em dinheiro** (arts. 266.º, 267.º, 458.º e 460.º)[397], embora o respectivo exercício corresponda também à participação na vida da sociedade.

Relativamente a este direito, a fronteira entre o conteúdo patrimonial e não imediatamente patrimonial não é tão nítida. Este direito de preferência legal é reconhecido pela própria lei aos sócios e aos accionistas e a maior parte dos autores tende a reconduzi-lo necessariamente ao direito de participar nos benefícios sociais.

Falta saber se efectivamente o direito à participação em aumento de capital é um concreto benefício social. Mas a isto se pode contrapor que também pode não haver lucros do exercício e, não obstante, o direito não deixa de existir em abstracto. O que é facto é que este direito (de preferência) decorre precisamente de um sócio deter uma certa participação. E por isso exerce a preferência de subscrição em aumentos de capital, quando estão em causa entradas em dinheiro, proporcionalmente à participação que detinha. Estamos perante um direito que pretende permitir uma maior participação em termos absolutos na sociedade, mas visa também, simultânea e fundamentalmente, garantir que se mantenha o *status quo* relativo que, anteriormente, se verificava. Por esta razão, embora associando-o aos direitos de conteúdo patrimonial, não podemos deixar de reconhecer-lhe características que o enquadram também nos direitos de conteúdo não imediatamente patrimonial.

[397] Este direito não é isento de problemas, em especial nas sociedades anónimas. Cite-se, a título exemplificativo, os que respeitam à não subscrição da totalidade das acções e à falta de proporcionalidade entre o capital detido e o capital a subscrever.

Em idêntica situação encontram-se os direitos que ainda temos de referir.

12.2.1.3. *Outros direitos*

– Comecemos pelo **direito de exoneração** (cfr. arts. 3.º, n.º 5, 45.º, 137.º, 161.º, n.º 5, 105.º e 120.º), isto é, o direito de o sócio ou o accionista se afastar da sociedade, obtendo uma compensação pela participação detida.

A este propósito, e sem prejuízo de maiores desenvolvimentos adiante (cfr., *infra*, n.º 17.2), diga-se que não é sem mais nem menos que qualquer sócio ou accionista bate com a porta e diz: "*vou-me embora, dê-me cá o valor da minha participação, que eu não quero saber para nada da vida da sociedade, até porque não concordo com a orientação que está a ser seguida*". Como veremos, a exoneração do sócio – que não corresponde a abandono – implica muitas vezes um esforço muito grande por parte da própria sociedade.

– Finalmente, façamos uma referência aos **direitos** puramente **convencionais**; direitos que a lei não regula, nem tão pouco faz referência, e que resultam da autonomia privada dos sócios.

Entre eles, um dos mais frequentes é o **direito à utilização das instalações sociais** que não tem necessariamente um conteúdo imediatamente patrimonial, embora efectivamente o possa ter e que não tem no âmbito das sociedades a mesma relevância que tem no plano das associações, onde nasceu e se desenvolveu, e de onde foi transposto.

12.2.2. ***Direitos de exercício colectivo nas sociedades anónimas***[398]

Nas sociedades anónimas o capital social encontra-se frequentemente pulverizado, isto é, repartido por inúmeras pessoas que, por si, podem não reunir acções em número suficiente para, individualmente, exercer certos direitos, cuja actuação se encontra dependente da titularidade de uma determinada percentagem mínima do capital social.

Pela função e relevância desses direitos e pelo impacto que o respectivo exercício tem na vida societária, a lei reputa necessário que se reúna

[398] Seguimos de perto o nosso livro *Direitos especiais* cit., pp. 171-174.

um montante mínimo do capital social, mas simultaneamente permite aos accionistas que se agrupem, para que, pela junção das acções de que são titulares, possam congregar uma percentagem de capital social que lhes possibilite exercer esses direitos (cfr., a título de exemplo, os artigos 384.º, n.º 2, *alínea a)*, e 379.º, n.º 5).

Paralelamente, a lei – para protecção das minorias – dispensa aos accionistas que reúnam uma percentagem mínima do capital social, em regra 10%, uma protecção especial, concedendo-lhes a titularidade de certos direitos que, de outro modo, acabariam por pertencer apenas aos accionistas maioritários.

A própria estrutura da sociedade anónima determina que essa protecção se faça, com base numa determinada percentagem do capital social, em vez de ser feita por cabeça, à semelhança do que acontece na sociedade por quotas (cfr. arts. 291.º e 392, n.os 6, 7 e 8, e também arts. 214, n.os 1 e 4 a 6, 216.º, n.º 1 e 248.º, n.º 2)[399]. É o que sucede no domínio do direito de informação (cfr., *infra*, n.º 16) que, em determinados casos, a lei exige que seja exercido por accionistas detentores de uma certa percentagem do capital social, que pode ser de 1% (arts. 288.º e 292.º) ou de 10% (arts. 291.º e 292.º), sendo admissível o agrupamento de accionistas por forma a conseguir reunir-se esse capital mínimo.

Nalgumas circunstâncias o direito de informação pode configurar-se como um direito de exercício colectivo, visto ser possível, e eventualmente necessária, a junção de accionistas para que ele possa ser actuado.

Por sua vez, no âmbito da designação de administradores, a lei concede uma tutela semelhante quando a sociedade é aberta (cfr. arts. 392.º, n.os 8, 6, e 7), admitindo que, noutras espécies de sociedades anónimas (de subscrição particular), essa tutela possa ser estatutariamente criada (art. 392, n.º 1). Na primeira situação a lei procura garantir a uma minoria representativa de pelo menos 10% do capital social a possibilidade de eleger um administrador, o mesmo podendo suceder, agora a título de faculdade contratualmente reconhecida, na segunda situação. Neste caso, nada impede que o contrato de sociedade admita a possibilidade de a minoria que votar contra a proposta aprovada eleger mais do que um administrador.

---

[399] Esta diferenciação encontra uma excepção no âmbito da responsabilidade dos gestores, cujo accionamento, em certos casos, depende da detenção de uma percentagem mínima (2%) do capital social (cfr. arts. 76.º, n.º 1 e 77.º, n.º 1).

Exemplifique-se com um preceito estatutário:

Artigo Décimo Quarto
(Composição)

Um. *O conselho de administração é composto por um mínimo de três e um máximo de quinze membros, conforme for deliberado pelos accionistas.*

Dois. *A designação dos administradores (...)*

Três. *A eleição dos administradores realizar-se-á por listas, sendo designados aqueles que integrarem a lista mais votada (...)*

Quatro. *Poderá realizar-se em separado a eleição de um, dois ou três administradores, consoante o número total de membros do conselho de administração seja de três, seis ou mais, contanto que:*

a) *a lista apresentada com essa finalidade seja subscrita por accionistas representando um mínimo de dez porcento e um máximo de vinte porcento do capital social;*

b) *cada lista indique, pelo menos, duas pessoas elegíveis por cada um dos cargos a preencher;*

c) *o mesmo accionista apenas subscreva uma lista.*

Constituem outros exemplos de direitos de exercício colectivo de accionistas minoritários:

– o direito colectivo à informação (art. 291.º);
– o direito de convocação da assembleia geral e direito de inclusão de determinados assuntos na ordem do dia de uma assembleia já convocada ou a convocar (arts. 375.º e 378.º, n.º 2);
– o direito de propositura de acções de responsabilidade contra os administradores, a favor da sociedade (arts. 77.º, n.º 1 e 76.º, n.º 1);
– o direito de requerer a nomeação judicial de membros do órgão de fiscalização e a destituição judicial de membros do órgão de administração e do conselho geral e de supervisão (arts. 418.º, 403.º, n.º 3 e 435.º, n.º 3).

Em suma, podemos concluir que no Código das Sociedades Comerciais as minorias são tuteladas pelo reconhecimento da titularidade de direitos cujo exercício em certas circunstâncias terá, na prática, de ser colectivo, sem prejuízo desses mesmos direitos poderem ser igualmente actuados por um accionista isolado, desde que por si só reúna a percentagem mínima de capital social indispensável para o efeito. A finalidade da concessão destes direitos é a de assegurar, com um mínimo de eficácia, os direitos essenciais de pequenos accionistas, preservando-os dos efeitos resultantes do normal funcionamento das regras da maioria.

Mas o reconhecimento legal de direitos de exercício colectivo de accionistas minoritários não os constitui numa categoria (autónoma), uma vez que as suas acções têm os mesmos direitos que as demais. A tutela dos accionistas minoritários é indiferenciada; ela beneficia quem, independentemente do capital que detém, se agrupa para poder exercer determinados direitos. Necessário e suficiente é que se reúna então um certo número de acções e não certas acções.

12.2.3. *Direitos necessariamente individuais*

Por sua vez, há **direitos que são necessariamente individuais**, casos do direito aos lucros; do direito de impugnar as deliberações sociais inválidas (cfr. arts. 59.º do CSC e 396.º do CPC), com excepção da situação prevista no artigo 24.º do Código dos Valores Mobiliários; e do direito de requerer a nomeação judicial de membros dos órgãos de administração e de fiscalização, incluindo do conselho geral e de supervisão (arts. 394.º, 426.º, 417.º e 439.º do CSC).

13. Direitos especiais

13.1. Direitos especiais e vantagens especiais

Os direitos especiais pressupõem a qualidade de sócio, não devendo ser confundidos com as **vantagens especiais**, recompensas que eventualmente tenham sido atribuídas a fundadores pelo papel desempenhado na constituição da sociedade (cfr. art. 16.º). Estas são, contudo, independentes da sua participação nesta, podendo o seu titular (beneficiário) conservá-las, mesmo que se afaste da sociedade, enquanto os direitos especiais não podem subsistir sem a qualidade de sócio. E é, precisamente neste aspecto que reside o critério que permitirá distingui-los das vantagens especiais (ou particulares).

13.2. **Direitos especiais dos sócios das sociedades por quotas**

13.2.1. ***Caracterização e regime-regra***[400]

13.2.1.1. *Noção e natureza contratual*

Os direitos especiais são aqueles que são atribuídos pelo contrato de sociedade a um ou mais sócios (cfr. art. 24.º, n.º 1), conferindo-lhes uma vantagem relativamente aos demais[401].

O número 1 do artigo 24.º do Código das Sociedades Comerciais estabelece, com total clareza, que só pelo contrato estes direitos podem ser criados. Daqui decorrem inúmeras consequências, no plano do regime que lhes é aplicável, no sentido de que se eles devem constar do contrato então se pretendermos alterar o respectivo conteúdo, fim ou finalidade temos de primeiramente modificar o contrato. E uma questão que se coloca é a seguinte: a alteração em vida da sociedade destes direitos – quer se traduza na sua supressão ou simples modificação, quer se exprima na sua criação e concomitante inclusão nos estatutos – pode, eventualmente, pressupor maiores cautelas do que uma simples modificação estatutária porque, por exemplo, se em vida da sociedade estivermos a criar direitos especiais em favor de alguns sócios, naturalmente ao concedermos vantagens a esses sócios estamos, ao mesmo tempo e relativamente, a retirar ou subtrair, ainda que apenas quantitativamente, direitos àqueles que não tiverem essa posição[402]. Isto é, se qualitativamente a sua

---

[400] Vd. a nossa tese de mestrado, *Direitos Especiais*, cit., pp. 20-23, que seguimos de muito perto.

[401] Cfr. RAÚL VENTURA, *Alterações* cit., pp. 85 e segs..

[402] Pese embora o paralelismo existente com a criação de obrigações em vida da sociedade, tutelada pelo artigo 86.º, n.º 2 do CSC, cremos não existir uma absoluta analogia, uma vez que nesse caso se pretende evitar que um sócio venha, de forma inesperada, a ser obrigado a contribuir, com o que não tem, para a sociedade. No caso da criação de direitos especiais e da indirecta diminuição quantitativa dos direitos de que já é titular, o sócio quando muito vê reduzido um direito potencial, ou porque passará a ter direito a uma parte menor dos lucros ou porque os respectivos votos são menos valiosos do que outros, entretanto, criados. Contudo, e apesar das diferenças manifestas numa situação e noutra, julgamos pertinente que pelo menos se equacione a aplicação do princípio do art. 86.º, n.º 2 à criação de direitos especiais em vida da sociedade.

Tomámos posição sobre esta questão, embora a propósito da criação de novos privilégios no âmbito de sociedades anónimas, na nossa tese de mestrado, *Direitos Especiais* cit., pp. 182-188. Cfr., em especial, p. 186, da qual extraímos as seguintes passagens:

posição permanece inalterada; quantitativamente, ela resultará naturalmente enfraquecida. E esta conclusão é especialmente evidente no plano dos direitos de natureza patrimonial, como é o caso do direito aos lucros do exercício. Isto é, e exemplificando, se um sócio passa a ter direito a receber, pela sua participação social, correspondente a 20% do capital social, 30% dos lucros do exercício, então os demais sócios, embora não deixem de ter direito (qualitativo) a esses lucros, vêm reduzida a sua participação percentual nos mesmos.

No que se refere à criação de direitos de natureza não patrimonial em vida da sociedade, como por exemplo o direito especial de designar um gerente, ela já não põe em causa, nem sequer quantitativamente, os direitos dos restantes sócios – aos quais não é atribuído idêntico direito –, relativamente à sua situação anterior.

13.2.1.2. *Critério de diferenciação*

O critério que nos permite distinguir estes direitos dos direitos gerais reside, precisamente, no facto de só poderem ser atribuídos a alguns sócios, estando por isso primordialmente afectos a interesses próprios do seu titular.

A *especialidade* destes direitos sociais radica, pois, nessa característica – de satisfação de interesses pessoais –, e na qualidade relativa, de só poderem ser concedidos a alguns sócios[403]. Por isso, os direitos especiais

---

«Só as deliberações que recaiam sobre os direitos de uma categoria existente, impondo a sua supressão ou alteração, devem ser subordinadas ao consentimento dos titulares das acções dessa categoria (cfr. arts. 24.º, n.ºs 5 e 6, e 389.º).
As modificações da estrutura social, e designadamente a criação de uma nova categoria de acções privilegiadas, ainda que se repercutam quantitativamente sobre os direitos das acções existentes (privilegiadas ou ordinárias), são uma mera consequência da participação na sociedade, sendo admissíveis desde que se processem com o respeito dos valores fundamentais do ordenamento jurídico e designadamente da boa fé.»

[403] Por esta razão discordámos do **AcRelLisboa 19 Abr 1988** (*in CJ*, ano XIII, 1988, t. 2, pp. 137-139), de que foi relator o Conselheiro Pinto Furtado, então Desembargador, quando nele se conclui: «*É, pois, como um direito especial que configuramos o atribuído no pacto social, a fixar a administração e gerência em todos os sócios da sociedade requerida*» (p. 139). A ideia expressa no Acórdão é contraditória com a própria natureza do direito, que traduz uma necessária situação de vantagem. Para além da nossa posição, vertida em *Direitos Especiais*, cit., **1993**, p. 21, nota 20, e pp. 23-25,

não podem ser atribuídos à totalidade dos sócios, sem prejuízo da sua essência; podem é ser atribuídos a todos os sócios direitos que sejam apenas derrogáveis com o seu consentimento. Nesse caso, a (sua) qualificação como *especiais* não assume qualquer relevância.

Trata-se, em qualquer caso, de direitos que, por corresponderem a um interesse próprio e exclusivo do sócio[404], só devem ser consagrados no contrato social nos casos em que são (absolutamente) essenciais à sua participação na sociedade, visto traduzirem-se para ele numa vantagem excepcional relativamente aos demais sócios.

13.2.1.3. *Transmissibilidade*

Os direitos especiais que revestirem natureza patrimonial são, regra geral, «*transmissíveis com a quota respectiva, sendo intransmissíveis os restantes direitos*» (art. 24.º, n.º 3).

Da regra estabelecida no número 3 do artigo 24.º resulta que, em regra, a cessão de quotas importa a transmissibilidade do direito especial se este tiver carácter patrimonial (caso do direito a uma parte acrescida nos lucros do exercício), o que não é muito consentâneo com a respectiva natureza, enquanto atribuição *intuitus personae*.

---

vd., no sentido do texto, RAÚL VENTURA, *Direitos especiais dos sócios*, sep. de «O Direito», ano 121.º, **1989**, I (pp. 207-222), p. 215.

Referimos em edição precedente que PEDRO PAIS DE VASCONCELOS – na (1ª edição da) sua monografia sobre *A participação social nas sociedades comerciais* (Almedina, Coimbra, **2005**, pp. 229-234) – revelava uma posição substancialmente concordante com a nossa, embora baseasse o seu entendimento no plano do exercício dos direitos (e não no da titularidade). Não podemos, contudo, aceitar o comentário que, na (p. 253 da) 2ª edição do seu livro (**2006**, cfr. pp. 248-254 e 250-253), faz a essa nossa nota, porquanto o direito especial não pode ser generalizado, por atribuição, a todos os sócios, sem perder o seu carácter. E não se trata de um problema de exercício, porque se todos (os sócios) detêm o direito, todos o podem exercer, e nesse caso a especialidade prende-se essencialmente com a sua inderrogabilidade (como sucede com o direito especial de nomeação à gerência, acima mencionado), que só não é geral, porque não integra o acervo dos direitos dos novos sócios. A natureza do direito especial impõe, assim, por definição, que ele seja apenas pertença de um ou alguns sócios; e não de todos.

404 «São direitos estatutários cuja função específica é a de titular os interesses dos sócios a quem competem» [**AcSTJ de 20 Dezembro 1974** (OLIVEIRA CARVALHO), *BMJ*, n.º 242, p. 331].

Quando se trata de um direito especial não patrimonial, a lei não permite a sua transmissibilidade, a qual, em certos casos (por exemplo, cessão de quota a sócio que já fosse titular de idêntico direito), não seria possível por definição.

13.2.1.4. *Alterabilidade*

Regra geral, «*os direitos especiais não podem ser suprimidos sem o consentimento do respectivo titular*» (art. 24.º, n.º 5). Isto é, quanto à alteração desses direitos, ela irá carecer, em princípio[405], da concordância do respectivo titular – para além da deliberação da assembleia geral de alteração do contrato –, uma vez que se considera que a sua estipulação havia sido imprescindível para que o sócio tivesse participado na formação da pessoa societária[406].

A lei ao estabelecer o princípio da inderrogabilidade dos direitos especiais, ainda que a título supletivo (art. 24.º, n.º 5), pretendeu tutelar as legítimas expectativas das partes que celebram o negócio constitutivo da sociedade, dando um conteúdo útil ao privilégio atribuído a um ou alguns sócios. No entanto, tanto o contrato como a lei podem dispor diferente solução, contribuindo para lhe retirar uma certa efectividade. E tal é o que acontece com as sociedades anónimas – embora por razões que visam viabilizar o seu funcionamento, considerando-se que os direitos são atribuídos às múltiplas fracções do capital social (as acções) –, em que o consentimento «*é dado por deliberação tomada em assembleia especial dos accionistas titulares de acções da respectiva categoria*» (art. 24.º, n.º 6), por uma maioria qualificada de dois terços dos votos (cfr. art. 389.º, em especial n.º 2; e arts. 383.º, n.º 2 e 386.º, n.º 3).

---

[405] Salvo se se prescindir, expressamente, do consentimento do seu titular (cfr. art. 24.º, n.º 5 *in fine*), o que retiraria o significado à escolha do direito especial para tutela do seu interesse pessoal. A sua justificação e as suas potencialidades assentam sobretudo na sua inderrogabilidade.

A referência do art. 24.º, n.º 5 à «regra legal em contrário» acautela situações como as previstas no art. 257.º, n.º 3 *in fine* (destituição por justa causa de sócio-gerente que tenha sido nomeado com direito especial) e no art. 531.º, n.º 2. Certo é, contudo, que «a inderrogabilidade não faz parte do conceito de direito especial» (Raúl Ventura, *Direitos especiais dos sócios*, cit., **1989**, p. 213), que se retira da lei.

[406] Seguimos de perto o nosso estudo sobre «Os direitos dos sócios das Sociedades Anónimas e por Quotas», AA.VV., *Novas Perspectivas do Direito Comercial*, Almedina, Coimbra, **1988** (pp. 229-246), p. 237.

Ao consagrarem estatutariamente um direito com as características referidas, nomeadamente a de se traduzir num privilégio para o seu titular, os demais sócios intervenientes na celebração do contrato de sociedade, admitindo-o sem ressalvas, estão implicitamente a reconhecê-lo e renunciam a dispor dele, ainda que maioritariamente.

13.2.1.5. *Ineficácia da modificação do direito especial*

As deliberações que, visando eliminar ou coarctar direitos especiais, não obtenham o consentimento necessário são ineficazes (art. 55.º)[407], isto é, irrelevantes para o titular do direito especial afectado. Se este pura e simplesmente ignorar essa deliberação, ela será como que *inexistente* até ao momento da sua (eventual) confirmação.

13.2.2. ***Exemplificação***

Constituem exemplos de direitos especiais nestas sociedades, entre outros, os seguintes:

- direito a parte acrescida nos lucros periódicos;
- direito a uma parte favorecida no saldo de liquidação;
- direito de voto duplo (arts. 250.º, n.º 2);
- direito de veto de alterações estatutárias (art. 265.º, n.º 2);
- direito de nomeação à gerência (cfr. art. 257.º, n.º 3); e
- direito de ser designado liquidatário em caso de dissolução (cfr. art. 151.º).

Vejamos, em seguida, como é que se caracterizam os exemplos enunciados.

---

[407] A consagração legal da ineficácia traduz o reconhecimento da solução defendida pela doutrina dominante na vigência da LSQ que, como se sabe, era omissa sobre esta questão. Ela permite salvaguardar a deliberação que se considera válida, mas que não produz efeitos, por falta de um requisito que lhe é extrínseco: o consentimento do sócio-titular do direito especial afectado.

Para maior desenvolvimento, vd. Paulo Olavo Cunha, *Direitos especiais*, cit., **1993**, pp. 189-201 (n.os 36 a 38).

13.2.2.1. *Direito a parte acrescida nos lucros de exercício*

O direito consiste em permitir a um ou mais sócios participar(em) nos lucros de exercício em parte mais do que proporcional à respectiva participação social.

E é óbvio que se um sócio pode participar nos lucros da sociedade numa parte mais do que proporcional à participação que detém no capital social, é porque outros, por confronto, só poderão participar numa parte menos do que proporcional à respectiva participação societária. Isto significa que o titular do direito especial vai obter mais do que aquilo que resultaria da proporcionalidade da sua participação social em termos de participação nos lucros.

Exemplificando, se esse sócio tem uma participação de 20% (no capital), mas direito a 40% dos lucros do exercício, é porque os restantes 80% do capital social só irão quinhoar em 60% dos lucros (do exercício) e, portanto, proporcionalmente, vão estar desfavorecidos relativamente à posição do titular do direito especial; mas qualitativamente não há diferença, porque os demais sócios não perdem o direito aos lucros do exercício. Este terá que ter sempre um conteúdo mínimo razoável e, por isso, o direito a uma parte acrescida nos lucros periódicos nunca pode ser de tal modo que na prática se traduza na limitação absoluta ou na supressão ou diminuição para um nível totalmente irrisórios dos lucros do exercício dos demais sócios.

Importa esclarecer ainda que, se o direito especial a parte acrescida nos lucros do exercício[408] se configura habitualmente por referência a uma determinada percentagem dos lucros (do exercício) superior à participação detida pelo sócio que for dele titular no capital social, nada

[408] Apesar de, nos termos do texto, não se referenciar o direito especial aos lucros distribuíveis, cremos que são estes que se têm em vista, pelo que, não sendo distribuída a totalidade dos lucros de exercício, estes acrescem aos lucros acumulados sobre os quais haverá que reconhecer também o direito especial em causa. Isto significa que se ocorrer uma distribuição extraordinária de lucros, a mesma deverá ter em conta esse direito especial.

Do exposto, decorre que importa ter muita atenção na configuração do direito especial, uma vez que se está a criar contratualmente uma situação de vantagem que, embora sujeita às regras de interpretação do negócio jurídico, não admite leituras extensivas. Impõe-se, por isso, regular com precisão o privilégio e evitar possíveis dúvidas sobre o seu alcance.

impede que se configure diferentemente, podendo ter por base um outro critério[409]. Fundamental é que a sua concretização não represente a materialização de um pacto leonino (cfr., *infra*, n.º 14.6).

13.2.2.2. *Direito a uma parte favorecida no saldo de liquidação*

Se é possível configurar o direito a uma parte acrescida nos lucros do exercício, também é possível configurar o direito a uma parte favorecida no saldo da liquidação, isto é, prever estatutariamente que, em caso de liquidação da sociedade e partilha do activo remanescente, um determinado sócio tenha o direito a participar nesse activo de forma mais do que proporcional à sua participação social. Este direito, que pode ser criado no âmbito da autonomia privada, não é expressamente reconhecido no nosso Código, embora o mesmo o admita implicitamente (cfr. art. 21.º, n.º 1).

---

[409] Prevendo, por exemplo, que corresponda a um valor mais do que proporcional à participação social, sempre que a percentagem da facturação da sociedade com base em clientes angariados pelo sócio que dele for titular fosse superior à percentagem detida pelo mesmo sócio no capital social. Para evitar que esta regra se traduzisse num pacto leonino, haveria (ainda) que estabelecer limites máximos à concretização do direito (especial) aos lucros.

Exemplificando, no quadro de uma sociedade por quotas em que o sócio (A) com o direito especial detém 30% do capital social:

Artigo Quinto
(Direito especial aos lucros do exercício)

Um. *Ao sócio **A** é atribuído o direito especial aos lucros do exercício, correspondente ao mais elevado dos valores resultantes da aplicação de um dos seguintes critérios, com o limite previsto no número 2:*

a) *proporção do valor nominal da respectiva quota, ou*

b) *percentagem correspondente à proporção representada pela facturação da sociedade no exercício social com base nos clientes por si angariados.*

Dois. *Os lucros que caberão ao sócio **A** não poderão exceder 70% dos lucros do exercício distribuíveis.*

Três. *Em qualquer caso, os lucros remanescentes serão repartidos entre os demais sócios na proporção do valor nominal das respectivas quotas.*»

No exemplo dado, o direito especial não garante ao sócio que ele receba sempre uma parte acrescida nos lucros do exercício, mas assegura-lhe que tal poderá suceder pontualmente, sempre que a sua contribuição para o resultado da sociedade tenha sido significativa.

13.2.2.3. *Direito de voto duplo*

Já o direito de voto duplo se encontra expressamente acolhido na lei (art. 250.º, n.º 2). É um direito, por natureza, relativo que consiste em atribuir a um ou mais sócios o dobro dos direitos de voto relativamente aos que resultam de participação de igual valor nominal detida por outros sócios; e não se traduz na duplicação de todos os votos, o que esvaziaria de conteúdo (para além de lhe retirar a especialidade) o direito. Este direito especial encontra-se legalmente limitado à atribuição a um máximo de 20% do capital social.

13.2.2.4. *Direito de veto de alterações estatutárias*

No plano das sociedades por quotas pode ser concedida a uma ou mais pessoas o direito especial de, não obstante não possuírem minoria de bloqueio[410] para o efeito (correspondente a 25,01%), se poderem opor às alterações do contrato de sociedade, inviabilizando-as (cfr. art. 265.º, n.º 2). Embora a disposição legal em questão desenhe o direito especial de forma claramente positiva, no sentido de estabelecer que, em certos casos – procedendo a sua atribuição, portanto –, o contrato só possa ser, total ou parcialmente, alterado com o voto favorável de um determinado sócio, a verdade é que este direito equivale a um direito de veto.

13.2.2.5. *Direito de nomeação à gerência e direito especial de designação de gerente(s)*[411]

No plano funcional, pode uma determinada pessoa ter interesse em participar numa sociedade por quotas e ser desafiada para o efeito, por lhe ser reconhecida uma especial aptidão profissional, mas não dispor de meios que lhe permitam subscrever uma participação significativa no capital social que, só por si, lhe assegure a intervenção activa na gestão da sociedade. E não obstante, por tal ser especialmente relevante, fazer

---

[410] Esta caracteriza-se por corresponder ao número mínimo de votos que se deve, normalmente, congregar para impedir alterações estatutárias. Na sociedade por quotas é, em regra, de 25,01% do capital social.

[411] Sobre o direito especial à gerência, cfr., para além do parecer já referido, o Comentário de Raúl Ventura ao Código das Sociedades Comerciais, *Sociedade por Quotas*, vol. III, Coimbra, **1991**, pp. 99-100, 106-107 e 109-110.

depender a sua participação societária do facto de ser contratualmente nomeada gerente, de modo que só possa ser removida sem o seu próprio consentimento com justa causa[412]. Nesses termos e com essa finalidade, esse sócio deve exigir que lhe seja contratualmente concedido um direito especial (e inderrogável) à gerência.

O direito especial de nomeação à gerência – que só é legalmente reconhecido em termos patológicos, no artigo 257.º, n.º 3, a propósito da destituição de gerentes que tenham sido designados no exercício ou em cumprimento desse direito – pode revestir mais do que uma forma e quando atribuído a todos os sócios a sua especialidade passa a confundir-se com a sua inderrogabilidade, isto é, deixa de ser um direito especial, na acepção que temos vindo a utilizar, de vantagem relativa, para passar a ser *especial* por não poder ser alterado sem o consentimento dos respectivos titulares que, nesse caso, serão todos os sócios, salvo se ocorrer justa causa de destituição.

Um outro direito especial muito próximo do que temos vindo a analisar, mas que dele se distingue, e que visa assegurar ao respectivo titular o controlo na escolha de gerente(s), consiste em atribuir a um sócio o direito de indicar – normalmente por períodos limitados no tempo, correspondentes à duração contratual do mandato – um ou mais gerentes.

Por isso, podemos identificar, pelo menos, dois direitos especiais relacionados com a gerência: um traduz-se no direito que um sócio tem de ser designado gerente e só poder ser afastado por justa causa; o outro no direito que um sócio pode ter, incluindo sócios que sejam pessoas colectivas, de nomear gerentes para a sociedade.

Exemplifique-se as duas situações, com recurso a possíveis cláusulas estatutárias:

Artigo Décimo Segundo
(Direito especial à gerência)

É atribuído ao sócio x, o direito especial à gerência, cargo de que o mesmo apenas poderá ser destituído com justa causa, sem prejuízo de poder renunciar a esse direito em qualquer momento.

---

[412] A sua designação, ao abrigo de um direito especial, garante-lhe que se actuar diligentemente, então a sua posição é inatacável. No entanto, se actua em prejuízo da sociedade, não há direito especial que o salve.

Artigo Sétimo

Um. *A administração e representação da sociedade será exercida por três gerentes (...)*

Dois. *Os gerentes são designados para mandatos de três anos.*

Três. *É concedida à sócia x o direito especial de nomear dois gerentes, e à sócia y o direito especial de nomear um gerente.*

13.2.2.6. *Direito de ser designado liquidatário em caso de dissolução*

Para concluir uma breve descrição dos benefícios de natureza não patrimonial, refira-se que pode ser concedido a um sócio, sob a forma de direito especial, o direito de ser nomeado liquidatário, em caso de dissolução da sociedade (cfr. art. 151.º), embora esse direito resulte supletivamente para todos os gerentes em caso de liquidação da sociedade e na falta de previsão contratual.

1.3.3. *Os direitos especiais nas sociedades anónimas – as acções privilegiadas*; *remissão*[413]

Nas sociedades anónimas os direitos especiais só podem ser atribuídos a categorias de acções (cfr. art. 24.º, n.os 1 e 4), designadamente a acções privilegiadas; e nunca a accionistas.

Desenvolveremos esta temática a propósito das espécies de acções (cfr., *infra*, n.º 19.3).

[413] Sobre a caracterização, finalidades e conteúdo das **acções privilegiadas**, vd. Paulo Olavo Cunha, *Direitos especiais*, cit., **1993**, pp. 147-148 (n.º 25/I), pp. 148-149 (n.º 25/II), pp. 149-155 (n.º 26) e pp. 156-157 (n.º 27), e *infra* n.º 19.3, em que seguimos de muito perto o texto da nossa dissertação de mestrado.

14. **Direito aos lucros**[414] [415]

14.1. **Conteúdo; direito aos lucros do exercício e aos lucros finais**

O direito aos lucros é o primeiro dos direitos que a nossa lei enuncia, à cabeça de todos os demais, no artigo 21.º, n.º 1, *alínea a*), determinando que «*todo o sócio tem direito a quinhoar nos lucros*».

O direito aos lucros corresponde seguramente a um direito essencial da participação dos sócios na sociedade, ainda que se configure de forma necessariamente abstracta, dependendo dos (bons) resultados da actividade societária. Facto é que corresponde a uma expectativa subjacente à constituição de qualquer sociedade comercial, se esta não for totalmente instrumental de outra sociedade.

Tradicionalmente, discute-se a diferença entre os lucros do exercício e os chamados lucros finais da sociedade. Muitos autores diziam, no passado, que os sócios teriam verdadeiramente direito aos lucros finais ou de exploração e não aos lucros de cada exercício, isto é, que a finalidade do lucro que está prevista e consagrada no artigo 980.º do Código Civil corresponde, exactamente, à ideia de que se se afectaram recursos a uma dada actividade, só depois de a mesma ter sido prosseguida é que se vão distribuir os proventos. Essa ideia clássica não faz, no século XXI,

---

[414] De entre os diversos direitos sociais, iremos estudar, com maior desenvolvimento, três: os direitos aos lucros, de voto e de informação. A respectiva escolha corresponde a uma opção por razões de oportunidade e de relevância.

[415] Vd., na doutrina nacional mais recente, Manuel António Pita, *Direito aos Lucros*, Almedina, Coimbra, **1989**, Evaristo Mendes, *Lucros de exercício*, sep. da RDES, ano XXXVIII (XI da 2ª Série), **1996** (pp. 257-364, em especial pp. 283 e segs.), e «Direito ao lucro de exercício no CSC (Arts. 217/294), AA.VV., *Estudos Dedicados ao Prof. Doutor Mário Júlio de Almeida Costa*, Universidade Católica Editora, Lisboa, **2002** (pp. 487-543), e Filipe Cassiano dos Santos, «O Direito aos lucros no Código das Sociedades Comerciais (à luz de 15 anos de vigência)», AA.VV., *Problemas do Direito das Sociedades*, Almedina, Coimbra, **2002**, (pp. 185-199), cuja opinião sobre cláusulas contratuais derrogatórias do direito não é, por nós, acolhida. Vd. também Paulo de Tarso Domingues, «Capital e património sociais, lucros e reservas», AA.VV., *Estudos de Direito das Sociedades*, 9ª ed., Almedina, Coimbra, **2008** (pp. 173-233), em especial pp. 218-228, e *Variações do Capital Social*, Almedina, Coimbra, **2009**, pp. 303-310, e Pedro Pais de Vasconcelos, *A participação social nas sociedades comerciais*, 2ª ed., Almedina, Coimbra, **2006**, pp. 71-112, em especial pp. 86, 91-111 e 111-112.

qualquer sentido, uma vez que as sociedades já não se constituem, como no passado algo distante, para períodos limitados temporalmente, de curta duração, e se encontravam então especialmente afectas à realização de um certo empreendimento. Hoje, as sociedades constituem-se frequentemente, para não dizer quase sempre, com uma duração indeterminada, sem prazo. São as vicissitudes da respectiva actividade que podem vir a pôr em causa a sua subsistência e continuidade e a interferir com a sua longevidade. Por isso, qualquer que seja a leitura que tenha sido anteriormente feita, seria excessivo considerarmos que os lucros a que os sócios têm potencialmente direito, designadamente os previstos, em termos genéricos, no artigo 21.º do Código das Sociedades Comerciais, são os lucros finais, a distribuir apenas na liquidação da sociedade.

O Código não resolveu de forma imediata a questão de saber a que tipo de lucros se reporta o direito social consagrado no artigo 21.º, n.º 1, *alínea a)*. E, portanto, a dúvida poderia persistir. Mas, indirectamente, fê-lo, ao consagrar regras supletivas sobre distribuição de lucros, nos artigos 217.º e 294.º, disposições que são aparentemente idênticas, mas que apresentam uma pequena diferença.

Antes de confrontarmos essas normas e de procedermos à respectiva análise, há que ter em atenção o disposto no artigo 22.º, relativo à participação nos lucros e também nas perdas. O número 1 deste preceito prevê que se o contrato for omisso cada sócio participará proporcionalmente ao valor nominal da respectiva participação, e não relativamente ao valor da emissão que pode ser distinto, nomeadamente se a subscrição for feita com prémio (de emissão).

No que se refere, em geral, à atribuição de resultados periódicos, justifica-se um apontamento terminológico, que se traduz em evidenciar que, em relação as sociedades por quotas, falamos em direito aos lucros do exercício e que, relativamente às sociedades anónimas, em regra fala-se de direito aos dividendos. "Dividendos" são os lucros gerados por cada participação social numa sociedade anónima, uma vez deliberada a respectiva distribuição.

Impõe-se agora, designadamente por efeito da leitura dos artigos 217.º e 294.º, uma nova distinção: a que se deverá fazer entre lucro do exercício e lucro distribuível. Mas antes de o fazermos, vejamos o que é o lucro.

14.2. **Conceito de lucro**

O conceito de lucro é um conceito de referência. O **lucro** é o benefício da actividade social resultante das contas; é a diferença positiva entre as receitas geradas num certo exercício e as despesas e custos suportados em igual período.

A verificação da existência de lucro reporta-se à variação (positiva) registada nas contas da sociedade com referência a uma determinada data.

A distribuição de lucros tem de ser objecto de deliberação dos sócios (cfr. art. 31.º), que devem deliberar anualmente sobre a aplicação de resultados gerados no exercício anterior (cfr. art. 376.º, n.º 1, *alínea b)*) e podem deliberar, a todo o tempo, sobre a partilha de lucros acumulados, sob a forma de reservas livres, que não tenham sido oportunamente distribuídos.

14.3. **Lucro do exercício e lucro distribuível**

É necessário distinguir entre os conceitos de lucro de exercício e de lucro distribuível.

Na realidade, o lucro do exercício é o acréscimo patrimonial ou diferença positiva que se verifica entre o início do exercício social e o respectivo encerramento, no que se refere ao balanço entre as receitas e os custos e despesas registados.

Ora, nem todos os lucros do exercício – pressupondo que o resultado do mesmo é positivo – são distribuíveis. Antes de mais, há que cobrir prejuízos transitados caso os mesmos existam. Em paralelo, haverá que afectar um mínimo de 5% do resultado do exercício à constituição ou reforço da reserva legal, até que a mesma perfaça, pelo menos, um quinto do capital social[416]. Só após afectarmos parte dos lucros do exercício a reservas legais e estatutárias, se existentes, e à cobertura de prejuízos transitados, estamos em condições de apurar os lucros distribuíveis. Estes correspondem aos resultados positivos da sociedade que, não tendo

[416] Nalgumas sociedades especiais (financeiras, *v.g.*), a reserva legal é superior.

de ser afectos à constituição ou reforço de reserva legal ou estatutária, podem ser distribuídos aos sócios sem ser à custa do respectivo capital social e reservas legais constituídas.

14.4. Direito aos lucros do exercício e direito ao dividendo; limitações convencionais

Todos os sócios têm direito a participar nos lucros (arts. 21.º, n.º 1, *alínea a)* e 22.º, n.º 1) e, como vimos (*supra*, n.º 4.5.1.3), o Código das Sociedades Comerciais não estabelece regras imperativas sobre a distribuição de lucros, limitando-se a avançar com soluções supletivas, nos artigos 217.º, n.º 1 e 294.º, n.º 1.

Ora, sob epígrafe igual («*Direito aos lucros do exercício*»), estas duas disposições legais[417] conferem, supletivamente, aos sócios o direito de receber, pelo menos, *metade do lucro do exercício distribuível, salvo se – «em assembleia geral para o efeito convocada» – for tomada deliberação, por maioria de três quartos dos votos correspondentes ao capital social,* que, não obstante existirem lucros do exercício distribuíveis, consista na redução pontual do quantitativo percentual mínimo a distribuir ou, pura e simplesmente, conclua pela não distribuição. Esta hipótese, a ocorrer, deve corresponder a uma deliberação formada, tendo em consideração os princípios estruturantes do sistema e, nomeadamente, o interesse social, sob pena de ser considerada abusiva e, consequentemente, anulável (cfr. art. 58.º, n.º 1, *alínea b)*).

Mas prevêem os artigos 217.º, n.º 1 e 294.º, n.º 1 – cuja redacção é idêntica – ainda a possibilidade de a regra legal enunciada ser afastada por *diferente cláusula contratual*. Antecipámos já o nosso entendimento sobre a leitura desta faculdade de regulamentação estatutária deste direito (cfr. n.º 4.5.1.3) que considerámos não admitir limitações convencionais, garantindo aos sócios e accionistas o direito a receber uma certa parte do lucro do exercício distribuível[418].

---

[417] Que, diga-se, apenas se diferenciam porque a respeitante às sociedades anónimas (art. 294.º, n.º 1), em vez de se referir a «*sócios*», reporta-se a «*accionistas*» (cfr. arts. 217.º, n.º 1 e 294.º, n.º 1), apresentando em tudo o mais uma redacção exactamente igual.

[418] Neste sentido, o **AcRelÉvora 9 Nov 2006** (Abrantes Mendes), *CJ*, ano XXXI, t. V, 2006, pp. 245-246, na parte em que se afirma que «*a referência à distribuição de*

E o facto de, repetidamente, a prática estatutária nacional – incluindo a que se traduz nos contratos de sociedades anónimas abertas cotadas em bolsa de valores – entregar ao livre arbítrio da maioria a eventual (não) distribuição de lucros periódicos não altera a nossa leitura restritiva destas importantíssimas regras legais supletivas (constantes dos artigos 217.º, n.º 1 e 294.º, n.º 1 do Código das Sociedades Comerciais) e o alcance que admitimos às mesmas.

A opinião que perfilhamos alicerça-se no fundamento ou na razão de ser subjacente à participação na sociedade.

As sociedades constituem-se para distribuir todos os resultados que geram periodicamente, no pressuposto de que os respectivos capitais próprios são adequados e suficientes à prossecução da actividade que se propõem realizar. Por isso, é natural que os sócios tenham uma expectativa de receber periodicamente rendimentos gerados pela sociedade, de certo modo com base no capital que anteriormente investiram.

A situação societária alicerça-se numa perspectiva de participação directa na actividade empresarial, nas pequenas sociedades, e de investimento financeiro, nas grandes sociedades comerciais, não perdendo de vista, em especial nestas, as mais-valias potenciais e reais, no momento da liquidação da respectiva participação. Certo é ser comum a ambas as situações a expectativa de receber com periodicidade anual, pelo menos, parte dos resultados gerados pela sociedade; e é precisamente através da distribuição de lucros do exercício que se concretiza essa expectativa. Daí que não faça qualquer sentido admitir a possibilidade de restringir este direito social, para além do montante que, razoavelmente, a lei estabelece como mínimo[419].

Na realidade, não faz sentido equacionar uma participação societária a que não corresponda, com a regularidade possível, a distribuição de rendimentos entretanto gerados. Constituída e alicerçada a sociedade, não havendo planos para novos investimentos que requeiram capitais avultados, não faz sentido continuar a aforrar e não disponibilizar aos sócios,

---

metade do lucro do exercício deve *ser entendida como um mínimo de lucro a que os sócios têm direito a ser distribuído, depois de observadas as demais exigências impostas por lei»* (p. 246).

[419] O qual, nalguns casos – de sociedades que geram lucros com muita regularidade –, se pode configurar como excessivo. A este propósito, vd. o **Acórdão do Tribunal da Relação de Évora de 9 de Novembro de 2006** (Sérgio Abrantes Mendes) *CJ*, ano XXXI, t. V, 2006, pp. 245-246 / Proc. n.º 1676/06-3, *www.dgsi.pt*.

parte dos resultados obtidos. Só assim não será se o projecto societário tiver uma duração temporal limitada que não exceda um número de anos razoável, caso em que se poderá justificar receber apenas no final da exploração, embora com observância dos limites decorrentes das regras legais existentes, uma vez que a lei não criou qualquer excepção com base na duração da vida da sociedade.

A solução que a lei acolheu, a título supletivo, harmoniza todos os interesses envolvidos: o interesse dos sócios – em receber periodicamente uma remuneração, ainda que irregular, do capital que investiram – e o interesse social, de a maioria do capital poder anualmente reservar para reforço dos capitais próprios da sociedade metade dos seus resultados e, pontualmente, sempre que tal se justificar, mas mediante um amplo consenso (três quartos do capital), poder a sociedade não distribuir lucros do exercício.

O disposto nas regras legais supletivas não pode, assim, deixar de corresponder ao mínimo legalmente admissível, não podendo o contrato de sociedade, através de uma cláusula aberta, reduzir os lucros distribuíveis – ou admitir que os mesmos sejam reduzidos –, porquanto a distribuição de lucros realiza a essência da participação social.

Nestes termos, eventual cláusula que reproduza o regime legal supletivo deverá ter a seguinte redacção:

Um. *O lucro líquido, legal e contratualmente distribuível, terá a aplicação que, sob proposta do conselho de administração, a assembleia geral determinar.*

Dois. *Não poderão deixar de ser anualmente distribuídos aos accionistas dividendos correspondentes a cinquenta por cento do lucro do exercício distribuível, a menos que, pela maioria dos votos correspondentes a três quartos do capital social, for decidido não o fazer.*

Então vejamos que tipo de regra contratual pode, válida e eficazmente, afastar a norma legal supletiva.

Cremos que o legislador quis admitir a possibilidade de os sócios poderem pretender acautelar a distribuição integral dos lucros do exercício distribuíveis – o que não repugna nas sociedades em velocidade de cruzeiro, visto que os resultados anualmente gerados podem ser suficientes para assegurar os investimentos necessários em cada período social – ou assegurar uma distribuição mínima de montante superior ao supletivamente estabelecido (cinquenta porcento), clausulando, por exemplo, o direito a receber, pelo menos, dois terços dos lucros distribuíveis do exercício, salvo se diversamente deliberado por maioria de três quartos dos votos correspondentes ao capital social.

Em resumo, e sistematizando, a lei garante aos sócios a participação num mínimo de metade dos lucros do exercício distribuíveis. Este direito só pode ser pontualmente restringido se os sócios deliberarem diversamente por maioria qualificada (formada, pelo menos, por três quartos dos votos correspondentes ao capital social) e desde que tal deliberação não seja abusiva.

Podemos, por isso, afirmar que as normas supletivas sobre a distribuição de lucros (arts. 217.º, n.º 1 e 294.º, n.º 1) são imperativas no que respeita ao mínimo a distribuir.

Estatutariamente, podem os sócios estabelecer um mínimo superior ao mínimo legal – direito a, por exemplo, sessenta, setenta, oitenta ou noventa porcento dos lucros do exercício distribuíveis –, e simultaneamente prever que a derrogação possa ser deliberada, mas apenas relativamente a níveis superiores a metade dos lucros do exercício distribuíveis, por uma maioria inferior à legalmente prevista. Contudo, consideramos não ser admissível, por violar o interesse social, agravar contratualmente a maioria qualificada de três quartos dos votos correspondentes ao capital social, fixando-a em quatro quintos ou até na unanimidade, para derrogar pontualmente o direito aos lucros do exercício. Acresce que não há necessidade em fazê-lo, dadas as limitações decorrentes do regime aplicável às deliberações abusivas.

As limitações convencionais à distribuição de lucros do exercício que consideramos possíveis não podem, assim, agravar o direito que os sócios têm a receber uma parte (mínima) dos lucros do exercício que sejam distribuíveis, excepto se as mesmas forem consequência do acolhimento no contrato de sociedade de regras que, indirectamente e em concreto, possam restringir o direito individual de cada um. Tal poderá acontecer, nomeadamente, com a criação de acções privilegiadas com direitos patrimoniais acrescidos.

A conclusão a que chegámos – de que não são admissíveis limitações convencionais restritivas, que poderiam ser utilizadas sistematicamente para oprimir os sócios minoritários, normalmente aqueles que não têm lugar nos órgãos sociais e que, portanto, dificilmente verão o seu investimento remunerado pelo desempenho de cargos sociais ou prestação de serviços à sociedade – conduz-nos a uma interessante questão que é a de saber como se repõe o direito violado caso a deliberação conclua, contra a lei ou os estatutos, pela não distribuição de lucros.

14.5. Execução específica da deliberação que aprova as contas do exercício

Se a sociedade encerrou o exercício com resultados positivos – que aprovou – e, concretamente, com lucros distribuíveis, mas por maioria (não qualificada) delibera não aprovar qualquer distribuição, como podem os sócios minoritários reagir?

Eles podem requerer a anulação da deliberação de aplicação de resultados, mas tal medida não realiza os seus interesses.

O que devem então fazer, de modo a retirarem um efeito útil do respectivo direito aos lucros?

Cremos que eles poderão requerer, ao tribunal, a execução específica da deliberação de aprovação de contas e dos resultados do exercício inscritos no relatório de gestão, devendo o tribunal conceder-lhes 50% dos lucros do exercício distribuíveis, se não existir um mínimo estatutário superior (*i.e.*, cláusula que preveja uma distribuição mínima em percentagem mais elevada).

Haverá, pois, que concluir que o expediente sugerido para solucionar com eficácia o desaparecimento da deliberação, que é consequência da sua impugnação bem sucedida, é naturalmente o da execução específica, por recurso à aplicação dos princípios da lei civil (*maxime* do disposto no art. 830.º do CC). Não vislumbramos alternativa.

Finalmente, saliente-se que desta possibilidade de execução específica decorre um outro argumento contra a liberalização (total) da distribuição periódica de lucros, que se traduz em não ser possível executar especificamente, por falta de parâmetro, uma deliberação abusiva de não distribuição se o próprio contrato admitisse que os sócios pudessem, por maioria simples, deliberar a (não) distribuição.

14.6. Proibição do pacto leonino

Um outro aspecto muito importante a propósito desta matéria – do direito aos lucros –, que resulta com clareza do artigo 22.º, n.º 3 do Código das Sociedades Comerciais, é o da proibição do pacto leonino.

Significa essa limitação legal que nenhum dos sócios pode reservar para si a parte do leão, o que equivale a não ser possível clausular a exclusão de um, ou mais, dos sócios dos lucros da sociedade. Esta regra é imperativa e deve ser objecto de interpretação extensiva, no sentido de que também não é possível reduzir o direito aos lucros de tal maneira que na prática tudo se reconduza a uma situação idêntica. Quer dizer, não é admissível tornar essa participação de tal maneira ínfima que acabe por, na prática, o sócio não ter direito aos lucros ou ter um direito extremamente reduzido.

14.7. **Limite legal da distribuição de bens aos sócios e lucros e reservas não distribuíveis**

Mas toda esta matéria dos lucros não fica bem compreendida sem que se tenha em conta duas disposições fundamentais do Código das Sociedades Comerciais: uma que estabelece o limite legal de distribuição de bens aos sócios (art. 32.º) e a outra que se refere aos bens (lucros e reservas) que não são distribuíveis aos sócios (art. 33.º).

O conteúdo normativo dessas regras é de tal maneira importante que o nosso Código, no artigo 514.º, sanciona criminalmente (com pena de multa) a sua infracção, designadamente a situação em que ocorra uma distribuição ilícita – e portanto contrária à lei – de bens aos sócios.

Atendendo à sua importância, vamos analisar com atenção os artigos 32.º e 33.º.

Vamos esquecer a entrada do número 1 do artigo 32.º [420] e apenas sublinhar o que vem a seguir: «*não podem ser distribuídos aos sócios*

[420] Tenha-se em consideração que esta disposição legal foi muito recentemente modificada, por efeito do disposto no artigo 3.º do Decreto-Lei n.º 185/2009, de 12 de Agosto, que, entre outras disposições legais, alterou o artigo 32.º e aditou-lhe um novo número, tendo a nova redacção entrado em vigor no dia 1 de Janeiro de 2010 (cfr. art. 14.º, n.º 1 do DL 185/2009).

A redacção anterior – cuja epígrafe (*Limite da distribuição de bens aos sócios*) se manteve – era a seguinte: «*Sem prejuízo do preceituado quanto à redução do capital, não podem ser distribuídos aos sócios bens da sociedade quando* ***a situação líquida*** *desta, tal como resulta das contas elaboradas e aprovadas nos termos legais,* ***for*** *inferior à soma do capital e das reservas que a lei ou o contrato não permitem distribuir aos sócios ou se tornasse inferior a esta soma em consequência da distribuição*» (assinalamos a ***negrito*** as alterações ocorrida no corpo do artigo, que corresponde agora ao n.º 1).

bens da sociedade quando o capital próprio desta, tal como resulta das contas elaboradas e aprovadas nos termos legais, for inferior à soma do capital e das reservas que a lei ou o contrato não permitem distribuir aos sócios ou se tornasse inferior a esta soma em consequência da distribuição», isto é, o artigo 32.º tem em conta, e visa acautelar, não só as reservas legais – quer sejam especiais, quer sejam obrigatórias –, mas eventualmente as reservas estatutárias, portanto reservas que o próprio contrato imponha que sejam criadas e mantidas.

Acresce que este artigo é o fundamento legal do princípio essencial de que o capital social constitui a garantia dos credores, no sentido de que só quando existem bens em valor superior à soma do capital, das reservas legais da sociedade é que poderá haver distribuição legítima desses bens. Aquilo que os credores sabem é que nunca pode haver distribuição de bens, designadamente sob a forma de lucros ou de dividendos, se a situação líquida da sociedade não exceder a soma do capital e das reservas legais, realidades que nunca podem ser postas em causa com a distribuição de lucros.

No que se reporta ao artigo 33.º, façamos uma análise substancialmente mais esquemática:

- Segundo o número 1, não podem ser distribuídos aos sócios «*lucros do exercício que sejam necessários para cobrir prejuízos transitados ou para formar ou reconstituir reservas impostas pela lei ou pelo contrato de sociedade*». Daqui decorre que os resultados positivos do exercício não são distribuíveis enquanto existirem prejuízos de exercícios anteriores por cobrir ou reservas para constituir.

A substituição da expressão "situação líquida" por "capital próprio" não é inocente, nem indiferente ou irrelevante, embora aparentemente estejam em causa realidades coincidentes. Com efeito, adaptando-se a terminologia legal às Normas Internacionais de Relato Financeiro adoptadas pela União Europeia e ao Sistema de Normalização Contabilística, entretanto aprovado, estas – como se refere no Preâmbulo do DL 185/2009, de 12 de Agosto – «*vieram permitir que as empresas passem a utilizar com maior intensidade o critério de mensuração do justo valor* (fair-value)», passando muitas das rubricas do balanço *a expressar-se em valores de mercado*, reflectindo desse modo *a sua verdadeira performance*. Apesar da relevância do critério do "justo valor" (cfr., *infra*, 22.9 na qualidade da informação financeira prestada pelas empresas, a lei impôs, ao mesmo tempo, limites à distribuição de resultados positivos que sejam gerados pela sua aplicação (cfr. art. 32.º, n.º 2, na red. do DL 185/2009).

- No número 2 temos uma regra específica que impede a distribuição de lucros enquanto não se encontrarem amortizadas ou asseguradas as despesas de constituição e de investigação e de desenvolvimento.
- O número 3 trata das chamadas reservas ocultas, impedindo a sua distribuição; e
- O número 4 determina que as reservas que eventualmente forem entregues aos sócios, isto é, que lhes forem distribuídas, devem ser explicitadas.

Quanto às reservas, têm especial importância as normas que, na sistemática do Código, se inserem imediatamente após as disposições legais que foram referidas a propósito do direito aos lucros; nas sociedades por quotas o artigo 218.º e nas sociedades anónimas os artigos 295.º e 296.º. Temos de prestar especial atenção a estes preceitos para saber que bens é que (não) podem ser distribuídos como lucros.

Sem prejuízo de voltarmos a abordar esta matéria (cfr., *infra*, n.º 22.8), refira-se que os artigos 295.º e 296.º são aplicáveis às sociedades por quotas por remissão expressa do disposto no artigo 218.º do Código das Sociedades Comerciais.

Para além de estar em causa a qualificação das reservas societárias e da sujeição ao regime da reserva legal de certas reservas (cfr. art. 295.º), o artigo 296.º dispõe sobre a respectiva (in)disponibilidade, estabelecendo um regime rigoroso que visa salvaguardar a intangibilidade do capital social.

Em princípio, as reservas legais – quer obrigatórias, as que se formam paulatinamente à custa dos lucros do exercício (cfr. art. 295.º, n.º 1), quer especiais, isto é, as que se constituem por determinação legal e que se destinam a assegurar a cobertura de determinadas aplicações da sociedade ou se constituem através da recolha de prémios de emissão (cfr. art. 295.º, n.º 2) – são indisponíveis e apenas podem ser destinadas a integrar aumentos do capital social (cfr. art. 296.º, *alínea c)*), para além da sua normal função, de reforço, que é a de cobertura de prejuízos (cfr. art. 296.º, *alíneas a)* e *b)*).

No entanto, e uma vez constituídas as reservas legais obrigatórias, no montante mínimo de um quinto do capital social, e assegurada a cobertura de determinadas rubricas em conformidade com exigência legal, através de reservas especiais, nomeadamente das que se constituem através do ágio, não nos repugna aceitar que o excesso dessas reservas seja convertido em reservas livres, por deliberação dos sócios, e posteriormente distribuído sob a forma de lucros. Não vemos qualquer vantagem, nem interesse, em promover primeiro um aumento do capital social e, subsequentemente, uma redução para libertação de excesso, desde que a sociedade já tenha formado reservas em montante correspondente ao mínimo legal (1/5 do capital social, em regra) e as mantenha depois dessa conversão. O novo regime legal da redução do capital social para libertação de capital excessivo e a desnecessidade de autorização judicial reforçam este entendimento.

14.8. **Regime aplicável à distribuição de lucros fictícios**

O artigo 34.º estabelece o regime legal aplicável à distribuição de lucros fictícios, sejam lucros, nas sociedades por quotas, ou dividendos, nas sociedades anónimas. E aquilo que resulta fundamentalmente do disposto nessa disposição legal é a obrigação de restituição dos lucros fictícios, havendo má-fé ou falta grave por parte dos sócios que recebam esses lucros, conhecendo a *irregularidade da distribuição* ou não a podendo ignorar.

14.9. **Pagamento dos lucros e dos dividendos**

Até agora abordou-se a deliberação de distribuição, o direito aos lucros e dividendos, mas falta o que na prática é o mais importante, que é receber o dinheiro, o próprio pagamento desses lucros.

14.9.1. ***Aplicação de resultados; deliberação de distribuição de lucros***

O pagamento é tratado no artigo 31.º do Código das Sociedades Comerciais, a propósito da deliberação e distribuição de bens, mas também nos artigos 217.º e 294.º, sendo que nestes, eventualmente, temos de considerar uma situação específica.

É essencial ao pagamento dos lucros que haja uma deliberação dos sócios destinada à respectiva atribuição, *maxime* enquadrada na aplicação dos resultados. Isto é, que determinado o lucro, ou seja, que apurada a existência de certo benefício da sociedade com referência às contas aprovadas, haja uma deliberação que tenha por finalidade promover a respectiva distribuição tem a maior das importâncias. Se a deliberação de aprovação das contas estiver inquinada de qualquer vício ela, em princípio, irá arrastar necessariamente a deliberação de aplicação de resultados que é tomada na mesma assembleia. Mas o contrário já não é verdade; quer dizer, se a deliberação de aprovação das contas for correcta pode, não obstante, haver um vício relativamente à deliberação de aplicação de resultados, porque pode desrespeitar por exemplo uma cláusula estatutária que imponha um determinado mínimo aos sócios ou accionistas. E então é esta que irá ser atacada; e esta única e exclusivamente.

Naturalmente que a lei, no tal artigo 31.º, toma os maiores cuidados para esse efeito.

14.9.2. *Momento em que se vence o crédito do sócio*

Quanto ao momento em que se vence o crédito dos sócios, não basta haver uma deliberação para que o sócio/accionista possa ir "bater à porta" da sociedade solicitar que lhe seja satisfeito o seu crédito, isto não é suficiente. Tem de haver regras que disciplinem esse pagamento. Tomada uma deliberação de distribuição, é preciso saber quando é que se vence o crédito, quando é que o sócio tem direito a exigi-lo. Sobre isso dispõem os números 2 dos artigos 217.º e 294.º. A regra é esta: o crédito vence-se no prazo de 30 dias, portanto um mês depois dessa mesma deliberação. Nessa data a sociedade tem de pôr à disposição dos sócios (portanto a sociedade ainda pode obter algum ganho entretanto ou encaixar alguma liquidez) os bens que resolveu distribuir. Mas pode acontecer que o colectivo dos sócios delibere prorrogar esse prazo por mais 60 dias, isto é, decida conceder à sociedade mais 60 dias[421]; ou até pode suceder também que o próprio sócio consinta em que o crédito não se vença imediatamente (*i.e.*, decorridos os referidos 30 dias), aceitando o seu diferimento.

Isto pode colocar problemas muito interessantes, designadamente de incumprimento da sociedade e de responsabilidade civil por parte da

[421] As sociedades anónimas (abertas) cotadas em mercado regulamentado não dispõem desta faculdade, de prorrogação do prazo de pagamento de lucros (cfr. art. 294.º, n.º 2 *in fine*).

própria sociedade perante o sócio e, naturalmente, problemas de responsabilidade dos administradores e gerentes perante a própria sociedade.

Aqui encontra-se uma diferença relevante entre os artigos 217.º e 294.º. Este pressupõe uma referência adicional («*sem prejuízo de disposições legais que proíbam o pagamento antes de observadas certas formalidades*»), que é uma referência que existe para tutela dos destinatários dos lucros, que é a de que haja o cumprimento de determinados elementos mínimos de informação. O que o artigo 294.º visa acautelar é que a distribuição dos lucros seja devidamente publicitada, para os accionistas saberem que, a partir de determinada data, os lucros a que têm direito estão disponíveis sob a forma de dividendos.

14.9.3. *Pagamento aos membros do órgão de administração com base na participação nos lucros*

O que é muito interessante – e estes dois artigos fulcrais também tratam, embora nos respectivos números 3 – é o seguinte: pode suceder que se tenha determinado que os gerentes ou administradores participem nos lucros da sociedade. Quer dizer que uma componente da sua remuneração seja obtida através de uma afectação percentual desses lucros, ao fim e ao cabo como recompensa pelo trabalho desenvolvido. Se eles tiverem o pagamento do seu trabalho indexado ao lucro que a sociedade obtém, e a um certo montante percentual desse lucro, eles têm inegável interesse em que o lucro seja o maior possível. Quanto maior for o lucro, maiores serão os seus ganhos. Essa possibilidade resulta não só do artigo 255.º, n.º 3 para as sociedades por quotas, como do artigo 399.º, n.º 2 (aplicável também *ex vi* art. 429.º) para as sociedades anónimas. Quer de um, quer do outro resulta um aspecto importante: que a participação nos lucros pelos gerentes ou administradores tem de ser prevista no contrato de sociedade. E especificamente para as sociedades anónimas deve ser determinado percentualmente o montante máximo global a que os administradores terão direito.

Exemplifique-se:

Artigo Décimo Quarto
(Remuneração de membros dos órgãos sociais)

Um. *Uma vez deliberada, pela assembleia geral, a remuneração, ou não, dos diversos titulares dos órgãos sociais, compete (...).*

Dois. *Sendo estabelecido que a remuneração dos administradores inclua uma participação nos lucros do exercício, a percentagem global destes a utilizar para esse fim não pode exceder três por cento dos lucros do exercício que forem distribuíveis.*

E é preciso ter cuidado para que esse máximo nunca represente um valor percentual de tal maneira elevado que acabe por se traduzir na denegação do direito aos lucros pela colectividade dos sócios. Por isso, há que haver uma certa razoabilidade[422], mas, em suma, a lei não impede que sejam, por exemplo, 40% ou 50% dos lucros do exercício afectos a essa finalidade. O que os artigos 217.º, n.º 3 e 294.º, n.º 3 prevêem é uma situação extremamente simples que tem de ser conjugada com as outras duas disposições e que é a seguinte: só são pagos estes lucros a essas pessoas quando estiverem assegurados e garantidos os pagamentos aos (demais) sócios e accionistas. Não se pretende que o pagamento esteja efectivamente concretizado, até porque os accionistas podem não levantar os dividendos a que têm direito, e isso seria também prejudicial para os administradores e gerentes; quer-se garantir que os meios estejam ao dispor desses accionistas. Naturalmente que, com esta regra, tais pessoas serão ainda mais diligentes.

14.9.4. *Adiantamentos sobre lucros*

Em relação ao pagamento de lucros, importa finalmente apurar se é possível a sociedade antecipar aos sócios rendimentos por conta dos lucros a obter no exercício em que se pretende promover o adiantamento.

Isto é, se os negócios sociais estiverem a correr bem não será possível admitir que, com base nos lucros que muito provavelmente a sociedade irá obter no final do exercício, sejam logo antecipados parte desses lucros aos sócios e aos accionistas?

14.9.4.1. *Regime-regra*

Não se trata de deliberar a distribuição de lucros já contabilizados, mas não distribuídos anteriormente por opção dos sócios. Esses, com os

[422] Pela sua relevância, retomaremos este tema mais à frente (cfr., em especial, n.os 27.7.3, 32.2.7.4, 32.2.7.5 e 32.2.7.6).

limites decorrentes da intangibilidade do capital social, poderão ser distribuídos em qualquer momento, por deliberação tomada pela maioria dos sócios.

A situação em apreço é diferente. Está em causa concluir acerca da possibilidade de distribuição de lucros do exercício durante o próprio exercício a que se reportam e, desse modo, antecipadamente em relação à data em que a sociedade o faz habitualmente, a propósito da aprovação das contas e balanço do exercício a que os resultados apurados respeitam. Só tem sentido equacionar esta possibilidade se, pela forma como está a decorrer o ano social, houver a expectativa de que a sociedade irá gerar lucros e que, por isso, talvez se justifique antecipar parte dos mesmos.

À distribuição de lucros aplica-se o disposto no artigo 31.º do Código das Sociedades Comerciais, cujo número 1 é muito restritivo.

Vimos já (*supra*, n.º 4.5.3.1), ser possível clausular a autorização para a distribuição antecipada de dividendos nas sociedades anónimas e promovê-la verificadas determinadas circunstâncias (cfr. art. 297.º).

Acrescente-se agora que a distribuição antecipada de dividendos nas sociedades anónimas constituídas antes da entrada em vigor do Código (isto é, até 31 de Outubro de 1986) não está sujeita a autorização estatutária, sendo suficiente que se verifiquem os requisitos prescritos no artigo 297.º (cfr. art. 537.º). Esta solução (transitória) justifica-se visto que as sociedades constituídas anteriormente ao Código não estavam sujeitas a autorização estatutária para poderem decidir a distribuição de lucros aos accionistas durante o próprio exercício em que os mesmos eram gerados.

14.9.4.2. *Sociedades por Quotas*

Por último, coloca-se a questão, não despicienda – porque suscitada pela prática –, de saber se é possível promover a distribuição antecipada de lucros nas sociedades por quotas. Cremos que não e propendemos, desse modo, para não aceitar e por considerar, assim, ilegal a inclusão de uma cláusula de autorização no respectivo contrato social. Fazemo-lo por razões de ordem lógica e sistemática, que passamos a explicar.

Em primeiro lugar, o disposto no artigo 297.º corresponde a uma excepção à regra (constante do art. 31.º). Com efeito, a distribuição de resultados no decurso do próprio exercício a que respeitam, não tem de ser deliberada pelos sócios, sendo determinada pela administração, uma vez obtido o consentimento do órgão de fiscalização (cfr. art. 297.º, n.º 1, *alínea a)*) e, nessa medida, constitui uma excepção em matéria de distribuição de lucros. Só por esta razão – impossibilidade de analogia de uma norma excepcional – poderíamos concluir negativamente em relação à questão em apreço.

Mas outras razões existem que justificam resposta idêntica. Se pretendermos clausular tal autorização no contrato de sociedade por quotas, na omissão da lei, sujeitando a autorização a deliberação dos sócios, com as adaptações possíveis do disposto no artigo 297.º, estaremos a violar o princípio geral estabelecido no artigo 31.º, n.º 1, segundo o qual «*nenhuma distribuição de bens sociais, ainda que a título de distribuição de lucros de exercício ou de reservas, pode ser feita aos sócios sem ter sido objecto de deliberação destes, salvo os casos de distribuição antecipada de lucros e outros expressamente previstos na lei*»[423].

Distribuir lucros durante o exercício em que são gerados constitui, assim, uma excepção ao regime-regra da distribuição de lucros das sociedades comerciais, justificando-se que tal medida só possa ser adoptada – nomeadamente por não recolher a aprovação dos sócios, mas também por os lucros não estarem estabilizados –, verificados e preenchidos determinados requisitos que não são típicos das sociedades por quotas.

Por isso, nem importa argumentar com a falta de órgão de fiscalização nas sociedades por quotas, para concluir pela impossibilidade de consagração deste mecanismo excepcional. Ele não é lógico, nem sistematicamente compatível com este tipo societário.

Os lucros, por definição, verificam-se no final do exercício; antecipá-los constitui uma excepção à regra que apenas se justifica em situações relativas a sociedades de grande dimensão, sujeitas a um controlo efectivo rigoroso. Eventual distribuição antecipada deliberada pelos próprios sócios não pode satisfazer os princípios que se pretendem proteger com as regras rigorosas aplicáveis nesta matéria[424].

Finalmente, e regressando ao estrito âmbito das sociedades anónimas, diga-se que – relativamente àquelas que, para anteciparem dividendos,

[423] Invertemos, intencionalmente, o conteúdo do n.º 1 do art. 31.º.

[424] A estes argumentos acresce agora, decorridos mais de vinte anos sobre a entrada em vigor do Código das Sociedades Comerciais, o facto de nenhuma das alterações introduzidas nesta lei, nem sequer a de 2006, ter contemplado tal possibilidade, sendo certo que o legislador o poderia ter feito, se para tal estivesse inclinado, porque já não ignorava a questão.

tenham de o ter contratualmente previsto (todas as que foram constituídas desde 1 de Novembro de 1986) – há que concluir, por maioria de razão e considerando a regra imperativa do artigo 31.º envolvida, ser de rejeitar liminarmente a distribuição antecipada de lucros nas sociedades que não tenham clausulado a autorização para o efeito.

14.10. **Direito a um lucro acrescido e a um dividendo preferencial**; *remissão*

É perfeitamente concebível que se consagre contratualmente que um sócio ou uma categoria de acções tenham uma vantagem relativamente aos demais sócios e às demais acções que se traduza em terem o direito a receber lucros em montante superior ao que resultaria da sua participação proporcional no capital social. O direito especial subjacente à referida menção estatutária – consagrado ao abrigo do disposto no artigo 24.º (cfr. também os arts. 341.º e seguintes) – constitui, pois, o aproveitamento do disposto no artigo 22.º, no qual se admite que a regra da proporcionalidade seja derrogada, contanto que não configure um pacto leonino.

O direito especial aos lucros toma por referência habitualmente o capital da sociedade – consistindo na atribuição percentualmente superior de lucros (de exercício) distribuíveis, relativamente à participação (do mesmo sócio) no capital –, mas nada impede que se configure em função de outras variáveis. Fundamental é que o critério resulte do contrato de sociedade, como já vimos e exemplificámos (*supra*, n.º 13.2.2.1).

14.11. **Direito à quota de liquidação**

Considerando que um dia a sociedade pode ter um fim, no direito a quinhoar nos lucros, que resulta do artigo 21.º, n.º 1, *alínea a)*, está englobado o direito dos sócios a participar nos lucros finais ou de exploração. E idêntica conclusão resultará também do disposto no artigo 156.º, n.º 4, a propósito da liquidação da sociedade.

Esta situação é uma situação normal relativamente às sociedades que se constituem com uma finalidade determinada e que decorrido um determinado prazo se extinguem. Por exemplo, uma sociedade constituída para construir uma ponte e proceder à respectiva exploração durante um certo período.

15. Direito de voto[425]

15.1. Direito de presença, de discussão e de deliberação em reunião de sócios

O direito de participação nas deliberações dos sócios está elencado logo após o que é referenciado na *alínea a)* do número 1 do artigo 21.º (direito aos lucros) e é um direito fundamental e irrenunciável, *sem prejuízo das restrições previstas na lei.* Esta parte final da *alínea b)* do referido preceito tem um determinado conteúdo e um certo alcance e tem que ver, num tipo de sociedade, com o montante (mínimo) da participação social que determina a chamada participação directa do sócio (cfr. arts. 248.º, n.º 5 e 379.º) e também com a participação nas deliberações, designadamente quando o sócio não pode, pontual e concretamente, exercer o seu direito de voto por se considerar numa situação de impedimento.

Retira-se com clareza da parte final da *alínea b)* do número 1 – onde não se fala de direito de voto, mas mais amplamente de direito de participação nas deliberações dos sócios – que só pela lei poderá este direito ser limitado; quer dizer, serão nulas todas as cláusulas contratuais que ultrapassem os limites estabelecidos imperativamente na lei. E, como já vimos (*supra*, n.º 12.2.1.1), o artigo 21.º, n.º 1, *alínea b)* não se refere ao direito de participar nas deliberações dos sócios por acaso, mas porque em rigor nós devemos admitir que o direito de voto supõe, para o seu exercício, que se verifiquem dois direitos que logicamente com ele se encontram articulados e, cronologicamente, o precedem:

– O direito de presença em reuniões de sócio, porque naturalmente quem tem o direito de voto tem de estar presente; mas o contrário já não é necessariamente verdadeiro, isto é, quem está presente não tem de ter obrigatoriamente direito de voto. Com efeito, pode

[425] Cfr. Eduardo de Melo Lucas Coelho, *Direito de voto dos accionistas nas assembleias gerais das sociedades anónimas*, Rei dos Livros, Lisboa, **1987**, Jorge Henrique Pinto Furtado, «O voto nas deliberações de sociedades», AA.VV., *Estudos em Homenagem ao Prof. Doutor Raúl Ventura*, vol. II, Faculdade de Direito da Universidade de Lisboa, **2003** (pp. 213-273), e Pedro Pais de Vasconcelos, *A participação social nas sociedades comerciais*, 2ª ed., Almedina, Coimbra, **2006**, pp. 112-203, em especial pp. 129-136, 139-151.

a lei assegurar a presença a uma determinada pessoa, como observadora – com a finalidade de tomar conhecimento, directo e imediato, do que a sociedade pretende e das deliberações que eventualmente irá tomar[426] –, à qual não se reconhece o direito de voto ou à qual se nega o exercício do voto, consoante o problema se ponha em termos de titularidade ou em termos de exercício; e

– O direito de participação na discussão ou de formação da deliberação social, o que também não só é diferente de poder votar, como lhe fica aquém. Neste caso, porém, o sócio pode intervir e manifestar a sua opinião, mas não dispõe do poder de contribuir decisivamente para a formação da deliberação propriamente dita, o que só acontecerá pelo exercício do direito de voto. Nesta vertente, o sócio encontra-se autorizado a exprimir o seu ponto de vista e a aduzir argumentação, mas é-lhe negada a possibilidade de se manifestar de forma a contribuir decisivamente para a formação da vontade social.

Vejamos em seguida quais são as regras gerais relativamente a este importante direito.

15.2. **Regras gerais**

Há que distinguir as sociedades por quotas das sociedades anónimas, o que tem a ver com a lógica e com a própria natureza jurídica dos tipos sociais em confronto: umas são sociedades pessoais, ainda que os seus participantes tenham responsabilidade limitada à configuração e à estruturação das posições e situações jurídicas, fazem-no numa perspectiva subjectiva; na outra a participação é determinada pelas partes em que se fracciona o capital social, logo a participação é objectivada e os sócios são titulares de tantos direitos e deveres quantas as acções que detêm.

[426] Não estamos a considerar a participação de assessores técnicos com funções consultivas dos titulares dos órgãos sociais, cuja participação deverá ser autorizada pelo presidente da mesa da assembleia geral (cfr. art. 379.°, n.° 6).

15.2.1. *Direito de voto nas sociedades por quotas*

Para as sociedades por quotas assume especial relevância o disposto no artigo 250.º, n.º 1[427]. Desta disposição legal retira-se que cada voto corresponde a € 0,01 (um cêntimo de euro) do valor nominal da quota, sendo que as quotas não podem ter um valor nominal inferior a € 100,00 (cem euros). Isto significa que, nas sociedades por quotas, forçosamente, cada sócio terá de ter direito de voto, sendo a qualidade de sócio suficiente para conferir esse direito.

15.2.2. *Direito de voto nas sociedades anónimas*

Nas sociedades anónimas a regra é outra e vem prevista no artigo 384.º. Tendo em conta a estrutura da própria sociedade, naturalmente que o Código não podia deixar de fazer corresponder os votos às acções e a regra legal é a de que uma acção é igual a um voto (cfr. art. 384.º, n.º 1).

Contudo, a lei admite que o contrato de sociedade anónima possa incluir diversas limitações ao exercício do direito de voto.

15.3. **Limitações estatutárias**

15.3.1. *Sentido e alcance das restrições ao direito de voto*

Com efeito, o artigo 384.º admite, no número 2, duas limitações estatutárias, de sentido oposto, que não estão previstas no artigo 250.º, referente às sociedades por quotas.

Num caso, admite-se que o contrato de sociedade faça corresponder um só voto a um certo número de acções, desde que nunca exija que, para se ser titular de um voto, se tenha de ter acções cujo valor nominal global seja superior a € 1.000,00 (mil euros) (cfr. art. 384.º, n.º, *alínea b)*). Nesta circunstância o que os estatutos requerem é que o accionista seja titular de um número mínimo de acções que justifique a sua participação activa na vida societária.

---

[427] Recorde-se que existe uma remissão expressa no art. 248.º, n.º 1 para que se apliquem a estas sociedades as disposições das sociedades anónimas no que diz respeito ao funcionamento das assembleias gerais.

Noutro caso, nos termos da *alínea b)*, a lei permite o chamado tecto estatutário do voto, isto é, admite-se a possibilidade de o contrato de sociedade prever que, em relação a um mesmo accionista actuando em nome próprio e em representação de outrem, não possam ser contados votos acima de um determinado limite (por exemplo, 10% ou 20% do capital social). Trata-se de uma medida contratual que é utilizada como forma de blindagem da sociedade anónima, visto que favorece a dispersão das participações e desencoraja a aquisição de lotes significativos de acções ao limitar o exercício do voto, em regra, a um máximo de 10% do total do capital social.

15.3.2. *Tecto estatutário do voto*

Comecemos por este segundo caso, para esclarecer que existe uma clara diferença relativamente à oportunidade da introdução de uma limitação estatutária com esta natureza restritiva. Uma coisa será consagrá-la *ab initio*, recolhendo a adesão de todos os fundadores, outra é discutir a possibilidade de se introduzir a limitação estatutária em vida da sociedade.

O acolhimento originário implica a unanimidade dos participantes (dos accionistas fundadores), excepto para as sociedades abertas, nas quais se tem de recolher, pelo menos, a adesão plena a essa medida. Diversamente, em vida da sociedade – clausulada na sequência de deliberação de alteração do contrato – poderá implicar prejudicar interesses de alguns accionistas com uma participação relevante, em qualquer caso superior ao limite introduzido, para além de poder afectar a liquidez das acções.

Sem pretendermos desenvolver esta temática, com inegável alcance prático – e tomar partido acerca dela –, afigura-se existir uma grande semelhança desta situação com a tutelada pelo artigo 86.º, n.º 2.

Pelas razões expostas, maior dificuldade teremos em admitir limitações estatutárias em relação ao universo dos accionistas participantes na assembleia geral.

15.3.3. *Participação social mínima para o exercício do voto*

Há que regressar agora à análise da primeira limitação estatutária, que é a de o contrato poder exigir uma determinada participação mínima no capital, mas não superior a € 1.000,00, para o accionista dispor de voto.

A título exemplificativo reproduza-se aqui uma cláusula típica de aproveitamento do disposto no artigo 384.º, n.º 2, *alínea a)*:

Cláusula Oitava
(Funcionamento da assembleia geral)

Um. *A cada grupo de duzentas acções corresponde um voto.*[428]

Dois. (...).

Acrescente-se apenas que sempre que tal sucede, é habitual clausular – nos termos previstos na parte final da *alínea b)* do número 1 do artigo 21.º do Código das Sociedades Comerciais – restrições estatutárias à participação nas deliberações sociais, nos termos previstos no artigo 379.º, n.º 1.

Faz sentido apontar esta excepção porque, como regra, bastaria uma acção para se poder estar presente na assembleia geral. Simplesmente, se o contrato de sociedade previr que só é possível fazê-lo com direito de voto e se para ser titular deste for necessário reunir € 1.000,00 (mil euros) de valor nominal de capital social, eventualmente correspondente a duzentas acções com o valor nominal de € 5,00 (cinco euros) cada, então aqueles que não tiverem esse número mínimo de acções não podem estar presentes na assembleia geral, embora se possam agrupar entre si para que um deles os represente a todos na assembleia (n.º 5 do art. 379.º). Trata-se de uma medida de protecção dos accionistas minoritários, frequentemente retomada nas cláusulas habituais dos contratos de sociedade. Vejamos de que forma, e como, se assegura que quem não tem voto não pode participar nas deliberações de sócios.

Cláusula Oitava
(Funcionamento da assembleia geral)

Um. (...)

Dois. *Os accionistas que não possuírem um número de acções suficiente para participarem na assembleia geral e exercerem o direito de voto poderão, para esses fins, agrupar-se de forma a perfazerem o número exigido e a fazerem representar-se por um dos titulares das acções agrupadas.*

---

[428] Pressupõe-se, simultaneamente, a seguinte regra estatutária: «*O capital social é de cinquenta mil euros, sendo representado por dez mil acções com o valor nominal de cinco euros cada.*

15.3.4. *Restrições legais às limitações estatutárias; a* **breakthrough rule.**

O recurso, cada vez mais frequente, ao tecto estatutário de voto, para além de altamente duvidoso – no plano do mercado dos valores mobiliários[429] – tem retirado liquidez às participações das sociedades que usam e abusam desse expediente, para desencorajar as ofertas públicas sobre as respectivas participações.

Por se ter vindo a tornar cada vez mais difícil a concretização dessas operações, com a necessária desblindagem dos estatutos, foi introduzida no Direito dos Valores Mobiliários português, por transposição da Décima Terceira Directiva (2004/25/CE), uma regra com a finalidade de prever que as limitações estatutárias não possam funcionar sempre que um oferente adquira acções em montante superior a uma determinada percentagem, em regra 75%, do capital social (cfr. art. 182.º-A do CVM).

Nos termos desta norma, conhecida por *breakthrough rule*, se o contrato de sociedade não previr a suspensão das restrições ao direito de voto sempre que, por efeito de uma OPA, o oferente atinja *75% do capital social com direito de voto* (cfr. art. 182.º-A, n.º 1, em especial, *alínea c)*), será sempre possível proceder à eliminação dessas restrições por uma maioria de *75% dos votos emitidos*, isto é, presentes na assembleia geral (cfr. art. 182.º-A, n.º 2).

Este limite, de 75%, sugerido pela *breakthrough rule*, não deixa de constituir uma referência interessante em matéria de cogente alterabilidade do contrato de sociedade anónima.

15.4. **Voto plural**

15.4.1. *Voto duplo e (proibição do) privilégio de voto*

No contrato de sociedade por quotas pode ser atribuído um direito especial de voto que consista em o sócio poder ter dois votos por cada 0,01 (cêntimo de euro) de valor nominal da quota, contanto que esses

[429] É um facto que, desde há muito, tem contado com a complacência da autoridade máxima de supervisão, a CMVM.

direitos atribuídos contratualmente não ultrapassem 20% do capital social. Trata-se de uma situação de direito especial de voto duplo que constitui naturalmente uma alteração à regra geral da proporcionalidade dos votos à participação social. Este direito – como se vê pelo disposto no número 5 do artigo 384.º – não é permitido nas sociedades anónimas, excepto nas que se constituíram antes da entrada em vigor do Código (nos termos que iremos ver mais adiante a propósito das acções privilegiadas).

O voto privilegiado representa uma desproporção do direito de voto em face do capital social, ou seja, um accionista com o mesmo capital social que outro tem o dobro ou o triplo de votos, exercendo uma influência muito maior de que a dos outros accionistas.

Nas sociedades por quotas, a lei não permite que haja um voto superior ao voto duplo, e limita esse privilégio a uma parte reduzida do capital social. Logicamente que este privilégio não poderia ser de todos senão não era possível a desproporção, isto é, para ser vantagem só alguns é que a podem ter.

Nas sociedades anónimas, o artigo 384.º, n.º 5 proíbe o voto plural, impedindo a desproporção entre as acções e o número de votos que elas conferem. Se uma norma estatutária prever que a cada acção correspondam dez votos, essa cláusula não consagra necessariamente o voto plural no sentido técnico, porque ela limita-se a multiplicar por dez o número de votos de todas as acções. Quando se proíbe o voto plural visa-se eliminar a hipótese de uma acção atribuir ao seu titular mais direitos de voto do que outras (considerando que, numa mesma sociedade, todas as acções têm de ter o mesmo valor nominal).

15.4.2. *Regimes legais anterior e transitório*

No entanto, o regime legal não foi sempre assim. Antes do Código das Sociedades Comerciais os privilégios de voto eram possíveis e legítimos. Por isso, no momento da entrada em vigor do Código havia sociedades constituídas com tais privilégios. Terão eles desaparecido sem mais ou puderam subsistir, correspondendo à vontade dos accionistas?

O Código das Sociedades Comerciais resolveu esta questão em sede de normas transitórias, estabelecendo um regime específico no artigo 531.º, sob a epígrafe «voto plural».

Como regra, os direitos que existiam nessas condições antes da entrada em vigor do Código (1 de Novembro de 1986) mantém-se, isto é, quem antes de 1986 tinha por cada acção dez votos, num ambiente em que cada acção conferia um voto, e por isso com um décimo das acções conseguia controlar uma sociedade, continua a controlar essa sociedade.

No entanto, o mesmo artigo 531.º prevê um esquema de eliminação desse privilégio, facilitado em relação à normal alteração do contrato social e extinção de direitos especiais. Como veremos mais à frente (cfr., *infra*, n.º 19.3.4.3), em regra, o privilégio só pode ser eliminado com o consentimento dos beneficiados e, aqui, nos termos do número 2 do artigo 531.º diz-se, com clareza, que os direitos podem ser extintos ou limitados por deliberação dos sócios, formada nos termos previstos para alteração do contrato, sem necessidade de consentimento dos sócios titulares desses direitos, ou seja, eles não serão chamados a pronunciar-se em separado sobre o destino do direito especial.

Esta norma, que é aplicável às sociedades anónimas, é também aplicável às sociedades por quotas, desde que esteja em causa nessas sociedades um voto superior ao voto duplo.

Para além do número 3 desse mesmo artigo 531.º, que prevê uma compensação para quando os direitos de voto tivessem sido atribuídos como contrapartida de determinado esforço financeiro, o artigo 531.º esquece-se de um aspecto que é muito importante e que é o seguinte.

É verdade que se prevê que é suficiente, para suprimir o privilégio, que se verifique maioria qualificada para alteração contratual do tipo social em causa: nas sociedades por quotas, três quartos dos votos referentes ao capital social, nas anónimas dois terços dos votos dos presentes. No entanto, o artigo 531.º esquece-se de disciplinar a intervenção dessas participações. Isto é, como participam nessa votação os privilegiados (ou seja, aqueles cujo voto vai ser precisamente posto em causa)?

A questão é pertinente, porque se os privilegiados tinham já, pela manifestação do voto plural, uma minoria de bloqueio, custa a crer que eles agora cedam o seu privilégio. A lei, por um lado, quis aliviar o procedimento, por outro lado, esqueceu-se da situação que está na sua base e que, aparentemente, pretende ver ultrapassada.

15.5. **O princípio da unidade de voto nas sociedades anónimas**

Vamos agora abordar um princípio muito importante nas sociedades anónimas, que corresponde a um dos aspectos mais pessoalizantes deste tipo societário, e que se encontra consagrado no artigo 385.º: o princípio da unidade de voto.

Este princípio estabelece que um accionista que tenha mais de um voto não possa exercer o seu direito de voto em sentido diverso ou ainda deixar de participar nas deliberações com alguma das acções que concedam esse direito, ou seja, esquecer-se que elas existem, para na prática votar em sentidos diferentes, num sentido abstinha-se e noutro votava favoravelmente ou contra. Por isso, esta disposição legal, no fundo, tem em conta a pessoa do accionista e não as acções, isto é, aqui as acções não são cegas, "têm olhos no mínimo para reconhecer o respectivo titular".

Este princípio constitui a excepção que confirma a regra, da objectivação dos direitos sociais[430], e a sua regulamentação legal deixa diversas situações por explicar, nomeadamente o que sucede se um accionista não apresenta a totalidade das suas acções numa determinada assembleia geral. Ficará ele impedido de exercer o direito quanto às próprias acções apresentadas?

15.6. **Impedimento em situação de conflito de interesses**

Em certas circunstâncias mesmo os sócios que se encontrem genericamente aptos a exercer o voto devem abster-se de o fazer, «*não podendo votar por si, nem por representante, nem em representação de outrem, quando relativamente à matéria da deliberação se encontre em situação de conflito de interesses com a sociedade*» (art. 251.º, n.º 1). Isso acontece nos termos previstos exemplificativamente nas diversas alíneas do artigo 251.º, n.º 1.

Esta regra é também acolhida no domínio das sociedades anónimas, mas com as especificidades próprias desse tipo social (cfr. art. 384.º, n.º 6).

Dado que qualquer das normas legais é exemplificativa, a maior dificuldade estará em encontrar o critério que permita distinguir as situações em que o interesse envolvido é pessoal daquelas em que é societário.

Não haverá impedimento sempre que, estando em causa uma deliberação que respeite, directa ou indirectamente, à pessoa do sócio, ela tenha a ver, essencialmente, com o interesse da sociedade e com as funções por ele desempenhadas na actividade normal da sociedade.

---

[430] Recorrendo a esta excepção para exemplificar a "posição unitária de accionista", Cláudia Pereira de Almeida, *Relevância da causa na circulação das acções das sociedades anónimas fora de mercado regulamentado*, Coimbra Editora, **2007**, p. 37.

Exemplo disto é participação dos sócios nas deliberações que sejam relativas à remuneração da gerência quando esses mesmos sócios sejam gerentes.

16. Direito de informação[431]

16.1. Enquadramento normativo

Vamos agora analisar uma matéria que, com a entrada em vigor do Código das Sociedades Comerciais, foi objecto de importantes alterações, adquirindo uma amplitude até então desconhecida no Direito português. O direito de informação deixa de se confinar aos esclarecimentos obtidos em assembleia geral, à divulgação de certos documentos, na fase preparatória dessas assembleias – nomeadamente daqueles que, forem nelas objecto de discussão e aprovação – ou ao inquérito judicial em reduzido número de casos. Com efeito, desde 1 de Novembro de 1986, o direito de informação,

[431] Vd., na doutrina nacional mais recente, Raúl Ventura, *Novos estudos sobre Sociedades Anónimas e Sociedades em Nome Colectivo* (Comentário ao CSC), Almedina, Coimbra, **1994**, pp. 131-158, e *Sociedades por Quotas*, vol. I (Comentário ao CSC), 2ª ed., Almedina, Coimbra, **1989**, pp. 275-317, Henrique Sousa Antunes, *Algumas considerações sobre a informação nas sociedades anónimas (em especial, os artigos 288.º a 293.º do Código das Sociedades Comerciais*, sep. da Revista *Direito e Justiça*, vol. IX, t. 2 (pp. 193-228), e vol. X, t. 1 (pp. 261-304), **1996**, Carlos Maria Pinheiro Torres, *O direito à informação nas sociedades comerciais*, Almedina, Coimbra, **1998**, 185-199, João Labareda, *Direito à informação*, sep. de AA.VV., *Problemas do Direito das Sociedades*, Almedina, Coimbra, **2002** (pp. 119-151), José Augusto Engrácia Antunes, «O direito de informação nas sociedades de capitais», AA.VV., *Os quinze anos de vigência do Código das Sociedades Comerciais*, coord. por A. Ferrer Correia, Fundação Bissaya Barreto, Instituto Superior Bissaya Barreto, **2003** (pp. 45-55), Daniel Andrade, «O direito à informação nas sociedades por quotas e anónimas. O inquérito judicial», AA.VV., *Os quinze anos de vigência do Código das Sociedades Comerciais*, coord. por A. Ferrer Correia, Fundação Bissaya Barreto, Instituto Superior Bissaya Barreto, **2003** (pp. 101-122), Pedro Pais de Vasconcelos, *A participação social nas sociedades comerciais*, 2ª ed., Almedina, Coimbra, **2006**, pp. 203-216, e as dissertações de mestrado de Sofia Ribeiro Branco, *O Direito dos Accionistas à Informação*, Almedina, Coimbra, **2008**, pp. 311-428, e de Diogo Drago, *O Poder de Informação dos Sócios nas Sociedades Comerciais*, Almedina, Coimbra, **2009**, pp. 76-229 e 246-357.

para além das informações prestadas em assembleia geral ou preparatórias desta e dos inquéritos judiciais, compreende igualmente a consulta de elementos vários, nomeadamente a escrituração social, a inspecção dos bens sociais e a obtenção de informações por escrito.

Antes de mais, refira-se que o direito de informação[432] vem enunciado logo a seguir ao direito de voto, na *alínea c)* do número 1 do artigo 21.º.

No que nos interessa para os tipos sociais que estamos a analisar, teremos de abordar também os artigos 214.º a 216.º e 288.º a 292.º, para as sociedades por quotas e anónimas, respectivamente, para além de algumas regras do Código de Processo Civil relativas ao exercício de direitos sociais.

Enquadramos neste importantíssimo direito aquela *permissão normativa específica*[433] que os autores designam como direito de controlo da acção dos administradores e dos gerentes e que se retira designadamente do disposto nos artigos 292.º, 216.º, 450.º, e das disposições do Código de Processo Civil correspondentes à manifestação deste direito (arts. 1479.º a 1483.º).

Vejamos, em seguida, como é que se caracteriza o direito de informação.

16.2. Caracterização

16.2.1. *Generalidades*

A priori, **informação** significa ter acesso a um certo conhecimento, isto é, ao conhecimento pertinente da própria vida social. Ao caracterizar o direito de informação, estamos a tentar descobrir as vertentes em que ele se decompõe:

---

[432] Há quem autonomize, relativamente a este direito, o chamado direito de controlo da acção dos administradores (cfr. arts. 216.º, 292.º e 450.º).

[433] Assumimos aqui, sem pretender tomar posição sobre a complexa questão do conceito de direito subjectivo, a construção de Menezes Cordeiro expressa no seu *Tratado de Direito Civil Português, I* – Parte Geral, Tomo I, 3ª ed., Almedina, Coimbra, **2005**, pp. 331-334, em especial p. 334.

Para maior desenvolvimento do conceito de direito subjectivo, cfr. Eduardo Santos Júnior, *Da responsabilidade civil de terceiro por lesão do direito de crédito*, Almedina, Coimbra, **2003**, pp. 37-74.

Em primeiro lugar, este direito consiste na consulta de elementos da sociedade e, no âmbito desta, na chamada inspecção dos bens sociais e na obtenção de informações por escrito.

Numa segunda vertente, ele traduz-se nas informações inerentes e necessárias para uma adequada formação das deliberações sociais, prévias à assembleia geral ou a prestar durante a sua realização.

Finalmente, e quando a informação não é, injustificada e indevidamente, satisfeita pela sociedade, pode haver lugar a inquérito judicial e a exame de escrituração mediante intervenção judicial.

16.2.2. *Sociedades por quotas*

Nas sociedades por quotas «*o direito à informação pode ser regulamentado no contrato de sociedade*» (art. 214.º, n.º 2), compreendendo a obtenção de esclarecimentos por escrito sobre a actividade social, a consulta da escrituração, livros e documentos, na sede da sociedade (cfr. mesma disposição, n.º 1) e, inclusivamente, a inspecção dos bens sociais (art. 214.º, n.º 5).

16.2.3. *Sociedades anónimas*

Nas sociedades anónimas o âmbito de informação é, paradoxalmente, mais restrito do que nas sociedades por quotas, desdobrando-se, essencialmente, em:

a) Informações preparatórias da assembleia geral (art. 289.º);
b) Informações mínimas, a conceder aos accionistas titulares de um mínimo de 1% do capital social (art. 288.º, n.º 1);
c) Outras informações, só por escrito e quando requeridas por accionistas que representem, pelo menos, 10% do capital social (art. 291.º).

16.3. Âmbito da informação

16.3.1. *Enquadramento*

Caracterizado o direito, vejamos agora qual o âmbito da informação. Iremos, a este propósito, percorrer a tutela do direito nos domínios das sociedades por quotas e anónimas, tendo em consideração que nas primeiras ele é concedido a todos e cada um dos sócios, sem discriminações, e que nas segundas a respectiva titularidade e exercício estão dependentes da detenção ou agrupamento de uma determinada percentagem mínima do capital social ou, pelo menos, do direito de participação nas deliberações dos accionistas.

Mas, independentemente do tipo societário envolvido, a informação implica diferentes posturas por parte da sociedade a que se refere, tendo em conta, nomeadamente, a finalidade, o local ou a forma como é pretendida e solicitada. No caso das sociedades anónimas, conforme referido, há ainda que atender ao montante da participação detida ou representada pelo accionista que pretende aceder à informação.

16.3.2. *Conteúdo mínimo do direito de informação*

Quanto à consulta de elementos e obtenção de informação por escrito, nas sociedades anónimas o âmbito de informação é mais restrito do que nas sociedades por quotas. Nestas aplica-se, designadamente, o disposto no artigo 214.º, onde se prevê que a informação requerida por um sócio possa, inclusivamente, ter de ser dada por escrito, se tal for solicitado (n.º 1 *in fine*), o que revela mais uma vez o carácter pessoal deste tipo de sociedades.

Assim, nas sociedades por quotas qualquer sócio pode requerer informações sobre a gestão da sociedade e pode consultar a respectiva escrituração, livros e documentos.

No que se refere às sociedades anónimas, a consulta de elementos – sem ser especificamente dirigida à preparação de uma assembleia geral (cfr. art. 289.º) ou a efectuar durante a mesma (cfr. art. 290.º) – deve ser sustentada pela titularidade ou representação de uma participação mínima no capital social (cfr. art. 288.º). O artigo 288.º estabelece, assim, o conteúdo mínimo do direito de informação, impondo que o respectivo exercício seja actuado por accionista(s) detentor(es) de uma participação que seja correspondente a, pelo menos, 1% do capital social.

Aparentemente, pela redacção resultante do artigo 288.º e pelo seu confronto com o disposto no artigo 291.º –, os accionistas, para terem direito à informação mínima, deverão ser titulares de 1% do capital social, não havendo, assim, lugar ao agrupamento das participações de accionistas que, por si só, não atinjam essa percentagem.

Acresce que, para proceder à consulta dos documentos enunciados no artigo 288.º, o accionista deve ainda alegar *motivo justificado* (cfr. art. 288.º, n.º 1, proémio), sendo, aparentemente, suficiente que invoque a existência desse *motivo* (*justificado*), sem ter de proceder sequer à respectiva identificação. Baseamos esta nossa interpretação no facto de a lei não exigir que se alegue *um* motivo justificado, mas apenas "*motivo justificado*", pelo que será suficiente invocá-lo como tal. Contudo, nada impede que eventual regulamentação contratual do direito de informação especifique tal necessidade.

Das exigências legais apontadas – capital mínimo e motivação da consulta – resulta a natural conclusão de que o direito à informação é mais restrito nas sociedades anónimas do que nas sociedades por quotas.

16.3.3. *Informações preparatórias da assembleia geral*

16.3.3.1. *Disponibilização de documentos*

Antes da assembleia geral, e com antecedência relativamente à mesma, devem ser disponibilizadas aos accionistas as propostas da administração e diversos elementos de informação que a lei reputa relevantes para a formação da respectiva vontade (cfr. art. 289.º, n.º 1).

A antecedência para a disponibilização de elementos aos accionistas é, em regra, de quinze dias (cfr. art. 289.º, n.º 1), embora, em certas circunstâncias – nomeadamente alteração de contrato de sociedade, sempre que o texto das cláusulas a propor não tiver sido oportunamente divulgado na convocatória (cfr. art. 377.º, n.º 8) – possa coincidir com a data da publicação ou expedição da convocatória.

16.3.3.2. *Aplicação dos prazos legais às sociedades por quotas*

Questão interessante consiste em saber se os prazos de divulgação de propostas para a assembleia geral previstos no artigo 289.º se aplicam às sociedades por quotas, designadamente se os documentos de prestação de contas, incluindo o relatório de gestão, devem estar ao dispor dos sócios com a antecedência de quinze dias.

A resposta deverá ser afirmativa, não com base na analogia do disposto no artigo 289.º – que não se justifica, porque não teria sido difícil criar mais uma remissão expressa para as regras do direito de informação das sociedades anónimas (para além das que constam dos arts. 214.º, n.º 7 e 216.º, n.º 2) –, mas sim por efeito da aplicação às sociedades por quotas das regras referentes às assembleias gerais das sociedades anónimas (cfr. art. 248.º, n.º 1), nas quais se enquadram adequadamente as que respeitam à preparação das próprias assembleias.

16.3.3.3. *Propostas de accionistas*

Outras propostas que, entretanto, surjam, subscritas por accionistas – na sequência, ou não, de requerimento para inclusão de novos assuntos na ordem de trabalhos[434] –, não têm de ser previamente disponibilizadas aos demais accionistas[435], ficando ao critério do presidente da mesa a sua

---

[434] O requerimento propriamente dito deve ser facultado à consulta dos accionistas (cfr. art. 289.º, n.º 2). A lei não obriga, contudo, a que o mesmo seja acompanhado de proposta que esteja subjacente à sua apresentação, a qual apenas terá de ser presente à assembleia geral, desde que tenha sido aceite a inclusão solicitada.

[435] Aparentemente, sempre que estiver em causa a eleição de membros de órgãos sociais, devem estar patentes à consulta dos accionistas os nomes e currículos dos candidatos (cfr. art. 289.º, n.º 1, *alínea d)*). No entanto, não faz sentido que seja o órgão de administração em exercício a apresentar a proposta nesse sentido, até porque não será elegante ele propor a eventual recondução dos respectivos membros; e daí a primeira alteração efectuada ao texto desta alínea (pelo art. 1.º do DL 328/95, de 9 de Dezembro).

Com efeito, cabe logicamente aos accionistas proporem os candidatos a titulares dos órgãos sociais. E, assim sendo, pergunta-se: têm os accionistas interessados de entregar na sociedade uma proposta com uma antecedência não inferior a quinze dias, sob pena de o assunto não poder ser objecto de apreciação? Ou, diversamente, caso nenhum deles o faça, pode não obstante ser apresentada uma proposta na própria assembleia, desde que com os requisitos exigidos pela alínea d) do n.º 1 do art. 289.º (identificação, respectivo *curriculum vitae* e número de acções detidas)?

Cremos que a resposta à segunda questão satisfaz também a primeira. A redacção actual da referida *alínea d)* (red. do art. 2.º do DL 76-A/2006, de 29 de Março) é o produto de alterações incompletas desta disposição legal. Não faz sentido inviabilizar a eleição dos titulares dos órgãos sociais se os candidatos não forem conhecidos com antecedência, até porque nada impede que surjam propostas ou alterações no decurso da própria assembleia. Desse modo, é desejável que os candidatos e respectivos percursos sejam antecipadamente conhecidos, mas se tal não acontecer nem por isso a assembleia deixa de poder proceder à renovação dos órgãos sociais.

No entanto, caso seja do conhecimento da sociedade proposta de lista de candidatura aos órgãos sociais, afigura-se adequado que a mesma seja, desde logo, facultada à consulta dos accionistas.

eventual divulgação antecipada. Julgamos, no entanto, que, sem prejuízo de tais propostas poderem ainda ser alteradas ou mesmo retiradas até à data da realização da assembleia geral, manda o bom senso que as mesmas possam ser conhecidas de todos os que vão participar na reunião se forem formuladas com antecedência relativamente à mesma.

16.3.3.4. *Membros dos órgãos sociais a eleger*

Encontrando-se incluída na ordem do dia a eleição de membros dos órgãos sociais, a lei exige que, também durante os 15 dias anteriores à data da assembleia geral, estejam disponíveis para consulta dos accionistas *«os nomes das pessoas a propor, as suas qualificações profissionais, a indicação das actividades profissionais exercidas nos últimos cinco anos, designadamente no que respeita a funções exercidas noutras empresas ou na própria sociedade, e do número de acções da sociedade de que são titulares»* (art. 289.º, n.º 1, *alínea d)*).

Esta disposição legal não constava da redacção originária do artigo 289.º, tendo sido incluída no artigo 289.º por manifesto lapso do legislador (aditada pelo Decreto-Lei n.º 280/87, de 8 de Julho)[436]. Com efeito, na tradição dos países de Direito continental, cabe aos accionistas e não à administração propor as listas de candidatos aos órgãos sociais, não fazendo sentido enquadrar num preceito referente a deveres legais da administração uma obrigação aplicável a accionistas.

No entanto, a prática tem procurado respeitar esta norma, pelo que a indicação das pessoas candidatas aos órgãos sociais tem sido feita com a antecedência cominada na disposição em análise, pelo menos nas sociedades anónimas cotadas.

Temos defendido, no nosso ensino, que o disposto na *alínea d)* do número 1 do artigo 289.º (na redacção actual que lhe foi conferida pela Reforma Societária) não limita a apresentação de listas concorrentes às eleições nos quinze dias que antecedem a assembleia geral (eleitoral) ou até na própria assembleia geral. O sentido útil dessa disposição legal é, pois, o de impor a divulgação de uma proposta de lista candidata às eleições se a mesma já existir – permitindo conhecer com antecipação a identidade e o perfil dos membros da lista –, e o de limitar à administração

[436] O art. 289.º seria posteriormente alterado pelo DL 328/95, de 9 de Dezembro (art. 1.º)

da sociedade o prazo para esse efeito, se pretender subscrever uma proposta nesse sentido, e não mais do que isso.

Por isso, apresentada uma lista, pode haver lugar a substituições que sejam inclusivamente ditadas pela indisponibilidade de um seu integrante.

Se a confirmação dos membros da lista estiver dependente de autorização de uma autoridade de supervisão, então a eleição ficará condicionada à obtenção da necessária permissão dessa entidade. Só então a designação dos accionistas será eficaz.

16.3.4. *Informações em assembleia geral*

No decurso da assembleia geral, o accionista pode requerer que lhe sejam prestadas informações que lhe permitam formar opinião sobre os assuntos sujeitos a deliberação (cfr. art. 290.º, n.º 1). Esta regra é aplicável às sociedades por quotas, por força do art. 214.º, n.º 7.

As informações – a prestar pelo órgão social competente, e portanto inclusivamente pela própria mesa da assembleia geral ou pelo órgão de fiscalização (cfr. art. 290.º, n.º 2) – devem ser verdadeiras, completas e elucidativas (cfr. art. 290.º, n.º 1) e só poderão ser recusadas se a sua prestação for proibida (por implicar *violação de segredo imposto por lei*) ou *puder ocasionar grave prejuízo à sociedade ou a sociedade coligada* (art. 291.º, n.º 2 *in fine*).

Se o sócio ficar impedido de formar adequadamente a sua vontade (decisão), por facto atribuível à sociedade – recusa injustificada de informação –, a deliberação enferma de irregularidade e é susceptível de ser anulada (cfr. art. 290.º, n.º 3).

16.3.5. *Outras informações (por escrito)*

Os accionistas que tenham ou congreguem acções representativas de, pelo menos, 10% do capital social têm o direito de solicitar outras informações por escrito (art. 291.º, n.º 1), devendo as mesmas ser respondidas pela administração no prazo máximo de quinze dias, sob pena de se terem por recusadas (cfr. art. 291.º, n.º 5).

Esta regra não se aplica às sociedades por quotas, uma vez que nestas os sócios podem a qualquer tempo – e sem limite mínimo de participação no capital social – pedir à gerência informações por escrito (cfr. art. 214.º, n.º 1 *in fine*).

16.3.6. *Inspecção dos bens sociais*

Na lógica de que, de facto, o âmbito e alcance da informação é maior nas sociedades por quotas do que nas anónimas – o que só não é totalmente paradoxal, tendo em conta que as primeiras são muito mais fechadas do que as segundas, porque faz sentido regular (mais) amplamente o direito numa sociedade em que a *affectio societatis* é uma característica quase absoluta relativamente à situação típica de accionista, caracterizada pelo investimento financeiro visado –, a lei concede ao sócio o direito de inspeccionar os bens sociais (cfr. art. 214.º, n.º 5), o que ele poderá fazer *in loco*, verificando nomeadamente os stocks, ou comprovando as existências por acesso informático.

A inspecção deve ser feita pessoalmente pelo sócio interessado que (só) pode fazer-se acompanhar de perito (cfr. art. 214.º, n.os 5 *in fine* e 4).

Em qualquer circunstância, julgamos que este direito carece de regulamentação estatutária que discipline o seu exercício, sob pena de poder causar grandes danos à sociedade, se deficientemente exercido, ou de o seu exercício ser sistematicamente recusado sem justificação adequada.

16.3.7. **Inquérito judicial e exame de escrituração**; *remissão*

Excepcionalmente, o exercício do direito de informação pode requerer a intervenção do tribunal. Tal acontece, nomeadamente, quando a (administração da) sociedade se recusa injustificadamente a permitir a consulta de elementos sociais ou a esclarecer devidamente as questões que legitimamente sejam formuladas[437].

O inquérito judicial encontra-se previsto nos artigos 216.º, para as sociedades por quotas, e 292.º, para as sociedades anónimas, sendo regulado pelos números 2 e seguintes desta última disposição legal para ambos os tipos societários (cfr. art. 216.º, n.º 2) e ainda pelo art. 450.º para as sociedades anónimas. No que se refere às diligências de natureza processual, a lei não distingue um tipo societário do outro (cfr. arts. 1479.º e segs. do CPC).

---

[437] Ocorrendo abuso do exercício do direito de informação, a recusa de prestar informações é lícita.

Dada a relevância deste instituto, vamos abordá-lo autonomamente um pouco mais à frente (vd., *infra*, n.º 16.8).

16.4. **Elemento essencial: o relatório da gestão e (nas sociedades anónimas) o seu anexo; documentos de prestação de contas**; *remissão*

Elemento essencial do direito de informação é o relatório de gestão e o respectivo anexo, nas sociedades em que este é obrigatório.

Antes de passarmos a caracterizar, sumariamente, o relatório de gestão e a enunciar as obrigações inerentes e subsequentes à sua elaboração, importa sublinhar que se trata de um elemento de informação obrigatório em todas as sociedades comerciais (cfr. arts. 65.º, em especial n.º 4, 66.º, 67.º, em especial, n.ºs 2 e 4, e 70.º-A *a contrario*), devendo ser publicado nos sítio da *Internet* das sociedades por quotas e anónimas e disponibilizada cópia integral na sede social (cfr. art. 70.º, n.º 2 do CRCom)[438].

16.4.1. ***Conteúdo do relatório de gestão***

O relatório de gestão é um dos documentos de prestação de contas e pretende relatar a situação da sociedade relativamente a um determinado período da sua actividade, isto é, a um exercício social[439]. Consequenteente, *deve conter uma exposição fiel e clara sobre a evolução dos negócios* societários *e o desempenho e posição da sociedade* no mercado durante o exercício – *em conformidade com a dimensão e complexidade da sua actividade –, bem como uma descrição dos principais riscos e incertezas com que a mesma se defronta* (art. 66.º, n.ºs 1 e 2 do CSC, red. do Decreto-Lei n.º 35/2005, de 17 de Fevereiro[440]), não se cingindo *aos*

[438] Anteriormente, o relatório destas sociedades era de depósito imperativo [cfr. arts. 70.º e 70.º-A (este, entretanto, revogado) do CSC e arts. 3.º, n.º 1, *alínea n)* e 42.º do CRCom].

[439] Nos casos em que há lugar à consolidação de contas, haverá que elaborar também um relatório consolidado de gestão, nos termos previstos no art. 508.º-C do CSC, na red. do DL 35/2005, de 17 de Fevereiro.

[440] O art. 66.º do CSC tem sido objecto de diversas alterações – a última das quais com data de 17 de Fevereiro de 2005 [embora pretensamente com efeitos retroactivos a

aspectos financeiros da sua actividade, mas abordando *questões não financeiras,* nomeadamente de natureza ambiental e laboral e pronunciando-se sobre a *evolução da gestão* nas áreas de actuação da sociedade (e a esse propósito focando as *condições de mercado, investimentos, custos, proveitos e actividades de investigação e desenvolvimento*), referenciando os *factos relevantes* que ocorreram já depois de encerrado o exercício ao qual o relatório se reporta e apresentando as perspectivas de evolução da sociedade (cfr. art. 66.º, n.os 3 e 5, *alíneas a), b) e c)* do CSC, na red. do Decreto-Lei n.º 35/2005, de 17 de Fevereiro).

Para além desses aspectos essenciais, o relatório de gestão deverá ainda indicar (cfr. art. 66.º, n.º 5 do CSC, na red. do Decreto-Lei n.º 88/ /2004, de 20 de Abril, e do Decreto-Lei n.º 35/2005, de 17 de Fevereiro):

- Em relação às quotas e acções próprias, *o número e o valor nominal* de participações com essa natureza, que tenham sido *adquiridas ou alienadas durante o exercício* (com menção dos *motivos desses actos e o respectivo preço), e que* no final do mesmo se encontrem em carteira (cfr. *alínea d)*);
- «*As autorizações concedidas a negócios entre a sociedade e os seus administradores, nos termos do artigo 397.º*» (*alínea e)*);
- «*Uma proposta de aplicação de resultados devidamente fundamentada*» (*alínea f)*);
- «*A existência de sucursais da sociedade*» (*alínea g)*), com indicação da respectiva localização;
- «*Os objectivos e as políticas da sociedade em matéria de gestão dos riscos financeiros*[441] e *a exposição por parte da sociedade*» a certos riscos[442] que tenham reflexos na avaliação do respectivo património (cfr. *alínea h)*).

---

de 1 de Janeiro de 2005 (cfr. art. 16.º do DL 35/2005, de 17 de Fevereiro)] – com o intuito de assegurar, entre outras finalidades, uma maior coerência na elaboração e apresentação do relatório de gestão e do relatório consolidado de gestão, bem como na elaboração e apresentação do documento de certificação legal de contas, introduzindo alterações consentâneas com as práticas a nível internacional, e de harmonizar a legislação contabilística comunitária com as Normas Internacionais de Contabilidade.

[441] «*Incluindo as políticas de cobertura de cada uma das principais categorias de transacções previstas para as quais seja utilizada a contabilização de cobertura*».

[442] «*Riscos de preço, de crédito, de liquidez e de fluxos de caixa, quando materialmente relevantes para a avaliação dos elementos do activo e do passivo, da posição financeira e dos resultados, em relação com a utilização dos instrumentos financeiros*».

16.4.2. ***Publicidade***

O relatório de gestão deve ser divulgado aos sócios para que estes possam ajuizar acerca da bondade da condução dos negócios sociais e formar a sua decisão sobre o modo como a sociedade foi gerida durante o exercício a que se reporta, pronunciando-se em consciência aquando da aprovação das contas.

Depois, após ser aprovado, o relatório de gestão revela-se um instrumento fundamental para dar a conhecer aos terceiros com os quais a sociedade se relaciona, nomeadamente instituições de crédito, a sua situação económico-financeira e, eventualmente, as dificuldades que atravessa.

A publicidade do relatório de gestão pode fazer-se de vários modos. Antes da sua aprovação pelos sócios, e uma vez que se encontre concluído e subscrito pelos membros do órgão de gestão, através da exposição na sede da sociedade (cfr. arts. 263.º, n.º 1 e 289.º, n.º 1) ou do seu envio aos titulares de acções nominativas correspondentes a, pelo menos, 1% do capital social, quando eles o requeiram (cfr. art. 289.º, n.º 3).

Após a aprovação pela assembleia geral, o relatório de gestão deverá ser disponibilizado na sede social aos interessados – a quem devem ser facultadas cópias sem qualquer encargo – e integralmente divulgado no sítio da sociedade na Internet, se existir (cfr. art. 70.º, n.º 2 do CSC, na red. do Decreto-Lei n.º 8/2007, de 17 de Janeiro)[443]. O relatório de gestão já não está sujeito a depósito na Conservatória.

Diversamente, o registo (comercial) das contas continua a ser necessário (cfr. art. 70.º, n.º 1 do CSC e art. 3.º, n.º 1, *alínea n)* do CRCom), constituindo, hoje, uma obrigação legal englobada na Informação Empresarial Simplificada (cfr. art. 2.º, n.º 1, *alínea c)* do Decreto-Lei n.º 8/2007, de 17 de Janeiro)[444].

---

[443] Com a alteração do art. 42.º do CRCom, o relatório de gestão deixou de ser depositado, extinguindo-se, consequentemente, a exigência de publicação da menção do depósito no sítio do Ministério da Justiça, que se encontrava em vigor desde 1 de Janeiro de 2006 (cfr. art. 28.º, n.º 2 do DL 111/2005, de 8 de Julho).

[444] O registo da prestação de contas a efectuar por depósito opera-se *por transmissão electrónica de dados* (cfr. art. 42.º, n.º 1 do CRCom, red. do DL 8/2007, de 17 de Janeiro), devendo ser feita menção desse depósito em sítio da Internet (cfr. arts. 70.º, n.º 2 e 55.º-A, n.º 4 do CRCom, na red. do art. 19.º do DL 111/2005, de 8 de Julho, e do DL 76-A/2006, de 29 de Março, respectivamente). Isto é, não é necessário proceder à sua publicação integral ou sequer por extracto, excepto se a mesma for obrigatória em função da sociedade anónima ser aberta e cotada em bolsa de valores (cfr. art. 245.º,

16.4.3. *O anexo ao relatório de gestão*

Nas sociedades anónimas há ainda que elaborar um anexo ao relatório de gestão, que publicite devidamente as participações dos administradores e dos accionistas mais relevantes, bem como a respectiva variação positiva ou negativa.

Assim, é obrigatória a divulgação, em anexo ao relatório de gestão, das participações sociais – e respectiva variação no período a que se reporta o relatório, bem como os preços de transacções eventualmente ocorridas – dos membros dos órgãos de administração, de modo a conhecer o empenhamento que têm na sociedade e a perspectiva com que encaram a respectiva evolução, e dos membros dos órgãos de fiscalização, de forma a verificar a isenção da actividade de controlo (cfr. art. 447.º, n.º 5).

Paralelamente deve o anexo ao relatório de gestão divulgar as participações sociais dos accionistas que sejam titulares de mais de um décimo (10%), um terço (33,34%) ou metade (50%) do capital social ou que tenham deixado de o ser (cfr. art. 448.º, n.º 4).

Sendo verdade que quem tem mais de metade tem mais de um décimo (tem mais de cinco décimos), a lei pretende proporcionar aos accionistas e àqueles que consultem os relatórios de gestão a evolução das titularidades relevantes de participações sociais, por forma que o mercado possa apreciar o aumento ou decréscimo dessas participações relativamente aos respectivos titulares[445] e dessa variação retirar as ilações devidas.

No que respeita ao anexo – e com efeitos apenas a partir do final dos exercícios sociais que se iniciam em 2010 –, foi recentemente aditada ao Código das Sociedades Comerciais (cfr. art. 11.º do DL 185/2009, de 12 de Agosto) uma nova regra: o artigo 66.º-A (*Anexo às contas*). Segundo

n.º 1, *alínea a)* do CVM), ou atendendo à espécie de sociedade em causa (p. ex., financeira) e de regra específica criada para o efeito [Aviso do Banco de Portugal, n.º 6/2003, de 15 de Janeiro, na red. do Aviso n.º 9/2005, de 24 de Junho (cfr., em especial, arts. 1.º e 4.º)] (cfr. art. 115.º, n.º 1 do RGIC).

[445] Nas sociedades abertas, como é sabido, a exigência de divulgação é muito maior, devendo ser publicitadas quaisquer variações acima ou abaixo de 2%, 5%, 10%, 15%, 20%, 25%, um terço, metade, dois terços e 90% dos direitos de voto (cfr. arts. 16.º e 17.º do CVM, na redacção introduzida pelo DL n.º 375-A/2007, de 31 de Outubro).

esta nova disposição legal, as sociedades passam também a ser obrigadas a prestar, nesse documento, informação

- Sobre a natureza e objectivo comercial das operações não contabilizadas (*não incluídas no balanço)* e o respectivo impacto financeiro, caso sejam relevantes os riscos e os benefícios resultantes dessas operações e (apenas) na medida em que a divulgação desses riscos seja fundamental para efeitos de avaliação da situação financeira (cfr. n.º 1, *alínea a)*);
- Discriminada sobre os *honorários totais* referentes a prestações de serviços diversas (revisores oficiais de contas, consultadoria fiscal, advogados e outros) que lhe tenham sido *facturados durante o exercício*, com excepção dos serviços *de revisão*[446] *ou auditoria.*

16.4.4. *O relatório de governo societário*

A partir do exercício económico que se inicia em 2010 – e que se conclui em 31 de Dezembro ou em 2011 –, e com referência, ao mesmo, deverá a sociedade elaborar e disponibilizar a quaisquer interessados, na sede social e no sítio da internet quando exista, o relatório sobre a estrutura e as práticas de governo societário (cfr. art. 70.º, n.º 2, *alínea b)*, red. do DL 185/2009, de 12 de Agosto).

Este documento deve ser divulgado simultaneamente com o relatório de gestão, se não fizer parte dele, isto é, se for autónomo (cfr. art. 70.º, n.º 2, *alínea b) in fine*).

16.4.5. *Falta de apresentação do relatório de gestão ou dos demais documentos de prestação de contas*

O relatório de gestão é, normalmente, apresentado nos primeiros três meses de cada exercício, salvo se a sociedade consolidar contas, caso em que poderá ser apresentado até ao final do quinto mês (cfr. art. 65.º, n.º 5). Quando o relatório não for apresentado no prazo legal, e nem o seja nos dois meses subsequentes, há a possibilidade de se recorrer a inquérito judicial para conhecimento da situação da sociedade (cfr. art. 67.º).

[446] A lei é excessivamente ambígua a este propósito ...

A não apresentação atempada do relatório de gestão – *i.e.*, no prazo previsto para a sua aprovação (cfr. art. 376.º, n.º 1) – constitui um ilícito de mera ordenação social, *punido com coima de € 50 a € 1.500* (cfr. art. 528.º, n.º 1).

16.5. **Exercício do direito de informação**

16.5.1. ***Exercício pessoal***

O direito de informação deve ser actuado pessoalmente pelo sócio, que se pode fazer acompanhar de um perito e obter a reprodução de elementos que repute essenciais ao seu esclarecimento (arts. 214.º, n.º 4 e 288, n.º 3). Com efeito, em certas diligências – que não a participação em assembleia geral, cujo regime é específico – o sócio e o accionista podem fazer-se acompanhar de um perito ou especialista na matéria que é objecto da consulta, o qual pode ser, nomeadamente, um revisor oficial de contas ou um jurista.

Daqui resulta a necessidade de o sócio estar presente nas diligências em que se concretizar o exercício do direito.

No domínio das sociedades anónimas, a regra, nesta matéria, é a de que pode exercer o direito quem possa, legal e estatutariamente, representar o accionista nas assembleias gerais (cfr. art. 288.º, n.º 3)[447].

16.5.2. ***Exercício por gerentes e administradores***

Ponderar se o direito de informação pode ser actuado por gerentes ou administradores na qualidade de sócios ou accionistas da Sociedade, equivale a admitir que estes, enquanto membros do órgão de gestão, não conseguem obter a informação que normalmente lhes seria devida.

Esse aparente contra-senso, que parece redundar numa impossibilidade lógica – uma vez que quem presta a informação são os gestores da sociedade, que são, ou devem ser, a fonte dessa informação –, e que a não ter solução conduziria à impossibilidade de o gerente ou administrador

[447] Isto é, nas sociedades anónimas o accionista pode fazer substituir-se por quem o possa representar na assembleia geral.

ter acesso a informação da sociedade administrada, foi já objecto de análise jurisprudencial[448], no sentido de que se pode justificar ter a sociedade de prestar informações aos respectivos gerentes.

16.5.3. *Diligências autorizadas*

Qual o tipo de diligências em que se pode concretizar o exercício do direito?

A informação pode ser solicitada verbalmente ou por escrito ou obtida por consulta e verificação de elementos sociais, sendo lícito ao sócio dirigir-se à sede social para o efeito e requerer a fotocópia dos elementos consultados, bem como solicitar os esclarecimentos que considerar devidos. Na sua busca e análise *in loco* o sócio deve ter acesso aos livros sociais, nomeadamente à escrituração da sociedade, mas não deve exercer o direito com propósitos que sejam prejudiciais à própria sociedade ou à sua actividade e que possam acabar por lesá-la.

16.5.4. *Informações a prestar*

As informações a prestar pela sociedade devem ser verdadeiras, completas e elucidativas (cfr. arts. 214.º, n.º 1 e 290.º, n.º 1), isto é, devem corresponder à realidade, retratá-la fielmente e de forma completa e esclarecedora.

Em certas circunstâncias pode haver justificação para a recusa de informações. Veremos mais à frente, como e quando a informação pode ser recusada (cfr., *infra*, n.º 16.6.1).

16.5.5. *Regulamentação (do exercício do direito de informação)*

Os contratos de sociedade podem regular o direito de informação e fazem-no não raras vezes, mas com respeito pelas regras imperativas que, em caso de divergência, se sobrepõem às cláusulas estatutárias.

---

[448] Cfr. **AcRelPorto, de 19 de Outubro de 2004** (Mário Cruz) (*CJ*, ano XXIX, t. IV, 2004, pp. 194-196), e, mais recentemente, **AcRelCoimbra de 28 de Março de 2007** (Coelho de Matos) (Proc. n.º 1300/06.1TBAGD.C1), *www.dgsi.pt*, a propósito do exercício do direito de informação por sócio gerente (que não é gerente de facto).

A regulamentação deste direito encontra-se prevista, para as sociedades por quotas no número 2 do artigo 214.º.

Avancemos com um exemplo de cláusula estatutária extraída de um contrato de sociedade anónima:

Artigo Vigésimo
(Direito de informação dos accionistas)

Um. *Sendo solicitadas informações à administração, disporá esta do prazo de trinta dias para conceder a resposta devida, sem prejuízo de disposições legais imperativas que, para uma situação concreta, estabeleçam um prazo inferior.*

Dois. *O conselho de administração poderá regulamentar o exercício do direito de informação, devendo submeter eventual regulamento à assembleia geral subsequente à respectiva aprovação, sem prejuízo de o mesmo se considerar desde logo vigente e eficaz.*

Para além deste tipo de regulamentação contratual, genérica, é possível detalhar diversos aspectos do exercício deste direito com a finalidade de acautelar o abuso do exercício do direito e permitindo, designadamente, à sociedade exercer a respectiva actividade com a mínima perturbação possível.

E a pormenorização do direito de informação – que não tem, em nosso entender, dignidade estatutária – pode ser objecto de um Regulamento específico que discipline o respectivo exercício e disponha, nomeadamente, sobre aspectos práticos que, em caso de conflito, não serão despiciendos. Fundamental é que o mesmo não se traduza na negação do direito e que não colida com o normal exercício do direito ou com princípios fundamentais caracterizadores do Direito das Sociedades Comerciais, como o princípio da igualdade de tratamento dos accionistas.

Certo tipo de regras, como as que se destinam a limitar o exercício do direito de informação a datas específicas, são possíveis e têm cabimento num ou noutro instrumento.

Vejamos, também a título exemplificativo, o aspecto parcial (apenas o articulado) de um **Regulamento** com essa natureza:

1.º

Toda e qualquer consulta a realizar, in loco, ao abrigo do disposto no art. 288.º do Código das Sociedades Comerciais, deve ser precedida de solicitação feita nesse sentido pelo accionista interessado.

2.º

1. *O pedido de consulta, a que se refere o número anterior, deve ser enviado por carta, telecópia ou correio electrónico (e-mail) ou formulado, pessoalmente, junto do secretário da sociedade, na sede social, o qual tomará nota da identificação do requerente e do motivo alegado.*

2. *No pedido de consulta – a enviar à atenção do Secretário da Sociedade – devem ser claramente explicitados os seguintes elementos:*

a) Identificação do accionista e, caso o mesmo não pretenda fazer a consulta pessoalmente, a pessoa que o representará, nos termos e para os efeitos do disposto na lei;

b) Endereços para contacto, com menção de número de telecópia e de e-mail, se existirem;

c) Motivo alegado para a consulta.

3.º

1. *Cabe ao Secretário da Sociedade apreciar os pedidos de consulta, verificando se não há fundamento para considerar injustificado o motivo alegado pelo interessado e, em caso negativo, promovendo todos os actos necessários e convenientes para satisfazer a pretensão do accionista, bem assim como acompanhando pessoalmente as diligências a realizar.*

2. *Se considerar que o motivo invocado pelo accionista é injustificado, o Secretário da Sociedade deve submeter de imediato o caso à administração, informando também do facto o Fiscal Único, para que seja tomada uma posição sobre o pedido formulado, a qual deve ser comunicada por escrito ao accionista.*

4.º

As consultas deverão efectuar-se, na sede da sociedade, às quintas-feiras, que correspondam a dias úteis, durante a hora de expediente, excepto:

a) nas duas últimas quintas-feiras dos meses de Março, em que não poderão ser feitas consultas;

b) nos meses de Julho e Agosto, em que poderá ser pontualmente marcado um dia diferente.

5.º

Os accionistas interessados deverão suportar todos os custos do exercício do respectivo direito de informação, nomeadamente das fotocópias que forem solicitadas, ao abrigo do disposto no n.º 3 do art. 288.º.

6.º

Quando o Secretário não puder participar nas diligências, por se encontrar impedido, deve o mesmo ser substituído pelo suplente e, em caso de impedimento deste, por colaborador da sociedade que, para o efeito, for designado.

16.6. Recusa de informação e prestação de informações falsas, incompletas ou não elucidativas

16.6.1. *Recusa admissível de informação*

Em certos casos a sociedade pode limitar o direito à informação, ou seja, pode opor-se ao seu normal exercício, se considerar que da respectiva satisfação irá, muito provavelmente, resultar um prejuízo mais grave para a sociedade do que o benefício que o sócio retiraria desse exercício.

No que respeita às sociedades por quotas, saliente-se que o contrato pode, em certos termos – que não se traduzam na negação ou excessiva limitação do direito –, restringir o direito de informação, alargando as situações em que a recusa é legítima (cfr. arts. 215.º, n.º 1, I parte, e 214.º, n.º 2).

Nestas sociedades, a informação, a consulta ou a inspecção só podem ser recusadas quando se recear que o sócio as utilize para fins estranhos à sociedade e com prejuízo desta ou quando ocasione a violação de segredo imposto por lei a favor de terceiros (arts. 215.º, n.º 1).

Nas sociedades anónimas, a informação só pode ser negada quando o pedido for abusivo, quando se receie que o accionista a vá utilizar *para fins estranhos à sociedade e com prejuízo desta ou de algum accionista*, quando possa *prejudicar relevantemente a sociedade ou os accionistas* e quando se traduza na *violação de segredo imposto por lei* (art. 291.º, n.º 2 *in fine*, e n.º 4).

Assinale-se que quanto às informações em assembleia geral não há especificidades para as sociedades por quotas, remetendo o n.º 7 do artigo 214.º para o artigo 290.º, um pouco à semelhança com o que se passa com o artigo 248.º, n.º 1 quanto às deliberações tomadas em assembleia geral. Portanto, rege a matéria o referido artigo 290.º e o que este impõe relativamente às informações a prestar na assembleia geral é que tais informações sejam verdadeiras, completas e elucidativas e que não possam sem justa causa ser recusadas.

Importa sublinhar, não obstante, que a regra, nesta matéria, é a de que a informação não pode ser recusada, excepto nos casos e circunstâncias específicos expressamente previstos na lei.

16.6.2. *Anulabilidade das deliberações prejudicadas*

A prestação deficiente de informações ou a recusa das mesmas vai viciar a deliberação que foi mal formada. Por isso, são anuláveis as deliberações que tenham sido precedidas de recusa injustificada de informação ou do não fornecimento de elementos mínimos de informação[449] (cfr. arts. 290.º, n.º 3, 214.º, n.º 7, e 58.º, n.os 1, *alínea c)*, e 4).

16.6.3. *Tutela penal*[450]

A falta ou a insuficiência da informação é geradora de responsabilidade penal para quem recuse a informação ou a preste de forma deficiente (arts. 518.º e 519.º).

16.7. Utilização indevida de informações

A utilização indevida de informações pelo sócio ou pelo accionista, para além de o fazer incorrer em responsabilidade civil – responsabilidade nos termos gerais pelos prejuízos causados –, pode assumir outras consequências, mais gravosas (cfr. arts. 214.º, n.º 6 e 291.º, n.º 6). É o que acontece nas sociedades por quotas em que, diversamente do que sucede nas congéneres anónimas, ela pode ser também causa de exclusão (cfr. art. 214.º, n.º 6).

Considera-se constituir utilização indevida a afectação da informação (obtida) a fins diferentes dos prosseguidos pela sociedade.

---

[449] São elementos mínimos de informação os documentos para exame dos sócios e os elementos que devem constar do anúncio convocatório (cfr. art. 58.º, n.º 4).

[450] No âmbito do CSC, vd. o estudo de Miguel Pedrosa Machado, *Sobre a tutela penal da informação nas sociedades anónimas: problemas da reforma legislativa*, sep. da Revista «O Direito», anos 106.º-119.º, 1974/**1987**, pp. 271-338.

16.8. Inquérito judicial[451]

Como é que se deve reagir perante a recusa de informação? Como é que, legalmente, se obriga a sociedade a fornecer ou disponibilizar a informação que injustificadamente se recusa a prestar? Em suma, como é que se tem acesso à informação pretendida?

Quando a informação não é espontaneamente prestada, devendo sê-lo, ou, sendo expressamente solicitada, é pura e simplesmente recusada, há que recorrer ao inquérito judicial, que existe para garantir a efectivação do direito à informação.

Correspondendo a um processo de jurisdição voluntária, regulado no Código de Processo Civil (arts. 1479.º a 1483.º, na red. dos Decretos-Leis n.os 329-A/95, de 12 de Dezembro, e 180/96, de 25 de Setembro), o inquérito judicial pode ser actuado se não forem apresentados o relatório de gestão, as contas do exercício e outros documentos de prestação de contas, ou os mesmos não forem oportunamente objecto de deliberação (art. 67.º, n.os 1 e 4), ou quando a informação pedida for indevidamente recusada ou tiver sido prestada *informação presumivelmente falsa, incompleta ou não elucidativa* (cfr. arts. 216.º e 292.º).

Importa chamar a atenção para o facto de que a recusa de informação pode conduzir, em sede de inquérito judicial, à destituição dos gestores responsáveis pela prestação da mesma (cfr. art. 292.º, n.º 2, *alínea a)*).

---

[451] Sobre a possibilidade de um membro da administração (gerente) recorrer ao inquérito judicial para obter informações que lhe são recusadas, cfr. os **Acórdãos da Relação do Porto de 2 de Dezembro de 2002** (Pinto Ferreira) (*CJ* ano XXVII, t. V, 2002, pp. 186-188), e **de 19 de Outubro de 2004** (Mário Cruz) (*CJ*, ano XXIX, t. IV, 2004, pp. 194-196), **AcSTJ de 10 de Outubro de 2006** (João Camilo) (Proc. n.º 06A1738), *www.dgsi.pt*, e o também já citado **AcRelCoimbra de 28 de Março de 2007** (Coelho de Matos) (Proc. n.º 1300/06.1TBAGD.C1), *www.dgsi.pt*. Diferentemente, considerando que nessas circunstâncias o direito se exerce através do processo de investidura, cfr. **AcRelLisboa de 7 de Fevereiro de 2002** (Salazar Casanova) (*CJ* ano XXVII, t. I, 2002, pp. 103-104).

Na doutrina, vd. João Labareda, «Notícia sobre os processos destinados ao exercício de direitos sociais», *DJ*, vol. XIII, t. I, **1999** (pp. 43-111), pp. 64-72.

16.9. O abuso de informação[452]

O abuso de informação corresponde a uma situação diferente, em que o accionista, tendo acesso a uma informação privilegiada respeitante à vida da sociedade, tira partido indevido dessa informação, aproveitando-a para a satisfação de interesses próprios.

Esta situação tem reflexos a nível civil e criminal.

A informação é privilegiada se, respeitando a factos a *que não tenha sido dada publicidade*, for obtida em razão das funções desempenhadas no órgão societário. Há um abuso dessa informação se a mesma se concretizar em acto que evite perda ou proporcione ganho ao membro do órgão de administração ou de fiscalização (cfr. art. 449.º, n.º 1).

Verificando-se a situação abusiva, há lugar a indemnização dos prejudicados no montante correspondente ao da vantagem patrimonial realizada, sendo a indemnização paga à sociedade, caso não seja possível identificar os prejudicados (cfr. art. 449.º, n.º 1).

Se, pelo exercício dos deveres que lhes cabem, os membros dos órgãos de gestão ou de fiscalização têm um especial conhecimento de informações de que podem tirar vantagens patrimoniais injustificadas, pode haver lugar à respectiva destituição judicial (cfr. art. 449.º, n.º 4). À mesma situação – de destituição do infractor – podemos chegar se o abuso de informação originar um inquérito judicial, nos termos do art. 450.º (cfr. n.º 1).

À responsabilidade civil – em que também pode ser condenado no âmbito de inquérito judicial (cfr. art. 450.º, n.º 2) – e às sanções específicas previstas no Código das Sociedades Comerciais (cfr. art. 450.º, n.º 4), acresce a responsabilidade de natureza criminal, nos termos do artigo 378.º do Código dos Valores Mobiliários (red. do art. 2.º do DL 52/ /2006, de 15 de Março), podendo mesmo haver lugar a aplicação de uma pena de prisão para o aproveitamento ou divulgação de informações privilegiadas (cfr. n.os 1 e 2).

O artigo 378.º do Código dos Valores Mobiliários – aplicável a todas as sociedades anónimas (cfr. n.º 1), e não apenas às sociedades abertas –, por um lado, define o que se deve entender por informação privilegiada (cfr. n.os 3, 4 e 5 *in fine*); por outro lado, alarga o círculo de agentes que podem incorrer na prática do crime (cfr. n.os 1 e 2).

---

[452] Vd. Raúl Ventura, *Novos estudos sobre Sociedades Anónimas e Sociedades em Nome Colectivo* (Comentário ao CSC), Almedina, Coimbra, **1994**, pp. 76-87.

17. Outros direitos

17.1. Direito de preferência na subscrição de capital em aumento por entradas em dinheiro[453]

17.1.1. *Caracterização*

O direito de preferência na subscrição de capital em aumento por entradas em dinheiro é um direito inerente à própria participação social, cujo conteúdo consiste na faculdade que os sócios têm de intervir preferencialmente em relação a terceiros, na subscrição de novas participações, em caso de aumento do capital social.

Assim, quem já for sócio ou accionista de uma sociedade que pretenda aumentar o respectivo capital social por entradas em dinheiro, tem preferência na subscrição desse aumento em relação àqueles que pretenderem vir a sê-lo, isto é, relativamente a quem pretender entrar para a sociedade; e devem exercer essa preferência proporcionalmente à sua participação no capital. Por isso, se diz que o direito de subscrição é proporcional à participação social.

17.1.2. *Natureza e conteúdo*

Este direito, que corresponde hoje a uma faculdade que a lei imperativamente concede aos sócios, reveste simultaneamente natureza patrimonial, relativamente ao valor que pode estar subjacente à subscrição da participação – e, por isso, é possível alienar direitos de subscrição –, e não patrimonial, na vertente em que visa assegurar ao sócio manter a proporcionalidade no capital.

Regulado nos artigos 266.º e 458.º, respectivamente para as sociedades por quotas e para as sociedades anónimas, este direito concede aos sócios e aos accionistas a preferência nos aumentos de capital a realizar

[453] Vd. a monografia de Pedro de Albuquerque, *Direito de Preferência dos Sócios em Aumentos de Capital nas Sociedades e por Quotas*, Almedina, Coimbra, **1993**, e o manual de Carlos Osório de Castro, *Valores mobiliários: conceito e espécies,* 2ª ed., UCP, Porto, **1998** (cfr., em especial, pp. 209-239).

em dinheiro, relativamente à subscrição do aumento, e à subscrição das acções, em particular, no que respeita às sociedades anónimas. Voltaremos a abordá-lo, a propósito do aumento de capital social (cfr., *infra*, n.º 24.3).

17.2. **Direito de exoneração**[454]

17.2.1. *Caracterização*

A exoneração consiste no abandono unilateral do sócio da sociedade de que fazia parte, sem se fazer substituir, mediante uma contrapartida. Esta operação implica a perda da titularidade da quota ou das acções relativamente às quais se exerceu o direito.

A solução da nossa lei é distinta para as sociedades por quotas e para as sociedades anónimas.

Nas sociedades por quotas, a exoneração pode ocorrer nos casos previstos na lei e no contrato (cfr. art. 240.º), mas este nunca pode admitir a exoneração pela vontade arbitrária do sócio (cfr. art. 240.º, n.º 8). Neste tipo societário, a exoneração permitirá, nas circunstâncias autorizadas, o afastamento do sócio.

Nas sociedades anónimas a natureza da sociedade e a transmissibilidade das participações impõem uma solução mais rígida. Inclinamo-nos, assim, para considerar este direito verdadeiramente **excepcional**

[454] Na doutrina nacional mais recente, vd. Daniela Farto Baptista, *O Direito de exoneração dos accionistas*, (das suas causas), Coimbra Editora, 2005, Diogo da Costa Gonçalves, «Direitos especiais e o direito de exoneração em sede de fusão, cisão e transformação de sociedades comerciais», O Direito, ano 138º, II, **2006** (pp. 313-362), pp. 337-352, e *Fusão, Cisão e Transformação de Sociedades Comerciais. A posição jurídica dos sócios e a delimitação do statuo viae*, Almedina, Coimbra, **2008**, em especial pp. 264-295, João Cura Mariano, *Direito de Exoneração dos Sócios nas Sociedades por Quotas*, Almedina, Coimbra, **2005**, Pedro Pais de Vasconcelos, *A participação social nas sociedades comerciais*, 2ª ed., Almedina, Coimbra, **2006**, pp. 236-246, e Tiago Soares da Fonseca, *O Direito de Exoneração do Sócio no Código das Sociedades Comerciais*, Almedina, Coimbra, **2008**, pp. 25-41 e 203-376. No âmbito do CSC, vd. também o estudo de Maria Augusta França, «Direito à exoneração», AA.VV., *Novas Perspectivas do Direito Comercial*, Almedina, Coimbra, **1988** (pp. 205-227).

nas sociedades anónimas, concluindo pela inadmissibilidade de estipulação contratual de cláusulas de exoneração, para além das situações expressamente previstas na lei[455]. Essas são as que constam dos artigos 3.º, n.º 5 *in fine*, 45.º, n.º 1, 105.º, 120.º, 137.º e 161.º, n.º 5. Reforça o nosso entendimento o tipo de participação característica desta sociedade, dotada de muito maior liquidez do que a participação na sociedade por quotas.

Nas sociedades anónimas, eventuais cláusulas de exoneração sobre matérias em que não se encontrem legalmente previstas e autorizadas, não são aceitáveis, por serem contrárias ao interesse social, não fazendo sentido porque a construção da participação social é feita em função da *acção* e não da pessoa do accionista.

17.2.2. *Contrapartida; determinação e pagamento*

A contrapartida pela exoneração é muito relevante e pressupõe a determinação e o pagamento do preço.

Nesta matéria assume particular destaque o artigo 105.º, n.º 2 – previsto a propósito da fusão de sociedades – aplicável às sociedades anónimas, directamente e por analogia, e às sociedades por quotas através de remissão feita pelo artigo 240.º, n.º 5 do Código das Sociedades Comerciais.

Nos termos do artigo 105.º, n.º 2, a contrapartida da exoneração, a pagar pela aquisição da participação social, deve calcular-se nos termos do artigo 1021.º Código Civil, com referência ao momento da deliberação. A ideia subjacente à norma da lei civil é a de que se terá de apurar o valor contabilístico da participação.

Numa sociedade anónima se houver lugar a exoneração e ocorrer a recusa de aquisição de parte das acções pela sociedade, há inexequibilidade da deliberação a que os accionistas se opõem, porque a ideia de permitir a exoneração é a de dizer que quem não está satisfeito que se vá embora e, por isso, se a sociedade não adquirir também não deve ser exequível a deliberação a que os accionistas que exerceram o direito de exoneração se opunham. Em alternativa deve a sociedade ser condenada ao pagamento da contrapartida.

---

[455] Contra, Maria Augusta França, «Direito à exoneração» cit., **1998,** pp. 220-221.

Nas sociedades por quotas, o pagamento da contrapartida pode ser fraccionado em duas prestações, a efectuar em seis meses e um ano, após a fixação definitiva da contrapartida (art. 235.º, n.º 1, *alínea b) ex vi* art. 240.º, n.º 5 do CSC).

O pagamento pressupõe a existência de reservas sociais disponíveis, não podendo ser utilizadas reservas legais.

17.3. **Os chamados direitos "extra-corporativos" ou creditórios**

Os direitos creditórios são direitos de terceiros ou de sócios perante a sociedade, mas que não resultam da sua qualidade de sócios, nem das acções que detêm, ou que, conquanto possam ter resultado da participação na sociedade, dela se autonomizaram, quando concretizados, tornando-se independentes da posição social.

Estes direitos são também chamados de extra-corporativos porque não dependem, nem estão ligados à natureza da participação na sociedade.

São exemplos: os direitos emergentes de negócios jurídicos, como a compra e venda, o mútuo e a locação; e o direito aos lucros do exercício (*maxime*, aos dividendos) aprovado por deliberação dos sócios, que já se autonomizou da posição social – não obstante, em regra, o seu exercício se encontrar dependente da detenção da participação –, pelo que pode vir a ser cedido ainda antes de distribuídos os lucros, permitindo ao sócio obter uma antecipação de receitas, por alienação desse direito ou por constituição do mesmo em garantia.

CAPÍTULO IV
A participação social

18. Considerações gerais; conceitos de quota e de acção[456]

18.1. Generalidades

Analisámos já as situações jurídicas que caracterizam as participações sociais. Vamos agora equacionar a participação encarada como um todo. E naturalmente que, nesta perspectiva, esta expressão – "participação social" –, no fundo, assume, relativamente ao objecto que pretende caracterizar, mais do que um sentido: ela designa a situação jurídica característica do sócio (seu titular) perante a sociedade, os outros sócios e terceiros, e identifica um bem jurídico, visto que é objecto de direitos e obrigações, designadamente de direitos reais, como o usufruto e o penhor (cfr. art. 23.º). Vejamos mais detalhadamente como:

- Por um lado, a expressão **participação social** caracteriza a **situação jurídica** que define a posição do sócio, isto é, a situação jurídica que traduz o nexo ou a ligação entre uma determinada pessoa e uma certa sociedade comercial. É esta a expressão que nos dá a ideia de que, efectivamente, há uma ligação da pessoa à sociedade comercial e, por isso, o sócio é titular da participação social. E essa situação jurídica determina-se não apenas em relação

[456] Vd. Alexandre Soveral Martins / Maria Elisabete Ramos, «As participações sociais», AAVV, *Estudos de Direito das Sociedades*, 9ª ed., Almedina, Coimbra, **2008** (pp. 131-171), em especial pp. 131-141.

à pessoa da sociedade, embora seja primariamente em relação a essa pessoa, mas afere-se em relação aos outros sócios e até, como é óbvio, em relação aos terceiros relativamente aos quais se possam vir a suscitar eventuais conflitos.

- Por outro lado, a **participação social** é encarada como um **bem jurídico**, o que quer dizer que a participação social é também perspectivada como objecto de direitos e obrigações. Então dizemos que sobre determinada participação social podem recair direitos ou obrigações.

Um dos temas interessantes nesta matéria é o de se qualificar a natureza dos direitos de que uma participação social pode ser objecto, porque quando a lei fala em titularidade não define a natureza jurídica dos direitos que podem recair sobre esses bens jurídicos. Mas a verdade é que o Código, designadamente no artigo 23.º, também se refere aos chamados usufruto e penhor das participações – e fá-lo para todos os tipos sociais –; logo, daqui tem de se retirar um corolário: o de que, designadamente, podem incidir direitos reais típicos sobre as participações sociais, o que vai ser especialmente estudado a propósito da chamada titularidade das participações sociais. Isto quer dizer que a participação social, em princípio, pertence a uma determinada pessoa, mas a situação jurídica que lhe está subjacente é, de algum modo, *sui generis*, porque tem características próprias; que são as inerentes à participação numa sociedade.

18.2. **Parte social e quota**

18.2.1. *Conceitos*

Nas sociedades em nome colectivo a participação social é apenas designada como parte social e isso aflora, designadamente, da epígrafe do artigo 182.º, onde se refere a transmissão entre vivos de parte social, e dos artigos 183.º, 187.º e 188.º. Não iremos caracterizar a transmissibilidade desta participação, mas apenas recordar as suas principais facetas.

Parte social é, pois, o nome que se dá às participações nas sociedades em nome colectivo.

Nas sociedades por quotas as participações designam-se simplesmente por **quotas** (art. 197.º, n.º 1), as quais, como veremos em seguida, são bens incorpóreos. A quota exprime também a parte do capital social subscrita pelo sócio e eventualmente realizada na totalidade.

18.2.2. *Caracterização*

As partes sociais e as quotas são bens imateriais (incorpóreos) (arts. 176.º, n.º 2 e 219.º, n.º 7), cuja transmissibilidade está sujeita a forma escrita (simples) (arts. 182.º, n.º 2 e 228.º, n.º 1)[457] e a registo comercial (cfr. art. 3.º, n.º 1, *alíneas e)* e *c)* do CRCom e arts. 188.º-A e 242.º-A a 242.º-F do CSC); e no caso das sociedades em nome colectivo necessariamente a consentimento unânime dos demais sócios (cfr. art. 182.º, n.º 1)[458].

E estas são, precisamente, as duas principais características das sociedades em nome colectivo, ou seja, a forma exigida para a transmissão da participação social – escrito (particular), de acordo com o número 2 do artigo 182.º – e o consentimento unânime dos demais sócios para que seja possível operar essa transmissibilidade. Estas características, como é óbvio, fazem deste tipo societário um tipo fechado, não sendo fácil, à margem das situações de exoneração expressamente previstas na lei, um sócio afastar-se de uma sociedade em nome colectivo por sua iniciativa, sem autorização dos demais, propondo-se, designadamente, receber uma contrapartida pela sua parte.

Quanto às quotas – à semelhança do que acontece nas sociedades em nome colectivo – são bens imateriais, o que, classicamente constituía um aspecto fundamental para, juntamente com as demais participações sociais, as distinguir das participações nas sociedades anónimas, uma vez que estas eram tradicionalmente tituladas ou documentadas, correspondendo

[457] Anteriormente à entrada em vigor das alterações determinadas pelo DL 76-A//2006, a transmissão das partes sociais e das quotas só podia ocorrer por escritura pública (arts. 182.º, n.º 2 e 228.º, n.º 1, ambos na red. originária). A actual redacção das disposições legais aplicáveis (aprovada pelo art. 2.º do DL 76-A/2006) apenas exige que a transmissão seja *reduzida a escrito*, não explicitando sequer se deve constar de um único documento e dispensando, aparentemente – por confronto com o disposto no art. 7.º, n.º 1 *in fine* e considerando o disposto no novo artigo 4.º-A –, qualquer formalidade adicional, como o reconhecimento das assinaturas dos intervenientes.

[458] Sobre a transmissão de quotas, vd., *infra*, n.º 21.1.

a títulos de crédito. Com o fenómeno da desmaterialização das acções, esta característica deixou de constituir um traço distintivo entre a participação num e noutro tipo societário.

A quota não pode, pois, ser documentada. Tem valor mínimo, de € 100,00 (cem euros) (antigamente 20.000$00), segundo o artigo 219.º, número 3, sendo naturalmente divisível por cêntimos de euro, correspondendo um cêntimo a um voto (inicialmente, em 1986, contava-se um voto por cada 400$00 e mais tarde, a partir de 1987, um voto por cada 250$00).

O que também é muito relevante é que, em princípio, a cada sócio deve caber uma (única) quota, isto é, cada sócio terá direito a uma quota e será essa quota que corresponde à sua entrada na sociedade – o que se retira do número 1 do artigo 219.º. No entanto, pode admitir-se que, em caso de divisão de quotas (divisão essa prevista e regulada no art. 221.º, especialmente limitada e dizendo respeito fundamentalmente a situações de contitularidade necessária, tais como situações *mortis causa*), e só nestes casos, previstos no número 2 do artigo 219.º, poderá haver a atribuição, a um mesmo sócio, de mais de uma quota.

Outro aspecto importante, e que marca uma distinção entre estas sociedades e as sociedades anónimas, é o de que as quotas dos diversos sócios devem ser expressamente mencionadas no contrato de sociedade, ou seja, do contrato deve retirar-se com clareza qual é o montante da participação actual de cada um dos sócios e daqui se extrai uma consequência: a de que a cessão de quotas, no mínimo, provoca uma alteração formal do contrato de sociedade. Trata-se de uma alteração formal porque, obviamente, se assim não fosse sempre que ocorresse uma cessão, os cedentes estavam sujeitos, para a respectiva efectivação, à obtenção de consentimento para a alteração do contrato de sociedade, dado por uma maioria qualificada, que na prática inviabilizaria a transmissibilidade da participação. A cessão de quotas é a designação técnica da transmissão das quotas *inter vivos* com carácter oneroso. Ao contrário das sociedades anónimas, a regra é a de que a transmissibilidade da parte é livre dentro da própria sociedade e é fortemente restringida, pelo menos em termos dispositivos, relativamente a terceiros (todos aqueles que não são sócios e que não sejam familiares próximos do sócio na sociedade, porque o cônjuge, descendentes e ascendentes funcionam, no fundo, como sócios na sociedade, na medida em que são sucessores legitimários e em situação normal sucedem-lhe).

18.3. As acções[459]

18.3.1. *Conceito de acção*[460]

Se olharmos para o artigo 271.º do Código das Sociedades Comerciais chegamos à conclusão de que, diferentemente das sociedades por quotas, nas sociedades anónimas o capital se divide por acções e, por isso, a primeira coisa que se deverá procurar determinar será o conceito de acção, o qual é pluri-significativo.

Assim, não encontramos uma designação única para a *acção* – enquanto participação social típica de uma sociedade anónima –, que podemos considerar sob três diferentes perspectivas.

18.3.1.1. *Acção como participação social*

A acção pode, e deve, ser entendida como **participação social**, isto é, como a medida da posição do sócio na sociedade anónima, caracterizando o complexo jurídico em que se traduz essa participação e, especificamente, uma certa e determinada situação jurídica. Este é sem dúvida o sentido hoje prevalecente.

A acção como complexo de direitos e deveres que exprimem a condição de sócio é, dos três sentidos possíveis, o único que se nos afigura inteiramente válido e de aplicação irrestrita, conservando plena actualidade.

As outras duas acepções referidas tradicionalmente pela doutrina[461] – a acção como *título* (de crédito) e a acção como fracção do capital – são, presentemente, objecto de reservas. Vejamos porquê.

---

[459] Vd. Paulo Olavo Cunha, *Direitos especiais*, cit., **1993**, pp. 141-165, 27-28, 181-195, 200-201. Cfr. também Carlos Osório de Castro, *Valores mobiliários: conceito e espécies*, 2ª ed., UCP, Porto, **1998** (cfr., em especial, pp. 71-139), José Oliveira Ascensão, «As acções», AA.VV., *Direito dos Valores Mobiliários*, vol. II, Instituto dos Valores Mobiliários/Coimbra Editora, Lisboa, **2000** (pp. 57-90), em especial, pp. 57-67, Alexandre Soveral Martins, *Valores Mobiliários [Acções]*, Almedina, Coimbra, **2003**, e *Cláusulas do contrato de sociedade que limitam a transmissibilidade de acções*, Almedina, Coimbra, **2006**, pp. 73-123, José Engrácia Antunes, *Os Instrumentos Financeiros*, Almedina, Coimbra, **2009**, pp. 75-87 e Paulo Câmara, *Manual de Direito dos Valores Mobiliários*, Almedina, Coimbra, **2009**, pp. 133-137.

[460] Vd. também Paulo Olavo Cunha, *Direitos especiais*, pp. 141-142 (n.º 22).

[461] No Direito português, de José Gabriel Pinto Coelho, «Estudo sobre as acções de sociedades anónimas», *RLJ*, anos 88.º, **1955/56** (pp. 161 e segs.), e 89.º, **1956/57**

18.3.1.2. *Acção como documento (título); crítica*

Num certo sentido – que tem vindo a ser crescentemente posto em causa –, a acção corresponde também a **título de crédito**[462], ou seja, é entendida como documento no qual se incorpora uma determinada situação jurídica, um certo conjunto de direitos e de vinculações. A ideia de título de crédito, designadamente da chamada característica da literalidade dos títulos de crédito (isto é, de que do título têm de resultar imediatamente os direitos que nele são incorporados), obtinha-se pela chamada literalidade por referência, isto é, pela ideia de que a acção se refere expressamente a uma determinada sociedade e especificamente a um certo contrato de sociedade. Então, seriam característicos da acção todos os direitos e vinculações resultantes desse contrato de sociedade. Por isso, se dizia que na acção se registava a característica essencial do título de crédito que é a da literalidade por referência, embora, evidentemente, no próprio título não estivesse expresso o complexo de direitos e deveres emergentes da acção.

Não obstante, hoje verifica-se o chamado fenómeno da desmaterialização das acções e não só destas, mas também de outros valores mobiliários, o que significa que a acção social, característica da participação social numa sociedade anónima, já não tem necessariamente de constar de um título, podendo reconduzir-se a um simples registo, resultando de uma mera inscrição em contas abertas em nome do respectivo titular e, por isso, poderá haver apenas um registo informático de que, numa sociedade anónima, um certo accionista tem um determinado número de acções.

18.3.1.3. *Acção como fracção do capital; crítica*

É possível também encarar a acção como equivalente a **fracção do capital**, no sentido de que pela acção se determina a posição absoluta e relativa de determinada pessoa numa sociedade anónima. Por um lado, porque ela exprime a fracção do capital subscrito por essa pessoa; por outro lado, em função do montante global de acções emitidas, podemos verificar qual é a importância relativa do titular dessas acções.

(pp. 3 e segs.), a JOÃO LABAREDA, *Das Acções das Sociedades Anónimas*, AAFDL, Lisboa, **1988** (pp. 5 e segs.).

[462] Sobre o conceito de título de crédito, vd. a nossa dissertação de doutoramento, *Cheque e Convenção de Cheque*, Almedina, Coimbra, **2009**, pp. 187-194.

Este sentido, tal como o anterior, é criticável – mas não em termos absolutos –, pelo facto de poderem existir acções que não exprimam uma certa fracção do capital social, mas sim uma percentagem do valor patrimonial da sociedade, designadamente porque se refiram a um valor de referência, relativamente ao próprio património da sociedade; é aquilo que na doutrina anglo-saxónica se designa por *acções sem valor nominal* (*no par value shares* ou *stock without par value*)[463].

Também o Direito Societário português, em alteração recente (cfr. Decreto-Lei n.º 49/2010, de 19 de Maio), acabou com a obrigatoriedade de as acções terem um valor nominal, para exprimirem um determinado valor de emissão, admitindo as **acções sem valor nominal**[464]. Contudo, ao fazê-lo procurou salvaguardar o conceito de capital social, ao qual se pode reportar também o valor da emissão, correspondendo cada acção a uma fracção aritmética daquele. Apenas se exige que a sociedade opte por ter todo o capital representado por acções com valor nominal ou sem valor nominal. Neste caso, a acção não deixa de corresponder a uma fracção do capital, porque a lei assim o impõe. Aliás, a alteração introduzida no Direito nacional impôs precisamente o princípio de que todas as acções «*devem representar a mesma fracção no capital social*» (art. 276.º, n.º 4, na red. do NDipl), mesmo que sejam sem valor nominal, o que significa que o conceito de capital social continua a ser um referencial societário incontornável.

Recorde-se que, anteriormente à recente alteração, existia já no nosso ordenamento uma situação relativamente excepcional em que coexistiam acções ordinárias e acções reembolsadas, que haviam sido objecto de reembolso prioritário através de uma operação de amortização sem redução do capital social (cfr. art. 346.º, n.º 4). Referimo-nos às *acções de fruição*, que são de certo modo diminuídas em relação às acções normais e que – embora com valor nominal (porque a lei o impunha) – (já) não representam uma fracção efectiva do capital social.

O nosso Direito, em alteração recente – mas procurando salvaguardar o conceito de capital social, ao qual se reportam também valor da emissão –, acabou com a obrigatoriedade de as acções terem um valor nominal, para exprimirem um determinado valor de emissão.

---

[463] Cfr. Paulo Olavo Cunha, *Direitos especiais*, p. 108, nota 181.

[464] Apesar de escrever antes da introdução destas participações no ordenamento jurídico português, vd. Paulo de Tarso Domingues, *Variações do Capital Social*, Almedina, Coimbra, **2009**, pp. 179-185.

18.3.2. *Características da acção*

A acção, no Direito português, tem fundamentalmente quatro características, que passamos a enunciar e que analisamos em seguida:

- Indivisibilidade;
- Transmissibilidade;
- Idêntica fracção no capital social[465]; e
- Susceptibilidade de agrupamento.

18.3.2.1. *Indivisibilidade*

Diferentemente do que acontece com a quota, a acção é absolutamente indivisível (cfr. art. 276.º n.º 4), ou seja, não é possível fraccionar uma acção que, aliás, pode ter o valor (mínimo) de € 0,01 (um cêntimo de euro). Pode suceder que o valor nominal da acção, com respeito pelo mínimo referido, seja objecto de diminuição por efeito de uma operação de redução do capital ou que, no âmbito de uma operação com essa natureza, duas ou mais acções sejam agrupadas numa só ou que, simplesmente, as acções sejam extintas; não sendo divididas.

Contudo, esta característica (indivisibilidade) não deve ser confundida com o facto de os títulos, em que eventualmente se materializam as acções, poderem incorporar mais de uma acção, o que, sendo, aliás, prática corrente, resulta das disposições legais constantes do Código dos Valores Mobiliários, designadamente do disposto no art. 97.º, n.º 1, *alínea b)*[466]. Assim, não é necessário que a cada acção corresponda um título, pois há títulos que, por exemplo, integram mil acções. E isso significa que não se deve impedir o seu eventual desdobramento – em títulos menores –, caso o respectivo titular o pretenda. Exemplifique-se:

Artigo Quinto
(Acções)

Um. *As acções são tituladas e [nominativas/ao portador], sendo representadas por títulos de uma, cinco, dez, cem, mil e múltiplos de mil acções.*

---

[465] Anteriormente esta característica reconduzia-se necessariamente à igualdade de valor nominal (cfr. art. 276.º, n.º 2, red. originária e anterior à alteração de 2010).

[466] Embora resultasse também com muita clareza do disposto no n.º 4 do art. 304.º CSC, revogado pelo art. 61.º, *alínea b)* do DL 76-A/2006.

Também não se deve confundir esta característica com a insusceptibilidade de uma acção pertencer a mais do que um sujeito – qualquer que seja a razão que conduza a essa situação –, o que origina uma situação designada de contitularidade (cfr. art. 303.º), ou como limitação a que uma mesma acção seja simultaneamente objecto de direitos de diferente natureza, sendo, designadamente, da titularidade de um sujeito e estando constituído o usufruto em benefício de outro (cfr. art. 23.º, n.º 1) ou encontrando-se empenhada em favor de outro (cfr. art. 23.º, n.º 3).

18.3.2.2. *Transmissibilidade; remissão.*

As acções são, em regra, **livremente transmissíveis**, diferentemente do que acontece com as quotas. Dado que nos ocuparemos *ex professo* desta característica, remete-se esta matéria para a parte em que se focar a transmissibilidade das participações sociais (cfr., *infra*, n.º 21.4).

18.3.2.3. *Idêntica fracção do capital social*

Uma outra característica das acções consiste em todas elas «*representarem a mesma fracção no capital social*» e, nas sociedades em que tenham valor nominal, na **igualdade do** respectivo **valor nominal**.

Resulta do disposto no artigo 276.º, n.os 1 e 4 que todas as acções de uma mesma sociedade devam consistir numa fracção (aritmética) idêntica do respectivo capital social[467]. Se as acções tiverem valor nominal, este deve ser igual.

---

[467] Anteriormente – quando todas as acções tinham de ter igual valor nominal – acrescia a regra de que as acções não podiam ser subscritas por um valor inferior ao respectivo valor nominal, isto é, no momento da subscrição, não seria possível pagar € 0,95 por uma acção cujo valor nominal fosse de € 1,00. No entanto, o inverso já seria possível, ou seja, era possível – como continua a ser, aliás – subscrever uma acção com prémio de emissão, quer dizer suportando um custo superior ao respectivo valor nominal.

Podia então suceder, sem prejuízo para essa regra, que, sendo a colocação da oferta (de capital) efectuada pelo valor nominal das participações subscritas e promovida por um intermediário financeiro, este viesse a cobrar *à cabeça* os seus *fees* (honorários) e as despesas da operação, acabando por efectivamente entregar à sociedade emitente um montante inferior ao capital subscrito, porque deduzido dessas importâncias. Tratava-se de um procedimento legalmente autorizado, que não punha em causa o princípio da realização do capital por um mínimo correspondente ao valor nominal da acção.

Foi precisamente para permitir ultrapassar este obstáculo que a lei introduziu, no nosso ordenamento, as acções sem valor nominal, permitindo que uma sociedade anónima realize (com êxito) um aumento do capital social quando as acções estão cotadas abaixo do par.

18.3.2.4. *Susceptibilidade de agrupamento*

Finalmente, uma última característica das acções, que estudámos já a propósito do direito de voto, radica na sua **susceptibilidade de agrupamento** (cfr. art. 379.º, n.º 5).

Pode ser necessário para o exercício de direitos sociais, *maxime* para o do direito de participação nas respectivas deliberações, que um dos accionistas junte as suas acções às de outro ou outros accionistas e um de entre eles os represente na formação das deliberações sociais.

Noutros casos, é a possibilidade de agrupamento que assegura a viabilização da actuação de certos direitos que são de exercício colectivo, como sucede com o direito a obter a prestação de informações por escrito, a ser solicitado por accionistas cujas acções representem um mínimo de 10% do capital social (cfr. art. 291.º)[468].

18.3.3. ***A emissão***

18.3.3.1. *Emissão e subscrição*

A emissão é o acto pelo qual a sociedade cria os respectivos valores mobiliários, *maxime* as acções. Mas a sociedade também cria acções pelo respectivo registo, quando elas não forem tituladas (cfr. arts. 61.º e segs., em especial arts. 61.º a 64.º do CVM).

Emissão e subscrição não são operações sinónimas, sendo actos que se distinguem pela respectiva autoria; no primeiro caso, a sociedade (emitente), no segundo, o accionista. A emissão corresponde ao acto de decisão, enquanto a subscrição (subsequente à colocação, directa ou indirecta) traduz a vontade de aquisição originária de titularidade por parte dos destinatários da emissão.

18.3.3.2. *Enquadramento normativo*

A emissão de acções é regulada no Código das Sociedades Comerciais, no artigo 304.º[469], e no Código dos Valores Mobiliários – no âmbito

---

[468] Trata-se, assim, de uma característica que subsistirá ainda que venha a ser futuramente imposta a regra de "uma acção, um voto".

[469] O DL 76-A/2006, de 29 de Março, revogou os n.ºs 4 a 6 do art. 304.º, passando a aplicar-se aos títulos (das acções) exclusivamente o disposto nos arts. 97.º e 44.º, n.º 1, *alíneas a)* e *b)* do CVM.

do título (II) dedicado aos valores mobiliários (arts. 39.º a 107.º) –, nos artigos 43.º e seguintes e 95.º a 98.º e também, no que se refere às acções escriturais, nos artigos 61.º e seguintes.

Embora o Código das Sociedades Comerciais ainda se refira, em disposição que não foi revogada, aos títulos provisórios e definitivos, ele tem unicamente em conta as acções tituladas – aliás as únicas existentes no ordenamento jurídico português aquando da sua publicação e entrada em vigor (em 1986) –, não fazendo qualquer menção às acções escriturais. Estas (acções) e os valores mobiliários em geral – nestes incluídos os que forem titulados – encontram-se regulados no Código do Mercado dos Valores Mobiliários[470], que estabelece as menções que devem constar dos títulos (cfr. art. 97.º).

18.3.3.3. *Os títulos provisórios: as chamadas "cautelas"*

No momento inicial da subscrição do capital podem ser emitidas cautelas que representem de algum modo essas acções, cautelas essas que

[470] Existiam até agora algumas zonas de sobreposição entre os Códigos das Sociedades Comerciais e dos Valores Mobiliários nestas matérias, que dificultavam a determinação do respectivo regime, cabendo ao intérprete destrinçar as regras e fazer as necessárias opções. A revogação do disposto nos n.os 4 a 6 do art. 304.º do CSC, a que nos referimos na nota precedente, veio a clarificar as dúvidas existentes e a confirmar a interpretação que até ao momento já era feita pela própria CMVM.

Assinale-se que o n.º 5 do art. 304.º do CSC, que não havia sido revogado pelo CVM, subsistindo em vigor, depois da entrada em vigor deste diploma – e das novas regras gerais aplicáveis aos títulos dos valores mobiliários –, exigia também que dos títulos das acções constasse «*a data e o cartório notarial da escritura de constituição* e *a data da publicação*» (cfr. *alínea b)*), o que em conformidade com o novo regime deixava de fazer sentido.

Esta manifesta discrepância relativa às menções que deveriam constar dos títulos – resultante da conjugação entre o art. 304.º, n.º 5 do CSC e o art. 97.º, n.º 1 do CVM – vinha sendo resolvida pela CMVM, no sentido de considerar suficientes as indicações enunciadas no Código dos Valores Mobiliários, o que aliviava já o formalismo dos títulos e facilitava a sua mais rápida impressão, razões pelas quais, de um ponto de vista prático, tendíamos a seguir a leitura da CMVM. Em reforço do nosso entendimento, refira-se que não existia sanção para a inobservância do disposto no art. 304.º, n.º 5 do CSC. A interpretação da CMVM, a quem incumbe a supervisão do mercado em matéria de valores mobiliários, resolvia a questão sobre o momento em que os títulos podiam ser emitidos, uma vez que os mesmos deixavam de estar pendentes de publicação do contrato ou do aumento do capital, para ficarem unicamente dependentes dos respectivos actos de inscrição no registo comercial (cfr. art. 304.º, n.º 6 do CSC, entretanto revogado, e art. 47.º do CVM).

são os títulos nominativos provisórios válidos, em regra, por seis meses, prazo durante o qual devem ser emitidos os títulos definitivos (cfr. art. 304.º do CSC e art. 96.º do CVM), e que não se devem confundir com o chamado recibo de quitação de subscrição das participações sociais que eventualmente a sociedade pode passar ao sócio, o que, normalmente, não faz no momento da constituição por resultar do próprio contrato de sociedade a participação subscrita por cada um dos accionistas.

Como regra, é emitida por cada accionista uma cautela, a qual faz prova da sua subscrição e da sua *posição jurídica*.

18.3.3.4. *Títulos definitivos*

Em seguida, e uma vez disponibilizados os elementos necessários à elaboração dos títulos definitivos, segue-se a respectiva impressão[471] que, para além dos requisitos que deles devem constar, não obedece a exigências especiais.

Dos títulos – assinados por um membro do órgão de administração da sociedade emitente, ainda que por chancela (cfr. art. 97.º, n.º 2 do CVM e art. 304.º, n.º 5 do CSC) – devem constar as seguintes menções (cfr. art. 97.º, n.º 1 do CVM, na red. Decreto-Lei n.º 375-A/2007, de 31 de Outubro, e art. 328.º, n.º 4 do CSC):

- A identificação completa da sociedade (correspondente às menções externas obrigatórias), incluindo o montante do capital social;
- A quantidade das acções incorporadas no título e as respectivas características, com indicação da espécie e valor nominal por acção e por título;
- Número de ordem, excepto os títulos ao portador;
- Identificação do titular, nos títulos nominativos;
- As cláusulas contratuais limitativas da transmissibilidade das acções representadas.

18.3.4. ***Subscrição e aquisição***

Importa também distinguir, sucintamente, subscrição e aquisição (de acções).

---

[471] Naturalmente, quando falamos de títulos temos em mente acções documentadas em suporte de papel.

Enquanto a subscrição é a manifestação de vontade, pela qual um accionista (ou investidor) exprime o seu interesse em vir a realizar uma participação correspondente ao montante do capital que se compromete a realizar – na constituição da sociedade ou em aumento do respectivo capital –, a aquisição é o acto pelo qual uma pessoa faz ingressar participações sociais (ou valores mobiliários) já existentes na sua esfera jurídica. Por isso, a subscrição corresponde a uma aquisição originária da titularidade da participação, ao passo que a aquisição traduz uma aquisição derivada dessa titularidade.

Por sua vez, a subscrição não pode ser feita abaixo do par – *i.e.*, por valor inferior ao valor nominal da participação –, mas ao par ou com prémio de emissão. Já a aquisição pode, e deve, ser feita pelo valor de mercado da participação, sucedendo que o mesmo é frequentemente inferior ao respectivo valor nominal, por depreciação do valor da empresa.

Finalmente, refira-se que subjacente e paralelos aos conceitos de subscrição e aquisição se encontram os conceitos de mercado primário e secundário, sendo todas as operações de subscrição operações de mercado primário e as de aquisição de mercado secundário, nomeadamente em bolsa de valores.

18.3.5. *Forma e espécies de acções*

18.3.5.1. *Generalidades*

Vamos distinguir as participações sociais, nas sociedades anónimas, pelo modo de representação externa que assumem, por um lado, e pelo modo de circulação (transmissibilidade), por outro.

No primeiro caso, as acções podem ser tituladas, isto é, documentadas em suporte de papel, ou escriturais, ou seja, desmaterializadas, correspondendo a meros registos informáticos. Iremos tratar destas autonomamente. Para já limitemo-nos a confrontá-las com as acções clássicas (tituladas).

Quanto ao **modo de circulação**, as acções podem ser nominativas ou ao portador, consoante se encontra averbada a respectiva titularidade – transmitindo-se por endosso, averbamento da pertença e inscrição no respectivo livro –, ou se o seu titular se determina pela posse do título, comprovando os seus direitos pela exibição do mesmo, transmitindo-se a participação pela mera entrega material do título em que se consubstancia.

Pelas razões que exporemos adiante, consideramos um contra-senso falar em acções escriturais ao portador, uma vez que a transmissão de acções não tituladas se processa sempre do mesmo modo, isto é, mediante declaração de transmissão subscrita pelo alienante e inscrição com transferência (informática) das acções mediante apresentação dessa declaração.

Só tem sentido falarmos em acções ao portador se a respectiva titularidade depender da posse e não for determinável sem a intervenção do titular, apenas sendo cognoscível pontualmente, apesar das regras que impõem a comunicação da variação de determinados patamares percentuais de titularidade (cfr. art. 448.º, n.ºs 1 a 3, do CSC ou art. 16.º do CVM, na red. Decreto-Lei n.º 375-A/2007, de 31 de Outubro) e de divulgação dessa variação (art. 17.º do CVM, na red. Decreto-Lei n.º 375-A/2007, de 31 de Outubro) ou de certos níveis mínimos, por referência a um período determinado (cfr. art. 448.º, n.º 4 do CSC).

No mais, quando muito pode haver uma aproximação ao regime jurídico das acções ao portador.

18.3.5.2. *Acções tituladas e acções escriturais*

Tradicionalmente, não havia acções que correspondessem a participações incorpóreas, elas eram todas materializadas ou documentadas em títulos.

O artigo 272.º, *alínea d)* do Código das Sociedades Comerciais refere-se apenas às espécies de acções (as chamadas acções nominativas e acções ao portador), não aludindo às acções tituladas e escriturais, por ser um preceito legal originário (do Código) e não ter sido, entretanto, alterado[472]. Naturalmente que, hoje, devemos ler esta regra de modo diferente, considerando a necessidade de indicar no contrato a forma de representação das acções, a qual deverá constar do registo de emissão (cfr. art. 44.º, n.º 1, *alínea b)* do CVM).

O disposto no artigo 272.º deve ser conjugado com as disposições que regulam as acções escriturais, isto é, as acções que são exclusivamente realizadas pela sua inscrição em contas abertas em nome dos respectivos titulares e através das quais vamos comprovar exactamente a natureza, as características e a situação jurídica inerente à participação social.

[472] Curiosamente, o DL 486/99, de 13 de Novembro, que aprovou o CVM, teve o cuidado de alterar o n.º 4 do art. 328.º do CSC (cfr. art. 13.º, n.º 2), introduzindo na respectiva redacção o reconhecimento implícito da existência de acções escriturais.

As acções escriturais estão hoje reguladas no Código dos Valores Mobiliários[473].

18.3.5.3. *Acções nominativas e acções ao portador; regimes jurídicos diferenciados*

Quanto ao regime aplicável às acções, as mesmas podem ser nominativas ou ao portador.

Esta classificação, que toma por referência o critério do modo de circulação dos títulos de crédito, distingue essencialmente as acções ao portador, clássicas neste tipo societário, das acções nominativas pelo respectivo modo de transmissão e pela identificabilidade imediata do seu titular, embora seja esta a característica decisiva hoje para diferenciar as modalidades de valores mobiliários, em geral, e de acções em particular. Esta característica – a possibilidade de identificação do titular das acções[474] – impõe que, enquanto for necessário, nomeadamente para assegurar o cumprimento de obrigações, conhecer o titular das acções, elas deverão encontrar-se sujeitas ao regime das acções nominativas (cfr., nesse sentido o art. 299.º do CSC). Mas como veremos adiante, sempre que a lei pretender assegurar a imediata identificação do accionista, designadamente tendo em conta o objecto societário, ela irá impor que todas as acções sejam nominativas. E essa é a qualificação aplicável na falta de indicação (cfr. art. 52.º, n.º 2).

As acções ao portador caracterizam-se por não ser objecto de limitações à respectiva transmissibilidade e por não serem objecto de obrigações legais ou contratuais. As acções são também ao portador pela indiferença que merece o respectivo titular, aos demais sócios da sociedade ou, considerando o respectivo objecto, ao ordenamento em geral.

---

[473] Introduzidas no ordenamento jurídico português pelo DL 229 D/88, de 4 Julho, as acções escriturais haviam sido, entretanto, reguladas pelo Código do Mercado de Valores Mobiliários (nos art. 56.º e segs.) – cujo diploma preambular de aprovação (DL 142-A, de 10 de Abril) revogara aquele Decreto-Lei –, substituído em 2000 pelo actual CVM.

Sobre as acções escriturais – e embora anteriores ao Código dos Valores Mobiliários –, vd. o estudo de Fernando Pessoa Jorge, «Acções escriturais», *O Direito*, ano 121.º, I (pp. 93-114), e a dissertação de mestrado de Amadeu José Ferreira, *Valores mobiliários escriturais*, Almedina, Coimbra, **1997**.

[474] Referindo-se a este critério de distinção como o único que (ainda) mantém sentido, Cláudia Pereira de Almeida, *Relevância da causa na circulação das acções das sociedades anónimas fora de mercado regulamentado*, Coimbra Editora, **2007**, p. 65.

Não obstante a lei (CVM, arts. 52.º e segs.) falar em modalidades de valores mobiliários, somos de opinião que o que está em causa nesta distinção é o regime aplicável aos valores mobiliários, pelo que os devemos distinguir de acordo com as respectivas exigências, mais relevantes quando está em causa introduzir limitações à transmissibilidade.

Do contrato de sociedade anónima deve constar *se as acções são nominativas ou ao portador* (e também as regras aplicáveis à respectiva conversão) (cfr. art. 272.º, *alínea d)* do CSC).

Se o contrato nada especifica[475], e a emissão também não o faz, as acções serão nominativas (cfr. art. 52.º, n.º 2 do CVM).

Em relação ao regime a que as acções ficam sujeitas – consoante sejam emitidas ao portador ou nominativas –, tem especial importância o disposto no artigo 52.º do Código dos Valores Mobiliários e o artigo 299.º do Código das Sociedades Comerciais.

Quanto ao artigo 299.º, o seu n.º 1 prevê que as acções possam ser nominativas ou ao portador, salvo disposição diversa da lei ou dos estatutos. Com efeito, por um lado, podem estes impor que as acções sejam ao portador e não sejam convertíveis (cfr. art. 53.º do CVM); por outro lado, existem determinadas leis que, regulando certas sociedades em especial (instituições de crédito e sociedades financeiras, por exemplo), limitam a modalidade das acções. Nesse sentido, cfr. o Regime Geral das Instituições de Crédito e Sociedades Financeiras, aprovado pelo Decreto-Lei n.º 298/92, de 31 de Dezembro, que impõe que as acções das instituições de crédito e das sociedades financeiras sejam nominativas[476].

Por sua vez, no número 2, a lei tem especial cuidado de impor que, em certas circunstâncias, as acções não possam ser ao portador. Assim, por exemplo, quando há obrigações acessórias contratualmente estipuladas ou enquanto as acções não estão totalmente liberadas.

---

[475] Trata-se de uma situação pouco usual, embora os estatutos prevejam frequentemente a alternativa – abdicando de optar por uma modalidade – de as acções serem ao portador ou nominativas (por exemplo: «*As acções são ao portador ou nominativas, sendo representadas por títulos ...*»), deixando desse modo ao emitente a decisão sobre a espécie ou o regime aplicável a cada emissão de acções.

[476] É interessante que este Decreto não preveja que as acções possam ser escriturais. Deve entender-se que, sempre que se exige que as acções sejam nominativas e não haja qualquer característica própria que imponha que sejam tituladas, nada obsta a que sejam emitidas sob a forma escritural, seguindo o regime característico das acções nominativas em tudo em que o regime das acções escriturais for omisso.

As acções escriturais seguem, por definição, o regime das acções nominativas, porque asseguram, com certeza e segurança, a identificação do respectivo titular e, em especial, permitem à própria emitente conhecê-lo em qualquer momento e independentemente do montante da participação daquele. Por isso, quando a lei impõe que as acções sejam nominativas deveria entender-se que elas também podem ser escriturais; não podem é ser ao portador.

Contudo, não se ignora que o Código dos Valores Mobiliários reconhece expressamente a categoria das acções (ou dos valores mobiliários) escriturais ao portador (cfr. art. 63.º, n.º 1, *alínea a)*), numa opção que não deixa de representar um certo paradoxo, tal como o é – pelo menos, em sentido técnico – o da fungibilidade das acções (tituladas) nominativas.

Pelas razões expostas – a que acresce a que se refere à existência de uma única forma de transmissão de acções escriturais –, não parece fazer muito sentido aplicar às acções escriturais a distinção, que acabámos sucintamente de traçar, entre acções nominativas e acções ao portador, em especial se atendermos à própria definição do critério legal proposto (cfr. art. 52.º, n.º 1 do CVM).

18.3.6. *Registo e depósito de acções*[477] [478]

A sociedade emitente deve promover o registo de todas e cada uma das emissões de acções (cfr. art. 43.º, n.º 1 do CVM).

Do registo de emissão devem constar uma série de elementos que se encontram enunciados no art. 44.º, n.º 1 do Código dos Valores Mobiliários, nomeadamente a *identificação do emitente* (*alínea a)*), as características e a quantidade das acções e a classe a que pertencem (cfr. *alíneas b)* e *c)*), o montante e a data dos pagamentos por conta da realização das

[477] Vd. Carlos Ferreira de Almeida, «Registo de valores mobiliários», AA.VV., *Estudos em Memória do Professor Doutor António Marques dos Santos*, vol. I, Almedina, Coimbra, **2005** (pp. 873-960), em especial pp. 893-901, 917-921, 923-930.

[478] Recorde-se que o Código dos Valores Mobiliários pôs definitiva e inequivocamente termo ao regime do registo e depósito de acções que, regulado no DL 402/82, de 29 de Setembro, havia sido expressamente salvaguardado pelo art. 5.º do DL de aprovação do Código das Sociedades Comerciais (cfr. art. 15.º, n.º 1, *alíneas b)* e *d)* do CVM). Paralelamente, seriam eliminados os arts. 330.º e segs. do CSC. A matéria ficou, pois, exclusivamente entregue ao diploma regulador do mercado de valores mobiliários (CVM).

acções (cfr. *al. d)*), e as respectivas alterações (cfr. *al. e)*), bem como a *data da primeira inscrição registral de titularidade ou da entrega dos títulos* (cfr. *al. f)*) e o *número de ordem* destes (cfr. *al. g)*).

Por sua vez, o "regime de registo e de depósito" de acções que respeitava à situação destes valores mobiliários e regulava o respectivo registo (no livro de registo das acções da sociedade) e depósito (nas instituições de crédito) – e que durante cerca de quinze anos foi regulado no Código das Sociedades Comerciais (nos arts. 330.º e segs.) e no Decreto-Lei n.º 408/82, de 29 de Setembro[479], numa conjugação e articulação difíceis e não isentas de críticas –, foi substituído pelo Código dos Valores Mobiliários[480] e pela Portaria 289/2000, de 25 de Maio[481].

Quanto ao regime do registo e depósito das acções, há que distinguir consoante a sua forma de representação seja escritural ou titulada.

As **acções escriturais** devem ser objecto de inscrição em registo próprio, em nome do respectivo titular, ainda que sejam ao portador, mas não são depositáveis, por consistirem em meros registos informáticos, devendo ser inscritas (ou registadas) em *conta aberta junto de intermediário financeiro* [e *obrigatoriamente integradas em sistema centralizado se* se encontrarem *admitidas à negociação em mercado regulamentado* (cfr. art. 62.º do CVM)] ou da *sociedade emitente* (cfr. arts. 61 e segs. do CVM e Portaria 289/2000)].

No que respeita ao modo como se efectiva o registo da emissão de acções tituladas, há que recorrer à Portaria n.º 290/2000, de 25 de

[479] Os arts. 330.º e segs. do CSC deviam ser lidos conjugadamente com a matéria que resultava do DL 408/82, de 29 de Setembro – cuja vigência o diploma de aprovação do Código havia expressamente ressalvado (cfr. art. 5.º do DL 262/86, de 2 de Setembro) e que não seria questionado pelo diploma preambular que aprovou o Código do Mercado de Valores Mobiliários (vigente entre 1991 e 2000) – e estabeleciam o regime de registo e depósito das acções, impondo que, quando estas fossem nominativas, seguissem, obrigatoriamente, uma das duas formas (registo ou depósito), e que quando fossem ao portador, estivessem sujeitas, facultativamente, ao regime de registo (caso em que se designavam "acções ao portador registadas") ou de depósito (junto de uma instituição de crédito).

As *acções ao portador registadas* desapareceram com a entrada em vigor do CVM, passando a nominativas todas as acções que, sendo ao portador, eram registadas por exigência legal (como acontecia, por exemplo, com as participações das empresas seguradoras) (cfr. art. 10.º, n.º 1 do DL 486/99, de 13 de Novembro), impondo a lei que a conversão dessas acções em *nominativas* se operasse até 28 de Fevereiro de 2002 (n.º 2 da mesma disposição legal).

[480] Cfr. art. 15, n.º 1, *alíneas b), c)* e *d)* do DL 486/99, de 13 de Novembro.

[481] Esta quanto ao registo de acções escriturais junto da sociedade emitente.

Maio[482], que determinou a substituição do livro de registo de acções[483] pelo designado registo da emissão, cujo modelo aprovou (cfr. art. 1.º). O registo da emissão pode ser em suporte de papel ou informático (cfr. art. 2.º, n.º 1) e a Portaria determina as inscrições que do mesmo devem constar (cfr. art. 4.º).

Finalmente, as **acções tituladas** são obrigatoriamente depositadas em sistema centralizado se se encontrarem admitidas à negociação em mercado regulamentado (*maxime* em bolsa) e nesse sistema ou em intermediário financeiro, *quando toda a emissão seja representada por um só título* (art. 99.º, n.º 2 do CVM), o que só acontecerá nos casos de accionista único.

As acções podem ser também depositados num *intermediário financeiro autorizado, por iniciativa do seu titular* (art. 99.º, n.º 1, *alínea a)* do CVM, na redacção do Decreto-Lei n.º 375-A/2007, de 31 de Outubro).

O depósito das acções – quando não seja meramente de custódia – facilitará o exercício dos direitos sociais porque, para tanto, será suficiente uma declaração da instituição de crédito que ateste ou certifique o número de acções que uma determinada pessoa, numa certa data, tem nessa mesma instituição de crédito, nos casos em que não seja também necessário proceder ao registo da titularidade das acções do emitente, como sucede com as acções tituladas nominativas não integradas em sistema centralizado.

18.3.7. *Acções escriturais*

18.3.7.1. *Conceito*

A lei não define o que são acções escriturais, nem tinha de o fazer, acrescente-se. Ela limita-se a distinguir os valores (mobiliários) escriturais

---

[482] Mas com entrada em vigor retroactiva a 1 de Março de 2000 (cfr. art. 6.º), portanto superior a dois meses.

[483] Até meados do ano 2000, nas sociedades em que as respectivas acções fossem tituladas, tinha de haver um livro de registo das acções (em conformidade com o disposto no art. 305.º do CSC, revogado pelo art. 15.º, n.º 1, *alínea d)* do DL 486/99, de 13 de Novembro, que aprovou o CVM), onde, designadamente, fossem averbadas as transmissões que viessem a ocorrer sempre que devessem ser objecto de inscrição. Por isso, do livro se retirava a situação contemporânea do capital social na sociedade.

A prática recuperou, sobretudo nos casos de sociedades anónimas com natureza familiar, o livro de registo de acções, como registo da emissão.

dos titulados, por serem representados por registos em conta e não por documentos em papel (cfr. art. 46.º, n.º 1 do CVM). Tais acções caracterizam-se, pois, por serem «*exclusivamente materializadas pela sua inscrição em contas abertas em nome dos respectivos titulares*»[484], correspondendo a um mero registo de carácter informático.

18.3.7.2. *Razão de ser*

A desmaterialização das acções – dispensando a impressão e a distribuição dos títulos – elimina os riscos inerentes à existência física do documento, tais como a destruição, a perda, o roubo e a falsificação, diminuindo o desapossamento, quer físico quer económico.

As acções escriturais proporcionam aos seus titulares maior comodidade relativamente às acções tituladas, nomeadamente porque pressupõem necessariamente que os respectivos dividendos sejam creditados em conta e facilitam a respectiva transmissão, evitando demoras que possam estar associadas à transferência dos documentos que titulam as acções. Contudo, apresentam alguns inconvenientes que não podem ser desprezados, desde os erros ou fraudes que podem ser, eventualmente, cometidos pela sociedade emitente até ao paradoxo de suprimirem o anonimato, que deveria ser característica do tipo social em causa e que é assegurado pelas acções ao portador.

18.3.8. *Acções e obrigações; distinção*

A **acção** é a participação societária, correspondente a uma fracção do capital, que exprime a medida da posição social de uma determinada pessoa e, consequente e inerentemente, os direitos que a mesma terá no âmbito da sociedade.

As **obrigações** são valores negociáveis que, numa mesma emissão, conferem um determinado direito de crédito ao seu titular e concedem direitos de crédito iguais para um idêntico valor nominal, correspondendo a um meio de financiamento da própria sociedade que exprime uma relação completamente diferente da relação de participação social.

---

[484] Cfr. art. 56.º do Código do Mercado de Valores Mobiliários (1991), segundo o qual é através das contas que «*se comprovam a natureza, características e situação jurídica*» dessas acções.

Hoje já não se pode falar da obrigação como um título de rendimento necessariamente fixo (como tradicionalmente se falava por contraposição às acções que eram considerados títulos de rendimento variável, pois nunca se sabia exactamente o rendimento que elas iriam proporcionar através dos dividendos que eram acordados aos accionistas), correspondendo-lhe com frequência um rendimento variável, embora as coordenadas ou critérios que permitem (e contribuem para) a determinação desse rendimento, estejam predeterminados (o que é essencial à consideração do conceito de obrigação). Fundamental é também ter em conta que estão em causa direitos bem definidos e que a acção não se caracteriza por atribuir ao seu titular um direito de crédito, apesar de o mesmo, naturalmente, nascer em relação aos dividendos depois de os mesmos serem efectivamente objecto de deliberação de distribuição.

19. **Espécies e categorias de acções**[485]

Vamos agora analisar uma matéria que só diz respeito às sociedades anónimas não apenas porque só nestas é que existem este tipo de participações sociais, mas porque nas sociedades por quotas não há verdadeiramente distinção do estatuto do sócio. Neste tipo societário pode é suceder que, para além dos direitos que são típicos da participação na sociedade por quotas, sejam atribuídos a certos sócios determinadas vantagens relativamente aos demais, criando-se, desse modo, algumas relações de especialidade.

---

[485] Cfr. também José Oliveira Ascensão, «As acções», AA.VV., *Direito dos Valores Mobiliários,* vol. II, Instituto dos Valores Mobiliários/Coimbra Editora, Lisboa, **2000** (pp. 57-90), em especial, pp. 67-90.

19.1. Categoria de acções e critérios de diferenciação das espécies de acções

19.1.1. *Categoria de acções*[486]

Nas sociedades anónimas, como sabemos, a participação determina-se pela titularidade das acções e estas podem agrupar-se, quanto ao seu conteúdo, em diversas categorias, consoante os direitos e deveres que as caracterizam. Então podemos dizer que formam uma categoria as acções que reúnem um certo e idêntico acervo de direitos e, ou, de obrigações, e podemos aliás verificar e encontrar apoio em diversas disposições do nosso Código, designadamente nos artigos 302.º e 272.º, *alínea c)*, onde se mencionam as categorias de acções. Mas também o próprio Código dos Valores Mobiliários é sensível a esta questão, nomeadamente no artigo 45.º, segundo o qual «*os valores mobiliários que sejam emitidos pela mesma entidade e apresentem o mesmo conteúdo constituem uma categoria, ainda que pertençam a emissões ou séries diferentes*».

Questão interessante que se poderá colocar a propósito da categoria de acções é a de saber se é possível conceber uma categoria constituída por uma única acção, que se caracteriza precisamente por conceder ao respectivo titular um ou mais direitos distintos dos que são comuns às demais acções.

Na falta de resposta da lei e da jurisprudência a esta questão, entendemos, na esteira de Raúl Ventura[487] e na linha de relevantes autores alemães[488], que nada obsta a que uma categoria seja composta apenas por

---

[486] Vd. Paulo Olavo Cunha, *Direitos especiais*, cit., pp. 146-147 (n.º 24).

No Direito espanhol, vd. a tese de doutoramento de Ana Belén Campuzano Laguillo, *Las clases de acciones en la sociedad anónima,* Civitas, Madrid, **2000**, em especial pp. 147-184, 201-204, 210-214, 243-274, 289-347.

No Direito italiano, vd. a monografia de Antonio Maria Leoazappa, *Diritti di categoria e assemblee speciali,* Giuffrè, Milano, **2008**, em especial pp. XV-XXII, 1-22, e ainda Mario Notari, *Azioni – Artt. 2346-2362 c.c.* (Commentario alla riforma delle società, dir. por Piergaetano Marchetti, Luigi A. Bianchi, Federico Ghezzi, Mario Notari), Egea, Giuffrè, Milano, **2008**, pp. 153-178, Gaetano Presti / Matteo Rescigno, *Corso di diritto commerciale*, Zanichelli, Bologna, **2007**, pp. 432-439.

[487] «Adaptação do Direito Português à Segunda Directiva do Conselho da Comunidade Económica Europeia sobre Direito das Sociedades», *BMJ (DDC)*, **1980**, pp. 5-152, p. 105.

[488] Cfr., nomeadamente, Eckardt, *Aktiengestz: Kommentar*, vol. I, **1984**, § 11, *Anm.* 22, p. 153, e Kraft, *Kölner Kommentar zum Aktiengestz*, vol. 1 (§§ 1-75), 2ª ed., **1988**,

uma acção. Essencial é que as prerrogativas inerentes a uma tal participação social respeitem os limites imperativos do sistema societário português[489].

19.1.2. *Espécies de acções*[490]

19.1.2.1. *Significado*

Como referimos na nossa dissertação de mestrado[491], as acções podem distinguir-se segundo múltiplos critérios, desde a sua forma (tituladas e escriturais), passando pelo respectivo regime (nominativas e ao portador), quanto à natureza da entrada que representam (acções em numerário e em espécie), ao preço de subscrição (acções com prémio e sem prémio) e acabando nos direitos que conferem.

19.1.2.2. *Tipologia das acções com base nos direitos que lhe são inerentes*

Este último critério, relativo ao conteúdo das acções, sendo o que mais directamente respeita ao conceito de acção-participação social, isto é, à ideia de acção complexo de direitos e deveres que exprime a posição de sócio, é o mais relevante, permitindo-nos distinguir as acções em ordinárias, privilegiadas e diminuídas.

No âmbito das sociedades anónimas, a posição de sócio não tem de ser uniforme; a lei não impõe que todas as acções tenham um conteúdo idêntico, admitindo que, para além do conteúdo típico essencial, possam

---

§ 11, *Anm.* 18, p. 109, em comentário ao preceito específico sobre categoria de acções da *Aktiengesetz*: o § 11, *Satz* 2 («As acções que atribuem iguais direitos constituem uma categoria»)

[489] Já era esta a nossa posição em 1989. Nesse sentido, cfr. a nossa tese de mestrado (PAULO OLAVO CUNHA, *Direitos especiais*, p. 147) que, na publicação (em 1993), não sofreu alteração em relação ao original.

[490] Vd. PAULO OLAVO CUNHA, *Direitos especiais*, pp. 143-146 (n.º 23).

[491] *Direitos especiais* cit. (pp. 143 e segs.), embora com alterações. Apoiávamo-nos então no estudo de RAÚL VENTURA, «Adaptação do Direito Português à Segunda Directiva do Conselho da Comunidade Económica Europeia sobre Direito das Sociedades», *BMJ* (DDC), **1980** (pp. 5-152), p. 105, o qual, por sua vez, se referia às várias classificações propostas por SOLÀ CANIZARES (*Étude sur les titres émis par les sociétés par actions en droit comparé*, pp. 137 e segs.).

revestir outras características variáveis. Contudo, eventual variação de direitos ou obrigações deve ser estatutariamente registada (cfr. art. 272.º, *alínea c)*) e as acções que concedam iguais direitos ou imponham idênticas obrigações devem constituir uma categoria (cfr. art. 302.º, n.º 2).

Vamos falar na tipologia das acções, com base nos direitos que lhes são inerentes, e naturalmente que começaremos pelas chamadas acções ordinárias.

19.2. **Acções ordinárias**[492]

As acções ordinárias devem caracterizar-se pela positiva, importando reter desde logo que são as que exprimem a situação típica comum de accionista. Não é, pois, correcto concluir que esta espécie de acções se pode determinar residualmente ou definir as acções ordinárias por exclusão de partes, isto é, dizendo que são todas aquelas que não apresentam uma especificidade própria, uma vez que, no âmbito da tipologia das acções, vamos encontrar acções privilegiadas[493].

Como não podemos definir residualmente as acções ordinárias, pode perguntar-se se elas constituem uma categoria.

A resposta é afirmativa. Constituem efectivamente. Como exprimem a situação típica comum do accionista, elas integram o mesmo acervo de direitos, e integram também o mesmo acervo de deveres. Simplesmente, é uma categoria à qual a nossa lei não reconhece um relevo específico, e a nossa lei tem o cuidado de o dizer expressamente – que não reconhece relevo em termos de categoria a estas acções –, no sentido de esta categoria ter poder deliberativo próprio em separado, relativamente às demais acções. Encontramos no artigo 389.º, n.º 3 a base legal para esta afirmação.

Então como é possível caracterizar as acções ordinárias se não se pode caracterizá-las residualmente?

Temos de dizer que são aquelas participações sociais que integram direitos e deveres que a lei atribui, imperativa e supletivamente, quantitativa e qualitativamente, às acções em geral. Estas acções apenas podem

[492] Para maior desenvolvimento, vd. Paulo Olavo Cunha, *Direitos especiais*, pp. 143-144 (n.º 23/II) e 145-146 (n.º 23/IV).

[493] Estas (acções privilegiadas) é que se caracterizam precisamente por referência àquelas: são as que conferem aos seus titulares uma vantagem, um privilégio, em relação a outras acções (da mesma sociedade).

apresentar outras características ou por desvio de regras legais supletivas, que não recaiam sobre o seu conteúdo essencial, ou «*por efeito reflexo da criação expressa de certas categorias de acções*».[494]

Só assim é que se consegue chegar à caracterização das acções ordinárias, porque se numa determinada sociedade encontrarmos acções ordinárias ao lado de acções privilegiadas, os privilégios podem comprimir quantitativamente os direitos, os atributos das acções ordinárias, que nem por isso elas deixam de ser consideradas enquanto tais.

As próprias acções ordinárias, uma vez que reúnem o mesmo acervo de direitos, quando coexistem com outra espécie de acções formam uma categoria, normalmente a mais vasta das que existem no âmbito de uma sociedade anónima, mas que não tem relevo em si mesma, na medida em que os seus titulares não podem reunir em separado das demais categorias existentes (cfr. art. 389.º, n.º 3).

19.3. **Acções privilegiadas**

As acções privilegiadas são acções que conferem aos respectivos titulares vantagens relativamente às demais acções, podendo ser de diversas categorias, isto é, o acervo dos direitos que elas concedem pode ser também diferente (cfr. arts. 24.º, n.ºs 1, 4 e 6, 302.º, 341.º e segs., 389.º e 531.º).

19.3.1. ***Caracterização***[495]

Quanto às acções privilegiadas, o nosso Código menciona-as – embora sob diferente designação –, referindo-se, logo no art. 24.º, n.ºs 4 a 6, ao fenómeno a propósito dos chamados direitos especiais e, mais à frente, no âmbito do título relativo às sociedades anónimas, chamando-lhes preferenciais (cfr. art. 341.º e segs.).

Como é que se caracterizam as acções privilegiadas?

---

[494] Raúl Ventura, «Adaptação» cit., p. 107, cujo conceito de acção ordinária seguimos de perto. Sobre a relatividade dos critérios propostos pela doutrina para definir acções ordinárias, cfr. mesmo autor, *ibid.*.

[495] Vd. Paulo Olavo Cunha, *Direitos especiais*, pp. 147-148 (n.º 25/I).

Se compulsarmos o Código, no artigo 302.º, verificamos que, segundo o seu número 1, podem ser diversos os direitos inerentes às acções emitidas pela mesma sociedade. A redacção da disposição legal sublinha bem o carácter exemplificativo das referências nela contidas, nomeadamente quanto à atribuição de dividendos e quanto à partilha do activo resultante da liquidação. Por sua vez, o número 2 determina que as acções que compreendem direitos iguais formem uma categoria, tal como foi dito atrás. Quando esses direitos se traduzem numa vantagem de algumas acções em relação à situação típica comum de accionista, isto é, em relação à situação característica das acções ordinárias, então diz-se que essas acções têm ou são dotadas de um privilégio e designamo-las por privilegiadas. Para isso temos naturalmente que atender ao disposto no artigo 24.º, n.os 4 a 6. São, por isso, vantagens que a lei reconhece às participações sociais e que, naturalmente, resultarão em benefício de quem, em determinado e num certo momento, for titular dessas mesmas participações.

Com a caracterização das acções privilegiadas prende-se um problema interessante, que é o da finalidade da existência deste tipo de acções no seio da sociedade anónima, porque na sociedade anónima domina hoje um princípio, consagrado em termos gerais a propósito da chamada aquisição de acções próprias, no artigo 321.º, mas que a doutrina reconhece como um princípio geral de direito, ao qual temos de atender, que é o princípio do igual tratamento dos accionistas (cfr. *supra*, n.os 3.6 e 10.6). Aqui, *a priori*, a concepção e a admissibilidade de acções de mais do que uma espécie, vai no sentido de se considerar que efectivamente os accionistas podem ser diferentemente tratados. Claro que o princípio terá de ser lido de forma restritiva, de modo que o igual tratamento tenha a ver com o tipo de direitos e vinculações, isto é, com a situação jurídica característica à acção em causa.

19.3.2. *Finalidades*[496]

As finalidades subjacentes à criação e subscrição de acções privilegiadas são diversas, dependendo do momento em que surjam – reflectindo exigências e satisfazendo objectivos dos fundadores na constituição ou

[496] Vd. Paulo Olavo Cunha, *Direitos especiais*, pp. 148-149 (n.º 25/II).

visando tornar atractiva a participação na sociedade para aqueles que ainda não são accionistas, no decurso da sua vida – e podendo variar consoante o tipo de privilégios que se lhes atribuam ou reconheçam.

Na génese da sociedade, designadamente quando esta é de subscrição particular, participam todos os accionistas, que devem celebrar o respectivo contrato. Logo, se, entre os diversos tipos de acções, vamos criar categorias ou classes que se caracterizam por conferir aos respectivos titulares certos privilégios, é porque, para alguns daqueles accionistas, terá sido importante virem a deter acções de uma certa categoria ou acções integrantes de uma determinada categoria. Aqui há uma ligação relevante entre o accionista e a sociedade ou, pelo menos, um interesse significativo no funcionamento da sociedade. Diferentemente do que acontece quando os privilégios são criados em vida da sociedade. Aliás, um aspecto que importa discutir é o da admissibilidade da criação de privilégios durante a vida da sociedade, uma vez que as acções ordinárias – que não ficam, em termos qualitativos, descaracterizadas – sofrem uma grande restrição em termos quantitativos, apesar de a criação do privilégio não ser suficiente para as pôr em causa, ou para as tornar diminuídas.

Em vida da sociedade, regra geral, associado à criação de acções privilegiadas encontra-se um investimento de carácter financeiro ou uma aplicação financeira; a respectiva subscrição representa então fundamentalmente um financiamento à sociedade existente. Por sua vez, os respectivos titulares tão pouco estão preocupados com a forma como a sociedade é gerida, uma vez que pretendem garantir, essencialmente, uma especial remuneração do seu investimento.

19.3.3. *Conteúdo*

No que respeita ao conteúdo das acções privilegiadas, há que verificar, antes de mais, se elas estão sujeitas a uma tipicidade legal – só podendo existir com as características das categorias previstas na lei – ou se, diversamente, no âmbito da autonomia privada, podem ser criadas categorias de acções privilegiadas que não estejam expressamente previstas na lei. Em seguida, e caso se admita a existência de outras categorias, para além das legalmente referenciadas ou reguladas, haverá que averiguar que categorias de acções privilegiadas podem ser (contratualmente) criadas, com a finalidade de saber se existe alguma restrição à natureza que o privilégio pode assumir.

19.3.3.1. *Acções privilegiadas sem conteúdo imediatamente patrimonial* [497]

A lei resolve a primeira questão acima formulada, aceitando expressamente que às acções de uma mesma sociedade possam corresponder diferentes conteúdos (art. 302.º, n.º 1). O facto de o fazer num preceito meramente exemplificativo[498], referindo-se aos aspectos do conteúdo típico essencial do direito social, reforça esse entendimento, permitindo-nos considerar, sem margem para dúvidas, que podem existir outras categorias de acções privilegiadas, para além das especificamente previstas ou reguladas na lei.

Se nos fixarmos no artigo 302.º – cujo número 1 apenas se refere a direitos que têm um conteúdo (imediatamente) patrimonial – poderíamos ser levados a concluir, numa análise necessariamente ligeira, que estas acções não podem revestir um conteúdo não (imediatamente) patrimonial. E falamos em conteúdo não imediatamente patrimonial porque, como facilmente se imaginará, podemos admitir que os direitos de natureza administrativa, ou política, no seio da sociedade podem ter um conteúdo mediatamente patrimonial, pela sua relevância e porque geram controlo; circunstâncias que acabam por se poder traduzir em vantagens de carácter patrimonial.

O que quer dizer que a atipicidade, no plano destas acções privilegiadas (que não têm um conteúdo imediatamente patrimonial), é muito grande.

Tentando recordarmo-nos de um direito especial com esta natureza no seio de uma sociedade por quotas, pode perguntar-se se não seria possível criar um direito (especial) análogo no seio de uma sociedade anónima. Se nos lembrarmos do direito de voto, vimos que é possível o voto duplo no seio da sociedade por quotas, nos termos do disposto no artigo 250.º, n.º 2. Contudo, também já vimos – quando estudámos o direito de voto – que o artigo 384.º, n.º 5 proíbe o chamado privilégio de voto, ou voto plural, sem prejuízo de este, tendo sido criado antes da entrada em vigor do Código das Sociedades Comerciais, poder subsistir transitoriamente (cfr. art. 531.º). Mas apesar de a nossa lei ter tido o

---

[497] Vd. Paulo Olavo Cunha, *Direitos especiais*, pp. 149-155 (n.º 26).

[498] «*Podem ser diversos, nomeadamente quanto à atribuição de dividendos e quanto à partilha do activo resultante da liquidação, os direitos inerentes às acções emitidas pela mesma sociedade*» (itálico nosso).

cuidado de salvaguardar os privilégios que existiam anteriormente, o que interessa, no fundo, é que para o futuro é impossível (re)criar esse privilégio. Logo, com base na alteração de regime e na actual proibição imposta pelo artigo 384.º, n.º 5, poderíamos concluir que, afinal, nas sociedades anónimas não seriam admissíveis direitos que não têm conteúdo imediatamente patrimonial.

Se recorrermos a outro direito especial, no plano de uma sociedade por quotas, como o direito especial de nomeação à gerência – que o nosso Código só refere a propósito da destituição dos gerentes (cfr. art. 257.º, n.º 3), explicando como se destitui, ou como é que é possível promover a destituição de quem foi nomeado para a gerência ao abrigo de um direito especial (mas se o faz é porque o direito é possível) –, cabe perguntar se, no âmbito de uma sociedade anónima, seria possível criar um direito especial com idêntica natureza, isto é, um direito especial de designação de administrador.

À nomeação de administradores aplica-se o disposto no artigo 391.º, a que temos de recorrer. E, na parte final do número 2, afirma-se expressamente não poder ser atribuída a certas categorias de acções o direito de designação de administradores (recorde-se que no Direito português só a categorias de acções podem ser atribuídos direitos especiais[499]).

Da leitura do disposto no artigo 391.º, n.º 2 e do seu confronto com de direito especial análogo no plano das sociedades por quotas resulta mais um argumento no sentido de que afinal talvez não sejam admissíveis nas sociedades anónimas direitos que não tenham conteúdo imediatamente patrimonial. E a explicação seria linear, impondo-se sublinhar que, na realidade, nestas sociedades a participação é objectivada. Aliás, o próprio artigo 24.º, ao conceber a construção desta figura dos direitos especiais, tem o cuidado de dizer que nas sociedades anónimas só a

[499] Diversamente do que sucede no Direito alemão, que reconhece a certos accionistas em particular, ou aos titulares de determinadas acções, o direito de nomeação (*Entsendungsrecht*) de membros do Conselho de Vigilância (*Aufsichtsrat*). Esse direito, não integrando o estatuto geral do sócio, pode ser considerado uma vantagem especial, mas quando atribuído a certas acções não as constitui em categoria [cfr. § 101 (2) *Satz* 3: «As acções dos titulares do poder de nomeação (*Entsendungsberichtigten*) não constituem uma categoria especial»], porque corresponde a uma situação excepcional. Neste sentido, e com substancial desenvolvimento, cfr. PAULO OLAVO CUNHA, *Direitos especiais*, pp. 61-63 e para além da bibliografia citada nas respectivas notas (36 a 42), vd. também GÖTZ HUECK/CHRISTINE WINDBICHLER, *Gesellschaftsrecht*, 2ª ed., C. H. Beck, München, **2003**, p. 304, e RAISER/WEIL, *Recht der Kapitalgesellschaften*, 4ª ed., cit., **2006**, pp. 187-188.

categorias de acções é permitido atribuir direitos especiais, ou seja, não é possível atribuir direitos especiais a um accionista *in nomine* – a menos que a categoria fosse constituída por uma única acção, o que já vimos não ser impossível –; os direitos especiais não têm em vista a pessoa do accionista, mas configuram-se em função das acções[500].

No nosso ordenamento a lei é bastante precisa. No entanto, o próprio artigo 391.º, n.º 2 – *i.e.*, a mesma disposição que limita, proibindo, a possibilidade de designação de administradores a uma categoria de acções, impedindo desse modo que um accionista, pela detenção da maioria das acções dessa categoria, pudesse efectivamente proceder à designação –, admite um direito especial que não tem um conteúdo imediatamente patrimonial que é o chamado direito de veto de administradores designados. Expliquemo-nos. Há uma categoria de acções à qual pode estar sujeita a aprovação de, pelo menos, uma parte dos administradores. Caracteriza-as terem o direito de veto, o que não é exactamente igual a ter o direito de designar, porque este implica propor vinculativamente um determinado sujeito para desempenhar funções num certo órgão social. No entanto, em termos práticos tem semelhanças, porque se pode ir sistematicamente vetando.

Mas outros direitos existem que não têm conteúdo imediatamente patrimonial, como é o caso do direito de preferência na transmissão de acções nominativas. É possível conceber no seio da sociedade anónima uma categoria de acções à qual seja reconhecida o direito de preferência a exercer relativamente às transmissões de acções nominativas projectadas (cfr. art. 328.º, n.º 2, *alínea b)*). Imperativo é que se trate de acções nominativas, porque esse direito de preferência implica restrições à respectiva transmissibilidade[501] e só as acções nominativas podem estar sujeitas a tais restrições. Estão aqui em causa os artigos 328.º e 329.º quanto às restrições à transmissibilidade, e também o artigo 299.º quanto ao facto de as acções serem nominativas, designadamente o seu número 2.

---

[500] Esta não é, contudo, a solução seguida por todos os ordenamentos jurídicos. Há ordenamentos em que, a título excepcional, se reconhece a um accionista, em particular, a possibilidade de designar um membro da direcção.

[501] Cfr. Alexandre Soveral Martins, *Cláusulas do contrato de sociedade que limitam a transmissibilidade das acções*, Almedina, Coimbra, **2006**, pp. 497-526, em especial pp. 503-504.

Exemplifique-se com as seguintes cláusulas contratuais[502]:

Artigo Quinto
(Acções)

Um. (...)

Dois. *Independentemente da sua forma de representação, as acções seguem o regime das acções nominativas e só podem ser convertidas em acções ao portador por deliberação tomada pelos votos correspondentes à maioria do capital social, e desde que tal não seja incompatível com as diferentes categorias de acções existentes.*

Três. *As acções agrupam-se, quanto aos respectivos direitos, em duas classes, sendo a classe A constituída por acções que concedem aos respectivos titulares o direito de preferência na aquisição de acções ordinárias que sejam objecto de transmissão onerosa e a classe B composta por acções ordinárias cuja transmissibilidade está sujeita às restrições estabelecidas no presente contrato.*

Quatro. *Para além das classes de acções previstas no número anterior* (...)

[502] As cláusulas que se enunciam e que foram extraídas, com adaptações, de um contrato de sociedade, colocam uma questão interessante que poderemos sintetizar no seguinte. O privilégio pressupõe sempre uma relação de vantagem, tal como as acções diminuídas uma situação de desvantagem com referência à situação típica comum de accionista. No exemplo que avançamos, nenhuma das categorias de acções é verdadeiramente de acções ordinárias. Sê-lo-ia se se caracterizasse por acções que, não concedendo aos respectivos titulares qualquer privilégio, também não as sujeitasse a uma limitação: sujeição à preferência. Seria, assim, possível, na sociedade em causa, imaginar uma terceira classe de acções (a classe *C*), com os direitos e vinculações correspondentes à situação típica comum de accionista, que se caracteriza por não conceder aos seus titulares qualquer direito de preferência na transmissão de outras acções da sociedade, mas simultaneamente por não sujeitar a respectiva transmissibilidade à preferência de titulares de outras acções. Isto é, e considerando que a situação normal, é a da livre transmissibilidade das participações sociais, teríamos acções (*A*) com privilégio consistente na preferência relativamente à transmissão onerosa de acções da classe B, acções (*B*) sujeitas ao privilégio das acções da classe A (e, consequentemente, diminuídas relativamente às acções das classes *A* e *C*) e acções (*C*) ordinárias. Enunciada a questão, não importa agora discuti-la.

Artigo Sexto
(Transmissão onerosa de acções da classe B)

Um. *Os accionistas titulares de acções da classe A terão o direito de preferência na aquisição de acções da classe B, relativamente às quais haja um projecto de transmissão onerosa, e caso não pretendam exercer tal direito, a sociedade pode deliberar adquirir para carteira própria tais acções ou amortizá-las, nos termos previstos (...) deste artigo.*

Dois. *O accionista que quiser transmitir as suas acções da classe B (...)*

Três. *Recebida a comunicação a que se refere o número anterior, a administração deverá no prazo de quinze dias, com a finalidade de lhes dar conhecimento da transmissão projectada e, caso queiram, de manifestar a vontade de exercer o respectivo direito de preferência sobre parte ou toda a operação:*

a) *notificar os accionistas titulares de acções da classe A, se estes forem em número inferior a dez, ou*

b) *solicitar a convocação de assembleia especial de accionistas titulares de acções da classe A e da assembleia geral, para reunirem, sucessivamente, no prazo máximo de quarenta e cinco dias e, caso os accionistas não pretendam exercer a preferência que lhes assiste, a assembleia geral deliberar sobre o exercício da preferência da sociedade, nos termos do número seis.*

Quatro. *Os accionistas exercem a preferência na aquisição das acções na proporção das acções da classe A que detêm, podendo ser obrigados a fazê-lo sobre a totalidade da participação que o alienante pretende vender, ainda que algumas das acções que integrem tal participação sejam da classe A*[503].

Cinco. *O exercício da preferência (...)*

Em suma[504]: também, relativamente às acções privilegiadas, a autonomia da vontade contratual, na sua máxima amplitude, permite funda-

[503] Nesta disposição contratual acolhe-se, no plano dos estatutos, a regra do *tag along* (cfr., *supra*, n.º 5.4, cláusula Sexta), que permite assegurar ao detentor de acções da categoria B a venda da totalidade da sua participação, não obstante a sujeição das acções ordinárias à preferência manifestada no texto.

[504] E continuamos a seguir os nossos *Direitos especiais* – embora com alterações e de forma naturalmente mais sintética –, agora na p. 155.

mentar a admissibilidade da criação de direitos especiais de natureza não patrimonial, os quais podem ser concedidos a diversos accionistas ou a um só accionista se titular de todas as acções de uma mesma categoria, mas nunca atribuídos directamente a uma pessoa. A actuação da liberdade de estipulação do conteúdo das acções, na sua previsão contratual, depara apenas com os limites decorrentes dos princípios enformadores do sistema jurídico-societário e da lei, quer sob a forma de regras imperativas (cfr., por exemplo, art. 391.º, n.º 2 *in fine*)[505], quer do regime e natureza dos próprios direitos a criar.

19.3.3.2. *Acções privilegiadas atípicas de conteúdo patrimonial*[506]

Quanto às acções privilegiadas de conteúdo patrimonial, o que se discute, eventualmente, são os tipos de acções (privilegiadas de conteúdo patrimonial) que podem existir. A nossa lei limita-se a regular, nos artigos 341.º e seguintes, as chamadas acções preferenciais sem direito de voto, que analisaremos em seguida e de forma autónoma.

Em relação às acções de conteúdo patrimonial, não repugna admitir – e tal enquadra-se na ideia de autonomia privada – que haja acções privilegiadas de conteúdo patrimonial, mas que sejam atípicas, isto é, que não venham reguladas no Código. Nada impede que haja acções que, por exemplo, venham a conceder aos respectivos titulares um direito preferencial sobre os dividendos, ou um direito a um dividendo acrescido, sem lhes (re)tirar nada, isto é, sem que imponham uma contrapartida ou um sacrifício. São acções que, em termos de direitos políticos, são iguais às demais e, em termos de direitos patrimoniais, são mais do que as acções ordinárias; quer dizer, concedem mais direitos do que as outras acções. E por isso será perfeitamente concebível esse tipo de acções.

Mas outras acções com diferentes privilégios patrimoniais poderão existir. A título meramente indicativo podemos pensar em acções que concedam aos seus titulares o direito de aquisição a preços favorecidos – inferiores aos praticados no mercado – de produtos ou serviços produzidos ou prestados pela sociedade. Em concreto, imagine-se, por exemplo,

[505] Neste sentido, cfr. João Labareda, *Das acções das sociedades anónimas* (Policopiado), AAFDL, Lisboa, **1988,** pp. 50-51, para quem «há sempre que ter em atenção até onde vai a imperatividade da lei, para poder concluir sobre a possibilidade de certo direito poder ou não ser utilizado como critério de caracterização».

[506] Vd. Paulo Olavo Cunha, *Direitos especiais*, pp. 156-157 (n.º 27).

uma sociedade hoteleira e de restauração que concede aos titulares de uma certa categoria de acções descontos na utilização dos seus serviços (de indústria hoteleira).

19.3.3.3. *Acções preferenciais sem direito de voto*[507]

Vamos no entanto concentrar a nossa atenção naquelas acções que estão reguladas nos artigos 341.º e seguintes, isto é, nas acções preferenciais sem direito de voto. Estas acções, como veremos, caracterizam-se por atribuir aos respectivos titulares uma preferência, ou um **privilégio, sobre os dividendos** que a sociedade possa distribuir com base nos lucros de exercício distribuíveis. No entanto, têm como contrapartida não serem dotadas do direito de voto. Quer dizer, ainda que ele possa existir em abstracto, de modo algum pode ser exercido, a não ser verificadas certas condições excepcionais. E, por isso, se discute se elas são verdadeiramente privilegiadas, porque "dão com uma mão" um privilégio patrimonial "e tiram com a outra" o direito de voto.

Não obstante o disposto nessas disposições legais citadas (arts. 341.º e segs.), a terminologia adoptada pelo legislador, de acções preferenciais – em puro decalque da terminologia germânica –, não parece ser a mais feliz, porque a expressão *preferenciais* pode inculcar apenas a existência de uma preferência, ou antecipação, e não de um privilégio, de um *plus*. Isto é, e exemplificando em relação aos benefícios patrimoniais, que uns recebem primeiro do que outros, mas não recebem mais do que os outros, recebem é antes. Isso é que é uma preferência. Acresce que a ideia típica da prioridade é bastante criticada pela doutrina em geral[508].

---

[507] Para maior desenvolvimento, vd. PAULO OLAVO CUNHA, *Direitos especiais*, pp. 157-165 (n.º 28). Para além da doutrina aí citada [em especial VIEIRA PERES, «Acções preferenciais sem voto», RDES, ano XXX, **1988** (pp. 329-399), e o comentário de RAÚL VENTURA, «Acções preferenciais sem voto; acções preferenciais remíveis; amortização de acções (acções de fruição)», in *Estudos vários sobre Sociedades Anónimas*, Coimbra, **1992** (pp. 409-511), em especial, pp. 409-411], vd., na doutrina nacional mais recente, CARLOS OLAVO, «O dividendo prioritário nas acções preferenciais sem voto», *O Direito*, ano 127.º, III-IV, **1995** (pp. 369-383), ANTÓNIO MENEZES CORDEIRO, «Acções preferenciais sem voto», *ROA*, ano 60, III, Lisboa, **2000**, pp. 1001-1056, e CARLOS OSÓRIO DE CASTRO, «Acções preferenciais sem voto», AAVV, *Problemas do Direito das Sociedades*, Almedina, Coimbra, **2002**, pp. 281-320.

[508] Cfr. PAULO OLAVO CUNHA, *Direitos especiais*, pp. 8 e 9, e doutrina citada.

Deixemos, contudo, os aspectos formais, o invólucro, destas acções e consideremos a respectiva substância, o seu conteúdo.

A primeira ideia que se retira destas acções preferenciais é que se caracterizam precisamente pela simbiose entre o acréscimo de direitos patrimoniais, *maxime* do direito ao lucro, e a diminuição de direitos não patrimoniais, nomeadamente (a falta) do direito de voto. Este tipo de acções, tal como vem definido e regulado no nosso Código das Sociedades Comerciais, confere o direito a um dividendo preferencial não inferior a 5% do respectivo valor nominal ou, na falta deste, do seu valor de emissão deduzido de eventual prémio, portanto se o valor nominal ou o valor de emissão (líquido) for de € 5,00, o dividendo preferencial por acção é de € 0,25. Repare-se que é essencial serem o valor nominal ou o valor de emissão líquido os referenciais determinantes, e não simplesmente o valor de emissão – que, para quase todos os casos, substituiu o valor nominal –, porque este pode incorporar ou integrar um prémio.

O dividendo deve ser retirado dos lucros do exercício que, nos termos gerais (arts. 32.º e 33.º), podem ser distribuídos aos accionistas. Mas o que caracteriza estas acções é que, para além deste dividendo prioritário não inferior a 5% – que a lei estabelece, supletivamente, como 5%, mas nada obsta a que o contrato conceda 6% ou 7%[509] –, devem conferir também aos seus titulares direito a participação nos dividendos remanescentes (cfr. art. 341.º, n.º 3). Isto é, a lógica – e embora isso seja discutível de acordo com a formulação (expressão literal) do artigo 341.º – não é apenas atribuir a estas acções, em relação aos lucros do exercício que são distribuíveis, dividendos correspondentes a 5% do respectivo valor nominal antes das demais. Isto poderia, em si, constituir uma preferência, porque nos exercícios em que só houvesse fundos suficientes para pagar estes 5%, o facto de se receber antes dos demais accionistas seria determinante para se receber alguma coisa, não tendo as acções ordinárias direito a quaisquer lucros. Mas a verdade é que não é para isso que as acções estão especialmente vocacionadas, e, por isso, o problema pôr se-á nos seguintes termos: quando é pago este dividendo preferencial, não vamos a seguir pagar apenas um dividendo equivalente às demais acções (ordinárias), mas sim partilhar o saldo remanescente do lucro do exercício distribuível, que pretendemos distribuir, igualmente por todas as acções,

[509] O dividendo preferencial pode ser inferior, de 3 ou 4%, se a respectiva atribuição não pressupuser – como contrapartida – a perda do direito de voto.

incluindo as privilegiadas; portanto, havendo lucros suficientes para distribuir por todas as acções depois de se ter imputado o dividendo preferencial às acções preferenciais, estas têm de receber, no cômputo global, mais 5% sobre o valor nominal do que as demais. Exemplificando: se às preferenciais for dado € 0,45, às ordinárias (e outras que não tenham o mesmo privilégio) só será dado € 0,20, no pressuposto de que as acções tenham um valor nominal de € 5,00.

Acresce que, nos termos do nosso Código, estas acções não conferem apenas o direito a um dividendo prioritário sobre o valor nominal, conferem também um **direito ao reembolso prioritário do** seu valor nominal (ou do seu valor de emissão[510]) na liquidação da sociedade. Isto também é muito relevante, pois se a sociedade entrar numa situação difícil os titulares destas acções vão poder fazer-se pagar previamente em relação aos demais; e daqui se retira um argumento muito importante no sentido de considerar que o dividendo preferencial é só prioritário, embora consideremos que não é esse o sentido da preferência. Porque aqui é verdadeiramente um reembolso prioritário: a prioridade no reembolso visa assegurar que os titulares destas acções, na liquidação, sejam pagos quanto ao valor nominal (ou valor de emissão) das suas participações antes de todos os demais.

E normalmente a sociedade liquida-se quando as coisas correm mal, portanto, nestas circunstâncias, o reembolso prioritário do saldo de liquidação constitui muitas vezes uma verdadeira preferência, senão mesmo um privilégio, porque pode não sobrar activo para os outros accionistas; quer dizer, pagos os credores e reembolsados os privilegiados, para os outros accionistas já não sobram bens ou sobram poucos ou bens insuficientes.

Cabe ainda perguntar se, numa mesma sociedade, haverá limitações quantitativas para este tipo de acções.

A resposta é inequivocamente afirmativa. A lei impõe que estas acções não possam exceder 50% do capital social (cfr. art. 341.º, n.º 1) e, pela relevância que têm, devem ser autorizadas pelo contrato social,

---

[510] A nova redacção do n.º 2 do art. 341.º, no que respeita ao reembolso prioritário destas acções, refere-se apenas ao "valor de emissão" (cfr. parte final) – e não ao valor de emissão líquido de eventual prémio, como faria sentido –, devendo entender-se que o que está em causa é também, em matéria de reembolso, o valor de emissão deduzido de eventual prémio que tenha sido pago e que reverteu oportunamente com carácter definitivo para a sociedade).

isto é, o próprio contrato tem de admitir a criação destas acções. Se tal não acontecer, mesmo que todos os accionistas estejam de acordo, o processo terá de passar previamente por uma alteração do contrato.

Quanto ao dividendo preferencial, perguntar-se-á: *o que sucede, quando ele não é pago?*

Num contexto de franco optimismo o problema não se põe, mas se os negócios sociais correm mal e se este dividendo não for pago, é legítimo perguntar: *o que acontece?*

Em especial, releva a pergunta por esse dividendo ser garantido. Quer dizer, os dividendos aqui não deixam de ter um conteúdo variável – característico do direito aos lucros, por contraposição ao direito de crédito das obrigações –, porque o que se diz é que 5% são garantidos. Logo, também já se pode imaginar, neste momento, que a razão de ser, fundamentalmente, da subscrição destas acções é perspectivar a participação na sociedade anónima como um investimento meramente financeiro.

A este propósito cabe realçar que se, não obstante existirem lucros distribuíveis para o efeito, os dividendos não forem distribuídos por opção dos accionistas, em total violação do direito especial destas acções, não repugna admitir a execução específica da deliberação de distribuição de resultados, ao abrigo do disposto no art. 830.º do Código Civil. Tenha-se em consideração que a lei fala em lucros distribuíveis (cfr. art. 342.º, n.º 1).

Em qualquer circunstância, o dividendo preferencial é cumulativo, ou seja, os tais 5%, se não puderem ser atribuídos num determinado ano, transferem-se e acumulam-se para outro ano. Simplesmente, deve ser pago num dos três exercícios subsequentes àquele a que disser respeito e, naturalmente, sempre antes do dividendo relativo a esses exercícios (cfr. art. 342.º, n.º 2).

Ao mesmo tempo, se o dividendo não for pago durante dois exercícios consecutivos, então o titular das acções preferenciais (re)adquire o direito de voto, passando a poder intervir activamente na vida societária, até que lhe sejam pagos os dividendos em atraso (cfr. art. 342.º, n.º 3).

Uma questão relevante nesta matéria é a seguinte: se estas acções concedem um direito preferencial correspondente a 5% do respectivo valor nominal (ou do valor de emissão líquido de prémio) sobre os lucros do exercício distribuíveis, isso significa que este direito, na realidade, não pode estar dependente de deliberação sobre a aplicação de resultados, porque se estiver dependente de tal deliberação perde o conteúdo.

Caso o contrato de sociedade não permita a participação dos titulares destas acções – portanto dos titulares das acções sem voto (nessa qualidade) – nas deliberações, a lei reconhece a possibilidade de, mesmo nessas circunstâncias limitadas, tais accionistas poderem designar um representante comum, desde que esse representante seja comum a uma mesma emissão, porque pode haver acções preferenciais de um determinado ano e podem existir acções preferenciais emitidas noutra altura, com idênticos ou diferentes conteúdos patrimoniais.

Da análise do disposto nos artigos 341.º a 344.º, podemos concluir o seguinte:

As acções preferenciais sem (direito de) voto:

- representam uma simbiose entre o acréscimo de direitos patrimoniais e a diminuição de direitos não patrimoniais;
- conferem direito a um dividendo prioritário não inferior a 5% do respectivo valor nominal ou do valor de emissão deduzido de eventual prémio (retirado dos lucros que podem ser distribuídos), para além da participação nos dividendos remanescentes, e o direito ao reembolso prioritário do seu valor nominal ou valor de emissão líquido de prémio na liquidação da sociedade;
- não podem exceder metade do capital social; e
- têm de ser autorizadas pelo contrato de sociedade.

O dividendo preferencial é cumulativo, devendo ser pago nos três exercícios seguintes àquele a que dizia respeito, antes dos dividendos relativos a esses exercícios; depois prescreve, sem prejuízo de o contrato poder dispor diversamente. O não pagamento durante dois exercícios sociais implica a *aquisição* do direito de voto.

Em qualquer caso, o direito ao dividendo preferencial tem de ter um conteúdo útil, pelo que não pode estar dependente de deliberação sobre a aplicação de resultados, sendo esta susceptível de execução específica.

Se o contrato não permitir a participação dos accionistas sem voto nas deliberações sociais (*maxime* na assembleia geral), eles podem designar um representante comum (de uma mesma emissão).

19.3.4. *Traços gerais do regime jurídico das acções privilegiadas*

19.3.4.1. *Criação*[511]

Antes de mais há que chamar a atenção para o seguinte aspecto: a identificação formal das várias categorias de acções não é critério decisivo para a sujeição de acções designadas como **privilegiadas** ao regime característico.

Os direitos especiais têm de ser previstos no contrato (arts. 7.º, n.º 1 e 24.º, n.º 1), que deve mencionar as categorias e os respectivos direitos.

Há que distinguir a criação *ab initio*, que não oferece problemas, da criação de direitos especiais em vida da sociedade, a qual pode ocorrer por conversão de acções ordinárias (com alteração do contrato de sociedade) ou a propósito de aumento do capital social.

Assim, a emissão de acções privilegiadas aquando da constituição da sociedade não é problemática. Respeitados os limites imperativos decorrentes da lei, a autonomia privada dos accionistas tem um largo campo de manobra, contanto que não sejam atribuídos privilégios que inutilizem a expressão prática dos direitos das demais acções. No contrato da sociedade, a menção da existência de categoria de acções com direitos especiais corresponde ao consenso dos accionistas ou, pelo menos, ao projecto a que eles aderiram (cfr. art. 279.º).

Admitindo-se a alterabilidade do contrato de sociedade – hoje pacífica, sem prejuízo do disposto no art. 86.º, n.º 2 –, coloca-se a questão de determinar por que maioria pode a sociedade criar direitos especiais ou novos direitos especiais, sob a forma de categoria de acções[512].

Sem prejuízo do disposto no artigo 86.º, n.º 2[513], que não devemos perder de vista, consideramos suficiente a maioria necessária para a

[511] Para maior desenvolvimento, vd. PAULO OLAVO CUNHA, *Direitos especiais*, pp. 181-188 (n.os 33 e 34).

[512] Não equacionamos as situações em que a criação de acções privilegiadas não é possível, por também não o ser a alteração do contrato de sociedade, no caso concreto, *maxime* no que respeita à repartição de lucros. Cfr. art. 368.º, n.º 1 do CSC (que se refere a um caso específico, o das obrigações convertíveis em acçoes, valores mobiliários cuja emissão é reservada às sociedades cotadas em bolsa) e J.J. VIEIRA PERES, «Acções preferenciais sem voto», *RDES*, ano XXX, **1988** (pp. 329-399), pp. 343-344 e nota 46.

[513] Art. 86.º, n.º 2: «*Se a alteração envolver o aumento das prestações impostas pelo contrato aos sócios, esse aumento é ineficaz para os sócios que nele não tenham consentido*».

alteração do contrato de sociedade, visto que nem para a supressão desses direitos se exige a unanimidade (cfr. art. 389.º). Há que fazê-lo, não obstante, com observância do direito de preferência (legal) nos aumentos de capital e do princípio do igual tratamento dos accionistas e promover, se necessário for, a anulabilidade das deliberações abusivas.

Com efeito, devendo as acções privilegiadas e respectivos direitos constar do contrato, a sua emissão importa necessariamente modificação deste, pelo que seria sempre imprescindível a maioria necessária à respectiva alteração. Pode é discutir-se se não é exigível a unanimidade, uma vez que a criação de direitos especiais a atribuir a algumas acções – não prevista no contrato inicial e, portanto, não previsível por todos os accionistas[514] – implicaria, em princípio, o enfraquecimento dos direitos gerais das demais (e, possivelmente, a diminuição dos privilégios de categorias já existentes).

Em qualquer circunstância, somos de opinião de que será suficiente, para deliberar a criação de acções privilegiadas (ou de novas acções privilegiadas), a maioria normalmente necessária para deliberar alterações estatutárias (cfr. arts. 383.º, n.º 2 e 386.º, n.º 3, 383.º, n.º 3 e 386.º, n.ºs 3, 4 e 5)[515].

Na realidade, se nem para a supressão de privilégios já existentes se impõe a unanimidade dos respectivos titulares (cfr. art. 389.º, n.º 2), não se compreende por que razão, para a criação de acções privilegiadas – situação inversa –, se deve exigir a concordância de todos os accionistas. Não se trata aqui, obviamente de aumentar as suas obrigações (cfr. art. 86.º, n.º 2).

A própria criação de novas categorias de acções privilegiadas não tem de ser aprovada pelos titulares de acções privilegiadas já existentes, reunidos em assembleia especial. A lei não o determina, ao contrário do

[514] Se o contrato de sociedade já previsse, desde a constituição, essa eventualidade, a questão não se poria. A criação de direitos especiais – e da inerente nova categoria de acções – seria a consequência de uma alteração previsível do contrato, a deliberar pelo *quorum* necessário para este efeito.

[515] Mesmo nas sociedades por quotas julgamos que, numa situação paralela, não é de requerer a unanimidade do capital social. Será suficiente exigir a maioria necessária à alteração do contrato. Os próprios interesses em jogo o impõem, uma vez que se inicialmente o direito especial se pode conceber como um direito pessoal e individual, diversas vezes em choque com o próprio interesse social; em vida da sociedade é este – que excede o interesse do conjunto dos sócios (cfr. art. 64.º) – que determina a criação de direitos especiais.

que acontece quando está em causa a supressão de um privilégio (cfr. art. 24.º, n.º 5). Não nos parece que o direito especial existente seja coarctado pela criação de novos direitos. Ele mantém-se, não sofrendo qualquer alteração qualitativa, embora possa estar sujeito a uma variação quantitativa. Acresce que também não impede expressamente que essa medida fique dependente da categoria de acções ordinárias, igualmente afectadas (cfr. art. 389.º, n.º 3).

Esta problemática tem particular relevância porque a opinião que aqui expressamos, na linha do que fizemos anteriormente – na nossa dissertação de mestrado[516] –, não é incompatível com a leitura que fazemos do art. 86.º, n.º 2.

Assim, aceita-se que da criação de novas acções privilegiadas resulte um prejuízo para as já existentes, pela natural limitação que os seus direitos poderão sofrer, mas dá-se também o enfraquecimento quantitativo dos direitos das próprias acções ordinárias que passarão a ser, em face de novas categorias privilegiadas ou do reforço das já existentes, ainda mais oneradas.

E não se vê por que razão é que a manutenção da posição relativa das acções privilegiadas existentes deva estar dependente do consentimento destas, reunidas em assembleia de categoria, já não merecendo igual atenção a posição dos accionistas ordinários, quiçá em muito maior número que aqueles. Nem se diga que são os accionistas ordinários que deliberam a alteração, pois nela também participam os accionistas privilegiados, excepto se não tiverem direito de voto. Neste caso, a lei poderia ter previsto que os titulares de acções preferenciais sem direito de voto pudessem, excepcionalmente, participar activamente (com voto, portanto) nas assembleias em que fosse deliberado o aumento de capital. Não o fez, porque não era necessário. A protecção destes accionistas decorre do direito legal de preferência na subscrição de novas acções.

Na realidade, a própria lei contém diversos instrumentos aptos a evitar que alterações da estrutura da sociedade se façam em prejuízo de alguns accionistas.

Em primeiro lugar, concede em termos gerais o direito de preferência aos actuais accionistas nos aumentos de capital por entradas em dinheiro (cfr. art. 458.º), o qual só pode ser (fundamentadamente) limitado ou suprimido se o interesse social o justificar (cfr. art. 460.º, em especial n.º 2).

---

[516] Cfr. Paulo Olavo Cunha, *Direitos especiais*, cit. pp. 182-186.

Em segundo lugar, estabelece como princípio geral o igual tratamento de todos os accionistas (cfr. art. 321.º e, *supra*, n.os 3.4.4.1 e 10.6), segundo o qual – projectado no presente plano – sempre que se pretender criar novos direitos no âmbito das sociedades anónimas, todos os accionistas deverão ter oportunidade de acesso aos mesmos, na proporção da sua participação na sociedade (cfr. art. 344.º, n.º 2).

Em terceiro e último lugar, a lei determina a anulabilidade de todas as deliberações que sejam abusivas, designadamente daquelas que «*sejam apropriadas para satisfazer o propósito de um dos sócios de conseguir (...) prejudicar*» os interesses de outros sócios (cfr. art. 58.º, n.º 1, *alínea b)*).

Deste modo, só as deliberações que recaiam sobre os direitos de uma categoria existente, impondo a sua supressão ou alteração, devem ser subordinadas ao consentimento dos titulares das acções dessa categoria (cfr. arts. 24.º, n.os 5 e 6, e 389.º).

As modificações da estrutura social, e designadamente a criação de uma nova categoria de acções privilegiadas, ainda que estas se repercutam quantitativamente sobre os direitos das acções existentes (privilegiadas ou ordinárias), são uma mera consequência da participação na sociedade, sendo admissíveis desde que se processem com o respeito pelos valores fundamentais do ordenamento jurídico, designadamente da boa fé.

A concluir refira-se que a criação de acções privilegiadas em vida da sociedade pode ocorrer por conversão de acções ordinárias ou por aumento do capital social.[517]

19.3.4.2. *Transmissibilidade*[518]

Não se colocam particulares problemas, pelo que se aplica o regime geral da transmissibilidade das acções. Isto é, os direitos especiais transmitem-se com as acções a que são inerentes. As restrições, eventualmente existentes, são as aplicáveis às acções em geral.

---

[517] Cfr. os nossos *Direitos especiais* cit., pp. 186-188.

[518] Vd. Paulo Olavo Cunha, *Direitos especiais*, pp. 188-189 (n.º 35).

19.3.4.3. *Supressão e alteração do privilégio*[519]

Regra geral, «*os direitos especiais não podem ser suprimidos sem o consentimento do respectivo titular*» (art. 24.º, n.º 5). Por isso, são considerados inderrogáveis[520].

No entanto, tanto o contrato, como a lei podem dispor diferente solução. E tal é o que acontece com as sociedades anónimas, em que o consentimento «*é dado por deliberação tomada em assembleia especial dos accionistas titulares de acções da respectiva categoria*» (art. 24.º, n.º 6), por uma maioria qualificada de dois terços dos votos (cfr. art. 389.º, em especial n.º 2; e arts. 383.º, n.º 2 e 386.º, n.º 3). Isto é, o consentimento não tem de ser prestado individualmente, pois os direitos de cada um dos titulares de acções privilegiadas não se concebem como pessoais, mas são um privilégio do grupo de acções que, por serem da mesma espécie, formam uma categoria.

A inderrogabilidade do direito especial é relativa, visto que a modificação do conteúdo das acções privilegiadas não está dependente do consentimento da totalidade dos seus titulares, mas apenas da sua maioria (qualificada). Caso contrário – se fosse exigida a unanimidade – dificilmente se reuniriam as condições para que a alteração se produzisse. A sujeição da modificação da estrutura social à deliberação maioritária é uma consequência necessária do funcionamento da sociedade anónima.

Esta regra, que sujeita a derrogabilidade dos direitos especiais ao consentimento de uma assembleia especial de accionistas que sejam titulares de acções que integrem esses direitos, não é absoluta; o contrato ou a lei podem dispor, expressamente, noutro sentido, admitindo que a supressão ou alteração do direito especial seja apenas deliberada pela generalidade dos sócios, dispensando-se assim o consentimento específico dos seus titulares, mas respeitando-se o *quorum* referente à modificação dos estatutos, porque o direito especial tem de estar neles estipulado (regra imperativa do art. 24.º, n.º 1). Exemplo desta situação é certamente a regra contida no artigo 531.º, n.º 2 que prevê a possibilidade de limitação

---

[519] Para maior desenvolvimento, vd. PAULO OLAVO CUNHA, *Direitos especiais*, pp. 189-201 (n.os 36 a 38).

[520] Esta regra é aplicável às sociedades por quotas, nas quais o consentimento deve ser dado pelo titular do direito especial. Sobre o critério que permite sistematizar os direitos segundo o modo como podem ser modificados (coarctados), cfr. PAULO OLAVO CUNHA, *Direitos especiais*, pp. 17-20.

ou extinção dos «*direitos de voto plural constituídos legalmente antes da entrada em vigor*» do Código das Sociedades Comerciais «*por deliberação dos sócios tomada nos termos previstos para a alteração do contrato, sem necessidade de consentimento dos sócios titulares desses direitos*».

Nas sociedades anónimas pode também o contrato determinar, por exemplo, que a supressão ou alteração do direito especial de categoria de acções esteja dependente do consentimento dos seus titulares reunidos em assembleia especial, mas a ser deliberado por uma maioria diferente – eventualmente inferior – daquela que resulta da aplicação do art. 389.º, n.º 2 (cfr. arts. 383.º, n.os 2 e 3, e 386.º, n.os 3 e 4). Não obstante a forma como este preceito (o art. 389.º, n.º 2) está redigido, cremos que prevalece a ressalva prevista no artigo 24.º, n.º 5 *in fine*. Não faria sentido, na verdade, que o contrato pudesse estipular a desnecessidade de consentimento da categoria de acções afectada e não pudesse exigir que esse consentimento fosse deliberado por uma maioria inferior à habitual.

Quando a assembleia especial funcionar em termos clássicos, isto é, pela convocação prévia, ela deve realizar-se, em regra, na sede da sociedade. Para se considerar validamente constituída, a assembleia especial tem de reunir, em primeira convocação, «*accionistas que detenham, pelo menos, acções correspondentes a um terço do capital social*» representado por acções dessa categoria (art. 383.º, n.º 2 *ex vi* art. 389.º, n.º 1 e 2). A alteração ou supressão de acções privilegiadas determina necessariamente uma alteração contratual, visto que, nos termos dos artigos 24.º, n.º 1 e 272.º, *alínea c)*, essas acções e os respectivos direitos têm de ser referenciados nos estatutos.

As deliberações, por seu lado, têm de ser tomadas por maioria qualificada de dois terços dos votos expressos, sem contar as abstenções (arts. 38.º, n.º 3 ex vi art. 389.º, n.os 1 e 2). A lei impõe, deste modo, a título de *quorum* deliberativo – percentagem mínima do capital social que corresponde a acções de sócios presentes ou representados legalmente exigível para que possa formar-se uma deliberação válida –, uma maioria qualificada.

No entanto, se a assembleia reunir em segunda convocação e «*estiverem presentes ou representados accionistas detentores de, pelo menos, metade do capital social*» representativo das acções da categoria em causa, «*a deliberação pode ser tomada pela maioria dos votos emitidos*» (art. 386.º, n.º 4). Neste caso o *quorum* deliberativo tem de se conjugar com o *quorum* constitutivo, o qual em regra não é exigível em segunda convocação. A reunião de uma determinada percentagem de capital social, em segunda convocação, legitima o consentimento da assembleia baseado na pluralidade de votos[521].

As deliberações que, visando eliminar ou coarctar direitos especiais, não obtenham o consentimento necessário são ineficazes (art. 55.º).

19.3.5. *As* golden *shares*[522]

Diferente dos direitos especiais, necessariamente atribuídos a categorias de acções (cfr.art. 24.º, n.º 4), designadas privilegiadas, são as chamadas *golden shares* ("acções de ouro"), que de comum com aquelas apenas têm o facto de atribuirem ao(s) respectivo(s) titular(es), em regra o Estado, um ou mais privilégios relativamente aos demais accionistas.

Considerando a sua criação, de origem legal ou estatutária, é discutível a sua admissibilidade nos ordenamentos jurídicos europeus, em geral, e em Portugal, em particular, sobretudo por serem criadas *intuitus personae*.

Revestindo a forma de uma categoria de acções, aparentemente projectada em abstracto, mas criadas fotograficamente a pensar num titular específico (o Estado) – numa fase em que (re)privatizada a empresa, o anterior titular pretende, não obstante alienar parte significativa do capital, conservar influência nas decisões mais relevantes –, as *golden shares* infringem as regras da concorrência, porque proporcionam a um accionista determinado (o Estado) uma situação inadmissível de vantagem relativamente aos demais.

As *golden shares* são típicas das grandes sociedades anónimas de capitais parcial ou mesmo maioritariamente públicos, permitindo ao Estado conservar prerrogativas especiais quando desinveste. Assim, sucede, por

[521] Nas sociedades por quotas, recorde-se, sendo o direito especial atribuído individualmente, a sua derrogabilidade está, em regra, dependente do consentimento do seu titular (cfr. art. 24.º, n.º 5).

[522] Cfr. PEDRO DE ALBUQUERQUE / MARIA DE LURDES PEREIRA, *As "golden shares" do Estado português em empresas privatizadas: limites à sua admissibilidade e exercício*, Coimbra Editora, **2006**, em especial pp. 9-10, 17-21, 39-49, 53-67, 95-98 e 101-105, MARIA DE LURDES PEREIRA, «O regime societário do Estado enquanto accionista», AA.VV., *A Reforma do Código das Sociedades Comerciais*, Almedina, Coimbra, **2007** (pp. 259-267), e NUNO CUNHA RODRIGUES, *"Golden-Shares". As empresas participadas e os privilégios do Estado enquanto accionista minoritário*, Coimbra Editora, **2004**, em especial pp. 255-261, 348-350, 350-371.

exemplo, com a Portugal Telecom e com a EDP[523]. Com efeito, nestas sociedades abertas cotadas, o Estado, na qualidade de único titular de acções de uma determinada categoria, tem o poder de isoladamente e conta a vontade de todos os outros accionistas, vetar alterações do contrato de sociedade ou opor-se à designação de uma parte dos administradores[524].

Se esta prerrogativa é abstractamente admissível, porque pode ser criada uma categoria de acções com um direito especial de veto relativamente a um terço dos administradores (cfr. art. 391.º, n.º 2, *in fine*), já a possibilidade de oposição a modificações do contrato social nos parece inaceitável, porquanto não cremos ser admissível que se configure tal prerrogativa como um direito especial de categoria de acções, num paralelo que corresponderia a direito que, com idêntica natureza e conteúdo, é expressamente admissível nas sociedades por quotas (cfr. art. 265.º, n.º 2).

Nestes termos, se o direito atribuído a uma classe de acções não for admissível, ele não é susceptível de caracterizar uma *golden share*, por infracção das regras imperativas do sistema. Se o direito é teoricamente possível, há que verificar se ele foi criado *intuitus personae*, em clara violação da lei, ou se, aparentando ser atribuído a uma categoria de acções, a respectiva concessão constitui uma fraude à lei e uma tentativa de derrogar os limites imperativos do sistema.

---

[523] Na GALP Energia, SGPS, SA, o Estado também dispõe de *golden shares*, que lhe permitem, nomeadamente, aprovar «*a eleição do presidente do conselho de administração*» e opor-se a decisões estratégicas que autorizem «*a celebração de contratos de grupo paritário ou de subordinação*» ou que «*possam pôr em causa a segurança do abastecimento do país de petróleo, de gás e de electricidade, ou produtos derivados dos mesmos*» (cfr. art. 4.º, n.º 3, *alíneas a)* e *b)* do respectivo contrato de sociedade).

[524] Para maior desenvolvimento referente às situações concretas destas empresas, vd. PEDRO DE ALBUQUERQUE/MARIA DE LURDES PEREIRA, *As "golden shares" do Estado português em empresas privatizadas: limites à sua admissibilidade e exercício*, cit., **2006**, pp. 41-49, 53-58.

19.4. **Acções diminuídas**[525]

19.4.1. *Caracterização*

Em abstracto nada impede que, numa sociedade, apenas existam acções privilegiadas e acções diminuídas. Pressuposto essencial é que os direitos sociais imperativos, por natureza ou função, se achem salvaguardados.

Chamamos *diminuídas* às acções que conferem aos seus titulares menos direitos do que aqueles que resultam das acções ordinárias e que, relativamente a estas, só apresentam desvantagens. Cite-se, a título de exemplo, o caso das acções de fruição (cfr. art. 346.º, n.º 4)[526].

Optamos claramente pela expressão "acções diminuídas", por ser a que melhor se contrapõe, com base num mesmo critério (variação de direitos), às acções ordinárias e às acções privilegiadas; e por ser mais ampla que a designação "acções diferidas"[527]. Na realidade pode suceder que a desvantagem relativamente às outras acções consista na restrição total de um direito (na sua falta) e não apenas no diferimento do seu exercício[528].

19.4.2. *As acções de fruição*

As acções de fruição constituem o exemplo paradigmático desta categoria de acções. Elas são partes sociais (títulos de participação na

---

[525] Vd. Paulo Olavo Cunha, *Direitos especiais*, pp. 100, nota 152, 144-145 (n.º 23/III) e 168-171 (n.º 30).

[526] Vd. também o exemplo que enunciámos, *supra* (em 19.3.3.1), e, a propósito, a respectiva nota de rodapé 415.

[527] Preferida por Pinto Coelho, «Estudo sobre as acções» cit., ano 89.º, p. 178, com base na tradução de *deferred shares* e por ter em consideração unicamente as acções que atribuem certos direitos que só podem ser actuados após o exercício dos direitos das acções ordinárias, e que são, por isso, diferidos.

Assumindo, curiosamente com base na leitura dos nossos *Direitos especiais* (que cita), que as acções de fruição se denominam no Direito português acções diminuídas, Ana Belén Campuzano Laguillo, *Las clases de acciones en la sociedad anónima*, cit., **2000**, p. 190.

[528] Cfr. os nosso *Direitos especiais* cit., pp. 100, nota 152, que seguimos de muito perto.

sociedade) que se aproximam, em termos de estrutura, das acções ordinárias; simplesmente são acções diminuídas, visto que, tendo sido objecto de amortização, subsistem – conservando os direitos originários, designadamente de natureza pessoal – dotadas de um menor valor patrimonial do que as demais acções. São acções cujo capital é totalmente reembolsado, mantendo a totalidade dos direitos de administração e sofrendo restrições de natureza patrimonial; formam uma categoria autónoma, devendo ser representadas por títulos especiais (cfr. art. 346.º, n.º 5).

Só aparentemente o reembolso antecipado do capital que constitui a entrada do sócio pode ser considerado uma vantagem do accionista, por cessar o risco do seu investimento, visto que, em contrapartida, e como característica dominante, essa acção, no que toca à participação nos resultados patrimoniais da sociedade, sofre uma redução drástica, já para não considerar que o seu conteúdo patrimonial fica seriamente prejudicado.

As acções de fruição surgem, como tal, na sequência de uma deliberação dos accionistas, formada por maioria de dois terços dos votos emitidos, que determina o reembolso da totalidade do capital investido, recebendo por isso os accionistas o valor nominal das acções subscritas (art. 346.º, n.º 1, I parte). Esse reembolso far-se-á à custa dos meios que possam ser distribuíveis (cfr. arts. 32.º e 33.º), não implicando redução do capital social (arts. 346.º, n.º 1 *in fine* e n.º 2) e ficando salvaguardados os interesses dos credores sociais.

Se o contrato nada estipular, a amortização deve visar a totalidade das acções; consequentemente, a sociedade pode prosseguir a sua actividade apenas com acções de fruição. Os direitos que se conservam na integralidade são suficientes para assegurar a sua subsistência. Os direitos patrimoniais, por seu lado, mantêm-se na plenitude enquanto não for deliberado aumentar o capital social com emissão de acções ordinárias, ou converter as acções de fruição em acções ordinárias. Ainda assim as acções de fruição não poderiam ser consideradas privilegiadas, visto que todas teriam o mesmo conteúdo. Quando muito dir-se-ia que os seus titulares beneficiariam de uma situação privilegiada relativamente ao conteúdo essencial da situação típica de qualquer accionista.

Os direitos patrimoniais das acções de fruição sofrem grandes restrições. Assim, só concedem direito aos lucros de exercício, juntamente com as demais, «*depois de a estas ter sido atribuído um dividendo, cujo máximo é fixado no contrato de sociedade ou, na falta dessa estipulação, é igual à taxa de juro legal*» (art. 346.º, n.º 4, *alínea a)*). Acresce que só participam no saldo da liquidação, juntamente com as outras acções, *«depois de a estas ter sido reembolsado o valor patrimonial»*, antecipadamente recebido (art. 346.º, n.º 4, *alínea b)*).

As acções de fruição podem, por sua vez, ser convertidas em acções de capital (acções ordinárias), por deliberação da assembleia especial dos respectivos titulares (art. 346.º, n.º 6), já que formam uma categoria de acções (diminuídas). A maioria exigida para essas deliberações é a necessária à alteração do contrato de sociedade (art. 346.º, n.º 6 *in fine*), isto é, idêntica à requerida para deliberar a amortização e a consequente transformação das acções ordinárias em acções de fruição[529], ou seja, por aqueles que pretendam realizar imediatamente as novas entradas, não ficando a aguardar que sejam retidos dividendos em montante equivalente aos reembolsos anteriormente efectuados, pois só nesse momento a conversão se considera realizada. No caso de os accionistas optarem pelas entradas, a conversão considera-se efectuada *«no fim do exercício»*, em que elas tenham sido realizadas (art. 346.º, n.º 9).

A transformação das acções ordinárias em acções de fruição, bem como a (re)conversão em acções de capital, não requer forma notarial, sendo suficiente que conste de acta, embora as deliberações que lhes deram causa devam ser registadas e publicadas (cfr. art. 346.º, n.º 10 do CSC e arts. 34.º, *alínea j)* e 70.º, n.º 1, *alínea a)* do CRCom).

20. **Titularidade de quotas e de acções**

20.1. **Regras gerais**

Há a distinguir alguns aspectos, no que diz respeito à titularidade das quotas, relativamente à titularidade das acções.

A **titularidade**, recorde-se, é o nexo de pertença efectiva de um direito a uma determinada pessoa e a regra geral nessa matéria, em sede

---

[529] A contrapartida a esta conversão, que restitui as acções de fruição à sua versão originária, efectiva-se pela *«retenção de lucros que, num ou mais exercícios, caberiam às acções de fruição»*, a menos que as assembleias em que se deliberou a conversão *«autorizem que ela se efectue por meio de entradas oferecidas pelos accionistas interessados»* (art. 346.º, n.º 7), por maioria simples dos votos emitidos (cfr. art. 386.º, n.º 1 e art. 389.º, n.º 1 e n.º 2 *a contrario*).

de participações sociais, é de que cada acção e cada quota tenham um único titular. Simplesmente, há diferenças entre uma e outra participação, como iremos ver em seguida.

20.1.1. *Divisibilidade das quotas e indivisibilidade das acções*

Desde logo, a acção é indivisível, ao passo que a quota é divisível.

Com efeito, as quotas são divisíveis (cfr. art. 221.º), desde que tenham, em regra, um valor nominal mínimo de € 100,00 (cem euros) (cfr. art. 219.º, n.º 3).

As acções são indivisíveis (art. 276.º, n.º 4) – como já vimos (*supra*, n.º 18.3.2.1) –, pressupondo-se que titular e possuidor de uma acção ao portador sejam uma única e a mesma pessoa.

20.1.2. *A titularidade das pessoas colectivas e das sociedades comerciais, em especial*

20.1.2.1. *A capacidade das pessoas colectivas*

Uma questão essencial que se coloca é a de saber se as pessoas colectivas podem ser titulares de participações sociais, uma vez que não há escolhos, nem dúvidas, no plano da esfera jurídica individual[530].

A resposta será naturalmente positiva, com a óbvia limitação decorrente da capacidade de gozo das pessoas colectivas. Assim, para além das pessoas singulares, podem ser titulares de quotas e acções quaisquer pessoas colectivas, com respeito pelo princípio da especialidade que caracteriza a sua actividade (cfr. art. 160.º do CC e art. 11.º, n.º 4 do CSC)[531].

Ora, uma vez que as pessoas colectivas podem ser titulares dos direitos e obrigações necessários e convenientes à prossecução dos

---

[530] Hoje, com algumas limitações, como por exemplo a que resulta da limitação legal de uma pessoa singular não poder ser accionista única fundadora de uma sociedade anónima, diferentemente do que acontece com certas sociedades comerciais (cfr. arts. 273.º, n.º 1 e 488.º, n.º 1).

[531] Não iremos tomar posição sobre o entendimento deste princípio. Remete-se para o n.º 1.6, e chama-se a atenção para o facto de a interpretação da doutrina não ser uniforme.

respectivos fins, pode perguntar-se se é necessário que conste do respectivo contrato que uma sociedade possa deter participações noutra.

Antes de mais, refira-se que a detenção de participações noutras sociedades e a gestão das mesmas podem, só por si, integrar o objecto específico de uma determinada sociedade que não será imediatamente comercial, por não corresponder a uma actividade comercial ou industrial directa. Tal sociedade – que se designa "gestora de participações sociais" (SGPS) e que estudaremos, com autonomia, adiante (*infra*, n.º 40) – constitui-se com a exclusiva finalidade de gerir participações sociais (alheias), apenas prosseguindo actividades de carácter comercial ou industrial de forma mediata, na medida em que só participará indirectamente no exercício do objecto das sociedades participadas.

No que se refere à detenção de participações sociais em simultâneo com o exercício de uma actividade económica mercantil, e para além dele, diga-se que a lei permite – no artigo 11.º, a propósito do objecto social – que o contrato de sociedade o possa autorizar, inclusivamente em qualquer tipo de sociedade.

No entanto, a regra é a de que se o contrato não permitir essa detenção (titularidade) de participações noutras sociedades, então a sociedade comercial só poderá participar em sociedades de responsabilidade limitada que exerçam uma actividade análoga (cfr. art. 11.º, n.º 4), mesmo essa possibilidade podendo ser contratualmente excluída (cfr. art. 11.º, n.º 4 *in fine*), ficando a sociedade impossibilitada de adquirir participações alheias ou de o fazer sem autorização dos sócios.

Quando se pretende que a sociedade possa participar em sociedades de responsabilidade ilimitada ou em sociedades com diferente objecto social, então o contrato deve autorizá-lo expressamente (cfr. art. 11.º, n.º 5), indicando, se possível, qual o órgão competente para tomar decisões nessa matéria e eliminado, desse modo, eventuais dúvidas que possam surgir (cfr., arts. 246.º, n.º 2, *alínea d)* e 406.º, nomeadamente *alínea e)*). Nos seguintes termos, por exemplo:

Artigo Vigésimo Quinto
(Participações noutras sociedades)

Um. *O conselho de administração poderá deliberar a associação da sociedade com terceiros, sob qualquer forma legal ou contratual, nomeadamente para formar novas sociedades, consórcios, agrupamentos complementares de empresas ou associações em participação, assim como subscrever, adquirir, alienar* *ou onerar participações no capital social de quaisquer outras sociedades, independentemente do respectivo objecto, sem prejuízo do disposto no número seguinte.*

Dois. *A subscrição, aquisição, alienação ou oneração de participações no capital social de sociedades de responsabilidade ilimitada, independentemente do respectivo objecto carece de aprovação dos accionistas, deliberada por uma maioria de votos correspondentes a dois terços do capital social.*

20.1.2.2. *A aquisição de participações não autorizada contratualmente.*

Questão também interessante que pode surgir, a este propósito, consiste em saber o que acontece se uma sociedade desprovida da referida autorização estatutária, não obstante, adquire inadvertidamente participações sociais noutras sociedades, *maxime* acções. Será tal aquisição nula (por falta de capacidade), com óbvio prejuízo do vendedor? Mesmo que ocorra em mercado regulamentado?

Prefigure-se um exemplo: imagine-se que o gestor bancário de uma sociedade anónima com aquelas características (falta de necessária autorização contratual), não se apercebendo da limitação da sua cliente, dá uma ordem de compra de acções de uma entidade financeira, no âmbito da normal gestão da conta do cliente e em execução de um mero plano de aplicação de capitais, eventualmente alternativa à constituição de um depósito a prazo. É concebível considerar nula a compra feita nesses termos?

Estando em jogo um simples investimento financeiro, quiçá com reduzida expressão económica, terá sentido pô-lo em causa, com possíveis prejuízos de terceiro (nomeadamente do vendedor, óbvio desconhecedor dessa limitação)?

Julgamos que não. E entendemos o Direito desta forma, isto é, as regras de regulação social não podem servir para prejudicar os interesses da ética do mercado e daqueles que nele intervêm e se movimentam, sobretudo se não houver razões para tal (isto é, se as actuações não se encontrarem escoradas em desrespeito e inobservância de princípios caracterizadores essenciais e de regras imperativas).

Tal conclusão sai reforçada, se considerarmos que não só não existem prejudicados – para além da própria sociedade, eventualmente –, como se evita que venham a ser postos em causa negócios subsequentes.

Julgamos, contudo, que o alcance do disposto no n.º 5 do artigo 11.º é, essencialmente, o de limitar as aquisições intencionais de participações em diferentes sociedades, se as mesmas não estiverem contratualmente autorizadas e não, pura e simplesmente, comprometer uma aquisição sem expressão que seja inadvertidamente efectuada.

Por último, refira-se que também não está em causa a falta absoluta de capacidade de gozo, porquanto a sociedade (no nosso exemplo) poderia, em princípio, adquirir participações em sociedades com idêntico objecto. É fundamentalmente uma questão de legitimidade, porque não pode adquirir aquelas participações, e não quaisquer participações. Portanto, embora à falta de legitimidade corresponda, em regra, a nulidade, a verdade é que ela, por vezes mitigada, é, em certos termos e condições, sanável, como sucede, por exemplo, com a venda de bens alheios.

20.2. **Contitularidade de quotas e acções**

As quotas e as acções podem ser detidas por uma ou mais pessoas, em regime de contitularidade (cfr. arts. 223.º e 224.º, 303.º do CSC e art. 57.º do CVM).

Comece por salientar-se que, diversamente do que acontece em regra no nosso Código, à contitularidade das acções se aplica o disposto em matéria de contitularidade de quotas (arts. 223.º e 224.º), por efeito de expressa remissão do artigo 303.º. A explicação prende-se naturalmente com o facto de a situação jurídica de contitularidade se colocar com muito mais frequência e relevância no plano das sociedades por quotas.

Não iremos analisar detalhadamente os artigos 223.º e 224.º, mas apenas enunciar os aspectos que se nos afiguram essenciais.

O principal problema que se coloca nesta matéria diz respeito ao exercício dos direitos inerentes às participações sociais; consiste em determinar como é que se realiza esse exercício. Isto é, sendo vários os titulares e, consequentemente, pertencendo a participação ou participações simultaneamente a mais do que uma pessoa, como é que efectivamente os direitos que lhe(s) são inerentes vão ser exercidos? É à vez? É alternadamente? É por um dos contitulares? E, nesse caso, como e quem é que o escolhe?

Obviamente, haverá que procurar um representante comum, há que encontrar, de entre os diversos contitulares, um que a todos represente (no âmbito da sociedade e das relações com os demais órgãos sociais) e cuja nomeação, quando não resulta da lei, tem de ser comunicada à sociedade e aos demais sócios (cfr. art. 223.º).

Há situações de contitularidade que são extremamente simples de compreender, como aquelas que resultam, por exemplo, da sucessão numa participação social.

No que respeita a quem pode ser o representante comum dos contitulares, a lei estabelece algumas limitações, visando impedir que haja entes estranhos como representantes dos contitulares. Por isso, em regra, exige que seja um dos titulares o representante ou, eventualmente, o cônjuge de um dos titulares, com a excepção das situações em que os sócios se possam fazer representar por terceiros na formação das deliberações sociais, caso em que o representante comum dos contitulares poderá ser um estranho à sociedade. A lógica é a sociedade permanecer fechada (cfr. art. 223.º, n.º 2).

Quanto à deliberação dos contitulares, ela faz-se nos termos do disposto no artigo 224.º, aplicando-se aqui, em regra, por remissão expressa para o Código Civil, as regras da compropriedade.

20.3. **Participações próprias**

20.3.1. *Caracterização da situação*

Vamos agora estudar uma situação estranha, que é a da sociedade ser detentora ou ser titular de parte de si mesma. É uma situação que – diríamos coloquialmente – corresponde à de uma "pescadinha de rabo na boca", porque a sociedade "come" um bocado de si própria.

Desta imagem se retiram imediatamente algumas consequências que se vão projectar no regime das participações próprias, no pressuposto de que as mesmas são admissíveis.

Por um lado, é uma situação que, por natureza, não pode ocorrer em termos originários, isto é, a sociedade não pode ser *ab initio* parte de si própria. Por razões que são, desde logo, lógicas. Se ainda não existe, a sociedade não pode participar na sua (própria) constituição. Acresce que, nesse momento – ou no imediatamente subsequente –, a sociedade recém-nascida não tem disponibilidades para investir em partes do seu capital.

Daqui resulta que, só no decurso da sua vida e em certas circunstâncias, pode a sociedade vir a adquirir uma parcela dos seus próprios activos. Entre essas circunstâncias encontramos a necessidade de a sociedade ter bens disponíveis para o efeito, em quantidade suficiente.

Por outro lado, a aquisição de participações próprias tem de ser limitada a uma certa parte da sociedade, sob pena de, no extremo, ela poder desaparecer dentro de si mesma – se fosse totalmente "engolida" (leia-se, adquirida) por si própria –, o que corresponderia a uma impossibilidade lógica.

Importa distinguir as situações aplicáveis às sociedades por quotas das que respeitam às anónimas, estabelecendo a diferença entre a aquisição de quotas próprias e de acções próprias, porque o fenómeno ocorre com muito mais frequência e é encarado de forma muito mais natural no domínio das sociedades anónimas. Aliás, se consultarmos a disposição legal aplicável às quotas próprias (o artigo 220.º), verificamos que, ao contrário do que acontece na contitularidade, o regime que se aplica às quotas próprias é o regime estabelecido em sede de acções próprias por remissão do número 4 do artigo 220.º.

20.3.2. *Quotas próprias; requisitos para a respectiva aquisição e regime aplicável*

Antes de mais, chame-se a atenção para o facto de ter mais sentido falar em quota própria, no singular, do que em quotas próprias, dado que tendencialmente, neste tipo societário, deverá corresponder uma única quota a cada sócio; e se este for a própria sociedade não haverá razões para excepção. Portanto a excepção é a própria situação.

Quota própria é a participação social que uma sociedade detém sobre o seu próprio capital.

A sociedade só pode adquirir quotas próprias em três circunstâncias (cfr. art. 220.º, n.º 2):

- a título gratuito,
- em acção executiva, ou
- onerosamente, se dispuser de reservas livres em montante igual ou superior ao dobro da contrapartida a prestar na aquisição.

Trata-se de uma regra restritiva, segundo a qual para adquirir onerosamente uma participação própria, e desde que não o faça no âmbito do processo executivo, a sociedade deve aceitar imobilizar, como reserva especial, uma quantia correspondente à que necessita de despender para pagar essa quota. Antecipe-se, contudo, que esta regra não se afasta do regime aplicável à aquisição de acções próprias. Assim, se a quota custar € 10.000,00, a sociedade para a adquirir deverá dispor de reservas livres de, pelo menos, € 20.000,00, ficando posteriormente € 10.000,00 afectos a uma reserva legal especial (cfr. art. 324.º, n.º 1, alínea b) *ex vi* art. 220.º, n.º 4).

Relativamente à aquisição no âmbito de processo executivo, naturalmente onerosa, mas sem as limitações descritas, pretende a lei viabilizar a oposição à entrada de estranhos (que, no âmbito da acção executiva, estivessem em vias de adquirir a quota) na sociedade.

Acresce às limitações inerentes à aquisição de participação própria, o pressuposto de que só podem ser adquiridas quotas inteiramente liberadas, salvo se a aquisição ocorrer no âmbito de um processo de perda de quota a favor da sociedade (cfr. art. 204.º), o que é expressa e legalmente autorizado, ainda que a quota não esteja liberada na totalidade (cfr. art. 220.º, n.º 1).

No que se refere à aquisição gratuita, por doação ou sucessão, a mesma não suscita dificuldades, porque não acarreta qualquer encargo imediato.

A aquisição de uma quota própria sem observância das limitações legais, previstas no artigo 220.º, é nula (cfr. art. 220.º, n.º 3).

Uma questão relevante, não resolvida pela nossa lei, é a de saber se existem limitações legais à aquisição de quotas próprias, para além das descritas e enunciadas no artigo 220.º, nomeadamente análogas às legalmente estabelecidas para a aquisição de acções próprias (cfr. art. 317.º, n.º 2). Isto é, está a aquisição de quotas próprias sujeita a um limite percentual – por exemplo correspondente a 10% do capital social –, ou poderá a sociedade por quotas adquirir mais do que um décimo do seu capital, desde que cumpra os requisitos estabelecidos no número 2 do artigo 220.º; e, nesse caso, qual será o limite?

Dada a excepcionalidade da detenção de participações próprias, não repugna aceitar a aplicação analógica da solução prevista para as sociedades anónimas, no artigo 317.º, designadamente no seu n.º 2. Fazemo-lo, no entanto, sem grande convicção e, consequentemente, com dúvidas cuja elucidação carece de reflexão mais ponderada[532].

[532] Admitindo que seja possível à sociedade adquirir quotas próprias com o (único) limite resultante da necessidade de ter um substrato pessoal, sob pena de dissolução (cfr.

No que respeita ao regime jurídico aplicável às quotas próprias – o regime estabelecido para as acções próprias, constante do artigo 324.º (por remissão expressa do art. 220.º, n.º 4) remetemos a respectiva análise para a matéria das acções próprias, sendo transposto para as sociedades por quotas com as devidas adaptações.

Assinale-se, no entanto, que diversas são as questões que ficam por responder com a exiguidade da remissão.

20.3.3. *Acções próprias*[533]

20.3.3.1. *Situação regra; desenvolvimento e corolários*

As acções próprias são reguladas no Código das Sociedades Comerciais – na secção III, do capítulo III («*Acções*»), do título IV («*Sociedades Anónimas*») –, nos artigos 316.º e seguintes, com especial incidência dos aspectos relativos à sua aquisição, sendo-lhe aplicáveis as considerações gerais tecidas a propósito das participações próprias em geral.

Vamos, por isso, analisar o regime das acções próprias naquilo que ele tem de específico, não perdendo de vista a ideia de que a situação é excepcional e só pode ocorrer em vida da sociedade, verificados determinados pressupostos.

art. 142.º, n.º 1, *alínea a)*), pelo facto de a lei não estabelecer limites quanto ao montante de quotas próprias que poderá adquirir e deter, Coutinho de Abreu, *Curso de Direito Comercial*, vol. II – *Das Sociedades*, 3ª ed. cit., **2009**, p. 398.

Sem pretendermos desenvolver a questão, mas recorrendo à integração sistemática da matéria, inclinamo-nos para considerar que os sócios deverão deter, no mínimo, quotas (liberadas) com valor nominal correspondente ao mínimo legal para a constituição da sociedade (€ 5.000,00).

[533] Vd. Raúl Ventura, *Estudos vários sobre Sociedades Anónimas* (Acções próprias) (Comentário ao CSC), Almedina, Coimbra, **1992**, pp. 339-408, a monografia de Maria Vitória Ferreira da Rocha, *Aquisição de acções próprias no Código das Sociedades Comerciais*, Almedina, Coimbra, **1994**, o relatório de mestrado de João Gomes da Silva, *Acções próprias e interesses dos accionistas*, sep. da *ROA*, ano 60, III, **2000** (pp. 1221-1296), a dissertação de doutoramento de Alexandre de Soveral Martins, *Cláusulas do contrato de sociedade que limitam a transmissibilidade de acções*, Almedina, Coimbra, **2006**, pp. 378-382, e os estudos de Miguel Brito Bastos, «As consequências da aquisição ilícita de acções próprias pelas sociedades anónimas», *RDS*, ano I, Nº 1, **2009** (pp. 185-224), em especial pp. 185-200, 209-211, e de António Menezes Cordeiro, «Das acções próprias: dogmática básica e perspectivas de reforma – I», *RDS*, ano I, Nº 3, **2009** (pp. 637-646), pp. 637-640.

Do número 1 do artigo 316.º resulta com clareza que uma sociedade não pode subscrever acções próprias e só pode «*adquirir e deter acções próprias nos casos e nas condições previstos na lei*».

Importa referir que o disposto no artigo 316.º, n.º 1 não é imperativo pelo mínimo; quer dizer, ele não garante que uma sociedade possa, pura e simplesmente, adquirir acções próprias. Haverá que apreciar as cláusulas do respectivo contrato para saber se não há na sociedade em causa uma restrição à aquisição de acções próprias. Sendo o contrato de sociedade omisso, será permitida a aquisição de acções próprias até ao limite de 10% do capital da sociedade (cfr. art. 317.º, n.º 2). Trata-se de uma regra supletiva, sujeita a limites imperativos.

Tal limite (máximo) foi o limite considerado adequado. É o "rabo da pescadinha" (cfr., *supra*, n.º 20.3.1). Se se comprasse um pouco mais, ter-se-ia de "comer também parte do corpo", como é evidente, e isso a lei não aceita. Mas admite que os estatutos excluam a possibilidade de a sociedade adquirir acções próprias (cfr. art. 317.º, n.º 1), pelo que fica claro não ser o artigo 316.º, n.º 1 imperativo pelo mínimo.

Quanto aos desenvolvimentos e corolários do disposto no artigo 316.º, relativamente à situação-regra de aquisição de acções próprias, haverá que atender, para além do artigo 317.º, n.º 1, aos n.ºs 2 a 6 do artigo 316.º e também ao disposto no artigo 322.º.

Assim, não é, naturalmente, possível a sociedade (subscrever ou) adquirir acções próprias por interposta pessoa, sendo os seus administradores, *pessoal e solidariamente, responsáveis pela liberação das acções* nesses termos e condições (cfr. art. 316.º, n.ºs 2 a 6). Isto é, a sociedade não pode instruir um terceiro, pessoa singular ou colectiva, para em nome pessoal, mas por conta dela, adquirir acções no seu capital. Esta disposição visa impedir que indirectamente seja atingida finalidade idêntica àquela que resulta da limitação de aquisição de acções próprias.

Por sua vez – e exceptuando as operações que envolvam bancos ou sociedades financeiras ou a aquisição de acções próprias para os respectivos colaboradores –, «*a sociedade não pode conceder empréstimos ou (...) prestar garantias para que um terceiro subscreva ou por qualquer outro meio adquira acções representativas do seu capital*» (art. 322.º, n.ºs 1 e 2). Pretende evitar-se, com este preceito imperativo – cuja inobservância acarreta a nulidade da operação (cfr. n.º 3 do art. 322.º) –, aquilo que na gíria se designa por "realizar o negócio com o pêlo do próprio cão". Trata-se da chamada proibição de assistência financeira, a que faremos referência autónoma adiante (cfr. n.º 20.3.3.5).

Entretanto, refira-se que o desrespeito ou violação do disposto nos artigos 316.º (n.ºs 2 e 3) e 322.º (n.ºs 1 e 2) é penalmente sancionado nos termos do artigo 510.º do nosso Código.

Importa também recordar agora que é na aquisição de acções próprias que assume especial relevância o princípio do igual tratamento dos accionistas (cfr. art. 321.º), o que significa que a sociedade não poderá comprar acções a um accionista, desprezando a vontade que outros, eventualmente, possam ter de vender – até porque a venda de acções próprias pode representar um bom negócio –, havendo que respeitar a proporcionalidade da participação no capital social, o que pode implicar haver rateio.

20.3.3.2. *Casos em que é admissível a titularidade de acções próprias*

Convém recordar que se a sociedade pode proibir a aquisição de acções próprias, também pode estabelecer um limite máximo inferior a esses 10%, por exemplo 5% (cfr. art. 317.º, n.º 1).

Quanto à detenção de um montante superior a 10%, o próprio n.º 2 do artigo 317.º prevê, logo no início, que haja situações de excepção, ou seja, prevê casos em que as acções próprias possam corresponder a um montante superior a 10%. São as situações que se encontram previstas no n.º 3 do artigo 317.º, nomeadamente se a aquisição for feita a título gratuito ou se tiver por finalidade executar uma deliberação de redução.

De qualquer modo, o prazo máximo para deter acções próprias nessas circunstâncias é de três anos (cfr. art. 323.º, n.º 3). Permite-se que, numa situação de emergência, excepcional, possa ser ultrapassado esse máximo, mas depois a sociedade dispõe de um prazo limite durante o qual se deve desfazer dessas participações em excesso.

20.3.3.3. *Aquisição de acções próprias; requisitos*

Tal como as quotas próprias, as acções próprias só podem ser adquiridas se estiverem inteiramente liberadas (cfr. art. 318.º, n.º 1, I parte).

Por isso, salvo nos casos especialmente previstos na lei (cfr. art. 318, n.º 1 *in fine* e art. 317.º, n.º 3, *alíneas b), c), e)* e *f)*), a aquisição de participações sociais próprias não inteiramente liberadas é nula (cfr. art. 318.º, n.º 2). Este regime é aquele que resultaria já da aplicação do regime geral da invalidade dos negócios jurídicos, estabelecido no artigo 294.º do Código Civil. O legislador não quis, porém, que subsistissem quaisquer dúvidas.

Quanto ao órgão com competência para decidir que devem ser adquiridas acções próprias, o artigo 319.º do Código dispõe, como regra, que é assembleia geral. Assim, a deliberação de aquisição deve competir aos accionistas, que se vão debruçar sobre essa eventualidade, desde que a mesma não esteja contratualmente proibida.

Da deliberação da assembleia geral devem constar diversas menções relativas à aquisição de acções próprias autorizada, tais como o montante máximo a adquirir, os accionistas vendedores (se a operação não for na bolsa), as contrapartidas (mínima e máxima) por cada acção a adquirir[534] e a duração da autorização, que não pode ultrapassar dezoito meses (cfr. art. 319.º, n.º 1)[535].

Mas não há regra sem excepção. E há situações em que a aquisição de acções próprias não pode esperar pela convocação de uma assembleia geral e pelas respectivas deliberações, impondo-se que a decisão seja tomada com urgência e rapidez. Nesses casos (cfr. art. 319.º, n.º 3), terá de ser a administração a decidir essa aquisição.

20.3.3.4. *Regime jurídico*

O regime aplicável à detenção de acções próprias resulta do artigo 324.º e o seu aspecto mais importante tem que ver com o exercício dos direitos sociais pela titular dessa participação, que é a própria sociedade, e reconduz-se à seguinte questão: *quais os direitos inerentes às participações sociais próprias que podem ser exercidos pela sociedade*?

Por exemplo, tem sentido a sociedade, no final do exercício – e uma vez deliberada a aplicação dos resultados –, reclamar os lucros que corresponderiam à sua participação, invocando a qualidade de accionista?

Não tem muito sentido, efectivamente. Por isso, o regime jurídico aplicável estabelece naturais limitações ao exercício dos direitos sociais,

---

[534] A título de contrapartida a sociedade só poderá usar bens disponíveis que, nos termos dos artigos 32.º e 33.º, sejam distribuíveis e, além disso, deverá constituir, à custa de bens com essa natureza, uma reserva especial (cfr. art. 317.º, n.º 4 e 324.º, n.º 1, *alínea b)*).

[535] A deliberação de alienação de acções próprias está também sujeita a diversos requisitos, sendo em geral autorizada simultaneamente com a aquisição (cfr. art. 320.º).

declarando-os todos suspensos, com a excepção do direito de participar no aumento de capital por incorporação de reservas (cfr. art. 324.º, n.º 1, *alínea a)*), isto é, um aumento de capital que determine que as reservas existentes sejam distribuídas proporcionalmente aos sócios, sob a forma de capital. Por isso, se o accionista tem 10% do capital, correspondente a € 100.000,00 de valor nominal, por exemplo, e se a sociedade aumenta em 50% o seu capital por incorporação de reservas, o mesmo accionista irá continuar com 10% do capital, só que agora correspondente a um valor nominal de € 150.000,00. Trata-se de uma situação excepcional que a própria lei tem o cuidado de salvaguardar, que não altera a participação social própria, nem está dependente de uma manifestação de consentimento nesse sentido, porque ocorre automaticamente, ou seja, não carece de subscrição ou qualquer outra manifestação de vontade.

Enquanto as acções estiverem na carteira, a sociedade terá de constituir uma reserva especial «*de montante igual àquele por que* as acções próprias *estejam contabilizadas*» (art. 324.º, n.º 1, *alínea b)*).

Isto significa que não é qualquer sociedade anónima que se pode dispor a comprar acções próprias. Para o fazer, licitamente, a sociedade deverá gozar de boa saúde financeira e dispor de reservas livres necessárias para o efeito ou de resultados que não distribua.

A concluir, recorde-se que o regime jurídico enunciado é aplicável às quotas próprias.

20.3.3.5. *Proibição de assistência financeira para aquisição de acções próprias*[536]

Um aspecto que se impõe explicar, a propósito das acções próprias, é o que respeita à proibição de assistência financeira a prestar pela sociedade a terceiros, para estes adquirirem as respectivas acções.

Vimos já (cfr., *supra*, n.º 20.3.3.1) que a lei proíbe que as sociedades anónimas concedam empréstimos, forneçam fundos ou prestem «*garantias para que um terceiro subscreva ou por outro meio adquira acções representativas do seu capital*» (art. 322.º, n.º 1). Todos os contratos celebrados ou actos praticados pela sociedade com inobservância dessa limitação legal são nulos (cfr. art. 322.º, n.º 3).

[536] Cfr. Ricardo Bayona Giménez, *La prohibición de asistencia financiera para la adquisición de acciones propias*, Aranzadi, Navarra, **2002**.

Pretende, pois, impedir-se que uma pessoa realize ou compre acções à custa da própria sociedade a que as mesmas respeitam. No conceito de *terceiro* cabem também aqueles que já são accionistas no momento em que se equaciona a aquisição de acções da sociedade.

A lei, contudo, admite excepções a esta limitação legal, que não afecta as operações que envolvam bancos ou sociedades financeiras ou a aquisição de acções próprias pela sociedade para os respectivos colaboradores, em execução de planos que impliquem a concessão de opções sobre acções por si emitidas (*stock options*), como forma de retribuição por serviços prestados, e desde que tais operações não sejam efectuadas à custa da respectiva situação líquida (cfr. art. 322.º, n.º 2 *in fine*).

Os bancos não estão, assim, sujeitos à proibição de assistência financeira, considerando a natureza da respectiva actividade, mesmo que estejam em causa as suas próprias participações.

O artigo 322.º prescreve, assim, uma proibição de autofinanciamento na aquisição de participações sociais, impedindo que uma sociedade anónima possa, em regra, financiar ou garantir o financiamento da aquisição das suas participações.

Não se encontrando prevista a aplicação por remissão do artigo 322.º às **sociedades por quotas** – diversamente do que sucede com o artigo 324.º, para cujo regime o artigo 220.º, n.º 4 remete – há que ponderar se a proibição de assistência financeira (na aquisição de acções próprias) se estende às sociedades por quotas. Mais do que dar uma resposta peremptória a esta questão, importa-nos equacioná-la para auxiliar a encontrar a solução, embora se preveja que a prazo o assunto venha a ficar resolvido através de alteração à Segunda Directiva Comunitária.

Em favor da possibilidade de recorrer à assistência financeira, podemos socorrer-nos do princípio da autonomia da vontade e considerar que, se a lei não impossibilita a assistência financeira na aquisição de quotas próprias, o respectivo intérprete não deverá impor a aplicação da proibição estabelecida para a aquisição de acções. Reforça este entendimento a consideração de que a proibição de assistência financeira constituirá uma excepção, o que a tornaria inaplicável às sociedades por quotas, por analogia.

Embora consideremos estes argumentos muito fortes, temos dúvidas de que a falta de remissão legal não se tenha ficado a dever a um lapso, a que importaria pôr cobro, recorrendo à analogia. Não podemos, em qualquer circunstância, aceitar que à eventual infracção dessa regra se aplique a sanção de natureza criminal, tipificada no artigo 510.º, n.º 1 do

Código das Sociedades Comerciais, uma vez que deveríamos sustentar tal subsunção na analogia, o que nos parece incompatível com o princípio da legalidade.

20.3.3.6. *Operações com acções próprias*

Os agentes económicos têm vindo a realizar operações com acções próprias, frequentemente com a finalidade de minimizarem o impacto fiscal na distribuição dos respectivos resultados, numa clara distorção da razão de ser e finalidade dessas operações. Contudo, os efeitos fiscais também têm variado, havendo uma cada vez maior atenção do legislador e da Administração Fiscal a este tipo de fenómenos, no eterno "jogo do gato e do rato".

A título meramente exemplificativo cite-se a operação pela qual a sociedade vende aos seus accionistas acções próprias por um quarto do respectivo valor e – pouco tempo depois – as recompra, pelo valor real. Anteriormente à vigência do actual regime de preços de transferência (estabelecido e regulado no artigo 63.º do CIRC e na Portaria n.º 1446-C/ /2001, de 21 de Dezembro), não se afigurava fácil à Administração Fiscal questionar esta operação, visto que não se encontrava devidamente clarificado o conceito de *relações especiais*, nem estava prevista na legislação fiscal portuguesa a metodologia a adoptar para a determinação dos termos e condições que seriam normalmente acordados, aceites ou praticados entre entidades independentes no mercado. Então, sobretudo em relação aos accionistas singulares, estes optavam por apurar uma mais-valia tributável à taxa de 10% – enquanto não tivesse decorrido um ano (porque se tal prazo se tivesse esgotado, entretanto, o ganho estaria já excluído de tributação) –, em vez de suportarem a fiscalidade que recai sobre a distribuição de resultados.

20.4. **Limitações à titularidade de participações sociais**

A titularidade de participações sociais confere, em regra, ao sócio uma plena disponibilidade das participações, que se caracterizam por lhe atribuir a totalidade dos direitos (e obrigações) que lhes são inerentes.

Contudo, há certas circunstâncias em que, não sendo colocada em causa essa titularidade, o sócio vê restringidos os seus direitos, por efeito da constituição de um direito real sobre essas participações, quer o mesmo seja um direito de gozo, *maxime* o usufruto, quer seja um direito real de garantia, como o penhor.

Qualquer dessas situações jurídicas reais – que correspondem, pelo princípio do *numerus clausus* aplicável aos direitos reais em geral, às únicas admissíveis com essa natureza no âmbito das sociedades comerciais – colide com o regime geral da titularidade, pela limitação que lhe introduz.

20.4.1. *Usufruto de participações sociais (quotas e acções)*

20.4.1.1. *Regime societário*

Quanto ao usufruto de participações sociais – deve atender-se ao disposto no artigo 23.º, n.os 1 e 2 do Código das Sociedades Comerciais e no artigo 1467.º do Código Civil[537] –, situação que se caracteriza por dois sujeitos, o proprietário (da raiz) e o usufrutuário, terem simultaneamente pretensões em relação a uma mesma participação social, a questão reside em saber quem tem o direito a exercer os direitos sociais. A regra aplicável é a seguinte: o usufrutuário tem direito aos lucros e a votar, excepto se está em causa alteração estatutária ou dissolução, em que o voto deve ser conjunto.

Percebe-se. Se o usufrutuário tem direito ao gozo da participação social, é natural que faça seus os réditos que o bem vier a gerar. E tem direito a votar, salvo em caso de modificações estruturais, isto é, não poderá exercer o voto isoladamente quando estiverem em causa situações jurídicas que podem afectar a situação jurídica do (nu) proprietário. Nesse caso, proprietário da raiz e usufrutuário devem manifestar-se em conjunto.

Quais é que são os problemas mais relevantes em termos de usufruto de participações sociais e, portanto, de colisão com a respectiva titularidade?

Podemos isolar dois: um relativo ao direito de informação (arts. 293.º e 214.º, n.º 8); e outro referente ao direito de participar nos aumentos de capital (art. 462.º).

---

[537] Cfr. Pires de Lima / Antunes Varela, *Código Civil Anotado*, vol. III, 2ª ed. com a colab. de M. Henrique Mesquita, Coimbra Editora, **1984**, pp. 512-515.

No que se refere ao primeiro, a regra é a de que o usufrutuário tem o direito de informação conjunto e simultâneo, com o titular de raiz, sempre que tiver o direito de voto[538]. Nessa circunstância ele (também) poderá exercer o direito de informação.

Quanto ao direito de participar no aumento de capital por entradas em dinheiro, o exercício do direito legal de preferência cabe ao nu-proprietário, na falta de acordo para ser actuado pelo usufrutuário ou conjuntamente por ambos (cfr. arts. 269.º e 462.º, n.ºs 2 e 1). A ideia a reter é a de que o proprietário de raiz deve poder ter o direito de participar sempre que estiver em causa um acto social que afecte a subsistência da sua participação (acções).

As acções a emitir, na sequência do aumento de capital, ficam a pertencer em propriedade plena a quem exerceu o direito legal de preferência, salvo se houver acordo em que também sejam desdobradas em nua-propriedade e usufruto (cfr. art. 462.º, n.º 4).

20.4.1.2. *Constituição do direito real menor*

No que respeita à forma de constituição do usufruto das participações sociais em vida da sociedade, ela corresponde à *forma exigida e às limitações estabelecidas para a* respectiva transmissão (cfr. art. 23.º, n.º 1).

Nesses termos, o usufruto constitui-se por documento escrito, forma requerida para a transmissão de quotas (cfr. arts. 23.º, n.º 1 e 228.º, n.º 1, na red. do art. 2.º do Decreto-Lei n.º 76-A/2006, de 29 de Março, e art. 4.º-A, na red. do art. 3.º do mesmo diploma)[539], e tal só pode ocorrer na medida em que o sócio puder dispor da sua quota em negócios entre vivos. Assim, se a cessão for livre, a constituição do usufruto também é livre, se a cessão estiver dependente do consentimento da sociedade, por exemplo, então eventual constituição de usufruto sobre uma quota estará dependente de idêntica autorização (cfr. arts. 23.º, n.º 1 e 228.º, n.º 2).

---

[538] Quando o voto pertencer conjuntamente ao usufrutuário e ao titular de raiz, *«ambos devem manifestar a sua vontade separadamente, a qual será considerada como um só voto se ambos se pronunciarem concordantemente»*; se divergirem sobre o sentido do voto, então não poderão exercê-lo [cfr. **AcSTJ 4 Jul 2002** (Silva Paixão), *CJ/AcSTJ* ano X, t. II, 2002, pp. 147-149].

[539] Até 29 de Junho de 2006 (*inclusive*) o usufruto constituía-se obrigatoriamente por escritura pública, forma requerida para a transmissão de quotas (cfr. arts. 23.º, n.º 1 e 228.º, n.º 1, na red. do DL 262/86, de 2 de Setembro).

A constituição (ou transmissão) de usufruto de quota está sujeita a registo comercial obrigatório (cfr. art. 3.º, n.º 1, *alínea f)* do CRCom), do qual depende a sua eficácia (cfr. arts. 242.º-A e 242.º-B do CSC).

No que se refere à constituição de usufruto sobre acções, muito mais rara, haverá que conjugar o disposto no Código das Sociedades Comerciais (art. 23.º) com o Código dos Valores Mobiliários.

A forma de constituição dependerá, assim, da própria forma de representação da acção e do regime a que a mesma está sujeita.

Sendo as acções tituladas, devem ser observados *os termos estabelecidos para a transmissão da* respectiva *titularidade* (cfr. art. 23.º, n.º 1 do CSC e art. 103.º do CVM).

O usufruto de acções ao portador só é possível mediante depósito das acções em instituição de crédito (ou sociedade financeira) ou junto do emitente e registo da situação jurídica em causa, sendo óbvio que não pode ocorrer pela simples transmissão (entrega ou depósito) do título, porque a mesma opera a efectiva transmissão da propriedade.

A constituição de usufruto sobre acções tituladas nominativas é livre se não houver restrições à transmissibilidade das acções – se existirem restrições, nos termos do disposto no artigo 328.º, n.º 2, ela depende do consentimento exigível para a transmissão –, efectuando-se por *declaração, inscrita no título,* e registo subsequente *junto da* sociedade *emitente ou de intermediário financeiro que a represente* (cfr. arts. 23.º, n.º 1 do CSC e 103.º e 102.º, n.º 1 do CVM).

O usufruto de acções escriturais (e de acções tituladas nominativas integradas em sistema centralizado) *constitui-se pelo registo na conta do titular* dessas acções, *com indicação da quantidade de* acções constituídas em usufruto, da duração deste e da identificação do usufrutuário, podendo ser *constituído por registo em conta* do usufrutuário (cfr. arts. 81.º, n.º 5 e n.ºs 1 e 2, aplicados com adaptações, e 105.º do CVM)[540].

---

[540] A eventual transferência das acções da conta onde estão registadas deve ser previamente comunicada ao usufrutuário (cfr. art. 81.º, n.ºs 5 e 3 do CVM), se as mesmas estiverem depositadas em conta do proprietário de raiz.

20.4.2. *Penhor de participações sociais*[541]

20.4.2.1. *Regime legal*

A constituição de garantias sobre participações sociais está sujeita a regimes diferentes, consoante se trate de quotas ou de acções.

O **penhor de quotas** é regulado nos artigos 23.º, n.os 3 e 4, e 242.º-A a 242.º-F do Código das Sociedades Comerciais e no artigo 3.º, n.º 1, *alínea f)* do Código do Registo Comercial.

O **penhor de acções** é disciplinado pela primeira disposição legal citada (artigo 23.º, n.os 3 e 4), constante da Parte Geral do Código das Sociedades Comerciais, juntamente com o artigo 293.º. No entanto, esta garantia, no plano das sociedades anónimas, é também regulada pelo Código dos Valores Mobiliários (cfr. arts. 41.º, 81.º e 83.º, 101.º a 104.º).

Vejamos então qual o regime estabelecido pelo Código das Sociedades Comerciais para o penhor de participações sociais, em geral:

1.º – «*Só pode ser constituído na forma exigida e dentro das limitações estabelecidas para a transmissão entre vivos* das *participações*» a que respeita (cfr. art. 23.º, n.º 3)[542], isto é, nos termos em que tais participações sejam transmissíveis[543].

2.º – O credor pignoratício (habitualmente, mas não necessariamente, uma instituição de crédito) só pode exercer os direitos sociais, incluindo o direito aos lucros, quando tal tiver sido acordado – por escrito (dada a forma legal imposta) – entre as partes (cfr. art. 23.º, n.º 4).

---

[541] Cfr. Nogueira Seréns, «Penhor de quota. Venda dos imóveis da sociedade em prejuízo do credor», *CJ*, ano XXI, t. 4, **1996** (pp. 5-17), o relatório de mestrado de Tiago Soares da Fonseca, *O penhor de acções*, 2ª ed., Almedina, Coimbra, **2007** – com uma interessante interpretação restritiva da proibição de constituição de penhor sobre acções detidas há menos de um ano por uma SGPS (cfr. pp. 37-43) – e a dissertação doutoral de Alexandre de Soveral Martins, *Cláusulas do contrato de sociedade que limitam a transmissibilidade de acções*, Almedina, Coimbra, **2006**, pp. 392-399.

[542] Esta regra é retomada no art. 103.º do CVM, segundo o qual a constituição do penhor se processa «*nos termos correspondentes aos estabelecidos para a transmissão da titularidade dos valores mobiliários*».

[543] Nos termos da redacção do DL 262/86, de 2 de Setembro, o n.º 3 do art. 23.º acrescenta expressamente que deve «*constar de escrito particular*».

3.º – Nos casos em que o credor pignoratício tenha o exercício do direito de voto, ele terá também direito de informação como se fora o titular das acções (cfr. art. 293.º).

Por efeito do penhor, o sócio vê limitada a disponibilidade da participação social, pelo que as acções e quotas se tornam dificilmente transmissíveis. Na realidade, embora teoricamente transmissíveis, como o são os bens hipotecados – no pressuposto de que a garantia acompanha o bem (imóvel ou móvel sujeito a registo) onerado –, as acções empenhadas, habitual e convencionalmente, deixam de estar na disponibilidade do respectivo titular, pelo que na prática não são transaccionáveis.

No que respeita aos direitos inerentes às acções empenhadas ou constituídas em garantia (dadas em penhor)[544], os mesmos continuam, em regra, a ser exercidos pelo titular das acções, incluindo o direito aos lucros e o direito de voto[545]. No entanto, convencionalmente é possível acordar que tal não aconteça, prevendo-se por exemplo que o direito de voto sofra restrições no caso de alterações estruturais da sociedade.

Uma das prerrogativas que normalmente assiste ao credor pignoratício é o de intervir, autorizando ou consentindo a subscrição de acções em aumentos de capital social e simultaneamente sujeitando as (novas) acções a emitir, por efeito desse aumento ou na sequência de aumento por incorporação de reservas, à garantia já existente.

---

[544] Os que não são juristas confundem sistematicamente penhor com penhora, realidades bem distintas. Enquanto o **penhor** é um direito real de garantia, a **penhora** é a fase do processo executivo na qual se pretende promover a apreensão de bens do devedor, para que o credor (exequente) se possa fazer pagar pelo produto resultante da venda (liquidação) dos mesmos. A penhora de valores mobiliários titulados depositados em intermediário financeiro *é feita por comunicação electrónica e mediante despacho judicial* (cfr. art. 861.º-A, n.os 2 e 1 do CPC). Se a acção titulada não estiver registada, nem depositada em intermediário financeiro, então a penhora processa-se por *apreensão do título e averbamento do ónus* (art. 857.º, n.º 1 do CPC).

Sobre a penhora de participações sociais, vd. o estudo de Alexandre Soveral Martins, «Penhora de quotas e acções», *DSR*, ano 2, vol. 3, **2010** (113-141).

[545] Quando as acções são escriturais ou tituladas nominativas e integradas em sistema centralizado, o exercício dos direitos por pessoa diferente da entidade registadora pressupõe a apresentação de certificado por ela emitido (cfr. arts. 83.º e 105.º do CVM). Os direitos de acções tituladas nominativas não integradas em sistema centralizado são exercidos em conformidade com o registo da sociedade emitente (cfr. art. 104.º, n.º 2 do CVM); sendo as acções ao portador, o exercício dos respectivos direitos depende da apresentação do título ou de certificado de depósito (cfr. art. 104.º, n.º 1 do CVM).

20.4.2.2. *Constituição da garantia*

No que se refere à **constituição** desta garantia real, a lei limita-se agora a determinar que a mesma ocorra na «*forma exigida para a transmissão das* participações» que dela são objecto, deixando em aberto que, em relação a alguns tipos de participações sociais, a constituição e transmissão deste direito real de garantia se processe de modo (ainda) mais simples; eliminando-se, por isso, a referência à necessidade de documento escrito (cfr. art. 23.º, n.º 3 *in fine*). Impõe-se, pois, distinguir consoante as participações são tituladas ou meramente escriturais.

O **penhor das quotas** continua a constituir-se por documento particular e torna-se efectivo com o respectivo registo comercial (cfr. art. 3.º, *alínea f)* do CRCom e art. 240.º-A do CSC), passando a ser oponível a terceiros.

O **penhor de acções escriturais** (e de acções tituladas nominativas integradas em sistema centralizado) *constitui-se pelo registo na conta do titular* dessas acções, *com indicação da quantidade de* acções dadas em penhor, *da obrigação garantida e da identificação do beneficiário*, podendo ser *constituído por registo em conta do credor pignoratício*, quando este tiver o direito de voto (cfr. arts. 81.º, n.os 1 e 2, e 105.º do CVM)[546].

A constituição de **penhor sobre acções tituladas nominativas** (não integradas em sistema centralizado) é livre, na medida em que não existam restrições à transmissibilidade dessas acções. Se existirem restrições, nos termos do disposto no artigo 328.º, n.º 2, a constituição do penhor depende do consentimento exigível para a transmissão das acções a empenhar.

O penhor das acções nominativas constitui-se por *declaração, escrita no título,* e registo subsequente *junto da* sociedade *emitente ou de intermediário financeiro que a represente* (cfr. arts. 23.º, n.º 3 do CSC e 103.º e 102.º, n.º 1 do CVM).

O **penhor das acções ao portador** constitui-se pela entrega dos títulos ao credor pignoratício ou ao depositário por ele indicado (cfr. art. 101.º, n.º 1 do CVM), nada obstando a que o titular, para prova do seu direito – e para evitar que a constituição da garantia real se confunda com um acto translativo do mesmo –, solicite a emissão de um recibo relativo

[546] A eventual transferência das acções da conta do titular das acções onde estão registadas deve ser previamente comunicada ao credor pignoratício (cfr. arts. 81.º, n.º 3 e 105.º do CVM).

à entrega desses títulos. Caso os títulos das acções já estejam depositados, o penhor *efectua-se por registo na conta* do credor pignoratício, com efeitos a partir da data do respectivo requerimento. Não se encontrando sujeito a registo, o penhor só produz efeitos com a notificação à sociedade (cfr. art. 681.º, n.º 2 do Código Civil).

A constituição do penhor confere ao credor pignoratício o direito de se fazer pagar preferencialmente pelo valor dos bens (ou direitos de crédito) empenhados, em caso de incumprimento[547].

O credor pignoratício, por sua vez, deve informar ou notificar a administração da sociedade de que as acções se encontram a caucionar um determinado crédito e para que esta tenha possibilidades de reagir relativamente a eventual vicissitude das mesmas (possível transmissão) é necessário que tal ocorrência dependa da intervenção (acção) da própria sociedade, mormente através do registo da transmissão, quando o mesmo for requerido. E desta comunicação deverá ser dado conhecimento ao accionista.

20.5. **Negócios jurídicos com participações sociais**

Vimos já que a titularidade de participações sociais admite limitações e que a lei estabelece e regula essas limitações, nomeadamente nos artigos 23.º, 322.º e 329.º, n.º 2, *alínea c)* do Código das Sociedades Comerciais e nos artigos 103.º, 102.º e 81.º do Código dos Valores Mobiliários. Vamos agora sucintamente ver quais os negócios jurídicos de que as participações sociais podem ser objecto. Nesta matéria não podemos perder de vista que a transmissibilidade de participações sociais implica a transmissão da qualidade de sócio, pelo que a admissibilidade

[547] Nos termos do CPC (art. 864.º), *os credores que sejam titulares de direitos reais de garantia devem ser citados para reclamarem o pagamento dos seus créditos*. Posteriormente, o credor reclamante pode requerer que bens penhorados lhe sejam adjudicados para pagamento do seu crédito (cfr. art. 875.º, n.ºs 1 e 2 do CPC).

No que se refere ao penhor das acções, em especial, tenha-se em consideração que o Decreto-Lei n.º 105/2004, de 8 de Maio, permite que – desde que *tenha sido expressamente convencionado* – o credor pignoratício se possa pagar pelas acções objecto do penhor, sem prejuízo de ter de restituir a diferença positiva entre o respectivo valor e o montante da obrigação (financeira) cujo cumprimento essas acções garantiam (cfr. art. 11.º, n.ºs 1 e 2, que acolhe expressamente, na própria epígrafe, o *pacto comissório*).

de certos negócios jurídicos dependerá, em última análise, da respectiva compatibilidade com a disponibilidade do *status* de sócio.

20.5.1. ***Transmissibilidade de participações sociais (quotas e acções);*** *remissão.* **Promessa de cessão e de venda**

20.5.1.1. *Negócios jurídicos translativos*

No que se refere à transmissibilidade das participações sociais, iremos analisá-la mais à frente (cfr., *infra*, n.os 21.1, 21.2 e 21.4), pelo que, por agora, nos vamos apenas debruçar sobre a susceptibilidade de o sócio ou o accionista poder prometer transmitir a(s) sua(s) participação(ões).

Quanto à transmissibilidade diga-se apenas, para já, que ela é a forma adequada de transmitir a posição de sócio, pelo que eventuais limitações legais ou convencionais (estatutárias ou constantes de acordo parassocial) visam, essencialmente, impedir ou dificultar a alteração da titularidade da participação. Por essa razão, admite a lei a possibilidade de os estatutos imporem a amortização da quota em caso de morte do sócio (cfr. art. 225.º, n.os 1 e 2) ou de limitarem a doação de acções (cfr. art. 329.º, n.º 2, *alínea c)*)

Recorde-se, ainda, que a compra e venda de participações sociais é um contrato comercial, por natureza (cfr. art. 463.º, 5.º do CCom).

20.5.1.2. *Promessa de cessão de quotas ou de compra e venda de acções*

No que respeita à promessa de cessão de quotas ou de compra e venda de acções, ela é possível e encontrar-se-á, em princípio, dependente da possibilidade de celebração do negócio definitivo, embora nada impeça o promitente cedente ou vendedor de condicionar o negócio definitivo à obtenção prévia das autorizações necessárias ou fazer dependê-lo do não exercício de uma preferência convencional que, porventura, exista relativamente à transmissão prometida.

Saliente-se, a propósito, que quando a cessão estava dependente de escritura pública[548] o recurso ao contrato-promessa era habitual e visava

[548] O que deixou de acontecer a partir de 30 de Junho de 2006, por modificação do disposto no artigo 228.º, n.º 1 do CSC.

assegurar a disponibilidade contratual das partes, permitindo-lhes obter os elementos necessários à outorga da escritura, tais como a certidão do registo comercial comprovativa da titularidade e a certidão da segurança social – quando estava em causa a transmissão de uma participação maioritária –, ou realizar as diligências necessárias à fixação do preço da transmissão.

Por sua vez, e embora a transmissão de acções não esteja, em regra, sujeita a forma especial, as partes acordam frequentemente na celebração prévia de promessas com a finalidade de proceder à avaliação das empresas cuja titularidade projectam alterar, realizando a *due diligence*[549] que lhes permite verificar o teor das declarações constantes do contrato instrumental. Noutros casos, pode ser o próprio contrato definitivo que se encontre dependente da autorização prévia de uma autoridade de supervisão, pelo que não faria sentido concluir o negócio e proceder ao pagamento da totalidade do preço da transmissão sem a obtenção dessa autorização.

Por fim, refira-se que a promessa de transmissão em bolsa é irrelevante. Com efeito, no mercado regulamentado, as acções devem ser transaccionadas de imediato e sem quaisquer limitações, pelo que a transmissão da titularidade se tem por ocorrida sempre que ordens de sinal contrário (de compra e venda) se cruzam nesse mercado. A promessa, por definição, supõe a individualização das partes e do objecto do negócio, incompatível com as regras de funcionamento da bolsa.

Caracterizámos já as quotas e as acções. Vamos ver em seguida se elas podem ser objecto de negócios jurídicos não translativos.

20.5.2. *Depósito e mútuo (ou comodato) de participações sociais*

20.5.2.1. *Depósito da participação social*

Existem determinados negócios cuja celebração depende da própria natureza da participação. Sendo a participação social um bem incorpóreo, como sucede com as quotas e as acções escriturais, ela não é, por definição,

---

[549] Cfr., a título exemplificativo, GORDON BING, *Due Diligence. Planning, Questions, Issues*, Praeger, Westport, Connecticut / London, **2008**, em especial, pp. ix-xiii e 1-4.

depositável (cfr. art. 1185.º do CC e arts. 403.º a 407.º do CCom). Só os bens corpóreos (coisas) podem ser objecto de depósito; os bens incorpóreos são objecto de registo.

Quanto às acções tituladas elas podem ser objecto de depósito, em regra junto de um intermediário financeiro.

20.5.2.2. *Empréstimo*

Quanto ao **empréstimo** de participações sociais, o mesmo supõe a cedência do gozo da participação social durante um certo prazo, a título gratuito ou mediante uma retribuição.

A priori, e conceptualmente, não consideramos a posição jurídica de sócio compatível com a cedência temporária do gozo da participação social, não apenas porque esta é adquirida com o intuito de permitir ao respectivo titular assumir um determinado estatuto, como a limitação que resulta para ele desse acto é desconforme com a natureza que a caracteriza. Acresce que a cedência temporária do gozo do bem, pressupondo que ele é corpóreo, poderia assumir diferente configuração, consoante esse bem fosse ou não fungível. Por efeito da fungibilidade imposta legalmente aos valores mobiliários, dir-se-ia que a forma adequada para o respectivo empréstimo seria o mútuo.

Recorde-se que a lei civil configura o mútuo e o comodato como, respectivamente, empréstimos de dinheiro ou coisas fungíveis (cfr. art. 1142.º do CC) ou infungíveis (cfr. art. 1129.º do CC). Isto é, não tipifica negócios que recaiam sobre bens incorpóreos.

No que se refere à **quota**, não fará sentido conceber o respectivo empréstimo, uma vez que o sócio não se pode despojar temporariamente da sua qualidade, cedendo a participação a um terceiro, para que ele *se sirva dela*. O empréstimo da quota, a ser admissível nos termos em que o é a respectiva transmissão, implicaria a cedência total, mas não definitiva, do *status* de sócio, equivalendo a um reporte da participação, que se nos afigura incompatível com a natureza desta, nas sociedades de pessoas.

A lei concebe, aliás, o penhor de participações sociais *na forma e com as limitações estabelecidas para a* respectiva *transmissão entre vivos* (cfr. art. 23.º, n.º 3 do CSC); do que resulta uma certa tipicidade relativamente aos negócios sobre a participação.

Relativamente às **acções**, e embora fosse de concluir do mesmo modo, importa referir que o Código dos Valores Mobiliários admite expressamente o *empréstimo de valores mobiliários* (cfr. art. 350.º), não discriminando as acções, mas determinando que os valores mobiliários emprestados se transfiram *para a titularidade do mutuário*, excepto se for convencionado diversamente (cfr. art. 350.º, n.º 1)[550]. O mútuo de acções com transferência de titularidade equivale, essencialmente, a um reporte sem pagamento do preço (cfr. arts. 477.º a 479.º do CCom).

A CMVM deveria ter definido e detalhado, através de Regulamento, os diversos aspectos do regime do empréstimo de valores mobiliários, na sequência de previsão legal nesse sentido (cfr. art. 351.º, n.º 2 do CVM na redacção do Decreto-Lei n.º 357-A/2007, de 31 de Outubro). Não o fez, pelo que só a propósito da liquidação podemos encontrar uma norma regulamentar que se aplica ao registo de valores mobiliários objecto de empréstimo.

Assim, e concluindo, ainda que não faça muito sentido um accionista poder emprestar parte ou a totalidade das suas acções para que um terceiro se possa arrogar essa qualidade e exercer os correspondentes direitos durante um certo prazo, tal negócio não é incompatível com a objectivação da participação na sociedade anónima, nem tão pouco com o direito de participação social autónomo em que se traduz cada acção. Fundamental é que ao admitir-se o negócio não se esteja a permitir desdobrar a titularidade da participação ou a iludir regras restritivas da sua transmissibilidade. Por isso, cremos que o empréstimo em termos substanciais deve corresponder a uma alteração de titularidade, mesmo que não seja essa a intenção das partes, com todas as consequências daí decorrentes.

20.5.2.3. *Aluguer*

Finalmente, refira-se que não consideramos possível, pelas razões expostas acerca da natureza da participação, o **aluguer** de participações sociais, seja de quotas, seja de acções[551]. Com efeito, não se afigura compatível com a qualidade de sócio a cedência provisória, mediante uma renda, do gozo de uma participação social.

---

[550] Clausular a não transmissibilidade da titularidade equivale a celebrar um contrato de aluguer.

[551] Defendendo, na respectiva dissertação de mestrado, a admissibilidade da locação financeira de acções no Direito português, Margarida Costa Andrade, *A locação financeira de acções e o Direito português*, Coimbra Editora, **2007**. Cfr. a síntese a pp. 379-384.

Não ignoramos que o aluguer é, em si, um acto de comércio objectivo, sempre que o bem tiver sido adquirido «*para se lhe alugar o uso*» (art. 481.º do CCom). Simplesmente, não configuramos essa hipótese porque ela, para além de deparar com as restrições gerais e específicas à titularidade do bem, não se coaduna com a definição do estatuto de sócio. Quanto às acções, ou valores mobiliários, pese embora a objectivação que os caracteriza, não vislumbramos qualquer interesse na respectiva locação, nem tão pouco a lei lhe faz qualquer alusão, embora a ocorrer possa essencialmente corresponder a um mútuo sem transferência de titularidade.

20.5.3. ***Constituição da participação social em garantia****; remissão*

A concluir este breve excurso pelos negócios jurídicos que envolvam participações sociais, recorde-se que estas podem constituir a garantia real de obrigações assumidas pelo respectivo titular, desde que sejam respeitados os limites imperativos do sistema, como seja o que resulta do disposto no artigo 322.º. Trata-se de questão tratada já com algum desenvolvimento, pelo que se remete para os números 20.3.3.5 e 20.4.2.

21. Vicissitudes da participação social – transmissão e amortização de quotas e acções

Antes de mais, refira-se que deparamos, nesta matéria, com diferenças radicais de sistema entre as sociedades por quotas e as sociedades anónimas. Umas nada têm que ver com as outras; as dificuldades que existem numas são normalmente as facilidades que existem nas outras. Começamos pela transmissão de quotas.

21.1. Transmissão de quotas entre vivos e cessão de quotas[552] [553]

21.1.1. *Caracterização*

21.1.1.1. *Cessão de quotas: regime-regra (supletivo)*

Nas sociedades por quotas a transmissão de participações em vida, quando é onerosa, designa-se por cessão de quotas e esta vem regulada nos artigos 228.º e seguintes do Código das Sociedades Comerciais[554].

A regra legal é, desde a entrada em vigor do Código das Sociedades Comerciais (em 1986), a de que a transmissibilidade é fortemente condicionada. Na falta de preceito estatutário que disponha diversamente, só é livre a transmissibilidade em favor dos sócios ou do cônjuge ou de parentes na linha recta. Nestes últimos casos, de transmissibilidade para familiares próximos, a limitação só tem obviamente sentido quanto a pessoas singulares.

Assim, se os sócios pretenderem que a cessão seja livre – como decorria, aliás, da regra supletiva constante desta matéria na legislação

---

[552] Vamos apenas abordar o regime da transmissão de participações sociais em vida, porque os problemas que a transmissão por morte suscita, não obstante o seu indiscutível interesse técnico-jurídico – nomeadamente quando se encontra contratualmente prevista a amortização da participação nessa eventualidade –, ocorrem de forma muito esporádica. Acresce que se trata de uma vicissitude que não afecta as pessoas colectivas enquanto sócias de sociedades comerciais. Admite-se, contudo, que com o fim do imposto sucessório – e a não tributação das transmissões de pais para filhos –, venham a ocorrer com maior frequência vicissitudes a este propósito, apesar de o tecido empresarial ter vindo a ser ocupado por um número crescente de sociedades anónimas, tipo no qual eventuais problemas decorrentes da sucessão *mortis causa* são ainda mais raros.

[553] Cfr. Menezes Cordeiro, *Código das Sociedades Comerciais Anotado* (arts. 228º a 231º, comentados por Pedro de Albuquerque), Almedina, Coimbra, **2009**, pp. 591-601, António Menezes Cordeiro, «Do registo de quotas: as reformas de 2006, de 2007 e de 2008», *RDS*, ano I, Nº 2, **2009** (pp. 293-326), pp. 317-326, Pedro Maia, «Cessão de quotas», AA.VV., *Os quinze anos de vigência do Código das Sociedades Comerciais*, coord. por A. Ferrer Correia, Fundação Bissaya Barreto, Instituto Superior Bissaya Barreto, **2003** (pp. 125-149), e «Registo e cessão de quotas», AA.VV., *Reformas do Código das Sociedades*, IDET, Colóquios n.º 3, Almedina, Coimbra, **2007** (pp. 163-176), e Alexandre Soveral Martins, *Cessão de quotas. Alguns problemas*, Almedina, Coimbra, **2007**.

[554] O regime legal da cessão de quotas não sofreu alterações substanciais com o DL 76-A/2006 que, à semelhança com os demais actos sujeitos a escritura pública, alterou o art. 228.º, n.º 1, passando a admitir a cessão por simples documento escrito.

anterior (cfr. art. 6.º da LSQ) – têm de o clausular expressamente, determinando, por exemplo, que «*a cessão de quotas é livre*» ou enfatizando, elucidativamente: «*a cessão de quotas é sempre livre, não se encontrando sujeita a qualquer limitação ou a autorização, dos demais sócios ou da sociedade, a respectiva transmissão a terceiros*». Se nada fizerem, se o contrato for omisso, a cessão só é livre em favor de outros sócios ou dos herdeiros legitimários[555], encontrando-se sujeita ao consentimento da sociedade em todos os outros casos [o qual, como veremos (*infra*, n.º 21.1.3), não se deve confundir com a eventual preferência convencional dos sócios].

A limitação à livre transmissibilidade da quota é um efeito natural da crescente pessoalização das sociedade por quotas, gradualmente mais fechadas, a ponto de a lei admitir que uma sociedade se feche completamente ao exterior, proibindo em absoluto a cessão (cfr. art. 229.º, n.º 1 *in fine*). Contudo, se tal acontecer ou se a proibição tiver uma duração superior a dez anos, a lei concede aos sócios, uma vez decorrido esse prazo (de dez anos), o direito de exoneração, o que corresponde, no fundo, a admitir que eles têm o direito de livremente se afastar da sociedade, realizando uma finalidade em tudo idêntica à da própria cessão da participação social, mas sem estarem dependentes da existência de comprador. E a exoneração, pelo menos em termos qualitativos, é em tudo idêntica à cessão, porque conduz à saída da sociedade. Já em termos quantitativos, o sócio pela cessão poderá fazer um negócio melhor, transmitindo a participação por um valor superior ao valor de balanço.

21.1.1.2. *O terceiro (adquirente)*

Questão interessante é a de determinar quem é **terceiro** (ou estranho).

Se o contrato, por exemplo, sujeitar a cessão ao consentimento da sociedade, autorizando expressamente a cessão entre sócios («*A cessão de quotas fica sujeita ao consentimento da sociedade, excepto se for feita entre sócios*»[556]), cabe perguntar se a cessão em favor do cônjuge e dos

---

[555] «*São herdeiros legitimários o cônjuge, os descendentes e os ascendentes, pela ordem (...)*» (cfr. art. 2157.º do CC).

[556] Ou, complicando a situação, desdobrando o regime em dois numeros diferentes. Por exemplo:

«*1. A cessão de quotas está sujeita ao consentimento da sociedade, nos termos e para os efeitos do disposto nos número seguintes.*

parentes na linha recta é livre. Por outras palavras, poderá retirar-se *a contrario* da expressa autorização da cessão entre sócios que a cessão em favor dos herdeiros legitimários está sujeita ao consentimento da sociedade (para evitar ampliar o número de sócios, por exemplo)?

A resposta a esta questão não é linear. Se analisarmos, cuidadosamente, o artigo 228.º, n.º 2, concluímos que a lei pretende claramente opor sócios e familiares próximos do cedente a terceiros ou estranhos. A ideia da lei é a de que a cessão não deve alargar a base social, pelo que só faria sentido aceitar a cessão entre sócios, que conduz a uma redução da base social, ou em favor daqueles familiares que, por efeito da sucessão necessária, se podem tornar sócios, independentemente da vontade dos demais sócios. E, por isso, quando a cessão é feita em favor dessas pessoas não faz muito sentido sujeitá-la a aprovação da sociedade, embora nada o impeça.

Por sua vez, no número 3 do artigo 229.º, a lei admite que os estatutos possam exigir o consentimento da sociedade para as cessões legalmente autorizadas (entre sócios ou para certos familiares).

No exemplo acima figurado, parece-nos que a intenção é isentar unicamente os sócios da necessidade de autorização societária. Se tal resultasse de uma afirmação positiva – tipo «*é livre a cessão entre sócios*» –, e não (já) de uma excepção, não cremos que a cessão entre herdeiros legitimários ficasse, por essa única razão, sujeita ao consentimento da sociedade[557]. Nesse caso não poderíamos concluir que o contrato exigisse a autorização para essa cessão.

Assim sendo, haverá que apreciar cada caso em concreto, só sendo legítimo concluir por uma limitação contratual acrescida, relativamente à legal, se for inequívoco ser essa a intenção dos sócios.

21.1.2. *Regime geral da cessão de quotas*

Em termos de regime jurídico aplicável à cessão de quotas, haverá que distinguir, consoante a cessão esteja mais ou menos condicionada.

Se a cessão for livre – por determinação estatutária nesse sentido (por exemplo, «*é livre a cessão de quotas*») ou porque é efectuada entre

---

2. A cessão entre sócios é livre.

3. (...)».

[557] Neste sentido, cfr. o **AcSTJ 30 Mai 2006** (Urbano Dias), *CJ/AcSTJ*, ano XIV, t. II, 2006, pp. 105-107.

sócios ou em favor de herdeiros legitimários (cfr. art. 228.º, n.º 2 *in fine*) –, há que observar a forma legalmente exigível e proceder subsequentemente ao registo e comunicações, incluindo publicidade, que forem devidas.

Se a cessão estiver sujeita a consentimento (cfr. art. 228.º, n.º 2, I parte) – o que acontecerá na maior parte dos casos –, este terá de ser solicitado nos termos em que se encontra previsto no contrato de sociedade. Refira-se, a este propósito, que normalmente os contratos de sociedade por quotas são generosos nas cláusulas relativas à cessão e à sua regulamentação, explicando como tudo se deve passar e como é que se deve pedir autorização[558]. A lei admite, em certos casos, que o consentimento possa ser dado de forma tácita. Por exemplo, constitui consentimento tácito a aceitação da participação na assembleia geral de um novo sócio (cfr. art. 230.º, n.º 6), sem que a deliberação seja impugnada com esse fundamento. Esta forma de consentimento[559] prova-se, *para efeitos de registo da cessão, pela acta da deliberação* (art. 230.º, n.º 6 *in fine*).

21.1.3. *Consentimento da sociedade e direito de preferência (convencional) dos sócios e da sociedade*[560]

O consentimento da sociedade – sempre que for necessário[561] – deve ser solicitado «*por escrito, com indicação do cessionário e de todas as*

---

[558] Contudo, o contrato de sociedade não pode fazer depender a cessão da verificação de determinadas circunstâncias (cfr. art. 229.º, n.º 5).

[559] Na redacção originária do CSC, esta forma de consentimento ocorria, frequentemente, após celebração de escritura pública de cessão de quotas – diversamente do que acontecia, em regra, com o consentimento expresso, solicitado antes da própria assembleia geral –, decorrendo da não impugnação judicial oportuna da deliberação social (cfr. art. 230.º, n.º 6 do CSC, na red. originária).

[560] Cfr. João Labareda, «Posição do sócio alienante na deliberação sobre o pedido de consentimento para a cessão de quotas», AA.VV., *Estudos em Homenagem ao Prof. Doutor Raúl Ventura*, vol. II, Faculdade de Direito da Universidade de Lisboa, **2003** (pp. 467-494), e Alexandre Soveral Martins, «Sobre o consentimento da sociedade para a Cessão de Quotas», AAVV, *Volume Comemorativo do 75.º Tomo do Boletim da Faculdade de Direito (BFD)*, Coimbra, **2003** (pp. 673-688), e, mais recentemente, *Cessão de quotas. Alguns problemas*, Almedina, Coimbra, **2007**, pp. 25-66.

[561] O consentimento «*constitui uma defesa da sociedade, impondo-se como uma limitação à vontade do titular da quota*» [**AcRelGuimarães 12 Mai 2003** (Maria Rosa Tching), *CJ* ano XXVIII, t. III, 2003, pp. 281-283].

condições da cessão» (art. 230.º, n.º 1), não pode ser condicionado (cfr. art. 230.º, n.º 3) e deve ser *dado por deliberação dos sócios* sempre que for expresso (cfr. art. 230.º, n.º 2).

Não devemos confundir consentimento da sociedade, necessário para a transmissão em favor de estranhos, com direito (convencional ou estatutário) de preferência dos sócios e, ou, da sociedade relativamente às transmissões projectadas. O direito de preferência deve encontrar-se clausulado no contrato de sociedade e não em simples acordo parassocial, porque neste caso não é oponível à sociedade, gerando mera responsabilidade obrigacional entre as partes do acordo.

Nada obsta a que o contrato não preveja a preferência, surgindo na cessão inúmeros problemas com a simulação de preço inerente à transmissão da participação social.

Quando a cessão está sujeita ao consentimento da sociedade, esta não pode, sem mais nem menos, recusar esse consentimento. Ela deverá sugerir alternativas, propor ou fazer adquirir a quota por um terceiro ou adquirir ela própria a quota, ou ainda proceder à respectiva amortização nos termos do artigo 231.º.

A boa técnica contratual aconselharia, em nossa opinião, que, restringindo o contrato de sociedade a transmissibilidade em vida de participações sociais, consentimento e direito de preferência fossem objecto de regulamentação estatutária em separado, de forma a evitar qualquer confusão entre os institutos. Mas tal só acontece muito raramente, uma vez que habitualmente os contratos de sociedade dedicam uma única cláusula à cessão, sujeitando-a simultaneamente à preferência (eventualmente da sociedade e) dos sócios e, subsidiariamente, ao consentimento da sociedade.

Por razões que nos dispensamos de esmiuçar, a preferência convencional deve sobrepor-se ao eventual consentimento da sociedade para a transmissão, ou recusa dele[562], uma vez que a intervenção da sociedade deve ser feita numa lógica de evitar a participação de novos sócios na sociedade e tal só se equacionará se a preferência (estatutária) não for, entretanto, manifestada e concretizada[563].

---

[562] Naturalmente que a sujeição da transmissão ao consentimento da sociedade – nos termos em que resulta da própria lei – tem pleno cabimento quando o contrato não atribui aos sócios o direito de preferência, porque nessas circunstâncias é a única forma que a sociedade tem de evitar a entrada de estranhos.

[563] Admitimos, contudo, por nada o impedir, que o contrato configure a preferência como subsidiária, nos seguintes termos: em primeiro lugar, a sociedade (o colectivo dos

Por sua vez, a concessão do direito de preferência à sociedade, normalmente subordinada ao não exercício da preferência pelos sócios, não parece, *a priori*, fazer muito sentido, visto que a sociedade, recusando o seu consentimento à transmissão projectada, poderia sempre propor-se adquirir ou fazer amortizar a quota. Contudo, poder-se-á sempre argumentar que, caso haja um desequilíbrio financeiro manifesto entre os sócios que obste a que um ou mais exerçam a preferência, reconhecê-la à sociedade, em primeiro lugar – *i.e.*, antes da preferência dos próprios sócios –, poderá evitar que a concretização desse desequilíbrio venha a ocorrer pelo exercício da preferência por parte de apenas alguns sócios.

O que não parece fazer, de todo, sentido é que a preferência da sociedade seja subsidiária da preferência dos sócios e seja ponderada antes do próprio consentimento da sociedade, uma vez que, nessa circunstância, se confunde com ele.

A concluir, exemplifique-se com recurso a uma única cláusula a atribuição do direito de preferência convencional à sociedade, em primeiro lugar, e aos sócios e a sujeição da transmissão ao consentimento da sociedade, caso a preferência não seja actuada:

Artigo Sexto
(Transmissão de quotas)

Um. *A sociedade, em primeiro lugar, e os sócios têm direito de preferência na aquisição de quotas que sejam objecto de cessão onerosa em benefício de terceiro.*

Dois. *Ainda que não seja exercida a preferência reconhecida no número anterior, o sócio que quiser ceder a sua quota, ou parte dela, a terceiro tem de obter, prévia e expressamente, a autorização da sociedade, a ser dada de acordo com o procedimento previsto nos números seguintes.*

Três. *O cedente deve comunicar a sua intenção à gerência, por meio de carta registada com aviso de recepção, especificando o nome do cessionário, os termos e as condições da cessão projectada.*

---

sócios) deve ser consultada sobre o consentimento. Se o recusar, tem de adquirir a quota, fazê-la adquirir ou amortizá-la. Se a sociedade não se opuser à transmissão, haverá que consultar os sócios, que têm preferência, relativamente a essa transmissão. Se nenhum deles exercer o seu direito, então a cessão pode efectuar-se livremente.

Quatro. *A gerência convocará a assembleia geral, para reunir no prazo máximo de trinta dias a contar da recepção da comunicação, a fim de:*

a) *os sócios deliberarem sobre o exercício do direito de preferência da sociedade;*

b) *verificar o exercício do direito de preferência dos sócios e,*

c) *subsidiariamente, deliberar sobre o consentimento da sociedade à cessão projectada.*

Cinco. *Realizando-se a assembleia geral, referida no número anterior, e caso a sociedade não exerça a preferência, ficam os sócios que nela comparecerem obrigados a declarar se pretendem ou não exercer o seu direito de preferência, entendendo-se que renunciam a esse direito se o não fizerem, ou se, devidamente convocados, não participarem nem se fizerem representar nessa assembleia.*

Seis. *Em simultâneo com a convocação da assembleia geral, a gerência notificará os sócios para declararem se pretendem exercer a sua preferência, caso a sociedade não o faça.*

Sete. *A preferência tem de ser exercida sobre a totalidade da quota a transmitir.*

Oito. *Os sócios devem declarar, por escrito – em carta dirigida à gerência e por esta recebida até ao início da realização da assembleia geral –, ou verbalmente, o mais tardar, na própria assembleia geral, em menção a constar de acta, se pretendem exercer a sua preferência, nos termos propostos.*

Nove. *Se mais de um sócio preferir, a quota a ceder será dividida entre eles na proporção das suas entradas de capital.*

Dez. *Se nem a sociedade nem os sócios exercerem o seu direito de preferência, nem for deliberada e proposta ao cedente, nos termos do artigo duzentos e trinta e um, número um, do Código das Sociedades Comerciais, a amortização da sua quota, pode esta ser livremente cedida ao terceiro.*

Onze. *São dispensadas as formalidades previstas nos números três, quatro e oito deste artigo, se a deliberação sobre a cessão for unânime, se estiverem reunidos todos os sócios e todos estejam de acordo em deliberar sobre essa matéria, ou se todos participarem no acto de cessão.*

Doze. *É livre a cessão de quotas entre os sócios ou em favor dos parentes na linha recta.*

Treze. *Para os efeitos previstos no número anterior, poderão os sócios promover previamente a divisão das suas quotas.*

Catorze. *Cabe ao adquirente da quota solicitar a promoção do registo da cessão realizada, sem prejuízo de a sociedade o poder promover por sua iniciativa ou a pedido do interessado.*

21.1.4. *Forma da cessão*

A cessão de quotas efectua-se por documento escrito e assinado pelas partes, sem formalidades adicionais (cfr. art. 228.º, n.º 1), deixando de estar sujeita à forma legal máxima possível (escritura pública[564]), como acontecia até ao presente (cfr. art. 228.º, n.º 1, na red. originária).

É a natureza jurídica da quota (bem incorpóreo) que continua a justificar que na respectiva transmissão onerosa *inter vivos* a exteriorização da vontade se corporize em documento escrito[565], o qual constituirá forma especial para a transmissão, o que significa que a eventual preterição da mesma provoca a nulidade do negócio translativo (cfr. art. 220.º do CC).

21.1.5. *Eficácia da cessão*

Mas, em termos de eficácia, não chega a forma escrita. É preciso o consentimento da sociedade e que, subsequentemente à formalização da transmissão – mesmo que ele tenha sido dado –, a sociedade seja notificada de que efectivamente a cessão se realizou (cfr. art. 228.º, n.os 2 e 3), tal como é necessário que seja promovido *o respectivo registo* (cfr. art. 242.º-A)[566].

---

[564] Entendia-se que, na transmissão onerosa de quotas *inter vivos*, a exteriorização da vontade requeria uma forma especial, porque se pretendia evitar que a transmissão se efectuasse de ânimo leve; devendo então ser realizada com um mínimo de ponderação e reflexão. A cessão, que não se processasse por escritura pública – requisito de validade formal do acto – seria nula (cfr. art. 220.º do CC).

[565] A lei não exige que a cessão conste de um único documento, mas tão só que *seja reduzida a escrito* (art. 228.º, n.º 1). Por sua vez, o novo artigo 4.º-A (*Forma escrita*), aditado ao Código pelo art. 3.º do DL 76-A/2006, também não esclarece essa questão, ficando em aberto apurar se as manifestações de vontade que formam o negócio podem ser reduzidas a escrito em diferentes instrumentos (troca de cartas, por exemplo).

[566] A lei apenas parece exigir que seja *solicitada* a promoção do registo (cfr. art. 242.º-A do CSC, red. do art. 3.º do DL 76-A/2006). A redacção das novas regras, nesta

Assim, enquanto não for registada a cessão, ela não produz efeitos perante a sociedade. Uma vez realizada a inscrição registal solicitada, a cessão tem-se por efectuada, para com a sociedade, na data do pedido de registo[567].

Recorde-se que não há um direito de preferência legal, pelo que – pressupondo-se que a preferência não se encontra convencionalmente clausulada – se uma pessoa (um sócio) transmite a sua quota sem autorização, o que acontece é que a transmissão é inoponível à sociedade, cuja «*falta de consentimento não constitui um vício de formação do contrato de cessão de quotas*», que não é por essa razão inválido, mas simplesmente ineficaz «*para com a sociedade*»[568]. Portanto, é um acto que não produz efeitos perante a sociedade, qualificando-se como uma situação de ineficácia relativa.

A cessão não produz então efeitos e quem continua a ser sócio é o sócio cedente, ou seja, aquele que pretendia alienar a sua participação.

---

matéria (de registo de partes sociais e de quotas), não se afigura *a priori*, e sem prejuízo de reflexão mais ponderada, muito feliz, porquanto parece bastar-se com o pedido de registo, não condicionando a eficácia dos actos, agora sujeitos a forma (bem mais) simples, ao registo efectivo dos mesmos. Por isso, a aceitar-se a interpretação literal da regra, sem a correcção que introduzimos no texto, teríamos de admitir que a cessão se tornasse eficaz com a apresentação do registo, ainda que o mesmo viesse a ser recusado, o que não é obviamente aceitável. Julgamos que o legislador terá pretendido reportar os efeitos da cessão e de outros actos ao momento em que o registo é solicitado, no pressuposto de que o mesmo é deferido.

Sobre o registo da cessão de quotas, cfr. Pedro Maia, «Registo e cessão de quotas», cit., **2007** (pp. 163-176).

[567] Pela sua importância, deveríamos analisar o registo da cessão (e dos factos relativos a quotas) em número autónomo; sobretudo tendo em conta os deveres específicos que recaem sobre a sociedade (cfr. art. 242.º-E, em especial n.º 2, e art. 242.º-F, n.º 2). Fá-lo-emos numa próxima edição. Por agora limitamo-nos a remeter para a bibliografia citada.

[568] **AcRelGuimarães 12 Mai 2003** (Maria Rosa Tching) (*CJ*, ano XXVIII, t. III, 2003, pp. 281-283), de cujo sumário extraímos ainda a seguinte passagem: «*Havendo contrato-promessa de cessão de quotas, o consentimento da sociedade constitui requisito prévio da execução específica desse contrato*» (p. 281).

21.2. Transmissão de quotas *mortis causa*[569]

São raras as cláusulas contratuais que regulam a sucessão *mortis causa*. Se o contrato for omisso, entende-se que a sucessão opera em conformidade com as regras legais, transmitindo-se a quota para os herdeiros ou legatário do sócio falecido.

Poderá suceder, no entanto, que o contrato de sociedade condicione a transmissão dentro de determinados parâmetros (cfr. art. 225.º), devendo a sociedade adquirir ou fazer adquirir a quota ou amortizá-la (cfr. art. 225.º, n.º 2).

Por vezes, o contrato de sociedade coloca na dependência da vontade dos sucessores do sócio falecido a transmissão da quota, admitindo que estes possam exigir a amortização ou declarar que não aceitam a transmissão (cfr. art. 226.º). Neste caso, a transmissão da quota por morte, ou a sua rejeição, é clausulada, em regra, a propósito da amortização, numa regra estatutária com o seguinte teor:

Artigo Sétimo

(...)

Um. *A sociedade poderá efectuar a amortização de quotas sempre que a lei expressamente a admitir e ainda:*

(...)

f) *Por morte do sócio seu titular, se os seus sucessores não se opuserem no prazo de trinta dias depois de a amortização ter sido deliberada e lhes ter sido comunicada.*

---

[569] Conforme referimos já, esta matéria não é desenvolvida, apesar das interessantíssimas questões que suscita, pelo que apenas é sumariada por razões de sistematização. Para informação, remete-se para Coutinho de Abreu, *Curso de Direito Comercial*, vol. II – *Das Sociedades*, 3ª ed. cit., **2009**, pp. 356-363.

Na jurisprudência abundante, cfr. o recente **AcSTJ 19 Set 2006** (Azevedo Ramos), *CJ/AcSTJ*, ano XIV, t. III, 2006, pp. 55-57.

21.3. Amortização de quotas[570]

21.3.1. *Caracterização*

A **amortização** de quotas consiste na extinção, total ou parcial (neste caso, necessariamente consentida: art. 233.º, n.º 5), de uma quota, eventualmente acompanhada de redução do capital social em medida correspondente ao valor nominal dessa quota (arts. 232.º a 238.º).

Distinguindo-se da amortização, mas conduzindo a um efeito idêntico, importa considerar a **exclusão de sócio** – centrada no propósito de afastar compulsivamente um sócio da sociedade, em razão de uma conduta censurável – que, na prática, implica a amortização da respectiva quota. A diferença, relativamente à amortização, estará no facto de nesta operação a posição de sócio ser afectada pela extinção da própria participação social, ao passo que na exclusão se visa o afastamento do sócio e, em consequência, deste a amortização da sua participação (quota). Pela sua relevância, voltaremos a abordar este instituto adiante (cfr., *infra*, n.º 21.3.6).

---

[570] Sobre o actual regime da amortização de quotas, cfr. António Pereira de Almeida, *Sociedades Comerciais e Valores Mobiliários*, 5ª ed., Coimbra Editora, **2008,** pp. 339-346, e António Menezes Cordeiro, *Manual de Direito das Sociedades,* II, *Das Sociedades em Especial*, 2ª ed., Almedina, Coimbra, **2007**, pp. 379-391.

Sobre o regime legal de amortização de quotas instituído pelo Código das Sociedades Comerciais – na sua versão originária – e com posições diferentes da nossa, vd. Raúl Ventura, *Sociedades por Quotas*, vol. l, 2ª ed., Coimbra, **1989**, pp. 655 e segs. (em especial pp. 711-713 e 716-755) – para quem a amortização se deveria processar por escritura pública ou por acta lavrada por notário (pp. 753-755) –, e António Pereira de Almeida que considerava, na 3ª edição do seu manual (*Sociedades Comerciais*, Coimbra Editora, **2003,** pp. 248-254), com base no art. 237.º, n.º 2 (agora alterado), dever a amortização «constar de escritura pública, salvo se a acta da deliberação *fosse* lavrada por notário» (p. 251). Considerando (também) ser necessária escritura pública ou acta notarial e registo, Luís Brito Correia, *Direito Comercial* – 2.º vol., *Sociedades Comerciais* (Policopiado), AAFDL, Lisboa, **1989**, pp. 427 e 428.

A posição que seguíamos, designadamente quanto à forma da amortização – e que, com a simplificação dos actos societários, se tornaria irrelevante –, era semelhante à concepção de António Ferrer Correia, «A Sociedade por Quotas de Responsabilidade Limitada, segundo o Código das Sociedades Comerciais», *ROA,* ano 47, **1987** (pp. 660-700), pp. 694-700, em especial pp. 695 e 696.

Cfr. ainda António Soares, *O novo regime da amortização de quotas*, Lisboa, **1988**, p. 121, e João Labareda, «Sobre a deliberação de amortização de quotas», *Direito Societário Português – Algumas Questões*, Quid Juris?, Lisboa, **1998** (pp. 231-268).

21.3.2. *Pressupostos*

A amortização deverá ser permitida por lei (vd. art. 232.°, n.° 1 e arts. 225.°, n.° 2, 231.°, n.° 1, e 240.°, n.° 3 *in fine*), contratualmente autorizada (compulsiva: arts. 232.° e 233.°, n.° 1) ou expressamente consentida pelo sócio (art. 233.°, n.os 1 e 3)[571].

Demos exemplos, a propósito das menções facultativas do contrato de sociedade (*supra*, n.° 4.5.1.10), de cláusulas contratuais típicas de amortização. Reproduzimos, agora, parcialmente uma dessas cláusulas, na qual, a par com a amortização consentida, se enunciam diversos fundamentos de amortização compulsiva[572].

Artigo Sétimo
(Amortização)

Um. *A sociedade poderá efectuar a amortização de quotas sempre que a lei expressamente a admitir e ainda:*

a) *Por acordo com os respectivos titulares;*
b) *Quando se trate de quota que a sociedade tenha adquirido;*
c) *Quando o sócio for judicialmente declarado insolvente;*
d) *Se a quota tiver sido objecto de arresto, penhorada ou sujeita a apreensão judicial;*
e) *Quando a quota seja cedida com infracção do disposto no artigo (...) ou quando seja dada em garantia com violação do disposto no artigo(...)*;
f) *Por morte do sócio seu titular, se os seus sucessores não se opuserem no prazo de trinta dias depois de a amortização ter sido deliberada e lhes ter sido comunicada.*

Dois. (...)

Três. *Deliberada a amortização, esta considerar-se-á desde logo realizada, deixando o respectivo titular da quota de poder exercer quaisquer direitos sociais, sem prejuízo do disposto na alínea f) do número 1.*

---

[571] Se a amortização de quotas corresponder a um direito da sociedade, a lei permite que esta, alternativamente, adquira a quota ou a faça adquirir por sócio ou terceiro (art. 232.°, n.° 5).

[572] Manteve-se a previsão referente ao exercício dos direitos sociais, pela conexão, em especial, com um dos fundamentos, não obstante o número três fazer mais sentido no plano dos "efeitos da amortização".

21.3.3. *Forma e formalidades*[573]

A amortização de quotas não constitui, por si, uma alteração do contrato de sociedade, pelo que, em nossa opinião, já não se encontrava sujeita a escritura pública – antes do Decreto-Lei n.º 76-A/2006, de 29 de Março[574] –, ocorrendo por simples deliberação dos sócios[575] e devendo ser comunicada ao sócio afectado, para ser eficaz (art. 234.º).

O registo condiciona a eficácia da amortização perante terceiros, e deve fazer-se também com base na acta referente à deliberação social de amortização (cfr. art. 3.º, *alínea i)* do CRCom e art. 242.º-A do CSC), não havendo obrigatoriedade de promover publicações legais (cfr. art. 70.º, n.º 1, *alínea c) in fine* do CRCom).

No que se refere ao novo valor nominal das quotas, o mesmo deverá ser fixado *por deliberação* e constar da acta[576].

Por isso, em nosso entender, a acta simples [que deve ser assinada por todos os sócios que tenham participado na deliberação (art. 248.º, n.º 6)] é o único requisito de validade formal da deliberação tomada (cfr. art. 388.º, n.º 1 *ex vi* art. 248.º, n.º 1), para além das formalidades necessárias à própria realização da assembleia, sendo a comunicação dirigida ao sócio afectado, uma condição de eficácia desse acto (art. 234.º, n.º 1); e só no momento em que o sócio tem conhecimento da deliberação de amortização cessam os seus direitos e obrigações.

---

[573] Seguimos de perto a nota que inserimos no nosso estudo sobre os *Direitos especiais* (pp. 205-206, nota 49), com as adaptações resultantes das alterações determinadas nesta matéria pelo DL 76-A/2006.

[574] Até à entrada em vigor deste diploma, a forma solene – de escritura pública – apenas era exigida para a eventual variação do valor nominal das quotas.

[575] Sempre que não tenha sido prevista no contrato de sociedade a exigência de maioria qualificada.

Tratando-se da consagração estatutária de cláusula sobre amortização compulsiva de quotas, em vida da sociedade, a admissibilidade de novas situações (não previstas no pacto social) tem de ser deliberada por unanimidade (art. 233.º, n.º 2 *in fine*).

É habitual o contrato de sociedade conter uma cláusula sobre o *quorum* requerido para deliberar a amortização, sobretudo tendo em conta que ela não constitui, por si só, uma alteração contratual. Por exemplo: «*A deliberação de amortização deverá ser tomada pela maioria dos votos correspondentes ao capital social*».

[576] Considerávamos já, no contexto anterior à alteração do disposto no n.º 2 do art. 237.º. que a referência que neste se fazia à outorga de escritura pública (ou a acta lavrada por notário) se circunscrevia à fixação subsequente do novo valor nominal das quotas, visto que este integra o conteúdo essencial do contrato de sociedade (art. 199.º, *alínea a)*).

21.3.4. *Modalidades*

A amortização de quotas pode ser onerosa se implicar o pagamento de uma contrapartida, a qual pode ser estipulada no contrato de sociedade; ou gratuita, quando for dispensada tal contrapartida.

Em complemento da cláusula acima reproduzida, é usual acrescentar uma menção contratual relativa à contrapartida, se a amortização for onerosa.

Artigo Sétimo
(Amortização)

Um. (...)
Dois. *A amortização far-se-á pelo valor nominal da quota, salvo disposição legal em contrário.*

ou

Dois. *A amortização far-se-á pelo valor contabilístico da quota decorrente do último balanço aprovado, podendo o respectivo pagamento ser feito em seis prestações semestrais sem juros.*

21.3.5. *Efeitos*

A amortização implica a redução do capital social sempre que recaia sobre quotas que não estejam inteiramente liberadas (art. 232.º, n.º 3) e sempre que a situação líquida da sociedade resultar inferior à soma do capital social e da reserva legal, após o pagamento da contrapartida.

Quando não determinar redução do capital social, a amortização provoca o aumento proporcional das quotas sobrantes, excepto se o contrato de sociedade estabelecer que a quota figure no balanço como amortizada (cfr. art. 237.º).

21.3.6. *Exclusão de sócio*[577]

Diversamente do que sucede na amortização[578], em que a quota é extinta e, por efeito desse acto, o seu titular perde a qualidade de sócio,

[577] Vd. Carolina Cunha, «A exclusão de sócios (em particular nas sociedades por quotas)», AA.VV., *Problemas do Direito das Sociedades*, IDET / Almedina, Coimbra, **2002** (pp. 201-233), pp. 201-208 e 211-233, e Juliano Ferreira, *O Direito de Exclusão de Sócio na Sociedade Anónima*, Almedina, Coimbra, **2009**, pp. 15-16, 20-25, 70-90.

[578] Confrontando a amortização compulsiva com a exclusão, Carolina Cunha, «A exclusão de sócios», cit., **2002** (pp. 201-233), pp. 222-231.

na exclusão é o próprio sócio que é directa e imediatamente visado, perdendo a sua posição social e ficando sujeito ao regime da amortização de quota se a exclusão ocorrer com base em disposição contratual[579] (cfr. art. 241.º, n.º 2).

A exclusão pode ser legal, contratual ou judicial, consoante se funda na verificação de previsão normativa, na ocorrência de uma conduta ou circunstância contratualmente estabelecida que respeite à pessoa do sócio (cfr. art. 241.º, n.º 2), ou é determinada por decisão judicial pelo facto de sócio ter causado ou poder vir a causar à sociedade prejuízos significativos com base no seu *comportamento desleal* ou *gravemente perturbador do funcionamento da sociedade* (art. 242.º, n.º 1).

Nas sociedades que apenas têm dois sócios, a exclusão, ainda que alicerçada na verificação de previsão contratual, tem de ser judicialmente decidida[580], uma vez que o sócio a excluir está impedido de exercer o seu direito de voto (cfr. art. 251.º, n.º1, *alínea d)*). Admitir a exclusão por deliberação equivaleria a entregar a decisão ao sócio proponente da exclusão, o que se afigura inadequado. Embora o artigo 242.º seja omisso sobre esta questão, a razão de ser é a mesma da destituição do sócio-gerente por justa causa (cfr. arts. 257.º, n.º 5 e 251.º, n.º 1, *alínea f)*).

A propositura da acção de exclusão deve ser deliberada pelos sócios, *que poderão nomear representantes especiais para esse efeito* (art. 242.º, n.º 2), o que significa que a acção não é proposta pela sociedade, mas pelos sócios.

A eficácia da exclusão fica dependente da amortização da quota, no prazo de 30 dias após o trânsito em julgado da sentença, ou da aquisição da quota pela sociedade ou por terceiro dentro do mesmo prazo (cfr. art. 242.º, n.º 3)[581].

---

579 Contudo, o próprio contrato de sociedade pode estabelecer *um valor ou um critério para a determinação do valor da quota diferente do* que resultaria da amortização (cfr. art. 241.º, n.º 3).

580 Neste sentido, o **AcRelCoimbra 28 Out 2008** (António Magalhães), *CJ*, ano XXXIII, t. IV, 2008, pp. 43-44, que reserva a legitimidade para intentar a acção ao sócio não excluendo.

581 O contrato de sociedade pode prever qual o valor a atribuir à quota nestas circunstâncias. Na falta de preceito contratual, o sócio terá direito ao valor da quota no momento em que a acção foi proposta, a pagar em duas prestações iguais, nos prazos de seis meses e um ano, depois do trânsito em julgado (cfr. art. 242.º, n.º 4 e 235.º, n.º 1, *alínea b)*).

21.4. Transmissão de acções[582]

21.4.1. *Regra geral*

No domínio das sociedades anónimas, a regra geral referente à transmissibilidade das acções é oposta à regra aplicável no âmbito das sociedades por quotas, isto é, no plano das sociedades por acções, a regra é a de que a transmissão das participações é livre (cfr. art. 328.°, n.° 1)[583]. O transmissário da acção adquire o direito social e, consequentemente, vai adquirir a posição de accionista. Como iremos ver, adiante, a transmissibilidade é de tal maneira importante que não é admissível a existência de restrições estatutárias generalizadas (cfr. art. 328.°, n.° 1).

É por isso que se diz que as acções são muito mais líquidas do que as outras participações sociais.

Aliás, se assim não fosse, nenhuma bolsa de valores, por exemplo, poderia funcionar. A bolsa de valores é um mercado regulamentado por excelência, onde se transaccionam, em massa, participações sociais já criadas. Daí que as acções que são transaccionadas em bolsa não tenham limites à sua transmissibilidade[584], não constituindo, hoje, a relação de pertença personalizada – característica das acções nominativas – um

[582] Cfr. o parecer de João Calvão da Silva, «Preferência societária e venda conjunta de acções por preço global», *in Estudos Jurídicos*, Almedina, Coimbra, **2001** (pp. 297--328), em especial pp. 304-311, e os estudos de Alexandre Brandão da Veiga, *Transmissão de Valores Mobiliários*, Almedina, Coimbra, **2004,** de Vera Eiró, «A transmissão de valores mobiliários» – As acções em especial», *Themis*, ano VI, n.° 11, **2005** (pp. 145-185), e de Alexandre de Soveral Martins, *Cláusulas do contrato de sociedade que limitam a transmissibilidade de acções*, cit., **2006**, pp. 215-250, 263-271, 276-277, 278-284.

[583] Apesar de desnecessária, por redundante, não custa admitir, para eliminar todas e quaisquer dúvidas, se existissem, uma cláusula onde se retome e enfatize a regra geral: «*A transmissão de acções é livre*».

[584] Embora já possam conhecer restrições no que respeita, por exemplo, aos dividendos a que dão direito ou, até mesmo, aos direitos de participação na vida societária, sendo por vezes exigível a titularidade ou representação de um número mínimo de acções para exercer esses direitos (cfr. art. 384.°, n.° 2, *alínea a)*) ou estando os mesmos sujeitos a um limite máximo percentual por entidade, independentemente do número efectivo de acções que a mesma possua. É o chamado tecto estatutário de voto (cfr. art. 384.°, n.° 2, *alínea b)*). Estas restrições decorrentes da própria acção ou limitações resultantes dos estatutos não condicionam a transmissibilidade em bolsa, mercado em que se transaccionam também acções privilegiadas.

obstáculo às transacções, pela imposição (legal) da fungibilidade dos valores mobiliários integrados em sistema centralizado de liquidação.

A propósito da transmissão das acções há dois importantes aspectos a considerar: a circulação do capital e o modo como a transmissão se opera.

21.4.2. *Forma de transmissão*

21.4.2.1. *Considerações gerais; enquadramento normativo*

Tradicionalmente, a transmissibilidade estava dependente da forma (tipo) do título em que se consubstanciavam as acções, uma vez que a acção era necessariamente titulada. A própria classificação dos títulos em nominativos ou ao portador tomava por critério o modo da respectiva circulação (e transmissibilidade).

Desde 1988, com a introdução, no ordenamento jurídico português, das acções escriturais (pelo Decreto-Lei n.º 229-D/88, de 4 de Julho)[585], a distinção que passou a ter sentido fazer, a propósito da transmissibilidade das acções, é entre a transmissão de valores escriturais e a transmissão de valores titulados.

Refira-se, a propósito, que a distinção entre as formas de representação se aplica a quaisquer valores mobiliários e não apenas às acções, encontrando-se presentemente regulada no Código dos Valores Mobiliários (cfr. arts. 80.º, 101.º, 102.º e 105.º).[586]

Recorde-se que as acções admitidas à negociação em mercado regulamentado, *maxime* em bolsa, *são obrigatoriamente* integradas *em sistema centralizado* (cfr. arts. 105.º e 62.º do CVM)[587]. Tal obrigação não interfere, contudo, na forma de transmissão, mas apenas no modo de efectuar a transferência entre contas (cfr. art. 71.º, n.º 2 do CVM, aplicável às acções tituladas *ex vi* art. 105.º do mesmo diploma).

---

[585] Cfr. Fernando Pessoa Jorge, «Acções escriturais», *O Direito*, ano 121.º, I, 1989, pp. 93-114 (existe sep.).

[586] O CSC apenas conserva duas disposições aplicáveis à transmissão de acções (os arts. 328.º e 329.º), referentes às eventuais limitações específicas a que a (livre) transmissibilidade pode estar sujeita. Todas as outras regras foram, entretanto, revogadas pelo DL 486/99, de 13 de Novembro (cfr. art. 15.º, n.º 1, *alínea d)*), que aprovou o CVM.

[587] Quanto à *regulamentação do sistema centralizado de valores mobiliários*, cfr. art. 60.º do CVM e Reg. CMVM n.º 14/2000 (DR II Série, de 23 de Fevereiro de 2000).

21.4.2.2. *Acções tituladas (ao portador e nominativas)*

As acções (tituladas) ao portador transmitem-se, classicamente, pela entrega material do título, em que se consubstanciam, enquanto as acções nominativas transmitiam-se pela declaração de endosso aposta no verso do título e pelo pertence lavrado no mesmo e subsequente averbamento da nova titularidade no livro de registo das acções.

Este regime era incompatível com a celeridade que preside às operações no mercado regulamentado e que impôs a substituição do modo clássico de transmissão de títulos pela regra da fungibilidade, deixando de ser necessário transaccionar o título do vendedor, em concreto, para se transmitir outro equivalente, também depositado junto de uma central (de valores mobiliários) ou em intermediário financeiro. Se os títulos que adquirimos a A eram representativos das acções 1001 a 5000, que lhe pertenciam, e não das acções 14001 a 18000, é completamente indiferente; o que importa é que os títulos correspondam exactamente ao capital da mesma sociedade e a participações da mesma categoria.

Na actualidade, podemos encontrar variações, consoante as acções a transmitir se encontrem depositadas[588] em intermediário financeiro, ou não, e consoante as acções (tituladas) se encontrem integradas, ou não, em sistema centralizado.

Assim, as acções «*ao portador transmitem-se por entrega do título ao adquirente ou ao depositário por ele indicado*» (art. 101.º, n.º 1 do CVM).

«*Se os títulos já se encontrarem depositados* no *depositário indicado pelo adquirente, a transmissão efectua-se por registo na conta deste,* tendo-se os respectivos efeitos por produzidos na *data do requerimento do registo* (cfr. art. 101.º, n.º 2 do CVM).

As acções nominativas não integradas em sistema centralizado transmitem-se por endosso («*declaração de transmissão, escrita no título*») com indicação do adquirente, *seguida de registo junto* da sociedade *emitente* (*ou de intermediário financeiro que* a *represente*) (cfr. art. 102.º, n.º 1 do CVM)[589]. *A transmissão produz efeitos* na data da apresentação *do requerimento de registo* à sociedade emitente (cfr. art. 102.º, n.º 5 do CVM).

---

[588] A palavra "depósito" só faz sentido para as acções tituladas; para as acções escriturais a expressão adequada é "registo" em conta (cfr., entre outros, arts. 61.º e 63.º do CVM).

[589] Quanto a quem cumpre efectuar a declaração de transmissão e tem legitimidade para requerer o registo junto do emitente, cfr. art. 102.º, n.os 2 a 4 do CVM.

Quanto às acções – tituladas, nominativas ou ao portador, – integradas em sistema centralizado, aplica-se à respectiva transmissão o disposto para a transmissão de acções escriturais integradas *em sistema centralizado* (cfr. art. 105.º do CVM).

O facto de a transmissão de acções fora de mercado regulamentado ser, frequentemente, acompanhada de instrumentos contratuais, mais ou menos complexos – habitualmente designados por «contratos de compra e venda de acções» (e, eventualmente, «de cessão de créditos», se for também o caso) –, que regulam as condições dessa transmissão, designadamente o modo de pagamento do preço e as garantias que asseguram o cumprimento recíproco das obrigações contratuais, entre outros aspectos, decorre de exigências da prática e impõe-se por razões de certeza e segurança dos negócios em causa. Contudo, sempre que a transmissão de acções altera o controlo da empresa a que as participações se reportam podemos falar de uma verdadeira compra e venda de empresa, que justifica uma formalização específica, embora convencional, e da qual a transmissão das participações constitui elemento instrumental.

21.4.2.3. *Acções escriturais*[590]

As acções escriturais *transmitem-se pelo registo na conta do adquirente* (cfr. art. 80.º, n.º 1 do CVM).

A inscrição nas contas de registo é efectuada com base em ordem escrita do alienante[591] (cfr. art. 67.º, n.º 1 do CVM). Quer dizer, a transmissão de acções escriturais depende sempre de uma formalidade, documento subscrito pelo disponente, pelo que, como referimos já, não faz qualquer sentido falar em acções escriturais ao portador. Entendemos, com o devido respeito de quem pensa diversamente, que a acção, se for escritural, não tem sentido ser ao portador, uma vez que se perde a respectiva característica essencial: a transmissibilidade pela simples entrega, sem rasto, e o anonimato daí resultante.

---

[590] O regime legal destas acções e em particular a respectiva transmissão nunca foram objecto de regulamentação no CSC, tendo inicialmente constado de diploma autónomo e sido, posteriormente, acolhidos no Código do Mercado dos Valores Mobiliários, no qual a transmissão se encontrava regulada nos arts. 56.º, 63.º, n.º 3 e 65.º.

Sobre a transmissão de valores mobiliários escriturais, vd. ASSUNÇÃO CRISTAS, *Transmissão contratual do direito de crédito*, Almedina, Coimbra, **2005**, pp. 412-425.

[591] «*Ou em documento bastante para a prova do facto a registar*» (cfr. art. 67.º, n.º 1 *in fine* do CVM).

21.4.2.4. *Efeitos da transmissão*

A aquisição ou alienação de acções implica, em certos casos e circunstâncias, o dever de comunicação dessas vicissitudes.

Nessa medida – e sendo apenas relevantes as alienações que, por referência ao capital social e (ou) direitos de voto, reduzam a participação global do alienante abaixo de determinados níveis ou as aquisições que contribuam para que a participação do adquirente ultrapasse certas percentagens do capital e (ou) de direitos de voto –, há que distinguir entre as sociedades abertas e as demais sociedades anónimas; e, entre as que não são abertas, há que distinguir os efeitos de transmissão de acções ao portador dos que resultam da transmissão de acções nominativas.

Assim, nas sociedades abertas, quem adquira acções ou reduza a sua participação, em montante suficiente para fazer variar a partir ou abaixo de 10%, 20%, um terço, 50%, dois terços, ou 90% *dos direitos de voto correspondentes ao capital social* fica obrigado a comunicar que atingiu (ou ultrapassou) esses níveis ou que caiu abaixo deles (cfr. art. 16.º, n.º 1 do CVM, na redacção do Decreto-Lei n.º 375-A/2007, de 31 de Outubro)[592]. Caso as acções representativas do capital da sociedade estejam admitidas à *negociação em mercado regulamentado* (*situado ou a funcionar em Portugal*), as comunicações são obrigatórias para as variações a partir (no sentido ascendente e descendente) dos limites de 2%, 5% e 15% (cfr. art. 16.º, n.º 2 do CVM, na redacção do Decreto-Lei n.º 375-A/ /2007, de 31 de Outubro).

Por sua vez, o Código das Sociedades Comerciais tem uma regra exclusivamente aplicável às acções ao portador que não sejam representativas de uma sociedade aberta: o artigo 448.º. Nos termos desta disposição legal, o accionista cuja participação representada por acções ao portador atingir *um décimo, um terço ou metade do capital* ou diminua a sua participação para montantes inferiores a esses níveis, deve comunicá-lo, por escrito à administração e à fiscalização da sociedade, no prazo de trinta dias (cfr. art. 448.º, n.os 1 a 3, do CSC).

[592] A comunicação deve ser feita à CMVM, à entidade reguladora do mercado (Euronext) e à sociedade participada, no prazo de três dias (cfr. art. 16.º, n.º 1, *alínea a)* do CVM).

21.4.3. *Situações que implicam formas especiais de transmissão de acções*

21.4.3.1. *Ofertas públicas de transmissão de acções*

Há circunstâncias em que a transmissibilidade de acções ocorre em massa, isto é, em que a operação tem por objecto um conjunto significativo de participações sociais. Na base dessas transmissões estará o interesse em adquirir uma determinada posição no capital de uma sociedade anónima ou, pelo contrário, de alienar a totalidade ou parte de uma participação relevante nessa sociedade. Essas operações – que se reconduzem a ofertas públicas de acções (cfr., *supra*, n.º 6.3.1) – podem ser realizadas voluntária ou obrigatoriamente, consoante as circunstâncias, e, dado o montante de participações que envolvem, estão sujeitas a regras específicas constantes do Código dos Valores Mobiliários.

21.4.3.2. *Ofertas públicas de aquisição*[593]

A oferta pública de aquisição de acções (OPA) é a operação pela qual uma entidade (pessoa singular ou colectiva) se propõe adquirir a

[593] Publicados depois da Directiva n.º 2004/25/CE, do Parlamento Europeu e do Conselho, e das alterações que a mesma acarretou no ordenamento jurídico português (Decreto-Lei n.º 219/2006, de 2 de Novembro), vd. os seguintes estudos, Luís Menezes Leitão, «As medidas defensivas contra uma oferta pública de aquisição hostil», *O Direito*, ano 138.º, III, **2006** (pp. 457-475), João Calvão da Silva, «Ofertas públicas de aquisição (regime europeu e português)», AA.VV., *Internacionalização do Direito no novo século*, org. por Jorge de Figueiredo Dias, BFD, Coimbra Editora, **2009** (pp. 163-201), Hugo Moredo Santos, *Ofertas concorrentes*, Coimbra Editora, **2008**, pp. 43-173, Paulo Câmara, *Manual de Direito dos Valores* Mobiliários, cit., **2009**, pp. 600-727, e a dissertação de mestrado de Orlando Vogler Guiné, *Da Conduta (Defensiva) da Administração "Opada"*, Almedina, Coimbra, **2009**.

Na doutrina estrangeira, e considerando já a Directiva, vd. AA.VV., *Takeover bids in Europe*, edit. Por Silja Maul, Danièle Muffat-Jeandet e Joöelle Simon, Memento, Freiburg, **2008.**

De entre os textos que não consideram a Directiva e, tendo sido elaborados na vigência do Código dos Valores Mobiliários, se encontram menos desactualizados, destaque-se os estudos de João Cunha Vaz, *As OPA na União Europeia face ao novo Código dos Valores Mobiliários*, Almedina, Coimbra, **2000**, João Paulo Menezes Falcão, *A OPA obrigatória*, sep. de AA.VV., *Direito dos Valores Mobiliários*, vol. III, Coimbra Editora, **2001** (pp. 179-228), e Jorge Ribeiro Mendonça, «A tomada de sociedade através de oferta pública de aquisição», *RFDL*, XLV, n.ºs 1 e 2, Coimbra Editora, **2004** (pp. 47-81.

todos os accionistas de uma sociedade (ou aos titulares de uma categoria de acções), desde que os respectivos votos não lhe sejam objecto de imputação (nos termos do art. 20.º, n.º 1 do CVM), as respectivas acções, podendo condicionar essa oferta à aceitação por titulares de certo número mínimo de acções ou limitá-la a um determinado número máximo de acções.

Sendo, em princípio, uma operação voluntária – que deve ser realizada obrigatoriamente para a tomada de controlo de uma sociedade anónima aberta ou o reforço substancial do domínio sobre essa sociedade[594] –, em certas circunstâncias pode ter de processar-se mesmo contra vontade do oferente, sendo então não apenas obrigatória, mas forçada. Isto é, a obrigatoriedade passa a estar subjacente também ao fim (visado) e não unicamente ao meio (utilizado).

As OPA são hoje reguladas pelo Código dos Valores Mobiliários (arts. 108.º e segs., em especial arts. 173.º a 197.º, na red. do Decreto-Lei n.º 219/2006, de 2 de Novembro, que transpôs para o Direito interno a Directiva 2004/25/CE) – e pelo Regulamento da CMVM n.º 3/2006, de 11 de Maio de 2006 (sobre *Ofertas e Emitentes*)[595].

21.4.3.3. *Ofertas públicas de venda*

Tal como as OPA, as ofertas públicas de venda de acções – também abreviadamente designadas pelas iniciais (OPV) – ocorrem necessariamente em mercado secundário, consistindo na operação pela qual um determinado accionista coloca à venda, no mercado, uma participação societária substancial (cfr., em particular, arts. 167.º e 170.º a 172.º do CVM, na redacção do Decreto-Lei n.º 375-A/2007, de 31 de Outubro)[596]. As OPV enquadram-se na categoria das ofertas públicas de distribuição, distinguindo-se das ofertas de subscrição, que ocorrem em mercado primário.

---

[594] Na base da obrigatoriedade de lançamento da oferta, ainda quando corresponda a uma operação facultativa, está o princípio fundamental da igualdade de tratamento (dos respectivos destinatários).

[595] Publicado no DR, II Série, de 30 de Maio de 2006, substituiu o Reg. n.º 10/2000, de 23 de Fevereiro, no dia 31 de Maio de 2006.

[596] Cfr. também o Regulamento da CMVM n.º 3/2006, de 11 de Maio de 2006 (que revogou o Reg. 10/2000, de 23 de Fevereiro).

O objecto da transmissão – que se processa agora no sentido da alienação, e não já no da compra, – é, pois, em tudo semelhante ao objecto das OPA, visto que recai sobre a mesma realidade: um conjunto significativo de participações sociais.

21.4.4. *Limitações à livre transmissibilidade das acções*[597]

As acções, embora sejam em regra livremente transmissíveis, podem deparar com limites, legais ou convencionais, à respectiva transmissibilidade, os quais podem nada ter que ver com a participação em si mesma, mas com a identidade do próprio titular.

21.4.4.1. *Legais*

As limitações à transmissibilidade das acções podem resultar da própria lei, em função da identidade do pretenso adquirente das acções, com a finalidade de assegurar que este seja entidade idónea – é o que sucede na aquisição de participação qualificada em instituição de crédito ou sociedade financeira, por exemplo, sujeita à oposição do Banco de Portugal –, ou da identidade do próprio adquirente, que é o que acontece em sede de aquisição de acções próprias (arts. 316.º, n.º 1 e 317.º).

Finalmente, há circunstâncias que, embora não representem uma limitação à transmissão das acções, dificultam-na na prática, como são os casos já referidos de oneração de participações (constituídas em penhor ou em usufruto) (cfr. art. 23.º).

21.4.4.2. *Convencionais*

A natureza das limitações convencionais varia, consoante as mesmas constem do contrato de sociedade, caso em que têm efeitos *erga omnes*, ou resultem de acordos particulares subscritos pelos accionistas (vulgarmente designados acordos parassociais), circunstância em que apenas revestem um carácter obrigacional.

---

[597] Cfr. a dissertação de doutoramento de ALEXANDRE SOVERAL MARTINS, *Cláusulas do contrato de sociedade que limitam a transmissibilidade das acções*. Sobre os arts. 328.º e 329.º do CSC, Almedina, Coimbra, **2006**, em especial pp. 351-364, 413-432, 497-526, 549-550, 566-572, e ainda MARIA JOÃO R.C. VAZ TOMÉ, «Algumas notas sobre as restrições contratuais à livre transmissão das acções», *DJ*, vol. IV, **1989/90** (pp. 211-236), vol. V, **1991** (pp. 199-218).

Uma vez que, vimos já (*supra*, n.º 5.4), algumas limitações obrigacionais à transmissibilidade de acções – tais como a atribuição de preferência (convencional) em caso de transmissão (em favor de terceiro ou de outro accionista), não regulada no contrato de sociedade ou a faculdade de acompanhar uma eventual alienação de participações, pelos termos e condições aplicáveis à mesma (*tag along*), integrando na alienação projectada as acções de que se é detentor –, vamos agora centrar a nossa atenção nas restrições estatutárias à transmissibilidade de acções (cfr. arts. 328.º e 329.º do CSC).

Só as acções nominativas podem ser objecto de limitações estatutárias à respectiva transmissão e apenas nos casos e nos termos estabelecidos no n.º 2 do artigo 328.º do Código das Sociedades Comerciais. Assim:

- A transmissão dessas acções pode ficar contratualmente sujeita ao *consentimento da sociedade* (cfr. *alínea a)*), a ser regulado ou concedido segundo o disposto no artigo 329.º;
- Pode ser criado um direito de preferência dos accionistas relativamente à transmissão de acções dessa modalidade (cfr. *alínea b)*).
- É possível subordinar a transmissão dessas acções e a constituição de ónus sobre as mesmas à *existência de determinados requisitos objectivos ou subjectivos,* mas conformes *com o interesse social* (cfr. *alínea c)*).

Saliente-se unicamente que o contrato pode exigir consentimento da sociedade, mesmo para as alienações gratuitas, estabelecendo a lei o método de cálculo do valor das acções em caso de recusa de transmissão gratuita e pressupondo que o contrato não prevê nenhum método específico.

Para mais fácil visualização, propomos agora duas cláusulas em que se procura limitar a transmissibilidade de acções, pela sujeição das transmissões ao consentimento da sociedade e atribuição do direito de preferência aos accionistas[598]:

[598] Pressupõe-se que todas as acções sejam nominativas – para cumprimento do disposto no art. 299.º, n.º 2, *alínea b)* do CSC – e só sejam convertíveis em acções ao portador, desde que simultaneamente sejam eliminadas as restrições à respectiva transmissibilidade.

Artigo Sexto
(Transmissão de acções)

Um. *As acções são livremente transmissíveis entre os accionistas, ou por via de sucessão legítima, ou ainda por testamento ou doação em favor do cônjuge ou de parentes na linha recta.*

Dois. *A transmissão de acções em favor de terceiras entidades está sempre sujeita ao consentimento da sociedade e, sendo onerosa, à preferência dos demais accionistas, nos termos dos números seguintes.*

Três. *Cabe ao conselho de administração deliberar sobre o consentimento da sociedade à transmissão das acções, sem prejuízo do exercício do direito de preferência dos accionistas.*

Quatro. *O accionista que pretenda transmitir as suas acções em termos e condições diversas das referidas no número 1 deste artigo, deverá participá-lo previamente ao conselho de administração, por carta registada com aviso de recepção, na qual indicará a quantidade de acções a transaccionar ou a transmitir, a identidade do comprador, o preço oferecido e as condições de pagamento. A partir do momento em que a administração receber a comunicação a que se refere o presente número, constitui-se na esfera jurídica da sociedade e dos accionistas um direito de opção que se mantém, e deverá ser exercido em conformidade com o disposto neste preceito estatutário, ainda que a transmissão projectada venha a ser, por qualquer razão, retirada, cancelada ou anulada.*

Quinto. *O conselho de administração deverá, no prazo de dez dias, deliberar acerca do consentimento à transmissão, e caso decida autorizar a alienação de acções deverá, desse facto, dar imediato conhecimento aos accionistas, para que estes, querendo, possam exercer o seu direito de preferência, nos termos do disposto no artigo seguinte, caso a transmissão seja onerosa.*

Seis. *Caso o conselho de administração não consinta na transmissão projectada, deverá – até ao décimo quinto dia subsequente à recepção da participação a que se refere o número quatro do presente artigo – convocar a assembleia geral para esta reunir, no prazo máximo de trinta e cinco dias, e deliberar sobre:*

a) *a aquisição destas acções para a sociedade, até um montante correspondente a dez por cento do capital social e a amortização das restantes, nos termos do artigo (...) deste contrato, ou*

b) *a amortização de todas ou parte dessas acções, ou*
c) *a aquisição dessas acções por terceiro designado para o efeito,*
Nos termos e condições constantes do projecto de transmissão de que lhe foi dado conhecimento e advertir os accionistas de que, se a assembleia não deliberar favoravelmente nenhuma dessas soluções, eles disporão de cinco dias, após a respectiva realização, para exercer o respectivo direito de preferência.

Sete. *A aquisição das acções em qualquer das modalidades previstas no número anterior deverá ser feita nas condições de preço e pagamento aplicáveis à transmissão projectada, se a mesma for a título oneroso, ou, sendo esta a título gratuito, pelo valor real resultante de um balanço especial a ser elaborado para o efeito pela sociedade e que tenha a concordância de um revisor oficial de contas designado pelo alienante.*

Oito. *Se, nos prazos estabelecidos nos números anteriores, a assembleia não deliberar favoravelmente nenhum dos actos enunciados no número seis anterior, nem os accionistas exercerem o respectivo direito de preferência nos cinco dias subsequentes, a transmissão projectada tem-se por autorizada e pode ser efectuada nos termos e condições participados.*

Nove. *A aquisição e a amortização das acções, previstas neste contrato, tem de ser feita relativamente à totalidade das acções cuja transmissão projectada é submetida ao consentimento da Sociedade e ao direito de preferência dos accionistas.*

Dez. *São nulas e ineficazes todas as transmissões de acções que contrariem o disposto neste artigo e seus números.*

Artigo Sétimo
(Direito de preferência)

Um. *Caso a sociedade não delibere adquirir para carteira própria as acções objecto da transmissão projectada ou amortizá-las ou fazê-las adquirir por terceiro(s), nos termos previstos no artigo anterior, ou delibere consentir nessa transmissão e a mesma seja onerosa, os accionistas terão o direito de preferência na aquisição de acções.*

Dois. *Os accionistas exercem a preferência sobre a totalidade das acções objecto de transmissão e adquirem as acções na proporção das suas entradas de capital.*

Três. *Caso o conselho de administração delibere consentir na transmissão e os demais accionistas sejam, desse facto, notificados* *nos termos do número cinco do artigo sexto, aqueles que pretendam exercer a preferência deverão comunicar à administração da sociedade, no prazo de quinze dias, a sua vontade de exercer a preferência em comunicações registadas, com aviso de recepção ou entregues em mão, com protocolo.*

Quatro. *Caso a administração não tenha consentido na transmissão, mas a assembleia geral também não tenha aprovado qualquer dos actos enunciados no número seis do artigo sexto, os accionistas que o queiram têm de, no prazo de cinco dias, subsequente à assembleia geral dar conhecimento à sociedade de que pretendem exercer a sua preferência.*

Cinco. *Sendo exercida a preferência, a administração deverá, esgotado o prazo para o efeito, desse facto dar conhecimento ao alienante, e informar os preferentes de que estes nos cinco dias subsequentes ao fim do prazo para o exercício da preferência devem proceder ao pagamento das acções.*

Seis. *Para os efeitos previstos no número anterior, a administração deverá convocar o alienante e os preferentes para comparecerem na sede social e procederem às formalidades necessárias e inerentes à transmissão das acções.*

Sete. *A renúncia ao exercício da preferência pode ser deliberada em assembleia universal ou por deliberação unânime por escrito.*

Oito. *O exercício do direito de preferência, previsto e regulado neste artigo, pode ser excluído por acordo subscrito por todos os accionistas.*

21.5. **Conversão de acções**

A conversão de acções consiste na alteração da sua forma de representação (de titulada para escritural ou vice-versa) ou na alteração do tipo (ou modalidade) da acção (de ao portador para nominativa ou vice-versa), sendo consequentemente um termo indistintamente utilizado para a alteração da forma ou tipo da acção[599].

[599] Aparentemente, o Código dos Valores Mobiliários parece pretender distinguir estas vicissitudes designando por conversão a que ocorre em relação à forma de representação (cfr. art. 48.º a 50.º) e chamando "convertibilidade" a idêntico fenómeno quando envolva a alteração de modalidade (cfr. art. 53.º).

Tal como em relação à transmissão, a matéria da conversão é hoje exclusivamente regulada pelo Código dos Valores Mobiliários (cfr. arts. 48.º a 50.º e 53.º e 54.º), cujo diploma de aprovação[600] revogou igualmente a disposição do Código das Sociedades Comerciais que se referia à conversão (art. 300.º).[601]

Uma vez emitidas as acções, em forma de títulos (documentos em papel) ou de meros registos em conta, as mesmas podem ser objecto de conversão, desde que esta não se encontre, legal ou estatutariamente proibida (cfr. art. 48.º, n.º 1 do CVM). A decisão de conversão cabe à sociedade, que suporta os respectivos custos, e aplica-se a todas as acções *que integram a mesma emissão*, excepto aquelas que, sendo objecto de negociação no estrangeiro, não possam alterar a respectiva forma de representação (cfr. arts. 48.º, n.os 1 e 3, e 46.º, n.º 2 do CVM).

As acções escriturais consideram-se convertidas em tituladas «*no momento em que os títulos ficam disponíveis para entrega*» (cfr. art. 49.º, n.º 1) e as tituladas são convertidas em escriturais pela inscrição em conta, mediante prévia entrega à sociedade «*ou depositados junto da entidade que prestará o serviço de registo após a conversão*» (art. 50.º, n.os 1 e 2).

No caso de alteração da modalidade da acção, a mesma depende, em regra, da vontade do accionista que, excepto em caso de limitação legal ou estatutária, pode requerer a conversão das acções ao portador em nominativas e destas em acções ao portador (cfr. art. 53.º do CVM).

Para além dos obstáculos estatutários que sejam eventualmente erguidos, há limites legais à conversão de acções que são naturais – designadamente de acções nominativas em acções ao portador, que são os que decorrem da obrigatoriedade de sujeição das participações sociais com certas características ao regime das acções nominativas (cfr. art. 299.º, n.º 2 do CSC) e outros que decorrem da imposição legal da modalidade de acções nominativas, para controlo da identidade dos respectivos titulares, como sucede com as acções representativas da participação em instituições de crédito (cfr. art. 14.º, n.º 1, *alínea d)* do RGIC), por exemplo. Estas nunca são convertíveis, salvo se ocorrer alteração legislativa que o venha a permitir, o que se tem por muito improvável.

[600] DL 486/99, de 13 de Novembro (art. 15.º, n.º 1, *alínea d)*).

[601] A conversão também já era regulada no anterior Código do Mercado dos Valores Mobiliários (arts. 48.º, 52.º e 72.º).

O modo como se efectua a conversão depende de as acções serem escriturais[602] ou tituladas integradas em sistema centralizado, caso em que se processa *por anotação na conta de registo individualizado* das acções, ou tituladas e não integradas em sistema centralizado, caso em que ocorre *por substituição dos títulos ou por alteração* do respectivo texto realizadas pela sociedade (cfr. art. 54.º do CVM).

Vejamos, em termos práticos, como é que os estatutos por vezes se referem à conversão de acções:

Artigo Quinto
(Acções)

Um. *As acções são tituladas, nominativas ou ao portador, e reciprocamente convertíveis.*

Dois. *Serão emitidos títulos (...).*

Três. *As acções são nominativas, quando o seu titular o pretender e enquanto não estiverem integralmente liberadas.*

Quatro. *A conversão das acções e o desdobramento ou concentração dos títulos serão efectuados a pedido e por conta do accionista interessado.*

Diversamente, noutros casos, os estatutos indicam expressamente a modalidade de acções a adoptar

Artigo Quinto
(Acções)

Um. *As acções são tituladas e nominativas, sendo representadas por títulos de (...) acções.*

Dois. (...).

Três. *As acções podem ser convertidas em acções ao portador por deliberação tomada pelos votos correspondentes a dois terços do capital social.*

Quatro. *A sociedade poderá emitir acções escriturais nos termos da lei aplicável ou deliberar a conversão das acções tituladas em*

---

[602] A lei ao admitir a convertibilidade de acções escriturais (de nominativas ao portador ou vice-versa) deixa entender que reconhece a existência de acções escriturais ao portador, o que demonstrámos já não fazer qualquer sentido, visto que na prática o regime legal aplicável a quaisquer acções escriturais (nominativas ou ao portador) é idêntico.

acções escriturais, caso em que todas as referências do presente contrato relativas às acções tituladas se consideram aplicáveis às acções escriturais que venham a ser criadas ex novo ou por conversão.

E, a concluir, uma disposição menos vulgar, mais limitativa:

Artigo Quinto
(Acções)

Um. *As acções são tituladas, salvo se a deliberação de emissão determinar que sejam escriturais, e nominativas, podendo ser representadas em títulos de (...) acções.*

Dois. *Independentemente da sua forma de representação, as acções seguem o regime das acções nominativas e só podem ser convertidas em acções ao portador por deliberação tomada pelos votos correspondentes à maioria do capital social, e desde que tal não seja incompatível com as diferentes categorias de acções existentes.*

21.6. **Amortização e remição de acções**[603]

21.6.1. ***Significado e alcance da vicissitude nas sociedades anónimas***

A amortização de acções reveste no âmbito da lei portuguesa das sociedades comerciais dois sentidos: um, próprio, que se retira do artigo 347.º e corresponde, no plano das sociedades anónimas, à figura, idêntica, prevista para as sociedades por quotas[604]; o outro, impróprio, extrai-se do artigo 346.º e não determina a extinção da acção, dando lugar às chamadas acções de fruição.

---

[603] Vd. João Labareda, *Das acções das sociedades anónimas* (Policopiado), AAFDL, Lisboa, **1988**, pp. 321-335, Raúl Ventura, «Acções preferenciais sem voto; acções preferenciais remíveis; amortização de acções», in *Estudos Vários sobre Sociedades Anónimas*, Coimbra, **1992**, pp. 409-511 (vd. em especial pp. 471-511), Paulo Olavo Cunha, *Direitos especiais*, pp. 168-171 e 201-208.

[604] Situações em que a extinção da quota seja acompanhada de redução do capital social.

21.6.2. *Amortização-extinção (de acções)*

21.6.2.1. *Caracterização*

A amortização de acções em sentido próprio consiste na extinção da participação social acompanhada necessariamente da redução do capital da sociedade (art. 347.º, n.º 2).

21.6.2.2. *Modalidades*

Diversamente da amortização sem redução do capital social, que pode ser deliberada pelos accionistas independentemente de cláusula estatutária nesse sentido (art. 346.º, n.º 1), a amortização com redução de capital deve ser imposta ou autorizada pelo contrato de sociedade (art. 347.º, n.º 1)

Tratando-se de amortização voluntária, isto é, contratualmente permitida, a deliberação de accionistas que por ela concluir e da qual depende deverá prover aos aspectos que não tiverem sido previstos no contrato de sociedade (art. 347.º, n.º 5).

A amortização automática, imposta pelos estatutos, irá ocorrer independentemente da vontade do colectivo dos sócios, devendo processar-se nos exactos termos previstos no contrato (art. 347.º, n.º 4). Com efeito, estando em causa uma forma de amortização compulsiva desta natureza, a mesma deverá ser fundada em «*factos concretamente definidos no contrato de sociedade*» (art. 347.º, n.º 3). Este deve regular a operação, fixando as respectivas condições que, verificando-se, conduzirão o conselho de administração ou conselho de administração executivo a declarar as acções amortizadas e a promover as diligências necessárias subsequentes.

A título de exemplo, veja-se a cláusula sugerida acima (*supra*, n.º 4.5.1.10), referente a amortização com redução do capital social.

21.6.3. *Amortização de acções sem redução do capital social; as acções de fruição*

Por sua vez, a amortização de acções prevista no artigo 346.º não se traduz na extinção da participação social, mas apenas numa alteração qualitativa da mesma; e por isso a considerámos *imprópria*.

Esta amortização traduz-se no reembolso de parte ou da totalidade do valor nominal da acção. Neste caso, dá lugar às chamadas acções de fruição (art. 346.º, n.º 5) que, constituindo verdadeiras participações sociais, apresentam uma estrutura diferente das acções ordinárias, já que conferem aos seus titulares direitos de natureza não patrimonial iguais aos das demais acções e direitos patrimoniais reduzidos[605].

O contrato de sociedade pode prever expressamente a criação de acções de fruição, embora a própria assembleia geral tenha legalmente competência para o efeito, como já referimos acima (cfr. art. 346.º, n.º 1). Exemplifique-se:

Artigo Décimo
(Amortização de acções sem redução do capital social)

Um. *A sociedade pode proceder à amortização de acções sem redução do capital social, inclusive por sorteio.*

Dois. *As acções amortizadas só compartilham dos lucros depois de às restantes ter sido atribuído um dividendo correspondente a dez por cento do respectivo valor nominal.*

Três. *As acções cujo capital seja integralmente reembolsado, nos termos deste artigo, são designadas acções de fruição.*

21.6.4. ***Remição de acções***[606]

Por fim, refira-se que pode surgir a necessidade de a sociedade criar acções preferenciais e sujeitá-las a remição.

A remição, a ocorrer pela verificação de um termo certo ou a ficar na disponibilidade da sociedade, não configura propriamente um privilégio; é um meio que permite à sociedade criar acções privilegiadas[607] a

---

[605] Podem qualificar-se, pois – como já vimos (*supra*, n.º 19.4) –, por contraposição às acções ordinárias, como acções diferidas ou diminuídas.

[606] Seguimos de muito perto o nosso livro sobre *Direitos especiais* cit, pp. 201-202. Sobre o regime e efeitos da remição, vd. PAULO OLAVO CUNHA, *Direitos especiais* cit. pp. 203-208.

[607] Trata-se de um atributo que pode ser característico de quaisquer acções dotadas de um privilégio patrimonial. Assim, ainda que aparentemente as acções preferenciais remíveis formem uma categoria à parte das outras espécies de acções privilegiadas, elas reconduzem-se, na realidade, a uma dessas espécies, contanto que a mesma se caracterize pela concessão de uma vantagem susceptível de avaliação pecuniária e a remição seja

prazo, enquanto precisar de captar capitais necessários à realização da sua actividade. Tal característica permitirá um controlo dos privilégios a conceder, pela sua sujeição ao poder da maioria. Dir-se-á que a sociedade admite esses privilégios e, consequentemente, a prerrogativa dos seus titulares se reunirem em assembleia separada (cfr. arts. 24.º, n.º 6, e 389.º), mas reserva-se o direito de, apesar disso, pôr fim à existência dessas acções, remindo-as, isto é, extinguindo-as.

Na perspectiva dos accionistas, seus titulares, estas acções podem, no entanto, ser vantajosas. Imagine-se que a remição, e possivelmente a exoneração (que acontecerá se o accionista em questão apenas for titular de acções dessa espécie), está predeterminada. Então a subscrição dessas acções equivalerá a um investimento por prazo certo; durante o qual o accionista beneficiou dos privilégios que caracterizam a sua participação, cuja realização lhe é garantida em antecipação à própria dissolução da sociedade.

---

contratualmente autorizada. Criar acções preferenciais remíveis significa apenas sujeitar acções preferenciais, qualquer que seja o seu privilégio patrimonial, designadamente direito a um dividendo acrescido, a extinção «*em data fixa ou quando a assembleia geral o deliberar*» (art. 345.º, n.º 1).

CAPÍTULO V
O capital social

22. O capital social e o património societário[608]

22.1. Conceito de capital social

As sociedades comerciais constituem-se para a prossecução de uma determinada actividade e, para esse efeito, reúnem os meios financeiros adequados, necessários e suficientes à dimensão e amplitude da actividade que pretendem exercer.

Os meios financeiros que constituem o património inicial da empresa e que resultam da soma de todas as participações dos sócios correspondem ao capital social. Este, como vimos, sendo a cifra numérica de valor constante, em dinheiro, expressa em euros, na fase do arranque da sociedade tende a ser equivalente ao respectivo património, mesmo

[608] Vd. PAULO DE TARSO DOMINGUES, «Capital e património sociais, lucros e reservas», AA.VV., *Estudos de Direito das Sociedades*, 9ª ed., Almedina, Coimbra, **2008** (pp. 173-233), em especial pp. 173-212, e, com natural desenvolvimento, a sua dissertação de doutoramento, *Variações do Capital Social*, Almedina, Coimbra, **2009**, em especial pp. 32-57, 145-148 e 275-281. Para uma visão mais sintética, cfr. CATARINA SERRA, *Direito Comercial. Noções Fundamentais*, Coimbra Editora, **2009**, pp. 162-165.

Propugnando e prevendo a supressão do capital social mínimo (pelo menos nas sociedades por quotas), ALEXANDRE MOTA PINTO, «Capital social e tutela dos credores para acabar de vez com o capital social mínimo nas sociedades por quotas», AA.VV., *Nos 20 anos do Código das Sociedades Comerciais*, cit., vol. I – *Congresso Empresas e Sociedades*, Coimbra Editora, **2007** (pp. 837-861).

enquanto os sócios (ou accionistas) não realizam integralmente as suas entradas (o capital subscrito)[609].

O capital social pode, assim, definir-se como a «cifra numérica de valor constante, em dinheiro, expressa em euros [«moeda com curso legal em Portugal» (vd. art. 14.º)], correspondente ao património de constituição da empresa»[610], isto é, à soma de todas as participações dos sócios.

No entanto, pode suceder que a sociedade não necessite desde logo da totalidade do valor estimado, pelo que no momento da constituição – liberado, nas sociedades por quotas, o capital correspondente ao mínimo legal (€ 5.000,00) – é possível realizar um valor inferior ao do capital subscrito. Mais tarde, com o decurso do tempo, pode ser necessário proceder a um aumento desse valor se o mesmo se revelar insuficiente para a prossecução dos objectivos estabelecidos inicialmente ou redefinidos posteriormente.

22.2. **Especificação do montante realizado**

As participações sociais podem ser realizadas em dinheiro ou em espécie, como já vimos.

A lei admite que parte das entradas em dinheiro seja diferida. Nesse caso, impõe que no contrato (bem como nas menções externas da sociedade) conste expressamente o montante do capital realizado e o montante subscrito (cfr. arts. 199.º, *alínea b)*, 272.º, *alínea e)*, e 171.º, n.º 2).

No que se refere ao eventual diferimento de parte das entradas em dinheiro, trata-se de assunto já abordado, a propósito da obrigação da entrada, matéria para onde se remete (cfr., *supra*, n.º 11.2.2.1). Recorde-se que nas sociedades por quotas o diferimento só é possível acima do capital mínimo (legal), que tem de estar totalmente liberado, podendo ser diferida a efectivação de metade (50%) das entradas em dinheiro, desde que o capital mínimo esteja assegurado (cfr. art. 202.º, n.º 2). Assim, e exemplificando, se o capital se situar entre os € 5.000,00 e os € 10.000,00 (*inclusive*) tem de se encontrar realizado um mínimo de € 5.000,00; a

---

[609] Transcrevemos, nestes dois parágrafos, o nosso estudo sobre «A redução do capital das Sociedades Anónimas», AA.VV., *Estudos em Homenagem ao Professor Doutor Inocêncio Galvão Teles*, vol. IV, Almedina, Coimbra, **2003** (pp. 659-693), p. 667.

[610] Paulo Sendin, *Curso de Sociedades Comerciais* (Policopiado), Lisboa, 1984.

partir dos € 10.000,00 (*inclusive*) é suficiente realizar metade na constituição. Nas sociedades anónimas pode haver um diferimento do capital até 70% das entradas em dinheiro correspondentes ao valor nominal das acções[611], independentemente do capital subscrito (cfr. art. 277.º, n.º 2). Isto é, a sociedade pode constituir-se, encontrando-se inicialmente realizado apenas € 15.000,00 de capital social.

22.3. **A obrigação de entrada**; *remissão*

A obrigação de entrada é uma das duas principais obrigações dos sócios de uma sociedade comercial, sendo o respectivo cumprimento essencial para a constituição e entrada em funcionamento da sociedade comercial, como vimos (cfr., *supra*, n.º 11.2).

22.4. **Prazos de realização do capital apenas subscrito**

Em qualquer circunstância, o prazo máximo para a realização do capital apenas subscrito é de cinco anos, a contar da «*celebração do contrato*» ou da «*deliberação de aumento de capital*» (arts. 203.º, n.º 1, e 285.º, n.º 1).

22.5. **Importância fundacional e funcional; intangibilidade e protecção dos credores**

O capital social tem importância **fundacional**, porque tem de constar obrigatoriamente do contrato de sociedade – *salvo nas sociedades em nome colectivo em que todos os sócios contribuem apenas com a sua indústria* (art. 9.º, n.º 1, *alínea f)*)[612] –, e importância **funcional**, determinando internamente a posição dos sócios, em razão do montante das suas

---

[611] O «*pagamento do prémio de emissão*» «*não pode ser diferido, quando previsto*» (art. 277.º, n.º 2, *in fine*).

[612] A noção de capital é, consequentemente, uma noção básica da existência da sociedade.

participações e representando externamente a garantia dos credores (sociais), na medida em que só poderão ser distribuídas aos sócios quantias a título de lucros ou dividendos, se o património líquido da sociedade exceder (for superior) o montante do capital social (acrescido das reservas indisponíveis[613])[614].

O capital é o ponto de referência da situação económica da sociedade, «funciona como uma medida, em relação à qual se determina se no decurso do funcionamento da sociedade resultou acréscimo ou diminuição do património social»[615]. Assim, a sociedade tem lucro (ganhos) quando o património se encontra acima dessa medida (acrescida das reservas legais) e sofre perdas quando o património cai abaixo da "linha" do capital social.

Refira-se que, contabilisticamente, o capital social (cifra) deve figurar no passivo, com base no princípio da sua intangibilidade. Efectivamente, só a inscrição no passivo evita que o valor correspondente seja entregue aos sócios, como se de lucros realizados se tratasse, antes de satisfeitos os credores pela importância equivalente. Deverá haver sempre no activo bens que correspondam a essa cifra e que a garantam.

22.6. O património da sociedade; realidade distinta do capital social[616]

O património social, que está em permanente mutação, é, em sentido amplo, o conjunto de direitos e vinculações da sociedade susceptíveis de avaliação pecuniária; o património líquido (aquele que nos interessa) é a diferença aritmética entre os créditos (activo) e as dívidas (passivo) sociais.

---

[613] As reservas indisponíveis representam um reforço da intangibilidade do capital social; a sua função é análoga à do capital social (vd. arts. 295.º e 296.º).

[614] Trata-se do chamado princípio da intangibilidade do capital social (cfr., *supra*, n.º 3.4.3). Os preceitos legais que o pretendem garantir visam, designadamente, impedir a sociedade de distribuir, a título de lucros ou dividendos, importâncias que levem o património social a descer abaixo do montante do capital social (e das reservas legais).

[615] Fernando Olavo, *Direito Comercial*, vol. II (texto policopiado), Lisboa, **1963**, p. 17.

[616] Distinguindo os conceitos, a propósito da impenhorabilidade do capital social, **AcRelGuimarães 28 Mai 2003** (Maria Rosa Tching), *CJ* ano XXVIII, t. III, pp. 289-290.

22.7. **O capital social como garantia dos credores**

Analisámos já o artigo 32.º do nosso Código e vimos a propósito (cfr., *supra*, n.º 14.7) em que medida é que o capital social é a garantia dos credores.

Tem cabimento, neste capítulo – em que estudamos autonomamente este elemento essencial das sociedades comerciais –, determo-nos um pouco mais detalhadamente sobre esse princípio que, aparentemente, não parece fazer muito sentido. Senão vejamos.

Quando a sociedade (por quotas ou anónima) se constitui os respectivos sócios contribuem com bens, em dinheiro ou em espécie, à custa dos quais ela irá desenvolver a sua actividade. E, por isso, a sociedade irá no momento fundacional gastar uma parte desses bens na sua inserção no mercado e entrada em funcionamento, o que significa que se vier a ter dificuldades a curto prazo os terceiros não encontram no seu activo um montante correspondente ou sequer aproximado ao do capital social. Nesta acepção o capital não garante nada aos credores, antes os pode ter iludido; a sua garantia efectiva destes encontra-se no património.

Então, *em que sentido é que o capital social constitui a garantia dos credores?*

Conhecedores de que os sócios só podem obter bens da sociedade por distribuição (ainda que antecipada) de lucros (distribuíveis), os credores satisfazem-se em saber que os sócios não podem retirar licitamente bens da sociedade enquanto o activo desta não superar a soma do capital social e das reservas legais (indisponíveis) e, nessa medida, o montante do capital social garante-lhes que não pode haver distribuição de bens que ponha em causa esse valor[617]. O capital social é como um dique,

[617] Ou, como referimos no nosso estudo sobre «O novo regime da redução do capital social e o artigo 35.º do Código das Sociedades Comerciais» [AA.VV., *Prof. Inocêncio Galvão Telles: 90 anos. Homenagem da Faculdade de Direito de Lisboa*, Almedina, Coimbra, **2007** (pp. 1023-1078)], «o **capital social** garante a todos os que contratam com a sociedade que se ela está a distribuir lucros pelos seus sócios é porque a sua situação líquida o permite, correspondendo, nesse caso, o património líquido a um montante superior ao do capital acrescido das reservas legais. O capital é, assim, um importante ponto de referência da capacidade económica da sociedade, mas é, de facto, o património que garante os credores. Por isso, a lei se preocupa tanto em procurar assegurar uma correspondência mínima entre essas duas realidades, estabelecendo medidas de correcção, como a que consta do artigo 35.º» (p. 1029).

eventualmente acrescido de um reforço pontual (as reservas), que impede a passagem da água – entenda-se dos bens –, enquanto esta não superar o limite correspondente ao montante do capital, eventualmente acrescido das reservas (legais)[618].

E é isso que nos diz o artigo 32.º, ao determinar que só poderá haver distribuição legítima de bens da sociedade quando existirem bens em valor superior à soma do capital e das reservas legais, impedindo que possam ser distribuídos aos sócios bens sociais quando o capital próprio (anteriormente, a situação líquida) da sociedade – tal como resulta das *contas elaboradas e aprovadas nos termos legais* e consta do balanço – se torne, por efeito dessa distribuição, se não o for já, inferior à soma do capital e das reservas que não sejam, legal e contratualmente, distribuíveis (cfr. art. 33.º).

22.8. **As reservas**[619]

22.8.1. ***Reservas existentes***

Numa sociedade comercial é possível constituir reservas de várias espécies: umas decorrem de imposição legal (reservas legais obrigatórias

---

[618] Inspiramo-nos claramente na obra magistral do Direito Comercial contemporâneo (espanhol), de Joaquín Garrigues, *Curso de Derecho Mercantil*, t. I, 7ª ed. (revista com a colab. de Alberto Bercovitz), ed. Autor, Madrid, **1982**, pp. 436 e segs., de que não resistimos a divulgar a seguinte passagem (em tradução livre e da qual somos os únicos responsáveis): «*A cifra do capital social é uma linha fechada ou círculo ideal traçado no activo da sociedade, que não contempla bens determinados, mas que impõe à sociedade a obrigação de tê-lo sempre coberto com bens equivalentes aquela cifra. Tudo o que exceda esse círculo pode ser distribuído entre os sócios. Contudo, enquanto a linha do capital é fixa (desde que não se altere com as formalidades legais), a linha do património começa a mover-se, e se os negócios sociais correm bem ficará acima do capital, e abaixo se correrem mal. Neste último caso se vê claramente a função do capital como cifra de retenção: a sociedade não poderá distribuir dividendos aos seus accionistas enquanto a linha do património não volte a coincidir com* (e acrescentamos nós, e a ultrapassar) *a do capital*» (p. 438).

[619] Cfr. António Menezes Cordeiro, «Escrituração comercial, prestação de contas e disponibilidade do ágio nas sociedades anónimas», AA.VV., *Estudos em Homenagem a Professor Doutor Inocêncio Galvão Teles*, vol. IV, Almedina, Coimbra, **2003** (pp. 573-598), em especial pp. 573-574, 591-598, e José A. Engrácia Antunes, – «Cobertura de prejuízos

ou especiais), outras de determinação contratual (reservas estatutárias), outras correspondem a bens gerados pela sociedade e não distribuídos aos sócios (reservas livres[620]) e outras não se encontram contabilizadas como tais, mas resultam de subvalorização contabilística dos bens sociais (reservas ocultas).

As reservas são reguladas nos artigos 295.º e 296.º, ambos aplicáveis às sociedades por quotas por remissão expressa do disposto no artigo 218.º do Código das Sociedades Comerciais.

22.8.2. *Reservas legais*

As reservas legais representam um reforço da intangibilidade do capital social; a sua função é análoga à do capital social (cfr., *supra*, n.º 14.7).

Por isso, a sociedade deve constituí-las à custa dos respectivos resultados do exercício, afectando periodicamente uma parte destes – não inferior a 5% do total do período – até perfazer o montante correspondente a 20% do capital social (cfr. art. 295.º, n.º 1).

Há uma especialidade nas sociedades por quotas, porquanto a lei impõe que elas constituam uma reserva legal mínima de € 2.500,00 (cfr. art. 218.º, n.º 2 *in fine*), correspondente a metade do capital social mínimo. Isto é, neste tipo societário a reserva legal (global mínima) só será de 1/5 do capital social, para as sociedades que tenham um capital igual ou superior a € 12.500,00.

No que respeita ao seu destino, e sem prejuízo das considerações anteriormente feitas, no sistema português o montante afecto a reserva legal pode, inclusivamente, ser aproveitado para integrar um aumento de capital. Isto é, constituída a reserva na sua totalidade, todo esse montante pode ser reconduzido a um aumento de capital, devendo posteriormente ser refeita a reserva com referência ao novo montante do capital social. Esta menção é importante porque há ordenamentos que proíbem esta solução e porque se contabilisticamente esta medida tem perfeita razão

sociais transitados e reserva de prémio de emissão», AA.VV., *Ars Ivdicandi – Estudos em Homenagem ao Prof. Doutor António Castanheira Neves*, vol. II: *Direito Privado*, org. por Jorge de Figueiredo Dias, José Joaquim Gomes Canotilho e José de Faria Costa, Coimbra Editora, **2008** (pp. 65-85), pp. 69-77.

[620] Que muitas vezes se configuram contabilisticamente, e em termos de menção no balanço como resultados transitados.

de ser, já pode ser merecedora de críticas sob uma perspectiva de pura lógica jurídica, uma vez que se estamos a pensar na (tal) garantia do capital social não parece fazer sentido integrá-la no capital, consumindo--a neste e eliminando-a. Temos aqui em mente os aumentos por incorporação de reservas legais; e não apenas à custa de reservas livres.

Quanto à constituição de reservas legais, tenha-se ainda em atenção o número 2 do artigo 295.º, onde se prevê a criação de reserva especial para diversos efeitos.

Por sua vez, quando numa sociedade comercial existirem acções próprias, ou quotas próprias, quer dizer existir uma situação em que parte do capital é detido pela própria sociedade – o que obviamente nunca pode acontecer no início da respectiva actividade, porque a sociedade não existe e tem de se constituir à custa de bens dos sócios –, é necessário criar uma reserva especial que cubra precisamente o montante equivalente ao que é representado por essas participações (quotas e acções) próprias, isto nos termos do disposto no artigo 324.º, n.º 1, *alínea b)* aplicável às quotas próprias, por remissão do número 4 do artigo 220.º.

Este princípio conhece uma outra aplicação no âmbito do Código, e no domínio das sociedades anónimas, mais concretamente no artigo 463.º, n.º 2, *alínea b) in fine*, segundo o qual é possível deliberar a redução do capital social por extinção de acções próprias se forem extintas unicamente acções liberadas, adquiridas por meio de bens distribuíveis, e desde que seja constituída reserva especial, sujeita ao regime do artigo 296.º, em montante correspondente ao valor nominal das acções extintas.

22.8.3. ***Reservas livres***

As reservas livres são constituídas por todos os lucros distribuíveis que não são de facto distribuídos – isto é, a parte dos lucros do exercício que os sócios não distribuem e não está afecta a uma finalidade específica – e podem, em nossa opinião, resultar também de libertação de excesso de reservas legais (cfr., *supra*, n.º 14.7).

22.9. **Noção de capital próprio e conceito de justo valor (*fair value*)**

O capital próprio da sociedade corresponde à sua situação líquida; ao património (líquido) societário que é formado exclusivamente à custa de bens de que a sociedade beneficie com carácter de estabilidade, incluindo os que são necessários para cobrir o capital social acrescido das reservas legais (obrigatórias e especiais) acumuladas. Não integram, assim, os capitais próprios os suprimentos, que podem ser reembolsados à custa da situação líquida, isto é, à custa de bens necessários para cobrir o montante do capital social e das reservas legais entretanto constituídas. O capital próprio da sociedade é, assim, o resultado da actividade social projectada no seu capital (ou património) de arranque.

Esta noção tem especial relevância no que respeita à incidência do artigo 35.º e, dadas as exigências em termos de qualificação dos bens de que a sociedade possa, em cada momento, dispor, deixa de fora os créditos de sócios, designadamente os suprimentos, que não tenham sido prestados ao abrigo de um rigoroso regime de reembolso. Curiosamente, o artigo 35.º não especifica o que se deve entender por capital próprio, daí que tenhamos arriscado uma noção por mais discutível que ela seja. Trata-se de uma referência que encontramos hoje no artigo 349.º, n.º 2 do Código das Sociedades Comerciais (na red. do DL n.º 52/2006, de 15 de Março), segundo o qual, para efeitos (de limite) de emissão de obrigações, se deve entender *"por capitais próprios o somatório do capital realizado, deduzidas as acções próprias, com as reservas, os resultados transitados e os ajustamentos de partes de capital em sociedades coligadas"*.

Como vimos (*supra*, n.º 14.7), o artigo 32.º, na sua nova redacção (aprovada pelo art. 3.º do Decreto-Lei n.º 185/2009, de 12 de Agosto), substituiu a referência à situação líquida pelo conceito de "*capital próprio*" (cfr. n.º 1). Para além disso, introduziu no Direito português – pelo aditamento do n.º 2 ao artigo 32.º (vigente desde 1 de Janeiro de 2010) – um novo conceito: o de "*justo valor*" (*fair value*).

O critério de mensuração do **justo valor**, que as empresas nacionais – no quadro das Normas Internacionais de Relato Financeiro adoptadas pela União Europeia e do Sistema de Normalização Contabilística, vigente desde 1 de Janeiro de 2010 (cfr. art. 16.º do Decreto-Lei n.º 158/2009, de 13 de Julho) – poderão passar a utilizar, consiste numa técnica contabilística que permite às sociedades comerciais expressarem muitas das rubricas dos seus balanços em *valores de mercado*, podendo, desse modo, reflectir de forma permanente e actualizada a sua performance real.

Contudo, tratando-se de um critério valorimétrico susceptível de provocar grandes oscilações nos indicadores contabilísticos das sociedades comerciais (que passaram a adoptá-lo) por reflectir, nomeadamente, os valores de mercado das respectivas carteiras com variações (positivas e negativas) acentuadas, impunha-se regular a distribuição de valor provocada pela sua aplicação, limitando-se a distribuição dos resultados positivos que resultassem exclusivamente da mensuração das rubricas das demonstrações financeiras com base neste critério (de valorimetria) (cfr. Preâmbulo do DL 185/2009).

Por isso, a lei societária vem agora exigir que *os incrementos* que decorram da projecção do critério do justo valor no capital próprio da sociedade *apenas* relevem *para poderem ser distribuídos aos sócios bens da sociedade quando* o valor dos activos que integram o capital próprio se fixe definitivamente; o que (só) ocorre pela alienação, exercício, extinção e liquidação dos elementos e direitos que o compõem, ou, relativamente aos *activos fixos tangíveis e intangíveis*, pelo seu uso (cfr. n.º 2 do art. 32.º, red. do DL 185/2009).

23. Situações de subcapitalização e formas adequadas de superação

23.1. Considerações gerais

23.1.1. *A subcapitalização das sociedades comerciais; caracterização*[621]

Subcapitalização significa insuficiência de capitais ou de meios financeiros para a prossecução de um determinado objectivo, que pode consistir na normal realização da actividade social[622].

[621] Vd. Rui Pinto Duarte, «A subcapitalização das sociedades no Direito Comercial», *Fisco*, n.os 76/77, ano VIII, **1996** (pp. 55-64), em especial pp. 56-58.

[622] A este fenómeno, jurídico-societário, contrapõe-se o da ***sobrecapitalização***, de sinal oposto, e que se traduz em excesso de meios, o que acontece porque se sobredimensionou a actividade social, porque esta decorreu acima das expectativas ou porque, afinal, os sócios não pretendem prosseguir a actividade societária com a dimensão com que a tinham planeado, resultando portanto um excesso de meios. A devolução aos sócios desses meios, admitindo que a sociedade permanece em funcionamento, passa, em regra, por uma operação de redução do capital para libertação de excesso.

A sociedade encontra-se em situação de subcapitalização quando não dispõe de meios financeiros suficientes para exercer a sua actividade empresarial nos termos propostos. Se tal acontecer, ela terá de procurar, interna ou externamente, esses meios, que lhe permitam continuar a desenvolver a sua actividade.

A subcapitalização pode ocorrer por diversas razões, dependendo estas, de certo modo, do momento da vida societária em que o fenómeno ocorre.

Quando ocorre no início da actividade, ela explica-se por uma deficiente avaliação dos custos que o arranque da sociedade implicaria. Ela justifica-se porque os fundadores consideraram que o investimento associado à constituição e entrada em funcionamento não teria de ser tão grande como afinal se viria a verificar. Diga-se, de passagem, que muitas sociedades se constituem, na prática, numa situação de subcapitalização consciente, vendo-se obrigadas a recorrer a empréstimos de sócios logo que começam a funcionar.

Mas pode acontecer que a subcapitalização inicial se fique a dever a uma revisão, em alta, do plano económico. Isto é, os sócios resolveram, entretanto, ampliar ou redimensionar a actividade societária, comprovando, naturalmente, que os meios que haviam pensado afectar eram insuficientes.

O redimensionamento é também uma razão que explica a subcapitalização em vida da sociedade, embora o motivo principal que o justifica se prenda com um desempenho menos conforme com o que havia sido previsto, quaisquer que sejam os factores que o tenham influenciado.

Por fim, refira-se que, tecnicamente, num sentido estrito, a subcapitalização se reporta também, por referência, ao capital social, significando que este é insuficiente para a sociedade prosseguir a respectiva actividade económica, de carácter mercantil.

23.1.2. *Autofinanciamento e heterofinanciamento; enumeração sumária das diversas formas de superação das situações de subcapitalização;* remissão

As diversas formas de superação de uma situação de subcapitalização – que iremos caracterizar, com maior ou menor desenvolvimento – podem corresponder a um financiamento interno, por recurso aos próprios sócios, ou a um financiamento externo, com apelo a terceiros. Nalgumas circunstâncias, o financiamento pode ser, simultaneamente, assumido por sócios e terceiros.

Constituem sempre autofinanciamento as obrigações acessórias, as prestações suplementares de capital e os suprimentos.

Por sua vez, o recurso ao crédito – qualquer que seja a forma que este revista (do simples empréstimo ou mútuo até ao mais sofisticado *project finance*) – é um modo de heterofinanciamento por excelência.

Restam-nos dois meios típicos de superação de situações de subcapitalização – o aumento de capital e os empréstimos obrigacionistas –, os quais podem ser participados por sócios e por terceiros. No entanto, no primeiro os sócios têm uma preferência legal; e o segundo dirige-se essencialmente ao mercado e, portanto, a terceiros.

Enunciados os modos de superar as situações de insuficiência de capitais, vejamos agora em que consistem e como se caracterizam.

23.2. **Obrigações acessórias** (à obrigação de entrada)[623]

23.2.1. ***Significado***

Nem todas as vinculações societárias se esgotam na obrigação de entrada que uma pessoa ou entidade assume quando participa numa sociedade.

---

[623] Vd., na doutrina nacional mais recente, Jorge Coutinho de Abreu, «Suprimentos», AA.VV., *Estudos em Homenagem ao Prof. Doutor Raúl Ventura*, vol. II, Faculdade de Direito da Universidade de Lisboa, **2003** (pp. 71-80), e *Curso de Direito Comercial, II – Das Sociedades*, 3ª ed. cit., **2009**, pp. 326-330, e Rui Pinto Duarte, «Suprimentos, prestações acessórias e prestações suplementares. Notas e questões», AA.VV., *Problemas do Direito das Sociedades*, Almedina, Coimbra, **2002**, pp. 257-280 (cfr., em especial, pp. 259-262, 264-265, 277-280), «Prestações suplementares e prestações acessórias (uma reincidência)», AA.VV., *Nos 20 anos do Código das Sociedades Comerciais*, vol. I, cit., **2007** (pp. 693-706), pp. 696-701, 704-705, e «Contribuições dos sócios para além do capital social: prestações acessórias, prestações suplementares e suprimentos», *in Escritos sobre Direito das Sociedades*, Coimbra Editora, **2008** (pp. 225-259), pp. 225-237 e 246-258, e Ana Pinto da Rocha, *Da Perda Grave do Capital Social nas Sociedades de Capitais. O papel das Prestações Acessórias e Suplementares*, Petrony, Lisboa, **2009**, pp. 161-172.

O Código prevê a possibilidade de serem realizadas obrigações acessórias. Mas obrigações acessórias de quê? São obrigações acessórias à obrigação de entrada e estão previstas nos artigos 209.º e 287.º, para as sociedades por quotas e anónimas, respectivamente.

23.2.2. *Caracterização*

As obrigações acessórias podem revestir diversos tipos: podem traduzir-se na disponibilidade de um sócio vir a prestar uma determinada actividade em benefício da sociedade (por exemplo, serviços jurídicos, de engenharia ou outros) ou podem resultar do comprometimento dos sócios em contribuírem com bens (fungíveis ou infungíveis, por exemplo dinheiro, materiais de construção civil ou um cavalo de corrida) para a sociedade caso ela venha a necessitar, mediante uma contrapartida ou sem qualquer retribuição.

Importa, assim, distinguir as obrigações acessórias em sentido restrito daquelas que, por corresponderem a empréstimos em dinheiro, se podem caracterizar como prestações acessórias de capital e que, nas sociedades anónimas, desempenham o papel que é habitualmente reservado às prestações suplementares de capital nas sociedades por quotas.

23.2.3. *Regime jurídico das prestações acessórias*

As obrigações acessórias encontram-se reguladas nos artigos 209.º e 287.º. Se confrontarmos as duas disposições legais, verificamos que são quase iguais[624], apenas se notando uma ligeira diferença na parte final do respectivo n.º 3, estabelecendo expressamente a regra aplicável às sociedades anónimas que as obrigações de prestações acessórias nesse tipo societário que sejam onerosas não podem «*exceder o valor da prestação respectiva*». Trata-se de uma ligeira discrepância que atribuímos a lapso de redacção.

A obrigação de prestações acessórias deve ser estabelecida no contrato de sociedade e recai sobre todos ou alguns dos sócios (cfr. arts. 209.º, n.º 1 e 287.º, n.º 1). O respectivo conteúdo pode ser idêntico e

[624] A referência a accionistas, e não a sócios, no n.º 1 do art. 287.º, em nada altera esta conclusão.

proporcional às diversas participações ou ser criado *intuitus personae*. Contudo, a lei pretende evitar – com o disposto na parte final do n.º 3 do art. 287.º – que estas situações jurídicas, que se configuram como passivas, acabem por se traduzir numa vantagem absolutamente injustificada para (alguns d) os sócios.

Os estatutos devem fixar os elementos da obrigação de prestações acessórias e determinar a respectiva onerosidade ou gratuitidade (cfr. arts. 209.º, n.º 1 e 287.º, n.º 1). Uma questão interessante, a este propósito, respeita a procurar determinar se o contrato tem de, obrigatoriamente, fixar o regime das prestações acessórias ou se os sócios podem pontualmente pronunciar-se, querendo, sem ter de modificar previamente o contrato social. Entendemos que não há necessidade de proceder previamente a alteração contratual[625]. Há que fixar o regime-regra contratual, designadamente se as prestações são ou não onerosas, mas nada impede que se atribua ao colectivo dos sócios a faculdade de deliberar diversamente. Por exemplo:

> *«As prestações acessórias mencionadas no número anterior serão prestadas a título oneroso, salvo se diversamente deliberado por uma maioria de dois terços dos votos correspondentes ao capital social.»*

Por sua vez, se as prestações forem onerosas, a satisfação da contrapartida não está dependente da existência de lucros (do exercício).

A lei configura estas obrigações como um crédito da sociedade sobre os sócios, eventualmente transmissível, se as prestações forem onerosas (cfr. art. 209.º, n.º 2 e 287.º, n.º 2), mas extinguindo-se, em qualquer circunstância, com a dissolução da sociedade (cfr. arts. citados, n.º 5).

O contrato de sociedade pode prever que o incumprimento põe em causa a participação social, mas se não o fizer a situação do sócio não pode resultar afectada (cfr. arts. 209.º, n.º 4 e 287.º, n.º 4).

Finalmente, refira-se que, no âmbito das sociedades anónimas, a lei exige que, enquanto existam obrigações acessórias por realizar, as acções sejam nominativas (cfr. art. 299.º, n.º 2, *alínea c)*).

---

[625] Esta posição é a que melhor se adequa à compreensão das sociedades ao abrigo do princípio da autonomia privada e que se compatibiliza com a admissibilidade de prestações voluntárias.

Esta regra abre uma importante discussão que é a de saber se para realizarem prestações acessórias (de capital) as sociedades estão sujeitas a que as respectivas acções sejam nominativas ou se é possível que os respectivos accionistas realizem empréstimos à sociedade, sob a forma de prestações acessórias, ainda que as respectivas acções sejam ao portador e, consequentemente, o façam de modo totalmente voluntário.

Não obstante o disposto no artigo 299.º, somos defensores das prestações acessórias voluntárias, considerando que tudo estará em saber qual o regime legal e contratual que lhes é aplicável. Desde que elas sejam realizadas, nada impede que o respectivo levantamento (reembolso) fique condicionado às disponibilidades da sociedade, não podendo eventualmente ser efectuado à custa dos bens necessários para manter a respectiva situação líquida positiva, ou seja, para cobrir o capital social acrescido das reservas legais entretanto constituídas.

Vejamos então como é que se configura uma cláusula com estas características[626]:

Artigo Sexto
(Prestações acessórias de capital)

Um. *Sem prejuízo de as acções serem ao portador, os accionistas poderão realizar, voluntariamente, prestações acessórias de capital, nos termos do disposto no presente artigo e na lei, aplicando-se o regime legal estabelecido.*

Dois. *Nos termos e para os efeitos previstos no número um, a assembleia geral poderá deliberar a realização pelos accionistas de prestações acessórias de capital, em dinheiro, até ao montante máximo correspondente a dez euros por acção, mediante deliberação tomada por maioria de dois terços dos votos correspondentes ao capital social.*

Três. *A deliberação que conclua pela necessidade de realizar prestações acessórias de capital só vincula os accionistas que a votarem favoravelmente.*

Quatro. *Para o efeito previsto no número anterior, os accionistas que se dispuserem a realizar prestações acessórias deverão ser identificados em acta, com indicação do valor da sua comparticipação.*

---

[626] Recorde-se que avançámos já com exemplos de cláusulas com esta finalidade (cfr., *supra*, n.º 4.5.1.4).

Cinco. *As prestações acessórias mencionadas nos números anteriores serão prestadas a título gratuito, salvo se diversamente deliberado por uma maioria de dois terços dos votos correspondentes ao capital social.*

Seis. *A obrigação de realizar as prestações acessórias de capital vencer-se-á trinta dias após a data da deliberação ou em outras datas de vencimento estabelecidas ou determinadas.*

Sete. *As prestações acessórias de capital, a realizar nos termos deste preceito, não poderão ser reembolsadas quando a situação líquida da sociedade for inferior à soma do capital social e das reservas legais que tenham sido entretanto constituídas e que não possam ser distribuídas aos accionistas.*

Oito. *Por unanimidade, pode igualmente ser deliberada a conversão de quaisquer créditos em prestações acessórias de capital, ficando estas sujeitas ao disposto neste preceito estatutário e na lei aplicável.*

Nove. *Caso seja deliberada a conversão das acções ao portador em nominativas, a realização de prestações acessórias de capital, em dinheiro, até ao montante máximo de cinco euros por acção, será obrigatória, desde que deliberada por maioria de dois terços dos votos correspondentes ao capital social.*

Nada impede que o contrato configure a obrigação como voluntária, mesmo quando as acções não são ao portador.

23.2.4. *Exemplificação; os suprimentos como obrigações acessórias; remissão*

A obrigação de realizar suprimentos, quando contratualmente estipulada, é exemplo paradigmático de uma obrigação acessória, uma vez que é um empréstimo qualificado precisamente por ser feito por um sócio em favor de uma sociedade.

Os suprimentos podem consistir numa espécie do género obrigações acessórias, caso em que deverão encontrar-se contratualmente previstos (cfr. art. 244.º, n.º 1), ou podem ser efectuados voluntariamente (art. 244.º, n.ºs 2 e 3), por deliberação dos sócios – vinculando apenas aqueles que os votarem favoravelmente – ou por disponibilidade do mutuante.

23.3. O contrato de suprimento[627]

23.3.1. *Caracterização*

O contrato de suprimento consiste no empréstimo ou mútuo (em dinheiro ou outros bens fungíveis) efectuado pelo sócio em prol da sociedade, com um carácter de permanência – entendendo-se que esta corresponde a uma disponibilização financeira superior a um ano (cfr. art. 243.º, n.º 2) –, ficando a sociedade obrigada a restituir bens do género e qualidade dos que lhe foram disponibilizados, ou é o contrato pelo qual o sócio acorda com a sociedade o diferimento, por prazo superior a um ano, do vencimento de créditos que tem sobre a mesma (cfr. art. 243.º, n.º 1)[628].

Ao regular no Capítulo IV (arts. 243.º a 245.º) do Título III («Sociedades por Quotas») do Código das Sociedades Comerciais o contrato de suprimento, o legislador limitou-se a tipificar um negócio que já era socialmente típico. Fê-lo fundamentalmente com duas finalidades:

> A primeira foi a de hierarquizar os suprimentos enquanto créditos dos sócios, concluindo pela preferência dos créditos de terceiros e, dessa forma, colocando fim a uma acesa discussão doutrinal. Os suprimentos enquanto créditos dos sócios cedem sempre perante créditos de terceiros. Esta finalidade coincide, aliás, com um dos fundamentos da regulamentação do próprio negócio, designadamente a necessidade de protecção dos credores sociais (externos) em face dos credores internos.

---

[627] Vd., na doutrina nacional mais recente, Jorge Manuel Coutinho de Abreu, *Curso de Direito Comercial,* II – *Das Sociedades*, 3ª ed. cit., **2009**, pp. 334-347, Rui Pinto Duarte, «Suprimentos, prestações acessórias e prestações suplementares. Notas e questões», cit., **2002**, pp. 257-280 (cfr., em especial, pp. 262-274), e «Contribuições dos sócios para além do capital social: prestações acessórias, prestações suplementares e suprimentos», *in Escritos sobre Direito das Sociedades*, Coimbra Editora, **2008** (pp. 225-259), pp. 225-230 e 244-258, João Aveiro Pereira, *O Contrato de Suprimento*, 2ª ed., Coimbra Editora, **2001**, Alexandre Mota Pinto, *Do Contrato de Suprimento. O Financiamento da Sociedade entre capital próprio e capital alheio*, Almedina, Coimbra, **2002** (cfr., em especial, pp. 255 e segs.). Cfr., também, no âmbito do Código das Sociedades Comerciais, Raúl Ventura, *O Contrato de Suprimento no Código das Sociedades Comerciais,* sep. da Revista «O Direito», ano 121.º, I, **1989** (pp. 7-73).

[628] É habitual que, não dispondo a sociedade de tesouraria (liquidez) para proceder ao pagamento de lucros distribuídos aos sócios, estes aceitem transformar o seu crédito resultante da distribuição deliberada em suprimentos.

A segunda, para conferir certeza à prática negocial societária, acentuando a consensualidade (desnecessidade de forma escrita) do contrato.

Nos termos do regime legal:

- O carácter de permanência constitui característica essencial dos suprimentos, permitindo diferenciá-los dos simples empréstimos[629] e dos actos de tesouraria (cfr. art. 243.º);
- Quando não estiverem contratualmente previstos, os suprimentos só são obrigatórios para os sócios que derem o seu consentimento à respectiva prestação (cfr. art. 244.º, n.º 2).

Por sua vez, da parte final do n.º 4 do artigo 243.º resulta que, para além da permanência, é pressuposto do contrato a qualidade (de sócio) de um dos sujeitos[630]. Com efeito, os contratos de empréstimo que sejam estabelecidos entre a sociedade e terceiros nunca se reconduzem a suprimentos. O momento constitutivo assume-se, assim, como essencial[631]. Deste modo, os financiamentos que os sócios façam à sociedade, dos quais eventualmente retirem uma remuneração adequada, se não integrarem outras formas de obviar à subcapitalização, em geral de regime acentuadamente mais rígido para os próprios sócios do que os suprimentos, como é o caso das prestações suplementares de capital, qualificam-se como suprimentos se forem feitos com carácter de permanência.

---

[629] Considerando que o carácter de permanência do contrato deve estar no horizonte da negociação dos suprimentos e que o contrato por prazo inferior a um ano é um mero empréstimo mercantil, **AcRelLisboa 14 Jun 2007** (Pereira Rodrigues) (Proc. n.º 4846/ /2007-6), *www.dgsi.pt.*

[630] O outro tem de ser, natural e necessariamente, a sociedade (mutuária).

[631] Por isso, se o sócio aceitar, voluntariamente, realizar um crédito e depois se afastar, exonerando-se ou cedendo a sua quota, o crédito não perde a característica de suprimento, diversamente do que parece pretender – mal, em nossa opinião, – alguma jurisprudência [cfr. **Sent. Tribunal de Círculo de Portalegre 14 Abr 1997**, confirmada pelo **AcRelÉvora 12 Mar 1998** (Fonseca Ramos), *CJ* ano XXIII, t. II, 1998, pp. 271-273, e pelo **AcSTJ 27 Out 1998** (Martins da Costa), *CJ/AcSTJ*, ano VI, 1998, t. III, pp. 85-86]. Considerando o suprimento um «contrato real *quoad constitutionem*», e alicerçando essa conclusão no aresto de que foi relator o Conselheiro Martins da Costa, António Menezes Cordeiro, *Manual de Direito das Sociedades*, II – *Das Sociedades em Especial*, 2ª ed. cit., **2007**, p. 297. Contra, Coutinho de Abreu, *Curso de Direito Comercial*, II – *Das Sociedades*, 3ª ed. cit., **2009**, p. 341.

Em certas circunstâncias torna-se difícil distinguir créditos dos sócios, relativos a negócios celebrados com a sociedade independentemente dessa qualidade, de suprimentos. Para além da estabilidade, associada a este contrato típico[632], a lei não estabeleceu qualquer mecanismo para distinguir a natureza das situações creditícias – embora permita que o sócio possa demonstrar não ter o respectivo crédito resultante de negócio jurídico autónomo o carácter de permanência do suprimento –, pelo que deverá ser através da interpretação que poderemos procurar distinguir um suprimento de um crédito de terceiro.

A ideia a reter deverá ser a seguinte: não é suprimento qualquer crédito de um sócio. Não o são os créditos resultantes de normais relações comerciais entre um sócio e a sociedade. Mas já o é o diferimento de lucros distribuídos (cfr. art. 243.º, n.º 1 *in fine*, e n.º 3 *in fine*), desde que revista o carácter de permanência que caracteriza o suprimento.

Por sua vez, se um sócio adquirir a um terceiro – *por negócio entre vivos* – um crédito sobre a sociedade, o mesmo enquadra-se no regime do contrato de suprimento se esse crédito tiver um carácter de permanência (cfr. art. 243.º, n.º 5).

Então que critério deveremos utilizar (para qualificar um suprimento)?

Temos um contrato de suprimento sempre que:

a) O sócio tenha conscientemente, por efeito de uma obrigação estatutária ou da sua simples vontade, procurado financiar a sociedade através de um empréstimo de médio ou longo prazo, tenha diferido o reembolso de um crédito por idêntico termo ou resgatado um crédito de terceiro;
b) A situação creditícia do sócio perante a sociedade tenha resultado da sua participação societária, e não do facto de ele ser um credor comercial da sociedade, mormente porque a respectiva relação comercial era anterior à relação jurídico-societária e independente desta.

A relevância da qualificação de um crédito como suprimento tem a ver com uma questão essencial da vida societária que é o da graduação desse crédito em face dos demais, sendo hoje incontestável que as posições activas dos credores sociais se sobrepõem e preferem, a nível de

[632] Para que a questão tenha sentido o índice de permanência deve verificar-se em relação a ambas as situações.

graduação de créditos, às situações decorrentes da titularidade de suprimentos, pelo que facilmente se compreende que os sócios detentores de créditos sobre a sociedade procurem a todo o transe descaracterizar tais créditos como suprimentos ou obrigações acessórias.

Finalmente, refira-se que o contrato se encontra regulado nos artigos 243.º a 245.º do Código das Sociedades Comerciais, no título referente às sociedades por quotas, por uma razão de ordem histórica, precisamente por ser neste tipo de sociedade que faz mais sentido serem exigidos suprimentos, e porventura deliberados, ainda que não correspondam a uma obrigação contratual dos sócios.

Nas sociedades anónimas, os suprimentos só podem ser vinculativos se as acções forem nominativas, pois só nesse caso saberemos a quem exigir o cumprimento das obrigações. Quando as acções forem ao portador e sempre que a obrigação não se encontre contratualmente estabelecida, os suprimentos só serão prestados voluntariamente, havendo apenas que respeitar o princípio do igual tratamento dos accionistas, isto é, permitir que todos os accionistas que o pretendam fazer – nomeadamente se os suprimentos forem remunerados – os possam prestar proporcionalmente às participações que detêm.

É, pois, hoje pacífica a admissibilidade de suprimentos no âmbito das sociedades anónimas, sendo necessário recorrer, no Código das Sociedades Comerciais, ao capítulo IV do título (III) respeitante às sociedades por quotas, para conhecer o respectivo regime jurídico.

23.3.2. *Regime jurídico*

O contrato de suprimento – que é uma espécie do mútuo (cfr. arts. 1142.º e seguintes do Código Civil), tal como o empréstimo mercantil (cfr. arts. 394.º a 396.º do Código Comercial), mas que constitui, todavia, uma categoria jurídica contratual autónoma, – é, desde 1986, um contrato regulado na lei, nos artigos 243.º a 245.º do Código das Sociedades Comerciais, no título das sociedades por quotas, mas sendo aplicável a todos os tipos societários[633].

Pressupondo a específica relação entre o sócio e a sociedade, o suprimento é um contrato meramente consensual (cfr. art. 243.º, n.º 6),

---

[633] Durante largo tempo, este negócio jurídico foi, pois, socialmente típico, embora legalmente atípico.

embora surja frequentemente reduzido a escrito – sobretudo para efeitos de prova e por razões de carácter fiscal –, e a sua formação não depende da entrega da quantia mutuada, pelo que não é seguramente um contrato real *quoad constitutionem*. Assim, o contrato considera-se concluído com a deliberação dos sócios que o aprove, relativamente a todos os sócios – se tal estiver previamente estabelecido no contrato de sociedade –, ou quanto aos que votaram favoravelmente a proposta da respectiva realização (cfr. art. 244.º, n.º 2)[634]. Eventual recusa de um sócio em proceder à entrega da quantia mutuada será, pois, geradora de responsabilidade contratual, por incumprimento.

Importa salientar que o contrato de sociedade pode sujeitar a celebração de contratos de suprimento a prévia deliberação dos sócios (cfr. art. 244.º, n.º 3 *in fine*). Assim, por exemplo: *«A celebração de contratos de suprimento depende da prévia deliberação dos sócios, a qual deverá estabelecer os termos do regime aplicável aos suprimentos a efectuar»; ou: «Só por deliberação dos sócios pode ser decidida a celebração de contratos de suprimentos remunerados»*.

No momento da celebração do contrato de suprimentos – que, como vimos, pode consistir na própria deliberação dos sócios exarada em acta, correspondendo o teor do mesmo aos respectivos termos, ou nem sequer depender de prévia deliberação (cfr. art. 244.º, n.os 2 e 3)[635] – deverá ser

---

[634] Diversamente, a jurisprudência já citada (cfr., *supra*, nota 631), que ignorou a doutrina coeva e que, de forma cega (como a própria justiça, aliás), se baseou em entendimentos que consideramos manifestamente pouco felizes e que não deixam de vincular todos aqueles que subscreveram as respectivas decisões, apesar de relatadas apenas por um magistrado em cada instância. Na percepção que os subscritores das decisões evidenciaram, ao reconduzir os suprimentos a um contrato real *quoad constitutionem* – ao arrepio, inclusivamente, da moderna doutrina civilística que aceita que, em certas circunstâncias (e, designadamente, por opção das próprias partes), o mútuo não se reconduza a essa categoria de negócio jurídico (cfr. António Menezes Cordeiro, *Tratado* cit., vol. I, tomo I, pp. 465-467, Luís Carvalho Fernandes, *Teoria Geral do Direito* Civil, II, 4ª ed., Universidade Católica Editora, Lisboa, **2007**, pp. 66-70, em especial p. 68-70, e Carlos Alberto da Mota Pinto, *Teoria Geral do Direito Civil*, 4ª ed., por António Pinto Monteiro e Paulo Mota Pinto, Coimbra Editora, **2005**, pp. 395-397) –, e fazendo regredir, desse modo, os avanços que tinham sido, entretanto, conseguidos.

[635] Com efeito, o contrato de suprimentos pode ser celebrado a pedido do órgão de administração, podendo o próprio contrato de sociedade reforçar esta ideia, prevendo a respectiva eventualidade com uma cláusula com o seguinte teor: «*O disposto no artigo anterior* [sobre prestações acessórias, por exemplo], *não impede que os accionistas efectuem suprimentos a pedido, e por solicitação, da administração sempre que tal seja necessário*».

estabelecido o regime aplicável, designadamente quanto à eventual onerosidade do mútuo e ao prazo e condições do respectivo reembolso.

Na fixação do regime jurídico aplicável haverá que respeitar os princípios enformadores fundamentais do Direito das Sociedades Comerciais, embora seja aceite pelos especialistas que o reembolso dos suprimentos não está vinculado ao princípio da intangibilidade do capital social, podendo os mesmos serem pagos (reembolsados) à custa de quantias necessárias para cobrir o capital social e as reservas legais. Fundamental é que a sociedade disponha de liquidez para o efeito. Por isso, se a sociedade obtém um financiamento bancário, ela pode utilizá-lo, se não estiver contratualmente limitada – o que será o mais natural acontecer –, para proceder ao reembolso de suprimentos.

Quanto aos princípios a observar, e para além do que resulta do artigo 86.º, n.º 2 – que converte a obrigação de prestar suprimentos, quando não se encontra estatutariamente estabelecida, em mera faculdade –, há que conceder aos diversos sócios que realizem os suprimentos um tratamento igualitário, não estabelecendo condições de reembolso diferentes para situações análogas, nem favorecendo alguns sócios relativamente a outros na prestação de suprimentos remunerados.

Na celebração do contrato, há que estipular um prazo para reembolso, naturalmente superior a um ano.

Se não for estipulado prazo, e não havendo acordo entre a sociedade e o sócio, haverá que proceder à respectiva fixação judicial (cfr. art. 245.º, n.º 1 do CSC e art. 777.º, n.º 2 do CC) – em processo de jurisdição voluntária (cfr. arts. 1456.º e 1457.º do CPC) –, devendo o tribunal ter «*em conta as consequências que o reembolso acarretará para a sociedade*» e podendo determinar, entre outras medidas, que o pagamento seja feito em prestações (cfr. art. 245.º, n.º 1 *in fine*). Indiscutível e absoluto parece ser o respeito pelo princípio do igual tratamento dos accionistas (ou dos sócios), o que significa que o tribunal não poderá impor que o reembolso a um sócio se faça num certo prazo sem determinar que o mesmo se aplique ao reembolso para os demais e sem ter em conta o reembolso proporcional de todos os suprimentos, prestados em iguais condições, e o impacto que este, dentro do prazo fixado, irá ter na sociedade. Ponderando os interesses envolvidos, e considerando que nenhum prazo havia sido inicialmente estabelecido, o tribunal não poderá deixar de atender ao interesse social, que se sobrepõe ao interesse dos sócios credores, e salvaguardar a possibilidade de subsistência da sociedade que se não está em condições de proceder ao reembolso dos suprimentos é porque não dispõe de meios financeiros para o efeito. Também, nesta sede, os interesses dos sócios terão de ceder, o que se justifica de forma mais acentuada quando os suprimentos são prestados voluntariamente e não se fixa prazo para o respectivo reembolso. Nessa circunstância a expectativa do sócio fica, naturalmente, adstrita ao desempenho da sociedade.

Refira-se ainda que a fixação judicial de prazo não equivale a condenação da sociedade ao pagamento dos suprimentos, mas significa apenas que o reembolso dos mesmos deve ocorrer em data determinada pelo tribunal. Daí que não se referindo a decisão de fixação do prazo a suprimentos de sócios ou accionistas que não foram parte no processo, nem por isso o prazo judicialmente estabelecido deixa de lhes aproveitar – ao abrigo do princípio do igual tratamento –, devendo a administração da sociedade proceder ao reembolso de todos, proporcionalmente, se outras condições não estiverem contratualmente estabelecidas, com absoluto respeito por esse princípio fundamental.

Contudo, nada obsta a que um sócio prescinda de ser reembolsado na mesma oportunidade em que o são os demais.

No que se refere à graduação dos créditos por suprimentos, estes, relativamente a outros créditos sobre a sociedade, soçobram, apenas sendo satisfeitos, em caso de insolvência da sociedade, quando se encontram liquidadas todas as demais responsabilidades sociais.

Para além do mais, não pode o credor de suprimentos requerer a insolvência da sociedade, com base nesses créditos (cfr. art. 245.º, n.º 2, I parte).

No entanto, uma vez instaurado o processo de insolvência, por iniciativa que não lhe pode caber, a concordata concluída no âmbito do mesmo produz efeitos, positivos (a favor) e negativos (contra), relativamente aos credores dos suprimentos (cfr. art. 245.º, n.º 2, *in fine*).

Uma vez decretada a insolvência ou dissolvida a sociedade, o reembolso dos suprimentos tem de aguardar pela satisfação de todos os créditos de terceiros, não sendo possível operar a compensação entre créditos da sociedade e dos credores dos suprimentos; a exigibilidade daqueles não pressupõe, nem requer, a satisfação destes (cfr. art. 245.º, n.º 3).

A concluir refira-se que, considerando que os créditos por suprimentos cedem no confronto com créditos de terceiros ou de sócios enquanto terceiros, a lei não autoriza operações que visem exclusivamente beneficiar tais créditos, tais como aquelas que visem assegurar a satisfação desses créditos por garantias (reais) prestadas pela própria sociedade (cfr. n.º 6 do art. 245.º).

23.3.3. *Aspectos fiscais*

A opção e recurso ao contrato de suprimentos depende, frequentemente, da incidência tributária a que essa forma de financiamento está, pontualmente, sujeita.

23.3.3.1. *Imposto do selo*

Diversamente do que ocorre com as prestações suplementares ou com as prestações acessórias de capital, que não vencendo juros não estão sujeitas a qualquer imposto, os empréstimos ou adiantamentos de sócios que não se traduzam em suprimentos, por serem efectuados por prazo inferior a um ano, estão sujeitos a Imposto do Selo[636].

Os empréstimos com características de suprimentos propriamente ditos – se efectuados, pelo menos, pelo prazo mínimo de um ano, e não reembolsados, entretanto, – estão, presentemente, isentos de Imposto do Selo. O reembolso antecipado implica a liquidação do Imposto do Selo a que houver lugar.

23.3.3.2. *IRC*

Por sua vez, o artigo. 67.º do Código do Imposto sobre o Rendimento das Pessoas Colectivas (na redacção do Decreto-Lei n.º 159/2009, de 13 de Julho) também assume um impacto significativo na opção pelo modelo de autofinanciamento sempre que o sócio ou accionista seja uma entidade não residente (num país da União da Europeia), com a qual a sociedade portuguesa tenha *relações especiais* nos termos e para os efeitos do disposto no número 4 do artigo 63.º do CIRC[637].

---

[636] À taxa de 0,04%, por cada mês ou fracção – sobre a quantia mutuada (cfr. Verba 17.1.1 da Tabela Geral de Imposto do Selo) e à taxa de 4% – sobre o valor de juros cobrado – sempre que a operação seja realizada por, ou com a intermediação de, instituição de crédito, sociedade financeira ou outra entidade a elas equiparada.

[637] Existem *relações especiais* sempre que uma entidade tem o poder de exercer, directa ou indirectamente, sobre outra, uma *influência significativa* nas respectivas decisões de gestão (cfr. art. 63.º, n.º 4 do CIRC, red. DL 159/2009, de 13 de Julho). A lei fiscal exemplifica, na mesma disposição legal, casos em que considera existirem relações especiais. Entre eles enquadra-se a detenção de participações sociais de, pelo menos, 10% (cfr. *alínea a)*).

Com efeito, nessas circunstâncias, *quando o endividamento for excessivo, os juros suportados relativamente à parte considerada em excesso não são dedutíveis para efeitos de determinação do lucro tributável* (art. 67.º, n.º 1 *in fine* do CIRC), considerando-se existir *excesso de endividamento* se o valor das dívidas relativamente a cada financiador for – em qualquer momento do *período de tributação – superior ao dobro da respectiva participação no capital próprio* da sociedade portuguesa (cfr. art. 67.º, n.º 3 do CIRC). A lei admite – com excepção de residentes em paraísos fiscais[638] constantes de lista aprovada por Portaria do Ministro das Finanças – que a sociedade nacional possa demonstrar que não conseguiria obter de entidade independente um nível de endividamento em melhores condições (cfr. art. 67.º, n.º 6 do CIRC).

Importa também referir que se tem vindo a pretender aplicar o actual regime de preços de transferência sempre que estão em causa suprimentos não remunerados e os sócios que os realizem tenham relações especiais com a sociedade. Levado este raciocínio ao extremo, poder-se-á então pretender que também as situações que, na prática, funcionam como "auto-financiamentos não remunerados", como sejam as prestações suplementares de capital (isto pese embora as mesmas sejam inscritas contabilisticamente numa rubrica de capital) – sujeitas a um regime mais rigoroso, como veremos em seguida, do que os próprios suprimentos – não possam subsistir, já que pressupõem a não existência de remuneração.

Fica a chamada de atenção para a questão. No entanto, e sem prejuízo de reflexão mais ponderada, devemos concluir constituir tal caminho uma aberração que, a confirmar-se seria sinónimo do fim da *affectio societatis*, ainda existente, que se traduz precisamente no empenho na vida societária e no interesse que os sócios podem ter de, sempre que se justificar, poderem financiar a sociedade.

O que não repugna é admitir que seja estabelecido um *ratio* relativo ao financiamento por sócios, impedindo o desequilíbrio, hoje tão frequente, entre capital social (ou mesmo capitais próprios) e suprimentos.

---

[638] *«País, território ou região com regime fiscal claramente mais favorável»* (cfr. art. 65.º, n.º 2 do CIRC, red. do DL 159/2009, de 13 de Julho).

23.4. **Prestações suplementares (de capital)**[639]

23.4.1. ***Sociedades por quotas***

As prestações suplementares são sempre em dinheiro e «*não vencem juros*» (art. 210.º, n.os 2 e 5). Por essa razão, e pelo regime a que estão sujeitas, designam-se habitualmente por *quase capital*.

O contrato de sociedade tem de prever a eventualidade de as prestações virem a ser, mediante deliberação dos sócios (art. 211.º, n.º 1), exigidas e estabelecer o respectivo montante máximo (art. 210.º, n.os 1, 3, *alínea a)* e 4).

A restituição do capital que tiver sido prestado não pode ocorrer à custa da situação líquida da sociedade e deve ser efectuada em termos de absoluta igualdade (cfr. art. 213.º, n.os 1 e 4). Com efeito, o regime jurídico das prestações suplementares – ditas de capital, considerando terem de ser efectuadas em dinheiro –, nomeadamente no que respeita às limitações que se colocam ao respectivo reembolso, é extremamente rigoroso, permitindo enquadrá-las no conceito de capitais próprios que, pela respectiva realização e entrega, assegurarão o empenho dos sócios na manutenção da sociedade em funcionamento de forma adequada e compatível com o inicialmente proposto. Fundamental é que o contrato de sociedade permita que tais prestações sejam realizadas (cfr. art. 210.º, n.os 1 e 3), visto que de outro modo será necessário proceder a uma alteração prévia daquele, sendo as modificações deliberadas, no respeitante ao aumento de obrigações, válidas e eficazes unicamente para os sócios que as aprovarem (cfr. art. 86.º, n.º 2 do CSC).

---

[639] Vd., na doutrina nacional mais recente, Rui Pinto Duarte, «Suprimentos, prestações acessórias e prestações suplementares», cit., pp. 259-262, 264-265, 275-278, **2002**, «Prestações suplementares e prestações acessórias (uma reincidência)», AA.VV., *Nos 20 anos do Código das Sociedades Comerciais. Homenagem aos Profs. Doutores A. Ferrer Correia, Orlando de Carvalho e Vasco Lobo Xavier*, vol. I – *Congresso Empresas e Sociedades*, Coimbra Editora, **2007** (pp. 693-706), pp. 694-696, 701-706, e «Contribuições dos sócios para além do capital social: prestações acessórias, prestações suplementares e suprimentos», *in Escritos sobre Direito das Sociedades*, Coimbra Editora, **2008** (pp. 225-259), pp. 225-230 e 246-259, Sofia Gouveia Pereira, *As prestações suplementares no Direito Societário português*, Principia, Lisboa, **2004**, Ana Pinto da Rocha, *Da Perda Grave do Capital Social nas Sociedades de Capitais*, cit., **2009**, pp. 178-192, e Pedro Pais de Vasconcelos, *A participação social nas sociedades comerciais*, 2ª ed., Almedina, Coimbra, **2006**, pp. 275-278.

A recusa de efectuar prestações suplementares de capital é causa de exclusão do sócio (arts. 212.º, n.º 1, 204.º e 205.º).

23.4.2. *As prestações suplementares (de capital) nas sociedades anónimas; acerca da sua admissibilidade*[640]

O Código das Sociedades Comerciais é totalmente omisso relativamente à possibilidade de numa sociedade anónima poderem ser exigidas prestações suplementares (de capital) àqueles que, por exemplo, forem titulares de acções nominativas.

É discutível que as disposições legais constantes do título referente às sociedades por quotas possam ser aplicáveis por analogia às sociedades anónimas, visto que as participações sociais se estruturam de forma muito diferente num e noutro tipo social.

Importa recordar que a exigibilidade de prestações suplementares de capital, quando expressamente admitida no contrato de sociedade, sublinhe-se, se explica pela ligação íntima do sócio à sociedade (inexistente no âmbito das sociedades anónimas) e pela necessidade que esta pode ter de, em certas circunstâncias, poder vir a beneficiar de um reforço do capital (necessariamente em dinheiro) que se revele essencial para a sua subsistência.

Ora, tal pretensão afigura-se incompatível com o anonimato que caracteriza a participação na sociedade anónima e, sobretudo, com a sanção correspondente à violação da obrigação de efectuar prestações suplementares: a perda da qualidade de sócio, por efeito da exclusão da sociedade, a qual só se verifica na sociedade anónima se ocorrer relativamente a todas as participações.

E contra a admissibilidade das prestações suplementares nas sociedades anónimas joga o próprio carácter aberto da sociedade anónima e a autonomia das respectivas participações sociais, não obstante tal conclusão ser contrária ao princípio da autonomia privada.

Acresce que, considerando o disposto no artigo 86.º, n.º 2 do Código das Sociedades Comerciais, o regime jurídico – ou, pelo menos, parte

[640] Em concordância com o texto, Pedro Pais de Vasconcelos, *A participação social nas sociedades comerciais*, cit., pp. 277-278. Recusando este tipo de contribuições *qua tale* nas sociedades anónimas, embora admitindo que elas possam configurar-se como prestações acessórias, Sofia Gouveia Pereira, *As prestações suplementares no Direito Societário português*, cit., pp. 187-194.

dele – que prevê e autoriza as prestações suplementares, caracteriza-se por regras de natureza excepcional (sendo certamente esse o caso da norma que estabelece a sanção de exclusão de sócio em caso de incumprimento).

Assim, a aceitar-se o raciocínio desenvolvido há que concluir negativamente, visto que as regras excepcionais não são susceptíveis de aplicação por analogia (art. 11.º do Código Civil).

Julgamos, pois, que a admissibilidade de aplicação por analogia, na íntegra, do regime legal das prestações suplementares de capital (nas sociedades por quotas) está fora de causa para as sociedades anónimas. No entanto, não sendo insensíveis ao fenómeno da divulgação das *prestações acessórias de capital*, como empréstimos de accionistas que representam capitais próprios, não nos faz hoje confusão, nem nos repugna aceitar, admitindo que todas as participações são nominativas, que os accionistas fiquem obrigados, com referência a tais participações, ou até mesmo individualmente, a realizar prestações suplementares de capital, isto é, reforços em dinheiro, visto que tal opção – a ter de ser necessariamente contratualmente consagrada – é compatível com a autonomia privada que deve caracterizar a estruturação das situações jurídicas de natureza societária.

E, assim, sendo contratualmente consagrada a eventual obrigatoriedade de realização de prestações suplementares de capital, por um determinado montante máximo, aceita-se a aplicação por analogia das regras previstas nos artigos 210.º e seguintes do Código das Sociedades Comerciais, que não tiverem carácter excepcional – o que não é o caso da sanção de exclusão por incumprimento, que constitui uma excepção (apesar de nas sociedades anónimas também ser possível a amortização das acções) –, as quais só faz sentido considerar se integradas no próprio contrato de sociedade anónima, como expressão da vontade dos accionistas e no pressuposto de que não infringem regras de carácter imperativo que estabelecem limites às opções destes.

Questão interessante, a este propósito, consiste em saber o que sucede às prestações suplementares que, no momento da transformação da sociedade em anónima, estejam contabilizadas no balanço da sociedade por quotas (transformada). Permanecem como prestações suplementares ou convertem-se em acessórias? E se estas (e aquelas) não estão contratualmente autorizadas?

23.5. **Obrigações**[641]

As obrigações, tal como as acções, são valores mobiliários (cfr. art. 1.º, n.º 1, *alíneas a)* e *b)* do CVM).

Vimos já (*supra*, n.º 18.3.8) que as obrigações são valores negociáveis que, com referência a uma mesma emissão, concedem aos respectivos titulares direitos de crédito iguais para um idêntico valor nominal, correspondendo a um meio de financiamento da própria sociedade que nada tem que ver com a relação de participação social.

Classicamente – e sobretudo quando estes valores eram necessariamente documentados em papel –, dizia-se simplesmente que as obrigações eram *títulos* de dívida.

Um empréstimo obrigacionista é um financiamento, em regra de montante substancial, que a sociedade contrai junto de diversas entidades, mediante o pagamento regular de uma retribuição que não tem de corresponder necessariamente a um rendimento preestabelecido – podendo ter uma componente de rendimento variável –, mas cujo critério de fixação pontual desse rendimento tem de se encontrar claramente definido, tal como os direitos que emergem do valor mobiliário.

As obrigações são objecto de regulação no âmbito do Código das Sociedades Comerciais (cfr. arts. 348.º-372.º-B do CSC e Decreto-Lei n.º 160/87, de 3 de Abril) – no qual se determinam os requisitos a que os empréstimos obrigacionistas devem obedecer e as modalidades que podem revestir – e no âmbito do Código dos Valores Mobiliários (cfr. arts. 1.º, n.º 1, *alínea b)*, e 39.º e seguintes), onde se estabelece o regime dos valores mobiliários, de que constituem uma das principais espécies.

---

[641] Vd., na doutrina nacional mais recente, CARLOS OSÓRIO DE CASTRO, *Valores mobiliários: conceito e espécies*, 2ª ed., UCP, Porto, **1998** (cfr., em especial, pp. 139-200), FÁTIMA GOMES, *Obrigações convertíveis em acções,* Universidade Católica Editora, Lisboa, **1999** (cfr., em especial, pp. 63-141, apesar de desactualizado quanto ao CVM), FLORBELA DE ALMEIDA PIRES, *Direitos e Organização dos Obrigacionistas em Obrigações Internacionais (Obrigações Caravela e Eurobond)*, Lex, Lisboa, **2001**, pp. 46-51, NUNO BARBOSA, *Competência das assembleias de Obrigacionistas*, Almedina, Coimbra, **2002** (cfr., em especial, pp. 59-91), ANTÓNIO SILVA DIAS, *Financiamento de Sociedades por Emissão de Obrigações*, Quid Juris, Lisboa, **2002** (em especial, pp. 27-85), PEDRO PAIS DE VASCONCELOS, «As obrigações no financiamento da empresa», AA.VV., *Problemas do Direito das Sociedades*, Almedina, Coimbra, **2002**, pp. 321-329, JOSÉ ENGRÁCIA ANTUNES, *Os Instrumentos Financeiros*, cit., **2009**, pp. 87-96, e PAULO CÂMARA, *Manual de Direito dos Valores* Mobiliários, cit., **2009**, pp. 138-145.

23.6. **Aumento do capital social**; *remissão*

Uma das formas possíveis de superar uma situação de subcapitalização é promover um aumento do capital social por entradas de novos bens (em dinheiro ou em espécie) que permitam dotar a sociedade de meios de que ela carece. Constituindo, normalmente, um meio de autofinanciamento, considerando o direito de preferência que assiste aos sócios na respectiva subscrição (em dinheiro) (cfr. arts. 266.º e 458.º), o aumento de capital pode ser também aberto e participado por terceiros (arts. 266.º, n.º 4 e 460.º)[642].

23.7. **Recurso ao crédito**

As sociedades comerciais podem financiar-se também junto da banca, a qual frequentemente exigirá garantias pessoais (avales e fianças) aos sócios e aos gerentes – e mais raramente também aos administradores –, para assegurar o cumprimento dos créditos concedidos.

Trata-se de um modo de superação da situação de subcapitalização que não apresenta qualquer especificidade assinalável que decorra da insuficiência financeira em si mesma considerada.

23.8. **Outras modalidades de financiamento**

Nas últimas décadas desenvolveram-se outros meios de financiamento de sociedades, que estão associados aos respectivos negócios, à titularidade das suas participações ou à obtenção de garantias externas aos financiamentos obtidos.

23.8.1. ***Project finance***

O *project finance* consiste em estruturar um negócio societário com base na antecipação das receitas futuras que o mesmo irá gerar, ficando

[642] Por razões óbvias, não faz sentido equacionar nesta sede – como modo de superação de situações de subscapitalização – o aumento de capital por incorporação de reservas, a que faremos referência adiante (cfr., *infra*, n.º 24.2.2).

o financiamento a cargo de uma instituição de crédito ou de um conjunto de instituições.

As grandes obras públicas são realizadas com recurso a este tipo de financiamentos, constituindo um exemplo recente a construção da ponte Vasco da Gama. A sociedade Luso-ponte financiou a construção com recurso a um *project finance* estruturado com base nas receitas futuras da travessia.

Este meio de financiamento de empresas no exercício da respectiva actividade não se deve confundir com a chamada *acquisition finance*[643] que consiste em financiar uma aquisição de empresa com recurso à rentabilidade das participações adquiridas.

23.8.2. *Capital de risco*[644]

O capital de risco consiste na operação de investimento na subscrição de participações (na constituição de uma sociedade comercial ou no aumento do respectivo capital) e na aquisição de *instrumentos de capital próprio e de capital alheio* em sociedades com grande potencial de crescimento, efectuada por entidades especializadas [cfr. art. 1.º do Decreto-Lei n.º 375/2007, de 8 de Novembro (RJCR)] que avaliam e analisam os riscos associados a um novo negócio ou ao desenvolvimento de uma empresa já existente (cfr. art. 2.º do mesmo diploma).

Esta actividade, regulada pelo Decreto-Lei n.º 375/2007, de 8 de Novembro, é exercida por sociedades de capital de risco (SCR) – que são sociedades anónimas (não financeiras) (cfr. art. 8.º do RJCR) com um objecto exclusivo (cfr. arts. 6.º e 7.º do RJCR) – por fundos de capital de risco, isto é, «*patrimónios autónomos, sem personalidade jurídica, mas dotados de personalidade judiciária, pertencentes ao conjunto dos titulares das respectivas unidades de participação*» (cfr. art. 10.º, n.º 1 do RJCR), administrados por uma SCR, uma sociedade gestora de fundos de investimento mobiliário (fechados) ou uma sociedade de desenvolvimento regional (cfr. art. 12.º, n.os 1 e 2 do RJCR), e por *business angels*, ou seja, investidores em capital de risco, que são necessariamente sociedades unipessoais por quotas, detidas por pessoas singulares (cfr. art. 9.º, n.os 1

---

643 Sobre a *acquisition finance*, vd. a obra incontornável de Tom Speechley, *Acquisition Finance*, Tottel, West Sussex, **2008**, em especial pp. 1-12.

644 Sobre esta operação de financiamento, cfr. Paulo Câmara, *Manual de Direito dos Valores* Mobiliários, Almedina, Coimbra, **2009**, pp. 855-863, em especial 857-858.

e 2 do RJCR). Todas estas entidades estão sujeitas a um *registo prévio simplificado* na CMVM (cfr. art. 4.º, n.º 1 do RJCR).

23.8.3. *Garantia mútua*

Finalmente, a garantia mútua consiste numa forma de financiamento indirecto, pelo qual uma sociedade (de garantia mútua) se dedica a alavancar a capacidade financeira de uma pequena, média ou micro empresa[645], através da prestação de garantias junto das entidades financiadoras – os bancos em particular[646] –, para lhe proporcionar condições de crédito que, de outro modo, não estariam ao seu alcance, designadamente no que respeita a taxas de juro competitivas e ao prazo aplicável, em termos ajustados aos investimentos a realizar e à actividade específica prosseguida.

As garantias a prestar a instituições financeiras[647] pela sociedade de garantia mútua, asseguram o cumprimento de empréstimos (incluindo empréstimos obrigacionistas), contratos de *leasing* ou *factoring* e outras operações de crédito, tais como a emissão de papel comercial.

24. **Aumento do capital social**[648]

24.1. **Oportunidade, significado e interesse**

O aumento de capital das sociedades comerciais ocorre quando elas já não dispõem de capitais próprios suficientes para prosseguir a sua

---

645 Só as PME nos termos da legislação comunitária (empresas com menos de duzentos e cinquenta trabalhadores, com volume de negócios inferior a cinquenta milhões de euros ou um activo inferior a quarenta e três milhões de euros e sejam autónomas (isto é, não integrem um grupo de sociedades no qual se verifiquem esses indicadores) podem beneficiar deste sistema, estabelecendo a lei outras exigências para a qualificação como beneficiárias da garantia mútua.

646 A intervenção das sociedades de garantia mútua – que são também instituições de crédito [cfr., *supra*, Introdução, B), n.º 2] – permite às instituições financeiras repartirem com elas o risco pelos financiamentos concedidos e tornam desnecessário a constituição de provisões para riscos gerais de crédito sobre os montantes financiados pelas SGM.

647 As SGM prestam também garantias técnicas, garantias de bom pagamento (a fornecedores), garantias ao Estado e garantias a sistemas de incentivos.

648 Vd., na doutrina nacional mais recente, Pedro de Albuquerque, *Direito de Preferência dos Sócios em Aumentos de Capital nas Sociedades Anónimas e por Quotas*

actividade, em termos adequados, ou se encontram em situação económica difícil para o fazer com os capitais de que dispõem; e ainda quando a sociedade, dispondo de meios suficientes para realizar a sua actividade, se propõe integrá-los (incorporá-los) no seu capital para lhes conferir estabilidade. Pode suceder também que esteja em causa simplesmente o aumento da dimensão da sociedade.

Trata-se, por isso, de uma operação normal de uma sociedade comercial que permite dotá-la de novos meios ou de uma capacidade económica acrescida, redimensionando-a, de modo estável, e que, pela sua importância na vida societária, não deveria estar dependente de um consenso tão elevado que, por vezes, transfere a "sorte" de uma sociedade para as mãos de uma minoria de sócios. A facilitação desta operação pela lei não impediria que os minoritários prejudicados pudessem impugnar os aumentos nos casos em que estes consubstanciassem deliberações abusivas. Daí que faça sentido questionar se não seria justificado que o legislador ponderasse viabilizar esta operação por maioria simples do capital, sem prejuízo do controlo que assiste aos demais accionistas.

O aumento do capital implica, formalmente, a substituição da cifra (do capital) por um número de montante superior, e substancialmente, uma maior responsabilidade da sociedade perante terceiros e o acréscimo dos meios de que dispõe para prosseguir a sua actividade, reforçando a sua solidez e conferindo estabilidade aos meios que permite reunir e acrescentar aos capitais próprios da sociedade.

Os principais interessados nesta operação, de um ponto de vista egoístico, são os credores sociais, em geral, e os financiadores, em especial, que vêm elevada a fasquia a partir da qual a sociedade tem capacidade de distribuir licitamente bens aos sócios.

24.2. **Modalidades**

O aumento do capital social pode traduzir-se, assim, num acréscimo de meios para a sociedade (aumento por novas entradas) ou na incorporação

---

(Comentário ao CSC), Almedina, Coimbra, **1993** (cfr., em especial, pp. 119-129, 330-342), Maria Ângela Coelho, «Aumento do capital», AA.VV., *Problemas do Direito das Sociedades*, Almedina, Coimbra, **2002**, pp. 237-255, e Paulo de Tarso Domingues, *Variações do Capital Social*, Almedina, Coimbra, **2009**, pp. 385-514.

no capital de disponibilidades já existentes na sociedade (aumento por incorporação de reservas).

24.2.1. ***Aumento por novas entradas (em dinheiro ou em espécie)***

O aumento por novas entradas é aquele que proporciona verdadeiramente novos meios à sociedade, dotando-a de capitais de que ela não dispunha.

Este aumento pode ocorrer em dinheiro ou em espécie.

24.2.1.1. *Aumento por entradas em dinheiro*

O aumento do capital por entradas em dinheiro é, de entre as operações de variação positiva do capital social, aquela que mais adequadamente satisfaz o interesse da sociedade, uma vez que esta poderá, inclusivamente, à custa do capital realizado proceder a aquisição de bens em que tenha interesse.

Trata-se da operação que, capitalizando a sociedade na medida das entradas subscritas e realizadas, maior liberdade concede à respectiva gestão para aplicação dos fundos recolhidos, por um lado, e maior igualdade de condições proporciona aos respectivos accionistas na subscrição do aumento – permitindo-lhes crescer na medida directa das participações que já detêm, salvaguardando as posições relativas que ocupam –, por outro lado.

Esta operação, como explicámos já (cfr., *supra*, n.º 4.5.3.2 e, *infra*, n.º 24.4), pode ser decidida pela própria administração, sempre que esta estiver contratualmente autorizada para o efeito.

Declarando pretender subscrever uma determinada quantia – que pode ficar aquém da que corresponderia a um aumento proporcional da sua participação, equivaler a esse aumento ou, mesmo, superá-lo, caso nem todos os accionistas pretendam subscrever totalmente a parte a que têm direito –, o accionista deve proceder à entrega da mesma à sociedade, em conformidade com a deliberação formada. Assim, se a sociedade deliberar que o aumento seja total e imediatamente realizado, o dinheiro correspondente terá de ser-lhe entregue na própria data da deliberação – devendo esse facto ficar a constar de acta –, ou nos prazos e condições nesta estabelecidos (cfr. art. 88.º).

Por isso, o aumento de capital por entradas em dinheiro não se resume a uma mera alteração contabilística – como por vezes os sócios e gestores de uma pequena sociedade possam pensar –, mas na variação positiva da cifra do capital, na medida dos bens que a sociedade receber ou, melhor, que os sócios declararem estar disponíveis a subscrever. Por outras palavras, deliberado o aumento de capital, não poderá a gestão considerar que é suficiente declarar – na respectiva execução, no registo – que o mesmo se encontra realizado (cfr. art. 88.º, n.º 2); e depois logo se vê (isto é, os sócios entregarão posteriormente as importâncias correspondentes ao capital que declararam à sociedade estar dispostos a subscrever). Nos termos da lei portuguesa, e embora tal facto seja, frequentemente, ignorado pelos gestores societários, a falta de cobrança das entradas dá origem a responsabilidade criminal (cfr. art. 509.º, n.º 1[649]).

No que respeita ao aumento por entradas em dinheiro, aplica-se o disposto *quanto a entradas da mesma natureza na constituição da sociedade*, com ligeiros desvios (cfr. art. 89.º, n.º 1), que indicamos adiante.

Não sendo obrigatório exibir, no acto de constituição, comprovativo de depósito do capital social em instituição de crédito – bastando declarar que o mesmo foi efectuado (cfr. arts. 202.º, n.º 4 e 277.º, n.º 4) –, há uma semelhança quase total entre a constituição da sociedade e o aumento do capital por entradas em dinheiro, apenas com a diferença de que na fundação a responsabilidade é dos sócios, enquanto no aumento – se este não for realizado na data da própria deliberação (cfr. art. 88.º, n.º 1)[650] – é dos gerentes ou administradores que declararem o capital realizado.

Por sua vez, e ao abrigo da mesma regra, no aumento é também possível diferir parte das entradas: 70% nas sociedades anónimas e 50%

[649] A alteração do disposto no art. 509.º (red. do DL 76-A/2006) não se projectou na moldura penal, nem na respectiva tipificação.

[650] Na acta relativa a esta operação devem ser mencionadas *as entradas já realizadas* e que não há entradas por realizar (cfr. art. 88.º, n.º 1), não sendo necessário especificar que o capital – que pode simplesmente ter dado entrada na caixa social, consistindo na entrega de cheques à sociedade, por exemplo – se encontra já depositado em instituição de crédito. Se a deliberação for omissa, *o capital considera-se aumentado na data em que qualquer membro da administração declarar, por escrito, e sob sua responsabilidade, quais as entradas já realizadas e* que não são exigidas *pela lei, pelo contrato ou pela deliberação*, outras entradas (cfr. art. 88.º, n.º 2).

Nos termos do regime legal anterior à Reforma de 2006 (cfr. art. 90.º, n.º 1 do CSC, revogado pelo art. 61.º, *alínea b)* do DL 76-A/2006), o notário deveria verificar, pela acta da deliberação e documentos posteriores, a legalidade do aumento de capital deliberado e a regularidade da respectiva execução.

nas sociedades por quotas. Acresce a diferença de que, se a deliberação de aumento de capital nada disser quanto à realização dessas entradas em dinheiro, a lei permite que sejam «*exigíveis a partir do registo definitivo do aumento de capital*» (cfr. art. 89.º, n.º 2). Em qualquer caso, o capital só se considera aumentado e as entradas efectuadas na data em que um gerente ou administrador declare por escrito terem sido realizadas, se da acta relativa à deliberação não constar a menção dessa realização (cfr. art. 88.º, n.os 2 e 1).

Se a declaração escrita de que as entradas se encontram realizadas não for emitida no prazo de um ano subsequente à deliberação de aumento do capital – por falta de realização das entradas subscritas –, esta caduca (cfr. art. 89.º, n.º 3)[651].

24.2.1.2. *Aumento por entradas em espécie*

A este aumento também se aplica o disposto para a constituição da sociedade (cfr. arts. 89.º, n.º 1 e 26.º *a contrario*), devendo as entradas em espécie *ser totalmente efectuadas* antes da deliberação de aumento do capital ou da declaração escrita de que se encontram realizadas, sendo apenas realizadas por escritura, se a transmissão dos bens que constituem a entrada estiver sujeita a esta forma solene (cfr. arts. 89.º, n.º 1, 7.º, n.º 1 *in fine* e 26.º). Neste caso, o sócio (ou futuro sócio) transmitente deverá também outorgar a escritura.

No que se refere à verificação do valor das entradas, cabe a respectiva avaliação a um revisor oficial de contas independente, isto é, não escolhido pelo interessado e *sem interesses na sociedade* (cfr. arts. 89.º, n.º 1 e 28.º).

A este propósito suscita-se a seguinte questão: imagine-se que o aumento é em espécie e estão em causa bens fungíveis, a aportar por todos os sócios. Poderá o revisor oficial de contas (independente) – a quem incumbirá fixar o valor da entrada – ser designado conjuntamente por todos os sócios ou deverá ser proposto e escolhido por terceiros que não subscrevem participações na sociedade?

A *ratio* da lei (cfr. art. 28.º) é proteger a sociedade de sobreavaliações, mas também evitar que um sócio, por efeito das mesmas se

---

[651] *Sem prejuízo da indemnização* por danos que seja *devida* à sociedade *pelos subscritores faltosos* (cfr. art. 89.º, n.º 3 *in fine*).

avantaje relativamente aos demais e isso é um risco que não existe se todos os bens que forem objecto do aumento forem idênticos ou fungíveis, isto é, da mesma espécie e qualidade.

24.2.2. *Incorporação de reservas*[652]

O aumento do capital social também pode ocorrer por absorção no capital de reservas existentes disponíveis para o efeito (cfr. art. 91.º, n.º 1) e não por entrada de bens que, a verificar-se, capitalizaria a sociedade, aumentando as suas disponibilidades efectivas.

Esta modalidade de aumento (prevista e regulada nos arts. 91.º a 93.º) traduz-se na utilização de meios de que a sociedade já dispõe e que, pela sua incorporação no capital, adquirem estabilidade, elevando a medida de responsabilidade da sociedade e tornando mais exigentes os respectivos resultados para que ela possa proceder à distribuição lícita e legítima de bens.

O aumento por incorporação de reservas pode ser feito à custa de reservas legais e de reservas livres, não estabelecendo a lei a ordem pela qual as mesmas devem ser incorporadas. Embora tenha mais lógica, de um ponto de vista contabilístico, incorporar primariamente reservas legais e só depois de estas estarem esgotadas se (deve) recorrer a reservas livres existentes, a «*deliberação deve mencionar expressamente*» quais as reservas a incorporar (cfr. art. 91.º, n.º 4, *alínea c)*)[653].

Este aumento só pode ser deliberado «*depois de aprovadas as contas do exercício anterior*» (cfr. art. 91.º, n.º 2)[654] e de «*vencidas todas as prestações de capital, inicial ou aumentado*» (cfr. art. 91.º, n.º 3), e corresponderá ao aumento da participação de cada sócio, proporcional-

[652] Cfr. Carlos Osório de Castro, *Valores mobiliários: conceito e espécies*, 2ª ed., UCP, Porto, **1998**, pp. 247-256, em especial, pp. 248-255, e Paulo de Tarso Domingues, «O aumento do Capital Social Gratuito ou por Incorporação de Reservas», *DSR*, ano 1, vol. 1, Março **2009** (pp. 215-240).

[653] «*A deliberação do aumento de capital indicará se são criadas novas quotas ou acções ou se é aumentado o valor nominal das existentes*» (o que acontecerá se a deliberação nada especificar) (cfr. art. 92.º, n.º 3).

[654] «*Se já tiverem decorrido mais de seis meses sobre a data dessa aprovação, a existência de reservas a incorporar só pode ser aprovada por um balanço especial, organizado e aprovado nos termos prescritos para o balanço anual*» (art. 91.º, n.º 2 *in fine*).

mente ao respectivo valor nominal, salvo se estiver estabelecido outro critério para a distribuição de lucros e o contrato mandar aplicá-lo a esta situação (cfr. art. 92.º, n.º 1).

O aumento por incorporação de reservas não carece de subscrição para se efectivar, visto que corresponde a uma distribuição (interna) de bens aos sócios, embora coloque alguns problemas práticos no âmbito das sociedades anónimas quando o capital a incorporar não é múltiplo das acções existentes, circunstância em que os direitos de subscrição podem ser negociáveis. Por essa razão, e porque equivale a uma expansibilidade natural do valor (nominal) das participações sociais ou ao aumento do número destas – sem variação do valor real da participação global de cada sócio[655] –, o direito a receber novas acções por efeito da incorporação de reservas é o único direito que as acções próprias mantêm enquanto na titularidade da sociedade (cfr. arts. 92.º, n.º 2 e 324.º, n.º 1, *alínea a)*).

O órgão de administração (e, quando for obrigatório, o órgão de fiscalização) deverá declarar por escrito que, *entre o dia a que se reporta o balanço* e *a data em que* a deliberação *foi tomada*, não ocorreu uma variação patrimonial negativa «*que obste ao aumento de capital*» (cfr. art. 93.º, n.º 2 *in fine*).

A concluir, refira-se ainda que nada impede que a sociedade delibere, simultaneamente, um aumento por entradas em dinheiro e por incorporação de reservas.

24.3. **O direito de preferência na subscrição de novas participações**[656]

24.3.1. ***Caracterização***

Como vimos já (cfr., *supra*, n.º 17.1), os sócios e accionistas têm direito de preferência na subscrição dos aumentos do capital por entradas

[655] Não considerado o efeito que o aumento do número de participações pode provocar em termos de liquidez no mercado.

[656] Cfr. as obras, já citadas, de Pedro de Albuquerque, *Direito de Preferência dos Sócios em Aumentos de Capital nas Sociedades e por Quotas*, e de Carlos Osório de Castro, *Valores mobiliários: conceito e espécies* (neste, em especial, pp. 209-239), e as

em dinheiro, relativamente a terceiros, e a exercer proporcionalmente às respectivas participações de capital (cfr. arts. 266.º e 458.º). Este direito é, contudo, limitado aos aumentos do capital social por entradas em dinheiro por não poder ser aplicável aos aumentos em espécie, nos quais a proporcionalidade é, por definição, impossível, salvo se os aumentos se efectuarem exclusivamente em bens fungíveis.

24.3.2. *Exercício do direito de preferência*

24.3.2.1. *Aviso e prazo*

No que se refere ao exercício do direito de preferência, importa (desde a entrada em vigor das alterações determinadas pelo Decreto-Lei n.º 76-A/2006)[657] distinguir as sociedades anónimas das sociedades por quotas. Nestas os sócios deverão exercer o seu direito de preferência *até à assembleia que aprove o aumento do capital* (art. 266.º, n.º 5). O novo regime de subscrição deixa em aberto a forma como ocorre a subscrição, nos casos e situações em que nem todos os sócios subscrevem a sua parte, e suscita diversas interrogações, impondo que os sócios manifestem a sua vontade de exercer o direito de preferência antes de o aumento ter sido deliberado, sem terem consequentemente qualquer percepção acerca da aceitação e adesão que o mesmo irá suscitar. Assim, aparentemente, os sócios que, avisadamente, compareçam na assembleia geral de

---

dissertações de doutoramento de Agostinho Cardoso Guedes, *O exercício do direito de preferência*, Publicações Universidade Católica, Porto, **2006**, pp. 208-216 – que conclui não ser este direito uma verdadeira preferência (cfr., em especial, p. 209) –, e de Paulo de Tarso Domingues, *Variações do Capital Social*, Almedina, Coimbra, **2009**, pp. 461-511. Vd. também (indicados por ordem cronológica de publicação) os estudos de Maria João S. Pestana de Vasconcelos, «Do direito de preferência dos sócios em aumentos de capital nas sociedades anónimas e por quotas», AA.VV., *Nos 20 anos do Código das Sociedades Comerciais*, vol. III *Vária*, Coimbra Editora, **2007** (pp. 503-558), Alexandre Soveral Martins, «A reforma do CSC e o aumento do capital social nas sociedades por quotas», AA.VV., *Estudos em Honra do Professor Doutor José de Oliveira Ascensão*, vol. II, Almedina, Coimbra, **2008** (pp. 1253-1263), pp. 1254-1261, e Manuel Nogueira Serens, «Direito de preferência dos accionistas em aumentos de capital – Apontamento sobre o modo do seu exercício», *DSR*, ano 1, vol. 1, Março **2009** (pp. 153-163).

[657] No regime vigente até 29 de Junho de 2006, mesmo nas sociedades por quotas havia que notificar os sócios para o exercício da preferência, se o aumento não fosse subscrito na totalidade na própria assembleia geral (cfr. art. 266.º, n.º 5 na red. originária).

aumento do capital social devem necessariamente, até ao final desta[658], declarar em que medida pretendem subscrever o aumento e, preferentemente[659], realizá-lo de imediato, na parte que não for diferida. Para o efeito, terão certamente de se fazer acompanhar do respectivo livro de cheques ou da quantia necessária em numerário.

Nas sociedades anónimas, deliberado um aumento do capital social – e salvo se todos os accionistas estiverem presentes e declararem imediatamente se estão, ou não, dispostos a realizar –, tem de haver um aviso de que o mesmo irá ocorrer, devendo ser concedido um prazo para o exercício desse direito: não inferior a quinze ou a vinte e um dias, consoante seja feito por anúncio ou por carta (cfr. art. 459.º).

A este propósito, importa chamar a atenção para a clara redução da publicidade do aumento do capital e do subsequente convite para o exercício do direito de preferência, que passa a ter de se efectuar unicamente na *internet*, no sítio do Ministério da Justiça, quando anteriormente à Reforma de 2006, se deveria efectuar também obrigatoriamente «*num jornal da localidade da sede da sociedade ou, na falta deste, num dos jornais aí mais lidos*» (art. 167.º, n.º 2, revogado pelo art. 61.º, *alínea b)* do Decreto-Lei n.º 76-A/2006, de 29 de Março), o que tornava a operação mais visível e dispensava o accionista de estar permanentemente *on-line*.

Finalmente, o art. 459.º deve ser objecto de interpretação actualista – por não ter sido actualizado pela Reforma –, no sentido de permitir que a notificação a que se referem os n.os 2 e 3 seja efectuada por correio electrónico (com recibo de leitura), nos casos em que o accionista deu o seu consentimento para a utilização dessa forma de comunicação na convocação das assembleias gerais (cfr. art. 377.º, n.º 3).

24.3.2.2. *A alienação do direito de preferência*

A lei prevê a hipótese de o sócio ou accionista ceder o direito de subscrição preferencial, embora contenha regras naturalmente mais rígidas no plano das sociedades por quotas (cfr. arts. 267.º e 458.º, n.º 3).

---

[658] Recusa-se uma interpretação puramente literal do n.º 5 do art. 266.º, uma vez que a mesma significaria que a manifestação de vontade dos sócios deveria ocorrer antes («*até*») da própria assembleia, o que é absurdo.

[659] A lei deixa em aberto a possibilidade de o aumento ser realizado posteriormente (cfr. art. 88.º).

A aquisição do direito de preferência na subscrição de aumento de capital, para além de vantagem patrimonial que possa trazer ao adquirente[660], poderá permitir a um sócio ou accionista aumentar a sua participação no capital social mais do que proporcionalmente em relação aos demais sócios e à parte que lhe caberia, e também concede a possibilidade a quem não é sócio de adquirir essa qualidade. Por isso, haverá que distinguir o tipo social envolvido, bem como o adquirente do direito.

Nas sociedades anónimas, em princípio, não há limitações à alienação do direito de preferência que, considerando o carácter aberto da sociedade, poderá ser efectuada em favor de um accionista ou de qualquer terceiro (cfr. art. 459.º).

No entanto, se o contrato estabelecer restrições à transmissibilidade de acções (nominativas), nos termos do disposto no art. 328.º, n.º 2, poderá questionar-se se a alienação do direito de preferência é livre.

Não repugna admitir que o contrato de sociedade sujeite expressamente a alienação do direito de preferência na subscrição de acções às restrições que legalmente estabelecer em relação à transmissão das participações sociais, uma vez que a lei não impede que os accionistas, no âmbito da respectiva autonomia privada, estipulem também essa limitação. Contudo, se o contrato de sociedade estabelecer alguma restrição à livre transmissibilidade e for omisso quanto à alienação do direito de preferência deveremos admitir que esta é livre, uma vez que não tem sentido fazer qualquer analogia do disposto no n.º 2 do art. 328.º, dado o respectivo carácter excepcional.

Nas sociedades por quotas, o regime é mais restritivo.

Assim, a alienação do direito de preferência na subscrição de aumento do capital social está dependente do consentimento da sociedade (cfr. art. 267.º, n.º 1), se o contrato não previr que ela é sempre possível ou que pode ocorrer livremente nos termos em que a cessão de quotas também não depender do consentimento da sociedade (cfr. art. 267.º, n.º 2).

Se o contrato social for omisso em matéria de cessão de quotas, cabe discutir se a alienação do direito de participar preferencialmente num aumento de capital é possível e, em caso afirmativo, em que termos é que pode ser concretizada. Deste modo, por exemplo, na falta de previsão contratual, a cessão é livre em favor dos herdeiros legitimários e dos

---

[660] Basta admitir que, por efeito do aumento de capital, as participações sofrem uma valorização relativa em montante superior ao preço pago pelo direito de subscrição adquirido.

sócios, pelo que, nessas circunstâncias, cabe perguntar se a alienação também é livre em benefício das mesmas pessoas. Sendo «*o consentimento dispensado nos termos prescritos para o consentimento de cessão de quotas*», aparentemente seríamos levados a concluir em sentido afirmativo, uma vez que na cessão em causa não é necessário. Porém, os efeitos são diferentes porque, pela alienação do direito de preferência em favor dos herdeiros legitimários, poder-se-á estar a ampliar a base associativa da sociedade, o que não faríamos através da cessão que, sempre que for total, opera a substituição do sócio. Deixamos, pois, à reflexão do leitor a questão equacionada, que se nos afigura pertinente.

Pode suceder que, não havendo autorização contratual para a alienação do direito de preferência, esta seja consentida na deliberação de aumento do capital social (cfr. art. 267.º, n.º 2, *in fine*). Nessa circunstância, a lei determina – desde 30 de Junho de 2006 –, de forma inusitada, que os adquirentes exerçam «*a preferência na assembleia que aprove o aumento de capital*» (art. 267.º, n.º 3), o que merece óbvios reparos críticos, uma vez que, antes de a sociedade conceder o consentimento, não tem sentido convocar para a assembleia tais adquirentes. Antevemos o sistema a funcionar: os potenciais adquirentes à porta da assembleia a aguardar a deliberação, depois sendo admitidos a participar na mesma para adquirir *in loco* o direito de preferência e declarar que pretendem subscrever o aumento que, eventualmente, ainda deverão realizar na mesma oportunidade. O que não resulta do Código das Sociedades – mas deveria resultar – é o que sucede ao direito de preferência se o respectivo (potencial) adquirente não comparecer à assembleia que delibera o aumento de capital e autoriza a alienação desse direito. Será que ele perde esse direito?

Estamos perante um aspecto que deveria ser repensado pelo legislador.

24.3.3. ***Limitação ou supressão do direito de preferência***

A existência do direito de preferência não permite uma fácil entrada de terceiros no capital da sociedade e por vezes torna-se necessário abrir a subscrição das respectivas participações a terceiros, que sejam investidores estratégicos ou que tragam à sociedade o *know how* de que ela carece para o exercício da sua actividade.

Com essa finalidade, a lei prevê que, sempre que a sociedade o pretender e o interesse social o justificar, seja possível deliberar a limitação ou eliminação pontual desse direito, para que terceiros possam subscrever um aumento do capital social (cfr. arts. 266.º, n.º 4 e 460.º). Para além de dever ser deliberada em separado, é essencial que a limitação ou supressão pontual do direito de preferência seja especificamente justificada com fundamento no interesse social (cfr. arts. 266.º, n.º 4 e 460.º). E este aspecto é muito relevante, importando reter que o direito de preferência só pode ser limitado ou suprimido em conformidade com o disposto no artigo 460.º (para o qual remete o art. 266.º, n.º 4, no âmbito das sociedades por quotas).

Nos casos em que o interesse social for injustificadamente alegado para consubstanciar o afastamento do direito de preferência, estaremos, com grande probabilidade, perante uma deliberação social abusiva (cfr. art. 58.º, n.º 1, *alínea b)*).

24.3.4. *Dificuldades*

Este direito não é isento de problemas, em especial nas sociedades anónimas. Cite-se, a título exemplificativo, os que respeitam à não subscrição da totalidade das acções e à falta de proporcionalidade entre o capital detido e o capital a subscrever e às dificuldades na subscrição sempre que há mais do que uma categoria de acções e a subscrição não é feita em relação à existente, colocando-se problemas em termos de regras de preferência.

Refira-se, a propósito, que a lei prevê mecanismos para solucionar as situações de falta de proporcionalidade, designadamente no artigo 458.º, n.ºs 2, *alínea b)*, e 3.

24.3.5. *Direito de preferência e aumento em espécie*

Para além de diversos problemas que este direito coloca – e a que aludimos acima exemplificativamente –, interessa autonomizar e chamar a atenção para o que se traduz em procurar evitar o seu exercício pelo recurso a um aumento por entradas em espécie.

Com efeito, reservando a lei a preferência nos casos de aumentos por entradas em dinheiro, se os sócios deliberarem exclusivamente um aumento por entradas em espécie, sabendo de antemão que só um ou alguns deles estariam em condições de o subscrever e realizar – por só esse ou esses sócios disporem do bem em causa –, então eles estarão a subverter a regra da preferência, se esta não for tida, nem achada, neste aumento.

Nestes termos, e pressupondo que o bem em espécie a integrar na sociedade, por efeito do aumento, é essencial – e não poderá ser, simplesmente, adquirido pela sociedade ao sócio depois de aumento por entradas em dinheiro –, afigura-se dever, pelo menos, permitir-se que os demais sócios possam subscrever e realizar em dinheiro o aumento que, por efeito da preferência, lhes caberia por forma a manterem as posições relativas no capital da sociedade. Se a deliberação não o permitir, para além de pôr em causa o princípio do igual tratamento dos accionistas, será muito provavelmente abusiva (cfr. art. 58.º, n.º 1, *alínea b)*).

24.4. **Competência;** *remissão.* **Aumento do capital social deliberado pelo órgão de administração**

O aumento de capital pode ser excepcionalmente decidido pela administração da sociedade anónima, se for realizado unicamente em dinheiro. Para o efeito, é necessário que o contrato de sociedade autorize o órgão de administração a, durante um certo prazo e até um certo montante, decidir o aumento. Trata-se de uma competência cumulativa – com a competência dos próprios sócios que subsiste e constitui regra em matéria de alterações do contrato de sociedade – e excepcional, atribuível unicamente ao órgão da administração da sociedade anónima (cfr. arts. 85.º, n.º 1 e 456.º)[661].

24.5. **Forma;** *remissão*

Como veremos adiante (cfr., *infra*, n.º 26.3), para proceder ao registo do aumento do capital social, é suficiente a acta da deliberação dos sócios, eventualmente acrescida de documento subscrito pela adminis-

[661] Cfr., *supra*, n.º 4.5.3.2.

tração que comprove a realização das entradas não efectuadas até ao final da própria assembleia, salvo se as entradas forem em bens em espécie (*maxime*, imóveis), cuja transmissão para a sociedade careça de forma especialmente solene. Nessa circunstância o aumento deverá, eventualmente, ser celebrado por escritura pública, em que participem os sócios transmitentes de bens com essa natureza.

24.6. **Eficácia do aumento**

O aumento de capital tem eficácia interna *na data da deliberação* ou a partir da declaração escrita de que as novas participações se encontram realizadas[662] (cfr. art. 88.º, n.os 1 e 2), embora só produza efeitos perante terceiros com o registo.

24.7. **Regime aplicável às sociedades abertas**

O Código dos Valores Mobiliários estabelece um regime específico para emissão de acções nas sociedades abertas, assegurando que a eventual procedência de uma acção de invalidação apenas afecte as acções emitidas na sequência da deliberação invalidada (cfr. art. 26.º) que, para esse efeito – e enquanto persistir a acção de impugnação –, *constituem uma categoria autónoma* (cfr. art. 25.º).

24.8. **Tutela penal específica**

A falta de cobrança das entradas de capital é sancionada penalmente (cfr. art. 509.º), pelo que os gerentes ou administradores da sociedade deverão acompanhar com especial diligência a realização das entradas e recusar-se a declarar que o aumento está efectuado, quando uma ou mais entradas ainda se encontram em falta.

---

[662] Até 29 de Junho de 2006, o aumento tornava-se eficaz, entre os sócios, com a celebração da escritura pública (cfr. red. originária do art. 88.º).

Se tal suceder, a moldura penal máxima é de *pena de prisão até três anos* (substituível por *pena de multa*), correspondendo ao crime de infidelidade (cfr. arts. 509.º, n.º 3 do CSC e 224.º, n.º 1 do CP), que é o crime *vulgaris* no domínio das sociedades comerciais.

25. **Redução do capital social**[663]

25.1. **Conceito e delimitação da operação**

25.1.1. ***Enquadramento***

A cifra numérica que corresponde ao capital social não é, como vimos, imutável, sendo objecto de variação positiva sempre que a sociedade procede a uma operação de aumento do seu capital.

---

[663] Neste ponto, recorremos a inúmeras passagens do nosso estudo sobre «O novo regime da redução do capital social e o artigo 35.º do Código das Sociedades Comerciais», AA.VV., *Prof. Inocêncio Galvão Telles: 90 anos. Homenagem da Faculdade de Direito de Lisboa*, Almedina, Coimbra, **2007** (pp. 1023-1078) – escrito depois da última alteração do Código em matéria de redução do capital (determinada pelo DL 8/2007, de 17 de Janeiro) – e ao nosso anterior estudo citado sobre «A redução do capital das Sociedades Anónimas», **2003** (cfr., em especial, pp. 667-693). Para além das obras neste citadas e dos manuais gerais, vd. Fernando Cardoso, *Redução do Capital Social das Sociedades Anónimas*, Livraria Portugalmundo Editora, Lisboa, **1989**, e de entre as obras e estudos nacionais divulgados depois da publicação da Reforma Societária, embora anteriores à alteração de 2007, vd. António Pereira de Almeida, *Sociedades Comerciais e Valores Mobiliários*, 5ª ed., Coimbra Editora, **2008,** pp. 747-756 e 85-88, e Pedro Pais de Vasconcelos, *A participação social nas sociedades comerciais,* 2ª ed., Almedina, Coimbra, **2006,** pp. 308-311. Com grande actualidade, e desenvolvimento, vd. também Paulo de Tarso Domingues, *Variações do Capital Social*, Almedina, Coimbra, **2009**, pp. 514-550.

Na literatura jurídica estrangeira mais recente, vd. as obras e estudos citados na nota 1 do nosso último estudo sobre a temática («O novo regime da redução do capital social, cit., **2007**, p. 1025), em especial, Paul L. Davies, *Gower's and Davies Principles of Modern Company Law,* 8ª ed., Thomson/Sweet & Maxwell, London, **2008**, pp. 306-315, Franco di Sábato, *Diritto delle Società*, 2ª ed., Giuffrè, Milano, **2006**, pp. 453-460, Giuseppe Ferri, *Manuale di Diritto Commerciale*, 12ª ed. por G. Angelici e G.B. Ferri, UTET, Torino, **2006,** pp. 415-418 e 422-424, Francesco Galgano, *Il nuovo diritto societário* (Trattato di Diritto Commerciale e di Diritto Pubblico dell' Economia, vol.

Noutros casos, sucede precisamente o contrário – ou seja, esse número é objecto de alteração negativa, porque se conclui ser o capital subscrito excessivo para os negócios que a sociedade se propõe efectuar, fazendo todo o sentido reembolsar parcialmente os sócios de quantias que, afinal, não serão necessárias ou que, dado o êxito alcançado e os objectivos ainda por alcançar, passaram a ser supérfluas, ou porque ocorreram vicissitudes que comprometem irremediavelmente parte do património societário, obrigando a repor o capital social num nível compatível com o do activo remanescente. São, pois, basicamente, duas as motivações que podem conduzir a sociedade a promover uma redução do seu capital, embora esta seja especialmente relevante nos caos em que o capital – isto é, o património líquido que, pontualmente, lhe corresponde – se encontra parcial ou totalmente comprometido.

Aspecto **estrutural** das sociedades comerciais consiste em determinar que actos empreender quando se encontra perdida uma parte substancial do capital social, caso a sociedade se pretenda manter em funcionamento, ou quando se verifica ser o capital subscrito (manifestamente) excessivo para a actividade societária.

25.1.2. *Noção de redução do capital*

A redução do capital social é a alteração dos estatutos que consiste na substituição do montante do capital (elemento essencial e obrigatório daqueles), que consta da cláusula do contrato vigente nesse momento, por um montante inferior. São-lhe, pois, aplicáveis todas as disposições legais que versam sobre a alteração dos estatutos (para além daquelas que sejam específicas da própria redução)[664].

XXIX), t. 1, *Le nuove società di capitali e cooperative*, 3ª ed. por Francesco Galgano e Ricardo Genghini, Cedam, Padova, **2006**, pp. 13-16, 662-667 e 273 274, Hueck/Windbichler, *Gesellschaftsrecht*, 20ª ed., C. H. Beck, München, **2003**, pp. 414-422, Raiser/ /Weil, *Recht der Kapitalgesellschaften*, 4ª ed., Franz Vahlen, München, **2006**, pp. 302-303, 332-338 e 613-615, Rodrigo Uría / Aurélio Menéndez, *Curso de Derecho Mercantil*, I, 2ª ed., Civitas, Madrid, **2006** (obra colectiva), pp. 1047-1059, e Francisco Vicent Chuliá, *Introduccion al Derecho Mercantil*, 19ª ed., Tirant lo Blanch, Valencia, **2006**, pp. 515-521.

[664] A redução do capital implica também uma operação contabilística: uma (nova) cifra de capital de montante inferior figurará no passivo, permitindo o reequilíbrio das contas sociais, pela adequação daquela ao património existente.

Através da redução do capital, a sociedade coloca a cifra *capital social* ao nível em que, em dado momento, se encontra o seu património líquido, de modo que, da simples leitura dos termos do contrato, resulte uma imagem correcta da situação da sociedade e da medida das suas responsabilidades. Esta operação tem de ser complementada pela modificação das participações sociais tituladas, escriturais ou meramente incorpóreas (as quotas), de forma a assegurar a coincidência do (novo) montante do capital com a soma dos valores nominais das participações sociais resultantes da operação[665].

25.1.3. ***Reintegração do capital***

A reintegração do capital não consiste numa alteração do capital social, mas sim do património (este é que se reintegra); trata-se de uma operação de realização de bens (*maxime* de dinheiro), destinados a compensar perdas patrimoniais sofridas pela sociedade, que tem por finalidade recolocar o património líquido ao nível do montante do capital social, ou pelo menos ao nível mínimo admissível (caso em que a reintegração será parcial)[666]. O artigo 35.º, n.º 3, *alínea c)* contempla precisamente uma situação de reintegração, apesar de o Código das Sociedades Comerciais não aludir expressamente a esta operação – de reintegração do capital –, que se enquadra nas prestações suplementares e nas prestações acessórias de capital (que são formas de obviar à subcapitalização das sociedades comerciais, isto é, destas combaterem a insuficiência dos seus recursos, tendo em conta o objecto que se propõem realizar).

A reintegração é, assim, uma alternativa à redução do capital social motivada por perdas sociais. Aliás, isso mesmo se infere do próprio artigo 35.º, objecto de apreciação desenvolvida mais à frente (cfr. n.º 25.7). Em caso de perda grave (*metade do capital social*), a sociedade deve adoptar as medidas que considere *convenientes*, designadamente propondo-se os sócios efectuar entradas que permitam reconduzir o património social (os *capitais próprios*) a mais de metade do montante do capital social (reintegração parcial).

---

[665] A modificação da cifra do capital social repercute-se sobre as partes (acções ou quotas) em que o capital está dividido ou sobre o número absoluto dessas partes (acções).

[666] Vd., por todos, PINTO FURTADO, *Código Comercial Anotado*, vol. II, t. I, Almedina, Coimbra, **1986**, pp. 190 e segs..

25.2. Modalidades de redução do capital

Vimos já serem essencialmente duas as finalidades prosseguidas com a redução do capital social, podendo encontrar-se associado a qualquer delas outro objectivo societário que, a verificar-se, lhes confere carácter instrumental, emprestando a toda a operação uma finalidade especial, como acontece com a operação harmónio.

25.2.1. *Libertação de excesso de capital*

25.2.1.1. *Caracterização*

A sociedade comercial durante a sua vida pode aperceber-se que o seu capital social é excessivo relativamente às necessidades decorrentes da actividade prosseguida, ou por ter sido inicialmente mal calculado ou por se ter revelado demasiado, atendendo à actividade por si exercida.

Ora, esse capital excessivo é improdutivo, por não ser aproveitado, pelo que, com a finalidade de o libertar, a lei admite a respectiva redução (cfr. art. 94.º, n.º 1, *alínea a)*).

Trata-se de uma operação que não prejudica os sócios; antes pelo contrário, viabilizando a distribuição de bens até então indisponíveis. O património líquido, que acompanha no mesmo montante a variação do capital social, situar-se-á a um nível inferior, permitindo a criação de reservas livres, que anteriormente integravam o capital social, ou a atribuição de bens aos sócios. De acordo com o princípio da intangibilidade do capital, a sociedade apenas tem de assegurar um património que cubra o capital social acrescido das reservas obrigatórias.

Já os credores sociais sofrem um prejuízo potencial, pois tudo o que seja disponível para os sócios representa uma diminuição da garantia dos seus créditos.

À finalidade imediata da redução do capital social para libertação de bens (excessivos), correspondem diversas motivações. Assim, a redução do capital excessivo pode visar:

1.º – A directa atribuição aos sócios das importâncias libertadas – sem que elas tenham de passar por uma fase em que constituam reservas livres –, correspondendo ao reembolso parcial do capital investido.

2.º – A extinção de obrigações de entrada que deve ser conjugada com o princípio da igualdade dos sócios.
3.º – A criação de reservas livres que, no futuro, venham a ser necessárias à actividade da sociedade.

Destinando-se a libertar excesso de capital social, a redução é um meio para atingir um fim: o reembolso do capital investido que de outro modo seria intangível.

25.2.1.2. *Apreciação da dimensão da actividade da sociedade*

A apreciação do excesso de capital é uma prerrogativa dos sócios, a quem compete por norma (art. 11.º, n.º 2) determinar a actividade que a sociedade exercerá e a dimensão potencial mais conveniente à realização do objecto escolhido.

A redução do capital excessivo implica discricionariedade na valoração dos factos de que resulta o excesso, isto é, na apreciação da dimensão efectiva e potencial da actividade, relativamente à qual se afere o excesso do capital. Ou seja, subjacente à deliberação de redução para libertação do excesso de capital estará sempre a apreciação feita pelos sócios – por uma maioria qualificada de dois terços dos votos na sociedade anónima (art. 386.º, n.º 3) ou de três quartos dos votos correspondentes ao capital social nas sociedades por quotas (art. 265.º, n.º 1) – da actividade da sociedade nos seus aspectos qualitativo e dimensional. Mas o juízo sobre o excesso ou exuberância do capital não tem a ver com o objecto da sociedade, mas sim com o modo como esse objecto (actividade) será prosseguido, optando os sócios por uma variação quantitativa da actividade da sociedade de sinal negativo, isto é, por um abrandamento da actividade societária, a que corresponderá com grande probabilidade um volume de negócios inferior[667].

A deliberação de redução de capital excessivo encerra, contudo, um risco: o da possível estagnação da actividade da sociedade. Mesmo que isto aconteça, a deliberação, em si, nada tem de ilícito, ainda que se possa enquadrar nas deliberações abusivas (sendo anulável nos termos do art. 58.º, n.º 1, *alínea b)*) se corresponder a um simples capricho da maioria ou se visar favorecer o desenvolvimento de uma sociedade concorrente.

[667] Cfr. Ernesto Simonetto, «La riduzione del capitale esuberante», AA.VV., *Studi in Memoria di Tullio Ascarelli*, IV, Milano, **1969** (pp. 2125 e segs.), p. 2132.

25.2.2. *Compensação de perdas*

Se a sociedade, no exercício da sua actividade, sofre perdas, estas são absorvidas pelas reservas. Quando o montante das perdas supera o das reservas, elas interferem no capital social, significando que o número no qual se exprime o valor do património está abaixo da cifra que indica o montante do capital.

Verificada a perda, pode ser oportuno – ou necessário – reduzir a importância nominal do capital para restabelecer a correspondência entre este e o valor do património efectivamente existente[668].

Descendo o património líquido abaixo do capital social, a sociedade deixa de apresentar lucros, pois estes são o quantitativo que, no património societário, excede o capital social acrescido das reservas legais. Haverá então que promover a adequação do capital social ao património líquido da sociedade, mediante o recurso ao processo de redução do capital, destinado à cobertura de prejuízos (cfr. art. 94.º, n.º 1, *alínea a)*).

A lei não diz o que se deve entender por *perda*, o que era, antigamente, da maior importância, designadamente para sabermos se seria dispensável a *autorização judicial*, a que não se encontrava sujeita a redução para cobertura de perdas (cfr. art. 95.º, n.º 3, na redacção originária, alterada pelo DL 8/2007)[669].

Há perdas sempre que, em razão da actividade económica (gestão) da sociedade, o montante do património líquido desce abaixo do montante do capital. Mas o activo social pode diminuir por outras circunstâncias, sem ser por influência directa da gestão da sociedade, como, por exemplo, por efeito de desvalorização dos respectivos bens. A este propósito cabe perguntar: se haverá então lugar à redução do capital para compensar essa desvalorização? Nada obsta a que a resposta seja afirmativa[700].

Os sócios, para poderem deliberar a redução do capital por perdas, devem averiguar previamente a sua existência e o seu montante, discutindo-se

[668] Vd. GIANCARLO FRÈ, *Società per Azioni* (Commentario del Codice Civile a cura di Scialoja e Bianca), 4ª ed., Bologna, **1972** (existe edição posterior, de 1987), p. 749 e pp. 755 e segs..

[669] Como já referimos [*supra*, D) 4], a redução do capital – com a alteração introduzida no CSC e no CPC, pelo DL 8/2007, de 17 de Janeiro – deixou, em qualquer das suas modalidades, de estar sujeita a autorização judicial.

[700] Vd. AktG, § 229 (1). Cfr. KARSTEN SCHMIDT, *Gesellschaftsrecht*, 2ª ed., Carl Heymanns Verlag, Köln, Berlin, Bonn e München, **1991**, p. 757 (Existe 4ª ed., de 2002).

tradicionalmente na doutrina se seriam suficientes elementos normais de informação (comunicação dos administradores, *v.g.*) ou se as perdas deveriam ser objecto de meio de prova especial (p. ex., balanço da sociedade).

O Código das Sociedades Comerciais, a propósito de uma situação pouco vulgar – redução conveniente (em alternativa, entre outras soluções, à dissolução da sociedade) por perda de metade do capital social (art. 35.º) –, parece ter optado pela verificação das perdas a partir do balanço anual ou *ad hoc* [«*contas de exercício ou intercalares*» (art. 35.º n.º 1)]. Esta opção do legislador visa salvaguardar a estabilidade e a subsistência da sociedade que sofreu perdas graves, permitindo-lhe tomar medidas com celeridade, logo que elas forem constatadas.

A redução voluntária para cobertura de prejuízos (ocasionados pela gestão da sociedade ou por uma depreciação dos bens do activo) tem de se basear num balanço actualizado (que pode ser o do exercício), para que a alteração projectada corresponda à realidade dos factos. Só desse modo será possível justificar a medida de redução proposta e respeitar o limite máximo abaixo do qual a redução do capital nesta modalidade não tem sentido, nem é logicamente admissível. Esta exigência, apesar de não constar da lei, parece-nos necessária à correcta apreciação da redução projectada. Contudo, a jurisprudência terá uma palavra a dizer sobre a exigibilidade do balanço como instrumento necessário da deliberação e da respectiva certificação por especialista independente[701].

Destinando-se à cobertura de prejuízos, a redução do capital social corresponde ao reconhecimento de uma dada situação de facto, em princípio irreversível a curto ou médio prazo.

25.3. **Finalidades da redução do capital social**

As modalidades possíveis de redução do capital social – às quais há que acrescentar a situação pontual de uma operação especial ou complexa, que conjuga a cobertura de perdas com outro acto societário – podem corresponder, em si, aos fins que a operação pretende prosseguir ou satisfazer outros propósitos que podem estar associados ao recurso a esta alteração estatutária. A esses fins nos vamos referir em seguida.

[701] Sobre esta questão, que retomamos adiante (*infra*, n.º 26.2.3), cfr. obra citada na nota 626.

25.3.1. *Redução do capital para extinguir obrigações de entrada*

Quando considere desnecessário, atendendo aos fins propostos, o cumprimento de parte das obrigações de entrada dos sócios – que tenham sido diferidas –, a sociedade não pode, sem mais, declarar não pretender receber essas entradas, pois a isso se opõe claramente o artigo 27.º, n.º 1[702]. No entanto, esta disposição legal – que se encontra ainda na sua redacção originária, recorde-se – admite precisamente uma excepção (na sua parte final), que corresponde à deliberação de redução do capital social com vista à extinção dessas obrigações. Isto é, só através de redução do capital social poderão as obrigações de entrada ainda por cumprir ser extintas. Tal medida faz todo o sentido se os sócios concluem que os meios que ainda não realizaram (já) não são necessários ao adequado exercício da actividade societária

Esta excepção depara, hoje – após a modificação de regime de 2007 –, com a dificuldade de o legislador ter transportado para o número 4 do artigo 95.º uma regra que, constando anteriormente da alínea b) do número 4 do mesmo preceito (na qual fazia todo o sentido, aliás), se aplicava exclusivamente à redução para cobertura de perdas. Não distinguindo acerca da modalidade em causa, o disposto no número 4 do artigo 95.º é, hoje, aparentemente aplicável a qualquer operação de redução do capital, impedindo que esta possa exonerar os sócios da suas obrigações de liberação do capital, ainda por realizar, em flagrante contradição com a excepção prevista no artigo 27.º, n.º 1. *Como resolver então a situação*?

Impõe-se, em nossa opinião, uma interpretação restritiva do disposto no artigo 95.º, n.º 4, considerando que a exigência nele estabelecida não se aplica à redução para libertação de excesso de capital, porque não faria sentido impor que os sócios realizassem primeiro, para em seguida reduzirem, sem entraves. A medida deverá, pois, continuar a ser privativa da redução para a cobertura de perdas, onde tem pleno sentido.

A concluir este aspecto, impõe-se verificar se a redução para extinção de obrigações de entrada está sujeita a regras próprias.

Tem aqui pleno cabimento um princípio geral de Direito societário, que é o princípio da igualdade de tratamento dos sócios – com o qual a redução de capital (promovida com esta finalidade) tem de se conciliar –,

---

[702] *«São nulos os actos da administração e as deliberações dos sócios que liberem total ou parcialmente os sócios da obrigação de efectuar entradas estipuladas,* ***salvo no caso de redução do capital****»* (negrito nosso).

para que não sejam extintas apenas algumas obrigações, designadamente daqueles sócios que até à data não tivessem realizado as suas entradas (ainda que sem estarem em mora)[703].

Uma solução possível, com vista a evitar situações de desigualdade, consistirá em impor a medida de redução de capital, para além da projectada extinção das obrigações de entrada, «de modo a ficarem libertas importâncias que permitam, por meio de restituições, igualar todos os sócios».[704]

Na perspectiva do sócio, a extinção das obrigações de entrada, que representam dívidas suas à sociedade, equivale à restituição do capital investido, traduzindo-se num aumento do seu património líquido.

25.3.2. *Redução do capital social para compensar a depreciação de bens do activo*

O Código das Sociedades Comerciais não diz o que se deve entender por perda, nem por prejuízo, como já vimos.

No silêncio da lei, julgamos ser de admitir a redução do capital para compensar prejuízos resultantes da desvalorização dos bens do activo, a qual é equivalente à redução motivada por perdas de gestão, visando apenas adequar o montante do capital social ao património social líquido, cuja diminuição de valor não foi consequência da actividade económica da sociedade, mas de circunstâncias que lhe são exteriores.

25.3.3. *Outras finalidades da redução de capital*

25.3.3.1. *Saneamento financeiro e revitalização: operação harmónio*

Algo paradoxalmente, a redução de capital pode ser indispensável para a sociedade conseguir meios destinados à prossecução da sua actividade, nomeadamente quando for conjugada com um aumento de capital por novas entradas, operação que os franceses designam, expressivamente, por *coup d'accordéon* (operação harmónio).

---

[703] Muitas outras hipóteses de desigualdade seriam possíveis.

[704] Raúl Ventura, *Alterações do Contrato de Sociedade* (Comentário ao Código das Sociedades Comerciais), 2ª ed., Almedina, Coimbra, **1988**, p. 322.

Operação harmónio ou *coup d'accordéon* é, pois, a operação que consiste na redução do capital seguida de um aumento que permita o incremento da actividade social (cfr. art. 95.°, n.° 2, red. do DL 8/2007).

Esta operação pode justificar-se quando a redução se destina à cobertura de prejuízos, ou saneamento financeiro, mas também quando ela visa libertar capital excessivo; em qualquer das circunstâncias, previamente a um aumento do capital social por entradas em dinheiro[705], com a participação de novos sócios. No primeiro caso, os sócios procuram limpar os prejuízos que se acumularam, tornando a sociedade apetecível para quem nela pretender participar, subscrevendo o aumento de capital social a realizar imediatamente após a redução e articuladamente com a mesma. Na segunda situação, perante a perspectiva de abrir o capital de uma sociedade saudável a terceiros, os sócios existentes procedem a um prévio reembolso de parte do capital investido, por o mesmo não ser necessário à prossecução do objecto social, isto é, querendo expandir a actividade da sociedade, os sócios (accionistas) deliberam a sua abertura ao ingresso de novos sócios, mas recuperando previamente parte do capital que haviam investido, sem prejuízo para a sociedade, que se encontra em situação desafogada, porque o património líquido é superior ao montante do capital social.

De qualquer modo, importa assinalar que a operação harmónio se realiza com muito maior frequência nos casos em que está em jogo proceder ao prévio saneamento financeiro da sociedade a capitalizar externamente. Expliquemos um pouco mais detalhadamente a operação nesta configuração.

Se o património real da sociedade se encontrar abaixo do montante do seu capital social, por ter havido perdas, isso significa que as participações sociais estão sobrevalorizadas, isto é, o valor real das mesmas (*maxime* acções) é inferior ao seu valor nominal. Se a sociedade nada fizer, entretanto, não conseguirá captar novas adesões e contributos financeiros que lhe permitam expandir a sua actividade porque, não podendo ser as participações (acções) subscritas abaixo do par (cfr. art. 298.°, n.° 1),

---

[705] A redução (para libertação de capital excessivo) conjugada com o aumento de capital por incorporação de reservas, embora lícita, não tem sentido, nem interesse, porque, pela simples distribuição dessas reservas ou imediata incorporação das reservas existentes (no capital social), se conseguiria, em princípio, o mesmo resultado. Não se ignora que, havendo reservas suficientes para a cobertura de prejuízos, não há lugar à redução do capital (com esta finalidade).

os eventuais interessados não estão dispostos a ingressar na sociedade em condições de desigualdade relativamente aos accionistas preexistentes, cujas acções apresentam um valor nominal – em relação ao qual se determinam, em regra, os direitos sociais quantificáveis – superior ao valor real. Nestas circunstâncias, a sociedade, para captar novos capitais, deve proceder previamente à redução do capital para fazer coincidir o valor nominal das participações (acções) com o seu valor real, de modo que terceiros, que possam vir a subscrever um subsequente aumento de capital, não estejam *a priori* diminuídos no confronto com os sócios (accionistas) existentes.

25.3.3.2. *Cisão simples da sociedade*

A redução do capital pode tornar-se necessária para permitir a cisão simples de uma sociedade, a qual, segundo o artigo 123.º, n.º 1, *alínea a)*, «*não e possível se o valor do património da sociedade cindida se tornar inferior à soma das importâncias do capital social e da reserva legal e não se proceder, antes da cisão ou juntamente com ela, à correspondente redução do capital social*».

Com esta disposição, a lei pretende evitar a violação do princípio da conservação do capital social, combinando a cisão com uma redução do capital ao nível do património restante, depois do destaque.

25.3.3.3. *Redução conveniente: o artigo 35.º do Código das Sociedades Comerciais;* remissão

Finalmente, refira-se que a redução do capital social pode ter por finalidade específica repor o capital próprio da sociedade quando se encontra perdido, pelo menos, metade do capital social. Esta medida – que, no passado relativamente recente, chegou a ser necessária, como (única) alternativa à dissolução da sociedade[706] – é agora meramente

---

[706] Se a sociedade sofria perdas equivalentes a mais de metade do seu capital social, teria de recorrer à redução de capital se quisesse continuar a sua actividade, a menos que os accionistas optassem pela reintegração do capital, contribuindo com bens (*maxime* dinheiro) que permitissem recolocar o património líquido no nível correspondente a, pelo menos, dois terços do montante do capital social (art. 35.º n.º 1, na redacção originária, entrada em vigor em 2001).

Refira-se que o n.º 2 do art. 2.º do DL 262/86, de 2 de Setembro, havia feito depender a entrada em vigor do art. 35.º do CSC de diploma especial (o DL 237/2001,

opcional, para os sócios, deixando de constituir, por isso, uma finalidade autónoma e reconduzindo-se a uma possível operação para cobertura de prejuízos. Voltaremos a focar o artigo 35.º, pela sua importância conceptual – uma vez que visa solucionar uma questão essencial das sociedades comerciais, apontando para que estas não subsistam se, perdida parte substancial do respectivo capital, o mesmo não for oportunamente reintegrado ou reduzido para montante próximo do capital próprio subsistente –, aparentemente desprezada pelo legislador português.

25.4. **Interesses subjacentes à redução do capital social**

25.4.1. ***Enquadramento da questão; o interesse social***

A redução do capital social prossegue o interesse público, que exige a conformidade do capital nominal à realidade (situação líquida) da sociedade.

A redução do capital pode realizar o próprio interesse social. É o que acontece no *coup d'accordéon*. Assim, como vimos, se a sociedade necessita de um aumento de capital para poder continuar a expandir a sua actividade, mas entretanto sofreu perdas, dificilmente ela conseguirá interessar terceiros a subscreverem esse aumento se primeiramente não efectuar uma redução de capital que faça corresponder ao valor real das acções existentes o valor nominal.

Os credores, por sua vez, têm interesse em que o capital perdido seja reintegrado e não reduzido. Reintegração e redução do capital são duas operações de sinal contrário, ainda que o seu fim imediato possa ser idêntico: o (r)estabelecimento da paridade do capital social e do património líquido.

Pela reintegração os sócios realizam entradas (em dinheiro fresco), elevando o património até ao nível do capital social; pela redução (*maxime* por perdas) os sócios reduzem o capital social até ao nível do

---

de 30 de Agosto) e que, para obviar à não aplicação desta disposição, o Código tinha criado uma norma transitória (inicialmente o art. 523.º e, posteriormente o art. 544.º), exclusivamente aplicável às sociedades anónimas, a qual havia caducado com a entrada em vigor do art. 35.º. Esta teve por finalidade – entretanto, infelizmente, prejudicada – credibilizar as sociedades comerciais e proteger os interesses de terceiros que com elas se cruzam e que acreditam, legitimamente, na cifra numérica constante e imutável em que se traduz o respectivo capital.

património subsistente. Como o capital social é a garantia dos credores, na medida em que a sociedade só poderá distribuir lucros aos sócios ou accionistas se o património exceder o capital social (eventualmente acrescido das reservas legais entretanto constituídas), facilmente se compreenderá que os credores têm um especial interesse na primeira operação e em nada beneficiam com a redução do capital[707], que diminui o nível de exigência para distribuição lícita de bens na sociedade, salvo se a mesma for articulada com uma operação de aumento, que permita repor os respectivos capitais próprios.

25.4.2. *Os interesses dos sócios e accionistas*

Os grandes beneficiados com a redução do capital são, porém, os sócios (ou os accionistas), qualquer que seja a finalidade da operação. Por um lado, a redução do capital excessivo permitir-lhes-á receber os bens sociais que forem desafectados da actividade da sociedade; por outro lado, a redução destinada a compensar perdas, ao adequar o capital ao património social, facilitará a realização de lucros de exercício distribuíveis (aos sócios ou accionistas).

25.4.3. *Diminuição das garantias de terceiros*

A diminuição do capital social pode, como vimos anteriormente, lesar os interesses de terceiros uma vez que acarretará uma diminuição da sua garantia.

Até ao início de 2007 (17 de Janeiro, *inclusive*), a protecção dos credores exigia que a execução da deliberação de redução do capital estivesse, em regra, dependente de autorização judicial (cfr. art. 95.º, na redacção originária)[708], admitindo a lei que, mesmo em caso de redução

---

[707] Vd. Fenghi, «Studi in tema di riduzione del capitale», in *Rivista delle Società*, anno XV, 1970, pp. 1169-1170.

[708] A autorização judicial era dispensada se a redução se destinasse apenas à compensação de perdas (cfr. art. 95.º, n.º 3, na red. anterior)

No regime legal anterior, a decisão judicial que autorizava a redução do capital era, na perspectiva de Pinto Furtado (*Curso de Direito das Sociedades*, 2ª ed., Almedina, Coimbra, **1986**, p. 311), «uma formalidade habilitante de ulterior celebração da escritura pública» que alterava o contrato. Esta disposição legal parece ser *a priori* taxativa (cfr. com a *alínea a)* do n.º 1 do mesmo artigo), inviabilizando outras formas de redução do

para cobertura de perdas, em certas circunstâncias, os credores se pudessem opor à operação (cfr. art. 1487.º-A do CPC, na red. anterior).

A alteração do regime da redução do capital, recentemente determinada pelo Decreto-Lei n.º 8/2007, de 17 de Janeiro, liberalizando totalmente a execução da redução do capital[709], que deixa de se encontrar sujeita ao controlo de uma entidade externa, de natureza judicial, administrativa ou outra, vem pôr em causa os interesses dos credores, os quais não se podem opor à operação, inviabilizando-a, quando se justificar, mas apenas procurar impedir ulterior distribuição de bens enquanto a satisfação dos respectivos créditos não estiver acautelada (cfr. arts. 96.º do CSC e 1487.º do CPC, ambos na red. do DL 8/2007).

A esta debilidade acresce a falta de obrigatoriedade de fiscalização (interna), que se verifica em certas sociedades.

25.5. Limites decorrentes da necessidade (legal) de existência de um capital social mínimo e âmbito da redução do capital

Uma vez que os artigos 276.º, n.º 3 e 201.º fixam para as sociedades comerciais um capital mínimo – de € 5.000,00 (cinco mil euros) para as sociedades por quotas e de € 50.000,00 (cinquenta mil euros), para as anónimas –, esta medida tem de ser respeitada não apenas no momento da respectiva constituição, mas também durante a sua própria vida, quaisquer que sejam as alterações a que o contrato venha a ser sujeito.

25.5.1. *Redução expressamente condicionada à efectivação de aumento do capital*

O artigo 95.º, n.º 2 (red. DL 8/2007, de 17 de Janeiro) permite a redução do capital a um montante inferior ao mínimo legal, desde que ela

---

capital. Nada obsta, porém, à cumulação das formas legalmente admitidas, desde que não haja sobreposição na sua aplicaçao.

[709] Admitíamos – na 2ª edição deste nosso livro, **2006**, p. 412, nota 481 (n.º 25.4.3) –, considerando o que havia sucedido no plano da dissolução e liquidação de sociedades, que a redução do capital se iria configurar diferentemente, convertendo-se o anterior controlo judicial em controlo de natureza administrativa (sem prejuízo de impugnação judicial dos actos das conservatórias).

seja expressamente condicionada à efectivação de um aumento de capital (condição suspensiva da redução)[710], que se deve efectivar nos sessenta dias seguintes à deliberação de redução seguida de aumento[711], colocando o capital social num montante, pelo menos, igual ao mínimo legal.

25.5.2. *Transformação da sociedade como consequência da redução do capital*

Se a deliberação de redução do capital implicar que este desça abaixo do limite mínimo legal, nem por isso ela deixa de ser válida se, na mesma ocasião, isto é, na mesma assembleia – ou ao mesmo tempo, se outra for a forma de deliberação dos sócios (accionistas) –, for deliberada a transformação da sociedade para um tipo que possa legalmente ter um capital social (mínimo) de montante inferior (cfr. art. 96.º, n.º 3, red. DL 8/2007). A sociedade anónima poderá, desse modo, transformar-se numa sociedade por quotas, cujo capital social mínimo é de € 5.000,00 (cfr. art. 201.º).

25.5.3. *Redução do capital a zero*

Caso a perda atinja a totalidade do capital de uma só vez, podendo mesmo exceder o montante do capital e traduzir uma situação líquida absolutamente negativa, importa ponderar se a nossa lei admite a redução do capital social a zero, ainda que condicionada a um ulterior aumento para o nível mínimo do capital social da sociedade comercial em causa.

Recorde-se que não existe no Código das Sociedades Comerciais uma disposição que determine a dissolução *ipso iure* da sociedade quando o capital esteja totalmente perdido.

A questão que se deve formular é, pois, a seguinte:

– *Se a lei admite a redução do capital ou a sua reintegração quando*

---

[710] A redução de capital não produz quaisquer efeitos enquanto o aumento não for executado.

[711] O art. 95.º, n.º 2 especifica o tempo máximo que deve mediar entre as duas operações individualmente consideradas, fazendo luz sobre uma particularidade (deveras importante) que havia sido esquecida pelos precedentes legislativos do art. 96.º, n.º 1 (que substituiu e ao qual corresponde *ipsis verbis*): o art. 34.º da 2ª Directiva e o art. 59.º, n.º 1 do Projecto de Código das Sociedades.

a perda é de mais de metade (pode ser inclusivamente de nove décimos ou de 99,9%), *porque não admitir essas operações* (sendo a primeira condicionada a um aumento de capital social até pelo menos o nível mínimo de existência da sociedade) *quando a perda for total?*

Inclinávamo-nos, no passado recente[712], para rejeitar conceptualmente a redução do capital social a zero, admitindo que se tratava de questão merecedora de reflexão mais ponderada.

Foi o que procurámos fazer, entretanto, tendo alterado a nossa opinião no artigo publicado no livro de homenagem ao Prof. Doutor Inocêncio Galvão Telles, por ocasião do seu nonagésimo aniversário[713], aceitando agora que a redução do capital a zero seja, excepcionalmente, possível nos casos e situações previstos na lei ou sempre que se encontrar expressamente condicionada à deliberação conjunta, e imediata realização subsequente, de aumento do capital social, isto é, sempre que a operação corresponder apenas a uma deliberação (de redução seguida de aumento do capital)[714] a formar com base numa única proposta global não cindível, a ser objecto de uma única votação[715].

A resposta negativa à questão enunciada, que dávamos anteriormente – rejeitando a operação de redução do capital social a zero, condicionada a um subsequente aumento de capital para, pelo menos, o nível

---

[712] Cfr. as nossas lições de *Direito das Sociedades Comerciais*, na 2ª edição, cit., **2006**, pp. 412 e 413 (em especial p. 413, *in fine*).

Esta questão é tradicionalmente discutida na doutrina italiana. Cfr., por exemplo, Tullio Ascarelli, «La riduzione del capitale a zero», *Rivista della Società*, ano IV, **1959** (pp. 748 e segs.).

[713] «O novo regime da redução do capital social e o artigo 35.º do Código das Sociedades Comerciais», AA.VV., *Prof. Inocêncio Galvão Telles: 90 anos. Homenagem da Faculdade de Direito de Lisboa,* Almedina, Coimbra, **2007** (pp. 1023-1078), pp. 1045-1048.

[714] Ainda que complementada por deliberação que se destine a afastar o direito de preferência legal.

[715] Continuamos a considerar óbvio que, se a perda for total, a sociedade não pode transformar-se, uma vez que nenhuma sociedade comercial pode ter um capital social igual a zero, embora não se ignore que certas sociedades se podem teoricamente constituir sem participações de capital. Temos em mente as sociedades em nome colectivo participadas exclusivamente por sócios de indústria (cfr. art. 9.º, *alínea f)*). No entanto, para poder suportar as despesas de constituição e iniciar o seu funcionamento uma tal entidade carece de financiamento.

mínimo de existência (€ 50.000,00, nas sociedades anónimas) –, baseava-se no facto de considerarmos então a deliberação de aumento de capital, nesse caso, logicamente impossível, uma vez que, pela redução do capital social a zero, se extinguiriam as participações sociais e, portanto, deliberada a redução, deixaria de haver sócios (accionistas) em condições de deliberar o aumento. Subjacente ao raciocínio exposto estava a ideia de nos encontrarmos perante duas operações factual e juridicamente distintas: a redução do capital a zero e o aumento subsequente[716].

Ultrapassada essa limitação (de natureza lógico-formal) – e aceitando agora que a redução é teoricamente possível se for condicionada a subsequente e imediato aumento do capital, o qual se considera deliberado pelos mesmos sócios que propõem o reconhecimento da perda total –, importa recordar que, no Direito da Insolvência, há regras que, pelo menos implicitamente, reconhecem essa possibilidade.

Com efeito, o Código da Insolvência admite a redução do capital para zero desde que seja acompanhada de aumento do capital para montante igual ou superior ao mínimo (legal) estabelecido para o respectivo tipo de sociedade (cfr. art. 198.º, n.º 2, *alínea a)*)[717], à semelhança e em aproveitamento do princípio estabelecido no número 1 do artigo 96.º do Código das Sociedades Comerciais, que permite a redução para montante inferior ao legalmente previsto para o tipo societário desde que condicionada a aumento a realizar nos 60 dias seguintes à deliberação de redução. É claro que, mesmo sem o Código da Insolvência o explicar, a decisão do aumento (a partir do zero) não é tomada, pelos sócios, depois da redução – os quais em certos casos, nos termos do Código da Insolvência (cfr. n.º 4 do mesmo artigo), podem até não subscrever o aumento –, mas corresponde à deliberação que consubstancia a operação harmónio, na

[716] Por isso, rejeitávamos também a solução, que alguns autores propõem, de que, apesar da redução a zero, se mantém o direito de opção no aumento de capital deliberado conjuntamente com a redução, por não serem concebíveis acções cujo conteúdo se resumisse a um direito de opção num aumento de capital, e afastávamos também a solução que se baseia na consideração de que da redução a zero poderiam resultar simples acções de fruição que disporiam do direito de voto necessário à deliberação de aumento, uma vez que, para que isso fosse possível, era, por um lado, necessário que a lei o previsse, e, por outro, que se admitisse que os antigos accionistas, agora titulares de acções de fruição, pudessem manter indefinidamente o direito de voto e o direito aos lucros de exercício.

[717] E, nessa circunstância, na condição de que, se se tivesse procedido à liquidação integral do património societário, não poderia ter subsistido qualquer remanescente a distribuir pelos sócios (cfr. art. 198.º, n.º 3 do CIRE).

qual os sócios participam com os votos de que, então, forem detentores. É também esse o momento em que deverá ser deliberada, em separado, a renúncia ao direito de preferência, se for essa a opção tomada para viabilizar a sociedade.

Conceptualmente há que aceitar que a operação (harmónio) nos termos expostos (para zero, condicionada e seguida pelo aumento de capital) é também possível, mesmo que realizada voluntariamente, considerando-se que a deliberação é uma só e que em momento nenhum nos encontramos perante uma falta absoluta de capital e, inerentemente, de sócios que do mesmo fossem os titulares ou detentores.

E assim, ainda que se conclua ser a solução consagrada em matéria de recuperação de empresa – como parte do plano de insolvência – excepcional, devendo aplicar-se nos termos e condições, e para os fins, enunciados e regulados no artigo 198.º do Código da Insolvência, não repugna admitir que a operação harmónio conduza instrumentalmente a redução do capital a zero, isto é, que este número constitua mero ponto (mínimo) de passagem.

Já não consideramos, contudo, aceitável a redução do capital para um valor negativo – para limpeza da totalidade do passivo –, se for esse o caso concreto, ainda que necessariamente acompanhado e dependente de aumento para o mínimo legal. Nessa circunstância, para conseguirmos um saneamento financeiro completo, haverá, porventura, de realizar mais do que uma operação harmónio.

25.5.4. *Coexistência de acções ordinárias e de acções privilegiadas*

Coexistindo na sociedade anónima acções ordinárias e acções com prioridade de reembolso no caso de liquidação da sociedade, interessa saber se a redução de capital deve recair apenas sobre as acções ordinárias – que poderiam ter de passar a acções de fruição (para se ressalvarem os direitos dos seus titulares como accionistas) – ou se o peso da redução deve incidir igualmente sobre as acções privilegiadas[718].

A resolução do problema – que só existe se, e enquanto, o contrato de sociedade ou o próprio título constitutivo do privilégio forem omissos

[718] Sobre esta espécie de acções, e sobre o conceito de acção, vd. a nossa dissertação de mestrado, *Os direitos especiais nas sociedades anónimas: as acções privilegiadas*, Almedina, Coimbra, **1993**, em especial pp. 141-165, e *supra*, n.ºs 19.3 e 18.3.1.

nesta matéria – passa por saber se a redução do capital põe em causa o privilégio que caracteriza as acções com prioridade de reembolso na liquidação da sociedade.

Raúl Ventura entendia que a prioridade, quanto ao reembolso do capital, é coarctada pela redução, não no momento em que esta tem lugar, mas «reportando o eventual prejuízo ao saldo da liquidação, depois da sociedade dissolvida e liquidada»[719]. E exemplificava (então em escudos): «se um accionista tem o direito de reembolsar, na altura da liquidação, o seu capital, por exemplo, em 3.000$00 com que entrou para obter uma acção, e se, na altura da liquidação, o saldo apurado permite esse reembolso, mas porque o valor nominal da acção baixou para 1.000$00, esse accionista apenas recebe prioritariamente 1.000$00 em vez de 3.000$00; o seu direito foi coarctado»[720].

Apesar de a argumentação de Raúl Ventura ser convincente, inclinamo-nos para considerar que a prioridade no reembolso do capital não é posta em causa pela redução deste. Por um lado, após a redução do capital por perdas pode vir a haver, durante a vida da sociedade (antes da liquidação), um aumento de capital (por incorporação de reservas) que reponha o montante inicial do valor nominal das acções, não se podendo, por isso, determinar de imediato até que ponto o privilégio é coarctado pela redução. Por outro lado, se a redução se fizer sentir exclusivamente sobre as acções ordinárias, pela diminuição do seu valor nominal, elas podem ser todas postas em causa, extinguindo-se. A exclusiva extinção das acções ordinárias põe em causa direitos inderrogáveis e irrenunciáveis (essenciais) dos sócios, como, por exemplo, o direito de participação nos lucros inerentes às acções (arts. 21.º, n.º 1, *alínea a)* e 294.º, n.º 1), para além de comprometer o mais essencial dos direitos individuais do accionista: o de se manter como sócio[721].

---

[719] *Alterações* cit, p. 340.

[720] Por sua vez, se houver lugar a aumento do capital por incorporação de reservas [com o consequente aumento do valor nominal das acções existentes (cfr. arts. 91.º e 92.º)], as acções com prioridade de reembolso só o são até ao limite do seu valor nominal inicial. O privilégio não pode ser entendido como uma prioridade em relação ao valor nominal que a acção tiver na altura da liquidação, mas sim em relação ao montante de capital com que o sócio entrou para a sociedade e do qual se pretende reembolsar prioritariamente.

[721] O recurso à modificação da natureza das acções ordinárias, convertendo-as em acções de fruição, não é admissível, porquanto o Código das Sociedades Comerciais não prevê expressamente tal situação.

Se a sociedade, perante as dificuldades que se analisaram, não abdica da redução do capital, então esta operação acarretará a diminuição do valor nominal de todas as acções[722], na mesma proporção, sem haver necessidade de realizar uma assembleia especial dos accionistas titulares de acções privilegiadas, pois não está em causa o seu privilégio, ainda que ele possa vir a ser, indirectamente, afectado. Todos os sócios conservam a posição relativa que detinham antes da operação.

25.5.5. *Redução do capital social posteriormente à dissolução da sociedade*

Após a dissolução da sociedade, ou contemporaneamente com ela, o capital social não pode ser reduzido, a não ser que essa operação esteja ligada à deliberação de regresso da sociedade à sua actividade normal. Nesse caso, a deliberação de redução será preparatória do regresso à actividade e estar-lhe-á condicionada (vd. art. 161.º, n.º 3, *alínea c) in fine*).

Na realidade, as operações de redução do capital são contrárias ao fim da liquidação, de apuramento do saldo e partilha dos bens remanescentes. Acresce que, no momento em que cessa toda a actividade – e em que os liquidatários se aprestam a distribuir os lucros finais existentes, liquidando a totalidade do património societário –, não é normal a sociedade realizar uma operação que corresponde a uma medida de continuidade, quer libertando capital excessivo, quer cobrindo prejuízos sociais. No primeiro caso estaria a antecipar a distribuição do saldo final e no segundo a praticar um acto que é instrumental da própria liquidação.

25.6. Regime da redução do capital social

Vamos ver agora como é que se efectua a redução uma vez deliberada, remetendo para momento ulterior a apreciação das formalidades

[722] Rejeitam-se as posições ecléticas que defendem, designadamente, o recurso à apreciação do caso concreto para resolver a questão. Vd. JUAN MAJEM MORGADES, «La reducción del capital social por perdidas cuando concurren en la sociedade anonima acciones con diversidad de derechos», *Revista de Derecho Privado*, tomo XLI, Madrid, **1957** (pp. 627 e segs.), em especial, p. 636.

desta operação de variação do capital, que analisaremos conjuntamente com as formalidades inerentes à operação inversa, de aumento do capital (cfr., *infra*, n.º 26).

25.6.1. *Formas de execução da redução*

25.6.1.1. *Enquadramento*

As formas de execução da redução do capital são os processos técnicos que, paralelamente à redução do montante do capital social, permitem assegurar a coincidência deste com a soma dos valores nominais das participações. A extinção de entradas sociais, a que os sócios estão obrigados, e a distribuição de bens também são formas de execução da redução do capital (excessivo), mas não serão apreciadas, nesta sede, com autonomia, visto já terem sido referidos os problemas que podem suscitar.

As formas ou modalidades de execução da redução são três (vd. art. 94.º, n.º 1, *alínea b)*):

- Diminuição do valor nominal das participações;
- Reagrupamento de participações;
- Extinção de participações.

Proceder-se-á à sua análise separadamente.

25.6.1.2. *Diminuição do valor nominal das participações*

A diminuição do valor nominal das acções tem como limites o valor nominal mínimo legal, de e 0,01 (cfr. art. 276.º n.º 2) – o que pode implicar a opção por outra forma de redução (por exemplo, o reagrupamento) –, e o princípio segundo o qual todas as acções têm o mesmo valor nominal (art. 276.º n.º 2); por isso, todas sofrerão a mesma diminuição, mantendo-se o equilíbrio interno da sociedade.

A título de exemplo, diga-se que, se as acções tiverem um valor nominal de e 5,00, a redução do capital social num quarto do seu valor fará baixar o valor nominal de todas as participações para € 3,75. Mas se as acções tiverem um valor nominal de € 0,01, a redução do capital social não pode ser feita pela diminuição do respectivo valor nominal (que já é o mínimo legal); ter-se-á de recorrer então a outra forma de redução.

A soma dos novos valores deve ser equivalente ao capital social e, se as acções forem documentadas, deve reflectir-se (materialmente) nos respectivos títulos, carimbando-se os títulos antigos, que passarão a mencionar o novo valor nominal, ou procedendo-se à troca por títulos novos. Caso as acções sejam escriturais, haverá que proceder a um ajuste informático, junto da entidade gestora da(s) respectiva(s) conta(s).

A eficácia da redução do capital não está, compreensivelmente, condicionada à execução desta operação puramente material, que não tem repercussões jurídicas, excepto se ocorrer o desrespeito de um comando da assembleia geral. Assim, as acções, independentemente da alteração material dos títulos em que se incorporam ou do registo em que se consubstanciam, passam a ter o valor nominal resultante da redução.

A diminuição do valor nominal das acções é a forma preferível de executar a redução do capital, pois permite manter a igualdade entre os accionistas, não suscitando dificuldades práticas na sua aplicação, para além das que decorrem de limitações legais.

25.6.1.3. *Reagrupamento de participações*

A redução do montante do capital social pode ser acompanhada da diminuição do número de acções, mantendo-se o seu valor nominal, mas o agrupamento dos títulos pode ser conjugado com a diminuição do valor nominal das acções.

O reagrupamento consiste na entrega, pelos accionistas, à sociedade dos títulos das suas acções, recebendo, em troca, títulos correspondentes a um número menor de acções, com o mesmo valor nominal ou um número inferior dos antigos títulos carimbados com a indicação de reagrupamento[723]. Por exemplo, por cada três acções, os accionistas receberao em troca uma nova acção.

À concretização deste processo de redução opõem-se duas dificuldades de ordem prática:

1.ª – No que se refere exclusivamente às acções tituladas, há que saber o que fazer relativamente aos títulos que não forem entregues à sociedade, para serem trocados ou carimbados.

[723] Vd. Raúl Ventura, *Adaptação do Direito Português à 2a. Directiva*, Lisboa, **1980**, p. 103.

2.º – Independentemente da forma de representação, há que estabelecer um critério que viabilize o agrupamento quando, em função da respectiva titularidade, o número de acções a agrupar não for divisível sem restos. Isto é, o número de acções, de que certos accionistas são titulares, pode impedir o (re)agrupamento das respectivas participações, por não lhes permitir receber um número certo de novas acções, ou porque da operação de divisão das acções antigas pelas novas há títulos (ou acções escriturais) sobrantes (há *restos* da operação aritmética), ou porque são insuficientes para converter numa nova (única) acção, impossibilitando a operação. Para evitar esta dificuldade, os accionistas têm de possuir um número exacto de acções, aptas a agrupar-se numa nova acção, ou um múltiplo daquele que possibilite a troca (das antigas pela nova).

As vias de solução destes problemas, se a sociedade não os conseguir resolver, estarão a cargo da doutrina e da jurisprudência, que devem ter sempre presente a conciliação da necessidade da operação com os direitos dos accionistas.

Em relação à primeira dificuldade, a não apresentação do título importará, a nosso ver, a anulação da participação, pois caberia ao accionista, desde que devidamente avisado, o encargo de proceder à entrega dos títulos na sociedade.

A segunda dificuldade ter-se-á de superar, concedendo aos accionistas um prazo razoável para, comprando ou vendendo acções, ficar com o número exacto que permita o reagrupamento. Decorrido esse prazo, e sabendo que as novas acções são indivisíveis (art. 276.º n.º 4), só o interesse social poderá justificar a anulação das acções sobrantes e inclusivamente do direito do accionista a permanecer na sociedade. Esta terá então de emitir novas acções que correspondam às que forem anuladas, vendê-las e entregar o produto da venda aos interessados[724].

As dificuldades de ordem prática que acabámos de enunciar e apreciar, sucintamente, impõem que este processo só seja utilizado quando os sócios o deliberarem expressamente. Ideal seria que, à semelhança do que acontece na Alemanha[725], o reagrupamento fosse meramente subsi-

---

[724] Propõe-se, pois, uma solução muito semelhante à que resulta da *Aktiengesetz* (§ 226).

[725] *AktG*, § 222 (4) 2.

diário da diminuição do valor das acções, sendo apenas admissível quando o valor nominal mínimo destas não se pudesse manter.

25.6.1.4. *Extinção de participações:*

A última modalidade de redução do capital logicamente possível e admitida por lei é a de extinção de acções, a qual se pode conjugar com o reagrupamento, isto é, pode ser necessário extinguir algumas participações e reagrupar as restantes.

A extinção de participações, como forma de execução da redução de capital, implica a destruição de todos os elementos da participação social. Este processo depara com dois limites:

- Apenas podem ser afectadas algumas acções, pois a extinção de todas as participações sociais importa a extinção da própria sociedade.
- Têm de subsistir acções cujos valores nominais somados correspondam, pelo menos, ao capital social mínimo fixado na lei (art. 276.º, n.º 3).

Estão aqui em causa a extinção de acções próprias e a amortização de acções, também já analisada.

No âmbito da sociedade anónima a lei admite a **extinção de acções próprias**, como processo de redução do capital social (art. 463.º n.º 1).

Antes da alteração do regime de redução do capital, a extinção devia recair sobre acções já adquiridas e a redução do capital, efectuada por meio de extinção de acções próprias, não dispensava a intervenção do tribunal (cfr. art. 95.º, n.ºs 1 e 2, na red. pretérita), a menos que salvaguardasse devidamente os interesses dos credores (cfr. art. 463.º, n.º 2, *alíneas a)* e *b)*)[726].

No entanto, ao eliminar a autorização judicial, o legislador deveria ter revisto o artigo 463.º do nosso Código. Não o tendo feito, certamente por lapso, permaneceu inalterada a redacção do artigo 463.º do Código das Sociedades Comerciais, perdurando uma referência, agora sem nexo, ao artigo 95.º. A eliminação genérica da intervenção judicial deixa sem

[726] A dispensa de autorização judicial seria (então) possível se a sociedade não tivesse de recorrer ao seu património ou se criasse uma reserva especial que evitasse a formação de um lucro contabilístico, com base no qual procedesse a distribuições aos accionistas (cfr. art. 463.º, n.º 2, *alíneas a)* e *b)*).

protecção os interesses dos credores, uma vez que a operação já não está condicionada, podendo realizar-se à custa de quaisquer bens e sem necessidade de constituição de reserva especial.

A **amortização** de acções é o processo de redução do capital social que consiste na extinção, contratualmente prevista, de acções que são da titularidade dos accionistas (por contraposição à extinção de acções próprias)[727].

Esta forma de extinção da participação afasta o princípio do igual tratamento dos accionistas (cfr. art. 347.º, n.º 1), consistindo no reembolso forçado das entradas que o accionista efectuou, independentemente da sua vontade, mas tendo por base «*factos concretamente definidos no contrato de sociedade*» (art. 347.º, n.º 3).

A amortização de acções provoca a sua extinção na data da redução do capital (art. 347.º, n.º 2).

25.6.2. *Eficácia da deliberação de redução e protecção de terceiros*

A eficácia retroactiva da deliberação de redução do capital está posta de lado, pois determina sempre uma diminuição da garantia dos credores, já que a redução do valor (constante) do capital social faz desaparecer do balanço perdas anteriores, permitindo à sociedade distribuir aos sócios bens que até então tinham de *cobrir* o capital social.

O registo da operação de redução – eventualmente baseada na respectiva acta – deve ser objecto de publicidade, com a finalidade de a dar a conhecer aos credores sociais[728], permitindo que estes, para assegurar os respectivos créditos, venham a impedir ou dificultar a posterior distribuição de bens pela sociedade (cfr. arts. 96.º do CSC e 1487.º do CPC, ambos na red. do DL 8/2007).

---

[727] A amortização de acções, para além de constituir uma forma de extinção do capital, pode representar uma finalidade de redução do capital em si mesma, visando, designadamente, o afastamento de accionistas em certas condições.

[728] A deliberação da redução já não é objecto de publicidade autónoma antes de executada a operação através da obrigatoriedade de registo comercial a que antigamente se encontrava sujeita (cfr. art. 3.º, n.º 1, *alínea p)* do CRCom, na red. do art. 12.º do DL 8/2007).

25.6.3. *Intervenção e tutela dos credores*

Se a redução se destinou, exclusivamente, a cobrir prejuízos, não é possível à sociedade fazer distribuição de bens aos sócios (à custa do capital reduzido), porque os mesmos não existem. Mas, ainda que esteja em causa a libertação de capital, a sociedade, na sequência da redução, só poderá fazer atribuições aos sócios – à custa de bens distribuíveis de que disponha – se os credores não tiverem, entretanto, contestado a redução (cfr. art. 96.º, n.º 3, red. DL 8/2007).

Qualquer que seja a finalidade da redução, a lei impõe agora – aparentemente como um princípio absoluto, dada a re-sistematização da matéria – que a redução só possa ser deliberada se a situação líquida da sociedade ficar a exceder o novo capital em, pelo menos, 20% (art. 95.º, n.º 1, red. do DL 8/2007)[729], o que, a aceitar-se literalmente, inviabilizaria a maior parte das reduções por perdas, que se tornariam, por definição, impossíveis quando a situação líquida da sociedade fosse negativa. Nesse caso, ainda que a redução fosse integrada numa operação harmónio, não seria possível assegurar que o novo capital, resultante de aumento, excedesse em 20% a situação líquida.

Impõe-se, pois, realizar uma interpretação restritiva do disposto na nova redacção do número 1 do artigo 95.º, considerando-se inaplicável à redução para cobertura de perdas, na qual não será possível reduzir o capital em montante superior ao dos prejuízos verificados (cfr. o princípio constante do art. 35.º, n.º 3, *alínea b)*).

Outra leitura possível, mas derrogatória do preceituado no artigo 35.º, seria a de que já não sendo necessário prevenir que a redução deliberada não exceda o montante dos prejuízos detectados – para não corresponder, na prática, também a uma redução por excesso de capital (a partir do momento em que a diminuição de capital ultrapassasse o nível do património líquido) –, a deliberação de redução deveria satisfazer, tanto quanto possível, o disposto no número 1 do artigo 95.º, conduzindo o novo capital para um nível em que a situação líquida lhe fosse superior em 20%.

No que se refere à protecção dos credores sociais, as medidas que, anteriormente, constavam das *alíneas c)* e *d)* do n.º 4 do artigo 95.º

[729] Adaptação irreflectida da antiga redacção do n.º 2 do mesmo artigo, que limitava a redução do capital nos casos em que se encontrava sujeita a autorização judicial.

(redacção originária) encontram-se agora previstas – com naturais adaptações – no artigo 96.º, n.ºs 1 e 3, na redacção do DL 8/2007, permitindo-lhes que, até um mês depois da publicação do registo da redução, requeiram «*ao tribunal que a distribuição de reservas disponíveis ou dos lucros de exercício seja proibida ou limitada, durante um período a fixar, a não ser que o crédito do requerente seja satisfeito, se já for exigível, ou adequadamente garantido*», quando ainda não o for (cfr. art. 96.º, n.º 1, red. actual).

A lei concede ao tribunal uma certa flexibilidade para, tendo em consideração os interesses dos credores, adequar as providências judiciais à situação (real) da sociedade, optando pela proibição de distribuição de reservas disponíveis ou dos lucros de exercício, ou pela simples limitação dessa distribuição (cfr. art. 96.º, n.º 3, red. do DL 8/2007), mas não podendo recusar a aplicação de providência sem que o crédito do requerente esteja assegurado.

A sociedade, por sua vez, só poderá efectuar a distribuição de reservas disponíveis ou de lucros de exercício após o decurso do mês de que os credores dispõem para actuar judicialmente, se eles entretanto não tiverem requerido nenhuma medida judicial (cfr. art. 96.º, n.º 3). Deste, modo, os credores sociais – que em regra não são prejudicados na redução que visa apenas adequar o montante do capital social ao património líquido realmente existente (e que é a garantia efectiva dos seus créditos) – devem reagir quando os sócios (accionistas), de acordo com o seu interesse pessoal, procurarem aproveitar a redução do capital para receber, a título de lucros de exercício (obtidos a partir do novo capital social), quantias que, mantendo-se o capital anterior, seriam por eles intocáveis (cfr. art. 1487.º do CPC, na red. do art. 15.º do DL 8/2007)[730].

Importa, contudo, salientar que a intervenção judicial dos credores está fortemente condicionada, só podendo ocorrer se eles, entretanto, tiverem solicitado à sociedade a satisfação do seu crédito ou a prestação de garantia adequada, sem que o seu pedido tenha sido atendido no prazo de 15 dias (cfr. art. 96.º, n.º 2). E, assim sendo, caso não o tenham feito antes da deliberação, por desconhecimento de que a mesma iria ser formada, ou se não actuaram quase imediatamente após a publicação do registo de redução, ficarão praticamente sem prazo para o fazer. Logo,

[730] Alteração efectuada no CPC, que se traduziu na revogação do art. 1487.º-A (por efeito do disposto no art. 23.º, *alínea b)* do DL 8/2007, de 17 de Janeiro) e na reformulação do respectivo conteúdo sob a forma do art. 1487.º do mesmo diploma, alterado pelo art. 15.º do DL citado.

quando o conhecimento dos credores (só) ocorre com a publicidade do registo, estes terão de reclamar os seus créditos junto da sociedade até ao décimo quinto dia subsequente para, na falta de resposta ao seu pedido, poderem requerer a medida judicial conservatória desses créditos, dentro do prazo de 30 dias[731].

De qualquer forma, em última análise, nada impede os credores de lançar mão das garantias gerais das obrigações, recorrendo, nomeadamente, ao instituto da impugnação pauliana (cfr. art. 610.º, *alínea a), in fine* do Código Civil).

25.7. **Perda de metade do capital social; o artigo 35.º do CSC**[732]

25.7.1. ***Razão de ser e evolução histórica do artigo 35.º***

25.7.1.1. *A* ratio *da norma*

Vimos já que um aspecto estrutural das sociedades comerciais consiste em determinar que actos empreender quando se encontra perdida

---

[731] A exiguidade deste termo é tão óbvia que nos dispensamos de comentários ou críticas adicionais à solução da lei vigente.

[732] O texto segue, de perto, embora de forma resumida, o nosso estudo sobre «O novo regime da redução do capital social e o artigo 35.º do Código das Sociedades Comerciais», AA.VV., *Prof. Inocêncio Galvão Telles: 90 anos. Homenagem da Faculdade de Direito de Lisboa*, Almedina, Coimbra, **2007** (pp. 1023-1078), pp. 1062-1078. Alguns aspectos, de carácter histórico, que constavam da 2ª edição deste livro (*Direito das Sociedades Comerciais,* **2006**, pp. 422-435), não foram retomados, por economia de espaço.

Sobre a actual redacção do artigo 35.º, vd. Paulo de Tarso Domingues, «Capital e património sociais, lucros e reservas», AA.VV., *Estudos de Direito das Sociedades*, 9ª ed., cit., **2008** (pp. 173-233), em especial pp. 212-218.

Anteriormente à ligeira modificação introduzida pela reforma societária de 2006, vd. os estudos de António Menezes Cordeiro, «A perda de metade do capital social e a reforma de 2005: um repto ao legislador», *ROA*, ano 65, vol. I., **2005**, pp. 45-87, de Alexandre Mota Pinto, «O artigo 35.º do Código das Sociedades na versão recente», AA.VV., *Temas societários*, IDET, n.º 2, Almedina, Coimbra, **2006** (pp. 107-151).

Embora desactualizado, vd. também Paulo de Tarso Domingues, *A perda grave de capital social (a propósito da recente entrada em vigor do art. 35.º do Código das Sociedades Comerciais)*, sep. de AA.VV., *Estudos em Homenagem ao Professor Doutor Jorge Ribeiro de Faria*, Coimbra Editora, **2003** (pp. 739-791).

uma parte substancial do respectivo capital, caso as sociedades queiram, apesar de tudo, continuar a sua actividade.

A resposta a esta questão encontra assento legal no artigo 35.º do Código das Sociedades Comerciais que, após longa hibernação[733], entrou em vigor em Setembro de 2001 (por determinação do artigo 4.º do Decreto-Lei n.º 237/2001, de 30 de Agosto) e que, desde essa altura, já conheceu quatro redacções diferentes[734].

O disposto no artigo 35.º visava, na sua redacção inicial, solucionar uma questão essencial das sociedades comerciais, não permitindo que estas subsistissem se, perdida parte substancial do respectivo capital, o mesmo não fosse oportunamente reintegrado. Assim, nos termos do número 1, na versão originária, «*os membros da administração que, pelas* ***contas do exercício****, verificassem estar perdida metade do capital social deveriam propor aos sócios que a sociedade fosse dissolvida ou o capital fosse reduzido, a não ser que os sócios se comprometessem a efectuar e efectuassem, nos 60 dias seguintes à deliberação que da proposta resultasse, entradas que mantivessem pelo menos em dois terços a cobertura do capital*» (negrito nosso).

A tardia entrada em vigor deste artigo, em 4 de Setembro de 2001, pretendeu credibilizar as sociedades comerciais e proteger os interesses de terceiros que com elas se cruzam na actividade mercantil e que acreditam, legitimamente, na cifra numérica constante e imutável em que se traduz o respectivo capital e na qual depositam natural confiança. Considerando a versão inicial do artigo 35.º, logo que uma sociedade se confrontasse com a situação (negativa) decorrente das contas do exercício,

---

[733] Recorda-se que o artigo 2.º, n.º 2 do Decreto-Lei n.º 262/86, de 2 de Setembro (diploma de aprovação do CSC), previa que a entrada em vigor do artigo 35.º viesse a ser fixada em diploma legal, o que aconteceu em 2001. Até então, o Código apenas continha uma disposição que se referia a esta matéria e que era exclusiva das sociedades anónimas: o artigo 544.º (*Perda de metade do capital*), integrado no Título VIII (*Disposições Finais e Transitórias*), que – não obstante algumas colectâneas de legislação teimarem em continuar a reproduzi-lo – caducaria com a entrada em vigor do artigo 35.º, pelo que se tornou totalmente irrelevante.

[734] Embora a última, determinada pelo DL 76-A/2006, se limitasse a uma mera alteração formal do seu número 1, uma vez que se cingiu a adaptar a nova terminologia utilizada para designar os membros do órgão executivo das sociedades com administração e fiscalização (de inspiração) germânica, eliminando a referência aos *directores* (membros do órgãos executivo do modelo de governação germânica) que – por efeito da Reforma Societária de 2006 – também se passaram a chamar *administradores*.

prestes a findar, ela deveria proceder ao seu saneamento financeiro pela entrada de capitais, a realizar pelos sócios, que mantivesse em, pelo menos, dois terços a cobertura do capital. Por vezes, a redução não constituía alternativa, visto que o capital teria de ser reduzido a zero (por se encontrar todo perdido) e, concomitante e subsequentemente, aumentado para um montante em relação ao qual as perdas acumuladas (e não cobertas pela redução entretanto efectuada) não representassem mais de um terço[735].

25.7.1.2. ***Evolução do regime legal***

Nos termos da sua segunda versão – vigente até 31 de Dezembro de 2004 e alterada retroactivamente em Janeiro de 2005 –, o artigo 35.º, n.º 1, dispunha que «*os membros da administração que, pelas contas do exercício,* verificassem *estar perdida metade do capital social* deveriam *mencionar tal facto no relatório de gestão e propor aos sócios uma ou mais das seguintes medidas*[736]*:*

a) A dissolução da sociedade;
b) A redução do capital social;
c) A realização de entradas em dinheiro que mantenham pelo menos em dois terços a cobertura do capital social;
d) A adopção de medidas concretas tendentes a manter pelo menos em dois terços a cobertura do capital social.»

Por sua vez, o número 2 do artigo 35.º (que se manteria inalterável até ao presente) esclarecia que se considerava estar «*perdida metade do capital social quando o capital próprio constante do balanço do exercício* fosse *inferior a metade do capital social*».

---

[735] A aplicação imediata do artigo 35.º, e designadamente do disposto no respectivo número 3, iria certamente provocar – a breve prazo – inúmeras situações de dissolução judicial, com consequências imprevisíveis no tecido económico-social português. Por essa razão, a redacção originária do art. 35.º viria a ser substituída, a breve trecho, por uma nova redacção aprovada pelo Decreto-Lei n.º 162/2002, de 11 de Julho, imediatamente entrado em vigor, com excepção da medida de dissolução automática prevista no n.º 4 (cuja aplicação efectiva inicialmente prevista para 2005 nunca viria a ocorrer).

[736] A lei impunha, assim, aos administradores/gerentes da sociedade que, verificada a perda de, pelo menos, metade do capital social, mencionassem tal facto no relatório de gestão e propusessem aos sócios uma solução que se traduzisse numa das hipóteses legalmente equacionadas (que analisávamos, detalhadamente, na 2ª edição destas lições (pp. 425-427).

A expressão *capital social* é, assim, utilizada no artigo 35.º com dois significados diferentes.

Com efeito, quando alude à hipótese de redução do capital (*alínea b)* do n.º 1), a lei tem em mente a alteração da cifra numérica que expressa a soma das participações dos sócios e que, por definição, é constante e inalterável pelo normal funcionamento da sociedade[737] e, em concreto, está a prever a adequação de tais participações (e do respectivo montante global) às variações patrimoniais (negativas) que, entretanto, possam ter ocorrido. Diversamente, quando o preceito menciona a perda de metade do capital social (n.os 1, proémio, e 2) está a referir-se às variações patrimoniais negativas que efectivamente ocorreram e que uma vez apuradas (no balanço) evidenciam que o património societário (inicialmente, em regra, equivalente ao capital social) sofreu diminuições em, pelo menos, 50% do seu valor. Nesta segunda acepção, a expressão *capital social* corresponde essencialmente à noção (mais lata) de capitais próprios, porque só estes variam.

O artigo 35.º pretendia impor, na verdade, a reintegração dos capitais próprios da sociedade sempre que os mesmos sofressem uma redução de tal forma significativa que, relativamente ao fecho de um exercício, se tornassem inferiores a metade do montante do capital social, evitando, designadamente, que as sociedades funcionassem em situação de manifesta subcapitalização[738]. Por isso, não teria a sociedade de realizar obrigatoriamente um aumento do capital social[739], mas apenas suprir convenientemente a situação de subcapitalização em que se encontrava, podendo fazê-lo por outras formas, designadamente, e caso o contrato de sociedade o previsse e admitisse, por recurso a prestações suplementares de capital ou a prestações acessórias de capital, no montante necessário para cobrir os prejuízos registados até dois terços do valor do capital social.

---

[737] Não pode, pois, perder-se. O que, eventualmente, diminui com actividade social é o património societário que, na fase de arranque, corresponde em regra ao capital social, isto é, à soma de todas as entradas subscritas pelos sócios.

[738] O artigo 35.º tomou por referência o disposto no artigo 17.º da Segunda Directiva Comunitária [de 13 de Dezembro de 1976 (77/91/CEE), publicada no JO n.º L26/1, de 3 de Janeiro de 1977], referente à protecção de sócios e terceiros, o qual se limita a prever que, no caso de «*perda grave do capital subscrito*» (que não pode ser mais de metade), a sociedade deverá deliberar a dissolução ou outra medida.

[739] Essa operação, aliás, nada resolveria se não fosse acompanhada de redução de capital que cobrisse as perdas registadas em dois terços.

A novidade introduzida pela segunda redacção do artigo 35.º (DL 162/2002) residia na sanção estabelecida para a persistência da situação de manifesta subcapitalização. Assim, e com efeitos a partir do ano 2005 – considerando o disposto no n.º 2 do art. 2.º do Decreto-Lei n.º 162/ /2002, de 11 de Julho –, e mais propriamente a partir da aprovação das contas de 2004, caso a situação de perda de metade do capital se mantivesse no final do exercício de 2004 (o exercício seguinte àquele em que já se verificara idêntica situação anteriormente: 2003), a sociedade considerar-se-ia imediatamente dissolvida. Tratava-se de uma situação de dissolução automática inapelável.

No entanto, esta solução legal – que foi de facto a que mais se aproximou da *ratio* do artigo 35.º, embora pudesse exorbitar, de facto, o disposto na Directiva Comunitária – não chegaria a ter aplicação, uma vez que o artigo 35.º viria a ser novamente alterado em Janeiro de 2005, com efeitos a 31 de Dezembro de 2004[740].

O Decreto-Lei n.º 19/2005, de 18 de Janeiro, aprovou a segunda alteração ao artigo 35.º – e última verdadeiramente substancial – e aplicou-se retroactivamente a 31 de Dezembro de 2004 (*inclusive*), evitando que se discutisse então a eventual aplicação prática daquela previsão de dissolução (automática).

Na revisão do artigo 35.º foi retirado do respectivo texto a eventualidade de dissolução automática da sociedade (cfr. o n.º 4, revogado), pelo que a sanção deixaria de se aplicar e de constituir uma ameaça à subsistência das sociedades em manifestas dificuldades financeiras.

O Decreto-Lei de 2005 alterou três disposições legais do Código das Sociedades Comerciais, embora uma delas (o art. 141.º) represente um efeito natural do novo regime do artigo 35.º. O artigo 141.º, na sua nova redacção (pela eliminação da *alínea f)* do n.º 1 e alteração do n.º 2), deixa de prever que a verificação da situação prevista no artigo 35.º constitua causa específica de dissolução[741].

A outra disposição legal modificada, para além do próprio artigo 35.º, foi o artigo 171.º que passou a incluir nas menções societárias

[740] Não houve, pois, tempo útil para proceder à verificação de dois exercícios, uma vez que as contas dos (segundos) exercícios, concluídos em 31 de Dezembro de 2004, ou posteriormente, só poderiam ser, por definição, aprovadas em 2005.

[741] O art. 141.º foi também objecto de alteração pelo DL 76-A/2006, de 29 de Março, mas sem que a modificação introduzida implique consequências no regime estabelecido nesta sede. Para mais desenvolvimento, cfr., *infra*, n.º 38.

externas obrigatórias a insuficiência significativa de capitais próprios (comprovada)[742]. A obrigatoriedade resultante desta disposição legal reconduz-se àquela que é, hoje, verdadeiramente a única sanção (consequência) com efeitos práticos do artigo 35.º do Código das Sociedades Comerciais. Este, apresentando na sua redacção actual três números, sofreu duas alterações, mantendo inalterado o n.º 2, que explica o que se deve entender por *perda de metade do capital social.*

25.7.2. ***Regime jurídico*** actual[743]

25.7.2.1. *Breve confronto da solução decorrente do Decreto-Lei n.º 19/2005 com os regimes anteriores*

Relativamente aos regimes anteriores, conclui-se que a dissolução deixa de ser automática e que, verificando-se a perda de, pelo menos, metade do capital social, também (já) não podem os sócios ou credores requerer a dissolução judicial da sociedade, como era possível ao abrigo da redacção inicial do (n.º 3 do) artigo 35.º.

No que se refere ao número 2 (que não foi alterado pela lei de 2005), que considera *perdida metade do capital social* quando o *capital próprio constante do balanço do exercício* não *for* de metade do capital social, mas *inferior a metade* (cfr. n.º 2). Isto é, para o legislador metade do capital social corresponde a mais de metade do capital próprio (?!), o que não deixa de constituir um absurdo, ainda que sem grandes consequências de ordem prática, visto que a dúvida só se colocaria se a sociedade perdesse exactamente metade do seu capital próprio, o que apenas se perspectiva como hipótese académica. Então, de acordo com essa disposição legal, não se encontraria perdida metade do capital social. Por razões de elementar bom senso, somos de opinião que haveria todas as vantagens em rectificar essa diferença, que não terá sido devidamente ponderada.

---

[742] O art. 171.º foi também objecto de alteração pelo DL 76-A/2006, de 29 de Março, mas o seu n.º 2, onde se projectava a modificação determinada pelo DL 19/2005, de 19 de Janeiro, manteve-se inalterado.

[743] O presente texto teve, neste número, como ponto de partida três dos nossos artigos publicados no Diário Económico (26 de Janeiro, 2 e 9 de Fevereiro de 2005), escassos dias após a substancial alteração do artigo 35.º.

25.7.2.2. *A nova redacção do artigo 35.º*[744]

Na sua versão actual[745], o artigo 35.º tem um conteúdo programático, impondo aos titulares dos órgãos sociais que tomem determinadas medidas, mas não estabelecendo quaisquer consequências para a falta de aprovação dessas medidas. Assim, sempre que os gerentes ou administradores tiverem conhecimento de que ocorreu a perda de metade do capital social – através de um balanço (de exercício ou intercalar) ou, simplesmente, pelos elementos de que dispõem –, eles deverão convocar ou requerer a convocação da assembleia geral, para informar os sócios da situação e estes poderem tomar as medidas que considerarem adequadas. Se o conhecimento da perda ocorrida se verificar apenas com o fecho (interno) de contas, faz todo o sentido que seja a assembleia geral anual a pronunciar-se sobre a situação, em ponto autónomo para o efeito incluído no aviso convocatório. Também se afigura pertinente que a questão seja objecto de discussão após a aprovação do relatório de gestão e das contas do exercício – e ainda no âmbito desse ponto da ordem de trabalhos –, embora nada impeça que o assunto seja agendado para momento ulterior da mesma assembleia (geral anual), devendo então ser discutido, nomeadamente, após a apreciação da administração e da fiscalização da sociedade.

Em qualquer caso, do aviso convocatório têm de constar, pelo menos, as hipóteses de *deliberação pelos sócios* de *dissolução da sociedade*, *redução do capital social* e de *realização de entradas para reforço da cobertura do capital* – o que constitui, na prática, uma contrariedade para sociedade, que se vê obrigada a revelar publicamente que a sua situação financeira e patrimonial é débil –, sem prejuízo de o presidente da mesa poder acrescentar, a pedido ou por *motu proprio*, outras soluções para a situação em que se encontra a sociedade.

Exemplifique-se com a redacção da ordem de trabalhos de uma convocatória de assembleia geral de sociedade anónima destinada a informar os accionistas da perda de mais de metade do capital social e a propor medidas de correcção dessa situação, que inclua referência aos

[744] Retomamos, neste número, com ligeiras modificações o nosso recente estudo sobre «O novo regime da redução do capital social», cit., **2007** (pp. 1023-1078), pp. 1070-1075.

[745] Que, não obstante ter sido alterada pelo DL 76-A/2006, de 29 de Março (art. 2.º), se manteve substancialmente igual à redacção resultante do DL 19/2006. Cfr., *supra*, nota 734.

assuntos que devem ser obrigatoriamente objecto de deliberação pelos sócios (cfr. art. 35.º, n.º 3):

Convocatória

Nos termos da lei e do contrato de sociedade, são convocados os senhores accionistas para reunirem em assembleia geral no próximo dia [%] de [%] de 2010, pelas [%] horas, na sede social, sita na Rua [%], Lisboa, com a seguinte ordem de trabalhos:

1. Informações do conselho de administração sobre a situação financeira da sociedade;
2. Deliberar sobre o aumento do capital social, reservado aos actuais accionistas, no montante de € 2.400.000,00 (dois milhões e quatrocentos mil euros) – de € 2.400.000,00 (dois milhões e quatrocentos mil euros) –, a realizar, por entradas em dinheiro e mediante a emissão de 2.400.000 novas acções (ao portador), com o valor nominal unitário de € 1,00;
3. Caso não seja aprovada a proposta de aumento de capital, deliberar sobre outras eventuais medidas a adoptar pelos accionistas nos termos e para os efeitos do disposto no artigo 35.º do Código das Sociedades Comerciais, designadamente:
   a) A dissolução da sociedade;
   b) A redução do capital social para montante não inferior ao capital próprio da sociedade, com respeito, se for o caso, do disposto no n.º 2 do artigo 95.º do referido Código;
   c) A realização de entradas para reforço da cobertura do capital;
   d) Outras medidas destinadas a cobrir em, pelo menos, metade o capital social.

Vejamos então, sucintamente, as diversas medidas previstas no número 3 do artigo 35.º.

A primeira situação (**dissolução da sociedade**) não suscita especiais dificuldades, para além dos requisitos formais a observar para a válida formação da deliberação social, designadamente em termos de *quorum*. Conduzindo à cessação da actividade da sociedade, ela terá por efeito principal a antecipação da partilha e, nalguns casos, nomeadamente nas sociedades que a posição dos sócios é absolutamente paritária (50%/50%), poderá revelar-se ser uma solução adequada.

A **redução do capital** social deve ser decidida para montante não inferior aos capitais próprios, para se evitar reduzir simultaneamente o capital para libertação de excesso, diversamente do que agora decorre do disposto no número 1 do artigo 95.º, que já vimos não poder ser aplicável à redução para cobertura de perdas (cfr. art. 35.º, n.º 3, *alínea b)*). Isto é, o capital pode reduzir-se em conformidade com as perdas registadas ou em montante inferior – o que acontece sempre que as perdas já superam o seu valor –, mas não em montante superior.

Por fim, no que se refere à **realização de entradas para reforço** da cobertura **de capital** (cfr. art. 35.º, n.º 3, *alínea c)*) as mesmas deverão ser susceptíveis de contabilização como capital próprio, podendo consistir em prestações suplementares ou prestações acessórias de capital, embora devam processar-se preferencialmente no âmbito de uma operação de aumento do capital em dinheiro.

Quanto ao montante do capital a reintegrar, a lei (já) não exige que o capital social seja coberto em, pelo menos, dois terços, sendo suficiente, desde 2005 (*inclusive*) que os capitais próprios sejam recolocados acima da metade do capital social, para a sociedade deixar de se enquadrar no artigo 35.º.

Importa chamar a atenção para o facto de o aumento do capital não sanar com facilidade a situação de subcapitalização em que se encontra a sociedade, porque à entrada de dinheiro fresco corresponde um aumento da cifra do capital social, suscitando-se o problema da compatibilização dos (novos) capitais próprios com o montante do capital social, que é aumentado na mesma medida. Isto é, se estivessem perdidos dois terços do capital social (ou dos capitais próprios) o aumento teria de ser num valor suficiente para que os fundos próprios (já existentes e resultantes das novas entradas) se colocassem num montante correspondente a mais de metade da nova cifra do capital social, cuja variação é exactamente da mesma amplitude que a dos capitais próprios. Por isso, o problema pode ser praticamente inultrapassável se, em vez de se encontrarem perdidos dois terços do capital social, este estiver reduzido a zero ou a situação líquida for absolutamente negativa, registando perdas superiores ao montante do capital social, como por vezes acontece[746]. Nesse caso, para repor o capital social perdido num montante superior a metade do valor resultante da operação, seria necessário injectar importâncias muito significativas.

[746] É essa a situação que o art. 35.º pretende evitar.

Em qualquer circunstância, a reposição para montante, pelo menos, superior a metade do capital resultante do aumento implica a aplicação da seguinte fórmula:

Situação líquida + x > 1/2 (Capital social + x) x é o valor do aumento

Se a sociedade optar por uma operação harmónio, então os inconvenientes apontados podem mesmo desaparecer, se a redução cobrir na totalidade as perdas registadas.

E que postura devem os sócios e accionistas adoptar na assembleia geral?

A lei não o diz explicitamente, mas da leitura do artigo 35.º pode concluir-se que eles não são sequer obrigados a tomar qualquer iniciativa e muito menos qualquer deliberação, podendo decidir, por maioria simples – ou até, minoritariamente, se a deliberação estiver dependente de maioria qualificada –, rejeitar as propostas da administração ou não as aprovar e nada fazer.

Na realidade, não há quaisquer consequências legais directas quando se verifica uma situação de insuficiência de capitais próprios, para além da obrigatoriedade de divulgação dessa situação, em simultâneo com a alteração das menções externas.

Sendo o contrato de sociedade habitualmente omisso sobre as medidas a tomar em caso de insuficiência de capitais próprios – embora o pudesse fazer, cominando, eventualmente para tutela dos sócios (accionistas), sanção aplicável à vicissitude descrita –, caberia à lei determinar as consequências aplicáveis a essa situação, bem como os actos a praticar para a solucionar.

E o que faz hoje a lei?

Limita-se a dispor que os sócios (accionistas) deverão apreciar especificamente essa situação (preocupante), quando da mesma houver percepção, devendo ser convocados com essa finalidade, para supostamente tomarem as medidas adequadas.

Reunindo-se em assembleia geral, os sócios ou viabilizam a sociedade, adoptando uma medida pertinente de saneamento financeiro, ou nada fazem, por não quererem ou, simplesmente, porque não chegam a acordo. Em qualquer circunstância, a sociedade deverá passar a publicitar, conjuntamente com as demais menções externas, a sua situação financeira deficitária (cfr. art. 171.º, n.º 2, red. do art. 1.º do DL 19/2005, de 18 de

Janeiro). Se não o fizer, apesar de legalmente obrigada, incorre numa coima que pode atingir a quantia (máxima) *exorbitante* de € 1.500,00, pelo que, em muitas situações, "o crime pode compensar" (cfr. art. 528.º, n.º 2, red. do art. 11.º do DL 8/2007, de 17 de Janeiro).

A actuação da administração ou dos gerentes, ou a sua inacção, designadamente porque não assinalam a vicissitude, é agora (novamente) sancionada nos termos do disposto no artigo 523.º do Código das Sociedades Comerciais que, sendo uma norma incriminadora, deixara de ser aplicável à inobservância do disposto no artigo 35.º, visto que havia sido criada para tutela de uma situação jurídica diferente (consubstanciada na redacção originária do art. 35.º), da que se verificava, após a primeira alteração de que o artigo 35.º foi objecto[747].

No entanto, o legislador ao aprovar a nova redacção do artigo 523.º (resultante do DL76-A/2006, de 29 de Março) só se preocupou em retirar da respectiva previsão a menção ao *director* (membro do órgão de gestão da sociedade anónima com modelo de governação de inspiração germânica), esquecendo, por um lado, que o número 2 do artigo 35.º, sobre o qual recai uma sanção e que, consequente e aparentemente, é objecto de tutela, encerra agora uma definição (*«a perda de metade do capital social»*) e (já) não prevê uma conduta, como acontecia originariamente (o dever de apresentar uma proposta à assembleia geral)[748], e, por outro lado, que a sanção – que se manteve absolutamente inalterada, relativamente à redacção inicial da norma – é agora manifestamente excessiva para a conduta que se encontra prevista na nova redacção do número 1 do

[747] Na realidade, antes de 30 de Junho de 2006, o disposto no art. 523.º do CSC (já) não era aplicável à inobservância do disposto no art. 35.º, porque a norma penal havia sido prevista para aplicação a uma situação jurídica diferente da que então se verificava, dado que o próprio artigo 35.º havia sido alterado por duas vezes. As modificações introduzidas afectaram na época irremediavelmente a *facti species* do art. 523.º, cujo texto em certa media até deixou de fazer sentido ao aludir ao n.º 2 do art. 35.º (que, como se sabe, deixara, entretanto, de prever qualquer conduta). Alterados os pressupostos de aplicação da norma penal, à luz do princípio da legalidade vigente em Direito Penal (*nullum crimen, nulla poena, sine lege*), deixou de ser possível aplicar a sanção estabelecida na mesma (norma incriminadora).

[748] Na redacção originária, suspensa durante muitos anos – e que seria alterada pelo DL 162/2002, de 11 de Julho –, o n.º 2 do art. 35.º tinha o seguinte texto: *«A proposta deve ser apresentada na própria assembleia que apreciar as contas ou em assembleia convocada para os 60 dias seguintes àquela ou à aprovação judicial, nos casos previstos pelo artigo 67.º»*.

artigo 35.º[749] e que se traduz no simples dever de convocar ou requerer a convocação da assembleia geral, com finalidade meramente informativa.

Estamos, pois, em condições de concluir que, de uma solução radical de dissolução automática, passamos agora para uma simples cosmética – a nível puramente epidérmico –, de projecção da situação real da sociedade na sua identidade (externa) quando a mesma for francamente negativa do ponto de vista económico-financeiro e, não obstante, a sociedade revelar condições de solvência, eventualmente por crédito pessoal dos respectivos sócios, para se manter em actividade.

O novo regime legal aplicável à perda de, pelo menos, metade do capital social, representando um claro retrocesso na matéria e no desenvolvimento de um princípio fundamental como é o da intangibilidade do capital social, traduz-se num mero conjunto de bons princípios que a sociedade já poderia adoptar, voluntariamente, desprezando totalmente a protecção dos credores sociais e dos sócios minoritários e não prevendo o ressarcimento de uns e outros caso venham a ser prejudicados por confiarem erradamente na aparência externa da sociedade, o que acontecerá se esta não proceder à divulgação da sua situação de insuficiência de capitais próprios, apesar de legalmente obrigada a fazê-lo.

Nesse caso, e uma vez que a eventual coima reverte para o Estado (Instituto dos Registos e Notariado, I.P.), impõe-se apurar quem é responsável por indemnizar o *credor* – que, com mais razões do que nunca, confia nas menções externas da empresa com que se relaciona, contratando com uma sociedade que, diferentemente do que aparenta(va), se encontra em má ou péssima situação financeira – e um *sócio minoritário* que, nada podendo fazer, por não dispor de votos suficientes para o efeito, se vê envolvido e vê o seu (bom) nome arrastado pelo descalabro financeiro da sociedade e pelos prejuízos que este possa acarretar, designadamente ao seu crédito e reputação.

A resposta terá de se encontrar no beneficiário do produto das coimas, designadamente em sede de responsabilidade por omissão de actos legislativos.

[749] E que é a resultante do DL 19/2005, de 18 de Janeiro, ligeiramente retocada – nos termos já mencionados – pelo DL 76-A/2006, de 29 de Março.

25.7.3. *A aplicabilidade do artigo 35.º às empresas públicas*

Importa também saber se o artigo é aplicável às empresas públicas – as quais se podem definir hoje como empresas cujo capital seja total ou maioritariamente pertencente ao Estado ou a entidades públicas infra-estaduais, ainda que adoptem a forma societária[750] – ou se estas entidades estão a coberto do dever de regularização dos respectivos capitais próprios.

Quanto às consequências do impacto do artigo 35.º do Código das Sociedades Comerciais nas empresas do Estado ou nas sociedades que por ele são maioritariamente participadas, há que deixar claro que não estamos perante uma questão de qualificação jurídica, mas em face da eventual aplicabilidade de um determinado regime jurídico. Isto é, não importa discutir se se justifica ou não a aplicação do artigo 35.º a certas empresas públicas, designadamente às que integram o sector empresarial do Estado, mas verificar se, em conformidade com o respectivo regime jurídico e com os respectivos estatutos, faz, ou não, sentido sujeitar tais empresas ao disposto no art. 35.º[751].

Sem prejuízo de uma análise mais detalhada sobre a natureza, classificação e regime aplicável a tais empresas, importa reter a ideia que, de forma geral – e sem excepção específica conhecida –, o regime jurídico do Código das Sociedades Comerciais se aplica a tais empresas, salvo nos aspectos em que contrariar ou divergir significativamente do Regime

[750] Com efeito, as leis portuguesas do final do séc. XX (sobretudo a Lei-Quadro de 1999) redesenharam o conceito de empresa pública, aproximando-o claramente do modelo anglo-saxónico que tende a prevalecer no âmbito da União Europeia e que caracteriza tais entidades essencialmente pela propriedade do capital. No conceito genérico de empresa pública cabem agora também as sociedades de capitais públicos ou maioritariamente públicos.

[751] A resposta à questão não se encontra, pois, no artigo 35.º, mas sim no regime jurídico específico de tais empresas. E a este propósito convém salientar que a lei tende a esbater a diferença entre o regime das empresas públicas e o das sociedades comerciais, deixando de marcar com nitidez uma separação entre as empresas públicas do sector empresarial do Estado (que visam fundamentalmente satisfazer necessidades colectivas cuja exploração económica é deficitária, as hoje designadas «*empresas públicas encarregadas da gestão de serviços de interesse económico geral*») das empresas, nacionais ou locais, de capitais públicos ou maioritariamente públicos, cuja lógica é (ou deve ser) puramente de mercado (desde as entidades públicas empresariais, passando pelas empresas municipais, intermunicipais ou locais até às sociedades anónimas de capitais públicos, que apenas se distinguem das demais pela natureza do seu único ou principal accionista).

Geral do sector empresarial do Estado (empresas públicas nacionais) [Decreto-Lei n.º 558/99, de 17 de Dezembro (art. 7.º, n.º 1)] ou da Lei-Quadro das empresas públicas locais [Lei n.º 53-F/2006, de 29 de Dezembro (art. 6.º)].

Consideramos que os princípios inerentes à conservação do capital social constantes do Código das Sociedades Comerciais não chocam com os princípios aplicáveis às empresas púbicas, encontrando-se aflorados, quando não desenvolvidos, nos respectivos regimes jurídicos gerais, acima referidos. Os interesses subjacentes – e isto é o que se afigura ser particularmente relevante – são os da protecção da empresa e, reflexamente, dos respectivos credores, entre eles avultando a intangibilidade do capital social como princípio também estruturante das empresas públicas que, nessa medida, não podem, nem devem, beneficiar de um regime mais suave do que o aplicável aos demais agentes económicos organizados sob forma societária.

25.7.4. *O artigo 35.º como norma "quase vazia"*

O artigo 35.º constitui uma regra de verdade, que se pode resumir no seguinte: uma empresa deve ter uma dimensão próxima daquela que sugere ou inculca ao mercado, pelos seus sinais externos imediatos (como é o caso da referência ao capital social). Quando ela se encontra subcapitalizada, há que procurar superar essa situação, promovendo as medidas de saneamento financeiro ou reforço dos capitais que se justificarem e forem possíveis. E nessas medidas não cabe certamente o recurso a disponibilidades que os sócios ou accionistas possam recuperar à custa da situação líquida da sociedade. A afectação de meios deve ser feita com carácter duradouro e consistente, de forma a viabilizar a empresa em dificuldades.

Importa realçar que, numa perspectiva exclusivamente jurídico-societária, nada impede o accionista Estado de realizar prestações acessórias de capital, contribuindo desse modo para viabilizar as empresas de que é o único ou principal sócio. Tal medida não será seguramente anti-concorrencial, não se enquadrando em auxílios proibidos (aliás especificamente condenados pela própria Lei-Quadro).

No entanto, o artigo 35.º está hoje reduzido à obrigatoriedade de informação a ser prestada pelo órgão de gestão e de convocação de assembleia geral para eventual decisão sobre medidas a adoptar. Se os accionistas nada fizerem, podendo nem sequer comparecer na assembleia geral, a sociedade deverá continuar a funcionar subcapitalizada até onde puder, admite-se.

Desconhece-se o que é que a sociedade, incluindo os respectivos membros dos órgãos sociais, deve fazer posteriormente – em caso de falta de medidas adequadas que a viabilizem – se a situação se mantiver inalterada ou sofrer natural agravamento; e, designadamente, quando é que os membros da administração deverão voltar a suscitar um problema que é (passou a ser) do conhecimento dos sócios.

A agravar este cenário, acresce uma óbvia desconformidade do actual regime legal com o conteúdo da Segunda Directiva Comunitária aplicável a esta matéria. Com efeito, o artigo 17.º, n.º 1 da Directiva 77/91/CEE do Conselho, de 13/12/1976, determina que «*no caso de perda grave do capital subscrito deve ser convocada uma assembleia geral* – à semelhança do que prevê o n.º 1 do artigo 35.º do nosso Código – *para examinar se a sociedade deve ser dissolvida ou se deve se adoptada qualquer outra medida*».

Ora, a nossa lei não prevê, como vimos, a obrigatoriedade de adopção de qualquer medida reparadora da perda grave, mas apenas impõe que a assembleia seja convocada para que os sócios informados tomem as medidas julgadas convenientes (art. 35.º, n.º 1, *in fine*). E aqui reside a subtileza. Aparentemente decorre do preceito que os sócios deverão fazer alguma coisa, mas se não o fizerem – por não considerarem conveniente fazê-lo –, a sua inércia não será sancionada e tudo continuará como antes da convocatória da assembleia geral.

26. **Decisão, formalidades específicas e execução das operações de variação do capital**; *remissão*[752]

São duas, como vimos, e de sentidos opostos, as operações que designamos de variação do capital social: aumento e redução[753]. Contudo, ambas provocam uma alteração do contrato de sociedade, precisamente

---

[752] Sobre esta matéria vd. RAÚL VENTURA, *Alterações do Contrato de Sociedade*, 2ª ed. (Comentário ao CSC), Almedina, Coimbra, **1988.**

[753] Sem prejuízo de se poderem encadear, na chamada operação harmónio ou acordeão, realizada com a finalidade de sanear financeiramente a sociedade, ou de poderem constituir uma única operação complexa.

pela modificação desse elemento fundamental de referência da medida da responsabilidade da sociedade relativamente a terceiros e, nomeadamente, perante os seus credores.

As variações do capital ocorrem, naturalmente, em vida da sociedade e constituem espécies do género *alterações do contrato* – cuja apreciação se fará, de forma resumida, a propósito do funcionamento da sociedade (cfr., *infra*, n.ºs 34 e 35) –, encontrando-se sujeitas a alguns procedimentos comuns e apresentando, relativamente às alterações em geral, algumas especificidades.

Tendo exposto a matéria do aumento e da redução do capital social, a propósito deste elemento fundamental do contrato, consideramos que, sem prejuízo da análise que fazemos no âmbito do funcionamento da sociedade, tem sentido chamar sucintamente a atenção, neste local, para as diferenças pontuais que, porventura, existam entre as variações do capital e as alterações em geral do contrato de sociedade.

26.1. **Competência**

Nesta matéria haverá que distinguir o aumento do capital por entradas em dinheiro das demais operações sobre o capital, uma vez que, nas sociedades anónimas, o contrato pode reconhecer à administração a competência cumulativa para deliberar o aumento de capital por entradas em dinheiro, o que pode fazer por uma ou mais vezes em prazo não superior a cinco anos.

Importa também salientar que a autorização é cumulativa, no sentido de que, não obstante ser contratualmente concedida, os accionistas não perdem a faculdade de também deliberarem o aumento até esse montante ou para montante superior.

Todas as demais operações sobre o capital, nelas incluídas todas as formas de redução, são da exclusiva competência dos sócios ou da assembleia geral, correspondendo à competência específica e exclusiva deste órgão (cfr. arts. 246.º, n.º 1, *alínea h)*, e 373.º, n.º 2, I parte).

26.2. **Aprovação do projecto de alteração**

A proposta ou projecto de alteração é frequentemente da iniciativa da gestão (gerência ou administração) – quando esta verifica ser necessário a sociedade reforçar o seu capital ou cobrir prejuízos, ser adequado incorporar reservas ou reembolsar capital excessivo ou conveniente projectar uma operação harmónio –, embora possa resultar de proposta de sócios ou accionistas, a cuja apreciação, em qualquer circunstância, ele deverá ser submetido, em assembleia geral convocada ou reunida para o efeito[754].

26.2.1. *Convocação dos sócios*

A convocação da assembleia geral com vista a deliberar o aumento ou a redução do capital deve ser feita nos mesmos termos da convocação destinada a deliberar qualquer alteração do contrato, acrescida dos requisitos próprios da modificação contratual em causa. Assim, os avisos convocatórios devem mencionar a finalidade e a forma da alteração projectada, para além das cláusulas a alterar e dos textos que se propõem substituí-las ou indicação de que estes se encontram ao dispor dos sócios na sede social, para consulta, sob pena de anulabilidade da deliberação (vd. arts. 377.º, n.º 8, 94.º, n.º 1 e 58, n.º 4 *alínea a)*)[755]. Vejamos um exemplo:

GRANDIMÓVEL – ACTIVIDADES IMOBILIÁRIAS, S.A.
Travessa de São Bernardino, 62, Lisboa
Capital social: e 5.000.000,00
Matriculada na C.R.Com. Lisboa sob n.º (único de matrícula e de pessoa colectiva) yyy yyy yyy

CONVOCATÓRIA

Nos termos da lei e do contrato de sociedade, são convocados os accionistas para reunir em assembleia geral no próximo dia 13 de Maio de 2010, pelas 10 horas, na sede social, com a seguinte ordem de trabalhos:

1. *Deliberar sobre o aumento do capital social, reservado aos actuais accionistas, no montante de € 1.000.000,00 (um milhão de euros), de € 5.000.000,00 (cinco*

[754] Constitui excepção, como referido, o aumento do capital social por entradas em dinheiro, o qual, quando contratualmente autorizado, pode ser objecto de decisão pelo órgão de gestão.

[755] O n.º 2 do art. 94.º determina que, se a redução não incidir igualmente sobre todas as participações, devem ser especificadas aquelas sobre as quais a operação incide.

milhões de euros) para € 6.000.000,00 (seis milhões de euros), a realizar, por entradas em dinheiro, e mediante a emissão de 200.000 novas acções (ao portador), com o valor nominal de € 5,00;

2. (...).

Em conformidade com o disposto no art. 377.°, n.° 8 do CSC, e para os devidos efeitos, informa-se que, em caso de aprovação da deliberação de aumento do capital, a respectiva execução provocará o ajustamento inerente nos estatutos no que respeita ao montante do capital social e ao número de acções (artigo quarto do contrato de sociedade), ficando o texto do artigo a alterar à disposição dos accionistas, no local da realização da assembleia e sede da sociedade, a partir da presente data.

Lisboa, 1 de Abril de 2010

O Presidente da Mesa da Assembleia Geral,

a)

26.2.2. *Reunião e deliberação dos sócios*

No que se refere à constituição da assembleia (*quorum* constitutivo), as operações de variação do capital não têm quaisquer particularismos relativamente às demais alterações do contrato.

Do mesmo modo, o Código das Sociedades Comerciais não contém regra especial sobre a competência e a maioria para a deliberação de aumento ou redução do capital, sendo por isso aplicáveis as normas respeitantes às alterações dos estatutos em geral (arts. 85.°, 265.°, 386.°, n.° 3 e 383.°, n.° 2) e as normas que regulam o funcionamento da assembleia da sociedade anónima (arts. 373.° e segs., e 248.°, n.° 1), para além das especificamente criadas para estas variações do capital social (cfr. arts. 87.° e segs., 266.° e segs. e 46.° e segs.), mas que em matéria de *quorum* não apresentam especificidades significativas.

Refira-se apenas, nesta sede, que as deliberações de aumento e redução de capital implicam forçosamente a alteração da cláusula estatutária que consignava o montante do capital social, a qual é substituída por uma cláusula semelhante, se bem que com uma outra cifra.

26.2.3. *Desnecessidade de autorização judicial e documentos de suporte*

A diminuição do capital social pode, como vimos anteriormente, lesar os interesses de terceiros, uma vez que acarretará uma diminuição da sua garantia[756].

---

[756] Por isso, embora a autorização judicial (já) fosse dispensada se a redução se destinasse apenas à compensação de perdas (art. 95.º, n.º 3, red. originária), a protecção dos credores exigia que a execução da deliberação de redução do capital estivesse, em regra, dependente de autorização judicial (cfr. art. 95.º do CSC, na red. do DL 262/86, de 2 de Setembro), – a obter-se nos termos do Código do Processo Civil (arts 1487.º e 1487.º-A, ambos na redacção do DL 329-A/95 de 12 de Dezembro), no âmbito de um processo de jurisdição voluntária –, que permitisse comprovar tratar-se de medida adequada que não punha em causa os interesses da sociedade, nem dos respectivos credores.

A sociedade que pretendesse reduzir o seu capital social deveria registar provisoriamente o projecto de redução na Conservatória do Registo Comercial (cfr. art. 3.º, n.º 1, *alínea p)* na redacção do DL 403/86, de 3 de Dezembro) – mediante junção de certidão da acta da deliberação – e apresentá-lo no tribunal juntamente com os documentos comprovativos da observância do disposto na lei sobre o novo capital» (cfr. art. 1487.º n.º 1 do CPC, red. do DL 329-A/95 de 12 de Dezembro).

O juiz, se considerasse demonstrados os requisitos que integravam o requerimento (e constatasse assim a viabilidade do cumprimento futuro das obrigações da sociedade), ordenava a publicação da deliberação dos sócios (art. 1487.º, n.º 2 do CPC, red. anterior). Note-se que o Código de Processo Civil se satisfazia com os documentos provenientes da sociedade sem exigir pareceres de peritos independentes (p.ex., revisores oficiais de contas), nem pareceres do conselho fiscal (e obrigando, por isso, o juiz a possuir conhecimentos de análise financeira).

Nos trinta dias seguintes à publicação, que devia ser feita no Diário da República podia «*qualquer sócio, ou credor dissidente* [isto é, aquele «que não tenha anteriormente dado o seu acordo à deliberação» (RAÚL VENTURA, *Adaptação do Direito Português à 2.ª Directiva*, Lisboa, **1980**, p. 98)], *deduzir oposição à redução*» (art. 1487.º, n.º 3 do CPC, red. do DL 329-A/95 de 12 de Dezembro); e – seguindo a opinião de SIMONETTO, «La riduzione del capitale esuberante», AA.VV., *Studi in Memoria di Tullio Ascarelli*, IV, Milano, **1969**, p. 2125 – podiam opor-se à redução não apenas os credores titulares de créditos líquidos e exigíveis, «mas também os titulares de legítimas expectativas perante a sociedade (créditos sob condição, v.g.)», constituídas anteriormente ao registo provisório do projecto de redução.

Havendo oposição, e sendo admitida, o juiz suspendia a deliberação, sendo notificada a sociedade para responder (cfr. art. 1487.º n.º 4 do CPC, red. anterior). Se existissem outros fundamentos para os sócios impugnarem judicialmente a deliberação de redução do capital, eles poderiam optar (em alternativa) pela acção ordinária de anulação da deliberação (cfr. art. 59.º do CSC).

A autorização judicial não podia ser concedida se a situação líquida da sociedade não ficasse a exceder o novo capital social em, pelo menos, 20% (art. 95.º n.º 2), isto é,

No entanto, a redução do capital (já) não está sujeita a autorização judicial (cfr. a redacção actual dos arts. 95.º e 96.º do CSC e do art. 1487.º do CPC com a redacção anterior das mesmas disposições)[757], que permitia comprovar tratar-se essa operação de medida adequada aos interesses da sociedade, não pondo em causa os interesses dos respectivos credores.

Não obstante, entendemos que a situação patrimonial da sociedade em que a assembleia geral se baseia para deliberar a redução do capital tem de estar actualizada, para que as perdas se determinem com a segurança e a certeza possíveis. Por isso, sempre considerámos necessário que a assembleia deliberasse com base em dados recentes (balanço realizado nos últimos sessenta dias, por exemplo) para que a alteração projectada correspondesse à realidade dos factos[758]. Esta exigência, apesar de não constar da lei – que se bastava, tradicionalmente, com os documentos provenientes da sociedade e a intervenção do juiz, prescindindo de pareceres de peritos independentes e dos próprios membros do órgão de fiscalização, quando existente – parece-nos adequada à correcta apreciação pelos sócios da proposta de redução do capital (projectada).

A lei também não impõe que o balanço que serve de base à proposta de redução do capital seja objecto de parecer do órgão de fiscalização da sociedade, se existir, ou de fiscal independente, o que julgamos justificar-se plenamente, dado que a decisão que os sócios irão tomar não é menos relevante que a que tomam em sede de assembleia geral anual, de aprovação de contas.

Pelas razões expostas, podemos concluir que a supressão da intervenção do tribunal para aferir a correcção da operação de redução do capital justificava que, simultaneamente, a lei tivesse expressamente imposto que a operação passasse a título obrigatório a ser fiscalizada por

---

se após a redução o património social (líquido) não fosse pelo menos igual ao (novo) capital social, acrescido de um montante correspondente à reserva legal (mínima) completa (cfr. art. 295.º do CSC).

757 A concessão da autorização judicial fazia-se nos termos do disposto nos artigos 1487.º e 1487.º-A do Código do Processo Civil, na redacção do DL 329-A/95, de 12 de Dezembro, que foram, respectivamente, alterado e revogado pelo DL 8/2007, de 17 de Janeiro, que suprimiu a necessidade de recurso ao tribunal quando estiver em causa a redução para libertação de capital excessivo. Sobre o regime legal, entretanto revogado, cfr. a nota anterior.

758 Vd. também por todos (em Itália), MARCHETTI, «La data di riferimento della situazione patrimoniale nelle riduzione del capitale per perdite», *Rivista delle Società*, anno XXVII, **1982**, pp. 776 e segs..

técnicos independentes (por exemplos, revisores oficiais de contas), de modo a evitar-se que os sócios e credores ficassem prejudicados, com eventuais incorrecções que lhe estejam subjacentes[759].

26.3. **Forma e publicidade**

26.3.1. ***Acta ou outro documento escrito***

As deliberações de aumento ou de redução do capital social, tal como qualquer deliberação dos sócios, devem constar de acta, mas (já) não estão sujeitas a forma notarial[760]. E é unicamente com base nessa acta – se a deliberação, *a lei ou o contrato de sociedade* não *exigirem outro documento* (art. 85.º, n.º 4 *in fine*)[761] –, forma escrita da deliberação, que

[759] Os credores (não sócios), por sua vez, não podem impedir a consumação da operação, mesmo que esta seja comprovadamente ilegal, apenas podendo reagir *a posteriori*, tentando assegurar, em prazo muito curto, a satisfação ou garantia dos seus créditos (cfr. arts. 96.º do CSC e 1487.º do CPC, ambos na redacção do DL 8/2007, de 17 de Janeiro), como vimos atrás (supra, n.º 25.6.3). Os sócios poderão questionar a deliberação tomada, impugnando-a judicialmente, isto é, propondo a anulação da deliberação social (cfr. art. 59.º do CSC).

[760] Até à entrada em vigor do DL 76-A/2006, de 29 de Março, as alterações do contrato de sociedade, nelas incluídos o aumento e a redução do capital social, estavam sujeitas a forma notarial. A deliberação de aumento só podia ser executada por escritura pública, não permitindo a lei que eventual acta notarial constituísse forma suficiente para o efeito. A deliberação de redução do capital, como qualquer alteração do contrato, devia ser lavrada em acta notarial ou consignada em escritura pública (art. 85.º n.º 3), mas a realização desta ou a inscrição definitiva no registo comercial (no caso de acta notarial) estava dependente, em certos casos, da obtenção da autorização judicial, quando necessária. O recurso à acta notarial não podia ter, em termos de aumento, a mesma eficácia que nos demais casos de alteração do contrato de sociedade, porquanto, após a deliberação, havia primeiramente que averiguar quem pretendia subscrever o aumento e só depois, em função das subscrições, o mesmo era executado. A nova redacção do Código pretendeu, com alguma imperfeição, como se referiu (cfr., *supra*, n.º 24.3.2.1), ultrapassar a questão.

[761] A lei exige outro documento sempre que as entradas em espécie implicam forma especial para a respectiva transmissão para a sociedade (cfr. arts. 89.º, n.º 1 e 7.º, n.º 1), ou quando as entradas em dinheiro não são totalmente realizadas até ao encerramento da assembleia geral, e o devam ser. Neste caso qualquer membro da administração deve declarar por escrito que as entradas subscritas (já) se encontram realizadas na totalidade

deve ser promovida a inscrição da variação do capital na Conservatória do Registo Comercial.

A lei deixa de fazer qualquer distinção entre a execução das deliberações de aumento e de redução do capital, em função da sua própria natureza, exigindo agora que deva constar de acta a realização do aumento de capital (cfr. art. 88.º, n.º 1), o que nem sempre é possível, nem fácil. Na realidade, mesmo nas sociedades por quotas, em que o número de sócios é habitualmente menor, pode haver dificuldade em apurar na deliberação a quantia exacta de capital que cada sócio pretende subscrever. Mas também nestas sociedades, o aumento pode ser aberto a terceiros e a deliberação nesse sentido só é tomada em assembleia geral, pelo que a subscrição pelos terceiros só ocorre posteriormente.

Nas sociedades anónimas, e pese embora o carácter geral do artigo 88.º (na red. do DL 76-A/2006, de 29 de Março), continua a aplicar-se o sistema de subscrição e realização do capital originariamente previsto no Código das Sociedades Comerciais (cfr., em especial, arts. 458.º a 460.º), tendo em conta, nomeadamente, a dispersão do capital. Nada impede, contudo, que o aumento seja deliberado e realizado, nos termos previstos nos artigos 85.º a 88.º.

26.3.2. *Execução da deliberação*

Em matéria de alteração do contrato de sociedade, como veremos, qualquer gerente ou administrador tem o dever de executar a modificação deliberada, devendo fazê-lo no mais breve espaço de tempo possível (cfr. art. 85.º, n.º 5) e, no caso do aumento, no prazo (máximo) de um ano subsequente à aprovação da deliberação sob pena de caducidade (cfr. art. 89.º, n.º 3).

---

e que não são devidas outras entradas (cfr. art. 88.º, n.º 2). No caso de aumento por incorporação de reservas, há que instruir *o pedido de registo* com *o balanço que serviu de base à deliberação* e com declaração escrita da administração e do órgão de fiscalização, se existir, de que não têm conhecimento que, entre as datas *a que se reporta o balanço* e *em que* a deliberação *foi tomada*, não ocorreu variação patrimonial negativa *que obste ao aumento de capital* (art. 93.º, n.ºs 1 e 2). No que se refere à redução do capital, esta pode carecer de autorização judicial, para poder ser registada (cfr. art. 95.º, n.º 1).

Noutros casos, a lei admite que o contrato de sociedade ou a própria deliberação exijam formalidades adicionais ou forma convencional, eventualmente escritura pública (cfr. art. 223.º do CC).

26.3.3. ***Publicidade; registo e publicações obrigatórias***; *remissão.*

O aumento e a redução do capital estão sujeitos a registo obrigatório e a divulgação no *sítio* do Ministério da Justiça, nos termos aplicáveis às alterações do contrato em geral, bem como às demais publicações obrigatórias[762]. Voltaremos a esta matéria a propósito das alterações do contrato (cfr., *infra*, n.º 35.2.4) e da publicidade (cfr., *infra*, n.º 37).

No que respeita ao aumento do capital social, caso o mesmo não seja totalmente subscrito na assembleia geral em que for deliberado, há que promover as publicações necessárias a assegurar a respectiva subscrição.

Por sua vez, deliberada e registada a redução do capital, a sociedade deverá anunciar a forma de extinção ou substituição de título se as acções forem documentadas, com a finalidade de avisar os accionistas de que se encontram ao seu dispor os novos títulos ou, se tiver sido esse o caso, que as novas acções que assumirão a forma escritural serão registadas à medida que os accionistas procederem à entrega das antigas acções. Não resultando expressamente da lei e não havendo regras estritas nesta matéria, haverá que proceder com bom senso, procurando salvaguardar o normal funcionamento da sociedade e os interesses dos accionistas. Para esse efeito, admite-se a publicação facultativa de avisos e anúncios, os quais não são, por si, suficientes, em nosso entender, para alterar a natureza (particular) da operação.

---

[762] A deliberação da redução já não se encontra sujeita a ser autonomamente publicitada (registada e publicada), deixando de ser objecto de registo comercial (cfr. art. 3.º, n.º 1, *alínea p)* do CRCom, na red. do art. 12.º do DL 8/2007).

CAPÍTULO VI
Organização e funcionamento das sociedades comerciais

SECÇÃO I
Aspectos gerais

27. Estruturação orgânica das sociedades comerciais

27.1. Os órgãos sociais (legalmente) obrigatórios

As sociedades comerciais, como qualquer pessoa colectiva, actuam através dos respectivos órgãos, com competências distintas. Vejamos como é que os mesmos se podem enquadrar em razão da natureza das suas funções.

27.1.1. *Órgão deliberativo: a assembleia geral*

Constituídas com uma base associativa – ainda que na sociedade anónima por referência às participações de capital (acções) –, é compreensível que sejam os seus associados, com influência dependente do montante da respectiva participação, consoante o tipo societário envolvido, a construir a respectiva decisão através de deliberações em que todos possam participar e exprimir a sua vontade, formando-se desse modo a decisão social (colectiva) sobre os aspectos essenciais da vida societária.

E, embora tal vontade se possa formar à margem de um órgão institucionalizado, é normal que os associados se reúnam num órgão, estatutária e legalmente, previsto e regulado ou que – nos termos da lei – se constitui e funciona *ad hoc*: a **assembleia geral.**

27.1.2. *Órgão executivo: a administração da sociedade*

No entanto, se, por um lado, não é prático, nem possível, chamar frequentemente o conjunto dos associados a decidir sobre todos e quaisquer aspectos da vida social, incluindo os quotidianos, por outro lado, é impossível delegar em todos os sócios funções representativas da sociedade. Por isso, as sociedades (comerciais) têm, como as demais pessoas colectivas em geral, órgãos executivos, com a finalidade de as representarem perante terceiros e de as gerirem e administrarem, assegurando assim a prossecução do respectivo objecto social. Por outras palavras, todas as sociedades têm um órgão que as representa externamente, que exprime a vontade do colectivo (dos sócios) e que assume a respectiva gestão: a **gerência,** o **conselho de administração** ou o **conselho de administração executivo**[763].

27.1.3. *Órgão de controlo: a fiscalização da actividade societária*

27.1.3.1. *Justificação e evolução*

Tendo a sociedade comercial um órgão executivo com o objectivo imediato de realizar a respectiva actividade, compreende-se e aceita-se que os sócios, especialmente os que não se encontram representados nesse órgão, pretendam ter um controlo especializado e eficaz sobre a forma como a sociedade é gerida. Para o efeito, a lei faculta nuns casos e impõe noutros que a sociedade tenha um ou mais órgãos de fiscalização, os quais podem assumir, tipificadamente, as formas de **conselho fiscal, fiscal único**, **comissão de auditoria, conselho geral e de supervisão** ou de **revisor oficial de contas.**

Originariamente, o conselho fiscal surgiu essencialmente como um órgão de controlo político, de verificação, em concreto, dos negócios

[763] Esta é a designação atribuída, desde 2006, ao anterior órgão executivo das sociedades com modelo de governação dualista ou de inspiração germânica (direcção).

sociais – e, designadamente, de aferição periódica da regularidade dos mesmos – e, em geral, visando assegurar a correspondência destes ao objecto social. Gradualmente, a actividade de controlo passou a incidir nos aspectos económico-financeiros da actividade da sociedade, pelo que a fiscalização se especializou, tendo surgido profissionais com competência específica para o efeito: os revisores oficiais de contas.

Do reconhecimento da imprescindibilidade destes (então novos) profissionais à admissibilidade dos mesmos como fiscais únicos da actividade societária[764] foi um pequeno passo que, em certos casos de fiscalização obrigatória, não deixou de causar dificuldades, em especial pela falta de vocação dos revisores para o controlo político, em termos de aferição da adequação dos negócios sociais à prossecução da actividade social.

Por essa razão, a reforma legislativa de 2006 viria a revalorizar as funções de fiscalização, em geral, e o papel do conselho fiscal, em particular.

27.1.3.2. *Fiscalização obrigatória* versus *controlo facultativo*

Só na sociedade anónima é **obrigatória** a fiscalização que, como veremos adiante (cfr., *infra*, n.º 32.6), se pode processar por mais do que uma via.

Nas sociedades por quotas o órgão de fiscalização é, em regra, **facultativo** – podendo assumir a configuração de fiscal único ou mesmo de conselho fiscal –, tornando-se obrigatório em certas circunstâncias, que escalpelizamos mais à frente (cfr., *infra*, n.º 31.7).

---

[764] A figura do fiscal único – por deficiente compreensão das funções do conselho fiscal e dos seus diversos membros – tornar-se-ia mesmo obrigatória, na segunda metade da última década do século XX, nas empresas portuguesas de capitais públicos (cfr. Decreto-Lei n.º 26-A/96, de 27 de Março, em especial o art. 4.º, que extinguiu os conselhos fiscais), generalizando-se, após intervenção legislativa e ainda que a título meramente facultativo, à maior parte das sociedades comerciais, que passaram a poder funcionar com a sua fiscalização apoiada apenas num revisor oficial de contas ou numa sociedade de revisores oficiais de contas, sob a designação unitária de "fiscal único".

Esta tendência sofreria, felizmente, uma reversão que não passou apenas pelas sociedades de capitais privados (com a Reforma Societária de 2006), mas que abrangeria as próprias empresas públicas, indirectamente, através das alterações do CSC e, directamente, pelos novos princípios impostos à governação dessas empresas (cfr. a Resolução do Conselho de Ministros de 28 de Março de 2007).

Dos poderes, deveres e competência dos membros do conselho fiscal (arts. 421.º, em especial n.º 1, alíneas *a), b)* e *d)*, 422.º, em especial n.os 1, alíneas *a), b)* e *e)*, e 3, e 420.º, em especial n.º 1, alíneas *a), b)* e *g)*) retiramos aquela que ainda é a essência da fiscalização (interna) da sociedade: o controlo da actividade da administração e a faculdade de conhecer a formação das respectivas decisões.

Em acréscimo, aos poderes, deveres e competência dos membros do conselho fiscal em geral, a lei impõe deveres específicos aos revisores oficiais de contas (cfr. arts. 420.º, n.º 4 e 420.º-A), tendo naturalmente em conta a respectiva especialização, isenção, imparcialidade e estatuto.

Com o controlo da actividade da administração exercido por um órgão societário específico não se pode confundir o controlo externo que é efectuado pela Conservatória do Registo Comercial, relativamente a actos sujeitos a registo (cfr., em especial, art. 3.º do CRCom), pelo Ministério Público (arts. 172.º e 173.º) e pela Autoridade da Concorrência, em geral, e pelas Autoridades de Regulação Sectorial – como, por exemplo, o Banco de Portugal, a CMVM, o Instituto de Seguros de Portugal, a ANACOM (Autoridade Nacional de Comunicações) e a ERSE (Entidade Reguladora dos Serviços Energéticos) –, em especial, relativamente a sociedades com determinado objecto (actividade) social. Tal controlo corresponde a uma actividade de supervisão em áreas sensíveis da economia nacional[765].

27.1.4. *O secretário da sociedade (nas sociedades abertas)*

Nas sociedades anónimas abertas cujas acções se encontram admitidas à negociação em mercado regulamentado (*maxime* bolsa de valores), deve ser instituído o cargo de secretário (da sociedade), regulado nos arts. 446.º-A a 446.º-F do Código das Sociedades Comerciais[766], e cuja

[765] Sobre a relação entre a Autoridade da Concorrência e as Autoridades de Regulação Sectorial, vd. o livro de MARIA MANUEL LEITÃO MARQUES, JOÃO PAULO SIMÕES DE ALMEIDA e ANDRÉ MATOS FORTE, *Concorrência e Regulação*, FDC, Coimbra Editora, **2005**, e, mais recentemente, o estudo de CARLOS PINTO CORREIA, «As Relações entre a Autoridade da Concorrência e os Reguladores Sectoriais», na obra colectiva coordenada por EDUARDO PAZ FERREIRA, LUÍS SILVA MORAIS e GONÇALO ANASTÁCIO, *Regulação em Portugal: Novos Tempos, Novo Modelo*, Almedina, Coimbra, Fevereiro, **2009** (pp. 721-736).

[766] As normas referentes ao secretário da sociedade sofreram algumas modificações com o DL 76-A/2006, de 29 de Março, com a finalidade de adequar a respectiva redacção

competência se encontra legalmente estabelecida no art. 446.º-B. De entre os diversos poderes – e para além da certificação de uma série de documentos (cfr. art. 446.º-B, n.º 1, *alíneas e), f), h), i)* e *j)*) –, ressalta a referência a funções auxiliares em *reuniões dos órgãos sociais* (cfr. art. 446.º-B, n.º 1, *alínea a)*). Entendemos, a este propósito, que as funções só devem ser exercidas em assembleia geral na falta do secretário da mesa ou se este se encontrar a dirigir os trabalhos, uma vez que, hierárquica e organicamente, este precede sobre o secretário da sociedade – que não é eleito pelos accionistas, mas escolhido pela administração – que deve secretariar todos os órgãos sociais colegiais, coadjuvando os respectivos titulares no desempenho das suas funções.

Não sendo necessário clausular a existência desse órgão – que quando é obrigatória resulta da própria lei –, é possível que os estatutos lhe façam uma referência com o seguinte teor:

Artigo Vigésimo
(Secretário)

A administração poderá, em qualquer momento, designar um secretário da sociedade e um suplente, com as funções e competência que lhes são atribuídas por lei.

27.2. **Órgãos sociais facultativos**

27.2.1. ***Órgãos sociais facultativos legalmente previstos***

A lei prevê e caracteriza certos órgãos que, sendo obrigatórios em determinadas circunstâncias, se podem pontualmente configurar como facultativos. Temos em mente o conselho fiscal (ou fiscal único) e o secretário da sociedade.

27.2.1.1. *Conselho fiscal (ou fiscal único) nas sociedades por quotas*

Em qualquer sociedade por quotas pode ser criado um órgão de fiscalização (conselho fiscal, fiscal único ou revisor oficial de contas),

---

aos objectivos prosseguidos pela Reforma, adaptando os preceitos à nova nomenclatura e eliminando a referência específica à competência dos notários [cfr. art. 446.º-B, n.º 2, na redacção do DL 257/96, de 31 de Dezembro (art. 3.º)].

com a finalidade de examinar as respectivas contas (cfr. art. 262.º, n.º 1). No entanto, optando a sociedade por institucionalizar um conselho fiscal (ou fiscal único), o mesmo fica sujeito às disposições aplicáveis às sociedades anónimas, obrigatoriamente sujeitas a fiscalização (cfr. art. 262.º, n.º 1), o que significa, entre outros aspectos, que um dos seus membros deverá ser revisor oficial de contas (cfr. art. 414.º, n.º 2) e que os que não o forem deverão prestar caução pelo desempenho das suas funções, se não forem dispensados da mesma (cfr. art. 418.º-A, n.º 1).

Advirta-se que, na sociedade por quotas, numa determinada situação genérica, a fiscalização pode tornar-se obrigatória [como veremos adiante (cfr., *infra*, n.º 31.7)], e que, numa situação específica, o objecto social impõe uma fiscalização necessária. Referimo-nos, neste segundo caso, às sociedades gestoras de participações sociais (cfr. art. 10.º, n.º 2 do Decreto-Lei n.º 495/88, de 30 de Dezembro), que estudaremos adiante (cfr. n.º 40).

27.2.1.2. *Secretário da sociedade*

Nas sociedades anónimas não cotadas e nas sociedades por quotas é possível designar um secretário com as funções supletivamente definidas no art. 446.º-B do Código das Sociedades Comerciais (cfr. art. 446.º-D). À semelhança do que acontece nas sociedades em que é obrigatório, o secretário deve ser nomeado pelo órgão de administração (cfr. art. 446.º-A, n.º 2 *in fine*), nas sociedades anónimas, se não o tiver sido no acto de constituição, ao passo que nas sociedades por quotas deve ser designado pelos sócios (cfr. art. 446.º-D, n.º 2).

27.2.2. ***Órgãos estatutários***

Para além dos órgãos sociais típicos, que se constituem obrigatória ou facultativamente, consoante o tipo societário em causa, é possível criar outros órgãos sociais estatutários. Tal acontece com maior frequência nas grandes sociedades.

Encontramos, assim, sociedades nas quais existem **conselhos superiores** ou **consultivos** com a estrita finalidade de assessorar a administração na tomada das decisões mais relevantes e nos quais têm habitualmente assento os principais accionistas e, em certos casos, personalidades relevantes.

As competências que estatutariamente são reconhecidas a estes órgãos não podem violar as normas imperativas referentes às competências específicas dos órgãos legalmente obrigatórios. Por isso, os órgãos estatutários facultativos não intervêm vinculativamente, configurando-se essencialmente como órgãos de consulta, através dos quais os accionistas mais relevantes adquirem informação actualizada sobre a vida da sociedade e sancionam, por norma antecipadamente, ainda que muito sobre o acontecimento – para limitar eventuais fugas de informação prejudiciais às operações a realizar –, os principais actos de gestão desta.

A título de exemplo, apresente-se as seguintes cláusulas estatutárias relativas ao conselho consultivo de uma sociedade anónima:

Secção IV – Conselho Consultivo
Artigo Vigésimo Terceiro
(Composição)

Um. *A assembleia geral poderá deliberar a criação de um conselho consultivo nos termos dos números seguintes.*

Dois. *O conselho consultivo é composto pelos presidentes da mesa da assembleia geral e do conselho de administração, pelo fiscal único, pelos accionistas que forem detentores de uma participação igual ou superior a um por cento do capital social, e por outros accionistas ou não accionistas de reconhecido mérito científico e técnico, em número a ser fixado pela assembleia geral com respeito a cada mandato.*

Três. *Os accionistas que, nos termos do número anterior, têm direito a participar no conselho consultivo cessam as suas funções neste se, por qualquer circunstância, deixarem de ser titulares de uma participação de, pelo menos, um por cento do capital social. Poderão, no entanto, permanecer no conselho se vierem a ser designados ao abrigo do disposto na parte final do número anterior.*

Quatro. *As pessoas colectivas que, nos termos do número um, tiverem assento no conselho deverão, por carta dirigida ao presidente do mesmo, indicar, para cada mandato, uma pessoa singular que as represente com carácter de continuidade.*

Cinco. *Os membros electivos do conselho consultivo e o respectivo presidente serão designados pela assembleia geral, tendo o respectivo mandato a duração de dois anos.*

Seis *Os membros do conselho consultivo não auferirão remuneração regular ou fixa pelo desempenho do seu cargo, sem prejuízo de, nos termos do número seguinte, poderem ter direito a senhas de presença de montante compatível com as disponibilidades da* *sociedade e, eventualmente, ao reembolso de despesas de representação com deslocações que tenham de efectuar para comparecer às reuniões do conselho.*

Sete. *As senhas de presença e as despesas de representação que, eventualmente, sejam atribuídas e reembolsadas aos membros do conselho consultivo que não desempenhem outras funções remuneradas noutros órgãos sociais deverão ser objecto de prévia aprovação genérica pela comissão de remunerações ou pela assembleia geral.*

Artigo Vigésimo Quarto
(Competência e Funcionamento)

Um. *Compete ao conselho consultivo emitir pareceres, não vinculativos, sobre matérias do interesse da sociedade, por sua própria iniciativa ou a pedido do conselho de administração e do fiscal único.*

Dois. *Os pareceres do conselho consultivo devem constar de acta e ser comunicados ao conselho de administração e ao conselho fiscal ou fiscal único.*

Três. *O conselho consultivo deverá reunir, pelo menos, três vezes em cada exercício social.*

Quatro. *As convocatórias, assinadas pelo respectivo presidente, deverão constar de carta enviada aos vários membros, com a antecedência mínima de sete dias. A convocatória deve ainda ser afixada na sede da sociedade.*

Cinco. *O conselho consultivo deve reunir e deliberar, independentemente do número de membros presentes.*

Seis. *As deliberações são tomadas por maioria simples, correspondendo um voto a cada membro e tendo o presidente voto de qualidade.*

Importa, por agora, reter que a tipicidade na designação dos diversos órgãos sociais – a que nos referiremos adiante – não determina a impossibilidade ou sequer a limitação de se constituírem contratual ou estatutariamente órgãos facultativos.

27.3. Órgãos sociais dos diversos tipos societários

27.3.1. *Sociedade em nome colectivo*

27.3.1.1. *Assembleia geral e outras formas de deliberação (de sócios)*

As sociedades em nome colectivo são aquelas que se caracterizam por uma intervenção mais directa e empenhada dos respectivos sócios, os quais, para tomar decisões de fundo, se agrupam em assembleia geral ou recorrem a outras formas legalmente autorizadas de deliberação, inclusivamente por voto por escrito (arts. 189.º, n.º 1 e 247.º).

Salvo se diversa e expressamente previsto na lei ou no contrato – como sucede com as alterações contratuais, que têm de ser deliberadas por unanimidade ou por maioria não inferior a três quartos dos votos de todos os sócios (cfr. art. 194.º, n.º 1) –, as deliberações formam-se por maioria simples, cabendo um voto a cada sócio, independentemente do montante da respectiva participação e qualidade (sócio de capital ou de indústria) (arts. 189.º, n.º 2 e 190.º). A regra é, pois, a do voto por cabeça (art. 190.º, n.º 1, I parte), se não forem atribuídos direitos especiais de voto (cfr. arts. 190.º e 24.º, n.os 1 e 2).

Registe-se que, à semelhança do que acontece com a aplicação do regime legal das sociedades anónimas às sociedades por quotas, em matéria de assembleia geral (cfr. art. 248.º, n.º 1), às deliberações dos sócios das sociedades em nome colectivo e à convocação e funcionamento da respectiva assembleia geral se aplicam, directamente, as regras previstas para as sociedades por quotas (cfr. art. 189.º, n.º 1), o que significa ser o voto por escrito admissível nas sociedades em nome colectivo, nos termos constantes do art. 247.º.

27.3.1.2. *Gerência*

O órgão de gestão das sociedades em nome colectivo é a gerência e, salvo estipulação estatutária em sentido diferente, todos os sócios (iniciais ou supervenientes) que sejam pessoas singulares são gerentes, podendo as pessoas colectivas nomear pessoa singular para exercer o cargo em nome próprio (cfr. art. 191.º, n.os 1 e 3). Não o fazendo, não poderão ser gerentes. Os sócios só podem ser destituídos da gerência com justa causa, excepto se o contrato a dispensar (cfr. art. 191.º, n.º 5), mas se tiverem sido designados ao abrigo de um direito especial («*por cláusula especial do contrato de sociedade*»), a justa causa deverá ser judicialmente determinada em acção intentada para o efeito (cfr. art. 191.º, n.º 4).

No que respeita à designação de não sócios para a gerência – e sem prejuízo de que a sua destituição possa ocorrer *ad nutum* (cfr. art. 191.º, n.º 6) –, a mesma só é possível por unanimidade (cfr. art. 191.º, n.º 2), se não houver previsão contratual que admita poder sê-lo por maioria (simples ou qualificada) (cfr. art. 191.º, n.º 1).

27.3.1.3. *Fiscalização facultativa*

As sociedades em nome colectivo não estão sujeitas a fiscalização específica e interna, embora nada impeça que, estatutariamente, adoptem conselho fiscal. O controlo interno da actividade da gerência, em termos de órgão autónomo, só tem verdadeiramente sentido se a sociedade for participada por outras sociedades que pretendam garantir a adequação da gestão da sociedade em nome colectivo. Fora desses casos, a participação de todos os sócios na gerência (cfr. art. 191.º, n.º 1), por um lado, e o regime da respectiva responsabilidade (ilimitada) pelos resultados da actividade social, por outro, e ainda o amplo direito de informação que lhes é legalmente reconhecido (cfr. art. 181.º), retira todo e qualquer sentido e argumentos à constituição de um conselho fiscal ou à designação de um fiscal único.

27.3.2. ***Sociedade por quotas***[767]

27.3.2.1. *Gerência*

A sociedade por quotas pode ser constituída, e viver, com apenas um órgão institucionalizado: a gerência.

Com efeito, quando se constituem, as sociedades por quotas não estão sujeitas a fiscalização (interna) obrigatória, nem têm de regular a composição e funcionamento da respectiva assembleia geral, apenas se encontrando obrigadas a revelar quem as gere e a forma como se obrigam.

---

[767] Vd. também, *infra*, Secção II.

Importa, para já, referir que a lei não equaciona a gerência como um órgão colegial, com decisões colectivas próprias e específicas. Antes encara a gerência como o órgão de gestão composto por uma ou mais pessoas, sendo a sociedade administrada por um ou mais gerentes, mas não por um conselho de gerência. Por essa razão, a gerência – quando plural – não reúne formalmente, embora nada impeça que possa tomar decisões colectivas e plasmá-las em acta (da gerência), procedendo, nomeadamente, à delegação de poderes entre os seus membros.

Habitualmente não existe livro de actas da gerência, mas nada impede que as mesmas sejam exaradas em folhas avulsas ou até mesmo no livro de actas da assembleia geral, mas nesse caso com indicação expressa da natureza da acta, *maxime* do órgão a que respeita, e com numeração autónoma.

27.3.2.2. *Fiscalização, assembleia geral e outros órgãos estatutários*

No decurso da sua vida, mas nunca antes de decorridos dois exercícios sobre o início da sua actividade, a sociedade pode vir a estar sujeita a fiscalização *ad hoc* obrigatória, por revisor oficial de contas designado para o efeito. Sobre este aspecto, debruçar-nos-emos adiante (n.º 31.7).

Noutros casos, pode ser a própria actividade social a impor a necessidade de fiscalização, como acontece com as sociedades por quotas gestoras de participações sociais (cfr. art. 10.º, n.º 2 do Decreto-Lei n.º 495/88, de 30 de Dezembro).

Em geral, as sociedades por quotas são desprovidas de fiscalização, em consonância com a sua reduzida dimensão e com o seu contido volume de negócios. Contudo, existem situações em que a sociedade por quotas pode corresponder à forma jurídica de grandes organizações empresariais. Tal sucede, nomeadamente, nos casos de empresas industriais que são participadas, total ou quase exclusivamente, por grandes sociedades estrangeiras, representando a configuração jurídica escolhida para o respectivo investimento económico (estrangeiro).

Por fim, refira-se que, para além da gerência – e da fiscalização, sempre que esta for necessária –, nada impede que outros órgãos sociais sejam, contratualmente, consagrados, como é o caso da assembleia geral ou do conselho fiscal (ou fiscal único), embora tal não corresponda a uma prática corrente, e, eventualmente, à semelhança do que acontece nas sociedades anónimas, de um órgão meramente consultivo. Fundamental é que a criação de órgãos sociais respeite a tipicidade nesta matéria, não visando subverter as competências, imperativa e legalmente, estabelecidas.

27.3.3. *O caso específico da sociedade anónima*

A sociedade anónima é aquela que se caracteriza por uma maior complexidade orgânica, encontrando-se hoje ao dispor dos accionistas a opção entre três diferentes estruturas de administração e fiscalização (da sociedade)[768].

27.3.3.1. *Assembleia geral e deliberações de accionistas*

A assembleia geral é um órgão institucionalizado, devendo ser nomeados os membros que compõem a respectiva mesa. No entanto, e embora seja habitual os estatutos indicarem a composição desta e as regras aplicáveis à constituição e funcionamento da assembleia geral, estes elementos não constituem menções obrigatórias do contrato de sociedade.

Nas grandes sociedades anónimas, em especial nas que forem abertas, é impensável que os accionistas deliberem fora da assembleia geral, devidamente convocada, por ser praticamente impossível assegurar que a assembleia se constitua e funcione com a totalidade dos accionistas (com direito de voto), sem ser objecto de convocação – que divulgue suficientemente a sua realização –, e menos ainda obter a subscrição unânime e por escrito de uma deliberação.

Nas pequenas sociedades anónimas (pelo menos em número de accionistas) e nas sociedades familiares, embora os accionistas deliberem sempre que o entenderem em assembleia geral, é frequente que esta reúna e funcione sem observância das formalidades prévias de convocação (como assembleia totalitária ou universal, nos termos previstos nos arts. 54.º e 373.º) e acontece também amiúde que as deliberações sejam tomadas unanimemente por escrito (nos termos das últimas disposições legais citadas).

Nas sociedades com apenas um accionista, embora seja possível a assembleia geral funcionar enquanto tal, permitindo o contacto formal entre o accionista e os titulares dos órgãos sociais, a maior parte das

---

[768] A admissibilidade de um novo modelo de governação destas sociedades constituiu, precisamente, uma das principais alterações introduzidas pelo DL 76-A/2006, de 29 de Março. Como veremos, na análise que adiante (n.º 32) fazemos mais desenvolvidamente, a lei não subordina a escolha do modelo de governação a uma dimensão mínima da própria sociedade, embora a complexidade que os modelos anglo-saxónico e germânico apresentam os afaste naturalmente das pequenas sociedades anónimas.

decisões é, hoje, tomada por escrito, visto que estas, correspondendo a uma só manifestação de vontade, podem ser subscritas pelo único accionista sob a forma de "decisões de accionista único", com o valor e efeitos de uma deliberação unânime por escrito.

27.3.3.2. *Administração e fiscalização*

No que se refere, em especial, à administração e fiscalização da sociedade, é possível optar-se entre três modelos: a estrutura clássica, composta por conselho de administração (ou administrador único) e conselho fiscal (ou fiscal único), o modelo anglo-saxónico, integrado por conselho de administração, *compreendendo* uma comissão de auditoria, e por revisor oficial de contas, e o modelo de inspiração germânica, com três órgãos distintos: conselho de administração executivo, conselho geral e de supervisão e revisor oficial de contas[769].

Veremos adiante (n.º 32) como se caracterizam estes modelos, embora se assinale desde já a clara predominância do primeiro entre as sociedades nacionais, mesmo nos casos e situações em que o controlo não se encontra claramente definido. Quanto ao segundo modelo – que, diga-se, foi estatutariamente adoptado por uma sociedade aberta na data da entrada em vigor da Reforma Societária[770] –, só se tornou possível a partir de 30 de Junho de 2006[771].

---

[769] Até 29 de Junho de 2006 (*inclusive*), a estrutura germânica (também chamada dualista) era composta por direcção, conselho geral e revisor oficial de contas. A partir de 30 de Junho de 2006, as designações «*direcção*» e «*conselho geral*» têm-se por automaticamente substituídas pelas designações «*conselho de administração* executivo» e «*conselho geral e de supervisão*», respectivamente, onde quer que aquelas sejam utilizadas (nomeadamente normas legais e cláusulas negociais) (cfr. art. 40.º do DL 76-A/ /2006, de 29 de Março).

[770] Referimo-nos ao Banco BPI, S.A. (Sociedade Aberta), que mantém esta estrutura de administração e de fiscalização. No momento em que concluímos esta edição (Março de 2010) constituem também exemplos de adopção deste modelo de governação, entre outros, as seguintes sociedades abertas e cotadas: Banco Espírito Santo, S.A., Portugal Telecom SGPS, S.A. e a REN – Redes Energéticas Nacionais, SGPS, S.A..

[771] A lei previu a aplicação (futura) dos modelos clássico e de inspiração germânica (dualista) na sua nova forma a todas as sociedades anónimas que, tendo sido constituídas até 29 de Junho de 2006 (*inclusive*), não procederam a *alteração dos estatutos em matéria de administração e de fiscalização* até 29 de Junho de 2007 (cfr. art. 63.º, n.º 1 do DL 76-A/2006, de 29 de Março), admitindo, consequentemente, que o respectivo regime legal e estatutário anterior à modificação legislativa se mantivesse vigente – durante um ano –,

27.3.3.3. *Secretário da sociedade*

Finalmente, recorde-se que nas sociedades anónimas abertas cotadas em bolsa o secretário da sociedade é um órgão obrigatório (cfr. art. 446.º-A). Este órgão tem vindo a adquirir, mas grandes sociedades cotadas, uma importância crescente e o respectivo titular é um motor indispensável ao normal funcionamento dos demais órgãos sociais, que assiste regularmente.

27.3.4. ***Sociedades em comandita***

27.3.4.1. *Gerência*

Neste tipo societário, praticamente inexistente, não há especificidades a assinalar, importando distinguir as sociedades em comandita simples das sociedades em comandita por acções.

Qualquer que seja o subtipo, o órgão executivo é a gerência e, em princípio, «*só os sócios comanditados podem ser gerentes*» (cfr. art. 470.º, em especial n.º 1). Os sócios comanditários podem assumir essas funções quando o contrato de sociedade o permitir expressamente ou quando tais funções lhes forem autorizadamente (pelo contrato) delegadas pelos gerentes. Os terceiros (estranhos à sociedade) não podem ser gerentes, mas podem ser delegados (cfr. art. 470.º, n.os 1 a 3).

27.3.4.2. *Assembleia geral e deliberações dos sócios*

As deliberações na sociedade em comandita são tomadas em assembleia geral ou «*unanimemente, nos termos do artigo 54.º*» (cfr. art. 472.º, n.º 1), devendo o contrato de sociedade regular *a atribuição de votos aos sócios* em função do capital (cfr. art. 472.º, n.º 2).

---

mesmo relativamente a competências que, entretanto, por efeito das alterações ocorridas, possam ter (imperativamente) transitado de órgão. Por exemplo, a aprovação do relatório de gestão e das contas elaboradas pela direcção e que, até 29 de Junho de 2006, competia ao conselho geral (cfr. art. 441.º, *alínea f)*, na red. originária do CSC) passou a competir à assembleia geral, ficando reservado ao conselho geral e de supervisão emitir parecer sobre esses documentos (cfr. art. 441.º, *alínea h)*, red. do DL 76-A/2006, de 29 de Março).

27.3.4.3. *Fiscalização*

No que se refere à fiscalização, são válidas as observações feitas a propósito das sociedades em nome colectivo, havendo a assinalar a especificidade de, na sociedade em comandita por acções, aos sócios comanditados ser assegurado o direito de informação (e controlo da actividade social) de que gozam os sócios da sociedade em nome colectivo (cfr. arts. 480.º e 181.º).

27.4. **Os gestores das modernas sociedades comerciais**

27.4.1. ***Dissociação entre o risco do capital e a direcção efectiva da sociedade***

Nas sociedades anónimas e por quotas do século XXI, incluindo obviamente aquelas que se constituíram no século XX, é já nítida, inquestionável e pacífica, a dissociação efectiva entre o risco do capital, suportado pelos sócios e a direcção efectiva da sociedade, habitualmente entregue a profissionais competentes e especializados (cfr., *supra*, n.º 3.4.5). Tal dissociação é naturalmente mais nítida nas sociedades anónimas e não implica que o investidor não esteja igualmente presente na administração, embora se abstenha com frequência da direcção técnica da empresa.

Assiste-se hoje, aliás, a um fenómeno oposto ao que se verificava no passado – em que todos os membros dos órgãos sociais tinham necessariamente de ser sócios, incluindo os administradores ou directores, pelo que, por vezes, a contratação de um estranho para essas funções implicava torná-lo previamente sócio –, com a aquisição de participações da sociedade pelos próprios administradores, a ponto de a mesma ser objecto de controlo e publicidade (cfr. art. 447.º).

Diversamente, e como vimos (cfr. n.º 27.3.1.2), nas sociedades em nome colectivo há que acautelar contratualmente a designação de terceiros para desempenharem funções de administração, se for esse o interesse dos sócios. Posteriormente à constituição da sociedade só por unanimidade se conseguirá a dissociação entre a direcção efectiva e o risco do capital (cfr. art. 191.º, n.º 2) e só por unanimidade se conseguirá tornar sócio quem se pretende seja administrador (cfr. art. 182.º, n.º 1). Não obstante, diríamos que, nas poucas sociedades em nome colectivo que ainda se constituem no século XXI – com a participação de pessoas colectivas, inclusivamente estrangeiras –, se acautela hoje a possibilidade de a sociedade ser gerida por quem não seja sócio.

27.4.2. *Os deveres fundamentais dos administradores e dos membros dos órgãos de fiscalização de uma sociedade anónima e dos gerentes de uma sociedade por quotas*[772]

Em termos que são comuns a todas as sociedades comerciais, em geral, a lei das sociedades comerciais contém, desde a sua aprovação, um

[772] Sobre os deveres legais gerais, no actual contexto jurídico-societário, cfr. J. M. Coutinho de Abreu, *Responsabilidade civil dos administradores de sociedades*, IDET / Cadernos n.º 5 / Almedina, **2007**, pp. 14-35, Paulo Câmara, «O governo das sociedades e os deveres fiduciários dos administradores», AA.VV., *Jornadas – Sociedades Abertas, Valores Mobiliários e Intermediação Financeira*, Almedina, Coimbra, **2007** (pp. 163-179), e «O Governo das Sociedades e a Reforma do Código das Sociedades Comerciais», AA.VV., *Código das Sociedades Comerciais e Governo das Sociedades*, Almedina, Coimbra, **2008** (pp. 9-141), pp. 25-59, António Menezes Cordeiro, «Os deveres fundamentais dos administradores das sociedades», *ROA*, ano 66, II, **2006** (pp. 443-488) (e também em «A lealdade no Direito das Sociedades», *ROA*, ano 66, III, **2006** (pp. 1033-1065), e *Manual de Direito das Sociedades* I – *Das Sociedades em Geral*, 2ª ed. cit., **2007,** pp. 825-839, Bruno Ferreira, «Os deveres de cuidado dos administradores e gerentes (Análise dos deveres de cuidado em Portugal e nos Estados Unidos da América fora das situações de disputa sobre o controlo societário)», *RDS*, ano I, N.º 3, **2009** (pp. 681-737), pp. 682-683 e 704-737, Manuel Carneiro da Frada, «A *business judgment rule* no quadro dos deveres gerais dos administradores», AA.VV., *Jornadas – Sociedades Abertas, Valores Mobiliários e Intermediação Financeira*, cit., **2007** (pp. 201-242), pp. 202-215, Fátima Gomes, «Reflexões em torno dos deveres fundamentais dos membros dos órgãos de gestão (e fiscalização) das sociedades comerciais à luz da nova redacção do artigo 64.º do CSC», AA.VV., *Nos 20 anos do Código das Sociedades Comerciais. Homenagem aos Profs. Doutores A. Ferrer Correia, Orlando de Carvalho e Vasco Lobo Xavier*, vol. II – *Vária*, Coimbra Editora, **2007** (pp. 550-569), Adelaide Menezes Leitão, «Responsabilidade dos administradores para com a sociedade e os credores sociais por violação de normas de protecção», *RDS*, ano I, N.º 3, **2009** (pp. 647-679), pp. 659-673, Vânia Patrícia Filipe Magalhães, «A conduta dos administradores das sociedades anónimas: deveres gerais e interesse social», *RDS*, ano I, N.º 2, **2009** (pp. 185-224), António Fernandes de Oliveira, «Responsabilidade Civil dos Administradores», AA.VV., *Código das Sociedades Comerciais e Governo das Sociedades*, Almedina, Coimbra, **2008** (pp. 257-341), pp. 261-278, e Pedro Pais de. Vasconcelos, «*Business judgment rule*, deveres de cuidado e de lealdade, ilicitude e culpa e o artigo 64.º do Código das Sociedades Comerciais», *DSR*, ano 1, vol. 2, Out. **2009** (pp. 41-79),

critério geral de actuação da administração, o qual corresponde tecnicamente a uma cláusula geral que consiste na imposição do desempenho de funções de administração com «*a diligência de um administrador criterioso e ordenado, no interesse da sociedade*», mas *tendo* também *em conta os interesses dos sócios e dos trabalhadores* (cfr. redacção originária do art. 64.º).

O artigo 64.º delimita o que se designa por interesse social, não avançando com uma noção ou um conceito, mas propondo um critério geral, e enquadrando originariamente, embora em segundo plano[773], sublinhe-se, os interesses pessoais dos sócios – para além dos interesses da sociedade – e dos próprios trabalhadores no (bom) funcionamento da(s) unidade(s) produtiva(s) que corresponde(m) à sociedade.

Esta cláusula geral – não suscitando uma interpretação uniforme – encontrava-se em fase de sedimentação, próximo da sua maturidade, como é desejável com qualquer regra de análoga natureza, quando foi objecto de profunda modificação que consistiu em substituir o dever de diligência[774], que constituía referência do interesse social, por dois deveres fundamentais, e alargar o âmbito de aplicação da norma também aos membros do órgão de fiscalização.

A nova redacção do artigo 64.º – a que já fizemos referência pontual anteriormente [cfr., *supra*, D)2.V] – reporta a diligência do *gestor criterioso e ordenado* ao dever de cuidado dos membros do órgão de administração (cfr. n.º 1, *alínea a)*)[775] e cria um (novo) dever de lealdade[776] a

---

Sobre os deveres dos membros dos órgãos de fiscalização, cfr. Tiago João Estêvão Marques, *Responsabilidade Civil dos Membros de Órgãos de Fiscalização das Sociedades Anónimas*, Almedina, Coimbra, **2009**, pp. 69-138.

[773] Em primeiro plano, estarão os interesses societários.

[774] Admitindo que este continua a ser a referência central, e que a nova redacção do art. 64.º foi claramente influenciada pelas doutrinas da *Common Law*, Fatima Gomes, «Reflexões em torno dos deveres fundamentais dos membros dos órgãos de gestao (e fiscalização) das sociedades comerciais à luz da nova redacção do artigo 64.º do CSC», cit., **2007** (pp. 550-569), pp. 562-565 e 554-562.

[775] Considerando que o dever de cuidado não substitui unicamente o dever de diligência, mas alarga o seu âmbito, abrangendo também interesses de terceiros, merecedores de tutela, cuja protecção assegura, Gabriela Figueiredo Dias, *Fiscalização de Sociedades e Responsabilidade Civil* (após a Reforma do Código das Sociedades Comerciais), Coimbra Editora, **2006**, pp. 42-48.

[776] Sobre o **dever de lealdade** – que considerava «incontornável face ao critério geral do anterior art. 64.º e do dever geral de actuação de acordo com a boa-fé, tal como

observar pelos gestores e em função do qual se definem os interesses em jogo. Nestes, e naturalmente na construção de um novo conceito de interesse social, a lei engloba também, em acréscimo aos dos sócios e dos trabalhadores, os interesses de todos aqueles que considera poderem ter interesse legítimo no adequado funcionamento da sociedade – os *stakeholders* ou partes-interessadas, *maxime* os clientes, os fornecedores e os financiadores. Em certas circunstâncias, poder-se-á mesmo ponderar se não serão partes interessadas – e credores do adequado cumprimento do dever de cuidado na administração da sociedade – todos os que possam ser afectados pela actividade da empresa, embora não tenham com ela uma relação contratual específica definida. Temos em mente, a este propósito, a conduta ambiental da sociedade.

Já no n.º 2 do artigo 64.º – ao desenhar o estatuto dos membros do(s) órgão(s) de fiscalização, a lei parece subsumir os deveres de lealdade aos deveres de cuidado, na medida em que determina que o cumprimento destes pressupõe *elevados padrões de diligência profissional e deveres de lealdade.*

Receámos, na abordagem inicial que fizemos a esta alteração, que a mesma tivesse o efeito perverso de reduzir o âmbito de aplicação da norma, em vez de o ampliar, confinando-o aos dois deveres, de cuidado e de lealdade, expressamente especificados[777]. Cremos que o nosso temor não se justificava e que a norma, na sua versão reformulada, apesar de ainda não se encontrar totalmente explorada, representa um alargamento do conceito de "interesse social".

Numa síntese interpretativa, que continua escassamente reflectida – mas que colhe apoio precioso em escritos publicados depois da Reforma Societária[778] –, diríamos que o artigo 64.º apresenta duas vertentes distintas.

---

prescreve o art. 762.º, n.º 2, do Código Civil» –, vd. Gabriela Figueiredo Dias, *Fiscalização de Sociedades e Responsabilidade Civil*, cit. **2006**, p. 43 (e pp. 49-53), e, mais recentemente, Tiago João Estêvão Marques, *Responsabilidade Civil dos Membros de Órgãos de Fiscalização das Sociedades Anónimas*, Almedina, Coimbra, **2009**, pp. 72-74 e 81-88.

[777] Admitimos então que, encontrando-se ainda em vias de consolidação a cláusula geral sobre o interesse social, talvez tivesse sido preferível o legislador não ter tocado numa matéria tão sensível como esta. De igual opinião seria António Menezes Cordeiro, «A grande reforma das sociedades comerciais», *O Direito*, ano 138.º, III, **2006** (pp. 445-453), afirmando taxativamente que «não se devia ter tocado no artigo 64.º do Código das Sociedades Comerciais» (p. 449).

[778] Cfr. (por ordem alfabética do último nome) J. M. Coutinho de Abreu, «Deveres de cuidado e de lealdade dos administradores e interesse social», AA.VV., *Reforma do*

Por um lado, permite caracterizar o interesse social nele englobando, para além dos interesses dos sócios e dos trabalhadores, os interesses dos clientes e dos credores. Por outro lado, procura fixar os deveres fundamentais, de cuidado e lealdade, dos gestores e dos membros dos órgãos de fiscalização das sociedades comerciais, os quais devem, respectivamente, empregar a *diligência de um gestor criterioso e ordenado* (art. 64.º, n.º 1, *alínea a)*) e *elevados padrões de diligência profissional* (art. 64.º, n.º 2)[779].

27.4.3. *A governação da sociedade anónima aberta* (*corporate governance*)[780]

27.4.3.1. *A efectividade das (novas) regras dos modelos de governação*

Recentemente, em época coincidente com a transição do milénio, começaram a surgir em Portugal as primeiras referências ao governo das sociedades ou, na linguagem original, à *corporate governance*[781].

Código das Sociedades, IDET, Colóquios n.º 3, Almedina, Coimbra, **2007** (pp. 15-47), em especial, pp. 17-29 e 33-46, Gabriela Figueiredo Dias, «A fiscalização societária redesenhada: independência, exclusão de responsabilidade e caução obrigatória dos fiscalizadores», AA.VV., *Reforma do Código das Sociedades*, IDET, Colóquios n.º 3, Almedina, Coimbra, **2007** (pp. 277-334), nota 42 (a pp. 299 e 300), e João Calvão da Silva, «"Corporate Governance" – Responsabilidade civil de administradores não executivos, da comissão de auditoria e do conselho geral e de supervisão», *RLJ*, ano 136.º, n.º 3940, **2006** (pp. 31-59), pp. 51-58.

No mesmo sentido, Tiago Estêvão Marques, *Responsabilidade Civil dos Membros de Órgãos de Fiscalização das Sociedades Anónimas*, cit., **2009**, pp. 72-74.

779 Neste momento não é possível, nem aconselhável, sermos mais detalhados ou irmos mais longe acerca do âmbito e alcance das diferenças entre a conduta dos gestores e dos membros do órgão de fiscalização na caracterização dos respectivos deveres fundamentais e sobre o (novo) significado e âmbito do interesse social. Enquanto não tivermos amadurecido a nossa opinião e reflectido mais cuidadosa e profundamente acerca do teor do artigo 64.º – de forma a chegar a uma interpretação e a uma conclusão minimamente sustentáveis – remetemos para a doutrina nacional citada que, com notável desenvoltura, se tem vindo a ocupar do tema.

780 Na doutrina portuguesa (por ordem alfabética), *vd.* AA.VV., *Livro Branco sobre Corporate Governance em Portugal*, Instituto Português de Corporate Governance, **2006**, Jorge M. Coutinho de Abreu, *Governação das Sociedades Comerciais*, 2ª ed., Almedina, Coimbra, **2010**, em especial pp. 5-20, Paulo Câmara, «Código de governo das sociedades», Caderno do Mercado de Valores Mobiliários, n.º 15, 2002 (65-90), e «Os modelos

Fomos, numa primeira fase, de opinião de que a autonomia dogmática desta figura não se justificaria, porquanto o respectivo escopo – a procura das boas práticas de governação das sociedades comerciais e a garantia de que as mesmas seriam observadas, com respeito pelos interesses dos sócios e de todos quantos o funcionamento da sociedade pode afectar – seria objecto de tutela por intermédio de regras já existentes específicas da administração das sociedades comerciais, em especial das

---

de governo das sociedades anónimas», AA.VV., *Reformas do Código das Sociedades*, IDET, Colóquios n.º 3, Almedina, Coimbra, **2007** (pp. 179-242), ANTÓNIO MENEZES CORDEIRO, *Manual de Direito das Sociedades*, I, *Das Sociedades em Geral,* 2ª ed. cit., **2007**, pp. 841-854, «Do governo das sociedades: a flexibilização da dogmática continental», AA.VV., *Prof. Inocêncio Galvão Telles: 90 anos. Homenagem da Faculdade de Direito de Lisboa,* Almedina, Coimbra, **2007** (pp. 91-103), MIGUEL J. A. PUPO CORREIA, *Direito Comercial,* 11ª ed. cit., Lisboa, **2009**, pp. 251-253, PEDRO CAETANO NUNES, *Corporate Governance*, Almedina, Coimbra, **2006**, pp. 87-112, ANA PERESTRELO DE OLIVEIRA, *A responsabilidade dos administradores nas sociedades em relação de grupo*, Almedina, Coimbra, **2007**, pp. 57-74, JOÃO CALVÃO DA SILVA, «"Corporate Governance" – Responsabilidade civil de administradores não executivos, da comissão de auditoria e do conselho geral e de supervisão», cit., **2006** (pp. 31-59), pp. 31-51, e JOÃO SOARES DA SILVA, «Responsabilidade civil dos administradores de sociedade: os deveres gerais e os princípios da corporate governance», *ROA,* ano 57, II, **1997** (pp. 605-628).

Sobre o Direito norte-americano, vd. PEDRO CAETANO NUNES, *Corporate Governance,* Almedina, Coimbra, **2006**, pp. 51-71. Na literatura jurídica anglo-americana, cfr. ALAN DIGNAM / MICHAEL GALANIS, *The Globalization of Corporate Governance*, Ashgate, Farnham, England / Burlington, USA, **2009,** em especial pp. 3-48 e 225-262, abordando também o modelo tradicional alemão (pp. 263-302) e a sua evolução (303-392), ROBERT A.G. MONKS e NELL MINOW, *Corporate Governance*, 4ª ed., John Wiley & Sons, Chichester, **2008**, em especial pp. 226-235 e 296-318, e RICHARD SMERDON, *A Practical Guide to Corporate Governance*, 3ª ed., Thomson / Sweet & Maxwell, London, **2007**, em especial pp. 1-3, pp. 19-20, 32, 541-555.

Na doutrina (europeia) continental, cfr. FRANCESCO CHIAPPETTA, *Diritto del governo societário. La* corporate governance *delle società quotate*, CEDAM, Padova, **2007**, em especial pp. 1-23, CORNELIS DE GROOT, *Corporate Governance as a Limited Legal Concept,* Wolters Kluwer, Austin/Boston/Chicago/New York/The Netherlands, **2009**, em especial pp. 5-11, 18-22 e 97-112 (com incidência no Direito holandês), MICHEL GERMAIN, *Traité de Droit Commercial* (G. Ripert/R. Roblot), t. 1, vol. 2, *Les sociétés commerciales*, 19ª ed. (com a colab. de Véronique Magnier) LGDJ, Paris, **2009**, pp. 840-888, e RAISER/WEIL, *Recht der Kapitalgesellschaften*, 4ª ed. cit., **2006**, pp. 134-138. Sobre o Direito germânico, vd. também CAETANO NUNES, *Corporate Governance,* cit., **2006**, pp. 73-86.

[781] Na acepção do Relatório Cadbury (*Cadbury Report on the Financial Aspects of Corporate Governance*, 1992), «a *corporate governance* é o sistema pelo qual as sociedades são dirigidas e administradas» (*the system by which companies are directed and controlled*») (www.ecgi.org/codes/country_pages/codes_uk.htm).

que se constituem sob a forma de sociedade anónima (aberta), e que se enquadram, por isso, no complexo normativo que disciplina a respectiva estruturação orgânica.

Admitimos agora – por influência não apenas da Reforma do Direito das Sociedades (2006), mas pelo reconhecimento da aplicação desses princípios e práticas às próprias empresas públicas [cfr. Resolução do Conselho de Ministros n.º 49/2007, de 1 de Fevereiro de 2007 (publ. no DR, I Série n.º 62, de 28 de Março de 2007)][782] – que os modelos normativos, recentemente reordenados e ampliados, procuraram ir mais longe do que as regras avulsas preexistentes e que sempre foram objecto de desconsideração por parte das autoridades de supervisão que, tendo força e legitimidade para o efeito, nunca impuseram a sua aplicação, diminuindo a respectiva efectividade. Como veremos, o modelo de governação societária, caracterizando-se por diferentes orgânicas, é hoje atravessado por princípios que são comuns a qualquer solução e que têm por objectivo assegurar que a administração das grandes sociedades e o respectivo controlo se processam de acordo com práticas que visam, fundamentalmente, assegurar que o interesse social se realize plenamente, tendo em conta os interesses que gravitam na órbita da sociedade.

27.4.3.2. *Origem, significado e fundamento da corporate governance como instituto autónomo*

Importa, contudo, explicar com mais detalhe o que devemos entender por sistema de governação das sociedades[783].

O sistema de **governação societária** ou *corporate governance* é o conjunto de regras e princípios que o órgão de gestão de uma sociedade anónima aberta deve respeitar no exercício da respectiva actividade; e que se caracteriza por incluir regras que visam tornar transparente a administração da sociedade, definir a responsabilidade dos respectivos membros e assegurar que na mesma se reflectem as diversas tendências accionistas[784].

---

[782] E ao Estado, em geral, incluindo não apenas os respectivos institutos, mas os próprios serviços e organismos estaduais, dando lugar à chamada *public governance*.

[783] Preferimos a expressão *governação* à de "governo", apesar de menos elegante, porque consideramos adequado reservar a expressão clássica para as situações em que estão envolvidas a gestão da *res* publica e a regulação do Estado. No entanto, pontualmente, falamos em modelo de governo com o mesmo sentido de governação.

[784] Ou, na definição da OCDE (de 1999) – que retomou e desenvolveu a do *Cadbury Report* – «*corporate governance* é o sistema pelo qual as sociedades comerciais são

O sistema, de origem norte-americana[785], constitui um corolário do princípio da tutela das minorias e da salvaguarda dos interesses públicos que possam estar em jogo na gestão de uma grande sociedade comercial, fazendo todo o sentido em ordenamentos nos quais o direito legislado não conhece os desenvolvimentos do Direito continental de base romano-germânica, importando por isso definir, com enorme grau de precisão, os direitos dos accionistas minoritários e o funcionamento dos órgãos de gestão, entre outros aspectos.

O Direito positivo português continha já, a nosso ver, desde 1986, uma série de soluções que, devidamente aplicadas, correspondiam a princípios elementares da governação societária (*corporate governance*[786]). Nesse sentido, aponte-se a regra expressa de eleição de administradores por um colégio de accionistas que votou contra a principal lista (cfr. art. 392.º, n.os 8, 6 e 7) e as regras implícitas de que todos os administradores deverão, se disponíveis para exercer as suas funções na sociedade, receber idêntica remuneração, devendo todos ter igual acesso a *toda* a informação e logística societárias.

Seriam tais regras suficientes?

É isso que vamos ver em seguida, procurando dar resposta à questão formulada, justificando este novo instituto.

Na fase inicial, o sistema evoluiu de uma concepção geral – correspondente às funções típicas e tradicionais do órgão de gestão –, em que equivalia à execução da actividade social e ao poder de representação,

---

administradas e controladas. A estrutura da *corporate governance* especifica a distribuição de direitos e de responsabilidades entre os diferentes participantes na sociedade, tais como a administração, os directores, accionistas e outros *stakeholders*, e estabelece as regras e procedimentos para tomada de decisões sobre negócios societários. Fazendo isso, também fornece a estrutura através da qual são estabelecidos os objectivos da sociedade, e os meios de os atingir e de monitorizar a sua realização». Cfr. Smerdon, *A Practical Guide to Corporate Governance*, 3ª ed., cit., London, **2007**, p. 3.

[785] A expressão *corporate governance* foi inicialmente usada nas revistas jurídicas norte-americanas, dos anos 70 do século XX, e generalizou-se na Europa, a partir do Reino Unido, na década de 90. Cfr., por todos, Smerdon, *A Practical Guide to Corporate Governance*, 3ª ed., cit., London, **2007**, p. 3.

[786] Terminologia originária que traduzimos por governação societária, em clara preferência à expressão "governo societário".

Sobre os princípios da *corporate governance*, cfr. o anexo constante da obra de Pedro Caetano Nunes, *Responsabilidade civil dos administradores perante os accionistas,* Almedina, Coimbra, **2002**, pp. 113-173.

administração e gestão da sociedade, para uma concepção mais restrita, no final do século XX, corolário de inúmeras concentrações, entretanto ocorridas, algumas com carácter multinacional, que conduziram as próprias autoridades de supervisão dos países de Direito continental a procurar estabelecer princípios reguladores das grandes sociedades públicas, passando a corresponder não tanto ao governo dos accionistas – de dentro para fora – e sobretudo ao controlo, cada vez mais necessário do exterior para o interior com projecção em diversos aspectos da gestão da sociedade, inclusivamente os de carácter financeiro.

E neste aspecto encontramos a principal diferença entre as possíveis acepções de *corporate governance* e que irá conduzir à sua autonomização dogmática.

A governação das grandes sociedades, no século XXI, tornou-se uma preocupação maior das autoridades de supervisão do mercado, apostadas em preservar o regular funcionamento dessas entidades e das empresas a que elas dão forma e, desse modo, em assegurar os direitos dos investidores, mais do que os dos próprios accionistas, cada vez mais distanciados da gestão. Esta nova óptica – que não se resume apenas a uma forma de encarar a participação societária como um investimento financeiro – corresponde à crescente publicização de áreas que, classicamente, escapavam à intervenção do Estado e se formavam na intersecção da procura com a oferta, no próprio mercado, em época em que o conhecimento e o controlo dos accionistas eram seguramente muito menores. A próxima (temporalmente falando) regulação destes fenómenos, possivelmente também a nível do Código dos Valores Mobiliários – como sucedeu, fulminantemente, com as sociedades abertas e, paulatinamente, com os próprios valores mobiliários –, explica a crescente complexidade do sistema de supervisão, mas também o afastamento do mercado dos seus agentes tradicionais, as pessoas singulares, em favor das grandes instituições.

E a questão que então legitimamente se coloca, a propósito, é a de saber se, dada a especialização dos agentes envolvidos, se justifica o controlo existente e crescente sobre a respectiva actividade.

27.4.3.3. *Enquadramento legal: a* soft law

Contudo, e não obstante as inúmeras pressões a que o legislador tem estado sujeito, nomeadamente para conceder carácter injuntivo a um número cada vez maior de regras, a verdade é que o sistema de governação societário é caracterizado por muitas regras que se reconduzem à chamada "*soft law*", correspondente à autoregulação que as sociedades anónimas se propõem observar na procura do (simples) reconhecimento social e, consequente, afirmação no mercado. É nesse contexto, misto de normas injuntivas e de voluntariedade na adopção de novos comportamentos, que nos encontramos no presente.

É neste enquadramento que existe hoje, a par com Recomendações da CMVM, um (novo) Regulamento sobre o Governo das Sociedades Cotadas – que é o Reg. CMVM n.º 1/2010, de 8 de Janeiro (publ. no DR II Série, n.º 21, de 1 de Fevereiro de 2010)[787].

No plano das sociedades participadas pelo Estado, importa ainda especialmente ter em consideração os novos princípios impostos à governação das empresas públicas, aprovados pela Resolução do Conselho de Ministros n.º 49/2007, já referida (cfr. n.º 27.4.3.1).

27.4.4. *Actualização e flexibilização dos modelos de governação das sociedades anónimas*[788]

A reforma societária de 2006 introduziu diversas alterações nos modelos de governação existentes, tendo simultaneamente acrescentado uma nova estrutura de administração e fiscalização de sociedades anónimas.

Vejamos, sucintamente, as principais modificações introduzidas no ordenamento jurídico português.

27.4.4.1. *Aspectos comuns*

O diploma que determinou, no plano da administração e da fiscalização da sociedade anónima, o alargamento das *opções quanto a soluções de governação*, admitindo-se agora um novo modelo de organização *típico das sociedades anglo-saxónicas, que compreende a existência obrigatória de uma comissão de auditoria dentro do órgão de administração* (cfr. art. 278.º, n.º 1, *alínea b)*), formada maioritariamente por administradores independentes nas sociedades cotadas (cfr. art. 423.º-B,

---

[787] Este Regulamento entrou em vigor no dia seguinte ao da publicação no Diário da República, isto é, no dia 2 de Fevereiro de 2010.

[788] Escrevemos inicialmente sobre esta matéria no *Diário Económico* (edições de 8 e 15 de Fevereiro de 2006), a propósito da proposta então apresentada pela CMVM.

n.º 5), e mantendo-se as estruturas já existentes, ainda que com algumas modificações, nomeadamente no que toca à designação dos seus órgãos, foi o Decreto-Lei n.º 76-A/2006, de 29 de Março[789].

---

[789] Este diploma foi publicado na sequência de proposta apresentada pela Comissão do Mercado de Valores Mobiliários (CMVM), em colaboração com os Ministérios das Finanças e da Justiça, e ao abrigo de autorização legislativa, concedida pelo art. 95.º da Lei n.º 60-A/2005, de 30 de Dezembro.

Tomando como referência os modelos europeus mais avançados (Reino Unido, Alemanha e Itália), o DL 76-A/2009 considera que as novas soluções terão um reflexo directo sobre a *competitividade das empresas nacionais.*

Na reformulação da orgânica societária empreendida, foram tidos em consideração – como resulta aliás, explicitamente, da proposta da CMVM – e incorporados os *textos comunitários concluídos com relevo directo sobre a questão dos modelos de governação e direcção de sociedades* anónimas, nomeadamente a 8ª (*sobre a estrutura de fiscalização das sociedades*), após a publicação da revisão, a 4.ª e a 7.ª Directivas de Direito das Sociedades, a *Recomendação da Comissão Europeia sobre o Papel dos Administradores Não-Executivos* e a *Recomendação da Comissão Europeia sobre a Remuneração dos Administradores.*

Mas o Decreto-Lei n.º 76-A/2006, de 29 de Março, teve também por finalidade permitir o *aproveitamento das novas tecnologias da sociedade da informação no funcionamento dos órgãos sociais e na comunicação entre os sócios e as sociedades,* devendo ser assegurada pela sociedade *a segurança e acessibilidade das novas técnicas.*

Refira-se ainda que o preâmbulo do diploma evidencia a preocupação de atender *às especificidades das pequenas sociedades anónimas*, considerando as crescentes diferenças entre elas e as grandes sociedades anónimas e viabilizando a *adaptação do regime da 4.ª Directiva sobre Direito das Sociedades* a umas e outras. Como referimos na Introdução a este livro [cfr., *supra*, D)2(iv)], cremos que nesta matéria se poderia, e deveria, ter ido mais longe, traçando-se uma fronteira mais nítida entre os possíveis subtipos de sociedades anónimas.

Recorde-se também que a CMVM colocou à consulta pública, em 30 de Janeiro de 2006, a proposta de alteração ao Código das Sociedades Comerciais, com a finalidade de actualizar e flexibilizar os modelos de governo das sociedades anónimas [*Governo das Sociedades Anónimas: Propostas de alteração ao Código das Sociedades Comerciais* – Processo de consulta pública n.º 1/2006 (*www.cmvm.pt*)], que se limitava a uma exposição de motivos, sem articulado, apenas tendo disponibilizado o projecto de alterações ao Código muito perto do final da consulta pública e após a sessão pública de 6 de Fevereiro de 2006. Desde então, e até à aprovação, pelo Governo, da proposta apresentada pela CMVM e da sua conversão em Decreto-Lei de alteração ao Código das Sociedades Comerciais, decorreriam menos de dois meses. Com excepção de algumas sugestões dadas na Sessão Pública e dos contributos fornecidos por grandes institucionais directamente interessados na reforma, a verdade é que as observações feitas pelo público interessado – no qual se enquadram académicos de renome – foram, na sua quase totalidade, ignoradas pelo legislador, pela pressa que tinha em publicar a nova lei, encontrando-se

27.4.4.2. *Modelo clássico*

O **modelo clássico**[790] pode, desde 2006, revestir uma de duas configurações – *simples* ou (mais) *complexa*[791] –, consoante o revisor oficial de contas seja, ou não, membro do conselho fiscal (cfr. arts. 278.º, n.º 1, *alínea a)* e 413.º, n.º 1).

Entre outras novidades introduzidas neste modelo, em 2006, encontramos a admissibilidade de os administradores serem em número par (cfr. art. 390.º, n.º 1), com imprescindível voto de qualidade de um deles (cfr. art. 395.º, n.ºs 3 e 4), do conselho fiscal ser revigorado (cfr. art. 413.º), reservando-se a figura do fiscal único para as pequenas e médias sociedades (cfr. art. 413.º, n.º 2) – à semelhança do que acontecia com a figura do administrador único, para as sociedades de capital reduzido –, o aumento das incompatibilidades dos membros do órgão de fiscalização (cfr. art. 414.º-A) e a limitação da renovação dos mandatos dos seus membros independentes (cfr. art. 414.º, n.º 5, *alínea b)*).

27.4.4.3. *Modelo de inspiração germânica*

O **modelo de inspiração germânica**, por sua vez, sofreu alterações mais significativas que o de estrutura clássica, com a reforma de 2006. Entre outras, assinale-se as seguintes:

- Redenominação do órgão executivo (cfr. art. 278.º, n.º 1, *alínea c)* do CSC e art. 40.º do DL 76-A/2006, de 29 de Março) e dos seus membros, que passaram a designar-se, respectivamente, conselho de administração executivo e administradores;
- Eliminação do número máximo de membros do conselho geral e de supervisão (cfr. art. 434.º, n.º 1) – como é designado pela actual redacção do Código (cfr. art. 278.º, n.º 1, *alínea c)* do CSC e art. 40.º do DL 76-A//2006) –, anteriormente de quinze, e do órgão executivo (cfr. art. 424.º, n.º 1), que era de cinco;

---

hoje bem patente nos textos legais aprovados. Procurámos chamar a atenção dos responsáveis pela reforma em artigos de opinião, publicados semanalmente (em 2006) no *Jornal de Negócios* para algumas falhas que nos pareciam facilmente rectificáveis.

[790] A que a CMVM chamou, na sua proposta, de latino (designação que a lei aprovada deixaria, entretanto, cair).

[791] A que a CMVM chamava, na sua proposta, *modelo reforçado.*

- Supressão da proibição de designação de pessoas colectivas como administradoras (cfr. art. 425.º, n.º 2, na redacção originária, entretanto revogada);
- Faculdade de os estatutos reservarem a designação e destituição dos administradores à assembleia geral (cfr. art. 441.º, n.º 1, *alínea a)*), bem como atribuírem a este órgão competência para a aprovação de contas (cfr. art. 376.º, n.º 1, *alínea a)*, e art. 441.º[792]), sendo agora possível que o conselho geral e de supervisão, com funções significativas de controlo da actividade do órgão de gestão (cfr. arts. 441.º e 442.º), não seja necessariamente composto por accionistas[793], embora os seus membros não possam pertencer a sociedades concorrentes (cfr. art. 434.º, n.º 5), e, em conformidade com as boas práticas de governação societária, devam ser maioritariamente independentes;
- Criação de comissões especializadas no âmbito do conselho geral e de supervisão (Comissões Financeira, de Governo Societário, de Sustentabilidade, de Auditoria, etc.), obrigatórias em certos casos (cfr. art. 444.º);
- Alargamento das funções de fiscalização do conselho geral e de supervisão, que incluem a indicação do ROC e o controlo da respectiva actividade (cfr. art. 441.º, *alíneas d), e), f), g), h), i), j), l), m), n)* e *o)*).

27.4.4.4. *Modelo anglo-saxónico*

A introdução do **modelo anglo-saxónico** facilita a adaptação das grandes sociedades nacionais aos quadros jurídicos externos e permite às sociedades estrangeiras que participem significativamente em sociedades portuguesas replicar nestas as suas estruturas orgânicas.

Neste (novo) modelo – que colheria franca adesão em sociedades cotadas em bolsa – a fiscalização processa-se por *auto-controlo*, ou seja,

[792] Em cuja *alínea f)* a lei reservava ao conselho geral a competência para aprovar as contas. Na sequência das alterações determinadas pelo DL 76-A/2006, o próprio artigo 376.º foi modificado, eliminando-se a excepção que permitia ao conselho geral aprovar as contas (cfr. n.º 1, *alínea a)*, na red. originária).

[793] Cfr. art. 434.º, n.º 2 (red. originária), revogado pela *alínea b)* do art. 61.º do DL 76-A/2006, de 29 de Março, que cominava a obrigatoriedade de os membros do Conselho serem accionistas com direito de voto.

é exercida por pessoas que são membros do próprio órgão de administração (cfr. art. 423.º-B, n.º 1). Tais pessoas são administradores não executivos (cfr. art. 423.º-B, n.º 3) e nalguns casos independentes (cfr. art. 423.º-B, n.os 4 e 5) – com um estatuto autónomo e diferenciado em termos de remuneração e destituição (cfr. arts. 423.º-D e 423.º-E) – que integram uma comissão de auditoria formada no seio do conselho de administração (cfr. art. 423.º-C, n.º 1), composta por, pelo menos, três membros designados pela assembleia geral (cfr. art. 423.º-B, n.º 2), a qual desempenha funções que tradicionalmente são reservadas ao conselho fiscal e ao conselho geral (cfr. art. 423.º-F) e por isso assume muitas das competências que são características de tais órgãos (cfr. arts. 420.º, 421.º e 441.º), devendo reunir no mínimo uma vez de dois em dois meses (cfr. art. 423.º-G, n.º 1, *alínea a) in fine*).

A comissão de auditoria supervisiona a gestão – a exercer pelos administradores executivos – e controla o desempenho de funções do revisor oficial de contas (cfr. art. 423.º-F, *alíneas a), b), n)* e *o)*). Considerando a composição da comissão de auditoria (cfr. art. 423.º-B, n.º 2), o órgão de administração terá de ter, em qualquer circunstância, neste modelo, um mínimo de cinco membros, sendo dois executivos, pressupondo que a sociedade tenha um capital social superior a € 200.000,00 (cfr. arts. 390.º, n.º 2 e 422.º-B, n.º 3)[794].

---

[794] Esta conclusão resulta da interpretação conjugada e sistemática destas disposições legais, uma vez que os membros da comissão de auditoria, em número mínimo de três, não podem desempenhar funções executivas. Com efeito, se a sociedade não puder legalmente funcionar com um único administrador – por ter um capital superior a € 200.000,00 –, não faz sentido admitir que ela possa ser, de facto e de direito, gerida por um único administrador, apenas porque nominalmente existem mais três administradores, que não podem desempenhar funções executivas. Nesse sentido aponta, aliás, a interpretação adequada do disposto no art. 278.º, n.º 5.

Trata-se de questão que, como previramos em anterior edição, não iria colher interpretação consensual. Assim, contra a nossa interpretação, e considerando que o número mínimo de administradores pode ser, em qualquer circunstância de quatro, Paulo Câmara, «Os modelos de governo das sociedades anónimas», cit., **2007** (pp. 179-242), p. 216. Diversamente, e concluindo deverem ser sempre cinco, pelo menos, os administradores das sociedades que adoptem este modelo, qualquer que seja o respectivo capital social, Soveral Martins, «Comissão executiva, comissão de auditoria e outras comissões na administração», AA.VV., *Reformas do Código das Sociedades*, IDET, Colóquios n.º 3, Almedina, Coimbra, **2007** (pp. 243-275), pp. 258-259.

Não descortinamos razões para concluir como o fazem Paulo Câmara e Soveral Martins. O primeiro faz uma interpretação excessivamente literal e que pensamos ser

27.4.4.5. *Efeitos das modificações ocorridas no plano da fiscalização*

Finalmente, refira-se que as alterações de estrutura do órgão de fiscalização e os critérios criados pela reforma de 2006 para impor a obrigatoriedade da fiscalização *complexa* (cfr. art. 413.º, n.º 2, *alínea a)*) conduziram a um novo (sub)tipo de sociedade anónima: o da *grande* sociedade anónima, claramente diferenciada das demais (que não necessariamente pequenas ou familiares) e da sociedade anónima aberta.

Com efeito, terão necessariamente de ter um ROC (ou uma SROC), para além do conselho fiscal, as sociedades que adoptem o modelo de governação clássico e que, qualquer que seja o respectivo balanço, vendas líquidas e outros proveitos ou número de trabalhadores, sejam *emi-*

---

algo descontextualizada, levando totalmente à letra o disposto no n.º 5 do art. 278.º. Seria absurdo que essa regra existisse para enfatizar o óbvio – o de que nessas sociedades nunca poderia formalmente existir um só administrador (porque um mínimo de três administradores constituiria a Comissão de Auditoria que integra o Conselho de Administração) –, sob pena de ser totalmente inútil. O segundo, recorrendo habilmente ao argumento *ad absurdum*, parece-nos pretender extrair do preceito uma leitura contrária: a de que essas sociedades têm de ter sempre pelo menos dois administradores e que é esse o significado da proibição do n.º 5 do art. 278.º. Esta conclusão decorreria, em nosso entender, daquela que deveria ter sido a redacção desta regra. Julgamos que o que se pretendeu dizer foi que «as sociedades que adoptem a modalidade prevista na *alínea b)* do número 1 não podem ter um administrador único». E, por isso, SOVERAL MARTINS conclui que nunca podem ter menos de dois administradores executivos.

Qualquer que seja o seu sentido, o n.º 5 do art. 278.º é extremamente infeliz. Se tivéssemos de optar entre as duas interpretações acima enunciadas mais facilmente escolhíamos a segunda, por ser seguramente mais lógica.

No entanto, persistimos, por agora, na nossa leitura inicial: a de que a sociedade só terá de ter dois administradores executivos nos casos em que, sendo adoptado um diferente modelo de governação, ela teria de ter um mínimo de dois gestores. Este é o único sentido sistemático da regra que consideramos válido e que corresponde certamente à conclusão a que chegaríamos se a norma não existisse. Assim, afigura-se que o legislador, ao estabelecer a proibição em análise, quis tão-só esclarecer que o número de administradores executivos não tinha obrigatoriamente de ser igual ou superior ao número (mínimo) de membros da Comissão de Auditoria (que é de três).

De qualquer modo, como facilmente se conclui da nossa interpretação e das análises dos textos referidos, de PAULO CÂMARA e de SOVERAL MARTINS: "três cabeças, três sentenças!". Por isso, e apesar de esta questão não colocar, na prática, especiais problemas, visto o modelo de governação ser especialmente adequado às grandes sociedades com elevado número de administradores –, talvez fosse aconselhável que o legislador viesse oportunamente a modificar a lei, dissipando as dúvidas que legitimamente se estão a suscitar.

tentes de valores mobiliários admitidos à negociação em mercado regulamentado (cfr. art. 413.º, n.º 2, *alínea b)*), ou que, *não sendo totalmente dominadas por outra sociedade* que adopte o mesmo modelo, ultrapassem durante dois anos consecutivos dois dos seguintes três limites:

- total do balanço de cem milhões de euros;
- cento e cinquenta milhões de euros de vendas líquidas e outros proveitos; e
- uma média de cento e cinquenta trabalhadores durante o exercício (cfr. art. 413.º).

27.5. **O membro *independente* de órgãos sociais**[795]

27.5.1. ***Antecedentes***

Os membros dos órgãos sociais são designados, consensualmente, pelos sócios e são habitualmente pessoas com as quais estes se identificam e com quem, pelo menos os maioritários, se relacionam estreitamente.

Recorde-se que, classicamente, todos os cargos sociais deviam ser necessariamente ocupados por sócios, correspondendo à ideia de que estes exerciam a actividade económica da sociedade através das funções que nela desempenhavam.

Tais exigências viriam, porém, a revelar-se incompatíveis com a crescente complexidade do mundo dos negócios, assistindo-se, gradualmente, à dissociação entre o risco do capital e a direcção efectiva das sociedades de capitais. Paralelamente, para se garantir a correcção da

---

[795] Sobre a independência dos membros dos órgãos sociais, cfr. Gabriela Figueiredo Dias, «A fiscalização societária redesenhada: independência, exclusão de responsabilidade e caução obrigatória dos fiscalizadores», AA.VV., *Reformas do Código das Sociedades*, IDET, Colóquios n.º 3, Almedina, Coimbra, **2007** (pp. 277-334), pp. 297-309.

Sobre «os administradores independentes», vd. os estudos de António Pereira de Almeida, publicado com esse título na obra geral (AA.VV.), *A Reforma do Código das Sociedades Comerciais. Jornadas em Homenagem ao Professor Doutor Raúl Ventura*, coord. por António Menezes Cordeiro e Paulo Câmara, Almedina, Coimbra, **2007** (pp. 153-172), e de Rui Oliveira Neves, «O Administrador Independente», AA.VV., *Código das Sociedades Comerciais e Governo das Sociedades*, Almedina, Coimbra, **2008** (pp. 143-194), pp. 144-152 e 161-194.

gestão societária, viria a impor-se que, no respectivo controlo, participassem técnicos independentes e especializados: os revisores oficiais de contas, que passaram a integrar os órgãos de fiscalização das maiores sociedades.

Por sua vez, e no que respeitava ao desempenho de determinados cargos, designadamente de membro do conselho fiscal, veio a lei estabelecer uma lista de incompatibilidades, procurando assegurar que o desempenho de funções, no órgão de fiscalização, se efectuasse com isenção, profissionalismo e objectividade.

Contudo, com o reconhecimento de que os interesses da sociedade já não se confinam aos respectivos sócios e trabalhadores, mas se alargam a todos os que à sua volta gravitam, incluindo os clientes, fornecedores e credores, o legislador não se satisfez com a lista de incompatibilidades estabelecida e, ao mesmo tempo que a aumentava, exigia em acréscimo que, nas *grandes* sociedades anónimas e nas sociedades cotadas, certas funções passassem obrigatoriamente a ser desempenhadas por pessoas *independentes* dos interesses estabelecidos e da influência accionista.

O Código das Sociedades Comerciais, em desenvolvimento e complementarmente com o regime das incompatibilidades a que (já) se encontravam sujeitos os membros do órgão de fiscalização, consagra, desde 2006, a figura do membro **independente** de órgão social. Vejamos qual o seu significado e alcance.

27.5.2. *Um novo conceito de Direito Societário*

Com a reforma societária de 2006 surge, como vimos [*supra* n.º D) 2, IV], um novo conceito fundamental no Direito das Sociedades Comerciais português: o de membro *independente* de órgão social. São diversos os membros dos órgãos sociais que, para desempenharem funções em certas sociedades anónimas e nalguns órgãos de sociedades anónimas, devem ser independentes.

O Código das Sociedades Comerciais exige agora que, nas *grandes* sociedades anónimas (e nas cotadas), determinados cargos sociais sejam desempenhados por pessoas ***independentes***. É o que acontece relativamente a certos membros do conselho fiscal (cfr. art. 414.º, n.ºs 4 e 5) ou do conselho geral e de supervisão (cfr. art. 414.º, n.ºs 4 e 5 *ex vi* art. 434.º, n.º 3), aos membros da mesa da assembleia geral (cfr. arts. 374.º-A e

414.º, n.º 5) e algum ou alguns dos administradores que integram a comissão de auditoria (cfr. arts. 423.º-B, n.os 4 e 5, e 414.º, n.º 5), quando o modelo de governação adoptado for o anglo-saxónico.

A lei procura assegurar que, no exercício das respectivas funções, esses membros dos órgãos sociais não estejam sujeitos à influência de accionistas de referência ou de outros membros desses órgãos, guiando-se, exclusivamente, pelo interesse social e actuando de forma autónoma, imparcial, isenta e objectiva.

Tal ocorre, nomeadamente, com os elementos da mesa da assembleia geral de sociedades anónimas cujas participações estão admitidas à negociação em mercado regulamentado, isto é, que se encontram cotadas (cfr. art. 374.º-A).

Vejamos então o que nos diz o novo artigo 374.º-A. Precisamente sob a epígrafe «*Independência dos membros da mesa da assembleia geral*», o número 1 do artigo 374.º-A exige que os membros da mesa das sociedades emitentes de valores mobiliários admitidos à negociação em mercado regulamentado cumpram, «*com as necessárias adaptações, os requisitos de independência do n.º 5 do artigo 414.º*», aplicando-se-lhes também «*o regime das incompatibilidades previsto no n.º 1 do artigo 414.º-A*».

27.5.3. *Previsão legal*

O que é então um membro independente?

A lei estabelece no artigo 414.º, n.º 5 o conceito e critério de **membro independente** que, tendo sido criado a propósito dos membros do órgão de fiscalização, é também aplicável, por expressa remissão, aos membros independentes da mesa da assembleia geral (cfr. art. 374.º-A, n.º 1) e da comissão de auditoria (cfr. art. 423.º-B, n.º 4).

Segundo o referido número 5, é «***independente*** *a pessoa que não esteja associada a qualquer grupo de interesses específicos na sociedade, nem se encontre em alguma circunstância susceptível de afectar a sua isenção de análise ou de decisão*».

Em seguida, o mesmo preceito exemplifica, em duas alíneas, situações em que se entende existir associação a interesses específicos ou em que a isenção do presidente da mesa (ou de qualquer dos seus membros) pode ser questionada. Nos termos dessas alíneas, **não é independente** quem for titular de acções correspondentes a, pelo menos, 2% do capital social[796], ou *actuar em nome ou por conta* de accionistas com, pelo menos, essa participação (cfr. *alínea a)*). Em qualquer destas circunstâncias presume-se existir uma ligação a interesses significativos na sociedade, que prejudica uma actuação isenta.

Também deixa de reunir condições de isenção para desempenhar certos cargos sociais quem exercer funções em três ou mais mandatos, sucessivos ou interpolados (cfr. *alínea b)*), em qualquer órgão societário[797]. A ideia subjacente é, neste caso, a de que a convivência prolongada com os demais membros dos órgãos sociais e os accionistas retira isenção em termos de capacidade de análise e imparcialidade ao membro do órgão social em causa. É como se a designação para um quarto mandato significasse necessariamente que a pessoa (para ser) reconduzida tem de ser alinhada com os principais accionistas.

O requisito da independência só se suscita na reeleição para o quarto mandato, porque a eleição para um terceiro mandato corresponde à segunda reeleição e a lei considera que perde a capacidade crítica a pessoa que «*for reeleita por mais de dois mandatos*». Por isso, mesmo que o legislador tivesse dito «a pessoa eleita para mais de dois mandatos» – como quis e nos parece que teria sido mais correcto –, só com a designação para um terceiro mandato o membro do órgão social perde a *independência*, pelo que a falta desta só se repercute na eleição para o quarto mandato[798].

A disposição legal em apreço – o artigo 414.º, n.º 5 –, aplicada, por exemplo, aos membros da mesa da assembleia geral, nomeadamente de sociedades anónimas cotadas, significa que a lei pretende agora que os accionistas designem para a mesa da assembleia geral pessoas que não

---

[796] Estranhamente, ou talvez não, a lei refere-se a «*participação qualificada igual ou superior a 2%*», quando o nosso Código das Sociedades Comerciais nunca se referiu a esse conceito, e muito menos reportando exigências de informação, comunicação ou simples conduta a um limite percentual tão reduzido e claramente inspirado no art. 16.º do Código dos Valores Mobiliários.

[797] A lei, aparentemente, não isola o desempenho de mandatos num mesmo órgão social do exercício em diferentes órgãos. Cremos que a *ratio* do preceito não permite a distinção.

[798] Conviria também, aqui, rectificar a redacção do preceito legal, por forma a evitar concluir-se que apenas estaria em causa a eleição para o quinto mandato, visto que, em rigor, a reeleição *por* dois mandatos equivale ao desempenho em três mandatos, pelo que a reeleição «*por **mais** de dois mandatos*» conduziria ao quarto mandato e só então o designado perderia a independência, para futuros desempenhos.

tenham ligações, nem compromissos, com quaisquer grupos de interesses sociais, nem participem, directa ou indirectamente, numa percentagem de capital de, pelo menos, 2%, de modo que possam desempenhar as suas funções de forma isenta e imparcial, sem constrangimentos de qualquer espécie. A lei considera também, na mesma regra, que a pessoa que exercer funções no decurso de três ou mais mandatos em qualquer órgão social já não reúne condições para ser considerado independente. Na base desta limitação está muito provavelmente a ideia de que, pelo convívio durante três mandatos[799], se gera entre os accionistas, os membros não independentes e os *independentes* uma relação de familiaridade que compromete a imparcialidade (e isenção) dos últimos.

Refira-se, por fim, que os independentes estão ainda sujeitos ao apertado regime de incompatibilidades estabelecido no artigo 414.º-A, o qual, contudo, não constitui um exclusivo seu. Com efeito, aos membros do conselho fiscal, da comissão de auditoria e do conselho geral e de supervisão aplica-se o regime das incompatibilidades estabelecido no artigo 414.º-A para os membros do conselho fiscal, mesmo que eles não sejam independentes, uma vez que a lei não exige que todos os membros desses órgãos sejam independentes (cfr., por exemplo, o n.º 6 do art. 414.º). Por isso, a **independência** não se pode confundir com essas incompatibilidades; ela requer os requisitos adicionais de a pessoa elegível não estar ligada a *interesses específicos* (titularidade ou representação, directa ou indirecta, de participação de 2%) e estar em condições de desempenhar funções com *isenção de análise ou de decisão.*

27.5.4. *Efeitos*

O regime de membro *independente* tem algumas particularidades que importa salientar, em matéria de estatuto e exercício do cargo, as quais visam, por um lado, assegurar-lhe a necessária autonomia no desempenho das suas funções e, por outro lado, subtraí-lo ao poder discricionário dos accionistas.

---

[799] Não cabe discutir por que é que a lei não tomou como referência um determinado número mínimo de exercícios sociais, tendo optado simplesmente por uma referência aos mandatos, independentemente da respectiva duração, o que não deixa de retirar coerência ao critério.

Assim, uma das consequências legais[800] da independência é a remuneração ser em quantia fixa (cfr. art. 422.º-A, n.º 1 – para o qual também remete o n.º 3 do art. 374.º-A – e art. 423.º-D), evitando-se uma relação directa entre os resultados da actividade societária e os proventos dos membros **independentes**; outra consiste em só poderem ser destituídos com justa causa (cfr. arts. 419.º, n.º 1, 423.º-E, n.º 1 e 374.º-A, n.º 2).

27.5.5. *Sanções*

Estranhamente, a lei não comina sanção específica para a infracção das regras que requerem a designação de independentes para o exercício de certas funções, pelo que caberá às autoridades de supervisão – nomeadamente à CMVM, no que respeita às sociedades cotadas – apreciar a situação e agir em conformidade. Contudo, afigura-se-nos que a designação do membro do órgão social será nula, por ser feita com violação de regra imperativa (cfr. art. 294.º do CC). A nulidade é, aliás, a sanção aplicável à falta de legitimidade para a prática de actos jurídicos.

27.5.6. *Problemas em aberto*

27.5.6.1. *Perda da independência durante o mandato*

O novo conceito suscita diversas questões, devendo ser ponderado e podendo ser objecto de aperfeiçoamentos.

O primeiro problema a equacionar tem a ver com a solução aplicável aos casos em que durante o mandato sobrevenha uma circunstância que afecte supervenientemente a independência, como uma variação positiva da titularidade do capital social, de modo a atingir os 2%[801]. O que fazer então?

---

[800] Referimos **legais**, porque se nos afigura que um dos efeitos lógicos da independência dos membros dos órgãos sociais que devem revestir essa qualidade é serem remunerados. De outra forma dificilmente se compreenderia que se disponibilizassem para desempenhar o cargo. A falta de remuneração pode, assim, indiciar um interesse (oculto) na assunção e desempenho do cargo.

[801] Repare-se que o requisito exemplificativamente mencionado na *alínea b)* do n.º 5 do art. 414.º deverá sempre, e necessariamente, ser aferido aquando da designação.

Cremos que, verificada essa situação, a designação caduca e o membro cessa imediatamente as suas funções, uma vez que deixa de ser independente, situação que deverá registar-se aquando da eleição e manter-se durante o mandato. Em termos puramente técnicos ocorrerá, pois, a caducidade da designação, com efeitos semelhantes aos que resultam da superveniência de uma incompatibilidade para o desempenho de funções (cfr. art. 414.º-A, n.º 2) ou da falta de prestação de caução, quando a mesma for devida (cfr. art. 396.º, n.º 4).

27.5.6.2. *Duração do impedimento*

Na sua formulação, geral e abstracta, a lei – nomeadamente nos prazos que aplica aos critérios de isenção – é demasiadamente exigente. Porquê limitar em absoluto, *ad aeternum*, o desempenho de certos cargos sociais, como independente, a quem no passado, numa certa sociedade ou no âmbito de um determinado grupo societário, desempenhou funções durante três mandatos[802]?

E será que o titular do órgão social que perdeu a independência por ter exercido três mandatos vai poder recuperar essa qualidade na mesma sociedade decorridos vinte anos, termo correspondente ao prazo de prescrição ordinária?

Repare-se, ainda, que quem tinha uma incompatibilidade para o exercício de um cargo social, eventualmente por ter uma relação comercial significativa com a sociedade, se encontra apto a ser designado como independente, não obstante tal relacionamento poder ter sido muito duradouro.

27.5.6.3. *Independência e domínio total*

Last but not the least, julgamos não fazer muito sentido a exigibilidade do requisito da *independência* nas sociedades que são totalmente dominadas por outras ou que estão sujeitas a relação de absoluta subordinação, com todas as implicações legais que essas situações acarretam, por não haver interesses dignos de protecção, nomeadamente isenção a salvaguardar, mesmo que a sociedade seja emitente de valores mobiliários (obrigações) admitidos à negociação em mercado regulamentado.

---

[802] Referimos aqui uma questão que foi verbalmente suscitada pelo nosso colega da Faculdade de Direito da Universidade de Coimbra, Pedro Maia.

Pelos exemplos avançados, julgamos que este novo conceito do Direito Societário nacional deveria ser repensado.

27.6. **Incompatibilidades para o desempenho de cargos sociais**

27.6.1. *Caracterização*

Para além do (e em paralelo com o) requisito da independência – exigido como qualidade necessária para o desempenho de alguns cargos sociais, em determinadas sociedades anónimas e em certos órgãos das mesmas (conselho fiscal, comissão de auditoria, conselho geral e de supervisão e mesa da assembleia geral) –, a lei estabelece uma longa lista de incompatibilidades com vista a assegurar que o exercício de funções em órgãos de controlo ou nas assembleias gerais das *grandes sociedades anónimas* (incluindo as cotadas) se processa de forma isenta e atendendo unicamente ao interesse da sociedade a que os mesmos respeitam.

A incompatibilidade é uma situação relativa, que se estabelece, em regra – mas não necessariamente (cfr. art. 414.º-A, n.º 1, *alínea j)*) –, com referência a outros sujeitos ou por efeito do desempenho de funções noutros órgãos, de diferente ou igual natureza, da mesma sociedade, de sociedade pertencente ao mesmo grupo económico ou jurídico ou de sociedade totalmente alheia, reconduzindo-se esta situação, nalguns casos, à impossibilidade de desenvolver, directa ou indirectamente, actividades fora da sociedade. O elemento comum a todas as situações enunciadas é a sociedade de que faz parte o órgão que se pretende integrar.

O artigo 414.º-A estabelece, no seu n.º 1, uma exaustiva lista de **incompatibilidades** – aplicáveis directamente aos membros de órgãos de fiscalização [conselho fiscal, comissão de auditoria (*ex vi* art. 423.º-B, n.º 3) ou conselho geral e de supervisão (*ex vi* art. 434.º, n.º 4)] – que também serão extensíveis ao presidente e demais membros da mesa da assembleia geral de certas sociedades, por expressa remissão do artigo 374.º-A.

Importa, desde já, salientar que as incompatibilidades legalmente estabelecidas não são exclusivas dos membros independentes dos órgãos sociais; elas são aplicáveis também a membros não independentes.

Vamos analisar, separadamente, as limitações relativas à participação em órgãos da mesma sociedade ou de sociedade do mesmo grupo –

em função das pessoas que neles também participam ou do desempenho de funções noutros órgãos – e as situações que se correspondem a uma proibição de exercício de actividade concorrente que se suscitam, essencialmente, no plano da gestão e representação da sociedade.

27.6.2. *As incompatibilidades pessoais e internas para o exercício de funções em órgãos de controlo e na mesa da assembleia geral*

27.6.2.1. *Conceito, verificação e exemplificação*

As incompatibilidades correspondem a impedimentos para o exercício de funções em determinados órgãos societários.

Essas incompatibilidades são objecto de uma extensa listagem enunciada a propósito da composição do conselho fiscal, no artigo 414.º-A, e são aplicáveis ao desempenho de outros cargos, não devendo ser confundidas, como salientámos, com os requisitos de independência

Podemos agrupar as incompatibilidades em diversas categorias, consoante elas se suscitem em absoluto ou dependam de uma relação entre a sociedade e o designado ou entre este e um terceiro.

Constituem exemplos de incompatibilidade absoluta as situações previstas nas *alíneas h)* e *j)* do n.º 1 do artigo 414.º-A. Entre outros, nunca podem ser designados membros de um conselho fiscal – ou de outro órgãos ao qual se apliquem os impedimentos – os que, não sendo revisores oficiais de contas, desempenham funções de administração ou de fiscalização em cinco sociedades[803], assim como os incapazes e os insolventes.

Nas situações intersubjectivas enquadramos aquelas em que uma pessoa, em razão do relacionamento familiar próximo que tem com outra, não pode assumir certas funções, nomeadamente de fiscalização (cfr. art. 414.º-A, n.º 1, *alínea g)*).

Finalmente, outras situações – correspondentes ao maior número de impedimentos – respeitam à relação do designado com a sociedade, quer

---

[803] Desde que as mesmas não pertençam todas a um grupo, caso em que este releva, para efeitos de incompatibilidade, como uma única sociedade. Neste sentido, cfr. PEDRO DE ALBUQUERQUE, *Os limites à pluriocupação dos membros do conselho geral e de supervisão e do conselho fiscal*, Almedina, Coimbra, **2007**, em especial pp. 26-28 e 77-89.

a mesma implique terceiros, por efeito de funções sociais desempenhadas (cfr. art. 414.º-A, n.º 1, *alíneas c), d)* e *f)*), quer a mesma envolva apenas a sociedade e o designado (cfr. art. 414.º-A, n.º 1, *alíneas a), b)*[804] e *e)*).

Vamos agora ponderar, a título exemplificativo, a incompatibilidade que se encontra prevista no artigo 414.º-A, n.º 1, *alínea e)*. Assim – e adaptando *mutatis mutandis* a disposição legal referida –, não podem ser eleitos ou designados membros da mesa da assembleia geral de uma sociedade cotada e do órgão de fiscalização de qualquer sociedade anónima (do conselho fiscal, da comissão de auditoria ou do conselho geral e de supervisão), as pessoas que, «*de modo directo ou indirecto, prestem serviços ou estabeleçam relação comercial significativa com*» essa sociedade ou com sociedade que com ela «*se encontre em relação de domínio ou de grupo*».

Uma primeira questão consiste em procurar determinar o que é uma relação comercial significativa e uma segunda interrogação respeita a saber se a prestação de serviços, para gerar a incompatibilidade, também deve ser significativa ou se é suficiente que exista, ocorrendo esporadicamente ou traduzindo-se inclusivamente num único acto. A dúvida tem razão de ser, até porque a adjectivação (*significativa*), na forma empregue pela lei, não parece referir-se à prestação de serviços. Se tal fosse a intenção do legislador, a redacção deveria ter sido a seguinte: «(...) prestem serviços ou estabeleçam relação comercial significativos (...)».

Começando por responder à segunda pergunta, julgamos ser de aplicar à prestação de serviços exigência idêntica à que a lei estabelece para qualquer relação comercial (que, em sentido amplo, pode ser de prestação de serviços). Isto significa que a prestação de serviços, para ser impeditiva do desempenho de funções societárias, também deve ser relevante[805].

---

[804] A alteração ocorrida no plano (da inexistência) das incompatibilidades, em 2006, deixou de fora a transição directa de órgãos, nomeadamente do órgão de direcção para o de controlo, viabilizando em algumas das sociedades cotadas do nosso mercado mudanças da administração para a fiscalização.

[805] Neste sentido, cfr. também Gabriela Figueiredo Dias, «A fiscalização societária redesenhada: independência, exclusão de responsabilidade e caução obrigatória dos fiscalizadores», cit., **2007** (pp. 277-334), pp. 309-310, para quem «a incompatibilidade prevista na al. e) do n.º 1 do art. 414.º-A deve ser interpretada de acordo com a teleologia da norma – isto é, considerando apenas relevante como causa de incompatibilidade a prestação de serviços *significativa*, tal como se prevê para as relações comerciais».

Não faz sentido distinguir estas duas realidades – prestação de serviços e relação comercial –, porque em certos casos a primeira integra a relação comercial não se distinguindo desta.

Vejamos agora, em resposta também à primeira questão, o que devemos entender por "*prestação de serviços* (ou relação comercial) *significativa*(s)".

Há que tentar fixar um critério. Não se trata seguramente de a prestação de serviços dever gerar dependência da prestadora ou da sociedade beneficiária dos serviços. Não cremos que se possa exigir tanto. Ela deverá ser regular – nesta regularidade se enquadrando relações de avença ou de fornecimento contínuo – e, sobretudo, assumir uma dimensão razoável relativamente ao conjunto dos serviços de idêntica natureza que são prestados à sociedade. Nestes termos – que haverá, contudo, que concretizar –, diríamos que não pode desempenhar funções de membro da mesa da assembleia geral ou do órgão de fiscalização de uma sociedade cotada, por exemplo, quem prestar serviços que, num determinado período (coincidente, eventualmente, a um exercício social), correspondam a 10% do total de serviços da mesma natureza prestados directamente pelo designado ou através de sociedade de que ele faça parte. Não releva, pois, o peso que tais serviços têm na sociedade que deles é beneficiária, uma vez que a norma não pretende acautelar o eventual monopólio ou oligopólio na prestação de serviços, mas apenas que o prestador perca, ou veja reduzida, a sua independência considerando o volume dos serviços que presta à sua contraparte para cujo órgão de fiscalização é designado. Por isso, em princípio, se o prestador de serviços é único, nos serviços que presta à sociedade, não haverá qualquer incompatibilidade se esses serviços forem pouco significativos para ele, pois o que a lei pretende evitar, com esta incompatibilidade, é que o designado se encontre dependente da sociedade; e não o contrário[806].

[806] Contudo, dizemos em princípio porque se o prestador de serviços for "único", pode ter um peso efectivo, uma influência real, na sociedade, condicionando pela sua relevância os respectivos órgãos. Nesse caso, a avaliar em concreto, tenderíamos a considerar incompatível o desempenho de funções sociais com a prestação de serviços ou fornecimento de bens, ainda que relativamente insignificante para o prestador (ou fornecedor). Nesta situação não estaria, contudo, em causa a falta de isenção deste, mas a pressão que o mesmo pudesse exercer sobre os demais membros dos órgãos sociais, dada a relação de dependência da própria sociedade beneficiária dos serviços ou dos bens. Trata-se, contudo, de hipótese remota que não corresponde à *ratio* da norma que impõe a incompatibilidade, pelo que na generalidade dos casos é de afastar.

Recorde-se ainda o que acima dissemos sobre a aplicabilidade do disposto no artigo 414.º-A a membros não independentes. Isto é, a lista de incompatibilidades estabelecida nesse preceito não se destina a assegurar a independência dos membros dos órgãos sociais; impõe limitações adicionais ao desempenho de certos cargos sociais.

Importa também sublinhar que, na *alínea e)* do artigo 414.º-A, diversamente do que acontece no preenchimento do conceito de independência (cfr. art. 414.º, n.º 5), o que está em causa é um conceito relacional que se traduz na legitimidade, ou falta dela, para desempenhar certas funções, atendendo à ocorrência de certos factores. Trata-se de uma incompatibilidade que não se verifica em termos absolutos, mas que deverá ser apurada caso a caso.

Vamos, para terminar a análise a situação que escolhemos, procurar equacionar dois exemplos: uma relação comercial de fornecimento de material de escritório e a prestação de serviços de advocacia, ambas estabelecidas através de sociedades.

No que respeita à primeira, o que importa averiguar é qual o peso específico da relação existente na economia da sociedade fornecedora[807]. Se tais fornecimentos forem regulares e corresponderem a 5% ou mais do total da facturação anual da prestadora ou, sendo pontuais, correspondem habitualmente a 10% do volume de facturação anual, diríamos que a relação é significativa e que os sócios da fornecedora estão impedidos de exercer certas funções na sociedade adquirente.

No que se refere ao enquadramento dos advogados na incompatibilidade legalmente estabelecida, haverá que verificar se a mesma se aplica em absoluto, independentemente de ser facultativa, ou só se enquadra no impedimento legal se for *significativa*. Creio que esta é a leitura mais adequada, não obstante a redacção infeliz da *alínea e)* em análise. Assim, se se tratar de um parecer ou de uma consulta esporádica, nomeadamente de especialidade, cujo peso relativo se enquadre nas percentagens acima sugeridas, não cremos que haja impedimento.

Quer actuem a título individual, quer o façam no âmbito de sociedades profissionais que integrem, os advogados prestam serviços às

[807] Trata-se da interpretação que se nos afigura mais adequada, embora reconheçamos – como referimos na nota anterior – que também não é positivo que os bens ou serviços a fornecer e prestar, não tendo grande relevo na sociedade fornecedora ou prestadora, assumam valor significativo na economia da adquirente, colocando-a em posição de dependência perante a sociedade de que o designado faz parte.

sociedades suas clientes; e não está em causa seguramente apurar se o fazem com isenção[808], mas quando muito determinar se tais serviços são significativos[809].

Pronunciámo-nos sempre, embora com menor desenvolvimento, no sentido de que a *alínea e)* é aplicável aos serviços prestados por advogados[810]. A restante doutrina, publicada depois do Decreto-Lei n.º 76-A/

---

[808] Por isso, não teve razão a Ordem dos Advogados quando, através do respectivo Conselho Geral, aprovou em 23 de Junho de 2006 uma deliberação que, em síntese, interpreta a *alínea e)* do n.º 1 do art. 414.º-A do CSC, no sentido de que «não inclui serviços de advocacia», não sendo essa norma e a do n.º 5 do art. 414.º-A do CSC aplicáveis «aos serviços prestados por advogados, por força dos princípios fundamentais a que está sujeito o seu estatuto profissional, com consagração legal no Estatuto da Ordem dos Advogados».

A deliberação do Conselho Geral da OA considerava ainda que os serviços de advocacia, pelo seu «carácter *sui generis*, e característica legal de independência, não podem ser subsumidos no conceito geral de prestação de serviços», pelo que nada impediria, a partir da entrada em vigor da reforma do Código das Sociedades Comerciais, «a eleição de advogados para o exercício de tais cargos sociais». A concluir, a deliberação recomendava que a questão fosse objecto de «intervenção legislativa adequada», no sentido propugnado, o que não aconteceu até hoje.

Considerando a interpretação exposta no texto, não podemos deixar de ser críticos relativamente à interpretação da Ordem que não vinga, pelas razões que já aduzimos, e que são basicamente duas:

– Por um lado, não está em causa, na aplicação da *alínea e)* do n.º 1 do art. 414.º-A, uma questão de independência;

– Por outro lado, não é à qualidade ou atributos do prestador de serviço que a incompatibilidade se reporta, isto é, não é o prestador de serviço que tem de ser objectivamente independente, por razões técnicas e profissionais. Tal independência já decorre da natureza da sua actividade. O que importa é que a prestação de serviços não seja significativa no contexto económico de quem os presta.

A interpretação proposta pelo Conselho Geral da Ordem dos Advogados, certamente conveniente a muitos causídicos, é hábil, mas desloca o problema, alterando os termos em que ele deve ser ponderado e não traduzindo o melhor entendimento da matéria, pelo que não pode deixar de merecer a nossa discordância.

[809] A seguir-se o critério puramente literal acima enunciado, concluindo-se que a adjectivação (*significativa*) não qualifica também os serviços, então nem sequer haveria que procurar proceder à qualificação do peso específico dos mesmos na economia da entidade prestadora.

[810] Cfr. Paulo Olavo Cunha, *Direito das Sociedades Comerciais*, 2ª ed., **2006**, p. 487, nota 568 (na 1ª ed., também de 2006, na mesma nota, mas na p. 485), e 3ª ed., **2007**, pp. 541-543.

/2006 é, na sua quase totalidade, omissa sobre a adequada interpretação do regime das incompatibilidades[811].

Podemos, pois, concluir que o regime das incompatibilidades estabelecido na *alínea e)* do n.º 1 do artigo 414.º-A é aplicável aos advogados – impedindo-os de desempenhar funções nos respectivos órgãos sociais, como membros independentes – sempre que a prestação dos seus serviços, efectuada directamente ou através de sociedade que integrem, seja significativa para eles ou para a sociedade de que façam parte, e não para a contraparte, isto é, para a empresas que dos mesmos é beneficiária.

27.6.2.2. *Efeitos*

Verificando-se uma incompatibilidade no momento da designação, esta é nula (cfr. art. 414.º-A, n.º 3).

Se a incompatibilidade surgir supervenientemente, ela provoca a imediata cessação de funções da pessoa a que respeita, sem prejuízo da responsabilidade que lhe seja imputada por actos praticados posteriormente (cfr. art. 414.º-A, n.º 2).

Estas regras são válidas para todas as situações em que o impedimento se verifica em termos absolutos, relativamente à sociedade em que o designado pretende exercer funções ou à própria pessoa do designado (cfr., a título exemplificativo, *alíneas h), j), b), c), e)* e *f)* do n.º 1 do art. 414.º-A). Nestas circunstâncias, tratando-se, por exemplo, da designação para um cargo, relativamente ao qual exista impedimento por efeito do desempenho de outros cargos (cfr. art. 414.º-A, n.º 1, *alínea b)*), então a (nova) designação não será válida.

No entanto, se a incompatibilidade respeita a uma relação intersubjectiva (cfr. o disposto na *alínea g)* do n.º 1 do art. 414.º-A) – para apurarmos que situação jurídica é que é afectada –, haverá, no silêncio da lei, que fazer a seguinte distinção:

– Ocorrendo simultaneamente, ambas as designações são nulas se nenhum dos envolvidos prescindir e se a incompatibilidade for

[811] Exceptuamos, entre três ou quatro autores, Gabriela Figueiredo Dias, «A fiscalização societária redesenhada: independência, exclusão de responsabilidade e caução obrigatória dos fiscalizadores», cit., **2007** (pp. 277-334), que, de forma certeira, dedica duas páginas ao assunto (pp. 309-310). Referindo o regime legal, mas não o interpretando, Menezes Cordeiro, *Manual de Direito das Sociedades* II – *Das Sociedades em Especial*, 2ª ed., cit. **2007**, pp. 742-744.

comum aos dois; caso contrário ela só é impeditiva do desempenho de funções do membro do órgãos social em relação ao qual ela se verifica[812];

- Se estiver em causa a designação de um novo titular de um órgão social, a incompatibilidade obsta a essa indicação, mantendo-se em funções o membro de órgão social com referência ao qual ela existia.

27.6.2.3. *Confronto com o requisito da independência*

A *inexistência de incompatibilidades*, embora tenda para os mesmos objectivos que a *independência*, procurando garantir que certas funções sensíveis no controlo da actividade societária são desempenhadas de forma objectiva, pessoalmente desinteressada e, consequentemente, isenta, não se confunde com a exigência de independência, que se exprime na relação directa de um titular de um órgão social com a sociedade a que este respeita, visando assegurar que o respectivo desempenho de funções seja imparcial e salvaguardado de qualquer influência que possa pôr em causa a atitude de distanciamento em relação aos accionistas que o (adequado) exercício do cargo requer.

Como vimos (*supra,* n.º 27.5, em especial n.º 27.5.3), independência não significa necessariamente inexistência de incompatibilidades. Os membros que tiverem de ser *independentes* só estão sujeitos às incompatibilidades por tal ser expressamente previsto – sendo embora natural que o seja –, enquanto há diversos casos de sujeição a incompatibilidades sem que se deva, simultaneamente, verificar a independência do titular do órgão social. Tal sucede, designadamente, com os membros do conselho fiscal que não tenham de ser independentes (cfr. arts. 414.º-A e 414.º, n.º 4 *a contrario*).

Concluindo, independência e inexistência de incompatibilidades não são coincidentes. Apesar deste segundo requisito acrescer sempre que a lei impõe ao membro do órgão social que seja *independente*, o inverso já não ocorre necessariamente. Assim, estão também sujeitos ao regime das incompatibilidades membros de órgãos sociais que não forem, nem tiverem de ser, independentes, como sucede em todas as sociedades anóni-

---

812 Exemplificando, se a incompatibilidade ocorrer por efeito de uma relação familiar entre um membro do conselho fiscal e um administrador da sociedade, ela afecta o membro do conselho fiscal e não o administrador (cfr. art. 414.º-A, n.º 1, *alíneas g)* e *b)*).

mas de modelo de governação clássico ou anglo-saxónico com qualquer membro dos respectivos órgãos de fiscalização, que não desempenhe funções específicas de revisor oficial de contas.

27.6.3. *Limitações ao exercício de actividade concorrente*

27.6.3.1. *Incompatibilidade relativa ao exercício (não autorizado) da gestão em sociedade concorrente*

Para além das incompatibilidades referidas, outras existem, e não apenas no âmbito das sociedades anónimas, respeitando ao desempenho de funções de gestão e representação em sociedades que, não integrando o mesmo grupo jurídico ou económico, prossigam uma actividade análoga ou relativa ao exercício directo de tais actividades por parte de um gerente ou administrador. Tais incompatibilidades não são, contudo, absolutas, podendo ser dispensadas pelos sócios nas sociedades por quotas e anónimas.

O consentimento a prestar para o exercício de actividades concorrentes deve ser expresso, mediante deliberação dos sócios nesse sentido, imprescindível nas sociedades anónimas (cfr. art. 398.º, n.º 3), ou pode ser também tácito, presumindo-se, nas sociedades por quotas, sempre que o gerente já exercia anteriormente a actividade prosseguida pela sociedade para a qual foi designado (cfr. art. 254.º, em especial n.º 4).

27.6.3.2. *A definição de actividade concorrente; critério*

A concorrência deverá ser apreciada em relação ao objecto social (cfr. art. 254.º, n.º 2) e não apenas quanto à actividade que a sociedade prossiga efectivamente no momento em que se pondera o eventual consentimento, sobretudo se a sociedade pode autorizadamente vir a ampliar os negócios que se propõe realizar.

Mas a concorrência também não é admissível relativamente a actividades que a sociedade vem desenvolvendo à margem do seu objecto social, uma vez que o administrador ou gerente não as pode ignorar, como não pode desconhecer o objecto contratual da sociedade que administra.

A pedra de toque na determinação deste impedimento está essencialmente em apurar se as actividades em causa são concorrentes. O critério determinante, para o efeito, consiste em verificar o universo da respectiva **clientela**. Assim, haverá concorrência quando a clientela for idêntica e as actividades coincidirem totalmente, se sobrepuserem em grande parte ou até forem afins. Por isso, em sectores produtivos diferentes – ainda que respeitando a produtos da mesma natureza – não se verifica concorrência; provavelmente ocorrerá complementaridade. Exemplificando, poderemos afirmar que os retalhistas não concorrem com grandes distribuidores que apenas vendam por grosso.

27.6.4. *Qualificação das incompatibilidades*

Analisadas sucintamente que foram as incompatibilidades, podemos concluir que as mesmas se reconduzem a situações de falta de legitimidade do sujeito a que respeitam – para o desempenho de determinados cargos em certas sociedades – e não a uma falta de capacidade. Enquanto a capacidade[813] corresponde a uma característica absoluta do sujeito, em-

[813] A capacidade jurídica, que caracterizamos no texto, desdobra-se em capacidade de gozo – medida de direitos e vinculações de que o sujeito é susceptível de ser titular –, que é a que vem prevista no art. 6.º do CSC em relação à própria sociedade, e em capacidade de exercício, que corresponde à medida de direitos e vinculações que o sujeito é susceptível de actuar pessoal e livremente.

[*Nota de redacção: A construção destes e de outros conceitos de Teoria Geral de Direito Civil, que se encontram dispersos neste livro, foi-me verbalmente transmitida pelo meu avô Paulo Cunha, mas os mesmos não se afastam – e não deixam, também por isso, de ser tributários – daqueles que encontramos nos livros e tratados dos autores mais recentes, nomeadamente dos que foram escritos pelos meus professores de licenciatura, Luís Carvalho Fernandes e António Menezes Cordeiro, com quem viria a ter, durante alguns anos, o gosto e o proveito de colaborar na leccionação da cadeira de Teoria Geral de Direito Civil, na Universidade Católica e na Faculdade de Direito de Lisboa*].

No que se refere à capacidade para o desempenho de cargos sociais, podemos referir que, de um modo geral, as pessoas singulares têm capacidade de gozo genérica sempre que tiverem capacidade de exercício, nos termos gerais de direito (cfr. arts. 252.º, n.º 1, 390.º, n.º 3, 425.º, n.º 6, *alínea d)* e 414.º, n.º 3). Há casos particulares em que nem todas as pessoas singulares têm essa capacidade, como sucede com as situações em que a lei exige especiais qualificações, caso do fiscal único – que deve ser inscrito na Ordem dos Revisores Oficiais de Contas (cfr. art. 414.º, n.º 1) –, dos accionistas que sejam membros do conselho fiscal, que «*devem ser pessoas singulares*» e «*ter as qualificações e a experiência profissional adequadas ao exercício das suas funções*» (art. 414.º, n.º 3 *in fine*) ou de um dos membros do conselho fiscal do modelo de governação clássico de estrutura complexa, que, em acréscimo, deve ter «*curso superior adequado ao*

bora de medida variável – constituindo a medida de direitos e vinculações de que ele é susceptível –, a legitimidade é um conceito relativo que consiste na susceptibilidade de um sujeito dispor válida e eficazmente de um certo bem ou, adaptando à situação vertente, a susceptibilidade de um sujeito poder desempenhar funções em certos órgãos sociais em determinadas sociedades.

O membro ou candidato a membro do órgão social carece, assim, de legitimidade se se verificar uma situação relativa que o impede de, naquela sociedade, desempenhar funções específicas. O mesmo acontece relativamente à independência. Em qualquer circunstância, o sujeito em apreço tem capacidade para desempenhar funções de membro de órgão social. Simplesmente terá de o fazer noutra sociedade, relativamente à qual não sobrevenha qualquer impedimento que lhe retire legitimidade para assumir tais funções.

27.7. **Remuneração dos membros dos órgãos sociais**[814]

27.7.1. ***Evolução e fundamento***

A remuneração dos membros dos órgãos sociais, em especial dos gestores, é um tema que está em voga no momento em que revemos estas lições, não apenas devido aos abusos que se verificaram a nível internacional, mas também em função dos elevados salários e prémios praticados no nosso país.

---

*exercício das suas funções **e** conhecimentos em auditoria **ou** contabilidade*» (art. 414.º, n.º 4) (negritos nossos).

No que respeita às pessoas colectivas, verifica-se que estas não podem ser designadas membros do conselho fiscal, salvo se forem sociedades de revisores oficiais de contas ou de advogados (cfr. art. 414.º, n.ºs 1 e 3), nem gerentes de sociedades por quotas, por exemplo (cfr. art. 252.º, n.º 1). Diremos então que elas carecem de capacidade de gozo (para o efeito). Já as pessoas singulares – com excepção do fiscal único que deve ser, em qualquer circunstância, ROC ou SROC (cfr. art. 414.º, n.º 1) – têm, como referimos acima, capacidade de gozo genérica para o desempenho de funções em órgãos sociais, encontrando-se a mesma dependente da respectiva capacidade de exercício plena.

[814] Vd. Paulo Câmara, «Conflito de Interesses no Direito Financeiro e Societário: Um Retrato Anatómico», AA.VV., *Conflito de Interesses no Direito Societário e* Financeiro. *Um balanço a partir da Crise Financeira*, Almedina, Coimbra, **2010** (pp. 9-74), pp. 42-55.

Classicamente os titulares dos órgãos sociais eram remunerados por decisão da assembleia geral, ou do colectivo dos sócios, a quem competia fixar a retribuição que os membros dos órgãos sociais iriam auferir pelo exercício das suas funções. Da competência genérica do órgão magno das sociedades para uma comissão composta por accionistas (actualmente por quaisquer pessoas) foi um pequeno passo, permitindo-se a estas comissões fixar no recato dos gabinetes, em nome e por conta dos accionistas, as remunerações que os membros dos órgãos sociais deveriam auferir.

A dissociação entre o risco do capital e a direcção efectiva da sociedade veio a acentuar a necessidade de os gestores auferirem uma remuneração pelo exercício profissional da sua actividade, visto que não era expectável, como acontecia anteriormente com os sócios-gestores, obterem o retorno da sua dedicação e empenho na percepção dos lucros distribuídos.

27.7.2. *Remuneração nos diversos tipos societários*

27.7.2.1. *Sociedades por quotas e em nome colectivo*

Nos tipos societários em que a qualidade accionista se confunde com gestão da sociedade, como sucede invariavelmente nas sociedades em nome colectivo e frequentemente nas sociedades por quotas, ainda é hábito não atribuir remuneração pelo desempenho de órgãos sociais, sendo características as cláusulas que prevêem *ab initio* a não remuneração pelo desempenho de cargos sociais, com a finalidade de dispensar expressa deliberação sobre o assunto. Exemplifique-se:

Artigo Décimo Segundo

Salvo deliberação em contrário da assembleia geral, os membros dos órgãos sociais não auferem qualquer remuneração pelo exercício das suas funções.

27.7.2.2. *Sociedades anónimas (pequenas e médias)*

Diversamente, nas sociedades anónimas a remuneração dos titulares dos órgãos sociais é a regra, sendo vulgar – nas pequenas e médias sociedades – que os administradores não executivos e os membros da mesa da assembleia geral não aufiram remuneração pelo desempenho das suas funções. Quanto aos administradores executivos e aos membros do(s) órgãos(s) de fiscalização, a respectiva remuneração regular constitui regra. Avance-se com uma cláusula estatutária típica, que satisfaça este fim:

Artigo Vigésimo Segundo
(Remunerações)

Um. *A remuneração dos diversos titulares dos órgãos sociais deve ser deliberada pela assembleia geral, sem prejuízo do disposto no número quatro.*

Dois. *Compete à assembleia geral, ou a uma comissão de vencimentos por ela nomeada e constituída por um mínimo de dois membros, fixar o montante da remuneração dos titulares dos órgãos sociais que à mesma tiverem direito.*

Três. *Salvo deliberação em contrário, os membros da mesa da assembleia geral e os administradores não executivos não auferem qualquer remuneração pelo exercício das suas funções.*

Quatro. *A remuneração do fiscal único e a do secretário, caso seja designado, será estabelecida pela administração.*

Cinco. *Sendo estabelecido que a remuneração dos administradores inclua uma participação nos lucros do exercício, a percentagem global destes a utilizar para esse fim não pode exceder dez por cento dos lucros do exercício que forem distribuíveis.*

27.7.2.3. Grandes *sociedades anónimas e sociedades cotadas*

Nas *grandes* sociedades anónimas e nas sociedades cotadas, os membros dos órgãos sociais são na sua generalidade remunerados.

A complexidade das funções orgânicas justifica que a dedicação dos membros dos órgãos sociais seja compensada com uma remuneração que, para os gestores executivos, deverá ser naturalmente mais elevada. Desse modo, enquanto os administradores com funções executivas auferem uma retribuição regular elevada, eventualmente acrescida de uma remuneração variável, estabelecida em função do seu desempenho e possivelmente dependente dos efeitos deste, os membros do órgão de gestão não executivos, bem como dos órgãos de fiscalização e da mesa da assembleia geral, deverão receber uma remuneração fixa.

A falta de remuneração pressagia não ser o titular do órgão societário verdadeiramente independente, de outro modo não se compreende como é que não tendo ele quaisquer interesses no resultado da actividade social, aceite dedicar-se à sociedade sem obter qualquer contrapartida. Por esta razão, a lei impõe que certos titulares dos órgãos sociais recebam uma remuneração fixa pelo exercício das suas funções.

Acresce que a remuneração fixa é compatível com um desempenho em função dos melhores interesses da sociedade, sem que os respectivos resultados venham a influir na retribuição a receber.

Encontram-se neste caso todos os membros independentes dos órgãos sociais e, para além deles, todos os membros dos órgãos de fiscalização. De entre estes recorde-se que a lei, coerentemente, parte do princípio de que os membros do conselho geral e de supervisão no modelo de governação germânico são remunerados, salvo se diversamente previsto nos estatutos (cfr. art. 440.º, n.º 1).

Finalmente, refira-se que a temática das remunerações dos órgãos sociais, encontrando-se no centro das atenções, tem sido objecto de especiais cuidados pelas normas que se propõem assegurar as boas práticas de governação e limitar o montante da remuneração variável. Tais regras têm natureza legal – caso das que integram a Lei n.º 28/2009, de 19 de Junho – ou decorrem de simples recomendações, desprovidas de coerção.

A Lei n.º 28/2009, de 19 de Junho, fixou o regime de aprovação e de divulgação da política de remuneração e das remunerações dos membros dos órgãos de administração e de fiscalização das entidades de interesse público[815], de entre as quais se contam as sociedades emitentes de acções cotadas e também as sociedades financeiras, sociedades gestoras de fundos de capital de risco e de fundos de pensões.

Por sua vez, o Regulamento da CMVM n.º 1/2010, de 7 de Janeiro de 2010 (publicado no DR, 2ª Série, n.º 21, de 1 de Fevereiro de 2010) – vigente desde 2 de Fevereiro de 2010 (cfr. art. 7.º, n.º 1) e que revogou o Regulamento da CMVM n.º 1/2007 (cfr. art. 6.º) – veio rever a matéria da governação societária, impondo que as sociedades cotadas em Portugal adoptassem o Código do governo das sociedades divulgado pela CMVM ou um diferente Código, desde que o mesmo integrasse os princípios fundamentais constantes do Código da CMVM (cfr. art. 1.º do Reg. 1/2010). De entre as diversas matérias que regula, o novo Regulamento[816] estabeleceu «*a informação a divulgar sobre a remuneração dos*

---

[815] São entidades de **interesse público** todas as que se encontram mencionadas no art. 2.º do Decreto-Lei n.º 225/2008, de 20 de Novembro.

[816] Que seria secundado por uma Recomendação do Conselho Directivo da CMVM, que recaiu «*sobre critérios para a determinação de remunerações dos administradores,*

membros dos órgãos de administração e de fiscalização das sociedades» cotadas, em articulação com o disposto na Lei n.º 28/2009, de 19 de Junho (cfr. Preâmbulo e art. 3.º[817]).

27.7.3. ***Remunerações fixas e variáveis***

As remunerações podem ser fixas ou variáveis, isto é, pode ser estabelecido que um membro do órgão social receba uma quantia predeterminada pelo exercício das suas funções, independentemente da forma como a mesma será paga, seja pago em função do número das suas intervenções (as chamadas *senhas de presença*) ou acumule com a remuneração fixa um prémio, em conformidade com a aplicação de critérios normalmente preestabelecidos, e que é frequentemente pago à custa dos lucros do exercício (cfr., *supra*, n.º 14.9.3).

Quando a remuneração tiver obrigatoriamente de ser fixa – como sucede com a remuneração dos membros dos órgãos sociais de fiscalização (cfr. arts. 422.º-A, n.º 1, 423.º-D e 440.º, n.º 3), do presidente da mesa da assembleia geral das *grandes* sociedades anónimas e das cotadas (cfr. art. 422.º-A, *ex vi* art. 374.º-A, n.º 3) e dos administradores não executivos destas sociedades (cfr. Anexo I, Secção IV, II.34, do Reg. CMVM n.º 1/2010) –, deve ser estabelecida num montante predeterminado não variável, não dependente da *performance* ou contributo efectivo do membro do órgão social ou da sua assiduidade, não podendo revestir a forma de senhas de presença, uma vez que estas, apesar de corresponderem a um valor fixo, relativamente a cada reunião, não asseguram um montante globalmente fixo.

sobre o funcionamento dos sistemas internos de controlo de risco e sobre a independência dos auditores externos».

817 Para além da *política de remuneração*, as sociedades cotadas devem divulgar no **relatório** (sobre *a estrutura e as práticas*) **de governo societário**:

a) O montante anual da remuneração auferida pelos membros dos órgãos de administração e de fiscalização, *de forma agregada e individual*;

b) A remuneração fixa e a remuneração variável (e quanto a esta as *componentes* que a integram, bem como *a parcela diferida* e a já *paga*).

c) A remuneração recebida em outras empresas do grupo, de forma agregada e individual (apenas no relatório relativo ao exercício de 2010).

d) Os direitos de pensão adquiridos no exercício em causa.

A remuneração fixa justifica-se, pois, sempre que o pagamento deva ser efectuado independentemente dos resultados da empresa.

No que respeita à determinação do referencial da remuneração com um montante **fixo**, esta pode ser feita relativamente a um mandato, eventualmente composto por mais do que um exercício social, a um ano ou a um mês, devendo ser paga periodicamente. Quando for estabelecida uma remuneração mensal, sem especificar quantos meses por ano deve ser percebida, a mesma será paga apenas doze vezes por ano. Não há semelhança com as regras do Direito laboral, o que significa que o regime jurídico das férias e subsídio de Natal não é aplicável aos membros de órgãos sociais[818].

A remuneração **variável** é normalmente estabelecida em função do desempenho e do contributo do membro do órgão de gestão para os resultados da sociedade, podendo ser paga quando o mesmo cumpre os objectivos que lhe haviam sido propostos (ou impostos) – no quadro da política de remuneração aprovada –, apesar de a empresa não ter gerado lucros, ou é calculada com base em critérios predeterminados que integram a referida política. Neste caso, pode ser atribuída aos membros do órgão de gestão uma remuneração variável à custa de uma percentagem dos lucros do exercício contratualmente limitada (cfr. art. 399.º, n.º 2 *in fine*).

Esta remuneração variável, que corresponde ao que coloquialmente se designa por "prémios", pode ser paga anualmente, apenas no final do mandato ou quando houver a certeza (relativa) de que os resultados entretanto divulgados são sustentáveis. Assiste-se, neste campo, a uma crescente limitação das remunerações variáveis e do seu pagamento imediato[819], na salvaguarda de um equilíbrio essencial no leque remuneratório das grandes empresas. Para que haja lugar a um prémio pelo desempenho torna-se necessário aguardar que o decurso do tempo comprove o mérito da gestão premiada. Em acréscimo, a tributação com estas remunerações variáveis tende a ser fiscalmente agravada, contribuindo para as desincentivar.

---

[818] Assim, se estes cessam as suas funções antes de gozar férias, não têm direito a remuneração adicional ou a subsídio. Sendo o vencimento pago catorze vezes por ano – o que também sucede com frequência –, para que os administradores tenham direito a receber os dois meses adicionais, deverão encontrar-se em funções no momento previsto para o seu pagamento.

[819] Nesse sentido, cfr. o art. 3.º da Lei n.º 28/2009, de 19 de Junho.

27.8. **Os reflexos da tipicidade na orgânica societária**

O princípio da tipicidade das sociedades comerciais tem efeitos directos nos tipos societários possíveis, que são os que se encontram previstos no artigo 1.º, n.º 2 do Código das Sociedades Comerciais, mas também tem reflexos a diversos níveis na estrutura da sociedade comercial e inclusivamente no *nomen* dos respectivos órgãos.

Assim, por um lado, a sociedade tem de adoptar as menções mínimas obrigatórias do respectivo tipo e, por outro, para além de dever respeitar a funcionalidade dos órgãos que lhe correspondem, tem de observar a respectiva designação legal, para evitar que qualificação diversa faça incorrer os terceiros que se relacionam com ela num erro sobre o tipo. Isto significa que não poderemos chamar gerência ao órgão de gestão de uma sociedade anónima, nem conselho de administração ao mesmo órgão da sociedade por quotas. Consequentemente, quando alguém se identifica como gerente sabemos imediatamente que não representa uma sociedade anónima, e quando estamos perante um administrador, que nos relacionamos com uma sociedade anónima (sendo a mesma comercial) e não com uma sociedade por quotas ou em nome colectivo, por exemplo.

Neste sentido decidiu oportuna e adequadamente o Supremo Tribunal de Justiça, no **Acórdão de 5 de Março de 1992** (TATO MARINHO)[820] – na sequência de indeferimento do registo (comercial) de administradores de uma sociedade por quotas –, quando concluiu que o princípio da tipicidade abrange (...) também «*a necessidade de adopção dos órgãos administrativo-representativos*» previstos para um tipo determinado e, por isso, «*não pode nos estatutos de uma sociedade comercial por quotas, atribuir-se a um conselho de administração a administração dos negócios sociais e a representação da sociedade em juízo ou fora dele, já que, nos termos do n.º 1 do art. 252.º daquele Código, a administração e representação das sociedades por quotas deve ser efectuada por um ou mais gerentes*».

O preâmbulo do Decreto-Lei n.º 76-A/2006, de 29 de Março, manteve também a ênfase na tipicidade da orgânica societária (cfr. art. 272.º, *alínea g)*, que a reforma não alterou), não sendo possível os interessados organizarem a administração e fiscalização de uma sociedade anónima com recurso a elementos típicos e característicos de mais do que um modelo, sem prejuízo de poderem alterar o modelo escolhido (cfr. art. 278.º, n.º 6).

---

[820] *BMJ* 415, 1992, pp. 666-670.

SECÇÃO II
Deliberações dos sócios e dos accionistas

28. Generalidades; noção e formas possíveis de deliberação[821]

28.1. Deliberação social e deliberação dos sócios

28.1.1. *Razão de ser e noção de deliberação dos sócios*

Em todas as pessoas colectivas que são constituídas por duas ou mais pessoas jurídicas (singulares ou colectivas), e nos respectivos órgãos de composição plural, o processo de formação de uma decisão materializa-se numa **deliberação**, isto é, num acto que exprime a confluência

---

[821] Para além do comentário de PINTO FURTADO, *Deliberações dos Sócios* (Comentário ao CSC), Almedina, Coimbra, **1993**, do seu estudo sobre *Deliberações da Sociedade no Código das Sociedades Comerciais*, Instituto do Emprego e Formação Profissional, Lisboa, **1990**, e da sua dissertação de doutoramento, *Deliberações de Sociedades Comerciais*, Almedina, Coimbra, **2005**, vd. também EDUARDO LUCAS COELHO, *A formação das deliberações sociais. Assembleia geral das sociedades anónimas,* Coimbra Editora, **1994**, e «Formas de deliberação e votação dos sócios», AA.VV., *Problemas do Direito das Sociedades*, Almedina, Coimbra, **2002** (pp. 333-370), LUÍS BRITO CORREIA, *Direito Comercial*, 3.º vol. (Deliberações dos Sócios), AAFDL, Lisboa, 1990, PEDRO MAIA «Deliberações dos sócios», AA.VV., *Estudos de Direito das Sociedades*, 9ª ed., Almedina, Coimbra, **2008** (pp. 235-275), em especial pp. 235-249, e PEDRO PAIS DE VASCONCELOS, *A participação social nas sociedades comerciais*, 2ª ed., Almedina, Coimbra, **2006**, pp. 112-151 (cfr., em especial, pp. 112-117). Esta matéria foi objecto de quinze artigos semanais que escrevemos no Diário Económico entre 31 de Março e 15 de Julho de 2004, e de que respigámos para a 1ª edição deste livro algumas passagens.

do maior número de vontades num certo sentido ou de um número de vontades igual ou superior à maioria que corresponda a um mínimo predeterminado. Esta regra conhece as excepções representadas pelas pessoas colectivas de base unitária ou pelos órgãos de composição singular.

As sociedades comerciais não fogem à regra enunciada, nelas relevando deliberações imputadas à sociedade – com destaque essencialmente interno, em termos imediatos (casos, por exemplo, da aprovação das contas pelo órgão de gestão e da deliberação pelos sócios de certas alterações estatutárias e das deliberações do conselho fiscal) ou com efeitos imediatamente externos (decisões colectivas que se projectam relativamente a terceiros) –, a órgãos sociais ou a categorias de valores mobiliários (acções ou obrigações).

Todas as deliberações mencionadas são *sociais*, isto é, imputáveis à sociedade, aos seus órgaos, ou a categorias dos respectivos valores mobiliários, mas nem todas são imputáveis ao conjunto dos sócios ou dos accionistas, enquanto tal. Designaremos uma deliberação destas por "*deliberação dos sócios*". Vejamos em que consiste exactamente.

Uma **deliberação dos sócios** é uma declaração que, sendo juridicamente imputável à sociedade, é formada pela manifestação de vontades do núcleo de titulares de participações sociais, ou seus representantes, detentor do maior número de votos ou de um número de votos que perfaça um certo montante mínimo (maioria qualificada).

28.1.2. *Natureza jurídica e oportunidade e alcance da expressão*

Em termos técnicos (ontológicos), trata-se de um **negócio jurídico unilateral plural**, de que resulta efectivamente uma única declaração de vontade com relevância jurídica. Ainda que haja vontades sobrepostas – no sentido que ainda que as mesmas sejam divergentes –, do resultado final não irá afirmar-se qualquer divergência, prevalecendo as declarações de voto maioritariamente emitidas no sentido que faz vencimento. Não há, pois, efeitos divergentes no resultado final, embora possa haver vontades divergentes[822].

[822] Concordamos inteiramente com a ideia mais recentemente exposta, entre nós, por ANTÓNIO MENEZES CORDEIRO, *Tratado de Direito Civil Português, I – Parte Geral*, Tomo I, 3ª ed., Almedina, **2005,** baseado em VON TUHR (como faz questão de referir a

A natureza jurídica não é posta em causa nas decisões que são tomadas nas sociedades unipessoais e que equivalem às deliberações de sócios da generalidade das sociedades. Nas sociedades unipessoais as decisões, por definição, competem a uma única pessoa, pelo que se configuram como um negócio jurídico unilateral singular. Trata-se de assunto que abordaremos *ex professo* mais à frente (cfr., *infra*, n.º 28.3.4).

No que se refere à expressão a utilizar tecnicamente para caracterizar as intervenções e decisões do colectivo dos sócios que exprimem a vontade da sociedade, tradicionalmente falava-se em deliberações sociais. É terminologia a evitar, porque há outras deliberações, outras decisões tomadas colectivamente no seio da sociedade, que são sociais, embora imputadas a outros órgãos (caso das deliberações do órgão de gestão quando ele seja plural e funcione colegialmente) ou diferentes intervenientes (caso das deliberações de obrigacionistas). A própria expressão *deliberações dos sócios* pode ser equívoca e, por isso, discutível, considerando que há deliberações que não deixam de ser dos sócios – porque só por sócios podem ser tomadas – e não se reconduzem aquelas que, tendo por referência a sociedade, são necessariamente formadas pelo colectivo de sócios. E que, por isso, são estruturantes da vida da sociedade. É a estas que deveremos, preferentemente, designar por deliberações dos sócios; aquelas que não os abranjam a todos, por respeitarem apenas a alguns deles ou a categoria de participações sociais, deverão ser conhecidas precisamente pelo universo a que se reportam.

nota 1223), pp. 459-463, em especial, pp. 462-463. A perspectiva acerca da natureza jurídica das deliberações está, contudo, mais desenvolvida no seu *Manual de Direito das Sociedades*, I, *Das Sociedades em Geral*, 2ª ed. cit., **2007,** pp. 685-697.

28.2. **Outras deliberações sociais**

28.2.1. *Deliberações em assembleia especial (de categoria de acções)*[823]

28.2.1.1. *Razão de ser*

Como vimos, a supressão ou alteração de direitos especiais requer, em regra – isto é, sempre que não for diferentemente convencionado –, o consentimento do seu titular (cfr. art. 24.º, n.º 5) e, por isso, tais direitos são considerados inderrogáveis.

Esse consentimento – que nas sociedades por quotas é manifestado individualmente – nas sociedades anónimas não tem de ser, e não é, prestado individualmente, pois os direitos de cada um dos titulares de acções privilegiadas não se concebem como pessoais, mas são um privilégio do grupo de acções que, por serem da mesma espécie, formam uma categoria.

Por isso, considerando a específica natureza do direito especial, nas sociedades anónimas as deliberações que afectem os privilégios de uma categoria de acções não têm de obter a concordância de todos os accionistas que detenham acções dessa categoria, mas serem maioritariamente aprovadas por estes reunidos em assembleia especial (cfr. arts. 24.º, n.º 6 e 389.º). A sujeição da modificação da estrutura social à deliberação maioritária é uma consequência necessária do funcionamento da sociedade anónima.

28.2.1.2. *Oportunidade da deliberação da assembleia especial*

Em regra[824], é necessário que a deliberação de alteração do contrato de sociedade que prejudique o direito especial – suprimindo ou limitando

---

[823] Vd. Paulo Olavo Cunha, *Direitos especiais*, pp. 189-195 (n.º 36), e também Eduardo Lucas Coelho, *Exercícios vários acerca da presidência das assembleias especiais de categorias de accionistas*, sep. de AA.VV., *Estudos em Homenagem ao Prof. Doutor Raúl Ventura*, vol. II, Faculdade de Direito da Universidade de Lisboa, **2003** (pp. 421-466).

Na doutrina italiana, vd. a monografia de Leoazappa, *Diritti di categoria e assemblee speciali,* cit., **2008**, em especial pp. 22-28 e 147-168.

[824] O contrato pode estipular a desnecessidade de consentimento da categoria de acções afectada ou considerar suficiente que esse consentimento seja deliberado por uma maioria inferior à habitual para a sua alteração (cfr. art. 24.º, n.º 5).

o privilégio a que o mesmo se reconduz – seja precedida, ou eventualmente ratificada, por uma deliberação dos accionistas titulares das acções privilegiadas.

A lei não impõe que o consentimento da categoria de accionistas preceda a deliberação da assembleia geral que, modificando os estatutos, determine a supressão ou alteração do respectivo direito especial. Por isso, é possível que esse consentimento revista a forma de aprovação ou ratificação da deliberação já tomada[825]. Simplesmente, a eficácia desta fica condicionada à deliberação da assembleia especial, sem o que, embora se reúnam os requisitos de validade da deliberação da assembleia geral, a mesma é irrelevante[826]. Deste modo, estando em causa uma proposta de alteração do contrato de sociedade, que afecte direitos especiais, a assembleia especial deve deliberar em primeiro lugar, para que a deliberação da assembleia geral possa vir a ter efeitos práticos imediatos.

A admissibilidade da ratificação, por uma deliberação que deveria ser prévia, corresponde a uma opção pragmática que pretende salvaguardar a validade do processo formal respeitante à deliberação da assembleia geral e evitar, assim, a sua repetição desnecessária, uma vez que, legalmente, a ordem cronológica das assembleias é indiferente.

Analisemos, em seguida, o regime da prestação de consentimento de uma categoria de acções à extinção ou alteração do seu direito especial, sabendo que, em princípio[827], o mesmo deve ser dado *«por deliberação tomada em assembleia especial dos accionistas titulares de acções* dessa *categoria»* (art. 24.º, n.º 6).

---

[825] Cfr. RAÚL VENTURA, *Alterações do Contrato de Sociedade*, 2ª ed. (Comentário ao CSC), Almedina, Coimbra, **1988**, p. 89.

[826] A deliberação da assembleia especial, por sua vez, é meramente instrumental da alteração do contrato de sociedade e, portanto, da realização da assembleia geral, ou da reunião dos sócios, com essa finalidade. Isto significa que a deliberação da assembleia especial não tem autonomia, ou seja, que a sua eficácia, não obstante ela ter valor por si mesma, está condicionada a ulterior assembleia geral de alteração do contrato de sociedade que a concretize.

[827] Note-se que o contrato ou a lei podem dispor, expressamente, noutro sentido, admitindo que a supressão ou alteração do direito especial seja apenas deliberada pela generalidade dos sócios, dispensando-se assim o consentimento específico dos seus titulares, mas respeitando-se o *quorum* referente à modificação dos estatutos, porque o direito especial tem de estar neles estipulado (regra imperativa do art. 24.º, n.º 1).

28.2.1.3. *Enquadramento legal*

o art. 389.º, sob a epígrafe «*Assembleias especiais de accionistas*», dispõe que as assembleias especiais devem ser convocadas e funcionar «*nos termos prescritos pela lei e pelo contrato de sociedade para as assembleias gerais*» (n.º 1) e especifica que «*quando a lei exija maioria qualificada para uma deliberação da assembleia geral, igual maioria é exigida para a deliberação das assembleias especiais sobre o mesmo assunto*» (n.º 2).

28.2.1.4. *Composição e convocação*

Quanto à sua composição, a assembleia especial é unicamente constituída pelos accionistas detentores de acções privilegiadas de uma mesma categoria.

A assembleia especial é convocada pelo presidente da mesa da assembleia geral (art. 377.º, n.º 1), devendo a convocatória ser publicada no *sítio* do Ministério da Justiça (arts. 377.º, n.º 2 e 167.º do CSC, e art. 70.º, n.ºs 1, *alínea a)*, e 2 do CRCom), com um mês de antecedência (cfr. art. 377.º, n.º 4).

Caso esteja contratualmente instituído um presidente da mesa da assembleia especial, será ele a subscrever as convocatórias, aplicando-se *mutatis mutandis* o disposto no art. 377.º[828].

Da convocação tem de constar, para além dos elementos mínimos de informação e daqueles que são comuns à convocação de qualquer assembleia geral (cfr. arts. 171.º e 377.º, n.º 5), a indicação de que a assembleia é especial (cfr. art. 377.º, n.º 5, *alínea c)*).

28.2.1.5. *Funcionamento*

O facto de a assembleia especial reunir e funcionar «*nos termos prescritos (...) para as assembleias gerais*», não obsta a que os accionistas detentores de acções privilegiadas de uma mesma categoria deliberem unanimemente por escrito ou se reúnam e deliberem em assembleia universal ou totalitária (cfr. arts. 53.º, n.º 1, 373.º, n.º 1 e 54.º). Pode, pois,

[828] Também o conselho fiscal, a comissão de auditoria ou o conselho geral e de supervisão podem convocar a assembleia especial se tiverem requerido a convocação ao presidente da mesa da assembleia geral e este não o tiver feito (art. 377.º, n.º 7).

adoptar-se um processo análogo ao da aprovação de um projecto de alteração do contrato de sociedade pela generalidade dos sócios (cfr. art. 85.º, n.º 2 conjugado com os arts. 54.º, n.º 1 e 373.º, n.º 1)[829].

A assembleia especial para se considerar validamente constituída tem de reunir, em primeira convocação, «*accionistas que detenham, pelo menos, acções correspondentes a um terço do capital social*» representado por acções dessa categoria (art. 383.º, n.º 2 *ex vi* art. 389.º, n.os 1 e 2). A alteração ou supressão de acções privilegiadas determina necessariamente uma alteração contratual, visto que, nos termos dos artigos 24.º, n.º 1 e 272.º, *alínea c)*, essas acções têm de constar dos estatutos.

As deliberações, por seu lado, têm de ser tomadas por maioria qualificada de dois terços dos votos expressos, sem contar as abstenções (arts. 386.º, n.º 3 *ex vi* art. 389.º, n.os 1 e 2). A lei impõe, deste modo, a título de *quorum* deliberativo, uma maioria qualificada[830].

No entanto, importa chamar a atenção para o facto de que o n.º 2 do artigo 389.º, não obstante a forma como está redigido, não constitui uma regra absoluta, porquanto se o próprio consentimento da categoria pode ser afastado (cfr. a ressalva prevista na parte final do n.º 5 do art. 24.º), por maioria de razão, o *quorum* deliberativo para a formação das decisões da categoria de acções pode ser inferior ao necessário para alterar o contrato de sociedade. Por isso, os estatutos podem determinar, por exemplo, que a supressão ou alteração do direito especial de categoria de acções esteja dependente do consentimento dos seus titulares reunidos em assembleia especial, mas a ser deliberado por uma maioria diferente daquela que resulta da aplicação do artigo 389.º, n.º 2 (cfr. arts. 383.º, n.os 2 e 3, e 386.º, n.os 3 e 4), quiçá inferior.

---

[829] Não são possíveis, no plano das sociedades anónimas, as deliberações por voto escrito (cfr., *infra*, n.º 28.3.2.3), pelo que, pelas mesmas razões, não serão admissíveis no âmbito de uma categoria de acções.

[830] Se a assembleia reunir em segunda convocação e «*estiverem presentes ou representados accionistas detentores de, pelo menos, metade do capital social*» representativo das acções da categoria em causa, «*a deliberação pode ser tomada pela maioria dos votos emitidos*» (art. 386.º, n.º 4). Neste caso o *quorum* deliberativo tem de se conjugar com o *quorum* constitutivo, o qual em regra não é exigível em segunda convocação.

28.2.2. *A assembleia de obrigacionistas*

28.2.2.1. *Enquadramento e composição*

Podem ser emitidas obrigações nas sociedades anónimas e por quotas, «*obtidas as autorizações administrativas eventualmente necessárias*» e preenchidos os requisitos impostos por lei (cfr. arts. 348.º e segs. do CSC e o Decreto-Lei n.º 160/87, de 3 de Abril).

A assembleia de obrigacionistas é constituída pelos credores de uma mesma emissão de obrigações (art. 355.º, n.º 1).

28.2.2.2. *Competência*

A assembleia de obrigacionistas tem competência para deliberar «*sobre todos os assuntos que por lei lhe são atribuídos ou que sejam do interesse comum dos obrigacionistas*» (art. 355.º, n.º 4). O próprio artigo 355.º, n.º 4 procede a uma enumeração exemplificativa («*e nomeadamente*») da competência dos obrigacionistas, referindo expressamente a alteração das condições de crédito (cfr. *alínea b)*).

28.2.2.3. *Convocação e funcionamento*

A convocação faz-se nos termos aplicáveis à assembleia geral dos accionistas e está a cargo do representante comum dos obrigacionistas e, subsidiariamente, do presidente da mesa da assembleia geral (art. 355.º, n.º 2).

Haverá lugar a convocação, por ordem do tribunal, mediante requerimento subscrito por 5% dos obrigacionistas (cfr. art. 355.º, n.º 3).

O representante comum dos obrigacionistas é aquele que representa todos os obrigacionistas de uma mesma emissão nas assembleias gerais.

28.2.2.4. *Regime das deliberações; quorum deliberativo e invalidade*

As deliberações são tomadas por maioria absoluta dos presentes, correspondendo cada obrigação a um voto (art. 355.º, n.os 7 e 5), mas as deliberações que impliquem alteração das condições de crédito devem ser aprovadas, em primeira convocação, por metade dos votos correspondentes a todas as obrigações da emissão afectada, e em segunda data por dois terços dos votos presentes (cfr. art. 355.º, n.º 7 *in fine*).

O regime da invalidade das deliberações dos sócios é aplicável, com as devidas adaptações, às deliberações da assembleia de obrigacionistas (cfr. art. 356.º, n.º 1).

28.2.3. *Deliberações da administração da sociedade, do conselho fiscal, da comissão de auditoria e do conselho geral e de supervisão;* remissão[831]

28.2.4. *Deliberações à margem da própria sociedade: deliberações de contitulares de participações sociais*

Há deliberações que, sendo instrumentais de deliberações sociais, são formadas à margem da própria sociedade. Enquadram-se nessa categoria as deliberações de contitulares de participações sociais (arts. 224.º e 303.º, n.º 4).

Com efeito, as quotas e as acções podem ser detidas por diversas pessoas, em regime de contitularidade (cfr. arts. 223.º, 224.º e 303.º). Nesse caso, é relevante saber como é que se manifesta a vontade desses contitulares que, no âmbito da sociedade, deve ser única, não sendo concebível que se apresente a participar nas deliberações dos sócios mais do que um deles e, eventualmente, com vontades dissonantes. O problema que se coloca a este propósito respeita essencialmente ao exercício dos direitos inerentes às participações sociais.

Tem de existir um representante comum, cuja nomeação, se não resultar da lei, tem de ser comunicada à sociedade e aos outros sócios.

A deliberação dos contitulares, por sua vez, faz-se nos termos do artigo 224.º. Diversamente do que sucede habitualmente a disposição legal aplicável à contitularidade nas sociedades anónimas (o art. 303.º) remete para o regime estabelecido no título das sociedades por quotas (cfr. art. 303.º, n.º 4 e arts. 223.º e 224.º), onde a situação se verifica com maior frequência.

---

[831] Recorde-se que a gerência, em princípio, não se configura como um órgão colectivo. No entanto, também nada impede que funcione como tal.

28.3. Formas possíveis de deliberação dos sócios[832]

28.3.1. *Generalidades*

São diversas as formas de deliberação dos sócios, sendo a mais usual a que se constitui em assembleia geral regularmente convocada. Mas a lei admite a existência de outras formas possíveis de deliberações dos sócios, desde as deliberações também em assembleia geral, mas reunida sem observância de formalidades prévias de convocação, passando pelas deliberações por voto escrito e acabando nas deliberações unânimes por escrito. Estas últimas rompem com os princípios da concentração geográfica e temporal que durante largos anos caracterizou a formação da vontade societária.

Quando a sociedade tem um único sócio não tem sentido falar em deliberação, mas essencialmente em decisão de sócio ou accionista único. No entanto, nada impede que, mesmo nesses casos, o sócio único reúna com os demais titulares dos órgãos sociais para, de forma solene, lhes solicitar os esclarecimentos que entender devidos.

A regra legal, nesta matéria, consta do artigo 53.º do Código das Sociedades Comerciais, que determina *só* poderem as deliberações dos sócios ser tomadas nas formas previstas para cada tipo societário, o que significa que uma determinada forma de deliberação não é possível se as regras legais que caracterizam esse tipo não a prevêem especificamente.

28.3.2. *Deliberações por escrito*

28.3.2.1. *Diferentes espécies*

Se confrontarmos os tipos sociais mais relevantes (sociedades anónimas e por quotas) verificamos que o voto escrito se encontra regulado apenas para as sociedades por quotas (cfr. art. 247.º), não sendo o respectivo regime jurídico aplicável, nem sequer por analogia, às sociedades anónimas, como veremos.

---

[832] Vd., na doutrina nacional mais recente, Eduardo Lucas Coelho, «Formas de deliberação e votação dos sócios», AA.VV., *Problemas do Direito das Sociedades*, Almedina, Coimbra, **2002**, pp. 333-370.

Existem, assim, duas formas de deliberação por escrito que rompem com o princípio clássico das deliberações dos sócios: o princípio da concentração geográfica e temporal inerente à respectiva formação. Com efeito, o moderno Direito Societário deixa, definitivamente, de exigir que as decisões dos sócios sejam tomadas num mesmo local e no mesmo momento, admitindo que os sócios possam contribuir, dos locais onde se encontrem e em momentos temporalmente distintos, mas não muito distanciados, para a formação da vontade societária.

Como iremos ver, há, contudo, uma clara diferença entre as **deliberações unânimes por escrito** (referenciadas nos artigos 54.º, n.º 1, 247.º, n.º 1 e 373.º, n.º 1, mas sem que o respectivo regime seja enunciado) e as **deliberações por voto escrito** (cujo regime legal consta dos arts. 247.º e 56.º, n.º 1, *alínea b)* do CSC).

28.3.2.2. *Deliberações unânimes por escrito*

A questão que se coloca a este propósito é a de saber se é possível que os sócios formem uma deliberação conjunta, pronunciando-se em lugares e momentos diversos, desde que todos a aprovem sem reservas. Isto é, todos os sócios ou accionistas têm de estar de acordo com o teor da deliberação. É esta que, sem a intervenção de qualquer membro da mesa da assembleia geral – quando esta é um órgão institucionalizado – percorre ou passeia por todos os sócios que, dando o seu assentimento pela respectiva assinatura, manifestam o seu acordo às deliberações que revestem essa forma. E, considerado o consenso exigido por lei, não pode haver lugar a quaisquer reservas.

Em princípio, a deliberação consta de instrumento avulso, subscrito por *todos* os sócios, com a menção de que se trata de uma «*Deliberação Unânime por Escrito*», da Sociedade *x* (devidamente identificada), formada entre os dias *y* e *z*. Os sócios assinam, indicando o local (geográfico) em que exprimiram a sua vontade. O conteúdo do instrumento avulso deve, posteriormente, ser lançado ao livro de actas, assumindo o número da acta que lhe corresponderia, com nota sobre a sua origem e local de arquivamento. No entanto, também nada impede que seja o próprio livro de actas a passear, com a finalidade de colher as prometidas assinaturas de todos os sócios.

Por sua vez, nas sociedades por quotas, têm também valor de deliberação unânime por escrito os contratos em que intervenham todos os sócios[833] se dos mesmos resultar a vontade unânime destes em vincular a sociedade. Nessa circunstância, a representação totalitária confunde a deliberação com a respectiva execução, sendo aconselhável, porém, fazer lavrar menção no livro de actas da sociedade dos negócios e operações celebrados que carecessem de deliberação dos sócios e que revistam esse valor, como seja o caso do consentimento para a cessão de quotas dado no próprio contrato de transmissão.

Esta forma de deliberação é possível nas sociedades por quotas e anónimas (cfr. arts. 54.º, n.º 1, 247.º, n.º 1 e 373.º, n.º 1), embora o consenso seja mais difícil de obter nestas, dado envolverem um maior número de vontades.

Finalmente, refira-se que esta modalidade (*de deliberação*) é a que melhor se adequa aos casos em que a sociedade é composta por um único sócio, o que hoje já acontece com relativa frequência. Nessa circunstância – sociedade unipessoal por quotas ou sociedade anónima subsidiária integral ou com accionista com domínio total – será mais correcto designar a deliberação por «Decisão de sócio/accionista único», constituindo o respectivo instrumento a materialização da vontade desse sócio que, sendo único, tem o poder de, no mesmo acto, propor e aprovar em nome da sociedade (cfr., *infra*, n.º 28.3.4).

28.3.2.3. *Deliberações por voto escrito*

Nas deliberações por voto escrito (cfr. art. 247.º, n.º 1) todos os sócios se devem manifestar previamente de acordo em se pronunciar desse modo, sob pena de nulidade da deliberação (cfr. art. 56.º, n.º 1, *alínea b)*).

No entanto, existindo unanimidade sobre a forma, não tem de existir sobre o conteúdo da deliberação. Isto é, o sócio tem de aceitar deliberar por escrito, mas depois a deliberação forma-se em conformidade com o *quorum* deliberativo estabelecido para a matéria em causa, eventualmente por maioria. Esta modalidade de deliberação, raramente utilizada, não é facilmente adoptável em sociedades por quotas com um número elevado de sócios.

No que se refere à eventualidade de adoptar esta modalidade de deliberação na sociedade anónima, temos de concluir pela sua inadmissibilidade,

---

[833] Neste sentido, cfr. **AcSTJ 18 Mai 2006** (Sebastião Póvoas), *CJ/AcSTJ*, ano XIV, t. II, 2006, pp. 93-95.

visto não ser expressamente acolhida no título referente a este tipo societário, como o deveria ser (cfr. arts. 53.º, n.º 1 e 373.º, n.º 1). Assim nestas sociedades não é permitido recorrer à forma de voto escrito, embora seja possível formar deliberações unânimes por escrito[834]. Com efeito, nos termos do artigo 53.º, n.º 1, «*as deliberações dos sócios só podem ser tomadas por alguma das formas admitidas por lei para cada tipo de sociedade*» (*sublinhado nosso*). Se a forma de deliberação em concreto não é prevista para um certo tipo de sociedade, então não é possível, nem admissível, nesse tipo societário.

28.3.3. ***Deliberações em assembleias gerais universais ou totalitárias***

28.3.3.1. *Razão de ser e caracterização*

É precisamente nas sociedades por quotas e nas sociedades anónimas familiares que o fenómeno das assembleias gerais universais ou totalitárias conhece maior expressão (cfr. art. 54.º do CSC). Falamos das reuniões de sócios ou accionistas que ocorrem sem a observância de formalidades prévias de convocação, mas em que todos os sócios estão de acordo na respectiva constituição e funcionamento.

Tratando-se de uma manifestação de adesão, espontânea ou induzida, pela qual o sócio não realiza adequadamente os efeitos da sua intervenção, não se nos afigura necessário discutir a respectiva ilegalidade. Tudo se resumirá a uma questão de prova[835].

A convocação da assembleia geral poderá processar-se por simples carta registada (com ou sem aviso de recepção) ou através da publicação do respectivo aviso convocatório, a efectuar no *sítio* do Ministério da Justiça na *Internet* e, eventualmente, em um ou mais jornais não oficiais.

No entanto, a lei admite que a assembleia geral se reúna sem observância das formalidades prévias de convocação, desde que todos os sócios ou accionistas se encontrem presentes ou devidamente representados,

---

[834] Já nas sociedades em nome colectivo esta forma de deliberação é possível, por efeito da remissão genérica feita pelo art. 189.º, n.º 1 para o disposto em matéria de sociedades por quotas, na qual está regulado o voto escrito (art. 247.º).

[835] A prática regista inúmeras situações em que a recolha da assinatura dos sócios se verifica depois da data prevista para a tomada das deliberações dessa assembleia e após as mesmas terem sido efectivamente formadas.

mesmo sem terem sido expressamente convocados para o efeito – ou o tenham sido sem o cumprimento de todos os requisitos legal e estatutariamente exigíveis –, e todos estejam de acordo em se constituir em assembleia geral para deliberar sobre certos assuntos (arts. 54.º, n.º 1 *in fine*, 247.º, n.º 1 e 373.º, n.º 1)[836]. Nessa circunstância, e desde que a matéria (assunto) objecto da deliberação o consinta, a assembleia geral dita "totalitária" ou "universal" – por reunir todos os sócios – funcionará como uma assembleia geral normal, após deliberação prévia de consentimento ou vontade unânime em deliberar sobre os assuntos que constituirão a respectiva ordem de trabalhos.

28.3.3.2. *Requisitos*

São requisitos deste tipo de deliberações (art. 54.º, n.os 1 *in fine*, 2 e 3):

- A presença de todos os sócios (ou de «*representante para o efeito expressamente autorizado*» por carta mandadeira que preveja expressamente a eventualidade de a assembleia geral se constituir como universal);
- A deliberação unânime de constituição da assembleia para determinados fins;
- A deliberação propriamente dita (formada com observância da maioria legal, se contratualmente não tiver sido estabelecida maioria superior).

Por sua vez, assume a direcção dos trabalhos, a mesa – se legal e contratualmente instituída, como sucede obrigatoriamente em todas as sociedades anónimas – ou, nas sociedades em que a mesma se constitui *ad hoc* (sociedades por quotas), o sócio maioritário e, em caso de igualdade, o mais velho. Se não estiverem presentes os membros da mesa, aplicam-se as regras legais referentes à respectiva designação e que abordaremos adiante.

Nas sociedades anónimas deverá ser também elaborada, *ad hoc*, a lista de presenças, visto que a acta, diversamente do que sucede nas sociedades por quotas, não é assinada por todos os accionistas que assistam aos trabalhos, mas apenas pelo presidente e pelo secretário (e outros

[836] Na jurisprudência, cfr. **AcSTJ 18 Mai 2006** (Sebastião Póvoas), *CJ/AcSTJ*, ano XIV, t. II, 2006, pp. 93-95.

membros) da mesa da assembleia geral (e pelo secretário da sociedade, se existir) se se encontrarem presentes.

Considerámos sempre que a este tipo de assembleias gerais não se aplicam necessariamente todas as regras estabelecidas para as assembleias gerais de convocação e funcionamento clássicos e ilustrávamos o nosso entendimento[837] com a possibilidade que a assembleia geral na forma totalitária (já) tinha, anteriormente à Reforma Societária de 2006, de realizar-se fora da comarca judicial em que se situava a sede social, desde que houvesse acordo dos sócios para o efeito. Isto porque, não obstante o carácter imperativo da regra que cominava a obrigatoriedade de reunião da assembleia geral na sede social ou, caso esta não reunisse condições adequadas para o efeito, noutro local da mesma comarca judicial (art. 377.º, n.º 6 do CSC), a verdade é que se os sócios, por unanimidade, podiam deliberar por escrito encontrando-se em locais geograficamente distintos e quiçá distantes, então também por unanimidade deveriam poder deliberar constituir-se em assembleia geral onde quer que se encontrassem todos presentes ou devidamente representados para o efeito. Esta diferença – anteriormente muito nítida entre assembleias convocadas e assembleias universais – encontra-se, hoje, praticamente ultrapassada com a faculdade de convocação de assembleias gerais para qualquer lugar do território nacional, sempre que a sede não reunir condições para o efeito (cfr. art. 377.º, n.º 6 e, *infra*, n.º 29.5.1). No entanto, enquanto nas assembleias convocadas há que evitar abuso, não sendo lícito chamar os sócios a reunir, sem fundamento aceitável, em local muito distante da sede social (por exemplo, convocando a assembleia geral de uma sociedade com sede em Lisboa para reunir no Porto); nas assembleias universais, desde que haja consenso (total) acerca do local onde se deverá realizar a reunião, a mesma pode ocorrer em qualquer local do território nacional, reunindo por hipótese nos Açores, mesmo que a sede social seja no Continente.

28.3.3.3. *Situações de duvidosa admissibilidade*

Uma questão interessante consiste em saber se todos os assuntos da competência dos sócios são susceptíveis de discussão e deliberação em assembleia universal (*i.e.*, assembleia não convocada com a antecedência

[837] Cfr. o nosso artigo no *Diário Económico* de 7 de Abril de 2004.

legal e estatutariamente devida) ou se, diversamente, algumas deliberações dos sócios se têm de formar em assembleia geral devidamente convocada.

A resposta a esta questão passa por determinar se, relativamente a algumas matérias, tem de mediar um espaço temporal mínimo entre a convocação e a reunião, no decurso do qual o accionista se possa inteirar conscientemente dos elementos necessários à formação da sua vontade.

Entre os casos de duvidosa admissibilidade contavam-se – até à entrada em vigor do Decreto-Lei n.º 8/2007, de 17 de Janeiro – os da assembleia geral anual (arts. 53.º, n.º 2 *in fine,* e 376.º), da transformação (arts. 53.º, n.º 2 *in fine*, e 132.º, n.º 3) e da fusão e cisão [cfr. arts. 53.º, n.º 2 *in fine*, 100.º, n.ºs 2 a 4, 101.º (estes dois artigos, na red. do DL 76-A/ /2006, de 29 de Março) e 120.º] de sociedades. Éramos então de opinião que, relativamente à assembleia geral anual e à transformação – operação que, modificando a estrutura societária por alteração do tipo social, não prejudica os interesses dos credores, porque não modifica as condições económicas da sociedade que se mantêm, salvo se for articulada com outra alteração estatutária –, os sócios poderiam deliberar em assembleia geral totalitária ou universal, uma vez que, não havendo interesses que requeressem uma protecção específica, não era necessário proceder obrigatoriamente à prévia convocatória da assembleia geral. E uma tal obrigatoriedade também não decorria de qualquer regra vigente, nem do art. 132.º, n.º 3, que determinava que os documentos deveriam «*estar à disposição dos sócios* (mas não dos credores) *a partir da data da convocação da assembleia geral*».

No que respeitava às duas restantes operações estruturais relevantes, a fusão e cisão, considerávamos então[838] que, devendo a convocatória constituir igualmente um aviso aos credores (cfr. art. 100.º, n.º 4, na red. DL 76-A/2006, e 120.º) – para que eles pudessem consultar os documentos sociais (cfr. arts. 100.º, n.º 3, na red. DL 76-A/2006, e 120.º) –, ela não podia deixar de ser feita. Justificava-a a tutela que os credores sociais merecem relativamente a essas operações, que podem pôr em causa as respectivas garantias. Concluíamos, assim, que a fusão e cisão de sociedades eram, por natureza e legalmente, incompatíveis com a realização de assembleias gerais totalitárias.

No início de 2007, este regime seria "aperfeiçoado" – para utilizar uma expressão retirada do preâmbulo do Decreto Lei n.º 8/2007, de 17

---

[838] Cfr. a nossa 2ª edição, de **2006**, p. 477 (mesmo número: 28.3.3.3).

de Janeiro –, passando a ser expressamente admitido que a transformação, fusão e cisão de sociedades se processasse sem que a assembleia geral que aprecia o projecto de alteração tivesse de ser convocada. Este regime não conheceria retrocesso com a publicação do Decreto-Lei n.º 185/2009, de 12 de Agosto. Com efeito, qualquer das operações enunciadas pode agora ser aprovada nos termos do disposto no artigo 54.º do Código das Sociedades Comerciais, incluindo, consequentemente, a deliberação em assembleia totalitária. Para tanto, é necessário, para deliberar a transformação, que os documentos estejam «*à disposição dos sócios com a antecedência prevista para a convocação da assembleia*» (art. 132.º, n.º 4, red. do DL 8/2007, de 17 de Janeiro), e, em caso de fusão ou cisão, que os mesmos sejam igualmente disponibilizados aos credores, devendo estes ser também avisados, por anúncio, de que – *no prazo de um mês* – podem opor-se judicialmente se tiverem créditos anteriores à publicação do aviso e não virem os seus créditos assegurados [cfr. arts. 101.º (na red. do art. 27.º da Lei n.º 19/2009, de 12 de Maio, e do art. 3.º do Decreto-Lei n.º 185/2009, de 12 de Agosto), 100.º, n.os 3 e 6 (na red. do DL 185/2009), 101.º-A (também na red. do DL 185/2009) e 120.º].

Mantém-se a dilação mínima (de 30 dias) entre a publicação do (agora único) anúncio aos credores e a assembleia geral, convocada ou universal, que deliberar a fusão ou a cisão (arts. 100.º, n.os 2 e 5, na red. do art. 3.º do Decreto-Lei n.º 185/2009, de 12 de Agosto, e 120.º), para que estes, querendo, possam opor-se (nos termos do disposto no art. 101.º-A, na red. do DL 185/2009).

Do exposto concluímos que é hoje possível formar deliberações de sócios ou accionistas em matéria de fusão ou de cisão de sociedades em qualquer das formas legalmente previstas e autorizadas.

28.3.3.4. *Assembleias gerais universais sem a presença da totalidade do capital social*

Uma última questão em sede de assembleia geral universal consiste em saber se a assembleia pode constituir-se como totalitária sem a presença de accionistas que não tenham direito de voto.

Esta questão não se coloca nas sociedades por quotas, em que a cada cêntimo de euro do capital corresponde um voto (cfr. art. 250.º, n.º 1) e em que todos os sócios têm o direito de estar presentes ou fazer-se representar na assembleia geral.

Já no âmbito das sociedades anónimas a questão poderá merecer alguma reflexão.

Consideramos que a assembleia só poderá funcionar como universal se estiver presente a totalidade do capital social com direito de voto, de forma que apenas se encontrem impedidos de participar ou ausentes accionistas que, isolada ou agrupadamente, não tenham o direito, no caso concreto, de estar presentes ou de se fazer representar em assembleia geral. Assim, e exemplificando, se o capital da sociedade for representado por 10.000 acções, requerendo o respectivo contrato a titularidade de 200 acções para participar em assembleias gerais (e exercer o direito de voto), se existirem três accionistas com 50 acções cada, poderemos admitir a realização de assembleias gerais universais sem a presença desses três accionistas, visto que os mesmos, em caso de convocação da assembleia, nunca poderiam, isolada ou agrupadamente, participar nos respectivos trabalhos. Isto não significa que não se verifique um acordo entre todos no sentido de permitir que tais accionistas participem na assembleia universal, embora sem direito de voto.

O contrato de sociedade, por sua vez, pode acautelar esta situação específica, com uma cláusula com o seguinte teor:

Artigo Décimo Primeiro
(Assembleia geral)

Um. *A assembleia geral é composta pelos accionistas que sejam titulares de, pelo menos, duzentas acções, e que estejam em condições de exercer o direito de voto, ou as representem, nos termos da lei e deste contrato.*

(...)

Quatro. *Os accionistas que não possuam acções em número suficiente para poderem participar na assembleia ou sejam unicamente titulares de acções sem direito de voto e os obrigacionistas não podem participar, nem assistir às assembleias gerais, sem prejuízo do respectivo direito legal de agrupamento e de representação.*

Cinco. *Só poderão realizar-se assembleias gerais universais, sem observância de formalidades prévias de convocação, se estiver presente ou representada a totalidade do capital social ou se apenas faltarem accionistas que, conjuntamente, não detenham acções em número suficiente para estarem presentes ou se fazerem representar na assembleia.*

Seis. *A cada duzentas acções corresponde um voto.*

28.3.4. *Decisões de sócio ou accionista único*

Quando a sociedade tem um único sócio – por se ter constituído nessa situação ou porque, supervenientemente, se veio a encontrar de forma duradoura reduzida a um só sócio –, a vontade deste não se forma, em regra, em assembleia geral, uma vez que coincide com a própria vontade da sociedade.

Enquadram-se nesta situação a sociedade unipessoal por quotas ou a sociedade anónima subsidiária integral (sujeita a domínio total inicial ou superveniente).

O sócio não tem pares com quem discutir, embora possa comparecer em assembleia geral para pedir explicações ou esclarecimentos aos titulares dos órgãos sociais, em especial à administração. A vontade societária decalca-se, assim, na vontade do único sócio, pelo que nada impediria que este atribuísse à (sua) decisão força de deliberação social, podendo fazê-lo em acta – apesar deste ser o instrumento adequado para registar deliberações de órgãos colegiais – ou simplesmente em instrumento avulso. Para maior segurança do comércio jurídico, e tendo em consideração que a lei não foi estruturada a pensar neste tipo de decisões, afigura-se pertinente que as decisões lavradas directamente em papel ou tomadas em assembleia geral sejam lançadas no livro de actas da assembleia geral.

O que não faz, de todo, sentido é redigir actas de que constem "deliberações" do sócio único, porque corresponderiam a uma impossibilidade lógica, que é a de um órgão com composição singular deliberar.

Com efeito, nos casos em que a composição associativa for unipessoal, existem decisões de sócio (ou accionista) único, o qual não delibera nada, limita-se a decidir, nalgumas circunstâncias após obter junto dos órgãos sociais (no âmbito de uma assembleia ou à margem dela) esclarecimentos indispensáveis.

28.3.5. *Deliberações em assembleia geral; remissão*

As deliberações em assembleia geral – reunida com ou sem observância de formalidades prévias de convocação – são, de longe, as mais comuns. Por isso as autonomizamos no tratamento dogmático que as deliberações dos sócios merecem.

As assembleias gerais constituem as reuniões magnas dos sócios das sociedades anónimas e por quotas, nas quais se manifesta a vontade societária expressa nas deliberações que nas mesmas se formam. A sua relevância e modo de funcionamento (incluindo, nomeadamente, a forma de convocação e a sua institucionalização orgânica) depende não apenas do tipo societário, mas da própria dimensão da sociedade envolvida, aproximando-se mais, em certos casos, as assembleias gerais das pequenas sociedades anónimas (ou sociedades anónimas familiares) das assembleias gerais das sociedades por quotas do que das assembleias gerais das grandes sociedades anónimas, ainda que o respectivo capital não esteja aberto ao investimento do público.

A elas nos referiremos agora, em separado.

29. **A assembleia geral**[839]

29.1. **Questão prévia e sequência**

Iremos agora proceder à análise das assembleias gerais, tal como se configuram classicamente, enquanto reuniões de todos os sócios com carácter deliberativo sobre a actividade desenvolvida pela gestão ou respeitando a assuntos estruturais da sociedade.

Antes de mais refira-se que, constituindo as sociedades anónimas modelo das sociedades comerciais e, em especial, das sociedades por quotas, o princípio que define o paradigma encontra precisamente o seu fundamento legal na matéria das assembleias gerais no artigo 248.º, n.º 1, que determina a aplicabilidade do disposto (na lei) para as assembleias gerais das sociedades anónimas às assembleias gerais das sociedades por quotas, excepto, naturalmente, quanto aos aspectos que nesta

[839] Para além do comentário de PINTO FURTADO [*Deliberações dos Sócios* (Comentário ao CSC), Almedina, Coimbra, **1993**] e da sua dissertação de doutoramento (*Deliberações de Sociedades Comerciais*, Almedina, Coimbra, **2005**), vd., na doutrina nacional, EDUARDO LUCAS COELHO, *A formação das deliberações sociais. Assembleia geral das sociedades anónimas*, Coimbra Editora, **1994**, MENEZES CORDEIRO, *SA: Assembleia Geral e Deliberações Sociais*, Almedina, Coimbra, **2006**, em especial pp. 85-145, BRANCA MARTINS DA CRUZ, *Assembleias gerais nas sociedades por quotas*, Almedina, Coimbra, **1988**, e ARMANDO TRIUNFANTE, *A Tutela das Minorias nas Sociedades Anónimas. Quorum de Constituição e Maiorias Deliberativas*, Coimbra Editora, **2005**, em especial pp. 339-504.

se encontrarem especialmente regulados[840]. Isto é, as assembleias gerais das sociedades por quotas, com excepção do previsto nos artigos 246.º a 251.º do Código das Sociedades Comerciais, são directamente reguladas pelos preceitos aplicáveis às sociedades anónimas, nomeadamente no que se refere à assembleia geral anual.

Vamos, em seguida, abordar as deliberações em assembleia geral e, nomeadamente, a competência e o regime da convocação, constituição e funcionamento das assembleias gerais, bem como diversas questões que se colocam a propósito das mesmas, tais como a representação de accionistas e o direito de voto (cfr. também, *supra*, n.º 15), e concluiremos com a formalização das deliberações e análise dos actos subsequentes.

29.2. **Competência da assembleia geral**[841]

Não obstante a sociedade anónima constituir paradigma em sede de assembleia geral (cfr. art. 248.º, n.º 1), começaremos por uma matéria em que os dois tipos societários referidos se distinguem claramente, por referência aliás aos demais órgãos sociais, fundamentando-se as diferenças existentes na própria concepção e natureza da sociedade e das participações sociais envolvidas. Trata-se da competência da assembleia geral que é diferente nas sociedades anónimas e por quotas, não sendo irrelevante a subjectivação que a participação (ou intervenção) social nestas

[840] «*Às assembleias gerais das sociedades por quotas* deve aplicar-se *o disposto sobre assembleias gerais das sociedades anónimas, em tudo o que não estiver especificamente regulado para aquelas*».

Por sua vez, «*às deliberações dos sócios e à convocação e funcionamento das assembleias gerais*» das sociedades em nome colectivo «*aplica-se o disposto para as sociedades por quotas em tudo quanto a lei ou o contrato de sociedade não dispuserem diferentemente*» (art. 189.º, n.º 1).

[841] Vd. João Calvão da Silva, «Conflito de interesses e abuso do direito nas sociedades», *in Estudos Jurídicos*, Almedina, Coimbra, **2001** (pp. 105-140), em especial pp. 107-112, Carlos Osório de Castro / Gonçalo Andrade e Castro, «A distribuição de lucros a trabalhadores de uma sociedade anónima, por deliberação da assembleia geral», *O Direito*, ano 137.º, I, Almedina, **2005** (pp. 57-80), e Alexandre Soveral Martins, «Competência dos sócios vs. Competência dos gerentes (nas sociedades por quotas): sobre o n.º 2 do art. 246.º do CSC», AA.VV., *Ars Ivdicandi – Estudos em Homenagem ao Prof. Doutor António Castanheira Neves*, vol. II: *Direito Privado*, org. por Jorge de Figueiredo Dias, José Joaquim Gomes Canotilho e José de Faria Costa, Coimbra Editora, **2008** (pp. 403-411).

reveste relativamente à objectivação que caracteriza a participação accionária expressa em idênticas fracções de capital social e na ideia[842] de que um accionista é tantas vezes sócio quantas as acções de que for detentor num certo momento.

Antecipe-se que nas sociedades anónimas a competência da assembleia geral é mais restrita do que nas sociedades por quotas. Assim, nas sociedades por quotas assuntos como a alienação ou oneração de bens imóveis, o trespasse de um estabelecimento ou a simples subscrição, aquisição, alienação ou oneração de participações sociais carecem, em regra, do consentimento dos sócios (cfr. art. 246.º, n.º 2, *alíneas b), c)* e *d)*), ao contrário do que se passa nas sociedades anónimas, em que tais assuntos, enquanto matérias de gestão são da competência da administração (cfr. art. 406.º, *alíneas e)* e *g)*).

A sociedade anónima é dotada de um órgão de administração com especiais poderes, ao qual vão incumbir a representação da sociedade e, inclusivamente, poderes deliberativos[843] em matérias muito mais vastas do aquelas que podem ser cometidas ao órgão de gestão da sociedade por quotas.

Por fim, refira-se que determinar a competência da assembleia geral numa sociedade por quotas e numa sociedade anónima corresponde a apurar qual é a competência colectiva dos respectivos sócios (ou accionistas), uma vez que a competência da assembleia geral é decalcada nesta.

29.2.1. *Sociedades anónimas*

Nas sociedades anónimas a assembleia geral tem uma competência, por um lado, específica e subsidiária (cfr. arts. 373.º, n.º 2, 376.º e 85.º, n.º 1) e, por outro, extraordinária (cfr. art. 373.º, n.º 3).

29.2.1.1. *Competência regra: especificidade e subsidiariedade*

Neste tipo societário a competência-regra pertence ao órgão executivo (conselho de administração ou conselho de administração executivo), que

[842] Referenciada, nomeadamente, em RAISER/WEIL, *Recht der Kapitalgesellschaften*, 4.ª ed., Franz Vahlen, München, **2006**, p. 48.

[843] Como o próprio proémio do art. 406.º estabelece, o conselho de administração tem poderes para deliberar sobre vastíssimas matérias que a lei, na sociedade anónima, reserva à administração (cfr. também arts. 405.º, n.º 1 e 373.º, n.º 3).

tem poderes para praticar todos os actos que, enquadrando-se na capacidade de gozo da sociedade, não sejam exclusivos de outro órgão social. Tal decorre das disposições legais que conferem ao órgão executivo amplos poderes de gestão no âmbito do objecto social (art. 405.º) e, genericamente, em relação a toda uma série de actos que enumera, primeiro, especificando (e entre os quais se contam *a alienação ou oneração de bens imóveis*), e, depois, definindo residualmente, quando determina que «*compete ao conselho de administração deliberar sobre (...) qualquer outro assunto sobre o qual algum administrador requeira deliberação do conselho*» (art. 406.º, *alínea n)*)[844].

A competência da assembleia geral diz-se também subsidiária, visto que os *accionistas deliberam sobre as matérias que não estejam compreendidas nas atribuições de outros órgãos da sociedade* (cfr. art. 373.º, n.º 2 *in fine*), quer dizer, em princípio esta competência determina-se, também residualmente, por integrar poderes deliberativos que não caibam, legal ou contratualmente, na atribuição de outros órgãos societários.

Mas a assembleia geral tem competências específicas (e, naturalmente, também nas sociedades por quotas) – que justificam, aliás, a sua existência e autonomia –, uma vez que é o órgão com competência exclusiva para deliberar em matéria de alteração do contrato de sociedade, excepto nos casos raros em que, cumulativamente, tal poder seja legal ou contratualmente atribuído ao órgão de administração (aumentos de capital por entradas em dinheiro, nas sociedades anónimas, e deslocação da sede social no espaço geográfico nacional, em quaisquer sociedades), e para, anualmente, deliberar sobre a aprovação do relatório de gestão, balanço e contas do exercício e sobre a aplicação dos resultados (designadamente sobre a sua afectação aos sócios, sob a forma de lucros distribuídos) (cfr. art. 376.º)[845].

---

[844] A competência da assembleia geral é também negativamente delimitada quando se afirma que o conselho de administração só se deve subordinar *às deliberações dos accionistas (ou às intervenções do conselho fiscal ou da comissão de auditoria) nos casos em que a lei ou o contrato de sociedade o determinarem* (art. 405.º, n.º 1 *in fine*).

[845] Esta competência normal, da assembleia geral das sociedades comerciais, é hoje absoluta (cfr. nova redacção do art. 376.º, n.º 1, *alínea a)*). Anteriormente (até à entrada em vigor das alterações do CSC, determinadas pelo DL 76-A/2006) sofria uma derrogação nas sociedades anónimas com governação de inspiração germânica, nas quais era o conselho geral o órgão com competência para *aprovar o relatório e as contas elaboradas pela direcção* (art. 441.º, *alínea f)*, red. originária).

Nas assembleias anuais deverão também os sócios proceder à apreciação do desempenho de funções pelos titulares dos órgãos de administração e fiscalização (nas sociedades por quotas, quando exista), no decurso do último exercício (cfr. art. 376.º, n.º 1, *alínea c)*). O facto de o desempenho da administração estar em apreciação anualmente implica que os sócios e accionistas possam, no âmbito desse ponto da ordem de trabalhos, deliberar sobre a destituição de um ou mais titulares do órgão de gestão, sem prejuízo de, se tal for o caso, a sociedade ter de vir a in-demnizar o(s) destituído(s), por inexistência de justa causa. Esta assembleia periódica – no âmbito do Código Comercial de 1888 (anteriormente ao Código das Sociedades Comerciais) designada por "ordinária", dado o seu carácter de regularidade, e que se destina também a eleger os titulares de órgãos sociais que não sejam designados sem prazo (como acontece frequentemente nas sociedades por quotas) – deve reunir nos três primeiros meses do exercício subsequente àquele que está em apreciação (normalmente até ao final de Março, se o exercício social coincidir com o ano civil, o que não é obrigatório) ou no prazo de cinco meses a contar do encerramento do exercício em julgamento, se deverem apresentar contas consolidadas (nesse sentido, vd. arts. 508.º-A a 508.º-E do CSC e Decreto-Lei n.º 238/91, de 2 de Julho) ou apliquem o método da equivalência patrimonial, como sucede com as SGPS.

29.2.1.2. *Competência extraordinária da assembleia geral*

Do que acima se disse, infere-se que, em relação a todos os aspectos que legalmente incumbam a outros órgãos societários – como, por exemplo, os que, nos termos do art. 406.º, competem ao conselho de administração –, a assembleia geral não possa interferir espontaneamente[846], mas apenas na medida em que a intervenção dos accionistas for feita expressamente a pedido do órgão de gestão.

A lei, para evitar dúvidas e dificuldades na delimitação da competência dos vários órgãos, determinou que em matérias de gestão da sociedade os accionistas – e, consequentemente, a assembleia geral – não pudessem deliberar se tal não lhes fosse expressamente solicitado pelo órgão de administração (art. 373.º, n.º 3). Quando muito poderão pedir

[846] Já a mesma conclusão não é legítima nas sociedades por quotas, considerando nomeadamente o disposto no art. 259.º.

informações essenciais e indispensáveis à formação da sua vontade, mas nunca discutir as decisões de gestão da sociedade e, designadamente, por que é que ela fez isto ou aquilo. Se não concordarem com a forma como a sociedade é gerida, terão de se limitar a procurar destituir a administração, substituindo-a por elemento(s) que considerem mais capaz(es).

Isto não impede que o órgão de gestão informe espontaneamente os accionistas sobre decisões de gestão que repute relevantes e essenciais para a vida social ou que, voluntariamente, submeta à sua concordância ou ratificação certas decisões relativas a actos que, entretanto, tenha decidido empreender, para obter a respectiva cobertura e o conforto resultante dessa concordância expressa.

Concluindo, poder-se-á afirmar que, em matéria de gestão da sociedade anónima, a competência da assembleia geral é extraordinária.

29.2.2. *Sociedades por quotas*

A competência nas sociedades por quotas não surge da forma residual como aparece nas sociedades anónimas.

E a esta conclusão chegaríamos, desde logo, pelo confronto da competência dos próprios órgãos da administração, e que se retira do disposto nos artigos 406.º e 259.º: uma competência genérica da gerência na sociedade por quotas[847], e uma competência do conselho de administração não apenas genérica[848], mas específica e que se encontra, concreta e exemplificativamente, enunciada no artigo 406.º.

A verdade é que o artigo 246.º enuncia exemplificativamente toda uma série de matérias que dizem respeito à competência da assembleia geral da sociedade por quotas, nomeadamente a aprovação do relatório de gestão e das contas, o balanço e a atribuição de lucros (que vulgarmente é designado por aplicação de resultados), alteração do contrato de sociedade, mas também admitindo logo no inicio que o próprio contrato de sociedade possa, de uma forma muito lata, reservar a este órgão a intervenção sobre aspectos que possam, aqui e ali, caber à gerência (ao órgão

[847] Art. 259.º: «*...praticar os actos que forem necessários ou convenientes para a realização do objecto social*».

[848] Que se retira do próprio art. 405.º («*gerir as actividades da sociedade*») e do proémio do art. 406.º («*deliberar sobre qualquer assunto de administração da sociedade*»).

de administração). Aliás, se olharmos para o n.º 2 do artigo 246.º chegamos à conclusão que, sob a forma supletiva, se atribuem competências à gerência, no âmbito da sociedade por quotas que, no plano das sociedades anónimas, cabem ao conselho de administração. Dizemos sob a forma supletiva pois admite-se que o contrato de sociedade por quotas reserve à gerência a competência nessas matérias e ao faze-lo, naturalmente em cumprimento do disposto no n.º 2, limita a competência da própria assembleia geral. Enquadram-se nesses actos, por um lado, a alienação ou oneração de bens imóveis e, por outro lado, a subscrição ou aquisição de participações noutras sociedades, e a sua eventual alienação ou oneração (cfr. art. 246.º, n.º 2, *alíneas c)* e d)).

29.2.3. *Outras questões em matéria de competência da assembleia geral*

Ficaram, naturalmente, diversas questões por abordar, mas não temos a pretensão de esgotar o estudo da competência da assembleia geral ou do colectivo dos sócios.

Enunciemos, contudo, duas delas:

- determinação dos efeitos de uma deliberação de accionistas sobre matéria que havia sido objecto de deliberação anterior ainda válida e eficaz (por exemplo, alteração das condições de aquisição de acções próprias, antes de esgotado o prazo de autorização, em regra de dezoito meses), ou de
- intervenção em matéria de competência cumulativa com outros órgãos (deliberação de aumento do capital social, por entradas em dinheiro, não obstante autorização contratual do conselho de administração para esse efeito).

29.3. **Composição e participação**

29.3.1. *Mesa da assembleia geral*

29.3.1.1. *Regime-regra e funções*

A assembleia geral é dirigida por uma mesa – que pode ser, total ou parcialmente, composta por não sócios (cfr. art. 374.º, n.º 2 *in fine*) –, que constitui um sub-órgão societário legalmente obrigatório em todas as sociedades anónimas e que nas sociedades por quotas, não sendo um órgão social necessário, pode encontrar-se contratualmente institucionalizado.

Qualificamos a mesa da assembleia geral como sub-órgão societário, embora não tenhamos pretensões, nesta sede, de discutir a respectiva natureza jurídica. No entanto, e apesar de não ser imprescindível, visto poder constituir-se *ad hoc*, sendo parte de um órgão (a assembleia geral), a mesa – à qual compete, quando institucionalizada, assegurar a condução das assembleias gerais – tem competências autónomas, relativamente à competência desse órgão de que faz parte, e pode estar sujeita a regras específicas, pelo que há que reconhecer-lhe uma certa autonomia no contexto da assembleia geral.

A mesa da assembleia geral é composta, no mínimo, pelo presidente e por um secretário (art. 374.º, n.º 1), podendo estatutariamente integrar um vice-presidente e dois secretários, designados para um mandato máximo de quatro anos, renovável (cfr. art. 374.º, n.º 2).

Por sua vez, assessora também a mesa da assembleia geral, o secretário da sociedade se existir (cfr. arts. 446.º-B, n.º 1, *alínea a)*, 446.º-A, n.º 1 e 446.º-D).

Para além de dirigir os trabalhos, ao presidente da mesa, ou a quem o possa legalmente substituir na condução da assembleia, incumbe convocar a reunião de sócios, por sua iniciativa – *sempre que a lei o* determine (cfr. art. 375.º, n.º 1) –, a pedido de outro órgão social (obrigatório) ou a requerimento de qualquer sócio, numa sociedade por quotas[849], ou de accionista(s) que represente(m) 5% ou mais do capital social (cfr. arts. 248.º, n.º 2 e 375.º, n.º 2). Tendo sido solicitada a convocação da assembleia, a eventual recusa deverá ser adequadamente fundamentada (cfr. art. 375.º, n.º 5). De qualquer modo, os sócios que reúnam as condições acima referidas poderão solicitar a convocação judicial da assembleia geral, a ser dirigida, eventualmente, por terceiro (cfr. arts. 375.º, n.º 6 e 248.º, n.º 1).

---

[849] A sociedade por quotas pode ter mesa da assembleia geral contratualmente instituída. Sempre que tal não acontece a convocação cabe a qualquer gerente em exercício, a quem a mesma deverá ser solicitada (cfr. art. 248.º, n.ºs 3 e 1).

29.3.1.2. *A independência dos membros da mesa*

Como vimos (*supra*, n.º 27.5), o Código das Sociedades Comerciais prevê, desde meados de 2006, numa nova disposição legal (o art. 374.º-A), um regime especial aplicável aos membros da mesa da assembleia geral das sociedades anónimas cotadas e das *grandes sociedades anónimas*[850]. Com efeito, exige a lei que, nestas sociedades, os membros da mesa sejam independentes, ou seja, que, para além de também estarem sujeitos às incompatibilidades estabelecidas para os membros do conselho fiscal (no art. 414.º-A), reúnam os requisitos de independência estabelecidos no n.º 5 do artigo 414.º e que lhes são aplicáveis (cfr. o disposto no art. 374.º-A, n.º 1), o que significa que não podem deter mais de 2% do capital social, nem representar nenhum accionista que se encontre nessas condições, nem desempenhar mais de dois mandatos consecutivos ou interpolados, qualquer que seja a sua duração (cfr. art. 414.º, n.º 5)[851]. O artigo 374.º-A prevê também que a remuneração dos membros da mesa seja fixa, aplicando-se-lhe o disposto no artigo 422.º-A (cfr. art. 374.º-A, n.º 3).

29.3.1.3. *Direcção dos trabalhos*

Na ausência do presidente, a assembleia é conduzida pelo vice-presidente ou, na falta deste, pelo secretário da mesa[852]. Fundamentamos

[850] Aquelas que se enquadrem na previsão do art. 413.º, n.º 2 do CSC, ultrapassando dois dos três limites estabelecidos nessa regra.

[851] No que se refere ao regime das incompatibilidades, a aplicabilidade do disposto no (novo) art. 414.º-A aos membros da mesa impede que estes prestem, directa ou indirectamente, serviços à sociedade (cfr. n.º 1, *alínea e)*). Daqui resultará que os advogados que directamente, ou através de sociedades de que façam parte, prestam serviços regulares a uma empresa que se encontra nas condições estabelecidas no artigo 374.º-A não podem integrar a respectiva mesa da assembleia geral (cfr., *supra*, n.º 27.6.2.).

Quanto aos critérios de isenção estabelecidos no n.º 5 do art. 414.º, somos de opinião que são de aplicação imediata, por não existir norma transitória que preveja um regime diferente. Afigura-se ser aplicável o critério geral estabelecido no art. 12.º do Código Civil, pelo que todos aqueles que já desempenharam pelo menos três mandatos, qualquer que tenha sido a respectiva duração, não poderão ser reconduzidos a partir de 30 de Junho de 2006. Os que se encontrarem a cumprir um quarto ou quinto mandato poderão, naturalmente, concluí-lo.

[852] Consideramos ser este o único entendimento admissível, embora tenhamos conhecimento de que alguma prática, na linha do que acontecia no passado já algo distante,

esta nossa interpretação no elemento histórico (*a contrario*) e na própria letra da lei actual (cfr. art. 374.º, n.º 3). Isto é, a lei anterior (ao Código das Sociedades Comerciais) impedia, implicitamente, o secretário da mesa de dirigir os trabalhos na falta do presidente (e do vice-presidente) da mesa, ao cometer esse encargo ao maior accionista (cfr. art. 182.º § 2.º do CCom[853]), ao mesmo tempo que previa um regime especificamente aplicável à substituição do próprio secretário (cfr. art. 182.º § 3.º do CCom). A lei actual[854] não só eliminou essa limitação – em coerência com o reconhecimento de que a mesa constitui um verdadeiro sub-órgão societário –, como previu expressamente que os presidentes *do conselho fiscal* (e agora também da *comissão de auditoria*) ou do conselho geral e de supervisão, sirvam de presidente da mesa da assembleia geral *na falta ou na não comparência de pessoas eleitas* nos termos do n.º 2 do art. 374.º, isto é, quando não estiver presente na assembleia geral qualquer membro da mesa, incluindo o respectivo secretário.

Assim, só nesse caso – falta ou ausência de qualquer membro da mesa – cumprirá ao presidente do conselho fiscal, da comissão de auditoria ou do conselho geral e de supervisão, conforme o modelo de governação da sociedade em causa (coadjuvado por um accionista presente por ele escolhido), dirigir os trabalhos. Na falta do presidente do órgão de fiscalização, dirigirá a assembleia o accionista presente que for detentor (ou representar) da maior participação de capital social (cfr. art. 374.º, n.os 3 e 4).

No entanto, entendemos que o fiscal único, nessa circunstância, não pode desempenhar as funções de presidente da mesa – como o faria o presidente do órgão de fiscalização (conselho fiscal, comissão de auditoria ou conselho geral e de supervisão) porque, enquanto este representa um órgão com competências de controlo político da actividade social, por um lado, e de verificação da actividade económico-financeira, por outro, o fiscal único – que existe em substituição do conselho fiscal e que é

---

continua a inclinar-se para substituir o presidente da mesa pelo presidente do conselho fiscal ou pelo fiscal único, e não pelo secretário da mesa,

[853] Art. 182 §2.º: *«Na falta ou impedimento do presidente e vice-presidente, servirá o maior accionista, ou, quando este não queira ou não possa aceitar esse cargo, o imediato em acções, e assim sucessivamente, preferindo o mais velho em igualdade de circunstâncias»*.

[854] Leia-se o Código das Sociedades Comerciais, cuja alteração recente nesta regra (art. 374.º, n.º 3) visou apenas adequar a lei à nova designação dos órgãos sociais.

composto por um profissional (ROC ou Sociedade de Revisores Oficiais de Contas) – desempenha funções de natureza essencialmente económico-financeira. Trata-se de um técnico com uma formação específica que não se encontra vocacionado para dirigir assembleias gerais. Aliás, a lei não prevê, na falta do presidente do conselho fiscal, que ele seja substituído por outro membro desse conselho, nomeadamente pelo ROC, pelo que pressupõe que a assunção da direcção dos trabalhos por esse membro dos órgãos sociais radica na relevância que ele assume no panorama societário. Acresce que na nova redacção dos números 3 e 4 do artigo 374.º, posterior à generalizada admissibilidade do fiscal único na legislação societária portuguesa, não se previu a eventualidade do fiscal único poder dirigir à assembleia geral, no impedimento dos membros da mesa.

De qualquer forma, a lei admite que o contrato de sociedade estabeleça uma forma diferente de colmatar a falta dos membros da mesa da assembleia geral (cfr. art. 374.º, n.º 3 1 parte). Por isso, é aconselhável que os accionistas prevejam nos estatutos uma solução.

Por sua vez, nas sociedades por quotas, não se encontrando instituído o órgão (mesa da) assembleia geral, a direcção dos trabalhos – quando os sócios se reúnem para deliberar – deve ser assumida pelo sócio maioritário e, em caso de igualdade de participações, pelo mais velho (cfr. art. 248.º, n.º 4). Tratando-se de sócios que sejam pessoas colectivas, designadamente sociedades, e que disponham de participação idêntica, deverá presidir à assembleia o representante daquela que tiver sido constituída há mais tempo.

29.3.1.4. *Responsabilidade civil e criminal*

A concluir a abordagem da mesa da assembleia geral, chama-se a atenção para duas questões relevantes: uma, que não tem sido devidamente explorada, respeita à destituição do presidente da mesa da assembleia geral e a outra, da qual os próprios membros da mesa não terão geralmente absoluta consciência, refere-se aos efeitos penais associados ao desempenho do cargo e à responsabilidade civil que também têm pelos danos que possam resultar de uma conduta inapropriada no exercício das suas funções.

Se compulsarmos o capítulo (VII do Título I) do Código das Sociedades Comerciais sobre a responsabilidade civil (*pela constituição, administração e fiscalização da sociedade*) verificamos que o mesmo não faz qualquer referência à responsabilidade civil dos membros da mesa da assembleia geral e, em particular, do respectivo presidente (cfr. arts. 71.º a 84.º), apesar da ampla discricionariedade como podem ser exercidas as suas funções. Seria então legítimo interrogarmo-nos sobre o sentido dessa omissão. Será que se pretende excluir a responsabilidade dos membros desse órgão? Cremos que não. A lei societária não estabeleceu qualquer previsão legal nesta matéria apenas porque são raras as situações em que a conduta (inadequada) do presidente da mesa ou de outro titular desta é geradora de responsabilidade civil. Haverá, nessa eventualidade, que recorrer ao quadro geral da responsabilidade civil (extracontratual[855]), procurando no Código Civil a solução especificamente aplicável ao caso concreto.

No que diz respeito à tutela penal específica, saliente-se, telegraficamente, que a convocatória enganosa, a recusa ilícita de lavrar acta, o impedimento, por meio de violência, de participação em assembleia geral, a quem se encontrava legitimado e certas irregularidades na convocação da assembleia constituem crimes previstos e punidos pelo Código das Sociedades Comerciais (cfr. arts. 520.º, 521.º, 516.º e 515.º).

29.3.1.5. *Destituição do presidente*

Quanto ao eventual afastamento do presidente da mesa, contra a sua vontade, comece-se por dizer que, salvo no que respeita ao presidente da mesa das sociedades cotadas ou das *grandes sociedades anónimas* (cfr. art. 374.º-A, n.º 2), a lei é omissa sobre a possibilidade de destituição do presidente da mesa da assembleia geral no decurso do mandato.

Vejamos como a questão se colocava antes da aprovação do número 2 do artigo 374.º-A. Se estivesse em causa um administrador, o mesmo poderia ser destituído na assembleia geral anual, mesmo que tal assunto não constasse da convocatória (porque entende a lei, e bem, que nessa assembleia está em causa a avaliação do desempenho das suas funções). Noutra assembleia – que não a anual –, a destituição teria de passar pelo agendamento prévio desse tema para conhecimento pelos accionistas daquilo que iria ser abordado. Assim sendo, e considerando que o cargo

[855] Inclinamo-nos para considerar que a fonte de responsabilidade é aqui um ilícito extracontratual, mas admitimos que, no que respeita à responsabilidade dos membros da mesa perante a própria sociedade, se possa discutir se a mesma não pode ter base contratual, apesar de se tratar de uma função esporádica, e estar assim sujeita a um prazo de prescrição muito mais elevado.

de presidente da mesa é um cargo de confiança dos accionistas, apesar de dever ser desempenhado com imparcialidade, isenção, independência e equidistância de todos os accionistas e dos titulares dos demais órgãos sociais, com referência exclusiva ao interesse social, inclinávamo-nos para considerar que, na assembleia geral anual, poderiam os accionistas deliberar, independentemente da prévia inclusão na ordem de trabalhos (visto que o visado tenderia a recusar tal inclusão ou a abster-se de se pronunciar sobre a mesma), a destituição do presidente da mesa da assembleia geral, sem invocação de motivo para o efeito, mas sem prejuízo de reparação dos danos que pudessem causar-lhe.

A solução que a lei criou para a destituição dos membros da mesa independentes (os designados para as sociedades cotadas e para as *grandes sociedades anónimas*) veio reforçar o nosso entendimento acima exposto. Com efeito, ao determinar expressamente que nestas sociedades a destituição dos membros da mesa só é possível com justa causa – precisamente porque a respectiva independência pode não ser (ou deixar de ser) compatível com a confiança tradicionalmente exigível para o desempenho dos cargos – e ao não estabelecer nada relativamente às demais sociedades, não limitando os casos de destituição dos membros da mesa, a lei das sociedades está implicitamente (e *a contrario*) a admitir que nas outras sociedades a destituição dos membros da mesa, sem prejuízo de eventual compensação que lhes seja devida, não se tem de alicerçar em *justa causa*.

Quanto à oportunidade da destituição, mantêm-se plenamente aplicáveis as considerações acima tecidas, isto é, possibilidade de destituição independentemente de expressa previsão na ordem de trabalhos nas assembleia anuais e necessário agendamento nas demais.

29.3.2. *Participação na assembleia geral*

29.3.2.1. *Participação de sócios e accionistas*

Regra geral, na assembleia geral podem participar todos os sócios (arts. 379.º e 248.º, n.º 5).

Contudo, enquanto nas sociedades por quotas a participação nas assembleias gerais é garantida a todos os sócios, independentemente do montante da respectiva participação social (art. 248.º, n.º 5), nas sociedades anónimas é possível afastar a participação dos accionistas que sejam titulares de uma fracção de capital inferior a mil euros (€ 1.000,00), contanto que não se inviabilize o agrupamento de accionistas nessas condições ou a sua eventual representação por outros accionistas ou membros dos órgãos sociais (cfr. arts. 379.º, n.os 1, 2 e 5, e 384, n.º 2, *alínea a)*). Assim, nas sociedades anónimas, sem prejuízo dos limites mínimos enunciados, a composição da assembleia geral dependerá, essencialmente, do que for previsto no contrato de sociedade e da existência de determinadas categorias de valores mobiliários (designadamente acções preferenciais sem direito voto e obrigações).

Em matéria de participação na assembleia geral há questões que a lei não esclarece totalmente e que devem ser resolvidas com bom senso.

Encontra-se nessa situação a diferença que alguns pretendem fazer entre a titularidade do capital e a inerente qualidade de accionista, por um lado, e o direito de participar na assembleia geral, por outro.

Quando a lei ou o contrato estabelecem requisitos para a admissão e participação na assembleia geral, está em causa garantir que são os verdadeiros accionistas que participam na assembleia geral, isto é, está preocupada em garantir a legitimidade dos intervenientes nas deliberações dos accionistas.

Antes de mais desenvolvimentos, esclareça-se que a questão não se coloca no âmbito das sociedades por quotas, nas quais o direito a participar nas deliberações dos sócios e na formação da vontade social resulta da inscrição da titularidade da quota no registo comercial. Considerando o formalismo associado à transmissão desta participação (forma escrita, actualmente[856]), a comprovação da titularidade da quota e do inerente direito de participar na assembleia geral dever-se-á fazer pela exibição da certidão do registo comercial (ou de documento escrito comprovativo da cessão e de cópia do pedido de registo da aquisição da quota), no pressuposto de que a cessão outorgada cumpriu com todos os requisitos a que estava sujeita, respeitando eventualmente (se tal for o caso) o consentimento e até a preferência da sociedade e de outros sócios. Mas é precisamente em sede de regras aplicáveis às sociedades por quotas que encontramos resposta a dúvidas, se é que elas pudessem existir, sobre o direito e a legitimidade de participar em assembleias gerais. Com efeito, a lei prevê que «*nenhum sócio pode ser privado, nem sequer por disposição do contrato, de participar na assembleia, ainda que esteja impedido*

[856] Desde 30 de Junho de 2006. Anteriormente, era necessária escritura pública.

de exercer – no caso concreto (acrescentamos nós) por se encontrar em situação de conflito de interesses com a sociedade, relativamente à matéria da deliberação – *o direito de voto* (art. 248.º, n.º 5)». O direito de participar na assembleia, e necessariamente de ser admitido na mesma, é pois um direito absoluto e inalienável do sócio da sociedade por quotas, dependendo apenas da sua qualidade (de sócio).

Já nas sociedades anónimas a lei condiciona a presença na assembleia geral (e a participação na discussão e votação dos assuntos que a mesma apreciar) aos accionistas que sejam titulares de, pelo menos, um voto (cfr. art. 379.º, n.º 1), admitindo que o contrato de sociedade exija que um accionista seja detentor de um número mínimo de acções (por exemplo, dez, vinte, cem) para ter direito a um voto, desde que não discrimine uns accionistas em relação aos outros e assegure um voto, pelo menos, a acções que, conjunta e nominalmente, representem um mínimo de € 1.000,00 (mil euros) de capital[857]. Compreende-se que a lei parta do princípio de que a manifestação de vontade *in loco* deve ficar dependente da titularidade de um mínimo de capital social, sobretudo nos casos em que a sociedade tem capitais muito avultados e inúmeros accionistas. No entanto, a lei permite que os accionistas que não sejam titulares de um número de acções suficiente para estarem presentes possam agrupar-se, entre si (ou com outros accionistas), por forma a perfazer o mínimo necessário a representar um voto e poderem, desse modo, participar na assembleia, através de um deles (cfr. art. 379.º, n.º 5)[858]. Solução

[857] Por exemplo, se as acções tiverem um valor nominal de e 5,00 (cinco euros), o contrato de sociedade só pode atribuir um voto a um conjunto máximo de 200 acções, não podendo exigir a titularidade de um maior número de acções para o efeito (cfr. art. 384.º, n.º 1 *alínea a)*).

[858] O que não consideramos admissível é que um accionista desagregue parte das suas acçoes para as agrupar com as acções (em número insuficiente para conferir voto) de outro accionista, proporcionando a este o direito (de participação e) de voto que, só com as suas acções, não tinha. Uma solução destas põe em causa o princípio da unidade do voto, tutelado no art. 385.º. Por isso, o agrupamento (previsto no art. 379.º, n.º 5) só poderá ser feito à custa de acções que, com referência a um accionista, não concedam direito de voto, não devendo, nem podendo, ser utilizado para potenciar direitos de voto. Consequentemente, acções que não proporcionem voto (por serem em número insuficiente para o efeito), não podem ser conjugadas com participações que só por si assegurem ao respectivo titular direito de voto. A própria letra da lei é esclarecedora ao referir-se aos *accionistas possuidores de menor número de acções* (art. 379.º, n.º 5) (*sublinhado nosso*). Assim, e exemplificando – com referência aos números avançados na nota anterior –, se um accionista tiver 300 acções (e inerentemente apenas um voto) não pode

análoga contempla a lei para os casos de titulares de acções preferenciais sem direito de voto e de obrigacionistas, relativamente aos quais permite que designem um representante comum para participar na assembleia (cfr. art. 379.º, n.º 3).

No que se refere à determinação da titularidade do capital social, admite-se, no plano das sociedades anónimas – em que, como regra, não há restrições à transmissibilidade das acções –, que o contrato de sociedade e a lei possam pretender certificar-se que aqueles que se apresentam a participar na assembleia geral são de facto as pessoas ou entidades que têm legitimidade para o efeito, ou porque a titularidade se comprova por declaração de instituição de crédito depositária ou da sociedade emitente ou porque resulta simplesmente do livro de acções desta ou porque, sendo as acções valores mobiliários escriturais, os mesmos se encontram registados junto de instituição de crédito ou da sociedade emitente. A lei compraz-se em garantir que a partir da data da emissão da declaração até ao fim da assembleia os valores ficam imobilizados ("bloqueados"), não podendo ser transaccionados ou mesmo objecto de ónus ou encargos.

Mas o que é relevante, nesta matéria, é a sociedade ter a certeza de que aqueles que se apresentam na assembleia são de facto os que têm legitimidade para o fazer, pelo que a recusa da presença dos mesmos ou o seu afastamento, quando eles são inquestionavelmente accionistas (com direito de voto), pode pôr em causa a validade da assembleia geral, por ser susceptível de alterar substancialmente o respectivo resultado.

Os titulares dos órgãos sociais (administradores e gerentes, membros do conselho fiscal ou do conselho geral e de supervisão), neles incluídos os revisores oficiais de contas (estes, pelo menos, nas assembleias anuais e sempre que, para tal, forem expressamente solicitados), têm o dever de estar presentes (cfr. arts. 379.º, n.º 4 e 422.º, n.º 1, *alínea a)*). As faltas não justificadas dos membros dos órgãos sociais às assembleias gerais são motivo de destituição com justa causa, implicando a falta injustificada do fiscal único ou de qualquer membro do conselho fiscal na assembleia, em que devesse estar presente, a perda do mandato (cfr. art. 422.º, n.º 4).

---

agrupar-se com um que tenha apenas 100 (e que, por isso, não tenha direito de voto), para passar a ter dois votos.

Em conclusão: só podem agrupar-se accionistas que, por si sós, não tenham acções suficientes para dispor de voto (e, eventualmente, direito de participar nas deliberações dos sócios).

29.3.2.2. *Participação dos demais titulares dos órgãos sociais (nas assembleia gerais)*

No que respeita à solicitação para a participação dos membros dos órgãos sociais (isto é, para além da mesa, administradores e fiscal único) nas assembleias gerais, a mesma é não apenas legítima como contribui para uma correcta formação da vontade. Entendemos, porém, que, na falta de convocação (regular) da assembleia, não se gera obrigatoriedade de tais titulares de cargos sociais estarem presentes, visto que só com a convocação ordinária se constitui a obrigação de presença que, em certas circunstâncias (por exemplo, assembleias para aprovação de contas, aplicação de resultados e apreciação da administração e fiscalização da sociedade) se impõe aos administradores e fiscal ou membros do conselho fiscal da sociedade.

29.3.3. ***Representação dos sócios***

29.3.3.1. *Generalidades*

Não podendo os sócios comparecer à assembleia geral, deverão os mesmos fazer representar-se da forma que legal e contratualmente estiverem autorizados.

A representação dos sócios e accionistas nas assembleias gerais é uma questão que se suscita, em relação às pessoas físicas, sempre que os sócios ou accionistas saibam antecipadamente não poderem, ou não quererem, estar presentes e, não obstante, pretenderem participar nas deliberações e, consequentemente, na tomada de decisões pela sociedade.

As pessoas colectivas (sociedades comerciais, associações, fundações ou outras), enquanto sócias ou accionistas de sociedades anónimas ou por quotas, têm de se fazer representar por natureza.

29.3.3.2. *Conteúdo da representação nas assembleias gerais das sociedades anónimas e nas deliberações das sociedades por quotas*

Antes de mais, realce-se que a representaçao assume contornos totalmente diferentes nas sociedades anónimas e nas sociedades por quotas. Enquanto nestas a lei restringe a possibilidade de o sócio se fazer substituir nas assembleias gerais – apenas permitindo, no silêncio do contrato, que ele confira mandato a um herdeiro legitimário (cônjuge ou parente na linha recta) ou a outro sócio (cfr. art. 249.º, n.º 5) –, naquelas a representação não pode ser limitada[859]. Entendíamos, após a alteração do disposto no número 1 do artigo 380.º, introduzida pelo Decreto-Lei n.º 76-A/2006, de 29 de Março – apesar das deficiências de redacção da nova regra –, que a representação voluntária do accionista singular tinha passado a ser livre, inclusivamente nas sociedades cujos estatutos estabeleciam anteriormente restrições[860]. Com efeito, na sequência da referida modificação do artigo 380.º, a lei passou a estabelecer que *o contrato de sociedade não pode proibir que um accionista se faça representar na assembleia geral* (art. 380.º, n.º 1), sendo omissa sobre eventuais limitações a essa representação. Nesse quadro, não considerávamos admissível que o contrato de sociedade não pudesse proibir a representação e a pudesse limitar a certas entidades, eventualmente restringindo-a ainda mais do que no passado[861]. E isto, por duas razões:

– Por um lado, a lei eliminou a referência ao conteúdo mínimo da representação, que deveria ser sempre garantida (cfr. art. 380.º, n.º 1, na redacção originária), pelo que se tornaria difícil apurar que limitações seriam agora legítimas[717];
– Por outro lado, aceitar restrições na representação de accionistas que sejam pessoas singulares viola o princípio do igual tratamento dos accionistas, permitindo que as pessoas colectivas se façam representar por quem entenderem e as pessoas singulares não disponham dessa prerrogativa numa sociedade que é, por definição e natureza, uma sociedade aberta.

---

[859] Antes da Reforma Societária, a lei admitia a existência de limitações estatutárias (cfr. art. 380.º, n.º 1, red. originária), estabelecendo então o chamado conteúdo mínimo da representação dos accionistas, isto é, por mais fechada que fosse a sociedade anónima, não podia o respectivo contrato proibir que o accionista se fizesse representar pelo cônjuge, ascendente, descendente, outro accionista ou por um administrador. Havia, por isso, que averiguar em cada caso se os estatutos estabeleciam restrições admissíveis em matéria de representação; se fossem omissos, o accionista poderia nomear livremente o seu representante.

[860] E que, em nossa opinião, se devem ter por não escritas (a partir de 30 de Junho de 2006).

[861] Repare-se que tal proibição não é possível nas próprias sociedades por quotas, que são sociedades fechadas, revestindo o art. 249.º, n.º 5 um conteúdo perceptivo mínimo.

[862] Reconhece-se que a nova redacção do art. 380.º, n.º 1 poderia ter sido mais explícita e inequívoca e admitimos que a jurisprudência possa vir a ter aqui um papel decisivo na consolidação da interpretação que se nos afigura ser a única compatível com o carácter aberto deste tipo societário.

Certamente sensível às críticas que foram oportunamente formuladas, o legislador – aproveitando agora a transposição da Directiva 2007/ /36/CE – veio clarificar a redacção do artigo 380.º, n.º 1, estabelecendo, sem margem para dúvidas, que «*o contrato de sociedade não pode proibir ou limitar a participação de accionista em assembleia geral através de representante*» (red. do art. 1.º do DL 49/2010, de 19 de Maio), isto é, os estatutos não podem proibir, nem limitar, a representação em assembleia geral, pelo que a mesma é livre. Teria sido seguramente mais fácil e feliz afirmar a mesma regra pela positiva.

Importa por fim assinalar que também na matéria da representação do sócio em assembleia geral, a distinção entre os tipos societários mais relevantes ficou, por efeito da Reforma Societária (de 2006), marcada com nitidez: o accionista pode, desde então – na nossa leitura – fazer-se representar por quem designar, não se admitindo limitações estatutárias (cfr. art. 380.º, n.º 1); ao passo que nas sociedades por quotas a representação pode continuar a ser limitada, mas, por mais fechada que seja a sociedade, não pode o respectivo contrato proibir que o sócio se faça representar pelo cônjuge, ascendente, descendente, ou outro sócio (cf. art. 249.º, n.º 5). O carácter mais fechado ou mais aberto da sociedade comercial por quotas estará patente nas opções contratuais feitas em cada momento. O contrato pode alargar a representação; sendo omisso, o sócio poderá sempre optar entre os herdeiros legitimários e outro sócio.

29.3.3.3. *Representação de pessoa colectiva*

As pessoas colectivas – e nomeadamente as sociedades comerciais que, sendo accionistas ou sócias de outras sociedades, têm direito de participar na assembleia geral – podem fazer-se representar por quem designarem para o efeito, não tendo de optar necessariamente por um dos seus administradores ou gerentes. Devem, contudo, em anexo ao instrumento de representação[862] – no qual se designa quem representa a sociedade (com indicação, de preferência, do nome completo, estado civil e residência) – demonstrar a qualidade e os poderes de quem subscreve tal documento, juntando uma certidão do registo comercial (ou cópia certificada da mesma) válida (isto é, emitida há menos de um ano[863]), pela qual se possa verificar quem é administrador e quantas assinaturas (de administradores) são necessárias para vincular a sociedade.

[862] A chamada "carta mandadeira" (cfr. art. 380.º, n.º 2, na red. originária).

[863] Cfr. art. 75.º, n.º 2 do CRCom.

No entanto, como iremos ver, a propósito da administração das pessoas colectivas e das sociedades comerciais em especial, tendo o órgão de gestão poderes de representação da sociedade perante terceiros, esta é habitualmente representada pelos gerentes, administradores ou administradores executivos, consoante a estrutura adoptada. Por isso, em regra – afastando-se, consequentemente, hipótese de conflito relativamente às situações em que comparecem mais do que um participante em representação da mesma entidade[864] – e em nosso entender, bastará a presença em assembleia geral de alguém que demonstre, através de instrumento idóneo (que resulta da certidão do registo comercial onde constam os poderes e qualidade da pessoa que irá participar na assembleia geral), ser membro do órgão de gestão da sociedade-sócia, para que esta se tenha por regularmente representada.

Alternativo e complementar a este sistema de representação, será equacionar a emissão de uma credencial pela sociedade representada que indique expressamente quem a representa.

Em qualquer circunstância, não devemos confundir a situação de representação de uma pessoa colectiva por um (terceiro) mandatário – nos termos de documento especificamente elaborado para o efeito ou de mandato sob forma solene, que é o de procuração reconhecida notarialmente) – com aquela que é feita através de um administrador ou gerente da representada.

Questão interessante, que se pode suscitar a propósito da representação das sociedades ou das pessoas colectivas, é a de saber se é admissível que o contrato de sociedade restrinja a respectiva representação aos seus administradores e gerentes, proibindo que a sociedade se faça representar por terceiros em assembleias gerais de participadas. A lei é omissa a este respeito. No entanto, cremos que o disposto nas regras gerais sobre representação da sociedade (cfr., nomeadamente, o art. 252.º, n.º 6) é inconciliável com uma tal limitação.

No que se refere à eventual limitação subjectiva dos representantes do sócio ou accionista, nomeadamente aos membros da respectiva admi-

[864] Neste caso, se nenhum deles demonstrar que foi mandatado pelo órgão de administração a que pertence, a representação da sociedade não poderá ser aceite, devendo ser recusada a participação a ambos, enquanto o conflito não for por eles resolvido. Daqui resulta impor a prudência que a sociedade-sócia proceda à escolha de representante na assembleia geral de uma participada, se tal representação não estiver estatutariamente prevista.

nistração, pensamos que há que distinguir hoje[865] as sociedades por quotas das sociedades anónimas. Nestas, considerando a argumentação acima aduzida, não pode haver quaisquer limitações à representação em assembleia geral; naquelas não se afigura excessivo que, para limitar interferências externas – de pessoas totalmente alheias à sociedade –, o contrato de sociedade apenas permita que os sócios que sejam pessoas colectivas se façam representar unicamente por quem for seu administrador ou gerente. Nesse caso, pretendendo a sociedade participante fazer representar-se por um terceiro (um advogado, por exemplo), deverá previamente elegê-lo seu administrador ou gerente. E ainda assim correrá sempre o risco de se entender que o faz em fraude à lei.

29.3.3.4. *Instrumento de representação*

Quanto ao instrumento de representação, a classicamente chamada "carta mandadeira" – dirigida ao presidente da (mesa da) assembleia geral –, há agora que distinguir entre a representação nas sociedades por quotas e nas sociedades anónimas.

Na realidade, o Decreto-Lei n.º 76-A/2006, de 29 de Março, alterou o artigo 380.º, n.º 2 – mantendo intacto o artigo 249.º[866] – com a finalidade de permitir a representação na assembleia geral das sociedades anónimas através de qualquer documento escrito assinado[867] e já não necessariamente através de carta.

Quanto à comprovação da autenticidade do instrumento de representação, já era[868] pacífico que a(s) respectiva(s) assinatura(s) não estava(m) sujeita(s) a reconhecimento notarial ou equivalente (cfr. art. 380.º, n.º 2 e art. 249.º, n.º 4)[869].

---

[865] Depois da alteração do disposto no art. 380.º.

[866] Assinale-se, com alguma estranheza, a diferença introduzida entre a representação numa e noutra assembleia, continuando a exigir-se carta nas sociedades por quotas (cfr. art. 249.º, n.º 4).

[867] No que se refere ao que devemos entender por documento escrito, veja-se o art. 4.º-A. Quanto à alteração introduzida, por curioso que pareça, ela deu sentido à *assinatura* do mandante, pois se é difícil conceder cartas apócrifas, admitimos que ao exigir assinatura em documento escrito, pretende o legislador que o nome do mandante seja aposto pela sua própria mão.

[868] Antes da alteração do n.º 2 do art. 380.º.

[869] Assinale-se que, anteriormente ao DL 76-A/2006, existia uma discrepância entre as duas disposições legais. Assim, enquanto o n.º 4 do art. 249.º se referia (e refere)

Contudo, em caso de representação de pessoa colectiva, pode o reconhecimento dos poderes e qualidade substituir o cumprimento de outras formalidades que tenham por fim o mesmo efeito.

Questão também interessante é a de saber se, estatutariamente, é possível impor o reconhecimento simples (necessariamente presencial para as pessoas singulares) – que já não tem de ser necessariamente feito por notário[870] –, ou com *menções especiais* (na qualidade e com poderes para o acto, para as pessoas colectivas). Neste caso, somos de opinião que tal só será possível, nas sociedades por quotas, para as representações voluntárias que não se enquadrem no mínimo legal (acima caracterizado)[871].

29.3.3.5. *Inadmissibilidade de representação voluntária nas deliberações por voto escrito*

A representação voluntária não é possível nas deliberações por voto escrito, nas quais a intervenção do sócio é, por exigência legal, absolu-

apenas à suficiência de carta dirigida ao presidente da mesa, o art. 380.º n.º 2, na redacção anterior (ao DL 76-A/2006) aparentemente exigia que tal carta tivesse *assinatura*, como se fosse suposto, ou possível, as cartas não terem assinatura. Discutia-se, então, se o art. 380.º, n.º 2 não estaria a querer referir-se a assinatura reconhecida. Alguns autores inclinavam-se nesse sentido, sendo frequente encontrar explicações de que aqui teria havido uma omissão. Em nossa opinião, tal conclusão seria algo questionável, primeiro porque introduziria discrepância na representação num e noutro tipo social – sobretudo tendo em conta que na sociedade por quotas há menos sócios e, portanto, a representação poderia acabar por ter um peso efectivo muito maior do que nas sociedades anónimas, para além de ser mais fácil o conhecimento pessoal dos sócios (e, consequentemente, da respectiva assinatura) –, e depois porque inviabilizaria frequentemente a representação nas assembleias gerais, sobretudo tendo em conta que já não existiam reconhecimentos de assinaturas por semelhança de pessoas singulares. Acresce que não chegou a existir jurisprudência suficiente sobre este aspecto que comprometesse o nosso entendimento. Deste modo, considerávamos suficiente uma carta do accionista que se pretendesse fazer representar. Se houvesse fortes dúvidas sobre a respectiva autenticidade, caberia ao presidente da mesa da assembleia geral pronunciar-se e aceitar, ou não, a representação como válida. Não existindo comprovadas dúvidas, afigurava-se que essa representação se devia ter por aceite.

870 Cfr. art. 38.º do DL 76-A/2006, de 29 de Março, vigente a partir de 30 de Junho de 2006.

871 Esta questão não deve ser confundida com a abordada na nota 869. Está agora em causa concluir sobre a possibilidade de, contratualmente, serem feitas exigências que possam comprometer a efectiva representação dos sócios nas assembleias gerais.

tamente necessária (art. 249.º, n.º 1). Na realidade, não sendo presencial a deliberação, não há necessidade, nem faz qualquer sentido autorizar que o sócio que, por definição, se manifesta à distância se faça substituir no exercício do voto.

29.3.3.6. *Pedido de representação e angariação de representação de accionistas*

Há uma situação inversa à da designação de um administrador como representante do accionista na assembleia geral, que é a de saber se um administrador pode tentar obter junto dos accionistas que não tencionem estar presentes numa determinada assembleia geral a respectiva representação.

A questão enunciada respeita ao problema da solicitação de representação para assembleia geral de uma sociedade anónima. Neste tipo societário é habitual a administração da sociedade procurar facilitar as manifestações de vontade dos accionistas, disponibilizando-se para os representar em assembleia geral – chegando a ponto de lhes enviar formulários ou minutas que deverão preencher, e devolver, com a finalidade de designarem um dos administradores como seu representante – ou solicitando directamente a respectiva representação, caso o accionista não tencione comparecer à assembleia geral. A lei (art. 381.º do Código das Sociedades Comerciais e art. 23.º do Código dos Valores Mobiliários) estabelece uma distinção entre o pedido de representação generalizada – a que for dirigida a mais de cinco accionistas – e a solicitação pontual (diligenciada e obtida junto de um máximo de cinco accionistas), implicando a primeira o cumprimento de uma série de requisitos e a sujeição a diversas limitações, designadamente no que se refere aos representantes possíveis a indicar.

Ora, o recurso generalizado ao pedido (padronizado) de representação nas grandes sociedades anónimas conduziu o legislador a impor que nas sociedades abertas (sociedades cujo capital se encontra aberto ao investimento do público), em certas circunstâncias, a admissibilidade do voto por correspondência fosse obrigatória.

Paralelamente com o voto por correspondência, o Código dos Valores Mobiliários (art. 23.º) impõe, em matéria de representação, em geral, e de solicitação do voto, em particular, um regime claramente mais rigoroso que o do Código das Sociedades Comerciais. O solicitante deverá, para além de outras formalidades, explicitar todos os direitos de voto que lhe são imputáveis (pelo sistema do Código dos Valores Mobiliários), bem como o fundamento do sentido de voto que se propõe exercer. E é este aspecto que implica a antecipação do fundamento do sentido de voto na angariação de representação de accionistas.

Por fim, esclareça-se que a representação concedida – que, alternativa e subsidiariamente, pode ser dada em benefício de mais do que uma pessoa – pode ser, expressa ou tacitamente, revogada pelo representado, o que acontece, no segundo caso, sempre que este comparece pessoalmente à assembleia, para a qual era válida a representação oportunamente concedida.

29.3.3.7. *Problemas suscitados pela representação; alteração de propostas e representação de accionista presente na assembleia*

A representação levanta alguns problemas cuja solução não é pacífica, nem inequívoca.

Assim, questão essencial consiste em determinar em que termos poderá o representante exercer o seu mandato, sempre que o mesmo for relativamente limitado e tiverem ocorrido alterações nas propostas previamente conhecidas e submetidas à apreciação e deliberação dos sócios.

Se a representação não tiver limites, a questão não se coloca. No âmbito da assembleia geral, o presidente da mesa não terá disponibilidade para verificar se há incumprimento do mandato conferido se o instrumento de representação não contiver qualquer limitação ao exercício do voto.

Nos casos em que o próprio instrumento de representação estabelece expressamente os termos em que o mandatário deverá actuar, suscita-se, compreensivelmente, a dúvida sobre o seu modo de intervenção se as propostas (previamente) conhecidas e a que se reporta o mandato forem, entretanto – eventualmente, no decurso da própria assembleia geral –, modificadas. Nesse caso, se a iniciativa da alteração for do próprio proponente, e o instrumento não admitir uma certa flexibilidade na opção a tomar pelo representante, diríamos que o mandato deveria ser tido como uma abstenção, por imprevisível, quando conferido. Se o proponente retirar a proposta, e, não obstante, o presidente da mesa mantiver o ponto da ordem de trabalhos, ao qual a mesma se encontrava subjacente, haverá que fazer uma distinção: se a proposta for retomada nos mesmíssimos termos e condições em que havia sido apresentada, admitimos o mandato como válido – uma vez que ele considera expressamente a proposta apresentada, sendo irrelevante a sua autoria –, salvo se expressamente prevista diferente solução no próprio documento, se é apresentada uma nova ou diferente proposta, o mandato deve equivaler a rejeição[872].

Se o instrumento for omisso sobre um aspecto que venha a ser objecto de discussão em assembleia geral, então a representação corresponderá, nessa circunstância, a uma abstenção.

Para concluir a análise do instituto da representação de sócios em assembleia geral, importa apurar se a representação é possível mesmo quando o representado compareça à assembleia geral, ainda que noutra qualidade.

Imagine-se, mais concretamente, que um administrador e accionista de uma sociedade anónima, estando presente na assembleia geral na qualidade de administrador da sociedade, pretende enquanto accionista fazer representar-se na mesma por quem tenha legitimidade para o efeito.

Entendemos que tal não é possível, pelas razões que passamos a expor.

A representação em assembleia geral é o meio de que um sócio ou accionista dispõe para se fazer substituir na assembleia quando, antecipadamente, saiba que não poderá estar presente e queira, não obstante, manifestar a sua vontade ou o pretenda fazer através de terceiro, que eventualmente considera poder exprimir de forma mais adequada os seus pontos de vista. Trata-se de uma substituição voluntária, que deve respeitar nomeadamente a regra da unidade do direito de voto, isto é, não é possível conceder a representação relativamente a algumas acções e não o fazer quanto a outras.

Pressupondo que o accionista designa como representante uma pessoa que tem legitimidade para o efeito, não faz sentido ele estar presente como administrador ou membro de outro órgão social, ainda que alegue pretender concentrar-se, no decurso da assembleia, nas posições que deverá assumir enquanto titular de um órgão social. Com efeito, a representação é a substituição e não o alargamento da participaçao na assembleia e o aumento do número de presentes.

Contudo, nada impede que o administrador-accionista, previamente à assembleia geral, ceda a totalidade da sua participação ou parte substancial da mesma a um terceiro ou a outro accionista e que seja este a

[872] Se ninguém apresentar proposta, o problema não se coloca, encerrando-se o ponto da ordem de trabalhos sem se formar qualquer deliberação.

participar ou a fazer representar-se na assembleia. A facilidade na transmissão do capital social, e das acções em concreto, contribui decisivamente para este tipo de actos que, a serem substancialmente evidenciados, não deixam de constituir fraude à lei.

29.4. **Convocação da assembleia geral**

29.4.1. ***Relevância e actos prévios e concomitantes à convocação***

Constituindo as assembleias gerais o *forum* adequado para os sócios tomarem as decisões mais relevantes para a vida da sociedade – pronunciando-se, regular e periodicamente acerca do desempenho da respectiva administração e fiscalização e, pontualmente, sobre alterações à estrutura societária –, não surpreende que a lei coloque ênfase especial no modo de proceder à respectiva convocação. Esta poderá processar-se por simples carta registada (com ou sem aviso de recepção) (cfr. art. 377.º, n.º 3) ou através da divulgação no *sítio* do Ministério da Justiça na *Internet* e publicação do respectivo aviso convocatório, a efectuar num ou mais jornais (cfr. art. 377.º, n.º 2). Em certos casos, sempre que previamente autorizado pelos destinatários, pode a convocatória ser enviada por correio electrónico (cfr. art. 377.º, n.º 3 *in fine*).

A convocatória da assembleia geral é de tal maneira relevante que a preterição ou o erro sobre determinadas menções essenciais é causa de nulidade das respectivas deliberações (não obstante tal nulidade ser sanável), porque a assembleia não se considera convocada (cfr. art. 56.º, n.º 1, *alínea a)*). Enquadram-se nas formalidades que não podem ser preteridas a assinatura do *aviso convocatório por quem não tenha essa competência* e a menção (correcta) do *dia, hora e local da reunião* (art. 56.º, n.º 2).

A lei das sociedades comerciais prevê que, em algumas circunstâncias, a iniciativa de convocação da assembleia geral, ou reuniões de accionistas, seja acompanhada da divulgação de documentos e propostas referentes às matérias a discutir e, eventualmente, a deliberar e noutros casos que os documentos que vão ser objecto de apreciação estejam ao dispor dos sócios com uma certa antecedência para que eles os possam apreciar cuidadosamente e, desse modo, formar a sua vontade. No primeiro caso, enquadra-se, por exemplo, a divulgação do projecto de fusão a aprovar em assembleia geral (cfr. art. 100.º, n.º 3), e que deve ser objecto de registo (comercial) prévio à convocação da assembleia (cfr. art. 100.º, n.º 1), ou a indicação de que o texto das alterações propostas ao contrato de sociedade se encontra ao dispor dos accionistas desde a publicação da convocatória (cfr. art. 377.º, n.º 8); à segunda situação descrita subsume-se a colocação ao dispor dos accionistas (e dos sócios) do relatório de gestão, balanço e contas do exercício (cfr. art. 289.º, n.º 1, *alínea e)*).

O período que antecede a realização da assembleia geral caracteriza-se, igualmente, pela preparação de propostas a submeter à aprovação dos accionistas e pela discussão e acerto de estratégias entre accionistas ou contactos da administração com estes.

29.4.2. *Oportunidade*

A convocação da assembleia geral deve ocorrer sempre que a lei o determine (art. 375.º, n.º 1), quando o conselho de administração, a comissão de auditoria, o conselho de administração executivo, o conselho fiscal (ou fiscal único), o conselho geral e de supervisão ou o gerente o entender conveniente (arts. 375.º, n.º 1 e 248.º, n.º 3) e ainda quando for requerida por accionistas que representem pelo menos 5% do capital social[872A] ou, nas sociedades por quotas, por qualquer sócio (arts. 375.º, n.os 2 e 3, e 248.º, n.º 2, respectivamente). Excepcionalmente, verifica-se por ter sido requerida ao tribunal. Neste caso, fala-se em convocação judicial da assembleia geral (cfr. art. 378.º, n.º 4).

29.4.3. *Competência*[873]

Em regra, incumbe a qualquer gerente, na sociedade por quotas (art. 248.º, n.º 3), e ao presidente da mesa, na sociedade anónima (art. 377.º, n.º 1), promover a convocação da assembleia geral. No entanto, a lei reconhece ainda competência, para convocar a assembleia geral, à comissão de auditoria, ao conselho geral e de supervisão, ao conselho fiscal e ao tribunal (cfr. arts. 377.º, n.os 1 e 7, e 378.º, n.º 4); este último a pedido

[872A] 2% nas sociedades cotadas (cfr. art. 23.º-A, n.º 1 do CVM, red. do NDipl).

[873] Embora limitado e a propósito da convocação a pedido de accionista, cfr. o parecer de João Calvão da Silva, «A convocação de assembleia geral (Art. 375.º, n.º 2, do C.S.C.)», *in Estudos de Direito Comercial*, Almedina, Coimbra, **1996** (pp. 265-277).

de qualquer sócio ou accionista que, com capacidade para o efeito, haja solicitado à gerência ou ao senhor presidente da mesa a convocação de uma assembleia geral e tal pretensão tenha sido indevidamente recusada.

29.4.4. ***Formalidades***

29.4.4.1. *Requisitos da convocatória*

Da convocatória devem constar as seguintes menções[873A]:

- A firma e o tipo social, a sede, a conservatória do registo comercial onde a sociedade está matriculada e o número de matrícula, bem como o respectivo capital social[874], indicando o montante realizado, se for diverso do subscrito (menções previstas no art. 171.º) (cfr. art. 377.º, n.º 5, *alínea a)*);
- O lugar, o dia e a hora da realização da assembleia (cfr. art. 377.º, n.os 5, *alínea b)*, e 6);
- *A indicação* de que a *assembleia* é geral (art. 377.º, n.º 5, *alínea c)*);
- Os requisitos que subordinam a participação e o exercício do direito de voto (art. 377.º, n.º 5, *alínea d)*);
- «*A ordem do dia*», referindo o(s) assunto(s) que será(ão) objecto de deliberação (cfr. art. 377.º, n.os 5, *alínea e)*, e 8); e
- A descrição como se processa o voto por correspondência, se o mesmo não for proibido pelos estatutos (cfr. arts. 377.º, n.º 5, *alínea f)* e 384.º, n.º 9).

29.4.4.2. *Divulgação da convocatória*

Finalmente, no que se refere à dilação que deve mediar entre o envio ou a publicação da convocatória (a sua recepção ou conhecimento) e a realização da assembleia, a mesma varia consoante o meio utilizado.

Nas sociedades por quotas, a convocatória deve ser enviada por carta registada[875] a todos os sócios, com uma antecedência de, pelo menos, quinze dias (art. 248.º, n.º 3).

[873A] A lei estabelece requisitos adicionais para as convocatórias das assembleias gerais das sociedades abertas (cfr. art. 21.º-B, n.os 2 e 3 do CVM, red. DL 49/2010).

[874] Este requisito não é aplicável às SNC.

[875] A lei não exige aviso de recepção.

Nas sociedades anónimas, a convocatória da assembleia geral deve ser publicada, com uma antecedência de, pelo menos, um mês (arts. 167.º, n.º 2 e 377.º, n.ºs 2 e 4)[875A]; sendo a publicação do anúncio convocatório dispensada se todas as acções forem nominativas (ou sendo escriturais, seguirem o regime das acções nominativas) e o contrato de sociedade o prever expressamente, caso em que pode ser feita unicamente por carta registada ou por mensagem de correio electrónico (quando previamente autorizada) enviada com uma antecedência mínima de vinte e um dias (art. 377.º, n.ºs 3 e 5).

29.4.5. *Inclusão de assuntos na ordem de trabalhos*

Convocada a assembleia geral, pode qualquer sócio ou accionista com, pelo menos, 5% do capital social[875B], no prazo de cinco dias após a convocação, solicitar a inclusão de assuntos na ordem de trabalhos, devendo a aceitação dessa inclusão ser divulgada aos demais antes da realização da assembleia (cfr. art. 378.º). A lei portuguesa infelizmente não prevê sanção específica para a recusa injustificada do pedido do sócio, para além de admitir a possibilidade de convocação judicial de assembleia.

29.5. Funcionamento da assembleia geral

29.5.1. *Local de realização da assembleia geral*

29.5.1.1. *Sede social*

Quando a assembleia especial funcionar em termos clássicos, isto é, pela convocação prévia, ela deve realizar-se, em regra, na sede da sociedade, podendo contudo o presidente da mesa escolher outro local, *dentro do território nacional, desde que as instalações* da sede *não permitam a reunião em condições satisfatórias*» (art. 377.º, n.º 6), porque são manifes-

---

[875A] Nas sociedades abertas este prazo é encurtado para 21 dias (cfr. art. 21.º-B, n.º 1 do CVM, red. do DL 49/2010, de 19 de Maio).

[875B] 2% nas sociedades cotadas (cfr. art. 23.º-B, n.º 1 do CVM, red. DL 49/2010).

tamente insuficientes ou porque não salvaguardam a segurança dos participantes, designadamente pela exiguidade do espaço disponível[876].

As assembleias devem ser efectuadas na sede da sociedade, limitando a lei a possibilidade de as reuniões da assembleia geral se efectuarem fora da comarca da sede social (cfr. art. 377.º, n.º 6 do CSC).

29.5.1.2. *Local diferente da sede social*

No entanto, o presidente da mesa pode convocar a assembleia para reunir noutro local, se a sede social não reunir condições satisfatórias para o efeito, designadamente pela exiguidade do espaço disponível. Admite--se agora, por determinação do presidente da mesa, que a assembleia geral ocorra em qualquer lugar do território nacional, não tendo de se realizar na comarca em que se situa a sede social. A alteração ocorrida permite agora que a assembleia geral seja convocada para qualquer lugar do país, sendo possível convocar para o Porto ou Funchal uma assembleia geral de sociedade com sede em Lisboa, obrigando-se os accionistas a deslocar-se para longe da sede social.

Temos algumas dúvidas, fundadas, sobre a bondade da (nova) solução legal que, sem quaisquer restrições ou critério, permite que a assembleia geral se realize em qualquer local do país, cabendo a decisão ao presidente da mesa, sem que este tenha de apresentar qualquer justificação (para além da prevista no art. 377.º, n.º 6, *alínea a) in fine*)[877].

---

[876] Nos termos da redacção originária do n.º 6 do art. 377.º, a alternativa à sede social, para realização da assembleia geral, deveria encontrar-se «*dentro da comarca judicial*» em que se encontrava situada a sede. Portanto, as assembleias deviam ser efectuadas na sede da sociedade, limitando então a lei expressamente a possibilidade de as reuniões da assembleia geral se efectuarem fora da comarca da sede social (cfr. art. 377.º, n.º 6 do CSC). Por isso, uma assembleia geral só podia ser regularmente convocada para local situado dentro da comarca da sede da sociedade, para evitar que os accionistas tivessem de se deslocar para longe da sede social. Não era então possível convocar assembleia geral para Lisboa, se a sede fosse no Porto, excepto se tal ocorresse e se, encontrando-se presente ou representada a totalidade do capital social, todos os accionistas estivessem de acordo em realizar tal assembleia, como assembleia universal ou totalitária, prescindindo consequentemente da convocatória.

[877] Passa-se, assim, de um extremo a outro. Entre a impossibilidade de convocar para o Porto uma assembleia geral de sociedade com sede em Vila Nova de Gaia ou para Lisboa uma reunião magna de sociedade com sede social em Cascais, passa a permitir-se ir de Cascais para o Porto e de Vila Nova de Gaia para Lisboa, sem qualquer critério que não seja a falta de condições da sede. Trata-se de questão que merece ponderação adicional.

Recorde-se que, anteriormente, não era sequer possível convocar assembleia geral para fora da comarca da sede social (para Lisboa, se a sede fosse no Porto, em Oeiras ou em Cascais), excepto se, encontrando-se presente ou representada a totalidade do capital social, todos os accionistas (sócios) estivessem de acordo em realizar a assembleia, sob a forma de assembleia universal ou totalitária, prescindindo consequentemente da convocatória[878].

29.5.1.3. *Assembleia gerais telemáticas*[879]

Uma outra alteração fundamental que se regista a nível do funcionamento das assembleias gerais respeita à possibilidade de realizar assembleias *através de meios telemáticos*, desde que o contrato não o proíba[880]. Neste caso, a sociedade deverá *assegurar a autenticidade das declarações e a segurança das comunicações*» (art. 377.º, n.º 6, *alínea b)*).

O legislador optou por uma solução legal supletiva de carácter permissivo, no sentido de que o silêncio tem valor declarativo permissivo, ou

---

[878] Encontrava-se aqui uma diferença relevante entre a assembleia regularmente convocada e a assembleia geral universal, que é uma reunião de accionistas promovida sem o cumprimento de todas as formalidades que, normalmente, devem preceder a realização de uma assembleia geral de accionistas, nomeadamente as que respeitam à respectiva convocação, e que se caracteriza por ter de congregar obrigatoriamente a totalidade do capital social e o acordo de todos os presentes em se constituírem em assembleia geral. E se todos estivessem de acordo em realizar a assembleia geral fora da comarca da sede da sociedade, não vemos que se pudesse legitimamente colocar obstáculos a essa pretensão. O facto de se poder argumentar que, nessas circunstâncias, era difícil impor aos administradores e aos próprios membros da mesa da assembleia geral a respectiva presença na assembleia não retirava validade à possibilidade de se promoverem estas assembleias fora da comarca onde se situa a sede social. Na realidade, tais membros dos órgãos sociais também não estão presentes, nem participam, nas deliberações unânimes por escrito.

[879] Cfr. Marisa Catarina da Conceição Dinis, «Da admissibilidade da aplicação do sistema de videoconferência às assembleias gerais das sociedades anónimas», *RCEJ*, N.º 8, **2006** (pp. 177-219), em especial pp. 187-201, Paulo de Tarso Domingues, «Os meios telemáticos no funcionamento dos órgãos sociais. Uma primeira aproximação ao regime do CSC», AA.VV., *Reformas do Código das Sociedades*, IDET, Colóquios n.º 3, Almedina, Coimbra, **2007** (pp. 87-118), pp. 89-96 e 107-118, e Armando Triunfante, «A revisão do CSC e o regime das reuniões e deliberações dos órgãos de administração e de fiscalização da SA», AA.VV., *Jornadas – Sociedades Abertas, Valores Mobiliários e Intermediação Financeira,* Almedina, Coimbra, **2007** (pp. 181-199), pp. 182-193.

[880] Cfr. Luís Manuel Teles de Menezes Leitão, «Voto por correspondência e realização telemática de reuniões de órgãos sociais », CadMVM (edição on-line), n.º 24, Nov. **2006** (pp. 256-260), p. 260.

do tipo "quem cala consente", numa expressão vulgar da língua portuguesa. Assim, as sociedades que pretendam afastar as novas tecnologias do funcionamento dos respectivos órgãos sociais devem proceder à alteração prévia do contrato e expressamente clausular essa proibição. Esta regra – e a natureza e tipo da solução normativa preconizada –, que corresponde ao reconhecimento pleno do princípio da autonomia privada como o princípio dominante na matéria das sociedades comerciais, conhece outros afloramentos em disposições legais que foram, igualmente, objecto de modificação, tais como os arts. 384.º, n.º 9 e 410.º, n.º 8 (ambos na red. do Decreto-Lei n.º 76-A/2006, de 29 de Março).

Reunidos os sócios (ou accionistas), iremos ver agora como é que a assembleia geral funciona.

29.5.2. *Quorum constitutivo*

29.5.2.1. *Noção*

Antes de mais, deverá o presidente da assembleia geral verificar se, em função da ordem de trabalhos, da lei e das regras do contrato de sociedade, a realização da assembleia geral está sujeita a *quorum* constitutivo.

O *quorum* constitutivo consiste no número mínimo de votos, correspondente a uma determinada percentagem do capital social, que devem estar presentes ou representados para que a assembleia geral possa validamente funcionar e formar as deliberações referentes aos assuntos para que havia sido convocada.

Assim, nuns casos pode o contrato exigir que, em primeira convocação, a assembleia geral só possa realizar-se se estiverem presentes, por exemplo, sócios ou accionistas com direitos de voto correspondentes a metade do capital social[881]; noutros é a lei que, implícita ou explicitamente,

[881] Assim, por exemplo:

Artigo 9.º
(Composição, convocação e funcionamento da assembleia geral)

Um. (...)

(...)

Quatro. *As assembleias gerais considerar-se-ão constituídas, em primeira convocação, desde que estejam presentes ou representados accionistas que detenham acções correspondentes a, pelo menos, metade do capital social, não se contando para o cômputo deste a eventual existência de acções próprias.*

impõe a observância desse *quorum* mínimo. É o que sucede sempre que exige uma maioria qualificada, por referência ao capital social, para deliberar sobre um determinado assunto [por exemplo, alteração do contrato de sociedade por quotas, a deliberar pelo mínimo de três quartos dos votos correspondentes ao capital social (cfr. art. 265.º)] ou sempre que dispõe directamente sobre o capital social mínimo que deve estar presente ou representado para que a assembleia possa validamente funcionar; é o que acontece com o terço do capital social requerido para que a assembleia geral que vise alterar o contrato de sociedade anónima, por exemplo, possa *validamente deliberar em primeira convocação* (cfr. art. 383.º, n.º 2).

Importa esclarecer que enquanto para as modificações estruturais das sociedades anónimas é exigido um *quorum* constitutivo em primeira convocação[882], nas sociedades por quotas não se distingue, nesta matéria, primeira de segunda convocação, visto que o *quorum* constitutivo é implícito, porque a lei exige para a tomada dessas deliberações um determinado *quorum* deliberativo correspondente a uma maioria qualificada aferida por referência ao capital social. Assim, se a lei diz que as deliberações só podem ser tomadas por 3/4 dos votos correspondentes ao capital social, então é porque têm de estar presentes, necessariamente, esses 3/4 do capital social, sem o que, obviamente, não se conseguiriam obter os votos favoráveis à aprovação da alteração estatutária.

De todo o modo, o regime legal é meramente supletivo, estabelecendo o *quorum* mínimo exigível.

Refira-se ainda que consideramos que o *quorum* constitutivo se deve verificar no início dos trabalhos e que se mantém independentemente de, entretanto, alguns sócios ou accionistas decidirem abandonar a reunião. Trata-se de questão a que voltaremos adiante (cfr., *infra*, n.º 29.5.6), a propósito da suspensão da assembleia.

[882] Estando em causa modificações do contrato de sociedade anónima, em primeira convocação exige a lei um quorum constitutivo correspondente a 1/3 do capital social (n.º 2 do art. 383.º); em segunda convocação, não existe *quorum* constitutivo (cfr. n.º 3 do mesmo artigo). No entanto, como vimos, neste caso o número de votos presentes ou representados pode ter significado, uma vez que, se participarem accionistas cujas acções correspondam a metade do capital social, a alteração do contrato de sociedade pode ser deliberada por maioria simples (cfr. art. 386.º, n.º 4).

29.5.2.2. *Controlo de presenças e verificação do quorum*

Antes de se iniciar qualquer assembleia geral, terá de se proceder à conferência dos presentes e à apreciação da sua legitimidade.

Nas sociedades anónimas, o controlo de presenças efectua-se através de uma lista – normalmente preparada com antecedência – daqueles que estão presentes ou representados no início da reunião e da qual consta a identificação dos accionistas e a respectiva rubrica ou assinatura (cfr. art. 382.º), a qual permitirá comprovar a comparência do accionista ou do seu representante. Por sua vez, compete ao presidente da mesa, ou a quem dirige a assembleia, verificar a capacidade dos presentes e os respectivos direitos de voto, devendo solicitar-lhes que rubriquem a lista de presenças disponibilizada no início da reunião (e que deverá, posteriormente, ser arquivada).

Nas sociedades por quotas, o controlo das presenças é feito por modo diferente. Com efeito, uma vez que todos os sócios presentes têm obrigação de assinar as actas (cfr. art. 249.º, n.º 6), não é habitual elaborar a lista de presenças, embora a respectiva obrigatoriedade não seja exceptuada para este tipo societário.

Nos casos em que seja requerido *quorum* constitutivo (cfr. art. 383.º), haverá que verificar, uma vez efectuado o controlo de presenças, se os direitos de voto presentes ou representados são suficientes para a assembleia poder validamente reunir. Só então o presidente da mesa declarará estarem reunidas as condições para a assembleia poder funcionar e deliberar acerca da respectiva ordem de trabalhos.

29.5.3. **Propostas de deliberação e discussão (debate)**

Controladas as presenças e verificado o *quorum* constitutivo, quando necessário, iniciam-se os trabalhos e são apresentadas as propostas, ao que se segue a respectiva discussão, para a qual não existe uma disciplina normativa estabelecida. Vejamos, sucintamente, como tudo se passa:

A assembleia entra na ordem do dia – que deve constar da convocatória, sem prejuízo de poderem ser objecto de apreciação diversas questões independentemente de expressa previsão, como a destituição de administradores ou gerentes na assembleia geral anual, e que deverá ser respeitada, salvo se deliberado diversamente –, devendo o presidente da mesa, a propósito de cada um dos pontos da ordem de trabalhos, recordar as propostas de deliberação que já se encontravam pré-elaboradas e questionar os sócios ou accionistas se têm novas propostas a apresentar. Nalguns casos, as deliberações reportam-se a documentos previamente elaborados, eventualmente subscritos por gerentes ou administradores, que irão ser sujeitos à apreciação dos sócios, como é o caso do relatório de gestão, do balanço e contas do exercício.

Se o proponente tiver retirado a proposta antes da própria assembleia, não tendo, entretanto, sido apresentada outra proposta no âmbito do mesmo ponto da ordem de trabalhos, o presidente da mesa – que elaborou a convocatória da assembleia e a respectiva ordem do dia – poderá eliminar esse ponto, não podendo outro sócio, na própria assembleia, subscrever a proposta retirada ou apresentar diferente proposta. Nesse caso só um accionista com, pelo menos, 5% do capital social – com poder para incluir determinados assuntos na ordem de trabalhos ou para requerer a convocação de assembleia geral (cfr. arts. 375.º, n.º 2 e 378.º, n.º 1) – ou a maioria dos presentes poderão exigir que o ponto de ordem de trabalhos permaneça em agenda.

Em qualquer circunstância, uma vez que a(s) proposta(s) seja(m) apresentada(s), deve abrir-se um período de discussão no qual os sócios obtenham os esclarecimentos que considerem essenciais à adequada formação da sua vontade e troquem opiniões sobre a matéria em apreciação.

Depois de feita a discussão, ou na falta dela – por nenhum sócio pretender usar da palavra –, passar-se-á à votação.

29.5.4. *Votação*

Concluído o debate, o presidente da assembleia geral deve colocar à votação a proposta ou propostas formuladas, distinguindo os documentos que devem ser objecto de apreciação (por exemplo, o relatório de gestão e as contas do exercício) daqueles que são unicamente informativos ou opinativos (por exemplo, parecer do fiscal único ou do conselho fiscal).

29.5.4.1. *Regras gerais sobre o direito de voto; remissão*

– Direito de voto nas sociedades por quotas (art. 250.º, n.º 1);
– Direito de voto nas sociedades anónimas (art. 384.º, n.º 1);
– Voto duplo e privilégios de voto (arts. 250.º, n.º 2, 384.º, n.º 5 e 531.º).

29.5.4.2. *Limitações estatutárias; remissão*

29.5.4.3. *Impedimento em situação de conflito de interesses; remissão*

29.5.4.4. *Forma de exercício do voto; exemplos*

No que respeita à manifestação de vontade dos sócios ou accionistas, expressa no respectivo voto, a **forma de exercício** deste pode revestir diversas modalidades, designadamente ser secreto, em boletins ou por bolas (pretas e brancas, por exemplo), nominal [de braço no ar (com ou sem boletim com indicação do número de votos), erguendo-se e sentando-se os sócios] ou ser exercido por correspondência. Na falta de cláusula estatutária ou de deliberação dos sócios sobre a forma de exercício do voto, fica ao critério do presidente da mesa a escolha do procedimento a adoptar (art. 384.º, n.º 8).

No exercício do voto o presidente (da mesa) da assembleia geral deve respeitar o princípio do igual tratamento dos sócios, em razão do qual não poderá, por exemplo, impor que os sócios votem sobre uma mesma proposta em momentos distintos, nomeadamente que um deles se tenha de manifestar antes, ou depois, dos demais, devendo a votação – qualquer que seja o método seguido – decorrer em simultaneidade. Este princípio jurídico-societário fundamental, que analisámos anteriormente (*supra*, n.º 3.4.4.1) – e que, nascendo no quadro das sociedades anónimas, se deve estender aos demais tipos societários nas situações em que aos mesmos puder ser aplicável, por serem idênticas –, justifica ainda que o critério observado por quem tem a direcção dos trabalhos seja coerente ao longo da assembleia[883] e que, na colocação à votação das diversas propostas, seja seguido sempre o mesmo método de votação, salvo se se justificar a opção por uma diferente forma de votação. Com efeito, pode suceder que o método utilizado para a generalidade das votações seja o

[883] Não poderá, assim, o presidente da mesa nuns casos começar por perguntar à assembleia quem vota contra e noutros optar por solicitar que se manifestem primeiramente os que forem favoráveis à aprovação da proposta. A isenção e a imparcialidade na condução dos trabalhos impõe que o presidente da mesa adopte um critério uniforme e não discrimine os sócios em função dos seus interesses, abstendo-se, assim, de quaisquer favorecimentos.

de votação nominal e que, num ponto específico da ordem de trabalhos, seja requerida e deferida a votação por escrito.

Quanto ao exercício do voto, importa ainda sublinhar os seguintes dois aspectos: o presidente da assembleia geral deverá verificar, pontualmente, a eventual existência de algum impedimento, tendo em consideração a proposta em discussão e a identidade do proponente, e que os votos de que cada accionista dispõe são sempre usados no mesmo sentido, não sendo permitido ao accionista usar os seus votos para votar em sentidos diferentes, votando favoravelmente uma proposta com algumas acções e abstendo-se ou votando contra com outras. Desse princípio (designado "unidade de voto") decorre a obrigatoriedade de cada accionista mobilizar a totalidade das participações de que é titular sempre que pretender participar numa assembleia geral.

No que se refere à forma de exercício do voto, importa assinalar que o Decreto-Lei n.º 76-A/2006, de 29 de Março, acrescentou um novo número (9) ao artigo 384.º, regulando, no plano do Direito Societário geral, o voto por correspondência e impondo aos accionistas a opção estatutária por um de dois regimes possíveis.

29.5.4.5. *Voto por correspondência*[884]

Até à reforma societária de 2006, só encontrávamos referência ao voto por correspondência nas deliberações da administração, em relação às quais era (e é) permitido se tivesse sido contratualmente clausulado (cfr. art. 410.º, n.º 7 *in fine*). Assim, por exemplo:

Artigo Dezoito
(Funcionamento do conselho de administração)

Um. (...)

(...)

Cinco. *É admissível, em qualquer circunstância, o voto por correspondência, a exercer por carta, telecópia ou outro meio tecnologicamente mais avançado com assinatura digitalizada do administrador impedido de estar presente na reunião.*

Entretanto, o Código dos Valores Mobiliários havia instituído, nas sociedades abertas, com carácter geral e forma específica, o voto por

[884] Cfr. Armando Triunfante, *Código das Sociedades Comerciais Anotado*, cit., **2007**, pp. 368-372.

correspondência (cfr. art. 22.º)[885]. Este reconduz-se a uma simples forma do exercício do voto na assembleia geral, a actuar à distância, conjuntamente com o voto dos accionistas presentes ou representados, não se confundindo com a modalidade autónoma de deliberação dos sócios por voto escrito (não permitida nas sociedades anónimas).

Nas **sociedades anónimas abertas**, o direito dos accionistas a votarem por correspondência não pode ser afastado, mas os estatutos podem limitá-lo a um mínimo (legal), isto é, a duas situações em que a lei não o dispensa: eleição dos titulares dos órgãos sociais e alteração do contrato. Diversamente, se os estatutos de uma sociedade aberta não lhe fizerem qualquer referência, entende-se que o voto por correspondência não sofre qualquer limitação nessa sociedade, devendo sempre ser viabilizado em todas as deliberações de accionistas. Assim, quanto a estas matérias essenciais, em que a sociedade deve assegurar essa forma de participação nas deliberações sociais, e a outras em que o voto por correspondência seja possível, poderá a sociedade criar eventualmente um regulamento para o efeito, que deverá divulgar oportunamente a todos os interessados. Em qualquer circunstância, a convocatória deverá referir expressamente como se organiza o voto por correspondência[886].

Esta regra especial alargou-se em 30 de Junho de 2006[887] à **generalidade das sociedades anónimas**, devendo os accionistas optar por proibir

---

[885] Um instituto que curiosamente é também regulado no actual Código Cooperativo (1996), na linha do que já acontecia no anterior (1983).

[886] Note-se, todavia, que o Código de Governo das Sociedades da CMVM, que consta das Recomendações aprovadas em 8 de Janeiro de 2008, na sequência da aprovação do Reg. da CMVM n.º 1/2010, de 7 de Janeiro, sobre o Governo das Sociedades Cotadas (publ. no DR, II Série, n.º 21, de 1 de Fevereiro), estabelece agora que as sociedades (abertas) não devem prever qualquer restrição estatutária ao voto por correspondência (I.3.1). Tratando-se de uma disposição de carácter meramente recomendatório, não possui força vinculativa, mas a eventual inobservância da mesma, pela introdução de restrições ao voto por correspondência, terá sempre de ser justificada no Relatório de Governo Societário, cujo esquema consta do Anexo I ao Regulamento, ao abrigo do princípio "*comply or explain*" (cfr. 0.2 e 0.4 desse Anexo).

[887] Por efeito do disposto no novo n.º 9 aditado ao art. 384.º do CSC (pelo art. 2.º do DL 76-A/2006).

A este propósito importa chamar a atenção para o facto de que as novas disposições legais supletivas em matéria *de convocatória e funcionamento da assembleia geral, acesso à informação e exercício de direito de voto*, aprovadas pelo DL 76-A/2006, só a partir de 30 de Junho de 2007 se tornaram aplicáveis às sociedades constituídas até 29 de Junho de 2006, excepto se essas sociedades tivessem, entretanto, optado pela aplicação imediata

o voto por correspondência[888] ou não o fazer, circunstância em que *devem regular o seu exercício* (art. 384.º, n.º 9)[889]. Com essa finalidade a lei prevê que o contrato de sociedade regule esta forma do exercício do voto, de modo que a respectiva autenticidade e confidencialidade estejam asseguradas. No que se refere à emissão de votos por correspondência, os accionistas, na redacção estatutária, deverão optar entre o entendimento de que o voto desconforme com uma proposta ulterior seja considerado negativo (cfr. art. 384.º, n.º 9, *alínea a)*) ou de que os votos se possam contar até alguns dias após a realização da assembleia, podendo nesse caso ser emitidos após o conhecimento das propostas submetidas à votação (cfr. art. 384.º, n.º 9, *alínea b)*).

Trata-se de uma previsão normativa que consideramos pouco conseguida e que até há pouco era de difícil conjugação com a supletividade desta forma de exercício do voto. Senão vejamos.

Se os estatutos forem omissos nesta matéria, nomeadamente por não terem sido alterados até 29 de Junho de 2007 – uma vez que as regras supletivas, como a da forma do exercício do voto, só se aplicariam um ano depois da reforma societária de 2006 –, deveríamos considerar que o voto por correspondência seria admissível e obrigatório, apesar de a sociedade não ter feito entretanto a opção a que estava obrigada, nos

de tais normas (cfr. art. 63.º, n.º 2 do DL 76-A/2006). A lei não explica como se processa e que forma deve revestir essa *opção*. Considerávamos (na 1.ª edição deste livro) ser suficiente deliberação *maioritária* dos sócios, porquanto não faria muito sentido alterar o contrato de sociedade para introduzir a reprodução de um (novo) preceito legal supletivo e porque a maioria simples seria suficiente para evitar o afastamento das novas regras supletivas a partir de 30 de Junho de 2007, data em que elas se passaram a aplicar automaticamente se o contrato de sociedade não tiver sido alterado com a finalidade de evitar a respectiva aplicação. Revimos a nossa interpretação na 2ª edição (cfr., *infra*, n.º 42.1) e mantemos a posição que então adoptámos (cfr., *supra*, D 12).

[888] Com uma cláusula em que concedam abertura para a respectiva adopção futura. Por exemplo: «*Não é permitido o voto por correspondência nas assembleias gerais, enquanto os accionistas não o deliberarem (passar a fazer) por maioria de dois terços dos votos.*»

[889] Considerando que (esta forma do exercício do voto) «integra uma forma mista de deliberação entre os tipos legais do voto em assembleia e do voto escrito referendário», Luís Menezes Leitão, «Voto por correspondência e realização telemática de reuniões de órgãos sociais», *CadMVM* (edição *on line*), n.º 24, Nov. 2006 (pp. 256-260), p. 257.

Embora compreendamos a perspectiva de Luís Menezes Leitão, não concordamos com a mesma, porquanto o que está em causa não é uma diferente forma de deliberação, mas simplesmente uma forma de exercício do voto, em assembleia geral.

termos do novo número 9 do artigo 384.º? E, em caso afirmativo, em que sentido se deveria entender o voto?

A resposta a esta questão aguardou cerca de três anos, tendo vindo a ser finalmente dada pelo aditamento ao artigo 384.º de um número 10 (cfr. art. 2.º do DL 49/2010, de 19 de Maio) que impõe, na falta de opção estatutária, a aplicação da *alínea a)* do número 9. Quer dizer: as sociedades anónimas que não rejeitarem expressamente o voto por correspondência, mas também não o regularem, ficam sujeitas a esta forma de exercício do voto, contando-se como desfavoráveis todos os votos que sejam emitidos sobre propostas apresentadas que até ao momento da votação sejam objecto de alteração.

Mas a esta dificuldade óbvia – recentemente superada – acresce a crítica que nos merece o legislador na opção que concede na disposição legal introduzida em 2006 (art. 384.º, n.º 9). Por um lado, não compreendemos porque é que o voto desconforme não poderá ser considerado como não emitido, mas terá de ser tido por negativo (cfr. *alínea a)*). Os efeitos seriam certamente diferentes no primeiro caso. Imagine-se que, estando em causa uma proposta de alteração parcial do contrato de sociedade, conhecida antecipadamente pelos accionistas e objecto de diversos votos por correspondência, na assembleia geral o respectivo subscritor, para satisfazer as diversas sensibilidades presentes, decide alterar, reduzindo o número de preceitos estatutários a modificar. Em vez de propor a alteração de dez artigos do contrato, apenas propõe agora a modificação de seis. Sendo os votos por correspondência necessariamente desconformes, porque não inteiramente coincidentes com a proposta submetida à votação, porque é que eles deverão ser de rejeição e não simples abstenções. Seria muito natural que quem votasse favoravelmente a alteração de uma dezena de regras estatutárias, preferisse que fossem alteradas meia dúzia a que nenhuma fosse objecto de modificação.

A este propósito refira-se ainda que, sendo o disposto no artigo 384.º, n.º 9, *alínea a)* aplicável a *todas* as sociedades anónimas, inclusivamente às abertas, o que fazer se o contrato de sociedade consagrar já uma solução diferente da que resulta imperativamente da nova redacção legal?

Exemplificando:

Décima Segunda
(Direito e exercício do voto)

Um. *A cada grupo de (...) acções corresponde um voto.*

Dois. *O direito de voto só pode ser exercido por correspondência nas deliberações sobre alterações do contrato de sociedade e sobre eleição de órgãos sociais.*

Três. *Em caso de exercício do voto por correspondência, o accionista apenas se poderá pronunciar favoravelmente ou desfavoravelmente relativamente às propostas oportunamente apresentadas e submetidas à apreciação dos accionistas.*

Quatro. *Em caso de alteração da proposta inicialmente formulada, e com referência à qual tenha sido exercido o voto por correspondência, o voto emitido nesses termos é contabilizado como abstenção.*

Cinco. *O voto exercido nos termos dos números anteriores mantém-se válido para a assembleia reunida em segunda convocação, sempre que não for prejudicado por alterações às propostas apresentadas e que dele são objecto.*

Esta cláusula específica – que restringe, ao máximo, os efeitos do voto por correspondência numa sociedade aberta (cfr. n.º 2 e art. 22.º, n.º 2 do CVM) – evita os efeitos das vicissitudes decorrentes do voto por correspondência, prevenindo eventuais dúvidas sobre o respectivo alcance, designadamente por ter ocorrido alteração imprevisível da proposta, entre o momento da emissão do voto e o da votação efectiva daquela.

No entanto, a solução prevista no número 4 da cláusula contratual reproduzida é diversa da que é imposta pelo comando legal imperativo (art. 384.º, n.º 9). *Quid juris*?

Devemos entender que não é válida e que, na falta de regulamentação contratual específica, nos termos autorizados pela lei, não há voto por correspondência? Mesmo que se trate de uma sociedade aberta?

Julgamos, infelizmente, demonstrado o acerto da crítica que fizemos à nova redacção da lei. Cremos que, na falta da necessária correcção pelo legislador da redacção do disposto na *alínea a)* em apreço, o comando legal corre o sério risco de cair em desuso, ainda antes de ter aplicação. Também aqui a jurisprudência virá a ter um papel essencial.

No que se refere à *alínea b)* do número 9 do artigo 384.º, a sua redacção actual é insuficiente, carecendo de uma interpretação extensiva. A autorização para a emissão de votos posteriormente à sessão da assembleia[890] só é possível se os votos exercidos na assembleia[891] forem secretos

[890] Quando a lei estabelece um prazo limite subsequente ao *dia da realização da assembleia* (cfr. art. 384.º, n.º 9, *alínea a)*) ela está a referir-se ao dia da sessão da

e como tal permanecerem até ao apuramento dos resultados. De outro modo se os accionistas que votassem, por correspondência, tivessem, posteriormente à sessão da assembleia, conhecimento do sentido geral do voto, eles poderiam ser tentados a rentabilizar, indevidamente, a respectiva manifestação de vontade, o que não é de todo aceitável.

Finalmente, porque não poder conjugar o disposto na *alínea a)* – eventualmente reformulada no sentido de que se possa estatutariamente prever que os votos por correspondência sejam tidos como não expressos nos casos em que a proposta aprovada e convertida em deliberação não correspondia à que havia sido objecto da manifestação de vontade do accionista – com a regra da *alínea b)* devidamente corrigida? Porquê a necessária opção?

A concluir, refira-se que a aceitar-se o entendimento que resulta da expressão literal da nova regra legal (art. 384.º, n.º 9) – que acima criticámos –, e distinguindo-se entre as sociedades anónimas em geral, nas quais o voto por correspondência pode ser (totalmente) proibido, e as abertas que, dada a sua natureza, não podem limitar em absoluto o voto por correspondência, embora o possam restringir, a opção de que os accionistas dispõem oscila entre as seguintes duas regras

Décima Segunda
(Direito e exercício do voto)

Um. *A cada grupo de (...) acções corresponde um voto.*
Dois. *O voto por correspondência é proibido.*

ou

Décima Segunda
(Direito e exercício do voto)

Um. *A cada grupo de (...) acções corresponde um voto.*

---

assembleia, uma vez que os votos por correspondência e a proposta que eles aprovam se têm por emitidos na assembleia na qual se forma a deliberação. Neste caso, a respectiva acta só será concluída após o apuramento final dos resultados e a verificação da aprovação ou rejeição da proposta submetida à aprovação dos accionistas. Se assim não fosse, teríamos uma nova modalidade de deliberação de accionistas.

[891] Recorde-se que o voto por correspondência é sempre cumulativo com o voto presencial, de outro modo reconduzir-se-ia ao voto escrito que não é permitido nas sociedades anónimas.

Dois. *O direito de voto pode ser exercido por correspondência em todas as deliberações, nos termos e condições constantes dos números seguintes.*

Três. *Em caso de exercício do voto por correspondência, os accionistas apenas se poderão pronunciar favorável ou desfavoravelmente sobre as propostas oportunamente apresentadas e submetidas à sua apreciação.*

Quatro. *Em caso de alteração da proposta inicialmente formulada, e com referência à qual tenha sido exercido o voto por correspondência, ou de apresentação de nova proposta, o voto emitido nesses termos é contabilizado como voto negativo.*

Cinco. *O voto exercido nos termos dos números anteriores mantém-se válido para a assembleia reunida em segunda convocação, sempre que não for prejudicado por alterações às propostas apresentadas e que dele são objecto.*

Os accionistas de uma sociedade anónima aberta não dispõem de opção – entre regular ou proibir o voto por correspondência –, mas podem limitar esta forma de voto aos casos em que ele é legalmente obrigatório (cfr. art. 22.º, n.º 2 do CVM), fazendo-o, por exemplo, nos termos enunciados no número 2 da primeira cláusula estatutária enunciada («*O direito de voto só pode ser exercido por correspondência nas deliberações sobre alterações do contrato de sociedade e sobre eleição de órgãos sociais*»). Tal limitação terá, todavia, de ser explicada e justificada no Relatório de Governo Societário, de acordo com o Código de Governo Societário e com o Reg. n.º 1/2010 da CMVM, de 7 de Janeiro (que substituiu o Reg. n.º 1/2007) e que entrou em vigor em 2 de Fevereiro de 2010 [dia seguinte ao da sua publicação no DR, 2ª Série, n.º 21, de 1 de Fevereiro de 2010 (cfr. art. 7.º, n.º 1)].

29.5.4.6. *O princípio da unidade de voto nas sociedades anónimas; remissão*

A regra da unidade de voto transmite a ideia de que, qualquer que seja o número de acções de que determinado accionista seja detentor, a verdade é que ele terá de afectá-las na totalidade no mesmo sentido de voto, não podendo fraccioná-las no exercício do voto.

Este princípio – a que já fizemos referência (*supra*, n.º 15.5) – não colide com o direito de representação, não impedindo um accionista de, enquanto representante de outro, pronunciar-se de modo diferente para dar cumprimento cabal ao mandato de que foi incumbido (cfr. art. 385.º, n.º 2). Essencial é que, relativamente a todos os representados e à totalidade das acções de que cada um é titular, ele respeite esta regra, da unidade do voto.

29.5.5. ***Quorum deliberativo***

29.5.5.1. *Noção*

O *quorum* deliberativo é a percentagem mínima do capital social que corresponde às participações de sócios presentes ou representados legalmente exigível para que possa formar-se uma deliberação válida.

29.5.5.2. *Regra*

As deliberações formam-se, em regra, pela maioria simples dos votos, não se contando como emitidos as abstenções, ou seja, a lei satisfaz-se com a maioria relativa (cfr. arts. 386.º, n.º 1 e 250.º, n.º 3), isto é, para dar seguimento à proposta é necessário que os votos em seu favor sejam em número superior aos votos negativos (contra), sendo que as abstenções não são contadas[892]. Assim sendo, encontrando-se presentes sócios titulares de cem mil votos, se um deles se abstiver e for titular de trinta mil votos, uma deliberação é aprovada se obtiver, pelo menos, trinta e cinco mil e um votos.

Esta regra, da maioria simples, que se retira do número 1 do artigo 386.º é exactamente a mesma regra que vamos encontrar no número 3 do artigo 250.º, para as sociedades por quotas. Não obstante, comporta excepções, como veremos em seguida.

29.5.5.3. *Excepções*

Com efeito, em certos casos por efeito do contrato de sociedade e noutros decorrendo directamente da lei (arts. 386.º, n.os 2 a 4, e 265.º, n.os 1 e 2) é possível chegar a diferente conclusão.

---

[892] Neste sentido, considerando ser possível que uma deliberação seja aprovada pelo voto favorável de um único sócio, cfr. **AcSTJ 4 Mar 2004** (Ferreira de Almeida), *CJ/AcSTJ*, ano XII, t. I, 2004, pp. 104-105.

Nuns casos requer-se uma maioria qualificada e, excepcionalmente, até mesmo a unanimidade ou a aprovação de determinado sócio; noutros, nem a maioria simples se forma sequer por referência à totalidade dos votos favoráveis, mas ao maior número de votos em favor de uma certa proposta. Assim, e nos termos do número 2 do artigo 386.º – que considera nem sequer ser necessário a maioria prevista no número 1 –, existindo várias propostas em cima da mesa e obtendo uma delas 23%, contra 22%, 21% e 20% das demais, vencerá a primeira, por ser aquela que regista maior número de votos.

Outra excepção é uma excepção de sinal oposto, que se traduz na exigência (legal) de um *quorum deliberativo* qualificado, isto é, que a proposta em apreciação deva reunir um determinado número mínimo de votos para ser aprovada [é o que acontece, regra geral, nas alterações do contrato de sociedade (cfr. art. 386.º, n.º 3 e art. 265.º, n.º 1)]. Nalguns casos, verdadeiramente excepcionais, a deliberação para ser válida e eficaz relativamente à totalidade dos sócios deve ser aprovada por unanimidade (é o que acontece se, da alteração do contrato de sociedade, decorrerem novas obrigações para todos os sócios) (cfr. art. 86.º, n.º 2) ou, para além, de recolher o número de votos necessário para o efeito (cfr., por exemplo, art. 265.º, n.º 1), deve obter o consentimento de um sócio em especial, quando tal estiver expressamente previsto no contrato de sociedade (cfr. 265.º n.º 2).

Sendo exigida maioria qualificada, as abstenções equivalem à rejeição da proposta, não contribuindo para a formação da deliberação. Por isso – e retomando o exemplo acima enunciado –, tratando-se de sociedade anónima, uma deliberação de aumento do capital social carece de sessenta e seis mil, seiscentos e sessenta e sete votos favoráveis. Numa sociedade por quotas, o *quorum* deliberativo toma por referência o capital social existente e não o capital presente ou representado na assembleia (cfr. art. 265.º, n.º 1).

Finalmente, refira-se que o n.º 4 do artigo 386.º consagra uma excepção à excepção. Sobre a respectiva aplicação, pronunciamo-nos mais à frente (n.º 29.5.7).

29.5.5.4. *Formação do quorum por referência ao capital*

Outro aspecto relevante em termos de *quorum* constitutivo é que a maioria qualificada é determinada sempre em função do capital social disponível (cfr. n.º 5 do art. 386.º). Esta regra – aplicável também às sociedades por quotas[893] – visa, fundamentalmente, não inviabilizar a tomada das deliberações. Assim, imagine-se que estão presentes na assembleia diversos accionistas, concretamente, impedidos de exercer o voto, nomeadamente por efeito do disposto no art. 384.º, n.º 6. Se o *quorum* não se reportar ao capital social disponível, mas ao existente, então, na prática, poder-se-ia assistir à paralisação das decisões da sociedade, por não poder participar na deliberação capital suficiente para a aprovar. Por isso, em princípio – isto é, salvo solução contratual diversa –, nessas circunstâncias não funcionam as limitações decorrentes do disposto no artigo 384.º, n.º 2, *alínea b)* (cfr. art. 386.º, n.º 5 *in fine*).

29.5.5.5. *Quorum deliberativo estatutário*

Focámos já esta questão, a propósito dos princípios estruturantes do Direito Societário (cfr., *supra*, n.º 3.4).

Está em causa saber até que limite pode ser, contratualmente, estabelecido um *quorum* agravado para serem tomadas certas deliberações. Por outras palavras, qual o limite (máximo, se é que existe) que o contrato pode estabelecer como *quorum* mínimo para deliberações (relevantes) que, em conformidade com a lei, só possam ser tomadas por maioria qualificada?

Importa recordar que, salvo nos casos expressamente previstos ou autorizados na lei, nunca será admissível a unanimidade, que implicaria, na prática, a imutabilidade da vida social, o que seria contrário à competência reconhecida aos sócios e aos próprios interesses sociais. Quando se fala em unanimidade fala-se também em abstracto em determinadas percentagens que na prática se reconduzem a esta unanimidade e o limite dos 4/5 nas sociedades anónimas parece constituir um nível ainda aceitável; nas sociedades por quotas admite-se que possa ser superior.

29.5.6. ***Suspensão da sessão***

Vamos agora ver se, uma vez iniciada uma assembleia geral, é possível suspender os respectivos trabalhos e retomá-los mais tarde.

---

[893] Cfr. **AcRelÉvora 2 Mai 2002** (António Manuel Ribeiro Cardoso), *CJ*, ano XXVII, t. III, 2002, pp. 239-241, a propósito do aumento do capital social em sociedade por quotas com participações próprias.

Em matéria de eventual suspensão ou interrupção dos trabalhos da assembleia geral, após o respectivo início, as sociedades por quotas não apresentam especificidades relativamente ao regime jurídico instituído para as sociedades anónimas (cfr. art. 387.º), que se lhes aplica na íntegra com as devidas adaptações.

Segundo a lei, para além das suspensões determinadas pelo presidente da mesa, podem os accionistas deliberar suspender os trabalhos da assembleia por um máximo de duas vezes e devendo, em cada suspensão, fixar-se o recomeço dentro dos 90 dias subsequentes, isto é, uma assembleia, cujos trabalhos sejam suspensos, deverá sempre concluir-se no prazo máximo de 180 dias.

A este propósito, podem suscitar-se algumas questões interessantes, como seja, por exemplo, a de saber se o presidente da mesa tem poderes para, por si só – isto é, sem o aval da assembleia –, impor a suspensão dos trabalhos e a respectiva continuação ou conclusão para data posterior (dentro dos 90 dias subsequentes). Não nos restam dúvidas de que ele tem poderes para decidir *suspensões normais*, enquadrando-se nestas as suspensões que forem convenientes e adequadas à boa prossecução dos trabalhos, tais como interrupção por curto período para averiguação ou confirmação de dados essenciais (inclusivamente procura de documentos), à prestação de esclarecimentos técnicos solicitados, para troca de impressões entre os accionistas, informal ou com as finalidades de encontrarem um consenso ou de poderem concertar-se relativamente a determinada deliberação, ou até mesmo para uma refeição ligeira, sempre que os trabalhos se arrastem por tempo superior ao inicialmente previsto.

Aparentemente, para além dessas suspensões normais, a competência para a deliberação de suspensão de trabalhos por períodos que, sendo suficientemente longos, impliquem a natural dispersão dos accionistas presentes (neles cabendo seguramente todas as interrupções de trabalhos retomados apenas no dia seguinte ou em data ulterior) é da assembleia, isto é, é dos accionistas (ou dos sócios), sendo a lei omissa quanto à iniciativa da proposta de suspensão. Não obstante a letra da lei, que parece confinar o poder de intervenção do presidente da mesa à decisão sobre interrupções circunstanciais – reservando aos accionistas poder mais vasto (*«além das suspensões normais»*) –, afigura-se-nos que o titular deste órgão fundamental tem também o poder de decidir suspensões por períodos mais ou menos longos, ainda que nesses casos a decisão que tomar fique sujeita a eventual revogação pelos accionistas (por maioria simples de votos). Isto é, as suspensões normais (por período razoável, leia-se, como referido) podem ser decididas arbitrariamente, mesmo contra a vontade dos accionistas; as suspensões dos trabalhos que conduzam ao respectivo recomeço em data posterior devem ser tomadas pelos accionistas ou pelo presidente da mesa, com o acordo tácito daqueles.

De cada sessão da assembleia geral, ainda que todas (no máximo de três) sejam parte da mesma *reunião*, realizada sob uma agenda comum, deve ser lavrada uma acta. Tal não implica que, considerando-se aprovadas determinadas deliberações, o prazo para a eventual impugnação das mesmas comece imediatamente a contar. Com efeito, o prazo de impugnação, quando exista, conta-se da data do encerramento da assembleia, sem prejuízo de eventual acção de anulação de deliberação formada numa sessão da assembleia poder ser antecipadamente proposta, relativamente ao termo (à última sessão) dessa assembleia, sempre que a interrupção posterior à deliberação impugnada seja superior a quinze dias.

Pode acontecer também que a mesma assembleia venha, entretanto, a reconhecer, pelo menos implicitamente, em sessão realizada em data posterior, que a deliberação que havia sido formada não tinha sido inteiramente correcta, rectificando-a ou inclusivamente revogando-a. Esta possibilidade confirma que a assembleia, apesar de desdobrada em mais de uma sessão, e sendo cada uma delas objecto de um registo autónomo, constitui uma unidade.

Finalmente, importa realçar que, tendo sido deliberada a suspensão dos trabalhos da assembleia, deve ser imediatamente fixada a data para o respectivo recomeço. Isto é, na própria sessão – e não posteriormente – devem os accionistas ou o presidente da mesa da assembleia geral acordar ou decidir sobre a data da continuação dos trabalhos, devendo ter o cuidado de verificar a disponibilidade do presidente da mesa. A lei não avança os critérios para determinar a data do recomeço dos trabalhos (nem tinha de o fazer, acrescente-se). Parece-nos inquestionável dever ser o presidente da mesa a fixar a data da continuação da assembleia geral – uma vez que ele tem a competência para a convocar –, devendo sempre que possível ser obtida a anuência da generalidade dos sócios, os quais podem sempre estabelecer limites, propondo e fazendo aprovar, por exemplo, deliberação no sentido de que a assembleia retome os seus trabalhos entre os 60 e os 90 dias subsequentes à data em questão e, desse modo, delimitando o poder do presidente da mesa da assembleia geral. Estabelecida tal data, não tem a sociedade que promover novas convocações, visto tratar-se simplesmente de continuação dos trabalhos de assembleia já convocada, embora nada impeça que o faça. Isto é, caso a primeira sessão não tenha reunido a totalidade dos sócios ou accionistas e, temporalmente, a sessão de continuação se encontre suficientemente afastada da primeira, para permitir a divulgação pública ou directa, afigura-se de bom tom que a sociedade chame a atenção dos seus sócios que se encontra prevista a continuação ou conclusão de uma assembleia geral e recorde a respectiva ordem de trabalhos (ou apenas as matérias por apreciar).

Quanto à necessidade de verificação de eventual *quorum* constitutivo na continuação dos trabalhos da assembleia, entendemos que, impondo a lei ou o contrato *quorum* constitutivo para a realização da assembleia, o mesmo se deverá verificar no momento do início dos trabalhos da assembleia, isto é, aquando do registo de presenças da primeira sessão. Depois, mesmo que alguns dos presentes na primeira sessão não compareçam à continuação da assembleia – e aquela tivesse estado sujeita à presença de sócios ou accionistas detentores de um número mínimo de votos –, não há impedimento para que a assembleia prossiga os seus trabalhos (salvo se da falta de tais sócios não depender também, e necessariamente, a falta de *quorum* deliberativo, considerada a matéria em discussão). Tudo se passa como se, no decurso de uma sessão normal (sem continuação) alguns accionistas abandonassem, entretanto, a sala e a assembleia discutisse e deliberasse sobre os últimos pontos da ordem de trabalhos sem o mesmo *quorum* que se registava no respectivo início. Um accionista que não tenha estado presente na primeira (ou segunda) sessão da assembleia não está, por sua vez, impedido de participar na continuação dos trabalhos.

Em conclusão, em sessão de continuação ou encerramento dos trabalhos de assembleia geral que tenham sido suspensa, sem prejuízo de dever ser elaborada lista de presenças para registo daqueles que, directamente ou por intermédio de representante, participam na assembleia, não há que verificar o *quorum* constitutivo.

29.5.7. *Deliberação em segunda convocação nas sociedades anónimas*

Caso em primeira convocação não se verifique o *quorum* constitutivo necessário para a assembleia poder funcionar, então a lei admite, em certos casos, que a assembleia reúna, em segunda convocação, independentemente do número de votos presentes ou representados (arts. 383.º, n.ºs 3 e 4 e 386.º, n.º 4).

Para evitar repetições de convocatória desnecessárias, é possível proceder de imediato à segunda convocação (cfr. art. 383.º, n.º 4), no mesmo aviso, com a finalidade de assegurar que, não se verificando o *quorum* necessário em primeira convocação, a assembleia venha reunir em data determinada com qualquer número de presentes[894]. E isto porque se entende que com a segunda convocação da assembleia ficam asseguradas as presenças suficientes para a tomada de decisões dos assuntos em agenda.

O número 4 do artigo 386.º constitui uma regra exclusivamente aplicável às assembleias reunidas em segunda convocação. Não exigindo uma maioria qualificada, como o número 3 o faz, para as alterações estruturais, esse preceito admite que essas mesmas modificações estruturais sejam decididas pela maioria absoluta dos votos emitidos, desde que, em segunda convocação, esteja presente ou representada metade do capital social. Esta previsão legal pode redundar num paradoxo, ao exigir um maior número de votos favoráveis em segunda convocação do que em primeira, uma vez que a maioria absoluta dos votos – *i.e.,* serem em maior número aqueles que sejam favoráveis dos que o que não são – significa que terá de haver um mínimo de votos favoráveis correspondente a 25% do capital social mais um voto (porque para a regra poder funcionar teria de estar presente metade do capital social); sendo certo que, habitualmente, em segunda convocação não há sequer *quorum* constitutivo, podendo estar presentes accionistas cujo capital corresponda a apenas 10% e, portanto, na prática as deliberações serem aprovadas por 6,67% do capital, isto é, 2/3 desses 10%. Mas mesmo em primeira convocação é possível alterar o contrato de sociedade com um número de votos favorável inferior a 25%. Com efeito, se só estiverem recenseados, na assembleia, 36% do capital, a alteração é aprovada por apenas 24% dos votos correspondentes ao capital social.

Os exemplos dados não são académicos, pelo que a regra do número 4 do artigo 386.º, aplicável exclusivamente ao funcionamento da assembleia em segunda convocação, pode acabar, na prática, por representar uma maior exigência em relação ao número de votos necessários para formar deliberações.

Note-se, a concluir, que ao chamarmos a atenção para o número 4, isso não significa que não possa funcionar a excepção-regra, de que as

[894] Em segunda convocação não pode ser exigido *quorum* constitutivo mínimo, sob pena de a assembleia poder não reunir as condições mínimas para funcionar.

alterações devem ser aprovadas por 2/3 dos presentes. O que o número 4 pretende assegurar é que, em segunda convocação, a maioria absoluta de metade do capital já será suficiente para o efeito.

29.6. **Assembleias gerais de sociedades unipessoais**

Em matéria de assembleias gerais, há situações específicas, que justificam um tratamento autónomo. Referimo-nos às assembleias gerais das sociedades unipessoais e às assembleias gerais das sociedades abertas.

Comecemos pelas primeiras, recordando que assembleia significa junção ou reunião de pessoas com certa finalidade e assembleia geral junção da generalidade dos membros integrantes de uma certa (e mesma) categoria de pessoas. Por isso, é legítimo interrogarmo-nos se tem sentido que uma sociedade unipessoal (constituída apenas por um sócio) organize e realize assembleias gerais, fazendo-o em termos clássicos, isto é, procedendo à respectiva convocação e reunião do sócio único com os titulares dos órgãos sociais.

A unipessoalidade pode ser originária (sociedade constituída por um único sócio ou accionista) ou superveniente (ou seja, resultar de vicissitudes da vida social que conduziram à concentração da totalidade das participações sociais numa mesma entidade) existindo, para além dos casos autorizados e previstos na lei (sociedade por quotas unipessoal, sociedade anónima subsidiária integral e sociedade sob domínio total superveniente), diversas situações de unipessoalidade de facto, as quais, em circunstâncias normais, são susceptíveis de conduzir à dissolução judicial da sociedade.

A forma adequada de decisão nas sociedades com um único sócio ou accionista retira-se da previsão específica constante do regime legal das sociedades unipessoais por quotas, segundo a qual o «*sócio único exerce as competências das assembleias gerais*», devendo as suas decisões com «*natureza igual às deliberações da assembleia geral*» «*ser registadas em acta por ele assinada*» (cfr. art. 270.º-E). E como, por definição, nestas sociedades não há *quorum* sem o sócio, não tem sentido promover a convocação formal da "assembleia", embora deva haver uma concertação prévia entre todos os interessados (sócio único e titulares dos órgãos sociais). No entanto, e caso o pretenda, o sócio único poderá solicitar a convocatória formal da assembleia geral e que a mesma venha a funcionar em moldes tradicionais, com as devidas adaptações, que resumiríamos ao seguinte: não há deliberações, mas sim decisões; nem discussões, sem prejuízo de poderem ser solicitados formalmente esclarecimentos a administradores ou a membros do conselho fiscal ou fiscal único presentes; o sócio/accionista único aprova as propostas que apresenta, quando as mesmas são da sua autoria. Também nada impede que, encontrando-se institucionalizada a mesa da assembleia geral, o respectivo presidente resolva proceder à convocação formal do accionista único o que deverá fazer por carta entregue em mão, para salvaguarda da sua responsabilidade pela eventual não realização oportuna da assembleia geral.

Finalmente, refira-se que as actas de decisões de sócio/accionista único se aproximam, logicamente, das actas ou instrumentos que reproduzem deliberações unânimes por escrito, podendo cingir-se a enumerar as propostas ou decisões tomadas e que, pela sua natureza, devam ser documentadas no livro de actas da assembleia geral que tem de existir, mesmo nestas sociedades.

No que se refere às sociedades comerciais obrigadas à consolidação de contas (as que tenham *a maioria dos direitos de voto dos titulares do capital de uma empresa*, *o direito de designar ou destituir a maioria dos* administradores, gerentes ou membros do conselho fiscal *de uma empresa* de que seja sócia, *o direito de exercer uma influência dominante sobre uma empresa*, em cujo capital participam, em razão de um contrato celebrado com esta ou dos estatutos desta, entre outras) ou que apliquem o método da equivalência patrimonial (como é o caso das SGPS), as respectivas assembleias gerais não apresentam especiais características, excepto a prerrogativa de poderem reunir no prazo (alargado) de cinco meses subsequentes ao encerramento do exercício, para aprovar os relatórios individuais e consolidados de gestão, as contas individuais e consolidadas do exercício e os demais documentos de prestação de contas, individuais e consolidados, para cuja preparação devem contribuir as sociedades participadas, objecto de consolidação na sociedade dominante, que devem disponibilizar previamente a informação necessária à consolidação e aprovar previamente as respectivas contas.

29.7. **Assembleias gerais de sociedades abertas**

29.7.1. ***Quadro legal***

As assembleias gerais das sociedades anónimas abertas – essencialmente aquelas que se constituem por oferta pública, cujos valores mobiliários (em especial acções) são emitidos através de oferta pública ou se encontram cotados em mercado regulamentado[895] – apresentam especificidade relativamente às deliberações dos accionistas das sociedades (anónimas) cujo capital não se encontra aberto ao investimento do público. O respectivo regime – que decorre dos Códigos das Sociedades Comerciais e dos Valores Mobiliários – visa, por um lado, assegurar os interesses dos pequenos investidores (accionistas) e do público em geral; e, por outro, evitar que as sociedades anónimas de maior expressão sejam objecto de pressões inadmissíveis, com a estrita finalidade de provocar uma aquisição forçada, para "compra" da paz[896].

No que respeita à respectiva convocação – se a sociedade se encontra cotada –, a mesma deverá ser amplamente divulgada, designadamente no sistema de difusão de informações da CMVM (cfr. arts. 249.º, n.º 2, *alínea a)* e 367.º do CVM), com apenas 21 dias de antecedência (cfr. art. 21.º-B, n.º 1 do CVM, red. do art. 4.º do DL 49/2010, de 19 de Maio).

A convocação destas assembleias pode ser feita por requerimentos de 2% dos accionistas com direito de voto (cfr. art. 23.º-A, n.º 1), sendo a participação na assembleia geral garantida a qualquer accionista que possuir ou representar acções que correspondam a, pelo menos, € 1.000,00 de capital social, se o contrato de sociedade não assegurar tal direito a um limite de capital menor, como em qualquer sociedade anónima (cfr. art. 384.º, n.º 2, *alínea a)* do CSC). No entanto, como já vimos, os accionistas das sociedades abertas podem manifestar a sua vontade também através do voto por correspondência não precisando, em certos casos, de comparecer ou de se fazer representar nas assembleias gerais.

---

[895] Sobre estas sociedades, escrevemos dois artigos no Diário Económico (edições de 22 de Outubro e de 5 de Novembro de 2003), dos quais retomamos algumas passagens.

[896] A lei estabelece limites mínimos de titularidade do capital social e direitos de voto para requerer a paralisação de deliberações sociais (cfr. art. 24.º do CVM). Retomaremos esta questão adiante (cfr. n.º 30.6.4).

29.7.2. *A Directiva 2007/36/CE, de 11 de Julho*

A Directiva 2007/36/CE[897] do Parlamento Europeu e do Conselho, aprovada em 11 de Julho de 2007, teve por finalidade estabelecer a regulação de determinados aspectos respeitantes ao exercício de certos direitos referentes à participação em assembleia gerais – *maxime* de informação e de voto – inerentes às sociedades *cotadas,* isto é, cujo capital seja composto por acções admitidas à negociação em mercado regulamentado (cfr. art. 1.º, n.º 1).

Entrando em vigor em 3 de Agosto de 2007 (cfr. art. 16.º), a Directiva – que não se aplica a todas as sociedades abertas, sublinhe-se, mas apenas às que forem *cotadas*[898], e que deveria ter sido transposta, para as legislações nacionais no prazo de dois anos, ou seja, até 2 de Agosto de 2009 (cfr. art. 15.º)[899] – enfatiza o princípio da igualdade de tratamento dos accionistas (cfr. art. 4.º), refere-se aos *requisitos de participação e votação* em assembleias gerais (cfr. art. 7.º), em particular por meios electrónicos (cfr. art. 8.º), dedicando particular atenção ao instituto da representação (cfr. arts. 10.º e 11.º); disciplina a "informação prévia" que deverá ser facultada aos accionistas (cfr. art. 5.º), admite a possibilidade de requerer o agendamento de assuntos na ordem do dia e de apresentar propostas (cfr. art. 6.º) e o direito de questionar a administração (cfr. art. 9.º)[900].

Num balanço necessariamente breve diríamos que muitas das medidas preconizadas haviam sido já adoptadas pela nossa lei, pouco havendo a esperar da transposição desta Directiva, em grande parte pela antecipação de que foi objecto. Como veremos em seguida, o legislador optou por transpor as regras referentes aos direitos dos accionistas das sociedades cotadas directamente para o Código dos Valores Mobiliários.

---

[897] Publicada no JO L 184 de 14.07.2007 e à qual se reportam todas as disposições referenciadas neste número.

Vd. António Menezes Cordeiro, «A Directriz 2007/36, de 11 de Julho (Accionistas de Sociedades Cotadas): comentários à proposta de transposição», *ROA*, ano 68, II/III, **2008** (pp. 503-554), pp. 528-554.

[898] Sobre a distinção entre sociedades abertas e sociedades cotadas, cfr., *supra,* 2.4.1.2.

[899] Apenas viria a ser objecto de transposição para o ordenamento jurídico português muito mais tarde, em 24 de Maio de 2010, por efeito do DL 49/2010, de 19 de Maio.

[900] A Directiva abrange outros aspectos da participação em assembleia, como o exercício do voto por correspondência (cfr. art. 12.º), por exemplo, mas sem nada acrescentar ao Direito português constituído.

29.7.3. *A transposição da Directiva sobre os direitos dos accionistas das sociedades cotadas*

Em Abril de 2010, o governo aprovou finalmente a transposição da Directiva 2007/36/CE do Parlamento Europeu e do Conselho, aprovada em 11 de Julho de 2007.

O Decreto-Lei n.º 49/2010, de 19 de Maio – que entrou em vigor em 24 de Maio de 2010 – recai essencialmente sobre duas matérias distintas: as acções sem valor nominal e o regime jurídico aplicável às assembleias gerais das sociedades anónimas cotadas e ao exercício dos direitos dos respectivos accionistas.

Vamos limitarmo-nos, nesta sede, a enunciar sinteticamente os traços principais do novo regime jurídico.

Vimos já que a antecedência legal mínima para convocar as assembleias gerais das sociedades abertas foi encurtada para 21 dias (cfr. art. 21.º-B, n.º 1 do CVM, na red. do art. 4.º do NDipl)[901].

Por sua vez, qualquer accionista de uma sociedade cotada que, por si só ou agrupado, seja titular de acções correspondentes a pelo menos 2% do capital social poderá requer a convocação de assembleia geral ou a inclusão de assuntos na ordem do dia de assembleia já convocada (cfr. arts. 23.º-A e 23.º-B, n.º 1).

A lei dos valores mobiliários contém ainda uma regra sobre o regime de participação e votação nas assembleias gerais – estabelecendo os prazos em que se há-de manifestar o interesse em participar na assembleia e determinando a suavização do bloqueio das acções na pendência da assembleia geral (cfr. art. 23.º-C) – e uma norma sobre as actas e a divulgação de informação posterior à assembleia geral (cfr. art. 23.º-D).

A fechar refira-se que, no plano da representação accionista de uma sociedade aberta, o artigo 23.º do Código dos Valores Mobiliários, admite agora expressamente sem prejuízo do disposto no artigo 385.º do Código das Sociedades Comerciais, mas introduzindo formalmente uma derrogação do princípio da unidade do voto plasmado nessa norma – que, para uma determinada assembleia geral, sejam nomeados «*diferentes representantes relativamente às acções detidas em diferentes contas de valores mobiliários*» (n.º 1).

---

[901] Os n.ºs 2 e 3 do novo art. 21.º-B do CVM prevêem elementos adicionais que devem constar da convocatória e o art. 21.º-C enumera a informação prévia à assembleia geral que deve ser facultada aos accionistas.

29.8. Actas da sociedade e actas notariais

29.8.1. *Conceito e significado*

As discussões e deliberações dos accionistas e dos sócios devem ser registadas em instrumentos apropriados que lhes confiram um formalismo adequado e que permitam aos interessados, durante um prazo legal mínimo, o acesso às decisões mais relevantes que os sócios tomem. Por isso, reunindo em assembleia geral, ou fora dela, os sócios devem registar as respectivas deliberações sob a forma de actas lavradas (ou impressas) em livros próprios ou em instrumentos avulsos (cfr. arts. 63.°, 388.°, 248.°, n.° 6 e 521.°). Com base nesses documentos, poderá o órgão de representação da sociedade (gerência ou administração) executar as deliberações tomadas pelos sócios/accionistas, projectando-as externamente, com reflexos puramente societários (o que acontece se estiver em causa concluir ou executar uma alteração do contrato), ou em negócios a celebrar (ou formalizar) com terceiros.

29.8.2. *Actas da sociedade*[902]

29.8.2.1. *Formalização das deliberações*

As deliberações dos sócios, consoante a modalidade em que se formem, devem revestir a forma de actas (da assembleia geral, regularmente convocada ou universal) – passadas ao livro e assinadas pelos sócios ou pelos membros da mesa da assembleia geral (nas sociedades anónimas) – ou constar de documentos que consubstanciem deliberações por escrito, ainda que assumam a referência formal de acta e a respectiva numeração sequencial (cfr. art. 31.°, n.° 2 do CCom[903]). Estas últimas deliberações, uma vez subscritas pelos sócios, devem ser transcritas no livro ou, pelo menos, exarar-se neste a menção da respectiva existência e de que se encontram arquivadas (na sociedade). Na eventual transcrição não é

---

[902] Cfr. Pedro Maia, «Deliberações dos sócios e respectiva documentação: algumas reflexões», AA.VV., *Nos 20 anos do Código das Sociedades Comerciais.*, vol. I, Coimbra Editora, **2007** (pp. 651-691).

[903] Redacção do art. 8.° do DL 76-A/2006, de 29 de Março.

necessário repetir as assinaturas dos subscritores, sendo suficiente referir a existência do instrumento avulso e o facto de que o mesmo foi devidamente elaborado.

29.8.2.2. *Conteúdo mínimo*

A acta deve conter determinados elementos mínimos, desde a identificação da sociedade [firma, sede, capital social (realizado e subscrito, se diferente) e capital próprio (se se encontrar perdido metade do capital social), número (único) de matrícula e de identificação de pessoa colectiva e Conservatória onde está registada a sociedade e, eventualmente, sendo o caso, o carácter de "sociedade aberta"], o lugar, o dia e a hora da reunião, o nome do presidente e demais membros da mesa, o nome dos sócios presentes ou representados e o valor nominal das respectivas participações – salvo se tiver sido organizada lista de presenças –, a ordem do dia, os documentos submetidos à apreciação ou conhecimento da assembleia, o teor das deliberações tomadas, o resultado das votações e o sentido das declarações dos sócios se estes o requererem (cfr. art. 63.º, n.º 2). Estas menções devem igualmente constar de qualquer instrumento avulso equivalente, embora naturalmente com as devidas adaptações. Se o mesmo documentar uma deliberação unânime por escrito, não haverá indicação necessária do dia e hora em que a deliberação se forma, visto que a mesma se constitui possivelmente em momentos e locais diferenciados. Nesse caso, junto à assinatura de cada sócio, deve constar o local e a data em que a mesma foi aposta, podendo a própria deliberação referenciar, simplesmente, que entre o dia *x* e o dia *y* os sócios da sociedade *z* formaram a deliberação unânime por escrito que transcrevem em seguida. A falta das menções mínimas afecta a validade da acta como meio de prova das deliberações dos sócios.

29.8.2.3. *Livro de actas e respectivo preenchimento*

As actas devem ser lavradas no respectivo livro – que pode ser composto de folhas avulsas, e que deve ser previamente legalizado no Serviço de Finanças (com liquidação e pagamento do imposto do selo devido)[904] – *ou em folhas soltas*, devendo ser manuscritas ou impressas

[904] Com a revogação do art. 112.º-A do CRCom (pela *alínea c)* do art. 61.º do DL 76-A/2006, de 29 de Março), o livro de actas da assembleia geral deixou de ter de ser legalizado na Conservatória do Registo Comercial.

(cfr. arts. 31.º, n.º 2 e 39.º, n.º 1 do CCom). As *folhas soltas devem ser encadernadas depois de utilizadas* (cfr. art. 31.º, n.º 2 *in fine*), arquivadas e guardadas por um período mínimo de dez anos, podendo ser substituídas por microfilmes ou outros *meios electrónicos* (cfr. art. 40.º do CCom, red. do art. 8.º do DL 76-A/2006) 63.º, n.º 5). Nada impede, contudo, que, observados determinados trâmites, a acta da assembleia geral seja lavrada por notário (cfr. art. 63.º, n.º 6).

As actas devem ser lavradas sem intervalos em branco, entrelinhas ou rasuras (art. 39.º, n.º 1 *in fine* do CCom), o que significa que devem ser trancadas, eliminando-se a tracejado ou com traço contínuo os espaços em branco. Ocorrendo um "erro, omissão ou rasura", deve a falha ser assinalada antes da assinatura da acta, procedendo-se à correcção devida no local próprio e ressalvando-se no final do texto a alteração efectuada (cfr. art. 39.º, n.º 2 do CCom).

Uma vez legalizado[905], o livro de actas está apto a ser utilizado.

Questão interessante consiste em saber se é possível realizar assembleias gerais antes de proceder a essa legalização e, em caso afirmativo, em que instrumento devem ser vertidas as deliberações tomadas.

Afigura-se-nos inequívoco que a realização das assembleias gerais não está dependente da abertura do respectivo livro de actas. Elas podem realizar-se no próprio dia de constituição da sociedade, o que acontece muito frequentemente com as assembleias electivas (dos titulares dos órgãos sociais que não são designados no contrato de sociedade no momento da sua constituição). Nesse caso, as deliberações sociais são lavradas em instrumentos avulso, devidamente subscritos pelos membros da mesa, nas sociedades anónimas, e por todos os sócios participantes, nas sociedades por quotas, e, posteriormente, transcritas no livro de actas, entretanto, legalizado, devendo apor-se as seguintes menções:

a) em título, «*Acta número Um (ou Dois, ou Três)*»; e
b) em nota final: «*O presente instrumento corresponde ao teor do documento lavrado aquando da realização da primeira (ou segunda, ou terceira) assembleia geral da sociedade, no dia x do mês y do ano z, sendo transcrito para o presente livro com a designação de acta número Um (ou Dois, ou Três) da assembleia geral da sociedade*».

---

905 A única obrigação legal, é nesta matéria, a da liquidação e pagamento do imposto do selo.

A transcrição, cuja data deve constar do livro (e que será obviamente sempre posterior à data da legalização do mesmo), deve concluir pela assinatura do presidente da mesa da assembleia geral.

Da acta lavrada em instrumento avulso devem constar obviamente as menções obrigatórias em qualquer acta de assembleia geral.

Uma outra questão relevante nesta matéria reside em saber se o livro de actas deve ser exclusivamente redigido em língua portuguesa ou pode sê-lo também num idioma estrangeiro.

Não encontramos nenhuma disposição legal – na legislação geral (CC, arts. 362.º e segs., e CCom, arts. 29.º a 44.º) ou especial (CSC, arts. 63.º e 388.º, e CVM, art. 23.º-D) aplicável – que imponha o uso da língua portuguesa. Aliás, a única regra sobre a língua a utilizar nos títulos comerciais estabelece o princípio da liberdade da língua, admitindo a validade dos títulos comerciais «*qualquer que seja a língua em que forem exarados*» (art. 96.º do CCom). Cremos não estar aqui perante um título comercial, mas documento essencial de escrituração[906]. Acresce que, sendo a sociedade de nacionalidade portuguesa, embora nada impeça que as actas sejam redigidas em língua estrangeira, afigura-se-nos que deve existir tradução certificada das mesmas no respectivo livro, prevalecendo em caso de dúvida a versão portuguesa. Uma outra opção consiste em redigir a acta em português, lavrando-a ou imprimindo-a no livro, e proceder a uma tradução livre para uma língua estrangeira, com ou sem transcrição no respectivo livro, mas fazendo fé sempre a acta redigida em português, em caso de dúvida.

29.8.2.4. *Redacção da acta*

O texto da acta não tem de ser exaustivo – sendo suficiente que reproduza as menções obrigatórias, especificando sem margem para dúvidas as deliberações aprovadas e o número de votos registados –, nem o deve ser. Não se trata de reproduzir na íntegra todas as intervenções efectuadas, mas tão só de documentar os seus aspectos mais relevantes.

A redacção das actas das assembleias gerais, com excepção das lavradas por secretário da sociedade ou por notário, está a cargo de quem dirige os respectivos trabalhos, designadamente do presidente da mesa

[906] Presentemente (2010), é mesmo o único documento obrigatório da escrituração das sociedades comerciais (cfr. arts. 31.º e 37.º do CCom).

(sempre que este estiver institucionalizado), que é a pessoa que assume a responsabilidade pelo conteúdo da acta. No entanto, e quanto a este último aspecto, haverá que distinguir entre as sociedades anónimas (abertas e as outras) e as sociedades por quotas. Nas sociedades anónimas abertas cotadas em bolsa compete ao respectivo secretário (que constitui órgão obrigatório) a elaboração e certificação das actas (cfr. arts. 446.º-A, n.º 1, *alínea a)* e 446.º-B, n.º 1, *alíneas b)*, *e)*, f) e *j)* do CSC) e nas demais sociedades anónimas é o presidente da mesa, eventualmente coadjuvado pelo secretário da mesa, que elabora o respectivo texto (cfr. art. 388.º, n.º 2). Em qualquer delas, é possível sujeitar a redacção final da acta à prévia apreciação dos accionistas, sempre que tal tiver sido por eles deliberado. Nas sociedades por quotas todos os sócios que participaram na assembleia devem assinar a acta (cfr. art. 248.º, n.º 6). Caso se recusem a fazê-lo – isto é, não assinem a acta, podendo fazê-lo – deverá sociedade notificá-los judicialmente para que o façam, no prazo (mínimo) de oito dias[907]; decorrido o qual se considera que a acta aprovada pela maioria é meio de prova suficiente das deliberações dos sócios (cfr. art. 63.º, n.º 3)[908].

---

[907] Assim, se um(a) sócio(a) (ou mais) se recusar a assinar a acta, depois de a mesma se encontrar lavrada e assinada pelos demais intervenientes na assembleia geral, podem estes fazer constar a seguinte menção:

> «*O sócio* x *recusou-se, injustificadamente, a assinar a presente acta, não obstante ter sido expressamente interpelado nesse sentido. Os demais presentes, abaixo assinados, advertiram que a sociedade ficava expressamente mandatada na pessoa do seu gerente* y *para requerer a notificação judicial do sócio faltoso para o efeito, sem prejuízo de eventuais sanções que venham a ser aplicadas ao acto de recusa. Data e (novas) assinaturas dos presentes.*»

[908] Poder-se-ia discutir se a acta, para ter força probatória – e sem prejuízo de ser suscitado incidente da respectiva falsidade (cfr. art. 63.º, n.º 3 *in fine*) –, tem de se encontrar assinada pela maioria dos sócios presentes na assembleia geral ou pela maioria dos sócios que sejam titulares da maioria do capital social presente e representado nessa assembleia geral.

A dúvida é pertinente, porque a lei apenas se refere a «*maioria dos sócios que tomaram parte na assembleia*», fazendo-o após admitir que ***algum*** deles não tenha assinado a acta (negrito nosso), e inculcando, de certo modo, que essa maioria se conte por cabeças. Em apoio a esta interpretação puramente literal, dir-se-ia que a lei pretende que a acta retrate com a máxima verosimilhança o ocorrido na assembleia geral, devendo recolher, em caso de dúvidas sobre o teor das deliberações, o testemunho do maior número dos presentes, independentemente da fracção do capital social que os mesmos representam.

Esta interpretação literal não parece, todavia, coadunar-se com a razão de ser e finalidade da regra em análise que é a de evitar a distorção das deliberações formadas em

29.8.2.5. *Recusa de lavrar (ou assinar) a acta*

Importa também chamar a atenção para o facto de a recusa ilícita de lavrar acta, ou de a assinar, constituir crime, prevendo o art. 521.º do CSC a aplicação de uma pena de *multa até 120 dias*.

29.8.2.6. *Instrumento com valor equivalente a acta*

A concluir, refira-se que as deliberações dos sócios podem ser vertidas directamente num documento escrito, com intervenção de todos os sócios. Nesse caso, e não se reconduzindo o mesmo a uma acta, deve lavrar-se menção desse facto no livro de actas, com observância da ordem cronológica em que se insere. Trata-se, contudo, de expediente apenas utilizado nas sociedades que tenham um reduzido número de sócios.

Centrámos a nossa atenção nas actas dos órgãos deliberativos, mas se os órgãos executivos forem plurais, as respectivas decisões deverão também constar de actas, que deverão ser subscritas por todos os participantes na reunião a que dizem respeito[909].

---

assembleia geral por quem tenha tido a seu cargo a redacção da acta. Aliás, a maioria (do capital social) não terá especial interesse em manipular o conteúdo da acta, porque se tivesse ser-lhe-ia mais seguro e eficaz promover a realização de nova assembleia geral e aprovar então a deliberação pretendida. E este raciocínio só não se aplicaria a uma situação: a de que se tratasse de um assunto em que estivesse em causa votação em interesse próprio conflituante com o interesse social (cfr. art. 251.º). Acrescente-se que a disposição legal em apreço não pretende conferir um valor absoluto à acta não assinada, pois admite que a sua falsidade, a verificar-se, venha a ser demonstrada em juízo. Ao referir-se à "maioria dos sócios", a lei, neste caso, tem de ter em mente os sócios que representam a maioria do capital presente, pois de outro modo teríamos de admitir que qualquer maioria (numérica) dos sócios, ainda que correspondente, globalmente, à titularidade de uma minoria do capital social presente, pudesse sistematicamente recusar-se a assinar as actas da assembleia geral, paralisando dessa forma o funcionamento da sociedade. Esta perspectiva é a única que conduz a uma interpretação lógica possível, pois a não se entender assim uma questão perduraria aparentemente sem solução (pelo menos que se enquadrasse nos interesses subjacentes à vida mercantil e, em especial, à dinâmica própria das sociedades comerciais): o que fazer se uma "maioria minoritária" se recusar a assinar uma acta, apesar de judicialmente instada a fazê-lo?

Pelas razões expostas, a expressão "maioria dos sócios", constante do art. 63.º, n.º 3 do CSC, deve ser reportada aos sócios detentores da maioria do capital social que tenham participado na assembleia.

[909] Tenha-se em consideração que o DL 76-A/2006 substituiu o teor do n.º 8 do art. 410.º, fazendo agora apenas referência aos meios telemáticos na formação das deliberações

29.8.3. *"Actas" dos órgãos singulares*

Não faz sentido falar em actas de órgãos singulares, como são os casos do administrador ou fiscal únicos ou do revisor oficial de contas, quando actue como órgão social autónomo.

Nessa circunstância o momento da decisão confunde-se com a execução do acto, pelo que é nesta que fica plasmada a decisão do órgão societário. Por isso, embora nada o impeça[910], não se encontra a sociedade obrigada a abrir livro de actas para os seus órgãos de composição singular. Fazendo-o, ela pode pretender que do livro, registo histórico do órgão em causa, constem as respectivas decisões mais relevantes.

29.8.4. *Acta notarial*

29.8.4.1. *Razão de ser*

A concluir a análise da documentação das deliberações dos accionistas e dos sócios, refira-se que às actas – documentos probatórios essenciais (cfr. art. 63.º, n.º 1 do CSC) – pode ser acrescido o formalismo resultante da intervenção notarial. Com efeito, tal pode ocorrer porque o sócio não confia no presidente da mesa da assembleia geral, nomeadamente na respectiva isenção e imparcialidade na condução dos trabalhos, ou porque se pretende evitar discussões sobre o conteúdo da acta, cometendo o encargo da respectiva elaboração a um notário, ao qual competirá relatar a formação das deliberações dos sócios.

Há outras razões que justificam o recurso à acta notarial, tais como a ignorância sobre o paradeiro do livro de actas, ou o conhecimento de

---

da administração e, aparentemente, suprimindo a obrigatoriedade de *lavrar acta* das reuniões da administração. Julgamos que tal constitui um lapso e que o legislador teria querido apenas acrescentar um número ao art. 410.º. Comprova-o o facto de o novo n.º 6 do art. 423.º (red. do DL 76-A/2006) remeter para o número 9 do art. 410.º, que é inexistente. Com essa remissão pretende-se estender o uso de meios telemáticos ao conselho fiscal. Acresce que a lei comercial continua a pressupor que os livros de actas existam para os diversos órgãos sociais (cfr. art. 31.º, n.º 2 do CCom, na red. do art. 8.º do DL 76-A/2006, de 29 de Março).

[910] Da lei parece obviamente resultar que as actas documentam decisões de órgãos colegiais (cfr. art. 63.º, n.º 1, 388.º, n.º 1, 423.º, n.º 3). Conforme referimos, julgamos que a eliminação do disposto no art. 410.º, n.º 8 resultou de um lapso, a ser corrigido.

que ele está na posse de quem não o pretende entregar, e o receio de que um dos presentes se venha a recusar a assinar a acta e que a demora com o processo necessário para obter essa assinatura, ou comprovar devidamente a falta dela, seja incompatível com a celeridade com que uma determinada deliberação deve ser executada.

Nos casos, mais comuns, em que as actas são lavradas por notário, em instrumento avulso, quando (entre outras situações) algum sócio o requeira por escrito ao órgão de administração com, pelo menos, cinco dias úteis de antecedência em relação à data da assembleia geral, suportando o *requerente as* respectivas *despesas notariais* (cfr. art. 63.º, n.º 6 do CSC). Recebida pela administração (ou gerência) da sociedade o pedido para a presença de notário em assembleia geral, deve aquela procurar garantir, junto de um cartório situado na área do concelho em que estiver localizada a sede da sociedade, a disponibilidade do notário.

E considerando que o notário pode praticar, dentro da área do concelho em que se encontra sediado o cartório notarial, todos os actos da sua competência que lhe sejam requisitados e que ele tem de comparecer na reunião, será o lugar da realização desta que servirá para aferir a sua competência[911]. A acta lavrada por funcionário incompetente, em razão da matéria ou do lugar, é nula, podendo tal invalidade ser sanada (em caso de violação das regras de competência em razão do lugar), por resolução do conselho técnico da Direcção-Geral dos Registos e do Notariado, mediante a apresentação de declaração passada pelo notário competente, comprovativa da sua ausência na data em causa e a justificação pelas partes, efectuada por escrito, do carácter urgente da celebração do acto. Caso não seja possível a sanação (em virtude de o notário não emitir a declaração acima referida), o acto nulo pode ainda ser judicialmente revalidado, quando se prove a ausência do notário competente e a natureza urgente daquele. É claro que a revalidação ou sanação dos actos notariais não exime os funcionários da responsabilidade pelos danos que hajam causado com uma intervenção indevida, devendo o notário recusar a prática do acto que lhe seja requisitado se o mesmo for nulo.

Acontece, por vezes, ser muito difícil atender a pretensão do sócio, por não se encontrar notário disponível para comparecer na assembleia geral. Diga-se, aliás, que alguns notários *fogem das assembleias gerais*

[911] Na impossibilidade de comparecer pessoalmente, podia o notário fazer-se substituir pelos ajudantes que tinham igualmente competência para lavrar actas notariais. A situação é agora diferente.

como o diabo da cruz[912], dado tratar-se de tarefa difícil que envolve, normalmente, aspectos melindrosos, uma vez que, na base da intervenção requerida se encontra frequentemente o mau relacionamento entre os sócios ou entre estes e os órgãos sociais. Acresce que a necessidade de registar adequadamente as intervenções – feitas muitas vezes na expectativa de eventual resolução judicial de litígio intra-societário – torna as assembleias gerais com participação de notário normalmente muito demoradas, nas mesmas se incluindo o tempo despendido com a elaboração e verificação da acta[913].

29.8.4.2. *Consequências da falta de notário*

E se a pretensão do sócio for indevidamente desatendida e a reunião se realizar sem a presença do notário e por mera documentação em acta lavrada no livro respectivo?

No elenco dos requisitos de validade cuja inobservância determina a nulidade das deliberações sociais, taxativamente fixados no Código das Sociedades Comerciais (cfr. art. 56.º), não consta a falta de documentação da assembleia geral por acta.

E, assim sendo, serão as deliberações anuláveis (por aplicação do disposto no art. 58.º, n.º 1, *alínea a)*)? A questão não é pacífica, inclinando-se alguns para sustentar que a ilegalidade (falta de acta notarial) gera a anulabilidade da deliberação social[914], por não se poder admitir, como meio de prova das deliberações proferidas na reunião, a acta lavrada no livro directamente pelos membros da respectiva mesa, sem a intervenção de notário.

Para responder correctamente à questão, haverá que distinguir a razão da falta de notário, não tendo cabimento concluir pela anulabilidade se a acta não for lavrada por notário, por indisponibilidade deste e não

---

[912] Esta situação ir-se-á alterar no contexto actual da privatização do notariado.

[913] Este conjunto de circunstâncias, aliado a um custo que, até há pouco (quando o preço dos serviços era tabelado), ficava muito aquém do que seria normal esperar numa pura lógica de mercado, obrigava as administrações das sociedades – às quais a forma de acta notarial é requerida – a verdadeiros prodígios para assegurar a presença de notário.

[914] Entendia Pinto Furtado, *Deliberações dos Sócios* (Comentário ao Código das Sociedades Comerciais), Almedina, Coimbra, **1993**, pp. 738 e segs., que a referida ilegalidade – falta de acta notarial – gera a anulabilidade da deliberação social, não se podendo admitir como meio de prova das deliberações proferidas na reunião a acta lavrada no livro, pelos membros da respectiva mesa.

por recusa da sociedade em solicitar tal diligência. Nessa circunstância a administração da sociedade deverá comprovar que efectuou as diligências conducentes à intervenção de notário, mas não obteve satisfação.

As actas notariais, no caso de sociedades anónimas, devem ser assinadas pelos membros da mesa e pelo notário e, nas sociedades por quotas, por este e por todos os sócios que participam na assembleia. Em qualquer tipo societário cabe ao presidente da mesa conduzir os trabalhos da assembleia geral, podendo o notário inserir na acta qualquer declaração dos intervenientes que lhe seja requerida para dela constar. A intervenção notarial não constitui, em qualquer caso, um controlo ou garantia da legalidade da realização da assembleia e das deliberações nela formadas. O notário limita-se a assegurar a documentação do que efectivamente se passou, relatando com fidelidade a formação das deliberações sociais, o que, diga-se, já não é pouco.

30. **Vicissitudes das deliberações sociais; suspensão e impugnação**[915]

30.1. **Razão de ser**

Formada uma deliberação social, natural é que a mesma seja cumprida e executada, quer se projecte apenas internamente – o que acontece,

---

[915] Sobre esta matéria, vd. na doutrina nacional mais recente, Jorge Coutinho de Abreu, *Curso de Direito Comercial,* II – *Das Sociedades*, 3ª ed. cit., **2009**, pp. 445-533, e «Diálogos com a Jurisprudência, I – Deliberações dos Sócios Abusivas e Contrárias aos Bons Costumes», *DSR*, ano 1, vol. 1, Março **2009** (pp. 33-47), L.P. Moitinho de Almeida, *Anulação e Suspensão de Deliberações Sociais*, 4ª ed., Coimbra Editora, **2003**, José Oliveira Ascensão, «Invalidades das deliberações dos sócios», AA.VV., *Problemas do Direito das Sociedades*, Almedina, Coimbra, **2002**, pp. 371-398 (e também em AA.VV., *Estudos em homenagem ao Prof. Doutor Raul Ventura*, vol. II, Faculdade de Direito da Universidade de Lisboa, **2003**, pp. 17-44), Menezes Cordeiro, *SA: Assembleia Geral e Deliberações Sociais*, Almedina, Coimbra, **2006**, em especial pp. 175-177, 179-238, 257-262, Joaquim Taveira da Fonseca, *Deliberações sociais: suspensão e anulação*, sep. Revista «Textos» do Centro de Estudos Judiciários, Porto, **1994**, Manuel Carneiro da Frada, «Deliberações sociais inválidas no novo Código das Sociedades», AA.VV., *Novas Perspectivas do Direito Comercial*, Almedina, Coimbra, **1988** (pp. 315-336), Pedro Maia, «Deliberações dos sócios», AA.VV., *Estudos de Direito das Sociedades*, 9ª ed., Almedina,

por exemplo, quando está em causa a aplicação de resultados (distribuição de lucros ou dividendos) –, quer produza efeitos externos, devendo ser executada pela administração da sociedade [transmissão electrónica da IES ou registo na Conservatória do Registo Comercial dos membros dos órgãos de administração e de fiscalização (eleitos), por exemplo].

Sucede, contudo, que por vezes nem todos os sócios ficam satisfeitos com as deliberações formadas, por considerarem que as mesmas não são legais ou simplesmente por discordarem do respectivo conteúdo.

Na primeira situação, os sócios podem reagir contra as deliberações que tomaram, invocando vicissitudes no respectivo processo de formação ou a ilegitimidade do órgão deliberativo (a assembleia geral) relativamente à matéria objecto da deliberação. Nesse caso os sócios opõem-se à subsistência da deliberação e à respectiva execução porque consideram que a mesma é desconforme com a lei ou com o contrato de sociedade.

Coimbra, **2008** (pp. 235-275), em especial pp. 249-275, e «Invalidade de deliberação social por vício de procedimento», *ROA*, ano 61, II, Lisboa, **2001** (pp. 699-748), Henrique Salinas Monteiro, *Critérios de distinção entre a anulabilidade e a nulidade das deliberações sociais no Código das Sociedades Comerciais*, sep. da DJ, vol. VIII, t.2, **1994** (pp. 211-259), Carlos Olavo, «Impugnação das deliberações sociais», *CJ*, ano XIII, t. III, **1988**, pp. 19-31 (existe sep.), Armando Triunfante, *A Tutela das Minorias nas Sociedades Anónimas. Direitos Individuais*, Coimbra Editora, **2004**, pp. 167-214, Pedro Pais de Vasconcelos, *A participação social nas sociedades comerciais*, 2ª ed., Almedina, Coimbra, **2006**, pp. 151-186, e Teresa Anselmo Vaz, *Contencioso Societário*, Petrony, Lisboa, **2006**.

Com referência à legislação revogada pelo CSC, e portanto no âmbito de um ambiente legal diferente, vd. a dissertação de doutoramento de Vasco da Gama Lobo Xavier, *Anulação de deliberação social e deliberações conexas*, Atlântida Editora, Coimbra, **1975**.

Na doutrina estrangeira, vd. a monografia de Francesco Terrusi, *L'invalidità delle delibere assembleari della SPA*, Giuffrè, Milano, **2007**, em especial, pp. 59-86, 97-152 e 219-271. Para uma síntese do Direito italiano, cfr. Giuseppe Auleta/Niccolò Salanitro, *Diritto Commerciale*, 16ª ed., Giuffrè, Milano, **2008**, pp. 167-170, Gian Franco Campobasso, *Diritto Commerciale, 2. Diritto delle società*, 6ª ed., UTET, Torino, **2006**, pp. 344-252, Francesco Ferrara jr./Francesco Corsi, *Gli imprenditori e le società*, 14ª ed., Giuffrè, Milano, **2009**, pp. 567-580, Francesco Galgano, *Diritto Commerciale. Le società*, 17ª ed., Zanichelli, Bologna, **2009**, pp. 285-291, Agostino Gambino/Daniele U. Santosuosso, *Società di capitali*, 2ª ed., G. Giappichelli, Torino, **2007**, pp. 100-106, A. Graziani/G. Minervini/U. Belviso, *Manuale di Diritto Commerciale*, 13ª ed., CEDAM, Padova, **2007**, pp. 254-258, Berardino Libonati, *Corso di diritto commerciale*, Giuffrè, Milano, **2009**, pp. 411-422, e Presti/Rescigno, *Corso di diritto commerciale*, Zanichelli, Bologna, **2007**, pp. 465-471.

Na segunda situação, diferentemente, mesmo admitindo a conformidade legal e estatutária da deliberação social, os sócios reagem contra ela para pressionar a maioria a adoptar uma conduta que lhes seja favorável, provocando eventualmente negociações para venda das suas participações.

O Direito não fica indiferente à motivação subjacente à impugnação de uma deliberação social. Com efeito, quando a mesma visa corrigir um erro de formação (por exemplo, por preterição de formalidades essenciais na convocação de uma reunião de sócios) ou uma incompetência material (porque o órgão com capacidade para decidir é outro), tende a reconhecer ao reclamante razão, desfazendo retroactivamente a deliberação (mal) formada. Diversamente, quando a impugnação não visa a reposição da legalidade, mas tão-só uma finalidade que nada tem que ver com a tentativa de invalidação da deliberação social, a ordem jurídica não pode aceitar a reacção do sócio, preservando a deliberação (adequadamente) formada e, sempre que possível, admitindo a responsabilização daquele que adopta uma atitude de pura chicana[916].

30.2. Vicissitudes das deliberações dos sócios e vicissitudes das cláusulas do contrato de sociedade comercial

Não devemos confundir infracção a regras legais imperativas (que constem do Código das Sociedades Comerciais) com vicissitudes das deliberações sociais[917].

Os actos e cláusulas estatutárias que sejam contrários a normas imperativas são nulos, por aplicação do regime regra da invalidade dos negócios jurídicos no Direito português (art. 294.º do Código Civil). Isto é, se o contrato consagra uma cláusula estatutária que viole um preceito imperativo, naturalmente a sanção é a de que essa cláusula, em si, é nula, mas isso nada tem que ver com uma deliberação dos sócios – ainda que

[916] Nomeadamente condenando-o como litigante de má fé (cfr. arts. 456.º e 457.º do CPC) ou responsabilizando-o pelos danos que culposamente tenha causado à sociedade requerida, por não ter *agido com a prudência normal* ao requerer uma providência cautelar *injustificada* (cfr. art. 390.º, n.º 1 do CPC).

[917] Quando falamos, aqui, em deliberações sociais estamos a incluir as deliberações do órgão de administração que, sendo frequentemente um órgão colegial, reúne e delibera pluralmente; consequentemente algumas das suas decisões poderão ser questionadas. Sobre as mesmas pronunciar-nos-emos adiante (cfr., *infra*, n.º 32.5).

a cláusula em causa tenha resultado de uma deliberação (válida) de alteração do contrato –, e sim com a qualificação e valoração de uma disposição ou cláusula estatutária. E não devemos confundir um aspecto com o outro.

Já em caso de ineficácia *lato sensu* de uma deliberação social – como iremos ver, em seguida – corresponde uma das sanções previstas nos artigos 55.º e seguintes do Código das Sociedades Comerciais, sendo o regime-regra da invalidade das deliberações sociais a anulabilidade (art. 58.º do CSC).

30.3. **Direito de impugnar as deliberações dos sócios contrárias à lei ou ao contrato**

Vamos agora analisar o que sucede se os sócios deliberam em violação da lei ou do contrato de sociedade e estudar os casos e situações em que os sócios podem reagir, o modo como o devem fazer e quais os efeitos dessa reacção.

O Direito, sempre que se verifica uma desconformidade, mais ou menos grave, de um acto com a ordem jurídica, admite diversas formas de inutilização desse acto que pode consistir precisamente numa deliberação social.

O Código das Sociedades Comerciais regula na sua Parte Geral (Título I), a matéria das «Deliberações dos Sócios» (Capítulo IV, arts. 53.º a 63.º), dedicando a maior parte dos preceitos às vicissitudes que possam estar subjacentes com a respectiva formação (cfr. arts. 55.º a 62.º).

Verificando-se a ineficácia (*lato sensu*) da deliberação dos sócios, poderão estes recorrer aos tribunais para inutilizarem essa deliberação, independentemente do montante da respectiva participação social, propondo nomeadamente uma acção constitutiva (anulação de deliberação social) ou de simples apreciação (negativa) (declaração de nulidade). No entanto, uma vez que o tribunal pode levar o seu tempo a julgar – e até à decisão a deliberação produziria os seus efeitos –, a lei faculta aos sócios um procedimento cautelar típico, que visa assegurar-lhes o conteúdo útil do seu direito (de impugnação): a providência de suspensão de deliberação social.

O direito de impugnação de deliberações sociais configura-se como um direito necessariamente individual, com uma excepção referente ao procedimento cautelar de suspensão de deliberação social de sociedade aberta, que requer a detenção (ou conjugação) de uma percentagem mínima do capital social: 0,5% (cfr. art. 24.º do CVM).

30.4. **Regime regra das vicissitudes das deliberações dos sócios**

30.4.1. *Enquadramento*

Antes de mais, esclareça-se que por **vicissitude** entendemos qualquer desconformidade da deliberação com a lei e os estatutos. Verificando-se essa desconformidade e não se encontrando especificamente prevista uma sanção para o efeito, *quid juris?* Isto é, qual a regime-regra de inutilização do acto?

Concluindo pela existência de uma vicissitude na deliberação social, o Direito ou considera que a mesma é ineficaz, em sentido restrito, porque, embora estando adequadamente formada, lhe falta um requisito externo, eventualmente o consentimento de um interessado, para poder produzir os efeitos a que tende – é o caso, por exemplo, da deliberação de supressão de um direito especial sem o consentimento do(s) respectivo(s) titular(es) – ou reconhecendo uma deficiência formal ou substancial na formação da deliberação social, considera-a inválida e, consequentemente, inapta para provocar os efeitos jurídicos que visava. Nesta segunda hipótese – de longe a mais frequente –, as deliberações serão nulas ou simplesmente anuláveis, consoante a gravidade da inobservância legal.

Mas nesta matéria (de invalidade) as deliberações sociais conhecem um desvio ao regime-regra do Direito português relativo à invalidade dos negócios jurídicos em geral, o qual – como recordámos acima (n.º 30.2) – se traduz na nulidade dos actos contrários às regras imperativas, sempre que a lei não determinar diferente sanção (normalmente a anulabilidade), isto é, no Direito Civil, o regime-regra da invalidade dos negócios jurídicos é o da nulidade, ou seja, verificando-se uma desconformidade do acto com regras imperativas, a consequência é a da respectiva nulidade se outra, diversa, não for expressamente prevista. Este regime resulta do art. 294.º do Código Civil e constitui a regra geral do Direito português, o que significa que, relativamente à generalidade dos negócios jurídicos, a anulabilidade é uma forma excepcional de invalidade, ocorrendo apenas quando for expressamente prevista como sanção para uma desconformidade do negócio jurídico.

No plano das deliberações sociais, em geral, e das respectivas invalidades em particular, o regime-regra é o da anulabilidade da deliberação. Vejamos, em seguida, porquê.

30.4.2. *Anulabilidade das deliberações (inválidas) dos sócios; fundamento*

Importa, pois, formular a seguinte questão:

– Qual o fundamento para que o regime-regra das deliberações que sofram uma vicissitude seja o regime da anulabilidade, e não da nulidade?

Recorde-se que um acto nulo é um acto que não produz quaisquer efeitos, podendo a ordem declará-lo nesses termos sem dependência de prazo (cfr. art. 286.º do CC).

Diferentemente a anulabilidade é não apenas uma vicissitude que carece de declaração judicial, como está dependente de invocação num prazo relativamente curto, uma vez que se considera que, não sendo tão grave como a nulidade, pode ser recuperável pelo decurso do tempo ou pela concordância superveniente de quem ficaria particularmente afectado com a subsistência desse acto (cfr. art. 287.º do CC). Aliás, enquanto os actos nulos não produzem efeitos, os que são meramente anuláveis produzem efeitos até serem invalidados; se nunca vierem a ser impugnados – ou, sendo-o, a impugnação não proceder – radicam-se definitivamente na ordem jurídica como se se tivessem formado sem qualquer vicissitude. Dos regimes jurídicos característicos destas duas diferentes formas de invalidade chegaríamos à conclusão que a opção pela nulidade é uma escolha radical que implica necessariamente a possibilidade de – decorrido um prazo relativamente longo – os actos jurídicos que se alicerçam num acto nulo (sem quaisquer efeitos) poderem vir a ser, também eles, declarados sem efeitos.

Ora, a vida de uma sociedade comercial não é compatível com uma solução deste teor, designadamente porque os actos sociais se encadeiam uns nos outros, pelo que a respectiva validade não pode estar dependente da validade precária dos actos antecedentes. Fundamentalmente por esta razão, em matéria de deliberações sociais as vicissitudes são sancionadas, em regra, com a anulabilidade, evitando-se assim, tanto quanto possível, que a invalidade de um acto (nulidade) – no qual se apoiarão necessariamente outros subsequentes –, possa ser invocável sem dependência de prazo e, desse modo, contaminar os actos que, entretanto, tenham sido praticados.

A teoria em que se alicerça a opção legal é, pois, a teoria dos **actos sociais em cadeia**, segundo a qual os actos sociais se encadeiam uns nos outros e, por isso, não pode a respectiva validade ficar dependente de eventual vicissitude de actos que os antecedem.

Há que salvaguardar, pelo estabelecimento de prazos relativamente curtos para a arguição da invalidade das deliberações dos sócios que as deliberações que se vêm, entretanto, a formar subsistam, mesmo baseadas em deliberação que inicialmente não fosse válida.

Se uma desconformidade provocasse a nulidade da deliberação – com as características inerentes a esta forma de invalidade, designadamente ser invocável sem dependência de prazo –, poderia acontecer que a respectiva declaração pudesse vir a ser proferida num momento em que outras deliberações nela se encontravam apoiadas e quiçá (já) executadas. A nulidade, uma vez declarada, inquinaria as deliberações subsequentes arreigadas na deliberação nula, arrastando-as inapelavelmente. É esta consequência que a anulabilidade – pela sanação resultante do decurso (de um curto espaço) temporal – previne e evita, preservando a sociedade de graves prejuízos.

Imagine-se que uma deliberação social que se traduzisse na eleição de administradores, afinal apresentava uma desconformidade. Se a vicissitude, qualquer que ela fosse, revestisse a forma de nulidade e fosse detectada apenas seis meses depois da eleição – numa altura em que os eleitos já haviam praticado inúmeros actos em representação da sociedade –, a sua invalidade poria em causa a validade de todos os actos que a pressupunham como válida, nomeadamente aqueles que haviam sido executados por quem, afinal, não teria legitimidade no momento da respectiva prática.

Este tipo de consequência não se pode sequer admitir, porque seria além do mais paralisante da vida social.

Por isso, no plano das sociedades comerciais, a regra é da anulabilidade[918] das deliberações inválidas que violem disposições do contrato

[918] Importa a propósito recordar um aspecto essencial do Direito Civil, e mais concretamente da teoria geral do negócio jurídico, em particular no que respeita à respectiva invalidade. Em nosso entender um acto anulável configura-se como um acto válido, mas potencialmente inválido. (Neste sentido, Inocêncio Galvão Telles, *Manual dos*

social ou – quando ao caso não caiba especificamente a nulidade nos termos do artigo 56.º – da lei, encontrando-se o fundamento legal no artigo 58.º, n.º 1, *alínea a)*.

30.4.3. ***Deliberações anuláveis***

30.4.3.1. *O artigo 58.º do Código das Sociedades Comerciais*

Para além do regime-regra que consta da *alínea a)* do número 1 do artigo 58.º – segundo o qual «*são aniláveis as deliberações que violem disposições quer da lei, quando ao caso não caiba a nulidade, nos termos do artigo 56.º, quer do contrato de sociedade*» –, são também anuláveis, por expressa previsão legal e com fundamento em desconformidades específicas outras deliberações.

Em vez de adoptar um critério residual, o artigo 58.º teve o condão de explicitar que, nalguns casos, as deliberações são anuláveis, ultrapassando-se, assim, dúvidas que poderiam resultar do eventual enquadramento de certas deliberações no artigo 56.º, e da sua qualificação como nulas.

Comece-se pela apreciação, necessariamente sucinta, das deliberações anuláveis, que encontramos enunciadas no artigo 58.º e noutras disposições legais.

30.4.3.2. *Deliberações que violem disposições da lei ou do contrato (e não sejam nulas)*

Segundo o artigo 58.º, n.º 1, *alínea a)*, regra geral, todas as deliberações que infrinjam preceitos legais ou contratuais são anuláveis. E tal só não acontece se a lei, considerando a gravidade da violação, entender que a deliberação não pode deixar de ser nula.

Contratos em Geral, 3ª ed., Lisboa, **1965**, cfr., em especial pp. 331 e 338; 4ª ed., Coimbra, **2002**, pp. 358 e 361). Isto teoricamente é muito diferente de dizer que o acto é inválido, porque isso pressupõe a não produção de efeitos. Dizer que ele é potencialmente inválido significa que ele produz efeitos e pode vira a mantê-los, para sempre, designadamente porque decorre ou caduca o prazo durante o qual o acto poderia eventualmente ser impugnado. Isso acontecendo, é como na realidade não se tivesse verificado qualquer vicissitude. Por isso, se fala no Direito Civil em convalescença do acto. E este aspecto é inteiramente aplicável às deliberações anuláveis.

Não estamos perante um critério residual, mas sim perante uma regra geral, que é a que melhor satisfaz o interesse social, por evitar que uma deliberação social viciada perdure indefinidamente até que venha a ser, um dia, invalidada (declarada nula).

A falta de reacção oportuna irá afirmar definitivamente a deliberação dos sócios que não esteja gravemente afectada na sua constituição. Isto é, a impugnação constitui um ónus do sócio ou do accionista que, conhecedor de uma desconformidade da deliberação com a lei ou o contrato, pretende reagir contra a sua subsistência na ordem jurídica. A omissão do sócio, eventualmente interessado, ou a quem aproveitaria o desfazer da deliberação, irá contribuir para a consolidação (ou convalidação) da deliberação anulável (e, por isso, potencialmente inválida) na ordem jurídica.

30.4.3.3. *Deliberações abusivas*

São também anuláveis as deliberações sociais abusivas (art. 58.º, n.º 1, *alínea b)*).

As deliberações sociais abusivas são deliberações pelas quais se vai prosseguir um interesse particular, prejudicando-se o interesse dos sócios, sem que isso corresponda ao interesse da sociedade[919].

Para que a deliberação seja abusiva é necessário que se verifique um dos seguintes requisitos:

– A deliberação assegure ao sócio vantagens especiais para si ou para terceiro, em prejuízo da sociedade ou de outro sócio; ou

– A deliberação vise prejudicar a sociedade ou outro(s) sócios(s).

Exemplifique-se com um caso da nossa jurisprudência[920]: numa sociedade por quotas os sócios deliberaram trespassar um estabelecimento comercial por um determinado preço. Os minoritários propuseram-se tomar de trespasse esse estabelecimento por mais do dobro daquele preço. Não obstante, a maioria insistiu em manter a deliberação formada,

[919] Cfr. **AcRelÉvora 28 Mai 1998** (Fernando Bento), *CJ*, ano XXXIII, t. III, 1998, pp. 262-265, **AcRelCoimbra 25 Set 2001** (Cardoso Albuquerque), *CJ*, ano XXVI, t. IV, 2001, pp. 12-17, e **AcSTJ 27 Jun 2002** (Oliveira Barros, *CJ/AcSTJ* ano X, t. II, pp. 138-145), entre outros.

[920] **AcSTJ 3 Fev 2000** (Miranda Gusmão), *CJ/AcSTJ*, ano VIII, t. I, 2000, pp. 59-63).

que prejudicava claramente a sociedade. O tribunal anulou a deliberação, considerando-a abusiva[921].

A lei estabelece, contudo, uma salvaguarda relativamente ao efeito dos votos abusivos: a de que, apesar de a deliberação ser abusiva, ela pudesse ter sido formada sem aqueles votos (abusivos). Nesse caso ela não é anulável. Com efeito, se a deliberação se constituísse mesmo sem os votos abusivos, a desconsideração destes não evitaria que a deliberação se formasse e, por isso, ela deixa de ser anulável. Há, pois, que verificar os votos em concreto e concluir sobre se a deliberação, apesar dos votos abusivos, não teria sido tomada.

30.4.3.4. *Falta de elementos mínimos de informação*

Por sua vez, a lei considera anuláveis todas as deliberações que não tenham sido precedidas do fornecimento ao sócio de elementos mínimos de informação (art. 58.º, n.º 1, *alínea c)*), devendo entender-se estes como elementos adequados e necessários para que o sócio forme uma livre convicção quando se vai pronunciar em deliberações colectivas, designadamente quando vai apreciar actos sociais.

Ora, o número 4 do art. 58.º estabelece critérios para definir o que são elementos mínimos de informação, considerando que integram o conceito os elementos que devem ser colocados ao dispor dos sócios, com uma determinada antecedência, referentes aos assuntos que vão ser objecto de deliberação, desde as propostas de alteração contratual (cfr. *alínea a)*) até ao relatório de gestão e (demais) documentos de prestação de contas (cfr. *alínea b)*).

Mas a preterição de informação essencial para a formação da vontade do sócio também é causa de anulabilidade da deliberação se ocorrer no decurso de uma assembleia geral. Assim, a negação de informações ou a prestação de falsas informações no decurso de uma reunião magna de sócios está sujeita a uma sanção análoga à prevista na *alínea c)* do número 1 do artigo 58.º (cfr. art. 290.º, n.º 3, aplicável às sociedades por quotas *ex vi* art. 214.º, n.º 7).

---

[921] Fica em aberto discutir se a proposta de aquisição formulada pela minoria é susceptível de execução específica (isto é, se pode ser judicialmente imposta à sociedade contra a vontade da maioria).

30.4.3.5. *Preterição de normas relativas à elaboração do relatório de gestão e documentos de prestação de contas e irregularidade nas contas*

São também anuláveis as deliberações tomadas com violação das regras (legais) referentes à *elaboração do relatório de gestão, das contas do exercício e* outros *documentos de prestação de contas* ou que aprovem contas irregulares que não sejam *reformadas (cfr.* art. 69.º, n.ºs 1 e 2). Isto é, a anulabilidade pode ser sanada se, sendo a irregularidade pouco grave e de fácil correcção, as contas forem rectificadas em prazo fixado pelo juiz (cfr. art. 69.º, n.º 2 *in fine*).

30.4.4. ***Anulabilidade de aumento do capital de sociedade aberta; efeitos***

Finalmente, refira-se que, relativamente ao aumento do capital de sociedade aberta, o Código dos Valores Mobiliários estabelece um regime específico para emissão de (novas) acções, visando evitar que a invalidação de uma deliberação de aumento do capital prejudique os direitos inerentes a todas as acções emitidas por essa sociedade.

Tais acções emitidas na sequência da deliberação objecto de impugnação *constituem uma categoria autónoma* enquanto os accionistas estejam em prazo para propor uma acção de anulação ou, tendo-o feito, não tenha sido proferida a decisão (cfr. art. 25.º do CVM)[922].

A procedência da acção de anulação implica a amortização das novas acções se tiverem, entretanto, sido cotadas (cfr. art. 26.º, n.º 1 do CVM).

30.5. **Deliberações nulas**

Sobre as deliberações nulas dispõe o artigo 56.º, o qual podemos sistematizar em duas partes distintas: uma, correspondente às primeiras duas *alíneas* do número 1, refere-se à própria constituição da deliberação, portanto ao respectivo processo formativo, recaindo sobre aspectos formais,

[922] Aliás, enquanto uma deliberação de aumento de capital for passível de anulação, as acções formam uma categoria com essa natureza (cfr. art. 25.º, *alínea b)*).

ao passo que a outra – relativa às duas últimas *alíneas* do mesmo preceito legal – diz essencialmente respeito ao conteúdo (ou substância) da deliberação.

Vamos analisá-las uma a uma:

30.5.1. *Deliberações formadas em assembleia geral não convocada*

30.5.1.1. *Falta de convocação de assembleia geral*

A *alínea a)* do número 1 do artigo 56.º determina a nulidade da deliberação tomada em assembleia geral que não tenha sido convocada.

Por sua vez, o número 2 do mesmo artigo acaba por esclarecer o que é que se deve entender por assembleia que não tenha sido convocada. Ora, *não se consideram convocadas* as assembleias que reúnam:

a) sem que a convocatória tenha sido assinada por quem tenha essa competência – isto é, pelo presidente da mesa, nas sociedades anónimas, ou pelo secretário no seu impedimento, e por um gerente, nas sociedades por quotas, em que não está instituída a mesa da assembleia geral – ou sem que da mesma não conste o dia, hora e local da reunião;
b) *em dia, hora ou local diversos dos constantes do aviso.*

No que se refere aos poderes para subscrever a convocatória, cuja falta determina a nulidade das deliberações, há que ter presente o seguinte: se a competência de dois órgãos for cumulativa, então qualquer deles pode assinar uma convocatória de assembleia geral; se for subsidiária, isto é, se um deles só puder assinar na falta ou impedimento do outro, então a convocatória não pode ser assinada por quem não tenha poderes, sob pena de nulidade das deliberações. Isto significa que o secretário da mesa da assembleia geral não poderá subscrever a convocatória se o presidente não estiver impedido de o fazer em tempo útil.

30.5.1.2. *Assembleias gerais totalitárias ou universais*

Por último, refira-se ainda que o preceito em análise aparentemente excepciona das assembleias não convocadas as assembleias totalitárias ou universais.

Há que ler com cuidado a ressalva constante da parte final da *alínea a)*, quando se determina que não são nulas as assembleias não convocadas «*se todos os sócios estiverem estado presentes ou representados*». A lei não exige que, não sendo convocada, todos devem estar presentes (ou representados) e dar o seu assentimento à realização da assembleia para deliberar sobre uma determinada ordem de trabalhos, como exige o artigo 54.º, n.º 1 *in fine*.

Há, pois, uma *nuance* na ressalva legal, que se traduz no seguinte: desde que estejam presentes todos os sócios, ainda que não estejam necessariamente de acordo em deliberar sobre os assuntos constantes da ordem de trabalhos, as respectivas deliberações não serão nulas, mas apenas anuláveis (nos termos do art. 58.º, n.º 1, *alínea a)*). A ideia que cremos estar subjacente a esta interpretação, que julgamos a única possível, é a de que, tendo necessariamente conhecimento das deliberações, os sócios devam tomar a iniciativa de as impugnar em prazo necessariamente curto se não concordarem com o respectivo teor.

30.5.2. *Deliberações formadas por voto escrito sem consulta prévia*

São também nulas as deliberações tomadas por voto escrito sem que para o efeito tenham sido previamente consultados todos os sócios ou sem que tenha havido uma ratificação da deliberação tomada por essa forma pela manifestação de vontade por escrito dos sócios não consultados (*alínea b)* do n.º 1 do art. 56.º).

É óbvio que a *alínea b)* é apenas aplicável nos casos em que esta modalidade de deliberação é possível – designadamente nas sociedades em nome colectivo (cfr. art. 247.º, *ex vi* art. 189.º, n.º 1) e nas sociedades por quotas (cfr. art. 247.º) –, sendo inviável, como já vimos, nas sociedades anónimas (cfr. arts. 53.º, n.º 1 e 373.º).

Trata-se de uma sanção que visa dar conteúdo útil ao direito de participar nas deliberações por voto escrito.

De qualquer modo, quer num caso, quer no outro – nestas duas primeiras alíneas do n.º 1 do artigo 56.º – está em causa a forma, ou o processo, como a deliberação surge, ou seja, aspectos fundamentalmente adjectivos, e não o conteúdo da deliberação, ao qual se referem as *alíneas c)* e d) do mesmo número e ainda os números 2 e 3 do artigo 69.º, que iremos analisar em seguida.

30.5.3. *Deliberação cujo conteúdo não esteja por natureza sujeito a deliberação dos sócios*

A *alínea c)* comina de nulas as deliberações cujo conteúdo não esteja por natureza sujeito a deliberação dos sócios.

Em nosso entender, e exemplificando, nestas deliberações enquadram-se aquelas cuja competência seja exclusiva de outros órgãos sociais (aquelas deliberações que, pela sua natureza, não são da competência dos sócios em geral). Mas também podemos acrescentar a essas, outras deliberações que, eventualmente, não possam ou não devam ser tomadas sem observância de regras de carácter geral que visam salvaguardar os direitos dos sócios na manifestação da respectiva vontade, designadamente em sede de alteração do contrato de sociedade. Por isso, certa deliberação que possa pôr em causa, por exemplo, a inderrogabilidade das cláusulas estatutárias para o futuro, é uma deliberação que, no fundo, nem por natureza está dependente da vontade dos sócios; e, como tal, é nula. É impossível que o conjunto do colectivo dos sócios abdique, para o futuro, da sua competência para dispor sobre as cláusulas contratuais, ainda que o faça por uma maioria que seja razoável.

Quando se refere à natureza, há que equacionar se estão em causa aspectos da vida societária sobre os quais os sócios nunca podem pronunciar-se – por serem da exclusiva competência de outros órgãos – ou se também são nulas as deliberações sobre aspectos que, cumulativamente, e em certas circunstâncias, podem ser assumidos pelos sócios. Por outras palavras – e em jeito de interrogação –, reporta-se a "natureza" à competência orgânica abstracta ou concreta?

Cremos que esta disposição legal é susceptível de englobar todas as deliberações que, ainda que possam ser tomadas pelos sócios, em regra não lhes competem, quer porque nem dizem respeito à sociedade[923], quer porque versem sobre matéria da competência de outros órgãos. Essencial é que revistam a aparência de deliberações sociais.

---

[923] Podem, assim, reconduzir-se a este tipo de deliberações as resoluções que não tem cabimento imputar à sociedade – como, por exemplo, as que recaiam sobre actos pessoais dos sócios –, para quem não aceitar a categoria da inexistência jurídica, mas concluir, diversamente de nós (cfr., *infra*, n.º 30.9), estar perante uma aparência material de deliberação social. Pelas razões que explicamos adiante (cfr., *infra*, n.º 30.9), parece fazer mais sentido qualificar a deliberação social como inexistente. No entanto, para evitar dúvidas sobre a sua subsistência na ordem jurídica, não repugna recorrer à declaração de nulidade.

30.5.4. *Deliberação cujo conteúdo seja ofensivo dos bons costumes ou de normas que não sejam derrogáveis por vontade unânime dos sócios*

Por fim temos as deliberações enunciadas na *alínea d)*, aquelas cujo conteúdo seja ofensivo dos bons costumes, portanto deliberações que se traduzam em comportamentos chocantes, numa perspectiva social, designadamente instigando a prática de actividades consideradas ilícitas. Por exemplo, qualquer sociedade que tome uma deliberação que contribua para a facilitação da prostituição; também certos aspectos que digam respeito a um tipo de actuação social, que seja vedado por regras de ordem pública. Por exemplo, os órgãos sociais deliberarem que, para determinados efeitos, os administradores da sociedade deveriam proceder ao pagamento de "luvas" a entidades públicas. São deliberações obviamente ofensivas dos bons costumes e que, consequentemente, são nulas.

São também nulas, ao abrigo da *alínea d)*, as deliberações cujo conteúdo seja ofensivo de preceitos legais que não possam ser derrogáveis nem por vontade unânime dos sócios, por serem de tal modo estruturantes da sociedade que os sócios não os possam pôr em causa. Inserem-se aqui, designadamente, aquelas deliberações que versam sobre os chamados direitos irrenunciáveis que nem um sócio individualmente, nem o colectivo, podem pôr em causa (direito aos lucros periódicos, *v.g.*).

30.5.5. *Outras deliberações nulas*

A concluir, refira-se que há outras deliberações nulas, para além das previstas no artigo 56.º do Código das Sociedades Comerciais, como é o caso de todas as deliberações que violem regras imperativas referentes à adequada preservação da reserva legal (no que toca à sua constituição, reforço ou utilização) ou que infrinjam normas que visam principalmente a tutela *dos credores ou do interesse público* (cfr. art. 69.º, n.º 3).

Resulta do preceito legal em análise que a deficiente utilização da reserva legal provoca a nulidade da deliberação social que a determine ou do próprio acto que a ponha em causa[924]. Conforme referimos oportunamente, não se nos afigura ser esse o caso se a reserva legal estiver

[924] A letra da lei não se confina às deliberações sociais.

assegurada pelo seu mínimo legal, habitualmente correspondente a um quinto do capital social.

O princípio que é tutelado pelo disposto no artigo 69.º, n.º 3 é o princípio da intangibilidade do capital social e este apenas pretende assegurar que só possa haver distribuição (lícita) de bens quando a situação líquida superar o montante do capital social acrescido das reservas legais obrigatórias e de outras que se destinem a garantir os interesses dos credores e do público em geral (cobertura de participações próprias, por exemplo).

30.6. **O plano processual**

30.6.1. ***Considerações gerais sobre a impugnação das deliberações sociais***

Quando as deliberações padecem de uma vicissitude, os sócios ou o órgão a quem compete a fiscalização da sociedade podem querer reagir, para repor a legalidade, recorrendo ao respectivo direito de impugnação. Iremos agora fazer uma apreciação sumária dos meios de que os sócios dispõem para reagir contra uma deliberação ilegal.

Como vimos, sempre que a lei não preveja a nulidade de uma deliberação social e ela sofra de uma vicissitude o respectivo regime jurídico será o da anulabilidade, o que implica que os sócios disponham de um prazo relativamente curto para agir. Se não o fizerem, a deliberação convalescerá e radicar-se-á definitivamente na ordem jurídica.

Aliás, a deliberação social é executável enquanto não for anulada ou declarada nula. Por essa razão, por motivos de urgência e com a finalidade de preservar a utilidade da invalidação – isto é, para garantir que esta actua sobre a deliberação social que se pretende destruir ou cujos efeitos se pretende eliminar –, a lei criou um meio processual específico que faculta aos sócios descontentes a possibilidade de requererem a suspensão imediata das deliberações sociais nulas ou anuláveis, evitando que as mesmas sejam, de facto, executadas. Trata-se do procedimento cautelar de suspensão de deliberações sociais, que abordaremos em ponto autónomo.

Importa ainda sublinhar que a qualidade (de sócio ou accionista) e respectiva demonstração por parte do autor são essenciais, quando a acção (judicial) não é movida pelo órgão de fiscalização. Por isso, a perda dessa qualidade no decurso da acção conduz a sociedade ré à absolvição da instância.

30.6.2. *Acção de anulação*[925]

O prazo para propor a acção de anulação é relativamente curto, de trinta dias contados a partir da data em que terá sido encerrada a assembleia geral, se esta foi bem convocada e se o assunto constava da ordem do dia, caso em que se pressupõe que o sócio teve, ou poderia ter tido, conhecimento do teor das deliberações (cfr. art. 59.º, n.º 2). Como é evidente o sócio não tem de conhecer ou estar informado sobre o conteúdo de uma deliberação que verse sobre assunto que não integre a ordem do dia porque, não estando nesta enunciado ou incluído, não podia esperar, nem prever, que tal matéria viesse a ser analisada ou discutida na assembleia geral, à qual o sócio poderia ter, voluntária ou inadvertidamente, faltado.

Os problemas que se colocam, eventualmente, a propósito da impugnação judicial são problemas de legitimidade activa.

O Código das Sociedades Comerciais atribui competência ao órgão de fiscalização – sempre que exista[926] – para propor a invalidação de uma deliberação social (cfr. art. 57.º), o que é perfeitamente lógico, uma vez que cabe a este órgão controlar a legalidade da vida societária, que passa não apenas pelo desempenho do órgão de gestão, mas também pelo regular funcionamento da própria assembleia geral.

Para além do conselho fiscal, fiscal único ou revisor oficial de contas *ad hoc* (designado nos termos do art. 262.º, n.º 2 do CSC), também qualquer sócio – independentemente do montante da sua participação – tem legitimidade para propor a anulação de uma deliberação social (e a providência cautelar que, eventualmente, a antecede), desde que não tenha votado favoravelmente a deliberação social, isto é, contanto que

[925] Para além de obras já citadas, vd. VASCO DA GAMA LOBO XAVIER, «O início do prazo da proposição da acção anulatória de deliberações sociais e o funcionamento da assembleia geral repartido por mais do que um dia» (anot. AcSTJ 3 Abr 1986), *RLJ*, 120.º ano (**1987/88**), pp. 314-320 e 329-337.

[926] Quando o órgão não existir, a legitimidade cabe à gerência (cfr. arts. 57.º, n.º 4 e 60.º, n.º 3).

não tenha votado no sentido que acabou por fazer vencimento, nem tenha mais tarde vindo a aprovar, expressa ou tacitamente, essa mesma deliberação (cfr. art. 59.º, n.º 1).

A este propósito suscita-se, pois, a questão de saber se é possível que um sócio que tenha votado favoravelmente uma deliberação venha agora a opor-se à sua subsistência. Tal não tem, nem faz, muito sentido, por representar um *venire contra factum proprium*; e é por isso que a lei impede que um sócio que tenha aprovado uma deliberação venha, subsequentemente, a pô-la em causa, requerendo a respectiva anulação.

Se a votação foi secreta, o sócio descontente ou manifestou *in loco* a sua desaprovação (ou não concordância) pela deliberação, designadamente através de declaração de voto ou, não o tendo feito então – eventualmente por não ter sido autorizado –, se dirigiu num dos cinco dias seguintes a um cartório notarial e lavrou menção do seu voto (contrário à deliberação formada ou de abstenção) em certificado notarial (cfr. art. 163.º do CódNot) (art. 59.º, n.º 6 do CSC).

A lei é omissa acerca de saber o que fazer se o sentido do voto do sócio – não favorável à deliberação – não ficou registado, apesar de a votação ter sido nominal, porque o presidente da mesa não autorizou essa menção. Entendemos que, para além dos meios de prova normais, nada impede que o sócio discordante recorra ao procedimento notarial acima descrito.

Fundamental em qualquer das circunstâncias descritas é que o sócio impugnante não represente um número de votos superior aos votos desfavoráveis e às abstenções registados na assembleia, uma vez que se não esteve presente nesta, nem se fez representar, não podem subsistir dúvidas sobre a sua legitimidade.

Finalmente, a legitimidade passiva não suscita dificuldades, uma vez que estas acções (incluindo as de declaração de nulidade) são propostas contra a própria sociedade (cfr. art. 60.º, n.º 1), que assume, assim, o papel de ré nestas acções.

30.6.3. *Acção de declaração de nulidade*

Quanto à declaração de nulidade – que não se encontra pendente de prazo, para além do interesse processual que deve subsistir no momento da propositura da respectiva acção –, aplica-se o disposto nos artigos 60.º e 57.º.

Nesta matéria, o que é interessante é a especial intervenção do órgão de fiscalização, cuja iniciativa conhece uma grande latitude, mas que prescindimos de explicar, dada a clareza do disposto no artigo 57.º do Código das Sociedades Comerciais.

30.6.4. *Suspensão de deliberações inválidas*[927]. *O caso específico do artigo 24.º do Código dos Valores Mobiliários*

30.6.4.1. *Regime geral*

A demora que se possa verificar relativamente à decisão judicial sobre a validade de uma deliberação social[928] pode prejudicar seriamente os interesses da sociedade se a propositura da acção de impugnação não for, por si, suficiente para impedir que a administração (ou gerência) da sociedade execute essa deliberação.

Por isso, a lei criou um expediente que, em regra, precede essa acção (de anulação ou de declaração de nulidade) e que permite uma apreciação tão rápida quanto possível da eventual desconformidade da deliberação social. Esse expediente – que pretende assegurar um conteúdo útil imediato e relevante à impugnação a propor – é um procedimento cautelar de suspensão de deliberações sociais e encontra-se regulado no Código de Processo Civil, nos artigos 396.º e 397.º, tendo como finalidade paralisar com celeridade a deliberação social viciada, de modo a evitar que seja concretizada a deliberação social (inválida) que se pretende

---

[927] Para além de obras já citadas (cfr., *supra*, nota 762), vd. Vasco da Gama Lobo Xavier, «Suspensão de deliberações sociais ditas "já executadas"» (anot. AcRelCoimbra 14 Jul 1987), *RLJ*, 123.º ano (1990/91), pp. 375-384, e 124.º ano (**1991/92**), pp. 10-11, Alexandre Soveral Martins, «O procedimento cautelar de suspensão da deliberação social pela qual foram designados os administradores de uma sociedade anónima: breves considerações sobre a posição dos terceiros», *ROA*, ano 58, III, **1998** (pp. 1383-1390), «Suspensão de deliberações sociais de sociedades comerciais: alguns problemas», *ROA*, ano 63, I/II, Lisboa, **2003** (pp. 345-373) e, retomando o tema, em anot. ao **AcTribRel-Guimarães de 15 de Out de 2003** (António Ribeiro), «A propósito da suspensão de deliberações sociais e do princípio do igual tratamento», *Cadernos de Direito Privado*, n.º 13, **2006**, pp. 37-50 (em especial, pp. 45-50), e António Abrantes Geraldes, *Temas da reforma do processo civil*, IV vol., 3.ª ed., Almedina, Coimbra, **2006**, pp. 71-102.

[928] Uma vez que a anulação ou declaração de nulidade de uma deliberação social é um acto que deve ser cuidadosamente apreciado pelos tribunais, e como tal leva o seu tempo.

impugnar e a assegurar que no futuro próximo não se vão pendurar ou alicerçar na mesma outras deliberações, com natural e óbvio prejuízo para a própria sociedade.

O prazo para requerer a suspensão de deliberações sociais é de dez dias, sobre a data em que a assembleia devia ter reunido, se regularmente convocada ou contado desde o conhecimento da respectiva realização quando a mesma não haja sido convocada (cfr. art. 396.º, n.º 3 do CPC), devendo o requerimento demonstrar *que a execução pode causar um dano apreciável* (cfr. art. 396.º, n.º 1 e ainda art. 381.º, n.º 1 *ex vi* art. 392.º, n.º 1 e art. 397.º, n.º 2, todos do CPC)[929] e ser instruído com cópia da acta da assembleia relativa à deliberação (cfr. art. 396.º, n.º 2 do CPC).

Por sua vez, os efeitos da citação da sociedade requerida – contra a qual é proposta a providência –, no âmbito de um procedimento cautelar de suspensão de deliberação social, são muito diferentes dos que se verificam numa acção constitutiva de anulação de deliberação social. Assim, o procedimento cautelar virá a ter como consequências – uma vez citada a sociedade para se opor, querendo (e, neste caso, contestando a providência) – a paralisação dos efeitos da deliberação social e, entre estes, a respectiva execução (cfr. art. 397.º, n.º 3 do CPC). Desse modo, os administradores ou gerentes, tendo tido formalmente conhecimento, pela citação, da suspensão requerida, devem abster-se de executar a deliberação social em causa, sob pena de os actos praticados serem nulos e de incorrerem em responsabilidade inerente à prática de acto ilícito.

Entretanto, os sócios (interessados) que requereram a suspensão da deliberação social (inválida) devem, no prazo de que dispõem para o efeito, propor igualmente a respectiva acção de anulação ou declaração de nulidade, consoante a gravidade da vicissitude.

Por isso, este procedimento cautelar deverá ser, necessária e imediatamente, seguido da acção principal de anulação da deliberação social, que deverá ser proposta no prazo de trinta dias a contar das mesmas datas (e não no prazo de trinta dias após ser decretada a suspensão das deliberações), sob pena de se extinguir (cfr. art. 389.º, n.º 1, *alínea e) ex vi* art. 392.º, n.º 1 do CPC).

Com efeito, a este propósito importa ainda chamar a atenção para o facto de o prazo para o sócio propor a acção de anulação (trinta dias, em

---

[929] Sobre o conceito de *dano apreciável*, cfr. **AcSTJ 5 Dez 2000**, (Garcia Marques), *CJ/AcSTJ*, ano VIII, t. III, 2000, pp. 154-158, **AcRelLisboa 17 Jul 2008** (Rui Vouga) / Proc. n.º 2321/2008-1, *www.dgsi.pt*, e **AcRelÉvora 9 Jul 2009** (Rui Machado e Moura) *CJ*, ano XXXIV, t. III, 2009, pp. 274-275.

regra; cfr. art. 59.º, n.º 2, *alínea a)*) ser um prazo de caducidade, o que significa que, ainda que seja requerida providência cautelar de suspensão da deliberação social – o que terá de ser feito no prazo de dez dias, como já se viu –, o prazo para a propositura da acção de anulação não se suspende, contando-se desde a data da assembleia geral se o impugnante esteve presente ou foi regularmente convocado. Por se tratar de um prazo substantivo, a acção de anulação deve ser apresentada em juízo até ao trigésimo dia, ainda que este coincida com férias judiciais, visto que o prazo não se suspende.

30.6.4.2. *Suspensão de deliberações sociais nas sociedades abertas*

No que se refere à reacção imediata relativamente a deliberações que o accionista considera inválidas, a lei não permite, nas sociedades abertas, que accionistas detentores ou representantes de menos de 0,5% do capital social com direito de voto possam requerer a suspensão de deliberações sociais (cfr. art. 24.º, n.º 1 do CVM). Com esta regra excepcional, sublinhe-se, pretende o Código dos Valores Mobiliários evitar atitudes chicaneiras adoptadas única e exclusivamente com a finalidade de negociar (na maior parte dos casos alienar) uma posição accionista. A lei mede o interesse sério do requerente do procedimento cautelar, exigindo que o mesmo represente um mínimo de 0,5% do capital social e, dessa forma, evidencie meios para fazer face a uma reacção da sociedade, consubstanciada em eventual acção de responsabilidade a propor pelos prejuízos sofridos.

A disposição legal específica a que nos vimos a referir evita abusos de minorias insignificantes e sem um interesse real na sociedade, sendo complementada por uma regra que visa proteger tais accionistas: a de que os mesmos – apesar de não poderem requerer a suspensão da deliberação social – poderão dirigir-se, por escrito, à administração, convidando-a a abster-se de executar essa deliberação, cujos vícios deverão ser evidenciados (cfr. art. 24.º, n.º 2 do CVM)[930]. Caso venha a ser invalidada a deliberação – executada sem atender o requerimento dos accionistas –, os respectivos executantes assumem responsabilidade específica e pessoal

[930] Saliente-se que este expediente não está limitado aos accionistas que detenham menos de 0,5% do capital social. O que sucede e que estes accionistas não dispõem de alternativa; os demais poderão optar entre responsabilizar a administração da sociedade ou requer uma providência cautelar de suspensão de deliberações sociais.

por prejuízos causados com a execução (cfr. art. 24.º, n.º 3 do CVM), o que não deixa de constituir um pesado ónus para os administradores (executivos) da sociedade.

30.7. Renovação e revogação de deliberações inválidas[931]

30.7.1. *Razão de ordem*

Vamos agora ver o que acontece quando os sócios se consciencializam da invalidade da deliberação formada e, nomeadamente, o que eles poderão fazer para aproveitar os actos já processados – nos casos em que tal seja possível –, ou, diversamente, assumir a vicissitude ocorrida, extinguindo a deliberação.

30.7.2. *Renovação de deliberações sociais*

Considerado o fundamento que justifica o regime-regra da invalidade das deliberações sociais viciadas – a anulabilidade –, e que corresponde à ideia de máximo aproveitamento das deliberações formadas, compreende-se que, alicerçando-se, por norma, umas deliberações nas outras, haja interesse em prever a possibilidade de sanar com a maior latitude possível as vicissitudes detectadas.

Com essa finalidade, a lei previu a sanação das deliberações anuláveis e mesmo de algumas deliberações nulas, aquelas cuja vicissitude se ficou a dever precisamente a uma preterição meramente formal. Não se considerando muito grave a vicissitude ocorrida – apesar de a deliberação

---

[931] Vd. Manuel Carneiro da Frada, *Renovação de Deliberações Sociais*, sep. do vol. LXI (1985) do BFDC, Coimbra, **1987**, e António Sequeira Ribeiro, «Brevíssimas notas acerca da renovação de deliberações sociais», AA.VV., *Ars Ivdicandi – Estudos em Homenagem ao Prof. Doutor António Castanheira Neves*, vol. II: *Direito Privado*, org. por Jorge de Figueiredo Dias, José Joaquim Gomes Canotilho e José de Faria Costa, Coimbra Editora, **2008** (pp. 653-665).

Na jurisprudência recente, **AcSTJ 31 Out 2006** (Urbano Dias), *CJ/AcSTJ*, ano XIV, t. III, 2006, pp. 98-99, **AcRelLisboa 3 Mar 2009** (Rosa Ribeiro Coelho), *CJ*, ano XXXIV, t. II, 2009, pp. 61-64 (e tb *www.dgsi.pt*), e **AcRelPorto 7 Mai 2009** (Deolinda Varão) / Proc. n.º 30/06.9TYVNG.P1, *www.dgsi.pt*.

não produzir, entretanto, efeitos, por ser nula (e sem prejuízo de a deliberação renovatória poder ter eficácia retroactiva)[932] –, admite-se que supridas as falhas verificadas possam os sócios dar o seu assentimento ao conteúdo deliberativo que haviam (deficientemente) formado.

O processo de sanação corresponde à operação designada de renovação das deliberações sociais, em que é possível repor o requisito de validade em falta, eventualmente repetindo o processo formativo da deliberação social. Neste caso, a lei realiza um aproveitamento do processado, exigindo apenas que *a posteriori* se pratique o que está em falta.

Com efeito, os sócios podem através de uma deliberação sã confirmar uma deliberação anulável, sanando o vício de que enfermava (art. 62.º, n.º 2) e podem renovar uma deliberação nula tomada em assembleia geral não convocada ou por voto escrito sem consulta prévia, através de uma nova deliberação (art. 62.º, n.º 1).

No que se refere à renovação das deliberações anuláveis, o sócio que nisso tenha um interesse atendível pode obter junto do tribunal – no qual propôs oportunamente a anulação – a anulação da deliberação renovada, desde que foi (mal) tomada até à formação da deliberação renovatória (cfr. art. 62.º, n.º 2 *in fine*).

Por fim, chame-se a atenção para o facto de o tribunal, em que estiver pendente a invalidação de uma deliberação renovável, poder conceder um prazo à ré (sociedade), *a requerimento desta, para renovar a deliberação* (cfr. art. 62.º, n.º 3), sem prejuízo dos direitos de terceiros e do eventual interesse do impugnante em evitar os efeitos da deliberação (inválida) até à respectiva renovação (cfr. também art. 62.º, n.º 1 *in fine* e n.º 2 *in fine*).

---

[932] Na realidade à deliberação renovatória pode ser atribuída eficácia retroactiva, por forma a assegurar que os efeitos da deliberação (nula) renovada se tenham por produzidos desde o momento em que a mesma foi tomada, com a natural ressalva dos direitos de terceiros (cfr. art. 62.º, n.º 1 *in fine*) e de sócio que, entretanto, tenha proposto acção declarativa da nulidade para garantir que a renovação não torna eficaz *ab initio* a deliberação renovada (aplicação do disposto no art. 62.º, n.º 2, in fine, por maioria de razão).

Sobre os efeitos relativamente a terceiros, cfr. também, pelo seu interesse, o **AcRelCoimbra 17 Fev 1998** (Bordalo Lema), *CJ*, ano XXIII, t. I, 1998, pp. 36-38, o **AcRelLisboa 28 Out 2004** (Pereira Rodrigues), *CJ*, ano XXIX, t. IV, 2004, pp. 120-123, e os **Acórdãos da Relação do Porto** (ambos relatados por Sousa Lameira) de **2 Mar 2009** (*CJ*, ano XXXIV, t. II, 2009, pp. 177-180, e tb *www.dgsi.pt*) e de **25 Mai 2009** (*www.dgsi.pt*).

30.7.3. *Revogação de deliberações inválidas*

Como já o dissemos, enquanto não for colocada em causa, a deliberação social inválida produz os efeitos para que tende. Por isso, caso estejam de acordo e não obstante a vicissitude detectada, os sócios poderão em qualquer momento deliberar a respectiva revogação, desde que a deliberação ainda não esteja executada, ou seja, poderão retroactivamente declarar extinta a deliberação (mal) formada, repondo a legalidade e evitando que os tribunais se tenham de vir a pronunciar sobre a mesma.

Quanto ao que respeita ao *quorum* deliberativo, dir-se-á que o mesmo é idêntico ao da formação da deliberação social (revogada).

30.8. **Deliberações (puramente) ineficazes**[933]

O Direito Societário português prevê, paralelamente com a existência de deliberações inválidas (anuláveis ou nulas), a possibilidade de certas deliberações serem simplesmente ineficazes (cfr. art. 55.º).

A deliberação diz-se ineficaz em sentido estrito, não produzindo quaisquer efeitos, se lhe faltar um requisito externo de eficácia, apesar de ter sido, formal e substancialmente, estruturada em conformidade com as exigências legais, por ter sido tomada em assembleia geral devidamente convocada, com respeito pelas regras de *quorum* aplicáveis e relativamente a matéria da competência deste órgão. Tal sucederá sempre que a deliberação social, para produzir efeitos, careça do necessário consentimento ou aprovação de um ou mais sócios (ou categoria de accionistas) cujos direitos são por ela atingidos, apesar de, em tudo o mais, designadamente no que respeita à sua formação, ter sido observado o procedimento, legal e contratualmente, adequado[934]. Isto é, todas as deliberações sociais que dependem do consentimento de um determinado sócio, ou de uma categoria de sócios – neste caso só terá sentido se se tratar de uma sociedade anónima –, serão ineficazes enquanto tal consentimento não tiver sido concedido.

---

[933] Vd. também PAULO OLAVO CUNHA, *Direitos especiais*, pp. 200-201 (n.º 38).

[934] Pressupõe-se que a deliberação se forma adequadamente se a assembleia geral tiver sido devidamente convocada, se estavam presentes sócios ou accionistas representativos do capital social mínimo para ela poder funcionar (*quorum* constitutivo) e se foi aprovada por um número suficiente de votos.

Enquadram-se nas deliberações que carecem do consentimento de um ou mais sócios as deliberações que afectem direitos especiais (cfr. art. 24.º, em especial n.º 5)[935] e aquelas que imponham novas obrigações (cfr. art. 86.º, n.º 2).

Em qualquer das situações, o legislador considerou o consentimento dos sócios ou dos titulares da categoria de acções afectados ou daqueles a quem se pretende impor novas obrigações, como um elemento externo à deliberação de alteração do contrato que elimine ou apenas modifique um privilégio ou crie uma obrigação até então inexistente.

Se não for obtido o consentimento em falta, a deliberação da assembleia geral de alteração do contrato, apesar de validamente tomada, é ineficaz (cfr. art. 55.º).

A figura da ineficácia é a que melhor se adequa ao princípio da celeridade do Direito Comercial, na medida em que preserva intacta, embora paralisada, a deliberação de alteração do contrato, cujos efeitos podem vir a produzir-se a partir do momento em que ela for ratificada pelo sócio ou pela assembleia especial de accionistas cujo consentimento está em falta. Até lá os direitos atingidos permanecerão inalteráveis, não tendo os seus titulares de tomar qualquer providência (com vista à sua conservação).

A lei limita-se a estatuir a ineficácia absoluta («*para todos*») da deliberação *enquanto* não sobrevier o acordo, expresso ou tácito, do interessado (cfr. art. 55.º *in fine*) (*itálico nosso*), o que significa que enquanto tal consentimento não for dado, a deliberação dos sócios é como que irrelevante ou inexistente na ordem jurídica, sendo insusceptível de execução.

Mas se o consentimento nunca vier a ser prestado? Por quanto tempo subsiste a deliberação como ineficaz, pendente de (possível) ratificação? Durante um mês, seis meses, um ano? Ou mais? Até prescrever?

O Código das Sociedades Comerciais não estabeleceu prazo para o consentimento ser dado, pelo que a eficácia da deliberação pode ficar suspensa indeterminadamente, com a natural insegurança que daí resulta para a sociedade; o que explica e justifica que esta deva obter primeiro o consentimento em falta.

Caso tal não tenha acontecido e não ocorra subsequentemente à deliberação de alteração, num curto espaço de tempo, e a sociedade receie

[935] Pressupõe-se que os sócios não convencionaram a derrogabilidade dos direitos especiais, sem o respectivo consentimento ou da categoria privilegiada de acções de que são titulares, nem esta resulta de simples imposição da lei (cfr. art. 24.º, n.º 5 *in fine*).

que a deliberação venha a perder actualidade e que o(s) sócio(s) ou a categoria privilegiada venha(m) tardiamente a consentir nela, ela deve prevenir essa extemporaneidade, antecipando-se e promovendo a sua substituição[936].

Adequado será, consequentemente, a própria deliberação de alteração prever a sua caducidade, caso a mesma não resulte da lei[937], se carecer de um requisito de eficácia em falta.

No que respeita à forma do consentimento, vimos já que a lei admite que o mesmo seja expresso ou tácito. Será tácito, por exemplo, se traduzindo-se a deliberação da alteração contratual numa imposição de novas obrigações, e sendo os sócios que não as aprovaram chamados a realizá-las, o venham a fazer, revelando concordar com elas; o consentimento será expresso se resultar de declaração do sócio ou de acta de assembleia especial de categoria de accionistas[938].

Por sua vez, se a deliberação da assembleia geral for aprovada apenas *a posteriori*, ela não é apta a produzir efeitos desde que foi tomada, mas apenas desde que tiver sido dado o consentimento. Na verdade, admitir que ela poderia ter produzido efeitos desde que se formou equivaleria a reconhecer-lhe eficácia retroactiva, apenas possível nas relações entre os sócios e por unanimidade (cfr. art. 86.º, n.º 1).

Em suma, o nosso Direito Societário, recorrendo à figura da ineficácia (em sentido estrito) absoluta, consegue salvaguardar e aproveitar os efeitos da deliberação que fica suspensa a aguardar o requisito de eficácia em falta; ela é como que irrelevante não produzindo qualquer efeito, embora no seu aspecto formativo esteja completa. A vantagem é de, sobrevindo o consentimento imprescindível, não se ter de recorrer à repetição de todo o processo necessário à formação da deliberação social.

A deliberação ineficaz, conquanto materialmente existente, poder-se-á assim considerar juridicamente inexistente.

---

[936] No mesmo sentido Raúl Ventura, *Alterações do Contrato de Sociedade*, 2ª ed. (Comentário ao CSC), Almedina, Coimbra, **1988**, pp. 87-88.

[937] Como acontece com a deliberação de aumento de capital não executada no espaço de um ano (cfr. art. 89.º, n.º 3).

[938] Aliás, o consentimento dos titulares de acções privilegiadas à deliberação de alteração do contrato de sociedade que se traduza na modificação do direito especial que caracteriza a categoria de acções nunca pode ser tácito, pois tais accionistas têm de deliberar sobre a seu eventual consentimento, que deverá constar de acta da assembleia especial ou de documento equivalente.

30.9. Não reconhecimento da categoria da inexistência (jurídica) das deliberações de sócios

Discute-se também se há deliberações que podem ser consideradas juridicamente inexistentes, por serem absolutamente desconformes com a ordem jurídica, apesar da aparência material que revestem. Trata-se do problema do reconhecimento, ou não reconhecimento, da categoria da inexistência jurídica das deliberações dos sócios.

Importa esclarecer que sempre nos inclinámos para rejeitar o reconhecimento da inexistência jurídica[939], embora admitamos que, em matéria de deliberações sociais, haja situações que seja difícil reconduzir a uma simples nulidade.

Exemplifiquemos. Imagine-se que, numa assembleia geral adequadamente convocada, o respectivo presidente da mesa não reconhece, indevidamente, à maioria o direito de estar presente e participar na formação das deliberações, dirigindo os trabalhos apenas com alguns sócios e dando como correctamente tomadas as deliberações formadas desse modo, naquilo que é um verdadeiro simulacro de assembleia.

Há uma aparência material de deliberações sociais – lavradas no livro de actas –, mas há igualmente uma total desconformidade com o Direito, que talvez importe nem sequer reconhecer como possível realidade jurídica.

No entanto, se nós procurarmos no Código das Sociedades Comerciais a figura da inexistência jurídica, diversamente do que sucede quanto à ineficácia em sentido estrito (absoluta) – que não tem paralelo no domínio da teoria geral do Direito Civil[940] –, a verdade é que não a encontramos, porque ela não é acolhida. Isto é, o nosso diploma fundamental em matéria de sociedades comerciais é totalmente omisso quanto à suposta categoria da inexistência jurídica, sendo pois necessário

[939] Na esteira do ensino de INOCÊNCIO GALVÃO TELLES, *Manual dos Contratos em Geral*, 3ª ed., Lisboa, **1965**, pp. 332 e 333, que, na 4.ª edição (Coimbra, **2002**), faz equivaler a inexistência jurídica à inexistência material (pp. 355-357, em especial p. 357).

[940] No âmbito da teoria geral do Direito Civil quando olhamos para a invalidade, ou se se quiser para a ineficácia em sentido lato, do negócio jurídico, embora reconheçamos pontualmente certas situações de ineficácia em sentido estrito, quer absoluta, quer relativa (aquelas situações que designamos por inoponibilidade), a verdade é que não há a consagração da figura em sentido amplo. Como vimos, já no plano das sociedades comerciais e das deliberações sociais, a figura é expressamente reconhecida (em especial no art. 55.º).

equacionar o problema na perspectiva da teoria geral do Direito Civil. É o que faremos.

Comece-se por recordar que não pode ser juridicamente inexistente um acto que não tem existência material. Com efeito, não tem sentido falar em inexistência jurídica de algo que nem sequer existe materialmente, porque nesse aspecto obviamente que inexiste também juridicamente; e por isso não haveria que autonomizar. Isto é, por outras palavras, tem de haver um acto, tem de haver um substrato material, porque se não houver substrato material nós não podemos falar de inexistência jurídica, porque nem sequer há aparência material. Só que tem de decorrer em relação a esse substrato material algum efeito, porque se a lei não reconhece um efeito ao acto material, ao substrato material praticado, não pode haver uma aparência suficiente ou uma identidade próxima com a finalidade que tal acto visava obter. Portanto com a eficácia para que tal acto tenderia ou com a eficácia que tal acto pretenderia gerar na ordem jurídica. Então nesses casos nós dizemos que o substrato material que foi criado é insuficiente para produzir o efeito jurídico que as partes pretenderiam prosseguir, logo não pode haver qualquer configuração de deliberação social. Por isso, para que nós saibamos quando é que estamos perante uma deliberação social, ainda que inválida, é preciso que procuremos isolar e analiticamente determinar quais é que são os elementos específicos essenciais desta figura cuja falta vai precisamente determinar uma anomalia; quer dizer, cuja vicissitude vá determinar uma anomalia em termos de se concluir pela invalidade da deliberação social. A falta em absoluto de um desses requisitos específicos essenciais naturalmente acabará por equivaler à inexistência da deliberação social. E se faltar então um desses (quatro) requisitos então dizemos que nem sequer há deliberação social, portanto nem sequer há que falar de inexistência jurídica da deliberação social. A patologia verificada nesses requisitos determinará necessariamente a invalidade.

Antes de mais, é preciso, obviamente, que haja uma realidade que seja imputável aos sócios, isto é, que haja um objecto ou uma matéria sobre a qual os sócios se possam pronunciar; se não houver essa matéria não estamos sequer perante uma deliberação social. E essa matéria há-de dizer respeito, digamos, aquilo que nós consideramos estar ao alcance da capacidade da própria pessoa colectiva, na qual os sócios participam. Por isso, se extravasar a capacidade, nós vamos ter de concluir que essa realidade já não pode ser imputável aos sócios, nem sequer pode ser imputada à pessoa colectiva em causa. Por outras palavras, a deliberação tem de ser idónea, porque se não o for não tem sequer aparência de deliberação social. Por essa razão, e exemplificando, o colectivo dos sócios não se pode pronunciar sobre aspectos pessoais da vida dos próprios sócios, porque isso não diz respeito à vida da sociedade.

Em segundo lugar, tem de haver a emissão de votos dos sócios, isto é, os sócios têm de emitir votos no sentido de formarem uma deliberação. Se não procederam à votação qualquer realidade que resulte, ainda que consagrada sob a forma de acta, na realidade não traduz uma deliberação social.

Em terceiro lugar, é necessário que esses votos sejam expressos numa quantidade mínima. Não basta dizer que houve um voto num determinado sentido, sem sequer exprimir que, no sentido oposto, eventualmente, não terá havido nenhum voto, e que, portanto, contra não se terá registado nenhum voto. Pressupõe-se então que, para além do voto favorável, terá só havido abstenções e que esse voto favorável era suficiente para a formação da deliberação (neste caso, por maioria simples relativa).

Por último (quarto requisito), é preciso que a deliberação observe um processo estabelecido por lei ou que, no mínimo, seja permitido pela própria lei, ainda que regulado contratualmente.

Em suma, não se verificando estes requisitos mínimos nós nem sequer estamos perante o substrato material de uma deliberação social. Quando muito pode haver uma outra configuração de acto e então não teria sentido falar em inexistência jurídica da deliberação. Quer dizer, as deliberações ou são sociais (imputáveis à sociedade) e se sofrem uma vicissitude podem ser nulas (ou anuláveis) ou então nem sequer são deliberações sociais, e não vale a pena questionar a eventual inexistência jurídica[941].

30.10. Sujeição a registo das acções e procedimentos judiciais

«*As acções de declaração de nulidade ou anulação de deliberações sociais, bem como os procedimentos cautelares de suspensão destas*» estão sujeitas a registo comercial (art. 9.º *alínea e)* do Código do Registo Comercial).

[941] Concluindo, embora sem grande convicção, pela inexistência (que não qualifica propriamente de jurídica) de uma deliberação de sociedade por quotas, cfr. **AcSTJ 4 Out 1996** (Martins da Costa) (*CJ/AcSTJ*, ano IV, t. 3, pp. 34-36).

A oponibilidade a terceiros dessas medidas judiciais está dependente do registo (cfr. art. 14.º, n.º 1 do CRCom), que deverá ser promovido pelo respectivo autor da acção ou pelo requerente da providência.

O registo provisório (por natureza) da acção proposta ou providência cautelar requerida deve ser feito «*com base em certidão do teor do articulado ou em duplicado deste, acompanhado de prova da sua apresentação a juízo*» (art. 43.º, n.º 1 do CRCom, na red. do Decreto-Lei n.º 116/ /2008, de 4 de Julho).

Embora a lei não determine expressamente a obrigatoriedade deste registo (cfr. art. 15.º, n.º 1 do CRCom), ele é absolutamente necessário, visto que enquanto não for apresentada em tribunal prova de ter sido pedido o registo – por junção de certidão do registo comercial (de que o mesmo se encontra pendente ou foi já inscrito, definitiva ou provisoriamente) – a acção de anulação ou de declaração de nulidade, uma vez concluídos os articulados, não pode prosseguir, nem a decisão do procedimento cautelar pode ser proferida (cfr. art. 168.º, n.º 5 do CSC e art. 15.º, n.º 5 *in fine* do CRCom)[942] [943].

Quando for proferida decisão (judicial) final, deve a mesma ser inscrita no prazo máximo de dois meses[944] a contar do respectivo trânsito em julgado (cfr. art. 15.º, n.º 6). Embora a lei não o especifique, deve entender-se que o pedido de registo deve ser promovido pelo autor ou requerente, nada impedindo que a sociedade se lhe substitua.

Por sua vez, se a acção não proceder, concluindo com a absolvição do pedido ou da instância da ré, há lugar ao cancelamento do respectivo registo provisório, a efectuar com base em certidão da sentença transitada em julgado «*se o serviço de registo não conseguir aceder à informação necessária por meios electrónicos*» (cfr. art. 44.º, n.º 4 do CRCom, na red. do Decreto-Lei n.º 116/2008, de 4 de Julho)[945].

---

[942] Esta norma coloca na dependência do autor da acção ou do requerente da providência a respectiva prossecução, pelo que há que admitir que se a sociedade tiver nisso interesse ela deverá poder promover o registo e apresentar, subsequentemente, prova do mesmo.

[943] Algumas das disposições do Código do Registo Comercial foram objecto de renumeração, por efeito das alterações introduzidas pelo DL 76-A/2006, de 29 de Março (art. 5.º). No texto são referenciadas as regras na sua nova redacção.

[944] Até 29 de Junho, o prazo era de seis meses (cfr. red. anterior do art. 15.º, n.º 5 do CRCom).

[945] Há também lugar ao cancelamento por apresentação de certidão de decisão que «*julgue extinta ou declare interrompida*» a instância (art. 44.º, n.º 4 *in fine*).

30.11. **Foro**

30.11.1. ***Tribunal judicial competente***

30.11.1.1. *Tribunais de comércio*

As vicissitudes das deliberações sociais devem ser objecto de apreciação jurisdicional em sede própria, existindo tribunais com competência especializada para promover a respectiva apreciação: os tribunais de comércio (cfr. arts. 78.º, *alínea e)*, e 89.º da Lei de Organização e Funcionamento dos Tribunais Judiciais[946]), onde devem ser propostas as acções de anulação e declaração de nulidade de deliberações sociais, bem como ser requerida a suspensão de tais deliberações.

Na verdade, os tribunais de comércio têm competência para «*preparar e julgar*» as acções que envolvam a sociedade e os seus sócios [«*acções relativas ao exercício de direitos sociais*» «*acções de suspensão e anulação de deliberações sociais*» (cfr. art. 89.º, n.º 1, *alíneas c)* e *d)* da LOFTJ)] e ainda acções judiciais que, não envolvendo unicamente a sociedade e um ou mais dos seus sócios, se refiram a aspectos estruturais da sociedade e à respectiva subsistência na ordem jurídica e tenham, por isso, um interesse geral ou público, como é o caso das «*acções de declaração de inexistência, nulidade e anulação do contrato de sociedade*» ou das «*acções de dissolução e de liquidação judicial de sociedades*» (cfr. art. 89.º, n.º 1, *alíneas b)* e *e)* da LOFTJ).

Os tribunais de comércio são tribunais de competência especializada em razão da matéria, tendo vocação exclusiva e limitada ao conhecimento das questões jurídico-comerciais previstas no art. 89.º da LOFTJ.

---

[946] Fazemos referência à Lei n.º 3/99, de 13 de Janeiro, que se mantém em vigor apesar da publicação da nova Lei de Organização e Funcionamento dos Tribunais Judiciais (aprovada pela Lei n.º 52/2008, de 28 de Agosto), que foi regulada pelo Decreto-Lei n.º 28/2009, de 28 de Janeiro – vigente desde 14 de Abril de 2009 (cfr. art. 51.º, n.º 1) –, e se aplica a título experimental (até 31 de Agosto de 2010) apenas em algumas comarcas (cfr. arts. 171.º e 187.º, n.º 2).

Com a entrada em vigor da nova lei (52/2008), «*para todo o território nacional*» – que se prevê vir a ocorrer em 1 de Setembro de 2010 (cfr. art. 187.º, n.º 3) – os tribunais de competência especializada «*assumem a designação de juízos*» (art. 175.º). Os **juízos de comércio** – com competência análoga à actual em matéria societária – são regulados no art. 121.º.

30.11.1.2. *Competência do tribunal cível em matéria societária*

Os tribunais de comércio não têm, pois, competência para apreciar todas as questões que se suscitam no âmbito e com referência às sociedades comerciais, e não a têm designadamente quanto às que respeitam aos direitos dos membros dos seus órgãos sociais, ainda que a pretensão destes decorra do exercício (indevido, injustificado ou deficiente) de um direito social.

Assim, e quando estiverem em causa pretensões de administradores e gerentes contra a sociedade que administra(va)m, acções que visem apurar a respectiva responsabilidade e todas aquelas que não se enquadrem nas acções acima enunciadas, o tribunal competente é o tribunal cível (art. 66.º do CPC e art. 77.º da LOFTJ)[947].

E a este propósito cumpre estabelecer uma distinção fundamental acerca de uma confusão que, por vezes, surge: uma coisa é o exercício do direito social – por exemplo, de destituição de um gerente ou administrador –, outra é a pretensão contra a sociedade que daí pode resultar, como efeito da destituição não ter sido baseada em justa causa. Se o destituído não põe em causa a destituição, que até aceita eventualmente – porque pode ser decidida *ad nutum* –, então a sua pretensão judicial é extra-societária, mesmo que ele seja sócio (/accionista), não fazendo sentido discuti-la num tribunal que dirime exclusivamente questões entre sócios ou entre estes e a sociedade.

Fixemo-nos no exemplo da destituição de gestor societário. O direito dos sócios à destituição dos administradores ou gerentes é incontestável e, regra geral – isto é, sempre que não for accionado judicialmente (cfr., por exemplo, art. 257.º, n.os 3, *in fine*, e 5) – enquadra-se no direito de participar nas deliberações dos sócios. Nessa circunstância, se é posto em causa, designadamente porque a destituição viola um direito especial do sócio (o direito especial à gerência), o tribunal competente é o tribunal de comércio. Mas se não está em causa a destituição em si mesma con-

[947] Recentemente alguma jurisprudência, sobretudo de 1ª instância, tem vindo a considerar serem os tribunais cíveis incompetentes para apreciar acções de condenação propostas por administradores contra a sociedade por destituição sem justa causa. Discordamos totalmente dessa interpretação, uma vez que, nessa circunstância, não está directamente em causa a deliberação social – que não se ataca –, mas apenas a falta de fundamentação adequada. Acresce que a acção não aprecia um direito social, mas sim um direito extra-societário: o do administrador – sócio ou não – a ser indemnizado pela sociedade por um acto desta que lhe causa danos.

siderada e a pretensão não se funda em direito social, que o autor da acção pode até não ter, nomeadamente por não ser sócio, então não faz sentido, no actual contexto legislativo, entregar ao tribunal de comércio a resolução de um litígio que só remotamente tem a ver com este, por envolver uma sociedade comercial. Nessas circunstâncias já não se justifica a especialização de foro, visto estar em discussão a responsabilidade civil da sociedade pela forma como decidiu a destituição. E, estando em causa o direito do gestor destituído a receber uma indemnização, a ser ressarcido pelos danos sofridos, com um acto (incontestável, mas) injustificado da sociedade, estará em apreciação apurar a responsabilidade civil da sociedade, sendo para o efeito competente o tribunal cível.

Do exemplo analisado resulta que na acção de responsabilidade civil proposta por (ex) administrador ou gerente contra a sociedade não está em causa o exercício de um direito social (como seria, por exemplo, o direito à distribuição de lucros), mas quando muito um direito creditório (*Glaübigerrechte*), extra-corporativo, por ser resultante de uma situação jurídica independente de uma posição social, emergente de uma relação de administração e, mais concretamente, de pretensão fundada na sua cessação injustificada.

Pela análise global do teor do artigo 89.º da LOFTJ, conclui-se que os tribunais de comércio apenas têm competência para julgar acções que ponham em causa a subsistência da própria sociedade ou que a oponham aos seus sócios, em razão dos respectivos direitos ou da impugnação de deliberações sociais.

30.11.1.3. *Cláusula de foro*

Por fim, refira-se ainda que é muito frequente fixar contratualmente a competência territorial exclusiva de um certo tribunal judicial para dirimir conflitos entre sócios ou entre estes e a sociedade e até porque não – entre esta e os membros dos respectivos órgãos sociais. Tal designação, feita ao abrigo do disposto no artigo 100.º (*Competência convencional*) do Código de Processo Civil, deve constar de acordo reduzido a escrito, podendo consistir em cláusula do contrato de sociedade com o seguinte teor[948]:

[948] Trata-se de indicação a título meramente exemplificativo.

Cláusula Décima Sétima
(Cláusula de foro)

Para dirimir todas as questões e litígios emergentes deste contrato, designadamente quanto à sua interpretação e aplicação, em especial no que respeita à validade das respectivas cláusulas e ao exercício dos direitos sociais, entre os accionistas e a sociedade, ou entre esta e os membros dos seus órgãos ou liquidatários, é exclusivamente competente o tribunal da comarca de Lisboa.

30.11.2. *Cláusulas arbitrais*

Relativamente a acções societárias, e em particular no que se refere a julgar impugnações de deliberações sociais e pretensões de membros de órgãos sociais contra a sociedade, tratando-se de direitos disponíveis, nada impede que se constitua um tribunal arbitral, por determinação do próprio contrato de sociedade, por efeito de cláusula de contrato celebrado entre as partes (contrato de gestão autorizado) ou por compromisso (arbitral) estabelecido entre os interessados (cfr. arts. 1.º e 2.º da Lei n.º 31/86, de 29 de Agosto).

Na linha do que temos feito, exemplifiquemos com uma cláusula estatutária que fixa o foro arbitral, para dirimir litígios intra-societários:

Artigo Vigésimo Sexto
(Cláusula arbitral)

Todas as questões emergentes deste contrato, designadamente quanto à validade das respectivas cláusulas e ao exercício dos direitos sociais, entre os accionistas e a sociedade, ou entre esta e os membros dos seus órgãos ou liquidatários, devem ser dirimidas por um tribunal arbitral a criar, funcionar e decidir nos termos da lei portuguesa da arbitragem voluntária, lei número trinta e um/oitenta e seis, de vinte e nove de Agosto.

Importa, pois, chamar a atenção para o facto de os sócios deverem inteirar-se sobre a existência de convenção de foro arbitral – no contrato da sociedade que integram –, sob pena de, propondo eventual acção de impugnação (anulação) de deliberação social no tribunal judicial (de comércio), se confrontarem com a declaração de incompetência absoluta deste, em razão da matéria (cfr. arts. 101.º e 102.º do CPC), e a consequente absolvição da instância da sociedade ré (cfr. art. 105.º, n.º 1 do

CPC), inviabilizando-se assim a pretensão do impugnante, por já não se encontrar em prazo para requer a constituição do tribunal arbitral e propor neste a acção de anulação da deliberação social pretensamente viciada.

Assim, se no contrato de sociedade se convencionar que "*todas as dúvidas acerca da interpretação*" do mesmo "*e, bem assim, **todas as desinteligências entre a sociedade e os sócios**, ou qualquer destes, **serão resolvidas por arbitragem (...)***" (negritos nossos), teremos que concluir que os sócios da sociedade em causa pretenderam submeter à arbitragem, entre outros, todos os litígios que viessem a surgir entre eles e a sociedade, ou apenas entre si, tornando-se tal recurso obrigatório e único, senão, pelo menos, necessariamente prévio, para a resolução daqueles tipos de litígios.

O instituto da arbitragem em Portugal é regulado pela Lei n.º 31/86, de 29 de Agosto, prevendo o número 2 do artigo 1.º as duas modalidades de convenção de arbitragem: o **compromisso arbitral**, se a convenção tem por objecto um litígio actual; e a **cláusula compromissória**, se a convenção tem por objecto litígios eventuais emergentes de uma determinada relação jurídica contratual ou extracontratual.

Por sua vez, no que respeita aos requisitos essenciais da cláusula compromissória, o n.º 3 do art. 2.º, da Lei n.º 31/86 estabelece que aquela "*deve especificar a relação jurídica a que os litígios respeitem*". E, como requisito de forma, o n.º 1 do art. 2.º da mesma lei exige que a convenção de arbitragem seja reduzida a escrito.

Se a cláusula compromissória faz parte integrante do contrato de sociedade, e nela se especifica, claramente, as relações jurídicas a que se referem os litígios a resolver por recurso à arbitragem[949], há que concluir não se suscitarem dúvidas, quer quanto à forma, quer quanto ao conteúdo, de que tal cláusula compromissória inserida no contrato de sociedade é perfeitamente válida[950].

---

[949] Por isso, o **AcRelPorto 17 Mai 2005** (Emídio Costa), *CJ*, ano XXX, t. III, 2005, pp. 164 166) conclui que, *apesar de os litígios entre a sociedade e os accionistas estarem sujeitos a tribunal arbitral, o procedimento cautelar de suspensão de deliberações sociais proposto* contra a sociedade *e da competência do tribunal comum* (judicial), porque a convenção de arbitragem não tinha especificadamente atribuído competência ao tribunal arbitral em matéria de providências cautelares.

[950] Não obstante, são, ainda, requisitos de validade da convenção de arbitragem o facto de o litígio em causa não estar por lei especial submetido exclusivamente a tribunal judicial ou arbitragem necessária e não respeitar a direitos indisponíveis.

E assim sendo, a sociedade e todos os seus sócios ficam vinculados a fazer julgar por tribunal arbitral todos os litígios que eventualmente ocorram entre eles, bem como todas as dúvidas que surgirem no âmbito da interpretação do contrato.

Finalmente, refira-se que não existe no ordenamento jurídico português lei especial que expressamente determine a afectação de litígios à jurisdição exclusiva dos tribunais estaduais no que respeita às relações entre a sociedade e os seus sócios, ou entre os sócios entre si, e em particular, quanto à apreciação da (in)validade de deliberações sociais.

Secção III
Modelos de organização da administração e fiscalização de sociedades por quotas e anónimas

31. **Orgânica das sociedades por quotas**

31.1. **O gerente como único órgão (obrigatório) da sociedade por quotas; a administração da sociedade por quotas**

Nas sociedades por quotas o órgão de administração a quem compete a gestão dos negócios sociais e a representação da sociedade perante terceiros designa-se por gerência e os respectivos membros são os gerentes. Contudo, como veremos, a lei não configura a gerência como um órgão social autónomo, com regras próprias de funcionamento, diversamente do que sucede com a administração das sociedades anónimas.

Como vimos acima, para que uma sociedade por quotas possa funcionar é suficiente que seja designado um gerente, não carecendo *ab initio* de fiscalização – salvo se o respectivo objecto o impuser (caso das SGPS) –, nem tão pouco de mesa da assembleia geral institucionalizada, embora tais órgãos possam existir facultativamente e ser objecto de regulamentação contratual.

31.2. **Competência**

A gerência – ou, melhor dizendo, o(s) gerente(s) – pode e deve praticar os actos necessários e convenientes à realização do objecto social e que se consubstanciam na administração e representação da sociedade (cfr. art. 259.º). Para além deles, também pode praticar todos os actos que estejam previstos no art. 246.º, n.º 2, se se encontrar contratualmente autorizada. Por exemplo, a alienação de bens imóveis quando a sociedade comercial em causa não tem por objecto essa actividade, porque quando a tem esse acto corresponde, obviamente, ao exercício do objecto social.

31.3. **Composição da gerência**

31.3.1. ***Gerência singular e plural***

Podemos falar de gerência singular ou plural, consoante a sociedade seja administrada e representada por um único gerente ou existam dois ou mais gerentes (cfr. arts. 252.º e 261.º). E esta alternativa pode ser criada contratualmente: o próprio contrato de sociedade pode estabelecer que exista um determinado número, ou um número mínimo, de gerentes. Fundamental é que estejam em funções tantos gerentes quantos os que sejam em número necessário para vincular devidamente a sociedade.

É do artigo 252.º, n.º 1 que se retira imediatamente que a gerência é composta por um único membro ou constitui, na realidade, um órgão plural, ao qual dedica o nosso Código o artigo 261.º.

Em matéria de composição da gerência, há que reter dois aspectos fundamentais:

- Por um lado, os gerentes podem ser estranhos à sociedade, isto é, não têm de ser sócios. Embora as funções de gerência possam coincidir com a sua qualidade de sócios, pode suceder que nenhum deles seja sócio; quer dizer, que todos sejam estranhos.
- Por outro lado, aquilo que é necessário é que os gerentes sejam pessoas singulares com capacidade jurídica plena. Portanto, os gerentes não podem ser pessoas colectivas[951].

No entanto, esta obrigatoriedade não invalida a possibilidade de os sócios, sendo pessoas colectivas, reservarem para si, contratualmente, a

[951] Trata-se de questão que afloramos e desenvolvemos no nosso estudo sobre «Designação de Pessoas Colectivas para os Órgãos de Sociedades Anónimas e por Quotas», *DSR*, ano I, vol. I, Março **2009** (pp. 165-213). Cfr. pp. 195-197.

possibilidade de indicar as pessoas singulares que vão desempenhar o cargo ou as funções de gerente. Vimos já esta possibilidade, que exemplificámos (cfr., *supra*, n.º 13.2.2.5).

A nível de gerência há que ter presente que, em caso algum, designadamente a nível registral, pode aparecer uma pessoa colectiva como gerente. E esta é uma solução divergente da aplicável às sociedades anónimas.

31.3.2. *Designação de gerentes*

Há basicamente quatro modos de proceder à indicação dos gerentes que irão desempenhar funções numa dada sociedade por quotas.

Esses modos são:

- a nomeação, feita contratualmente, em regra aquando da constituição da sociedade (cfr. art. 252.º, n.º 2);
- a designação de gerente substituto, quando contratualmente prevista e autorizada (cfr. art. 252.º, n 2 *in fine*)[952];
- a eleição pelo colectivo de sócios, por vontade dos sócios, na falta de gerente(s) ou de cessação do mandato dos anteriores (cfr. art. 252.º, n.º 2); e
- a designação judicial (cfr. art. 253.º, n.os 3 e 4).

Em regra, os gerentes são designados no momento da constituição da sociedade no próprio contrato ou eleitos, posteriormente, por deliberação dos sócios (cfr. art. 252.º, n.º 2). Mas a nossa lei admite, inclusivamente, que pode ser contratualmente prevista uma outra forma de designação (cfr. art. 252.º, n 2 *in fine*). Por exemplo, competindo a dois sócios indicarem os gerentes. Esta designação não é impossível no âmbito das

---

952

Artigo Décimo
(Gerência)

Um. (...)

(...)

Três. *A gerência terá os mais amplos poderes de gestão e representação social permitidos por lei e pelo contrato, designadamente para:*

(...)

e) *Designar em caso de impedimento definitivo de um dos seus membros, um gerente substituto.*

sociedades por quotas. Certo é que ela acabará por traduzir a atribuição de um direito especial à gerência: o direito de indicar um determinado gerente que desempenhará as suas funções sem possibilidade de ser afastado.

31.3.3. *Duração do mandato*

Em regra, o gerente é designado sem prazo (isso retira-se do disposto no art. 256.º). Isto é, se nada for dito em contrário, o gerente é designado *para sempre*, não se encontrando sujeito a um mandato limitado, como acontece com o administrador nas sociedades anónimas.

Mas também nada impede que, no próprio contrato de sociedade, se preveja uma duração limitada para o mandato do gerente (cfr. art. 256.º). Por exemplo, que ele seja designado para um mandato de cinco anos, cessando as suas funções decorrido esse prazo.

Pode ainda acontecer que os sócios, no próprio momento em que designam ou elegem o gerente, estabeleçam uma duração para o respectivo mandato, apesar de o contrato ser omisso sobre esse aspecto (cfr. art. 256.º). Nesse caso, a deliberação social em que se consubstanciar a designação do gerente deve estabelecer a duração do respectivo mandato, a qual, constando de acta, deve ser objecto de registo comercial.

31.3.4. *Constituição de mandatários e delegação de poderes*

Os gerentes não podem fazer-se representar em termos genéricos no exercício das suas funções. Não podem, por exemplo, designar um procurador ou um mandatário para praticar todos os actos que cabem na sua competência.

Mas podem delegar, entre si, a prática de certos actos ou de certas categorias de actos (cfr. arts. 252.º, n.º 5 e 261.º, n.º 2), bem como enquanto órgão (isto é, enquanto membros de um órgão de administração) podem nomear mandatários, para a prática de certos actos ou de certas categorias de actos (art. 252.º, n.os 5 e 6 e 261.º, n.º 2), o que é plenamente diferente da ideia de se fazerem substituir no desempenho normal das suas funções. Isto é de sublinhar porque, anteriormente à vigência do Código das Sociedades Comerciais, era muito habitual os gerentes fazerem-se substituir na prática da totalidade dos actos da gerência, constituindo mandatários para o efeito.

31.4. **Funcionamento da gerência**

No que respeita ao funcionamento da gerência, preocupamo-nos essencialmente com a gerência plural porque:

- Quanto à gerência singular, é indubitável que o gerente vincula a sociedade, salvo nos actos cuja prática depende da intervenção do colectivo de sócios. A pessoa designada como gerente é aquela que tem, no fundo, capacidade para obrigar a sociedade.
- Na gerência plural, os poderes são exercidos, em regra, conjuntamente (art. 261.º); e pela maioria dos membros da gerência.

A este propósito, há que separar dois conceitos distintos:

- a deliberação propriamente dita, que deve ser tomada por maioria. Por exemplo, a deliberação de se alienar um imóvel (se for um poder reconhecido à gerência numa dada sociedade comercial); e,
- a execução da deliberação social, que consiste na chamada representação da sociedade perante terceiros; e que também se deve fazer por maioria[953].

Este é o regime que se retira da lei (art. 261.º, n.º 1). Não obstante, o contrato de sociedade por quotas pode alterar este regime e, por exemplo, estabelecer que a sociedade só se obriga com a assinatura de todos os gerentes ou que a sociedade se obriga com a assinatura do gerente *x* e de qualquer outro gerente, considerando, assim, imprescindível a intervenção de um determinado gerente. Enfim, todas as possibilidades que se queiram contemplar e que sejam admissíveis dentro dos parâmetros desta disposição legal (art. 261.º, n.º 1).

31.5. **Vinculação da sociedade**

Quanto à vinculação das sociedades por quotas (cfr. art. 260.º, n.º 1), os actos dos gerentes obrigam a sociedade, não obstante eventuais dis-

[953] Considerando a cobrança de dívida como um acto de mera administração, para o qual qualquer gerente deverá ter poderes independentemente da sociedade se obrigar com a assinatura conjunta de dois gerentes, **AcSTJ 12 Jul 2007** (Azevedo Ramos) (Proc. n.º 07ª1874), *www.dgsi.pt.* Note-se que o texto publicado na Internet se refere, por lapso, no cabeçalho, à “Sociedade Anónima”.

posições ou limitações resultantes do contrato ou eventuais deliberações dos sócios que postulem uma actuação diversa[954]. Quer dizer, para os terceiros, o que interessa é a qualidade de gerente; os terceiros não têm, por isso, de conhecer a forma pela qual a sociedade se obriga.

Não obstante, isto significa, como regra, que não pode haver oponibilidade a terceiros de limitações estatutárias que não resultem do próprio objecto social ao contrário do que sucede com as que resultam da lei (como, por exemplo, acontece com as SGPS). Isto é, se essas limitações estatutárias resultarem do objecto social, então os terceiros dificilmente conseguem demonstrar que ignoravam que, em relação àquela matéria determinada, os gerentes não podiam, de modo algum, obrigar a sociedade em causa; porque, eventualmente, estariam perante uma situação que ultrapassava a própria capacidade da sociedade (cfr. art. 6.º, n.º 4)[955]. O artigo 6.º, n.º 4 do Código das Sociedades Comerciais quer ainda evidenciar que, exorbitando as faculdades estabelecidas contratualmente, os membros da administração de uma sociedade (e isto aplica-se não só à gerência, mas também à administração das sociedades anónimas) vão vinculá-la independentemente dessas limitações. Isto é, os terceiros, hoje, não têm de conhecer o conteúdo da certidão do registo comercial; nem o conteúdo do contrato de sociedade.

O que pode acontecer é que a sociedade pode opor aos terceiros a limitação dos poderes (efectivos e contratuais) dos gerentes, caso prove que os terceiros conheciam ou não deviam ignorar essa mesma limitação (cfr. art. 260.º, n.º 2).

E, aqui, há um aspecto importante que não podemos deixar de sublinhar. Em termos de sociedade por quotas, na prática, o terceiro não tem de saber quais são os poderes de representação dos gerentes, porque –

---

954 No sentido do texto, cfr. **AcRelLisboa 22 Jan 2002** (António Abrantes Geraldes), *CJ*, ano XXVII, t. I, 2002, pp. 80-86, sobre vinculação da sociedade por um gerente em gerência plural. Contra, cfr. **AcSTJ 12 Mai 2007** (Urbano Dias) (Proc. n.º 06A3870), *www.dgsi.pt*.

955 Para além dos estudos citados a propósito da capacidade da sociedade (cfr., *supra*, n.º 1.6), vd., com interesse específico para o tema da vinculação e capacidade, a monografia de João Espírito Santo, *Sociedades por Quotas e Anónimas. Vinculação: Objecto social e representação plural*, Almedina, Coimbra, **2000,** e o artigo de Paulo de Tarso Domingues, na Revista da Faculdade de Direito da Universidade do Porto (ano I, **2004**, pp. 277-307), «A vinculação das sociedades por quotas no Código das Sociedades Comerciais», apesar das divergências acerca do modo de exercício dos poderes da gerência (cfr. pp. 298-302).

como a sociedade por quotas pode funcionar, em geral, apenas com um gerente – não se pode dizer que ele tenha obrigação de conhecer que aquela sociedade, em concreto, só se podia vincular com a assinatura de, pelo menos, dois ou três gerentes.

Portanto, no que diz respeito ao aspecto formal da vinculação, dificilmente se pode impor ao terceiro que conheça o conteúdo do contrato. Nos termos da lei, qualquer sociedade por quotas, independentemente da sua dimensão, pode ter um único gerente. Logo, seria sempre suficiente uma assinatura para a vincular. Nesse sentido, entendemos que os terceiros gozam de uma especial protecção, que é emanação da tutela da aparência e da confiança.

31.6. **Outros aspectos da gerência**

31.6.1. ***Intransmissibilidade do cargo***

O cargo de gerente é pessoal e intransmissível (cfr. art. 252.º, n.º 4), o que significa que o gerente não se pode fazer substituir no cargo e ceder as suas funções a terceiro. Por isso, o sócio que cede a sua quota, não cede a gerência caso seja também gerente, devendo renunciar expressamente às suas funções se a sociedade pretender que ele se afaste da gerência quando deixar de ter participação.

31.6.2. ***Remuneração***[956]

Em regra, há lugar à remuneração da gerência (cfr. art. 255.º, n.º 1), mas não é forçoso que assim seja. Quer dizer, o desempenho do gerente pode não ser remunerado.

Importa salientar a este propósito que a nossa lei das sociedades comerciais contém uma regra muito relevante nesta matéria, a qual visa evitar que a maioria delibere a atribuição de uma remuneração ao(s) gerente(s) excessiva e manifestamente desproporcionada em relação à(s)

[956] Sobre a «admissibilidade de remuneração variável de um gerente de sociedade por quotas», vd. o parecer de Luís Brito Correia publicado na *Direito das Sociedades em Revista*, ano 1, vol. 2, **2009** (pp. 9-40), sob esse título.

respectiva(s) responsabilidade(s) e à capacidade financeira da sociedade e, desse modo, que a distribuição de lucros se processe dissimuladamente através da remuneração do(s) gerente(s) (cfr. art. 255.º).

31.6.3. *Proibição de concorrência*

A lei estabelece óbvias limitações relativamente ao desempenho de funções concorrenciais noutras sociedades, admitindo, contudo, que o exercício de cargo em sociedades com objecto análogo seja, tácita ou expressamente, autorizado (cfr. art. 254.º), diversamente do que sucede nas sociedades anónimas, onde os administradores devem ser expressamente autorizados a desempenhar cargos em sociedades concorrentes (cfr., *supra*, n.º 27.6.3.1 e art. 398.º, n.º 3).

Da regra legal que regula esta matéria (o art. 254.º) resulta que o gerente que já desempenha funções análogas, de administração, em sociedade concorrente – ou que é detentor de uma participação de, pelo menos, vinte por cento do capital nesta sociedade (se de responsabilidade limitada) – se presume autorizado a exercê-las na sociedade por quotas para cuja gerência é escolhido, desde que a situação seja conhecida dos sócios detentores da *maioria do capital* (cfr. n.º 4). Esta norma contém também o critério – aplicável às sociedades anónimas, por expressa remissão do artigo 398.º, n.º 5 – que permite determinar que se considera como **concorrente** *qualquer actividade abrangida no objecto* da sociedade, *desde que esteja a ser exercida por ela ou o seu exercício tenha sido deliberado pelos sócios* (n.º 2).

31.6.4. *Destituição de gerente*

A lei prevê um modo de destituir os gerentes, considerando que a destituição é livre, nomeadamente em situação de justa causa (cfr. art. 257.º, n.os 1 e 2). Por isso, ainda que a destituição esteja sujeita a aprovação por maioria qualificada – o que é possível –, a exigência contratual é inaplicável à destituição fundada em justa causa, a qual deve poder ser sempre *deliberada por maioria simples* (cfr. art. 257.º, n.º 2 *in fine*), salvo se *a sociedade tiver apenas dois sócios*, caso em que a destituição (do sócio-gerente) deverá ser decidida judicialmente (cfr. art. 257.º, n.º 5). Com efeito, numa aparente contradição, a lei permite que a destituição *ad nutum* do sócio-gerente numa sociedade com apenas dois sócios seja por estes deliberada, não aceitando que a destituição por justa causa do mesmo (sócio) gerente também o seja. Compreende-se. Estando em discussão a destituição por justa causa do sócio-gerente, uma vez que este não pode votar (cfr. art. 251.º, n.º 1, *alínea f)*), seria suficiente ao outro sócio invocar a justa causa para assegurar a destituição, independentemente da sua participação no capital. Já nos casos em que a destituição não é fundamentada, a respectiva decisão deve alicerçar-se no poder da maioria.

Nalgumas situações a lei exige a verificação judicial de justa causa de destituição – a pedido dos sócios –, não aceitando que esta ocorra por deliberação dos sócios. É o que acontece com a situação da destituição do (sócio) gerente nomeado com direito especial (à gerência), que já abordámos (cfr., *supra*, n.º 13.2.2.5), e que se encontra regulada no artigo 257.º, n.º 3. Nestes casos, o tribunal deverá apurar se existe justa causa que justifique o afastamento do sócio-gerente titular de um direito especial à gerência.

A destituição da gerência sem justa causa pode acarretar a obrigação da sociedade indemnizar o destituído[957].

A propósito da destituição, a ideia última que temos de retirar do respectivo regime é a de que os gerentes – desde que não sejam nomeados com direito especial – podem ser sempre destituídos, a todo o tempo. Não obstante, têm direito a indemnização se forem destituídos sem justa causa. E, neste caso, se tiverem sido designados sem limite de mandato, a lei – com a finalidade de balizar a máxima indemnização a que o destituído poderá ter direito – considera que o gerente teria sido designado para um mandato máximo de quatro anos (cfr. art. 257.º, n.º 7 *in fine*). Admitimos que este prazo se conte com referência aos exercícios sociais, pelo que a indemnização deverá cobrir o período que decorre até ao final do quarto exercício subsequente ao momento em que se verifica a destituição.

No contexto da relação societária, importa ainda chamar a atenção para as situações em que os gerentes das sociedades por quotas desempenham uma função na própria estrutura empresarial da sociedade; função

[957] O gerente destituído sem justa causa tem direito a indemnização, mas deve alegar e provar os prejuízos sofridos, não sendo suficiente invocar a «*perda da remuneração devida pelo exercício da gerência*». Neste sentido, **AcSTJ 14 Dez 2006** (Azevedo Ramos) (Proc. n.º 06A3803), *www.dgsi.pt.*

que, eventualmente, o trabalhador suspende no momento em que é chamado a desempenhar as funções de gerente. Contudo, admitimos que faça sentido equacionar um regime específico diverso do aplicável aos cargos de gestão societários para os trabalhadores que ascendem a funções de gerência e as desempenham por muitos anos, confundindo nesse cargo as competências de administração da sociedade e de efectiva direcção da empresa que lhe está subjacente.

31.7. Fiscalização das sociedades por quotas; o revisor oficial de contas

31.7.1. *Regime geral; fiscalização contratual*

A fiscalização das sociedades por quotas é muito mais simples do que a própria gerência. Em princípio, a sociedade por quotas não está sujeita a fiscalização e essa regra, de não obrigatoriedade, é absoluta no momento da constituição.

A lei admite, porém, que o contrato de sociedade possa, facultativamente, determinar a existência de um conselho fiscal[958] ou de um fiscal único (cfr. art. 262.º, n.º 1), órgão estatutário que ficará sujeito às normas legais que regulam e disciplinam o órgão de fiscalização das sociedades anónimas.

Como veremos, em seguida (*infra*, n.º 31.7.2), em algumas circunstâncias a revisão de contas, pode tornar-se pontualmente obrigatória e, nesse caso, deverá ser designado um revisor oficial de contas, que deverá proceder à fiscalização das contas da sociedade enquanto se mantiver a situação que a determinou e durante dois anos após a sua cessação. A lei não impõe, nessa situação, que seja designado um suplente ao revisor oficial de contas nomeado *ad hoc*.

Cabe, por isso, perguntar se será admissível a sociedade acolher como órgão contratual o revisor oficial de contas na sua "forma pura", isto é, sem ser como fiscal único e sem carecer da indicação de um eventual suplente.

[958] Caso em que o mesmo se regerá pelo disposto para as sociedades anónimas (cfr. art. 262.º, n.º 1 do CSC), integrando necessária e obrigatoriamente, entre os seus membros efectivos ou a título de fiscal único, um ROC.

Cremos que nada o impede visto que se, mesmo quando a fiscalização se torna necessária, não há obrigatoriedade de designação de um suplente, exercendo o ROC as suas funções enquanto tal, isto é, dispensando o enquadramento no órgão institucionalizado fiscal único, por maioria de razão deverá tal solução ser possível quando corresponder a uma opção dos sócios. Acresce que não há obstáculos de carácter registal, uma vez que o ROC *ad hoc* também tem de ser inscrito no registo comercial, enquanto tal.

Uma outra questão relevante suscita-se em matéria de fiscalização (facultativa), que é a de saber se a sociedade por quotas pode acolher, no seu contrato, um "conselho fiscal" que não integre qualquer revisor oficial de contas (ou entidade que, quando este órgão é legalmente obrigatório, o possa substituir), sendo exclusivamente composto por "leigos".

Também a esta interrogação se deve dar uma resposta positiva com o esclarecimento de que tal órgão estatutário não estará apto a desempenhar as funções típicas de um órgão de fiscalização, o que significa que não dispensa a designação de um revisor oficial de contas para proceder à revisão das suas contas, se esta se tornar obrigatória por efeito da lei (cfr. art. 262.º, n.º 2).

31.7.2. *Fiscalização obrigatória*

Como referimos, pode suceder que haja obrigatoriedade de designação de um revisor oficial de contas (cfr. art. 262.º, n.º 2), o que acontece se a sociedade, durante dois exercícios sociais consecutivos, ultrapassar dois dos seguintes três parâmetros:

- Total do balanço: um milhão e quinhentos mil euros;
- Total das vendas líquidas e outros proveitos: três milhões de euros;
- Número de trabalhadores (média do exercício): cinquenta.

Por sua vez, se dois dos três requisitos acima descritos não se verificarem durante dois anos consecutivos, a sociedade pode deixar de ter revisor oficial de contas, uma vez que deixa de estar sujeita a revisão legal de contas (cfr. art. 262.º, n.º 3).

Da respectiva previsão legal se pode concluir que o revisor oficial de contas não é nas sociedades por quotas – em que não esteja contratualmente consagrado, sob forma simples, como fiscal único ou membro do conselho fiscal –, um órgão constante, podendo aparecer e desaparecer periodicamente, embora sem regularidade[959].

31.7.3. *Registo do ROC*

A designação de ROC nas sociedades por quotas, por imperativo legal, está sujeita a registo, uma vez que, nos termos do art. 3.º, *alínea m)* do Código do Registo Comercial, «*estão sujeitos a registo (...) a designação e a cessação de funções, por qualquer causa que não seja o decurso do tempo, dos membros dos órgãos de (...) fiscalização das sociedades*», compreendendo-se, naturalmente, entre os mesmos, desde que designado para um exercício[960], o ROC. Este pode ser um órgão singular de fiscalização estatutária (cfr. arts. 413.º, n.os 5 e 6, e 414.º, n.º 1), enquanto «fiscal único» – com o entendimento que revelámos acima (cfr. n.º 31.7.1) –, ou ser pontualmente designado (cfr. art. 262.º, n.º 2).

31.7.4. *Prazo*

31.7.4.1. *Regime legal (aplicável)*

Vejamos, por fim, se a designação de ROC por imperativo legal, nos termos do artigo 262.º, n.º 2 e no âmbito das sociedades por quotas, tem de ser feita por prazo determinado.

Quanto a este aspecto particular – duração da designação do revisor oficial de contas –, o artigo 262.º nada diz, não remetendo para o regime previsto para as sociedades anónimas, diversamente do que faz expressamente em relação ao exame das contas e a elaboração do respectivo relatório (cfr. art. 262.º, n.º 6).

Aliás, o artigo 262.º tem o cuidado de prever a forma como ocorre a designação do revisor oficial de contas (n.º 4) e considera aplicáveis ao

---

[959] A um período, de três a quatro anos, em que é necessária a certificação de contas por um ROC, pode suceder-se um período inferior, de dois anos, ou mesmo superior, de cinco ou mais anos, por exemplo, em que tal deixa de ser obrigatório.

[960] E não para uma intervenção *ad hoc*, como, p. ex., a que vem prevista no art. 28.º, n.º 1, em que o ROC não intervêm na qualidade de órgão societário, mas como entidade independente.

revisor oficial de contas «*as incompatibilidades estabelecidas para os membros do conselho fiscal*» (n.º 5).

Tais preceitos não teriam sentido, se estivesse aqui em causa aplicar, pura e simplesmente, o regime das sociedades anónimas. Nesse caso, bastaria ao legislador ter disposto expressamente sobre os desvios ao regime criado para as sociedades anónimas, para onde remeteria (o que não faz, note-se) em preceito final com o seguinte teor: «*Em todos os demais casos aplica-se ao revisor oficial de contas o regime estabelecido para as sociedades anónimas*».

Isto significa que não consideramos aplicável à designação de ROC nos termos do artigo 262.º, n.º 2 o disposto no artigo 446.º, designadamente o seu n.º 2 («*A designação* nas sociedades anónimas com a estrutura referida na *alínea b)* do n.º 1 do art. 278.º *é feita por tempo não superior a quatro anos*»[961]), ou no artigo 415.º, nomeadamente no seu n.º 1, onde se prevê que a designação ocorra por um período máximo, renovável, de quatro anos.

Esclareça-se, contudo, que, a aceitarmos a aplicabilidade de uma ou de outra das disposições acima citadas (arts. 446.º e 415.º) ao nosso caso, teríamos de admitir, na «*falta de indicação do período para que havia sido eleito*», que a nomeação (do revisor oficial de contas) havia sido feita por quatro anos (para este sentido aponta em especial o disposto na parte final do n.º 1 do art. 415.º).

31.7.4.2. *Duração da designação do ROC* ad hoc

Concluindo e admitindo que as disposições da parte das Sociedades Anónimas (Título IV do CSC) referentes à duração da designação do ROC não são aplicáveis, importa apurar se a designação pode ser feita sem prazo ou se a eleição do ROC deve ser feita para um deter-minado número de exercícios e, neste caso, qual o máximo admissível.

Inclinamo-nos decididamente para a primeira solução, que é não apenas a que melhor se coaduna com o espírito das sociedades por quotas e dos seus órgãos, mas com a própria letra da lei (*maxime* com o art. 262.º).

Não obstante, começaremos por abordar a segunda hipótese.

[961] A nova redacção desta disposição legal veio eliminar uma discrepância há muito notada no que respeita a prazos, articulando a duração máxima (anteriormente, de três anos) do mandato dos revisores oficiais de contas, enquanto órgãos do modelo de inspiração germânica, com a dos mandatos dos demais órgãos sociais.

Nada na lei – na parte que dispõe sobre sociedades por quotas – nos permite concluir que a designação do ROC, nos termos e por efeito do disposto no art. 262.º, n.º 2, deve ser feita para um número determinado de exercícios.

O simples facto de, uma vez nomeado um revisor oficial de contas, ele só poder deixar de ser designado, pelo menos, dois exercícios depois (desde que, entretanto, deixem de se verificar dois dos três requisitos acima indicados) não significa que a designação deva ser feita por dois anos, visto que a nomeação podia ser necessária por três anos, por exemplo. A necessidade de estabelecer duração não é assim imposta por lei e pode conduzir a resultados absurdos, como por exemplo ser nomeado um ROC para um prazo de dez anos. Aparentemente, não haveria limite máximo para a duração do mandato, pelo que seria, nesse caso, sempre preferível que a designação se fizesse sem prazo, podendo ser revogável quando estivessem reunidas as condições para o efeito (cfr. art. 262.º, n.º 3).

No entanto, feita a eleição do ROC para um prazo determinado, também não vemos que a mesma não seja aceitável. Nesse caso, decorrido o prazo, por exemplo de três anos, ou a nomeação de ROC deixa de ser necessária, caducando a respectiva inscrição registal sem que seja imprescindível proceder a nova eleição, ou a sociedade deve proceder a nova designação e ao subsequente registo do novo ROC.

31.7.4.3. *Designação sem prazo*

Caso a sociedade, ao eleger o ROC nos termos do artigo 262.º, n.º 2, não tenha estabelecido prazo de duração das respectivas funções, devemos entender que a designação é feita sem prazo até ao momento em que, estando reunidas as condições previstas no n.º 3 do art. 262.º, delibere revogar a designação feita ou, antes disso, se pretender proceder à substituição do ROC anteriormente eleito.

Esta interpretação é a que melhor se coaduna com o sistema cominado pela nossa lei para a duração da gerência, quando a mesma não estiver contratualmente determinada (cfr. art. 256.º). Isto é, «*as funções dos gerentes subsistem enquanto não terminarem por destituição ou renúncia*».

Acresce que a solução que propugnamos é também a que melhor se articula com o disposto no art. 262.º e, em especial, com o seu n.º 3. Com efeito, o prazo pelo qual deve ser designado o revisor oficial de contas, na sociedade por quotas, é imprevisível, pelo que se afigura legítimo que a eleição não estabeleça termo para o efeito, devendo o registo ser efectuado em condições idênticas ao dos gerentes.

Concluindo, nada obsta a que sendo designado um revisor oficial de contas numa sociedade por quotas, por força e ao abrigo do disposto no art. 262.º, n.º 2 do CSC, não seja previsto prazo para a duração das respectivas funções, podendo o respectivo registo ser deferido nessas condições.

Na falta de indicação de tal prazo, e caso se entendesse ser necessário que a inscrição registral mencionasse a duração de funções do ROC, a designação considerar-se-ia efectuada por um período de quatro exercícios (nos termos do art. 415.º, n.º 1, *in fine*; cfr. também art. 257.º, n.º 7 *in fine*).

32. Os órgãos de administração e de fiscalização das sociedades anónimas

32.1. Modelos de organização: as diferentes estruturas de governação (administração e fiscalização) nas sociedades anónimas[962]

32.1.1. *Generalidades*

Vimos já (*supra*, n.º 4.3.9) que do contrato de sociedade anónima tem de, obrigatoriamente, constar a estrutura adoptada para a respectiva administração e fiscalização (cfr. art. 272.º, *alínea g)*).

Como explicámos na Introdução (deste livro) – em breve balanço sobre a reforma da legislação societária, vigente desde 30 de Junho de 2006 [cfr., *supra*, D) 2] – e em número que dedicámos à *corporate*

[962] Cfr. Paulo Câmara, «Os modelos de governo das sociedades anónimas», AA.VV., *Reformas do Código das Sociedades*, IDET, Colóquios n.º 3, Almedina, Coimbra, **2007** (pp. 179-242) e «O Governo das Sociedades e a Reforma do Código das Sociedades Comerciais», AA.VV., *Código das Sociedades Comerciais e Governo das Sociedades*, Almedina, Coimbra, **2008** (pp. 9-141), pp. 66-133.

governance (cfr., *supra,* n.º 27.4.3), a matéria da governação das sociedades anónimas constituiu um dos principais focos das alterações introduzidas no Código das Sociedades Comerciais.

Considerando a gradual interpenetração e interligação dos órgãos de administração e de fiscalização, com especial reflexo na nova estrutura de origem anglo saxónica – da qual traçámos já os principais aspectos (*supra*, n.º 27.4.4) –, não nos repugna passar a falar em "modelo de governação" (societária) para configurar a estrutura da administração e fiscalização da sociedade anónima.

A gestão e a fiscalização da sociedade anónima pode reconduzir-se a um de três modelos (art. 278.º, n.º 1):

a) *Conselho de administração e conselho fiscal* (modelo clássico);
b) *Conselho de administração, compreendendo uma comissão de auditoria, e revisor oficial de contas* (modelo anglo-saxónico); ou
c) *Conselho de administração executivo, conselho geral e de supervisão e revisor oficial de contas* (modelo germânico).

32.1.2. *Modelo clássico*

O modelo de governação clássico corresponde à estrutura que tradicionalmente existe em Portugal e que é comum à grande maioria das sociedades anónimas portuguesas. Traduz-se na organização da administração e da fiscalização em conselho de administração e conselho fiscal (ou em administrador e fiscal único), podendo a fiscalização concentrase num único órgão, de que faça parte obrigatoriamente um revisor oficial de contas (ROC) ou podendo este constituir-se autonomamente, à margem do conselho fiscal, com funções específicas de natureza contabilística, nomeadamente para promover a certificação legal das contas da sociedade.

32.1.2.1. *Estrutura simples*

Este modelo surge na maior parte das vezes com uma **estrutura simples**, em que a administração pode ser desempenhada por um administrador único (cfr. art. 278.º, n.º 2 e 390.º, n.º 2) ou, quando o capital social for superior a € 200.000,00, por um conselho composto por um mínimo de dois administradores (cfr. art. 390.º, n.º 1)[963] e a fiscalização da sociedade pode ser entregue a um fiscal único – que seja revisor oficial de contas ou sociedade de revisores oficiais de contas – ou, facultativamente, a um conselho fiscal, do qual faça parte um revisor oficial de contas ou sociedade de revisores oficiais de contas.

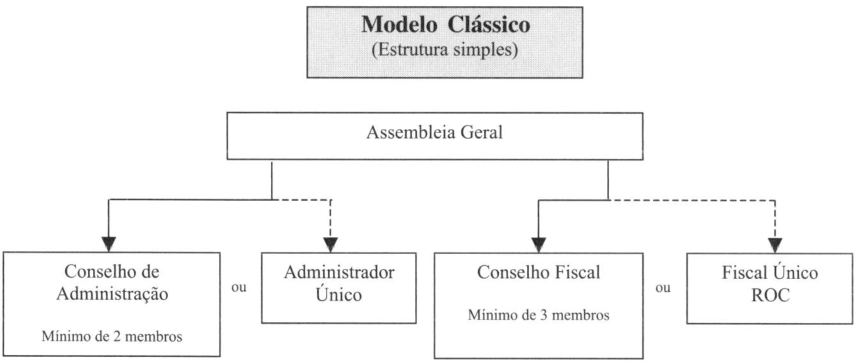

31.1.2.2. *Estrutura complexa*

Se a sociedade for *emitente de valores mobiliários admitidos à negociação em mercado regulamentado* (maxime acções ou obrigações) ou, não o sendo, e não se encontrando totalmente dominada por sociedade que adopte o modelo de governação clássico, ultrapassar durante dois exercícios seguidos, ultrapassar três dos limites estabelecidos na *alínea a)* do número 2 do artigo 413.º – balanço total de cem milhões de euros, vendas líquidas e outros proveitos de cento e cinquenta milhões de euros e uma média de cento e cinquenta trabalhadores durante o exercício –, a respectiva fiscalização deverá ter uma **estrutura complexa** (reforçada relativamente à simples), devendo ser, necessariamente, cometida a um conselho fiscal e a um revisor oficial de contas externo, isto é, que não seja membro desse órgão (cfr. art. 413.º, n.os 2, *alínea a)*, e 1, *alínea b)*)

[963] Até 29 de Junho de 2006, as sociedades com mais de € 200.000,00 de capital social só podiam constituir-se com um número de administradores ímpar, mínimo de três (cfr. art. 390.º, n.º 1, na red. originária).

Assim, sempre que estivermos perante uma sociedade (aberta) cotada, qualquer que seja o respectivo balanço, vendas líquidas e outros proveitos ou número de trabalhadores, ou uma *grande sociedade anónima*, que não seja totalmente participada por sociedade com idêntico modelo de governação, a estrutura orgânica de fiscalização terá, obrigatoriamente, de incluir, para além do conselho fiscal – de que deverá fazer parte um membro independente que tenha *conhecimentos em auditoria ou contabilidade* e *um curso adequado ao exercício das suas funções* (cfr. art. 414.º, n.º 4) e no qual poderá participar facultativamente um revisor oficial de contas –, um revisor oficial de contas (ou SROC) autónomo (externo).

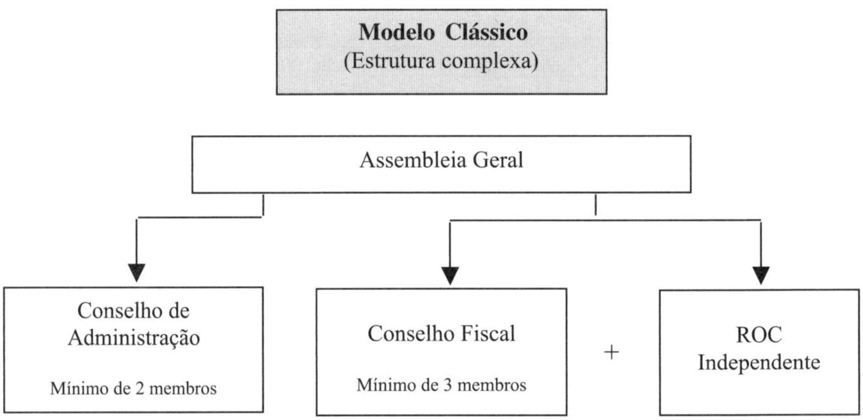

32.1.3. *Modelo germânico*

Com a entrada em vigor do Código das Sociedades Comerciais, em 1986, passou a ser possível constituir, no âmbito das sociedades anónimas, uma orgânica com uma estrutura diferente que assentava não em dois, mas em três órgãos distintos, que eram a direcção (actual conselho de administração executivo), o conselho geral (e agora designado, também, de supervisão) e o revisor oficial de contas[964]. Esta estrutura orgânica

[964] Esta estrutura, tendo sido inspirada na lei das sociedades por acções alemã (*Aktiengesetz*), de 6 de Setembro de 1965 (cfr. §§ 95 a 116), e na lei da co-gestão

que, inicialmente recolheu algumas adesões, seria abandonada, em razão da sua rigidez e, eventualmente, da própria designação, pouco apelativa, dos respectivos órgãos. Por isso, foi em 2006 objecto de remodelação, com algum sucesso, reconheça-se[965].

Sem prejuízo de ulterior desenvolvimento, avance-se com uma breve referência a estes órgãos sociais: o *conselho de administração executivo*[966] é um órgão bastante mais técnico que o conselho de administração, embora tenha menos poderes (cfr. arts. 431.º e 432.º); o conselho geral e de supervisão é o que podemos considerar ser um órgão intermédio que reúne competências que pertencem classicamente ao conselho fiscal (cfr. art. 441.º, *alínea d)*) e à assembleia geral (cfr. art. 441.º, *alínea a)*), mas que também intervém a nível da gestão, pelo menos a longo prazo, em moldes que na estrutura tradicional cabem em exclusivo ao conselho de administração (cfr. arts. 442.º, n.º 1 e 432.º). O revisor oficial de contas é um órgão necessariamente singular que procede ao exame das contas da sociedade (cfr. art. 446.º), verificando se, na respectiva elaboração, foram observados os critérios legalmente estabelecidos.

No modelo reformulado desta estrutura, sempre que estiver em causa uma grande sociedade anónima ou uma sociedade cotada, deverá fazer parte, no âmbito do conselho geral e de supervisão, uma *comissão para as matérias financeiras* (cfr. art. 278.º, n.º 4 e 444.º, n.º 2), podendo ser facultativamente criadas no seio do mesmo conselho outras comissões (cfr. art. 444.º, n.º 1), tais como a comissão de sustentabilidade e de governação societária, comissão de selecção e comissão de auditoria.

(*Mitbestimmungsgesetz*), de 4 de Maio de 1976, nunca acolheu plenamente os princípios da lei inspiradora, "convertendo", desde o início, o representante dos trabalhadores no conselho de vigilância (*Aufsichtsrat*) num director do trabalho (cfr. art. 427.º, n.º 3 do CSC português, na redacção originária, revogado pela reforma de 2006).

965 Seguem actualmente (2010) este modelo a EDP e o BCP.

966 Este órgão pode corresponder a administrador executivo único, nas sociedades de reduzida dimensão (cfr. arts. 278.º, n.º 2 e 424.º, n.º 2).

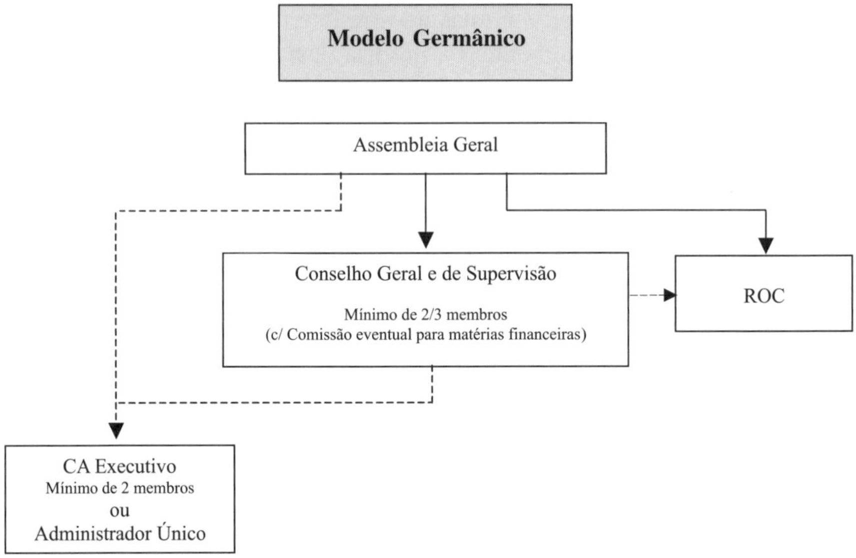

32.1.4. *Modelo anglo-saxónico*

Em 2006 o Código das Sociedades Comerciais passou a ter um terceiro modelo de governação de sociedades anónimas, o modelo anglo-saxónico, em que a estrutura de administração e fiscalização da sociedade anónima passou a ser composta por um **conselho de administração**[967] e por um **revisor oficial de contas** (cfr. art. 278.º, n.º 1, *alínea b)*). Por sua vez, no âmbito do conselho de administração deverá ser criada uma **comissão de auditoria** composta unicamente por administradores não executivos (cfr. arts. 278.º, n.º 1, *alínea b)* e 423.º-B, n.ºs 2 e 3) e com amplas funções de fiscalização da sociedade (cfr. art. 423.º-F).

O conselho de administração é composto por administradores executivos, a quem cabe assegurar a gestão e representação da sociedade (cfr. arts. 405.º e 406.º), e por administradores não executivos que integram a comissão de auditoria. Por sua vez, dado que esta é composta por

[967] Neste modelo, uma vez que a comissão de auditoria integra o conselho de administração, a lei não permite a figura do administrador único (cfr. art. 278.º, n.º 5), mas as regras que a este são aplicáveis nos demais modelos de governação societária devem ser transpostas para o modelo anglo-saxónico. Sobre esta questão, vd., *supra*, nota 658 (27.4.4.4).

um mínimo de três membros (cfr. art. 423.º-B, n.º 2), o conselho de administração terá de integrar um mínimo de quatro ou cinco membros[968] e mesmo nessa circunstância poderá ser contratualmente prevista a possibilidade de a sociedade se vincular apenas com a intervenção de um administrador. Trata-se, contudo, de questão meramente académica, uma vez que este modelo é sobretudo utilizado pelas grandes sociedades com um número razoável de administradores (executivos)[969].

O revisor oficial de contas tem diversas funções que cabem habitualmente ao fiscal único ou ao conselho fiscal (cfr. art. 446.º e *alíneas c), d), e)* e *f)* do n.º 1 do art. 420.º).

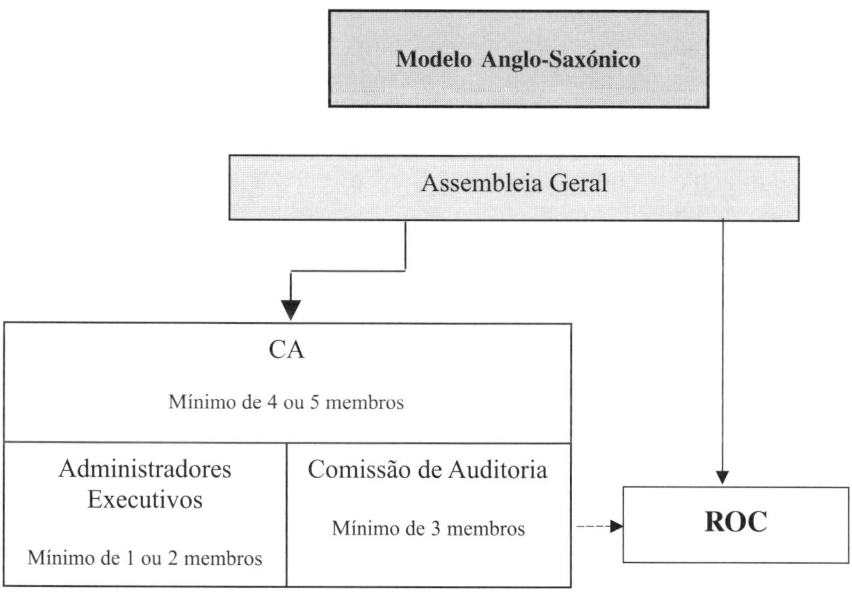

[968] Pelas razões já aduzidas *supra* (cfr. notas 658 e 810).

A lei, expressa e tautologicamente, tem o cuidado de afastar a possibilidade de a sociedade ter um administrador único (cfr. art. 278.º, n.º 5). Retiramos da leitura desta disposição legal a conclusão de que a sociedade que adopta este modelo de governação deverá ter, no mínimo, dois administradores executivos, sempre que o respectivo capital social for superior a € 200.000,00.

[969] Adoptaram este modelo a Portugal Telecom, SGPS, S.A., o Banco Espírito Santo, S.A., o Banco BPI, S.A. e a Ren – Rede de Energias Nacionais, SGPS, S.A..

32.2. A gestão da sociedade anónima: competência, composição e funcionamento do conselho de administração e do conselho de administração executivo[970]

32.2.1. *Competência do conselho de administração*

O conselho de administração[971], à semelhança da gerência, tem a seu cargo a gestão dos negócios sociais e a representação da sociedade.

32.2.1.1. *Gestão da sociedade*

O conselho de administração (conselho de administração executivo ou administrador único) é o órgão competente para gerir os negócios sociais, tendo a seu cargo a prática de todos os actos que se reconduzem à prossecução do objecto social e os actos de gestão da sociedade (arts. 405.º, n.º 1 e 406.º; 431.º). Trata-se do órgão de representação da sociedade que actua e cumpre os respectivos direitos e vinculações na realização da actividade social.

A lei enumera, exaustiva e exemplificativamente, todos os actos que considera de gestão, neles incluindo, como actos típicos de gestão a elaboração dos relatórios e das contas anuais (cfr. art. 406.º, *alínea d)*), a aquisição de imóveis – mesmo quando não corresponda ao objecto social (cfr. art. 406.º, *alínea e)*) – e, por maioria de razão, de quaisquer bens móveis e bens incorpóreos (como, por exemplo, patentes, acções escriturais, quotas) e a aquisição ou abertura de estabelecimentos, bem como o seu encerramento (cfr. art. 406.º, *alínea j)*).

Na *alínea n)* do artigo 406.º, o Código reconhece ao órgão de gestão a competência para deliberar sobre *qualquer outro assunto sobre o qual*

---

[970] Embora naturalmente desactualizados, vd. Luís Brito Correia, *Os Administradores de Sociedades Anónimas*, Almedina, Coimbra, **1993**, e Ilídio Duarte Rodrigues, *A administração das sociedades por quotas e anónimas. Organização e estatuto dos administradores*, Livraria Petrony, Lisboa, **1990**. Sobre as sociedades anónimas com direcção e conselho geral (agora conselho de administração executivo e conselho geral e de supervisão), vd. Raúl Ventura, *Novos estudos sobre Sociedades Anónimas e Sociedades em Nome Colectivo* (Comentário ao CSC), Almedina, Coimbra, **1994,** pp. 9-64.

[971] Referir-nos-emos frequentemente ao conselho de administração, querendo reportarmo-nos ao órgão de gestão da sociedade anónima, qualquer que seja o seu modelo de governação, pelo que muitas vezes estará também em causa o conselho de administração executivo (antiga direcção).

algum administrador requeira deliberação do conselho, naquela que é aparentemente uma norma residual e subsidiária. Como a aceitar e interpretar, tendo conhecimento de que a assembleia geral tem competência para deliberar *sobre as matérias que não estão compreendidas na competência de outros órgãos* (cfr. art. 373.º, n.º 2, *in fine*)?

Para além dos normais poderes de gestão e representação reconhecidos ao órgão de administração, para a prossecução do objecto social e realização da actividade económica que o mesmo enquadra (cfr. art. 405.º), e dos poderes de gestão que a lei estende especificamente a esse órgão (cfr. art. 406.º), o Código das Sociedades Comerciais tem a preocupação, na *alínea n)* do artigo 406.º, de ampliar a competência do órgão de gestão a assuntos não especificados. Assim, qualquer administrador tem poderes para submeter à apreciação do Conselho o respectivo regulamento ou regimento, tal como o regulamento da comissão executiva. Do mesmo modo, e encontrando-se o Conselho de Administração autorizado a distribuir dividendos antecipados, a questão poderá ser suscitada por qualquer membro do Conselho (cfr. art. 297.º).

É claro que a prática dos actos de gestão está sempre limitada pelos poderes resultantes da própria lei e pelo âmbito do objecto da sociedade; se bem que, perante terceiros, a solução, em termos de vinculação, vai ser parecida com a que já foi adiantada para as sociedades por quotas.

Salvo se o contrato o proibir, pode o conselho encarregar um administrador de praticar certos actos que se enquadrem no objecto social, e sem que tal encargo limite os poderes normais dos demais (art. 407.º, n.ºs 1 e 2). É, pois, frequente que certos administradores se encontrem especialmente encarregados dos assuntos de mero expediente, podendo o conselho organizar a sua actuação em diversos pelouros, de forma a obter uma melhor rentabilização dos seus membros.

Esta faculdade que circunscreve a prática de actos no âmbito do objecto não deve ser confundida com a delegação de poderes a que a seguir nos referiremos.

32.2.1.2. *Comissão executiva e administrador delegado*[972]

O contrato pode autorizar que o conselho delegue certos poderes de gestão – a chamada "gestão corrente" – num ou mais administradores,

[972] Vd. ALEXANDRE SOVERAL MARTINS, *Os administradores delegados das sociedades anónimas. Algumas considerações*, Fora do texto, Coimbra, **1998**, e ISABEL MOUSINHO DE

que se designarão administradores delegados, ou numa comissão executiva formada por um mínimo de dois membros (art. 407.º, n.º 3)[973 974].

A deliberação de delegação de poderes – que tem de estar contratualmente autorizada – deve fixar os respectivos limites, havendo certas matérias que não podem ser objecto de delegação, casos da aprovação (interna) das contas, prestação de garantias e actos de competência excepcional deste órgão, como são a mudança de sede e o aumento de capital, quando autorizados (cfr. art. 407.º, n.º 4).

A competência do conselho é sempre cumulativa com a dos membros em que são delegados poderes, isto é, não é afastada por efeito da delegação feita relativamente às matérias autorizadas (cfr. art. 407.º, n.º 8).

Quando a delegação é efectuada em administradores individualmente considerados, estes assumem o cargo de **administradores delegados**; se for feita numa comissão formada para o efeito, esta designa-se por **comissão executiva** e funciona como um conselho dentro do próprio conselho (de administração), reunindo e decidindo separadamente, com maior frequência e ficando, assim, encarregada da gestão corrente da sociedade.

Tendo em conta a competência exclusiva do conselho em matéria de gestão (cfr. art. 373.º, n.º 3), não se nos afigura admissível que seja a assembleia geral a designar o administrador delegado e a estabelecer o quadro da delegação de poderes, nem a interferir com a atribuição de poderes executivos. No entanto, se a assembleia geral indicar na lista de administradores eleitos que um deles se propõe desempenhar funções delegadas e o conselho nada deliberar acerca dessa designação, aceitando-a, ao requerer o registo comercial desse administrador nessa qualidade, podemos considerar que o órgão executivo tacitamente aprovou a indicação recebida.

FIGUEIREDO, «O administrador delegado (A delegação de poderes de gestão no Direito das Sociedades)», O Direito, ano 137.º, II, **2005** (pp. 547-599).

[973] A delegação de poderes não se confunde com a prática de o Conselho solicitar a um administrador, sem limitação dos poderes normais dos demais administradores, que pratique certos actos no âmbito do objecto social, nomeadamente aqueles que se reconduzem a assuntos de mero expediente (cfr. art. 407.º, n.º 1).

[974] Antes de 30 de Junho de 2006, a comissão executiva devia ser formada por *um número ímpar de membros*, mínimo de três (art. 407.º, n.º 3, red. originária).

32.2.1.3. *A inadmissibilidade de delegação de poderes no modelo germânico*

Se percorrermos o Código das Sociedades Comerciais, verificamos que o legislador optou por caracterizar os diversos modelos de governação societária, descrevendo os órgãos e estruturas característicos de cada um, sem consagrar uma parte geral que fosse comum a todos. Desse modo, a estrutura típica de cada desses modelos terá de ser isolada com recurso (exclusivo) às respectivas normas e regime.

Seguindo este método, somos levados a concluir que a comissão executiva, enquanto sub-órgão em que são delegados determinados poderes de gestão corrente, é uma estrutura típica do modelo clássico (art. 407.º, n.º 3), expressamente alargada ao modelo anglo-saxónico (cfr. art. 423.º-G, n.º 1, *alínea c*)), pelo que a legalidade da sua constituição e a legitimidade da sua actuação nos quadros destes dois modelos não merece reservas.

Diversamente, no modelo germânico de governação societária, a lei afasta, pela natureza das respectivas funções, a constituição de comissão executiva e a designação de administradores delegados (cfr. art. 431.º, n.º 3 do CSC)[975].

Com efeito, se em nenhuma passagem do Código é feita qualquer referência à comissão executiva no contexto deste modelo, afigura-se legítimo concluir não constituir esta comissão uma estrutura típica do modelo germânico. Cremos que tão pouco é admitida a sua constituição, no uso da autonomia contratual, por implicar não apenas uma distorção dos princípios da tipicidade societária e do *numerus clausus* que enformam os modelos de governação societária, mas também a descaracterização da estrutura germânica.

Neste modelo, a tipicidade impõe que, sendo o conselho de administração formado exclusivamente por administradores executivos, todos tenham competências de gestão, não sendo possível delegar apenas num ou nalguns os poderes executivos que todos têm[976]. A delegação de po-

[975] Neste sentido, PAULO CÂMARA, «Os Modelos de Governo das Sociedades Anónimas», cit., **2007** (pp. 179-242), para quem «a tarefa da gestão executiva da sociedade», necessariamente a cargo do conselho de administração executivo, é «indelegável, não podendo aqui aplicar-se o regime do art. 407.º» (p. 229).

[976] Tal como explicámos (cfr., *supra*, n.º 27.2), «o princípio da tipicidade das sociedades comerciais tem efeitos directos nos tipos societários possíveis, que são os que se

deres que é admissível no modelo clássico, se prevista contratualmente (cfr. art. 407.º, n.º 3), não pode assim ocorrer no modelo germânico, sendo eventual previsão contratual nesse sentido nula.

Reforça este entendimento a própria evolução legislativa ocorrida em matéria de normas remissivas, extraindo-se um argumento no sentido da inadmissibilidade da delegação de poderes no âmbito do modelo germânico. Assim, enquanto, na redacção anterior à reforma de 2006, o artigo 431.º remetia para o artigo 407.º, podendo abranger, portanto, nessa remissão a delegação de poderes e a possibilidade de constituição de comissão executiva – se estatutariamente prevista a delegação de poderes (cfr. n.º 3 do art. 407.º) –, a redacção actual do n.º 3 do artigo 431.º omite especificamente essa remissão, mantendo a remissão para os artigos 406.º, 408.º e 409.º, e afastando desse modo a aplicabilidade do artigo 407.º a este modelo de governação[977]. Desta exclusão intencional, em paralelo com a redenominação do órgão de gestão – e com a tentativa de qualificar de igual modo todos os seus membros –, resulta a eliminação da remissão para o artigo 407.º, não sendo por isso admissível defender tal aplicação, nem sequer por via de interpretativa extensiva ou de analogia[978].

---

encontram previstos no artigo 1.º, n.º 2 do CSC, mas também tem reflexos a diversos níveis na estrutura da sociedade comercial e inclusivamente no *nomen* dos respectivos órgãos».

Por isso, para além de adoptar as menções mínimas obrigatórias do respectivo tipo e de observar a designação legal dos órgãos que correspondem ao tipo escolhido, para evitar que diferente qualificação faça incorrer os terceiros que se relacionam com ela num erro sobre o tipo, a sociedade deve respeitar a funcionalidade dos órgãos que lhe correspondem.

[977] O art. 407.º não é objecto de qualquer referência na secção relativa ao conselho de administração executivo (cfr. arts. 424.º a 433.º).

[978] Expressamente neste sentido, João Calvão da Silva, «Corporate Governance: responsabilidade civil de administradores não executivos, da comissão de auditoria e do conselho geral e de supervisão», *RLJ* n.º 136.º, n.º 3940, **2006** (pp. 31-59), p. 47, Alexandre Soveral Martins, «Comissão executiva, comissão de auditoria e outras comissões na administração», AA.VV., Reformas do Código das Sociedades, IDET, Almedina, Coimbra, **2007** (pp. 243-275) – que acrescenta que o n.º 5 do art. 425.º do CSC, que impede expressamente a representação dos membros do conselho de administração executivo no exercício do cargo, não faz qualquer ressalva à possibilidade de delegação de poderes (cfr. p. 248) –, Paulo Câmara, «Os Modelos de Governo das Sociedades Anónimas», cit., **2007** (pp. 179-242), p. 229, e Armando Triunfante, *Código das Sociedades Comerciais Anotado*, cit., **2007**, pp. 469.

32.2.2. *Composição*[979] [980]

32.2.2.1. *Número de membros*

O número de administradores já não tem de ser obrigatoriamente ímpar (cfr. a nova redacção dos arts. 390.º, n.º 1 e 424.º, n.º 1)[981], podendo o órgão de gestão ser singular [administrador ou administrador executivo único (arts. 390.º, n.º 2 e 424.º, n.º 2)] enquanto o capital social não for superior a € 200.000,00 ou os accionistas não optarem por eleger um conselho de administração.

Nenhum dos órgãos executivos (conselho de administração simples ou executivo) se encontra sujeito a um número máximo de membros (arts. 390.º, n.º 2 e 424.º, n.º 1), nem qualquer dos seus elementos está hoje vinculado a um pelouro específico[982]. No entanto, a reformulação

---

Pronunciando-se anteriormente à Reforma Societária, PEDRO MAIA, *Função e funcionamento do Conselho de Administração da Sociedade Anónima*, Coimbra Editora, **2002**, pp. 258-259, entendia que «a direcção (actual conselho de administração executivo), na estrutura dualista, corresponde à comissão executiva na estrutura monista». E, reportando-se a esta estrutura, considerava que «os poderes indelegáveis do conselho de administração correspondem quase ponto por ponto às competências deferidas por lei ao conselho geral», por confronto do disposto no n.º 4 do art. 407.º com o disposto no art. 441.º do CSC (p. 255). Na perspectiva deste autor, o conselho de administração da estrutura monista estaria para a comissão executiva, como o conselho geral está para a direcção (actual conselho de administração executivo), na estrutura dualista.

[979] Sobre a participação de pessoas colectivas nos órgãos de administração de sociedades anónimas, vd. PAULO DE PITTA E CUNHA, «Pessoas colectivas designadas administradores de sociedades anónimas, *O Direito*, ano 125.º, I-II, **1993** (pp. 221-227), M. NOGUEIRA SERENS, «Pessoas colectivas – administradores de sociedades anónimas», *RB*, n.º 30, Abril/Junho, **1994** (pp. 75-91), RAÚL VENTURA, *Novos estudos sobre Sociedades Anónimas e Sociedades em Nome Colectivo* (Comentário ao CSC), Almedina, Coimbra, **1994,** pp.175-186, JOÃO LABAREDA, «Da designação de pessoas colectivas para cargos sociais em sociedades comerciais», *Direito Societário Português – Algumas Questões*, Quid Juris?, Lisboa, **1998** (pp. 9-59).

[980] Sobre a acumulação de funções laborais e societárias, vd. JORGE MANUEL COUTINHO DE ABREU, «Administradores e trabalhadores de sociedades (cúmulos e não)», AA.VV., *Temas societários*, IDET, n.º 2, Almedina, Coimbra, **2006** (pp. 9-21).

[981] Por exemplo: «*O conselho de administração é composto por um mínimo de dois e um máximo de nove membros, conforme for deliberado em assembleia geral*».

[982] A lei já não limita o número máximo de membros da direcção (actual conselho de administração executivo), que não podia ser composta por mais de cinco elementos (art. 424.º, n.º 1, alt. pelo art. 2.º do DL 76-A/2006), devendo um deles assumir especi-

societária criou os conceitos legais de administrador não executivo e de administrador independente. Estes conceitos conheceram um grande desenvolvimento com as novas regras sobre governação societária.

Acresce que nas sociedades com governação germânica os administradores são todos executivos, daí que o respectivo conselho de administração seja, normalmente, composto por pessoas com especiais aptidões técnicas, relativamente ao objecto que a sociedade se propõe prosseguir.

Pode suceder que, tendo um (ou mais) administrador(es) cessado as respectivas funções, por renúncia ou impedimento (definitivo), o(s) mesmo(s) não venha(m) a ser oportunamente substituído(s). Nesse caso, o conselho continuará a funcionar com os remanescentes, desde que subsistam em funções a maioria dos administradores designados. Simplesmente o *quorum* continua a determinar-se pelo número de designados e não relativamente aos remanescentes, o que não deixa de ser relevante.

32.2.2.2. *Natureza jurídica dos membros do órgão de gestão*

O órgão de administração da sociedade anónima, qualquer que seja o seu modelo de governação societária, pode ser composto por accionistas ou não accionistas, não estabelecendo, hoje[983], a lei diferença quanto à natureza jurídica das entidades que podem ser designadas para desempenhar funções. Assim – diversamente do que se passa nas sociedades por quotas, em que só podem ser nomeadas gerentes *pessoas singulares com capacidade jurídica plena* (art. 252.°, n.° 1 *in fine*) –, podem ser designados administradores (incluindo os que integrarem o conselho de administração executivo) as pessoas singulares e as pessoas colectivas[984], devendo estas indicar para desempenhar funções uma pessoa singular (arts. 390.°, n.os 3 e 4 e 425.°, n.° 8)[985].

---

ficamente o pelouro do pessoal (recursos humanos) e ficando «*especialmente encarregado das relações com os trabalhadores*» (art. 427.°, n.° 3, revogado pelo art. 61.°, *alínea b)* do DL 76-A/2006).

[983] Diversamente do que acontecia anteriormente à reforma societária, em que a lei impedia a designação de pessoas colectivas como directores da sociedade anónima de modelo dualista (cfr. art. 425.°, n.° 5, *alínea a)*, na red. originária do CSC).

[984] Sobre a designação de pessoas colectivas para os órgãos de administração, cfr. o nosso estudo, «Designação de Pessoas Colectivas para os Órgãos de Sociedades Anónimas e por Quotas», *DSR*, ano I, vol. 1, Março **2009** (pp. 165-213), pp. 195-197 e 206-209.

[985] No regime vigente até 29 de Junho de 2006, a lei estabelecia uma diferença quanto à natureza jurídica das entidades que podiam ser designadas para os órgãos executivos.

Nas sociedades anónimas, qualquer que seja a sua estrutura, as pessoas singulares indicadas pelas pessoas colectivas desempenham os respectivos cargos em nome próprio[986] e são inamovíveis por vontade da designante, a qual é legalmente solidária com a designada (cfr. art. 390.º, n.º 4, aplicável também aos membros do conselho de administração executivo *ex vi* art. 425.º, n.º 8).

32.2.2.3. *Natureza jurídica do vínculo que liga a pessoa colectiva eleita administradora e a pessoa singular por esta designada para o exercício de funções*

A propósito da participação das pessoas colectivas no conselho de administração das sociedades anónimas, coloca-se uma questão interessante, que é a seguinte:

- *Qual é a natureza jurídica do vínculo que liga as pessoas colectivas designadas e as pessoas singulares que estas indicam para, efectivamente, exercerem funções de administração?*
- Por um lado, se elas desempenham as funções em nome próprio, então, no fundo, não há uma verdadeira relação de mandato (o que é muito importante para se saber até que ponto os administradores indicados estão obrigados a acatar as instruções das pessoas colectivas designantes).

Assim, quanto a saber quem pode ser membro, haveria que distinguir:

- Nas sociedades com estrutura clássica de administração e fiscalização, podiam (e podem) ser designados administradores as pessoas singulares e as pessoas colectivas, devendo estas indicar para desempenhar funções uma pessoa singular (art. 390.º, n.ºs 3 e 4).
- Nas sociedades com estrutura moderna (germânica), só era possível designar pessoas singulares como directores (cfr. art. 425.º, n.º 5, *alínea a)*). Nesta espécie de sociedade anónima, (só) as pessoas colectivas que fossem accionistas podiam ser designadas membros do conselho geral (cfr. art. 434.º, n.º 3).

[986] Este facto, de todos os membros de órgãos sociais, sem excepção, desempenharem funções em nome próprio, afasta a existência de uma verdadeira relaçao de mandato. Os titulares dos órgãos societários devem nortear a sua actuação exclusivamente pelo interesse da sociedade. Daí que a qualificaçao da relação em apreço como um mandato seja particularmente relevante para se poder concluir que em caso nenhum os administradores indicados estão obrigados a acatar as instruções das pessoas colectivas que, por serem as titulares dos cargos, os nomeiam.

– Por outro lado, se as pessoas colectivas se limitam a designar as pessoas singulares que hão-de desempenhar funções, nos órgãos de administração[987], dir-se-ia que elas não têm qualquer interesse nessa designação, sobretudo se tivermos em conta que a lei prevê que tais pessoas colectivas designadas administradoras tenham solidariedade relativamente aos actos praticados pelas pessoas singulares designadas.

Assim, se os administradores praticam actos em nome próprio e as pessoas colectivas ainda assumem a responsabilidade, nomeadamente em termos de regresso quanto às consequências dos actos praticados pelas pessoas singulares, parece que as pessoas colectivas só têm desvantagens em ser designadas administradoras.

Entendíamos, apesar de discutível que teria de se encontrar um interesse específico nessa designação[988], que se esgota na solidariedade que a lei prescreve e que aparentemente reconduziria esta situação jurídica a um mandato sem representação ou relação de comissão.

Como afirmámos recentemente, o facto de todos os membros de órgãos sociais, sem excepção, desempenharem funções em nome próprio, afasta a existência de uma verdadeira relação de mandato que, a ocorrer, faria dos órgãos sociais conjuntos de pessoas que constituíam meras extensões dos sócios ou de quem estes escolhessem para o efeito, com claro prejuízo da funcionalidade dos órgãos e da subordinação da sua actuação ao interesse da sociedade.

E a rejeição da qualificação da relação em apreço como um mandato é particularmente relevante para se poder concluir que em caso nenhum os administradores indicados estão obrigados a acatar as instruções das pessoas colectivas que, por serem as titulares dos cargos, os nomeiam.

Não obstante, impõe-se procurar, pois, e encontrar um interesse específico nessa designação, podendo entender-se – embora isto seja

[987] São situações, muito comuns, em que as sociedades participam nas administrações de outras sociedades. Basta pensar em todas as situações em que as pessoas colectivas são accionistas e naquelas sociedades em que o Estado participa.

[988] Defendemos anteriormente (cfr. 3ª ed. das nossas lições, **2007**, pp. 686-687), embora já considerássemos discutível, que só uma relação de comissão ou de mandato sem representação justificaria a solidariedade e que as pessoas singulares seriam indicadas pelas pessoas colectivas e, depois, actuariam em nome próprio, mas por conta das pessoas colectivas designantes ou seja, no interesse dessas pessoas colectivas.

discutível – que há, aqui, uma relação de comissão (ou de mandato sem representação) *sui generis*.

A escolha de uma figura negocial clássica que procurava explicar o interesse da entidade eleita e designante esbarra, como iremos ver, com os interesses subjacentes ao exercício de funções dos membros dos órgãos sociais e os próprios deveres que legalmente lhes são impostos.

Daqui também se retira que, em caso de impedimento definitivo das pessoas singulares que tenham sido indicadas pelas pessoas colectivas, é a pessoa colectiva que foi designada ou eleita que deve proceder a essa substituição.

Mas isto só em caso de impedimento definitivo porque a pessoa singular não pode (sem mais, nem menos) apresentar a sua renúncia para, desse modo, causar perturbação com substituições frequentes no seio do conselho de administração. Se tal acontecer sem justificação, devemos entender que essa renúncia é extensível à própria pessoa colectiva e que há, portanto, uma vacatura. Em qualquer circunstância, é a jurisprudência que vai dar uma resposta clara a esta situação.

32.2.3. *Designação dos membros do órgão de gestão*

Vejamos agora como são designados os administradores (cfr. arts. 391.º, n.º 1 e 425.º).

32.2.3.1. *Nomeação contratual*

Os administradores da sociedade anónima podem ser directamente designados no contrato de sociedade, nomeadamente nos estatutos, embora possam também ser nomeados à margem destes, no próprio instrumento de constituição da sociedade, considerado o carácter necessariamente transitório da respectiva designação (arts. 391.º, n.º 1 e 425.º, n.º 1).

Por exemplo:

Cláusula Vigésima Sexta
(Designação dos membros dos órgãos sociais)

Ficam desde já designados, para o período que se estende desde a celebração do contrato de sociedade até trinta de Junho do ano dois mil e nove, os membros dos seguintes órgãos sociais:

a) *Assembleia geral:*

Presidente: [•].

Secretário: [•].
***b)** Conselho de administração:*
Presidente: [•], [•], residente na [•].
Vogais: [•], [•], residente na [•] e [v], Lda., com sede na [•], matriculada na Conservatória do Registo Comercial de [•] sob o n.º[•], pessoa colectiva n.º[•], com o capital social de € [•], que designa seu representante [•], [•], residente na [•].
***c)** Conselho fiscal: [•]*
Suplente: [v]

Esta regra pode, em alternativa, constar exclusivamente do instrumento de constituição da sociedade.

32.2.3.2. *Eleição (pelos accionistas e pelo conselho geral e de supervisão)*[989]

Caso não tenham sido designados no contrato (de constituição), os membros do órgão de gestão devem ser eleitos pelos accionistas (arts. 391.º e 392.º) ou pelo conselho geral e de supervisão ou pela assembleia geral, se for este o órgão competente (art. 425.º, n.º 1), tal como o são habitualmente após o decurso de cada mandato ou, durante o mandato, sempre que cessam as respectivas funções e não são substituídos por suplentes ou por outro modo, legal ou contratualmente, estabelecido.

A este propósito, importa chamar a especial atenção para dois aspectos.

Por um lado, para as regras especiais de eleição, que podem estar estatutariamente consagradas, nas sociedades anónimas em geral, ou serem supletivamente aplicáveis às sociedades abertas (ou sociedades cujo capital está aberto ao investimento do público).

A lei procura acautelar que, em determinado tipo de sociedades anónimas, as minorias possam designar administradores. Se a eleição se fizesse pela lista que recolhesse maior número de votos, designadamente por maioria relativa, isso significaria, por exemplo, que o accionista detentor de quinze por cento do capital (percentagem significativa numa

[989] Sobre a eleição em separado de administrador por minorias accionistas, vd. RAÚL VENTURA, *Estudos vários sobre Sociedades Anónimas* (Regras especiais de eleição de administradores de sociedades anónimas) (Comentário ao CSC), Almedina, Coimbra, **1992**, pp. 515-528, e SOFIA RIBEIRO BRANCO, «A representação de minorias accionistas no conselho de administração», *O Direito*, ano 136.º, IV, **2004**, pp. 687-769.

sociedade anónima média ou grande), não obstante, nunca estaria em condições de designar alguém que *o representasse* na administração da sociedade. Por isso, a lei estabeleceu a aplicação imperativa de determinadas regras se a sociedade for aberta (art. 392.º, n.os 8, 6 e 7), e para as que não o são, sugeriu determinadas regras que têm uma natureza dispositiva e que os contratos de sociedade poderão acolher para, designadamente, satisfazer os interesses dos accionistas que tenham uma participação social que oscile entre os dez e os vinte porcento do capital da sociedade (cfr. art. 392.º, n.os 1 e segs.).

Por outro lado, cumpre recordar a possibilidade que uma categoria de acções tem de poder vetar a designação de um terço dos administradores (cfr. art. art. 391.º, n.º 2 *in fine*) (cfr., *supra*, n.º 19.3.3.1).

32.2.3.3. *Estado ou entidade pública*

Por sua vez, a designação de administradores pelo Estado ou por entidade pública equiparada deve ocorrer nos termos de legislação especial (a legislação aplicável aos gestores públicos[990]) (art. 392.º, n.º 11), mas já não tem especiais consequências a nível da respectiva destituição, para além das que resultem de a eleição ser efectuada nos termos do disposto no artigo 392.º, isto é, a deliberação de destituição do administrador que tenha sido eleito ao abrigo das regras especiais previstas nessa disposição legal – incluindo naturalmente a *nomeação de administradores por parte do Estado ou de entidade pública equiparada* (art. 392.º, n.º 11) – é ineficaz («*não produz quaisquer efeitos*») caso a ela se oponham, votando contra, «*accionistas que representem 20% do capital social*» (cfr. art. 403.º, n.º 2)[991].

---

[990] Cfr. Decreto-Lei n.º 71/2007, de 27 de Março, e Resolução do Conselho de Ministros n.º 49/2007, de 1 de Fevereiro de 2007, publ. no DR, I Série, n.º 62, de 28 de Março (que aprovou os princípios de bom governo das empresas do Sector Empresarial do Estado).

[991] Até 29 de Junho de 2006 (*inclusive*), a destituição de administrador designado pelo Estado encontrava se fortemente restringida (cfr. art. 403.º, n.º 4, red. originária), não sendo a sociedade anónima livre de destituir os administradores que tivessem sido designados pelo Estado, ainda que pudesse emitir uma opinião, por deliberação de accionistas, no sentido de aconselhar o Estado a proceder às substituições devidas.

32.2.3.4. *Nomeação judicial*

Embora não corresponda a uma prática ou situação habitual, por vezes é necessário requerer ao tribunal que designe um administrador (judicial), para assegurar a gestão da sociedade (arts. 394.º e 426.º). Tal acontecerá sempre que faltem administradores em número necessário para deliberar e vincular a sociedade, sem que os accionistas procedam à respectiva substituição, ou sempre que tenham decorrido mais de cento e oitenta dias sobre a cessação de funções dos administradores sem que os mesmos sejam substituídos[992].

No caso de nomeação judicial, há uma particularidade: o administrador (nomeado judicialmente) passa a gerir a sociedade sem a participação de outras pessoas, como um administrador único, independentemente do montante do capital social, isto é, ainda que este seja superior a € 200.000,00.

32.2.3.5. *Designação do presidente do conselho de administração*

O presidente do conselho de administração é escolhido pelo próprio conselho, se o contrato de sociedade for omisso sobre a sua designação ou não prever que a mesma deva ser feita pela assembleia (accionistas) que eleger os administradores (cfr. arts. 395.º, n.ºs 1 e 2 I parte). Caso seja designado pelo conselho, pode este órgão em qualquer momento, no decurso do mandato, proceder à respectiva substituição (art. 395.º, n.º 2 *in fine*).

O presidente do conselho de administração executivo é indicado no acto de designação dos membros do conselho e caso tal não tenha acontecido é escolhido pelos seus pares (cfr. art. 427.º, n.º 1)[993].

---

[992] Quer dizer, volvidos mais de cento e oitenta dias sobre o termo do mandato para que tinham sido designados – o que pode acontecer, uma vez que decorre da nossa lei que os administradores devem desempenhar as suas funções até ao momento em que forem substituídos, provocando, na prática, frequentemente uma pequena extensão do desempenho das respectivas funções (até à assembleia geral anual, de aprovação das contas relativas ao último exercício social, no qual desempenharam o seu mandato efectivo) – sem que tenham sido eleitos novos administradores, pode haver lugar a nomeação judicial.

Sobre o processo judicial (de nomeação e destituição de administradores), vd. João Labareda, «Notícia sobre os processos destinados ao exercício de direitos sociais», *DJ*, vol. XIII, t. I, **1999** (pp. 43-111), pp. 72-74, 77-82.

[993] O presidente da direcção era obrigatoriamente designado pelo conselho geral (art. 427.º).

Quando o número de administradores for par, o contrato de sociedade poderá atribuir o voto de qualidade ao respectivo presidente e indicar o modo da sua substituição, com uma cláusula com o seguinte teor:

Décima Terceira
(Voto de qualidade)

O presidente do conselho de administração tem sempre voto de qualidade, devendo ser designado um vice-presidente com igual poder na falta do presidente quando os administradores designados forem em número par.

Caso a administração seja composta por um número par de membros e o contrato seja omisso, então o presidente terá voto de qualidade, que – no seu impedimento ou ausência – reverte para quem o substitua, se o voto de qualidade não tiver sido atribuído a mais ninguém no «*acto de designação*».

O sistema será, consequentemente, o seguinte:

Quando o número de administradores eleitos for par, o presidente do Conselho de Administração tem voto de qualidade, para evitar situações de impasse, e, na sua ausência, esse voto pertence a quem tenha sido indicado inicialmente para o efeito (como sucede no exemplo acima transcrito) (cfr. art. 395.º, n.os 3, *alínea a)*, e 4) ou, na falta dessa previsão, por quem o representar na reunião em que não participe, ainda que na carta (mandadeira) dirigida ao Conselho se limite a nomear o seu representante para uma (única e) determinada reunião.

Embora corresponda a uma prática estatutária enraizada, a consagração do voto de qualidade é facultativa quando o número de administradores for ímpar (cfr. art. 395.º, n.º 3, *alínea b)*). Nesse caso, não sendo atribuído estatutariamente (ao presidente do Conselho de Administração ou a um seu substituto) o voto de Minerva, este não pode ser usado, pelo que na falta de um administrador o Conselho poderá tornar se incapaz de deliberar.

32.2.3.6. *Duração dos mandatos: prazo*

Diversamente do que sucede no plano da sociedade por quotas (cfr., *supra*, n.º 31.3.3) – em que a falta de limitação temporal equivale a uma nomeação por tempo indeterminado (cfr. art, 256.º) –, os administradores e administradores executivos consideram-se designados para um máximo de quatro exercícios sociais, se o contrato não estabelecer prazo. Com efeito, a lei fixa um prazo supletivo máximo de *quatro anos civis* (arts. 391.º, n.º 3 *in fine* e 425.º, n.º 2), devendo entender-se, por recurso a interpretação actualista (decorrente da possibilidade, hoje generalizada, de o exercício social não coincidir com o ano civil), que tal prazo se reporta efectivamente a quatro exercícios sociais, não obstante a própria letra da lei se referir expressamente a um período *não excedente a quatro anos civis* (arts. 391.º, n.º 3 e 425.º, n.º 2).

A duração dos mandatos encontra-se, assim, temporalmente delimitada, por expressa previsão contratual ou pela falta dela, devendo os mandatos serem todos da mesma duração e os administradores eleitos para mandatos de duração igual aos anteriores, salvo se entretanto o prazo for estatutariamente alterado.

Diga-se que a existência de regra legal supletiva, em matéria de prazos, não altera a prática societária habitual, que reconduz grande parte dos mandatos dos membros dos órgãos sociais a um período de três anos (ou de três exercícios), por tradição e previsão estatutária[994].

Os administradores, apesar de designados por prazo certo, mantêm-se em funções – com plenos poderes – até que sejam substituídos (arts. 391.º, n.º 4 e 425.º, n.º 3), salvo se renunciaram validamente ao seu cargo, caso em que se consideram em funções até ao final do mês subsequente à respectiva renúncia (arts. 404.º, n.º 2 e 433.º, n.º 4).

Se a assembleia geral (anual) subsequente ao termo do mandato não eleger novos administradores, aqueles que se encontrarem ainda em exercício mantêm-se em funções até serem substituídos (cfr. art. 391.º, n.º 4), por não ser admissível que a sociedade fique sem governação ou responsável. E tal situação manter-se-á por tempo indeterminado, até que se processe a substituição desses administradores, eventualmente por designação judicial (cfr. art. 394.º, n.º 3), caso em que o tribunal irá nomear um único administrador, a pedido, necessariamente, de um accionista (cfr. art. 394.º, n.ºs 1, *in fine*, e 2)[995]. Abordaremos autonomamente

---

[994] Admitimos agora que a manter-se a legalmente prevista limitação de mandatos para desempenhar certas funções (cfr. arts. 414.º, n.º 5, *alínea b)* e 374.º-A, n.º 1) que os mandatos possam ser revistos, passando em muitos casos ao máximo admissível (quatro exercícios).

[995] Com efeito, tendo «*decorrido mais de 180 dias sobre o termo do prazo por que foram eleitos os administradores sem se ter efectuado nova eleição, qualquer accionista*

adiante (*infra*, n.º 32.2.9.9) a questão do exercício de funções para além da duração do mandato.

São diversas as questões que se poderão equacionar a propósito da duração de mandatos. Chamamos a atenção para duas.

A primeira reconduz-se à possibilidade de os estatutos se limitarem a prever o mandato com duração mínima. Por exemplo, «*A administração e representação da sociedade são exercidas pelo conselho de administração, composto por dois a sete membros, eleitos em assembleia geral, a qual, em derrogação específica do disposto no número 3 do artigo 391.º do Código das Sociedades Comerciais e por maioria de dois terços dos votos, pode fixar o mandato dos administradores a eleger por um período mínimo de dois anos, podendo ser reconduzidos por uma ou mais vezes, para mandatos de diferente ou idêntica duração*».

A admissibilidade de uma regra com este teor depende do entendimento que se tiver do disposto no n.º 3 do artigo 391.º, que comina a obrigatoriedade de o mandato se encontrar fixado nos estatutos da sociedade. No exemplo transcrito julgamos que tal ocorre, à semelhança do que se verifica quando se entende que o número de administradores se encontra fixado no contrato de sociedade (cfr. art. 390.º, n.º 1), mesmo quando este se limita a indicar os respectivos números mínimo e máximo (como acontece no exemplo acima transcrito: "*composto por dois a sete membros*").

A segunda questão consiste em saber se, embora com igual duração, o início e termo dos mandatos pode encontrar-se desfasado. Por exemplo, parte dos administradores iniciar funções para um mandato de quatro anos em 2008 e os restantes serem eleitos para um mandato (com igual duração) com início em 2010 (2010-2013), assegurando continuidade à gestão.

Não há qualquer imposição legal nesta matéria, no sentido de que se deva verificar forçosamente simultaneidade na designação, embora certos preceitos apontem para isso, como sucede com o mecanismo de substituições no decurso do mandato (cfr. art. 393.º, n.º 5). Não repugna, por isso, admitir – sem prejuízo de reflexão mais ponderada – que o contrato de sociedade preveja mandatos não coincidentes temporalmente, desde que contenha os mecanismos que assegurem o funcionamento adequado dos órgãos sociais, prevendo, por exemplo, que o mandato inicial de parte dos administradores tenha uma duração correspondente a metade dos

---

pode requerer a nomeação judicial de um administrador até se proceder à eleição daquele conselho» (art. 394.º, n.º 1 *in fine*).

mandatos dos restantes (dois e quatro anos, respectivamente), para poder introduzir na prática dessa sociedade o desfasamento pretendido.

32.2.4. *Substituição de administradores*[996]

32.2.4.1. *Cessação (definitiva) de funções do administrador; indicação de suplente(s)*

O que acontece se há um impedimento definitivo de um ou mais administradores?

Faltando definitivamente, por impedimento, excesso de faltas[997], renúncia ou destituição, qualquer administrador, haverá que proceder à respectiva substituição, designando um administrador até ao final do mandato para que havia sido eleito o substituído, sem prejuízo de a sociedade poder continuar a funcionar. O art. 393.º estabelece o modo de substituição de administradores. Vejamos como é que se processa essa substituição:

Em primeiro lugar, pela chamada de **suplentes**, se existirem (art. 393.º, n.º 3, *alínea a)*), o que é pouco habitual, em especial nas sociedades (anónimas) de reduzida dimensão.

---

[996] Vd. Raúl Ventura, *Novos estudos sobre Sociedades Anónimas e Sociedades em Nome Colectivo* (Comentário ao CSC), Almedina, Coimbra, **1994,** pp. 161-171.

[997] A lei obriga a prever contratualmente o número (mínimo) de faltas injustificadas que equivale a uma falta definitiva do administrador (cfr. art. 393.º, n.º 1). Assim, e exemplificando:

Artigo 20.º
(Reuniões do Conselho de Administração)

(...)

Cinco. *O administrador que, no decurso do mandato, falte injustificadamente a três reuniões do conselho de administração seguidas ou cinco interpoladas cessa as suas funções por falta definitiva, nos termos e para os devidos efeitos legais.*

Seis. *As faltas poderão ser justificadas no prazo de quinze dias, em carta dirigida ao presidente do conselho de administração ou, sendo este o faltoso, ao vice-presidente que o substitui ou, na falta deste, ao vogal mais antigo.*

Sete. *Cabe ao conselho de administração qualificar a falta, considerando-se devidamente justificada a que, sendo fundamentada pelo faltoso, não for rejeitada até ao final da segunda reunião ordinária subsequente aquela a que respeita.*

Havendo mais de um suplente, na lista que tenha sido proposta à votação, deverá substituir o administrador cessante o suplente que se encontrar indicado em primeiro lugar.

Existindo suplentes, importa averiguar se os mesmos devem ser inscritos no registo comercial, nessa qualidade – simultaneamente com os administradores efectivos –, ou se será suficiente transcrever na acta ou anexar à mesma a lista de candidatos ao órgão de administração da qual conste a eleição de suplentes. Não impondo a lei a necessidade de registo (de suplentes), optamos pela via mais fácil, bastando proceder à identificação dos suplentes na acta.

32.2.4.2. *Cooptação*

Não se encontrando (pré-)designados suplentes e mantendo-se em funções a maioria dos administradores[998], poderão os subsistentes proceder, no prazo de 60 dias, à **cooptação** de novo ou novos administradores em substituição dos faltosos, isto é, à escolha de um terceiro que venha a substituir o administrador que cessou as suas funções a título definitivo[999] até ao final do mandato, para que o mesmo havia sido designado (art. 393.º, n.º 3, *alínea b)*). Caso tal aconteça, a cooptação deve ser objecto de ratificação na assembleia geral subsequente (art. 393.º, n.º 4). Se a assembleia geral recusar a ratificação, a designação caduca, mantendo-se válidos os actos até aí praticados pelo administrador cooptado. No entanto, neste caso – que é raro, mas não inédito – o administrador cuja designação por cooptação não tenha sido ratificada cessa imediatamente as suas funções.

Uma questão interessante que se poderá suscitar a propósito deste modo de substituição de administradores consiste em tentar avaliar a imperatividade do mesmo, isto é, se os administradores subsistentes se encontram obrigados a cooptar um novo administrador ou se podem abster-se de o fazer.

---

[998] A maioria dos administradores em funções, tal como sucede em relação à determinação do *quórum constitutivo* do Conselho, deve aferir-se pelo número de administradores autorizadamente eleitos para cada mandato e não por referência àqueles que ainda se encontrarem em exercício de funções, apesar de em número inferior aos eleitos nos termos do contrato.

[999] A cessação, no decurso do mandato, pode dever-se a impedimento por morte, por doença ou por qualquer outra razão que seja aceite pelo conselho de administração (para evitar responsabilidade do cessante), sem prejuízo de a renúncia ser potestativa.

Caso se considere estar em causa um dever legal, então a sua violação terá forçosamente consequências.

A lei prescreve que na «*falta definitiva de um administrador,* ***deve*** *proceder-se à sua substituição por cooptação*, se não houver suplentes (cfr. art. 393.º, n.º 3, *alínea b)*), revestindo aparentemente um carácter impositivo. A lei não utiliza a expressão "*pode* proceder-se", apesar de abrir uma via alternativa para a escolha do administrador substituto se for esgotado o prazo (de 60 dias) legalmente estabelecido para a escolha do substituto pelo Conselho (cfr. *alínea c)* da mesma regra).

Embora adequadamente acompanhados por alguma doutrina significativa, hesitamos na qualificação da cooptação como um dever e não uma simples faculdade, tendo em consideração que o seu incumprimento pode dar azo a uma violação de deveres legais fundamentais.

32.2.4.3. *Designação pelo conselho fiscal*

Caso o conselho não proceda à cooptação, ou a mesma caduque, deverá o **conselho fiscal** ou a **comissão de auditoria** proceder à designação do administrador substituto, nomeação essa sujeita também a ratificação da assembleia geral (art. 393.º, n.ºs 3, *alínea c)*, e 4). Questão interessante consiste em saber se o fiscal único também tem esta competência, por efeito do disposto no artigo 413.º, n.º 6. Recorde-se que a redacção do artigo 393.º, prevendo a intervenção do conselho fiscal, era anterior à consagração generalizada da figura do fiscal único e, consequentemente, era contemporânea do sistema opcional por fiscal único, sempre que o capital da sociedade o permitisse. O facto de a recente alteração substancial do artigo 393.º não ter previsto a designação de administradores pelo fiscal único, no caso em que ele exista, conduzem-nos a admitir que o legislador não considerou razoável depositar esse encargo nas mãos do fiscal único.

32.2.4.4. *Eleição ad hoc*

Caso o administrador não seja substituído, por iniciativa do conselho de administração, do conselho fiscal ou da comissão de auditoria, deverá a assembleia geral proceder a uma eleição de novo administrador até a final do mandato. Trata-se de uma **eleição *ad hoc*,** ou seja, uma eleição realizada, especificamente, para eleger um administrador substituto até ao final do mandato para que tinha sido designado o cessante (ou cessantes) (art. 393.º, n.º 3, *alínea d)*).

Finalmente, recorde-se que a falta de pessoa singular que tenha sido indicada por pessoa colectiva designada (eleita) administradora de uma sociedade anónima não corresponde a uma situação de substituição de administrador, tal como temos vindo a equacionar essa vicissitude. Nessa circunstância, como referimos, caberá à pessoa colectiva proceder à indicação do substituto, ainda que esta se processe também, e simultaneamente, sob a forma de cooptação.

32.2.5. *Funcionamento do conselho de administração*[1000]

O funcionamento do conselho de administração (ou do conselho de administração executivo) é, essencialmente, regulado no artigo 410.º[1001] (cfr. art. 433.º, n.º 1), o qual é, basicamente, composto por normas dispositivas de carácter permissivo. Quer dizer, a própria lei tem o cuidado de regular o funcionamento do conselho de administração, no caso de o contrato de sociedade ser omisso. Não obstante, o contrato pode regular de modo diferente, aproveitando, portanto, a dispositividade (a natureza) da regra relativa a essa matéria.

[1000] Vd., na doutrina nacional mais recente, para além da monografia de PEDRO MAIA, *Função e funcionamento do Conselho de Administração da Sociedade Anónima*, Coimbra Editora, **2002**, em especial pp. 179-181, 213-245, e 281-294, RAÚL VENTURA, *Estudos vários sobre Sociedades Anónimas* («Reuniões e deliberações do conselho de administração de sociedades anónimas») (Comentário ao CSC), Almedina, Coimbra, **1992**, pp. 531-565, e LUÍS BRITO CORREIA, «Deliberações do Conselho de Administração das Sociedades Anónimas», AA.VV., *Problemas do Direito das Sociedades*, Almedina, Coimbra, **2002**, pp. 399-419.

O funcionamento do Conselho é frequentemente disciplinado por um regulamento. Cfr. JOSÉ A. ENGRÁCIA ANTUNES, «O regimento do órgão de administração», *DSR*, ano 1, vol, 2, **2009** (pp. 81-95), pp. 81-83 e 85-95.

[1001] Como referimos em nota anterior, julgamos ter havido um lapso na alteração do n.º 8 desta disposição legal, admitindo que o legislador pretendia aditar um novo número, que seria o 9, em vez de substituir a anterior redacção do n.º 8. Comprova este entendimento a remissão que era feita pelo (então novo) n.º 5 do artigo 423.º para o (inexistente) n.º 9 do art. 410.º, com maior sentido se aplicável à redacção do n.º 8, aprovada pelo DL 76-A/2006.

O legislador optou por colmatar esse lapso – na alteração recentemente aprovada (cfr. art. 1.º do DL 49/2010, de 19 de Maio) –, revogando o número 5 do artigo 423.º e operando (agora) a remissão para o número 8 do artigo 410.º, a partir do número do artigo 423.º.

32.2.5.1. *Regime regra*

As decisões da administração, sempre que tal órgão for colegial, devem ser tomadas em reunião com a presença dos respectivos membros. Por isso, e excepto nos actos de mero expediente, que, normalmente, podem ser praticados por qualquer dos administradores, na execução de deliberações já constantes de acta, ou sempre que tiver sido previamente delegada num ou mais administradores a gestão corrente da sociedade, as decisões de gestão da sociedade devem ser tomadas por deliberação dos membros do órgãos executivo e documentadas em acta.

32.2.5.2. *Convocação*

As reuniões do conselho de administração devem ser convocadas por escrito, salvo se estiverem agendadas para datas prefixadas (art. 410.º, n.º 3).

O conselho de administração pode reunir em *datas prefixadas* se tal possibilidade tiver sido estatutariamente prevista e se os administradores fizerem constar de acta datas fixas para o conselho reunir (por exemplo, nas últimas quartas-feiras de cada mês, pelas 18 horas) (art. 410.º, n.º 3, *in fine).*

Com essa finalidade deverá o contrato de sociedade incluir uma regra com o seguinte teor:

Décima Sexta
(Funcionamento)

Um. (...)

Três. *As convocatórias são dispensadas se o conselho designado deliberar reunir em datas fixas. Neste caso, tal deverá ser lavrado em acta do conselho e formalmente comunicado aos seus membros.*

No entanto, habitualmente o conselho deve reunir mediante convocação efectuada pelo seu presidente ou subscrita por dois administradores, devendo ser agendada a respectiva ordem de trabalhos (art. 410.º, n.º 1).

Se todos os administradores estiverem presentes, o conselho pode reunir e funcionar normalmente se todos acordarem fazê-lo, à semelhança do que acontece com as assembleias gerais universais (art. 411.º, n.º 1, *alínea a)*).

Pode suceder que o próprio contrato preveja formalidades específicas (acrescidas) para a convocação do conselho sempre que estiver em causa deliberar sobre matérias determinadas consideradas especialmente relevantes (por exemplo, alteração de sede, aumento do capital por entradas em dinheiro, aquisição de determinados bens, prestação de garantias de montante elevado). Nesse caso, o contrato deverá incluir uma cláusula análoga à seguinte:

Décima Sexta
(Funcionamento)

Um. (…)

Quatro. *Quando esteja em causa deliberação sobre os assuntos expressamente referidos no número [•] da cláusula [•] e no número [•] da cláusula [•] deste contrato, a convocação do conselho de administração terá de ser obrigatoriamente realizada por meio de carta registada com aviso de recepção, ou entregue com protocolo, enviada com a antecedência mínima prevista no número [•], a menos que todos os seus membros estejam presentes.*

32.2.5.3. *Periodicidade*

Nos termos do Código das Sociedades Comerciais (art. 410.º, n.º 2), o conselho de administração deve reunir, pelo menos, uma vez por mês, salvo quando tiver sido expressamente previsto – no contrato de sociedade – diferente periodicidade. Por exemplo, «*O conselho de administração reúne, pelo menos, bimestralmente*».

As reuniões da administração são destinadas a tomar decisões de gestão relevantes e a sua ocorrência depende de diversos factores, desde a complexidade da actividade da sociedade até ao facto de o conselho ter decidido constituir um administrador delegado ou ter deliberado delegar numa comissão executiva a gestão quotidiana da sociedade.

A lei não estabelece, assim, em termos imperativos uma periodicidade mínima e máxima possíveis, admitindo que cada sociedade possa optar pelo ritmo que considera adequado. É, pois, normal que os contratos de sociedade prevejam periodicidades mínimas trimestrais ou mesmo semestrais, mas nada impede que as reuniões até possam ser anuais. Evidentemente que terá de haver, pelo menos, uma reunião por ano, destinada à elaboração (e aprovação interna) dos documentos (relatório de gestão e contas e balanço do exercício) a submeter anualmente aos accionistas, reunidos em assembleia geral (arts. 406.º, *alínea d)*, 376.º, n.º 1, *alínea a)*, e 432.º, n.º 1, *alínea c)*)[1002].

Na falta de regra estatutária, aplica-se a regra legal acima enunciada, devendo o conselho de administração reunir uma vez por mês. No entanto, quando as sociedades têm uma grande dimensão, uma vez por mês não basta, e por vezes nem é suficiente uma reunião quinzenal, sendo então necessária uma reunião semanal. Nas sociedades de média dimensão (em que a estrutura é pequena) é muito normal os respectivos contratos preverem reuniões bimestrais, trimestrais e, inclusivamente, semestrais (designadamente, quando o objecto da sociedade não é comercial, mas corresponde a uma actividade económica indirecta, como a gestão de participações sociais)[1003].

Para além dos efeitos decorrentes do incumprimento dos respectivos deveres legais como administradores, a lei não prevê qualquer sanção para a falta de reuniões do conselho de administração, a menos que a mesma corresponda a uma situação duradoura de inactividade da sociedade.

A solução legal acima enunciada é também aplicável à periodicidade mínima das reuniões do conselho de administração executivo, por efeito do disposto no artigo 433.º, n.º 1.

32.2.5.4. *Quorum constitutivo*

A lei exige um *quorum* constitutivo (mínimo) para que o conselho de administração possa reunir e deliberar validamente, isto é, para que o conselho possa funcionar deve estar presente ou representada a maioria dos seus membros que tenham sido designados para o mandato em curso (art. 410.º, n.º 4), e não dos que se encontram em efectividade de funções, pois pode ter havido administradores que cessaram as suas funções – por impedimento definitivo ou renúncia – sem terem sido substituídos.

Quando houver lugar a representação – o que só acontece se a situação estiver contratualmente autorizada (cfr. art. 410.º, n.º 5) –, a substituição do administrador ausente não é assegurada por um terceiro, mas

[1002] Na prática, não são os administradores que elaboram as contas, é a contabilidade, mas a responsabilidade é deles e a autoria é-lhes juridicamente imputada.

[1003] A sociedade que gere participações sociais, não sendo a sociedade *holding* de um grupo económico, pode não ter necessidade de reunir com tanta frequência como uma sociedade cujo objecto é comercial ou industrial.

por um dos administradores em exercício, que se irá pronunciar por si e em nome do representado, porque o conselho não abre ao exterior. É possível que um administrador represente mais do que um ausente, mas pode o contrato de sociedade limitar o número máximo de representações.

Se a reunião se realizar com recurso a meios telemáticos – o que pode acontecer, desde que os estatutos não o impeçam e a sociedade assegure a fidedignidade e o registo das participações (cfr. art. 410.º, n.º 8) – o *quorum* constitutivo formar-se-á também com base naqueles que recorram a esses meios para intervir na reunião da administração.

32.2.5.5. *Deliberações*

As deliberações são tomadas por maioria de *votos dos presentes* (*ou representados*), dos que se manifestem por meios telemáticos – quando tal for viável – e dos que, em conformidade com autorização estatutária, *votem por correspondência* (cfr. art. 410.º, n.º 7).

A formulação do disposto no n.º 7 do artigo 410.º – aplicável também ao funcionamento do conselho de administração executivo (cfr. art. 433.º, n.º 1) e do conselho geral e de supervisão (cfr. art. 445.º, n.º 2) – revela uma certa imperatividade [«*As deliberações são tomadas por maioria dos votos (...)*»], perfeitamente aceitável porquanto em órgãos executivos não são concebíveis situações de impasse em decisões fundamentais para a vida da sociedade, que possam comprometer a actividade social.

Em reforço do interesse da gestão da sociedade[1004] – que a exigência da maioria qualificada pode comprometer –, há argumentos de ordem técnico-jurídica, que se retiram do Código das Sociedades Comerciais[1005].

[1004] Também reconhecido por Raúl Ventura, *Estudos vários sobre Sociedades Anónimas* (Comentário ao CSC), Almedina, Coimbra, **1992**, p. 449, que refere ainda – em favor da imperatividade da regra – que a diferença entre assembleia, *órgão que só esporadicamente reúne e delibera sobre alguns assuntos*, e o conselho de administração, *órgão de competência permanente e geral*, afastaria a possível analogia da formação das deliberações deste com as daquele (cfr. pp. 449 e 450).

O ilustre professor inclinava-se, porém, no sentido de admitir que a liberdade contratual permitiria que o contrato de sociedade pudesse exigir um *quorum* agravado nas deliberações do conselho de administração, com base em dois argumentos: por um lado, a norma não visa proibir a maioria qualificada porque «se aplica para fazer calcular a maioria pelo número de administradores votantes, em vez do número estatutário»; por outro lado, ao permitir um *quorum* reforçado, a lei estará a «dar eficácia, embora negativa, aos votos dos administradores eleitos por minorias de accionistas através de regras especiais de eleição» (p. 450).

Não estamos de acordo com a sua opinião, ainda que pouco convicta, não apenas por ser contrária aos interesses da sociedade e ao regime jurídico da sociedade anónima – como refere PEDRO MAIA, na sua dissertação de mestrado sobre a *Função e funcionamento do Conselho de Administração da Sociedade Anónima* (Coimbra Editora, **2002**, p. 216) –, mas porque os argumentos invocados não parecem sustentáveis.

A autonomia privada é um argumento de peso no sentido de entregar à disponibilidade dos accionistas a regulação de uma série de matérias societárias. No entanto, a liberdade contratual dos accionistas, por mais relevante que seja, não pode pôr em causa a estabilidade e o funcionamento do sistema jurídico-societário. E neste assume particular destaque o interesse social que se sobrepõe ao interesse exclusivo dos accionistas que estruturam o contrato de sociedade, por vezes procurando introduzir limitações cuja remoção futura pode não ser fácil.

Não concordamos que a finalidade da regra em apreço (o art. 410.º, n.º 7) seja essencialmente esclarecer que a maioria nas deliberações da administração se forma pelos presentes (representados ou votantes por correspondência) e não pela maioria dos administradores que, em conformidade com os estatutos, tenham sido designados para exercer funções. Se fosse esse o escopo da regra, ela nem sequer era necessária. Isto é, se a lei fosse omissa nesta matéria – caso em que não haveria, seguramente, limitação imperativa – e os estatutos também fossem, não haveria dúvidas de que as deliberações seriam tomadas por maioria simples dos presentes (se necessário, recorrendo à analogia do art. 386.º, n.º 1). Se a lei pretendesse reportar-se ao *quorum* dos administradores eleitos para exercer funções – e não aos presentes – ela deveria, à semelhança do que faz na regra do *quorum* constitutivo (cfr. art. 410.º, n.º 4), estabelecê-lo expressamente. Não tem, pois, sentido o primeiro argumento enunciado por RAÚL VENTURA.

Mas também o não tem o segundo, o qual até pode ser ampliado a todo e qualquer interesse accionista, ou seja, poder-se-ia dizer que a possibilidade de clausular estatutariamente maioria agravada corresponderia a um interesse real dos accionistas que, através da designação de administradores – e encontrando-se impedidos de os condicionar por acordo parassocial (cfr. art. 17.º, n.º 2 *in fine*) –, procurariam assegurar o controlo da sociedade, evitando que, contra a sua vontade, e pela simples maioria dos administradores em exercício, pudessem ser aprovadas deliberações de gestão.

No que se refere a accionistas eleitos pela minoria, não cremos que possa haver um propósito de condicionar a normal actividade da sociedade à vontade desses administradores.

Uma coisa é, em certas condições, assegurar à minoria a designação de administradores, a quem deverão ser concedidas as mesmas condições que aos administradores da maioria; outra é atribuir-lhes o direito de paralisar a actividade da sociedade.

Acresce que nada justifica que a ponderação dos interesses accionistas ou de alguns deles se sobreponha ao interesse social, onde reconhecemos outros interesses relevantes – como os dos trabalhadores e dos *stakeholders* em geral (cfr. art. 64.º) – que fundamentam o normal funcionamento da sociedade, sem que se possam gerar situações de impasse ou bloqueio nas decisões.

[1005] Encontramos também na dissertação de mestrado de PEDRO MAIA, sobre a *Função e funcionamento do Conselho de Administração da Sociedade Anónima* [Coimbra

Assim, se confrontarmos esta regra com o disposto nos artigos 386.º e 423.º do Código, verificamos que, na primeira [«*A assembleia geral delibera por maioria dos votos emitidos (...), salvo disposição diversa da lei ou do contrato; (...)*»], estabelecendo-se a maioria simples (relativa) como *quorum* deliberativo, se admite que a lei ou o contrato possam exigir maioria diversa, normalmente agravada[1006], ao passo que a redacção da segunda [«*As deliberações do conselho fiscal são tomadas por maioria, devendo os que com elas não concordarem (...)*»], mais próxima da do n.º 7 do artigo 410.º, não parece deixar margem para diferentes maiorias. Ao fixar o *quorum* deliberativo do conselho de administração, a lei – diversamente do que fez para idêntico *quorum* nas deliberações de accionistas, em que admitiu expressamente que estes pudessem optar por diferente *quorum* estatutário (cfr. art. art. 386.º, n.º 1[1007]) – não viabilizou a possibilidade de os estatutos disporem diferentemente.

Cabe então perguntar se a redacção do número 7, sem a abertura para um *quorum* agravado, foi fruto do acaso ou se havia intenção de evitar que o contrato de sociedade pudesse exigir uma maioria qualificada ou até a unanimidade. E nesse caso, quais as razões que justificariam essa imposição?

Julgamos que a redacção da norma é intencional, admitindo, em nossa opinião, derrogações desde que as mesmas não conduzam a situações de impasse na gestão da sociedade.

Assim, não repugna aceitar que, para certo tipo de decisões, *maxime* para aquelas em que não está propriamente em causa uma competência

---

Editora, **2002** (cfr., em especial, pp. 215-229)], um sólido apoio da nossa interpretação. Reconhecendo que a letra do art. 410.º, n.º 7 se pode adaptar «tanto à tese que sustenta a sua imperatividade como à tese que defende o seu carácter supletivo» (p. 216), entende o nosso colega de Coimbra, sem dúvidas, esclareça-se, que esta disposição legal «tem carácter imperativo» (pp. 217 218), sendo o quorum deliberativo do conselho de administração, por isso, necessariamente, o da maioria simples. Pedro Maia alicerça a sua interpretação fundamentalmente em dois motivos: por um lado, «a admissibilidade de um funcionamento por maioria qualificada, ou até por unanimidade, tolheria o cumprimento das várias funções que o conselho desempenha na (sociedade) anónima» (p. 217); por outro, ao desempenho dessas funções não estão unicamente associados interesses de accionistas actuais.

[1006] Essa maioria pode não corresponder sequer a mais de metade dos votos expressos e contados, como pode acontecer em sede de eleição de órgãos sociais (cfr. art. 386.º, n.º 2 e, *supra*, n.º 29.5.5.3).

[1007] E, no âmbito das sociedades por quotas, o art. 265.º, n.º 1 do CSC.

exclusiva do conselho de administração [como é o caso do consentimento para a transmissão de acções nominativas (cfr. art. 329.º, n.º 1 *in fine*) ou da deliberação de aumento do capital por entradas em dinheiro (cfr. art. 456.º)], o contrato de sociedade exija um *quorum* deliberativo formado por maioria qualificada[1008] e, eventualmente, a unanimidade, desde que preveja a hipótese de intervenção da assembleia geral, caso o conselho não consiga formar a deliberação, dada a maioria requerida para o efeito.

O critério de aplicação do n.º 7 do artigo 410.º deverá então ser o seguinte: em matérias de gestão, de competência exclusiva do conselho de administração, o contrato de sociedade não pode exigir maiorias agravadas para o funcionamento da administração[1009] – devendo as decisões serem sempre tomadas por maioria simples –; estando em causa uma competência estatutariamente atribuída ao conselho, mas que é cumulativa com a competência de outro órgão social ou que, supletivamente, lhe pertenceria, será admissível clausular um *quorum* deliberativo agravado para essa situação pontual, sendo contudo aconselhável prever-se uma solução[1010] para o caso de o conselho de administração não chegar a qualquer conclusão por falta de votos suficientes para o efeito.

32.2.5.6. *Voto de qualidade*

A concluir o estudo do funcionamento do conselho de administração, refira-se ainda que a lei exige agora que o respectivo presidente tenha voto de qualidade, independentemente de atribuição estatutária, se o

[1008] Já não nos parece possível sujeitar a formação de certas deliberações da administração ao veto de um ou mais administradores, uma vez que a lei não permite a designação de administradores, mas apenas o veto relativamente a parte dos administradores designados (cfr. art. 391.º, n.º 2), não sendo, por isso, possível, diversamente do que acontece na sociedade por quotas, saber com antecipação a quem poderia ser atribuído com carácter duradouro um tal direito (de veto de certas deliberações). Mesmo que, no próprio momento constitutivo da sociedade anónima, os administradores sejam nomeados no contrato, eles apenas serão conhecidos no primeiro mandato.

[1009] Se o fizer, a solução dever-se-á encontrar na teoria geral do Direito Civil. Cremos que a cláusula estatutária será nula, por infracção de uma regra legal imperativa (cfr. art. 294.º do CC) e, como tal, ter-se-á por não escrita. Se a subsistência do contrato de sociedade não nos merece particulares dúvidas, a regra estatutária afectada manter-se-á com a parte que não contrariar a imperatividade da lei, salvo se se demonstrar que a mesma não teria sido incluída sem a parte viciada (cfr. art. 292.º do CC).

[1010] Eventualmente, a intervenção do outro órgão (com competência legal específica).

conselho for composto por um número par de administradores (art. 395.º, n.º 3, *alínea a)*), devendo o acto de designação do conselho indicar que administrador terá esse voto, *nas ausências e impedimentos do* presidente (art. 395.º, n.º 4).

Assim, e exemplificando:

Artigo Vigésimo
(Composição / Funcionamento[1011] do Conselho de Administração)

Dois. *O presidente terá voto de qualidade sempre que o conselho de administração for composto por um número par de administradores.*

Três. *Na ausência do presidente do conselho de administração, e não tendo sido designado vice-presidente, terá voto de qualidade o membro que se encontrar há mais tempo em exercício de funções ou, em caso de igualdade, o mais velho.*

A consagração legal de uma solução que estatutariamente já era habitual – a atribuição do voto de qualidade ao presidente ou, na ausência deste, a um dos administradores – visa assegurar a formação das decisões do órgão executivo, evitando bloqueios inoportunos e permitindo ultrapassar situações de impasse que seriam sempre prejudiciais à normal gestão da sociedade.

32.2.6. *Caução por desempenho de funções*[1012]

32.2.6.1. *O dever (e a dispensa) de prestar caução*

Os administradores designados deverão prestar caução pelo desempenho dos respectivos cargos (cfr. arts. 396.º, n.os 1 e 2 e 433.º, n.º 2)[1013],

[1011] O voto de qualidade pode ser estatutariamente regulado a propósito da composição do conselho de administração ou do seu funcionamento.

[1012] Para maior desenvolvimento, vd. RAÚL VENTURA, *Novos estudos sobre Sociedades Anónimas e Sociedades em Nome Colectivo* (Comentário ao CSC), Almedina, Coimbra, **1994,** pp. 199-205, e GABRIELA FIGUEIREDO DIAS, «A fiscalização societária redesenhada: independência, exclusão de responsabilidade e caução obrigatória dos fiscalizadores», cit., **2007** (pp. 277-334), pp. 324-334.

[1013] Para além dos administradores, também devem caucionar o exercício dos respectivos cargos os membros do conselho fiscal (cfr. art. 418.º-A) e do conselho geral e de supervisão (cfr. art. 445.º, n.º 3).

podendo a mesma, consoante o modelo de governação em causa, ser dispensada por deliberação dos accionistas ou do conselho geral e de supervisão, independentemente de expressa previsão contratual (cfr. art. 396.º, n.º 3 *in fine* e 433.º, n.º 2)[1014], salvo nas sociedades abertas e nas grandes sociedades anónimas (cfr. arts. 396.º, n.º 3 e 433.º, n.º 2), onde a caução é obrigatória, não obstante poder ser substituída por um seguro (cfr. art. 396.º, n.º 2).

A caução constitui, pois, uma garantia patrimonial a prestar por aqueles que forem designados para o desempenho de certas funções (cfr. art. 396.º, n.º 1). No entanto, respondendo hoje os administradores directamente perante terceiros, nomeadamente os credores sociais (cfr. arts. 79.º e 78.º), a caução deve ser prestada não apenas em benefício da sociedade, mas de *titulares de indemnizações* (cfr. art. 396.º, n.º 2), isto é, dos *stakeholders* (que, correspondendo a todos aqueles que têm interesses no adequado funcionamento e actividade da sociedade, definiríamos como "*partes interessadas*" na actividade desta).

A lei, no artigo 396.º, estabelece o dever genérico dos administradores prestarem caução pelo desempenho das suas funções, garantindo a todos quantos se relacionam com a sociedade que, em caso de responsabilidade pessoal por danos causados no exercício das funções de administração, se encontra disponível uma quantia para esse efeito.

Depois, em regra derrogatória (o n.º 3 do art. 396.º), a lei admite que a caução seja dispensada pelos accionistas, salvo nas sociedades cotadas e naquelas que durante dois exercícios consecutivos preencherem os critérios do art. 413.º, n.º 2, *alínea a)*[1015], isto é, forem consideradas *grandes* sociedades anónimas.

Por isso, nos casos em que a caução pode ser dispensada, uma vez eleitos os administradores, os accionistas deverão ponderar acerca da

[1014] Pode questionar-se sobre a admissibilidade de dispensa de caução mediante previsão contratual. Por exemplo: «*Os administradores estão dispensados de prestar caução, salvo se diversamente deliberado aquando da respectiva designação, devendo eventual deliberação que fixe caução determinar o respectivo montante mínimo.*»

Cremos que o n.º 3 do art. 396.º impõe que a eventual dispensa, quando legalmente possível, deve ser deliberada sempre que o administrador for eleito.

[1015] Entendemos que estes dois anos terão de corresponder a dois exercícios concluídos posteriormente à entrada em vigor da reforma societária (2006 e 2007). Neste sentido, cfr., o nosso estudo sobre «A aplicação no tempo da reforma de 2006 do Direito Societário português», *ROA*, ano 67, I, **2007** (pp. 207-221), pp. 215-218.

Sobre a aplicação no tempo da regra da caução (art. 396.º), cfr., *ibid.*, p. 220.

eventual dispensa de caução daqueles, para garantia do desempenho de funções. Nesse sentido, é conveniente que, na assembleia geral electiva, se encontre agendado um ponto da ordem de trabalhos com essa finalidade. Caso os administradores sejam também accionistas, então eles deverão abster-se de participar na aprovação de proposta que conduza à eventual dispensa da sua caução, por terem um interesse próprio nela e conflituante com o interesse social (cfr. art. 384.°, n.° 6, *alínea a)*), devendo a proposta ser colocada à discussão tantas vezes quantos os accionistas-administradores envolvidos, para que cada um deles se possa abster de participar na votação que lhe disser respeito.

Se a caução for obrigatória ou se o contrato de sociedade for omisso e nada for deliberado sobre a sua dispensa, então deverá ser prestada nos trinta dias subsequentes à designação do administrador, como veremos adiante (cfr., *infra*, n.° 32.2.6.3).

32.2.6.2. *Forma e montante da caução*

O artigo 396.° impõe agora – e desde a entrada em vigor da reforma societária de 2006 –, que, entre outros, os membros do conselho de administração das sociedades cotadas e das grandes sociedades anónimas prestem uma caução, não dispensável, no montante mínimo de € 250.000,00 (duzentos cinquenta mil euros) ou que, em alternativa, substituam essa caução por seguro contratado para idêntica finalidade (cfr. art. 396.°, n.ºs 1 e 2)[1016].

Por sua vez, para as demais sociedades anónimas em que não tenha ocorrido dispensa de caução, o montante mínimo a prestar ou a segurar é de € 50.000,00 (cinquenta mil euros) (cfr. art. 396.°, n.° 1).

A caução é, assim, frequentemente substituída por um seguro que cubra os riscos decorrentes do exercício de funções de administração[1017].

[1016] Sobre os problemas que a contratação deste seguro suscita, cfr. os estudos de Pedro Pais de Vasconcelos, *D&O Insurance: O seguro de responsabilidade civil dos administradores e outros dirigentes da sociedade anónima*, edição digital, Almedina, Coimbra, **2007**, em especial pp. 11 e 39-46, e de Gabriela Figueiredo Dias, «A fiscalização societária redesenhada: independência, exclusão de responsabilidade e caução obrigatória dos fiscalizadores», cit., **2007** (pp. 277-334), pp. 324-330.

[1017] Caso o montante seguro seja superior ao mínimo legal, a sociedade poderá assumir os respectivos custos referentes à parte que superar esse mínimo (cfr. art. 396.°, n.° 2 *in fine*, cuja redacção nos parece muito pouco feliz).

32.2.6.3. *Efeitos da falta (de prestação) de caução*

Se a caução for obrigatória, ou se o contrato de sociedade for omisso e nada for deliberado sobre a sua dispensa, então deverá ser efectuada (ou substituída por um contrato de seguro)[1018] nos trinta dias subsequentes à eleição dos membros dos órgãos sociais que estejam legalmente obrigados à prestação de caução, *sob pena de cessação imediata* das respectivas *funções* (cfr. art. 396.º, n.º 4). Trata-se de sanção que, a ser entendida e observada na sua expressão literal, isto é, sendo de aplicação automática, poria certamente em causa a subsistência nas sociedades anónimas portuguesas de diversos órgãos sociais, *maxime* dos respectivos conselhos de administração.

Se a caução não for prestada, devendo sê-lo, importa apurar como se qualifica a cessação de funções e quais os efeitos resultantes da sua falta, nomeadamente no que respeita à validade e eficácia dos actos praticados.

Não sendo registável, não se torna possível apurar se a prestação de caução foi, ou não, efectuada ou, não o tendo sido, substituída por seguro, pelo que, a considerar-se que a *cessação imediata das funções*, legalmente prevista, operaria a caducidade automática da designação, os terceiros não teriam (nem têm) oportunidade de se aperceber da respectiva ocorrência.

Cremos que seria excessiva uma leitura tão radical, impeditiva e destruidora de efeitos, sobretudo porque a caução é, ao fim e ao cabo, uma garantia patrimonial do desempenho de funções. Por isso, e como nos diz RAÚL VENTURA[1019] – em comentário ao art. 396.º, n.º 4 do Código das Sociedades Comerciais (cuja redacção não foi alterada pela Reforma) –, a sanção legalmente prevista para a falta de prestação de caução reconduz-se a uma frase [«*(...) cessação imediata de funções*»] «equívoca do ponto de vista técnico-jurídico e parcialmente incongruente», porque se a caução não se mantiver após a cessação de funções, não faz sentido fazê-las cessar.

Mas como entender então a parte final do n.º 4 do artigo 396.º?

[1018] E – acrescenta a lei – «*deve manter-se até ao final do ano seguinte àquele em que o administrador cesse as suas funções por qualquer causa*».

[1019] *Novos estudos sobre Sociedades Anónimas e Sociedades em Nome Colectivo* (Comentário ao CSC), Almedina, Coimbra, **1994**, pp. 202-205, em especial p. 203.

– A caducidade da designação prevista nessa disposição legal é, juridicamente, impeditiva do desempenho de funções[1020], mas os actos praticados por um administrador em nome da sociedade vinculam-na perante terceiros, sem prejuízo dele ser responsável perante a sociedade pelos danos que lhe tenha causado com essa situação.

Ora, se o acto é válido e eficaz perante terceiros – em função dos quais são deliberados e praticados os actos pela administração da sociedade –, não poderá deixar de o ser também internamente. Quando muito poder-se-á questionar a validade e subsistência de um acto que ainda não tenha tido qualquer projecção externa.

É esta a interpretação mais conforme com a obrigatoriedade de manutenção da caução para além do termo de funções, no momento em que já não faz sentido aplicar a sanção legal e fazer cessar as mesmas. Nesta exigência encontra-se bem patente a natureza de garantia que a caução reveste. Se a caução (ou o seguro que a substitui), por qualquer razão cessar, nem por isso deixam de ser válidos e eficazes os actos praticados no decurso do mandato, já cumprido.

32.2.7. *A remuneração dos gestores*[1021]

32.2.7.1. *Fundamento e competência*

Os gestores das sociedades anónimas são, no século XXI, profissionais altamente competentes e especializados não apenas na administração de grandes empresas, em geral, mas frequentemente na área em que se centra a actividade social, em particular, sendo propostos para desempenhar funções pelos seus vastos conhecimentos técnicos e enorme experiência.

A remuneração dos membros do órgão de gestão é deliberada pelos accionistas, integrando a respectiva competência (cfr. art. 399.º, n.º 1).

[1020] Como refere Raúl Ventura, *Novos estudos sobre Sociedades Anónimas e Sociedades em Nome Colectivo*, cit., p. 205, «o administrador faltoso tem o dever de deixar de exercer de facto o cargo logo que a sua eleição caduque, ocorrência que ele tem o dever de conhecer, pois deve reconhecer a sua obrigação de caucionar a responsabilidade e tem directo conhecimento de que não cumpriu atempadamente tal dever».

[1021] Cfr. Jorge M. Coutinho de Abreu, *Governação das Sociedades Comerciais*, 2ª ed., Almedina, Coimbra, **2010**, pp. 84-96.

A lei pressupõe que as funções em órgãos de administração e representação sejam remuneradas, visto que são asseguradas em geral por quem não tem possibilidade de obter (ainda que por outra via) uma retribuição da sua prestação. Não sendo accionista com uma participação significativa, o administrador não pode esperar ser remunerado pelos lucros, salvo se o contrato de sociedade o prever expressamente.

Com a finalidade de fixarem o quantitativo da remuneração dos gestores societários, poderão os accionistas formar, em assembleia geral, a respectiva decisão ou optar por, na mesma sede, constituir uma comissão de remunerações ou de vencimentos para o efeito (cfr. art. 399.º, n.º 1). Em qualquer caso, apesar de a competência ser delegada na comissão de remunerações, os accionistas não deixam de se poder pronunciar sobre a matéria da remuneração dos titulares dos órgãos sociais, formulando – quando for oportuno entenda-se – as propostas que considerarem adequadas a esse propósito e devendo o presidente da mesa submetê-las à apreciação da assembleia geral[1022].

A competência dos accionistas é, assim, eventualmente cumulativa com a da comissão de remunerações que tenha sido constituída para o efeito.

32.2.7.2. *A comissão de remunerações*

A comissão de remunerações é habitualmente formada por três membros – embora a lei não estabeleça o respectivo número[1023] –, aos quais cabe estabelecer a remuneração dos membros dos órgãos sociais e fixar os critérios[1024] a que deverá obedecer a eventual atribuição, a alguns deles, de uma remuneração variável.

A comissão é frequentemente constituída para evitar apreciar no âmbito da assembleia geral as remunerações dos titulares dos órgãos sociais, em geral, e dos gestores, em especial.

[1022] Tal como sucede na relação entre o conselho de administração, no seu todo, e a comissão executiva, na qual aquele tenha delegado poderes, o conselho pode sempre avocar a competência delegada ou discutir e votar propostas que sejam submetidas à sua apreciação por qualquer administrador, sem necessidade de previamente extinguir a comissão executiva ou alterar os respectivos poderes delegados.

[1023] Pode ser assim formada por dois membros ou por um número superior a três.

[1024] O conjunto articulado destes critérios constitui o que se convencionou chamar "**política de remunerações**".

A lei é omissa sobre os requisitos a que deve obedecer a participação nesta comissão, limitando-se a prever que ela pode ser formada por decisão dos accionistas, sem carecer de prévia previsão estatutária. Contudo, na designação das pessoas que a devem preencher, haverá que evitar fazer coincidir totalmente a sua composição com membros do conselho de administração, embora não repugne que uma minoria dos seus membros corresponda a administradores, em especial quando são também accionistas.

A comissão de remunerações, também conhecida por comissão de vencimentos – e que, no passado não muito longínquo, já foi designada simplesmente comissão de accionistas[1025], por ter de ser exclusivamente integrada por estes –, não subtrai competência ao colectivo dos accionistas, apenas concorrendo com os poderes destes. Por esta razão, ela pode igualmente optar por formular propostas que submete à apreciação dos accionistas.

A comissão apresenta duas vantagens inegáveis: a de permitir a fixação de remunerações fora do ambiente, por vezes emotivo, das assembleias gerais, atendendo a elementos relevantes e a critérios adequadamente formados; e a de viabilizar a definição de uma política de remunerações compatível com a capacidade económica da empresa, com base na articulação dos seus membros e num contexto de autonomia em relação à competência da assembleia geral.

A lei não prevê a duração do mandato dos membros desta comissão, o qual, em nossa opinião, não deverá exceder o mandato dos demais titulares dos órgãos sociais. No entanto, constituída uma comissão com esta natureza, ela dever-se-á manter em funções até que seja formalmente substituída ou extinta.

Os membros da comissão de remunerações podem ser remunerados por decisão da assembleia geral, que deverá fixar o respectivo montante, também fixo, ou não auferir qualquer remuneração pelo desempenho dos seus cargos, que é o que sucederá quando nada se encontrar previsto no contrato. A comissão, como os demais órgãos sociais, só deverá funcionar com a presença da maioria dos seus membros e deverá registar em acta, lavrada em livro próprio, as suas deliberações.

[1025] Assim sucedia até à reforma do CSC ocorrida em 2006. Nesse sentido apontava, sem margem para dúvidas, o art. 399.º, n.º 1, na red. originária, na parte em que aludia a uma «*comissão de accionistas*».

Finalmente, refira-se que não é de excluir a responsabilidade dos membros desta comissão, pela atribuição de remuneração excessiva aos administradores.

32.2.7.3. *A política de remunerações*

A política de remunerações a praticar pela sociedade é desde há vários anos objecto de apreciação, em termos consultivos, por parte dos accionistas de algumas das grandes sociedades. Essa política de remunerações vida adequar a retribuição pelo desempenho de certos cargos sociais à respectiva complexidade e responsabilidade, tendo em conta as disponibilidades ou capacidade económica da empresa.

Em meados do ano 2009, na sequência da crise económica global, foi aprovada a Lei n.º 28/2009, de 19 de Junho, que estabeleceu o regime de aprovação e de divulgação da política de remuneração dos membros dos órgãos de administração e de fiscalização das entidades de interesse público (cfr., *supra*, n.º 32.7.2).

Nos termos deste diploma, tais entidades deverão – por intermédio da comissão de remunerações[1026] ou do órgão de administração, na falta daquela – submeter, «*anualmente, a aprovação da assembleia geral uma* ***declaração sobre política de remuneração*** *dos membros dos respectivos órgãos de administração e de fiscalização*» (art. 2.º, n.º 1 da Lei n.º 28/ /2009) (negrito nosso).

Essa declaração deve conter, entre outras matérias, a informação sobre os «*critérios de definição da componente variável da remuneração*», a possibilidade do pagamento da componente variável ocorrer, total ou parcialmente, imediatamente «*após o apuramento das contas do exercício correspondentes a todo o mandato*» ou a «*mecanismos de limitação da remuneração variável* em caso de «*deterioração relevante do desempenho da empresa*» (art. 2.º, n.º 3, *alíneas b), d)* e *e)* da L 28/2009).

A política de remuneração aprovada deve ser divulgada «*nos documentos anuais de prestação de contas*» (art. 3.º da L 28/2009).

Se a proposta relativa à política de remunerações submetida à apreciação dos accionistas pela comissão de remunerações não for aprovada, o que sucede?

A lei é omissa sobre esta questão.

[1026] A que a lei chama "comissão de remuneração" (cfr. art. 2.º, n.º 1 da L 28/2009).

A rejeição ou não aprovação dessa proposta pelos accionistas não prejudica as remunerações fixas que lhes sejam fixadas por essa comissão, nem tão pouco prejudica a decisão dessa comissão sobre a atribuição da componente variável do exercício encerrado. No entanto, enquanto não for aprovado o critério a que há-de obedecer o pagamento dessa remuneração, os administradores ficam sem direito à mesma. Tudo se passa como se os accionistas delegassem na comissão de remunerações a fixação da remuneração fixa, mas não a respectiva componente variável, pelo que esta deixa de ser devida, até que a política de remuneração da sociedade seja aprovada ou a assembleia delibere a fixação dos respectivos critério, prescindindo da intervenção da comissão.

Em qualquer caso, realce-se que nada impede que a assembleia geral, não obstante a existência de uma comissão de remunerações, determine os vencimentos dos titulares dos órgãos sociais e que os accionistas possam solicitar – no quadro da assembleia geral – informação sobre as remunerações atribuídas aos diversos gestores e sobre o critério que lhe esteve subjacente.

32.2.7.4. *Estatuto remuneratório*

Os administradores podem ser, ou não, remunerados, e sendo-o podem auferir, para além de uma remuneração fixa[1027], uma remuneração variável, tal como já vimos (*supra*, n.º 27.7.3).

A lei parte do princípio de que os administradores são remunerados, devendo a respectiva remuneração ser compatível com as *funções desempenhadas* e com a capacidade *económica da sociedade* (cfr. art. 399.º, n.º 1).

A remuneração pode ter duas componentes, sendo fixa ou variável. Não devemos confundir remuneração certa (a que se refere o n.º 2 do art. 399.º) com remuneração fixa.

A remuneração é certa se for estabelecida num mesmo quantitativo periódico ou se, sendo variável, for percepcionável independentemente da obtenção de lucros pela sociedade, sendo previsível em função dos critérios estabelecidos para a sua atribuição. Por isso, se a remuneração fixa é sempre certa, também o é a remuneração variável que não esteja

[1027] A lei não prevê, mas também não impede, que um administrador possa auferir apenas remuneração variável pelo exercício das suas funções, não lhe sendo atribuída qualquer remuneração fixa.

dependente da obtenção de lucros, mas apenas do cumprimento de determinados objectivos[1028].

Habitualmente a remuneração variável reconduz-se a uma participação dos administradores numa pequena parte dos lucros do exercício distribuíveis (cfr., *supra*, n.º n.º 14.9.3), devendo o contrato de sociedade autorizar a percentagem máxima a atribuir (cfr. art. 399.º, n.º 2, *in fine*).

32.2.7.5. *As tensões sobre a remuneração dos gestores*

Como é sabido, discute-se presentemente se os gestores das grandes sociedades não serão demasiadamente bem pagos, em claro desequilíbrio com a retribuição dos demais funcionários e colaboradores.

A discrepância que se tornou evidente e, de certo modo se acentuou, após a crise da economia global, entre os salários dos trabalhadores menos bem pagos e aqueles que auferem os gestores de topo tem feito correr muita tinta – em especial na imprensa da especialidade[1029] –, tem provocado múltiplas análises e acesas discussões e conduzido a tentativas, em geral goradas, de intervencionismo estatal.

Importa recordar que, numa economia aberta, as remunerações se devem nortear pelas regras do mercado e, nos casos em que a concorrência for perfeita (ou quase), o poder político deve evitar interferir com o seu normal funcionamento, deixando que os accionistas, directamente ou por intermédio de uma comissão que elejam para o efeito, fixem as condições remuneratórias que considerem adequadas à complexidade das funções dos titulares dos órgãos sociais e proporcionais à capacidade económica e financeira da empresa.

No excesso de remunerações encontra-se a confusão entre a direcção efectiva da empresa e o risco do capital. Quando não há coincidência entre um e outro, os gestores não devem pretender ser pagos como se fossem verdadeiros accionistas. Em certa medida, devemos reconhecer que certas remunerações são excessivas, porque de facto o risco do capital não é dos gestores, mas sim dos accionistas. E este constitui o cerne do problema.

[1028] Tal acontece relativamente a certas empresas públicas – que funcionam sob a forma de sociedades anónimas – que registam sistematicamente prejuízos, devido aos reduzidos preços que praticam – por imposição superior –, em que os respectivos gestores podem obter uma remuneração variável, em função da qualidade do seu desempenho e de realização dos objectivos propostos.

[1029] Constituem exemplos os artigos e comentários no *Jornal de Negócios* de 16 de Abril de 2010 (pp. 3-7, incluindo editorial).

Nas empresas em que o capital está muito disperso, os accionistas não têm força, nem poder – porque não se articulam[1030] –, nem vontade para fazer face ao poder crescente dos gestores e ao controlo cada vez mais evidente que estes detêm sobre a sociedade. Verifica-se, pois, uma clivagem significativa entre a prática das grandes empresas de origem familiar, com o capital e o centro de decisão relativamente concentrados e as empresas de capital muito disperso, em que as remunerações são, de um modo geral, claramente superiores.

32.2.7.6. *Tentativas (exógenas) de limitação de remunerações*

As remunerações – estabelecidas para um exercício social ou para um mandato – podem ser alteradas pelos órgãos que as estabelecem (assembleia geral ou comissão de remunerações) e que têm o poder de as rever a todo o tempo, se a situação económica da sociedade o justificar (cfr. art. 440.º, n.º 3 *in fine*, que aplicamos à retribuição dos administradores por analogia).

Contudo, assiste-se presentemente a uma tentativa de interferência do poder político na fixação do montante das remunerações dos administradores das grandes empresas.

O Estado tem sido particularmente activo na procura da limitação das remunerações dos gestores das grandes empresas, em especial dos respectivos prémios, que integram a chamada remuneração variável.

Tal tem sucedido no plano legislativo – com normas gerais, com a aprovação e entrada em vigor da Lei n.º 28/2009, de 19 de Junho (cfr. arts. 2.º e 3.º), e sectoriais, como a que consta do Despacho do Ministro das Finanças e da Administração Pública n.º 5996-A/2010, de 25 de Março (publicado na D.R., 2ª Série, n.º 61, de 29 de Março de 2010), aplicável às empresas públicas[1031], que determina a não atribuição de componente variável de remuneração em 2010 e 2011 – e também nas instruções que o Estado tem transmitido aos seus representantes em assembleias gerais.

[1030] Em rigor, sucede precisamente o contrário, isto é, os accionistas é que são "articulados" (entre si) pelos gestores que, através da influência sobre os accionistas mais relevantes e significativos (não necessariamente os maiores), promovem a aprovação das medidas que consideram indispensáveis a uma boa governação da sociedade, e entre elas aquelas que natural e inevitavelmente também protegem os seus interesses.

[1031] O despacho – que tem sido objecto de sistemática recusa por parte das sociedades cotadas, ainda participadas (pelo Estado) – pretende ser também aplicável às

Cremos que, a este propósito, importa distinguir as sociedades anónimas participadas maioritariamente pelo Estado, directa ou indirectamente, ou por outras entidades públicas – e que são empresas públicas[1032] (cfr. art. 3.º, n.º 1 do Decreto-Lei n.º 558/99, de 17 de Dezembro, na red. do Decreto-Lei n.º 300/2007, de 23 de Agosto) – daquelas que são simplesmente participadas por tais entidades e que são, para todos os efeitos, consideradas empresas privadas. Nestas, qualquer tentativa de interferência do governo que não revista a devida forma legal – e que, nomeadamente, se salde por uma alteração às leis vigentes no mercado concorrencial – será ilegal.

32.2.8. ***Suspensão de funções de administradores***

32.2.8.1. *Fundamento e competência*

Os administradores podem ser suspensos pelo conselho fiscal, pela comissão de auditoria ou pelo conselho geral e de supervisão, consoante o modelo de governação em causa, verificados determinados pressupostos, nomeadamente a falta de disponibilidade para o exercício do cargo, por razões de saúde ou o desempenho de funções governativas (cfr. arts. 400.º e 430.º, n.º 3).

A suspensão de funções justifica-se sempre que se preveja uma impossibilidade temporária, mas duradoura, e não meramente pontual, para o exercício de funções e, simultaneamente, se preveja que as mesmas possam vir a ser retomadas dentro do mandato para que os administradores foram designados.

O impedimento para exercer o cargo deve ser de duração superior a 60 dias (cfr. art. 400.º, n.º 1, *alínea b)*), podendo a suspensão ser requerida por iniciativa dos próprios administradores ou declarada pelo órgão de fiscalização.

---

entidades (simplesmente) *participadas* (cfr. n.º 2), o que nos suscita as maiores reservas, visto que muitas dessas empresas estão sujeitas às leis do mercado.

[1032] Existe um caso que representa um anacronismo e que corresponde a uma empresa pública que (ainda) é uma sociedade anónima aberta cotada, o que pode suscitar alguma contradição na aplicação dos regimes legais a que está simultaneamente sujeita: Códigos das Sociedades Comerciais e dos Valores Mobiliários, regime jurídico das empresas públicas e estatuto do gestor público. O regime legal aplicável a uma empresa nessas circunstâncias deveria ter ficado melhor regulamentada, sobretudo no que respeita ao cumprimento de certos deveres legais dos respectivos administradores.

Trata-se, contudo, de situação que, muito proximamente, deverá ficar ultrapassada.

Há situações de suspensão que não se encontram legalmente previstas. Tal acontece, designadamente, com a suspensão por determinação judicial. Neste caso, diversamente do que sucede com a suspensão prevista no Código das Sociedades Comerciais, deverá o despacho fixar o estatuto do administrador suspenso, sem necessidade de recorrer ao regime estabelecido naquele diploma legal para definir os respectivos direitos e vinculações. A regra legal que dispõe sobre o regime aplicável ao administrador suspenso consta do n.º 2 do artigo 400.º, que analisaremos em seguida.

32.2.8.2. *Estatuto jurídico do administrador suspenso*[1033]

Nos termos do disposto no artigo 400.º, n.º 2, o contrato de sociedade pode regular a situação de suspensão dos administradores, estabelecendo os respectivos direitos e obrigações. Assim, o contrato pode prever que o administrador suspenso mantenha alguns direitos, como por exemplo o de receber a remuneração, ou parte dela, ou o de frequentar as instalações sociais, mas não pode salvaguardar poderes que sejam incompatíveis com a suspensão de funções.

Os estatutos podem também prever a subsistência de alguns deveres, como seja o dever de colaboração com a sociedade, incluindo neste a prestação de informações e esclarecimentos que lhe sejam solicitados e a disponibilização dos dossiers que acompanhava.

Se o contrato de sociedade for omisso, a suspensão do administrador implica a suspensão de «*todos os seus poderes, direitos e deveres, excepto os deveres que não pressuponham o exercício efectivo de funções*» (art. 400.º, n.º 2), o que significa que, com excepção destes deveres – nos quais podemos incluir, entre outros que se mantêm inalterados, os deveres de lealdade, confidencialidade, não concorrência com a sociedade, para além das limitações que decorrem para qualquer administrador em matéria de celebração de negócios jurídicos com a sociedade –, todas as demais situações jurídicas activas e passivas que caracterizam a relação do administrador com a sociedade se suspendem[1034].

[1033] Sobre o regime da suspensão, cfr. ILÍDIO DUARTE RODRIGUES, *A Administração das Sociedades por Quotas e Anónimas – Organização e Estatuto dos Administradores*, Livraria Petrony, Lisboa, 1990, pp. 234-236, que se pronuncia também sobre a justificação e subsistência da caução durante a suspensão do mandato (cfr. p. 235).

[1034] Ocorrendo a suspensão judicial, deverá a decisão fixar o estatuto do administrador suspenso. Não o fazendo, sendo omissa, temos sérias dúvidas de que o órgão de

Assim sendo, não é possível reconhecer ao administrador suspenso quaisquer direitos, e muito menos os poderes que caracterizam o estatuto do membro do órgão de administração em funções. Neste quadro, podem ocorrer situações especialmente melindrosas, e eventualmente injustas, como sucede com o administrador suspenso por doença grave, que deixa de auferir a sua remuneração[1035].

Do exposto, e considerando os efeitos na esfera pessoal do administrador, devemos concluir que a suspensão deverá ser cuidadosamente ponderada antes de requerida ou decretada.

32.2.8.3. *Cessação da suspensão*

Desaparecendo o motivo que originou a suspensão – e não tendo ainda cessado o mandato para que o administrador havia sido designado –, deverão as funções ser retomadas em pleno, sem quaisquer limitações[1036].

Para o efeito, haverá que distinguir duas situações diferentes:

a) se a suspensão foi determinada pelo órgão de fiscalização, deverá este declarar a respectiva cessação, mesmo que a suspensão tenha sido requerida pelo administrador[1037];

b) se a suspensão foi decretada pelo tribunal, deverá ser este órgão a pôr-lhe termo, se o mandato não tiver terminado entretanto.

Constatando-se que a situação temporária se converte em definitiva ou que, presumivelmente, durará por tempo superior ao que (ainda) falta até ao termo do mandato do administrador, poderá o órgão de fiscalização declarar a cessação definitiva de funções por incapacidade (cfr., *infra*, n.º 32.2.8.6 e art. 401.º).

---

fiscalização possa, e deva, interferir no estatuto do administrador judicialmente suspenso, aplicando o disposto no n.º 2 do art. 400.º.

[1035] Não ignoramos que os administradores em causa poderão ter direito a comparticipação da segurança social, por se encontrarem impedidos de exercer as respectivas funções por razões de saúde.

[1036] Neste caso, o administrador retoma a totalidade dos seus poderes, direitos e deveres. Contudo, no que se refere aos direitos em particular, nada tem a receber com referência ao período em que esteve suspenso.

[1037] O administrador não fica dispensado de comunicar ao órgão de fiscalização a cessação do motivo que havia conduzido à suspensão das suas funções, para que a eventual retoma de funções seja objecto de apreciação.

32.2.9. *Cessação de funções*[1038]

32.2.9.1. *Generalidades*

A cessação de funções dos gestores ocorre, em regra, pelo decurso do mandato para que foram designados, não sendo reeleitos. No entanto, os administradores podem cessar as suas funções por renúncia ou por serem destituídos das mesmas.

O desempenho de funções de administração encontra-se permanentemente sob escrutínio dos accionistas, pelo que podem estes nas assembleias gerais de aprovação de contas e apreciação do desempenho da administração proceder à destituição dos administradores em exercício, ainda que tal facto não conste expressamente da ordem de trabalhos (cfr. art. 376.º, n.º 1, *alínea c) in fine*).

Para além desse momento, pode em qualquer momento ser convocada a assembleia geral com a estrita finalidade de destituir um ou mais administradores, com ou sem justa causa.

A destituição de administradores é, em regra, um acto *ad nutum*, isto é, ocorre sem que tenha de se fundamentar num motivo, sendo a falta de justa causa na destituição apenas relevante no que se refere a eventual indemnização pelos danos sofridos a que o destituído tem direito[1039].

Os administradores, incluindo os que houverem sido designados pelo Estado[1040], podem ser destituídos, em qualquer momento, pela assembleia geral (art. 403.º). No entanto, aqueles que forem membros da comissão de auditoria apenas podem ser destituídos com justa causa (cfr. art. 423.º-E, n.º 1).

[1038] Cfr. Jorge M. Coutinho de Abreu, *Governação das Sociedades Comerciais*, 2ª ed., Almedina, Coimbra, **2010**, pp. 145-173, e João Labareda, «A cessação da relação de administração», *Direito Societário Português – Algumas Questões*, Quid Juris?, Lisboa, **1998** (pp. 65-166).

[1039] Cfr. **AcSTJ 15 Fev 2000** (Francisco Lourenço), *BMJ* 494, 2000, pp. 358-366, e **AcRelLisboa 15 Dez 2005** (Maria Manuela Gomes), *CJ*, ano XXX, t. V, 2005, pp. 116-121, especial p. 120.

[1040] Anteriormente estes administradores só podiam ser objecto de manifestação de desconfiança (cfr. art. 403.º, n.º 4, na red. originária).

Os administradores executivos podem ser destituídos pelo conselho geral e de supervisão, se for este o órgão com competência para o efeito (art. 441.º, *alínea a)*), o que se verifica se este órgão de fiscalização tiver competência para os eleger.

32.2.9.2. *Destituição ad nutum; efeitos*

A destituição, correspondendo a uma prerrogativa dos accionistas ou dos membros do conselho geral, pode ocorrer assim *ad nutum*, isto é, sem que tenha de ser invocado um motivo (uma causa) para o efeito.

No entanto, não se baseando em justa causa (que deverá ser provada pela sociedade[1041]), a destituição poderá dar lugar à obrigação de indemnização pelos prejuízos sofridos[1042].

Com efeito, se a sociedade optar por destituir o administrador sem justificação, ela deverá indemnizá-lo pelos danos patrimoniais que sofrer – e que a lei considera não poderem exceder o montante que ele deveria auferir pelo desempenho das suas funções até à conclusão do respectivo mandato[1043] –, por danos patrimoniais resultantes do prejuízo que a sua reputação tenha sofrido e por danos não patrimoniais, se verificados em face do teor da destituição.

A lei apenas se refere a danos patrimoniais computados na base das remunerações vincendas, estabelecendo um limite para a indemnização por danos patrimoniais – para os casos de destituição sem justa causa – , e confinando-a ao máximo de retribuição que o destituído poderia auferir até ao final do respectivo mandato, numa nova disposição legal (o n.º 5 do art. 403.º, aplicável aos administradores executivos por força do disposto no art. 430.º, n.º 2), idêntica à única que anteriormente existia e que era directamente aplicável aos directores (art. 430.º, n.º 3, na red. originária), mas se considerava extensível aos administradores, por analogia.

[1041] Neste sentido, cfr., a título exemplificativo, o **AcSTJ 11 Jul 2006** (Azevedo Ramos), *CJ/AcSTJ*, ano XIV, t. II, 2006, pp. 141-144.

[1042] «*Trata-se de um caso de responsabilidade por facto lícito*» [**AcSTJ 11 Jul 2006** (Azevedo Ramos) cit., pp. 141 e 142].

[1043] Cabe ao administrador destituído alegar e provar os prejuízos sofridos, não sendo aplicável o montante indemnizatório máximo se não conseguir provar que o valor dos danos sofridos perfaz tal montante [cfr. **AcRelLisboa 18 Dez 2002** (Salazar Casanova), *CJ*, ano XXVII, t. V, 2002, pp. 106-111.

Julgamos que há que (continuar a) ir para além disso, importando distinguir se a destituição ocorre, pura e simplesmente, sem justificação ou se a mesma é indevidamente fundamentada em justa causa, sem que a mesma se verifique.

Afigura-se que as situações são diferentes. Se a destituição decorre da vontade da maioria accionista em afastar um administrador, esta não tem sequer de se justificar, podendo a sua decisão resultar de uma perda de confiança nesse administrador ou na escolha de diferente pessoa para desempenhar o cargo. Neste caso, para além do prejuízo emergente da falta de remunerações, não vemos que o administrador destituído sofra outro tipo de danos; a sua competência pode nem ter sido posta em causa[1044].

Diversamente, se a maioria accionista pretende ter havido uma justa causa, que, de facto, não se vem a comprovar, mas alegou para o efeito a falta de aptidão do administrador destituído para o desempenho do cargo, então há que ponderar as consequências que resultam para a reputação profissional deste a invocação indevida e o prejuízo, em termos morais, que tal alegação possa ter causado. Há, neste caso, em nossa opinião, que adicionar aos danos patrimoniais respeitantes aos salários que deixa de auferir os que resultam do prejuízo para a sua reputação – e eventuais dificuldades futuras por essa razão – e os danos morais associados à tristeza que essa forma de destituição tenha naturalmente provocado.

Por isso, de uma destituição injustificada, apesar de não haver danos patrimoniais directos, mormente porque o destituído poderia não auferir qualquer provento, podem não obstante resultar danos patrimoniais relacionados com a leitura que o mercado faz desse acto, ainda que (afinal) injustificado. Poderemos aceitar, então, que o destituído pode sofrer na sua carreira profissional, prejuízos de imagem (no sentido, de reputação) ressarcíveis.

Por fim, refira-se ainda que a lei é omissa quanto a eventual indemnização por danos não patrimoniais, devendo consequentemente aplicar-se os princípios gerais de Direito, pelo que é admissível em nossa opinião que os danos não patrimoniais possam ser compensados. Acresce que, embora não seja pacífica a atribuição de indemnização por danos

[1044] Enquadrou-se nesta espécie a destituição do presidente e vice-presidente da Caixa Geral de Depósitos decidida pelo accionista (Estado) em 2005. Ninguém ficou com dúvidas de que a respectiva competência não foi posta em causa.

morais, existem já decisões na ordem jurídica portuguesa que a reconhecem como válida e justificada[1045].

Considerando a desnecessidade de invocação de fundamento, diríamos que, pelas razões expostas, a destituição não é impugnável, até porque o administrador nem sempre é accionista. O que sucede é que sempre que ocorrer *ad nutum* (sem causa), a destituição faz incorrer a sociedade em responsabilidade, sendo os tribunais cíveis os competentes para o efeito, visto não estar em causa a deliberação social de destituição, mas sim os respectivos efeitos.

32.2.9.3. *A cláusula golden parachute*

Para além do reconhecimento da compensação de danos não prevista expressamente na lei das sociedades comerciais, discute-se a licitude da inserção, num contrato de administração – celebrado ou, pelo menos, ratificado, pela maioria dos accionistas com o administrador designado –, de uma cláusula que tenha por finalidade atribuir uma indemnização relevante em caso de destituição sem justa causa.

Não obstante a interpretação que o Código das Sociedades Comerciais tem proporcionado, inclinamo-nos decisivamente para aceitar estas cláusulas, desde que negociadas ou, pelo menos, assumidas pelos accionistas – e não ficamos cingidos à letra da lei (que não se alterou com a recente reforma de que foi objecto, visto que o n.º 5 do art. 403.º passou a reproduzir, com ligeiras adaptações, o disposto no anterior art. 430.º, n.º 3) –, como corolário da autonomia privada em que se movem as sociedades, e contanto que não subsistam dúvidas acerca da sua interpretação.

Sugere-se, a título de exemplo, a seguinte redacção para uma cláusula com esta natureza:

> *«Em caso de destituição sem justa causa, e para além de todas as retribuições de carácter patrimonial que lhe seriam devidas até o final do mandato e a eventual indemnização por danos morais que lhe seja atribuída, o administrador terá direito a uma compensação de carácter pecuniário correspondente a dois anos completos de remunerações regulares».*

[1045] Nesse sentido, o **Acórdão** (inédito) de **Tribunal Arbitral *ad hoc*** (presidido pelo Conselheiro João Ribeiro Coelho e tirado por unanimidade) **de 3 de Outubro de 2005**, em caso cuja identificação das partes continuamos a manter reservada, e o **AcRelLisboa 26 Fev 2009** (Nelson Borges Carneiro), *CJ*, ano XXXIV, t. I, 2009, pp. 139-144.

32.2.9.4. *Destituição condicionada*

A destituição encontra-se condicionada às regras especiais de eleição, quando ocorrer sem justa causa (cfr. art. 403.º, n.º 2).

Na realidade, aspecto muito importante a salientar, presente no art. 403.º, n.º 2, é que a destituição não pode fazer-se, sem mais nem menos, pela assembleia geral se tiver havido administradores designados ou eleitos por recurso às tais regras especiais de eleição previstas no art. 392.º, designadamente por terem sido eleitos por accionistas detentores de acções correspondentes a mais de 10% (e a menos de 20%) do capital social. De outro modo, estaríamos a permitir a entrada pela janela, à entidade a que pretendemos fechar a porta. Se quisermos garantir que uma determinada minoria pudesse eleger um administrador, depois não podemos permitir que a maioria corra, sem mais nem menos, com esse administrador.

Assim, relativamente a administradores designados por uma minoria, não ocorrendo justa causa, a assembleia não os pode afastar se contra a proposta de destituição votarem accionistas detentores de, pelo menos, 20% do capital social (cfr. art. 403.º, n.º 2). Havendo justa causa – e quanto aos demais, com ou sem justa causa –, a assembleia é livre de os destituir, sendo que, no plano pessoal, haverá direito a indemnização se não houver justa causa.

Os administradores não executivos que integrem a comissão de auditoria não podem ser afastados sem justa causa (cfr. art. 423.º-E, n.º 2).

32.2.9.5. *Destituição com justa causa; efeitos*

Também há a possibilidade de requerer a destituição judicial de um administrador por justa causa, a pedido de 10% dos accionistas (art. 403.º, n.º 3). Isto é, sem recurso à assembleia geral que delibere a destituição do administrador, admitindo que esses 10% seriam insuficientes no seio da assembleia para obterem vencimento ou ganho de causa.

Finalmente, se a destituição ocorrer com justa causa, a sociedade não apenas não terá de indemnizar o destituído, como, sendo o caso, poderá ressarcir-se de eventuais danos que tenha sofrido pela actuação (ou inacção) do mesmo.

32.2.9.6. *Morte e incapacidade permanente*

Os administradores cessam as suas funções por causas naturais, como a morte ou doença que previsivelmente os impossibilite de exercer o cargo indefinidamente (cfr. arts. 401.º e 400.º, n.º 1, *alínea a) a contrario*).

No entanto, se a morte tudo extingue, situações de doença existem que podem suscitar dificuldades de apreciação no que respeita à eventual capacidade de o administrador vir a prazo, mais ou menos longo, retomar funções.

Vimos já (*supra*, n.º 32.2.7) que em certas circunstâncias pode justificar-se a suspensão do exercício de funções, reconduzindo-se o critério a uma impossibilidade temporária por prazo superior a 60 dias.

Nalguns casos, porém, pode antever-se que a incapacidade para o exercício de funções é duradoura. A lei prevê que, se o administrador não cessar voluntariamente funções ou tal não ocorrer por reforma baseada em invalidez, venha a ser declarado, pelo órgão de fiscalização, o termo das mesmas (cfr. art. 401.º). Da disposição legal em apreço não resulta evidente qual o critério que deve estar subjacente ao termo das funções, sempre que a causa não seja de verificação automática. Haverá então, nesses casos, que procurar uma solução. Sempre que previsivelmente a situação de incapacidade se mantenha para além da duração prevista para o mandato, o órgão de fiscalização deve pôr termo às funções de administração de quem se encontre incapacitado para o respectivo desempenho. Esta causa de cessação sucede, por isso, a situações de suspensão em que uma impossibilidade temporária para exercer funções se converte em definitiva.

32.2.9.7. *Falta definitiva do administrador e incompatibilidade superveniente*

Para além de causas naturais, a cessação de funções pode ocorrer por falta definitiva do administrador ou impedimento legal que surja supervenientemente e que corresponda a incompatibilidade para o exercício de funções (cfr. arts. 393.º, n.º 1 e 401.º).

A primeira situação verifica-se sempre que um administrador falta – sem justificação aceite pelo órgão de administração – a um determinado número de reuniões. Com efeito, prevê a lei, desde a reforma societária de 2006, que o contrato de sociedade fixe o número máximo de reuniões de administração, seguidas ou interpoladas, a que um administrador pode (injustificadamente) faltar sem perder automaticamente o seu cargo. Exemplifica se, em seguida, uma cláusula com essa finalidade:

Artigo Décimo Terceiro
(Competência)

Um. *Ao conselho de administração, enquanto órgão de representação da sociedade, cabem os mais amplos poderes necessários à prática de actos de gestão e administração da sociedade, competindo-lhe designadamente, para além dos previstos na lei e em outras disposições deste contrato, declarar a falta definitiva de um administrador no caso de este faltar, sem justificação aceite pela administração, a cinco reuniões seguidas ou a sete interpoladas durante o mandato.*

Dois. *Para os efeitos do disposto no número anterior, cabe ao conselho de administração qualificar a falta, considerando-se devidamente justificada a que, sendo fundamentada pelo faltoso, não for recusada, até ao final da segunda reunião subsequente à que respeita.*

A falta definitiva de um administrador deve ser objecto de declaração pelo órgão de administração (cfr. art. 393.º, n.º 2 e 423.º-H) ou pelo conselho geral e de supervisão e desencadeia o processo da respectiva substituição (cfr. arts. 393.º, n.ºs 3 e segs., 423.º-H e 425.º, n.º 4).

Nesse segundo caso, o administrador – que dispõe de trinta dias para regularizar a situação de incompatibilidade para o desempenho de funções, se a mesma puder ser corrigida ou superada – pode pôr termo às suas funções ou sujeitar-se a que o órgão de fiscalização (conselho fiscal ou comissão de auditoria) o faça, por mera declaração (cfr. arts. 401.º, 420.º, n.º 1, *alínea m)* e 423.º-F, *alínea q)*).

32.2.9.8. *Reforma e renúncia de membros da administração*

As funções de administração podem cessar, igualmente, por reforma ou renúncia do administrador.

A reforma ocorre por velhice – ou seja, por o administrador atingir uma determinada idade – ou invalidez e pode estar a cargo da própria sociedade[1046].

[1046] É hoje pacífico ser a atribuição da pensão de reforma um acto de interesse da sociedade e não consubstanciar um acto gratuito (doação), para a qual a sociedade não

Em certos casos, é possível que a reforma por velhice ocorra automaticamente ou fique dependente da vontade do administrador sempre que ele se encontre num determinado patamar etário e, ou, tenha exercido funções durante um determinado número mínimo de anos.

Considerando que a situação remuneratória em caso de reforma – baseada nas contribuições efectuadas durante a vida activa –, a cargo do sistema geral de segurança social, não proporciona ao administrador reformado condições equivalentes ou sequer aproximadas às que ele desfrutava no activo, a lei societária admite que o contrato de sociedade preveja, em acumulação com o regime geral de previdência, um *regime de reforma* a cargo da sociedade, ou inclusivamente a constituição de um Fundo de Pensões, sendo possível fazer aprovar pela assembleia geral ou pelo conselho geral e de supervisão um regulamento aplicável (arts. 402.º e 433.º, n.º 3).

A este propósito discute-se se é suficiente que os estatutos acolham a possibilidade de a assembleia geral aprovar um regulamento relativo à reforma dos administradores – prevendo, por exemplo, que «*a assembleia geral pode aprovar um regime especial de reforma complementar dos administradores reformados que fique a cargo da sociedade*» – ou se devem estabelecer o próprio regime jurídico aplicável à reforma, fixando os critérios que deverão presidir à atribuição dessa reforma, definindo exactamente as condições em que cada administrador terá direito a recebê-la e como se determina o seu quantitativo; e não se limitando a remeter para regulamento aprovado em assembleia geral[1047].

A lei parece ser taxativa ao impor, no n.º 1 do artigo 402.º que «*o contrato de sociedade pode estabelecer um regime de reforma (...) a cargo da sociedade*».

A disposição em causa reveste natureza facultativa, indubitavelmente reflectida na utilização do verbo "*poder*" – no que se refere à adopção de reformas a cargo da sociedade –, mas é injuntiva, no que respeita à necessidade de os estatutos terem de consagrar o regime da

teria capacidade. Neste sentido, cfr. **AcRelLisboa 20 Jan 2005** (Tibério Silva), *CJ*, ano XXX, t. I, 2005, pp. 78-83. Anteriormente ao Código das Sociedades Comerciais, e no mesmo sentido, cfr. **AcRelPorto 12 Jul 1984** (Góis Pinheiro), *CJ*, ano VI, t. IV, 1984, pp. 201-203.

[1047] Admitindo que o quantitativo da pensão a atribuir pela sociedade seja decidido pela comissão de vencimentos, **AcSTJ 1 Mar 2007** (João Camilo) / Proc. n.º 07A080, *www.dgsi.pt*.

reforma[1048]; e não apenas a menção à eventualidade da sua criação[1049]. Com efeito, constituindo esta uma faculdade da sociedade[1050], a lei não se limita a autorizar que os estatutos fixem a possibilidade de a sociedade, por decisão dos seus accionistas, regular a atribuição de pensões a seu cargo; ela impõe que o próprio contrato estabeleça o *regime* da reforma a assegurar pela sociedade, dentro dos limites previstos nas restantes regras do artigo 402.º. E o facto de o n.º 4 desta disposição legal determinar que «*o regulamento de execução do disposto nos números anteriores* – mormente no n.º 1 – *deve ser aprovado pela assembleia geral*», apenas vem reforçar o cuidado a ter em matéria que representa uma excepção[1051], permitindo distinguir o regime da atribuição da reforma (cfr. n.º 1) do regulamento da respectiva execução, que constituirá desenvolvimento dos critérios contratualmente acolhidos, a ter de colher a chancela dos accionistas, e não apenas da própria administração[1052].

E esta é a leitura da nossa jurisprudência, designadamente do **Acórdão do STJ de 10 de Maio de 2000** (Francisco Lourenço)[1053], segundo o qual o regime da reforma que as sociedades anónimas possam excepcionalmente estabelecer a seu cargo, conste do próprio contrato de sociedade, sendo nula cláusula contratual que «*apenas preveja a possibilidade de o regime de reforma poder vir a ser criado, em qualquer altura, pela assembleia geral*»[1054].

[1048] Neste sentido, cfr. **Acórdão do STJ de 10 de Maio de 2000** (Francisco Lourenço), *CJ/AcSTJ*, ano VIII, t. II, 2000, pp. 52-54, que também considera que o n.º 1 do art. 402.º, na parte em que exige que o contrato de sociedade *estabeleça o regime de reforma*, tem carácter injuntivo (cfr. p. 54).

[1049] Contra, Jorge M. Coutinho de Abreu, *Governação das Sociedades Comerciais*, 2ª ed., Almedina, Coimbra, **2010**, pp. 96-99, em especial p. 98.

[1050] A falta de aproveitamento desta permissão legal torna injuntivo o regime aplicável à reforma dos administradores, isto é, a sociedade não poderá suportar, ainda que parcialmente, a pensão de reforma dos seus administradores aposentados, enquanto não deliberar previamente uma alteração do contrato.

[1051] Repare-se que não existe idêntica regra para os gerentes das sociedades por quotas e que a faculdade que a lei estabelece em matéria de sociedades anónimas tem necessariamente que ver com a dimensão deste tipo societário e com a respectiva capacidade financeira.

[1052] A lei evita, assim, possíveis dúvidas que se pudessem vir a suscitar quanto a esta matéria fundamental, afastando toda e qualquer intervenção dos administradores na criação e regulamentação do regime da respectiva reforma.

[1053] *CJ/AcSTJ*, ano VIII, t. II, 2000, pp. 52-54.

[1054] E acrescenta: tal como é nula, por estar fora da competência da assembleia geral, a deliberação que cria esse regime. Em conformidade com a decisão judicial –

Uma segunda dúvida que aparentemente pode resultar da análise do artigo 402.º prende-se com a interpretação conjugada dos seus dois primeiros números, uma vez que o n.º 2 autoriza a «*sociedade* a *atribuir aos administradores complementos de pensões de reforma*», permitindo, numa leitura apressada, considerar que estes complementos poderiam acrescer às pensões a cargo da sociedade, a atribuir no quadro do regime estatutariamente consagrado (cfr. n.º 1) e do respectivo regulamento de execução (cfr. n.º 4), se existente.

Em nossa opinião, o número 2 do artigo 402.º constitui uma mera especificação do disposto no número 1 e não um preceito complementar. E tal resulta com clareza da sua parte final[1055], que – abordando um aspecto fundamental desta matéria – estabelece um limite às reformas a atribuir pela sociedade.

E esta interpretação permite resolver uma outra questão relevante, que consiste em saber se a reforma a cargo da sociedade, sendo devida, depara com limites quantitativos, isto é, se o administrador reformado pode acumular ilimitadamente a pensão atribuída pela sociedade com aquela que recebe do sistema de segurança social ou se a pensão a cargo da sociedade está sujeita a um tecto máximo.

Sendo excepcional no regime dos órgãos societários a atribuição de uma pensão a cargo da sociedade, compreende-se que a lei tenha tido o cuidado de limitar a contribuição máxima desta – não autorizando que a soma do complemento de pensão de reforma a cargo da sociedade e da pensão recebida do sistema contributivo de segurança social ultrapasse a remuneração do administrador em funções mais bem remunerado[1056], por

---

citando um parecer junto aos autos (de autor que não revela) –, que colhe a nossa adesão, o regime (estatutário) de reforma deve compreender «*a determinação dos beneficiários, os pressupostos ou requisitos reunidos pelos administradores para beneficiarem da reforma (como, v.g., o tempo de exercício do cargo e a idade, se concedida por velhice, ou o grau de invalidez), e os limites mínimo e máximo do montante da reforma ou os critérios para o determinar*» (*CJ/AcSTJ*, ano VIII, t. II, 2000, p. 54).

[1055] «(...) *contanto que não seja excedida a remuneração em cada momento percebida por um administrador efectivo ou, havendo remunerações diferentes, a maior delas*».

[1056] Neste sentido, cfr. Ilídio Duarte Rodrigues, *A Administração das Sociedades por Quotas e Anónimas – Organização e Estatuto dos Administradores*, Petrony, Lisboa, **1990**, pp. 167-171, quando afirma parecer «óbvio e compreensível a intenção do legislador: o administrador reformado não deve receber importância superior àquela que é auferida pelo administrador em exercício melhor remunerado» (p. 170).

não fazer sentido que um administrador reformado possa, à custa da sociedade, receber mais do que aqueles que estão no activo e asseguram os meios indispensáveis ao pagamento da sua reforma complementar[1057].

O direito às pensões especiais de reforma, a cargo da sociedade, cessa com a dissolução da sociedade[1058], podendo este risco ser acautelado e transferido para terceiros através da celebração de um contrato de seguro, «*no interesse dos beneficiários*», isto é, daqueles que, por efeito do regime estatutariamente consagrado, tenham direito a pensão de reforma ou a complemento da mesma, a cargo da sociedade (art. 402.º, n.º 3).

A **renúncia**, por sua vez, é o acto unilateral pelo qual o administrador põe termo às suas funções, devendo comunicar a sua intenção ao presidente do órgão que integra ou, sendo o presidente, ao órgão de fiscalização [conselho fiscal (fiscal único) ou comissão de auditoria], aplicando-se os respectivos efeitos a partir do final do mês seguinte àquele em que ocorre, se entretanto (o renunciante) não for substituído (arts. 404.º e 433.º, n.º 4).

A renúncia, embora tenha carácter unilateral, é um acto receptício, devendo o renunciante dispor de prova da sua intenção formalizada e ficando o respectivo registo a cargo da sociedade, sem prejuízo do interessado poder vir a promovê-lo com base em cópia da carta de renúncia e da demonstração de que a mesma foi recebida pela sociedade.

Nos casos em que a renúncia não é fundamentada, o administrador que antecipa voluntária e unilateralmente o termo das suas funções incorre em responsabilidade pelos danos que causar à sociedade.

A concluir importa salientar também que esta via pode ser meio adequado para o administrador pôr fim às suas funções após o decurso do prazo para o qual fora designado sem ser substituído. Nessas circunstâncias, como veremos em seguida (*infra*, n.º 32.2.9.9), o seu mandato não caduca, mantendo-se o administrador em exercício.

32.2.9.9. *A administração para além do mandato*

Os administradores são, em regra, designados para mandatos que coincidem com anos civis (cfr. art. 391.º, n.º 3), salvo se o exercício

[1057] Cumprirá naturalmente aos administradores efectivos verificar o cumprimento do disposto nesta regra.

[1058] Neste sentido, cfr. **AcSTJ 29 Nov 2005** (Reis Figueira), *CJ/AcSTJ*, ano XIII, t. III, 2005, pp. 140-143, que revogou o **AcRelLisboa 20 Jan 2005** (Tibério Silva), *CJ*, ano XXX, t. I, 2005, pp. 78-83.

social não coincidir com o ano civil (cfr. *supra* n.º 4.3.8), por nesse caso não fazer sentido que a previsão da lei seja aplicável cegamente.

Por isso, concluído o mandato em 31 de Dezembro de um determinado ano, deverá a assembleia geral (anual) seguinte proceder à eleição dos novos membros dos órgãos sociais (incluindo, naturalmente, os administradores) para o mandato subsequente (cfr. art. 376.º, n.º 1, *alínea d)*). Esta assembleia reúne-se nos três ou cinco primeiros meses após o termo do exercício – consoante aprove contas individuais ou consolidadas (cfr. art. 376.º, n.º 1) – para apreciar, entre outros aspectos, a actividade da sociedade e os respectivos resultados, o desempenho dos membros dos órgãos de administração e fiscalização e, quando for caso disso, proceder às eleições que forem da sua competência. Deste modo, quando o fim de um exercício social coincidir com o fim de um mandato, são os administradores cessantes que, já para além do prazo para que haviam sido eleitos, preparam os documentos e propostas a submeter aos accionistas.

Daí que as funções dos administradores, cuja cessação ocorre, em regra, com o decurso do mandato para que foram eleitos, por um ou mais exercícios sociais (ou anos civis se coincidentes), se prolonguem apenas pelo período necessário para efectuar o balanço da actividade societária e apurar os resultados.

Sucede, porém, por vezes, que a assembleia geral anual subsequente ao termo do mandato não elege novos administradores, por razões que podem ser diversas, *maxime* porque ninguém aceita desempenhar o cargo, porque ocorre um impasse entre os accionistas na escolha dos novos administradores ou ainda porque a sociedade se encontra em processo de venda, não fazendo sentido designar uma nova administração por curto período. Nesse caso importa apurar se os administradores, cujo mandato terminou, pelo decurso do tempo, e que não foram, entretanto, reconduzidos, nem substituídos por novos administradores, subsistem em funções.

A lei determina, inequivocamente, que eles se mantêm em funções (cfr. art. 391.º, n.º 4), porque não é admissível que a sociedade fique sem governação ou responsável[1059]. E tal situação manter-se-á por tempo

[1059] No âmbito do Código Comercial de 1888 – anteriormente à vigência do CSC –, era essa a interpretação de Fernando Olavo, «Termo do exercício das funções dos membros do Conselho de Administração e do Conselho Fiscal nas sociedades anónimas», *CJ*, ano III, t. V, **1984** (pp. 7-11), quando concluía que «o exercício das funções dos membros do conselho fiscal, como dos directores ou administradores das sociedades anónimas, termina, não por puro automatismo cronológico no momento em que se extingue o período de

indeterminado, até que se processe a substituição desses administradores, eventualmente por designação judicial (cfr. art. 394.º, n.º 3), caso em que será suficiente o tribunal designar um único administrador (cfr. art. 394.º, n.ºs 1 *in fine,* e 2).

Então, perguntar-se-á:

– Não poderá o administrador pôr termo às suas funções e inerente responsabilidade, nos mesmos termos em que o pode fazer no decurso do mandato, isto é, apresentar a sua renúncia, dirigindo carta ao presidente do conselho de administração ou – na falta deste ou sendo o renunciante o próprio presidente – ao presidente do conselho fiscal (ou fiscal único), e cessar funções no final do mês seguinte àquele em que entregou a sua demissão?

A lei não previu expressamente esta situação, mas recorrendo a um argumento por maioria de razão (*a fortiori*), seremos obrigados a concluir afirmativamente. Embora esta solução pareça algo esdrúxula – por não fazer muito sentido renunciar a funções que já terminaram e ter de aguardar ainda pelo decurso de um prazo superior a um mês (senão ocorrer, entretanto, a substituição em falta) –, não se afigura haver obstáculos em deitar-lhe mão, assegurando ao administrador renunciante o seu afastamento com cessação da sua responsabilidade, e resolvendo-se, desse modo, o que não deixa, muito possivelmente, de constituir, para ele, um inconveniente.

32.3. **Representação e vinculação da sociedade anónima**[1060]

O conselho de administração tem poderes exclusivos de representação da sociedade (art. 405.º, n.º 2 / art. 431.º, n.º 2), que fica vinculada

---

tempo do mandato, mas na data da próxima assembleia geral ordinária que procede à sua substituição» (p. 11).

[1060] Em sentido contrário, ou pelo menos divergente do texto, vd., na doutrina nacional mais recente, ALEXANDRE SOVERAL MARTINS, «Capacidade e representação das sociedades comerciais», AA.VV., *Problemas do Direito das Sociedades*, Almedina, Coimbra, 2002, pp. 471-496 (cfr., em especial, pp. 477-496) – na linha da dissertação de mestrado que havia apresentado (*Os poderes de representação dos administradores de sociedades anónimas*, Coimbra Editora, **1998**) – e JORGE M. COUTINHO ABREU, «Vinculação das sociedades comerciais», AA.VV., *Estudos em Honra do Professor Doutor*

aos negócios concluídos (ou ratificados) pela maioria dos respectivos membros, se os estatutos não estabelecerem um número inferior para esse efeito (art. 408.º, n.º 1).

O sistema do nosso Código é o seguinte:

Se a administração for singular, a sociedade é representada pelo seu administrador (executivo) único, confundindo-se a decisão deste com o acto de execução material e não fazendo sentido verter em acta (ou instrumento análogo) o sentido da decisão tomada, embora nada o impeça, para efeitos, nomeadamente de fundamentação de decisões tomadas ou para instruir actos de registo[1061].

Sendo a administração plural – e não existindo delegação de poderes em comissão executiva ou num ou mais administradores –, os poderes de representação devem ser exercidos em conjunto, cabendo aos administradores deliberar previamente, em *forum* próprio (o conselho), acerca da prática de determinados actos e depois a sociedade fazer-se representar por quem eles designarem ou pela maioria dos administradores, se não for contratualmente exigida outra mais elevada ou um número de administradores mais reduzido.

Contudo, constando a deliberação de acta, e não havendo restrições à representação da sociedade, qualquer administrador poderá representá-la, vinculando-a em conformidade.

Noutros casos, que correspondem aos actos habituais do comércio da sociedade – e que, consequentemente, realizam o seu objecto –, os

---

José de Oliveira Ascensão, vol. II, Almedina, Coimbra, **2008** (pp. 1213-1252), em especial pp. 1225-1226.

Considerando que o terceiro está obrigado a saber qual o número de administradores que vincula a sociedade, cfr. Filipe Cassiano dos Santos, *Estrutura associativa e participação societária capitalística*, cit., **2006**, pp. 300-321, em especial p. 320.

Sobre esta matéria, vd. ainda a dissertação de mestrado de João Espírito Santo, *Sociedades por Quotas e Anónimas. Vinculação: Objecto social e representação plural*, Almedina, Coimbra, **2000**, e os estudos de Agostinho Cardoso Guedes, «A limitação dos poderes dos administradores das sociedades anónimas operada pelo objecto social no novo Código das Sociedades Comerciais», *RDE*, ano XIII, Universidade de Coimbra, **1987** (pp. 127-159), de Rui Rangel, *A vinculação das sociedades anónimas*, Cosmos, Lisboa, **1998**, e de Rita Albuquerque, «A vinculação das sociedades anónimas e a limitação dos poderes de representação dos administradores», *O Direito*, ano 139.º, I, **2007** (pp. 103-140).

[1061] Trata-se de uma prática imposta pelas Conservatórias do Registo Comercial e pelos modelos de impressos existentes.

administradores podem executar os actos, sem necessidade de deliberação prévia, vinculando a sociedade aos negócios concluídos pela maioria.

Por sua vez, os administradores vinculam a sociedade *apondo a sua assinatura com a indicação da* sua *qualidade*, obrigando-a perante terceiros por todos *os actos praticados em nome da sociedade e dentro dos poderes que a lei lhes confere*, mesmo contra limitações estatutárias – inclusivamente as publicadas – *ou resultantes de deliberações de accionistas* (art. 409.º, n.os 4 e 1).

No que se refere à indicação da qualidade, considera-se suficiente que os administradores aludam ou invoquem o seu estatuto e, por isso, uma assinatura em local onde eles se identifiquem como tal é suficiente[1062].

A este propósito importa ver se os terceiros que se relacionam com a sociedade estão obrigados a certificar-se da qualidade dos seus interlocutores, porque se o quiserem fazer adequadamente devem recorrer aos meios de publicidade em geral e obter comprovativo da situação da sociedade, nomeadamente através da consulta da situação registal desta.

A resposta à questão coloca-se nos seguintes termos:

Se a verificação da qualidade constituir uma obrigação ou, pelo menos, um ónus do terceiro, então ele, cumprindo-a, ficará a conhecer não apenas a qualidade, mas a forma como aquela sociedade especificamente se obriga e ainda as limitações estatutárias de poderes, ou que resultem do objecto social, que se encontram inscritas no registo comercial.

Nesse caso, o artigo 409.º – nomeadamente os seus números 1, 2 e 4 – ficaria sem sentido.

Somos de opinião que a leitura em sede de vinculação de sociedades anónimas tem de ser diversa, não apenas para dar sentido útil a algumas regras legais como também para validar o próprio sistema, uma vez feita a adequada ponderação dos interesses em jogo; basicamente os da

---

[1062] Considerando que «*para a vinculação da sociedade anónima é indispensável a reunião de dois elementos: assinatura pessoal do administrador (ou director) e menção da qualidade de administrador (ou director)*», cfr. **AcSTJ 27 Mar 2001** (Silva Paixão), *CJ/AcSTJ*, ano IX, t. 1, 2001, pp. 183-184, com cuja fundamentação não estamos de acordo.

No que respeita ao saque de cheques e ao modo pelo qual a sociedade se vincula adequadamente na subscrição cambiária, cfr. Paulo Olavo Cunha, *Cheque e Convenção de Cheque*, Almedina, Coimbra, **2009**, pp. 374-376.

sociedade, por um lado, e os de terceiros – que com ela se relacionam contratualmente –, por outro. Entre uns e outros, haverá naturalmente que dar prevalência aos interesses de terceiros, porque a tutela da sua confiança é a que melhor satisfaz o comércio jurídico, permitindo que os negócios se concluam com celeridade.

Nestes termos, o terceiro apenas tem de conhecer a situação legalmente exigível na relação com a sociedade pelos respectivos indicadores externos, nomeadamente pela menção do seu capital social[1063]. Assim, se a sociedade tem um capital superior a € 200.000,00 o terceiro não poderia, licitamente, ignorar que ela deveria ter um mínimo de dois administradores (cfr. art. 390.º, n.º 2) e obrigar-se pela maioria dos seus administradores (cfr. art. 408.º, n.º 1), isto é, por pelo menos dois. Por isso, a menos que, por determinação legal aplicável a uma espécie societária particular, seja exigido um número de administradores mínimo superior a dois, sempre que a sociedade devesse obrigatoriamente ter administração plural, ela ficará bem vinculada pelos negócios concluídos por, pelo menos, dois administradores, no pressuposto de que tais actos correspondem ao normal exercício de actividade e não carecem de prévia deliberação formal (exarada em acta).

Se a sociedade tivesse, por exemplo, cinco administradores e se devesse vincular pela maioria (por três), por falta de regra estatutária diversa, então aqueles (dois) que haviam intervindo em sua representação haviam desrespeitado a sua situação estatutária e legal, devendo incorrer, por isso, em natural responsabilidade para com ela. O que não faz sentido é considerar o negócio inválido, por falta de poderes de representação – a qual, em concreto, se verifica –, e desse modo sobrepor os interesses da sociedade aos de terceiros que com ela se relacionam. Entre favorecer aqueles ou privilegiar estes, aceitando que a vinculação se sobreponha à pontual e específica falta de poderes de representação, o nosso sistema optou por sacrificar os interesses da sociedade aos que são tutelados pela aparência e correspondem à confiança nesta, embora admitindo que a sociedade se pudesse, naturalmente, ressarcir, exigindo responsabilidade aos respectivos administradores.

Nada disto é válido, contudo, se o terceiro tiver um conhecimento efectivo da situação da sociedade. Nesse caso, a sociedade pode opor-lhe

---

[1063] Diferentemente, Soveral Martins, «Capacidade e representação das sociedades comerciais», AA.VV., *Problemas do Direito das Sociedades*, Almedina, Coimbra, **2002** (pp. 471-496), p. 478.

o acto, desde que prove que o terceiro tem conhecimento efectivo dele (cfr. art. 168.º, n.º 2).

Do exposto retira-se o seguinte:

1.º – Para intervir nos negócios sociais os administradores devem invocar a sua qualidade, sendo suficiente que aludam à mesma;

2.º – Os terceiros têm de conhecer a situação-regra da sociedade com que contratam – como ela resulta dos indicadores de que, pela aparência (*maxime*, pelas menções externas obrigatórias), dispõem –, mas não as suas especificidades, tais como número exacto de administradores daquela sociedade e regras próprias de vinculação. Não obstante, provando-se que o terceiro tem efectivo conhecimento da situação concreta, a confiança de que ele gozava, com base na aparência, deixa de ter razão de ser, não havendo lugar a protecção e sendo a insuficiência de poderes oponível (cfr. art. 168.º, n.º 2);

3.º – Na articulação das regras de representação e vinculação da sociedade, os interesses dos terceiros sobrepõem-se aos da sociedade que, mesmo ocorrendo uma efectiva falta de poderes de representação, tem de assumir o acto praticado, ficando vinculada[1064].

O sistema descrito, para além de respeitar a tutela da confiança dos terceiros que contratam com a sociedade, baseada na aparência desta, é

[1064] É esta a leitura que também se retira dos **AcRelLisboa 27 Mai 2003** (Mário Ruas Dias), *CJ*, ano XXVIII, t. III, 2003, pp. 88-91), **AcSTJ de 3 de Maio de 1995** (Costa Marques), *BMJ* 447, pp. 520-527) e **AcSTJ de 14 de Março de 2006** (Azevedo Ramos), Proc. 195/06 (*CJ/AcSTJ*, ano XIV, t. I, 2006, pp. 126 128). Em sentido oposto ao do texto – inclusivamente criticando o **AcSTJ de 3 de Maio de 1995** (Costa Marques) –, cfr. Soveral Martins, «Capacidade e representação das sociedades comerciais», AA.VV., *Problemas do Direito das Sociedades*, Almedina, Coimbra, **2002** (pp. 471-496), em especial p. 486, de que nos permitimos reproduzir a seguinte passagem: «Já quanto ao modo de exercício dos poderes de representação, não se dispensou o terceiro de duas coisas: verificar quantos gerentes, administradores ou directores é que têm de intervir e saber contar». Curiosamente, no comentário crítico que faz ao **AcSTJ de 11 Jan 2001** (Neves Ribeiro), *CJ/AcSTJ*, ano IX, t. I, 2001, pp. 63-65) – com o qual estamos de acordo –, Soveral Martins, «Capacidade e representação das sociedades comerciais», AA.VV., *Problemas do Direito das Sociedades*, Almedina, Coimbra, **2002** (pp. 471-496), invoca precisamente a tutela dos interesses de terceiro (cfr., em especial, p. 496).

o que mais se adequa à celeridade característica da vida comercial, não obrigando os agentes económicos a apurarem, em cada momento, a situação jurídica da sociedade, por consulta da respectiva certidão de registo comercial[1065].

Refira-se ainda que a prática de actos à margem do objecto social, mas no âmbito da capacidade de gozo da sociedade, pode constituir limite à vinculação da sociedade (arts. 409.º, n.º 2 e 6.º, n.º 4).

Finalmente, constitui também princípio nesta matéria, que os poderes de representação se devem exercer dentro dos limites estabelecidos pela lei. Ora, sendo estes do conhecimento de terceiros, não nos parece que a sociedade fique devidamente vinculada num caso em que a administração ultrapasse os limites que legalmente lhe são impostos, ainda que, em concreto, ela pudesse ter poderes estatutários para a prática desse acto. A explicação é, substancialmente, a mesma: o terceiro não podia ignorar a limitação legal.

32.4. Responsabilidade dos membros da administração[1066]; alguns aspectos

32.4.1. *Enquadramento da questão*

Importa recordar o disposto no art. 64.º do Código das Sociedades Comerciais, isto é, a cláusula geral sobre a forma como os membros da

[1065] Apesar do conhecimento da situação societária estar (agora) facilitado pela certidão electrónica, admite-se que, com a evolução dos meios tecnológicos e com o desenvolvimento das telecomunicações, se possa a vir ter exigências diferentes num futuro próximo. Qualquer que seja a solução a que então se chegue, julgamos que os interesses envolvidos serão os mesmos.

[1066] Cfr. Jorge M. Coutinho Abreu, *Responsabilidade civil dos administradores de sociedades*, IDET / Cadernos n.º 5 / Almedina, **2007**, em especial pp. 36-55 e 59-68, «Diálogos com a Jurisprudência, II – Responsabilidade dos administradores para com os credores sociais e desconsideração da personalidade jurídica», *DSR*, ano 2, vol, 3, **2010** (pp. 49-64), e, anteriormente, com Elisabete Ramos, «Responsabilidade civil de administradores e de sócios controladores», AA.VV., *Miscelâneas*, n.º 3, IDET, Almedina, **2004** (pp. 9-55), António Menezes Cordeiro, *Da responsabilidade civil dos administradores das sociedades comerciais*, Lex, Lisboa, **1997,** Catarina Pires Cordeiro, «Algumas considerações críticas sobre a responsabilidade civil dos administradores perante os accionistas no ordenamento jurídico português», *O Direito*, ano 137.º, I, Almedina, **2005**

administração devem nortear a sua actuação, pautando-a pela observância de *deveres de cuidado*, com a diligência de um gestor criterioso e ordenado, e *de lealdade*. Trata-se de uma cláusula geral susceptível de ser

---

(pp. 81-135), MIGUEL PUPO CORREIA, «Sobre a responsabilidade por dívidas sociais dos membros dos órgãos da sociedade», *ROA*, ano 61, II, Lisboa, **2001** (pp. 667-698), e *Direito Comercial*, 11ª ed. cit., **2009**, pp. 278-289, RICARDO COSTA, «Responsabilidade civil societária dos administradores de facto», AA.VV., *Temas societários*, IDET, n.º 2, Almedina, Coimbra, **2006** (pp. 23-43), e «Responsabilidade dos administradores e *business judgment rule*», AA.VV., *Reformas do Código das Sociedades*, IDET, Colóquios n.º 3, Almedina, Coimbra, **2007** (pp. 49-86), GABRIELA FIGUEIREDO DIAS, *Fiscalização de Sociedades e Responsabilidade Civil* (após a Reforma do Código das Sociedades Comerciais), Coimbra Editora, **2006**, pp. 67-78, MANUEL CARNEIRO DA FRADA, «A *business judgment rule* no quadro dos deveres gerais dos administradores», AA.VV., *Jornadas – Sociedades Abertas, Valores Mobiliários e Intermediação Financeira*, Almedina, Coimbra, **2007** (pp. 201-242), pp. 218-240, ADELAIDE MENEZES LEITÃO, «Responsabilidade dos administradores para com a sociedade e os credores sociais por violação de normas de protecção», *RDS*, ano I, N.º 3, **2009** (pp. 647-679), pp. 647-652 e 659-673, PEDRO CAETANO NUNES, *Responsabilidade civil dos administradores perante os accionistas*, Almedina, Coimbra, **2002**, ANTÓNIO FERNANDES DE OLIVEIRA, «Responsabilidade Civil dos Administradores», cit., **2008** (pp. 257-341), pp. 279-341, MARIA ELISABETE GOMES RAMOS, «A insolvência da sociedade e a responsabilização dos administradores no ordenamento jurídico português», *Revista da Pós-Graduação em Ciências Jurídicas, Universidade Federal da Paraíba*, **2005** (pp. 5-32), pp. 9-14, «Insolvência da sociedade e efectivação da responsabilidade civil dos administradores», *BFD*, vol. LXXXIII, Coimbra, **2007** (pp. 449-489), e num estudo conjunto com ELENA F. PÉREZ CARRILLO, *Responsabilidade civil e seguro dos administradores (Reflexões em torno das experiências portuguesa e espanhola)*, sep. do BFD, vol. LXXXII, Coimbra, **2006** (pp. 291-347), em especial pp. 293-318, e PEDRO PAIS DE. VASCONCELOS, «Responsabilidade Civil dos Gestores das Sociedades Comerciais», *DSR*, ano 1, vol. 1, Março **2009** (pp. 11-32).

Com inegável interesse neste tema, em especial no que se refere à responsabilidade perante os accionistas, vd. o **AcRelPorto 13 Jan 2005** (PINTO DE ALMEIDA), *CJ*, ano XXX, t. 1, 2005, pp. 165-168. Distinguindo o dever de gestão dos administradores – *concretizado pelo interesse social* – do dever de tomar decisões adequadas, cfr. a **Sent. do Juiz da 3ª Vara Cível** (1ª Secção), Comarca de **Lisboa** (Pedro CAETANO NUNES), *CJ/AcSTJ*, ano XI, t. 3, 2003 (pp. 17-27), também transcrita no livro do magistrado (Pedro CAETANO NUNES), *Corporate Governance*, Almedina, Coimbra, **2006,** pp. 9-44.

Sobre a responsabilidade dos administradores no âmbito dos grupos de sociedades, vd. ANA PERESTRELO DE OLIVEIRA, *A responsabilidade dos administradores nas sociedades em relação de grupo*, Almedina, Coimbra, **2007**, em especial pp. 75-182.

Explorando a responsabilidade penal dos administradores, a propósito da responsabilidade das próprias sociedades, GERMANO MARQUES DA SILVA, *Responsabilidade penal das sociedades e dos seus administradores e representantes*, Verbo, Lisboa, **2009**, pp. 284-415.

concretizada caso a caso e com manifesto impacto em matéria de responsabilidade civil, razão que, em 2006, também deveria ter contribuído para uma melhor ponderação sobre a oportunidade da alteração introduzida.

Ao mesmo tempo, na sua actuação, os administradores não devem executar, nem permitir que sejam executadas deliberações nulas, qualquer que seja a sua fonte (assembleia geral ou conselho de administração) (cfr. art. 412.º, n.º 4).

A responsabilidade dos administradores vem regulada nos artigos 71.º e seguintes do Código das Sociedades Comerciais[1067]. Vamos abordar, muito sucintamente, alguns dos seus aspectos.

32.4.2. *Presunção de culpa pela actuação e exclusão da responsabilidade*

O aspecto mais relevante em termos de responsabilidade dos administradores é aquele que resulta do disposto no artigo 72.º, n.º 1, que estabelece uma presunção de culpa relativamente à actuação dos administradores e gerentes (art. 72.º, n.º 1)[1068], em termos de os responsabilizar para com a própria sociedade. E em relação a esta presunção, há que salientar que ela implica responsabilidade solidária pelos danos a ressarcir (art. 73.º, n.º 1), embora admita o direito de regresso (art. 73.º, n.º 2). Isto significa que um administrador pode ser chamado a responder solidariamente com os demais.

No entanto, a lei prevê – no n.º 2 do artigo 72.º (red. do Decreto-Lei n.º 76-A/2006, de 29 de Março) – uma regra que exclui a responsabilidade dos administradores que provem ter actuado com conhecimento (*informados*), sem interesse pessoal no acto (de que resulta a responsa-

[1067] Se consultarmos o DL 76-A/2006, de 29 de Março, ficamos com a imediata sensação de que estas regras terão sido profundamente alteradas. Contudo, após uma leitura atenta, verificamos que, à semelhança do que aconteceu também em matéria de responsabilidade criminal, as modificações introduzidas visaram essencialmente adaptar o respectivo texto à alteração da designação dos titulares do órgão de gestão do modelo dualista (os até aqui chamados directores), que passam a ser conhecidos simplesmente como administradores.

[1068] Ou seja, um pouco à semelhança daquilo que decorre do disposto no art. 493.º, n.º 2 do Código Civil, que também prevê uma presunção de culpa (em matéria de responsabilidade civil).

bilidade) e norteando-se por *critérios de* pura *racionalidade empresarial*[1069]. Isto é, a lei faculta a forma de os administradores afastarem a respectiva responsabilidade. Para o efeito, tendo participado no acto que a origina (uma vez que se não o fizeram é-lhes aplicável o disposto no n.º 3 do art. 72.º), os administradores não respondem pelos danos causados à sociedade, se demonstrarem que a sua intervenção foi ponderada, ocorreu de forma pessoalmente desinteressada e consistiu numa prática normal e adequada de gestão[1070].

A Reforma Societária (de 2006) trouxe uma outra novidade em matéria de responsabilidade, no que respeita à legitimidade para propor a acção de responsabilidade social, que pode agora ser da iniciativa de apenas 2% (e não já necessariamente de um mínimo de 5%) do capital social nas sociedades abertas cotadas (cfr. art. 77.º, n.º 1).

Em matéria de responsabilidade, haverá também que distinguir a responsabilidade para com os credores sociais (art. 78.º, n.º 1) da responsabilidade para com os sócios e terceiros (art. 79.º, n.º 1)[1071].

[1069] Sobre o âmbito de aplicação desta regra, cfr. RICARDO COSTA, «Responsabilidade dos administradores e *business judgment rule*», cit., **2007** (pp. 49-86), pp. 66-86. Identificando com total clareza o significado da *business judgment rule* no Direito Societário norte-americano, GABRIELA FIGUEIREDO DIAS, «A fiscalização societária redesenhada: independência, exclusão de responsabilidade e caução obrigatória dos fiscalizadores», AA.VV., *Reformas do Código das Sociedades*, IDET, Colóquios n.º 3, Almedina, Coimbra, **2007** (pp. 277-334), pp. 310-313, em especial pp. 310-311. Questionando se o art. 72.º, n.º 2 do CSC consagrou a *business judgment rule*, ELENA F. PÉREZ CARRILLO / MARIA ELISABETE RAMOS, *Responsabilidade civil e seguro dos administradores*, cit. **2006** (pp. 291-347), em especial p. 306. Considerando que a redacção do n.º 2 do art. 72.º configura a *business judgment rule* «como uma presunção de ilicitude», PEDRO PAIS DE VASCONCELOS, *D&O Insurance: O seguro de responsabilidade civil dos administradores e outros dirigentes da sociedade anónima*, Almedina, Coimbra, **2007**, p. 28.

[1070] Note-se que «*o padrão de comportamento exigível aos gerentes não é o do bom pai de família, mas o de um gestor dotado das qualidades necessárias para o cargo*» [**AcSTJ 9 Mai 2006** (PAULO SÁ), *CJ/AcSTJ*, ano XIV, t. II, 2006, pp. 73-76].

[1071] O art. 79.º do CSC tem em vista os danos causados directamente pelos gerentes aos sócios ou a terceiros de forma delituosa em violação de uma obrigação e não aqueles outros danos que resultam de uma gestão que os prejudique [cfr. **AcSTJ 23 Mai 2002** (ABEL FREIRE), *CJ/AcSTJ*, ano X, t. II, 2002, pp. 88-92].

Sobre a responsabilidade dos gestores para com os credores sociais, cfr. também **AcRelPorto 31 Jan 2007** (GONÇALO SILVANO), *CJ*, ano XXXII, t. I, 2007, pp. 173-177.

Condenando a gerente por responsabilidade para com o credor social, **AcSTJ 5 Dez 2006** (BORGES SOEIRO), *CJ/AcSTJ*, ano XIV, t. III, 2006, pp. 146-148.

32.4.3. *Nulidade das cláusulas limitativas da responsabilidade*

As regras legais sobre responsabilidade são absolutas, sendo impostas por princípios de ordem pública, especialmente justificáveis num sistema de vinculação das sociedades pelos actos dos seus administradores. Não podem, pois, ser afastadas pelos membros dos órgãos de gestão ou pelos accionistas. Por isso, as cláusulas limitativas da responsabilidade são nulas (cfr. art. 74.º).

32.4.4. *Responsabilidade criminal e contra-ordenacional*

A responsabilidade criminal dos administradores pelos actos praticados no exercício das respectivas funções é uma matéria que tem sido bastante ignorada pela nossa jurisprudência, mas que conhece um grande desenvolvimento noutros ordenamentos, como em França onde, desde meados da década passada, está muito em voga o crime de abuso de bens sociais, que consiste basicamente na utilização para proveito próprio de bens da sociedade.

Em termos de responsabilidade criminal há que atender ao disposto nos artigos 509.º a 528.º (este apenas respeitante a responsabilidade contra-ordenacional) do Código das Sociedades Comerciais e ainda aos crimes previstos e punidos no Código dos Valores Mobiliários (arts 378.º e 379.º).

De entre as diversas disposições do Código das Sociedades Comerciais, em matéria de responsabilidade criminal, justifica-se salientar os artigos 509.º, referente à falta de cobrança de entradas de capital, 510.º, relativo à aquisição ilícita de participações próprias, 513.º e 514.º, acerca da amortização de participações sociais à custa da situação líquida da sociedade e distribuição ilícita de bens, respectivamente, e 518.º e 519.º, sobre recusa ilícita de informações e informações falsas.

32.5. Vicissitudes das deliberações do órgão de gestão[1072]

Vejamos agora o que sucede se ocorre uma desconformidade das deliberações do órgão de administração com a lei ou o contrato de sociedade.

[1072] Cfr. Jorge M. Coutinho de Abreu, *Governação das Sociedades Comerciais*, 2ª ed., Almedina, Coimbra, **2010**, pp. 109-145.

32.5.1. *Invalidade das deliberações da administração*

Verificando-se uma vicissitude da deliberação do conselho de administração, quer no que respeita ao modo de processamento, quer relativamente ao seu conteúdo, deveremos inevitavelmente concluir pelo respectivo desvalor jurídico, tendo de recorrer, para o efeito, ao quadro das invalidades do negócio jurídico, no caso concreto das deliberações do órgão da administração.

Também para estas deliberações – e para todos os modelos de governação – o regime regra é o da anulabilidade, muito embora o nosso Código tenha estabelecido um regime específico para a invalidade das decisões da administração (cfr. art. 411.º).

Às deliberações inválidas do conselho de administração executivo aplica-se o disposto no artigo 411.º, por expressa remissão do artigo 433.º, n.º 1, com algumas modificações.

32.5.2. *Deliberações nulas*

Nos termos do art. 411.º, n.º 1, à cabeça das deliberações do conselho de administração que são consideradas nulas (*alínea a)*) vêm aquelas que foram tomadas em **conselho não convocado**, desde que este não tenha reunido com a totalidade dos seus membros, sob a forma de conselho universal ou totalitário. Afasta-se também a hipótese de reunião em data pré-estabelecida.

Também são nulas, à semelhança do que se passa nas deliberações dos sócios em geral, as deliberações do conselho de administração cujo **conteúdo não esteja, por natureza, sujeito à** respectiva **deliberação** (art. 411.º, n.º 1, *alínea b)*). Isto é, deliberações do conselho de administração sobre matérias para as quais este não tenha competência, não podendo pronunciar-se válida e devidamente. Por exemplo, imagine-se que se trata da aprovação de contas da sociedade. Não compete a este órgão aprovar as contas, mas sim elaborá-las, pelo que essa deliberação será nula. Tal como sucede como eventual deliberação sobre a alteração do contrato de sociedade, referente a matéria para a qual o conselho nunca possa deliberar.

Finalmente, são igualmente nulas aquelas deliberações cujo **conteúdo** seja **ofensivo dos bons costumes**, à semelhança do que foi dito para as deliberações dos sócios, ou ofensivo de preceitos legais imperativos (art. 411.º, n.º 1, *alínea c)*).

32.5.3. *Deliberações anuláveis*

Fora dos casos acima enunciados, residualmente e nos termos do n.º 3 do art. 411.º, também aplicável à situação das deliberações do conselho de administração executivo, são anuláveis todas as deliberações que violem disposições da lei e do contrato de sociedade, para as quais a lei não comine especificamente a nulidade.

32.5.4. *Competência para a arguição e declaração da invalidade*[1073]

Quanto à competência para arguição e declaração da invalidade, aqui temos uma situação muito interessante, que aliás resulta do disposto no art. 412.º, que consiste em ser o próprio conselho de administração ou a assembleia geral a poder declarar nulas ou anular as deliberações (inválidas) do órgão de administração.

Por sua vez, no plano das sociedades que adoptem a estrutura de administração e fiscalização germânica não é o conselho de administração executivo, nem a assembleia geral que têm essa competência, mas sim o órgão intermédio: o conselho geral e de supervisão (cfr. art. 433.º, n.º 1).

Discute-se, a este propósito, se as deliberações podem ser directamente contestadas pelos accionistas (e pelos membros do órgão de administração)[1074] ou se haverá que previamente esgotar os meios de impugnação estabelecidos na lei e só, posteriormente, recorrer aos tribunais[1075].

[1073] No sentido do texto, Raúl Ventura, *Estudos vários sobre Sociedades Anónimas* («Reuniões e deliberações do conselho de administração de sociedades anónimas»), *Comentário ao CSC*, Almedina, Coimbra, **1992** (pp. 531-565), cfr. em especial pp. 558-560 – embora com argumentos a que não recorremos –, Alexandre Soveral Martins, «Suspensão de deliberações sociais de sociedades comerciais: alguns problemas», *ROA*, ano 63, I/II, **2003** (pp. 345-373), e Pinto Furtado, *Deliberações de sociedades comerciais*, Almedina, Coimbra, **2005**, pp. 761-762.

Contra, citando e invocando em apoio da sua tese, o Acórdão do Tribunal Constitucional n.º 415/2003, de 24 de Setembro, Pedro Pais de Vasconcelos, *A participação social nas sociedades comerciais*, 2ª ed., Almedina, Coimbra, **2006**, pp. 186-203, em especial pp. 196-203.

[1074] Neste sentido, cfr. **AcRelPorto 20 Nov 2003** (Oliveira Vasconcelos), *CJ*, ano XXVIII, t. V, 2003, pp. 198-199, e **AcSTJ 21 Fev 2006** (Pinto Monteiro), *CJ/AcSTJ*, ano XIV, t. I, 2006, pp. 71-73).

[1075] Neste segundo sentido, vd. **AcRelPorto 15 Mar 2004** (Marques Pereira), *CJ*, ano XXIX, t. II, 2004, pp. 164-169), que sistematiza a doutrina nacional mais relevante (cfr. p. 166).

Para quem acompanhe o sentido literal do Código nem sequer faz sentido equacionar a possibilidade de o sócio poder requerer a suspensão de tais deliberações, uma vez que o prazo de que dispõe para o efeito é tão curto que se esgota antes mesmo de a assembleia geral ter tempo de reunir.

Quem recuse a intervenção directa e imediata dos sócios, quando tenham oportuno conhecimento da deliberação ou do acto em que a mesma se traduzirá, pretende que devem ser os próprios sócios, reunidos em assembleia geral, a decidir sobre a vicissitude se o órgão de gestão não a reparou entretanto. Só posteriormente, com a não invalidação da deliberação pela assembleia geral – não se sabe bem até quando –, poderiam os sócios recorrer ao tribunal. Para isso, deverão demonstrar que a assembleia não se pronunciou oportunamente, porque não chegou a ser convocada, ou que recusou a declaração de invalidade da deliberação, apesar de a mesma se encontrar viciada.

Devemos dizer que não entendemos na sistemática da impugnação das deliberações sociais que se deva seguir este caminho, não apenas porque os meios de reacção rápida e útil ficam prejudicados, mas porque é de admitir como muito provável que, tendo resultado o órgão de gestão da escolha maioritária dos sócios, estes não venham agora a infirmar as decisões daqueles que anteriormente escolheram, revelando-se assim meramente decorativa, senão mesmo inútil, a intervenção da assembleia geral.

Não é, pois, por uma questão de acesso à justiça que propugnamos a intervenção directa dos sócios e accionistas (junto dos tribunais), mas essencialmente para salvaguarda dos interesses da sociedade, em especial da que reveste a forma de anónima – em que os poderes de gestão são vastos –, pela possibilidade que eles terão de requerer ao tribunal que aprecie, directa e imediatamente, a validade de uma decisão desse órgão. Esta conclusão não prejudica a hipótese de, entretanto, a própria assembleia geral se pronunciar sobre tal invalidade, declarando-a. Nesse caso, extingue-se naturalmente a instância.

Nestes termos, e pelas razões expostas, entendemos que a letra do Código das Sociedades Comerciais não pode impedir um accionista de recorrer directamente para os tribunais, com a finalidade de propor a suspensão ou a anulação ou declaração de nulidade de uma deliberação da administração (de que tenha conhecimento), sem que o próprio órgão de gestão ou a assembleia geral (ou o conselho geral e de supervisão) se tenha(m) de pronunciar previamente[1076].

[1076] Neste sentido, o **AcRelLisboa 3 Out 1995** (Joaquim Dias), *CJ*, ano XX, t. 4, 1995, pp. 99-103, e também Pinto Furtado, *Deliberações dos Sócios* (Comentário ao

Duas notas mais:

a) a primeira para sublinhar o que já se disse acima, de que só tem sentido equacionar a impugnação das decisões de gestão quando as mesmas são oportunamente conhecidas, o que acontece em especial com aquelas que se materializam em actos externos;
b) a segunda relativa aos efeitos da deliberação da assembleia geral que conclui pela invalidade da deliberação do órgão de gestão. Será essa decisão judicialmente contestável? E, em caso afirmativo, por quem? Faz sentido o próprio órgão de gestão, que é também de representação da sociedade, impugnar em nome desta a deliberação da própria assembleia geral? Por que se o fizer, quem representa a assembleia geral?

Deixamos a questão enunciada – sem preocupação de construirmos uma resposta definitiva –, chamando a atenção, por um lado, para a conveniência de distinguir as situações em que a decisão da gestão invalidada afectava interesses de terceiros daquelas em que a respectiva projecção era, ainda, meramente interna; e, por outro lado, para o facto de, a aceitar-se a irrecorribilidade da deliberação da assembleia geral, quando se traduz na invalidação da decisão da gestão, estarmos a admitir que os accionistas se imiscuam nos assuntos da gestão, diversamente da limitação que parece resultar do disposto no art. 373.º, n.º 2.

32.6. A fiscalização das sociedades anónimas: conselho fiscal, fiscal único e ROC[1077]

O controlo da actividade do órgão de gestão (incluindo o relacionamento deste com os próprios accionistas) compete ao conselho fiscal (e

---

CSC), Almedina, Coimbra, **1993**, p. 222, e Brito Correia, «Regime das deliberações inválidas», AA.VV., *Os quinze anos de vigência do Código das Sociedades Comerciais*, coord. por A. Ferrer Correia, Fundação Bissaya Barreto, Instituto Superior Bissaya Barreto, **2003,** pp. 79-80.

[1077] Vd. os estudos de Gabriela Figueiredo Dias, *Fiscalização de Sociedades e Responsabilidade Civil*, cit., **2006,** em especial pp. 18-21, 24-25, 28-36, 50-58, e «Estruturas de fiscalização de sociedades e responsabilidade civil», AA.VV., *Nos 20 anos do Código das Sociedades Comerciais. Homenagem aos Profs. Doutores A. Ferrer Correia, Orlando de Carvalho e Vasco Lobo Xavier*, vol. I – *Congresso Empresas e Sociedades*,

ao revisor oficial de contas, sempre que existir à margem do conselho fiscal) ou fiscal único, nas sociedades de estrutura clássica, ao conselho geral e de supervisão e ao revisor oficial de contas, nas sociedades de administração e fiscalização de inspiração germânica, e à comissão de auditoria e ao revisor oficial de contas nas sociedades com governação anglo-saxónica.

Impõe-se salientar que a Reforma de 2006 revalorizou o papel dos órgãos de fiscalização, que se encontravam praticamente reduzidos a um controlo de carácter puramente económico-financeiro da gestão da sociedade, entregue a profissionais experientes e credíveis – os revisores oficiais de contas –, mas que estava longe de satisfazer a finalidade da exigência legal destes órgãos.

O conselho fiscal era, na sua estrutura originária, composto exclusivamente por accionistas, constituindo um órgão intermédio entre a assembleia geral e o conselho de administração. Enquanto a assembleia geral intervinha espaçadamente – em regra, uma vez por ano, na aprovação das contas e aplicação de resultados –, o conselho fiscal, de que faziam inicialmente parte os accionistas mais relevantes, exercia um controlo, de natureza política, com maior assiduidade, seguindo de perto os negócios socais e comprovando que a administração não se estava a afastar da prossecução do objecto social. Na segunda metade do século XX, a crescente complexidade da gestão societária viria a exigir maior qualificação dos membros do órgão de fiscalização, integrando neste os revisores oficiais de contas.

No final do século XX, o papel dos conselhos fiscais estava, em muitas situações, reduzido a um controlo de natureza contabilística em total detrimento da fiscalização do desempenho comercial da gestão societária, frequentemente sob a forma de órgão de composição singular (o fiscal único) (cfr., *supra*, n.º 27.1.3.1 e nota 764).

Coimbra Editora, **2007** (pp. 803-836) (existe separata), pp. 807-812, e de JORGE PINTO FURTADO, «Competências e funcionamento dos órgãos de fiscalização das sociedades comerciais», AA.VV., *Nos 20 anos do Código das Sociedades Comerciais. Homenagem aos Profs. Doutores A. Ferrer Correia, Orlando de Carvalho e Vasco Lobo Xavier*, vol. I – *Congresso Empresas e Sociedades*, Coimbra Editora, **2007** (pp. 593-619), e a dissertação de mestrado de TIAGO JOÃO ESTÊVÃO MARQUES, *Responsabilidade Civil dos Membros de Órgãos de Fiscalização das Sociedades Anónimas*, Almedina, Coimbra, **2009**, pp. 36-68, em especial pp. 39-50.

Por essa razão, e para prevenir desvios que não eram detectáveis pela correcção das contas sociais, a lei viria a determinar que, em determinadas circunstâncias, fosse assegurada a composição plural desses órgãos e a sua efectiva intervenção na vida social, revalorizando as respectivas funções de controlo interno.

32.6.1. *O conselho fiscal: composição*

32.6.1.1. *Número de membros*

O conselho fiscal é constituído por um número mínimo de três membros efectivos (cfr. art. 413.º, n.º 4)[1078], designados para um determinado mandato máximo de quatro anos (cfr. art. 415.º, n.º 1). Paralelamente com a designação dos membros do conselho fiscal, devem ser indicados necessariamente dois suplentes ou apenas um se os efectivos forem apenas três (cfr. art. 413.º, n.º 5).

Sempre que a lei não imponha a pluralidade de membros, a sociedade poderá funcionar com um fiscal único (cfr. art. 413.º, n.os 1, *alínea a)*, e 2, *alínea b)*), ao qual são aplicáveis as disposições legais que regulam o revisor oficial de contas e, subsidiariamente, o conselho fiscal e que não pressuponham a colegialidade do órgão ou, acrescente-se, que não sejam incompatíveis com a competência específica e subsidiária do conselho (cfr. art. 413.º, n.º 6).

Em certos casos, a lei atribui competência específica ao presidente do conselho fiscal. Assim sucede, por exemplo, com a presidência das assembleias gerais, na ausência dos membros da mesa (cfr. art. 374.º, n.º 3). Nessas situações, entendemos que a competência reconhecida ao presidente do órgão colegial de fiscalização não é transponível para o fiscal único, uma vez que a dignidade daquele cargo é incompatível com o órgão de composição singular, com funções necessariamente mais limitadas (cfr., *supra*, n.º 29.3.1.3).

32.6.1.2. *Requisitos e incompatibilidades*

São diversos os requisitos de elegibilidade e inúmeras as incompatibilidades em matéria de desempenho de funções como membro do

[1078] Até 29 de Junho de 2006, o conselho fiscal deveria ser composto por três ou cinco membros (cfr. art. 413.º, n.º 1 a 3, na red. anterior).

conselho fiscal, fiscal único ou revisor oficial de contas (cfr. arts. 414.º, n.ºs 3, 6 e 8 e 414.º-A). Tais incompatibilidades são, aliás, extensivas aos membros da comissão de auditoria, no modelo de governação anglo-saxónico (cfr. art. 423.º-B, n.º 3), e do conselho geral e de supervisão, no modelo germânico (cfr. art. 434.º, n.º 4).

O fiscal único e o respectivo suplente não podem ser accionistas (art. 414.º, n.º 1 *in fine*), mas esta limitação já não se aplica em relação aos restantes membros do conselho fiscal, que podem ser ou não accionistas[1079], mas devem ser pessoas singulares com aptidões para o desempenho do cargo (art. 414.º, n.º 3).

Nas grandes sociedades anónimas e nas cotadas (isto é, nas que se enquadram na *alínea a)* do n.º 2 do art. 413.º) um dos membros do conselho fiscal deve ter certas aptidões (licenciatura compatível com *as suas funções e conhecimentos em auditoria ou contabilidade*) e ser independente (art. 414.º, n.º 4). Nas sociedades cotadas a maioria dos membros do conselho fiscal deve ser independente (art. 414.º, n.º 6).

A lei exige agora, para além de uma longa lista de incompatibilidades a que sujeita os membros do conselho fiscal (cfr. art. 414.º-A), que estes, em certas circunstâncias, sejam independentes, criando para o efeito um critério que permite aferir essa independência. Assim, é independente quem não estiver associado[1080] *a qualquer grupo de interesses específicos na sociedade* e seja isento em termos de análise ou decisão indispensáveis ao exercício das suas funções, considerando-se que não tem essa capacidade quem for detentor ou representar accionista com 2% ou mais do capital social ou tenha desempenhado mais de dois mandatos como membro de órgão social (cfr. art. 414.º, n.º 5).

A estes requisitos, cada vez mais exigentes, acrescem as diversas incompatibilidades, às quais nem sempre a prática dá o devido relevo. Da longa lista constante do n.º 1 do art. 414.º-A, saliente-se os que são administradores da sociedade ou de sociedade que se encontre em relação de grupo com a fiscalizada (*alíneas b) e c)*), os que prestam serviços com carácter permanente à sociedade ou a sociedade do grupo (*alínea d)*) –

1079 A redacção do n.º 3 do art. 414.º não parece muito feliz. Embora da mesma se pudesse depreender, numa leitura apressada, que não accionistas não podem ser membros do conselho fiscal, não é esse, naturalmente, o seu sentido.

1080 A vaguidade deste conceito permite afastar os que se encontrarem ligados afectiva ou patrimonialmente a interesses na sociedade e neles incluímos os que, de algum modo, se relacionem economicamente com a sociedade.

por se considerar que não reúnem os requisitos mínimos de isenção e independência –, os que exercem *funções em empresa concorrente* (*alínea f)*) e os parentes e afins, até ao terceiro grau da linha colateral daqueles que desempenham funções de administração, entre outras (*alínea g)*).

32.6.2. *Competência e funcionamento*

Como já referimos, por mais de uma vez, o conselho fiscal tem por missão controlar a administração da sociedade, no que respeita à legalidade da respectiva actuação e verificar com detalhe documentos e critérios elaborados e utilizados pela administração, de entre inúmeras funções que hoje tem (cfr. art. 420.º, n.ºs 1 e 2). E o seu poder nesta matéria é tão grande que, em princípio, os seus membros têm o direito, ou mesmo o dever, de participar nas reuniões do conselho de administração e promover os actos inspectivos adequados ao exercício das suas funções (cfr. arts. 422.º, n.º 1, *alínea a)*, e 420.º, n.º 3).

O conselho fiscal deve reunir, pelo menos, trimestralmente (cfr. art. 423.º), embora o possa fazer com maior regularidade.

A concluir, e pela sua importância, refira-se apenas que, no desempenho das suas funções, os membros do conselho fiscal, como de qualquer outro órgão de fiscalização, estão adstritos a específicos deveres de cuidado e lealdade, devendo actuar no *interesse da sociedade* e empregar *elevados padrões de diligência profissional* (art. 64.º, n.º 2).

Esta cláusula geral inerente à conduta dos membros dos órgãos de fiscalização conduz-nos à formulação de uma questão básica, à qual só a jurisprudência poderá, com tempo, dar resposta adequada:

– Em que consistem exactamente os padrões elevados de diligência profissional?[1081]

32.6.3. *O fiscal único*

O fiscal único não está sujeito às regras de colegialidade e, portanto, decide perante aquilo que lhe é apresentado. Ele tem necessariamente de

[1081] Considerando os escassos anos decorridos desde a entrada em vigor da Reforma Societária, continuamos a manter reserva relativamente à crítica de algumas das novas soluções, que nos limitamos a apresentar, a enquadrar e a sistematizar.

ser um revisor oficial de contas (ou uma SROC), devendo ser designado um revisor oficial de contas suplente (cfr. art. 414.º, n.º 1, 413.º, n.ºs 3 e 6).

O fiscal único é, em regra, designado para um mandato correspondente ao dos demais órgãos sociais, mas nada impede que seja por período diferente, quiçá inferior.

Sendo em regra eleito, em assembleia geral anual, o fiscal único (revisor oficial de contas) poderá ser designado pelo presidente da mesa da assembleia geral ou, fora do âmbito deste órgão, o ROC pode ser indicado pelo órgão de gestão, «*devendo ser* tal designação *submetida à ratificação pela assembleia geral seguinte*» (cfr. art. 415.º do CSC e art. 50.º, n.ºs 1, 2 e 3 do Decreto-Lei n.º 487/99, de 16 de Novembro). Na falta de designação, o ROC pode vir a ser oficiosamente nomeado pela Ordem dos Revisores Oficiais de Contas (cfr. art. 416.º do CSC e art. 50.º, n.º 5 do Decreto-Lei n.º 487/99, de 16 de Novembro, red. do Decreto-Lei n.º 224/2008, de 20 de Novembro).

32.6.4. *O ROC*[1082]

O revisor oficial de contas é um órgão – designado para um mandato máximo de quatro anos (cfr. art. 446.º, n.º 2) – que existe necessariamente com autonomia nos modelos de governação anglo-saxónico e germânico, ao lado da administração e da comissão de auditoria, no primeiro caso, e do conselho de administração executivo e do conselho geral e de supervisão, no segundo caso.

Na estrutura de administração e fiscalização clássica o ROC pode ser um órgão autónomo, à margem do próprio conselho fiscal, o que acontece obrigatoriamente nas sociedades cotadas e nas *grandes* sociedades anónimas (cfr. art. 413.º, n.ºs 1, *alínea b)*, e 2, *alínea a)*). Sempre que nao for um órgao autónomo o revisor oficial de contas ou sociedade de revisores oficiais de contas terá de ser um dos membros do conselho

[1082] Vd. Raúl Ventura, *Novos estudos sobre Sociedades Anónimas e Sociedades em Nome Colectivo* (Comentário ao CSC), Almedina, Coimbra, **1994**, pp. 62-64, e, com um interessante desenvolvimento sobre a responsabilidade do ROC – que se mantém actualizado, não obstante a reforma societária –, e os estudos de Gabriela Figueiredo Dias, «Controlo de contas e responsabilidade dos ROC», AA.VV., *Temas societários*, IDET, n.º 2, Almedina, Coimbra, **2006** (pp. 153-207), em especial pp. 157-171, 173-176, e *Fiscalização de Sociedades e Responsabilidade Civil*, cit., **2006**, pp. 30-36.

fiscal, se não for o próprio fiscal único (arts. 413.º, n.º 1, *alínea a)* e 414.º, n.os 1 e 2).

Enquanto órgão autónomo – de composição necessariamente singular – o revisor oficial de contas tem agora poderes substancialmente mais limitados que o conselho fiscal ou outro órgão de fiscalização e próximos dos que caracterizam a natural função desse profissional. Assim, ele deverá proceder *ao exame das contas da* sociedade (art. 446.º, n.º 1) e *verificar a regularidade dos livros, registos contabilísticos e documentos de suporte, a extensão da caixa e as existências* da sociedade ou que se encontrem na sua posse, *a exactidão dos documentos de prestação de contas*, bem como a adequação das *políticas contabilísticas e dos critérios valorimétricos* utilizados pela administração a uma *correcta avaliação do património e dos resultados* (arts. 446.º, n.º 3 e art. 420.º, *alíneas c), d) e)* e *f)*).

32.7. **O conselho geral e de supervisão**[1083]

Nas sociedades com uma estrutura de administração e de fiscalização de inspiração germânica o principal órgão de controlo é o conselho geral e de supervisão, até à Reforma de 2006 designado apenas por conselho geral.

32.7.1. ***Composição e estatuto dos respectivos membros***

O conselho geral e de supervisão é um órgão composto por um número (actualmente não limitado) de membros superior ao do conselho de administração executivo, os quais não terão de ser accionistas (cfr. art. 434.º, n.º 1)[1084].

1083 Vd. Raúl Ventura, *Novos estudos sobre Sociedades Anónimas e Sociedades em Nome Colectivo* (Comentário ao CSC), Almedina, Coimbra, **1994,** pp. 39-62, e Tiago João Estêvão Marques, *Responsabilidade Civil dos Membros de Órgãos de Fiscalização das Sociedades Anónimas*, cit., **2009**, pp. 61-68.

1084 O conselho geral era, até à entrada em vigor da Reforma Societária (30 de Junho de 2006), o único órgão das sociedades anónimas que tinha de ser obrigatoriamente integrado por accionistas, devendo ser composto por um máximo de quinze membros (cfr. art. 434.º, n.os 1 e 2, respectivamente alterado e revogado pelo DL 76-A/2006).

Os conselheiros estão sujeitos à longa lista de incompatibilidades estabelecida na lei para os membros do conselho fiscal, com excepção do exercício de funções em empresa concorrente (cfr. art. 434.º, n.º 4), o que não deixa de suscitar alguma perplexidade, pela importância e relevo das funções dos conselheiros[1085] e porque estes não podem, por exigência legal, participar em mais de cinco órgãos de fiscalização e administração (cfr. art. 414.º-A, n.º 1, *alínea h) ex vi* art. 434.º, n.º 4).

Nas sociedades cotadas, este órgão deve ser integrado por uma maioria de membros independentes (cfr. art. 414.º, n.º 6, *ex vi* art. 434.º, n.º 4), o que dificulta a participação de accionistas.

Finalmente refira-se que os membros do órgão de fiscalização devem prestar caução – ou fazê-la substituir por contrato de seguro –, excepto nos casos em forem expressamente dispensados (cfr. art. 445.º, n.º 3).

32.7.2. *Competência e funcionamento*

De entre as suas vastas competências (cfr. art. 441.º), seguramente mais amplas do que as caracterizam o órgão de fiscalização no modelo de governação clássico, que fazem dele uma espécie de órgão intermédio, o conselho geral e de supervisão tem poderes que tradicionalmente cabem à assembleia geral [por exemplo, nomear e destituir os administradores executivos, se a competência não for estatutariamente reservada à assembleia geral (cfr. art. 441.º, *alínea a)*)], outros que caracterizam a actividade clássica do conselho fiscal, como por exemplo o controlo da legalidade da actividade do órgão executivo da sociedade (cfr. art. 441.º, *alínea d)*), e em certos casos ainda intervenção a nível de gestão (cfr. art. 442.º).

Quanto à apreciação e verificação das contas da sociedade, designadamente da sua correcção e da adequação dos métodos utilizados, naturalmente que o papel preponderante é o do revisor oficial de contas.

Finalmente, quanto ao seu funcionamento, dispõe o artigo 445.º, n.º 2, que – remetendo, na generalidade, para a matéria do conselho de administração – impõe, especificamente, a periodicidade mínima trimestral das respectivas reuniões.

[1085] Estas são de grande responsabilidade, requerendo conhecimentos técnicos significativos e, se exercidas adequadamente, são muito absorventes. Estas exigências justificam que a remuneração fixa que lhes cabe seja razoável, embora dependente da capacidade financeira da sociedade (cfr. art. 440).

32.7.3. *A comissão financeira*

A lei admite agora no âmbito do conselho geral e de supervisão a criação de comissões que, em certos casos, é obrigatória (cfr. art. 278.º, n.º 4 *in fine*). Assim sucede com a chamada *comissão para as matérias financeiras*, que se encontra sujeita aos requisitos aplicáveis ao conselho fiscal das *grandes* sociedades anónimas e das cotadas (cfr. art. 444.º, n.ºs 1 e 5).

Outras comissões podem ser criadas no âmbito do conselho geral e de supervisão, eventualmente compostas por membros deste órgão e por peritos. Constituem exemplos as comissões de sustentabilidade e de governação societária, comissões de auditoria e comissões de selecção de futuros administradores.

32.8. **A comissão de auditoria**[1086]

A Reforma de 2006 trouxe à nossa lei societária uma terceira estrutura de administração e fiscalização de sociedades anónimas: o modelo anglo-saxónico. Neste modelo de governação, o órgão de fiscalização é a comissão de auditoria, que consiste simultaneamente num sub-órgão da administração e num órgão autónomo de controlo que convive permanentemente com a gestão da sociedade, partilhando as suas decisões mais relevantes. Neste modelo, a fiscalização interna é efectiva porque se encontra presente em todas as reuniões do conselho de administração.

32.8.1. *Composição e estatuto dos administradores que a integram*

A comissão de auditoria é composta por um mínimo de três membros (cfr. art. 423.º-B, n.º 2), os quais serão administradores não executivos. Estes estão sujeitos às incompatibilidades aplicáveis aos membros do conselho fiscal (cfr. art. 423.º-B, n.ºs 1 e 3), devendo a maioria ou, pelo menos, um deles ser independente, consoante a sociedade for, ou

---

[1086] Vd. Eduardo de Melo Lucas Coelho, «Reflexões epigramáticas sobre a nova governação de sociedades», *ROA*, ano 68, I, **2008** (pp. 379-414), pp. 396-408, Tiago João Estêvão Marques, *Responsabilidade Civil dos Membros de Órgãos de Fiscalização das Sociedades Anónimas*, Almedina, Coimbra, **2009**, pp. 50-61.

não, cotada (cfr. art. 423.º-B, n.ºs 4 e 5). A sua remuneração deve ser fixa, tal como a dos membros de outros órgãos de fiscalização (cfr. arts. 423.º-D e 422.º-A).

Os membros da comissão de auditoria não obstante formarem um órgão (ou sub-órgão) autónomo integram o conselho de administração, sendo administradores (não executivos). A proibição legal expressa de desempenharem funções executivas visa essencialmente distinguir as respectivas funções das que caracterizam o estatuto dos demais administradores. Nas grandes sociedades comerciais, em especial nas cotadas, o seu envolvimento é permanente e a complexidade da gestão requer, por parte daqueles a quem cabe exercer um controlo competente, um acompanhamento muito exigente e capacidades técnicas acima da média, para além das que a própria lei impõe (cfr. art. 423.º-B, n.º 4). Acresce que este órgão é habitualmente integrado por apenas três membros, maioritariamente independentes nas sociedades com participações admitidas à negociação no mercado (cfr. art. 423.º-B, n.º 5), o que se afigura na prática um número exíguo, consideradas as exigências inerentes a uma boa fiscalização.

Considerando o reduzido número de membros e o muito trabalho que estes têm para exercer capazmente as suas funções, dir-se-ia que a remuneração [necessariamente fixa (cfr. art. 423.º-D)] que estes administradores necessariamente recebem deveria ser aproximada da remuneração fixa dos demais administradores (executivos), cujo desempenho lhes cabe controlar. Tenha-se, nomeadamente, em conta que os membros da comissão de auditoria devem estar presentes, enquanto administradores, em todas as reuniões do conselho de administração (cfr. art. 423.º-G, n.º 1, *alínea b)*), em número habitualmente superior a uma dezena por ano nas grandes sociedades, para além de deverem reunir em separado um mínimo de seis vezes por ano (cfr. art. 423.º-G, n.º 1, *alínea a)*), número de reuniões superior ao mínimo legalmente exigível para os órgãos de fiscalização dos demais modelos de governação (cfr. arts. 423.º, n.º 1 e 445.º, n.º 2, *alínea a)*).

O desempenho de funções de administrador (não executivo) também está sujeito à prestação de caução, excepto nalgumas sociedades em que esta garantia possa ser dispensada por deliberação dos accionistas, seguindo o regime aplicável à caução dos administradores.

32.8.2. *Competência e funcionamento*[1087]

A comissão de auditoria, é organicamente autónoma, apesar de integrar o conselho de administração, incumbindo-lhe controlar a actividade dos gestores societários e a verificação do cumprimento dos respectivos deveres na prossecução do objecto social.

O poder de controlo da gestão da sociedade deste órgão é vasto (cfr. art. 423.º-F), fazendo dele um verdadeiro órgão de fiscalização, não obstante a designação dos seus membros, com estatuto, funções, poderes e deveres típicos do conselho fiscal (cfr. arts. 64.º, n.º 2, 423.º-D e 423.º-E, 423.º-F, e 423.º-G).

De entre as diversas competências legalmente reconhecidas, importa chamar a atenção para o dever de fiscalização da actividade da administração, que surge à cabeça (cfr. art. 423.º-F, *alínea a)*), e para o poder de controlar a legalidade na vida societária (*«vigiar pela observância da lei e do contrato de sociedade»*), estatuído na alínea seguinte. Estamos perante verdadeiros poderes-deveres que impõem à comissão de auditoria deveres funcionais de actuação relativamente ao desempenho da gestão societária. Se a administração se afastar do cumprimento dos seus objectivos e da realização do objecto social, a comissão de auditoria deverá tomar as medidas adequadas para que a sociedade retome o exercício da sua normal actividade. A sua competência não é esporádica, acto a acto, mas exerce-se permanentemente, caracterizando-se por um dever de vigilância da actividade prosseguida pelos demais administradores.

A lei é omissa sobre os poderes a extensão dos poderes de apreciação e de decisão deste órgão, para além do relatório anual que deverá consubstanciar o resultado da sua actividade, embora não repugne aceitar que, para além de recomendações, dirigidas directamente a outros órgãos e aos respectivos titulares individual ou colectivamente considerados, ele coloque ao dispor dos accionistas os resultados das suas averiguações e, inclusivamente, sugira as medidas que entender adequadas a cada situação.

A comissão de auditoria tem de reunir periodicamente com autonomia, podendo aprovar um regulamento inerente ao seu funcionamento e

[1087] Cfr. ALEXANDRE de SOVERAL MARTINS, «Comissão executiva, comissão de auditoria e outras comissões na administração», AA.VV., *Reformas do Código das Sociedades*, IDET, Colóquios n.º 3, Almedina, Coimbra, **2007** (pp. 243-275), em especial pp. 259-265.

fazer-se assistir no desempenho das suas funções por consultores e assessores próprios, independentes do órgão de administração e que sejam, por isso, directamente contratados.

Como qualquer órgão colegial, as suas deliberações deverão constar de actas que documentem a fiscalização exercida.

Secção IV

33. Apreciação anual da situação da sociedade

33.1. O relatório da gestão e o respectivo anexo nas sociedades anónimas; documentos de prestação de contas[1088]

Uma vez concluído um exercício social, os membros do órgão de gestão têm a obrigação de elaborar as contas da sociedade para as submeter à apreciação dos sócios, recorrendo para o efeito aos serviços auxiliares da sociedade (contabilidade interna ou externa).

Paralelamente devem elaborar um documento, que se designa relatório de gestão, com um conteúdo mínimo legal – prescrito no artigo 66.º (na red. dos DL 88/2004, de 20 de Abril, e DL 35/2005, de 17 de Fevereiro) –, que descreva e sintetize, em termos genéricos, os principais aspectos da vida societária no decurso do exercício em apreço e que mencione também os factos relevantes ocorridos desde o respectivo termo até à data da conclusão do relatório.

Em anexo ao relatório, e em complemento do mesmo, deve a sociedade promover a publicitação de certos factos, desde a variação de posições relativas de titularidade de participações sociais dos seus principais accionistas e dos membros dos seus órgãos de administração e de fiscalização até à divulgação dos negócios efectuados ao abrigo de relações

---

[1088] Sobre a natureza do relatório, no contexto em que é elaborado, e em especial sobre a recusa na respectiva assinatura, vd. os artigos de José Carlos Soares Machado, «A recusa de assinatura do relatório anual nas sociedades anónimas», *ROA*, ano 54, t. III, **1994** (pp.935-956), e «Sobre a justificação da recusa de assinatura do relatório e contas da sociedade», *ROA*, ano 56, t. I, **1996** (pp. 353-366).

Sobre a prestação de contas, cfr. António Menezes Cordeiro, *Introdução ao Direito da Prestação de Contas*, Almedina, Coimbra, **2008**, pp. 78-95 e 103-112.

especiais, nos termos e para os efeitos das regras tributárias sobre preços de transferência (cfr. artigo 58.º do Código do IRC).

Em particular, o anexo do relatório de gestão da sociedade anónima tem de promover a divulgação das participações sociais dos membros dos órgãos de administração e fiscalização e dos accionistas titulares de acções ao portador representativas de um décimo, um terço ou metade do capital social (arts. 447.º e 448.º).

O Decreto-Lei n.º 185/2009, de 12 de Agosto, aditando o artigo 66.º-A ao Código das Sociedades Comerciais, aumentou a complexidade destes documentos, impondo que no *anexo às contas* referentes ao exercício de 2010 e seguintes passem a constar novas informações, designadamente sobre:

- «*A natureza e o objectivo comercial das operações não incluídas no balanço e o respectivo impacte financeiro, quando os riscos ou os benefícios de tais operações sejam relevantes*» e devam ser divulgados para permitir uma adequada «*avaliação da situação financeira da sociedade*» (art. 66.º-A, n.º 1, *alínea a)*);
- Honorários referentes a prestação de serviços do ROC, advogados e consultores, com excepção dos auditores (cfr. art. 66.º-A, n.º 1, *alínea b)*).

Concluídos os documentos de prestação de contas[1089] e aprovados internamente, em sede própria (pelo órgão de gestão), terão os mesmos ser colocados ao dispor dos sócios – com uma antecedência mínima de quinze dias, recorde-se –, devendo ser expostos na sede da sociedade (arts. 70.º, n.º 1, 263.º, n.º 1 e 289.º, n.º 1) e divulgados no sítio da Internet da sociedade, se o respectivo contrato não o proibir[1090] (cfr. art. 288.º, n.º 4). Em acréscimo, tais documentos deverão ser enviados aos

[1089] Refira-se que a lei não explicita o que se deve entender por documentos de prestação de contas.

[1090] Não se tratando de uma sociedade cotada, podem os estatutos limitar a divulgação dos documentos de prestação de contas, com uma regra que tenha, por exemplo, o seguinte teor: «*Os documentos de prestação de contas não serão divulgados no sítio da sociedade na Internet enquanto este não reunir as condições técnicas para o efeito, devendo o recurso a esta forma de publicidade ser expressamente aprovado pela assembleia geral.*»

Este tipo de limitações também não é admissível nas empresas públicas que revistam a forma de sociedade anónima e que estão sujeitas às boas práticas de governação (cfr. Resolução do Conselho de Ministros n.º 49/2007, de 1 de Fevereiro de 2007 (publ. no DR I Série de 28 de Março de 2007).

accionistas que sejam titulares de acções correspondentes a, pelo menos, 1% do capital social e que – ao abrigo do respectivo direito (mínimo) de informação – o requeiram (cfr. art. 289.º, n.º 3).

Estes documentos deverão ser submetidos aos sócios e por estes apreciados no prazo de três meses (ou cinco, para as sociedades que consolidam contas ou que aplicam o método da equivalência patrimonial) contado do final do exercício (cfr. art. 65.º, n.º 5 do CSC e art. 62.º do CCom).

Tradicionalmente, estes documentos – depois de aprovados pela assembleia geral – eram objecto de depósito obrigatório na Conservatória do Registo Comercial (competente), inclusivamente para as sociedades por quotas, embora a prática societária ignorasse sistematicamente essa obrigação.

Actualmente, o registo das contas efectua-se por transcrição, efectuada por recurso ao sistema de Informação Empresarial Simplificada, a que nos referiremos adiante (cfr. n.º 33.4.2).

33.2. **Falta de apresentação do relatório de gestão ou dos demais documentos de prestação de contas**

A não apresentação oportuna do relatório de gestão, das contas do exercício e dos demais documentos de prestação de contas pode dar lugar a inquérito judicial e faz incorrer em coima o respectivo responsável (cfr. arts. 67.º, n.º 1 e 528.º, n.º 1).

33.3. **Apreciação pela assembleia geral**

Concluída a elaboração dos documentos de prestação de contas, deverão os mesmos ser presentes à assembleia geral anual para serem objecto de deliberação pelos sócios (cfr. art. 376.º)[1091].

[1091] Anteriormente nas sociedades anónimas de estrutura de administração e fiscalização germânica a aprovação destes documentos competia *ao conselho geral* (cfr. art. 441.º, *alínea f)*, na red. originária).

33.4. **Registo e publicação**

33.4.1. ***A publicidade da prestação de contas***

Uma vez aprovados pelos sócios, na assembleia geral anual, o relatório de gestão e os demais documentos de prestação de contas deverão ser disponibilizados aos sócios no sítio da *Internet* e na sede social (cfr. art. 70.º, n.º 2) e, no prazo de seis meses (*a contar do termo do exercício económico*), registados, por depósito (*por transmissão electrónica de dados*), na Conservatória do Registo Comercial (arts. 70.º e 70.º-A, n.º 1 do CSC, arts. 3.º, *alínea n)* e 42.º do CRCom e art. 5.º do DL 8/2007), devendo ser efectuadas publicações desses documentos, cuja extensão está dependente de se tratar de sociedade aberta (não cotada) ou de outra espécie societária, com menor grau de complexidade (cfr. arts. 70.º, n.os 1, *alínea a)*, e 2, e 72.º, n.os 3 e 4 do CRCom), se a natureza da sociedade não exigir publicidade acrescida (cfr. art. 245.º e 245.º-A do CVM), nomeadamente a respectiva publicação por extracto[1092].

Impõe, assim, a lei que as contas de grande parte das sociedades comerciais sejam tornadas públicas e que a susceptibilidade do seu conhecimento passe, precisamente, pelo seu registo, a efectuar-se por comunicação electrónica integrada no (novo) sistema da Informação Empresarial Simplificada (IES).

33.4.2. ***A Informação Empresarial Simplificada***

Tradicionalmente, o registo da prestação de contas, uma vez aprovadas pela sociedade, era efectuado por apresentação dos respectivos suportes físicos, em papel, na Conservatória do Registo Comercial competente, e concretizado por depósito numa pasta criada para o efeito.

Em 2007, depois de uma série de actos tendentes a simplificar os procedimentos junto das Conservatórias e a acabar com a respectiva competência territorial, a prestação de contas passou a poder realizar-se por via electrónica, por determinação do Decreto-Lei n.º 8/2007, de 17 de

[1092] O que sucede, por exemplo, com as instituições de crédito e sociedades financeiras sob supervisão do Banco de Portugal, como já vimos.

Janeiro, que aplicou o novo regime à transmissão dos dados referentes aos exercícios sociais iniciados no ano de 2006 (cfr. art. 24.º, n.º 1)[1093].

A Informação Empresarial Simplificada agrega num único acto a realização de quatro obrigações legais[1094] distintas a que as empresas se encontravam sujeitas e que deveriam ser cumpridas perante diferentes organismos da Administração Pública, por vias também diversas.

33.5. **Aplicação de resultados**

Por sua vez, a aplicação dos resultados da actividade social, tal como constam das contas elaboradas, deve ser objecto de proposta do órgão de gestão a constar do próprio relatório, devidamente fundamentada (arts. 66.º, n.º 5, *alínea f)*) e, uma vez submetida à apreciação dos sócios – em todos os tipos de sociedades comerciais –, deverá ser objecto de deliberação autónoma (cfr. art. 376.º, n.º 1, *alínea b)*).

33.6. **Apreciação anual da situação das sociedades obrigadas à consolidação de contas**

As sociedades comerciais obrigadas à consolidação de contas (cfr. arts. 508.º-A a 508.º-E)[1095], ou que apliquem o método da equivalência patrimonial – como as SGPS –, podem deliberar sobre as respectivas contas, consolidadas e simples, nos cinco meses subsequentes ao encerramento do exercício social (cfr. art. 376.º, n.º 1).

[1093] Em complemento às normas sobre a IES constantes do DL 8/2007, foram ainda publicadas as Portarias n.º 208/2007, de 16 de Fevereiro, e n.º 499/2007, de 30 de Abril, tendo a primeira aprovado o modelo declarativo da IES e respectivos anexos e a segunda definido os termos de transmissão electrónica destes pelas entidades que estão obrigadas a fazê-lo.

[1094] Para além do registo da prestação de contas (cfr. art. 2.º, n.º 1, *alínea c)* do DL 8/2007 e CRCom), integram também a IES a entrega da declaração anual contabilística e fiscal, a prestação de informação de natureza estatística ao INE e a informação relativa a dados contabilísticos anuais para fins estatísticos prestada ao Banco de Portugal (cfr. art. 2.º, n.º 1, *alíneas b), d)* e *e)*).

[1095] Sobre a consolidação de contas, cfr. DL 238/91, de 2 de Julho, na red. do DL n.º 35/2005, de 17 de Fevereiro.

SECÇÃO V

Alterações do contrato de sociedade

34. **Caracterização**[1096]

34.1. **Razão de ser**

As alterações estruturais da sociedade comercial são equacionadas, fundamentalmente, tendo em conta a modificação do contrato de sociedade ou situações que operem profundas alterações a nível da própria sociedade, de molde a poder dizer-se, inclusivamente, que surgirá uma nova sociedade.

Nesta sede, iremos analisar apenas as alterações do contrato de sociedade em geral, uma vez que já o fizemos – ainda que de modo meramente indicativo, no que se refere ao caminho a percorrer, – em relação ao aumento e à redução do capital social (cfr., *supra*, n.ºs 24 a 26), e as modificações que afectam decisivamente o destino da sociedade comercial, determinando uma alteração estrutural significativa, referindo adiante (cfr., *infra*, n.º 36), muito sucintamente, as operações de fusão e transformação de sociedades comerciais.

34.2. **Alterabilidade do contrato de sociedade**

A primeira grande questão com que deparamos é a da alterabilidade do contrato de sociedade, a que já fizemos referência a propósito dos princípios de enquadramento jus-societário (cfr., *supra*, n.º 3.4).

[1096] VENTURA, RAÚL, *Alterações do Contrato de Sociedade*, 2ª ed. (Comentário ao CSC), Almedina, Coimbra, **1988**.

Considerando também o que dissemos a propósito das teses institucionalista e contratualista que explicam a sociedade comercial (cfr., *supra*, n.º 10.1.1), recorde-se que quando se constitui uma sociedade, celebrando um contrato de sociedade, se procura criar um centro de imputação de direitos e vinculações. Parte-se de uma perspectiva da sociedade como contrato e, depois, autonomiza-se um ente com vida própria, ao qual a lei reconhece determinadas prerrogativas para prosseguir certos fins. E é em função desse ente, centro autónomo de direitos e vinculações, que há que elaborar a compreensão do plano das sociedades comerciais.

A entidade gerada pelo contrato – com horizonte temporal ilimitado, uma vez que a sua duração não é geralmente fixada, – assume preponderância relativamente ao acto constitutivo, cuja natureza obrigacional esbate.

Por isso, diversamente do que acontece no plano dos contratos em geral – onde dominam os chamados princípios da intangibilidade e da pontualidade dos contratos (cfr. art. 406.º, n.º 1 do CC[1097]) –, nós podemos aqui, justamente aproveitando a ressalva estabelecida pelo disposto no art. 406.º, n.º 1 *in fine* do CC («*ou nos casos admitidos na lei*»), aproveitar a excepção de que, em matéria de sociedades comerciais, o contrato pode não ser cumprido nos seus exactos termos, mesmo que esse desvio ou falta de cumprimento não reúna o consentimento de todos os intervenientes, que é como quem diz, de todas as partes.

Uma vez que, em regra, o contrato de sociedade apresenta uma natureza plurilateral, com múltiplas partes, o seu regime jurídico – em vida do ente autónomo que ele institui – pressupõe, naturalmente com o aproveitamento dessa abertura da lei (caso do disposto no art. 85.º do CSC) e pelas regras próprias nele estabelecidas, a sua alterabilidade pela maioria das vontades nele participantes e não, como sucede no comum dos contratos, pelo consenso de todas as partes celebrantes.

Uma outra questão relevante, em sede de modificação do contrato de sociedade – que também já foi abordada, embora sob diferente óptica, a propósito dos princípios estruturantes do Direito das Sociedades Comerciais (cfr., *supra*, n.º 3.4) –, é a que consiste na inadmissibilidade da renúncia estatutária à respectiva alteração. Trata-se do problema – que também se discute a propósito das alterações do contrato em geral – de saber se, no momento em que a sociedade se constitui, os respectivos sócios podem vincular-se, estatutariamente, a nunca mais alterar esse

[1097] «*O contrato deve ser pontualmente cumprido, e só pode modificar-se ou extinguir-se por mútuo consentimento dos contraentes (...)*».

contrato. No fundo, é saber se, nesta matéria, os sócios podem dispor do poder de alterar ou se esse poder é indisponível. Se o poder é indisponível, então faz todo o sentido falar, em sede de sociedades comerciais, no princípio da cogente alterabilidade do contrato.

A esse propósito dissemos, sem estabelecer um limite mínimo para que o contrato pudesse ser alterado, que esse limite nunca podia ultrapassar um determinado máximo, sob pena de inviabilizar a alterabilidade.

34.3. **Limites à alterabilidade do contrato**

Não obstante o que acabamos de afirmar, vimos já também – a propósito do mesmo princípio – que existem limites à alterabilidade do contrato, os quais radicam não apenas em direitos individuais dos sócios que são inderrogáveis e irrenunciáveis, e consequentemente inatingíveis, como é o caso de não verem aumentadas as obrigações no seio da sociedade sem a sua concordância (cfr. art. 86.º, n.º 2), como decorrem de preceitos legais imperativos que constituem também limites imanentes do contrato de sociedade (como por exemplo, os que dizem respeito às entradas ou às vantagens especiais conexas com o contrato de sociedade).

Daqui resulta que há matérias, cuja modificação não é possível e outras que estão sujeitas ao acordo de todos os sócios, para serem plenamente eficazes.

Nos demais aspectos, o contrato é necessariamente alterável, embora essa alterabilidade possa ser, dentro de certos limites razoáveis, dificultada.

34.4. **Objecto de alteração**

O objecto da alteração do contrato de sociedade é o próprio conteúdo do contrato, limitado às suas cláusulas, que podem ser restringidas e eliminadas, mas também podem ser tornadas mais abrangentes.

34.5. **Alterações formais e substanciais do contrato de sociedade**

Todas as modificações do contrato de sociedade correspondem a alterações formais, embora nem todas estejam sujeitas ao regime jurídico que a lei estabelece para esse efeito (nos arts. 85.º e segs), por resultarem de actos que substancialmente não implicam a alteração do contrato, como é o caso da amortização de quotas sem redução do capital social, da cessão de quotas ou do simples decurso do tempo.

Constituem alterações contratuais: as variações do capital social (cfr., *supra*, n.os 24 a 26), a que já fizemos referência, a modificação do objecto social, a prorrogação da duração da sociedade, quando a mesma foi constituída por tempo limitado, a criação de direitos especiais, a alteração do número de gestores ou do número mínimo necessário para vincular a sociedade ou a modificação da estrutura orgânica, a mudança de sede e, de um modo geral, qualquer modificação (substancial) do contrato de sociedade que decorra de um acto jurídico que lhe seja directamente dirigido.

Não é, assim, alteração a cessão de quotas, ainda que esta implique uma modificação formal da cláusula estatutária que enumera os sócios e montante das respectivas participações.

Também constituem meras alterações formais, mas não substanciais, as que se traduzem na caducidade de cláusulas temporárias ou acidentais. Assim, mesmo que tais cláusulas devam vigorar para além da própria constituição da sociedade – como é o caso da designação dos titulares dos órgãos sociais no próprio clausulado do contrato de sociedade (ainda que em regra transitória) –, a sua caducidade não implica a alteração do contrato.

Ao regime dessas cláusulas reconduzimos também as cláusulas cujo pressuposto de aplicação desaparece, não obstante poderem subsistir durante toda a vida da sociedade. Enquadra-se neste tipo de regra contratual uma cláusula que estabeleça em favor de um sócio um direito especial de natureza pessoal. Se o sócio se exonerar ou ceder a sua quota, a cláusula caduca, sem ocorrer uma específica alteração do contrato.

Estas cláusulas ao caducarem têm-se por não escritas, não se considerando que existe alteração do contrato; elas simplesmente apagam-se do respectivo clausulado.

34.6. **Alterações do contrato em concreto**

Nada impede que a alteração do contrato de sociedade seja deliberada para uma específica situação, retomando-se o clausulado anterior, depois de verificada. Tal é o que sucede se o novo texto se destinar a vigorar enquanto persistir uma determinada conjuntura, voltando a aplicar-se o texto anterior quando a mesma cessar. Este tipo de alterações tem especial sentido no plano da orgânica societária – designadamente no que respeita à variação do número de membros do órgão de gestão ou do número dos respectivos titulares necessário para vincular validamente a sociedade –, mas deve respeitar os limites para a alterabilidade do contrato.

34.7. **Momento de alteração**

E pode deliberar-se que a execução da deliberação de alteração do contrato de sociedade esteja subordinada a uma condição ou a um termo?

Não nos repugna aceitar a alteração sob condição ou sujeita a um termo, desde que tal não venha a pôr em causa outros princípios e regras imperativas. Contudo, a retroactividade dos efeitos só é extensível aos sócios quando haja unanimidade, nunca podendo afectar terceiros (cfr. art. 86.º, n.º 1).

Refira-se ainda que a alteração pode decorrer durante a fase de liquidação da sociedade, desde que seja compatível com os objectivos específicos da liquidação em curso.

34.8. **Revogação da deliberação de alteração do contrato de sociedade**

A revogação da deliberação de alteração é admissível desde que a deliberação de revogação venha a ter lugar até momento em que seja executada a deliberação que se pretende revogar. A partir desse momento, qualquer revogação consistirá numa nova alteração ao contrato de sociedade.

A revogação tem de ser determinada por uma maioria equivalente à necessária para a formação da deliberação que pretende revogar. Mas não se exige que, em concreto, se venha a verificar exactamente, ou pelo menos, o mesmo *quorum* deliberativo.

Refira-se ainda que o facto de a deliberação que se pretende revogar ter sido, entretanto, judicialmente impugnada, objecto de procedimento cautelar de suspensão ou de acção de anulação ou declaração de nulidade, não obsta à sua revogação, no pressuposto de que ainda não tenha sido executada. Com efeito, a revogação destinar-se-á, nesse caso, muito provavelmente a impedir que subsista a ilegalidade que lhe está subjacente, provocando a extinção da instância (e do processo em curso) por inutilidade superveniente da lide (cfr. art. 287.º, n.º 1, *alínea e)* do CPC).

35. Procedimento de alteração do contrato de sociedade (*modus faciendi*)

35.1. Competência

A alteração do contrato de sociedade integra a competência específica do colectivo dos sócios, em geral, e da assembleia geral, em particular (cfr. arts. 85.º, n.º 1, 246.º, n.º 1, *alínea h)*, e 373.º, n.º 2). Este é o *forum* onde se discute e procuram soluções acerca das modificações do contrato social.

A regra geral nesta matéria é a da competência exclusiva dos sócios, a qual, excepcionalmente, pode ser partilhada, sendo cumulativa com a de outro órgão social (cfr. arts. 85.º, n.º 1 *in fine*, 12.º, n.º 2, 406.º, *alínea l)* e 456.º). É o que acontece com a alteração da sede social e com o aumento do capital social em dinheiro deliberado pelo órgão de gestão, a que já nos referimos (*supra*, n.os 4.3.5.2 e 4.5.3.2). Assim, nos termos do artigo 12.º, n.º 2, a administração poderá deslocar a sede para qualquer local do país, se o contrato não dispuser em contrário, e segundo o artigo 456.º, o contrato de sociedade anónima pode autorizar o órgão de administração a aumentar o capital por entradas em dinheiro até um certo limite e durante um determinado período.

Em certos casos a aprovação do projecto de alteração do contrato está também sujeita a obtenção de uma autorização ou aprovação externa; é o que sucede, para a generalidade das sociedades, nos casos de modificação de firma ou do objecto social – sujeita à concordância prévia do RNPC – e para certas sociedades especiais, tais como instituições de crédito e financeiras, relativamente às alterações do contrato mais significativas que se encontram condicionadas a autorização prévia da entidade de supervisão, o Banco de Portugal (cfr. arts. 34.º e 183.º do RGIC).

35.2. Aprovação do projecto de alteração: reunião da assembleia geral (ou deliberação dos sócios)

A assembleia geral é convocada, reúne e delibera nos termos previstos nos arts. 377.º e seguintes e naqueles que estejam especificados contratualmente.

35.2.1. *Convocação e quorum constitutivo*

A assembleia geral da sociedade anónima é convocada pelo presidente da mesa da assembleia geral (art. 377.º, n.º 1), devendo a convocatória ser publicada no *sítio* do Ministério da Justiça (arts. 377.º, n.º 2 e 167.º, n.º 1 do CSC)[1098], com um mês de antecedência (cfr. art. 377.º, n.º 4)[1099].

Tal como em relação à convocatória de qualquer assembleia geral, o *contrato de sociedade pode exigir outras formas de comunicação aos accionistas*, para além das já enunciadas, *e, quando sejam nominativas todas as acções, pode substituir as publicações por cartas registadas* ou expedidas *por correio electrónico* (*com recibo de leitura*, para os accionistas que consintam previamente) (cfr. art. 377.º, n.º 3). Nestes casos as comunicações devem anteceder em, pelo menos, vinte e um dias a realização da assembleia (art. 377.º, n.º 4 *in fine*).

A convocação da assembleia destinada a deliberar a alteração do contrato deve ser feita com especial cuidado – sob pena de anulabilidade da deliberação –, sendo o art. 377.º, n.º 8 suficientemente explícito acerca dos elementos de informação que devem constar dos avisos convocatórios da assembleia.

Assim, a informação do sócio (o aviso convocatório) deve mencionar com clareza e precisão o assunto da deliberação, isto é, o objecto e fim da alteração (cláusulas a alterar, suprimir ou aditar) e o texto integral

[1098] Até 29 de Junho de 2006, a convocatória da assembleia geral das sociedades anónimas deveria ainda ser publicada «*num jornal da localidade da sede da sociedade ou, na falta deste, num dos jornais aí mais lidos*» (cfr. art. 167.º, n.º 2 do CSC e art. 70.º, n.º 5 do CRCom, revogados pelas *alíneas b)* e *c)* do art. 61.º do DL 76-A/2006, de 29 de Março, respectivamente).

[1099] Nas sociedades por quotas, a convocatória é enviada por carta registada com uma antecedência de quinze dias (cfr. art. 248.º, n.º 3), devendo o respectivo conteúdo dar cumprimento ao disposto no art. 377.º, n.º 8.

das cláusulas que se pretende que passem a integrar o contrato[1100], admitindo a lei a alteração de cláusulas que seja consequência necessária das modificações propostas (cfr. art. 377.º, n.º 8 *in fine*). Exemplificando, a extinção de um privilégio (direito especial) faz desaparecer a menção contratual à existência do direito especial ou da categoria (ou classe) de acções que o mesmo caracteriza.

Da convocação têm de constar, designadamente – para além dos elementos mínimos de informação (cfr. art. 171.º do CSC e 14.º do CVM) –, o assunto sobre o qual a deliberação será tomada, a firma, a sede e o capital social da sociedade, a conservatória do registo comercial onde se encontra matriculada e o seu número de matrícula (cfr. art. 377.º, n.º 5, *alínea a)*), «*o lugar*[1101], *o dia e a hora da reunião*», a indicação de que a assembleia é geral, «*os requisitos a que porventura estejam subordinados a participação e o exercício do direito de voto*», incluindo o voto por correspondência, sempre que for admitido, e «*a ordem do dia*» (art. 377.º, n.º 5, *alíneas b)*, c), d), f) e e)).

No que respeita ao *quorum* constitutivo, refira-se que nas sociedades por quotas ele se confunde com o próprio *quorum* deliberativo, que é de *três quartos dos votos correspondentes ao capital social* (cfr. art. 265.º, n.º 1), o que significa que a assembleia, nesse tipo societário, só pode funcionar com a presença de 75% do capital social.

Nas sociedades anónimas, a assembleia geral, para se considerar validamente constituída, tem de reunir, em primeira convocação, «*accionistas que detenham, pelo menos, acções correspondentes a um terço do capital social*» (art. 383.º, n.º 2). Isto é, a lei formula no art. 383.º, n.º 2 uma exigência de *quorum* constitutivo – para que a assembleia possa funcionar em primeira convocação –, o qual deverá ser igual a um número mínimo de accionistas detentores de acções, cujo capital social seja equivalente, pelo menos, a um terço do montante do capital social (disponível)[1102].

[1100] Não constando o mesmo do aviso convocatório, deve este indicar que ele se encontra ao dispor dos sócios na sede social (e no local de realização da assembleia, se diferente) (cfr. art. 377.º, n.º 8).

[1101] Quando a assembleia funcione em termos clássicos, isto é, observando-se a convocação prévia segundo os requisitos enunciados, ela deve realizar-se, em regra, na sede da sociedade, podendo, contudo, o presidente da mesa, como em qualquer assembleia geral, sublinhe-se, escolher outro local, no país, *desde que as instalações* da sede social *não permitam a reunião em condições satisfatórias* (art. 377.º, n.º 6), porque são manifestamente insuficientes ou porque não salvaguardam a segurança dos participantes.

[1102] Cfr. art. 386.º, n.º 5 (maioria qualificada calculada em função do capital da sociedade anónima).

Em segunda convocação não há exigência de *quorum* constitutivo, podendo a assembleia deliberar independentemente do número de accionistas presentes ou representados e do capital por eles representado. É uma solução compreensível, pois tem de se evitar a todo o custo a paralisação da sociedade por falta de interesse dos accionistas em participar na assembleia geral, ao mesmo tempo que se garante, com a possível [mas não necessária (cfr., *supra*, n.º 29.5.7)] repetição da convocação, a publicidade mínima da realização da assembleia, permitindo-se àqueles que se interessam pela vida da sociedade, e que por qualquer razão não tinham podido participar – por não se terem apercebido da primeira convocação, por não estarem suficientemente motivados ou por terem tido um impedimento –, comparecer agora (nessa reunião).

35.2.2. *Deliberação*

A deliberação pode ser tomadas por qualquer forma admitida por lei (cfr., *supra*, n.º 28.3).

Para a votação do projecto de alteração, a lei estabelece um *quorum* deliberativo mínimo superior ao requerido para as deliberações em geral, sem prejuízo de os estatutos poderem ser ainda mais exigentes. No entanto, entendemos que o *quorum* deliberativo estatutário não pode colidir com a alterabilidade do contrato de sociedade, sem prejuízo do disposto no art. 265.º, n.º 2 e das situações inerentes à criação de novas obrigações (cfr. art. 86.º, n.º 2). Como limite máximo aceitável, inclinamo-nos para um horizonte que oscile entre 4/5 e 9/10 (neste caso, eventualmente, nas sociedades por quotas) dos votos correspondentes ao capital social. Voltaremos a este aspecto mais à frente (n.º 39.5.3.2).

As deliberações nas sociedades por quotas têm de ser tomadas por três quartos dos votos correspondentes ao capital social (cfr. art. 265.º, n.º 1) e nas sociedades anónimas por maioria qualificada de dois terços dos votos expressos, contando as abstenções como votos emitidos (arts. 386.º, n.º 3, e n.º 1 *in fine*, *a contrario*).

No caso das sociedades anónimas, se a assembleia reunir em segunda convocação e «*estiverem presentes ou representados accionistas detentores de, pelo menos, metade do capital social, a deliberação pode ser tomada pela maioria dos votos emitidos*» (art. 386.º, n.º 4). De acordo com esta disposição legal, o *quorum* tem de se conjugar com o *quorum* constitutivo, o qual em regra não é exigível em segunda convocação.

A reunião de uma determinada percentagem de capital social, em segunda convocação, legitima o consentimento da assembleia baseado na pluralidade de votos.

Esta exigência legal, criada em sede de modificação de estatutos, pode até parecer excessiva, visto que impõe que a deliberação de alteração do contrato de sociedade, se formada em segunda convocação, seja sustentada no mínimo pelos votos favoráveis de 25% (+ 1 voto) da totalidade do capital social, quando, em regra, em segunda convocação, não há exigência legal de *quorum* constitutivo, o que significa que podem ser suficientes, para deliberar a mesma alteração, votos correspondentes a dois terços de, por exemplo, 10% do capital social (cfr., *supra*, n.º 29.5.7).

35.2.3. *Forma*

A modificação do contrato de sociedade tem relevância externa: diz respeito não apenas aos sócios, mas também a terceiros que entrem em contacto com a sociedade.

Assumem aqui natural relevo a forma e a publicidade da deliberação. Enquanto a forma é um requisito de validade da alteração deliberada, cuja inobservância acarreta a nulidade do acto (cfr. art. 220.º do Código Civil)[1103], a publicidade é requisito de eficácia das modificações estatutárias, pois permite aos terceiros que têm relações com a sociedade, ou com ela pretendem vir a criar laços, salvaguardar os respectivos interesses pelo conhecimento que adquirem da situação.

Como já referimos, anteriormente, estamos perante uma matéria em que ocorreram alterações substanciais no regime jurídico das sociedades comerciais[1104].

[1103] De diferente opinião, Vasco da Gama Lobo Xavier, «Alteração do pacto social de sociedade por quotas não reduzida a escritura pública» (anot. AcSTJ 31 Maio 1983), *RLJ*, 117.º ano, **1984/85** (pp. 252 e segs.), em especial pp. 252, 256, 286-288 e 312-316, que – em diferente contexto legal – entendia que a celebração da escritura pública era apenas um acto de controlo da legalidade da deliberação.

[1104] Até à entrada em vigor do Código das Sociedades Comerciais a lei só consagrava como forma de alteração dos estatutos a celebração de escritura pública, cuja outorga representava o último acto de validade de alteração do pacto social [nesse sentido, vd. art. 116.º do CCom e o art. 89.º, *alínea e)* do CódNot (actual art. 80.º, n.º 2, *alínea e)*)]. A imposição de documento de acto *inter vivos* exarado por notário em livro apropriado (escritura pública) tinha uma dupla função: provava a sua existência nas relações

35.2.3.1. *Acta de deliberação dos sócios*

A reforma legislativa de 2006 societária simplificou o modo de proceder a alterações do contrato de sociedade. Assim, desde 30 de Junho de 2006, é possível, em regra, proceder ao registo da modificação com base na acta que espelha a deliberação dos sócios (cfr. art. 85.º, n.º 4). Relativamente a certas alterações, como acontece por vezes com o aumento do capital social, a acta não é suficiente (cfr. art. 88.º, n.º 2), por uma de duas razões: porque, na data da deliberação, não é possível apurar todas as subscrições (cfr. art. 88.º, n.º 2), sendo necessário juntar documento comprovativo das mesmas, ou porque o aumento implica a realização de entradas em espécie que pressupõem forma especial para a respectiva transmissão em favor da sociedade (cfr. arts. 85.º, n.º 4 *in fine* e 7.º, n.º 1 *in fine*).

Poder-se-á discutir, em face do novo regime, se é lícito a quem preside à reunião escolher a forma notarial de acta ou se podem os administradores optar por celebrar uma escritura pública. Cremos que o agra-

---

entre os sócios e proporcionava o seu conhecimento, mediante publicidade, a terceiros que pudessem nisso ter interesse. Cfr. José Tavares, *Empresas e Sociedades Comerciais,* **1924**, p. 338.

Por sua vez, na vigência do Código das Sociedades Comerciais – mas antes da Reforma Societária de 2006 –,a alteração do contrato processava-se por escritura pública ou acta lavrada por notário (art. 85.º, n.º 3), isto é, tinha de ser consignada num documento com o mesmo valor que o instrumento da celebração do contrato (cfr. art. 7.º, n.º 1); se respeitasse a aumento do capital só poderia ser feita por escritura pública (art. 85.º, n.º 3 *in fine*).

A escolha da forma – assunto relativamente ao qual o Código das Sociedades Comerciais era (e é) omisso – cabia a quem presidia à reunião, sem contudo se dever afastar a possibilidade de a assembleia poder deliberar que fosse utilizada a forma notarial de acta.

A inobservância da forma (legal) acarreta(va) a nulidade da execução da deliberação.

A desformalização dos actos sociais, contribuindo para a simplificação da vida das empresas, veio, paradoxalmente, a aplicar-se numa época em que a privatização do notariado contribuía (já) significativamente para a celeridade na celebração dos actos societários.

Para além de se admitir que, nesta matéria, os notários continuassem a desempenhar um papel muito relevante dado o conhecimento que tinham (do formalismo dos actos societários), esperava-se que a facilitação na formalização destes actos viesse a implicar, como contrapartida, a análise mais rigorosa da respectiva legalidade e validade por parte das entidades a quem cabe promover a sua inscrição no registo público: os conservadores do registo comercial.

vamento da forma só será possível se for objecto de uma deliberação (não abusiva) do colectivo de sócios nesse sentido.

No quadro do novo regime legal, é suficiente a forma escrita simples, eventualmente vertida em acta de deliberação dos sócios, para proceder a alteração do contrato de sociedade.

35.2.3.2. *Execução da deliberação*

Todos os membros da administração têm, individualmente, o dever de, *com a maior brevidade, praticar os actos necessários à alteração do contrato* – incluindo o respectivo registo comercial –, sendo, por isso, cada um responsável independentemente de atribuição vinculativa pelos sócios (cfr. art. 85.º, n.º 5).

A lei não estabelece prazo para a execução da deliberação, utilizando uma fórmula vaga e imprecisa ao dispor que *os actos necessários à alteração do contrato* devem ser praticados *com a maior brevidade*. Os gestores deverão actuar diligentemente, tendo especialmente em conta as circunstâncias que tornaram mais ou menos urgente a alteração. Mas também no cumprimento do dever legal, de cuidado e diligência, a que estão adstritos no exercício das suas funções [cfr. art. 64.º, n.º 1, al. a)], os membros do órgão de administração devem observar as instruções emanadas da assembleia geral que sejam relativas à execução das deliberações desta.

Com base na acta da assembleia geral, caberá à administração da sociedade promover o registo da alteração deliberada (cfr. arts. 3.º, *alínea r)* e 15.º, n.º 1 do CRCom)[1105].

[1105] Anteriormente (à reforma da legislação societária), podíamos considerar que, com a celebração da escritura pública, os outorgantes emitiam, enquanto representantes da sociedade, verdadeiras declarações negociais, pois, ao subscreverem perante um oficial dotado de fé pública (o notário) as deliberações tomadas pela assembleia geral, vinculavam a sociedade, manifestando a sua vontade. Contra, Vasco da Gama Lobo Xavier [«Alteração do pacto social de sociedade por quotas não reduzida a escritura pública» (anot. AcSTJ 31 Maio 1983), *RLJ*, 117.º ano, **1984/85** (pp. 252 e segs.), pp. 312 a 316], que considerava serem as declarações dos outorgantes meramente executórias da deliberação (declaração de ciência de que na realidade se tomou uma deliberação de alteração do contrato, a qual é a causa ou a base da alteração estatutária).

35.2.4. *Publicidade; registo e publicações obrigatórias*

A publicidade – acto ou efeito de tornar público (de dar a conhecer ao público em geral) a alteração de uma determinada situação jurídica[1106] – é um requisito de eficácia das alterações do contrato de sociedade em relação a terceiros, e não relativamente aos sócios[1107].

A alteração do contrato de sociedade deve ser obrigatoriamente registada – no prazo máximo de dois meses, a contar da data em que o facto tiver sido titulado[1108] – na Conservatória do Registo Comercial da sede da sociedade, nos termos do art. 166.º do Código das Sociedades Comerciais e do art. 15.º do Código do Registo Comercial[1109].

As alterações devem ser igualmente dadas a conhecer pela sua "publicação" (obrigatória) no *sítio* do Ministério da Justiça da *Internet* (vd. arts. 166.º e 167.º do CSC e arts. 70.º, n.ºs 1, *alínea a)*, e 2 do CRCom)[1110].

No que se refere às sociedades abertas, as alterações contratuais estão sujeitas a uma publicidade mais exigente. Assim, uma vez executada a alteração do respectivo contrato, há que publicitá-la se ela respeitar a aumento ou redução do capital social. A publicidade faz-se através da divulgação no *sistema de difusão de informação da CMVM* (cfr. art. 367.º, n.º 1 do CVM), devendo ser *colocada e mantida no sítio da*

[1106] Vd., por todos, António Menezes Cordeiro, *Direitos Reais*, I vol., Cadernos de Ciência e Técnica Fiscal, Lisboa, **1979**, pp. 363 e segs..

[1107] Abordaremos mais à frente (n.º 37) a publicidade dos actos sociais, em geral. Por isso, limitar-nos-emos, por agora, a chamar a atenção do leitor para as especificidades aplicáveis em matéria de alteração do contrato de sociedade.

[1108] Admitíamos – na 2ª edição deste livro (p. 636, nota 732) – que a regra legal permitia a leitura de que o prazo se pudesse contar a partir da data em que a acta está concluída e impressa (sendo, pois, essencial constar da mesma a data da respectiva impressão) e não, necessariamente, a partir da assembleia geral que tivesse decidido a alteração. Não tem sido esse, contudo, o entendimento dos Conservadores do Registo Comercial.

[1109] Este prazo era, até 29 de Junho de 2006, de três meses a contar da correspondente escritura (ou acta notarial) (cfr. art. 15.º, n.º 2 do CRCom).

[1110] Até 29 de Junho de 2006, a modificação do contrato de sociedade por quotas ou anónima também devia ser publicitada «*num jornal da localidade da sede da sociedade ou da região respectiva*» (art. 70.º, n.º 5 do CRCom, revogado pela *alínea c)* do art. 61.º do DL 76-A/2006).

sociedade *na Internet durante um ano* [cfr. arts. 1.º, *alínea e)* 5.º, n.º 1, *alínea a)* do Regulamento da CMVM n.º 5/2008 (sobre Deveres de Informação)] [1111].

Enquanto não forem publicadas – no *sítio* do Ministério da Justiça na *Internet* –, as modificações do contrato só serão oponíveis a terceiros pela sociedade se esta «*provar que o acto está registado* [mediante a apresentação de uma certidão (cfr. art. 75.º, n.º 1 do CRCom)] *e que o terceiro tem conhecimento dele*» (art. 168.º, n.º 2 do CSC). Trata-se de uma excepção que derroga, autorizadamente, o art. 14.º, n.º 2 do Código do Registo Comercial (cfr. art. 14.º, n.º 4 deste Código).

Mas a sociedade não pode prevalecer-se do acto de alteração em relação a qualquer operação efectuada nos dezasseis dias subsequentes à sua publicação, se terceiros provarem que, durante esse período, estiveram impossibilitados de tomar conhecimento dessa publicação (art. 168.º, n.º 3 do CSC).

35.3. **Aumento de obrigações sociais**; *remissão*

Para concluir o procedimento de alteração do contrato de sociedade, importa referir uma matéria que, de forma absolutamente imperativa, constitui uma excepção à cogente alterabilidade do contrato de sociedade. Abordámos já esta questão a propósito dos princípios estruturantes do Direito Societário e dos limites à alterabilidade do contrato (cfr., *supra*, n.º 3.4.2 e 34.3), pelo que remetemos para essas matérias.

Contudo, a sua importância impõe, nesta sede de alteração do contrato de sociedade, uma referência autónoma.

Recorde-se que dissemos ser possível que o contrato de sociedade estabelecesse uma maioria qualificada mais exigente para a respectiva alteração do que a própria lei e afirmámos então que essa maioria não poderia ser de tal maneira elevada que redundasse, na prática, na impossibilidade de alterar o contrato.

[1111] Este regulamento, publicado no DR II Série de 15 de Outubro de 2008, revogou o Reg. CMVM n.º 4/2004).

Note-se que, no que se refere às sociedades abertas com valores mobiliários admitidos à negociação, a lei determina que a própria sociedade, antes de proceder à convocação da assembleia geral, deve enviar à CMVM e à entidade gestora da bolsa (Euronext) o projecto de alteração dos estatutos e, no prazo de quinze dias subsequente à deliberação de aprovação, um extracto da acta (cfr. art. 249.º, n.º 1, *alíneas a)* e *b)* do CVM).

No entanto, no que se refere à criação de novas obrigações societárias já a lei exige de forma imperativa que as mesmas não sejam introduzidas no contrato de sociedade, em vida desta, nem tão pouco possa ser exigido o seu cumprimentos aos sócios, se não estiverem contratualmente previstas. E mais do que isso; não permite o sistema jurídico-societário que as partes (futuros sócios) renunciem antecipadamente à faculdade de consentirem na imposição de novas obrigações.

Os referidos princípio e direito irrenunciável não impedem, contudo, que os sócios deliberem a alteração do contrato pela maioria exigida para o efeito, introduzindo uma cláusula que imponha (novas) obrigações sociais. Simplesmente, tais obrigações só irão vincular aqueles que contribuíram para a aprovação da referida alteração, ficando na disponibilidade dos demais a realização dessas obrigações se vierem a ser efectivamente deliberadas. Tudo se passa, portanto, como se a sociedade tivesse apenas imposto a obrigação a um ou alguns sócios ou tivesse previsto que, a serem deliberadas, as obrigações não seriam satisfeitas proporcionalmente às participações sociais, mas de acordo com diferente critério. Como se sabe tal é perfeitamente legal; importante é que corresponda à vontade unânime dos sócios no momento da constituição da sociedade.

Podemos, pois, concluir que, ocorrendo uma modificação contratual que imponha novas obrigações, a mesma é ineficaz relativamente a todos os sócios ou accionistas que não a votaram favoravelmente.

36. Concentração de sociedades e transformação de sociedades por quotas em anónimas

36.1. Enquadramento do tema

De entre as maiores movimentações que as sociedades podem sofrer em termos da respectiva estrutura contam-se seguramente as alterações de tipo societário – em que a sociedade mantém o seu objecto (a sua actividade) e adopta um tipo diferente mais conveniente à prossecução dos seus fins, deixando de ser sociedade por quotas e passando a ser sociedade anónima, por exemplo – e as concentrações de sociedades, através de um fenómeno conhecido por fusão. Diversamente do movimento de agregação, ocorre, por vezes, no âmbito de reestruturação de um grupo jurídico ou simplesmente económico, frequentemente ditado por razões de ordem fiscal, um movimento em sentido oposto, designado cisão[1112].

Nem a **fusão** ocorre necessariamente num contexto de crescimento – podendo significar apenas o reconhecimento de que diversas sociedades pertencentes às mesmas entidades já não têm interesse em subsistir autonomamente, considerando preferível integrar uma mesma estrutura, ganhar dimensão comercial e consequente peso negocial, e evitar inevitavelmente duplicações (ou multiplicações) de estrutura fixa, sem uma razão de ser que o justifique –, nem a **cisão** é sinónimo obrigatório de recessão ou partilha, mas pode corresponder tão-só à optimização de recursos no plano comercial e jurídico(-tributário) em que se enquadra uma sociedade.

No que se refere à **transformação**, procuraremos abordá-la na óptica da alteração de uma sociedade por quotas em sociedade anónima. Embora seja naturalmente possível, o movimento inverso é seguramente menos frequente e pouco compensador. Pode explicá-lo, nomeadamente, a redução do capital social abaixo do mínimo legal para as sociedades anónimas. Por essa razão, sempre que nos estivermos a referir à transformação teremos em mente a alteração de sociedade por quotas em sociedade anónima.

[1112] A **cisão** consiste na separação patrimonial realizada no âmbito de uma sociedade, que origina o aparecimento de duas ou mais sociedades em substituição da sociedade que realiza a operação (cfr. art. 118.º, n.º 1).

A cisão pode ser **simples**, caso em que uma sociedade destaca parte do seu património para com ele constituir outra sociedade (art. 118.º, n.º 1, *alínea c)*), pode implicar a dissolução da sociedade cindida (**cisão-dissolução**), quando esta se dissolve e divide o seu património por duas ou mais novas sociedades (art. 118.º, n.º 1, *alínea b)*), ou a separação de parte do património – com eventual dissolução da sociedade cindida com subsistência da actividade desta –, para o juntar a sociedades já existentes ou que realizaram operações idênticas (art. 118.º, n.º 1, *alínea c)*). Neste caso a operação designa-se **cisão-fusão**, pelo encadeamento de actos que implica quando globalmente considerados. Por fim, refira-se que a lei determina a aplicabilidade à cisão das normas sobre fusão (cfr. art. 120.º).

Sobre a cisão, vd., entre outros, o Comentário de Raul Ventura *Fusão, Cisão, Transformação de Sociedades* (Comentário ao CSC), Almedina, Coimbra, **1990,** pp. 325-414, as dissertações de mestrado de Joana Vasconcelos, *A cisão de sociedades*, Universidade Católica Editora, Lisboa, **2001**, e de Domingos Salvador André Baxe, *A Tutela dos Direitos dos Sócios em Sede de Fusão, Cisão e Transformação das Sociedades*, Almedina, Coimbra, **2010** (embora concluído em 2008), pp. 32-33, 38-39, 48-49, 129-131 e 189-193, e o artigo de Manuela Duro Teixeira, «A cisão no Direito português», *O Direito*, ano 138.º, III, **2006** (pp. 593-660).

36.2. **Fusão de sociedades**[1113]

O regime da fusão de sociedades foi recentemente, e por duas vezes no espaço de três meses, objecto de alterações: num primeiro momento, ocorreu a transposição da Directiva comunitária relativa às fusões transfronteiriças de sociedades de responsabilidade limitada[1114] – determinada pela Lei n.º 19/2009, de 12 de Maio, que, para além de uma vertente laboral (com diversas regras sobre *o regime aplicável à participação dos trabalhadores*), altera três normas do Código das Sociedades Comerciais (arts. 98.º, 99.º e 101.º[1115]) e adita-lhe onze novas disposições legais (arts. 117.º-A a 117.º-L) – e, numa segunda fase, seria simplificado, por efeito do artigo 3.º do Decreto-Lei n.º 185/2009, de 12 de Agosto (que modificou os artigos 98.º, 100.º, 101.º, 101.º-A e 116.º do CSC)[1116].

[1113] Publicados já depois das alterações do regime jurídico da fusão introduzidas no Código das Sociedades Comerciais em 2009, vd. o manual de José Engrácia Antunes, *Direito das Sociedades*, ed. autor, **2010**, pp. 417-440, e o artigo de Diogo Costa Gonçalves, «As recentes alterações ao regime da fusão de sociedades – A Lei n.º 19/2009, de 12 de Maio e o Decreto-Lei n.º 185/2009, de 12 de Agosto», *RDS*, ano I, N.º 3, **2009** (pp. 553-581).

Com alguma desactualização, em especial no que se refere à simplificação da operação, para além da incontornável obra de Raúl Ventura, *Fusão, Cisão, Transformação de Sociedades* (Comentário ao CSC), Almedina, Coimbra, **1990,** pp. 5-165 e 215-323, vd. também a dissertação de mestrado de Diogo Costa Gonçalves, *Fusão, Cisão e Transformação de Sociedades Comerciais. A posição jurídica dos sócios e a delimitação do statuo viae*, Almedina, Coimbra, **2008**, em especial pp. 117-151 e 162-264, e o manual elementar de José Drago, *Fusão de Sociedades Comerciais (Notas Práticas)*, Almedina, Coimbra, **2007**, em especial pp. 9-32 e 43-76.

Sobre as fusões transfronteiriças, vd. Diogo Costa Gonçalves, «Fusões transfronteiriças. A transposição da 10ª Directriz e a Proposta de Lei n.º 236/X», *RDS*, ano I, N.º 2, **2009** (pp. 339-377).

Com indicações sobre o Direito angolano, Domingos Salvador André Baxe, *A Tutela dos Direitos dos Sócios em Sede de Fusão, Cisão e Transformação das Sociedades*, Almedina, Coimbra, **2010**, pp. 31-32, 37 38, 47-48, 61-63, 129-131 e 183-187.

[1114] Directiva n.º 2005/56/CE, do Parlamento Europeu e do Conselho, de 26 de Outubro, transposta simultaneamente com a Directiva n.º 2007/63/CE, dos mesmos órgãos, de 13 de Novembro, referente à *exigência de um relatório de peritos independentes aquando da fusão ou da cisão de sociedades anónimas*, estabelecendo *o regime aplicável à participação dos trabalhadores na sociedade resultante da fusão*.

[1115] O n.º 1 do art. 101.º voltaria a ser alterado três meses mais tarde (art. 3.º do DL 185/2009, de 12 de Agosto).

[1116] Estas alterações, com excepção do art. 98.º, n.º 1, só entraram em vigor no dia 15 de Setembro de 2009.

36.2.1. *Conceito*

A fusão consiste na reunião de duas ou mais sociedades numa só (cfr. art. 97.º, n.º 1) e pode hoje juntar numa única sociedade *duas ou mais sociedades* que, tendo sido *constituídas de acordo com a legislação de um Estado membro e tendo a sede estatutária (a administração central ou o estabelecimento principal) no território da comunidade*, sejam *regidas pelos ordenamentos jurídicos de*, pelo menos, dois *Estados membros* (art. 2.º, *alínea a)* da Lei n.º 19/2009, de 12 de Maio). Nesta circunstância, em que reúne sociedades oriundas de mais de um ordenamento jurídico, a *fusão* designa-se por *«transfronteiriça»* (cfr. arts. 117.º-A a 117.º-L do CSC), não podendo contudo envolver sociedades em nome colectivo ou em comandita simples (cfr. art. 117.º-A, n.º 2, red. do art. 28.º da Lei n.º 19/2009, de 12 de Maio).

36.2.2. *A fusão como instrumento de concentração económica*

São diversos os motivos que podem conduzir a uma fusão, embora normalmente ela esteja associada a uma operação de concentração económica e à inerente maximização dos factores produtivos envolvidos, isto é, a fusão é a forma de, num certo sector de actividade, podermos conglobar esforços para, através da junção dos activos e dos meios ao dispor de mais do que uma sociedade, prosseguirmos, mais eficazmente, a realização de uma dada actividade social.

Como operação de concentração económica[1117], a fusão pode estar sujeita a apreciação prévia pela Autoridade da Concorrência (cfr. Lei n.º 18/2003, de 11 de Junho, arts. 8.º e segs). A atenção que a lei de defesa da concorrência presta a estas operações é perfeitamente compreensível. Com efeito, não é indiferente ao ordenamento jurídico que as empresas conjuguem os seus esforços, uma vez que podem, através dessa congregação de esforços, vir a lesar os interesses económicos da generalidade, criando situações de oligopólio ou mesmo situações de monopólio. Portanto, é uma matéria que está de certo modo condicionada.

[1117] A fusão, como acto de reorganização de empresas, pode também originar a concessão pelo Ministro das Finanças de benefícios fiscais. Cfr. art. 60.º do EBF e as Portarias n.os 1254/2009 e 1256/2009, de 14 de Outubro.

36.2.3. *Modalidades*

Vimos já que a fusão pode ser interna, juntando numa única sociedade duas ou mais sociedades portuguesas, ou comunitária ("transfronteiriça"), reunindo numa só duas ou mais sociedades com conexões a pelo menos dois Estado membros da União Europeia.

Remetemos o estudo da fusão transfronteiriça para livros da especialidade – importando analisar o respectivo regime acrescentado ao Código das Sociedades Comerciais (arts. 117.º-A a 117.º-L) – e limitamo-nos a fazer breve referência à **fusão interna**[1118].

A fusão pode revestir duas modalidades diferentes: fusão simples e fusão por incorporação.

36.2.3.1. *Fusão simples*

A fusão pode resultar na constituição de uma nova sociedade, para a qual se transferem globalmente os patrimónios das sociedades fundidas, sendo aos sócios destas atribuídas partes da nova, caso em que a operação se designa simplesmente por **fusão**, ou **fusão-concentração** (art. 97.º, n.º 4, *alínea b)*).

36.2.3.2. *Fusão-incorporação*

Contudo, a operação pode ocorrer por absorção, isto é, mediante a transferência global do património de uma ou mais sociedades para outra e a atribuição aos sócios daquela(s) de parte desta. Nesta circunstância, chamamos à operação **fusão-incorporação** (art. 97.º, n.º 4, *alínea a)*).

A fusão-incorporação tradicionalmente implica o desaparecimento de uma sociedade detida a 100% por outra (a incorporante). Era nessa accpção que o artigo 116.º, n.º 1, na redacção (do Decreto-Lei n.º 76-A/ /2006, de 29 de Março) anterior à actual (red. do DL 185/2009, de 12 de Agosto), se referia à incorporação de uma sociedade totalmente dominada.

O regime das fusões transfronteiriças, no que toca à fusão incorporação, veio a reconhecer – ao lado da impropriamente designada *incor-*

[1118] É deste modo que a lei do registo qualifica a fusão que opera no espaço jurídico nacional, por confronto com a fusão transfronteiriça (vd., por exemplo, art. 3.º, n.º 1, *alíneas p) e r)* do CRCom, red. do art. 29.º da Lei n.º 19/2009, de 12 de Maio). Sobre a fusão comunitária, cfr. Lei n.º 19/2009, de 12 de Maio e nota 1113, *supra*.

poração de sociedade totalmente pertencente a outra (art. 117.º-I)[1119] – a ***fusão por aquisição tendente ao domínio total*** (cfr. art. 117.º-J), admitindo que uma sociedade que detenha, pelo menos, 90% de outra possa incorporá-la, mesmo contra a vontade dos titulares do capital remanescente, não dispensando a lei neste caso *os relatórios dos peritos*.

Esta modalidade da fusão tem um regime **simplificado** no Direito interno, sempre que a sociedade incorporante é detentora de, pelo menos, 90% do capital da sociedade incorporada (cfr. art. 116.º, red. do DL n.º 185/2009, de 12 de Agosto). Neste caso, e relativamente aos minoritários da sociedade incorporada – dos quais depende a eventual dispensa dos relatórios periciais (cfr. art. 99.º, n.º 6 da Lei n.º 19/2009, de 12 de Maio) –, a lei apresenta uma redacção pouco clara, reconhecendo-lhes aparentemente o direito de se exonerarem, com recurso ao regime previsto no artigo 105.º do CSC (cfr. art. 116.º, n.os 4 e 5, na red. do DL n.º 185/ /2009, de 12 de Agosto), mesmo que o respectivo contrato de sociedade seja omisso[1120].

Fica em aberto saber se, na sequência de fusão que não tenha conduzido ao domínio total – por nem todos os minoritários se terem exonerado –, é possível lançar mão da faculdade estabelecida no artigo 490.º e adquirir (compulsivamente) as participações restantes.

Em caso de resposta afirmativa – que não nos repugna, diga-se – fica traçado o caminho para, por efeito e no âmbito de uma operação de fusão, uma sociedade adquirir o domínio total de outra na qual (já) detenha, pelo menos, 90% do capital.

36.2.3.3. *Fusão inversa (reverse merger[1121])*

Uma modalidade específica de fusão por incorporação pode consistir na absorção da sociedade dominante (ou mãe) pela dominada (ou

---

[1119] Trata-se sim da absorção de uma sociedade totalmente pertencente à incorporante (e não "a outra").

[1120] Considerando que nesta modalidade de fusão os sócios minoritários da sociedade incorporada passarão a sócios da incorporante se não se exonerarem, pode discutir-se se a lei não deveria ter imposto a exoneração – em vez de a ter configurado como um direito –, como consequência natural decorrente da **fusão tendente ao domínio total**. A exoneração seria, nessa circunstância, de funcionamento automático, diversamente do que sucede com a dispensa dos relatórios, a qual fica dependente da vontade de todos sócios envolvidos, incluindo os minoritários.

[1121] Também chamada "*down-stream merger*".

filha), justificando-se sempre a incorporante é titular de imóveis e ambas pretendem evitar efeitos fiscais desfavoráveis. Nesta situação, falamos em *reverse merger* (ou fusão inversa), visto que é a "sociedade-filha" que absorve a mãe.

36.2.4. *Processo de realização*

36.2.4.1. *Projecto de fusão*

Decidida, pelo órgão executivo[1122], a fusão da sociedade com outra(s) sociedade(s), há uma série de trâmites a observar e que visam assegurar a estabilidade da sociedade que resultar da fusão, os direitos dos sócios das sociedades envolvidas e ainda dos respectivos credores, por forma que não vejam, de um momento para o outro, a sua garantia patrimonial injustificadamente enfraquecida.

O processo, que já havia perdido a sua complexidade inicial[1123], foi agora grandemente simplificado, tendo diminuído o número de actos de publicidade (registo e publicações obrigatórias) – que se resumem agora apenas a dois registos na conservatória e a duas publicações electrónicas – e com isso assegurando-se, para além da redução de custos, uma maior celeridade na sua concretização.

A lei estabelece o **conteúdo** do projecto de fusão (art. 98.º)[1124], requer que seja tido em consideração o último balanço anual ou elaborado um **balanço *ad hoc*** (art. 98.º, n.os 1, *alínea d)*, e 2) e seja evidenciada a

[1122] Em rigor nada impede que a fusão parta da iniciativa directa dos sócios – mediante proposta por estes apresentada à assembleia geral, órgão competente para a deliberar –, mas tal situação é raríssima, devendo o órgão de gestão assumir a condução do processo sempre que o mesmo é espoletado.

[1123] Recorde-se que, na versão originária do Código (anterior ao DL 76-A/2006, de 29 de Março), para realizar esta operação *eram necessários três actos de registo nas conservatórias, quatro publicações em papel na 3ª série do Diário da República, uma escritura pública* (notarial) *e duas publicações em jornais* da localidade da sede da sociedade ou que aí fossem lidos.

[1124] Cfr. a Portaria n.º 1256/2009, de 14 de Outubro, que definiu os termos em que *o projecto de fusão pode ser elaborado através de modelo electrónico disponível em página na Internet*, viabilizando *a entrega de todos os documentos necessários e a promoção imediata do* respectivo *registo* (cfr. art. 98.º, n.º 6, na red. do art. 3.º do DL 185/2009, de 12 de Agosto).

ratio aplicável à **troca das participações** (arts. 98.º, n.º 1, *alínea e)*, e 99.º, n.º 4). Prevê igualmente a **fiscalização** específica do projecto, que deve ser submetido à apreciação de um revisor oficial de contas independente (art. 99.º) – excepto se todos os sócios com direito de voto das sociedades envolvidas o dispensarem (cfr. art. 99.º, n.º 6, red. da Lei n.º 19/2009, de 12 de Maio) –, e a necessidade de proceder ao **registo** desse projecto (art. 100.º, n.os 1 e 2 do CSC e art. 3.º, *alínea p)* do CRCom).

Em seguida, haverá que proceder à:

36.2.4.2. *Aprovação do projecto de fusão*

O projecto de fusão deve ser aprovado pelos sócios das sociedades envolvidas, reunidos em assembleia geral (art. 100.º, n.º 2).

A deliberação de fusão e o *quorum* a observar na respectiva formação depende do tipo societário envolvido, aplicando-se nesta matéria as regras válidas para as alterações do contrato de sociedade se diferente *quorum* não for contratualmente exigido (arts. 103.º, n.º 1, 383.º, n.º 2 e 386.º, n.º 3).

A execução da deliberação de fusão está, por sua vez, sujeita à verificação de determinadas condições legais, estabelecidas para tutela de direitos adquiridos, consistam os mesmos no não aumento de obrigações ou na diminuição de privilégios (art. 103.º, n.º 2).

36.2.4.3. *Oposição dos credores*

Os credores das sociedades participantes na fusão – que detenham créditos anteriores à publicitação da operação – dispõem de um mês a contar da *publicação do registo do projecto* para deduzir oposição judicial à fusão (art. 101.º-A do CSC, na red. do DL 185/2009, de 12 de Agosto, e art. 1488.º do CPC)[1125]. Para o efeito, devem fundamentar o

[1125] Nesta matéria tem-se vinda a assistir a uma notável simplificação substancial, tendo a reforma societária (de 2006) contribuído significativamente em termos de actos, que se eliminam, e de prazos, que se encurtam, concedendo aos credores das sociedades participantes na fusão – que detivessem créditos anteriores à publicitação da operação – um mês a contar da convocatória para a assembleia geral ou do aviso que lhes for dirigido, em anúncio autónomo, para deduzir oposição judicial à fusão (art. 101.º-A do CSC, na red. do DL 8/2007, e art. 1488.º do CPC).

Recorde-se que no regime vigente até 29 de Junho de 2006 (*inclusive*), uma vez aprovado (internamente) pelas diversas sociedades envolvidas na operação o projecto de

respectivo pedido no prejuízo que a operação cause aos seus direitos e demonstrar que haviam solicitado à sociedade *há pelo menos quinze dias* que satisfizesse ou garantisse adequadamente o seu crédito, sem que ela o tenha feito (cfr. art. 101.º-A cit., *in fine*).

Da interpretação do disposto no artigo 101.º-A resulta que os credores dispõem de um máximo de quinze dias após a publicitação da operação para decidir se lhes é conveniente interpelar a sociedade, uma vez que se não o fizerem nesse prazo, contado a partir da publicação do registo do projecto, já não conseguirão solicitar em tempo (de poderem vir a impugnar a operação) a satisfação ou garantia do respectivo crédito. Trata-se de um prazo demasiadamente exíguo, que os obriga a ler atentamente todas as publicações na *Internet* (no sítio do Ministério da Justiça).

36.2.4.4. *Deliberação de fusão e registo*

Deliberada a fusão pelas assembleias gerais das sociedades envolvidas, sem que tenha havido oposição judicial, deverá ser promovido o respectivo registo. Note-se que este só pode ser requerido depois de decorrido o prazo para a oposição de credores (art. 111.º do CSC e art. 3.º, *alínea q)* do CRCom).

36.2.4.5. *Efeitos da fusão*

Constitui efeito necessário da fusão a transmissão de patrimónios (art. 112.º), e efeito eventual o exercício do direito de exoneração pelos sócios que – sendo detentores conjuntamente de dez porcento ou menos da sociedade incorporada – não pretenderem permanecer na sociedade e votaram contra a deliberação (cfr. art. 116.º, n.ºs 4 e 5, red. do DL 185/ /2009, de 12 de Agosto, e art. 105.º)[1126].

---

fusão, haveria que promover a respectiva publicidade – requerendo-se o averbamento no registo e publicando-se a deliberação formada (cfr. art. 107.º, n.º 1 do CSC, revogado pelo art. 61.º, *alínea b)* do DL 76-A/2006, de 29 de Março), com a finalidade de permitir a terceiros que se opusessem à operação manifestar-se se o pretendessem. O prazo de que os credores dispunham, para esse efeito, era de 30 (trinta) dias a contar do averbamento da deliberação de fusão (cfr. art. 107.º, n.º 2, revogado (tal como os arts. 108.º, 109.º e 110.º) pelo art. 61.º, *alínea b)* do DL 76-A/2006, de 29 de Março).

[1126] Sobre este direito, cfr. também artigos 3.º, n.º 6, 45.º, 116.º, n.ºs 4 e 5, 120.º, 137.º, 161.º, n.º 5 e 240.º.

O contrato de sociedade pode também atribuir aos sócios que votem *contra o projecto de fusão*, em qualquer modalidade de fusão, o direito de se exonerarem em caso de discordância com a operação (cfr. art. 105.º, n.º 1). O direito de exoneração se não estiver estatutariamente consagrado só existe, assim, na fusão tendente ao domínio total.

36.2.4.6. *Responsabilidade resultante da fusão*

Uma operação de fusão mal planeada ou deficientemente executada pode causar danos graves aos sócios das sociedades participantes, aos credores que possam resultar prejudicados e às próprias sociedades envolvidas. Por isso, é natural que a lei enfatize, a este propósito, a cláusula geral estabelecida no art. 64.º, sobre o interesse social[1127], e estabeleça a responsabilidade solidária dos membros dos órgãos de gestão e de fiscalização que, «*na verificação da situação patrimonial das sociedades e na conclusão da fusão*», tenham actuado sem a «*diligência de um gestor criterioso e ordenado*», sempre que resultarem da sua actuação (ou omissão) danos para a sociedade, sócios ou credores (art. 114.º).

O facto de, por efeito da fusão, uma ou mais sociedades desaparecerem, extinguindo-se, não altera a responsabilidade dos respectivos gestores, garantindo a lei a efectivação da responsabilidade mesmo no caso de extinção da sociedade (arts. 114.º, n.º 2, e 115.º).

36.3. **Transformação de sociedades por quotas em sociedades anónimas**[1128]

36.3.1. ***Sentido próprio e impróprio de transformação***

A palavra transformação é utilizada, a propósito das sociedades comerciais, com mais do que um significado. Em sentido técnico, ela

---

[1127] Embora não tenha procedido a uma actualização do disposto no art. 114.º, em conformidade com a (nova) cláusula geral prevista no art. 64.º, como seria de esperar.

[1128] Na literatura geral recente, vd. José Engrácia Antunes, *Direito das Sociedades*, ed. autor, **2010**, pp. 440-451.

Vd. Raúl Ventura, *Fusão, Cisão, Transformação de Sociedades* (Comentário ao CSC), Almedina, Coimbra, **1990**, pp. 415-504 e 511-546, Francisco Mendes Correia,

expressa a alteração de tipo societário, de sociedade em nome colectivo para sociedade por quotas ou deste tipo para a forma de sociedade anónima. Neste sentido que é o que vem previsto na lei (cfr. art. 130.º) –, a sociedade sofre a maior alteração que pode ocorrer sem perder a sua identidade, como sucede na fusão e na cisão, em que a agregação ou separação patrimonial transforma as realidades envolvidas com óbvia projecção a nível de terceiros, designadamente dos credores.

Em regra, a transformação é a operação que implica a substituição integral do conteúdo do contrato, embora se possam manter as referências ao objecto e, naturalmente, à sede social.

36.3.2. *Actos necessários*

36.3.2.1. *Documentação*

A transformação pressupõe que a sociedade que se pretende transformar prepare alguns documentos que, por um lado, justifiquem e, por outro, sustentem, a operação a deliberar.

Com essa finalidade, o órgão executivo deve elaborar um relatório justificativo da transformação, explicando por que é que a sociedade se deve transformar (art. 132.º, n.º 1) e deve preparar um balanço (*ad hoc*) da sociedade (art. 132.º, n.os 1, *alínea a)*, e 2), e minutar o projecto do "novo" contrato de sociedade (art. 132.º, n.º 1, *alínea b)*).

Quando os documentos referidos estiverem em condições de ser submetidos à apreciação dos sócios, o órgão de gestão deve convocar ou

---

«Transformação de sociedades: algumas considerações», *O Direito*, ano 138.º, IV, **2006** (pp. 835-892), e *Transformação de Sociedades Comerciais. Delimitação do âmbito de aplicação no Direito Privado Português*, Almedina, Coimbra, **2009**, pp. 136-205, Diogo Costa Gonçalves, *Fusão, Cisão e Transformação de Sociedades Comerciais*, cit., **2008**, pp. 311-335, e Ana Maria Taveira da Fonseca, «A protecção legal e estatutária dos sócios minoritários na transformação das sociedades por quotas em sociedades anónimas», AA.VV., *Nos 20 anos do Código das Sociedades Comerciais. Homenagem aos Profs. Doutores A. Ferrer Correia, Orlando de Carvalho e Vasco Lobo Xavier*, vol. II – *Vária*, Coimbra Editora, **2007** (pp. 275-336).

Com uma perspectiva de Direito angolano, mas considerando o Direito português e a doutrina nacional, Domingos Salvador André Baxe, *A Tutela dos Direitos dos Sócios em Sede de Fusão, Cisão e Transformação das Sociedades*, Almedina, Coimbra, **2010**, pp. 34-35, 39, 45-46, 51-58, 65-71, 155-178 e 195-201.

solicitar a convocação da assembleia geral com a finalidade de os sócios se pronunciarem, em concreto, sobre os documentos em causa e, em geral, sobre a operação projectada.

36.3.2.2. *Deliberações, em separado, de aprovação dos vários documentos*

Na convocatória da assembleia geral deve ser logo prevista a apreciação autónoma dos diversos documentos de suporte à transformação (arts. 133.º e 134.º). Embora tal não implique necessariamente diferentes pontos da ordem de trabalhos, afigura-se constituir boa técnica autonomizar formalmente as diversas deliberações.

Uma vez que a sociedade muda radicalmente a sua configuração, torna-se necessário – em obediência ao princípio da tipicidade – promover a designação dos novos titulares dos órgãos sociais, de forma que a sociedade, efectuado o registo, possa prosseguir a sua actividade sem hiatos, nem sobressaltos.

Em certos casos, quando a sociedade a transformar não tiver um número de sócios que corresponda ao mínimo legal do novo tipo – o que sucede amiúde na transformação da sociedade por quotas familiar em sociedade anónima[1129] –, torna-se necessário aumentar o número de sócios [por cessão de quotas ou subscrição de aumento do capital (em regra, por entradas em dinheiro)[1130]] antes de aprovar a deliberação de transformação propriamente dita.

Nesse caso, é hábito admitir os *novos* sócios na assembleia e permitir que os mesmos dêem o seu acordo à operação de transformação e aos documentos que a sustentam, uma vez que os novos sócios (ou accionistas) devem estar presentes, ou fazer-se representar, no acto em que se formaliza a transformação – que pode ser agora[1131] a própria assembleia

[1129] Neste sentido, vd **AcSTJ 14 Mar 2006** (Pinto Monteiro), Proc. 3572/05 (*CJ/ /AcSTJ*, ano XIV, t. I, 2006, pp. 121-122).

[1130] Sublinhe-se que, frequentemente, a operação de transformação é conjugada com outras alterações do contrato de sociedade, como seja o caso de um aumento de capital, destinado a reforçar efectivamente os capitais da sociedade ou a produzir apenas um acerto nas participações existentes, para tornar o capital divisível pelas fracções a criar na sequência da alteração, o que acontece muitas vezes nas transformações de sociedades por quotas em sociedades anónimas.

[1131] Até 29 de Junho de 2006, a transformação deliberada em assembleia geral executava-se por escritura pública (ou acta notarial se não implicasse aumento do capital),

geral em que a mesma é deliberada, se não for seguida de subscrição autónoma do capital, por exemplo – para adquirirem ou subscreverem previamente a participação social, aprovarem o novo contrato de sociedade e a própria transformação da sociedade.

A título exemplificativo reproduz-se uma ordem do dia de assembleia geral de sociedade por quotas convocada para deliberar a transformação em sociedade anónima [com prévio (e necessário) aumento do número de sócios]:

Ordem de trabalhos

Um. *Aprovação do balanço intercalar reportado a trinta e um de Outubro de dois mil e nove, especialmente elaborado com vista à transformação da sociedade em sociedade anónima;*

Dois. *Aumento do capital social de € 5.000,00 (cinco mil euros) para € 50.000,00 (cinquenta mil euros), mediante incorporação de reservas legais no montante de € 800,00 (oitocentos euros) € de reservas livres no montante 44.00,00 (quarenta e quatro mil euros) e mediante entradas em dinheiro, a efectuar por dois novos sócios, no montante global de € 200,00 (duzentos euros);*

Três. *Deliberação sobre a transformação da sociedade em sociedade anónima;*

Quatro. *Aprovação do contrato de sociedade (nos termos de projecto anexo), pelo qual a sociedade passará a reger-se após a transformação;*

Cinco. *Designação de um representante ou representantes da sociedade para, nos termos do disposto nos arts. 88.º, n.º 2 e 140.º-A do Código das Sociedades Comerciais*[1132]*, promoverem os actos que a execução das deliberações formadas no âmbito dos números dois a quatro desta ordem de trabalhos exigir;*

Seis. *Designação dos membros dos órgãos sociais para o biénio dois mil e nove/dois mil e dez;*

Sete. *Deliberação sobre as remunerações da competência da assembleia geral;*

Oito. *Deliberação sobre a dispensa de prestação de caução dos administradores designados.*

---

tal como qualquer alteração estatutária (cfr. art. 135.º do CSC, revogado pela *alínea b)* do art. 61.º do DL 76-A/2006).

[1132] Redacção dos arts. 2.º e 3.º do DL 76-A/2006, de 29 de Março, respectivamente.

36.3.2.3. *Acta de deliberação dos sócios e registo*

Aprovada a transformação, e lavrada a acta da respectiva assembleia, deve ser promovido o respectivo registo (bem como o depósito do *novo* contrato) e o registo dos novos titulares dos órgãos sociais (cfr. art. 140.º-A do CSC e arts. 3.º, *alíneas r)* e *m)*, e 59.º, n.º 2 do CRCom)[1133].

36.3.4. ***Obstáculos à transformação e tutela dos interesses envolvidos***

36.3.4.1. *Impedimentos à transformação*

Tendo em consideração os efeitos decorrentes da transformação – e, entre eles, necessariamente a modificação da estrutura societária e do próprio posicionamento da sociedade no mercado –, são de diversa ordem os eventuais impedimentos à concretização dessa operação.

Há certos obstáculos que são facilmente ultrapassáveis, como o relativo ao número mínimo de sócios; outros nem sempre são superáveis, como o da insuficiência de capitais próprios para a sociedade (por quotas) poder transformar-se em sociedade anónima; e outros são mesmo incontornáveis, como sucede com a proibição estatutária de alteração do tipo societário (art. 130.º, n.º 1).

Para além desta hipótese, que pode ser contratualmente clausulada, a lei enumera, no artigo 131.º, as situações em que uma sociedade não pode transformar-se, fazendo num caso depender da vontade de alguns sócios o êxito da operação (cfr. art. 131.º, n.os 1, *alínea c)*, 2 e 3, e art. 135.º, n.º 3, *alínea b)*) e acautelando, por razões óbvias, as situações de vantagem (traduzidas em direitos especiais) existentes na sociedade a transformar e que possam ser postas em causa com a transformação da sociedade.

36.3.4.2. *Tutela de terceiros e dos sócios descontentes*

Apesar de a sociedade manter a sua identidade (jurídica), como ente personificado – expressa na manutenção dos números de matrícula (se

[1133] No pedido de registo deverá constar declaração de que *não houve oposição à transformação* e de que nenhum sócio se exonerou (cfr. art. 140.º-A, n.º 1). Ocorrendo exoneração de sócio, haverá que observar o disposto no n.º 2 do art. 140.º-A.

não ocorrer simultaneamente alteração de sede social) e de pessoa colectiva –, e o seu substrato patrimonial[1134], a lei admite a variabilidade da sua componente associativa[1135]. Com efeito, a transformação corresponde a uma das raras situações em que a lei admite a exoneração dos sócios descontentes com a operação e que, portanto, podem encontrar nela um pretexto para se exonerar, liquidando a respectiva participação (cfr. arts. 137.º e 140.º-A, n.º 2).

Finalmente, e em termos análogos, verifica-se um especial cuidado com os direitos de terceiros, que também importa preservar, como é o caso dos direitos dos credores obrigacionistas, que subsistem (cfr. art. 138.º).

36.3.5. *Balanço: confronto da transformação com a fusão*

Efectuada uma necessariamente breve análise da fusão e da transformação, estamos em condições de concluir que os respectivos efeitos se projectam diferentemente nos sócios e nos terceiros envolvidos. Assim, na transformação a realidade económica permanece inalterada; aquilo que é continua a ser, embora sob diferente forma societária; os sócios podem passar a ser accionistas, mas o seu património não sofre alterações. Por sua vez, os credores também não enfrentam, em princípio, uma diminuição da respectiva garantia patrimonial, uma vez que o conjunto de bens da sociedade continua a ser o mesmo, a menos que, por efeito da operação, ocorra alteração a nível da responsabilidade pessoal dos próprios sócios, como sucede com a transformação de uma sociedade em nome colectivo em sociedade anónima.

Na fusão, só em situações meramente académicas – o que sucederia se as sociedades envolvidas fossem totalmente idênticas (em termos patrimoniais e pessoais, interna e externamente) – é possível considerar não resultar dos termos de troca, relativamente aos sócios, e das variações da garantia patrimonial, quanto aos credores, uma situação de desigualdade e, em certas circunstâncias, um compreensível desconforto dos agentes envolvidos.

[1134] Caso a transformação não seja precedida ou "acompanhada" de redução ou aumento do capital.

[1135] Não nos estamos obviamente a referir à necessidade que, por vezes, se verifique de aumentar previamente o número de sócios para perfazer o mínimo legal no novo tipo societário.

Secção VI

37. Publicidade dos actos sociais

37.1. **Publicidade**[1136]

A publicidade em sentido amplo é o acto ou efeito de tornar público uma determinada realidade, tornando-a cognoscível, ou concedendo-lhe ou reforçando notoriedade.

Em sentido técnico, a publicidade de um acto ou situação jurídica consiste na divulgação pública do mesmo, pela respectiva inscrição num local próprio – o Instituto do Registo –, ao qual os interessados possam ter acesso para obter conhecimento ou certificarem as situações que forem relevantes.

No entanto, embora centrada no registo, a publicidade também se efectua através de divulgação por meios de comunicação de certos actos, elementos e situações relativos aos sujeitos envolvidos.

Quanto à publicidade dos actos societários, esta desdobra-se em registo (art. 166.º) e em publicações obrigatórias (art. 167.º), eventualmente através da divulgação da informação em sítios (*sites*) da *Internet*, presentemente no sítio do Ministério da Justiça, o que constitui garantia de eficácia do meio utilizado.

37.2. **Actos sujeitos a registo**

O registo é, regra geral, condição de oponibilidade a terceiros dos factos relativos aos comerciantes (cfr. art. 14.º do CRCom), devendo

---

[1136] Vd. Luís A. Carvalho Fernandes, *Lições de Direitos Reais*, 5ª ed., Quid Juris, Lisboa, **2007**, pp. 87-90, em especial p. 87.

certos actos (cfr. art. 3.º do CRCom) ser obrigatoriamente registados – *no prazo de dois meses a contar da data em que tiverem sido titulados*[1137] – na Conservatória do Registo Comercial (cfr. art. 166.º do CSC e art. 15.º, n.º 2 do CRCom).

São inúmeros os actos referentes às sociedades comerciais que se encontram sujeitos a registo (cfr., nomeadamente, arts. 166.º a 171.º do CSC, art. 14.º do CVM e art. 3.º do CRCom).

37.3. **Publicações obrigatórias**

Há alguns actos que, para além da sujeição a (inscrição no) registo comercial, estão também sujeitos a publicações obrigatórias, que se traduzem na respectiva divulgação na *Internet* e em publicações.

A publicação obrigatória é feita desde logo, por imposição legal (vd. arts. 166.º e 167.º do CSC e arts. 70.º, n.os 1, *alínea a)*, e 2 do CRCom), no *sítio* do Ministério da Justiça na *Internet*[1138], e, relativamente a certas sociedades, nos respectivos sítios da Internet, em boletins especializados e em *sítios* de determinadas instituições (por exemplo, CMVM[1139]).

No que se refere às sociedades abertas, existem deveres de informação acrescidos, tais como a obrigatoriedade de publicação, pelo menos, anual dos documentos de prestação de contas[1140] e de divulgação no seu sítio da *Internet* e no sítio da CMVM da respectiva informação financeira trimestral, semestral e anual (cfr. arts. 245.º, 246.º e 246.º-A do CVM e arts. 8.º a 10.º do Reg. da CMVM n.º 5/2008).

Por sua vez, há outros actos que, para conhecimento público, embora não careçam de inscrição registal, estão sujeitos a publicações obrigatórias nos meios que a lei considera idóneos e aptos para o efeito, nomeadamente em sítio da *Internet*. Enquadram-se nesta categoria de actos as

---

[1137] Até 29 de Junho de 2006, no prazo de noventa dias a contar da data da correspondente escritura (ou acta notarial) (art. 15.º do CRCom, na red. anterior).

[1138] Até 29 de Junho de 2006, as publicações deveriam ocorrer também na imprensa local, regional e nacional, isto é, «*Num jornal da localidade da sede da sociedade ou da região respectiva*» (cfr. art. 70.º, n.º 5 do CRCom, revogado pelo art. 61.º, *alínea c)* do DL 76-A/2006, de 29 de Março).

[1139] Sistema de difusão de informação da CMVM (cfr. Reg. CMVM n.º 5/2008, de 2 de Outubro, art. 5.º, n.º 1, *alínea a)*).

[1140] Até 31 de Dezembro de 2005, no Diário da República (III Série).

publicações das convocatórias das assembleias gerais das sociedades anónimas (cfr. arts. 377.º, n.º 2 e 167.º, n.º 1).

37.4. **Falta de registo ou de publicação**

A regra em matéria de (falta de) publicidade obrigatória é a da inoponibilidade a terceiros de actos não registados e não publicados [cfr. art. 168.º, n.os 1 (I parte), 2 (I parte) e 4; cfr. também arts. 13.º e 14.º do CRCom].

No entanto, a falta de publicação não é oponível por terceiros se a sociedade demonstrar que os mesmos conheciam a situação em causa (cfr. art. 168.º, n.º 2 *in fine*). Assim, os actos societários, enquanto não forem publicadas no *sítio* do Ministério da Justiça na *Internet*, só serão oponíveis a terceiros pela sociedade se esta demonstrar que estão registados e que o terceiro tem conhecimento dos mesmos. Trata-se de uma excepção que derroga, autorizadamente[1141], o disposto no art. 14.º do Código do Registo Comercial.

Mas a sociedade não pode prevalecer-se do acto publicado, relativamente a qualquer operação efectuada nos dezasseis dias subsequentes à sua publicação, se algum terceiro demonstrar que, durante esse período, esteve impossibilitado de tomar conhecimento dessa publicação [art. 168.º, n.º 3 do CSC, que corresponde à parte final do art. 3.º, n.º 5 da 1ª Directiva do Conselho (de 9 de Março de 1968) que define um sistema de publicidade aplicável a todas as sociedades e é fonte inspiradora das normas do Código das Sociedades Comerciais relativas à publicidade].

Ao invés, qualquer interessado pode prevalecer-se contra a sociedade de um acto desta não registado ou ainda não publicado (art. 168.º, n.º 1, I parte). Se o registo e as publicações existem para garantia de terceiros, a sua falta não os pode naturalmente prejudicar.

Refira-se ainda que a sociedade é responsável por «*prejuízos causados a terceiros pelas discordâncias entre o teor dos actos praticados*» e dos actos publicitados, «*quando delas sejam culpados gerentes, administradores, liquidatários ou representantes*» (art. 169.º, n.º 1).

[1141] Com efeito o próprio art. 14.º do CRCom estabelece uma ressalva, prevendo expressamente que o regime por ele estabelecido «*não prejudica o disposto no Código das Sociedades* Comerciais» (n.º 4).

Aliás, sempre que houver «*discordância entre o teor do acto constante das publicações e o constante do registo*», a sociedade não se pode prevalecer daquele, mas dele se podem aproveitar os terceiros interessados sempre que a sociedade não prove que eles conheciam o registo (art. 169.º, n.º 3).

37.5. **Menções obrigatórias nos actos externos**

Finalmente, saliente-se que um sistema baseado na tutela da aparência e da confiança dos sujeitos envolvidos requer que se estabeleçam algumas menções mínimas obrigatórias para correcta identificação da sociedade em todos os actos. Tais referências deverão poder situar imediatamente a contraparte, dando-lhe a conhecer os aspectos básicos e essenciais da sociedade comercial com que se relaciona.

Assim, em toda a *actividade externa* das sociedades por quotas e anónimas torna-se necessário identificar a firma (e com esta o tipo social), a sede, a Conservatória do Registo Comercial onde a sociedade está inscrita, os números de matrícula e de identificação de pessoa colectiva, e indicar o capital social (mencionando o liberado, se diferente do subscrito) (art. 171.º, n.os 1 e 2). Caso a sociedade tenha, entretanto, registado a perda de pelo menos metade do capital social e não tenha adoptado qualquer medida para inverter essa queda, então deverá referenciar também, nas suas menções externas, o montante dos respectivos capitais próprios (art. 171.º, n.º 2).

Relativamente às sociedades anónimas com o capital aberto ao investimento do público, as mesmas devem associar à sua firma a expressão abreviada "sociedade aberta". Em consequência, será a firma resultante dessa junção que deve constar das menções obrigatórias (cfr. art. 14.º do CVM).

CAPÍTULO VII
Cessação da actividade

38. Extinção da sociedade comercial: dissolução e liquidação[1142]

38.1. Extinção da sociedade; as alterações introduzidas pelo Decreto-Lei n.º 76-A/2006, de 29 de Março

A extinção da sociedade comercial ocorre através de um processo adequado à cessação da sua existência.

Importa referir que os contratos de sociedade são, em geral, omissos sobre a cessação da actividade da sociedade, sendo muito raros os que, hoje, prevêem uma duração limitada para a vida da sociedade.

Em regra, limitam-se a cláusulas genéricas que remetem para a lei. Por vezes, procuram enfatizar a designação dos gestores em exercício, aquando da dissolução, como liquidatários (cfr., *infra*, n.º 38.3.3).

[1142] Cfr. Pedro Romano Martinez, *Cessação do contrato,* 2ª ed., Almedina, Coimbra, **2006**, pp. 311-313, Filipe Cassiano dos Santos, «Dissolução e liquidação administrativa de sociedades», AA.VV., *Reformas do Código das Sociedades*, IDET, Colóquios n.º 3, Almedina, Coimbra, **2007** (pp. 139-162), e Paula Costa e Silva, «Dissolução e liquidação de sociedades comerciais: nótula», AA.VV., *A Reforma do Código das Sociedades Comerciais. Jornadas em Homenagem ao Professor Doutor Raúl Ventura*, coord. por António Menezes Cordeiro e Paulo Câmara, Almedina, Coimbra, **2007** (pp. 289-293).

Vd. também o Comentário de Raúl Ventura ao Código das Sociedades Comerciais, *Dissolução e Liquidação de Sociedades*, Almedina, Coimbra, **1987**, não obstante a desactualização sofrida com as alterações introduzidas pelo DL 76-A/2006, de 29 de Março.

Na doutrina geral, vd. José Engrácia Antunes, *Direito das Sociedades*, ed. autor, **2010**, pp. 460-470.

Artigo 27.º

(Dissolução e liquidação)

A sociedade dissolve-se e liquida-se nos termos previstos no Código das Sociedades Comerciais e demais legislação que lhe for aplicável.

Ora, foi precisamente em matéria de extinção da sociedade comercial que a recente reforma do Direito Societário português se fez sentir com maior impacto.

Por um lado, substituiu a dissolução judicial pela dissolução administrativa, que passa a constituir regra, operando nalgumas circunstâncias a título oficioso, por iniciativa da própria entidade administrativa. A dissolução judicial ocorre apenas no processo de insolvência da empresa, coincidindo com a respectiva declaração, ou quando muito pode ser proferida nos casos em que ocorrer impugnação judicial da dissolução administrativa. Isto é, a dissolução judicial deixa de constituir uma causa autónoma de extinção de sociedades no Direito português. No que respeita ao regime legal, a dissolução administrativa – que até aqui havia sido pontualmente prevista, sem nunca ter entrado em vigor (como ocorreu no âmbito do artigo 35.º, na red. do Decreto-Lei n.º 162/2002, de 11 de Julho) – implicou a criação de um regulamento próprio: o Regime jurídico dos Procedimentos Administrativos de Dissolução e de liquidação de entidades comerciais (RPAD), composto por uma trintena de preceitos e expressamente previsto no art. 144.º do Código das Sociedades Comerciais (cfr. arts. 1.º, n.º 3, e 2.º do DL 76-A/2006, de 29 de Março, e também arts. 142.º e 143.º do CSC).

Por outro lado, paralelamente, com a nova forma de dissolução de sociedades comerciais, foi introduzido um processo de «*dissolução e liquidação na hora*», com inegáveis semelhanças com o da criação da «*empresa na hora*», embora com a finalidade oposta: a da imediata extinção da sociedade (cfr. arts. 27.º a 30.º do RPAD). Como veremos abaixo, julgamos que este (novo) procedimento terá um alcance prático muito reduzido.

38.2. **Dissolução**[1143]

38.2.1. *Significado e finalidade*

A **dissolução** é o facto extintivo da sociedade[1144], correspondendo ao fim da sua vida; tem o objectivo de liquidar e partilhar o património social remanescente. Isto é, à deliberação de dissolução, à declaração de dissolução ou à verificação da dissolução – portanto por causa automática – da sociedade, deverá seguir-se a respectiva liquidação que tem por finalidade a partilha do património social. E a este propósito importa chamar a especial atenção para o facto de nem todas as operações de dissolução corresponderem necessariamente a situações patrimoniais negativas. Com efeito, ao encerramento da actividade pode seguir-se a partilha, entre os sócios, de um saldo relevante resultante da respectiva actividade, assim como pode a sociedade ter-se efectivamente constituído para realizar um certo negócio, que uma vez concluído, justifique a sua dissolução e a partilha do activo social, de modo que este seja suficiente para reembolsar as entradas e ainda para partilhar o remanescente – a que chamamos lucro final – pelos sócios.

Prevista e regulada nos artigos 141.º e seguintes, 270.º e 464.º do Código das Sociedades Comerciais e no Regime do Procedimento Administrativo de Dissolução (aprovado pelo Decreto-Lei n.º 76-A/2006, de 29 de Março, com a redacção, resultante dos arts. 18.º e 19.º do Decreto-Lei n.º 318/2007, de 26 de Setembro), a dissolução das sociedades por quotas e anónimas pode resultar de deliberação dos sócios, decorrer de decisão administrativa, ser consequência de um processo de insolvência ou produzir-se automaticamente, pelo decurso de um prazo (de duração da sociedade) ou pela impossibilidade de a sociedade prosseguir a respectiva actividade.

A dissolução pode ocorrer conjuntamente com a liquidação, num mesmo momento e na Conservatória do Registo Comercial, verificadas

---

[1143] Para além do Comentário de Raúl Ventura, vd. também o estudo, igualmente desactualizado, de Rosário Palma Ramalho, *Sobre a dissolução das sociedades anónimas*, AAFDL, Lisboa, **1989**, em especial pp. 7-21 e 59-76.

[1144] Embora não equivalha à sua extinção, que ocorre com a liquidação.
Neste sentido, cfr. o **AcSTJ 6 Nov. 2008** (Serra Baptista) / Proc. n.º 08B1740, *www.dgsi.pt*.

determinadas condições, mormente não existir activo, nem passivo (cfr. arts. 27.º e segs. do RPAD), ser imediatamente acompanhada da partilha do activo da sociedade (cfr. art. 147.º do CSC) ou, uma vez determinada ou declarada, dar lugar ao processo de liquidação (cfr. arts. 146.º e segs.).

Em conformidade com as causas que estão subjacentes à cessação da actividade da sociedade, podemos distinguir a dissolução imediata da dissolução diferida.

38.2.2. *Causas*

38.2.2.1. *Dissolução imediata*

A dissolução imediata ocorre independentemente da vontade específica dos sócios nesse efeito, encontrando-se prevista no art. 141.º do Código das Sociedades Comerciais.

A dissolução pode então ocorrer nos termos expressamente previstos no contrato de sociedade, desde que correspondam a um facto extintivo da vida da sociedade, com o decurso do prazo de vida da sociedade (n.º 1, *alínea a)*), com a realização do objecto social (n.º 1, *alínea c)*) ou com a respectiva ilicitude superveniente (n.º 1, *alínea d)*)[1145].

38.2.2.2. *Dissolução diferida*[1146]

A dissolução diferida é aquela que ocorre se os sócios nada fizerem durante um certo período ou se actuarem à margem do objecto social, utilizando a sociedade para fins diferentes dos previstos estatutariamente, ou se a sociedade incumprir com certos deveres fundamentais. Reconduzem-se a esta situação as causas enunciadas nos artigos 142.º e 143.º.

[1145] Embora não se enquadrando em nenhuma das causas de dissolução, reconduzíamos a dissolução por efeito de insolvência, na edição precedente deste livro (cfr. p. 770), à dissolução imediata, justificando-se rever agora essa nossa posição.

[1146] Julgamos continuar a justificar-se esta qualificação, no quadro da reformulação do regime da dissolução. Com efeito, a solução prevista originariamente no art. 144.º, n.º 2 do CSC – referente à possibilidade de regularização da situação que provoca a dissolução – manteve-se no Regime do Procedimento Administrativo de Dissolução, com a óbvia diferença de que a regularização da causa de dissolução não ocorre agora no plano judicial, mas no puro âmbito do procedimento administrativo, cabendo ao conservador declarar *findo* esse *procedimento* (art. 11.º, n.º 1 do RPAD).

Assim, a sociedade dissolve-se se:

a) O número de sócios se reduzir a um número inferior ao mínimo legal, por período superior a um ano (arts. 142.º, n.º 1, *alínea a)*, e 464.º, n.º 3);
b) Se o objecto se tornar impossível e os sócios não deliberarem a respectiva alteração (art. 142.º, n.º 1, *alínea b)*);
c) A sociedade se mantiver inactiva durante dois anos (art. 142.º, n.º 1, *alínea c)*);
d) A sociedade prosseguir o exercício de uma actividade à margem do seu objecto social e que, portanto, nele não se encontre compreendida (art. 142.º, n.º 1, *alínea d)*);
e) *Durante dois anos consecutivos, a sociedade não tenha* depositado as contas, nem apresentado *declaração fiscal de rendimentos* referente a esse período (art. 143.º, *alínea a)* do CSC e art. 5.º, *alínea a)* do RPAD);
f) Para os efeitos da legislação tributária não ocorreu *actividade efectiva da sociedade* ou se, nos termos do regime fiscal aplicável, a administração tributária declarar oficiosamente a *cessação de actividade da sociedade* (art. 143.º, *alíneas b)* e *c)* do CSC e art. 5.º, *alíneas b)* e *c)* do RPAD); ou
g) Não procedeu ao aumento do capital, para o mínimo legal (cfr. art. 533.º, n.ºs 4 e 6 do CSC e art. 5.º, *alínea d)* do RPAD); e
h) Tendo sido declarada insolvente (n.º 1, *alínea e)*), os respectivos credores aprovarem, em assembleia, um plano (de insolvência) que viabilize a respectiva subsistência e recuperação.

38.2.3. *Espécies*

A dissolução pode ser determinada administrativamente (cfr. arts. 142.º a 144.º do CSC e RPAD) processar-se exclusivamente por decisão (e reconhecimento) dos sócios (cfr. arts. 141.º e 142.º, n.º 3) ou ser objecto de *justificação notarial* ou de *procedimento simplificado de justificação* (cfr. art. 141.º, n.º 2).

Noutras circunstâncias, a dissolução pode resultar da declaração (judicial) de insolvência[1147] ou pode ocorrer no âmbito de um processo (tam-

[1147] Distinguindo claramente as situações de dissolução por deliberação dos sócios e «*por via da declaração de insolvência*» – e admitindo que, antes de terminada a

bém judicial) de oposição a uma dissolução administrativa ou deliberada pelos sócios. Com efeito, no novo regime legal, a modalidade de dissolução administrativa substituiu a dissolução judicial[1148], que deixa de constituir uma modalidade autónoma, para ocorrer apenas quando for consequência de decisão judicial em processo de insolvência (cfr. art. 141.º, n.º 1, *alínea e)*) ou resultar da impugnação (judicial) de uma deliberação de dissolução dos sócios (cfr. art. 142.º, n.º 4) ou de dissolução administrativa (nos termos do disposto no art. 12.º do RPAD)[1149].

38.2.3.1. *Dissolução administrativa*

A dissolução judicial cede, assim, o seu espaço de aplicação à dissolução administrativa, a cargo da Conservatória do Registo Comercial. A dissolução administrativa pode ocorrer oficiosamente, por iniciativa do *serviço de registo* competente (cfr. art. 143.º), ou mediante requerimento da sociedade ou de qualquer interessado (cfr. art. 142.º).

De um modo geral, as causas que até aqui constituíam motivo de dissolução judicial, embora pontualmente com maior rigor, passaram a consubstanciar uma dissolução administrativa[1150], constituindo agora causa de dissolução administrativa, como já vimos, para além dos casos especialmente previstos no contrato:

– A inobservância do número legal mínimo de sócios por prazo superior a um ano (cfr. arts. 142.º, n.º 1, *alínea a)*, e 464.º, n.º 3);

---

liquidação de uma sociedade dissolvida por deliberação dos sócios, possa ser requerida a sua insolvência –, **AcSTJ de 6 Nov. 2008** (Serra Baptista) / Proc. n.º 08B1740, *www.dgsi.pt*.

[1148] No regime vigente até 29 de Junho de 2006 (*inclusive*), a dissolução podia ocorrer por decisão judicial (arts. 142.º, n.º 1, 144.º e 464.º, n.ºs 3 e 4 do CSC, alterados pelo art. 2.º do DL 76-A/2006) – caso em que consistia, naturalmente, numa sentença judicial – ou processar-se extrajudicialmente por decisão dos sócios.

[1149] No entanto, a dissolução judicial subsiste, aparentemente – como causa autónoma de dissolução de sociedade –, na regulamentação das SGPS (cfr. art. 13.º, n.º 2 do DL 495/88, de 30 de Dezembro), sempre que tais sociedades não respeitarem o princípio da concentração das participações sociais, não regularizando a situação em prazo razoável. Cremos ter-se tratado de esquecimento do legislador a não substituição da dissolução judicial pela dissolução administrativa, como aconteceu em relação a muitas outras situações.

[1150] Confronte-se o art. 142.º, n.º 1, *alínea c)*, na versão originária, com o disposto no art. 143.º (red. do DL 76-A/2006), que reduz de cinco para dois anos o prazo de inactividade como fundamento de dissolução.

- A inactividade da sociedade *durante dois anos consecutivos* (cfr. art. 142.º, n.º 1, *alínea c)*) ou o incumprimento de deveres legais, como o depósito de contas e declarações fiscais, durante igual prazo (cfr. arts. 143.º, *alínea a)* do CSC e 5.º, *alínea a)* do RPAD);
- A cessação da actividade por determinação da administração tributária ou a informação sobre a falta de actividade por esta detectada (cfr. arts. 143.º, *alíneas c)* e *b)* do CSC e 5.º, *alíneas c)* e *b)* do RPAD);
- A impossibilidade superveniente do objecto contratual (cfr. art. 142.º, n.º 1, *alínea b)*) ou o exercício de uma actividade não prevista contratualmente (cfr. art. 142.º, n.º 1, *al. d)*);
- A não adequação do capital social ao mínimo legalmente exigível (cfr. arts. 533.º, n.os 4 e 6, do CSC e 5.º, *alínea d)* do RPAD);
- A falta de amortização de quota em caso de sucessão *mortis causa*, quando ela for devida (cfr. art. 226.º, n.º 2).

O procedimento de dissolução administrativa termina ou, pela constatação de que a causa de dissolução foi, entretanto, regularizada (cfr. art. 11.º, n.º 1 do RPAD), ou pela decisão definitiva de dissolução do Conservador, que procede ao respectivo registo oficioso (cfr. art. 13.º do RPAD).

38.2.3.2. *Dissolução por deliberação dos sócios*

A decisão de dissolução pode ser tomada pelos sócios (cfr. arts. 141.º, n.º 1, *alínea b)*, 142.º, n.º 3, 270.º, n.º 1 e 464.º, n.º 1) ou ser por eles simplesmente reconhecida, decorrendo da simples verificação da ocorrência das causas de dissolução automática (cfr. art. 141.º, n.º 2). Nestas circunstâncias, a dissolução processa-se sempre extrajudicialmente e à margem do procedimento administrativo, sendo suficiente que conste de acta da assembleia geral (cfr. art. 145.º, n.º 1)[1151], com base na qual é requerido o registo (comercial), ou podendo o reconhecimento da dissolução depender de intervenção notarial (cfr. art. 141.º, n.º 2).

[1151] Até à reforma societária, a dissolução extrajudicial, uma vez declarada, deveria necessariamente revestir a forma de escritura pública, se não constasse de acta notarial (cfr. art. 145.º, n.º 1 do CSC, na red. anterior ao DL 76-A/2006).

A «*extinção da empresa na hora*», que ocorre por aplicação do procedimento especial previsto e regulado nos arts. 27.º a 30.º do RPAD, constitui uma subespécie desta modalidade de dissolução. Nos termos destas regras é possível proceder de imediato e, em simultâneo, à dissolução e liquidação da sociedade se houver acordo de todos os sócios nesse sentido e se da acta (ou do requerimento escrito ou verbal) em que o mesmo se consubstanciar constar declaração de que não existe activo ou passivo por liquidar (cfr. art. 27.º do RPAD).

Como acima referimos, temos como extremamente difícil a aplicação desta modalidade de dissolução porque, para além da unanimidade (dos sócios)[1152], ela pressupõe que, previamente à decisão de dissolução, sejam totalmente eliminados o activo e o passivo existentes, o que só é possível se, satisfeitas as dívidas, não subsistir activo, isto é, se o activo se equivaler exactamente ao passivo e ambos foram liquidáveis, não subsistindo quaisquer lucros finais por distribuir; o que, a verificar-se, implicaria uma partilha desse saldo. Na realidade, não consideramos admissível que os sócios deliberem previamente à dissolução da sociedade a distribuição de bens necessários à cobertura do capital social e das reservas legais (cfr. art. 32.º do CSC), porque simplesmente não o podem fazer. E, por isso, é que só na hipótese remota de todo o activo ser con-sumido na satisfação do passivo é que esta modalidade de dissolução poderá ser utilizada.

38.2.3.3. *Dissolução judicial*

A dissolução da sociedade comercial, por efeito de decisão judicial, pode ocorrer em duas situações distintas:

– Como consequência da confirmação da dissolução administrativa ou por deliberação dos sócios, por improcedência da acção de impugnação desse acto de dissolução.
– No âmbito de um processo de insolvência, caso não seja aprovado um plano de recuperação da empresa insolvente, designado por plano de insolvência[1153], «*que preveja a continuidade da sociedade comercial (e a retoma* da *sua actividade)*» (cfr. art. 234.º, n.º 1 do CIRE).

[1152] Esta exigência torna impraticável esta modalidade de dissolução nas médias e grandes empresas, em termos de número de associados.

[1153] O plano de insolvência pode determinar, sem necessidade de deliberação social, diferentes alterações do contrato de sociedade da insolvente, desde a redução do respectivo

No primeiro caso, sendo declarada a dissolução pelo Conservador do Registo Comercial ou, sendo a mesma deliberada pelos sócios ou por estes verificada a circunstância que justifica o registo da dissolução, poderá qualquer interessado opor-se judicialmente, impugnando o acto de registo.

No segundo caso, a dissolução ocorre na sequência de uma declaração de insolvência, como reconhecimento de que a empresa é irrecuperável.

38.3. *Liquidação*

38.3.1. *Finalidade*

A liquidação (regulada nos artigos 146.º e seguintes) é o último acto juridicamente relevante da vida da sociedade e o respectivo encerramento corresponde à sua morte e desaparecimento.

Contudo, se não houver bens a partilhar entre os sócios, isto é, se não houver operações de liquidação a realizar, pode perfeitamente considerar-se a possibilidade de as operações de dissolução e de liquidação serem conjuntas e ocorrerem no mesmo momento, ou seja, o registo ser pedido globalmente para a dissolução e para a liquidação.

Só com o registo da liquidação se obtém a extinção da personalidade colectiva, porque a sociedade mantém a personalidade jurídica durante a liquidação, constituindo uma realidade jurídica diferente dos seus sócios. Acresce que, como veremos adiante, admite-se que durante o processo de

---

capital social, passando pelo aumento do capital e acabando na transformação num diferente tipo societário, entre outras medidas (cfr. art. 198.º, n.º 2, em especial *alíneas a), b)* e *d)* do CIRE), as quais se efectivam com a sentença de homologação do plano (cfr. art. 217.º, n.º 3, *alínea b)* do CIRE), cujo trânsito em julgado encerra, em princípio, o processo de insolvência (cfr. art. 230.º, n.º 1, *alínea b)* do CIRE).

Sobre o plano da insolvência, para além do comentário de Luís A. Carvalho Fernandes / Joao Labareda, *Código da Insolvência e da Recuperação de Empresas Anotado*, Quid Juris, Lisboa, **2008**, pp. 58-59 (notas 12 e 13 ao art. 1.º), pp. 633-742 (anot. dos arts. 192.º a 222.º), em especial pp. 656-662 (notas 7 a 19 ao art. 198.º), vd., Maria do Rosário Epifânio, *Manual de Direito da Insolvência*, Almedina, Coimbra, **2009**, pp. 237-265, em especial pp. 264-265, E. Santos Júnior, «O plano de insolvência. Algumas notas», *O Direito*, ano 138.º, III, **2006** (pp. 571-591), em especial pp. 586-588, Luís Manuel Teles de Menezes Leitão, *Direito da Insolvência*, Almedina, Coimbra, **2009**, pp. 279-294, em especial pp. 281-285, Catarina Serra, *O Novo Regime Português da Insolvência. Uma Introdução*, 3ª ed., Almedina, Coimbra, **2008**, pp. 99-102.

liquidação a sociedade possa regressar à sua actividade nos termos do disposto no artigo 161.º, verificados determinados requisitos.

Em que consiste então fundamentalmente a liquidação?

A **liquidação** consiste no apuramento da situação patrimonial da sociedade dissolvida, isto é, na verificação da situação patrimonial da sociedade nesse momento, uma vez que quando a deliberação da dissolução é tomada, ou quando se verifica uma das causas de dissolução que conduza à chamada dissolução diferida, não se sabe qual é a situação patrimonial da sociedade. Portanto, uma coisa é a verificação do facto extintivo – que determina a dissolução – e outra é a abertura do processo que conduzirá à partilha dos bens sociais remanescentes ou que concluirá pela impossibilidade de reembolsar os sócios, desde que os débitos sejam superiores aos créditos da sociedade. O apuramento da situação patrimonial no termo pressupõe assim, no fundo, por um lado, a realização do activo patrimonial e, por outro lado, a satisfação do passivo e depois a determinação do destino do respectivo saldo líquido, positivo caso exista; sendo negativo nada haverá a fazer, contanto que os sócios tenham responsabilidade limitada.

A liquidação é, pois, a fase em que se procede ao apuramento da situação patrimonial[1154] da sociedade com vista a distribuir os seus bens remanescentes, reembolsando os sócios das suas entradas de capital e, sobrando bens, partilhando entre eles os lucros finais de exploração.

38.3.2. *Espécies*

A liquidação, à semelhança do que acontece com a dissolução, processa-se, tendencialmente, por via extrajudicial, podendo ocorrer particularmente, sendo promovida pelos sócios, ou ser *feita por via* administrativa por determinação contratual ou na sequência de um procedimento administrativo de dissolução (cfr. art. 146.º, n.os 4 e 6) ou ainda oficiosamente (cfr. art. 150.º, n.º 3)[1155]. A lei afasta agora o recurso voluntário

---

[1154] No apuramento da situação patrimonial no termo da vida societária, haverá que proceder à realização do activo patrimonial, à satisfação do passivo, e à determinação do destino do respectivo saldo líquido.

[1155] No regime anterior ao DL 76-A/2006, não existia a liquidação por via administrativa, podendo o próprio contrato social estipular que a liquidação se fizesse obrigatoriamente por via judicial (cfr. art. 146.º, n.º 4 do CSC, na red. originária).

à liquidação judicial, que substitui pela liquidação administrativa, a qual, a partir de 30 de Junho de 2006 (data da entrada em vigor do DL 76-A/ /2006), se passa a aplicar a todos os processos de liquidação pendentes instaurados ao abrigo do Decreto-Lei n.º 235/2001, de 30 de Agosto (cfr. arts. 57.º a 59.º do DL 76-A/2006).

O processo de liquidação pode ser seguido pelos sócios com uma certa autonomia, se eles não optarem pela via administrativa (cfr. art. 146.º, n.º 4), a que podem sempre recorrer em caso de conflito (cfr. art. 151.º, n.os 3 e 4), tal como poderão continuar a recorrer ao tribunal, para solucionar os litígios que surjam em fase de liquidação (cfr. art. 146.º, n.º 1 e arts. 1122.º a 1130.º do CPC).

A liquidação opera-se também judicialmente em caso de insolvência, embora no âmbito do processo judicial regulado pelo Código da Insolvência e da Recuperação da Empresa.

Compreende-se o novo regime, uma vez que, em regra, não se pode dizer que os sócios beneficiem da liquidação judicial, nem sequer os credores – desde que o activo seja suficiente para satisfazer o passivo – , porque a liquidação judicial é sempre naturalmente mais demorada que a extrajudicial.

38.3.3. *Processo de liquidação*

Quanto ao processo de liquidação, ele começa pela designação dos liquidatários (art. 151.º) que são as pessoas que o vão conduzir e que, em princípio, serão os administradores ou gerentes em exercício.

Nada impede, aliás, que na própria constituição da sociedade se tenha acautelado esta situação, isto é, tendo sido prevista a eventual dissolução e liquidação, e um dos sócios, por exemplo, tenha reservado para si o direito de ser liquidatário porque podia ser-lhe indiferente acompanhar o exercício da actividade social, mas já não o apuramento do eventual resultado final dessa actividade.

No entanto, o que sucede com mais frequência é que as cláusulas dos contratos de sociedade referentes a esta matéria reforçam o entendimento referente à designação dos titulares dos órgãos sociais. Exemplifique-se:

Artigo 28.º
(Dissolução e liquidatários)

Um. *A sociedade dissolve-se nos casos e nos termos estabelecidos pela lei.*

Dois. *Salvo deliberação em contrário, tomada nos termos do n.º 1 do artigo 151.º do Código das Sociedades Comerciais, serão liquidatários os membros do conselho de administração que estiverem em exercício.*

Três. *Os liquidatários terão os poderes especiais conferidos no n.º 1 do artigo 152.º do Código das Sociedades Comerciais.*

Designado(s) o(s) liquidatário(s), procede-se ao apuramento de contas (arts. 149.º, 154.º e 157.º) e à partilha, caso o saldo final seja positivo (arts. 147.º e 156.º).

Com o registo do encerramento da liquidação a sociedade extingue-se (cfr. art. 160.º, n.º 2).

38.3.4. *O regresso à actividade*

Pode acontecer que, dissolvida a sociedade, e enquanto o processo de liquidação estiver em curso, os sócios pretendam, não obstante a fase em que a sociedade se encontra, aproveitar a sociedade – porque se manteve a respectiva personalidade jurídica – e voltar à actividade. Fazem-no após ter conseguido o saneamento financeiro da sociedade. Assim, até ao encerramento da liquidação, a sociedade poderá, verificadas determinadas condições, deliberar o regresso à actividade (art. 161.º do CSC e art. 3.º, *alínea s)* do CRCom)[1156]. Contudo, se o fizer após o início da partilha, os sócios que não pretenderem permanecer na sociedade terão o direito de se exonerar (art. art. 161.º, n.º 5).

[1156] Não se regressa à actividade por iniciativa dos liquidatários, mas sim por deliberação dos sócios.

CAPÍTULO VIII
Grupos de sociedades e SGPS

39. As sociedades coligadas[1157]

39.1. Enquadramento

Por vezes, em lugar de se conceber a situação de sociedade comercial participada por sócios-pessoas singulares, o que acontece é que esta

---

[1157] Sobre os grupos de sociedades, vd., em especial, a obra consagrada de José Augusto Engrácia Antunes, *Os Grupos de Sociedades* (agora com o subtítulo *Estrutura e organização jurídica da empresa plurissocietária*), 2ª ed., Almedina, Coimbra, **2002,** e entre os seus diversos estudos sobre a temática, vd. *A aquisição tendente ao domínio total. Da sua constitucionalidade*, Coimbra Editora, Coimbra, **2001**, «O artigo 490.º do CSC e a lei fundamental», AA.VV., *Estudos em comemoração dos cinco anos (1995-2000) da Faculdade de Direito da Universidade do Porto*, Coimbra Editora, **2001** (pp. 147-276), «O âmbito de aplicação do sistema das sociedades coligadas», AA.VV., *Estudos em Homenagem à Professora Doutora Isabel de Magalhães* Colaço, vol. II, Almedina, Coimbra, **2002** (pp. 95-116), e «Autoparticipações e cômputo das participações intersocietárias», AA.VV., *Estudos em Homenagem ao Prof. Doutor Raúl Ventura*, vol. II, Faculdade de Direito da Universidade de Lisboa, **2003** (pp. 275-291). Em jeito de síntese, vd. o seu manual, *Direito das Sociedades*, ed. autor, **2010**, pp. 451-460.

Outros estudos portugueses sobre o tema (sem preocupação de exaustão): Francisco Pereira Coelho, «Grupos de Sociedades – Anotação preliminar aos arts. 488.º a 508.º do CSC», *BFDUC*, LXIV, **1988** (pp. 297-353), Carlos Osório de Castro, «Sociedades anónimas em relação de participações recíprocas: alguns aspectos do regime legal», *RDES*, ano XXXV, n.os 1/2, **1989** (pp. 109-141), Maria Augusta França, *A estrutura das sociedades anónimas em relação de grupo*, AAFDL, Lisboa, **1990**, Eliseu Figueira, «Disciplina jurídica dos grupos de sociedades», *CJ*, ano XV, t. IV, **1990** (pp. 35-59), Maria da Graça Trigo, *Grupos de sociedades*, sep. da Revista *O Direito*, ano 123.º, I, **1991** (pp. 41-114), J.M. Coutinho de Abreu / Alexandre Soveral Martins, *Grupos de Sociedades. Aquisições*

realidade (sociedade comercial) é participada por outras entidades afins ou análogas. Nesse caso, o que se discute – e se procura determinar – é se a situação de participação de umas sociedades comerciais noutras tem especial relevância. Podemos concluir afirmativamente e considerar que esse fenómeno reveste uma dupla índole, de natureza fundamentalmente económica e de carácter jurídico, correspondendo aos chamados grupos de facto (ou económicos) e grupos de direito.

A nossa lei acolheu nos artigos 481.º e seguintes a matéria das sociedades coligadas, à qual iremos dedicar apenas um breve apontamento. Importa desde já realçar que, de acordo com o artigo 481.º, n.º 1, resulta serem especialmente relevantes no plano jurídico as relações estabelecidas entre sociedades anónimas, sociedades por quotas e sociedades em comandita por acções. Isto é, as relações estabelecidas entre aquelas sociedades que classicamente se qualificam de sociedades de responsabilidade limitada. Retira-se também dessas disposições legais (arts. 481.º e seguintes) que são sociedades coligadas as que se encontram fundamentalmente em relação de participação ou em relação de grupo, quer dizer o conceito *em relação de grupo* entendido no seu sentido mais restrito pode impor algo mais do que a simples participação.

É muito importante abrir aqui um parêntesis para fazer uma contraposição entre as sociedades coligadas – ou sociedades em relação de grupo ou de participação – e as chamadas SGPS ou Sociedades Gestoras de Participações Sociais [que analisaremos no último número deste livro (cfr. n.º 40)], uma vez que o regime jurídico que a estas é subsidiariamente aplicável é o regime próprio das sociedades coligadas, por expressa previsão do artigo 11.º do Decreto-Lei n.º 495/88, de 30 de Dezembro. Veremos, a concluir (cfr., *infra*, n.º 40.4), como se distinguem e diferenciam umas das outras.

---

tendentes ao domínio total, Almedina, Coimbra, **2003**, Henrique Mesquita, «Os grupos de sociedades», AA.VV., *Os quinze anos de vigência do Código das Sociedades Comerciais*, coord. por A. Ferrer Correia, Fundação Bissaya Barreto, Instituto Superior Bissaya Barreto, **2003** (pp. 233-247), Orlando Vogler Guiné, «A responsabilização solidária nas relações de domínio qualificado», *ROA*, ano 66, vol. I, **2006** (pp. 295-325), e Maria do Rosário Palma Ramalho, *Grupos Empresariais e Societários. Incidências Laborais*, Almedina, Coimbra, **2008**, pp. 125-194 e 215-221.

Vd. também, a propósito do contrato de subordinação, Raúl Ventura, *Novos estudos sobre Sociedades Anónimas e Sociedades em Nome Colectivo* (Comentário ao CSC), Almedina, Coimbra, **1994,** pp. 91-127.

Depois é preciso ter em conta que a matéria, quer das sociedades coligadas, quer das SGPS, depara com uma limitação extrínseca importante, que é aquela que diz respeito às questões da concorrência, que já foram mencionadas a respeito da fusão (*supra*, n.º 36.2.2.), confrontando-se designadamente com os chamados limites à concentração de empresas. Quer dizer que, sobretudo no que diz respeito às sociedades coligadas – porque neste caso temos um objecto comercial específico em cada uma das sociedades que se encontra em relação de participação –, obviamente há empresas distintas. Logo se há empresas distintas, se elas se concentram através da relação jurídica que estabelecem entre si, e à qual o ordenamento jurídico reconhece determinado efeito, então elas têm de observar também os limites específicos à concentração de empresas. E um grupo é naturalmente um modo de concentração de empresas.

Das sociedades coligadas há que distinguir a fusão, obviamente, porque o que acontece na fusão é um fenómeno diverso, isto é, a fusão pauta-se precisamente pela integração de várias sociedades numa estrutura jurídica unitária. Repare-se que aqui isso não acontece, aqui há diferentes estruturas jurídicas autónomas; quer dizer, as sociedades que se encontram em relação de grupo, as sociedades coligadas, têm todas a sua personalidade jurídica; e isso é extremamente importante.

39.2. **Conceito**

Por **sociedades coligadas** devemos entender a junção de duas ou mais sociedades que estejam sujeitas a uma influência comum, porque uma participa na outra, ou nas demais ou porque todas se subordinam à orientação de uma delas ou de uma terceira entidade. Quer dizer, pode haver uma terceira entidade que não participa nas sociedades, mas que as controla, que exerce uma influência determinante na actividade de uma ou mais sociedades, ou pode haver uma terceira entidade que participa no próprio capital dessa(s) sociedade(s) e, deste modo, a lei configura a relação de sociedades coligadas.

As sociedades coligadas são aquelas que se encontram em relação de simples participação, de participações recíprocas, de domínio ou de grupo (cfr. art. 482.º).

Agrupam-se em duas grandes categorias:

a) Sociedades em relação de participação; e

b) Sociedades em relação de grupo. Esta é a designação que se dá ao conjunto de duas ou mais sociedades sujeitas a influência comum, porque uma participa (mais ou menos significativamente) na(s) outra(s), ou porque todas se subordinam à orientação de uma delas ou de terceira entidade.

O grupo é, pois, um modo de concentração de empresas que se distingue da fusão, que se traduz na integração de duas ou mais sociedades numa estrutura jurídica unitária. Em sentido amplo, grupo é qualquer modalidade mais ou menos complexa (e organizada) e formalizada de colaboração entre sociedades para a realização de uma finalidade comum. O Código das Sociedades Comerciais, ao classificar as sociedades coligadas, atende fundamentalmente ao respectivo regime jurídico (e não tanto à estrutura ou natureza do facto constitutivo da coligação).

39.3. Grupos jurídicos de sociedades e grupos económicos; âmbito de aplicação do Código das Sociedades Comerciais

Tal como referimos acima (cfr., *supra*, n.º 39.1), haverá que distinguir os **grupos** de sociedades **em sentido jurídico**, correspondendo aqueles que são enunciados no Código das Sociedades Comerciais e que – com excepção do caso previsto no n.º 2 do artigo 481.º[1158] – envolvem

---

[1158] Cuja nova *alínea d)* vem permitir a constituição de uma sociedade anónima subsidiária integral por sociedade estrangeira, pondo cobro a uma discussão doutrinária sobre a questão, invertendo o sentido da prática registal e evitando que, a partir de 30 de Junho de 2006, as sociedades estrangeiras que pretendam constituir uma sociedade unipessoal anónima o façam recorrendo ao expediente de apresentar quatro accionistas simbólicos.

A razão que justificou a alteração do disposto no artigo 481.º fundamenta igualmente, em nosso entender e até melhor ponderação, a aplicação do disposto no artigo 490.º às situações em que uma sociedade anónima ou por quotas (portuguesa) seja quase totalmente dominada por uma sociedade estrangeira. Assim, se uma sociedade com sede no estrangeiro pode constituir uma sociedade anónima subsidiária integral em Portugal (cfr. arts. 481.º, n.º 2, *alínea d)* e 488.º), parece razoável admitir que a mesma sociedade que se torne titular de, pelo menos, 90% do capital da sociedade portuguesa tenha a faculdade de adquirir (potestativamente) o capital remanescente, consolidando o seu domínio, ou seja obrigada a proceder a essa aquisição (cfr. art. 490.º). Em qualquer caso, admitimos que, adquirindo a totalidade do capital da sociedade dominada (ou constituindo uma

unicamente sociedades de Direito nacional e tipos de sociedades anónimas, por quotas e em comandita por acções, dos grupos económicos que se caracterizam pela titularidade comum de diversas sociedades e, consequentemente, por uma maior transversalidade.

Nos termos da lei das sociedades comerciais vigente, o **grupo** caracteriza-se por uma ligação jurídica vertical (de domínio ou de simples participação), uma relação horizontal directa (de participações recíprocas) ou, ainda, por uma ligação contratual específica (relação de subordinação)[1159]. No entanto, sem o elo de ligação (o vértice ou o ponto de união) não há sociedades em relação de grupo (em sentido técnico-jurídico). Por isso, duas sociedades que têm em comum serem detidas pelos mesmos sócios não constituem um grupo em sentido jurídico, mas quando muito um **grupo económico**. Este conceito é, pois, mais vasto e abrangente.

Não obstante ter um relevo e significado próprios, a noção de grupo de sociedades constitui uma realidade mais económica do que jurídica.

39.4. Impedimentos legais e regulamentares à constituição de grupos

Admitindo as permissões legais (e a inexistência de proibições estatutárias) de que as sociedades possam desfrutar para adquirir entidades congéneres, nem sempre é possível constituir grupos de sociedades através da aquisição de participações sociais, deparando os empresários com uma forte limitação representada pelas regras de defesa da concorrência que estabelecem hoje restrições significativas à concentração de empresas em geral.

---

sociedade subsidiária integral *ab initio*) ou não usando da faculdade prevista no artigo 490.º, a sociedade estrangeira dominante não forma um grupo (jurídico) com a sociedade portuguesa dominada, visto que a lei parece afastar tal hipótese (cfr. art. 489.º, n.º 4, *alínea a)*). Uma coisa é aplicabilidade de normas que viabilizam a constituição de uma situação de domínio total (inicial ou superveniente) com o envolvimento de uma sociedade estrangeira; e outra, bem diversa, é o enquadramento dessas entidades jurídicas numa relação de grupo, sem prejuízo da responsabilidade solidária ou de sócio único da sociedade estrangeira, prevista no art. 481.º, n.º 2, *alínea c)*.

[1159] Cfr., *infra*, n.º 39.5.

Acresce que as regras da concorrência perspectivam frequentemente um grupo económico no seu todo como se de uma simples empresa se tratasse, imputando a cada uma das entidades que o compõem o respectivo valor global.

39.5. **Espécies de sociedades coligadas**

39.5.1. ***Critério legal***

A classificação do Código das Sociedades Comerciais, nesta medida, é a única que nos vai importar agora, por isso não vale a pena abordar outras classificações, mormente doutrinárias.

A classificação enunciada pela nossa lei societária atende fundamentalmente ao regime jurídico, isto é, à regulamentação que pauta, nomeadamente, a relação de participação ou de grupo. O Código das Sociedades Comerciais não dá o mesmo relevo à estrutura do grupo e das sociedades coligadas, nem à natureza do pacto constitutivo que está na respectiva base e que explica como surge essa relação privilegiada entre tais sociedades.

Daí que, em **sentido amplo** – e isso retiramos da interpretação do Código das Sociedades Comerciais –, o grupo seja uma qualquer modalidade mais ou menos estruturada e formalizada de colaboração entre sociedades para a realização de uma finalidade comum. Esta é a ideia de grupo que se aplica às situações previstas no Código das Sociedades Comerciais; mas de certo modo é também perfeitamente admissível e válida para caracterizar (as chamadas) relações de grupo em sentido puramente económico.

Haverá então que distinguir agora dois aspectos, de acordo com a análise que decorrerá das normas relativas a esta matéria na nossa lei das sociedades comerciais. Primeiro, as sociedades que se encontram em relação de participação, segundo, as sociedades que se encontram em relação de grupo; porque, quer umas, quer outras, integram a matéria das sociedades coligadas.

39.5.2. *Sociedades em relação de participação*

As sociedades em relação de participação podem apresentar configuração diversa, reconduzindo-se a três situações distintas:

a) Sociedades em relação de **simples participação** (nos termos do art. 483.º), o que sucede quando uma delas detém 10%, ou mais, do capital social da outra e não tem com ela qualquer outro vínculo jurídico, isto é, não está coligada de outro modo.
b) Sociedades em relação de **participações recíprocas** (cfr. art. 485.º), isto é, quando se verifica o cruzamento de participações de 10% do capital, ou mais. Esta situação de relação de participações recíprocas, nos termos do artigo 485.º, n.º 4, pode inclusivamente coexistir com uma relação de domínio ou de grupo, portanto pode ocorrer quer a nível de relação de participação, quer a nível de participação de grupo. Isto significa que estes dois primeiros termos da classificação têm aspectos de sobreposição; não são inteiramente autónomos.
c) Sociedades em relação de **domínio** (nos termos do disposto no art. 486.º), que ocorre quando uma delas (a dominante) exerce, directa ou indirectamente, uma influência determinante sobre a(s) outra(s).
É muito importante nesse sentido o n.º 2 do artigo 486.º, do qual resulta uma presunção ou o sentido do que se deve entender por domínio, ou seja, estabelece-se uma presunção de domínio ou de dependência: «*presume-se que uma sociedade é dependente de uma outra se esta, directa ou indirectamente, detém uma participação maioritária no capital, dispõe de mais de metade dos votos*[1160] *ou tem a possibilidade de designar mais de metade dos membros do órgão de administração ou do órgão de fiscalização*», portanto situações em que, no fundo, resulta muito clara a ideia de controlo; e a ideia de controlo é obviamente aquela que está associada à ideia de domínio.
A ideia a reter é, pois, a seguinte: há domínio quando uma delas, a sociedade dita dominante, exerce directa ou indirectamente

[1160] Para se cobrirem todas as situações, designadamente aquelas em que se pode ter mais de metade do capital, mas não se tem mais de metade dos votos, porque, por exemplo, parte do capital é representado por acções sem direito de voto.

uma *influência dominante* sobre a outra (cfr. art. 486.º, n.º 1). Repare-se que estamos perante um conceito indeterminado que tem de ser analisado caso a caso: a influência deve ser determinante sobre a condução da actividade das demais sociedades ou da outra sociedade.

39.5.3. *Grupos de sociedades*

39.5.3.1. *Caracterização*

Quanto à ideia de grupo de sociedades, mesmo em sentido estrito, *a priori* apresenta como situação comum o facto de haver uma entidade que tenha uma direcção unitária. Já não acontece necessariamente isso nas relações de participação, nas quais pode haver é uma certa interferência, que seja marcante, mas não mais do que isso; pode até acabar por não haver qualquer intromissão. Isto é, as relações de participação vão desde uma interferência marcante a uma situação ou relação de domínio.

Recorde-se que, em sentido amplo, grupo é qualquer modalidade mais ou menos organizada (estruturada) e formalizada de colaboração entre sociedades para a realização de uma finalidade comum; em sentido estrito, o que caracteriza o grupo é ter uma direcção unitária comum.

São diversas as realidades e situações em que encontramos entidades juridicamente independentes sob uma direcção unitária (comum), isto é, de uma delas ou de uma única entidade, pelo que são vários – pelo menos três – os significados técnico-jurídicos de grupo de sociedades.

39.5.3.2. *Sociedades em relação de domínio total*

O domínio que uma sociedade pode ter sobre outra(s) pode ser total; e este pode ser inicial ou superveniente.

Pode acontecer que uma sociedade tenha *ab initio* o controlo total de outra[1161], subscrevendo (e realizando) a totalidade do seu capital social. A situação de domínio total inicial pode ocorrer nos termos previstos no artigo 488.º, devendo nesse caso a sociedade dominada ser necessariamente constituída sob a forma anónima, ou nos termos previstos no artigo 270.º-A, sob a forma de sociedade unipessoal por quotas.

[1161] Pressupõe-se que as sociedades envolvidas revestem a forma jurídica necessária à coligação.

A sociedade constituída nos termos do disposto no artigo 488.º designa-se – na terminologia utilizada no Brasil, mas que espelha com fidelidade a situação de dependência absoluta – sociedade ***subsidiária integral***.

A relação de domínio total superveniente é naturalmente aquela que ocorre em vida da sociedade e que se verifica desde que ela venha efectivamente a adquirir mais de 90% das participações sociais de outra sociedade. Nesta situação, as sociedades constituem-se e funcionam com pluralidade de sócios, mas acabam por ver o respectivo capital detido na totalidade ou na quase totalidade (*maxime*, pelo menos, 90%) por uma única entidade.

O domínio superveniente[1162], para ser especialmente relevante, pressupõe a detenção de 90% das participações (arts. 489.º, 490.º e 541.º), tal como a chamada OPA potestativa relativamente aos valores mobiliários representativos do capital das sociedades abertas (cfr. art. 194.º do CVM).

O que fazer quando uma sociedade verifica que se tornou titular de, pelo menos, 90% do capital de outra sociedade?

A lei prevê as atitudes que possam ser tomadas a esse propósito, admitindo que a sociedade dominante adquira forçadamente o capital social remanescente (cfr. art. 490.º, em especial n.º 3[1163])[1164].

[1162] Repare-se que não estamos aqui a equacionar uma situação de simples controlo.

[1163] Esta disposição legal foi alterada pelo DL 76-A/2006, uma vez que a aquisição forçada deixa de se processar por escritura pública, passando a estar *sujeita* apenas *a registo por depósito e publicação.*

[1164] Cfr. na doutrina portuguesa – que nos últimos anos dedicou especial atenção a esta questão – (por ordem alfabética do último nome), ANA RITA GOMES DE ANDRADE, *A Responsabilidade da Sociedade Totalmente Dominante*, Almedina, Coimbra, **2009**, pp. 60 62, ANA FILIPA MORAIS ANTUNES, «O instituto da aquisição tendente ao domínio total (artigo 490.º do CSC): um exemplo de uma "expropriação legal" dos direitos dos minoritários», AA.VV., *Nos 20 anos do Código das Sociedades Comerciais. Homenagem aos Profs. Doutores A. Ferrer Correia, Orlando de Carvalho e Vasco Lobo Xavier*, vol. II – *Vária*, Coimbra Editora, **2007** (pp. 203-253) (existe separata), JOSÉ A. ENGRÁCIA ANTUNES, *A aquisição tendente ao domínio total. Da sua constitucionalidade*, Coimbra Editora, Coimbra, **2001**, «O artigo 490.º do CSC e a lei fundamental», AA.VV., *Estudos em comemoração dos cinco anos (1995-2000) da Faculdade de Direito da Universidade do Porto*, Coimbra Editora, **2001** (pp. 147-276), MENEZES CORDEIRO, «Da constitucionalidade das aquisições tendentes ao domínio total (art. 490.º, n.º 3 do Código das Sociedades Comerciais), *BMJ* n.º 480, **1998** (pp. 5-30), e «Aquisições tendentes ao domínio total: constitucionalidade e efectivação da consignação em depósito (art. 490.º, n.os 3 e 4,

Neste caso, haverá que distinguir duas situações, consoante a sociedade seja aberta ou não, embora as razões de fundo sejam idênticas, numa e noutra.

Na realidade, se um sócio detiver efectivamente menos de 10% de uma sociedade comercial e existir outro sócio (que seja uma sociedade anónima) que detenha mais de 90%, a participação do primeiro tem pouco interesse, pois pouco pode fazer com ela. Então a lei, por um lado, assegura ao sócio minoritário, que se encontra numa situação de clara inferioridade, o afastamento da sociedade, realizando a sua participação social por um preço justo, e por outro lado, garante à própria sociedade-sócia maioritária (que, entretanto, tenha adquirido mais de 90% do capital) que, tendo interesse nisso, consolide uma posição de domínio total[1165], adquirindo as participações minoritárias, mesmo contra a vontade dos respectivos titulares, e desse modo afastando os accionistas minoritários.

Esta ideia dos 90% é bastante interessante e poderá, inclusivamente, ser utilizada como critério adequado a constituir o limite máximo razoável para condicionarmos a alterabilidade do contrato de sociedade, uma vez que a lei entende que, para situações de domínio, 90% é exactamente a fasquia adequada acima da qual tem de haver regras específicas que protejam interesses completamente divergentes.

No que toca às sociedades abertas, se, na sequência de uma OPA geral lançada – ou de uma qualquer oferta pública –, o oferente se torna titular de mais de 90% dos direitos de voto correspondentes às acções da visada, ele poderá lançar uma OPA tendente a aquisição da totalidade do capital desta (cfr. art. 194.º, n.º 1). Não o fazendo, poderão os accionistas

---

do Código das Sociedades Comerciais», *O Direito*, ano 137, III, **2005** (pp. 449-463), Coutinho de Abreu/Soveral Martins, *Grupos de Sociedades. Aquisições tendentes ao domínio total*, Almedina, Coimbra, **2003**, Soveral Martins, *Cláusulas do contrato de sociedade que limitam a transmissibilidade de acções*, Almedina, Coimbra, **2006**, pp. 281-287 e 407, Maria Mariana de Melo Egídio Pereira, «A aquisição tendente ao domínio total. Breves reflexões sobre o artigo 490.º do Código das Sociedades Comerciais», *O Direito*, ano 140.º, IV, **2008** (pp. 923-968), José Menéres Pimentel, «O art. 490.º, n.º 3, do Código das Sociedades Comerciais será inconstitucional?», AA.VV., *Estudos em homenagem a Cunha Rodrigues*, vol. II, Coimbra Editora, **2001** (pp. 515-526), Hugo Moredo Santos, «Aquisição tendente ao domínio total de Sociedades Abertas», AA.VV., *Direito dos Valores Mobiliários*, vol. VII, Coimbra Editora, **2007** (pp. 275-402) (existe sep.), e João Calvão da Silva, «Consignação em depósito e aquisição tendente ao domínio total de sociedade», *RLJ*, ano 138.º, n.º 3957, **2009** (pp. 350-383), pp. 359-383.

[1165] Se a sociedade adquirir o domínio total superveniente (100%), então ela dispõe de seis meses para optar entre uma das medidas previstas no art. 489.º, n.º 2.

titulares das acções remanescentes exigir que o oferente adquira essas acções, devendo a contrapartida ser calculada nos termos previstos na lei (cfr. art. 196.º, n.º 1).

Podemos, pois, nesta matéria, de aquisição tendente ao domínio total, estabelecer uma relação entre a regulamentação do Código dos Valores Mobiliários (arts. 194.º a 197.º) e o disposto no Código das Sociedades Comerciais (art. 490.º), em que se prevê idêntica solução (com prazos distintos) – que hoje é aparentemente aplicável apenas às sociedades anónimas não abertas –, embora não sujeita a oferta pública prévia, e que foi inicialmente objecto de censura pelos tribunais nacionais, que concluíram então pela inconstitucionalidade dessa regra, com fundamento em implicar um esbulho da propriedade e, consequentemente, legitimar a violação do direito (constitucional) de propriedade privada[1166].

Do confronto dos dois regimes, somos levados a tecer as seguintes considerações.

A priori não é fácil aceitar que, relativamente a uma sociedade aberta, quem ultrapassasse o limite (mínimo) de 90% teria direito a lançar uma OPA, mesmo contra a vontade dos titulares das acções remanescentes da visada, enquanto um accionista de sociedade anónima simples que se encontrasse na mesma situação (titularidade de, pelo menos, 90%) estaria a violar um preceito constitucional, caso se propusesse adquirir as acções sobrantes, numa situação em que também os minoritários teriam o direito de alienação potestativa das suas acções (cfr. art. 490.º, n.º 5 do CSC).

Entendemos, em qualquer circunstância – e acompanhados pela jurisprudência mais recente[1167] e, decisivamente, pelo Acórdão do Tribunal Constitucional n.º 491/2002, de 26 de Novembro[1168] –, que o disposto no artigo

---

[1166] Esta questão encontra-se hoje resolvida pelo **Acórdão do Tribunal Constitucional n.º 491/2002**, de 26 de Novembro (Paulo Mota Pinto) (publ. no DR II Série n.º 18, de 22 de Janeiro de 2003), que conclui pela não inconstitucionalidade da regra legal em causa.

[1167] Neste sentido, e concluindo pela não inconstitucionalidade do n.º 3 do art. 490.º (aquisição tendente ao domínio total), vd. os **Acórdãos da Relação de Lisboa de 6 de Junho de 2002** (Eduardo Sousa Magalhães) (*CJ* ano XXVII, t. III, 2002, pp. 92-96), e **de 29 de Outubro de 2002** (Abrantes Geraldes) (*CJ*, ano XXVII, t. IV, 2002, pp. 106-119), e os **Acórdãos do STJ de 10 de Abril de 2003** (Moitinho de Almeida) (*CJ/AcSTJ*, ano XI, t. 2, 2003, pp. 26-28), e **de 3 de Fevereiro de 2005** (Oliveira Barros) (*CJ/AcSTJ*, ano XIII, t. 1, 2005, pp. 64-71).

[1168] Publ. no DR II Série n.º 18, de 22 de Janeiro de 2003.

490.º, n.º 3 do CSC não é inconstitucional, não pondo em causa os princípios da igualdade, da iniciativa privada ou da propriedade privada, consagrados na nossa lei fundamental.

Admitimos, pois, a aquisição potestativa tendente ao domínio total, sem distinção, desde que a mesma pressuponha um preço justo da contrapartida oferecida e, consequentemente, a atribuição ao accionista minoritário de uma indemnização compatível com os valores mobiliários sacrificados. Tal possibilidade deve ser entendida, para todos os efeitos, como uma consequência do normal funcionamento de uma sociedade anónima, em operação de concentração do respectivo capital.

39.5.3.3. *Sociedades em relação de grupo paritário*

Encontram-se também sob direcção unitária comum as sociedades referidas no art. 492.º, isto é, aquelas que, não dependendo uma da outra, nem de terceiros, aceitam submeter-se contratualmente a uma direcção comum, consubstanciada numa terceira entidade com o poder de direcção. As sociedades que se encontram nesta situação designam-se **sociedades em relação de grupo paritário**.

O que caracteriza estas sociedades é tratar-se de uma terceira entidade a dirigir (unitariamente) o conjunto.

39.5.3.4. *Sociedades em relação de subordinação*

Finalmente, há uma terceira situação, em que não é necessário haver domínio; simplesmente subordina-se a gestão a outra sociedade, dominante ou não (art. 493.º).

Pode suceder que, por várias razões, inclusivamente com base em acordos parassociais, haja uma sociedade que, não detendo participação significativa no capital de outra (que se designa sociedade subordinada), condicione efectivamente o modo de gerir a seguir.

Neste caso não estamos perante uma situação triangular, como no caso das sociedades em relação de grupo paritário, mas subsiste o denominador comum às três situações descritas, que é o de existir uma entidade que tem uma direcção unitária sobre a actividade de outra(s).

40. Sociedades Gestoras de Participações Sociais[1169]

40.1. Conceito e caracterização

As Sociedades Gestoras de Participações Sociais (SGPS) são, por natureza, as sociedades vocacionadas para a gestão de participações noutras sociedades, como forma indirecta do exercício da actividade económica (sendo, aliás, este o único objecto social admissível). Podem adoptar a forma de sociedade por quotas ou de sociedade anónima, não existindo nenhuma formalidade especial para a sua constituição.

As SGPS são reguladas pelo Decreto-Lei n.º 495/88, de 30 de Dezembro (redacção dos DL 318/94, de 24 de Dezembro, e 378/98, de 27 de Novembro, e da Lei n.º 109-B/2001, 27 de Dezembro)[1170], e subsidiariamente pelo disposto no Código das Sociedades Comerciais, nomeadamente pelas regras constantes do Título VI (referente às Sociedades Coligadas).

As **SGPS**, também conhecidas por *holdings*, caracterizam-se por terem como objecto social exclusivo «*a gestão de participações sociais de outras sociedades*[1171]*, como forma indirecta de exercício de actividades económicas*» (art. 1.º, n.º 1); sendo a participação considerada forma

---

[1169] Vd. José A. Engrácia Antunes, «As Sociedades Gestoras de Participações Sociais», *DSR*, ano 1, vol, 1, Março **2009** (pp. 77-113).

Sobre SGPS – tema que tem vindo a ser abordado numa perspectiva mais prática e económica do que jurídica –, sugere-se ainda a consulta de Vasco da Gama Lobo Xavier / Carlos Osório de Castro, «Limites à aquisição de participações sociais por sociedades gestoras», *RDES*, ano XXXII, n.os 1/2/3/4, **1990** (p. 1-16), Nuno Brito Lopes, «Os aspectos jurídico-societários das SGPS», *ROA*, ano 58, III, Lisboa, **1998** (pp. 1177-1208), Antonio Borges / João Carlos Monteiro De Macedo, *Sociedades Gestoras de Participações Sociais. Aspectos Jurídicos, Fiscais e Contabilísticos*, 3ª ed., Áreas Editora, **2002,** e Tiago Caiado Guerreiro, *O novo regime fiscal das SGPS*, Vida Económica, Lisboa, **2003.**

O texto da 1ª edição do presente livro foi parcialmente inspirado nos nossos artigos publicados no *Diário Económico*, de 1, 16 e 31 de Julho de 2003.

[1170] A que se reportam todas as disposições legais citadas que não estiverem especialmente referenciadas neste número.

[1171] O conceito legal é tautológico, na parte em que se refere às «*participações sociais de outras sociedades*», sendo suficiente que se tivesse referido a "participações sociais", uma vez que estas são participações necessariamente em (outras) sociedades.

indirecta de actividade económica da sociedade participada quando for detida por período superior a um ano e represente, directa ou indirectamente, pelo menos 10% do capital (com voto) da participada (cfr. art. 1.º, n.ºs 2 e 3).

Do exposto resulta que as SGPS pressupõem, na respectiva qualificação, dois requisitos que as afastam decisivamente de sociedades comerciais que, pontualmente, possam realizar investimentos financeiros em participações sociais ou que se constituam com objectivos de pura especulação económica: as participações, por um lado, devem ser estáveis e, por outro, devem revestir importância significativa no capital das sociedades participadas. Estabilidade e concentração do investimento serão, pois, dois factores relevantes a ponderar na constituição de uma SGPS.

No entanto, nem todas as participações têm de estar sujeitas a esses princípios da forma rígida como foram acima enunciados. Com efeito, a lei (arts. 1.º, n.º 4 e 3.º, n.º 3) admite que uma SGPS detenha participações ocasionais e/ou inferiores a 10% do capital (com voto) da sociedade participada sempre que:

a) Tais participações não ultrapassem 30% do valor total das participações iguais ou superiores a 10% do capital social (com voto) das participadas – e que se encontrem «*incluídas nos investimentos financeiros constantes do último balanço aprovado*»;
b) A participação tenha sido adquirida, pelo menos, por € 4.987.978,97[1172];
c) Tais participações tenham sido adquiridas por efeito de fusão ou cisão da participada;
d) Tal participação ocorra em sociedade em relação de subordinação (contratualmente titulada) com a SGPS.

Por sua vez, a lei não estabelece excepções para a aquisição e detenção ocasional (a que ocorre por período igual ou inferior a um ano) de participações, embora tão pouco estabeleça sanções para a inobservância da regra da estabilidade. Simplesmente, os efeitos tributários (favoráveis) resultantes da adopção do objecto e espécie de sociedade gestora de participação social estão dependentes do cumprimento desse requisito.

No que se refere à eventual infracção da regra da concentração, a lei prevê sanções de carácter pecuniário e, inclusivamente, a susceptibilidade

[1172] 1 milhão de contos, até 31 de Dezembro de 2001.

de dissolução da própria sociedade quando tal infracção não for oportunamente regularizada (nesse sentido arts. 13.º, n.os 1 e 2, e 3.º, n.os 5 e 6 do Decreto-Lei n.º 495/88, de 30 de Dezembro). Com efeito, e a título exemplificativo, refira-se que sempre que as participações ocasionais e, ou, inferiores a 10% do capital (com voto) da sociedade participada ultrapassem 30% do valor total das participações iguais ou superiores a 10% do capital social (com voto) das participadas – «*incluídas nos investimentos financeiros constantes do último balanço aprovado*» –, tal situação deverá «*ser regularizada no prazo de seis meses*» a contar da data em que ocorra, não obstante a eventual aplicação de coima (cfr. art. 3.º, n.º 5). Excepcionalmente, esse prazo poderá ser prorrogado pelo Ministro das Finanças, a requerimento da SGPS interessada (cfr. art. 3.º, n.º 6).

Quanto ao eventual cruzamento de participações, o mesmo não é permitido, sendo expressamente vedado a uma participada adquirir acções e quotas da sua *holding* ou de uma *holding* da sua (sub) *holding*, salvo se o fizer no âmbito do processo executivo (cfr. art. 5.º, n.º 1, *alínea b) in fine*). No entanto, nada impede que a SGPS seja anteriormente participada por sociedade (que não seja gestora de participações sociais) na qual irá agora participar.

O contrato de sociedade gestora de participações sociais habitualmente não estabelece qualquer limitação em função da natureza, objecto, nacionalidade ou montante das participações a adquirir pela sociedade, embora o possa fazer, se nisso os sócios (accionistas) tiverem interesse, designadamente porque podem pretender restringir o âmbito da actividade da sociedade ao espaço jurídico nacional (cfr. art. 3.º, n.º 2) ou agruparem as participações em diferentes SGPS, nesse caso com o carácter de *sub-holdings*, vocacionadas para a gestão de participações de objecto de diferente natureza (por exemplo, *sub-holding* para actividade financeira, *sub-holding* para actividade industrial e *sub-holding* para a actividade turística).

40.2. **Actividades acessórias e limitações legais**

Para além do exercício da sua actividade de compra, gestão e venda de participações financeiras, cujo resultado se determinará essencialmente pelos dividendos e lucros recebidos das respectivas participadas e mais-valias realizadas com a alienação das participações detidas, as SGPS apenas poderão prestar serviços técnicos remunerados de gestão e administração às sociedades participadas (ou subordinadas) (cfr. art. 4.º, n.º 1).

Tais serviços deverão constar de contrato escrito (cfr. art. 4.º, n.º 2), ser remunerados em conformidade com a disponibilidades das participadas e com a respectiva complexidade, não se devendo, em princípio, confundir com a remuneração dos administradores ou gerentes da participada pelo desempenho das suas funções.

A especificidade e exclusividade do objecto das SGPS, que encontra contrapartida adequada na tutela jurídico-fiscal de que beneficiam[1173], explica as inúmeras limitações legais, de carácter substantivo. Assim, no âmbito da sua actividade, as SGPS não poderão:

- *adquirir ou manter na sua titularidade imóveis*, com excepção dos que careçam para a *sua própria instalação* ou de sociedades participadas (não podendo o valor contabilístico de aquisição desses imóveis *exceder 25%* dos capitais próprios da SGPS), dos *adquiridos por adjudicação em acção executiva movida contra os seus devedores e* dos *provenientes de liquidação de sociedades suas participadas, por transmissão global* (cfr. art. 5.º, n.os 1, *alínea a)*, e 6);
- *alienar ou onerar*[1174] *as participações* detidas *antes de decorrido um ano sobre a sua aquisição*, salvo *se a alienação for feita por troca ou o produto da alienação for reinvestido no prazo de seis meses noutras participações* ou se o adquirente for uma sociedade *dominada pela SGPS* (cfr. art. 5.º, n.º 1, *alínea b)*);
- *conceder crédito, excepto* a *sociedades por elas dominadas ou* a sociedades *em que detenham participações*. E mesmo neste caso, o crédito concedido não poderá exceder o valor da participação espelhada no último balanço aprovado, salvo se objecto de contrato de suprimento (cfr. art. 5.º, n.os 1, *alínea c)*, e 2).

[1173] Cfr., em especial, o art. 31.º do Estatuto dos Benefícios Fiscais.

[1174] Admitindo que, não obstante a letra da lei, seja possível onerar – *maxime* empenhar – participações detidas há menos de um ano se a respectiva oneração revelar que tais participações são detidas com carácter de estabilidade, Tiago Soares da Fonseca, *O penhor de acções*, 2ª ed. cit, **2007**, pp. 37-43.

Tendemos a concordar com Soares da Fonseca, desde que o prazo da oneração assegure ao devedor a titularidade das acções por um período mínimo de um ano, em observância do princípio da estabilidade. Para além de respeitar o espírito da disciplina das SGPS, há que encontrar um sentido compatível com o rigor do respectivo regime jurídico.

Importa salientar que quer as SGPS, quer as participadas beneficiárias de concessão de crédito, eventualmente sob a forma de suprimentos, deverão referenciar as situações activas e passivas e os contratos entre si celebrados nos respectivos documentos de prestação de contas (cfr. art. 5.º, n.º 4).

A lei não impede que as SGPS sejam, pontualmente, beneficiárias de operações de tesouraria efectuadas por participadas (em relação de domínio ou de grupo) (cfr. art. 5.º, n.º 3).

40.3. **Confronto com outras sociedades comerciais**

No que respeita a aspectos de carácter estritamente jurídico-comercial, refira-se ainda o seguinte:

As SGPS não apresentam, relativamente às demais sociedades comerciais, particularidades na composição e designação dos respectivos órgãos de administração, aplicando-se-lhes sem limitações o disposto no Código das Sociedades Comerciais. Caracterizando-se por deterem participações noutras sociedades, que gerem, caberá à sua administração, ou gerência, proceder à designação de administradores ou gerentes nas sociedades participadas.

No que respeita em particular ao controlo da actividade das SGPS, importa realçar que, qualquer que seja o seu tipo (SA ou SPQ), as SGPS estão sujeitas a fiscalização interna, devendo designar com carácter de permanência um ROC ou uma SROC, se o(a) mesmo(a) não integrar já um órgão social (cfr. art. 10.º, n.º 2); razão pela qual não se vislumbra existirem especiais vantagens na escolha do tipo de sociedade por quotas.

Finalmente, o controlo externo da actividade destas sociedades é da competência da Inspecção-Geral de Finanças, a quem cabe comprovar – pela análise do «*inventário de partes de capital incluídas nos investimentos financeiros constantes do último balanço aprovado*» (art. 9.º, n.º 2), que lhe deve ser anualmente enviado até 30 de Junho – eventual inobservância do limite mínimo da participação e dos casos de excepção; situação(ões) que, a ocorrer(em), se reconduz(em) a «*contra-ordenação punível com coima entre € 498,80 e € 9.975,96, no caso de negligência, e entre € 498,80 e € 19.951,92, no caso de dolo*» (art. 13.º, n.º 1).

40.4. **Diferenciação (entre SGPS e grupo de sociedades)**

Enunciados sumariamente os regimes jurídicos das SGPS e das sociedades em relação de grupo, refira-se que as primeiras se distinguem claramente das segundas pelo respectivo objecto que se reconduz exclusivamente à *gestão de participações sociais de outras sociedades* (como forma indirecta de exercício de actividades económicas), enquanto as segundas têm por objecto uma actividade económica directa, exercendo uma actividade comercial, sem prejuízo de poderem deter participações sociais alheias.

Vimos também que as SGPS se dedicam quase exclusivamente a gerir participações noutras sociedades, e o devem fazer com algum carácter de estabilidade e de permanência, de tal modo que a sua participação nessas outras sociedades seja, pelo menos, correspondente a 10% do respectivo capital. Quer dizer, não são sociedades com vocação para comprar, aqui e ali, uma e outra acção.

Ao gerir participações sociais, ao adquiri-las, ao mantê-las, recebendo os respectivos rendimentos, e depois, eventualmente, ao aliená-las, a SGPS tem por objecto uma actividade económica indirecta através dessas participações; ela não exerce directamente uma actividade de natureza comercial ou industrial. E é este aspecto que, precisamente, as distingue das sociedades (comerciais) coligadas, as quais participam umas nas outras, mas prosseguem principalmente uma actividade comercial ou industrial específica, portanto perfeitamente determinada.

40.5. **Enquadramento jurídico-fiscal das SGPS**

As sociedades gestoras de participações sociais deparam com inúmeras limitações à respectiva capacidade, decorrentes da especificidade e exclusividade do respectivo objecto – *gestão de participações sociais* como forma indirecta de exercício da actividade económica (cfr. art. 1.º, n.º 1 do DL 495/88, de 30 de Dezembro) –, mas que são compensadas por um regime tributário mais favorável do que o aplicável às sociedades comerciais que têm por objecto o exercício directo da actividade económica.

Vejamos então, a encerrar este capítulo, quais os benefícios mais relevantes de que desfrutam as SGPS e que justificam que o empresário opte por organizar a sua actividade por recurso a esta espécie societária, em detrimento de optar por uma sociedade *holding* impura, que tenha objecto comercial.

As SGPS são tributadas, em sede de IRC, pelo rendimento da respectiva actividade, havendo a possibilidade de aplicar a regra de eliminação da dupla tributação dos lucros distribuídos pelas suas participadas – independentemente dos requisitos normalmente exigidos às demais sociedades quanto à percentagem ou valor da participação –, cuja actividade terá, entretanto, sido tributada em IRC (cfr. art. 51.º, n.º 1 do CIRC, aplicável *ex vi* art. 32.º, n.º 1 do EBF).

Por sua vez, as mais-valias e menos-valias (isto é, os ganhos e perdas) realizadas por estas sociedades com a alienação de participações sociais (*partes de capital*) que integrem com estabilidade a respectiva carteira – ou seja, detidas há pelo menos um ano – não concorrem para a formação do respectivo lucro tributável, desde que tais participações não tenham sido adquiridas a entidades com as quais a SGPS tinha *relações especiais*[1175] (cfr. art. 32.º, n.os 2 e 3 do EBF).

Caso a SGPS adquira a participação a uma entidade com a qual tenha relações especiais ou resulte da transformação de uma sociedade comercial comum, então ela deverá deter a participação por um período mínimo de três anos antes de a alienar (cfr. art. 32.º, n.º 3 do EBF), se pretender beneficiar do regime fiscal (aplicável às mais-valias e menos-valias) acima descrito.

Finalmente, há que salientar que, sempre que aproveitem daquele regime fiscal, as SGPS não podem deduzir fiscalmente os encargos financeiros – designadamente juros – suportados com vista à aquisição de participações sociais (cfr. art. 32.º, n.º 2 *in fine* do EBF).

A terminar, diga-se que o investidor que recorre à estruturação de um veículo societário para realizar um determinado negócio tem de ponderar, entre outros aspectos, a eventual existência de *relações especiais* com os seus parceiros comerciais, a duração do seu investimento e o tipo de financiamento a que recorre, para decidir qual é o tipo mais adequado de sociedade a constituir.

[1175] Sobre a caracterização das *relações especiais*, cfr., *supra*, n.º 23.3.3.2.

BIBLIOGRAFIA[1176]

NACIONAL

I) OBRAS GERAIS

AA.VV. – *Estudos de Direito das Sociedades*, coordenação de J. M. Coutinho de Abreu, 9ª ed., Almedina, Coimbra, **2008**.

– *Novas perspectivas do Direito Comercial*, Coimbra, Almedina, **1988**.

– *Nos 20 anos do Código das Sociedades Comerciais. Homenagem aos Profs. Doutores A. Ferrer Correia, Orlando de Carvalho e Vasco Lobo Xavier*, vol. I – *Congresso Empresas e Sociedades*, Coimbra Editora, **2007**.

– *Nos 20 anos do Código das Sociedades Comerciais. Homenagem aos Profs. Doutores A. Ferrer Correia, Orlando de Carvalho e Vasco Lobo Xavier*, vol. II – *Vária*, Coimbra Editora, **2007**.

– *Nos 20 anos do Código das Sociedades Comerciais. Homenagem aos Profs. Doutores A. Ferrer Correia, Orlando de Carvalho e Vasco Lobo Xavier*, vol. III – *Vária*, Coimbra Editora, **2007**.

– *Os quinze anos de vigência do Código das Sociedades Comerciais*, coord. por A. Ferrer Correia, Fundação Bissaya Barreto, Instituto Superior Bissaya Barreto, **2003**.

[1176] Apenas recenseamos as obras e os estudos nacionais citados ao longo do livro, apesar de a investigação subjacente ter abrangido outros títulos. Quanto à bibliografia estrangeira, indicamos – a título meramente exemplificativo –, para além da que se encontra referenciada nas notas, outros autores que não considerámos essencial citar, apesar da sua relevância.

Na presente lista, os autores são referenciados por ordem alfabética do seu último apelido (com excepção de autores espanhóis) e, em nota de rodapé, são indicados também por ordem cronológica das respectivas publicações ou aleatoriamente com base numa escolha necessariamente pessoal.

– *Problemas do Direito das Sociedades,* IDET / Almedina, Coimbra, **2002**.
– *Reformas do Código das Sociedades*, IDET, Colóquios n.º 3, Almedina, Coimbra, **2007**.
– *Temas societários*, IDET, Colóquios n.º 2, Almedina, Coimbra, **2006**.
ABREU, JORGE MANUEL COUTINHO DE – *Curso de Direito Comercial*, vol. II – *Das Sociedades*, 3ª ed., Almedina, Coimbra, **2009**.
ALMEIDA, ANTÓNIO PEREIRA DE – *Sociedades Comerciais e Valores Mobiliários*, 5ª ed., Coimbra Editora, **2008**.
ANTUNES, JOSÉ ENGRÁCIA – *Direito das Sociedades*, ed. autor, **2010**.
ASCENSÃO, JOSÉ DE OLIVEIRA – *Direito Comercial*, vol. IV (*Sociedades Comerciais*) (Lições Policopiadas), Lisboa, **1993.**
CORDEIRO, ANTÓNIO MENEZES – *Manual de Direito das Sociedades,* vol. I, *Das Sociedades em Geral*, 2ª ed., Almedina, Coimbra, **2007**.
– *Manual de Direito das Sociedades*, vol. II, *Das Sociedades em Especial*, 2ª ed., Almedina, Coimbra, **2007.**
CORREIA, LUÍS BRITO – *Direito Comercial*, 2.º vol. (Sociedades Comerciais), AAFDL, Lisboa, **1989.**
– *Direito Comercial*, 3.º vol. (Deliberações dos Sócios), AAFDL, Lisboa, **1990**.
CORREIA, MIGUEL J.A. PUPO – *Direito Comercial. Direito da Empresa*, 11ª ed. (com a colab. de António José Tomás e Octávio Castelo Paulo), Lisboa, **2009.**
FURTADO, JORGE HENRIQUE PINTO – *Curso de Direito das Sociedades*, 5ª edição, Almedina, Coimbra, **2004**.
SERRA, CATARINA – *Direito Comercial. Noções fundamentais*, Coimbra Editora, **2009**.

II) TEXTOS DE CARÁCTER PEDAGÓGICO

CUNHA, PAULO OLAVO – *Direito Comercial II – Sociedades Anónimas* (Sumários de lições polic.), 2ª ed., AAFDL, Lisboa, **1994**.
SENDIN, PAULO – Lições sobre Sociedades Comerciais, **s/d** (mas divulgadas em 1984).
– *Lições de Direito Comercial*, vol. II, *Sociedades Comerciais* (Lições Fotocopiadas), Centro de Publicações da U.C.P., **1995/96**.
XAVIER, VASCO DA GAMA LOBO – *Sociedades Comerciais* [Lições polic. (apenas 54 pp.)], Coimbra, **1987**.

III) COMENTÁRIOS[1177]

CORDEIRO, ANTÓNIO MENEZES – *Código das Sociedades Comerciais Anotado*, coord. por António Menezes Cordeiro, Almedina, Coimbra, **2009**.

FURTADO, J. PINTO – *Comentário ao Código das Sociedades Comerciais. Âmbito de aplicação. Personalidade e capacidade. Celebração do contrato e registo. Artigos 1º a 19º*, Almedina, Coimbra, **2009**.

– *Deliberações dos Sócios* (Comentário ao CSC), Almedina, Coimbra, **1993**.

SANTOS, FILIPE CASSIANO DOS – *A Sociedade Unipessoal por Quotas. Comentários e anotações aos artigos 270º-A a 270º-G do Código das Sociedades Comerciais*, Coimbra Editora, **2009.**

TRIUNFANTE, ARMANDO Manuel – *Código das Sociedades Comerciais Anotado*, Coimbra Editora, **2007**.

VENTURA, RAÚL – *Alterações do Contrato de Sociedade*, 2ª ed. (Comentário ao CSC), Almedina, Coimbra, **1988**.

– *Dissolução e Liquidação de Sociedades* (Comentário ao CSC), Almedina, Coimbra, **1987**.

– *Sociedades por Quotas*, vols. I (2ª ed.), II e III (Comentário ao CSC), Almedina, Coimbra, **1989/1991**.

– *Fusão, Cisão, Transformação de Sociedades* (Comentário ao CSC), Almedina, Coimbra, **1990**.

– *Estudos vários sobre Sociedades Anónimas* (Comentário ao CSC), Almedina, Coimbra, **1992**.

– *Novos estudos sobre Sociedades Anónimas e Sociedades em Nome Colectivo* (Comentário ao CSC), Almedina, Coimbra, **1994**.

IV) MONOGRAFIAS, ESTUDOS E ANOTAÇÕES[1178]

AA.VV. – *A Reforma do Código das Sociedades Comerciais. Jornadas em Homenagem ao Professor Doutor Raúl Ventura*, coord. por António Menezes Cordeiro e Paulo Câmara, Almedina, Coimbra, **2007.**

– *Cessão de Quotas. "Desformalização" e Registo por Depósito*, IDET, Colóquios n.º 4, Almedina, Coimbra, **2009**.

– *Código das Sociedades Comerciais e Governo das Sociedades*, Almedina, Coimbra, **2008.**

Conflito de Interesses no Direito Societário e Financeiro. *Um balanço a partir da Crise Financeira*, Almedina, Coimbra, **2010.**

[1177] Sobre o Código das Sociedades Comerciais.

[1178] Posteriores ao Código das Sociedades Comerciais (1986).

– *Jornadas – Sociedades Abertas, Valores Mobiliários e Intermediação Financeira*, coord. Maria de Fátima Ribeiro, Almedina, Coimbra, **2007.**
– *Livro Branco sobre Corporate Governance em Portugal*, Instituto Português de Corporate Governance, **2006.**

ABREU, JORGE MANUEL COUTINHO DE – *Da empresarialidade (As empresas no Direito)*, Almedina, Coimbra, **1996**.
– «Constituição das Sociedades Comerciais», *BFD*, vol. LXXV, Coimbra, **1999** (pp. 121-143).
– «Suprimentos», AA.VV., *Estudos em Homenagem ao Prof. Doutor Raúl Ventura*, vol. II, Faculdade de Direito da Universidade de Lisboa, **2003** (pp. 71-80).
– *Governação das Sociedades Comerciais*, 2ª ed., Almedina, Coimbra, **2010**.
– «Deveres de cuidado e de lealdade dos administradores e interesse social», AA.VV., *Reformas do Código das Sociedades*, IDET, Colóquios n.º 3, Almedina, Coimbra, **2007** (pp. 15-47).
– *Responsabilidade civil dos administradores de sociedades*, IDET / Cadernos n.º 5 / Almedina, **2007.**
– «Vinculação das sociedades comerciais», AA.VV., *Estudos em Honra do Professor Doutor José de Oliveira Ascensão*, vol. II, Almedina, Coimbra, **2008** (pp. 1213-1252).
– «Diálogos com a Jurisprudência, I – Deliberações dos Sócios Abusivas e Contrárias aos Bons Costumes», *DSR*, ano 1, vol, 1, Março **2009** (pp. 33-47).
– «Diálogos com a Jurisprudência, II – Responsabilidade dos administradores para com os credores sociais e desconsideração da personalidade jurídica», *DSR*, ano 2, vol, 3, **2010** (pp. 49-64).

—/ ALEXANDRE SOVERAL MARTINS – *Grupos de Sociedades. Aquisições tendentes ao domínio total,* Almedina, Coimbra, **2003**.

—/ ELISABETE RAMOS – Responsabilidade civil de administradores e de sócios controladores, AAVV, *Miscelâneas*, n.º 3, IDET, Almedina, **2004** (pp. 9-55).
– «Administradores e trabalhadores de sociedades (cúmulos e não)», AA.VV., *Temas societários*, IDET, Colóquios n.º 2, Almedina, Coimbra, **2006** (pp. 9-21).

ALBUQUERQUE, PEDRO DE – *Direito de Preferência dos Sócios em Aumentos de Capital nas Sociedades Anónimas e por Quotas*, Almedina, Coimbra, **1993**.
– «A vinculação das sociedades comerciais por garantia de dívidas de terceiro», *ROA*, ano 55, II, Lisboa, **1995** (pp. 689-711).
– «Da prestação de garantias por sociedades comerciais a dívidas de outras entidades», *ROA*, ano 57, I, Lisboa, **1997** (pp. 69-147).

– *Os limites à pluriocupação dos membros do conselho geral e de supervisão e do conselho fiscal*, Almedina, Coimbra, **2007**.

—/ Maria de Lurdes Pereira – *As "golden shares" do Estado português em empresas privatizadas: limites à sua admissibilidade e exercício*, Coimbra Editora, **2006**.

Albuquerque, Rita – «A vinculação das sociedades anónimas e a limitação dos poderes de representação dos administradores», *O Direito*, ano 139.º, I, **2007** (pp. 103-140).

Almeida, António Pereira de – *Sociedade por Quotas*, Lisboa, **1988.**

– «Estrutura organizatória das sociedades», AA.VV., *Problemas do Direito das Sociedades*, Almedina, Coimbra, **2002** (pp. 95-118).

– «A relevância dos vícios do voto nas deliberações sociais», AA.VV., *Estudos em Homenagem ao Professor Doutor Inocêncio Galvão Teles*, vol. IV, Almedina, Coimbra, **2003** (pp. 637-657).

– «Os administradores independentes», AA.VV., *A Reforma do Código das Sociedades Comerciais. Jornadas em Homenagem ao Professor Doutor Raúl Ventura*, coord. por António Menezes Cordeiro e Paulo Câmara, Almedina, Coimbra, **2007** (pp. 153-172).

Almeida, Carlos Ferreira de – «Registo de valores mobiliários», AA.VV., *Estudos em Memória do Prof. Doutor António Marques dos Santos,* vol. I, Almedina, Coimbra, **2005** (pp. 873-960).

Almeida, Cláudia Pereira de – *Relevância da causa na circulação das acções das sociedades anónimas fora de mercado regulamentado*, Coimbra Editora, **2007**.

Almeida, L.P. Moitinho – *Anulação e suspensão de deliberações sociais*, 4ª ed., Coimbra Editora, Coimbra, **2003**.

Andrade, Daniel – «O direito à informação nas sociedades por quotas e anónimas. O inquérito judicial», AA.VV., *Os quinze anos de vigência do Código das Sociedades Comerciais*, coord. por A. Ferrer Correia, Fundação Bissaya Barreto, Instituto Superior Bissaya Barreto, **2003** (pp. 101-122).

Andrade, Ana Rita Gomes de – *A Responsabilidade da Sociedade Totalmente Dominante*, Almedina, Coimbra, **2009**.

Andrade, Margarida Costa – *A locação financeira de acções e o Direito português*, Coimbra Editora, **2007.**

Antunes, Ana Filipa Morais – «O instituto da aquisição tendente ao domínio total (artigo 490.º do CSC): um exemplo de uma "expropriação legal" dos direitos dos minoritários», AA.VV., *Nos 20 anos do Código das Sociedades Comerciais. Homenagem aos Profs. Doutores A. Ferrer Correia, Orlando de Carvalho e Vasco Lobo Xavier*, vol. II – *Vária*, Coimbra Editora, **2007** (pp. 203-253) (existe separata).

Antunes, Henrique Sousa – «Algumas considerações sobre a informação nas sociedades anónimas (em especial, os artigos 288.º a 293.º do Código das

Sociedades Comerciais)», *DJ*, vol. IX, t.2, **1995**, (pp. 193-228), e vol. X, t.1, **1996** (pp. 261-304) (existe separata).

ANTUNES, JOSÉ A. ENGRÁCIA – *Os Grupos de Sociedades* (agora com o subtítulo *Estrutura e organização jurídica da empresa plurissocietária*), 2ª ed., Almedina, Coimbra, **2002**.

– *A aquisição tendente ao domínio total. Da sua constitucionalidade*, Coimbra Editora, Coimbra, **2001**.

– «O artigo 490.º do CSC e a lei fundamental», AA.VV., *Estudos em comemoração dos cinco anos (1995-2000) da Faculdade de Direito da Universidade do Porto*, Coimbra Editora, **2001** (pp. 147-276).

– «O âmbito de aplicação do sistema das sociedades coligadas», AA.VV., *Estudos em Homenagem à Professora Doutora Isabel de Magalhães Colaço*, vol. II, Almedina, Coimbra, **2002** (pp. 95-116).

– «O direito de informação nas sociedades de capitais», AA.VV., *Os quinze anos de vigência do Código das Sociedades Comerciais*, coord. por A. Ferrer Correia, Fundação Bissaya Barreto, Instituto Superior Bissaya Barreto, **2003** (pp. 45-55).

– «Autoparticipações e cômputo das participações intersocietárias», AA.VV., *Estudos em Homenagem ao Prof. Doutor Raúl Ventura*, vol. II, Faculdade de Direito da Universidade de Lisboa, **2003** (pp. 275-291).

– «Cobertura de prejuízos sociais transitados e reserva de prémio de emissão», AA.VV., *Ars Ivdicandi – Estudos em Homenagem ao Prof. Doutor António Castanheira Neves*, vol. II: *Direito Privado*, org. por Jorge de Figueiredo Dias, José Joaquim Gomes Canotilho e José de Faria Costa, Coimbra Editora, **2008** (pp. 65-85).

– «As Sociedades Gestoras de Participações Sociais», *DSR*, ano 1, vol, 1, Março **2009** (pp. 77-113).

– «O regimento do órgão de administração», *DSR*, ano 1, vol, 2, **2009** (pp. 81-95).

– «A igualdade de tratamento dos accionistas na OPA», *DSR*, ano 2, vol. 3, **2010** (pp. 87-111).

ASCENSÃO, JOSÉ DE OLIVEIRA – «Firma» (Parecer), *CJ*, ano XIII, t.4, **1988** (pp. 27-37).

– «Constituição de sociedades comerciais», *Boletim da Faculdade de Direito de Bissau*, n.º 2, 1993, pp. 197-272.

– «As acções», AA.VV., *Direito dos Valores Mobiliários,* vol. II, Instituto dos Valores Mobiliários/Coimbra Editora, Lisboa, **2000** (pp. 57-90).

– «Invalidades das deliberações dos sócios», AA.VV., *Problemas do Direito das Sociedades,* Almedina, Coimbra, **2002,** pp. 371-398 (também publicado nos *Estudos em Homenagem ao Prof. Doutor Raúl Ventura*, volume II, Coimbra Editora, **2003** (pp. 17-44).

BAPTISTA, DANIELA FARTO – *O Direito de exoneração dos accionistas* (das suas causas), Coimbra Editora, Coimbra, **2005**.

BARBOSA, NUNO – *Competência das assembleias de obrigacionistas*, Almedina, Coimbra, **2002**.

BASTOS, MIGUEL BRITO – «As consequências da aquisição ilícita de acções próprias pelas sociedades anónimas», *RDS*, ano I, N.º 1, **2009** (pp. 185-224).

BORGES, ANTÓNIO / JOÃO CARLOS MONTEIRO DE MACEDO – *Sociedades Gestoras de Participações Sociais. Aspectos Jurídicos, Fiscais e Contabilísticos*, 3ª ed., Áreas Editora, **2002**.

BRANCO, SOFIA RIBEIRO – «A representação de minorias accionistas no conselho de administração», *O Direito*, ano 136.º, IV, **2004** (pp. 687-769).

– *O Direito dos Accionistas à Informação*, Almedina, Coimbra, **2008.**

CAEIRO, ANTÓNIO – *As sociedades de pessoas no Código das Sociedades Comerciais*, sep. do número especial do BFDUC – «Estudos em Homenagem ao Prof. Doutor Eduardo Correia» – 1984, Coimbra, **1988.**

CÂMARA, PAULO – «Código de governo das sociedades», Caderno do Mercado de Valores Mobiliários, n.º 15, **2002**, 65-90.

– «Os modelos de governo das sociedades anónimas», AA.VV., *Reformas do Código das Sociedades*, IDET, Colóquios n.º 3, Almedina, Coimbra, **2007** (pp. 179-242).

– «O governo das sociedades e os deveres fiduciários dos administradores», AA.VV., *Jornadas – Sociedades Abertas, Valores Mobiliários e Intermediação Financeira*, Almedina, Coimbra, **2007** (pp. 163-179).

– «O Governo das Sociedades e a Reforma do Código das Sociedades Comerciais», AA.VV., *Código das Sociedades Comerciais e Governo das Sociedades*, Almedina, Coimbra, **2008** (pp. 9-141).

– «O Decreto-Lei nº 64-A/2009: diminuição extraordinária do valor nominal das acções», *RDS*, ano I, Nº 2, **2009** (pp. 327-338).

– «Conflito de Interesses no Direito Financeiro e Societário: Um Retrato Anatómico», AA.VV., *Conflito de Interesses no Direito Societário e* Financeiro. *Um balanço a partir da Crise Financeira*, Almedina, Coimbra, **2010** (pp. 9-74).

CARDOSO, FERNANDO – *Redução do Capital Social das Sociedades Anónimas*, Livraria Portugalmundo Editora, Lisboa, **1989**.

CASTRO, CARLOS OSÓRIO DE – «Sociedades anónimas em relação de participações recíprocas: alguns aspectos do regime legal», *RDES*, ano XXXV, n.ºs 1/2, **1989** (pp. 109-141).

– «Participação no capital das sociedades anónimas e poder de influência», *RDES*, ano XXXVI (IX da 2ª Série), n.º 4, **1994** (pp. 333-356).

– *Da prestação de garantias por sociedades a dívidas de outras entidades*, sep. da ROA, ano 56, II, Lisboa, **1996** (pp. 565-593).

– *Valores mobiliários: conceito e espécies*, 2ª ed., UCP, Porto, **1998**.

– «De novo sobre a prestação de garantias por sociedades a dívidas de outras entidades: luzes e sombras», *ROA*, ano 58, II, Lisboa, **1998** (pp. 823-858).

– «Acções preferenciais sem voto», AA.VV., *Problemas do Direito das Sociedades*, Almedina, Coimbra, **2002** (pp. 281-320).

—/ Gonçalo Andrade e Castro – «A distribuição de lucros a trabalhadores de uma sociedade anónima, por deliberação da assembleia geral», *O Direito*, ano 137.º, I, Almedina, **2005** (pp. 57-80).

Coelho, Eduardo de Melo Lucas – *Direito de voto dos accionistas nas assembleias gerais das sociedades anónimas*, Rei dos Livros, Lisboa, **1987**.

– *A formação das deliberações sociais. Assembleia geral das sociedades anónimas,* Coimbra Editora, **1994**.

– «Formas de deliberação e votação dos sócios», AA.VV., *Problemas do Direito das Sociedades*, Almedina, Coimbra, **2002** (pp. 333-370).

– «Exercícios vários acerca da presidência das assembleias especiais de categorias de accionistas», AAVV, *Estudos em Homenagem ao Prof. Doutor Raúl Ventura*, vol. II, Faculdade de Direito da Universidade de Lisboa, **2003** (pp. 421-466).

– «Reflexões epigramáticas sobre a nova governação de sociedades», *ROA*, ano 68, I, **2008** (pp. 379-414).

Coelho, Francisco Pereira – «Grupos de Sociedades – Anotação preliminar aos arts. 488.º a 508.º do CSC», *BFDUC*, LXIV, **1988** (pp. 297-353).

Coelho, Maria Ângela – «Aumento do capital», AA.VV., *Problemas do Direito das Sociedades*, Almedina, Coimbra, **2002** (pp. 237-255).

– «A transferência internacional da sede social no âmbito comunitário», AA.VV., *Temas societários*, IDET, Colóquios n.º 2, Almedina, Coimbra, **2006** (pp. 45-78).

– «A sociedade anónima europeia: sociedade de direito comunitário?», AA.VV., *Nos 20 anos do Código das Sociedades Comerciais. Homenagem aos Profs. Doutores A. Ferrer Correia, Orlando de Carvalho e Vasco Lobo Xavier*, vol. I – *Congresso Empresas e Sociedades*, Coimbra Editora, **2007** (pp. 707-783) (publicado sob o nome completo de Soares, Maria Ângela Coelho Bento).

Cordeiro, António Menezes – «Da responsabilidade dos administradores das sociedades comerciais», in AA.VV., *Estruturas Jurídicas da Empresa*, AAFDL, Lisboa, **1989**, pp. 83-105.

– «Da preferência dos accionistas na subscrição de novas acções; exclusão e violação», *ROA*, ano 50, II, **1990**, (pp. 345-362).

– *Da responsabilidade civil dos administradores das sociedades comerciais*, Lex, Lisboa, **1997**.

– «Da constitucionalidade das aquisições tendentes ao domínio total (art. 490.º, n.º 3 do Código das Sociedades Comerciais), *BMJ* n.º 480, **1998** (pp. 5-30).
– *O Levantamento da Personalidade Colectiva no Direito Civil e Comercial*, Almedina, Coimbra, **2000**.
– «Acções preferenciais sem voto», *ROA*, ano 60, III, **2000** (pp. 1001--1056).
– «Acordos Parassociais», *ROA*, ano 61, II, **2001** (pp. 529-542).
– «Escrituração comercial, prestação de contas e disponibilidade do ágio nas sociedades anónimas», AA.VV., *Estudos em Homenagem ao Professor Doutor Inocêncio Galvão Teles*, vol. IV, Almedina, Coimbra, **2003** (pp. 573-598).
– *Direito Europeu das Sociedades*, Almedina, Coimbra, **2005**
– A perda de metade do capital social e a reforma de 2005: um repto ao legislador», *ROA*, ano 65, vol. I, **2005** (pp. 45-87).
– «Aquisições tendentes ao domínio total: constitucionalidade e efectivação da consignação em depósito (art. 490.º, n.os 3 e 4, do Código das Sociedades Comerciais», *O Direito*, ano 137, III **2005** (pp. 449-463).
– «Evolução do Direito Europeu das Sociedades», *ROA*, ano 66, vol. I, **2006** (pp. 87-118).
– «A grande reforma das sociedades comerciais», *O Direito*, ano 138.º, III, **2006** (pp. 445-453).
– *SA: Assembleia Geral e Deliberações Sociais*, Almedina, Coimbra, **2006.**
– «Os deveres fundamentais dos administradores das sociedades», *ROA*, ano 66, II, **2006** (pp. 443-488) [publ. tb em AA.VV., *A Reforma do Código das Sociedades Comerciais. Jornadas em Homenagem ao Professor Doutor Raúl Ventura*, coord. por António Menezes Cordeiro e Paulo Câmara, Almedina, Coimbra, **2007** (pp. 19-60)].
– «A lealdade no Direito das Sociedades», *ROA*, ano 66, III, **2006** (pp. 1033-1065).
– «Do governo das sociedades: a flexibilização da dogmática continental», AA.VV., *Prof. Inocêncio Galvão Telles: 90 anos. Homenagem da Facul dade de Direito de Lisboa,* Almedina, Coimbra, **2007** (pp. 91-103).
– «Evolução do Direito europeu das sociedades», AA.VV., *Nos 20 anos do Código das Sociedades Comerciais. Homenagem aos Profs. Doutores A. Ferrer Correia, Orlando de Carvalho e Vasco Lobo Xavier*, vol. I – *Congresso Empresas e Sociedades*, Coimbra Editora, **2007** (pp. 61-90).
– *Introdução ao Direito da Prestação de Contas*, Almedina, Coimbra, **2008.**
– «A Directriz 2007/36, de 11 de Julho (Accionistas de Sociedades Cotadas): comentários à proposta de transposição», *ROA*, ano 68, II/III, **2008** (pp. 503-554).

– «Do registo de quotas: as reformas de 2006, de 2007 e de 2008», *RDS*, ano I, N.º 2, **2009** (pp. 293-326).

– «Das acções próprias: dogmática básica e perspectivas de reforma – I», *RDS*, ano I, N.º 3, **2009** (pp. 637-646).

CORDEIRO, CATARINA PIRES – «Algumas considerações críticas sobre a responsabilidade civil dos administradores perante os accionistas no ordenamento jurídico português», *O Direito*, ano 137.º, I, **2005** (pp. 81-135).

CORDEIRO, PEDRO, *A Desconsideração da Personalidade Jurídica das Sociedades Comerciais*, AAFDL, Lisboa, **1989**.

CORREIA, ANTÓNIO FERRER – «A Sociedade por Quotas de Responsabilidade Limitada, segundo o Código das Sociedades Comerciais», *ROA,* ano 47, **1987** (pp. 660-700).

CORREIA, FRANCISCO MENDES – «Transformação de sociedades: algumas considerações», *O Direito*, ano 138.º, IV, **2006** (pp. 835-892).

– *Transformação de Sociedades Comerciais. Delimitação do âmbito de aplicação no Direito Privado Português*, Almedina, Coimbra, **2009.**

CORREIA, JORGE MAGALHÃES – «Notas breves sobre o regime dos acordos parassociais nas sociedades cotadas», Caderno do Mercado de Valores Mobiliários, n.º 15, **2002** (91-95).

CORREIA, LUÍS BRITO – «Vinculação da sociedade», AA.VV., *Novas Perspectivas do Direito Comercial*, Almedina, Coimbra, **1988** (pp. 337-354).

– *Os Administradores de Sociedades Anónimas*, Almedina, Coimbra, **1993**.

– «Deliberações do Conselho de Administração das Sociedades Anónimas», AA.VV., *Problemas do Direito das Sociedades*, Almedina, Coimbra, **2002** (pp. 399-419).

– «A sociedade unipessoal por quotas», AA.VV., *Nos 20 anos do Código das Sociedades Comerciais. Homenagem aos Profs. Doutores A. Ferrer Correia, Orlando de Carvalho e Vasco Lobo Xavier*, vol. I – *Congresso Empresas e Sociedades*, Coimbra Editora, **2007** (pp. 631-650).

– «Admissibilidade de remuneração variável de um gerente de sociedade por quotas», *DSR*, ano 1, vol, 2, **2009** (pp. 9-40).

CORREIA, MIGUEL PUPO – «Sobre a responsabilidade por dívidas sociais dos membros dos órgãos da sociedade», *ROA*, ano 61, II, **2001** (pp. 667-698).

COSTA, RICARDO ALBERTO SANTOS – *A sociedade por quotas unipessoal no direito português*, Almedina, Coimbra, **2002**.

– «Unipessoalidade societária», AAVV, *Miscelâneas*, n.º 2, IDET, Almedina, **2003** (pp. 41-144).

– «Responsabilidade civil societária dos administradores de facto», AA.VV., *Temas societários*, IDET, Colóquios n.º 2, Almedina, Coimbra, **2006** (pp. 23-43).

– «Responsabilidade dos administradores e *business judgment rule*», AA.VV., *Reformas do Código das Sociedades*, IDET, Colóquios n.º 3, Almedina, Coimbra, **2007** (pp. 49-86).

CRUZ, BRANCA MARTINS DA – *Assembleias gerais nas sociedades por quotas*, Almedina, Coimbra, **1988**.

CUNHA, CAROLINA – «A exclusão de sócios (em particular nas sociedades por quotas)», AA.VV., *Problemas do Direito das Sociedades,* IDET / Almedina, Coimbra, **2002** (pp. 201-233).

CUNHA, PAULO OLAVO – «Os direitos dos sócios das Sociedades Anónimas e por Quotas», AA.VV., *Novas Perspectivas do Direito Comercial,* Almedina, Coimbra, **1988** (pp. 229-246).

– *Os direitos especiais nas sociedades anónimas: as acções privilegiadas*, Almedina, Coimbra, **1993** (cit. POC, *Direitos especiais*).

– «A redução do capital das Sociedades Anónimas», AA.VV., *Estudos em Homenagem ao Professor Doutor Inocêncio Galvão Telles*, vol. IV, Almedina, Coimbra, **2003** (pp. 659-693).

– «O novo regime da redução do capital social e o artigo 35.º do Código das Sociedades Comerciais», AA.VV., *Prof. Inocêncio Galvão Telles: 90 anos. Homenagem da Faculdade de Direito de Lisboa,* Almedina, Coimbra, **2007** (pp. 1023-1078).

– «A aplicação no tempo da reforma de 2006 do Direito Societário português», *ROA*, ano 67, I, **2007** (pp. 207-221).

– «Designação de pessoas colectivas para os órgãos de sociedades anónimas e por quotas», *Direito das Sociedades em Revista*, ano I, n.º 1, **2009** (pp. 165-213).

– «*Corporate Governance* e Gestão Pública: primeira reflexão», AA.VV., *Estudos em Memória do Professor Doutor Paulo Cunha* (no prelo).

– Cfr. também FERNANDES, LUÍS CARVALHO e, *infra,* VI).

CUNHA, PAULO DE PITTA E – «Pessoas colectivas designadas administradores de sociedades anónimas», *O Direito*, ano 125.º, I-II, **1993** (pp. 221-227).

D'EÇA, FRANCISCA ALMEIDA – *Registos Online*, Almedina, Coimbra, **2008**.

DIAS, ANTÓNIO SILVA – *Financiamento de Sociedades por Emissão de Obrigações*, Quid Juris, Lisboa, **2002**.

DIAS, GABRIELA FIGUEIREDO – «Controlo de contas e responsabilidade dos ROC», AA.VV., *Temas societários*, IDET, Colóquios n.º 2, Almedina, Coimbra, **2006** (pp. 153-207).

– *Fiscalização de Sociedades e Responsabilidade Civil* (*após a Reforma do Código das Sociedades Comerciais*), Coimbra Editora, **2006**.

– «A fiscalização societária redesenhada: independência, exclusão de responsabilidade e caução obrigatória dos fiscalizadores», AA.VV., *Reforma do Código das Sociedades*, IDET, Colóquios n.º 3, Almedina, Coimbra, **2007** (pp. 277-334).

– «Estruturas de fiscalização de sociedades e responsabilidade civil», AA.VV., *Nos 20 anos do Código das Sociedades Comerciais. Homenagem aos Profs. Doutores A. Ferrer Correia, Orlando de Carvalho e Vasco Lobo Xavier*, vol. I – *Congresso Empresas e Sociedades*, Coimbra Editora, **2007** (pp. 803-836) (existe separata).

DIAS, RUI – «A Reforma de 2008 do Direito das *GmbH* (Desenvolvimentos Recentes do Direito das Sociedades na Alemanha)», *Direito das Sociedades em Revista*, ano 1, vol. 1, **2009** (pp. 243-251).

DINIS, MARISA CATARINA DA CONCEIÇÃO – «Da admissibilidade da aplicação do sistema de videoconferência às assembleias gerais das sociedades anónimas», *RCEJ*, N.º 8, **2006** (pp. 177-219).

DOMINGUES, PAULO DE TARSO – *Do capital social. Noção, princípios e funções*, Coimbra Editora, Coimbra, **1998**.

– «O regime jurídico das sociedades de capitais em formação», AA.VV., *Estudos em comemoração dos cinco anos (1995-2000) da Faculdade de Direito da Universidade do Porto*, Coimbra Editora, **2001** (pp. 965-998).

– *Garantias da consistência do património social*, sep. de AA.VV., *Problemas do Direito das Sociedades,* IDET / Almedina, Coimbra, **2002** (pp. 497-545).

– *A perda grave de capital social (a propósito da recente entrada em vigor do art. 35.º do Código das Sociedades Comerciais)*, sep. de AA.VV., *Estudos em Homenagem ao professor Doutor Jorge Ribeiro de Faria*, Coimbra Editora, Coimbra, **2003**, (pp. 739-791).

– *A vinculação das sociedades por quotas no Código das Sociedades Comerciais*, sep. de *RFDUP*, ano I, **2004** (pp. 277-307).

– «O regime das entradas no Código das Sociedades Comerciais», *RFDUP*, ano III, **2006** (673-723).

– «Capital e património sociais, lucros e reservas», AA.VV., *Estudos de Direito das Sociedades*, 8ª ed., Almedina, Coimbra, **2007** (pp. 166-227).

– «Os meios telemáticos no funcionamento dos órgãos sociais. Uma primeira aproximação ao regime do CSC», *Reformas do Código das Sociedades*, IDET, Colóquios n.º 3, Almedina, Coimbra, **2007** (pp. 87-118).

– «O regime das entradas de sócios com créditos», AA.VV., *Nos 20 anos do Código das Sociedades Comerciais. Homenagem aos Profs. Doutores A. Ferrer Correia, Orlando de Carvalho e Vasco Lobo Xavier*, vol. I – *Congresso Empresas e Sociedades*, Coimbra Editora, **2007** (pp. 785-801).

– «O novo regime da redução do capital», AA.VV., *Estudos em honra do Professor Doutor José de Oliveira Ascensão,* vol. II, Almedina, Coimbra, **2008** (pp. 1325-1345) (existe separata).

– «O aumento do Capital Social Gratuito ou por Incorporação de Reservas», *DSR*, ano 1, vol. 1, Março **2009** (pp. 215-240).

– «O capital social como entrave ao financiamento das sociedades. Os novos conceitos e regime de capital social introduzidos pelo DL 64/2009 são solução?», *DSR*, ano 1, vol, 2, **2009** (pp. 175-200).

– *Variações do Capital Social*, Almedina, Coimbra, **2009.**

DRAGO, DIOGO – *O Poder de Informação dos Sócios nas Sociedades Comerciais*, Almedina, Coimbra, **2009.**

DRAGO, JOSÉ – *Fusão de Sociedades Comerciais (Notas Práticas)*, Almedina, Coimbra, **2007.**

DUARTE, DIOGO PEREIRA – *Aspectos do Levantamento da Personalidade Colectiva nas Sociedades em Relação de Domínio. Contributo para a determinação do regime da empresa plurissocietária*, Almedina, Coimbra, **2007.**

DUARTE, RUI PINTO – «A subcapitalização das sociedades no Direito Comercial», *Fisco*, n.os 76/77, ano VIII, **1996** (pp. 55-64).

– «Suprimentos, prestações acessórias e prestações suplementares. Notas e questões», AA.VV., *Problemas do Direito das Sociedades*, Almedina, Coimbra, **2002** (pp. 257-280).

– «Prestações suplementares e prestações acessórias (uma reincidência)», AA.VV., *Nos 20 anos do Código das Sociedades Comerciais. Homenagem aos Profs. Doutores A. Ferrer Correia, Orlando de Carvalho e Vasco Lobo Xavier*, vol. I – *Congresso Empresas e Sociedades*, Coimbra Editora, **2007** (pp. 693-706).

– *Escritos sobre Direito das Sociedades*, Coimbra Editora, **2008.**

– «(Uma) Introdução ao Direito das Sociedades», *in Escritos sobre Direito das Sociedades*, Coimbra Editora, **2008** (pp. 9-79).

– «A evolução do Direito das Sociedades português», *in Escritos sobre Direito das Sociedades*, Coimbra Editora, **2008** (pp. 81-178).

– «A relevância do Direito Comunitário no Direito das Sociedades», *in Escritos sobre Direito das Sociedades*, Coimbra Editora, **2008** (pp. 179-224).

– «Contribuições dos sócios para além do capital social: prestações acessórias, prestações suplementares e suprimentos», *in Escritos sobre Direito das Sociedades*, Coimbra Editora, **2008** (pp. 225-259).

– «A Societas Privata Europae: Uma Revolução Viável », *DSR*, ano 1, vol. 1, Março **2009** (pp. 49-76).

EIRÓ, VERA – «A transmissão de valores mobiliários – As acções em especial», *Themis*, ano VI, n.º 11, **2005** (pp. 145-185).

FALCÃO, JOÃO PAULO MENEZES – *A OPA obrigatória*, sep. de AA.VV., *Direito dos Valores Mobiliários*, vol. III, Coimbra Editora, **2001** (pp. 179-228).

FERREIRA, AMADEU JOSÉ – *Valores mobiliários escriturais*, Almedina, Coimbra, **1997**.

FERREIRA, BRUNO – «Os deveres de cuidado dos administradores e gerentes (Análise dos deveres de cuidado em Portugal e nos Estados Unidos da

América fora das situações de disputa sobre o controlo societário)», *RDS*, ano I, N.º 3, **2009** (pp. 681-737).

FERREIRA, JULIANO – *O Direito de Exclusão de Sócio na Sociedade Anónima*, Almedina, Coimbra, **2009**.

FERNANDES, LUÍS CARVALHO / PAULO OLAVO CUNHA – «Assunção de dívida alheia. Capacidade de gozo das sociedades anónimas. Qualificação de negócio jurídico», com a colaboração do autor, *ROA*, ano 57, II, **1997** (pp. 693-719).

FIGUEIRA, ELISEU – «Disciplina jurídica dos grupos de sociedades», *CJ*, ano XV, t. IV, **1990** (pp. 35-59).

FIGUEIREDO, ISABEL MOUSINHO DE – «O administrador delegado (A delegação de poderes de gestão no Direito das Sociedades)», *O Direito*, ano 137.º, II, **2005** (pp. 547-599).

FONSECA, ANA MARIA TAVEIRA DA – «A protecção legal e estatutária dos sócios minoritários na transformação das sociedades por quotas em sociedades anónimas», AA.VV., *Nos 20 anos do Código das Sociedades Comerciais. Homenagem aos Profs. Doutores A. Ferrer Correia, Orlando de Carvalho e Vasco Lobo Xavier*, vol. II – *Vária*, Coimbra Editora, **2007** (pp. 275-336).

FONSECA, HUGO M. R. DUARTE – *Sobre a interpretação do contrato de sociedade nas sociedades por quotas,* Coimbra Editora, **2008**.

FONSECA, JOAQUIM TAVEIRA DA – *Deliberações sociais: suspensão e anulação,* separata da Revista «Textos» do Centro de Estudos Judiciários, Porto, **1994**.

FONSECA, TIAGO SOARES DA – *O penhor de acções*, 2ª ed., Almedina, Coimbra, **2007**.

– *O Direito de Exoneração do Sócio no Código das Sociedades Comerciais*, Almedina, Coimbra, **2008**.

FRADA, MANUEL CARNEIRO DA – *Renovação de Deliberações Sociais*, sep. do vol. LXI (1985) do BFDC, Coimbra, **1987**.

– «Deliberações sociais inválidas no novo Código das Sociedades», AA.VV., *Novas Perspectivas do Direito Comercial*, Almedina, Coimbra, **1988** (pp. 315-336).

– «A *business judgment rule* no quadro dos deveres gerais dos administradores», AAVV, *Jornadas – Sociedades Abertas, Valores Mobiliários e Intermediação Financeira*, coord. Maria de Fátima Ribeiro, Almedina, Coimbra, **2007** (pp. 201-242) [publ. também, sob o mesmo título, *in* AA.VV., *Nos 20 anos do Código das Sociedades Comerciais. Homenagem aos Profs. Doutores A. Ferrer Correia, Orlando de Carvalho e Vasco Lobo Xavier,* vol. II – *Vária*, Coimbra Editora, **2007** (pp. 207-248), e na *ROA*, ano 67, I, **2007** (pp. 159-205)].

– «Acordos parassociais "omnilaterais"», *DSR*, ano 1, vol. 2, **2009** (pp. 97-135).

França, Maria Augusta – «Direito à Exoneração», AA.VV., *Novas Perspectivas do Direito Comercial*, Almedina, Coimbra, **1988** (pp. 205-227).

– *A estrutura das sociedades anónimas em relação de grupo*, AAFDL, Lisboa, **1990**.

Furtado, Jorge Henrique Pinto – *Deliberações da Sociedade no Código das Sociedades Comerciais*, Instituto do Emprego e Formação Profissional, Lisboa, **1990**.

– «O voto nas deliberações de sociedades», AA.VV., *Estudos em Homenagem ao Prof. Doutor Raúl Ventura*, vol. II, Faculdade de Direito da Universidade de Lisboa, **2003** (213-273).

– *Deliberações de Sociedades Comerciais*, Almedina, Coimbra, **2005**.

– «Competências e funcionamento dos órgãos de fiscalização das sociedades comerciais», AA.VV., *Nos 20 anos do Código das Sociedades Comerciais. Homenagem aos Profs. Doutores A. Ferrer Correia, Orlando de Carvalho e Vasco Lobo Xavier*, vol. I – *Congresso Empresas e Sociedades*, Coimbra Editora, **2007** (pp. 593-619).

Gomes, Fátima – *Obrigações convertíveis em acções,* Universidade Católica Editora, Lisboa, **1999**.

– «Reflexões em torno dos deveres fundamentais dos membros dos órgãos de gestão (e fiscalização) das sociedades comerciais à luz da nova redacção do artigo 64.º do CSC», AA.VV., *Nos 20 anos do Código das Sociedades Comerciais. Homenagem aos Profs. Doutores A. Ferrer Correia, Orlando de Carvalho e Vasco Lobo Xavier*, vol. II – *Vária*, Coimbra Editora, **2007** (pp. 550-569).

Gonçalves, Diogo Costa – «Direitos especiais e o direito de exoneração em sede de fusão, cisão e transformação de sociedades comerciais», *O Direito*, ano 138.º, II, **2006** (pp. 313-362).

– *Fusão, Cisão e Transformação de Sociedades Comerciais. A posição jurídica dos sócios e a delimitação do statuo* viae, Almedina, Coimbra, **2008**.

– «Fusões transfronteiriças. A transposição da 10ª Directriz e a Proposta de Lei nº 236/X», *RDS*, ano I, Nº 2, **2009** (pp. 339-377).

– «As recentes alterações ao regime da fusão de sociedades – A Lei n.º 19/ /2009, de 12 de Maio e o Decreto-Lei nº 185/2009, de 12 de Agosto», *RDS*, ano I, Nº 3, **2009** (pp. 553-581).

Guedes, Agostinho Cardoso – «A limitação dos poderes dos administradores das sociedades anónimas operada pelo objecto social no novo Código das Sociedades Comerciais», *RDE*, ano XIII, Universidade de Coimbra, **1987** (pp. 127-159).

Guerreiro, Tiago Caiado – *O novo regime fiscal das SGPS*, Vida Económica, Lisboa, **2003**.

GUINÉ, ORLANDO VOGLER – «A responsabilização solidária nas relações de domínio qualificado», *ROA*, ano 66, vol. I, **2006** (pp. 295-325).

– *Da Conduta (Defensiva) da Administração "Opada"*, Almedina, Coimbra, **2009**.

JORGE, FERNANDO PESSOA – «Acções escriturais», *O Direito*, ano 121.º, I, **1989**, pp. 93-114 (existe separata).

LABAREDA, JOÃO – «Sociedades irregulares algumas reflexões», AA.VV., *Novas Perspectivas do Direito Comercial*, Almedina, Coimbra, **1988** (pp. 177--204).

– *Das acções das sociedades anónimas* (Policopiado), AAFDL, Lisboa, **1988**.

– *Direito Societário Português – Algumas Questões*, Quid Juris?, Lisboa, **1998**.

– «Da alienação e oneração de participações sociais por sócio casado», *in Direito Societário Português – Algumas Questões*, Quid Juris?, Lisboa, **1998** (pp. 197-230).

– «Notícia sobre os processos destinados ao exercício de direitos sociais, *DJ*, vol. XIII., t. I, **1999** (pp. 43-111).

– *Direito à informação*, sep. de AA.VV., *Problemas do Direito das Sociedades*, Almedina, Coimbra, **2002** (pp. 119-151).

– «Posição do sócio alienante na deliberação sobre o pedido de consentimento para a cessão de quotas», AA.VV., *Estudos em Homenagem ao Prof. Doutor Raúl Ventura*, vol. II, Faculdade de Direito da Universidade de Lisboa, **2003** (pp. 467-494).

LEAL, ANA FILIPA – «Algumas notas sobre a parassocialidade no Direito português», *RDS*, ano I, N.º 1, **2009** (pp. 135-183).

LEITÃO, ADELAIDE MENEZES – «Responsabilidade dos administradores para com a sociedade e os credores sociais por violação de normas de protecção», *RDS*, ano I, N.º 3, **2009** (pp. 647-679).

LEITÃO, LUÍS MANUEL TELES DE MENEZES – «As medidas defensivas contra uma oferta pública de aquisição hostil», *O Direito*, ano 138.º, III, **2006** (pp. 457-475).

– «Voto por correspondência e realização telemática de reuniões de órgãos sociais», *CadMVM* (edição *on-line*), n.º 24, Nov. **2006** (pp. 256-260) [publ. tb em AA.VV., *A Reforma do Código das Sociedades Comerciais. Jornadas em Homenagem ao Professor Doutor Raúl Ventura*, coord. por António Menezes Cordeiro e Paulo Câmara, Almedina, Coimbra, **2007** (pp. 269-277)].

LOPES, NUNO BRITO – «Os aspectos jurídico-societários das SGPS», *ROA*, ano 58, III, **1998** (pp. 1177-1208).

MACHADO, José Carlos SOARES – «A recusa de assinatura do relatório anual nas sociedades anónimas», *ROA*, ano 54, III, **1994** (pp.935-956).

– «A deliberação de confiança na apreciação anual da situação da sociedade», *ROA*, ano 55, II, **1995** (pp. 597-611).

– «Sobre a justificação da recusa de assinatura do relatório e contas da sociedade», *ROA*, ano 56, I, **1996** (pp. 353-366).

MACHADO, MIGUEL NUNO PEDROSA – *Sobre a tutela penal da informação nas sociedades anónimas: Problemas da reforma legislativa*, sep. de O Direito, anos 106.º-109.º, 1974/78 (publ. **1987**) (pp. 271-338).

MAGALHÃES, VÂNIA PATRÍCIA FILIPE – «A conduta dos administradores das sociedades anónimas: deveres gerais e interesse social», *RDS*, ano I, N.º 2, **2009** (pp. 185-224).

MAIA, PEDRO – «Invalidade de deliberação social por vício de procedimento», *ROA*, ano 61, II, **2001** (pp. 699-748).

– *Função e funcionamento do Conselho de Administração da Sociedade Anónima*, Coimbra Editora, **2002**.

– «Cessão de quotas», AA.VV., *Os quinze anos de vigência do Código das Sociedades Comerciais*, coord. por A. Ferrer Correia, Fundação Bissaya Barreto, Instituto Superior Bissaya Barreto, **2003** (pp. 125-149).

– «Registo e cessão de quotas», AA.VV., *Reformas do Código das Sociedades*, IDET, Colóquios n.º 3, Almedina, Coimbra, **2007** (pp. 163-176).

– «Deliberações dos sócios e respectiva documentação: algumas reflexões», AA.VV., *Nos 20 anos do Código das Sociedades Comerciais. Homenagem aos Profs. Doutores A. Ferrer Correia, Orlando de Carvalho e Vasco Lobo Xavier*, vol. I – *Congresso Empresas e Sociedades*, Coimbra Editora, **2007** (pp. 651-691).

– «Tipos de sociedades comerciais», AA.VV., *Estudos de Direito das Sociedades*, 9ª ed., Almedina, Coimbra, **2008** (pp. 7-39).

– «Deliberação dos sócios», AA.VV., *Estudos de Direito das Sociedades*, 9ª ed., Almedina, Coimbra, **2008** (pp. 235-275).

MARCOS, RUI MANUEL DE FIGUEIREDO – *As companhias pombalinas. Contributo para a história das sociedades por acções em Portugal*, Almedina, Coimbra, **1997.**

MARIANO, JOÃO CURA – *Direito de Exoneração dos Sócios nas Sociedades por Quotas*, Almedina, Coimbra, **2005**.

MARQUES, TIAGO JOÃO ESTÊVÃO – *Responsabilidade Civil dos Membros de Órgãos de Fiscalização das Sociedades Anónimas*, Almedina, Coimbra, **2009**.

MARTINS, ALEXANDRE SOVERAL – *Os poderes de representação dos administradores de sociedades anónimas*, Coimbra Editora, Coimbra, **1998**.

– *Os administradores delegados das sociedades anónimas. Algumas considerações*, Fora do texto, Coimbra, **1998**.

– «O procedimento cautelar de suspensão da deliberação social pela qual foram designados os administradores de uma sociedade anónima:

breves considerações sobre a posição dos terceiros», *ROA*, ano 58, III, **1998** (pp. 1383-1390).

– «Sobre o consentimento da sociedade para a cessão de quotas», AA.VV., *Volume Comemorativo do 75.º Tomo do Boletim da Faculdade de Direito (BFD)*, Coimbra, **2003** (pp. 673-688).

– *Valores Mobiliários [Acções]*, Almedina, Coimbra, **2003**.

– «Suspensão de deliberações sociais de sociedades comerciais: alguns problemas», *ROA*, ano 63, I/II, **2003** (pp. 345-373).

– «"Empresas na hora"», AAVV, *Temas societários*, IDET, Colóquios n.º 2, Almedina, Coimbra, **2006** (pp. 79-105).

– «A propósito da suspensão de deliberações sociais e do princípio do igual tratamento», anot. ao AcTribRelGuimarães de 15 de Out de 2003, *Cadernos de Direito Privado*, n.º 13, **2006**, pp. 37-50 (em especial, pp. 45-50).

– *Cláusulas do contrato de sociedade que limitam a transmissibilidade das acções. Sobre os arts. 328º e 329º do CSC*, Almedina, Coimbra, **2006**.

– «Comissão executiva, comissão de auditoria e outras comissões na administração», AA.VV., *Reformas do Código das Sociedades*, IDET, Colóquios n.º 3, Almedina, Coimbra, **2007** (pp. 243-275).

– *Cessão de quotas. Alguns problemas*, Almedina, Coimbra, **2007**.

– «Da capacidade e personalidade jurídica das sociedades comerciais», AAVV, *Estudos de Direito das Sociedades*, 9ª ed., Almedina, Coimbra, **2008** (pp. 99-130).

– «A reforma do CSC e o aumento do capital social nas sociedades por quotas», AA.VV., *Estudos em Honra do Professor Doutor José de Oliveira Ascensão*, vol. II, Almedina, Coimbra, **2008** (pp. 1253-1263).

– «Competência dos sócios vs. Competência dos gerentes (nas sociedades por quotas): sobre o n.º 2 do art. 246.º do CSC», AA.VV., *Ars Ivdicandi – Estudos em Homenagem ao Prof. Doutor António Castanheira Neves*, vol. II: *Direito Privado*, org. por Jorge de Figueiredo Dias, José Joaquim Gomes Canotilho e José de Faria Costa, Coimbra Editora, **2008** (pp. 403-411).

– «Penhora de quotas e acções», *DSR*, ano 2, vol. 3, **2010** (113-141).

—/ Maria Elisabete Ramos – «As participações sociais», AA.VV., *Estudos de Direito das Sociedades*, 9ª ed., Almedina, Coimbra, **2008** (pp. 131-171).

Matos, Albino de – *Constituição de Sociedades*, 5ª ed., Almedina, Coimbra, **2001**.

– «Sociedades, Documento autêntico ou particular?», AA.VV., *Reformas do Código das Sociedades*, IDET, Colóquios n.º 3, Almedina, Coimbra, **2007** (pp. 121-137).

Mendes, Evaristo – *Lucros de exercício*, sep. da RDES, ano XXXVIII (XI da 2ª Série), **1996** (pp. 257-364).

– «Direito ao lucro de exercício no CSC (Arts. 217/294), AA.VV., *Estudos Dedicados ao Prof. Doutor Mário Júlio de Almeida Costa*, Universidade Católica Editora, Lisboa, **2002** (487-543).

MENDONÇA, JORGE RIBEIRO – «A tomada de sociedade através de oferta pública de aquisição», *RFDL*, XLV, n.os 1 e 2, Coimbra Editora, Coimbra, **2004** (pp. 47-81).

MESQUITA, HENRIQUE – «Os grupos de sociedades», AAVV, *Os quinze anos de vigência do Código das Sociedades Comerciais*, coord. por A. Ferrer Correia, Fundação Bissaya Barreto, Instituto Superior Bissaya Barreto, **2003** (pp. 233-247).

MONTEIRO, ANTÓNIO PINTO – «Negócio jurídico e contrato de sociedade comercial», *RLJ*, ano 136º, N.º 3941, **2006** (pp. 90-103) (publ. também in AA.VV., *Nos 20 anos do Código das Sociedades Comerciais. Homenagem aos Profs. Doutores A. Ferrer Correia, Orlando de Carvalho e Vasco Lobo Xavier*, vol. I – *Congresso Empresas e Sociedades*, Coimbra Editora, **2007** (pp. 91-114).

MONTEIRO, HENRIQUE SALINAS – *Critérios de distinção entre a anulabilidade e a nulidade das deliberações sociais no Código das Sociedades Comerciais*, sep. da *DJ*, vol. VIII, t. 2, **1994** (pp. 211-259).

MOUTINHO, JOSÉ LOBO – *A responsabilidade do sócio em nome colectivo em face do Código das Sociedades Comerciais*, sep. de DJ, vol. VI – **1992** (pp. 171-250) / vol. VII – **1993** (pp. 83-137).

NEVES, RUI OLIVEIRA – «O Administrador Independente», AA.VV., *Código das Sociedades Comerciais e Governo das Sociedades*, Almedina, Coimbra, **2008** (pp. 143-194).

NUNES, PEDRO CAETANO – *Responsabilidade civil dos administradores perante os accionistas*, Almedina, Coimbra, **2002**.

– *Corporate Governance*, Almedina, Coimbra, **2006**.

OLAVO, CARLOS – «Impugnação das deliberações sociais», *CJ*, ano XIII, t. III, **1988** (pp. 19-31) (existe sep.).

– «Direitos e deveres dos sócios nas sociedades por quotas e anónimas», AA.VV., *Estruturas Jurídicas da Empresa*, AAFDL, Lisboa, **1989** (pp. 57-81).

– «O dividendo prioritário nas acções preferenciais sem voto», *O Direito*, ano 127.º, III-IV, **1995** (pp. 369-383).

– «A firma das sociedades comerciais e civis sob forma comercial», AA.VV., *Estudos em Homenagem ao Prof. Doutor Raúl Ventura*, vol. II, Faculdade de Direito da Universidade de Lisboa, **2003** (pp. 379-419).

OLIVEIRA, ANA PERESTRELO DE – *A responsabilidade dos administradores nas sociedades em relação de grupo*, Almedina, Coimbra, **2007.**

OLIVEIRA, ANTÓNIO FERNANDES DE – «Responsabilidade Civil dos Administradores», AA.VV., *Código das Sociedades Comerciais e Governo das Sociedades*, Almedina, Coimbra, **2008** (pp. 257-341).

OTERO, PAULO – «Da criação de sociedades comerciais por Decreto-Lei», AA.VV., *Estudos em Homenagem ao Prof. Doutor Raúl Ventura*, vol. II, Faculdade de Direito da Universidade de Lisboa, **2003** (pp. 103-138).

PERALTA, ANA MARIA – «Vinculação das sociedades comerciais», *Boletim da Faculdade de Direito de Bissau*, n.º 2, **1993** (pp. 107-143).

– «Assunção pela sociedade comercial de negócios celebrados antes do registo», AA.VV., *Estudos em Homenagem ao Professor Doutor Inocêncio Galvão Teles*, vol. IV, Almedina, Coimbra, **2003** (pp. 611-636).

PEREIRA, JOÃO AVEIRO – *O Contrato de Suprimento, 2ª ed., Coimbra Editora, Coimbra, **2001**.*

– *«Societas europaea: o estatuto possível», O Direito, ano 136.º, IV, **2004** (pp. 641-656).*

PEREIRA, MARIA DE LURDES – «O regime societário do Estado enquanto accionista», AA.VV., *A Reforma do Código das Sociedades Comerciais. Jornadas em Homenagem ao Professor Doutor Raúl Ventura,* coord. por António Menezes Cordeiro e Paulo Câmara, Almedina, Coimbra, **2007** (pp. 259-267).

PEREIRA, MARIA MARIANA DE MELO EGÍDIO – «A aquisição tendente ao domínio total. Breves reflexões sobre o artigo 490º do Código das Sociedades Comerciais», *O Direito*, ano 140.º, IV, **2008** (pp. 923-968).

PEREIRA, SOFIA GOUVEIA – *As prestações suplementares no Direito Societário português*, Principia, Lisboa, **2004**.

PERES, J.J. VIEIRA – «Acções preferenciais sem voto», RDES, ano XXX, **1988** (pp. 329-399).

PÉREZ CARRILLO, ELENA F. / MARIA ELISABETE RAMOS – *Responsabilidade civil e seguro dos administradores* (Reflexões em torno das experiências portuguesa e espanhola), sep. do BFD, vol. LXXXII, Coimbra, **2006** (pp. 291-347).

PIMENTEL, JOSÉ MENÉRES – «O art. 490.º, n.º 3, do Código das Sociedades Comerciais será inconstitucional?», AAVV, *Estudos em homenagem a Cunha Rodrigues*, vol. II, Coimbra Editora, Coimbra, **2001** (pp. 515-526).

PINHEIRO, LUÍS DE LIMA – «O direito aplicável às sociedades. Contributo para o Direito Internacional Privado das Pessoas Colectivas», AAVV, *Estudos jurídicos e económicos em homenagem ao Professor João Lumbrales*, FDUL, Coimbra Editora, **2000** (pp. 475-555), e também em *ROA*, ano 58, II, **1998** (pp. 673-777).

PINTO, ALEXANDRE MOTA – *Do Contrato de Suprimento*, Almedina, Coimbra, **2002.**

– «Capital social e tutela dos credores. Para acabar de vez com o capital social mínimo nas sociedades por quotas», (texto fotocopiado distribuído no) Congresso Empresas e Sociedades, realizado na Faculdade de Direito de Coimbra, em 30 e 31 de Março de **2006**.

– «O artigo 35.º do Código das Sociedades na versão recente», AAVV, *Temas societários*, IDET, Colóquios n.º 2, Almedina, Coimbra, **2006** (pp. 107-151).

– «Capital social e tutela dos credores para acabar de vez com o capital social mínimo nas sociedades por quotas», AA.VV., *Nos 20 anos do Código das Sociedades Comerciais. Homenagem aos Profs. Doutores A. Ferrer Correia, Orlando de Carvalho e Vasco Lobo Xavier*, vol. I – *Congresso Empresas e Sociedades*, Coimbra Editora, **2007** (pp. 837-861).

Pires, Florbela de Almeida – *Direitos e Organização dos Obrigacionistas em Obrigações Internacionais (Obrigações Caravela e Eurobond)*, Lex, Lisboa, **2001**,

Pita, Manuel António – *Direito aos lucros*, Almedina, Coimbra, **1989**.

– «Contributo para o estudo do regime da sociedade irregular no direito português», AAVV, *Estudos em Homenagem ao Prof. Doutor Raúl Ventura*, vol. II, Faculdade de Direito da Universidade de Lisboa, **2003** (pp. 495-545).

– *O regime da sociedade irregular e a integridade do capital social,* Almedina, Coimbra, **2004**.

– «O uso e fruição de bens na realização do capital social», AA.VV., *Prof. Inocêncio Galvão Telles: 90 anos. Homenagem da Faculdade de Direito de Lisboa,* Almedina, Coimbra, **2007** (pp. 775-802).

Ramalho, Maria do Rosário Palma – *Sobre a dissolução das sociedades anónimas*, AAFDL, Lisboa, **1989**.

– *Grupos Empresariais e Societários. Incidências Laborais*, Almedina, Coimbra, **2008**.

Ramos, Maria Elisabete – «Constituição das Sociedades Comerciais», AA.VV., *Estudos de Direito das Sociedades*, 9ª ed., Almedina, Coimbra, **2008** (pp. 41-97).

– «Insolvência da sociedade e efectivação da responsabilidade civil dos administradores», *BFD*, vol. LXXXIII, Coimbra, **2007** (pp. 449-489) (existe separata).

– Vd. também Maia, Pedro, Pérez Carrillo, Elena F., e Martins, Alexandre Soveral.

Rangel, Rui – *A vinculação das sociedades anónimas*, Cosmos, Lisboa, **1998**.

Ribeiro, António Sequeira – «Brevíssimas notas acerca da renovação de deliberações sociais», AA.VV., *Ars Ivdicandi – Estudos em Homenagem ao Prof. Doutor António Castanheira Neves*, vol. II: *Direito Privado*, org. por Jorge de Figueiredo Dias, José Joaquim Gomes Canotilho e José de Faria Costa, Coimbra Editora, **2008** (pp. 653-665).

RIBEIRO, MARIA DE FÁTIMA – *A Tutela dos Credores da Sociedade por Quotas e a "Desconsideração da Personalidade Jurídica"*, Almedina, Coimbra, **2009.**

ROCHA, MARIA VITÓRIA FERREIRA DA – *Aquisição de acções próprias no Código das Sociedades Comerciais*, Almedina, Coimbra, **1994.**

ROCHA, ANA PINTO DA – *Da Perda Grave do Capital Social nas Sociedades de Capitais. O papel das Prestações Acessórias e Suplementares*, Petrony, Lisboa, **2009**.

RODRIGUES, ILÍDIO Duarte – *A administração das sociedades por quotas e anónimas. Organização e estatuto dos administradores*, Livraria Petrony, Lisboa, **1990**.

RODRIGUES, NUNO CUNHA – "Golden shares". *As empresas participadas e os privilégios do Estado enquanto accionista minoritário*, Coimbra Editora, **2004**.

SÁ, FERNANDO OLIVEIRA – «A transformação de créditos em capital e o problema das entradas em espécie ocultas», AA.VV., *Nos 20 anos do Código das Sociedades Comerciais. Homenagem aos Profs. Doutores A. Ferrer Correia, Orlando de Carvalho e Vasco Lobo Xavier*, vol. II – *Vária*, Coimbra Editora, **2007** (pp. 671-703) (existe separata).

SANTO, JOÃO ESPÍRITO – *Sociedades por Quotas e Anónimas. Vinculação: Objecto social e representação plural*, Almedina, Coimbra, **2000**.

SANTOS, FILIPE CASSIANO DOS – A *posição do accionista face aos lucros de balanço* (O direito do accionista ao dividendo no Código das Sociedades Comerciais), Coimbra Editora, **1996**.

– «O Direito aos lucros no Código das Sociedades Comerciais (à luz de 15 anos de vigência)», AA.VV., *Problemas do Direito das Sociedades*, Almedina, Coimbra, **2002** (pp. 185-199).

– *Estrutura associativa e participação societária capitalística.* Contrato de sociedade, estrutura societária e participação do sócio nas sociedades capitalísticas, Coimbra Editora, **2006.**

– «Dissolução e liquidação administrativa de sociedades», AA.VV., *Reformas do Código das Sociedades*, IDET, Colóquios n.º 3, Almedina, Coimbra, **2007** (pp. 139-162).

– «Sociedades unipessoais por quotas, exercício individual e reorganização empresariais – reflexões a propósito do regime legal», *DSR*, ano 1, vol. 1, Março **2009** (pp. 115-131).

SANTOS, HUGO MOREDO – «Aquisição tendente ao domínio total de Sociedades Abertas», AA.VV., *Direito dos Valores Mobiliários*, vol. VII, Coimbra Editora, **2007** (pp. 275-402) (existe sep.).

– *Ofertas concorrentes*, Coimbra Editora, **2008.**

SANTOS, MÁRIO LEITE – *Contratos parassociais e acordos de voto nas sociedades anónimas*, Cosmos, Lisboa, 1996.

SERÉNS, MANUEL NOGUEIRA – «Pessoas colectivas – administradores de sociedades anónimas», *RB*, n.º 30, Abril/Junho, **1994** (pp. 75-91).

– *Notas sobre a sociedade anónima*, Coimbra Editora, **1995**.

– «Penhor de quota. Venda dos imóveis da sociedade em prejuízo do credor», *CJ*, ano XXI, t. 4, **1996** (pp. 5-17).

– «O direito da firma das sociedades comerciais», AA.VV., Os quinze anos de vigência do Código das *Sociedades Comerciais*, coord. por A. Ferrer Correia, Fundação Bissaya Barreto, Instituto Superior Bissaya Barreto, **2003** (pp. 193-209).

– «Direito de preferência dos accionistas em aumentos de capital – Apontamento sobre o modo do seu exercício», *DSR*, ano 1, vol. 1, Março **2009** (pp. 153-163).

– «O (Verdadeiro) Leitmotiv da Criação pelo Legislador Alemão das "Sociedades com Responsabilidade Limitada" (Gesellschaften mit beschränkter Haftung)», *DSR*, ano 1, vol. 2, Out. **2009** (pp. 137-174).

SENDIN, PAULO M. – *Artigo 230, Código Comercial, e Teoria Jurídica da Empresa Mercantil (Um primeiro apontamento)*, sep. de AAVV, *Estudos em Homenagem ao Prof. Doutor António Ferrer Correia»* (1984), Coimbra, **1989**.

SERRA, CATARINA – «As novas sociedades unipessoais por quotas», *SI*, t. XLVI, n.ºs 265/267, **1997** (pp. 115-142).

SILVA, GERMANO MARQUES DA – *Responsabilidade penal das sociedades e dos seus administradores e representantes*, Verbo, Lisboa, **2009**.

SILVA, JOÃO CALVÃO DA – «A convocação de assembleia geral (Art. 375.º, n.º 2, do C.S.C.)», *Estudos de Direito Comercial*, Almedina, Coimbra, **1996** (pp. 265-277).

– «Preferência societária e venda conjunta de acções por preço global», *Estudos Jurídicos*, Almedina, Coimbra, **2001** (pp. 297-328).

– «Conflito de interesses e abuso do direito nas sociedades», *Estudos Jurídicos*, Almedina, Coimbra, **2001** (pp. 105-140).

– «"Corporate Governance" – Responsabilidade civil de administradores não executivos, da comissão de auditoria e do conselho geral e de supervisão», *RLJ*, ano 136.º, n.º 3940, **2006** (pp. 31-59) [também publ. na revista *O Direito*, ano 139.º, III, **2007** (pp. 555-599) e na *ROA*, ano 67, I, **2007** (pp. 103-158)].[1179]

– «Ofertas públicas de aquisição (regime europeu e português)», AA.VV., *Internacionalização do Direito no novo século*, org. por Jorge de Figueiredo Dias, BFD, Coimbra Editora, **2009** (pp. 163-201).

[1179] As referências no texto reportam-se à publicação na *RLJ*.

– «Consignação em depósito e aquisição tendente ao domínio total de sociedade», *RLJ*, ano 138.º, n.º 3957, **2009** (pp. 350-383).

SILVA, JOÃO GOMES DA – *Acções próprias e interesses dos accionistas*, sep. da *ROA*, ano 60, III, **2000** (pp. 1221-1296).

SILVA, JOÃO SOARES DA – «Responsabilidade civil dos administradores de sociedade: os deveres gerais e os princípios da *corporate governance*», *ROA*, ano 57, II, **1997** (pp. 605-628).

SILVA, PAULA COSTA E – *Direito dos Valores Mobiliários (Relatório)*, Lisboa, **2005**.

– «Dissolução e liquidação de sociedades comerciais: nótula», AA.VV., *A Reforma do Código das Sociedades Comerciais. Jornadas em Homenagem ao Professor Doutor Raúl Ventura*, coord. por António Menezes Cordeiro e Paulo Câmara, Almedina, Coimbra, **2007** (pp. 289-293).

SOARES, ANTÓNIO – *O novo regime da amortização de quotas*, Lisboa, **1988**.

SOARES, MARIA ÂNGELA COELHO BENTO – vd. também COELHO, MARIA ÂNGELA.

TEIXEIRA, MANUELA DURO – «A cisão no Direito português», *O Direito*, ano 138.º, III, **2006** (pp. 593-660).

TAÍNHAS, FERNANDO MANUEL LAVADO – «A cisão na *Societas Europae*», *O Direito*, ano 138.º, II, **2006**, pp. 363-390.

TOMÉ, MARIA JOÃO R.C. VAZ – «Algumas notas sobre as restrições contratuais à livre transmissão das acções», *DJ*, vol. IV, **1989/90** (pp. 211-236), vol. V, **1991** (pp. 199-218).

TORRES, CARLOS MARIA PINHEIRO – *O direito à informação nas sociedades comerciais*, Almedina, Coimbra, **1998**.

TORRES, NUNO MARIA PINHEIRO – «A transmissão da propriedade das entradas *in natura* nas sociedades anónimas», *DJ*, XVII, **2003** (pp. 33-113).

TRIGO, MARIA DA GRAÇA – *Grupos de sociedades*, sep. da Revista *O Direito*, ano 123.º, **1991**, I (pp. 41-114).

– *Os acordos parassociais sobre o exercício do direito de voto,* Universidade Católica Editora, Lisboa, **1998**.

– *Acordos parassociais – Síntese das questões jurídicas mais relevantes,* sep. de AAVV, *Problemas do Direito das Sociedades*, Almedina, Coimbra, **2002** (pp. 169-184).

TRIUNFANTE, ARMANDO MANUEL – *A Tutela das Minorias nas Sociedades Anónimas*, em 3 vols., Coimbra Editora, **2004/2005**.

– *A Tutela das Minorias nas Sociedades Anónimas. Direitos de Minoria Qualificada. Abuso de Direito*, Coimbra Editora, **2004**.

– *A Tutela das Minorias nas Sociedades Anónimas. Direitos individuais,* Coimbra Editora, **2004**.

– *A Tutela das Minorias nas Sociedades Anónimas. Quórum de Constituição e Maiorias Deliberativas*, Coimbra Editora, **2005**.

– «A revisão do CSC e o regime das reuniões e deliberações dos órgãos de administração e de fiscalização da SA», AAVV, *Jornadas – Sociedades Abertas, Valores Mobiliários e Intermediação Financeira,* Almedina, Coimbra, **2007** (pp. 181-199).

VASCONCELOS, JOANA – *A cisão de sociedades*, Universidade Católica Editora, Lisboa, **2001**.

VASCONCELOS, MARIA JOÃO S. PESTANA DE – «Do direito de preferência dos sócios em aumentos de capital nas sociedades anónimas e por quotas», AA.VV., *Nos 20 anos do Código das Sociedades Comerciais. Homenagem aos Profs. Doutores A. Ferrer Correia, Orlando de Carvalho e Vasco Lobo Xavier*, vol. III – *Vária*, Coimbra Editora, **2007** (pp. 503-558).

VASCONCELOS, PEDRO PAIS DE – «As obrigações no financiamento da empresa», AAVV, *Problemas do Direito das Sociedades*, Almedina, Coimbra, **2002** (pp. 321-329).

– *A participação social nas sociedades comerciais*, 2ª ed., Almedina, Coimbra, **2006**.

– *D&O Insurance: O seguro de responsabilidade civil dos administradores e outros dirigentes da sociedade anónima*, Almedina, Coimbra, **2007** (ed. virtual) e também *in* AA.VV., *Prof. Inocêncio Galvão Telles: 90 anos. Homenagem da Faculdade de Direito de Lisboa,* Almedina, Coimbra, **2007** (pp. 1153-1182).

– «Responsabilidade Civil dos Gestores das Sociedades Comerciais», *DSR*, ano 1, vol. 1, Março **2009** (pp. 11-32).

– «*Business judgment rule*, deveres de cuidado e de lealdade, ilicitude e culpa e o artigo 64º do Código das Sociedades Comerciais», *DSR*, ano 1, vol. 2, Out. **2009** (pp. 41-79).

VAZ, JOÃO CUNHA – *As OPA na União Europeia face ao novo Código dos Valores Mobiliários*, Almedina, Coimbra, **2000**.

VAZ, TERESA ANSELMO – *Contencioso Societário*, Petrony, Lisboa, **2006.**

VEIGA, ALEXANDRE BRANDÃO DA – *Transmissão de Valores Mobiliários*, Almedina, Coimbra, **2004**.

VENTURA, RAÚL – «O contrato de suprimento no Código das Sociedades Comerciais», *O Direito*, ano 121.º, I, **1989** (pp. 7-73).

– *Direitos especiais dos sócios*, sep. de «O Direito», ano 121.º, **1989**, I (pp. 207-222).

– Acordos de voto; algumas questões depois do Código das Sociedades Comerciais», *O Direito*, ano 124.º, I-II, **1992** (pp. 17-86).

XAVIER, RITA LOBO – «Participação social em sociedade por quotas integrada na comunhão conjugal e tutela dos direitos do cônjuge e do ex-cônjuge do sócio», AA.VV., *Nos 20 anos do Código das Sociedades Comerciais. Homenagem aos Profs. Doutores A. Ferrer Correia, Orlando de Carvalho e Vasco Lobo Xavier*, vol. III – *Vária*, Coimbra Editora, **2007** (pp. 993-1022).

– vd. também, *infra*, VI) Direito Comercial, Civil e outras obras nacionais.

XAVIER, VASCO DA GAMA LOBO – «O início do prazo da proposição da acção anulatória de deliberações sociais e o funcionamento da assembleia geral repartido por mais do que um dia» (anot. AcSTJ 3 Abr 1986), *RLJ*, 120.º ano, **1987/88** (pp. 314-320 e 329-337).

– «Suspensão de deliberações sociais ditas "já executadas"» (anot. AcRelCoimbra 14 Jul 1987), *RLJ*, 123.º ano, **1990/91** (pp. 375-384), e 124.º ano, **1991/92** (pp. 10-11).

— / Carlos OSÓRIO DE CASTRO – «Limites à aquisição de participações sociais por sociedades gestoras», *RDES*, ano XXXII, n.os 1/2/3/4, **1990** (p. 1-16).

V) OBRAS GERAIS, TEXTOS, COMENTÁRIOS E MONOGRAFIAS ANTERIORES AO CÓDIGO DAS SOCIEDADES COMERCIAIS

CARVALHO, ORLANDO – *Critério e Estrutura do Estabelecimento Comercial.* O Problema da Empresa como Objecto de Negócios, Atlântida, Coimbra, **1967**.

COELHO, J.G. PINTO – *Lições de Direito Comercial, Obrigações Mercantis em Geral, Obrigações Mercantis em Especial* (Sociedades Comerciais), Fasc. I, **1946**, Fasc. II, **1952**.

– «Estudo sobre as acções de sociedades anónimas», *RLJ*, anos 88.º, **1955/56** (pp. 161 e segs.) e 89.º, **1956/57** (pp.3 e segs.).

CORREIA, ANTÓNIO FERRER – *Lições de Direito Comercial* (Policopiadas), vol. II (Sociedades Comerciais – Doutrina Geral), **1968**. (Existe reimpressão da Lex).

FURTADO, J.PINTO – *Código Comercial Anotado*, vol. II, tomos I e II, Almedina, Coimbra, **1986**.

MARQUES, JOSÉ DIAS – «Modificação dos pactos sociais», *ROA*, ano 13, **1953** (pp. 171 e segs.).

OLAVO, FERNANDO – *Direito Comercial*, vol. II (Lições policopiadas), AAFDL, Lisboa, **1963**.

– «Termo do exercício das funções dos membros do Conselho de Administração e do Conselho Fiscal nas sociedades anónimas», *CJ*, ano III, t. V, **1984** (pp. 7-11).

TAVARES, JOSÉ – *Sociedades e Empresas Comerciais,* 2ª ed., Coimbra Editora, Coimbra, **1924**.

VENTURA, RAÚL – «Adaptação do Direito Português à Segunda Directiva do Conselho da Comunidade Económica Europeia sobre Direito das Sociedades», *BMJ* (DDC), **1980** (pp. 5-152).

XAVIER, VASCO DA GAMA LOBO – *Anulação de deliberação social e deliberações conexas*, Atlântida Editora, Coimbra, **1975**.

– «Alteração do pacto social de sociedade por quotas não reduzida a escritura pública» (anot. AcSTJ 31 Maio 1983), *RLJ*, 117.º ano, **1984/85** (pp. 252 e segs.).

VI) DIREITO COMERCIAL, CIVIL E OUTRAS OBRAS NACIONAIS

ANTUNES, JOSÉ ENGRÁCIA – *Os Instrumentos Financeiros*, Almedina, Coimbra, **2009**.

CÂMARA, PAULO – *Manual de Direito dos Valores Mobiliários*, Almedina, Coimbra, **2009**.

CORDEIRO, ANTÓNIO MENEZES – *Direitos Reais*, I vol., Cadernos de Ciência e Técnica Fiscal, Lisboa, **1979**.

– *Tratado de Direito Civil Português, I* – Parte Geral, Tomo I, 3ª ed., Almedina, **2005**.

CRISTAS, MARIA ASSUNÇÃO OLIVEIRA – *Transmissão contratual do direito de crédito. Do carácter real do direito de crédito,* Almedina, Coimbra, **2005**.

CUNHA, PAULO OLAVO – *Cheque e Convenção de Cheque*, Almedina, Coimbra, **2009.**

EPIFÂNIO, MARIA DO ROSÁRIO – *Manual de Direito da Insolvência*, Almedina, Coimbra, **2009.**

FERNANDES, LUÍS A. CARVALHO – *Teoria Geral do Direito Civil*, vol. II – Fontes, conteúdo e garantia da relação jurídica, 4ª ed., Universidade Católica Editora, Lisboa, **2007**.

– *Lições de Direitos Reais*, 5ª ed., Quid Juris, Lisboa, **2007**.

— / JOÃO LABAREDA – *Código da Insolvência e da Recuperação de Empresas Anotado*, Quid Juris, Lisboa, **2008**.

GERALDES, ANTÓNIO SANTOS ABRANTES – *Temas da reforma do processo civil*, IV volume, *6. Procedimentos cautelares especificados*, 3ª ed., Almedina, Coimbra, **2006.**

GUEDES, AGOSTINHO CARDOSO – *O exercício do direito de preferência*, Publicações Universidade Católica, Porto, **2006.**

JÚNIOR, EDUARDO SANTOS – *Da responsabilidade civil de terceiro por lesão do direito de crédito*, Almedina, Coimbra, **2003**.

– «O plano de insolvência. Algumas notas», *O Direito*, ano 138.º, III, **2006** (pp. 571-591) (publ. tb. AA.VV., *Estudos em Memória do Prof. Doutor José Dias Marques*, Almedina, Coimbra, **2007** (pp. 121-141).

LEITÃO, LUÍS MANUEL TELES DE MENEZES – *Direito da Insolvência*, Almedina, Coimbra, **2009.**

LIMA, FERNANDO ANDRADE PIRES DE / JOÃO DE MATOS ANTUNES VARELA – *Código Civil Anotado*, vol. III, 2ª ed. com a colab. de M. HENRIQUE MESQUITA, Coimbra Editora, Coimbra, **1984**.

MARQUES, MARIA MANUEL LEITÃO / JOÃO PAULO SIMÕES DE ALMEIDA / ANDRÉ MATOS FORTE – *Concorrência e Regulação* (A relação entre a Autoridade da Concorrência e as Autoridades de Regulação Sectorial), FDC, Coimbra Editora, **2005**.

MARTINEZ, PEDRO ROMANO – *Cessação do contrato*, 2ª ed., Almedina, Coimbra, **2006**.

PINTO, CARLOS ALBERTO DA MOTA – *Teoria Geral do Direito Civil*, 4ª ed., por António Pinto Monteiro e Paulo Mota Pinto, Coimbra Editora, Coimbra, **2005**.

SANTOS, ANTÓNIO MARQUES DOS – *Algumas reflexões sobre a nacionalidade das sociedades em Direito Internacional Privado e em Direito Internacional Público*, sep. de AAVV, *Estudos em Homenagem ao Prof. Doutor António de Arruda Ferrer Correia* (1984), Coimbra, **1985**.

SERRA, CATARINA – *O Novo Regime Português da Insolvência. Uma Introdução*, 3ª ed., Almedina, Coimbra, **2008.**

TEIXEIRA, MANUELA DURO – *A determinação do lucro tributável dos estabelecimentos estáveis de não residentes*, Almedina, Coimbra, **2007.**

TELLES, INOCÊNCIO GALVÃO – *Manual dos Contratos em Geral,* 3ª ed., Lisboa, **1965**, e 4ª ed., Coimbra Editora, Coimbra, **2002**.

VENTURA, RAÚL – *Apontamentos sobre sociedades civis*, Almedina, Coimbra, **2006** (ed. póstuma).

XAVIER, MARIA RITA ARANHA DA GAMA LOBO – *Reflexões sobre a posição do cônjuge meeiro em sociedades por quotas*, sep. do vol. XXXVIII do Supl. ao BFDUC, Coimbra, **1993**.

– *Limites à autonomia privada na disciplina das relações patrimoniais entre os cônjuges*, Almedina, Coimbra, **2000**.

VII) MONOGRAFIAS, ESTUDOS E ARTIGOS DO AUTOR[1180]

CUNHA, PAULO OLAVO – «Os direitos dos sócios das Sociedades Anónimas e por Quotas», in AAVV, *Novas Perspectivas do Direito Comercial,* Almedina, Coimbra, **1988** (pp. 229-246).

[1180] Apenas se indicam as obras e os estudos relevantes na concepção deste livro,

– *Os direitos especiais nas sociedades anónimas: as acções privilegiadas*, Almedina, Coimbra, **1993**.
– «Assunção de dívida alheia. Capacidade de gozo das sociedades anónimas. Qualificação de negócio jurídico», em colaboração com Luís Carvalho Fernandes, *ROA*, ano 57, II, **1997** (pp. 693-719).
– «A redução do capital das Sociedades Anónimas», AA.VV., *Estudos em Homenagem ao Professor Doutor Inocêncio Galvão Teles*, vol. IV, Almedina, Coimbra, **2003** (pp. 659-693).
– «O novo regime da redução do capital social e o artigo 35.º do Código das Sociedades Comerciais», AA.VV., *Prof. Inocêncio Galvão Telles: 90 anos. Homenagem da Faculdade de Direito de Lisboa,* Almedina, Coimbra, **2007** (pp. 1023-1078).
– «A aplicação no tempo da reforma de 2006 do Direito Societário português», *ROA*, ano 67, I, **2007** (pp. 207-221).
– «Designação de pessoas colectivas para os órgãos de sociedades anónimas e por quotas», *Direito das Sociedades em Revista*, ano I, n.º 1, **2009** (pp. 165-213).
– *Cheque e Convenção de Cheque*, Almedina, Coimbra, **2009.**
– «*Corporate Governance* e Gestão Pública: primeira reflexão», AA.VV., *Estudos em Memória do Professor Doutor Paulo Cunha* (no prelo).
– Diversos artigos no *Diário Económico* (sobre «Assembleias Gerais», «Redução do capital social; o artigo 35.º do CSC», «SGPS», «Sociedades Abertas»).
– Artigos na *Enciclopédia Verbo*, Edição Século XXI, Verbo, Lisboa/São Paulo [entre outros, sobre «Amortização», «Comércio» (vol 7, **1998**, cols. 551-552), «Firma» e «Gerência»].

ESTRANGEIRA

VIII) CITADA

AA.VV. – *AktG Großkommentar*, 4ª ed., dir. por Klaus J. Hopt e Herbert Wiedemann, diversos fascículos, Walter de Gruyter, Berlin/NewYork, **1993-2004**
– *Aktiengestz: Kommentar*, por Ernest Geâler, Wolfgang Hefermehl, Ulrich Eckardt, Bruno Kroopff e outros, vol. I, Franz Vahlen, München, **1984**. Cfr. Eckardt.
– *Comentários a la Ley 2/1995 de Sociedades de Responsabilidad Limitada*, dir. por Oscar Alzaga Villaamil e Santiago Rodriguez-Miranda Gomez, Edersa, Madrid, **1995.**

– *Kölner Kommentar zum Aktiengestz*, ed. por W. ZÖLLNER, vol. 1 (§§ 1-75), 2ª ed., Carl Heymanns, Köln, **1988**. Cfr. KRAFT.
– *Takeover bids in Europe*, edit. Por Silja Maul, Danièle Muffat-Jeandet e Joöelle Simon, Memento, Freiburg, **2008**.

ANDENAS, MADS / FRANK WOOLDRIDGE – *European Comparative Company* Law, Cambridge University Press, Cambridge, **2009**

ASCARELLI, TULLIO – «La riduzione del capitale a zero», *Rivista della Società*, ano IV, **1959** (pp. 748 e segs.).

AULETA, GIUSEPPE / NICCOLÒ SALANITRO – *Diritto Commerciale*, 16ª ed., Giuffrè, Milano, **2008**.

BAXE, DOMINGOS SALVADOR ANDRÉ – *A Tutela dos Direitos dos Sócios em Sede de Fusão, Cisão e Transformação das Sociedades*, Almedina, Coimbra, **2010**[1181].

BAYONA GIMÉNEZ, RICARDO – *La prohibición de asistencia financiera para la adquisición de acciones propias*, Aranzadi, Navarra, **2002**.

BING, GORDON – *Due Diligence. Planning, Questions, Issues*, Praeger, Westport, Connecticut / London, **2008.**

CAMPOBASSO, GIAN FRANCO – *Diritto Commerciale, 2. Diritto delle società*, 6ª ed. (a cargo de Mario Campobasso), UTET, Torino, **2006** (3ª reimp., 2008).

CAMPUZANO LAGUILLO, ANA BELÉN – *Las clases de acciones en la sociedade anónima*, Civitas, Madrid, **2000**.

CASSOTANA, MARCO / ANTONIO NUZZO – *Lezioni di Diritto Commerciale Comunitario*, 2ª ed., Giappichelli, Torino, **2006.**

CHIAPPETTA, FRANCESCO – *Diritto del governo societário.* La *corporate governance* delle società quotate, CEDAM, Padova, **2007**.

COX, JAMES D. / THOMAS LEE HAZEN, *Cox & Hazen On Corporations*, II vol., 2ª ed., Aspen, **2003** (supl. de actual. em 2004 e 2005).

D'ATTORRE, GIACOMO – *Il principio di eguaglianza tra soci nelle societá per azioni*, Giuffrè, Milano, **2007**.

DAVIES, PAUL L. – *Gower's and Davies Principles of Modern Company Law*, 8ª ed., Thomson / Sweet & Maxwell, London, **2008**.

DE GROOT, CORNELIS – *Corporate Governance as a Limited Legal Concept,* Wolters Kluwer, Austin/Boston/ Chicago/New York/The Netherlands, **2009.**

DI SÁBATO, FRANCO – *Diritto delle Società,* 2ª ed., Giuffrè, Milano, **2006.**

DIGNAM, ALAN / MICHAEL GALANIS – *The Globalization of Corporate Governance*, Ashgate, Farnham, England / Burlington, USA, **2009.**

[1181] Esta referência poderia ser enquadrada na doutrina societária nacional, tendo em consideração a profunda análise que faz do Direito português. Optámos por não o fazer por respeito à nacionalidade do seu autor e por se tratar de um estudo de Direito angolano.

Eckardt, Ulrich – § 11, AA.VV., *Aktiengestz: Kommentar*, vol. I, Franz Vahlen, München, **1984**.

Fenghi, «Studi in tema di riduzione del capitale», in *Rivista delle Società*, anno XV, **1970** (pp. 1169 e segs.).

Ferrara jr., Francesco / Francesco Corsi – *Gli imprenditori e le società*, 14ª ed., Giuffrè, Milano, **2009**.

Ferri, Giuseppe – *Manuale di Diritto Commerciale*, 12ª ed. por G. Angelici e G.B. Ferri, UTET, Torino, **2006**.

Folsom, Ralph H. / Alain A. Levasseur, *Pratique du droit des affaires aux États-Unis*, Dalloz, Paris, **1995**.

Frè, Giancarlo – *Società per Azioni* (Commentario del Codice Civile a cura di Scialoja e Bianca), 4ª ed., Bologna, **1972** (existe edição posterior, de 1987).

Galgano, Francesco – *História do Direito Comercial* [trad. ed. original de **1980**, por João Espírito Santo (supervisão e notas de José J. Barros)], Signo Editores, Lisboa, s/d. (cfr., em especial, pp. 61-66).

– *Il nuovo diritto societário* (Trattato di Diritto Commerciale e di Diritto Pubblico dell' Economia, vol. XXIX), t. 1, *Le nuove società di capitali e cooperative*, 3ª ed. por Francesco Galgano e Ricardo Genghini, Cedam, Padova, **2006**[1182].

– *Diritto Commerciale. Le società,* 17ª ed., Zanichelli, Bologna, **2009**.

Gambino, Agostino / Daniele U. Santosuosso – *Società di capitali*, 2ª ed., G. Giappichelli, Torino, **2007**.

García de Enterría, Javier – vd. Iglesias ou Menéndez.

Garrigues, Joaquín – *Curso de Derecho Mercantil*, t. I, 7ª ed. (revista com a colab. de Alberto Bercovitz), ed. autor, Madrid, **1982**.

Germain, Michel – *Traité de Droit Commercial* (G. Ripert/R. Roblot), t. 1, vol. 2, *Les sociétés commerciales*, 19ª ed. (com a colab. de Véronique Magnier) LGDJ, Paris, **2009**.

Gevurtz, Franklin A. – *Corporation Law*, West, St. Paul, Minn., **2000**.

Giordano, Domenico – *Le limitazioni all'autonomia privata nelle società di capitali*, Giuffrè, Milano, **2006**.

Graziani, A. / G. Minervini / U. Belviso – *Manuale di Diritto Commerciale*, 13ª ed., CEDAM, Padova, **2007**.

Hannigan, Brenda – *Company Law*, 2ª ed., Oxford University Press, Oxford, **2009**.

1182 Com inegável interesse, embora de carácter eminentemente prático, cfr., dos mesmos autores, *Il nuovo diritto societário* (Trattato di Diritto Commerciale e di Diritto Publico dell' Economia, vol. XXIX), t. 2, *Gli statuti delle nuove società di capitali*, 2ª ed., Cedam, Padova, **2004**.

HENZE, HARTWIG / RICHARD L. NOTZ – *§53a*, AAVV, *AktG Großkommentar*, 4ª ed. (dir. por Klaus J. Hopt e Herbert Wiedemann), fasc. 22, Walter de Gruyter, Berlin/NewYork, **2004.**

HUECK, GÖTZ/CHRISTINE WINDBICHLER – *Gesellschaftsrecht*, 20ª ed., C. H. Beck, München, **2003**.

KLEIN, WILLIAM A. / JOHN C. COFFE, Jr. – *Business Organization and Finance. Legal and Economic Principles*, Foundation Press, Thomson/West, New York, **2007.**

KLUNZIGER, EUGEN – *Grundzüge des Gesellschaftsrechts*, 15ª ed., Vahlen, München, **2009**.

KRAFT, ALFONS – *§11,* AA.VV., *Kölner Kommentar zum Aktiengestz*, vol. 1 (§§ 1-75), 2ª ed., Carl Heymanns, Köln, **1988**.

LEOAZAPPA, ANTONIO MARIA – *Diritti di categoria e assemblee speciali,* Giuffrè, Milano, **2008.**

LIBONATI, BERARDINO – *Corso di diritto commerciale*, Giuffrè, Milano, **2009**.

MASSAMORMILE, ANDREA PISANI – *Minoranze, "abusi" e rimedi,* Giappichelli, Torino, **2004**

MAJEM MORGADES, JUAN – «La reducción del capital social por perdidas cuando concurren en la sociedade anonima acciones con diversidad de derechos, *Revista de Derecho Privado*, tomo XLI, Madrid, **1957** (pp. 627 e segs.).

MARCHETTI – «La data di riferimento della situazione patrimoniale nelle riduzione del capitale por perdite», *Rivista delle Società*, anno XXVII, **1982** (pp. 776 e segs.).

MONKS, ROBERT A.G. / NELL MINOW – *Corporate governance*, 4ª ed., John Wiley & Sons, Chichester, **2008**.

MORÉTEAU, OLIVIER – *Droit anglais des affaires*, Dalloz, Paris, **2000**.

NOTARI, MARIO – *Azioni – Artt. 2346-2362 c.c.* (Commentario alla riforma delle società, dir. por Piergaetano Marchetti, Luigi A. Bianchi, Federico Ghezzi, Mario Notari), Egea, Giuffrè, Milano, **2008**.

PRESTI, GAETANO / MATTEO RESCIGNO – *Corso di diritto commerciale*, Zanichelli, Bologna, **2007**.

RAISER, THOMAS/RÜDIGER WEIL – *Recht der Kapitalgesellschaften*, 4ª ed., Franz Vahlen, München, **2006.**

RIPERT, Georges / RENÉ ROBLOT – vd. GERMAIN.

SIMONETTO, ERNESTO – «La riduzione del capitale esuberante», in *Studi in Memoria di Tullio Ascarelli*, IV, Milano, **1969** (p. 2125 e segs.).

SMERDON, RICHARD – *A Practical Guide to Corporate Governance*, 3ª ed., Thomson / Sweet & Maxwell, London, **2007.**

SPEECHLEY, TOM – *Acquisition Finance*, Tottel, West Sussex, **2008.**

TERRUSI, FRANCESCO – *L'invalidità delle delibere assembleari della SPA*, Giuffrè, Milano, **2007.**

TREVELYAN, LUCY – «Worth the wait (the long awaited UK Companies Act)», *IBN*, vol. 61 n.º 1, February **2007** (pp. 12-15).

URÍA, RODRIGO / AURÉLIO MENÉNDEZ – *Curso de Derecho Mercantil, I,* 2ª ed., Civitas, Madrid, **2006** (Obra colectiva).

VICENT CHULIÁ, FRANCISCO – *Introducción al Derecho Mercantil,* 19ª ed., Tirant lo Blanch, Valencia, **2006** (em especial pp. 251-664).

ZANCHI, MARCO – *La tutela degli azionisti di minoranza nelle società quotate*, Giuffrè, Milano, **2009.**

IX) OUTRAS OBRAS ESTRANGEIRAS[1183]

AA.VV. – *The Anatomy of Corporate Law*, 2ª ed., Oxford, Oxford, **2009.**

– *Boyle & Bird's Company Law*, 7ª ed., Jordans, Bristol, **2009.**

– *Derecho de Sociedades Anónimas,* coord. por Alonso Ureba, Duque Domínguez, Esteban Velasco, García Villaverde e Sánchez Calero, Civitas, Madrid, *I – La fundación*, **1991**, *II – Capital y acciones* (2 vols.), **1994**, *III – Modificación de estatutos, aumento y reducción del capital, obligaciones* (2 vols.), **1994**.

– *Lecciones de Derecho Mercantil,* 4ª ed., dir. por AURELIO MENÉNDEZ, coord. por Maria Luisa Aparicio González, Thomson / Civitas, Aranzadi, Navarra, **2006** (cfr., em especial, pp. 259-542).

– *Diritto delle Società [Manuale breve]*, introduzione di Berardino LIBONATI, Giuffrè, Milano, **2006** (cfr. «Património, capitale e bilancio», por Giuseppe FERRI jr, pp. 81-116, em especial pp. 91-93, e «Modificazioni statutarie e recesso», por Roberto ROSAPEPE, pp. 381-408, em especial, pp. 393-397).

– *Rationality in Company Law. Essays in Honour of DD Prentice* (edit. Por John Armour & Jennifer Payne), Hart Publishing, Oxford and Portland, Oregon, **2009.**

– *Régimen jurídico español de la sociedad cotizada*, Comares, Granda, **2006**.

– *Trattato delle Società per Azioni*, vol.2 (Azioni-Gruppi), ts. 1 e 2, vol. 3 (Assemblea), ts. 1 e 2, e vol. 4 (Amministratori-Direttore generale), coord. por G. E. Colombo e G. B. Portale, UTET, Torino, **1991-1994**.

BEZZENBERGER, TILMAN – *Das Kapital der Aktiengesellschaft*, Dr. Otto Schmidt, Köln, **2005.**

[1183] A título meramente indicativo, e para eventual leitura complementar, indicamos algumas obras que, embora não citadas no texto, constituem referências incontornáveis da doutrina estrangeira e que foram por nós consideradas.

BISSARA, PHILIPPE / RÉGIS FOY / AMICIE DE VAUPLANE – *Droit et pratique de la governance des sociétés cotées,* Joly, Paris, **2007**.

CAGNASSO, ORESTE – *La societá a responsabilità limitada* (Trattato di Diritto Commercile dir. Por Gastone Cottino), Cedam, Padova, **2007.**

CHOPER, JESSE H. / JOHN C. COFFE, JR. / RONALD J. GILSON – *Cases and Materials on Corporations*, 7ª ed., Aspen Publishers / Wolters Kluwer, New York, **2008.**

COTTINO, GASTONE – *Diritto Commerciale*, vol. I, t. 2, *Le società,* 4ª ed., Cedam, Padova, **1999**.

COZIAN, MAURICE / ALAIN VIANDIER / FLORENCE DEBOISSY – *Droit des Sociétés*, 22ª ed., Litec, Paris, **2009**.

ENRIQUES, LUCA / HENRY HANSMANN / REINIER KRAAKMAN – «The Basic Governance Structure: The Interests of Shareholders as a Class», AA.VV., *The Anatomy of Corporate Law*, 2ª ed., Oxford, Oxford, **2009** (pp. 55-87).

FERRI, GIUSEPPE – *Le società* (Trattato di diritto civile italiano Vassalli), 3ª ed., UTET, Torino, **1987**.

FITGERALD, SEAN / GRAHAM MUTH – *Shareholders'* Agreements, Sweet & Maxwell, London, **2009.**

FRANZONI, MASSIMO – *Della societá per azioni,* t. III – *Dell'administrazione e del controllo*, 1. Disposioni generali. Degli amministratori (Commentario del Codice Civile Scialoja-Branca), Zanichelli/Foro Italiano, Bologna / Roma, **2008**

GALGANO, FRANCESCO –*La società per azioni* (Trattato di Diritto Commerciale e di Diritto Pubblico dell' Economia, vol. VII), 2ª ed., Cedam, Padova, **1988**.

HENN, GÜNTER – *Handbuch des Aktienrechts,* 7ª ed., C. F. Müller, Heidelberg, **2002**.

HÜFFER, UWE – *Aktiengestz (Beck'sche Kurzkommentar,), 8ª ed.,C.H.Beck, München,* **2008**.

JAEGER, PIER GIUSTO / FRANCESCO DENOZZA – *Appunti di Diritto Commerciale*, I – Impresa e Società, 6ª ed., Giuffrè, Milano, **2006**.

JIMÉNEZ SÁNCHEZ, GUILLERMO J. – *Derecho Mercantil,* 1º vol., 11ª ed., Ariel, Barcelona, **2006**.

LANGENBUCHER, Katja – *Aktien- und Kapitalmarktrecht*, C. H. Beck, München, **2008**.

KUBLER, FRIEDRICH / HEINZ-DIETER ASSMANN – *Gesellschaftsrecht*, 6ª ed., C. F. Muller, Heidelberg, **2006** (existe tradução espanhola da 5ª ed., por Michèle Klein, *Derecho de sociedades*, Fundación Cultural del Notariado, Madrid, 2001).

LE CANNU, PAUL / BRUNO DONDERO – *Droit des Sociétés*, 3ª ed., LGDJ/Montchrestien, Paris, **2009**.

MCGEE, ANDREW – *Shares and Share Capital under the Companies Act 2006*, Jordans, Bristol, **2009.**

MENÉNDEZ Y MENÉNDEZ, AURELIO – *Lecciones de Derecho Mercantil*, 4ª ed., coord. por Maria Luisa Aparicio González, Thomson / Civitas, Aranzadi, Navarra, **2006**.

MERLE, PHILIPPE – *Droit Commercial. Sociétés Commerciales*, 10ª ed. (colab. Anne Fauchon), Dalloz, Paris, **2005**.

PALMER´S *Company Law* (8 vols. ed. por Geoffrey Morse), 25ª ed., Sweet & Maxwell/W.Green, London/ Edinburgh, **1992-2001**.

PALMER´S *Company Law Manual,* por Smerdon e Geoffrey Morse, Sweet & Maxwell, London/ Edinburgh, **2000**.

PENNINGTON, ROBERT R. – *Pennington's Company Law*, 8ª ed., Oxford University Press, Oxford, **2001**.

PETTET, BEN – *Pettet's Company Law. Company and Capital Markets Law*, 3ª ed. (por John Lowry e Arad Reisberg), Pearson, Harlow, **2009.**

PRINCIPE, ANGELA – *Il controllo giudiziario nel governo societario*, Giuffrè, Milano, **2008**.

SÁNCHEZ CALERO, FERNANDO – *Instituciones de Derecho Mercantil*, vol. I, 19ª ed., Editoriales de Derecho Reunidas, Madrid, **1995**.

SCHMIDT, KARSTEN – *Gesellschaftsrecht*, 4ª ed., Carl Heymanns, Köln/Berlin / Bonn/ München, **2002**.

SMITH, D. GORDON / CYNTHIA A. WILLIAMS – *Business Organizations*, 2ª ed., Aspen Publishers / Wolters Kluwer, New York, **2008.**

THAMM, ROBERT – *Die rechtliche Verfassung des Vorstands der AG*, BWV, Berlin, **2008**.

TRONCA, LUIGI – *L'analisi del capitale sociale,* CEDAM, Padova, **2007**.

ULMER, PETER – *Principios fundamentales del Derecho alemán de sociedades de responsabilidad limitada*, trad. de «Gesetz betreffend die Gesellschaften mit beschränkter Haftung (G*mb*H Groâkommentar»), «Die G*mb*H im deutschen Recht (pp. 1-40), Walter de Gruyter, Berlin / New York, **1992,** por Jesus Alfaro Aguila-Real e anotações de adaptação ao Direito espanhol por Francisco José León Sanz, Civitas, Madrid, 1998.

VICARI, ANDREA – *L'assistenza finanziaria per l'acquisto del controlodelle societá di capitali*, Giuffrè, Milano, **2006**.

ÍNDICE ANALÍTICO[1184]

A

[1184] As matérias reportam-se aos números em que se sistematiza o livro e, se entre parêntesis, às respectivas notas de rodapé. Todas as entradas autónomas são assinaladas em **negrito**, sobretudo quando o assunto tem mais de uma entrada.

D

E

F

G

I

N

O

P

Q

R

ÍNDICE DE JURISPRUDÊNCIA[1185]

[1185] Limitamo-nos essencialmente a listar a jurisprudência citada, apesar de terem sido consultados e analisados um número muito superior de Acórdãos. Por razões de tempo e de oportunidade tivemos de adiar a sua inclusão neste livro.

Remete-se para o número (da sistematização) do texto, onde a decisão está referenciada.

ÍNDICE

INTRODUÇÃO

A) Aproximação a uma noção de Direito Comercial

B) Conceito de sociedade comercial

C) Enquadramento legal das sociedades comerciais: o Código das Sociedades Comerciais e outros diplomas

D) A reforma societária de 2006

E) As sociedades de responsabilidade limitada e anónimas nos ordenamentos jurídicos estrangeiros

CAPÍTULO I
Generalidades

CAPÍTULO II
Constituição da Sociedade

Secção I
(Projecto de) Contrato de sociedade e acordos parassociais

SECÇÃO II

Formas e actos de constituição

CAPÍTULO III
O sócio e o accionista

Secção I
10. Generalidades; qualificação da situação jurídica

Secção II
11. Obrigações

Secção III
Direitos

CAPÍTULO IV
A participação social

CAPÍTULO V
O capital social

CAPÍTULO VI
Organização e funcionamento das sociedades comerciais

SECÇÃO I
Aspectos gerais

Secção II
Deliberações dos sócios e dos accionistas

Secção III
Modelos de organização da administração e fiscalização de sociedades por quotas e anónimas

SECÇÃO IV

33. Apreciação anual da situação da sociedade

•

SECÇÃO V

Alterações do contrato de sociedade

SECÇÃO VI

37. Publicidade dos actos sociais

CAPÍTULO VII
Cessação da actividade

CAPÍTULO VIII
Grupos de sociedades e SGPS